Treasures for Scholars Worldwide

刘申宁 著

洪武到成化

明代前期官窑瓷器

歲在壬寅四月 孟餘謹題

广西师范大学出版社
GUANGXI NORMAL UNIVERSITY PRESS
·桂林·

HONGWU DAO CHENGHUA: MINGDAI QIANQI GUANYAO CIQI

项目统筹：鲁朝阳
责任编辑：赵　楠
　　　　　柴方召
责任技编：王增元
封面设计：徐俊霞
　　　　　王玲芳［广大迅风艺术］

图书在版编目（CIP）数据

洪武到成化：明代前期官窑瓷器 / 刘申宁著. --桂林：广西师范大学出版社，2022.7
ISBN 978-7-5598-4960-1

Ⅰ. ①洪… Ⅱ. ①刘… Ⅲ. ①官窑—瓷器(考古)—研究—中国—明代 Ⅳ. ①K876.34

中国版本图书馆 CIP 数据核字（2022）第 072855 号

广西师范大学出版社出版发行
（广西桂林市五里店路 9 号　邮政编码：541004
网址：http://www.bbtpress.com）
出版人：黄轩庄
全国新华书店经销
广西广大印务有限责任公司印刷
（桂林市临桂区秧塘工业园西城大道北侧广西师范大学出版社集团有限公司创意产业园内　邮政编码：541199）
开本：670 mm × 889 mm　1/8
印张：129　　字数：1 176 千字
2022 年 7 月第 1 版　　2022 年 7 月第 1 次印刷
定价：880.00 元

谨以此书

献给所有古陶瓷爱好者

作者简介

刘申宁，1952 年出生于上海。1968 年下乡，同年入伍。1977 年考入上海复旦大学历史系，1982 年毕业回到部队，在中国人民解放军总政治部工作。1989 年转业到山东社会科学院历史研究所，任副研究员，曾担任《中国大百科全书》撰稿人兼审稿人。曾参与“八五”国家社会科学规划项目，主持国家古籍整理重点项目，获中国图书奖荣誉奖、国家古籍整理优秀图书一等奖。1992 年起担任《李鸿章全集》执行编委，参与主持全集的编辑工作。曾任深圳市委党校副校长，退休后出任香港凤凰卫视时事评论员。现为复旦大学特聘研究员，复旦大学图书馆特藏研究顾问。早在 1989 年即参加中国古陶瓷学会，多年来一直从事中国古陶瓷的窑址调查和学术研究，收藏、研究中国古陶瓷数十年，是中国古陶瓷的鉴赏家、收藏家。小传收入《中国史学家辞典》和《中国社会科学家大辞典（英文版）》。

内容提要

这是一部研究明代前期（洪武至成化）官窑瓷器的专著。本书以学术研究为基础，以陶瓷界常用的眼学为辅，分章介绍明代前期官窑瓷器的特征和研究鉴赏方法。在最后一章，作者利用搜罗到的所有明代前期瓷器资料，编成传世明代前期瓷器现存情况（包括器物特征、收藏地点等）综合目录。在附录部分，作者列出了研究明代前期瓷器所必需的参考书目。本书可作为古陶瓷研究者和收藏家的工具书和学术指南。

前言

1976年春天，当全国人民还没有从失去周总理的悲痛中走出来的时候，我由基层部队调到济南警备区宣传科工作。回到了家乡济南，我有了许多闲暇的时间，可以走亲访友。我已经记不起来那是个什么日子了，在朋友的介绍下，去了一位老先生家。这是第一次真正地让我感到了震撼。他的房间很小，但是放满了各种古玩，特别是瓷器。对于我这样一个菜鸟，老先生没有慢待我，给我讲了许多古玩圈的轶事。玩古玩这件事是有着极强传染性的。我就这样被传染了，从此一发而不可收。从这以后，我开始关注古玩，特别是陶瓷艺术品。在70年代，这件事情本身就是十分神秘的，在平常人的眼里似乎特别不可理解。第二年我参加了高考，考上了复旦大学历史系。复旦给我的教育，彻底改变了我的人生。同时对于我的这个爱好，也提供了不少帮助，使我知道了应该怎样从事古陶瓷的研究。

好在我的朋友多，在北京，在天津，在上海，我都有许多的朋友。在朋友的介绍下，我开始走访各地的收藏家。这些藏家多半是岁数很大的老人，这些藏品他们守了一辈子，特别是熬过了"文革"，极为不易，他们将这些藏品视作珍宝。但是再好的东西也要换钱，因为生活所迫。我开始从这些藏家手中购买我喜欢的陶瓷，好在我当时在部队的工资较高，还有些积蓄。那个时候还有兴趣逛地摊，比如北京的潘家园，天津的沈阳道，上海的城隍庙等。当然逛地摊对一个收藏者来说也是必然的。说实在的，在地摊上我没有买过什么特别好的东西，真正好的东西多是在藏家手中，被他们仔细地收藏保存着。那时还有一些条件，可以在各地古玩商店买一些东西，那时古玩店发奖金没有钱，你给他送钱会受到欢迎，甚至会打开库房，让你进去挑选东西。虽然这里的东西价格稍贵，但在70年代的时候，即便贵些，在今天看来也还是值得的。到80年代就奔赴各地搜购珍奇的官窑瓷器，当时我已经调到北京的中国人民解放军总政治部工作，在北京的时间多了，认识了更多的朋友，还去过李翰祥先生家。80年代末，我离开了部队，转业到山东社会科学院历史所工作。就在这时，我加入了中国古陶瓷学会，并且参加了高安的青花瓷研讨会。90年代初，邓小平"南方谈话"将我引来了深圳。在深圳无法搜购古陶瓷，我这个爱好的资源渐渐变得稀缺了。于是，我开始投入精力从事古陶瓷的研究，从兴趣爱好转为学术研究，我走了很长一段路。

对前人遗留物珍爱和收藏的历史，最早可能开始于商周之际。陕西韩城的商周大墓出土了红山文化的玉器，就是见证。宋代以来的文人雅士，如赵明诚等人，出于对历史的浓厚兴趣，探究文物，并非出于商业目的，而仅仅是对前人文化的一点留恋。今天，大多数人并非出于对文化的喜爱和探究，而是将古玩当作一种投资，这不是文物的玩法。但是你能奈何它么？有的人说“是真品”，但大多数的专家持否定意见，如果是出于对历史的探究，你完全不必在乎某些人的意见；但是如果是投资，就必须要求东西不能是赝品。有人说这个东西是苏东坡用过的，有证据吗？其实这正是研究者发生兴趣的地方，却并不是投资人应该将资金投向的去处。

文物原本是历史遗留下来的见证，拿在手中把玩的文物，被称为古玩。古玩其实就重在一个“玩”字，不玩就什么都留不下了。在收藏家眼中，古玩领域是一座永不枯竭又充满诱惑的宝藏，也是一道布满荆棘和陷阱的深渊。身在其中，无论你如何才高八斗、学富五车，也会感到知识的贫乏和浅薄；无论你如何自信、眼力过人，在浩如烟海、五花八门的历史遗物面前，也会感到力不从心，四顾无助；即使你富甲天下、身拥亿万，但走上收藏这条道之后，也会感到囊中羞涩，捉襟见肘。表面上看去，收藏玩的是财力，其实真正值钱的东西恰恰不是古玩，而是收藏家那种深厚的文化修养和犀利的眼睛。并不是所有人都可以成为收藏家。

浮躁是收藏之大忌。一个真正的鉴赏家，心态应是极为平和的。他是抱着对美的追求和对历史的发掘的目的，而参与这种收藏的。收藏绝不是对器物的掳掠和占有，与其说我们在收藏古玩，不如说古玩在收藏我们。我们每一个藏家，在悠久的历史长河中，是那样的渺小，充其量仅仅是这些宝贝的短时间的保管者。能够感受和体味到古物的深厚文化的美和价值，才称得上真正意义上的收藏家。从这个角度出发，不能轻易否定民间的收藏者和他们对于古器物的研究。其实国内主要收藏机构的藏品，有许多来自中华人民共和国成立后民间收藏家的捐赠，并非如同台北“故宫博物院”的藏品那样，来自清宫的旧藏。因此在古玩行，只有眼力是最受尊重的，这里没有身份、地位的高低贵贱之分。你的藏品最能恰如其分地告诉别人，你的收藏水准究竟处在一个什么段位。

古物是有灵性的，关键在于你能否认识它。认识它就能与过去的历史对话，认识不了它就会有阻隔。历史本身是有着传承的故事，所有的收藏都有它自己的故事，东西本身仅仅是载体，能不能看懂，是我们的认识水平的问题。人是渺小的，是脆弱和无奈的短暂生灵，特别是在历经千百年沧桑的古物面前。没有知识就应该保持一种老实的态度，而不是所有人都想当老师，做大师。给他人做鉴定是一件好事，但是今天这件事情完全失去了它应有的意义。目前国内能够做鉴定的人太多，如同木匠多过木头一般。其实对任何古物进行鉴定，都不是一件容易的事情。既然要做这项工作，就必须承担可能出现的一切后果。

对于明代前期瓷器的研究，就目前的情况来看，还有许多问题没有得到解决。主要体现在以下方面:

第一，就今天的明代前期的陶瓷研究现状来说，还处在刚刚开始的阶段。最能说明这个问题的，就是 2019 年举办的两场空白期陶瓷的展览，一场是北京故宫博物院组织的，一场是上海博物馆组织的。两场展览汇合了诸多馆藏，展览的器物相当丰富，并且还有许多是景德镇御窑厂出土的官窑瓷器残片的复原件。但是两场展览都有一个不可避免的缺陷，就是都没有将空白期三个朝代（正统、景泰、天顺）的器物区分开来。说的是空白期，人们要看的，也恰好是三个朝代的不同之处。但是这些展览恰恰没有给人们的这种期盼以回应，这正是展览最不成功的地方。这说明以目前的研究水平还难以进行准确的分期。

第二，研究明代前期陶瓷，最绕不过去的阶段就是空白期。在空白期中，三朝各不相同，都有自己的特点。怎样认识它们，应该是研究明代瓷器的人必须掌握的。正统时期的特点是改造窑炉，能够烧造较大的器物了。当时烧造的大缸，可能是明代以来最大型的器物了。直到今天，即便有传世品存在，人们也不敢承认它，通常是当作仿品来看待。笔者曾在山东烟台看到一件体型硕大的罐，口沿已经损坏，打了铁锔子。东西被许多人看过，通常不认为是过去的东西，认为明代生产不出那么大的器物来，这是对正统时的御窑厂没有真正了解的缘故。另外，天顺时期也是真正值得重视的。历经磨难蹉跎的英宗，在南宫夺门之变后很快稳定了政局。并且将很大的精力放在发展经济实力上面，不然不会有成化开局时的国力。天顺时期极其重视御窑厂的瓷器生产，重新派中官前往监督。因而这一朝的瓷器，特别是天顺后期的瓷器，已经发生巨大的改变，与过去的正统和景泰时期完全不同，瓷胎变得轻薄，瓷器釉面更加肥厚白皙。使用国产平等青料，改变绘画方法，这些都为成化青花开出崭新的局面提供了重要基础。今天我们所看到的天顺御窑厂的官窑器物极其少，原因是人们将这些类似成化的官窑器物，统统归于了成化朝，名目是成化的无款官窑。其实这些没有款识的所谓成化器物，正是天顺御窑厂所生产的产品。包括耿宝昌老先生为北京故宫博物院在香港拍卖回的那件青花蕉叶纹人物图的盖罐，应该也是天顺晚期的极其精美的作品。即便不是成化的东西，也丝毫不减低那件盖罐的极高价值。

第三，随着明代瓷器研究的深入，有些问题其实早就已经有了新的认识，只是由于种种原因，不能不继续保持原有结论。例如高安元代窖藏，其中有一件釉里红四面开光的罐，这件东西明明是洪武时期的东西，而且当时上海博物馆副馆长汪庆正先生就已经明确指出，这件东西应该是洪武时期的。但是直到今天，高安博物馆仍然以元代窖藏作为命名。人们知道，在逻辑上，元代窖藏是不可能存在着洪武时期东西的，但是洪武窖藏则是可以存在着元代青花的。陈友谅大败以后，景德镇已经在朱元璋的势力控制之下了，至正二十二年（1362 年）到洪武初期所生产的瓷器已经具有与洪武时期相似的特征了。如果使用热释光技术鉴定，那个窖藏确实是元代的，那么我们今天对于洪武瓷器的认识和识别标准就应该彻底更改。其实这种改变对于我们研究洪武瓷器，应该是非常重要的一件事情。

第四，洪武时期的陶瓷取得了许多成就，但是今天人们的认识仍嫌不足。洪武陶瓷最大的成就是颜色釉瓷器的烧制成功。特别是到目前为止，成功烧制两色釉的瓷器，只有洪武一朝。有外蓝釉内釉里红，有外红釉内蓝釉，有外褐色釉内白釉等多种釉色，器物内壁还有如同元代的印花龙纹。这些两色釉器物十分美丽，而且制作难度极大，代表了洪武时期高超的制瓷工艺。可惜这些宝贵的瓷器目前存世量极少，而且大多数保存在国外，这给我们认识洪武时期的两色釉造成一些困难。洪武时期是颜色釉瓷器烧制十分成功的时代，对后世影响深远，值得我们重视。但是现在人们看待洪武时期，往往看到的仍只是釉里红和青花瓷，这是远远不够的。

第五，永乐时期的青花瓷和甜白釉以及鲜红釉瓷器，都是明代前期烧制得最好的瓷器，但是今天多被遮盖在宣德的成就之下了。因为宣德瓷器大多具有款识，便于识别，具有广泛的声誉。但是与永乐瓷器相比，宣德的瓷器无论瓷胎还是釉色，都比永乐稍差。宣德的瓷器胎体厚重，釉色偏灰，由于釉层较厚，出现层层橘皮釉，这其实是宣德瓷器的最大缺点。今日人们嗜痂成癖，反而追求这种橘皮纹。宣德瓷器与永乐瓷器相比，差距不是一丁点儿，更不要说甜白和鲜红釉瓷器了。因为永乐瓷器具有款识的较少，所以人们对于永乐瓷器没有给予应有的重视和珍视，是非常不应该的。永乐的颜色釉继承了洪武的优点而有所发展，所以才产生了鲜红釉这种极品，包括甜白釉也是永乐的要比宣德的好。我们应该改变观念，给永乐官窑以更高的评价。

第六，讲到颜色釉，不能不说元代的蓝釉器。目前人们将元代蓝釉白龙纹梅瓶看作是国宝，但是元代是没有真正蓝釉器的。当时所谓蓝釉，其实是以一种钴蓝料水，如同绘画青花一般在瓷器生坯上涂布，再将填白的龙纹之外的空隙全部以钴蓝料水涂抹，然后统一罩上一层透明釉。一眼看去，确似蓝釉白龙。但是，透过覆盖在上面的透明釉仔细观察，我们可以清楚地看到钴蓝料水涂抹的笔痕，以及生坯上面的小毛刺颗粒和诸多划痕。如果是将钴蓝料掺入釉水中，上述这些东西都将难以看到。元代施行的是匠役制度，那时他们将吉州窑的窑工迁移到浮梁瓷局。这些会绘画的工匠，使用色目人从西域带回的苏麻离青钴蓝料在瓷器上绘画，产生了著名的元青花，并且使用这种方法绘画填地制作了钴蓝釉下蓝彩白龙纹梅瓶。元代的所谓蓝釉，充其量只能称之为釉下蓝彩或祭蓝釉，而非蓝釉。另外，如果说元代就已经成功烧制了蓝釉器物，那么为什么没有使用同样的方法烧制出高温铜红釉呢？其实，颜色釉瓷器是洪武时期才烧制成功的，先是蓝釉器烧制成功，然后是红釉器烧制成功，进而烧制出了两色釉的器物。

第七，目前国内大多数人还是将元代的苏麻离青料与永宣时期的苏勃泥青料混为一谈，认为二者是同一种东西，只是名称不同而已。这其实是大错特错。苏麻离青料来自伊朗，是西域料，而苏勃泥青料则是郑和下南洋后，由苏门答腊等地带回来的南洋料。二者完全不同。西域料的发色翠蓝，其中铁分子含量过高而流动性很大，容易形成较大的铁锈斑。而苏勃泥青虽然含铁量也较高，但仍低于西域料，故而在烧成的瓷器上仅限部分析晶，其铁锈斑星星点点，呈线状和点状，不会出现大片的锡斑。而且南洋料的呈色与西域料也不同，能够认识这一点，才能够分辨出一件器物究竟是元代的还是永宣的。

明代前期这120年，从洪武到成化，历经九朝六代皇帝，究竟生产了多少官窑瓷器，目前没有文献资料，已经难以说清楚了。只知道宣德年间一次就下令烧造了44万件之多。景泰和天顺时期也没有停烧，故而当时烧造的瓷器当不下二三百万件。但是经过近600年的时间，能够有幸保存下来的传世品，其实是极其有限的。台北“故宫博物院”大约保存有近3000件，其中宣德时期有1900件，成化时期约有700件。目前收藏在海外各大博物馆的同时期藏品，不到1000件。大陆保存约1000件左右，多为中华人民共和国成立后一些老藏家捐赠给各大博物馆，变为公共收藏的。据不完全统计，大约还有1000多件属于个人收藏，其中有相当一部分保留在国外藏家手中，还有一部分保留在国内藏家手中。通过对存世的瓷器进行追踪搜索，可以大致知道今天传世品的收藏状况。

我从收藏清代康雍乾时期的官窑瓷器，到花费极大心力来研究明代官窑瓷器，这中间经历了一个很大的转变。这里我要讲一个真实的故事。大概在25年前，我在山东烟台的一位朋友那里买到了一件青花瓷瓶。这件瓷器上面锯口，下面磨底，没有款识，但是这件东西看上去，应该是件明代的老器物。二十多年来，我带着这件器物，走遍大江南北，走访了国内众多享有知名度的鉴定专家，请教他们如何看待这件器物。得到的答案五花八门，有说民国仿的，有说清代康熙的，有说明代早期的。这些答案让我无所适从。这促使我不得不自己独自进行学术的探讨，我必须自己去寻找答案。后来通过研究，我得出的结论是：这是明代天顺时期的青花长颈瓶，使用的是平等青料，是官窑的器物。它与成化器物的重要区别是，在瓶子的肩部装饰有四个小小的铺首，而这种装饰在成化器物中是没有的。后来这件东西在我这里玩了20年后，又到我的朋友那里去旅行了。如何真正认识明代前期瓷器，目前在古玩圈里，依然是一个难题。因为能够上手的真正明代前期器物其实是非常少的。更不要说景德镇仿古，早就把明代前期瓷器作为重点仿制品了。

本书写作从筹划到杀青，大致经历了十多年时间。2008年我从公务员岗位上提前退休，开始了这一写作计划。其间搜集材料的时间用得最多，特别是搜集那些藏品归属和藏家资料。之所以称本书中的藏品著录为“不完全”，那是因为还有许多器物资料我没有能够搜集到，另外，有些东西藏在私人藏家手中，他们不愿意公开自己的重要藏品，故仅能就我所掌握的情况进行著录。本书第十章著录的器物总数约在4000件，应该是明代前期传世瓷器的大多数了，希望这份资料可以为所有喜欢明代瓷器的朋友提供一个有用的参考。将来如果还有机会增订修改或者再版时，希望能够将其陆续补充完善。

在这些年中，我的许多老朋友和师长给了我巨大的帮助，使我能够得以完成这样一个巨大的工作。我始终感激所有为这本书做出过贡献的朋友。惜需要感谢的人实在太多，为不妨碍读者阅读，只得一概略去，但是对于他们默默的贡献，我永远心存感激。申宁谨此叩首以谢！

刘申宁写于深圳西丽湖畔

2020年5月17日

目录

研究概论

一、明代前期的概念

明朝自朱元璋开国，至成化时止，共经历了洪武、建文、永乐、洪熙、宣德、正统、景泰、天顺、成化九朝八个皇帝，实际上为六代人。其中建文帝实际主政的时间很短，只有四年，且永乐根本不承认他，将建文的四年并入洪武。另外，洪熙实际仅在位不到一年，仅仅起到将帝位传承给宣德的作用，而且这似乎也是永乐帝的意愿。再说英宗正统帝在弟弟代宗病重之时，上演夺门之变，又号天顺。一帝两朝，在历史上也是非常少见。自 1368 年到 1487 年，共计 120 年。其间大明朝内政外交均发生许多重大变化，对外战争皇帝不幸被俘，对内则发生数次帝位之争，可谓惊心动魄！

明代前期各朝代关系如下：

洪武 1368—1398 年，建文 1399—1402 年，永乐将建文纳入洪武，共为 35 年。

永乐 1403—1424 年，计 22 年。

洪熙 1425 年，宣德 1426—1435 年，将洪熙纳入宣德，父子共计有 11 年。

正统 1436—1449 年，景泰 1450—1456 年，天顺 1457—1464 年，英宗和代宗兄弟三朝，共计 29 年，史称瓷器的“空白期”。

成化 1465—1487 年，计 23 年。

以上自洪武到成化，朱氏六代人经历了九个朝代，共出现了八个皇帝。历时 120 年整。但是明王朝的文化却在这时建立并发展，在瓷器的制作方面，也是创出了历史的新高度。这时期的明代历史虽然曲折，但却是向上发展的 120 年，此后渐渐走向下坡，成为后期的过渡和顺延，到万历以后国势更是江河日下了。

在过去对明代瓷器的研究中，其分期是按照明史的发展来分期，分为明早期：洪武（包括建文 4 年），永乐，洪熙，宣德时期；明中期：正统，景泰，天顺，成化，弘治，正德朝；明晚期：嘉靖，隆庆，万历，泰昌，天启，崇祯朝。这一历史分期法，并不能正确理解瓷器的发展脉络。在本书中，笔者试图以瓷器自身的发展变化来看待这段历史，将明代的瓷器史分成前期和后期两个阶段。前期是洪武、建文、永乐、洪熙、宣德、正统、景泰、天顺、成化九朝，共计 120 年。明朝后期是弘治、正德、嘉靖、隆庆、万历、泰昌、天启、崇祯八朝，共计 156 年。其实到万历三十六年（1608 年），御窑厂已经基本停止烧造，因此明后期的瓷器史应减去这一段停烧的 36 年时间，那么明代后期的瓷器烧造恰好也是 120 年。明代的瓷器史与明代历史的发展并非完全一致，但是历史的起伏变化却又暗中切合，真是命数。

虽然明代万历三十六年景德镇御窑厂停烧，但是民间瓷窑仍在烧造，而且其烧制水平由于有许多御窑厂的工匠加入而大大提高。这段停烧时间甚长，一直持续到康熙二十年（1681 年）清政府成功恢复御窑厂之前。这段停烧的时间大致是 1608—1681 年，约 73 年之久。故而在康熙初年官窑烧造的瓷器还十分粗糙，应该有一个短暂的恢复期。

在明代前期这百多年的时间内，朝廷的统治并不稳定，先后出现了朱棣的“靖难之役”、宣德的“平定汉王之乱”、正统的“土木堡之变”、天顺的“夺门之变”，等等。一直到成化时期，明朝政权的统治才渐渐稳定下来。在内乱外患频仍的时刻，明代帝王重用阉人，特务政治迅速崛起，锦衣卫、东厂、西厂相继建立。这一切政治的变化，同时也带来了明代帝王意识和情趣的改变，朝野风气好尚亦随之变化。这些变化表现在各个方面，在瓷器上尤其明显。我们可以清晰地看到明代前期的风气变化，主要表现在：

首先，宣德以后帝王的生活情趣变了。反应在瓷器纹饰上，从威严的龙变成了玩耍的蟋蟀，装饰画面中女人多了，男人少了。相比之下在大气磅礴的元青花中，表现的历史故事主角多为男人。

其次，到成化时，器物的画面中体现文人水墨画意境的东西多了，阿拉伯的几何图案纹饰少了。这是因为明代前期屡屡发生政变，政治显得极其凶险，大多数文人开始追求隐逸之趣，问山水，寻花草。与永乐时大力开疆辟土、经略四方的雄浑气魄不可同日而语。

再次，宣德开始喜欢色彩，喜欢艳丽的东西。与此同时，瓷器中出现了五彩瓷和斗彩。

元代前往景德镇督窑的官史、匠人多色目人，本身熟悉中亚文化，带来了阿拉伯、波斯文化的元素，深刻地影响了明代前中期的瓷器风格。

最后，延续到成化，过去硕大的器皿也少了，变成了女性喜欢的小巧玩物。过去瓷器主要作为祭器和礼器，表现的是严肃、威严的气势，到这时一变为小巧物件，世风的转变，深刻地反映在景德镇的官窑制瓷业上。

二、所谓“官窑”与“御窑”

所谓官窑的概念产生于宋代。民国许之衡在《饮流斋说瓷》中有言：“自宋以来，已有官窑、民窑之分。” 宋代有关瓷器的最早记载是南宋文人叶寘的《坦斋笔衡》，其书中记曰：“政和间，京师自置窑烧造，名曰官窑。中兴渡江，有邵成章提举后苑，号邵局，袭故京遗制，置窑于修内司，造青器，名内窑。澄泥为范，极其精致，油（釉）色莹彻，为世所珍。后郊坛下别立新窑，比旧窑大不侔矣。” 元代以来的文人、古玩藏家在谈论官窑时，都在援引这两条文献，但又掺杂着后人的评价和臆测。到了元代，官办手工业十分发达。其内容涉及统治集团消费的所有领域，瓷器自然必不可少。据《元史·百官志》记载，前至元十五年（1278 年），元代设立浮梁瓷局，“掌烧造磁器”。元孔齐《至正直记》记载：“饶州御土，其色白如粉垩，每岁差官监造器皿以贡，谓之御土窑，烧罢即封，土不敢私也。”御窑之说原来自御土，至于在此建立官局，开办官窑御瓷厂，则是后来的事情。由以上文献可获知：浮梁瓷局是朝廷掌控的官窑，元代称之为“御土窑”。御土窑的产品色白且润，其质与色类似定窑。元代中后期，最迟于泰定初年，中央政府已经开始派遣较高级别的官员督陶。当时瓷器的烧造是“有命则供，否则止”，说明督陶官员也是临时派遣，而浮梁瓷局则是常设机构。当时蒙古人自己不管理浮梁瓷局，派遣色目人前来管理，故而由他们将苏麻离青料带来景德镇，才产生了元青花这个新品种。这些色目人直到永乐时还在明代御窑厂担当管理职责，所以大量明代仿制中亚阿拉伯文化的东西，就是在他们带领下生产出来的，许多器型都是在他们的指导下制作出来的。正统时期，特别是“土木堡之变”后，色目人不再继续为御窑厂工作，御窑厂全部换为中国工匠，所以此后中亚文化的东西全部被替代，瓷器生产成为中国传统文化的表征。

宋代旧京官窑的窑址设在汴梁附近，南宋官窑则在首都临安。而元朝为什么要在偏远的景德镇设置官窑烧造陶瓷呢？其条件必须是制瓷技术高，另一个重要条件是能够满足元代人崇尚白色的要求。元人陶宗仪在《南村辍耕录》中记载元“国俗尚白，以白为吉”。这一特点从文献到实物都能得到印证。所以王室的用器和祭器都必然要求“洁白无疵”。景德镇生产的陶瓷达到了这一要求，这便是元朝统治者把瓷局设在景德镇的原因。朱明王朝建立以后，承袭元代旧制，仍然沿用瓷局，并且在此基础上建立了御窑厂。明朝亡后，清又继续沿用明制，并且直接命名为“御窑厂”。清人陈浏说：“官窑别于民窑，御窑别于官窑。”可谓泾渭分明。明人高濂《遵生八笺》中说：“所谓官者，烧于修内司中，为官家造也。”这里的官家其实就是皇帝。胡三省为《资治通鉴》作注时说：“称天子为官家”。《太平广记》云：“五帝官天下，三王家天下，称官家犹言帝王也。”早在宋代，“官家”就已经成为对皇帝的特别称谓。所以，“官窑”其实就是官家之窑，亦即皇帝之窑。明清御窑厂在当时也是以官窑相称。明代洪熙元年（1425 年），仁宗皇帝颁布《郊恩诏》云：“江西饶州烧造磁器官窑仍前禁止外”，故而所谓官窑其实就是御窑。但是明清时期也有官搭民烧的情况，那些地方窑口为体现皇家对烧造的重视，会在瓷器上特别标注官窑字样，并不代表该窑口即为当时的御窑厂。这是官窑概念的广义与狭义的区别。

自从元代设立浮梁瓷局以后，景德镇就成为重要的官窑瓷器的产地。明代初年在此设立御器厂，使得景德镇整体窑业生产迅速发展，这都与御窑厂设在景德镇有关。御窑厂的设立与瓷都的形成息息相关，其起到的促进作用表现在：

第一，明初御窑厂成功仿烧其他窑口的瓷器产品，使得其他窑厂失去竞争力。元至明初，为皇家烧制瓷器的官府窑场不仅景德镇一处，还有磁州窑、钧州窑和龙泉窑。磁州窑烧造精细白瓷器，钧州窑以窑变釉为特色，龙泉窑延续青釉传统。宣德以后，磁州、钧州不再为宫廷烧造精细白瓷器。景德镇窑对龙泉窑的仿烧最为成功，考古发掘和传世品表明，永乐时期景德镇已正式仿烧龙泉釉。宣德、正统、成化时期，景德镇从器型、釉色乃至装烧工艺等方面全面仿烧龙泉青瓷。御窑厂出土的宣德青釉碟，底部刮釉一周，这种刮釉方式不同于同时期御窑厂的其他产品，独与明初龙泉窑的刮釉方式相同。景德镇窑不满足于模仿龙泉，还改进了装烧工艺，于外底施釉，圈足刮釉，并在青釉下以青料写款，这是龙泉窑不可比拟的优势。因此成化皇帝继位后，龙泉窑不再为宫廷烧造瓷器。失去了官府关注的龙泉窑，其生产逐渐走向衰落。而景德镇成为唯一的御窑瓷厂，垄断了皇家御用瓷器的全部生产，也由此奠定了景德镇的历史地位。

第二，设在景德镇的御窑厂，以被动模仿或主动输出的方式，将宫廷先进的瓷器文化带入景德镇民窑，使得明代前期景德镇民窑产品的质量有较大提高。明初，景德镇民窑的瓷器生产尚十分粗糙，到正统元年（1436 年），浮梁民人陆子顺一次向宫廷进贡瓷器五万余件，可见当时民间窑场已经具备相当的烧造规模。正统三年（1438 年）和十二年（1447 年）朝廷两次诏令，严禁景德镇民间瓷场烧造各式官样瓷器，这说明御窑厂代表的先进技术与文化，已经在民窑瓷场广泛传播。特别是正统到天顺近三十年时间内，景德镇御窑厂生产的低落，使得民窑瓷厂有了强力发展的空间。民间窑口的新技术，影响到官窑瓷厂，官窑瓷厂的高超技艺也传播到民窑瓷厂。这种相互学习，促进了景德镇地区民窑瓷场的快速进步。到了嘉靖、万历年间，官窑与民窑的差距进一步缩小，故宫廷的烧造任务已经开始进入官搭民烧，由民窑瓷场承担重要烧造任务了。

第三，明代前期是个发生重大历史变动的时期，在瓷器生产上产生了“官窑”，这个由朝廷督办烧造瓷器的机构总称，成为一种具有严格组织制度的烧造方式。由最高统治者正式确立，并影响了之后数百年的官窑瓷器烧造活动。官窑瓷厂烧造出成熟而出色的作品，达到了中国古代瓷器生产史上的巅峰，明代前期也成为了中国陶瓷史上具有里程碑意义的时期。这种官窑生产形态，由官府出资、产品由官府控制、由官方主导瓷器生产一切事务，包括机构、人员、资金和原材料，等等。这种生产制度决定了瓷器生产的基本面貌。明代的官窑瓷器的生产是由御器厂统一安排，其产品也根据朝廷的需要分配。这些产品大致可以分为以下四类:

一是明代御用瓷。御用瓷是皇室用瓷，具体说是宫廷中皇帝及其家人的用瓷。明代皇宫中宦官和宫女等所用的器物显然不包括在御用瓷之内。烧制瓷器在明代被视为大事，御用瓷器都是由皇帝下旨，并经内府派员前去监烧。《明实录》中见“仍赐内官赍样”，“钦颁瓷器式样”，并“禁江西瓷器窑场烧造官样青花白地瓷器于各地货卖，及馈送官员之家”的记录，证明了明代御用瓷和民间用瓷，甚至官府用瓷的严格区别。二十世纪初，北京曾出土肩部有青花楷书“内府”字样的梅瓶，该梅瓶于 1930 年左右流入日本，属典型的内廷御瓷。尚膳监是御用瓷烧造、监制、保管的执行机构。明代的尚膳监是宦官二十四衙门之一，洪武十七年（1384）始置，掌管御膳、宫内食用并筵宴诸事。尚膳监负责御用瓷的烧造，“宣德八年（1433 年）尚膳监题准，烧造龙凤瓷器，差本部官一员，关出该监式样，往饶州烧造各样瓷器四十四万三千五百件。”（明李东阳等编《大明会典》卷一九四《工部十四・陶器》，广陵书社，2007 年，第 5 册，第 2632 页。）尚膳监还负责御用瓷的验收、保管。“凡江西烧造全黄并青绿双龙凤等瓷器，送尚膳监供应。”（明李东阳等编《大明会典》卷一九四《工部十四・陶器》，广陵书社，2007 年，第 5 册，第 2632 页。）值得注意的是，在接下来的文字中，其他品种瓷器则送光禄寺使用，将御用瓷和其他官窑瓷严格区分开来。明代对御用瓷控制非常严格，宣德二年（1427 年）太监张善到景德镇监烧瓷器，除贪墨酷虐外，还因将“所烧御用瓷，多以分馈同列”，事发后被斩首。近年来对景德镇明御厂遗址进行发掘，出土残瓷多能拼合成完整器，但都见缺陷，说明是因烧坏而打碎掩埋的。御用瓷的解运和一般官用瓷不同，据明嘉靖《江西大志》记录“凡钦限瓷器陆运”，而一般的部限瓷器则是船运至京。陆运比船运的成本不知要多出多少。足见御用瓷器的珍贵和特殊之处。

二是明代礼用瓷。明代朝廷的祭祀礼仪用瓷，即礼用瓷，其性质是国家的典礼仪式用器，和皇室使用的御用瓷不同。明代礼用瓷被朝廷高度重视，由皇帝亲自过问。洪武二年（1369年）确定“祭器皆用瓷”。洪武九年（1376年）又进而规定了礼用瓷的釉色和造型。“九年定四郊各陵瓷器，圜丘青色，方丘黄色，日坛赤色，月坛白色，行江西饶州府如式烧解。”（明李东阳等编《大明会典》卷二百一《工部二十一·器用》，广陵书社，2007年，第5册，第2715页。）明代礼用瓷的釉色均为蓝、黄、红、白等单色釉瓷，造型都是模仿古代青铜礼器，“其式仿古之”（《明太祖实录》）。礼用瓷由皇帝下旨，最初由工部负责烧造，洪熙元年（1425年）九月己酉，“命行在工部于江西饶州造奉先殿太宗皇帝几筵、仁宗皇帝白瓷祭器。”（《明宣宗实录》卷九）。稍后礼用瓷又交给内府监造，“宣宗始遣中官张善之饶州，造先殿几筵龙凤纹白瓷祭器。”（《明史》卷八十二《食货六》，中华书局，1974年，第1998页。）礼用瓷先由内承运库保管，需要时到内承运库领取使用，“白瓷尊、爵、盘、碗，内承运库取用。”（明李东阳等编《大明会典》卷二百一《工部二十一·器用》，广陵书社，2007年，第5册，第2716页。）内承运库是内府库名，洪武二十八年（1395年）置，设掌印太监一名，分里库、外库。里库设于宫内，称内东裕库、宝藏库。外库设于宫外。二十世纪八十年代北京四中发掘的明代库房遗址，发现洪武朝官窑青花和釉里红残瓷，遗址位于紫禁城西北，明代的承运库即在此，因在宫外，属外库。礼用瓷的主要使用和保管机构是太常寺，太常寺初称太常司，是隶属于礼部的官署，建立于1367年，管理祭祀礼乐等事，明洪武二十四年（1391年），各祭祀皆隶此司，洪武三十年（1357年）改太常寺，永乐以后分置南北太常寺。礼用瓷严禁民间烧造，“正统十二年（1447年）十二月甲戌，禁江西饶州府私造黄、紫、红、绿、青、蓝、白地青花等瓷器。”（《明英宗实录》卷一六一）违者都判极刑。这里所禁，除御用瓷外，还有礼用瓷。礼用瓷在品种上和御用瓷有别，但其工艺上与之相同，属明官窑瓷中的精华。按其性质来说不同于一般政府机构用瓷，事关国家礼仪，由皇帝亲自过问，属钦限瓷器范围。

三是明代官用瓷。明代政府机构所用瓷器，简称官用瓷，是明代官窑瓷的重要组成部分，又是数量最多的一部分。明代政府机构对陶瓷器的需求量巨大，明代早期，除江西外，浙江、河南等地也烧制官用瓷。景德镇明代窑址出土过具有洪武瓷特征的“局用”刻划暗铭白釉碗残底，提供了官用瓷的直接证据。对于官用瓷的管理方法，《大明会典》有这样的记录：“（除御用器外）其龙、凤、花、素、圆、匾瓶、罐、爵、盏等器，送内承运库交收，光禄寺领用。”也就是先送至内承运库后，再由光禄寺领用保管。光禄寺的职责是掌管政府机构的饮食银钱。光禄寺还负责宴请贡使。正统九年（1444年）正月丁卯，“迩者累赐海西、野人女直人等宴，光禄寺官员、厨役人等怠惰偷闲，不行亲督监视，以致夷人乘隙盗去碗、碟等器五百八十三件。”贡使喜欢官用瓷器，顺手牵羊的结果，使当值人员丢了官。这些被夷人盗去的碗碟当属官用瓷。成化十三年（1477年）时，准许外国使臣每人买青花瓷器五十副（《大明会典》），因民窑器市场上随处可见，不必要特许，因此每人买去的五十副青花瓷，应该也是属于光禄寺供应的官用瓷。除光禄寺外，其他政府部门也需使用瓷器。南京明故宫遗址发现崇祯庚午（崇祯三年，即1630年）、丙子（崇祯九年，即1636年）和壬午（崇祯十五年，即1642年）的纪年款青花盘，因有“某某科置”字样，为当时科举考场的餐具，是政府订烧的，也应属官用瓷。景德镇明代窑址出土的具有“官用供器”铭文的白釉器，具洪武特征，是官用瓷中的供奉器，和皇室所用祭祀瓷有性质上的区别。这些数量浩大的官用瓷由工部负责，称部限瓷器，解运时，“拣坚固座船，至饶州府河装载，由里河直达京师，委官乘传管解，刻期交卸。”（明嘉靖王宗沐著《江西省大志》）

四是明代赏赉瓷。皇帝将官窑瓷赏赐王公大臣和外国使臣、边邻国家是明代惯例。明代的赏赉瓷是官窑瓷的重要组成部分。永乐初，郑和下西洋时，青花瓷还未被皇室看重，并未当作日常用具，但在东南亚、西亚等地，明初青花瓷屡有发现，必有一部分是作礼品赠送的。《明史》中有多次将瓷器赏赉外国使臣的记录：“（洪武）七年（1374年）冬，（琉球中山王弟）泰期复来贡，并上皇太子笺，命刑部侍郎李浩赍赐文绮、陶铁器，且以陶器七万、铁器千就其国市马。九年（1376年）夏，泰期随浩入贡，得马四十匹。浩言其国不贵纨绮，唯贵磁器、铁釜，自是赏赉多用诸物。”另外，弘治七年（1494年），日落国（即宋元时期的茶弼沙国，泛指欧洲之地）“使臣奏求纻、丝、夏布、磁器，诏皆予之。”这些由明代皇帝赏赐的瓷器，性质上当属官窑瓷，不管是官窑生产的还是向民窑订烧的。明代赏赉瓷有赏赐外国使臣、邻邦和赏赐王公大臣等不同情况，从明代王公大臣墓葬出土的瓷器看，就有御用瓷性质和官用瓷性质的两类。至于礼用瓷，其特殊的造型、性质决定了不宜作赏赉之用。

一类是御用瓷性质的赏赉瓷。明代前期出土的王公贵族墓中有部分御用瓷。1957年江苏省江宁县东善桥孙家山正统八年（1443年）宋琥、安成公主合葬墓出土洪武釉里红梅瓶，1991年江苏江宁县东善桥，正统十三年（1448年）宋铉及其妻唐氏合葬墓出土洪武釉里红松竹梅梅瓶，这二件洪武釉里红器均为皇室用器。南京地区的天顺七年（1463年）司礼太监怀忠墓，出土过一件书有“内府”字样的梅瓶，北京出土过八件青花书写“内府“的梅瓶，其御用瓷性质可以确定。明代的墓葬中出土御用瓷并不很多，说明当时御用瓷的赏赐，仅限于皇亲国戚并太监等少数人。中国的瓷器出口始于公元9世纪的唐朝，延续到 19 世纪，绵延千年，对东亚、中东地区影响极大。元明时期中国大量以瓷器输往中东地区。目前在伊斯坦布尔托普卡普宫殿中，收藏的中国瓷器大约有 11000 件，时代由元到清代。在伊朗的阿尔德比尔神庙中，存有中国瓷器 800 多件，主要是元代和明代的瓷器。日本的一些大型的寺庙中，也保留了中国各个时期的许多瓷器，包括佛具和茶具等。

另一类是官用瓷性质的赏赉瓷。这种瓷器有两种，一种是专为赏赐烧制的，另一种是一般的官窑瓷。明初瓷器中见书有“赏赐”字样的白釉梅瓶。1995 年南京明故宫遗址曾出土二件，是洪武初的风格，均残。釉色介于卵白釉和甜白釉之间，肩部有铁红彩“赏赐”二字。这种梅瓶显然是专为赏赐而烧制。既不属御用瓷，也非礼用瓷，那么应归入官用瓷一类。宣德元年（1426 年）时，明宣宗赐工部尚书杨荣“端砚、御用笔墨及白磁酒器、茶盅、瓶罐、香炉之类”。大多数赏赉瓷都归入官用瓷范围，《大明会典》中有“赏内外官瓶、缸”送光禄寺备用的记录，也就是说这些赏赐瓷，由光禄寺保管并遵旨分送。接受这些赏赐的不仅有各级官员，还有外国使臣。

三、明前期瓷器的研究方法

1. 明代前期瓷器研究述评

研究明代前期的瓷器，主要是解决学术上尚未弄清的难题，揭示出当时瓷器生产的真实状况。这种研究不仅要有文献的收集整理和分析，也需要各种实物的验证。当然研究不同于鉴定，研究注重学术价值，而鉴定则解决器物的真伪问题。明代前期瓷器研究的主要内容是:

（1）明代前期瓷器的工艺特征，以及由此所表现的技术水准和进步程度。

（2）明代前期瓷器的艺术表现形式和由此达到的艺术高度，以及由此所体现的时代风貌。

（3）由瓷器的生产所体现的宫廷制度变迁和机制变化，以及由此所观察到的当时社会经济发展状况。

对明代瓷器的研究，涉及社会学、经济学、历史学、考古学和器物学的各个领域，视野绝不仅仅是一件文物的真伪那么简单。但是目前国内的研究还仅仅局限于对器物学的认识，在其他各个方面还没有展开或涉足，研究甚少。在这方面，有些西方学者比我们起步早，走得也远，值得引起国内学者的重视。

长期以来，我们约定俗成地把同一造型和相同纹饰的明清瓷器，都归于某个皇帝在位时期所造，这是明清瓷器研究的一大特点。二十世纪五六十年代，童书业先生就指出：明清瓷最大的问题就在于传世器物中的所谓标准不一定准确，还需要考古验证来解决。（《童书业说瓷》，上海古籍出版社，1998 年版。）近年来，人们加强了对明代各朝具体绘画风格的研究，仍没有解决童先生提出的问题。明代皇帝在位时间长短不一，泰昌皇帝朱常洛即位三十天暴毙，洪熙在位仅仅十个月。万历在位长达四十八年之久。朝代更替，官窑器的风格转变可以理解，但是瓷器的制作工艺不可能发生根本性的变化，同时工匠的绘画风格也难以瞬间改变，所以，我们依据瓷器本身发生的变化来断代，或者依据同一的绘画风格来研究，就会出现“永宣不分”“成弘不分”等断代问题。依据“宜粗不宜细”的原则，通常在研究中只能大致判定出所属时期，或者将此范围扩大。比如空白期就将三朝并为一起，难以断定具体的朝代。再者有些图案长期使用，依据图案来分期是不准确的。可能需要更加细致的研究，比如绘画中叶子的形态变化等，其实在同一个工匠手中，这种变化是十分微弱的。工匠可能会随着绘画的成熟和风格的变化，有些微的不同，但是依据这些细小之处来断代，是否科学也是问题。更多的可能要依赖新的科技方法来最终解决。但是，目前这方面还看不到希望。

2. 明代瓷器制作规制

烧瓷首先要了解匣钵。瓷器的烧造很早就开始使用匣钵。到明代更是要求严格。制瓷的窑具主要有匣钵、套钵、垫饼等。匣钵是装烧瓷器的器具，用耐火土制作，质地粗糙、坚硬，使用历史悠久。清代唐英在《陶冶图说》中说：“瓷坯入窑最宜洁净，一粘泥渣便成斑驳，且窑风火气冲突，易于伤坏。此坯胎之所必用匣钵套装也。”景德镇御窑厂的匣钵主要有两种：一是桶形，有深浅之别；一是漏斗形，也有深浅之别，深腹者装烧高足碗使用。除了匣钵之外，还有套钵。这是明代御窑厂独有的，所谓套钵是装烧高档瓷器的器具。以瓷土制作，呈白色，质地细密，作钵形，方唇，敞口，斜直壁，平底，有盖，盖面隆起，略成半圆形。套钵在宣德时期已经流行，最早可能在永乐时已经出现。这是装烧重要御制瓷器的专用窑具。除了匣钵之外，还有垫饼。垫饼是瓷器装烧时，用以支垫瓷器的器具。用瓷土做成，为圆形，垫面平整，有的中部呈圆形，垂直浅凹，有的做成反射状等距离三条窄浅的槽。背面往往是中部平整，周围呈缓坡状。大小相差悬殊，小者不足 5 厘米，大者可达 23 厘米。

装烧的方法：一种是匣钵与垫饼组合使用，即在匣钵内的中部铺一层细沙，在沙上置一垫饼，在垫饼上放置器物，一个匣钵内只装一件器物。这是传统的装烧方法。另外一种是匣钵、套钵和垫饼共同使用。将套钵放置匣钵内，在套钵底部洒上一层细沙，上置垫饼，在垫饼上放置器物，最后盖上盖子。这种装烧方法不见于其他窑厂，是御窑厂的独特发明。这样烧出来的瓷器质量高，成品率也高。明代瓷器制作管理十分严格，由朝廷派遣宦官，直接到景德镇御窑厂监督制作，所制器物皆有“官样”，并且人工皆须统计在册。其残次品、落选品的处理方式也非常严格。

官窑瓷器制作需要遵循一定之规。这里的规矩就是所谓“官样”。文献中有明确的记载，《大明会典》载“洪武二十六年（1393 年）定，凡烧造供用器皿等物，须要定夺样制，计算人工物料。”这里的“样制”即是“官样”。根据清代内务府档案记载，凡是造作，包括瓷器，必须依样生产。景德镇珠山御窑厂出土的大量瓷片中，出土了四件宣德直口碗，只是装饰方法各不相同，其尺寸大小、器型等几乎完全相同，这就是同一器型的“官样”在起作用。明代成化青花宫碗当年生产数量不少，尽管图案不同，但是碗的形制、尺寸大致相同，这也是官样的作用。所谓官样通常是用木头做一个碗的形状，并且还有不同的图案纸样，窑工制作时，完全按照此样制作，即器物的形状不能走样。景德镇出土的宣德瓷片中，有宣德青花黄鹂图纹蟋蟀罐，所绘图案为“两个黄鹂鸣翠柳”，画风清丽，与明宣宗朱瞻基绘画的《松云荷雀图》卷的画风相似。皇帝的意图在当朝瓷器中的体现并非偶然。官样其实是要在瓷器制作上，体现皇帝的意图和喜好。明代官窑瓷器的拣选标准非常严格，大量瓷器成为落选品，不能运送至皇宫。景德镇御窑厂遗址，出土了大量明代前期的瓷片，皆是因为落选而打碎。落选的原因可以根据残次程度的不同而有所区分：

第一类落选品，是真正的残次品，例如粘有窑灰炉渣、窑裂、爆釉流釉、纹饰画错的器物等。景德镇在出土的一件成化时期的青花龙纹盘上，发现应绘的五爪龙纹，在外壁绘成了六爪，而内壁则绘成了四爪，属于画错纹饰的残次品。这些有明显质量问题的落选品，在御窑厂遗址出土的数量并不大。

第二类落选品，是御窑厂因为瓷器拣选标准过严而落选。其原因包括造型是否端正、釉色是否纯正、青花发色是否不良以及纹样是否工整，等等。

第三类落选品，并无质量问题，甚至与传世品相比质量不差。传世窑址出土的洪武青花缠枝莲花纹大碗、永乐凤纹高足碗和凤纹盘等，其器型、青花发色、纹饰均非常好。这些质量精细的瓷器，为何也会成为落选品呢？这是因为督造官员在制作瓷器时，总是会多造一些以备不虞。当时生产并没有预算和决算，官员并无经济压力，为留有余地，多生产一些是为了更方便挑选，这些落选器物多出来又不能成为商品，只有打碎掩埋。

当时景德镇御窑厂生产的大量落选产品是如何处理的呢？从文献来看，明代的处理方式多数是将其打碎，并且掩埋在御窑厂内。洪武到永乐时期，是隔一阶段就集中处理一次，打碎后倾倒在平地或低洼之处，其上覆盖土层；宣德时期则随时处理，或挖小坑掩埋，或堆积后掩埋，或将瓷片倾倒在窑业垃圾上；成化时也是隔期处理一次。其操作细致、严格。落选品残片倾倒在窑业堆积构成的斜坡上，形成大面积的片状堆积物，处理方式相对草率。明代隆庆以后，其处理落选品的方式变化很大，御窑厂内极少见到碎片堆积，结合文献资料可知，此时已经不再采取打碎掩埋的方式，而是存储于库房，登记造册。到清代时，甚至内务府可以作价处理。到乾隆七年（1742 年）以后，除黄釉器外，所有落选瓷器，均在景德镇变卖处理，以回收资金。

3. 明代前期瓷器研究的主要内容

首先是断代。鉴别某一件古陶瓷的烧造年代，称之为“断代”。通常是将器物进行对比排队。因为在存留的古陶瓷中，相当多数是没有年款的，再就是有部分年款是伪托款，不是真正的生产年代标志。这当中，前者是辨别真伪的问题，后者是了解赝品的仿制年代。明代的瓷器按照帝王年号来区分，是为了表述起来更方便，并不等于当时作品所具有的特征，是随着帝王的更换而变化。随着新工艺、新材料的出现，人们的审美观和生活习惯、艺术的再创新，应该随着时代的变化而变化，在断代时，掌握作品演变的总趋势是非常重要的。随着自然科学研究成果在考古学上的应用，近 20 多年来，已经产生了多种检测古陶瓷的仪器。比如“热释光（TL）法”，测定古瓷烧造年代，误差可以在 10% 以内，但是这种方法，往往要在器物上钻取少量的标本，有损器物。这种方法对于鉴定那些“后加彩”“后烧款”或者受过暴晒、加热、84 消毒液浸泡，或 X 射线干扰的器物，是不准确的。所以科学检测还是要与人的目测经验相结合，就像先进的医学诊断仪器，不能完全代替医生的临床诊断一样。

其次是断真伪。所谓断真伪，就是要区分出有意仿制前代产品的赝品，即将“仿古器”与“真品器”识别出来。明代后期和清代早期，景德镇御窑厂曾经仿制过宋龙泉窑、哥窑瓷，仿制水平很高，器物极为相像。明代正德年间开始，在仿品的器物上书写“宣德年制”等寄托款。嘉靖、万历以来更盛。清朝雍正、乾隆仿古瓷的水平更高。《景德镇陶录》记载唐英所督造的御窑厂，“仿肖古名窑诸器，无不媲美，仿各种名釉，无不巧合。”清末民国时期，有众多仿古陶瓷生产的专门小作坊，有的制作水准很高，达到几可乱真的水平，此时的对外贸易，也几乎被古董贸易垄断了。故而在传世的“古瓷”中，赝品充斥，鱼目混珠，使得人们在鉴别古瓷时，不得不去做“去伪存真”的细致工作。这项工作难度极大，古陶瓷爱好者最大的功夫就在于此，能否练就火眼金睛，全靠实践中的经验积累。必须见过大量真正的珍品，才能丰富眼界；必须了解历代造假的工艺和方法，才能提高鉴定的水准。过去这项工作中的秘密心得，是不会轻易传人的，必须是父子或师徒之间心口相传，还要靠学习者自己感悟和体会，慢慢领会其中的奥秘，方能有所感觉，增长见识，积累经验。这就是所谓的眼学。

再次是断优劣。即是鉴定古陶瓷的质量与价值。所谓质量，是指古陶瓷在烧制时，是否存在各种毛病，如变形、裂痕、冲口、阴黄、粘釉、磨釉、缩釉、剥釉、剥彩、脱彩、漏彩、补彩等缺陷。所谓价值，是指某件古陶瓷本身所具有的历史、科技、艺术等方面的价值。其历史价值，是指某件古陶瓷的绝对烧造年代，可以对其他古陶瓷有比对的价值，以作为断代的依据，并且能证明中外历史交流或者证实某一段历史事实。科技价值，是指该产品能反映古代制瓷技艺发展进程与科学技术的成果，能反映陶瓷业的革新、创造和工匠高超的技艺等。艺术价值是说构成一件作品的三个基本要素（瓷质、器型、装饰）的艺术处理和艺术手段是否高超，三者是否和谐统一，能否代表某一时期陶瓷艺术的最高水平和优美艺术风格。

最后是断窑口。即是断定产品的产地。辨别窑口的方法很多，主要有四个方面：一是以烧造地名来命名，这种方法的使用较为普遍；二是以某一个时期主持者即督窑官的姓氏来命名，例如景德镇明代有崔公窑、周（丹泉）窑，郎廷极（郎窑）等；三是按照烧造朝代来命名，如景德镇烧制的永乐窑、宣德窑、成化窑等；四是按照产品使用者的身份来命名，比如官窑、民窑，枢府窑、御窑等。据《陶雅》说：“民间所卖之瓷器，厂人则谓之曰客货，凡所以别于官窑也。官窑之尤精者，命曰御窑。御窑也者，至尊之所御也，官窑也者，妃嫔以下之所得用者也。”同一个时期的不同窑口，是有明显差别的。断窑口主要是分析判断瓷器的胎釉特征，其次是看工艺、造型和装饰等诸多因素。

另外，在今天研究古陶瓷，还必须加上一个市场的概念。就是要对陶瓷的市场价值进行评估。判断出陶瓷的市场价格走势。为购买者提供服务。这就必须要求研究者要非常关注市场，特别是不同品种的市场价格走势。这要比简单断代更加困难，因为这中间有许多因素是在不断变动之中，如同人们的喜好在不断变动中一样。

4. 鉴定明代瓷器的基本方法

明代前期瓷器的鉴定和辨伪，没有捷径可走。想在短期内迅速解决各种疑难是极不现实，也是不可能的。经验积累是唯一的途径。科学可以将所有的问题一一解剖，并且寻求解决的方案，这是西方学者讲求的方法。但是中国文化与西方不同，它是靠感悟和经验来整体把握事物的本质。就好比中医治病一样，可以通过望、闻、问、切的办法，根据传统的经验来诊断疾病，其治疗方案也与西医不同。涉及文化的问题，自有文化不同风格的体现。研究瓷器鉴定的方法，仅靠科学仪器分析不可靠，同时人们造假的方法也会随之改变，正所谓“道高一尺，魔高一丈”。但是科学仪器总是可以为我们的经验鉴定提供许多可供分析的参考，这是可以接受的。真正解决鉴定问题，无非是靠以下一些基本方法：

首先，要懂得古陶瓷的一些基本概念和术语，如同学习外语要有基本的词汇量一样。

其次，要明了古陶瓷鉴定的一些基本办法，比如胎土、釉面、造型、色料、款识和纹饰的观察方法和观察部位，了解古陶瓷生产的工艺过程、对比途径等。

再次，还要知道并懂得过去人们鉴定的经验总结，包括一些具有实战意义的价值判断，这是鉴定经验的积累，用以丰富鉴定者的眼界。

最后，还要向造假者学习。要了解他们制假和造假的手法、所用材料、销售渠道，以及所采用的障眼法、做旧手段，等等。了解市场已经出现的假货和流通状况，特别是小部分人的高仿品制作、小批量制作等有关情况。向造假者学习，更是借他们的手眼，来提高自己鉴定水准的重要方法和步骤。除此之外，还要学会区别历代仿品制造情况，方能不至于在鉴定中出现走眼的现象。

鉴定说到底是对被鉴定器物时代的追踪和认识的回归。你对明代前期的历史越熟悉，就越能发现在瓷器鉴定中，出现的那些有违基本史实的错误现象。这些现象有的可能仅仅是常识，有的则是专业知识。任何造假者都不可能完全回归到已经发生过的历史中去。所以说了解历史，才是鉴定者最为基本的学术功夫。明代中后期以来，可能是为了迎合帝王的爱好，或是出于对前代文化的仰慕，各个时期都制作了许多仿制前朝的瓷器。这些瓷器有的以前朝的款识仿写，有的干脆落了本朝官款。应该都具有仿制时代的风格，在辨认上还不是太难。鉴定难度较大的不是这部分瓷器，而是不同时期烧造的，并没有书写款识的产品。这些产品已经在历史上流传了相当长的时间，并且已经具有了传世品所具有的部分特征，这才是辨识的难点，也是最考验鉴定者判断水准的地方。其中最难鉴定的，可能还是改革开放以来景德镇所制作出来的高仿品，这些新作均精心制作，使用现代高科技手段，高薪聘请当地高手，在陶瓷制作的各个阶段，都达到极高的艺术水准。另外，无论材料、工艺等方面都已经达到很高水平。这样精心烧造出来的瓷器还要经过做旧，就已经难以辨别，有的还通过某种渠道，上过某些著名的拍卖行，具有拍卖的证书，这些器物才真正考验鉴定者眼力和水平。

目前，鉴定者多是使用比较的方法，在比较中鉴别，这就要求研究者，必须亲手掌握大量标准器物，甚至将他们牢牢记住。无论是完整器还是残器，或者是瓷片，都可以是进行比较的标本。在对胎、釉、纹饰甚至器型等全面进行分析比对之后，才能得出较为准确的结论。这是对瓷器进行研究的基本方法。在没有取得标准器的情况下，可以采取“看两头来印证中间”的方法。美国波普氏在鉴定洪武青花时，先看元代至正型青花，再看明代永乐、宣德青花。那些似又不似元青花，却同时又有某些永乐、宣德特征的青花瓷，便是洪武青花瓷。因为任何时期的产品都会带有许多的“承前启后”的因素。鉴定时前后对比，左思右想，才会得出较为正确的答案。当一件需要鉴定的瓷器摆在我们面前时，如何来分析它的烧造年代和窑口呢？可以将能够用来分析和断代的因素区分开来，便于掌握。其方法大致有如下几点：

第一是看器型。主要看器物的口、颈、肩、腹、底足等形体的线条特征和胎体的厚薄、轻重。要牢记其特征，任何朝代的瓷器，所反映的就是那个时代的风貌，代表那个时代的审美情趣。这些因素都表现在器物的形体线条构成上。所以在后人仿制中，这些地方也是后人重点仿制的内容，同时更是最难把握的地方。明代永乐压手杯、成化鸡缸杯等，只要熟记了真品的器型特征，赝品便可一眼识破。

第二是看装饰。这主要是包括装饰方法、题材、构图、纹样设计、笔触的意味和彩料的使用等各方面所表现的时代特征和窑口特征等。由于装饰艺术是随着造型、工艺、材料、不同时代的变化而变化，所以装饰的更新换代和所产生的种种变化，要比其他鉴定因素的变化显得频繁、活跃。故而，鉴定研究古瓷，从这方面做出分析就显得更为重要。例如景德镇元代中后期出现红、黄、绿三色，画法和元代青花器一样，以点、勾、拓画成，笔致豪放率真，生动自然。明代继承了元代的画风，洪武时出现了双面矾红彩。永乐、宣德时有青花斗矾红彩，纹样气魄雄伟，色彩凝重艳丽。成化风靡一时的斗彩，笔致工整，纹样生动，色彩丰富而淡雅。其施彩方法也多样，有点彩、覆彩、染彩、加彩、填彩等，但是均为平涂，“花无阴面，叶无反侧”，有轻盈优美之感。这些都是那个时代的绘画风格，熟悉这些内容，是了解瓷器的入手之法。

第三是看胎釉。不同时代的胎釉，在原料选择、配方、精制、淘洗等方面不尽相同，其成型工艺和施釉方法也在不断变化，尤其是烧成温度和气氛不完全一致，使产品的胎釉各具特征。这些方面是鉴定古瓷的重要内容。例如永乐的甜白釉瓷，胎骨略带肉红色，成化时则瓷胎迎光照映时显出牙白或粉白色，尤为细腻。特别是成化时期的釉，极为肥厚滋润，有种猪油白的感觉。这些特征都为后世仿品所不可及，鉴定时首先应该对真品进行认真研究和详细观察。主要观察胎体的色泽、粗细、肥厚、莹润、松紧、坚脆、厚薄、透光以及敲打声等，所有这些特征都很重要，是观察体验真假器物有何不同的关键。

第四是看制作工艺和装烧方法。随着科技的进步，制瓷工艺和装烧方法也在进步，在不断地改进过程中。伴随着新工艺的出现，新的窑具、新的装烧方法的使用，产品的面貌也发生着改变。这些皆可以成为今天断代的证据。比如元代至洪武时，大件瓶或罐的底部是另外接上的，而洪武以后则不再采用这种方法。元代与明洪武的高足靶杯的高足是用胎泥与上部的杯相衔接的，而洪武以后则改用釉接。这些细小特征是鉴定时不可忽视的地方。它既可以用来断代，又可以证明器物的真赝。

第五是看款识。景德镇瓷器是从明永乐官窑开始，正式有帝王年号款，到宣德时更是十分普遍，从此器物上款式的形式和内容也越来越丰富。常见的有帝王年号款、帝王寄托款。明代御窑厂有专门的落款工，对字体、笔画、笔致、排列、落款位置，以及写款的彩料等都有严格的训练和规范，后仿者很难仿制到位。特别是成化的款识别具一格。所以，鉴定明代瓷器，识别款识是非常重要的一环。

第六是看器物的时代风格。瓷器与其他艺术品一样，具有鲜明的地方风格、个人风格和时代风貌。熟悉这些，对于鉴定瓷器十分重要。无论何种器物，它诞生在一个什么时代，就一定会带有这个时代的烙印，例如图案纹饰的绘制、器物造型的变化等，超出时代的任何内容都值得怀疑。而且各个时代文化是有传承的，可以在器物上看得很清楚。但是看器物的时代风貌，却不是一件容易的事情，他要求鉴定者必须对历史有精深的研究和体察，否则，一切都是空话。

5. 古陶瓷鉴定的主要依据

第一，以带有真实纪年的瓷器和明确纪年的墓葬、遗址中出土的瓷器作为“标准器”。用这些标准器的各方面特征，去比较那些不知年代的瓷器，这是重要的断代依据。当然，对于纪年墓葬出土的瓷器，不能将墓葬的年代看成是瓷器的烧造年代。另外，还要分析器物有无使用痕迹，以及墓主人的身份等相关因素，来分析判断器物的具体烧造年代。

第二，文献资料。在历史典籍中，往往发现当事人直接或者间接记叙当时瓷业或评叙瓷器产品的史料，这些都是利于古陶瓷鉴定的重要资料。

第三，窑址的地层资料。在窑址调查和发掘中，往往可以在没有凌乱的窑业遗物堆积中，或是在某一地层中，发现有真实纪年的瓷片或者其他器物，这时就要认真地清理，全面地采集标本，并且做好记录和资料整理工作。这样我们可以根据地层，获得一个时代的产品面貌。

第四，看官窑和民窑的相互影响。景德镇自明代洪武设立御窑厂以来，官窑产品往往影响着民窑产品，但民窑中由于受官窑新产品影响而出现的新造型、新画面，一般要晚于官窑的生产时间，如成化官窑的青花常出现的香草龙纹纹样，就是由官窑传到民间的。而民间窑口的绘画艺术也常常影响到官窑，比如空白期的涡旋纹，即日本人称之为“云堂手”的纹饰，其实就来自民间绘画大师的创造，被景德镇御窑厂的工匠采用，并且创造出许多精美的瓷器。

第五，考虑到同时代姐妹艺术对瓷器的影响。在日用品的设计与生产中，低廉材料制造的工艺品，往往模仿贵重材料制造的工艺品。比如宋元的影青刻、印花瓷，其造型纹样就受到当时金银器的影响。所以研究古陶瓷，必须要学习工艺美术史，了解各时期工艺美术品的风格特点。寻求姐妹艺术之间的互相影响，是十分必要的。

6. 历代有关明代前期瓷器研究的成果

自唐代以来，文人雅士开始收藏瓷器，出现了一些鉴定、鉴赏的著作，有些还是专门讲述某一个种类的专书。例如早期的有唐代陆羽的《茶经》、元代蒋祈的《陶记》。明代出现较多的论述，有曹昭的《格古要论》、王世懋的《窥天外乘》、高濂的《遵生八笺》、张应文的《清秘藏》、黄一正的《事物绀珠》、谷泰的《博物要览》、陈眉公的《妮古录》、屠隆的《考槃余事》、宋应星的《天工开物·陶埏》等。清代有更多的著述专写陶瓷。如蓝浦的《景德镇陶录》、无名氏的《南窑笔记》、吴骞的《阳羡名陶录》、梁同书的《古铜瓷器考·古窑器考》、朱琰的《陶说》、陈浏的《陶雅》、程哲的《窑器谈》等。还有《历代名瓷图谱》也是清末人所写，却冠以明代著名收藏家项元汴的名字，经鉴定是伪书，作为当时古玩圈的一种认识，对于今天看待前人的观察，还是有一定的借鉴意义。民国时期兴起收藏热，著述较多。如许之衡的《饮流斋说瓷》、赵汝珍的《古玩指南·瓷器》、邵蛰民的《增补古今瓷器源流考》、杨啸谷的《古月轩瓷考》、向焯的《景德镇陶业纪事》、郭葆昌的《瓷器概说》、吴仁敬和辛安潮的《中国陶瓷史》《绘瓷学》和江思清的《景德镇瓷业史》、张斐然的《江西陶瓷沿革》、陈万里的《瓷器与浙江》等。所有这些著述，有的是对古陶瓷有深厚入研究的学术著作，有的是古陶瓷收藏家的记叙性文字，有的则是专门为古玩商作为古瓷收集提供资料的书籍。这些古人的认识分析著述，代表着一个时代的研究水平和经验归纳，为今日研究古陶瓷，提供了重要的文献资料，也是我们进行分析和辨识的重要参考。

7. 古陶瓷研究的价值和意义

今日研究古陶瓷，已经不同于过去仅是文人对古瓷的一种爱好，应该有着更为深远的意义。

第一，古陶瓷的研究是撰写陶瓷史的基本材料和基本功。研究陶瓷史主要依靠文献资料和实物资料，实物资料主要来源于调查、发掘古陶瓷遗址、古墓葬以及征集社会上的流散古陶瓷。要运用好这些丰富的实物资料，必须解决好古陶瓷的鉴定问题。只有这样，才能更好地借助实物资料，来认识不同窑口之间的联系与区别，以及所发生的相互影响，才能认识到各个窑口在不同时代产品的特点。认识他们在原料的选择与精制、成型与装烧方法、装饰技法等一系列工艺过程。同时也可以了解当时作坊内部的分工情况。而陶瓷史上的这一系列内容，又往往在文献资料上语焉不详，或是缺乏记载，所以古陶瓷研究对于研究陶瓷史来说，是必须首先具备的基本功。

第二，可以作为田野考古的断代手段。田野考古是取得考古资料的基础工作，也是用实物史料来研究历史的科学方法。但是考古工作者往往遇到文献记载不详，或者没有带纪年的资料出土，因此对于遗址、废址或墓葬没法定性和断代。这时候，出土的文物就是断代的重要依据，而瓷器则是普遍存在于遗址当中，所以对古陶瓷的断代就显得非常重要，它可以成为墓葬历史年代的重要证据。

第三，可以较正确地评价某件古瓷的价值和划分藏品等级。在古陶瓷鉴定方面，“博览众长”是必不可少的，是鉴定者必须持有的态度。只有看得多、想得多、记得多，才能判断具体器物是否属于稀世珍品、对于陶瓷史的学术研究有无价值。

第四，在陶瓷美术领域里，可以更深地理解继承和创新的关系。将不同时代的器物进行比较，以及同一时代不同时期的产品进行比较，才能得出具有普遍意义的科学结论。可以在头脑中建立一个以同一窑口各类产品所具有的年代特征为纵线，以不同窑口的产品为横线的知识架构，才能对古陶瓷有更深刻的了解。知道各个历史时期曾经有过哪些主要的器型、装饰手法和纹样，这样才能知道古陶瓷的发展中，陶瓷工匠们是如何发现和使用新材料、创造新技艺的，明白发展继承和创新是如何一步步走过来的。

四、瓷器的胎土

就瓷器而论，胎为骨，釉为衣。实际上是两个不同的制作阶段。

1. 看瓷器必须会看胎土

坯是通过手工技艺将瓷土制作成型，通过窑温对坯的烧制而成为胎。上乘的青花瓷胎呈色纯白，元代以及明初景德镇烧制青花瓷所用瓷土为麻仓土、高岭土以及瓷石粉，到明中后期麻仓土逐渐枯竭，或为官府有限度地使用。细致观察胎体和釉面，也是断代和鉴别中必不可少的一环。不同时期，不同地区，在胎釉的成分和烧造工艺上，都有比较显著的差别，可以代表当时的时代风格。鉴别胎质时，可从器足的无釉处观察，注意胎土淘炼的纯净与烧结的致密程度。

历代瓷土的淘炼方法有别。景德镇的瓷土成分有个变化的过程。因胎土成分的区别以及加工工艺的改进，历朝产品呈现出不同的特征。在五代和北宋采用单一的瓷石作原料，从南宋开始，逐渐改用瓷石掺入高岭土的二元配方，大大提高了胎土的可塑性和强度。明代的瓷土采用多种原料，但是仍然以麻仓土为主，这种土中含金属杂质较多。明代宋应星《天工开物》提到："一名高梁山，出粳米土，其性坚硬；一名开化山，出糯米土，其性粢软。两土和合，瓷器方成。"这里所说性硬的是高岭土，性软的是瓷石。著名的永乐、宣德细沙底露胎处均可见金属自然氧化形成的黑褐色星点或火石红痕。而后代的仿品因淘炼过细，没有此种氧化斑，这是时代不同、产品不同而形成的，也是赝品致命的破绽。

与高岭土配伍的是瓷石。瓷石是一种以石英和绢云母为主体组成的矿石，具有相当的可塑性，具有很好的助熔作用。景德镇的优质瓷石中，铁含量很少，烧成的瓷器洁白如玉，呈半透明状。但是单一瓷石制胎太软，由它制成的器物容易变形，这是一元配方的缺陷。过去也有人称之为"石泥"，景德镇周边瓷石产地众多，安徽祁门也产瓷石，明清时期多用祁门的瓷石。不同地区的瓷石所烧造的瓷胎颜色有所区别，这是认识胎土的一条路径。

2. 瓷石又称白不（音墩）

瓷石就是一种白色的黏土。烧瓷首先要选择瓷土，土质的好坏决定瓷坯质量的好坏。景德镇自东汉开始烧造瓷器，但本地区不产瓷土。元代时，景德镇的瓷土来自"进坑、湖坑、岭背、界田"（蒋祈《陶记》）。这中间以进坑的瓷土质量最好。明代，取土工匠需要到婺源、祁门两地山上采土。工匠把这两种土做成的方块叫作"白不"，用小船沿河运到景德镇。这种取回来的瓷土并非立刻用来做瓷器，还必须对瓷土进行炼制。明代对瓷土的淘洗已经非常精细，一淘再淘，一遍遍地淘。根据瓷土在水中颗粒细浮粗沉的特点，分为上、中、下三等，对其加工的过程一点不含糊。"既澄之后，以砖砌方长塘，逼靠火窑以借火力，倾所澄之泥于中，吸干，然后重用清水调和造坯。"（宋应星《天工开物》）。

这里强调了被吸干水分后的瓷土，才能用来造坯。清代对高岭土和瓷石是分开进行淘洗加工的。但是在明代，这两种瓷石和高岭土是在一起混合淘洗，其效果是有所区别的。

景德镇地区不产白不，白不出自婺源高梁山和祁门的开化山，将白不和高岭土混合才能制作瓷器的胚胎。白不的外观呈石质，高岭土的外观呈土质。两种东西完全不同。白不瓷石中含有石英、绢云母、铁和少量的长石及方解石等，非常坚硬，很难开采，如果遇到废土层较薄的“明坑”，只需在矿石上凿孔，然后用火药炸裂，即可开采。但是，如果遇到废土层过厚的“暗坑”，工匠需要在石壁上横着凿一个洞，用坚实耐燃的松木架在洞口当支架，然后运用热胀冷缩的原理，把柴火堆在矿石表层的石壁上，用明火爆烧，瓷石中的水分受热膨胀，会产生裂缝，工匠就用羊角镐等开采工具，顺着石缝挖掘。据《景德镇陶录》中记载，白不“有黑花如鹿角菜形者佳”。将深山开采出来的白不瓷石，运输到临河建有水碓棚的地方，在水碓棚内，碎石工将从深山挑来的大块白不瓷石用铁锤砸碎，砸成拳头大小的石块。白不瓷石是一种较为坚硬的矿石，需要进行粉碎才能使用，古代工匠在河边架设水碓，把碎好的白不石块放在碓臼里，利用水的落差产生的冲击力，冲动碓轮上下起落，敲击碓臼的瓷石，将其粉碎。然后，连续几天不断地用泥耙淘洗白不粉，弃去粗渣，沉淀后放掉余水，得到稠化浓缩的白不泥浆。将泥浆放置阴凉处，直到可以捏成白不泥团。把白不泥团放在长方形的模匣中，割去多余的泥，提出模匣，就成了像石砖一样的白不泥砖。再将这种白不泥砖，通过水路运到景德镇。在景德镇有专门经营白不的商行，婺源和祁门两地的白不泥砖卖给商行，再由商行跟制瓷的工场进行交易。

瓷器的胚胎还需要高岭土的搭配。高岭土的加工方式与白不的加工方式相同。工匠根据烧制瓷器的性能和工艺要求，将两种坯料敲碎，按照一定的配比，将它们搅拌成泥浆，进行舂臼，时间为一天。据史料记载，工匠们已经掌握了这两种原料的性能。由于高岭土性硬，其用量一般在四成到八成左右。白不性软，其用量一般在四成到七成。配比不同，烧制的瓷器也不同。合成好的制瓷原料，倒入池内，沉底的为粗料，上浮的为精细料，待泥浆澄清后，分别借窑的热力吸干水分，再重新加入清水，用泥铲反复铲移，然后踩泥，通常是脚踩三遍，泥铲铲两遍。将淘练好的泥放在青石板上进行揉按，俗称“挪泥”，目的是要挤出泥里的气泡，使泥中的水分均匀，这需要反复揉压。只有揉好的泥才能用于拉坯。

3. 麻仓土与高岭土

麻仓土是元明时期景德镇制瓷的一种优质黏土。元代称“御土”，明代称“官土”。

元代孔齐《静斋至正直记》卷二谓：“饶州御土其色白如粉垩。每岁差官监造器皿以贡，谓之‘御土窑’。烧罢即封，土不敢私也。”文中仅描写了御土的外貌，未说明其具体产地。据刘新园等《高岭土史考》考证，御土就是麻仓土，其使用年代不会早于“浮梁瓷局”设立之年，即1278年，也不会晚于1322年。王宗沐《江西省大志》卷七《陶书·砂土》条谓：“陶土出浮梁新正都麻仓山，曰千户坑、龙坑坞、高路坡、低路坡，为官土。”清代朱琰《陶说》也有此记载。据考证，新正都的麻仓山即今景德镇市浮梁县鹅湖镇东埠以东至瑶里一带，始采年代缺乏记载，但记述麻仓土的文献（明嘉靖间）要比高岭山、李黄、大洲三矿早。乾隆七年（1742年），《浮梁县志·陶政》记载了明万历间同知张化美已经把麻仓矿洞称之为老坑，故知其开采年代必然早于明。到明万历时，资源渐近枯竭。《江西省大志》载：“旧用浮梁县新正都麻仓等处白土，每百斤给价七分”。万历十一年（1583年），同知张化美见麻仓土膏已竭，掘挖甚难，每百斤加银三分。后来用县境吴门托新土，有糖点者尤佳。至万历中期以后，文献已不再见麻仓土开采和使用的记载，代之而起的则是高岭村的高岭土，即明砂高岭。熊廖先生曾经著文提出麻仓土与高岭土是两种属性不同的制瓷原料，其理由如下：

首先，麻仓的地理位置。根据蓝浦《景德镇陶录》、康熙版《浮梁县志》以及《婺源县志》记载，明清时期的浮梁新正都麻仓，就是现在景德镇市瑶里公社的瑶里村，现在为浮梁县瑶里乡。1962年，在瑶里村曹家坂，发现清代光绪十九年（1893年）十一月初八日诏，由当时的钦加同知衔调署浮梁县丞为出示的“勒石永禁”的碑内称：“据民人李开广等禀称，伊等世居东乡新正都，全赖瓷土营生，无瓷土则官窑无有烧，无山材则瓷土无有舂”。说明了浮梁新正都出产的供官窑烧制瓷器的瓷土，其产地就在瑶里附近的山域。

其次，麻仓土不属于高岭土系。朱琰《陶说》载“饶窑陶土初采于浮梁新正都麻仓山，万历时麻仓土竭，复采于县境内吴门托至祁门，而三易其地矣”。“县境内吴门托新土有糖点如麻仓者，尤佳”。由此可见，麻仓土与祁门瓷土一样，均属同类瓷石矿物。

再次，从原矿淘洗率来看，高岭村的高岭土淘洗率为百分之三十三，而王宗沐《江西省大志》载麻仓土淘洗率高达50%。两处相邻，如此迥异，显然是两种质地不同的原料。

最后，从原料加工过程来看，高岭土是砂粉状矿物，无需粉碎，直接取矿淘洗，而麻仓所在的新正都出产的瓷土，要经粉碎加工，无疑属瓷石矿物。

麻仓土虽不属高岭土，但它质地较好，不仅在明代作为官土，成为景德镇御窑厂制瓷的重要原料之一，而且在清代复行开采时，仍是官窑制瓷的重要原料。

《江西省大志》谓麻仓山“土埴垆匀，有青黑缝、糖点、白玉、金星色。……麻仓官土一百斤值银七分，淘净泥五十斤，曝得干土四十斤”。又记“石末出湖田”，夹行小字批注谓：“和官土造龙缸，取其坚”。王宗沐把麻仓土列为砂土，并未说需要粉碎，仅记淘洗而已，而淘洗出土率为百分之五十，“夹注”再说麻仓土“取其坚”，王的记述其实与高岭土形态功能吻合。刘新园就上述文献印证麻仓遗址，确定“麻仓土”就是高岭土。（详载刘新园、白焜《高岭土史考》，1982年。）1984年7月，景德镇陶瓷学院刘桢等寻访麻仓土故址，通过访问当地老村民得知，现在的东埠至南泊之间的公路两旁一带即为麻仓山，不是梅村山，大体范围是：东面以南泊分水岭为界，西面约距东埠二公里处，北面以茅家山分水岭为界，南面以东河为界，与高岭山隔河相望，凡是这个小盆地内的丘陵均为麻仓山。麻仓山范围内岩层出露，绝大部分属于花岗岩类岩石，花岗岩类岩石都有程度不同的高岭土化现象，未见到有长英岩脉（瓷石一般为长英岩蚀变而成）出露。麻仓范围之外则有瓷石出现，从古到今都采过制瓷胎釉的瓷石，范围内淘洗坑的尾砂堆积层，绝大部分是比较粗的沙粒，成分是石英和细小的白云母片。麻仓山在高岭山的东北面，与高岭山隔东河相望，约两公里之遥。在地质构造上，它与高岭山的花岗岩体同属燕山期鹅湖花岗岩体。高岭山矿区出现的岩层在麻仓山范围内也都出现。1982年刘新园先生发表《高岭土史考》，认为先有麻仓土的开采，而后才有高岭土的使用，并推断高岭土的使用开始于明代万历年间。2000年冯云龙先生在《高岭山之高岭土始开年代考》一文中，根据高岭的《何氏宗谱》的资料分析，认为高岭土最早开采时间应为南宋初年的孝宗时期，约公元1163—1189年间，比万历说要提前400年。

作为制瓷原料，麻仓土与高岭土具有相同的作用，虽然开采地点有所不同，其中所含矿物质内容也有区别，在瓷器烧造方面，胎体的结构呈色也有明显不同，故熊廖先生说二者不是同一种矿物质。但是在瓷器的二元配方方面，麻仓土和高岭土所起的作用是同样的，二者的开采地点相距不远，故而刘新园认为二者是同一类矿物质。但是从瓷器鉴定方面，必须识别二者的不同，用以断定年代，这是非常重要的。麻仓土由山中的矿石中开采，然后加工粉碎，最后淘洗使用。而高岭土则是呈沙粒状，碾细后淘洗使用。**这两种物质在烧成后呈现出来的状态是不同的。麻仓土呈半失透状，又似干硬的糯米饭。而高岭土在烧成后呈现细细的白沙土形态。肉眼观测二者是有所不同的。由于二者的开采使用时段不同，故而识别二者对于古陶瓷的断代具有重要意义。**

其实高岭土的主要成分就是高岭石，这是一种耐高温又具有可塑性的黏土，产于景德镇东北约45公里处。其色白或浅灰，无光泽，有滑腻感。明清景德镇所用高岭土大致分为三种：麻仓高岭，明砂高岭和星子高岭。麻仓高岭旧称麻仓土，麻仓山产地位于高岭山东北 2 公里处，为官土，当年价格昂贵。该土细腻坚致，洁白润滑，微微偏灰，有似煮熟的糯米饭，微显透感。麻仓土的使用从元代开始，至明万历年间已经基本告罄，开始寻找新的土源。新的土原产于浮梁县东乡，采自深坑，质地细白如蚌粉，经淘洗澄清后制成的泥块坚硬，以质轻不压手为上乘。泥料有银星且如水带青色者质量最好。这种高岭土呈粉白色，细观瓷土有似极细的白砂砾聚集在一起的感觉，无任何透感。万历年间，高岭土已经为官府所占有。高岭土中最好的部分称为明砂高岭，品质非他地可比，该土一直使用到清代康熙、雍正年间。自乾隆以后，景德镇开始改用星子县（今庐山市）的高岭土，称星子高岭。目前景德镇已经发现的瓷土古矿址分别在东埠街、高岭山、水口亭三处地点。东埠街保存着清代的一些碑石。高岭山存有大大小小的古矿洞，以及淘洗坑的遗址，这座小山实际上是一堆沙尾堆积物，是由于古代瓷土开采者为了不破坏生态，而把淘洗后的沙尾进行堆积，日积月累就形成了一座类似的山。水口亭留有明代万历以及清代雍正朝的石碑数块，可以大致了解当年的开采规模。

4. 高岭土开采历史

高岭土是一种主要由高岭石（或埃落石）组成并风化的黏土，它的矿物组成除了高岭石外，还含有多量的石英和云母，是中国首先发现并应用的制瓷原料，因为最先用于制瓷的这类黏土产于江西景德镇市浮梁县的高岭山，故而得名。以后国际上都称这种特殊的黏土为“高岭（Kaolin）”。高岭土多呈致密细粒状、疏松鳞片状和土状集合体。晶质碎块常呈泥鳅状、弯曲柱状和六片鳞片状或料状。用指甲可以划开，以舌舔则粘舌并有土味，在外观上纯者呈白色或灰白色，含杂质时呈浅褐色、黄、浅红、浅绿等色。莫氏硬度近于 1，比重是 2.58—2.60。有滑腻感，用手易捏成粉，具亲水性，渗水透，易崩散，可塑性弱。煅烧后呈白色，耐火度可达 1700℃以上，烧成温度在 1400℃左右，可塑性和粘结力较瓷石差，不能单独成瓷。其矿物试验式为 $Al_2O_3 \cdot 2SiO_2 \cdot 2H_2O$，由于高岭土含氧化铝量较高，故具有较高的耐火度，掺和瓷石制瓷，可使瓷胎中的玻璃相应降低，扩大了瓷器的烧结范围，变形率大为减少，烧后具有良好的机械强度和化学稳定性，尤其是大件瓷器，高岭土在瓷胎中起骨架作用。

“明砂高岭”产于景德镇市区东北 45 公里（北纬 29° 28'，东经 117° 31'）浮梁县鹅湖镇高岭村。“玉岭”是高岭村的另一重要称谓，也是较早的称谓。“高岭本邑东山名，其处取土作不”，高岭土经山脚下东河东岸的一个小集镇——东埠，在此集中后下河运至景德镇，故此高岭土称“东埠高岭”或“东港高岭”，系指由景德镇市东港水系运来。至于“明砂高岭”的称谓，有多种说法，据当地老土工说：高岭山之高岭土质量不一，统称为东埠高岭，其上等的称为“明砂”，即头色，次等的称“二色”。“明砂”原指清同治间高岭山复开以后，在明代的采掘遗址老矿一带重新发现的优质高岭土。而在1907年，日本政府派遣农商务省技师北村弥一郎来中国考察窑业。归国后他写成了《清国窑业视察报告》，书中称“明砂高岭”为浮梁县明砂所产之瓷土，显然把明砂当作了地名。中国科学院地质研究所陈开慧在他的《景德镇高岭村高岭土矿床及高岭土矿物的研究》一文中，认为高岭土原矿所含的白云母晶莹明亮，又多是砂土形态，故曰“明砂”。以后人们一直把高岭山所产的高岭土成为“明砂高岭”，以区别其他地区所产的高岭土，沿袭至今。

至于高岭土的开采历史，刘新园《高岭土史考》引证大量古代文献认为高岭土一词出现于明万历三十二年（1604年），高岭矿区始开于万历中期，以万历中期至清乾隆时期为其青春期，乾隆以后虽有开采，但为数不多，应为该矿的衰落期。康熙二十一年（1682年）《浮梁县志》卷四“陶政·陶土”条载：“万历三十二年，镇土牙戴良等赴内监，称高岭土为官业，欲渐以括他土也，檄采取。地方民衣食于土者甚恐。守道叶云仍、知县周起元争之，还其檄。”说明高岭土的开采时间早于明万历三十二年，当时尚是民间开采，朝廷准备列为“官土”。明崇祯时宋应星《天工开物》“陶埏·白瓷”记述景德镇瓷胎原料及其配制方法时谓：“土出婺源、祁门两山，一名高梁山，出粳米土，其性坚硬；一名开化山，出糯米土，其性粢软。两土和合，瓷器方成。”文中所说出产糯米土的安徽祁门县至今仍产瓷石，为景德镇瓷用原料的来源之一。但婺源县则不出性硬的瓷用原料——粳米土，其实质是浮梁县高岭山之高岭土。距《天工开物》刊出仅四十余年的康熙二十一年《浮梁县志》卷一谓：“高岭在县东七十里仁寿都，与婺源之石城山连界，险峻特甚。……今取山产瓷土，取以为业。”至于把高岭土写成高梁山，因受地方方言影响，至今景德镇陶工仍把“高岭”念作“高梁”，惜作者未能校核当时的文献及风情。还有一说，高岭土始掘于南宋。据今年发掘出来的高岭《何氏宗谱》记载：（1）玉岭《何氏世系》盛字支四四世“召一公”条：“祁开高岭瓷土”。（2）玉岭《何氏支谱·卷之首》第九代“召一公”条：“公开创高岭，故业瓷土者庙祀之。”这条记述说明召一公系首创开挖高岭土者，他的作为已带动了其他人从事高岭土的开采，并得到其他业瓷者的尊敬，对他进行庙祀。（3）高岭《何氏宗谱》中附有《玉岭基址图》，即该村地址图。图中标有“取土山”，按图中方位对照现在地形，所说取土山，正是目前考古学家勘察的高岭古矿址，所取之土应是高岭土。按谱牒揭示，何叔信迁居高岭时，约在唐末，即公元 900 年左右。至于初开高岭瓷土的何召一，是叔信之后的第九代，按习惯推算，应是在南宋高宗绍兴年间（1131—1162 年），约在 1140 年前后。而自南宋至明万历间，均为民窑开采，数量不会很大，万历以后，因麻仓老土枯竭，始列为官土。

宋应星的《天工开物》在国外流传，日本曾经于 1771 年出版营生堂刊本，法国于 1869 年出版《中华帝国古今工业》有节译，德国于 1882 年出版《中国植物》也有节译，高岭之名于清早期传至海外。清康熙五十一年（1712 年），法国传教士恩托雷科利斯（d’Entrecolles），汉名殷弘绪，在景德镇逗留七年，最早向法国介绍高岭土。他在《中国陶瓷见闻录》中写道：“瓷用原料是由叫作白不子和高岭的两种土合成的，后者（高岭）含有微微发光的微粒，而前者只呈白色。”“高岭是瓷器的成分之一，其加工比白不子简单，一般直接使用自然土。”“精瓷之所以密实，完全是因为含有高岭，高岭可比作瓷器的神经。”“一个豪商说，若干年前英国人，也许是荷兰人，把白不子买回本国试图烧造瓷器，但他没有使用高岭，因而事归失败……这个商人笑着对我说：‘他们不用骨骼，而只想用肌肉造出结实的身体。’”殷弘绪的《中国陶瓷见闻录》及《补遗》曾震动欧洲社会，使欧洲人士第一次谈到有关景德镇及其瓷器制作技法真实的第一手材料。特别是他于 1715 年把高岭土的标本寄往法国，更为国外研究高岭土提供了实物。1867 年，美国《科学杂志》发表了约翰逊（S.W.Johnson）和布莱克（J.M.black）《论高岭石和细块高岭土》一文，文中把组成高岭土的黏土矿物称作高岭石（Kaolinite）。从此以后，高岭又由陶瓷界延伸到了矿物学领域。清同治八年（1869）十月，德国著名的地质学家李希霍芬（Ferdinand von Richthofen）访问景德镇和安徽祁门，考察后著文介绍瓷石和高岭，还根据汉语“高岭”一词的读音，译成今天通用的英文 Kaolin 一词，从此国际上把类似这样的黏土统称为高岭，“Kaolin”遂成为国际上的通用名词。

高岭土的开采以清乾隆间为盛。据清《冯氏宗谱》中的《冯光发传》载：“因土名麻石坳等处之山，被婺邑在山搭有棚厂数百，人数千余，强取瓷土。”冯光发殁于乾隆五十七年（1792 年），那时外县仅婺源就有人数千余，加上本地人数，其开采盛况可想而知。强取瓷土引起的纠纷“事延三载”，以后官方出示封禁。经过 200 年的大量开采，目前矿源已日渐枯竭。“清同治、光绪间，高岭山的高岭矿又一度有小规模的复开（黎浩亭《景德镇陶瓷概况》）”，“清光绪时，因受星子影响，营业上便大衰落”。民国十八年（1929 年），采掘此项瓷土者，有汉洋、汉澄、四义、尔梅、同发、云贵、享林等镇市。人民政府成立了浮东瓷石矿，下辖三个矿区，第一矿区即高岭。为了开采方便，从高岭矿区至东埠码头修筑了一条简易登山公路。高岭土矿重新开采后，由于规模小，产量低，直到 1968 年，因品位不高，再度停产，高岭山也就只剩下了一些供人观赏和考察的采掘遗迹了。

5. 胎土淘洗

这种淘洗分为两步：先是在瓷石产地通过水力将原料舂碎淘净、挤干水分后，制成砖状泥块，再将其运至窑厂，将两种泥块入臼再舂，舂后的泥入缸水澄，其上浮者为细料，下沉者为粗料。将粗料取之再舂，反复数次，然后倒入砖砌方塘，待其沉淀后，取其泥浆，调和制坯。在将两种土混合之前，还要注意配伍比例，按等份入臼。高岭土中的氧化铝成分较多，其比例越大，烧成温度越高，瓷的品质越好。经测试，从洪武到万历，官窑瓷器胎中的氧化铝的含量，有一个由低到高、再由高到低的变化过程。洪武时的氧化铝含量为18%左右，永乐为19%，宣德为20%，成化达到22%，后来万历又回到了18%左右。元代和洪武时的胎土，因淘炼粗细之差，胎质表现粗细不一。以官窑器物而论，瓷化程度较高，因而坚致细白，稍有厚重感。永乐时已经注意淘炼瓷土，因此胎质细腻、润滑，胎色洁白，较之后来的宣德瓷器胎薄体轻，器型规整，大器的细砂底有光滑温润之感。永乐胎体多厚胎，细润而坚致，但较之后来宣德及清代康熙的胎质，则是莹润有余而坚硬不足。因胎釉结合致密，故釉面洁白，莹润如玉。元人孔齐《静斋至正直记》卷二记载："饶州御土，其色白如粉垩。每岁差官监造器皿以贡，谓之御土窑。烧罢即封，土不敢私也。或有贡余土作盘、盂、碗、碟、壶、注、杯、盏之类。白而莹，色可爱。底色未着油（釉）药处，犹如白粉甚雅，薄难爱护，世亦难得佳者。今货者，皆别土也。"（熊寥、熊微编《中国陶瓷古籍集成》，第35页。）此即为高质量瓷胎。中质量胎仅是白度比高质量胎稍差，其余基本相同。多用于生产中小件产品，如玉壶春瓶、小蒜头瓶、葫芦瓶、小罐、薄胎平底折沿小盘、匜、执壶、水注、鸟食罐、印盒等。低质量胎，其胎色灰黄，粗而干涩，有较多的大小黑点，胎的断面空隙较多而大。这种胎泥显然含铁、锰较多，是淘洗胎泥中的渣料，这种渣料会影响釉和料的发色，所以用瓷泥成型的粗碗、高足杯、小罐、小炉、小盘碟等均釉色灰青，使用下等青料绘制纹样，多为笔筒青花纹饰，并呈棕黄灰青色。这类粗器在小朵窑址中有出土，属于销往菲律宾、印度尼西亚和东南亚各国，或者内销的民间产品。永乐时，烧制大盘时多直接使用这种渣料来垫底，故而永乐时的大盘底部洁白，没有窑红。

6. 明代瓷器的烧制技术

古代烧制瓷器主要是龙窑，其纵深可达50米以上。位于山坡，因其形状类似龙而得名。龙窑分为头、床和尾各个部分，其优点是装烧量大，窑温升温速度快，烧制成本低廉，生产周期短。龙窑为元代和明代早期的主要窑形。第二种窑叫馒头窑，因其形似馒头而得名。其特点是结构简单，造价成本低廉，并且较为容易掌握温度升降的速度，由于其烧制效果出众，明代多用其烧制胎体厚重的较大型瓷器。但由于其窑室内温度上下左右分布不均匀，对于烧制较大数量的瓷器难以把握。这种窑炉在正统年间进行了改造，景德镇御窑厂主要改建为这种馒头窑，所以当时可以烧制器型硕大的缸。第三是葫芦窑。葫芦窑是龙窑发展到一定时期产生的分支，由于其分为前后两个窑室，类似葫芦的形状而得名。这种葫芦窑烧制小件器物较为合适。

最早记载陶瓷烧造技术的是唐英的《陶冶图说》：“白胎瓷器于窑内烧成始施彩画，彩画后复须烧炼以固颜色，爰有明暗炉之设。小件则用明炉，炉类珐琅所用，口门向外，周围炭火，器置铁轮，其下托以铁叉，又将瓷器送入炉中，傍以铁钩拨轮令其旋转，以匀火气，以画料光亮为度。大件则用暗炉。炉高三尺，径二尺六七寸，周围夹层以贮炭火，下留风眼，将瓷器贮于炉膛，人执圆板以避火气。炉顶盖板，黑泥封固，烧一昼夜为度。凡烧浅黄、绿紫等器，法亦相同。”这里是说，早在清代前期就已经在彩瓷的烧制上分出明暗两种烤炉，其实这种技术在明代早期就已经成熟，只是没有文献记载而已。《南窑笔记》还详细记载了明炉烤瓷的方法：“其制用匣横卧，围砖炙碳先烧匣红，而后用车盘置瓷盘上旋转，渐次进入匣中，俟瓷色变即出炉，用他匣覆之。俟瓷冷透，揭匣出焉。”这种明炉只可用来烧制小件器物，且费人力，烧出的瓷器还多有开裂，后来渐被弃用。

明代时，景德镇御窑厂共有六种窑：“曰风火窑、色窑、大小爁熿窑、大龙缸窑、匣窑、青窑。”（朱琰《陶说・洪武窑》）。其实明代初期窑形似卧地葫芦，称为葫芦形窑。窑形前大后小，周围都是用砖砌成的。其顶上有火门、火窗、库口、对口、引火处、牛角抄、平风起、末端火眼、过桥处、鹰嘴、余堂、靠背以至烟囱。窑深一丈五尺，宽也一丈五尺。在窑的外边建有屋棚用来遮蔽风雨，但是烟囱在屋外边，以腾火焰，增大火力。到正统时期，窑炉发展成马蹄形窑，与北方的馒头窑十分相似。这种窑内部面积很大，能烧大型的陶瓷制品。

匣钵烧制。瓷坯进入窑炉烧制，必须使用匣钵。匣钵并非景德镇首创。最早使用匣钵来烧制瓷器的应该是越窑，早在五代时，越窑即使用匣钵烧制了著名的秘色瓷。景德镇在北宋时引入匣钵，在湖田窑址发现了最早使用匣钵的遗物。宋应星《天工开物》中记载了匣钵的制造方法：“钵以粗泥造，其中一泥饼托一器，底空处以沙实之。大器一匣装一个，小器十余共一匣钵。”“匣土出景镇左右十里之内。有白土、黑土、沙土数种，配合作匣。凡匣极宜选土做造，务令坚厚为上。瓷内渣滓、硫黄点等疵，皆匣不选土做之。故最忌油土太多，以至松脆不能耐火，多有脱底漏笼之害。每一厂土，掺入镳坯泥百余斤，其匣自然坚固，亦一办法也。”（《南窑笔记》）

古人对于制造匣钵的原料也很讲究，用白土、黑土和沙土三种土质混合，忌油土多导致松脆不耐火。《景德镇陶录》里记载：“匣钵亦土作，土出景德镇马鞍山、里村、官庄等处，有黑、红、白三色，更以宝石地所产砂土配合，则入火经烧。其造法：用轮车与拉坯同，土不必过细，匣成阴干，略镟平正，先入窑空烧一次，再装坯烧，名曰镀匣。”匣钵是圆形的，随圆器和琢器的形制而改变，装碗、盏的匣钵，形状像釜，而装盆、碟的形状看着像碟。总体来说，有大器匣、小器匣两种。“用来装大瓶、大缸等瓷，每匣限于一件者为小器匣。”（向焯《景德镇陶业纪事》）这里所谓的大小器匣，是从所装器物的件数多少来说，而不是相对器型的大小而言。装坯入匣时，有专门负责装坯的工人，“以煅糠灰置匣底，再以渣饼（粗瓷饼）承坯入之。”（向焯《景德镇陶业纪事》）所以烧后的瓷器便不会粘在匣钵上，并且瓷器底下不会显得粗糙。瓷坯质薄，装入时是不能用手直接接触瓷坯的，而是用麻绳做成圈式，承此坯托。一个匣钵能装多少瓷坯都是有规定的，如果有工人破坏规矩多装入，这就是犯规，同行中的人定会群起攻击。同时，装坯的工人会依据窑的大小来小心安放，以保证匣钵之间火焰的合理流通，而不是随意密密摆放。否则就会出现窑火烧不到或温度不够而导致的残次品增多现象。

五、瓷器的釉面

1. 釉的概念

瓷器的釉是由釉陶发展而来的。釉是一种矽酸盐，施釉在素地（景德镇叫作石胎或涩胎）上，经过火烧就成了有釉的光亮面，便于洗拭，不致被尘土或腥秽所污染。在釉料里要是加入了某种氧化金属，经过火烧以后，就会显现出某种固有的色泽，这就是色釉。颜色釉是从青釉开始的。景德镇窑的颜色釉集各窑之大成，仿制和创烧了许多新品种，使中国的瓷釉达到了登峰造极的境地。由于青釉器的烧制成功，接着又用氧化铜加入釉药，制成了红色釉。加上发明彩绘，并且发展到釉上彩，以至应用其他氧化金属，制成多种多样的色釉，配合烧制。

釉有两种，一种在窑中烧成，一种在炉内烤成。前者叫作高温釉，后者叫作低温釉。低温色釉在景德镇不叫它为颜色釉，叫它作“炉彩”。施釉也称之为上釉，意思是在坯体的里表罩上一层釉料的行为。明早期青花瓷施釉的方式较多，大体分为浸釉、浇釉、吹釉、荡釉四种。

浸釉又称为蘸釉，用手指抓住器物底部将坯体浸入油料片刻，利用坯体本身以及釉水的吸附能力使釉水挂满器物全身。浸釉通常用于对较小的器物进行施釉，多半是器物的外壁。明早期的青花高足碗、鸟食罐、玉壶春瓶、小梅瓶等均是采用此法。由于浸釉往往不到器物底部，故在底部形成不规则形状，还会留有手抓坯的手指痕迹。浇釉又称甩釉，适用于圆盘及碗类器物，是将坯体置于转盘中心之上，将釉水浇在坯体足部，使其快速旋转，釉水便能均匀流动覆盖器物表面。吹釉是对于握捏不便的大型器物，用嘴对管型工具吹气，将釉水溅于器物表面，可以根据需要来控制吹釉的厚薄，可以多层施釉，多者可吹十几遍。荡釉是将釉水灌入器物内部，手握外部上下左右摇晃使其施釉均匀，之后将多余的釉水倒出即可，此方法专门适用于器物内壁施釉，如瓶、罐等。

对明代瓷器釉面的观察，可以借助放大镜，特别是对于难以鉴别的后挂彩釉器物。观察时要注意釉的粗细，光泽的新旧，釉面的厚薄，以及气泡的大小、疏密程度等特征。对于各时代釉面的典型特征要牢记心中。例如，瓷器的釉面都闪有不同程度的青白色，器足釉面与器身釉面色调多不一致。明代早期釉面常有无色的自然开片和缩釉现象，明代宣德的橘皮釉等，这些有着细微差别的釉面现象，都是需要关注的地方。这些各具时代特征的地方，是识别真品和赝品最具说服力的证据。

2. 釉料的制作

釉的化学成分并不固定，各窑口各时期略有差别。釉的成分分为釉果和釉灰两部分。

釉果。又称釉石。青花瓷胚胎的表面，内外都需要施釉。用来制作釉的原料叫釉果，属于长石花岗岩，在使用前也需要经过与瓷石相同的开采、粉碎、淘洗等工序。釉果中含有绢云母，浮悬性和附着性强，釉石是尚未风化的瓷石，其助熔剂的含量较高，在烧制时会变为液态附于器表，形成有光泽的釉表，其融化温度略低于胎骨的成熟温度。釉石也产自高岭山一带，其成分与瓷石相近，与高岭土不同，以二氧化硅和三氧化二铝为主体，并含有氧化钾和氧化钠。其加工方法与瓷石相同。釉石中主要含有云母和长石，其含量的不同，主要是各代采用的釉石矿源不同，其风化的程度不一。釉石先经淘洗再配釉料，淘洗的精度也有所不同。由于釉果和瓷石的矿物组成和化学成分相近，所以有些地区的瓷石也可以用来配釉，如浮梁、瑶里。

釉灰。制釉无灰不成，所谓釉灰是植物的灰，也是釉的必备成分，釉中无灰则枯槁而无光泽。釉灰是配制釉料的助熔剂，由青白石和凤尾草炼制而成。最早记载釉灰的是蒋祈所著《陶记》：“攸山、山槎灰之制釉者取之。而制之之法，则石垩炼灰，杂以槎叶、木柿，火而毁之，必剂以岭背‘釉泥’而后可用。”意思是选用攸山、山槎两地的石垩，堆装于石灰窑内，以槎柴叶，木皮为燃料先烧成生石灰，然后用岭背出产的釉泥调剂，二者配制，然后可用。这是景德镇最早的炼灰方法。其程序是：先将青白石煅烧成白石灰，然后在空气中潮解成细石灰，再把细石灰与凤尾草堆叠在一起反复烧炼，陈腐数月之后，把灰用水淘细，制作成釉灰，作为配釉使用。明代在景德镇南 20 公里的乐平县境内，建有专业烧制釉灰的作坊。其制灰方法是：用槎柴和杂木烧石灰石，再将烧成的石灰石用水消解为熟石灰。将熟石灰与一种蕨类植物隔层堆放，点火煨烧，多次烧后即成釉灰。植物草木中相传有凤尾草，用它烧制釉灰是与石灰石堆叠经数次煅烧再经陈腐而得。（刘桢、许垂旭著《传统釉灰的制法及其工艺原理》，《陶瓷学报》，1986 年第 7 期。）把烧制好的釉灰和白不细泥混合，然后加水调制成浆，按照制作青花瓷的不同品种、不同规格的需要，配制成不同比例的釉汁。这种植物与熟石灰煨成后，取下层粗渣陈腐后舂细，用于细瓷。用这种方法制成的釉灰白中闪青，是明清时期景德镇所制陶瓷的重要特征。

釉浆。以釉果为基础，以釉灰为助熔剂，制成釉料，称为釉浆。釉浆有多种配方，灰多则釉色青，灰少则釉色白。青者入火易熟，白者入火难熬。釉灰的主要成分是氧化钙，其含量少则釉面白，其烧成难度高。釉石多者釉面肥厚。景德镇旧法制瓷的配伍方法是以铁盆计量，釉灰 1 盆配釉石 12 盆者为上等瓷，釉灰 1 盆配釉石 8 盆者为中等瓷，配 4 盆者为粗瓷。明代的釉面总特点是：釉层厚，釉石的配比多。釉的白度不够白，白中闪青。使用国产青料时，多使用乳浊的卵白釉，而使用进口青料时则使用透明的亮清釉。这两种不同的釉料，就是釉石与釉灰的不同配比制成的。

元代青花瓷的釉，在宋应星《天工开物》的《陶埏》篇记载：“凡饶镇白瓷锈，用小港嘴泥浆和桃、竹叶灰调成，似清泔汁（淘米水），盛于缸内。”唐英《陶冶图说》的“炼灰配釉”说中记载：“一切釉水无灰不成其釉，灰出乐平县（在景德镇南百四十里），以青白石（石灰石）与凤尾草迭垒烧炼，用水淘洗即成釉灰，配以“白不”细泥（釉果不），与釉灰调和成浆，稀稠相等，各按瓷之种类以成方加减。盛之缸内，用曲木棍横贯铁锅之耳，以为舀注之具，其名曰盆。如泥十盆，灰一盆为上品瓷器之釉；泥七八而灰二三为中品之釉；若泥灰平对、灰多于泥，则为粗釉。”通过引用上述文献说明：

首先，游山、仙槎，距镇十七八公里的小山村和乐平县产釉灰。其次，釉灰的制作方法是一层熟石灰，一层槎叶、木柿或桃、竹叶，或狼萁（一种广泛生长于我国江南山区的蕨类植物）等，相互迭垒三层，暗火烧炼成灰白色的灰，再将此灰与狼萁等用前法堆叠煨烧，连续三次即成釉灰。最后，用水淘洗去掉浮于水面未烧尽的梗屑。上层的细浆部分即为“头灰”。沉淀的粗渣晒干后，用人尿陈腐一至二月再舂细晒干，曰“二灰”，用以细瓷配釉用。以上对历代釉的制备工艺记载得非常详实，至今没有太大的变化。今日的传统青白釉、高仿青花瓷用釉，也不外乎如此，包括今日所用釉灰，也是上述两地的产物。

元青花的釉是在宋代影青釉的基础上改进的，它发色青白，透明度好，流动性比影青釉稍差，但是比明初官窑青花釉的透明度和流动性强。有橘皮，气泡大小混合，属于釉灰加釉果的重钙釉，釉中氧化钙含量在8%—10%，釉料大致配方为：釉灰15%—20%，釉果80%—85%。这种釉在漏釉、缩釉的露胎上容易产生火石红。另外，由于釉质好，并且为柴窑烧成，所以它还具有釉面光滑如镜、温润如玉、肥如堆脂、光泽柔和的古瓷釉面的共同特征，这是赝品难以达到的。

白釉。在明末，关于白釉的配法："凡饶镇白瓷锈，用小港嘴泥浆和桃竹叶灰调成，似清泔汁，盛于缸内。"（宋应星《天工开物》）到清代时，《陶冶图说》中记载："以青白石与凤尾草迭叠烧炼，用水淘洗即成釉灰。配以白不细泥，与釉灰调和成浆，稀稠相等，各按瓷之种类以成方加减，盛之缸内。"这里的青白石即石灰石，配制的方法是将青白石和凤尾草叠垒烧炼，用水淘洗。釉灰中配上一种胎土的细泥，调和成泥浆，按照瓷器的种类，再加再减，制成粗瓷和细瓷所需要的釉，然后盛在缸内备用。这时，人们已经认识到釉的质量是以一盆釉灰浆与所配的釉果浆的盆数的比例来计算的。"泥十盆，灰一盆为上釉；泥七八而灰二三为中釉；若平对或灰多，为下。"（朱琰《陶说》）可知，要配制上等的釉，就必须减少釉灰的用量。

《南窑笔记》记载："凡配各种釉，约数十余种，俱以灰为主，如调百味必须盐也。"用石灰石配釉是景德镇制瓷工艺的原料配方，从汉代硬陶上的灰青釉一直到现代都是如此，必不可少。明清时期景德镇各种颜色釉瓷大放异彩，工匠们能够配制出多种颜色釉，其主要配制方法如下：

紫金釉，用鑵水炼灰，紫金石水合成；

金黄釉，用黑铅末碾赭石合成；

矾红彩，用青矾炼红，加粉铅、广胶合成；

紫色釉，用黑铅末加石子青、石末合成；

浇青釉，用釉水炼灰，加石子青合成；

浇绿釉，用炼过的黑铅末加古铜末、石末合成；

豆油釉，用豆青油水炼灰、黄土合成；

纯白釉，用釉水炼灰合成，即纯白器；

浇黄釉，用牙硝与赭石合成；

霁红釉，用红铜条与紫英石合成；

霁青釉，用青料配釉合成；

东青釉，用紫金釉微掺青料合成；

龙泉釉，用紫金釉微掺青料合成；

炉均釉，用牙硝晶料配釉合成。

清代不仅能配出各种颜色釉，还知道了配釉时水的重要性。“盖釉之本质，取之于石，色泽则发以水也。”不同地方的水用来配制不同的瓷釉。“镇之小港水春者为上，色泽光润如明镜，易显料色，宜描青花。祁邑之昌水春者为次，唯甜白宜之，因其肥而耐火，仿古釉色多用之，取其无浮滑之色，殊有旧意。”（《南窑笔记》）这里可以看出，景德镇的瓷工对釉的性能已经了解得十分透彻。

3. 施釉的方法

在坯体的内外表层覆盖一层釉料的操作叫作施釉，也称上釉。景德镇自古以来有多种上釉的方法。根据器物大小有所不同。

在施釉之前，要用水笔蘸清水在坯胎上刷抹，用以抹除利坯时的刀痕，以及晒坯时残留的粉末尘土，还可以发现坯胎内隐藏的气孔及混在坯泥中的硬泥团，然后才能上釉。先舀釉水到瓷器内部，手捧瓷器轻轻摇荡，让釉水均匀覆盖器物内部，倒出剩余釉水，并使口沿施釉均匀。待内部上完釉干透，最后再上器物外表的釉。上釉的方法有吹釉、蘸釉、浇釉、补釉、配釉、涂釉等。

施釉本身在技术上也有可以探讨之处。瓷坯拉成之后要经过补水手续，将其表面刷光、细孔填平后才能上釉。宋元时期施釉方法多为蘸釉，其釉汁往往不到底足，其露出之胎体有大块片段，一半有釉，一半无釉。这种蘸釉法是将器物的瓷坯以很快的手法在釉浆里面一浸，顺便一提，器皿的外面多用此法上釉。这种蘸釉法在明代有所改进，改为荡釉和蘸釉并用。“凡诸器过锈（釉），先荡其内，外边用指一蘸涂弦，自然流遍。”（宋应星《天工开物》）。意思是先把釉水倒入坯内荡一遍，再张开手指撑住坯体往釉水里蘸一下，使釉水刚好浸到外壁口沿，这样釉料就自然布满坯体外壁，避免了釉底无釉的弊端。这里唯有一个问题，即施釉后不能马上蘸外釉，需等内釉干燥后才能上外釉，否则将会损坏坯体。**当时，有些器物在坯体绘画完成后，还会再用笔蘸水涂抹一遍，称之为“补水”，使坯体潮湿后再上釉。这样会减少空气存于釉中的机会。**在明代，圆器和琢器的里面都是用荡釉法上釉。

虽然蘸釉法使用普遍，但是还有其不足。“将琢器之方长棱角者，用毛笔拓釉，弊每失于不匀。至大小圆器及浑圆之琢器，俱在缸内蘸釉，其弊又失于体重多破坏。全器倍为难得。”（唐英《陶冶图说》）蘸釉时还是不够均匀的。“蘸釉之法，欲其莹匀，大抵贵手法轻快。《肆考》谓不急能匀，重复蘸之则莹厚，谬矣。”（蓝浦《景德镇陶录》）因为重复蘸釉，周围的釉反而不会均匀。发展到清初，则使用“今圆器之小者，仍于缸内蘸釉。其琢器与圆器大件具用吹釉法。以径寸竹筒截长七寸，头蒙细纱蘸釉以吹。俱视坯之大小与釉之等类，别其吹之数遍，有自三四遍至十七八遍者。”（唐英《陶冶图说》）。这种吹釉法，吹釉时细如雨霰，极其均匀，还可以避免破坏瓷坯。瓷板等器物面积大，必须分段吹釉。其法：“用竹黄煅灰调水，画作界限，烧后挥发，略无痕迹。”（向焯《景德镇陶业纪事》）。除上述上釉之法，还有浇釉和涂釉两种，上釉时按瓷坯的形状厚薄分别采用或数法并用。大件器皿有时也用浇釉法，如色釉的祭红、豆青釉的上釉多以此法与吹釉法并用。涂釉是用毛笔将浓度像稀糨糊的釉浆涂在坯体上，上颜色釉时多采用此法。颜色釉是各种色泽的高温釉和低温釉，其中有一种色泽的单色釉，也有多种色泽施于一器的杂色釉。明代的高温单色釉和低温单色釉瓷器有很大的发展。《南窑笔记》除了记叙了永乐、宣德时期的甜白釉、祭青、祭红外，并说“月白釉、蓝色釉、淡米色釉、米色釉、淡龙泉釉、紫金釉六种，宣、成以下具有。”

元代明初时期，对于大件琢器如大口的罐、瓶等，器外用浇釉法，即将坯体放置于盆中的木架条上，瓶口盖住，双手各端一大碗釉，同时向颈部、肩部稍用力浇去，釉便往下流满全器，并有一部分流入器物底部，在器物底部多留有没有刮干净的釉块。釉层的厚薄主要靠施釉者对釉的含水率来控制，**釉厚会使青花“蒙花”，出现一种雾状的唾沫釉。釉薄会使青花变得灰黑，有种烧过头的感觉**。器物内部则是用大笔涂抹釉水，操作率意，釉较薄，不均匀，有的甚至出现没有涂满釉的漏笔现象。这是元代到明早期的施釉方法。

小件琢器。小件如蒜头瓶、玉壶春瓶、小梅瓶、出戟花觚、执壶、水滴、小盖罐、鸟食罐、高足碗等，器外均采用蘸釉法，即用三或四个手指抓住器物底部，直插入釉中至足沿，片刻提起即成。这类蘸釉产品往往浸釉不到底，颈或足下部有一圈不规则的露胎，上面往往留有三至四个指头抓坯的痕迹。小件琢器，器内一般不施釉，仅见小罐内有荡釉，有的荡釉不满，其余只是在蘸外釉时，器物口内沿 1—3 厘米有釉。凡小口的大梅瓶，包括八方瓶、葫芦瓶、长方形双螭耳扁瓶、直口双耳瓶等，器内部不施釉，仅在口径内涂上釉。诸器的足底一般不施釉，但是玉壶春瓶的足底普遍有釉，因为玉壶春瓶身较高，必须分上下两次蘸釉，也因此口径内与圈足内普遍有釉，釉面的平整度与厚度和器物外表一样。如果此两部位出现用笔涂抹釉的不平整状，就是造假的现象。但真品玉壶春瓶足底也有不满釉的，这是蘸釉时垂直下去，足底内空气多，釉的浸入受阻而致。这些施釉方法，常常会使器物的口沿或肩部出现“泪痕”。今日仿者多用吹釉法，则不会出现此现象。

大件圆器。大盘、大碗内施釉是甩釉。即将大件圆器仰置于辘轳车圆盘的中心快速旋转，将釉倒入器内，在离心力的作用下，器内多余的釉立即甩出，器内便均匀地覆盖了一层釉。外壁施釉亦称甩釉，是将器物覆置于辘轳器的车圆盘中心，“利头”上快速旋转，将釉淋在靠近圈足的外壁上，通过离心力和釉的流动性，使外壁均匀地挂满釉。由于内外壁施釉时器物口沿都会沾到釉，造成此处两次上釉而出现厚釉，便会呈现深青色和较大面积的“泪痕”现象。

中小件圆器。中小盘、碗、碟、托、盒等，器内用浇釉法，即左手拿着圈足，口向右方，右手用勺把釉盆中的釉水稍用力向器心内浇，此时双手相对用力，配合熟练，釉在外力的作用下，器内则满挂一层均匀的釉。这类中小器件的圆器，施了内釉再施以外釉，施外釉是采用蘸釉或浇釉法，蘸釉时使用托钩把坯托起置平，右手轻轻地按着器物内底，小心地将坯浸入釉盆中，当釉满至口沿片刻，速将坯由釉中取出，放置料板上即可。

碗类的圈足是在印坯时留下二三寸长的实心泥靶，便于把握画坯和施以内釉。待画坯和施釉工竣后旋去其柄，再挖足，取釉、装匣。所以景德镇人自古称之为“靶子”。元明时期，小碗施外釉是用蘸釉法，挖足是在施以内釉后完成的，所以它和宋代的碗一样，圈足内均不施釉，称砂底，盘也如此。

4. 各时期釉面的特征

洪武釉面呈青白色，为元、明两代瓷的共同点，只是青白程度各朝略有差异。常见洪武民窑瓷器，有的胎体淘炼不精，胎质呈白或灰白色，经厚润的青白釉汁映衬，釉面显示出比明代其他各朝更加深的青灰色或灰白色；而官窑器釉面虽也为青白色，却较民窑器白润肥厚，有的釉面伴有细碎无色的开片纹，玻璃化程度高，色泽清雅，柔和悦目。一般底足刷有白釉浆，薄处泛黄，厚处呈乳白或青色，光泽感不强。有器足与器身釉面色调不一的怪异现象，究其原因，或是底足涂了不同的釉料所致。

永乐釉面以肥厚、细腻、光润、平静为主要特征，绝无后来宣德时普遍存在的那种橘皮纹。而就青花瓷的釉面论，永乐釉面的青白程度较元代有所减弱。瓷器釉面呈现的青白色为整个明代传统烧造方法所致，盖因釉料掺有凤凰草的草木灰，并以木材炙烧，故产生这种效果。现代烧瓷，除仿古瓷外，釉料成分及烧造工艺都与明代不同，故釉面多无此青白色。同时，不可忽略永乐瓷中也偶有不泛青白而显洁白的釉面。白釉器的口边与底角釉薄处多闪白色或黄色，釉汁厚聚处闪浅淡的虾青色。琢器表里的釉面一般匀净，少有厚薄不匀的现象。薄处泛黄，厚处呈浆白色，或稍闪青色。有些器底白釉开有细片纹。

宣德釉面与永乐相比仍属细润，但多橘皮纹。就青花器而论，釉面多泛青，称作“亮青釉”。有的青花器釉面气泡密集，大小不一，显云雾状，称为“朦釉”，俗又谓之“唾沫釉”。清代仿宣德器中，尤多这种云雾现象。宣德器的高温色釉中，都具有釉面橘皮纹和气泡麇集现象，少有例外。琢器器里釉汁流淌不匀，可见垂流痕。除大器为无釉白砂底外，中小器物底足多施釉，但器身与器足釉面色泽往往不一。器足釉面有以下几种情况：白色洁润者，有橘皮纹，呈乳汁状；施釉不匀者，色泛浆白，于白釉中隐隐显出一片黄色，又似串烟色，涩而少亮，俗称“鱼肚白”或“黄溢子”；青白色者，晶莹光亮，此现象常见于器物底部，并较器身稍亮；浆胎开片者，呈牙黄色。此外，器身、器足的边际、棱角等转折处，常有呈翠青色或亮青色的积釉。宣德早期釉面与永乐一样，尚无橘皮纹，而后增多，晚期出现洁白釉，又少见橘皮纹。清代雍正时仿宣德器最多，但釉色青中泛白，釉泡大小一致而无层次，橘皮纹过于规整，亦不自然。宣德釉面的突出特点是橘皮纹，青花器釉面呈亮青色，前期与后期釉面稍白，中期为青白色，釉面均很细润。

正统釉面肥润呈黄白色，景泰时的釉面肥腴，有的釉面青白润泽。天顺的釉面光润平静，青花器的釉面青白肥腴，底足施釉厚薄不匀。有的通体施青白釉，釉面肥厚光亮。

成化瓷器中釉灰的用量最低，瓷釉配方最为稳定。除个别器物外，成化瓷釉的基本特征都是釉层浑浊，釉中气泡不清晰，气泡细小稠密，成化的釉面特征与其瓷釉的配方有极大的关系。成化釉面以细润见著。大多数青花器釉面微闪青色或略显灰青。另有一种洁白釉，又称乳白或“甜白”，不仅肥厚滋润，而且光洁无瑕，如脂似玉。因为釉质肥腴，器物口沿下常见垂流形成的一圈堆积釉。明代瓷器，以成化为分界，前期施釉是内壁比外壁厚得多，而弘治以后渐渐变成外壁施釉要大大厚过内壁，说明那时施釉是不仅上一次釉。从残片的断面看，其釉层多达数层，每层都有较多的气泡层。

5. 识别釉面

明代古陶瓷的釉面多具有共同特点：温润如玉，肥如堆脂，青白闪黄，多有橘皮纹。所谓温润如玉，是说瓷器的釉面如同古老的和田羊脂白玉一样温润、光泽柔和，抚摸时有光滑润泽的手感，即所谓“玉质感”，没有光泽或是不光滑的很可能是做旧所致。所谓肥如堆脂，是说瓷器的釉面好似猪板油一样肥腻，好似新的树脂漆器上发出的肥润、光滑感，即所谓的“油脂感”。这两点以成化瓷器的釉面最为典型。釉面的玉质感和油脂感，在今天高仿产品中难以达到。其主要原因是：

古代的釉，用水细细淘洗，并且要过140目的马尾筛，可以提高釉中钾和钠的含量。加上古代的釉果多为浅层开采，风化程度较好，其钾和钠的含量比深层矿中的高。中华人民共和国成立前烧瓷的燃料是松柴和杂柴，它在燃烧时硫的含量少。而景德镇的釉自古以来是重钙釉或重钙碱釉，气氛中硫的含量少，使这种容易吸烟的釉而不易吸烟。以高钙和氧化钾、氧化钠为助熔剂的釉，在高温下可以更好地帮助氧化硅熔融成玻璃，使得釉面更显肥润。景德镇明代以前是龙窑烧瓷，明代早期是马蹄窑和葫芦窑，烧成时间约为20小时，特别是在还原、成瓷阶段的时间较长。这种长时间的烧成温度也可以使釉面肥润。而今天的液化气窑烧成时间在8—10小时，由于还原焰的时间短，不及柴窑可以把釉面烧得如此肥润。明代瓷器的釉色青白中闪黄，其原因为：烧柴窑时，在歇火前夕要停火三分钟左右，叫溜火，此举可以使釉面光亮、温润，也会使充分还原好的青白釉面带来二次轻微的氧化，造成釉面青中微微闪黄。另外，在土中久埋或长期使用，也会吸附土气和脏污，产生闪黄现象。在窑中成瓷阶段还原气氛不浓，也会使釉面青中闪黄。

橘皮釉产生的原因。当瓷器烧至1300℃时，釉面开始熔融，坯和釉中的各盐类分解产生气体挥发，使得釉里不断冒出气泡，当气泡冲出釉面时产生熔洞。烧好停火后，窑内温度快速下降，熔融状的釉面流动很快停止，已经产生的釉表溶洞来不及被流釉填平，因此釉面出现橘皮釉现象。由此可知，**产生橘皮釉的原因是多重的。首先是釉中的碱性物质增多，即钾、钠、钙等助熔剂增多，可以使以硅为主的胎釉在高温下熔融，并且产生大量的气泡挥发；其次是歇火后降温加速；再是欠烧，釉在歇火前的流动性差。宣德青花釉面橘皮纹严重的主要原因是欠烧。最后是釉的颗粒度大，即釉较粗，也可以增强釉面橘皮**。景德镇各时代的釉面也有所不同。洪武的釉面有白中微青、青中带黄、黄中偏灰的感觉，近似元代暖白釉状，其透明度比元青花釉差，釉层厚、明亮，好似打了一层蜡。这时的釉是以长石为主的碱釉，主要助熔剂为钾、钠，釉中钙的含量比元青花时减少一半。永乐青花釉为淡青白色，光洁肥润，有橘皮，略逊宣德。宣德青花的釉面除了具有永乐的特征外，橘皮最为普遍和严重，釉面肥厚油腻，但透明度稍差。成化的釉面以十分肥润为其特色，羊脂白玉感很强，是任何时代不可比拟的。主要原因是坯、釉的原料好，用的是优质“御土”，淘洗精细，釉中的助熔剂为钾、钠、钙，其中钙的含量高。

由釉面辨别真伪。在仿制的器物上，除力求逼真外，他们还将釉面做旧，老的方法有土埋、打磨、药浸、茶煮、浆沱等，甚至稍加破损，以显示其出土状。这些不自然的旧光泽，绝非古瓷那种年深日久自然形成的“酥光”现象。明代前期瓷器釉面的光泽，伴随着时间的久远，釉面会出现一种宝光，这是古玩行的老玩家的行话，是指瓷器出现一种温润、光亮的酥光，光亮但不刺眼，有一种油脂感，看上去器物上面似乎涂了一层薄薄的油脂，柔和光亮。这种宝光并非所有瓷器都有，通常产生这种宝光的是传世品，且经过多年手掌摩挲而形成。上面如果出现较多划痕，则要小心是否有打磨的嫌疑。老瓷器，如果没有经过藏家玩赏，一直放置库房，则难以出现宝光。但是伴随时间的久远，瓷器的釉面也会出现一些变化，**比如在釉面起一层类似癣状的斑点，难以清洗掉。这种现象古玩行称之为“皮壳”，这是老器物的一种自然现象，新仿的难以产生这种皮壳。**做旧的不可能自然，总能看出一些破绽。所以，注意观察釉面，对于古陶瓷的鉴定来说，是一门十分高深的功夫。

各时期器物施釉的厚薄，釉面的莹润与干涩，釉质的致密与疏松，以及浓釉、积釉等情况，也是鉴定真伪的重要依据。如常见明代永乐白釉器口、底、边角与釉薄处闪白或泛灰黄色，釉厚处闪浅淡青色。永乐翠青积釉处的气泡密集，玻璃质感强。宣德釉面的棕眼现象以及弘治以后的蓝釉釉面的灰黑色调等，都是不易仿制的特征。但是现在景德镇的造假高手，已经能够仿制出宣德的橘皮釉和棕眼，虽然与宣德的橘皮纹不尽相同，但是如果不注意观察，很难辨别出来。对于明代瓷器的胎釉所表现的特征，必须联系考察，不可偏执一端，并需要结合其他方面来共同判断。否则，单凭胎釉特征作为标准，只根据偶然巧合，势必流于主观片面，妄断真伪。辨别胎釉时，要用眼睛来辨其色，度其厚薄，审其片纹，观其气泡，又要用手去摩挲以别粗细，特别是成化时的釉面，细润光滑，犹如堆脂，必须认真体验才能掌握。另外，用指扣敲以察音响。对于旧白器新作暗花、款识等各样仿品，尤其应当慎重。如果满足于局部特征的相符，而失察于整体条件的不合，或只看外表不看器里，只观釉色不问胎质，都是片面的。

六、瓷器的装饰纹样

瓷器纹饰是瓷器装饰的重要部分，也是美化瓷器的主要手段，它伴随着瓷器的产生而产生，并且伴随着瓷器制造工艺的发展而发展。由于时代不同，各个时代的审美观点不同，以及绘制的方法也有所不同，再加上民族及地域风俗的不同，瓷器的装饰纹样一直处于发展变化之中。中国瓷器的纹饰与图案因装饰技法超群，文化内涵丰富，具有很强的审美意识，瓷器纹饰真实反映了当时人们的物质文化生活，也迎合了人们的审美情趣，美化装饰了器物本身，便于销售和使用。进行瓷器装饰的画工，不仅需要较高的绘画水平，也必须具有较高的艺术修养和工艺技巧。

在基本形式构造方面，题材复杂多样性是明代瓷器纹饰的一大特点。这种多样性表现在种类繁多，包罗万物，想象丰富。有人物、动物、植物、景物以及那些自然界并不存在、人为设计的图形。在经过艺术的处理后，使得明代瓷器的纹样变得更加丰富多彩，瓷器纹样的表现方法也多种多样，既继承了前代纹饰装饰的精华，又进行了全面总结创新，最终形成具有鲜明时代特点的瓷器纹饰，其装饰语言发挥得更加淋漓尽致。明代瓷器在图案布局上最为明显的变化是装饰面的层带分割日益减少或消失。元青花时，受西方文化的影响，装饰物上分层分带十分普遍。明早期的青花瓷上还有这种影响存在。例如洪武、永乐时期的器物分层分带装饰颇盛。宣德后期已渐渐减少，到成化时已经不再分带分层。但是嘉靖、万历年间又有所恢复。例如永乐的碗外壁被分成两个装饰带，下面主体纹饰为缠枝莲，上面辅助纹饰为卷草纹。而成化时碗的外壁只有一圈栀子花主体纹饰，虽仍做缠枝表现，但已删繁就简了许多，仅仅画出花叶大意，不作细节枝蔓，上下碗沿仅绘以二道弦纹，整个图案十分清爽明快。这样注重留白，突出主题，可以做到以少胜多。

1. 明代官窑瓷器纹饰图案的流变

陶瓷器以花纹图案来装饰的历史，早在新石器时代就出现了。原始人类在陶器上绘出美丽丰富而变化万千的图案、纹饰。这里仅对明代官窑瓷器纹饰图案的演变做一简单介绍。明代制瓷无论从工艺还是装饰都是中国陶瓷艺术的顶峰。《江西省大志•陶书》载:“或描花，或堆花，或暗花，或锥花，或玲珑……无不具备。”此书为明王宗沐著，共七卷，刻于嘉靖三十五年（1556 年），卷七《陶书》所述基本可以代表整个明代瓷器工艺的真实情况。

明代初期官窑纹饰沿袭元代很多。洪武时期纹饰一笔点画画法为多，起笔色深，收笔色淡，其淡描青花纹饰线条粗放潇洒，寥寥几笔，整体布局疏朗有致。洪武纹饰主要以花草植物为主，而其中又以菊花和牡丹为代表。元时花卉为大花大叶，而至洪武时已明显缩小。花叶逐渐讲究对称，只是较元代层次减少，还有一些松竹梅纹饰仍多带有元朝遗风。洪武时的纹饰图案已很讲究留白、自然，但装饰性不强，而那些印在器壁上的扁形菊花是洪武的典型特征。建文一朝仅四年时间，当时政权不稳，社会动荡，制瓷业受到很大影响。至今还没有见到建文纪年的瓷器，这是一段空白。永乐在夺取政权以后，干脆将建文一朝抹去，以洪武三十五年（1402 年）代之。

永乐时期瓷器上的装饰手法开始繁多起来，不仅有划、刻、印、锥拱，而且还有青花绘画、青花加金彩画花、里印外刻、雕塑、活环等。这种装饰是承袭自元代“枢府窑”。而青花瓷纹饰也是以缠枝花卉占多数，如牡丹、莲花、菊花。这个时期纹饰大多疏朗秀丽，笔意自然，由于“苏勃泥青”料呈色不稳定，易于晕散，所以纹饰中人物画较少。另外在罐上饰有三至四个小圆系，也是此期独有的装饰风格。洪熙在位仅仅十个月时间，景德镇御窑厂一直处于停烧状态，所以难以见到洪熙时期的器物。

宣德朝十年是中国陶瓷史上的辉煌期，是青花生产的高峰期，并逐步形成以景德镇为中心的制瓷业。被誉为“海上丝绸之路”也是从此时开始，并走向世界。这在一定程度上刺激和鼓励了制瓷技术和工艺的提高改进，使得中国瓷器蜚声海外。宣德瓷无论从选料、烧窑、纹饰、题款都是非常精细的，并且质好量多。其纹饰多豪放、生动，题材广泛，风格基本与永乐相似，花草纹略较永乐时宽厚，枝干挺劲，青花色调更为凝重和晕散。宣德时的龙纹最具特色，龙体粗壮凶恶，猪嘴，下颌突出，发须上冲，其威武雄壮，气势磅礴，为明清两代之最。同时道教长寿思想在瓷器上也有所反映，如灵仙、松鹤图等。

正统、景泰、天顺三朝共历时不到三十年，《明英宗实录》载：正统十二年（1447 年）十二月甲戌“禁江西饶州府私造黄、紫、红、绿、青、蓝、白地青花等瓷器。命都察院榜谕其处，有敢仍冒前禁者，首犯凌迟处死，籍其家赀，丁男充军边卫，知而不以告者连坐。”后来天顺朝有遭遇大饥荒。《明史》卷八十二载：“天顺三年（1459 年）十一月乙未，光禄寺奏请于饶州府烧造瓷器共十三万三千有余。工部以饶州艰难，奏减八万，从之。”由于禁烧令和遭遇大饥荒，造成制瓷色料的匮乏和瓷器生产的冷落，总体上说，正统时期为躲避禁烧令，其瓷器的制作多仿元代风格，而天顺则与成化和弘治的风格相似，但是至今没有发现这三朝具有可靠年款的瓷器。此时留下的民窑器较多，可由此管窥一斑。

成化时期御器厂的烧造量十分巨大。《明史・食货志》载：“成化间，遣中官之浮梁景德镇，烧造御用瓷器，最多且久，费不赀。”成化时期的瓷器最主要是以青花笔绘及斗彩为主。在图案的装饰手法上，更趋向于轻松、愉快，构图开阔，所留的空白也更为疏朗，如婀娜多姿的花卉和行云流水般的缠枝花，其中花卉植物纹的比例减少，而龙凤纹的比例增加。这个时期所画的鸟类，体形丰满，大多栖身于枝头，细语叮咛，亲密生动，花叶常作手掌状，花朵只绘正面，叶无阴阳反侧，且喜用修长的蕉叶装饰。成化时期所用青料主要是国产的平等青，着色稳定，不易散晕，因而人物画也增多，但此时人物主要特点是“一件衣”，即瓷器上所绘人物，无论长幼，其着衣，只绘单色外衣，无内衣做补托。同时这个时期受佛教的影响其纹饰中也出现藏文、八宝、宝杵，等等。总体上说，成化时期图案装饰是倾向于较规整的图案式画法。

2. 瓷器装饰纹样

所谓装饰纹样，说白了就是画面。这是我们了解瓷器、掌握辨伪方法十分重要的方面。主要内容包括：纹样构图布局，纹样形象，绘画时用笔方法，笔意表达；彩料与分水，填色、染色以及“结果”方法，等等。中国各门艺术表现都有各自特定程式，使用特有艺术语言，在内容上创新较为频繁，但是在技法上创新则较缓慢。对于陶瓷装饰纹样的辨伪，首先要对中国传统绘画艺术要有深刻了解，才能为更好地认识陶瓷艺术的发展，分辨出不同时代的特征。古陶瓷纹样的变化，大致要从以下四个方面来分析：

第一，陶瓷纹样的构图和布局。归纳起来主要有图案式、通景图画式两种。图案式又分为二方连、三点式和适合纹样三种。所谓二方连，是指连续二方的连续，一个单独纹样向左右或是上下不断重复。还有一种是相对的二方连续，是指一种格式的单独纹样向左右或是向上下不断重复。所谓散点式，比如皮球花、折枝花蝶等。所谓适合纹样，是指利用一个或者几个单独纹样，装饰和配置在不同形的装饰画面里，使纹样和形的外轮廓完全相适应，所以叫作“适合纹样”或者“填充纹样”，以求适应某种单独装饰面积形状。图案的装饰是以对称、均衡、水路均匀为其要领。贯通器物装饰带的纹样，叫通景式装饰。主要分为中国版画式、中国绘画式或者二者结合式。中国版画式，构图丰满，空间布局均衡，主要借鉴古典小说、评话、杂剧、戏曲版画插图或木雕、石雕等工艺美术。中国绘画式，主要借鉴工笔重彩、工兼写的国画创作的瓷画，讲究“疏可跑马”“密不透风”，虚实相宜，以虚代实，以一当十。寻求文人气息，讲求意境和神韵，讲究笔墨的变化。至于中国版画和中国绘画相柔和的形式，既有版画的装饰风格，又具有中国画的笔墨情趣。通景式的纹样，均要适合器型装饰的需要，有主体装饰面，但转动来看，各个构图均感完整。总之古陶瓷布局有其传统的程式法则，装饰层次的布置、纹样构成形式均要以适合器型为要，达到瓷质、器型、装饰的和谐统一之美。

第二，纹样形象不论是山水、人物、走兽、草虫、鱼藻、图案、云龙、麒麟、凤凰等，不论是工笔还是写意，无不以准确、生动、严谨、传神、寓意为其要领。不论是元青花还是晚明清初的民窑青花，艺术水平均达到历史的顶峰，例如人物的结构，比例准确，笔意生动自如，表情、神态十分符合画面的内容要求，与器型也十分适合，富有节奏和韵律美。

第三，绘画时用笔方法。即笔意，就是绘画者以毛笔表达画意的功力。线条要流畅生动，并且能够按照所描绘对象掌握粗细、曲直、浓淡和刚柔的变化，使得画面形神兼备，情趣交融。古人在名师门下学艺，往往要苦学陶瓷装饰的艺术规律和程式法则，所以不论是官窑还是民窑，其线条都十分流畅和富有表现力，使画面尤为充满活力。如元青花和洪武青花缠枝牡丹的枝干线条，按照枝的节产生顿挫变化，笔笔意到。元青花画柳叶的线，一笔一划排列均衡并富有韵律的美。而仿品线条流畅，但缺少变化和力度，没有神韵，有死板的感觉。

第四，彩料与水分、填染色及“结果”方法。青花料和各种釉上彩的颜料，统称为彩料。青花自元代开始，由于青花料的来源和煅烧粗细不同，绘画时用料的厚薄不同，烧成时升温的曲线不尽相等，使得不同时代的青花发色各具特色。如元代和明洪武时期的青花均使用高铁低锰并且含有微量砷的青花料，加之擂磨不细，致使在绘画用笔时，在勾、拓和重笔处积料，所以在烧成后积料处出现黑褐色斑点。至于青料的来源，国内专家多数人认为是来自伊拉克或是伊朗。自永乐、宣德年间开始，使用进口料和低铁高锰的国产料，虽然画法与前相同，但是青花的发色较沉，斑点较少。而成化使用的是景德镇乐平县产的平等青，属于高锰低铁型青花料，含钴量较低，矿料擂磨较细，所以成化青花较淡雅。但是成化晚期的青花产品由于有南洋料的进贡，故仍有宣德青花特点，青料擂磨较粗，画得较厚，所以发色较深，较为沉重，色泽鲜艳，有的极少斑点。最后是官窑青花瓷器上的青花弦纹，线条清晰，不流散，民窑较多如此，但是多有流散现象。

釉上彩的彩料。景德镇釉上彩品种繁多，元代有红绿彩、三彩、金彩，明代增加了斗彩、五彩、珐华彩、素三彩等。从彩料的配制工艺看，这些彩基本分为三大类：一类为铅粉加石末加着色金属氧化物。烧烤温度在 780℃—820℃，为低温釉。第二类是牙硝，使用硝酸钾提炼，加石末加着色金属氧化物，称为高碱釉，烧成温度在 1100℃左右，称之为中温釉，如孔雀绿釉均属于此类。第三类是珐华彩，日本称之为“七宝烧”，是在铜胎画珐琅的基础上发展出来的。《南窑笔记》记载：“珐琅彩以硝粉、石末、硼砂多项练就”，说明记载准确。因为硼砂不发光，硼砂是否存在，在彩上或者彩周边的白胎上是否有“五彩”光，这是鉴定真假珐琅彩的重要依据。玻璃白也是珐琅彩和粉彩中的一种不透明的白粉，主要成分是白信石，含有大量的砷，烧烤温度为 800℃左右。

总之，真品釉上彩的共同特征和真品古瓷釉面的特征一致，老气、温润如玉，肥如堆脂，光滑如镜，光泽柔和，没有燥光。五彩、粉彩等以铅为助熔剂的彩料，因年久铅成分溢出的原因，彩上和彩周围的白釉上有自然的“五彩光晕”。景德镇在2005年仿制的粉彩、五彩瓷器，能够在彩料周围产生“五彩光晕”，但是仿制品的光晕过于强烈、规整，不自然。另外，古代的色彩较为纯正，不灰，不脏。矾红彩薄而红，亮而润。仿者多厚，不大亮润。古陶瓷的绿色多偏黄，较为淡雅。仿制者多偏蓝，深沉。古瓷中的玻璃白多厚、肥、亮，而今仿者则相反。古瓷中的翠绿色纯正，明艳、有厚度，今仿者较淡薄、有脏感。另外，今仿珐琅彩的颜色多用粉彩料，不是真正的珐琅彩料。

彩的填染技法。这些技法在今日与过去基本相同，只是今人技法不如古人纯熟，不及古人敬业和认真，多敷衍了事，抢工图快处处可见。所以仿品的颜色有不平整、色彩搭配不合理，渲染花头时结构不准，正反转折生硬，明暗过度不自然等毛病。所谓“结果”是指粉彩填完色之后，需要在填上的不透明颜色上面，使用粉彩颜色再画上很细的花纹，如芙蓉花瓣上的脉茎、人物锦衣上的花朵图案等。由于它是粉彩画的最后一道工序，画完就结束了，所以称之为“结果”。仿品的“结果”线条不细，不流畅，有的不用粉彩料“结果”，而是使用新彩料“结果”。古人由于艺高、敬业，所以填色均匀、厚、颜色搭配合理，画画的形神和色彩栩栩如生。

3. 明代前期官窑瓷器绘画图案类别

明代前期瓷器的装饰纹样，可以分别从形式、色彩、构图方式以及象征意义等方面去研究。主要可以分为以下四个大类：

第一，几何纹样。

这是瓷器最早出现的纹样，它是一种抽象的图案，是一种自然界并不存在、是人为创造的图形。早在原始的彩陶上就出现了一些漂亮的几何纹样。宋代的几何纹大量兴起，到明代已经发展得十分丰富多彩了，甚至还出现了一些非常复杂的纹样，这些纹样有的还带有宗教文化的影响，比如八宝纹、杂宝纹、八卦纹、法轮纹等。明代的装饰纹样很多，官窑纹样十分精细，单纯抽象几何纹包括布纹、编织纹、网纹、条纹、回纹、弦纹、带状纹、曲折纹、螺旋纹、连珠纹、绳纹、席纹、篮纹、涡纹，等等。随着装饰题材不断增多，写实性纹样大量出现，到明代时，几何纹已经逐渐退出了曾经的装饰主体地位，很多只是作为瓷器的边饰，出现在器物口沿处，或是近足处，或者只是作为主题纹饰的陪衬。所以，明代单纯抽象几何纹样并不多见，只能从仅存一些绘有几何纹样的器物来看看其构图的饱满、绘制精细等特点。

锦纹。也是一种几何纹样，是以织锦上的图案作为纹样，以几何图形连续构成，有菱纹、龟背纹、云纹、水波、绣球等，繁密规整，华丽精致。但是锦纹一般不作为主纹，多装饰在瓶、罐的肩部，或碗盘的口沿，或者作为衬托主纹的地纹。元代时江南的丝织业十分兴旺发达，所以对明代瓷器纹饰影响很大。明代洪武、永乐、宣德时期锦纹并不多见，但是其所装饰的构图都别致新颖。到正统时期，特别是如意云头装饰在肩部，也有以六角星开光向四周伸展的锦地开光，开光内绘以折枝花、缠枝花、朵花、团花、江牙海水等纹饰，到景泰年间，民间窑口的锦纹器物较多，但勾线较为粗犷。直到明嘉靖年间，锦纹精细程度才达到一个高度，成为典型纹饰。

如意纹。如意原本是一种器物，柄端作手指形，用以搔痒，可如人意，因而得名。近代的如意长不过盈尺，其端多作灵芝形、云形，不过因其名吉祥，以供玩赏而已。如意形纹饰，被称作称心如意，通常和瓶、戟、磬、牡丹等纹饰一起，共喻为称心如意、平安如意、吉庆如意、富贵如意等。明代早期如意纹饰不多见，但是在永宣时期绶带双耳瓶和青花罐等器物上，到成化以后逐渐增多，典型的称之为如意云头纹。这种纹饰在元青花上时常出现，明显是受到西亚装饰文化的影响。这一纹饰在明代被继承下来。相比之下，元代的如意云头纹往往体量较大，并且常常安排在肩腹膨胀处最醒目位置。到了明代这种纹饰被移至瓷器上，如正统时期出现的如意云头纹。到了明代晚期这一纹饰的体量不断缩小，位置不断退缩，在器物上出现的频率呈明显下降趋势。

璎珞纹。璎珞原是指把珠石用丝线编系，呈多层类似脉络形的装饰品，多数作为观音菩萨颈项和胸前的配饰。最早见于元代，进入明代，逐渐成为独立纹样来装饰瓷器。明代瓷器璎珞纹，往往作为佛教、道教的象征纹饰。璎珞纹在明代并不普及，仅仅是在宣德年间到景泰时期在瓷器上装饰使用。到嘉靖以后，璎珞纹装饰的器物多见，并且多饰以花卉纹。

八宝纹。又称八吉祥纹，是一种典型宗教纹饰，是瓷器上的佛教纹样。以藏传佛教象征吉祥的八件宝物为题材的纹饰，始见于元代，明代以后十分流行。所谓八宝为法轮、法螺、宝伞、白盖、莲花、宝瓶、金鱼、盘肠结。简称为“轮、螺、伞、盖、花、缸、鱼、肠”，是佛家常用的象征吉祥的八件器物。八吉祥纹由西藏流传而来。八吉祥纹最早见于元代龙泉窑青瓷和景德镇窑卵白釉瓷上，表现技法为印花，当时纹样排列尚无一定规则。明清时期较为流行，八宝纹多用作主题纹饰，也有作为辅助纹饰饰于器物肩部。明洪武时期，八宝纹还不多见，永乐以后八宝纹才成为一种比较常见的纹饰。明代永乐甜白器继续采用印花，但宣德以后，多采用彩绘，有青花、斗彩、五彩、绿地黄彩等品种。明清时期景德镇瓷器多以青花、斗彩、五彩、粉彩描绘八吉祥纹，纹样排列已经规范化。明代早中期排列次序为轮、螺、伞、盖、花、鱼、瓶、长结。到宣德时期，八宝纹的器物就更多了，花纹的排列也有了一定的规律，构图十分饱满，画法为双勾填色，画工非常细致清晰，并且是按照轮、螺、盖、伞、花、鱼、瓶、结的顺序排列。

杂宝纹。杂宝的意思是诸色珍宝，是以民间宝物以及寓意吉祥的器物组成，因为所采用的宝物很杂，故称为杂宝纹。元代杂宝纹大致有双角、双钱、银锭、犀角、火轮、火珠、火焰、法螺、珊瑚等。双角系指犀角，银锭象征财富，火轮指太阳，珊瑚呈勾状。到明代杂宝纹饰又增加了祥云、灵芝、艾叶、方胜、卷书、笔、磬、鼎、葫芦等。祥云为吉祥的云彩，灵芝为传说中的瑞草，艾叶有香气，传说能祛邪。方胜原为两个菱形部分重叠相连而成的首饰，在瓷器纹饰中寓意着财富。卷书和笔象征功名，磬为古代打击乐器，为石制，象征节操。鼎为古代礼器纹饰，象征显赫盛大。葫芦果实累累，象征子孙万代不绝。杂宝纹在明代早期不多见，大量出现在成化时期，这个时期的官窑器物多为高足杯，杯壁上饰有杂宝器物，形式多以莲花托杂宝出现。

暗八仙纹。是由八仙派生而来的宗教纹样，纹样中并不出现人物。所谓暗八仙纹，原为八仙之护身法宝，为渔鼓、宝剑、花篮、荷花、葫芦、扇子、阴阳板、横笛共八件宝器，也称为道家“八宝”。道教八仙各自所持宝物即代表各位神仙，其中以扇子代表汉钟离，以宝剑代表吕洞宾，以葫芦和拐杖代表李铁拐，以阴阳板代表曹国舅，以花篮代表蓝彩和，以渔鼓代表张果老，以笛子代表韩湘子，以荷花代表何仙姑。暗八仙纹多见于民窑器物中，并且在清代有较大发展。

月花纹。月花纹是一种将圆形画面分割成多寡不等阴阳交错的图形，这种分割是以S形为基线的，围绕一个中心点回旋不息，前后相随，与回旋的太极图案有点相像，月花纹多半装饰在器物内心中间。

轮花纹。是一种图案性极强的装饰纹样，轮花纹的花是自然界不存在的，完全是由人们想象虚构出来的，多装饰在双耳扁瓶腹部，画法一般为双钩线，这种花纹的官窑器物纹饰比较固定，是一种外来的几何化纹样。永宣时期在青花瓷上出现的几何化图案，明显来自阿拉伯文化的影响，让人不免与更早时期的阿拉伯器物装饰联系在一起。

宝杵纹。宝杵为佛教礼器，象征坚利，能断烦伏魔。即将双头杵交叉成十字形，又称“十字杵”，也有加饰飘带者，称为“结带宝杵”。宝杵用于瓷器纹饰最早见于元代青花碗内，于明初宣德时开始流行，到成化时期成为最为典型图案。

万字纹。万字纹是瓷器装饰的典型纹样之一，这种纹饰具有很浓的宗教意味。锦纹形式中就有一种万字的连续构图，但是万字纹还有其独特的宗教意义，所以独立出来。万字是一种原始符号，起源于新石器时代的彩陶文化，通常被认为是太阳或火的象征，永乐时用以表示灵魂不死的祖先崇拜观念。佛教取其符号代表轮回，谓释迦牟尼胸前所饰佛像，武则天时定读音为万，意思是集天下一切吉祥功德。

八卦纹。八卦纹也是一种典型的带有道教信仰的宗教纹饰，相传伏羲创八卦图，八卦分居八方，居中则为太极图。八卦中的八种卦象征天、地、雷、风、水、火、山、泽八种自然现象，瓷器中八卦纹饰创始于元代，明代中期因道教流行，代表道教的八卦纹在宫廷生活中也十分常见。

第二，植物纹样。

明代瓷器上的植物纹样种类十分丰富，由莲花莲瓣纹、宝相花纹、牡丹花纹、冰梅纹、蕉叶纹、瓜果纹、三果纹、缠枝纹、折枝纹、松竹梅纹，等等。一种纹饰的流行与统治者的喜好有很大关系。明代的植物纹饰题材，特别是缠枝形式的植物纹在所有纹饰中占有很大比重，成为明代瓷器纹饰中最重要的部分。

缠枝花纹。枝茎缠绕，呈连续的波状线，枝茎上填以花叶，构成缠枝花，故名。如缠枝莲、缠枝牡丹等纹样，魏晋南北朝开始产生，在唐宋广为流行。元明以来人们对缠枝纹做程式化处理，主要是将花卉和植物纹样图案化、规则化、统一化，使其整齐匀称地布置在器物面上，每一个花瓣的描绘和延展都有规律可循，讲究秩序感、统一性和重复性。在元明时期青花瓷和釉里红瓷器上广泛应用，更是明代瓷器中使用最多的纹饰，对后世有深远影响。特别在琢器上，缠枝花卉纹构图新颖，花卉枝蔓缠绕布满整个空间，明显是受到阿拉伯藤蔓花纹装饰风格影响。

折枝花纹。如折枝牡丹、折枝梅、折枝桃等。折枝花卉纹是中国传统花卉纹样。在唐代金银器和铜镜上大量出现，并且在耀州窑、磁州窑和漆器上得到继承。自宋到明代，描绘折枝花卉的传统一直延续下来，在宋画作品中大量表现，如桃、石榴、枇杷、荔枝等都是画家们喜爱表达的题材。元代青花瓷中也可以见到折枝花卉，但是并未作为主体纹饰，折枝果纹则十分罕见。自永乐起，经过宣德、成化两朝，作为主体纹饰的折枝花纹和果纹有时分别出现，有时同时出现在一件器物上，风格上偏向图案化。在宋代的织物、漆器和金银器上，出现过以桃花、牡丹、莲花、菊花、梅花等不同季节的花卉组合，被称为“四季花卉”或“一年景”的图案，在明成化青花瓷上，也出现了“四季花果纹”，体现了对宋代装饰纹样的复归。

牡丹花纹。以牡丹花为主题。牡丹花种类繁多，以色彩绚丽、天然娇媚，被冠以花中之王的称号，享有国色天香的盛誉。自唐代以来，牡丹颇受世人喜爱，被视为繁荣昌盛、美好幸福的象征。在宋代被称为富贵之花，故成为瓷器上的流行装饰。形式有独枝、交枝、折枝、串枝、缠枝等。元明清三代牡丹纹久盛不衰，多用作主要纹饰，装饰在瓶、碗、盘、罐等器皿的主要部位。明代景德镇御窑厂在继承传统的时候又有所创新，较前朝更加疏朗大方，纹饰所留空间较大，牡丹花瓣渐趋圆润，并且有细线勾描花脉。宣德青花盘上的折枝牡丹纹、青花玉壶春瓶上的缠枝牡丹纹图案精致，装饰效果强烈。

月季花纹。明代月季花出现较少，仅见于永乐、宣德。永乐月季花纹饰特征为叶片较长较细，花朵形态较大，勾描画工细腻。到宣德时期，花型较为饱满，但是由于画法为勾勒填色，青料晕散，外部轮廓不太清晰。永宣以后月季花纹饰较少出现。

卷草纹。是瓷器装饰的一种辅助纹样。因图案骨架组成波曲状的花草纹样，故名。它的装饰范围非常广泛，以柔和的波曲状线组成连续的草叶纹样装饰带。这种卷草纹是由忍冬纹发展而来，早在唐代已经十分流行，日本人称之为“唐草”。唐草即蔓草，唐草纹是依照蔓生植物成长状态所勾成的花纹，有连绵不断的象征意义。唐草曲线优美，其构成自由，头尾多作相连结，锁为九连环，适合于任何图面的装饰。这种以植物枝茎作连续波卷状变形，作二方连续展开，形成波卷缠绵装饰花纹带。卷草纹与缠枝纹最大不同在于仅出现枝茎或草蔓，不出现花卉或花果。缠枝纹写实性较强，卷草纹更具抽象性。这种纹饰通常只是作为辅助纹饰使用。

莲花纹。也是典型的宗教纹样之一。莲乃荷之果实，后世莲荷混用，佛门奉之为圣花。这种装饰纹样的出现和流行是与佛教传入和发展联系在一起的。在文化意义上，莲花纹具有出淤泥而不染的高尚典雅意义，尤为宋代文人所喜爱，从而作为装饰题材而渐失其宗教意义。明代瓷器上，莲花纹普遍存在，多以缠枝、折枝、串枝等形象出现，明代永乐束把莲纹盘十分盛行，成为莲花纹中一种典型形式。还有常见的一把莲置于水波之中，三把莲成鼎立之状。宣德以后，莲纹、鱼和鸳鸯纹的组合纹饰较为盛行，又称“满池娇”。还有一种莲瓣纹被称为“壶门式”莲瓣纹，这种装饰是元青花上常见的纹饰，主要出现在器物下腹部近足处，它也是受到西亚装饰风格影响，再由中国工匠结合本土莲瓣纹变形而来。这一装饰被明代青花瓷沿用下来，并且逐渐与中国传统莲瓣纹相融合，其特点是挤掉了“壶门”之间的间隙，成了连为一体的纹饰。

宝相花纹。所谓宝相是佛教徒对佛像的尊称，宝相花则是圣洁、端庄、美观的理想花型。该纹饰是魏晋南北朝以来伴随佛教而流行的图案，它集中了莲花、牡丹、菊花的特征，经过变形艺术处理，使之更趋于图案化、程式化。宝相花纹饰主要有二种：一种为平面团形，以八片平展的莲瓣构成花头，莲瓣尖端呈五曲形，每个瓣内又填饰以三曲小莲瓣，花心由八个小圆珠组成。另一种是立面层叠形，以层层绽开的半侧面勾莲瓣构成，多见于明代景德镇瓷器上。

团花纹。最早见于唐代金银器和通景装饰中，其特点是整体呈圆形或扁圆形，故称“团花纹”，是西亚地区陶器和金属器物上常见的纹饰。构成团花纹的题材很多，有各式各样的折枝纹或缠枝纹，也有庄重富丽的宝相花，还有大大小小各色花卉组成的花团。在构图上，虽然整体并非圆形，但花朵和叶片被组织规范在特定的几何形状内，呈散点式布局。在明代早期青花瓷中，自宣德开始，团花纹大量出现，尤其在宣德、成化两朝最盛。其形状多为规矩圆形，有团花卉，也有团龙凤。

菊花纹和兰花纹。古人认为菊花能轻身益气，令人长寿。菊花还被看作群花中的“隐逸者”，并赞誉它风劲逾远，霜寒色鲜，喻为君子。兰花又称兰草，品种繁多，四时不谢，是我国十大名花之一。古人以幽谷兰喻隐逸君子。菊花和兰花都是文人喜爱的花，故将其列入装饰纹样之列。菊花纹在元代就已经常见，明初菊花纹作为主题纹饰，多与竹、石、灵芝等组合在一起表达完整寓意。

四季花卉纹。四季花卉是指器物上绘有不同花卉，代表一年四季。明代十分盛行，其花卉排列并非按照四季来安排，多者十余种花，少则二三种，四季花卉有缠枝和折枝等表现形式，因其表现主题纹饰多，显得构图饱满，层次繁多。因为四季花卉十分普遍，所以每个时期的四季花卉纹普遍特征是绘画精细、构图严谨、较为饱满、色泽艳丽、层次感强。

四瓣花纹。四瓣花纹在西亚地区巴勒斯坦、叙利亚的铜器上常见。宣德时期青花卧足碗，器碗心所装饰的四瓣花纹与其相似，其来自西亚是十分清晰的。

勾连花纹。此纹饰见于永宣瓷器，如鸡心碗、卧足碗，类似勾连纹在叙利亚的铜器和铜质折沿盆上可以看到。

岁寒三友纹。通常以松、竹、梅为主题，此外，还见有以梅、竹、石或柏、竹、梅组成岁寒三友纹饰。这种纹饰来源于文人画。松为常绿乔木，百木之长，经冬而不凋谢，比喻坚贞高洁的节操。竹是多年长生植物，清高而有节，性坚韧，宁折不屈，开怀大度。梅为落叶乔木，花朵在早春先叶开放，耐寒开花。这三种植物组成岁寒三友图，常被用于文人画中，象征君子高风亮节。宋代以后常被用作装饰题材。明代瓷绘上的松、竹、梅常与洞、石、栏杆构成庭院景致。宣德皇帝朱瞻基本人也是画松高手。他的《万年松图卷》就是从一株松树的中段取景，展示其枝繁叶茂、伸展如云的傲然生机。元代青花瓷绘画上虽然有松的装饰，但真正流行还是始于明代宣德年间。到成化时，其绘画性逐渐增强。宣德到成化，松、竹、梅题材盛行，意味着皇家对传统文化一次有意识的回归。

灵芝纹。灵芝自古以来就被认为是吉祥、富贵、美好、长寿的象征，有“仙草”“瑞草”之称。中医长期以来一直视为滋补强壮、固本扶正的珍贵中草药。瓷器上绘以灵芝纹具有吉祥寓意。明代时灵芝纹饰多与竹、石等组成完整画面，象征长寿与高节不凡。再者灵芝以缠枝和折枝形式加以表现，清代以后，灵芝渐趋写实风格，与明代的构图完全不同。

三果纹。是属于植物瓜果纹的一种，以三种瑞果为题材，多见于明代景德镇瓷器上，三果是当时流行的吉祥图案。传统三果纹多是由佛手、桃、石榴组合纹饰，其中佛手代表福气，桃寓意多寿，石榴暗合多子。三者结合，寓意多福、多寿、多子。三果纹多以折枝形式出现，最著名的当为宣德釉里红三果纹高足杯，腹壁饰以石榴、柿子、桃三种果实。

秋葵纹。秋葵又称蜀葵。早在唐宋时就是广受欢迎的花卉，其形象出现在铜镜和金银器上面，并且是宋代官窑、哥窑“葵花式”造型的灵感来源。明代成化时出现青花秋葵纹宫碗。

以上所有植物纹饰图案仍以线描为主，其线条粗细均匀，色彩一致，缺少变化与对比。虽然在一些花纹的描绘上出现了色彩渲染，形成深浅颜色对比，但总体来说，其线条和色块装饰都具有单一性、重复性，手法和效果仍然是程式化的。它的纹饰一直在明代延续，与阿拉伯风格的影响不无关系。这种程式化还表现在同一个图案中不同纹样元素的位置也呈现出规律性和重复性的特点。这些都来自元代西亚文化因素。

第三，动物纹样

动物题材虽然在明代瓷器纹饰中不占最主要地位，但具有一定的比重，特别是灵异动物纹样，如麟、凤、龟、龙谓之四灵。这四种动物千百年来成为中国人生活中认定的吉祥物。这些都是按照中国人的思维方式构思创造出来的虚拟的动物纹样。其次，鱼纹、虎纹、狮子戏球纹等也都是十分常见的瓷器动物纹饰。

龙纹。龙纹在中国传统纹饰中具有悠久历史。世界上本来没有龙，龙只是古代传说中一种神异动物，古人认为它是最高祥瑞，故成为崇拜图腾。据记载，龙是由蛇身、驼头、鹿角、鬼眼、牛耳、鱼鳞、鹰爪、虎掌等组合而成的一个威猛矫健的形象，具有升天入海、腾云驾雾、能伸能缩的非凡本领，后来成为帝王象征和代名词。龙的形象在几千年的发展中有很大变化。明代早期的龙还沿袭元代艺术形式，这可能是龙艺术前所未有的高度，明代龙纹在风格上较前代更凝重、威严，使用龙纹装饰瓷器，龙体略微粗壮，但是颈部较细，装饰方法主要有刻花、印花、绘画等，尤以绘画为最多。明代所画之龙多凶猛，一般为比目眼，怒发前冲，爪很犀利。有腾空、行走、飞舞、翘首、回望等多种形象，因为那个时代尚火，所以，龙的身上通常还有火焰纹。这是明代龙纹的共同特点。明青花上出现的缠枝花卉龙纹、云龙纹、赶珠云龙纹，多是在前代基础上发展起来的。在元明时期出现的海水龙纹、翼龙纹，将大海波涛与龙纹结合。宣德时期还出现了夔龙，在单件器物上出现多条龙纹，变化多端。龙纹自永乐开始流行，以宣德和成化最盛。

凤纹。凤纹与龙纹同样具有悠久历史。凤纹包括单凤、双凤、团凤等，中国历代凤鸟纹饰形式多样，生动传神，具有浓厚民族特色。凤是凤凰的简称，是由古代鸟图腾崇拜演变而来，雄的称凤，雌的叫凰。凤在远古时代，被理解成为一种美丽神奇具有沟通天、地、人与神的瑞鸟。到明代，凤的实践设计造型已经有了固定的模式，即凤有三长：眼长，腿长，尾长。形象是首如雄鸡、头如腾云、翅如仙鹤。凤纹的这些特征是人们在长期流传过程中对凤的理解和认识。到明代时，凤纹已经十分成熟，有单凤、双凤、九凤，以及百凤组成的画面，呈“百鸟朝凤”式样。还有一龙一凤的组合，寓意“龙凤呈祥”。

麒麟纹。麒麟是古代传说中的动物，一般作鹿状，独角，全身有鳞甲，尾像牛尾。随着时代变化，后来麒麟变得身体象马，并且近似龙。古人认为麒麟能从日月飞，故被命名为天上星宿，成为“五行之精”。麒麟作为装饰题材始于元代，那时麒麟注重写实，常作为主题纹饰并配一些山石瑞果，也有与飞凤相配，组成麟凤纹。到明代前期，麒麟在瓷器上较为流行，并有多种形态，明中期少见，晚明民窑增加，开始大量烧制早期纹饰，麒麟纹遂大量出现，但是绘制潦草。

龟纹。明清时期单纯意义的龟纹并不多见，一般是以具有吉祥寓意的鳌出现，表现为独占鳌头。古代科举制度，一甲的前三名考生要接受皇帝召见，龙床前有雕刻的鳌头，一甲生上前谢恩，立于鳌头之上，后世以独占鳌头比喻位居榜首者。

鱼纹。鱼与余谐音，鱼成为象征富足、富裕的吉祥物。鱼的身体灵活，给装饰的线条以很大灵活性，可以创造出很多不同的视觉形式，或写实，或夸张，都能很好地对鱼纹作艺术处理。鱼纹狭义上仅指纯粹鱼纹或以鱼为主题的纹饰，广义上鱼纹还包括鱼藻纹、鱼鸟纹等。鱼水组合的画面称为“海水鱼纹”或“水波鱼游纹”，鱼与莲组成的画面称为“莲池游鱼纹”，鱼与水藻组成的称为“鱼藻纹”。这些纹饰多使用釉里红、青花、五彩来表现，明代鱼纹多为鲤鱼和鳜鱼，在表现手法上带有很浓的装饰性。

狮纹。唐宋时流行狮子为百兽之王，是权力和威严的象征，世人对狮子十分崇拜。比较常见的狮纹主要有单独狮子纹、与人和绣球组合而成的狮子滚绣球等。纹饰一般以雄狮构成，以示吉庆祥瑞。明代瓷器上多见双狮戏球，这在明代早期还不多见，宣德以后狮纹盛行，所见器物多为官窑，其线条清晰，狮子活泼可爱。所绘画狮子，非常写实，肌肉骨骼刻画分明，还有飞狮，形象来自西亚。成化瓷器上出现狮子戏球纹，是对唐代狮子纹样的继承和发展。

虎纹。宋代始见于磁州窑，明代自成化以后见于瓷器的装饰，多饰在碗盘类器物底心。古人以虎能镇邪，故视为神物。

海兽纹。又称为“海怪纹”，画面由海水、鱼和怪兽组成，也有一种带有火焰的海马纹，来源于唐代海兽葡萄铜镜。唐代海兽应该是由西亚来华的良种马，经过工匠加工成为奇特的异兽形象。明代宣德、成化年间，这种来自海外的神兽，既有真实动物中的马、兔、象、鹿，也有想象中的神物摩羯、麒麟等。这种纹饰一度流行于永乐、宣德年间，成化时大量绘制到天字罐上，其中海马纹是元代出现在青花大罐上，明代成化时多以斗彩和五彩绘制，具有神异的色彩，寓意吉祥。

鸳鸯纹。鸳鸯纹具有很高艺术水平，相传成双成对，形影不离，象征美好忠贞不渝的爱情。瓷器中的鸳鸯纹皆是成双成对出现，而且多与莲池相配，表现手法主要是模印、刻画、彩绘。鸳鸯纹早在唐代就已经出现，元代时鸳鸯纹就比较多见，特点是构图饱满，绘工精细。明代鸳鸯纹继承元代，但画工简略，宣德时有鸳鸯莲池图，被称为“满池娇”，以五彩绘制，十分有名。

孔雀纹。孔雀深受民间喜爱，是传说中拥有九德的吉祥鸟。由于孔雀尾羽纹饰美丽，故孔雀开屏寓意“天下文明”，表示对盛世的向往。孔雀纹始见于元代，明代的孔雀纹一般置身于百花丛中，绘画栩栩如生。

鱼藻纹。荷莲、水塘、鱼藻也是宋代以来花鸟画传统题材。鱼藻纹和莲塘纹在元青花上也有出现，但是风格为之一变。宋瓷注重写意，灵动而传神。而元青花鱼藻纹质朴写实，莲塘纹则规矩对称，受西亚风格影响。明永乐时期，莲塘纹再次出现在青花瓷上，并流行于宣德、成化年间。宣德时期还十分盛行鱼藻纹与莲塘纹合二为一。从表现手法上看，明青花种类装饰多继承了元代青花的风格，而非宋瓷的装饰风格。

鸡纹。主要出现在明代成化年间。著名的有斗彩鸡缸杯，杯体小巧，轮廓线柔韧，直中隐曲，曲中显直，呈现出端庄婉丽、清雅隽秀的风韵。杯外壁饰子母鸡两群，间以湖石、月季与幽兰，一派初春景象。足底边一周无釉，底心青花双方栏内楷书“大明成化年制”双行六字款。目前台北“故宫博物院”中仍然有不少鸡缸杯存世。

第四，人物纹样

在文献中首次提到青花瓷的是明人费信著《星槎胜览》，其文中提到“青花白瓷器”“青花白瓷”（费信著《星槎胜览》，北京中华书局，1954 年版）。明代沈德符撰《万历野获编》

也记载了“宣窑品最贵。今日又贵成窑，出宣窑之上。盖两朝天纵，留意曲艺，宜其精工如此。然花样皆作八吉祥、五供养、一串金、西番莲，以至斗鸡、百鸟、人物故事而已”（《万历野获编》卷二十六）。青花人物纹样出现于元代，明代宣德以后则较多见于器物之上。宣德后期经历正统、景泰、天顺三朝，人物纹样虽多见，但是直到成化，越画越简，日益随意。宣德时尚多高士，到成化时则多见仕女与儿童。可见画风和世风的急剧转变。

历史故事图。明代人物题材的装饰中人物故事图非常重要。这些故事多以八仙过海、竹林七贤，以及选取自《三国演义》《水浒传》《封神演义》中的故事人物居多，且多来自民间传说。人物纹饰勃兴始于元代。在元代青花瓷上，人物纹可谓异军突起，题材丰富多样，描绘生动出色。目前存世知名人物故事纹元青花有“鬼谷子下山图罐”，现藏于英国埃斯肯纳齐手中。还有藏于美国波士顿的“尉迟恭救主图”罐，现藏于裴格瑟斯基金会的“三顾茅庐图”罐，现藏于安宅美术馆的“周亚夫屯细柳营图”罐，以及明初沐英墓出土的“萧何月下追韩信”的元青花梅瓶，现藏于台湾王定乾先生的“锦香亭图”罐，现藏于日本出光美术馆的“昭君出塞图”盖罐，等等。元青花上人物故事图的涌现，无疑与元代戏曲之兴盛密切相关。这些人物故事纹青花瓷装饰有着共同特点：在元青花上常见的分层分带减少，人物故事纹占据器物主体，为通景绘画，这成为最突出的特点。这符合中国人欣赏习惯，而且题材本身也取自中国传统文化。这类器物很可能是元代后期针对国内市场而制作，目前国内考古出土情况也证实了这一点。

婴戏纹。主要是描绘儿童游戏、玩耍的画面，图案有婴戏花、婴戏球、婴戏鸭、婴戏鹿，还有荡船、骑竹马、钓鱼、放爆竹、抽陀螺、蹴鞠等。以婴戏花画面居多。明代瓷器，婴戏题材十分盛行，画面也丰富多彩。参加婴戏的人数不断增多，以十六子和百子最为典型。明早期由于受到青花原料的限制，婴戏纹的器物不多。自宣德晚期，特别是成化以后，开始流行婴戏纹。成化斗彩婴戏杯，描绘两个孩童放风筝的场面。宣德青花婴戏图碗，最多有十六子婴戏图。

高士图。高士图是以文人雅士的情趣生活为题材。这些高士图一般没有明确主题，多为描绘隐士行踪图，如携琴访友图、山涧行吟图等，最负盛名的是“四爱图”，即王羲之爱鹅、爱兰，陶渊明爱菊，周茂叔爱莲，林和靖爱鹤等。高士图多作为主题纹饰描绘于瓶、缸、罐、杯等器物上。

农耕图。明代正统、景泰、天顺三朝官窑瓷器的生产处于低潮，民间瓷画的农耕图在当时比较流行，成化时期也不乏清新之作。在绘画上反映农民劳动的画面，深受人们欢迎。这种农耕图主要有牧牛、耕作、摆渡、捕鱼、狩猎、挑担、售物、渔人得利、风雨夜归等。内容丰富多彩。

仕女图。画面以仕女为主题，流行于宣德以后到成化初年。明代仕女图已经是装饰纹样的题材之一了。明代瓷器上仕女图的人物造型，是由宋代具象写实逐渐走向唯美主义色彩的写意画。仕女身材婀娜多姿，面容端庄清丽，举止间流露出女性文雅恬静之美。她们怡情于亭台之间，身着紧身明服，更增长了她们体姿的修长和典雅。在表现技法上也丰富多彩。

4. 明代前期瓷器绘画图案分析

我们发现宗教文化对明代瓷器的纹样影响非常大，主要表现为：

首先是阿拉伯文化的影响。明朝初年秉承元代中亚地区与中国的交流，继续推动着文化的往来，影响陆续加大。中东地区的器物样式对明代早期的瓷器造型和纹样均产生了巨大的影响，虽然明早期瓷器的装饰风格已经与元代有较大的区别，从洪武、永乐到宣德，就逐渐减少了人物及动物纹饰的运用，大量使用纯粹莲花、扁菊作为装饰题材，并且多方连续，形成有明显阿拉伯风格的图案。有些甚至在青花瓷的器型上、仿造阿拉伯器物的风格，甚至还在器物上书写阿拉伯文字。这些都是西亚地区阿拉伯文化对中国青花瓷的影响。

其次是佛教文化的影响。佛教文化在瓷器上主要体现在纹饰上，莲花作为陶瓷装饰可以追溯到魏晋时期，莲花在佛教中有着举足轻重的象征意义，被尊为佛门圣花。元代青花装饰中就大量使用莲花图案。到明代早期，经过工匠的进一步提炼，逐渐形成一种特有的青花装饰风格，主要体现在青花梵文碗、青花梵文出戟罐、青花梵文盘座等代表性器物上。明太祖朱元璋早年也是一名佛教徒，明朝建立后，对佛教积极拥护，将佛教规范为朝廷文化信仰的一部分，设置了僧录司等官职来增强对僧人的管理。当统治阶级的喜好变为全社会的信仰以后，社会风气就会随之发生扭转，形成对佛教的崇拜，表现在器物方面，就是在青花瓷上大量使用佛教因素来作为装饰纹样，并且有些器皿形状也有佛教影子。

最后是道教文化的影响。道教是真正中国土生土长的宗教，近2000年来，屡仆屡起，香火未断。道教对中国历史的影响力渗透到政治、经济、文学艺术、科学技术、军事、民族心理、民俗信仰等各领域，道教对民间习俗信仰的影响包含对妈祖、城隍、土地、财神、雷神、灶神、八仙等神仙人物的崇拜。明代统治者对道教是非常推崇的，以致瓷器的装饰纹饰充满了道教因素，并且在绘画风格上也有其发展变化的轨迹可寻。八仙更是人们最为推崇的神仙群体，在民间有广泛影响。在明代瓷器上八仙题材表现得十分突出。还有八卦图，也是道教文化在瓷器纹饰上的表现。最有影响的是葫芦，特别在造型上，自明代以来葫芦瓶就已经成为典型造型，还有灵芝、八宝、桃、香炉等。

明代瓷器中还有以各种文字作为装饰图案，比如梵文、藏文、阿拉伯文等，在西亚地区，器物上装饰文字十分普遍，文字和图案在一起，共同构成对器物的装饰，如同我国唐宋时期在瓷器上题写汉字书法、古诗词一样。永乐时青花瓷上出现阿拉伯文装饰，多位于口沿处，文字时有错误不可辨识，显然是中国工匠对于阿拉伯文字的模拟，因其并不辨识其文字，因而模糊得十分莫名。这种情况与18世纪英国工艺装饰模拟中国汉字，以及19世纪末梵高画中模拟浮世绘、日本汉字的情况十分相似。永宣时期的各种文字装饰明显是与西亚地区的交流有关。

元青花中有许多程式化东西，明代宣德、成化时青花瓷在去程式化上用功甚多，主要表现在线条的变化，变得更加丰富。在点线面运用上，注重营造线与面，色彩上有明暗对比。例如成化缠枝宝莲纹宫碗，以往的宝莲纹用笔均匀而小心，使得枝茎粗细一致，无断续现象，颜色无深浅变化。但是该宫碗表现茎杆的线条运用更加洒脱流畅。在同一枝蔓上出现了用线粗与细、快与慢、色泽深与浅的对比，这一对比带来了不确定性，这正是本土传统图案的主要特点。成化时期青花瓷还注重线条和色块对比，也就是线与面的对比。宣德时期凤穿花纹碗与成化同样的碗不同。宣德碗上的凤，在线和面上的表现是含糊的，没有做有意识的区分，故而线条呆板，飞凤多静态感。成化则不同，工匠已经掌握了钴料的呈色性能，在画面上用浓重的钴蓝画出轮廓线，在轮廓线内再用淡色的料水涂抹，使色彩层次感呼之欲出。正是通过线条与面的对比，使这只凤活了起来。成化青花碗胜过宣德碗，成为明代青花瓷器图案艺术高峰。

其次，当时人物绘画也存在一些问题，主要有：

第一，人物比例失调，表情呆滞，动作僵硬。在明宣德、成化时期人物纹饰上，大头矮身、胳膊过长或过短的情况经常可见，并且不论神仙或凡人、男人或女子、贵媛或仆从，尽管身份、地位、性别皆不同，却几乎千人一面，程式化情况严重，身姿动作刻板、僵化，不及元青花人物之匀称自然，更与晚明青花人物无法比肩。

第二，这些构图松散，不紧凑，人物相互之间呼应关系不够。明代早中期人物故事多装饰于碗、盘和高足杯外壁，构图空前松散，如成化“秋夕诗意图”盘，共饰以女子四人，一侍女自屋中捧盒而出，园中有仕女摇扇而坐，不远处一侍者在焚香，而在盘的另一面，有一女子在执扇扑流萤。从画面上看，人物活动几乎互不相干，姿态上没有呼应，神情上无交流，彼此间缺乏有机联系，从而使画面失于松散，没有形成整体感。宣德“蕉叶题诗图”盘的展开图上，也可以看到同样的问题。相比于元青花“鬼谷子下山图”中对人物表情、姿态、朝向、位置等的生动灵活处理，可以看到，即使是在明代青花瓷艺术发展高峰的宣德、成化时期，人物故事纹的艺术退步绝不是一点点。就整体而言，明代前期青花人物纹与之前的元青花人物纹相比，或是与晚明时期的人物纹比，在艺术性上皆无可比性。

第三，这一时期的人物图纹饰有着浓浓世俗趣味，题材通俗化，表现手法浅近。这种俚俗画的表现手法与宋元时期的含蓄、蕴藉相比较，是一种浅近和刻露。虽说是由社会风俗流变而成，也受到来自戏曲小说为代表的世俗文学的影响，但这种世俗文学的审美效果显然不同于诗词歌赋，在性质上有很大差异，艺术形式美感逊色于生活内容欣赏，高雅趣味让路于世俗真实。整个明代，世俗化成为一种社会主潮流，无论人物故事题材还是表现形式，都表现出一种非常世俗化的追求，这对于艺术表现上的美是一种戕害。本来，宋代艺术的整体特点是讲究含蓄、内蕴、立意高远，这是宋代美的中心，这种情趣正是通过含蓄委婉的手法来营造，从而富于意蕴而趣味隽永。所以明代的世俗化相对于宋元来说，是一种退步。

5. 关于人物的开脸

既然瓷绘能够作为绘画表现的一个门类，作为瓷器鉴定六大基本要素之一，那么在瓷器鉴定中，抛开纹饰绘画技法的鉴定，显然是瓷器鉴定严重缺失的。而对于人物或山水人物类纹饰的鉴定，脸这种最富有情感表现能力的器官，当然是鉴定的重点。之所以许多朋友对“开脸”问题持否定态度，主要是大多数瓷器玩家不具备绘画知识，特别是绘画鉴定知识。只要具备了一定的知识，仍然可以通过开脸来鉴定，即使不能用来断真，也能用来断伪。

所谓开脸，简单地说就是脸部的刻画。这在很多人物绘画姊妹艺术中都是重要创作环节。比如杨柳青年画的绘制，有画、刻、印、描、开脸等多道工序，尤其是人物开脸，这是年画最关键的一道工序，有时甚至需要手工晕染十多层次，这样刻画人物才能传神。所谓开脸好坏，当然是指脸部的刻画是否写实且传神，这是绘画的基本要求。而在瓷器鉴定里面，由于大多数画师并非画家，最多只能称为画匠而已，因此并不能完全按绘画好坏来鉴定真伪。所以对于瓷器人物纹饰鉴定而言，开脸好坏，重要的不是画得漂不漂亮、好不好，而是是否符合古人的绘画技法和审美情趣。

先说古人的绘画技法。中国古代绘画是对现实观察的一种高度概括，比如人物的面部形象，并不像国外的素描或油画注重对具体对象的刻画，而是对人物的角色和性格的一种总体归纳，这就是所谓的十字脸谱，即田、由、甲、申、同、王、国、目、用、风，以此为基础进行典型加工，表现人物的精神与个性。比如“用”字脸谱，代表平顺正直、秀伟挺拔、满腹经纶、纵横言谈、忧国爱民，宜于表现五柳长须的文人秀士等。景德镇就流传着许多类似的绘画口诀。古人所受绘画训练与现在不一样，画匠虽不是画家，缺乏艺术创造力，但画匠多有师徒传承，这些技法和口诀正是这一传承的体现和总结。因此，古代的开脸绘画，不管是否漂亮，首先必须“有法”，是否符合古人的绘画技法和审美情趣。凡是不得法的，就值得存疑。大体而言，就是时代对艺术影响的具体表现。举个极端点的例子，林黛玉和刘胡兰，就是不同时代、不同人物类型的代表。绘画中的女民兵，气质可以像刘胡兰，但绝对不会像林黛玉，这就是时代审美情趣使然。瓷绘开脸可以从以下几个方面考查鉴定。

首先是脸线，即构成上述脸型的轮廓线。其次是五官，即眼、鼻、口、耳、眉的描画。特别是眼睛的刻画，技艺高超的匠人所点出的眼睛往往具有精、气、神，并与其它五官共同表现出人物性格与心理。再次是渲染，有些开脸在线描的基础上还进行一定的染色，釉上彩较多见，釉下彩有时也用。最后是气质，这是开脸综合效果的体现。好的瓷绘，虽然只是寥寥数笔，却能见精神，并具有时代的气质特征。这个气质的特征，往往被称为只可意会而不能言传，却正是开脸鉴定的要点。比如雍正乾隆时期人物开脸多为瘦鹅蛋脸，较扁瘦；乾隆晚期到清中期，转变为瓜子脸，多为上宽下窄；咸丰至清晚期，又转变成胖鹅蛋脸。这些情况体现在大多数人物画法上，也许正是中国一贯的审美观念，有一定参考价值。但是太计较这些细节，则绝非善法。只有通过多看实物、多总结比较，才能领会。而一旦领会了，则运用之妙，存乎一心。

6. 明代前期瓷器绘画风格研究

瓷器上的纹饰也和造型一样，具有鲜明的时代特征。

明代瓷器绘画所用纹饰图案均代表皇帝的意识形态，主要表现为佛教、道教等宗教意识。在表现手法上深受元青花绘画的影响。

在佛教题材上，表现在纹饰方面有八吉祥纹、梵文、缠枝莲纹等。朱元璋起家前，就已经入了佛门，打下明朝江山后，他的佛教信仰并没有改变。洪武二年（1369 年）朝廷设立佛教善司院。洪武十五年（1382 年）又置僧录司。在明初洪武、永乐时期，佛教僧徒是帮助皇家起事谋划的谋士，为朱棣立下功勋。所以明代初年，佛教是受皇家保护的。洪武、永乐时期景德镇烧制的许多瓷器中，有一部分就是作为佛教寺庙的法器，有的则赐予了各地佛教机构和团体，例如当时明廷就大量赐予西藏上层集团各类物品，在西藏的寺庙内今天仍然保存着不少明初各朝皇帝赏赐的瓷器。这里面就有洪武、永乐、宣德、成化等时期的景德镇御窑厂的作品。并且由于绘瓷原料与技术不断丰富和改进，无论在题材内容和表现手法方面，不同时期纹饰均有不同的风格和特点。主要见于2001年参加上海博物馆“雪域珍藏——西藏文物精华展”的作品。有洪武釉里红牡丹纹袋盖执壶、永乐青花开光莲花纹执壶、永乐白釉刻花袋盖僧帽壶、永乐青花八吉祥纹藏文高足碗、永乐白釉暗花龙纹高足碗、宣德五彩莲池鸳鸯纹高足碗、宣德青花八吉祥纹高足碗、宣德青花藏文高足碗等。（上海博物馆编《雪域珍藏——西藏文物精华》，上海书画出版社，2001年版。）另外，在纹饰和彩料方面各个时期也有特殊表现。如成化斗彩纹饰中的“花无阴面，叶无反侧”画人物衣衫不加渲染，里表不分，如着单衣。这种微妙的时代特点往往为后世作伪者所忽视。至于各个时期纹饰内容，虽丰富多彩，但不外乎人物、景致、花鸟、文字、图案之类。养成细察纹饰特点的习惯，于细微处下功夫，才能见微知著，在鉴别真伪上收到意想不到的效果。

元青花绘画风格的影响。元青花发色苍郁，造型雄浑，吸收了磁州窑绘画成就及写实笔法、用笔挺健等因素，使元青花绘画风格呈现出秀中清雅的格调。元青花在白釉地上显出的苍郁感觉与元代王朝的审美有关。元代审美偏爱蓝色和白色。蒙古族尚白，有“国俗尚白，以白为吉”的表述。白色是风靡元代的色彩，在他们流行的萨满教中，白色是善的象征。尚蓝也是蒙古贵族的特色，元代宫殿大量使用蓝色玻璃，与天一色。在宫廷流行的丝绸生产中，蓝色丝绸占比例巨大。蒙古族妇女尚蓝，喜欢用蓝色把自己包裹起来。这些都说明了蒙古族对色彩的偏爱，这也是元青花能够兴起最为重要的原因。

元代景德镇既有烧制成功的卵白釉，又有成熟的青白瓷。卵白釉瓷是元代枢密院在景德镇定烧的瓷器，因其釉呈失透状，色白微青，颇类鹅蛋色泽，故名“卵白”。当时青花瓷是随着元朝由中亚调入内地的工匠烧造，他们原本在中亚就使用钴青料绘制蓝色陶器，以使蒙古人享用，在中国的文献中称之为“苏麻离青”。美国物理学家T.W.杨格用X射线进行定性分析，发现这些钴料中含有氧化砷，这与西亚钴矿多含砷的情况相合，可以作为科学旁证。（罗学正著《青花瓷产生与发展规律探讨》，载《江西文物》，1990年第2期。）当时由中亚地区工匠跟随元军进入中原后，使得景德镇原有青白瓷增添了新风采，出现了绚烂多姿的元青花。元青花不仅仅是钴料的使用那么简单，更为重要的是，它使用了阿拉伯的绘画风格和装饰方法。例如“萧何月下追韩信梅瓶”，上部和下部分别装饰了方方正正莲瓣形图案框，就是受当时阿拉伯图案影响。中国早期也有莲瓣形，但是随着四方的减弱，其形状早就变得圆浑了。到了元青花时期，莲瓣形突然又方正起来，甚至比以前更方正，这是典型的阿拉伯装饰风格，元青花的作品大多有相似的意境。主要图案有：

盘类：北京故宫博物院藏“鸳鸯荷花纹花口盘”，土耳其伊斯坦布尔博物馆藏“云龙纹菱花口盘”“花草飞凤纹折沿盘”“孔雀牡丹纹折沿盘”“蓝地白花双凤菱花口盘”“蓝地白花雉鸡牡丹花卉菱花盘”“蓝地白花葡萄瓜果蕉叶菱花口盘”，美国费瑞尔艺术陈列馆藏“缠枝莲鱼纹折沿盘”，香港葛氏天民楼基金会藏“莲池纹大盘”“莲池鸳鸯垂柳纹盘”“芭蕉竹石花果纹盘”“鱼藻纹大盘”，英国维多利亚工艺博物馆藏“缠枝莲纹菱口大盘”“花卉纹大盘”，日本出光美术馆藏“灵兽唐草纹大盘”“牡丹唐草纹大盘”“麒麟花草纹大盘”“牡丹吉祥纹大盘”，日本松冈美术馆藏“鱼藻纹折沿盘”，日本东京户粟美术馆藏“蓝地白花插枝花八宝菱花口盘”，湖南美术馆藏“鱼藻纹盘”等。直径均为 40 厘米以上，有的甚至达 71 厘米。

碗类：香港葛氏天民楼藏“莲池鸳鸯纹碗”“莲池纹碗”，日本出光美术馆藏“摩羯唐草纹钵”“莲池唐草纹钵”，英国牛津爱施墨林博物馆藏“缠枝花莲池水禽纹高足碗”，土耳其伊斯坦布尔博物馆藏“外松竹纹里莲池鸳鸯纹大碗”“探宝花卉花口大碗”等。

瓶类：北京故宫博物院藏“海水白龙纹八方梅瓶”，河北博物院藏“海水白龙纹八方带盖梅瓶”，土耳其伊斯坦布尔博物馆藏“花卉草虫八棱葫芦瓶”“云龙纹扁瓶”，英国剑桥费提兹威廉姆博物馆藏“凤凰花卉八棱瓶”，日本出光美术馆藏“折枝花卉八棱梅瓶”“海水白龙戟耳瓶”“龙凤纹双系扁瓶”，日本松冈美术馆藏“双凤草虫八棱梅瓶”“孔雀牡丹四系扁瓶”“孔雀穿花纹四系扁瓶”，香港葛氏天民楼藏“青花玉壶春瓶”“八角形玉壶春瓶”等。

罐类：北京故宫博物院藏“缠枝牡丹纹罐”“云龙牡丹纹罐”，辽宁省博物馆藏“开光花鸟八棱罐”，河北博物院藏“青花釉里红开光镂花罐”，内蒙古博物馆藏“缠枝牡丹纹罐”，上海博物馆藏“缠枝牡丹纹罐”，江西高安博物馆藏“云龙纹兽耳盖罐”，江苏淮安博物馆藏“云龙纹兽耳盖罐”，安徽蚌埠展览馆藏“缠枝牡丹纹盖罐”，大英博物馆藏“牡丹唐草龙耳大罐”“缠枝牡丹兽耳大罐”，日本大阪市立美术馆藏“缠枝牡丹兽耳大罐”，日本松冈美术馆藏“牡丹探宝双龙耳罐”，土耳其伊斯坦布尔博物馆藏“牡丹龙纹兽耳罐”“鱼藻纹罐”，美国波士顿美术馆藏“人物图罐”，英国剑桥费提兹威廉姆博物馆藏“莲池水禽纹罐”，日本大阪东洋陶瓷美术馆藏“莲池鱼藻纹罐”，日本出光美术馆藏“莲池鱼藻纹罐”，美国克利夫兰艺术馆藏“牡丹凤凰纹兽耳大罐”等。

以上元青花图案都是满、密、平，基本上是层叠布局，通常是四层，不少作品甚至达到八九个层次，例如英国大维德基金会收藏的“至正十一年（1351年）”款青花象耳瓶，纹饰自上而下依次是缠枝菊、蕉叶、飞凤、缠枝莲、海水云龙、波涛、缠枝牡丹和杂宝变形莲瓣等八层。而江西高安出土的青花云龙纹兽耳盖罐，纹饰达到了十二层，使一种沉郁感在其中隐隐透出。在那些装饰画面中，有一种莲池水禽图反复出现。如辽宁省博物馆藏“元青花开光花鸟八棱罐”，土耳其伊斯坦布尔博物馆藏“元青花花卉草虫八棱葫芦瓶”，英国剑桥费提兹威廉姆博物馆藏“元青花莲池水禽纹罐”，首都博物馆藏“元青花鸳鸯戏水玉壶春瓶”，故宫博物院藏“元青花鸳鸯荷花纹花口盘”，土耳其伊斯坦布尔博物馆藏“元青花莲池水禽图菱花盘”“元青花莲池水禽松竹纹大碗”，英国牛津爱施墨林博物馆藏“元青花外缠枝花里水禽纹高足碗”，南京市博物馆藏“元青花鸳鸯莲纹碗”，香港葛氏天民楼基金会藏“元青花莲池鸳鸯垂柳纹盘”等。另外还有一些没有画水禽但同样是莲池画面的，香港葛氏天民楼基金会藏“元青花莲池纹大盘”、北京故宫博物院藏“元青花鸳鸯荷花纹花口盘”是代表作。特别是后者，图案化的莲池内仍然保持在满、密、平的构图意识中，唯有一对鸳鸯的动态稍有变化。本来一致向前游去的鸳鸯，前面的一只转颈回首，打破了原有对称，丰富了“莲池水禽”的情调。这种稍有变化的构图和画面表现在许多器物的构图中，但总的说，是同一题材的一画再画。

据尚刚先生研究，元青花的“莲池水禽图”与当时的“御衣多为池塘小景”的刺绣图案颇有联系。（尚刚著《元代工艺美术史》，辽宁教育出版社，1999年9月版。）有这么两首相关的宫词，一是柯九思《宫词十五首》之一：“观莲太液泛兰桡，翡翠鸳鸯戏碧苕。说与小娃牢记取，御衫绣作满池娇。”天历间御衣多作池塘小景，名曰“满池娇”。二是《可闲老人集》的《宫中词》：“鸳鸯鸂鶒满池娇，彩绣金茸日几条。早晚君王天寿节，要将着御大明朝。”词中表明元文宗御衣图案的“满池娇”，即鸳鸯池塘小景。该景意境清新柔秀，情致可人。这些图案代表者当时社会的审美情趣。

明早期瓷器上的阿拉伯风格。成熟的青花瓷产生于14世纪上半叶。从它诞生伊始就显现了中国与阿拉伯世界的亲密关系。明代青花瓷器是在继承和发扬元代青花瓷器工艺技术基础上，进一步发展成的较为普遍的品种。尽管明代青花瓷器不像元代那样是针对国外需求而生产，但是明代专为宫廷生产的产品却不同寻常，在装饰纹样上也有着不同于中国传统纹饰的特点，这就是明代文献中所说的“回回花”。北京故宫博物院翟毅博士对此进行过研究，他认为：明代御窑产品上这些特异纹饰的设计灵感，与中国传统取材于自然的植物纹饰完全不同，具体可归纳为三个特点：

第一，简单装饰素材的组合叠加。以北京故宫博物院藏明代“永乐青花折枝花纹碗”

为例，其外壁上的装饰至少可以分为两层：一为分立的“菊瓣”纹，再加上一圈对称双曲线形成的尖桃形“叶瓣”，共同构成线条繁复的宝相花图案。另外一例是“宣德青花双耳扁瓶”，也展现了宝相花叠加组合的构图方式。由八瓣葫芦形叶瓣攒心而聚，套加一圈向心而围的尖桃形“叶瓣”。这两例组合原理实际上同出一辙，可以解释为，第一层葫芦形叶瓣作为宝相花主要组成部分保留下来，其轮廓被加以强化；第二层尖桃形叶瓣则被完全忽略，化作阴影，仅仅保留了夹在叶瓣间的植物蓓蕾装饰。再比如一件“成化青花缠枝莲纹碗”，碗内底心以一个七边形绳结图案为中心，每一角向外延伸出芽状枝条，在枝条间各安置一水滴形圆环。另一件“成化青花团花纹碗”外壁饰有六枚团花，其花以八边形为基础，每边借用一个较大水滴形圆环作为底边，并在顶角处叠加一个略小圆环，由此组成一个十六瓣的繁密团花纹样。这两件成化碗的图案，均由同一装饰元素构成，然而二者的叠加方式一分一合，为人们展示了组成这款纹饰的元素。

第二，规整的几何布局。以“宣德青花双耳扁瓶”为例，其外壁团花是利用了正八边形叠加，其定点延伸，形成正十六角的几何原理。利用这类多角形几何学原理，可以绘制出能覆盖整个器表的装饰纹样。北京故宫博物院收藏的一件“宣德青花锦地纹盖罐”，在器身主体纹饰装饰着一圈二方连续的“团窠”图案。每个“团窠”以十角星为中心，向外发展出四边形和五边形环绕的复合几何纹饰，不同种类的多边形填以不同植物纹饰，形成一种万花筒效果的视觉感。其“团窠”图案之间打破边界相连，增加了镜面对称效果。另外，还有一种由四边形组合的团花图案。不论图案复杂与否，这种依据几何图形扩展而成纹样方法，在永宣瓷器中独树一帜。

第三，植物化装饰。在“回回花”图案中，常伴有蓓蕾、叶芽等细小植物装饰元素，依靠这些凸显纹饰的植物性状，使原本生硬的图案有了生机。官窑瓷器图案装饰多在叶芽、叶瓣上叠加，有的简化，有的繁复，有的在曲线相交的顶端饰以模拟花苞，并以蓓蕾图案加以点缀。这种组合是整个图案的点睛之笔，更突出了花的感觉。

第四，将上述三个特点以固定组合形式，连续出现在不同青花瓷器上。如北京故宫博物院“宣德青花锦地盖罐”器身上的十角星“团窠”，就出现在上海博物馆收藏的一件“永乐青花双系大扁壶”上。在永乐仿龙泉窑侈口碗上的团花，与成化盖盒上的包袱纹类似，都是由至少两个正方形叠放组成。在 12—13 世纪，伊朗地区兴起了一种称为“米纳伊”的釉上彩陶，这种华丽繁复装饰的彩陶是一种低温彩陶。美国费城艺术馆收藏一件米纳伊彩陶碗，碗内饰有黑白两色勾勒的双层藤蔓装饰，两层藤蔓均以八瓣花心为起始点，以对曲线交织的方式各构成一个覆盖外底的玫瑰饰。曲线弯弧和交织之处表现为植物的叶瓣或蓓蕾。无论是构图方法还是细节点缀，“永乐青花折枝碗”的纹饰带可以在这件米纳伊彩陶上找到演变脉络。

明代瓷器上的中国传统风格。明代器物上的主要传统纹饰图案大致来源于佛、道两教，这种与宗教生活有关的内容图案，已经成为一种人事使用最广的装饰题材。在人物方面有游仙、西王母、南极老人、寒山拾得、刘海戏金蟾、八仙祝寿等，都是一些奇幻的神话传说，供人们遐思神往。在动物方面，有狮子、宝马、麒麟、虎、象、牛、羊、鹿、仙鹤、蟠龙、对凤、蟠螭、海兽、龟、孔雀等，多为想象中或十分珍稀的动物，带给人一种吉祥喜悦。在实物方面，吉祥是条主线，有八吉祥如意、杂宝，其中包括珠、钱、磬、祥云、方胜、犀角杯、书、画、红叶、艾叶、蕉叶、鼎、灵芝、元宝、银锭等15种东西。这些象征性的东西有时可以画上结带，便成为结带八宝、结带宝珠、结带如意等，均是从佛教的绶带花演变而来的。在宗教纹饰方面还有八宝瓔珞、法轮、金刚宝杵、如意云、香花、海水江牙、菊花草、绣球花、火焰宝珠、贯套、方胜、古老钱、古钱套、莲瓣、西瓜瓣等。这些都是具有象征意义的图案图形。兹将其中流行的几种特别介绍如下：

八仙。为我国民间最为熟悉的仙人，普通图案中画的是：汉钟离手持扇子，张果老手持渔鼓，韩湘子手持花篮，李铁拐手持拐杖和葫芦，曹国舅手持阴阳板，吕洞宾背插宝剑，蓝采和手执横笛，何仙姑手持莲（有的是笊篱）。八人皆是由凡界入仙，表现的是为了逃离苦难的现世，而遁入无拘无束的逍遥生活。八仙捧寿为上述八位仙人各捧寿字出现在图案中。与此有类似寓意的还有八仙迎寿、八仙拱寿，等等。此外尚有八宝，八宝即是八仙手中所持之物，为剑、渔鼓、笊篱、葫芦、扇子、阴阳板、花篮和横笛。

五供养。供养即奉养，转为献食给佛之意。五供养原来意不甚详，大致上是十二种供奉中的五种，即涂香、花、香、饮食、明灯，多见于佛像或佛画中，意思大体是供养于佛前的五种用具。

三阳开泰。俗以三阳开泰为岁首称颂之语，其来源于《易经》：“三”即泰卦中“初九”“九二”“九三”之三爻，开即开运的吉兆，绘画中以羊代“阳”，为谐音，而且“羊”字为“祥”的略写。

宝相花。这是随着佛教由印度传来的图案。通常作花轮上配合枝叶状或蔓状的东西，究竟为何花名不详，由于时代不同花样也有所变化，有时酷似天竺牡丹，或者说就是由此话而来。六朝及唐在绘画和工艺装饰上已经广为运用，屡见不鲜。

鹤。鹤为素食胎生的动物。传说鹤经三百二十年始成鸟，再一千六百年始胎化而生，故有“鹤千年，龟万年”之说。鹤与龟同被视为长寿的象征。又是寿星、仙人飞行的坐骑。

有时代表高人隐士的生活，有“闲云野鹤”的说法。

如意。起源于中国古代搔痒工具，一端作手指状，拱搔背之用，后来柄端做成心字状，僧侣讲经时于上面记写文字供参考。

古老钱。为古钱的别称。有货布、泉刀等，在图案上加入吉祥文字，如“金玉满堂”“长命富贵”“吉祥如意”等，故称为“古老钱”。

方胜。为两个相互连接的斜方形图形，其出处不详。

岁寒三友。指松树、竹子、梅花三种植物。松树四季常青，竹子经年常绿，有节中空。梅花玉骨冰肌。三者都是在岁寒万木凋谢时不凋落，故有“岁寒三友”之称。

除了宗教图案外，中国传统的图腾是龙凤。

7. 明代前期瓷器纹饰鉴定

在断代和鉴别真伪时，观察、比较同时期以及相近朝代的其他工艺品图案、画意等特征，是非常重要的。瓷器的画面与织绣、竹木牙雕、铜器和银器等工艺品的装饰互有影响，一脉相通。如成化时期瓷器上的海水八怪、缠枝莲纹，也与前朝景泰掐丝珐琅器上的纹饰相近。如此举一反三，互相印证，便可发现其时代特征，找出共同规律。对于同一纹饰在各个时期的变化，无论是官窑还是民窑，都应做大量细致对比分析。对于一些特殊风格的图案和装饰，也应掌握。例如永乐、宣德时期的缠枝莲、海水龙，成化瓷器底足的双线特征等，在辨别真伪时都有很重要的参考价值。明初永乐、宣德时期器物上的青花晕散，及下凹斑痕等特有现象，在后世的仿品中都不能准确显现。如雍正仿品，常用复笔加重点染青花来着意仿效“宣青”的效果，但因钴料不同，难以克服色调漂浮的弊病。所以后仿必定遇到本时代不可逾越的障碍。受到本时代在原料、工艺条件等方方面面的限制，难以重现前朝作品的真实风貌。

纹饰的施彩方面，也有其时代特征。如姹紫色为成化彩器所独具，明代的绿彩多发黄绿色。另外，纹饰图案中所表现的画风，也是区分赝品的重要凭据。后期的仿制，纹饰拘谨，层次不清，无生动感。有的纹饰过于细腻，甚至超过了原作。虽心机用尽，终于形似而神非。鉴定真伪还可以根据纹饰的笔法，如明代初期的一笔点画写意、永乐时期纹饰的纤细，这些用笔的纹饰特点都是受到当时名画家笔法的影响，带有鲜明的时代特征。若从纹饰用笔的起落转折处来观察后仿器，则觉稚嫩、滞断、生疏。对于后挂彩旧胎素器，则只需稍稍留心一下新加彩遮盖部分之外，其原来旧胎上的划痕尚有不少连接现象，则十之八九可以定为伪作。对于那些旧胎刻填加彩、加暗花的作伪器，往往难以一下子识破，还需要结合其他方面特征，正视、侧视，仔细观察，研究辨析。明永宣时期中小型器物足底施釉，大型器物如大瓶、大盘等则为不施釉的细砂底。在器足的边缘可见自然形成的氧化铁斑。苏勃泥青含铁量高，含锰量少，青花在烧成后多有晕散，并形成自然黑蓝色斑点。用手触摸，有凸凹不平的感觉，此为永宣官窑青花瓷的主要特征。明早期瓷器所绘花瓣多呈葫芦状，空白期后期渐变为小手掌形的画法，这一变化到明代中期定型。

七、瓷器绘画技法研究

青花加彩的诞生有三个重要技术前提，即青花双勾填色技法的出现，釉上五彩工艺的成熟和复合彩方法的创造。这三者相互结合，才产生了青花加彩。

1. 青花双勾填色技法的出现

青花瓷从元代后期兴起以后，画法不断演进。明初画法以粗细笔单线勾勒点染和以比较粗线条双勾填色技法，均有出现。宣德时，已经将双勾填色作为主要笔法。天顺开始，以细而均匀的线条勾勒填色，成为基本绘画方法。双勾填色方法广泛使用，无疑给青花加彩的形成提供了便利，或者说某种程度上启发了以釉下青花勾勒线条、以釉上填色斗彩技法的采用。青花加彩所习见的盖彩、染彩、点彩等方法，都需要先以釉下青花双勾轮廓为前提。从明代青花加彩发展进程来看，宣德青花上部分采用双勾填色方法，青花加彩中叶的部分采用了釉下青花双勾、釉上以彩填色的方法。成化官窑青花普遍使用双勾填色笔法，成化青花加彩基本使用釉下青花双勾、釉上填彩的斗彩方法。青花和青花加彩双勾填色笔法的一致性，正说明青花瓷双勾画法是青花加彩的重要依据和技术前提。

2. 釉上五彩工艺的成熟

在长期的制瓷实践中，釉上五彩工艺逐渐成熟，为青花五彩的出现提供了又一技术前提。辽宋时期，红、绿、黄、紫、金、褐、黑等釉上彩已经陆续被用于瓷器装饰。金代北方磁州窑已能熟练地使用黄、红、绿、黑、金等色绘制线描釉上五彩。山西侯马金代明昌七年（承安元年，1196 年）墓出土的釉上五彩瓷，证明了 12 世纪末北方已经盛行五彩瓷。元代时，北方窑五彩装饰非常普遍，现藏于海内外博物馆许多磁州窑五彩大罐、五彩碗、五彩玉壶春瓶，都是这一时代的杰作。与此同时，南方景德镇窑在元代中后期也开始了烧制釉上五彩的尝试。东南部出土过一些卵白釉加红绿彩的小碗、小杯，景德镇窑址也有少量标本出土，说明元代后期卵白釉加彩，也已经进入了商品化生产阶段。元末明初景德镇窑釉上五彩质量似乎有一个飞跃。日本东京国立博物馆所藏“五彩狮子戏珠玉壶春瓶”、日本根津美术馆藏“五彩宝相花纹玉壶春瓶”，画法流畅，釉彩艳丽，是非常成功的五彩瓷。刊载于日本《世界陶瓷全集》的这两件器物，纹饰中相互独立的变体莲瓣带有元代风貌，而蕉叶中茎双线勾成不填色又有明代特征，因而属于元末明初作品。从中可以看出，明初釉上五彩工艺，已经建立在一个比较高的技术起点上，为青花五彩的出现提供了技术保证。

3. 复合彩方法的创造

复合彩釉有两个生产步骤，第一步先烧出釉下彩，即在生坯上绘画，罩釉后烧制，第二阶段是在烧成的釉下彩瓷器上绘画，然后经过第二步低温烧烤后完成全部工艺。一般来说，第一步采用高温（1200℃以上）烧制，第二步采用低温（800℃—1000℃）烧制。复合彩工艺是由宋元磁州窑创造。1987 年河南禹州市关元墓出土过一件“白地黑花加彩罐”。器物先用釉下黑彩绘出山水人物，再在轮廓线内填以赭石色，经复烧而成，属于复合彩工艺的最早出现。在河南磁州窑窑址还出土过白釉黑花加翠绿彩的残片。这两起重要的出土物，证明磁州窑的白釉黑花加彩有多种，是复合彩的雏形。元代青花瓷在 14 世纪中至正年间开始兴盛，据有关报道，东南亚出土过青花绿彩玉壶春瓶。景德镇在元代时生产过釉上红绿彩器，这些红绿彩的装饰方法和磁州窑的产品相似，推断是受北方窑的影响，因而北方磁州窑采用复合彩工艺，与景德镇窑青花红绿彩的关联是可以想象的。

4. 混水与分水

明代从元青花“一笔点画”实笔绘画法直接继承下来，从洪武到宣德晚期，都是用这种方法绘画青花和釉里红。宣德后期开始出现了用二支笔的混水画法，把勾勒和渲染区分开来，目的是节省原料。明代中期以来的青花瓷绘，由双勾平涂逐渐替代了一笔点画的技法。前者称为“分水”，后者称之“混水”。当时使用青花料时，特别是国产青料，主要有江西乐平出产的平等青，又称“陂塘青”。因为这种青料色散而不收，故加入江西端州的石子青，混合使用。其比例为：平等青一两加石子青一钱，谓之上青；四六分加，谓之中青；十分之一，谓之混水。中青用以设色则笔路分明，上青用以混水则颜色清亮。其实，原有的一笔画法实在太浪费青料，故而有后来的混水分笔画法，既能节约原料，又能有清亮的感觉，这是宣德后期在绘画技术上的进步和发明。分水绘画方法在嘉靖、隆庆和万历三朝时运用更为广泛，并且画风自然，颇见稚趣。自嘉靖中期以后，瓷绘画面的层次渐渐变得不够分明，画面填充了更多内容，显得拥挤不堪。万历晚期开始流行淡描青花，又叫作“单线平涂”法，出现了万历所独有的类似钢笔画一样的铁线描。

5. 明代瓷器的绘画技法

宋元时期的磁州窑的黑花，是不能做到墨分五彩的，但是使用青花来绘画瓷器则是可以做到的。中国的绘画在唐宋时期多使用绢作为绘画材料，绢质的光滑使得所勾之线适合于凝聚“骨”力，使作品更多地采用工笔画法，这是唐宋宫廷绘画蓬勃发展的不可忽视的原因。宋元之际，纸制品越来越多，并逐渐取代绢帛成为绘画主要用材。这种吸水性强的纸质材料，渐渐改变了人们绘画的方法，开始出现放达潇洒的笔线。故元代绘画基本进入了以纸质材料为主体的水墨画时代。明代以来，宫廷画家更是在纸质材料上创造了更多新颖题材和绘画方法，以至中晚期出现了徐渭这样的大写意水墨画。景德镇工匠按照传统的工艺流程，由宫中画师先画好一张样稿，叫“起稿”。工匠将这种纹样用淡黄篾灰这种特定颜料画到胚体上，为了图案的美观，需要反复修改，之后再用深黄篾灰重新勾描一遍。所谓“篾灰”，是用竹子去青皮燃烧，稍后炭灰用擂槌细备用。这种篾灰画到坯体上容易擦掉，便于修改，并且不影响施釉和烧成。

古代的拍图类似雕版印刷，是将画稿用墨临摹在棉纸或生宣纸上，喷湿后覆盖在待画坯体上，用手掌在纸背面轻轻拍打，直至纹样呈现。结合器物造型再摹仿绘画，与国画一样，都是用毛笔作画，明代彩绘画样在明代文献中没有记载，在清代的文献中可以找到。明代彩绘画样，无论是青花、五彩，“其大半取样于锦缎，写生、仿古，十之三四。”（朱琰《陶说》）清代唐英的《陶冶图说》最早记载了彩瓷的绘画技术：“须选素习绘事高手，将各种颜料研细调和，以白瓷片画染烧试，必熟谙颜料火候之性，始可由粗及细，熟中生巧，总以眼明心细手准为佳。”绘画时，先将各种颜料调和，浓淡适中，鲜明适度。其法有三：其一用乳香油，油便于拓抹，且黑料多用油。其二用胶水，胶便于堆填。三用清水，清水调色便于渲染，杂色多用清水调和。做青花瓷时，用青料在白瓷坯上绘画，青花作画叫作“画青”。釉里红瓷，用铜红彩料绘画在白瓷坯上。斗彩瓷，先用青料在坯上画花鸟线体，上釉后入窑烧坯，复施彩料，再进炉烘烤。但是瓷器调色与画家调色不同，必须先式样，出火试烧后再定。其经验毫厘不差，必须极细极匀，方可色透骨而露彩。到清代时，为了保证青花瓷质量，画画和染色工作分开，画画者学画不学染，染者学染不学画，这样保证了技术提高。后来还区分了专门画人物、花鸟等不同画法。在粉彩绘画中，有上乳料的、配色的，有画样绘事的、填彩的，等等，各司其职。其花卉风格可以在不同器物上见到。

在元代青花瓷大行其道的基础上，明代青花瓷继续盛行，其原因主要有：首先是青花色泽将中国人审美深沉的思想恰到好处地表现出来了。尽管朱元璋在明代初年大力革除胡俗，提倡红色，但是青花瓷器仍然是他喜爱的器种，并且大力生产，用以弥补釉里红生产的不足。其次持续发展的水墨画审美意趣，使得当时绘画环境朝向青花瓷的方向发展。在元代进入山林的画家走出了山林，在社会生活中登场，出现了文人水墨不可阻挡的大趋势。这种风气，给了景德镇制瓷业极大的影响，促使青花绘画有了更大发展。最后各种具有特殊技能工匠向景德镇集中，特别是当时吉州窑许多绘画工匠来到了景德镇，将吉州窑绘画技法带来，促进了景德镇青花瓷绘画的发展，一时造成了景德镇“工匠来八方，器成走天下”的局面，保证了景德镇制瓷水平的不断提高。

6. 青花加彩装饰方法和品种分类

青花加彩装饰就是釉下青花和釉上彩如何拼逗组合成画面纹饰，以及如何配合画成纹饰这样两个问题。前者是两者的拼逗形式，后者是两者的拼逗笔法。

首先，青花加彩装饰的拼逗形式。按照釉下青花和釉上彩的拼逗范围，有三种形式：

第一，同一画面不同纹饰由釉下青花和釉上彩拼逗画成。明初时，青花加彩处于初创阶段，青花和釉上彩分别画不同的独立纹饰，共同组成画面。如青花红彩海兽纹中的海兽用青花绘制，海水用红彩绘制。有些则相反，海兽用红彩，海水用青花。有些辅助纹饰如莲瓣纹、焦叶纹、卷草纹用淡青花，其他纹饰则由青花和釉上彩组合而成。

第二，同一纹饰的不同部位由青花和釉上彩拼逗画成。“宣德青花五彩莲池鸳鸯碗”上，雌鸳鸯头部和翅膀用青花画成，其余用釉上褐彩画成，这种方法在明代后期用得较多。

第三，每一纹饰均由青花和釉上彩拼逗画成。习惯上将这种方法称为斗彩，即所有纹饰由青花和釉上彩拼逗完成。“宣德青花五彩莲池鸳鸯碗”上，雄鸳鸯背部羽毛先用青花双勾，再填釉上彩，是斗彩方法的初创。成化时，青花双勾、釉上彩填色已成为基本方法。除双勾填色外，点彩、覆彩、染彩等技法都属于这一范畴。

以上三种形式逐步递进，反映了青花加彩工艺的逐步深入。

其次，青花加彩装饰的拼逗笔法。青花加彩是以双勾填色为基本工艺前提的，又涉及釉上及釉下两步流程，将其分解组合就可能出现四种具体笔法：青花双勾、青花填色；釉上彩双勾、釉上彩填色；青花双勾、釉上彩填色；釉上彩双勾，青花填色。最后一种方法必须先将青花填色烧制完后再釉上彩双勾，操作上有不方便性，因此我们常见到的主要是前三种笔法。

青花双勾，青花填色。这是用单一青花完成某一纹饰或纹饰某一局部的方法。采用青花双勾轮廓后，用青花填色的笔法，成化斗彩中的某些局部纹饰，是全部用青花双勾并青花填色。有些青花绘画局部纹饰并不是双勾填色，而是单笔勾勒。如“宣德青花五彩鸳鸯盘”上的水波纹，其性质也属于局部纹饰由青花单独表现。

釉上彩双勾，釉上彩填色。单一的釉上彩双勾、釉上彩填色即是五彩与青花配合，就成为青花加彩。这原本是北方磁州窑的装饰方法，“宣德青花五彩鸳鸯盘”上的莲花即是采用这种笔法。明嘉靖以后，成为普遍使用的方法。从使用的釉彩看有两种情况：一种是同色的，用较深的颜色勾轮廓，用较浅的填色；另一种是异色的，用一种釉彩勾轮廓，用数种釉彩填色。嘉靖、万历以后的五彩器普遍采用后者。在青花加彩中，单一使用釉上彩纹饰，除了双勾填色外，另外还有一种盖彩的绘画方法，即以一种釉上彩填地，再加绘其他彩料，有三种基本形式：彩上染彩是指某一纹饰或局部以一种釉彩铺底，以另一种釉彩渲染，如黄彩垫底，上用红彩渲染，称“黄上红”。自成化开始出现，嘉万以后流行。彩上点彩指某一纹饰或局部纹饰以较浅釉色铺底，以较深的同色釉彩点皴，如“宣德青花鸳鸯盘”上的芦花就是采用这种方法。至于彩上勾线是指以一种釉彩铺地，用另一种较深的釉彩勾勒细部，这种方法多见于嘉万以后的青花加彩。

青花双勾，釉上彩填色。狭义的斗彩就是指这种双勾轮廓、釉上填彩的方法。在明代青花加彩中，以青花和釉上彩结合完成某一线条或局部的方法还有一些，例如：填彩，以青花双勾轮廓后填彩；覆彩，在绘成的青花纹饰上，如青花双勾轮廓或单笔青花勾勒，覆盖釉上彩；勾彩，在青花轮廓线上先用深色釉上彩勾勒，再填以浅色釉上彩；染彩，在青花轮廓线外侧渲染釉上彩；点彩，在青花轮廓线上加绘釉上彩彩点。以上所有技法经常是结合使用，有时以一种技法为主，选择一二种方法辅助。

再次，青花加彩的品种分类。青花加彩在自身演化中，技法由单一到逐步成熟，釉上彩由单色到多色，产生了许多品种，可大致分为两类：一是按青花加彩的数量分；二是按绘画方法分。前者有青花单彩、青花双彩和青花五彩；后者有斗彩、填彩、覆彩、染彩、点彩、盖彩和勾彩等。以上的分类仅是从某一侧面来反映青花加彩特征，在历史发展中，每一历史时代总有一些主要绘画方法，其主要为：

青花红彩。青花红彩又称青花抹红，主要出现在明初永乐、宣德时期官窑瓷器上。从青花和釉上红彩所占比重看，有的以青花为主，有的以红彩为主，如青花红彩海水海兽纹，有的用青花绘海水，红彩画海兽，有的则相反。这里红彩使用的是矾红，分为油调和水调二种。前者浓厚，后者清淡。

青花黄绿彩。宣德官窑器中有此盘，外壁以青花勾勒海水纹，加填绿彩，又分饰以黄色游鱼四条。这种青花黄绿彩非常珍稀，窑址也未见出土。而青花黄彩因是帝王用器，民间少见。

青花五彩。这种彩绘泛指以釉下青花和釉上五彩拼逗绘画的器物，但是这里是专指宣德时期官窑制品，而嘉万以后青花五彩则简称“五彩”。宣德青花五彩采用了多种方法制作，大致有：青花勾勒轮廓线，釉上彩在轮廓线内填色，这种工艺称为斗彩；青花和釉上彩各自独立绘制纹饰的局部，拼逗出全部纹饰，这种方法演变成为嘉万以后的五彩；在胎体上刻划暗纹，烧成后用釉上彩双勾填色，这种工艺又演变出后来的素三彩。

关于斗彩，乾隆年间成书的《南窑笔记》中有相关的记述：“成、正、嘉、万俱有斗彩、五彩、填彩三种。先于坯上用青料画花鸟半体，复入彩料凑其全体，名曰斗彩。填者，青料双勾花鸟人物之类于坯胎，成后复入彩炉，填入五色，名曰填彩。其五彩则素瓷纯用彩料画填出者是也。”这段话讲清了斗彩、填彩和五彩的区别：青花和釉上彩拼逗同一纹饰的称斗彩；青花双勾轮廓后釉上彩填色的称填彩；用各种单一釉上彩绘画的称五彩。用今天的眼光看，斗彩和填彩是从不同侧面讲青花加彩，斗彩讲的是青花加彩过程的工艺特征，填彩讲的是青花加彩的绘画笔法。由两者关系看，斗彩有从大到小三个层次的拼逗方式，而填彩则是具体笔画拼逗方式中的一种。斗彩可以分为广义和狭义两种理解：广义上，所有由釉下青花和釉上彩拼逗的绘画纹饰，都可以称为斗彩。狭义上，斗彩专指成化官窑创制生产的青花加彩器，以及后代仿造这种方法生产的同类彩器也可以称为斗彩。

7. 绘画技法研究

明代青花瓷器绘画技法，主要是绘画工匠所表现出来的高超技法。必须具有熟练的绘画技巧，运笔速度极快。因为在瓷坯上作画不同于纸上，其困难如下：首先，要熟悉青料的化学性能，要能调制并且控制得当。其次，绘画在未经素烧的生坯上，其背面干松而吸水性特强，所以用笔必须保持相当高的速度，必须眼明心细手准，不能细描细画，不允许住笔凝思，否则青料过多渗入胎坯，烧后易出现晕散，影响笔势效果。再次，如果要获得细劲清晰的线条，则用笔要干，行笔要快。最后，画瓷不同于伏案作画，器物表面凸凹不平，画师手腕臂力皆要有更高的运动能力和耐力。明代青花的画法，一般来说大致可以分为以下几种：

首先以淡薄的青料汁水涂画后，再以较浓厚色料的加描，分出明暗深浅，描画时必须在水分未干或半干时进行，有的则俟全干后再行添加。也有的是干笔浓抹，形成浓厚处，这些地方会烧出斑点现象。这是早明宣德窑的画法。其次是以细劲的线条描画花样，趁线条未干时，或用清水笔加以晕染，或罩上淡青加以渲染，其技法皆不出双勾花鸟人物的画法，这就是成化窑的描青。民窑多用之而不加渲染，即纯用白描画法，线条紧密遒劲。还有用流畅劲利的线条，勾勒出物象的轮廓，然后用深浅不同的青料点染，兼有勾勒泼墨之长，明中期以后多采用此法，民窑青花器也多用此法。明代瓷器胎坯在绘画前必须喷水加以湿润，运笔才能流畅，青料也不至于凝滞干枯。成化平等青虽无晕散性能，但是细看上去还是有少许散晕情况，这正是由于在作画时青料和水的适当运用，这是在作画时就已经产生了散晕的情况，并非窑中烧结时发生的现象。

明代官窑瓷器一件器物，从起稿到画毕，似乎是一个人单独完成的。但是明代晚期由于大量生产的需要，于是实行分工合作制度。明代前期官窑青花瓷器线条特别圆熟优美，展现了高度的绘画艺术，这些都是出于久经锻炼而练达的手笔，当时的工匠本身就是艺术家。明末宋应星的《天工开物》中指出："坯制成后，就车上旋转打圈。圈后或画或书，字画后喷水数口，然后过釉。"这里所说乃是用青料在器物口沿或足颈等处划线，俗称"打料箍"。这种做法一直持续到清末民国。明代前期的圈箍，是可以看清起笔与收笔的，但是到清代时，这条圈箍已经看不出起落笔了。而且成化时期的圈箍，极其讲究，非认真比对不能有所体会。

八、瓷器的造型

陶瓷的造型在先民那里多半是模仿人体而来，器物演变的情形也是根据人体的基本构造分割而成。早期陶器造型简单，多半是单一形态作为器型。随着时间演进和技术的进步，开始将几种形态结合成一体。而且愈到晚期造型愈复杂，逐渐开始由具象发展到抽象。明代由于西亚文化传入，在器物的造型上更是吸收了阿拉伯文化的一些因素。有些器型干脆就是西亚金属器物的陶瓷再造。就瓷器本身发展来说，明代是中国陶瓷器型变化最多的时期。

1. 明代瓷器的分类

根据制作方法来区分，明代瓷器可以大体分为三类：

圆器。即为转轮拉坯所成之器。其形制较为简单，代表器物有碗、盘、杯、罐、瓶等。

琢器。明代叫作印器。制作时，先制成模型，将坯分为若干块，倒入泥浆筑印出分割的器坯，再拼合成一件器物。方形、多角形等各种变化繁多的器具为其代表，例如壶、瓶、盒等。明代制作方形器具较多，如方盘、盏、盖罐等均属于琢器制作，制作过程较为复杂，费工耗时。

雕削器。即塑器。用瓷土塑造人物、动物、花形等，专供陈列观赏装饰之用，其造型为绘画和雕塑结合的艺术。不过官窑由于要求严谨，较少烧造，民窑有较多生产。

元代器物不同于前朝的是体量上明显增大，不论是现今国内出土的青花瓷还是土耳其托普卡比宫所藏元青花，皆器型硕大，主要是大盘、大碗、大瓶等。这种变化源自阿拉伯文化的影响，究其原因依然是与西亚生活习俗有关。这些大盘、大碗是因为西亚人围坐进食共餐时，以这些盘碗来盛放大块馕饼和肉食，以手抓形式分食。这种硕大的体量较深地影响到明代早期瓷器的制作，直到成化以后才有所变化。

另外也出现了一些新的器型，例如折沿盘、高足杯或高足碗，还有带有阿拉伯风格的执壶等。这些新器物造型主要在永宣时期出现较多，明代中期以后，又逐渐回归到中国传统造型。永宣时期还有许多来自西亚的器物造型，比如：抱月瓶，来自西亚金属器和玻璃器，这种器型在清代还继续烧造。天球瓶，虽然中国早在战国墓葬中出现过天球瓶，但是元代到明初的天球瓶是与西域文化影响有关，是对西亚金属器的模仿，这种器型也一直模仿烧制到清代。圆柱长颈带流执壶也是模仿西亚金属器皿，最早起源于伊朗，后来传入阿富汗地区。还有球形直径花浇，这种被中国人称之为“花浇”的器物，出现于永宣时期，也是来自西亚金属器物。折沿大盆，主要见于永乐时期，完全模仿埃及马穆鲁克王朝的黄铜盆。还有八方烛台，出现于永乐时期，烛台底座部分分带式装饰方法，以及对康乃馨花卉的描绘，都呈现着来自西亚的影响。康乃馨是一种产于地中海沿岸的花卉，尤以西亚和南欧常见，因此较早出现在西亚的装饰之中。还有一种桶形器，中国人称之为无挡尊，器物上有西亚器物常见的阿拉伯文字，被中国工匠发展变形成了花纹图案。但国内该器物极少见出土。

明代瓷器的造型，是鉴别真伪的重要依据。因为各类器物的造型，能够准确地反映其所处时代的生活习俗、审美标准、社会风貌和技术条件。若能够熟练掌握并善于识别器型态和神态，就能够掌握一种比较可靠的鉴定方法。对于明代一些典型器物，特别是名贵品种，更应该烂熟于心以形成固有的概念。在鉴别明代瓷器时，有了准确的器型概念，对于那些貌似的伪作，就不难一眼识破。对于那些高仿的伪品，也能从时代风格和神韵上看出破绽。在掌握明代瓷器的品种特征及时代风格的同时，应重点侧重对器型的古拙、敦厚、粗笨、秀美、玲珑、华丽等不同风格进行研究，详加分析对比，摸清其演变规律。

久之便可利用其不同器型特征，熟练鉴别真伪。明初洪武器型有元代遗风。永乐器型有古拙秀美，当时出现了一些精品，如白釉脱胎暗花盘、碗以及青花压手杯等，是后来的仿品在器型上远远不可企及的。宣德时期器物造型明显增多，并且制作精致，独出心裁。有些甚至是空前绝后之作，若不具备很高的技术水平，难以仿制成功。故永宣青花器，仅见明代成化、正德和清代康熙、雍正、乾隆时期以及民国时的仿品，其他时期少见。至于成化时期，器型唯重纤巧，大器较少，其碗、靶杯、天字罐等，都出色地代表了当时轻盈俊秀的风格，为历代仿品所望尘莫及。弘治以后，瓷器制作渐渐走向端庄之路，风格上与前期有很大的不同。

2. 明代瓷器的成型方法

所谓成型，是指将坯泥制成具有一定形状和规格坯体的操作方法。景德镇自古以来有拉坯成型、印坯成型、利坯成型、雕塑成型和近代以来的压坯成型、塑性挤压成型、石膏模注浆成型等方法。元代以来陶瓷成型方法主要分为以下几种：

琢器。是指使用阴模印坯成型或者拉坯、利坯成型的瓶、罐、觚、尊、炉、盒、烛台、壶等立件，被称为“琢器”。宋应星《天工开物·陶埏》把这类产品称为“印器”，因为在明代以前，这类产品多为阴模印坯成型。宋应星记载其工艺说：“先以黄泥塑成模印，或两破，或两截，亦或囫囵，然后埏白泥印成，以釉水涂合其缝，烧出时自圆成无隙。”宋氏之说虽然诞生于明崇祯年间，但是确为明代瓷器生产工艺的完整叙述。这种工艺可以大致分为几个阶段：

拉坯。是靠辘轳旋转来扯动泥浆成型。纳好的泥交由专业工匠，使用辘轳车扯出造型各异的粗坯。方法是：拉坯工匠坐在辘轳车旁，将坯泥泥团放在车上，拨动辘轳车的转盘使其快速旋转，把泥团摔在转盘中心，工匠随着手法的屈伸收放拉制出坯体的大样，粗坯就成型了。对一些不规则的器型，如壶嘴、壶柄等，必须要使用模型才能统一制作。

制种模。又称“母模”，用于翻出印坯用的模型。景德镇的坯泥在印坯成型中，干燥收缩加上烧成收缩，收缩率为直缩 15%，横缩 9% 左右。制作种模时，必须按照此收缩率算出种模的规格大小，再用制模泥分段拉成“粗坯”，待稍干时利出分节的种模。分节的基本原则是便于坯体脱模和结合。通常扁形器塑造成两半，器壁是斜形和直形的小器物，模子是一个整体，因为阴模印成坯后，待稍干收缩可以整器脱模。制作种模的泥，在宋代时是一种白色泥，到明代时为黄泥。蒋祈《陶记》记载壬坑（银坑坞）产制模泥，宋应星亦说：“先以黄泥塑成模印。”根据出土资料，湖田窑出土的模印是灰白泥制成，湖田窑北岸的窑址出土的元代印模也是白色泥所制，到明代时始有黄泥制成的印模，它们都经过 900℃—1000℃的烧结。由此可知，制模所用的泥模是白胎泥或者黄泥，它具有可塑性好、较坚硬、吸水率高、颗粒较粗、不粘胎泥的优点。

翻模。翻模所用原材料是制模泥。用此材料围在模种周围按压拍打，使模内壁紧贴种模并达到光滑平整，再修复外部，并留好模壁所需厚度，待到稍干与母模分开，晒干后烧烤 900℃—1000℃，使模具有一定强度和吸水率。此模功用是在模内凹面上用于形成器物的外形，故曰阴模。

阴模印坯。用适量胎泥搓成粗泥条，置于模内低处，再用手指自下而上均匀向上挤压，使得泥与模内壁紧密相贴，挤压完后，用手掌或抹布抹平内壁，力求平整、光洁、与器壁厚薄均匀，这样才能避免变形。等到坯干到与模有所分离时，即可将此节坯从模中取出，称为“脱模”。等到各节皆用此法印好，再用“接头泥”一节节地自下而上接正、接固，最后接底。底在接之前用铁刀挖足。梅瓶的口部是另外插入接上的。八方瓶、罐、壶等，皆是用以上方法印接而成。粗坯制成以后，必须进行修正。将圆器放置辘轳车上，依照所制器物标准样式，用竹片，或铁质刀片，利用陶车旋转，层层旋削，修理成型。有的器物是使用印坯模型进行定型，待半干时，用双手拍打，一掌压一掌，使粗坯坯胎规整一致，并且通过拍打，把粗坯从模型上取下来。待稍干后，置陶车上修整出光洁平整、厚薄均匀的器表。

青花大型器物及小件壶嘴、把手等，由于形状和安放位置，需要作单独镶接，在接坯之前，需要雕削工匠把坯胎的相应位置削出与之对应的接口，刺刀工序为削坯。然后结合坯胎。明代青花的大器等需要分成二段、三段制作，然后组装在一起，这个过程叫接坯，也叫接胎。瓷坯必须干透，需要充分晾晒。冬天还要烧火烤坯，主要怕坯胎会干裂，炭火烤坯会使坯胎去湿不均匀，只能在阳光充足的晴天晾晒，日晒通风，有利于均衡干燥。

圆器。圆器成型方法在宋应星《天工开物》的《陶埏》篇中有详细描述：“凡手指旋成坯后，覆转用盔帽（印模）一印。微晒留滋润，又一印，晒成极白干，入水一汶（湿润），漉上盔帽，过利刀二次。然后补整碎缺，就车上旋转打圈（打青花箍）。”唐英《陶冶图说》第十节记曰：“大小圆器拉成水坯，俟其潮干，用修就模子套坯其上，以手拍按，务使泥坯周正匀均，始退下阴干，以备旋削（修坯）。”由此可见，所谓圆器诸如碗、盘、杯、碟、盏、匜等圆形的日用器皿，是先经过拉坯、放置阴坯间，干至泥不沾手，再套在阴模上印拍定形的。

明代和元代的圆器成型法继承宋代圆器阳模印坯成型法，并非先拉成水坯，而是直接将可塑坯泥饼置于阳模上，用人工在模型上挤压拍打，使其均匀延展，按器壁所需厚度印成特定器型，待到坯稍干未脱模前，置于轱辘车旋转，将模上坯的外壁用刀修平，并挖出实心的高圈足，以便拿它画坯或刻花。景德镇人俗称“靶子”。如果器物内壁有印花，则阳模外壁有相应下凹的印花纹。待青花或刻、印装饰完毕，施以内外釉后，最后才把实心高圈足挖出所需形制，然后装匣入窑。所以元代圆器圈足内多砂底无釉，到明代永乐以后情况发生改变，修足变得更加精细了，不仅足墙变窄，而且足心挂釉，甚至还写款。元代的高足杯、碗在制作时将碗和高足分开做成，使用接胎泥粘接，故在高圈足内部结合处，能够看到在粘接部位溢出的泥浆。到永乐后期改用釉接，已经看不到溢出的泥浆。此特点是对明代早期器物断代的重要依据。

装匣。制作匣钵是一道重要工序。景德镇在烧造瓷器时，坯胎必须装入匣钵，这样才能确保胎质洁净且避免破损。将坯体置放于匣钵内的操作叫作装匣，也叫装坯。景德镇开始用匣钵装坯入窑烧瓷始于北宋初年。直到今天仍然部分保持这一装烧工序。制作匣钵先要炼泥，匣钵对泥土的要求不高，以在辘轳车上拉成型为准。制好匣钵并且阴干后，打磨光滑，放在柴窑里空烧叫作“镀匣”。匣钵经过镀匣以后会更结实耐用，而且还能检验匣钵质量。最后官窑派人来验收匣钵，以尺子测量匣钵大小、厚薄、深浅、轻重是否符合标准。验收合格的匣钵，才能被送到官窑，等待装烧贡瓷。

景德镇在北宋以前一直保持采用支钉叠烧工艺。在明代以前文献中有关制匣的记载不多，蒋祈《陶记》中记载了制匣、模原料的产地：“比壬坑、高砂、马鞍山、磁石堂，厥土、赤石仅可为匣、模，工而杂之以成器，则皆败恶不良，无取焉。”按白锟先生对此文的校注，壬坑即今镇南 2.5 公里的银坑大队，这里产制模原料，高砂在镇东北 11 公里的高砂村，所产制匣原料今天仍然称之为“高砂白土”。马鞍山即镇东之马鞍山，历来为制匣原料“老土子”“白土”“黄土”等的重要产地。这些制匣原料配制起来有可塑性高、粘性好、耐火度高的优点，制成匣钵可以多次使用。其实，制匣、垫饼等窑具的工人与制造瓷器的作坊工人，与淘洗精炼坯泥的作坊工人，都是制瓷的重要角色，也是陶瓷产业链不可或缺的组成部分。所谓“共计一坯功力，过手七十二，方克成器，其中微细节目尚不能尽也。”（宋应星《天工开物·陶埏》）《陶埏》篇还记载：“凡瓷器经画过釉之后，装入匣钵，（装时手拿微重，后日烧出，即成坳口，不复周正）钵以粗泥造，其中一泥饼托一器，底空处以沙实之。大器一匣装一个，小器十余共一匣钵。钵佳者装烧十余度，劣者一二次即坏。凡匣钵装器入窑，然后举火。”清代乾隆八年（1743年）唐英编撰的《陶冶图说》也有制造匣钵的具体章节，对于坯体装匣烧成的优点、匣泥土的产地以及匣钵制法等均有准确记述。通过对上述文献解析，可以大致明确关于装烧的基本概念。

景德镇在北宋初年之所以淘汰了五代支钉叠烧的无匣装烧工艺，采用匣钵装烧工艺，是因为匣钵装烧入窑，可以扩大窑室，增加窑内装烧量，减少窑内烟尘污染，提高烧成质量。明代早期使用匣钵烧造青花瓷，以匣钵代替了支钉叠烧工艺，减少了瓷器直接接触火焰的烟尘污染而提高了烧成质量。其次，制匣原料用量大，均从景德镇周围所开采。各地匣土性能不同，有的颗粒粗，其中石英含量高，氧化铝含量高，而助熔剂含量低、熔点高、耐火性好；有的颗粒细，可塑性好。所以宋元时匣泥配方是多元的。都必须具有良好的可塑性、粘性和耐火度，熔点要高于瓷胎，热稳定性和导热性强等优点。由于元代大器物多，匣钵质量好可想而知。再是匣工与陶工、土工一样，均工作于各自独立却又是相互依存的作坊。因为匣钵用量大，质量要求高，必然产生产业内部专业化分工。产业链的形成对瓷业发展十分有利。另外匣钵质量也很重要，质量好的匣钵可以重复使用，最多可达十余次，质量差的则使用次数较少，而且烧出的瓷器底部还会有较浓重的火石红。因此不仅瓷土、釉料、工艺有高低之分，匣钵生产质量也有优劣。元代青花窑址中漏斗式匣体称为“大器匣”，底部不平；直桶形平底匣钵称“小器匣”，底部较平。大器匣装的是碗、盘、碟等，多为圆器，均为一匣装一器。小器匣装的是瓶、罐、觚、壶、高足杯、小印盒、鸟食罐等，多为琢器，有的一匣装一器，有的一匣装一大件，下部插装小件，有的一匣内装满相同或相似的多件器物，以提高装烧密度和节省烧炼成本。不同规格的产品，须选择大小适合的匣钵装烧。由于装烧青花瓷的匣钵底不平，必须在匣底部铺一层垫渣，此垫渣是用稻壳灰拌成深酱色的匣土渣，其中含铁和锰较高，用这种匣土渣或高岭土渣在匣底拍打平整后装坯。有的是直接置于垫渣之上，比如大盘底内用此垫渣填满，顶住底板，使其在烧成时底部不会出现下沉，所以器足端和底部多有粘渣痕。还有一泥饼托一器，底空处以砂实之，即用匣泥饼垫烧。最后，因匣钵底部时常不平整，因此装入绘好的青花瓷坯体要将其底部用细沙垫平，器物坯体底足部位的釉层必须用刀刮去，这一环节称之为“去釉”，目的是防止烧成之后底足与匣钵垫饼粘连。常见到明早期青花瓷器底部沾有细沙，就是这一缘故。

整个瓷器的烧制过程大概需要一昼夜时间，窑温控制在 1300℃左右。不能高也不能低。砌好窑门后再点火烧制。烧瓷对燃料的要求很高，只有松材才能烧制出完美的青花瓷来。在整个烧制过程中，需要时刻掌握烧制情况，按程序操作。烧窑之后，窑经过 12—18 个小时的自然冷却，待窑内温度降到常温，就可以开窑了。

3. 明代前期瓷器的底部特征

拉坯时候圆器下部会留下一段长约二至三寸的泥足，把泥足挖掉的工序叫作"剐坯"。通常是在施釉之后，待釉稍干时再修圈足，并且把圈足装匣时与垫饼相接触部分的釉层利去，以免器皿因施釉熔融和垫饼烧结粘连在一起。瓷坯在装匣之前，必须将足端的釉用刀刮去，使圈足留下了人工操作时迅速、干脆、利索的刀痕。这种刀痕是平切，还是里外三刀，甚或是圆修，对于我们认识不同时期工匠操作是极有益处的，可以作为断代依据。由于前述景德镇瓷器独特的装烧方法，也给器物底部留下了许多特征：

器物底部多砂底，有的有火石红，有的没有火石红。原因是在窑刚刚歇火后逐渐变冷、保温阶段，窑中会进入空气，空气中的氧使涩胎表面的亚铁离子产生二次氧化，生成三氧化二铁，于是涩胎上的火石红就产生了。可见产生火石红需要具备一些条件：一是坯泥中含有 0.1% 以上的三氧化二铁，例如福建德化瓷中不含铁，涩胎中就不会有火石红；二是釉和垫渣中的碱性要强，碱性物质可以起到氧化剂作用，帮助涩胎产生二次氧化。谷壳灰碱性强，所以第一次使用谷壳灰垫烧时器砂底部必然出现火石红，第二次以后，由于它的碱性已经转化为中性或酸性，则火石红二次比一次要淡，二次以后则不会出现火石红。匣内的垫渣一般使用五次左右，所以有的器物底部没有火石红，有的则有火石红，便是可以理解的。三是窑火停歇后，将窑门闭住，使窑室内降温变慢，可以有充分产生火石红的保温时间。早期青花器物底足均有粘渣或渣痕，器物身上的缩釉和剥釉也较多，在缩釉和剥釉处多有火石红，在胎与釉的交界处也多有火石红，例如器物内部流釉的周边、罐的底部没有刮去的釉块周边等处，在这些地方都会留下火石红，这与瓷器的釉面是重钙釉有关。

在当时，装烧工艺还有一个重要特征。在 2014 年 3 月，景德镇陶瓷考古研究所对原御窑厂东门区域进行的抢救性挖掘中，出土一件宣德青花铺首龙纹大罐，在器物的底部，除常见的火石红外，还有白色十字交叉痕迹。在北京故宫博物院收藏的宣德瓷器中，也有这类"十字交叉"痕迹的器物，如"洪武青花四季花卉纹大盘"和"永乐青花锦地折枝花卉双系活环背壶"的底部也有这种十字痕。在景德镇御窑厂出土的残器中，有这种十字痕的器物也很多。如"宣德白釉大罐""宣德青花螭龙大罐盖""宣德黄地青花葡萄纹大盘""宣德青花菊纹大盖罐""宣德青花枇杷纹大盘""宣德青花海兽纹大盘""宣德白釉折沿花盆""宣德青花填红八方套钵"等。这些底部有十字痕的器物的基本特点是均为大型器物。当器物的底径达到 22 厘米以上时，其底部出现十字痕迹的可能性很大。这些器物主要为梅瓶、盖罐、大盘、花盆、套钵等。其底部特征有涩底的白沙底、火石红底以及局部铁斑明显的红褐色底，其十字痕的颜色呈白色者居多，长短粗细不一，这些白线并非垂直交叉，交叉点也不一定在器物底部的中心。在宣德以后这类十字痕的器物减少至几乎不见。这些交叉线形成原因是：当装烧不便摆放的大件器物时，通常在器物匣钵的底部放置竹片，并且用绳索将器物垂直放入，留在器物底部的绳索与竹片就成了泥坯与垫砂之间的间隔物，故而烧成后该处颜色与器物其他部位的颜色不同。由于绳索与竹片的宽窄不一，均为有机物，加之器物底部与垫砂的空间不同，其焚烧速度不一致，所以留在器物底部的条痕也会有所改变，呈现出有曲有直的形态。

九、瓷器的着色剂

明代前期，瓷器着色剂已经变得十分复杂多样，不仅是成分复杂，而且制作与烧制方法也变得更加复杂多样。这些着色剂可以分为色釉和彩、青花等。以下分别介绍：

1. 明代瓷器着色剂的主要成分

明代前期瓷器的着色剂，主要为各种金属矿物质，大致有：

铁（Fe）以铁为着色剂的陶瓷，早在唐宋时期就已经出现，铁在不同的温度下会出现不同的釉色，目前已知的釉色有青釉、黑釉、褐釉、紫釉、红釉和青白瓷。铁在高温氧化焰中烧成（红褐色），称为“铁褐”。而釉上彩的矾红则是在低温氧化气氛中烧成，珊瑚红也是以铁为着色剂，又称为“盖血红”，自康熙时开始烧，都是以铁为着色剂的。

铜（Cu）以铜为着色剂创始于汉代的绿釉，故称“铜绿”。唐代长沙窑烧成红釉，是铜在高温氧化气氛中烧成，元代有了釉里红。明代永乐时的鲜红釉和宣德年间烧成宝石红，都是以铜作为着色剂。因此这种釉色常被用作祭祀用器，故称“祭红”。但是祭红和红釉其实是两种不同的东西。清代康熙时还烧成郎窑红和豇豆红。

钴（Co）以钴为着色剂，创始于唐代，钴料用于瓷器的品种有青花、蓝釉、茄皮紫、毡包青、洒蓝、天青等。钴料早期是在西亚中东地区用于玻璃器上，流入中国后，唐代开始用于烧制三彩和青花。这是一种着色力极强、稳定性能较好的彩绘原料。它不仅烧成面较宽，而且容易烧成。但是氧化钴矿中一般含有不同程度的氧化铁和氧化锰等多种矿物，其他元素含量的多少，决定了氧化钴的烧成性质。钴在单独着色时颜色实际为黑色，只是在罩上了透明釉后，在还原气氛中会烧得变蓝。钴矿中含铁多时，其色泽鲜艳，如果含锰多，则色泽暗淡，颜色流散不固。

在我国明代前期瓷器中使用的氧化钴料，经科学化验结果证明，分为进口青料和国产青料两种。国产青料主要产地有江西上高和赣州生青料等。国产青料特点是含氧化锰高而氧化铁低，而宣德青花大盘则是含氧化铁为氧化锰的数倍，含铁如此之高的钴土矿在国内尚未发现，这也证明出土样本中中国唐代和宋代青花完全不同于元代青花。只有元代青花采用进口青料，就是所谓苏麻离青料。进口青料含铁量高，含锰量低并且含有砷。而国产青料则恰恰相反，含铁量低，含锰量高而且不含砷。由于两种钴料所含元素不同，烧成后青花瓷器呈色也就不同。在还原焰中，氧化铁烧成为黑色，氧化锰则呈紫红色。故烧后观察青花瓷器，氧化铁会产生黑色斑点，这是进口青料的主要特征。国产青料含铁量低，自然就没有黑色斑点这一特征。而含锰量高在烧成后青花蓝色中会呈现出紫红颜色，这是国产青料的基本特征。

锰（Mn）呈色为灰黑色、褐色。在高温氧化焰中呈现紫红色。

在《景德镇陶录》中还记载了各色釉料的调制方法：

紫金釉。用灌水炼灰、紫金石水合成。

翠色釉。用炼成古铜水硝石合成。

金黄釉。用黑铅末一斤、碾赭石一两二钱合成。

浇绿釉。用炼过黑铅末一斤、古铜末一两四钱、石末六两合成。

豆油釉。用豆青釉水炼灰、黄土合成。

矾红釉。用青矾炼红加铅粉广胶合成。

紫色釉。用黑铅末一斤、石子青一两、石末六两合成。

浇青釉。用釉水炼灰、石子青合成。

纯白釉。用釉水炼灰合成。

浇黄釉。用牙硝、赭石合成。

祭红釉。用红铜条、紫英石合成。

祭青釉。用青料配釉合成。

东青釉。用紫金釉微掺青料合成。

龙泉釉。用紫金釉微掺青料合成。

炉钧釉。用牙硝晶料配釉合成。

以上所有色釉，以祭红釉较为常用。祭红釉因为含有铜盐，因此在还原焰烧成时，呈红釉色，其釉色美如霞霁，所以称为霁红，又因釉色庄重，祭祀郊坛用的瓷器多用此色，故又称祭红。因其光泽犹如西宝石，也称宝石红。嘉靖二十一年（1542 年）后，红色烧成技法失传，导致红色釉料短缺，因此改用矾红。矾红是一种酸化铁的呈色。仅仅用于釉上，是在低温烤炉中烤成，不同于高温红釉。

2. 明代前期青花料常见种类

中国人喜欢青色。青色是大自然的色母，给人一种恬适的宁谧，符合中国人酷爱大自然的性格，是一种富有诗性的色。青色有着一种无限迷蒙深邃的含蓄美。青色越是深化，便引导人进入无限的世界，会产生纯粹的、一种超感觉的憧憬。这是青色具有沉静作用的原因。在同样的青色中，暗青色有神秘感觉，明青色犹如面对碧空一般，具有悠然飘逸的感觉。

青花是一种釉下彩，釉对青花呈色具有非常重要的作用。成化胎釉无不洁白莹细，能够充分显露出青花的动人色彩。自宣德始，釉中草木灰的比例在逐渐减少，釉的色白增加，故而宣、成二窑瓷器为历代所盛赞。青花又称白地青花瓷，它是用含氧化钴的钴矿为原料，在瓷器胎体上描绘纹饰，再罩上一层透明釉，经高温还原焰一次烧成。一般温度保持在 1200℃左右，钴料烧成后呈蓝色，具有着色力强、发色鲜艳、烧成率高、呈色稳定的特点。目前发现最早的青花瓷标本是唐代，成熟青花瓷器出现在元代，明代青花成为瓷器的主流，创烧了青花红彩、孔雀绿釉青花、青花红彩、黄地青花、哥釉青花等。涂在瓷器上的青色涂料是钴料，在古代称为“无名异”，是一种天然的钴矿石，其中不仅含有钴，还有铁、锰、钾等，成分复杂。最早记载无名异是由西亚引进，在北宋淳化四年（993 年），大食国的贡品中就有“无名异”一块，当时是被作为珍宝而被秘藏。后来国内也已找到，在江西的上高、端州、乐平，浙江的江山、东阳、永康等地均有可供开采的钴矿。明代官窑青花瓷器使用的青料主要有苏麻离青、平等青、石子青等。石子青的使用贯穿了整个明代。下面全面介绍下明代青花料的种类及其特征。

苏麻离青。因为当年是用马和骆驼贩运而来，故称“西域料”。其名称的来源，一说是来自波斯语“苏来曼”的译音。这种钴料的产地在波斯卡山夸姆萨村，此料属低锰高铁类钴料，其钴矿是共生矿，所含铁质较多，含锰量少，故烧出的青花呈色浓重青翠，不含紫红色，为纯正的“宝石蓝”。因为含铁多故有“铁锈斑痕”。产地均在今伊朗或叙利亚一带。元青花使用苏麻离青料中含铁分子多，烧成后有黑色斑块。这种青料中钴元素的流动性极强，不同于后来永宣时期使用的苏泥勃青料。即便在圆器的盘碗等上面，铁分子也会流淌并集聚到一起，形成较大的析斑。如果是在琢器上面，流淌就更加厉害，铁分子会先行流淌下来，随后是钴和锰元素。我们今天可以在元代青花大罐上，看到这种铁分子和钴元素充分流淌形成的现象。这种青料的特点极难仿制，今天许多人用化学

青料拌以景德镇的矿物质青料，仿制元青花，如果能够认清苏麻离青的成色特点，便不会上当受骗。（见图 1）

苏泥勃青，又称“苏勃泥青”，是明代进口的钴矿料。由于是用船运来国内，又称“南洋货”。“苏勃泥”是指早年在苏门答腊地区的“勃泥国”，在唐代时称之为“婆罗”“婆利”，宋代以后称“勃泥”，即今天的文莱。故苏勃泥是以产地名之。大量进口这种青料是明朝初年，为永乐时期郑和下西洋后带回来的，主要使用于永乐、宣德两朝。这种青料来自马六甲的苏门答腊一带，最早的记载见于王世懋的《窥天外乘》。

苏泥勃青的成分特点是高锰高铁，因为含锰量高，是苏麻离青料的五倍，故青花呈色浓重青翠。由于高锰使得青色浓重并且带有紫色和红色，使青花发色浓烈鲜艳。但是铁含量高则使得积青处呈现铁锈斑，这一种黑褐色的瑕疵斑点，俗称“锡光”“析光”，呈针状线性和点状分布。并且伴有轻微凹陷，浓艳热烈与瑕疵黑斑同时并存，是苏泥勃青呈色的突出特点，也是不同于苏麻离青之处。苏泥勃青的进口集中于明初，据史料记载，由苏门答腊和勃泥进贡频繁，永乐朝进贡十二次，宣德朝进贡四次，成化朝进贡一次。可见，苏泥勃青集中使用于永乐、宣德两朝，与郑和下西洋开辟国际贸易通道的时间吻合。成书于明万历十九年（1591 年）的高濂著《遵生八笺》有记载：“宣窑之青乃苏勃泥青也，后俱用尽，至成窑时皆平等青矣。”将传世明初青花瓷与窑址出土永乐官窑青花进行比对，均为标准的苏泥勃青发色，呈色基本一致。宣德是明代青花瓷发展鼎盛时期，青料是苏泥勃青和国产青料配合使用，并且以国产青料为主，这是宣德青花与永乐青花不同之处。

这种进口青料，其来源于马六甲苏门答腊附近，看上去与元代苏麻离青有些近似，其实细细观察还是有不同之处的。在永宣青花器物上苏泥勃青表现不同于元青花，其铁成分是在烧到 1000℃左右的时候就熔化了，并且下陷到尚未烧熔的胎骨上，由于其铁含量没有元青花那么多，并没有形成类似元青花那样的流淌和囤积，即便在平面的圆器和琢器上，铁成分通常也不会聚集一团，而是分散成星星点点，呈现出线状、针状和点状分布。它呈现出一种深沉的艳蓝色，蓝中含紫，并有黑褐色结晶斑块下凹釉面。其中钴和锰仅仅是向四边洇出，不会呈现流淌状况。这是来自马六甲苏门答腊地区青料的特点，正是我们用以区别元青花和永宣青花的关键之处。今天还有许多学者和收藏家将两种青料混淆，以为是同一种东西，这使得他们无法分辨元青花和永宣青花的不同。

明代早期苏泥勃青是来自苏门答腊的贡品，分别在 1426 年、1430 年、1433 年、1434 年和 1486 年进贡给明朝皇帝。根据《事物绀珠》记载，这种矿物料是在永乐时期才开始在景德镇用于装饰瓷器，这和在波斯卡山地区出产钴料苏麻离青不同。而现今在阿富汗的加兹尼省还有出产，说明元青花所使用的青料可能就来自这些地方。它们走的是旱路，与永乐时期来自海上的贡品不同。所以有“西域料”与“南洋货”的区别。将这两种青料混为一谈的，是明末王世懋所著的《窥天外乘》。自此以后，国人将两种青料认为是同一种东西，造成很大混乱。由于这种钴料来源不确定，景德镇工匠在使用南洋料时只能与国产青料混合使用。在御窑厂，这种混合使用的情况比比皆是。画轮廓用料的进口青料与国产青料的比是四比三，图样填色用料是九比一。当时景德镇使用的本地青料，一是产于江西乐平县的“陂塘青”，其产地靠近离景德镇不远的江西饶州府，最好品种被称为“佛头青”，是深色的，这种原料在嘉靖时已经消耗殆尽。另一种是被称为“石子青”，这些都是国产土青料，明早期常用。石子青颜色发黑而晕散，色彩不够艳丽，但是没有黑色铁斑。根据中国科学院上海硅酸盐研究所李家治、张志刚先生使用景德镇出土瓷片进行的研究得出以下结论：从元到永乐，青花所用的青料都是属于高铁低锰一类；所有宣德青花所用青花料都是属于低铁高锰一类，应属于国产青料。成化青花所用青料则分成两类，既有高铁低锰类，也有低铁高锰类，说明国产青料与进口青料是同时使用的。据此，可做出如下判断：

明代洪武朝青花都毫无例外地使用了与元青花同类的进口青料。因为洪武官窑就是在元代浮梁瓷局基础上建立起来的，继续使用元代剩余进口青花料烧制瓷器是完全可能的。但是这一时期，进口青料已经渐渐不足，于是景德镇的工匠开始在进口青料中掺入一部分国产青料，由于对这种新的尝试经验不足，故而洪武青花器烧制明显不如元青花，这与窑工掌握青料配比和窑中温度升降时机的不同有关。永乐、宣德时期，郑和下西洋带回来自马六甲的青料投入景德镇官窑，这种新青料非常类似元代青料，但是认真观察还是能够看出一些不同的地方。永宣青花由于使用了这种青料，创烧出了美丽漂亮的青花，对后代影响极大。但是在宣德后期，可能是进口青料渐渐不敷使用，故而宣德时期已经开始使用国产青料，主要是与进口青料掺合使用。当时史料记载青料名称为“无名异”，这种无名异的国产青料成色偏黑。掺入进口青料后，使得宣德青花的颜色偏重、发黑。值得关注的是，景德镇陶瓷考古研究所在宣德窑的底层中曾经出土过一个白瓷盘，其釉下书有“乐一号”“乐三号”字样，显然是当时用作试烧青花色调的试片，这一发现更加有力地说明了宣德时期使用国产青花料的事实。而这个钴土矿就在江西乐平，这个钴土矿含有很高的锰，故而当年王士性在《广志绎》中所说“宣窑之青，真苏勃泥青也。”中国有些学者把永宣青料视同元青花的青料，其实是一种错误认识，这种认识从明代至今，已经误导国内学者很长时间了。问题是宣德青花是如何使用国产青料烧制出，并且具有别于前朝又胜于前朝的深沉浓艳的青花呢？可见宣德朝使用了国产的“无名异”

青料，而带来了有别于进口青料并且胜于进口青料的显著效果，从而形成了以后明清两朝青花瓷的特色。在这一点上，历来古陶瓷研究者们并未注意和认识到。这与宣德时期开始探讨对青料煅烧提纯技术有关。（见图 2、图 3）

平等青。又称陂塘青，产于江西乐平。明天顺和成化、弘治、正德早期使用。自正统以后，因进口青料枯竭，便大量使用国产青料。国产青料种类繁多，主要是平等青、石子青。国产青料颜色浅淡，国产青料搭配进口青料使用，效果很好。天顺、成化时以平等青为主要代表的国产青料，开始占据官窑制瓷的主要地位。平等青最早使用于宣德，也是掺入进口青料中使用，止于嘉靖中。在成化时期，因苏勃泥青用尽，遂改用平等青。这种青料呈色淡雅、清亮、均一，线条稳定，大量使用平等青的成化青花瓷因此名噪一时，声名远播。

石子青。也称“石子”“石青”“无名子”，产地集中在江西高安、宜丰和上高一带。石子青含有多种化学元素，根据理化检测，上高石子青中三氧化二铁的含量为 5.38%，氧化锰为 29.87%，氧化钴为 4.15%。石子青若单独使用，会使青花发色轻者灰暗，重者发黑。同时，由于其化学元素众多，导致高温煅烧色调不稳定，所以明初官窑较少使用石子青。只是在民窑中使用较多。到嘉靖十九年（1540 年），景德镇遭遇水灾，平等青停止开采，石子青才被广泛使用。明清二代民窑普遍采用此料，官窑很多时候是与回青调和使用，以避免其瑕疵。

回青。回青也是进口青花料，上等回青史称“佛头青”。回青发色幽青泛紫，若单独使用则色散而不收，所以在明代工匠多将回青与国产石子青搭配使用。其中分上青，混入石子青百分之十，用于混水填色，发色清亮；中青，混入石子青百分之四十，用于设色勾勒轮廓，笔路分明清晰，使用回青烧制出的青花瓷色调如同蓝宝石般精美，蓝中微微泛紫红，色彩浓重鲜艳。明初也使用过回青，但不属于主流。正德以后，回青才进入主流。回青有产于西域、新疆、云南等多种说法。明代嘉靖至万历前期多用此料。

化学青料。用化学制品氧化钴配制青料。发色紫蓝、纯粹、浓艳，但轻浮而缺乏附着力，价格也很低廉。宣统（1909—1911 年）时开始出现了化学青料，称之为“洋蓝”。使用此料制作的青花器，缺乏天然青料的那种矿物质颗粒和美感，但却是造假者的最爱！近年来，景德镇许多造假者使用这种化学青料仿制了许多明代瓷器，单单看发色是无法发现有何不妥，但是细细观察，就会发现这种化学青料没有矿物质那种自然的颗粒，仅仅是一种色彩，而且是漂浮在釉中。因此识别化学青料是研究青花瓷的古陶瓷爱好者必须认识的重要环节。

3. 青料的炼制

何谓青花瓷？耿宝昌先生在《国粹青花瓷辨伪》一书中从六个方面提出了严格的定义标准：第一，高温烧成素肌玉骨的白瓷胎，而不是陶胎或其他一些不纯正的瓷胎。第二，高温下透明釉，而不是带色不透明的釉。第三，青花原料为氧化钴而不是氧化铜，因为氧化铜在氧化焰中烧成，也能呈现出绿色或蓝色。第四，以氧化钴为原料，用毛笔在素瓷胎上描绘花纹，而不是洒上或刷上去的图案。第五，在画好纹饰的胎体上施以透明釉，纹饰在釉下而不是在釉上。第六，高温一次烧成。最早实现这个标准的青花瓷应该是湖北省博物馆所藏元代延祐六年（1319 年）之青花塔式罐。这是目前国内学术界一般看法，当然对此罐也有一些不同意见，还处于讨论之中。

青花是以钴为色料直接在胎上绘画，再罩以透明釉，入窑经过 1300℃左右高温还原气氛烧造，是一次烧成的白地蓝花釉下彩瓷器。另外，广义的青花还包括釉上青花。《景德镇陶录·卷四·陶务方略》中阐述青料时提到：“青料以黑绿而润泽有光色者为上品……若不用釉罩，其色仍黑。或先上釉，再画釉外，则料多烧飞。”（清蓝浦《景德镇陶录详注》，北京书目文献出版社，1993 年版。）带有这种工艺的青花瓷确有发现。这些自然界中的矿产青料，除去氧化钴的成分外，还含有其他能发色的元素，比如铁、铜、锰、镍等金属。在窑火中发色的火焰有氧化焰和还原焰两种。这些矿物质元素在两种不同火焰中发色也不同，我们大致可以观察到的是：钴在这些金属元素中呈色最强也最稳定。在强烈的还原焰下，发出带有紫味的蓝色；如果是氧化焰的话，便变成黑色。铁在还原焰中时，发色倾向淡青色；在氧化焰中时，则发出由黄到褐的色调，如果铁的含量多时，则无论还原还是氧化都呈现暗黑色。铜在还原焰中发生从黄到红的色调，在氧化焰中时则发出青蓝色调。但在高温时，则完全挥发掉，因此对于青料发色没有影响。锰在还原焰中发色为灰紫色，在氧化焰中时，则是灰褐色。温度低时，则发出性质很强的紫色，对于青料发色可以加重紫色的味道。如果温度高时，这种作用便减弱。镍的发色大体上不安定，带有灰蓝调子。

青料中因为含有这些金属杂质，发色各不相同，加以含量多寡不一，导致发色状况极为复杂，由此可知，青花的青色不是钴的纯粹发色。但是如果窑火中还原焰强盛，钴的蓝色发色力增强，其他金属氧化物反呈现不稳定，影响便减小。假若氧化焰强时，钴发色变黑，其他金属的发色就会变得更厉害，此时的青花就会出现污浊色泽。所以，若要青花发色展现完美艳丽彩色，就非要了解青料和掌握还原焰的燃烧技巧不可。实际上，青料是和玻璃釉、坯胎在一起煅烧，三者还有相互融合的可能，所以还要考虑坯胎和釉给青料带来的影响。青料中矽酸的成分或锰的成分如果比较多，青花颜色可能泛黑，尤其是坯胎中矽酸过多时，青花还容易涣散。宣德官窑中有一部分青花瓷，常见一种青花流散汗漫的现象，原因即在于此。当然，当时主要考虑要溶解熔点较高的长石质釉，需要长久的高温，也是造成这种流散现象的原因之一。另外，如果坯胎中铝成分多，也就是长石和黏土多时，紫蓝色就会较为鲜明；钙的成分多，青色浓而暗，宣德器物中这种几近黑墨色器物也很多。这些都是坯胎对青料发色的影响。

釉也会对青色产生影响。如果釉中的钙来自草木的釉灰时，釉色稳定而有涩味。这是宣德官窑器物中常见的现象。如果来自石灰岩的釉灰多的话，颜色则是光亮带有豪华感。由是，可以推断所见器物为何时代烧制，是今日对瓷器进行断代的重要依据。明代前期的釉面普遍泛青，那是因为使用了较多的植物灰。而清代青花瓷的青色显得豪华，光色尖锐，则是因为釉中使用了较多石灰岩釉灰。

明代是青花瓷发展最鼎盛时期，对青料炼制很讲究。宋应星《天工开物》里记载的是用火烧的办法来煅烧青料，并根据出火的颜色判断青料的质量等级。“凡画碗青料，总一味无名异。此物不生深土，浮生地面，深者掘下三尺即止……用时先将炭火丛红煅过。上者出火成翠毛色，中者微青，下者近土褐。”“凡使料煅过之后，以乳钵极研，然后调画水。”“旧陂塘青产于本府乐平一方。嘉靖中，乐平格杀，遂塞。石子青产于瑞州诸处。”这些都是国产青料，此外，明代还有进口青料，名曰“苏勃泥青”。这时景德镇的工匠已经开始使用磁石吸引铁质杂质，说明处理技术已经非常成熟。对这段重要史料的解读，可以让我们了解诸多有关青料开采、煅烧温度知识。煅烧青料也是制瓷的重要环节。无名异是青料的总称。开采青料时只用上层浮料，不用生料，所以通常只需向下挖三尺即止。青料分为上料、中料、下料三种，使用时入窑经过炭火煅烧。古代工匠对青料经过高温后的物理变化，已经总结出许多经验。青料的煅烧，每斤只能得到七两上料，中料和下料依次减少。经过煅烧的青料要用研钵磨得极细，一般使用水乳研磨，手工擂料。研钵放在矮凳上，凳子上的另一头横着一块有圆孔的木板，研锤穿在孔里，人坐在凳子上握研锤研料。青料研细晒干后，根据不同色青料的特性，用水按比例调和，研磨到呈现黑色，俗称“格色”，将各种青料在料碟内揉搓，研磨细致，然后用其在瓷器的胚胎上进行绘制，绘制好后，罩上透明釉，再入窑经过高温烧制，就会变成青花瓷常见的蓝色纹样。

景德镇还有一套检验青料的方法：“回青淳，色散而不收。石青加多，则色沉而不亮。每回青一两加石青一钱，谓之上青，四六分加谓之中青。算青者，正〔止〕记回青数而不及石青也。”验青之后，瓷工根据不同瓷器要求使用不同等级的青料。“中青用以设色，则笔路分明。上青用以混水，则颜色青亮。真青混在坯上，如灰色，然石青多则黑，真青澄底。”（明王宗沐编《江西省大志·陶书》）明早期青料使用整体水平呈抛物线趋势。青花是使用钴料在瓷胎上作画，然后上透明釉，在高温 1300℃下一次烧成，呈现蓝色花纹的釉下彩瓷器。由于明清两代各个时期的青料来源不同，煅烧与配制技术不同，导致烧出来的青花瓷特点也不一样，各具风格。洪武初年，经历长年战争破坏，使得明政权建立之后物质水平非常有限。因此，洪武青花瓷所使用的青料，除了元代留下来的部分苏麻离青以外，民窑基本使用国产青料，虽然也有部分青料呈现渗入胎骨的效果，但远不及苏麻离青料花姿浓艳。永乐以及宣德时期国力逐渐恢复，物质水平极大丰富，导致其造瓷水平达到历史高峰。这一时期的青料有三种：南洋进口苏勃泥青，乐平产的平等青和瑞州石子青。这一时期国产青料生产加工水平得到较大提高，发色较为鲜艳，但不及苏麻离青，也有相互混用配比的情况出现。由于政治原因，从正统到天顺时期，未能延续前朝的造瓷水平，由前朝的恢宏跌入低潮。这一时期青料发色近乎洪武中期，发色偏灰。其实，天然钴矿料不能直接使用，必须经过煅烧，因为矿料中含有一些硫磺和砷。传统制作方法是将钴矿料装入匣钵，覆土埋入窑中，经过一次烧窑后取出，此时青料中的硫磺和砷已经挥发掉。将煅烧过的钴矿料淘洗，去除杂质，然后捣碎研细使用。宣德时期还有将国产青料与进口料掺和使用者。

青料的使用方法。先将钴矿石粉碎磨粉，然后调水成黑墨汁状。然后用毛笔蘸着在生干的器坯素地上，将所要表现的花样清晰地画上。根据实物观察所得，这种墨汁必定如墨水一般，具有较大流动性，才能挥洒自如地绘画出如此粗细深浅兼备并且流利的线条来。对比作为釉里红发色剂所使用铜汁的稠厚滞笔，青花更富有绘画的特性和意味。画好后，在上面罩上一层白色粘液状的长石质釉。这种长石质釉熔点较高，必须在摄氏 1250℃—1350℃的高温下才能溶解，如果釉厚，烧的时间还要延长。这样又影响到青色的发色。一般而言，钴在超过 1250℃的环境中，而且时间过长时，会出现不安定、容易流失的状态。宣德官窑器崇拜厚釉，许多青花器青色极为艳丽，但是花样流散，便是此故。成化时施釉渐薄，青花的发色色度便降低了。宣德的苏勃泥青，如果使用甚薄，便能画得十分流畅，但是一遇窑中高温，便只留下一点似有似无的青痕。所以宣德时期采用淡青勾描，再用浓青重叠点染是十分必要的。**青料在高温中是要比釉和胎先行溶解的，故而色清者渗入釉中，集聚较多地漂到釉上，便烧成了蓝黑色。色浓者特别是含有铁分子的部分先行融化后，便下沉到了胎骨，形成锡斑**。成化窑的青花器釉面普遍泛黄成淡绿味，而青花的青色也料带黑味，这是火焰增加了几分氧化焰的结果。这可能与明宪宗个人的喜好有关。

青花料中的三个主要着色元素是钴、铁、锰。其中钴的着色力最强，只要放入 0.1% 就能使釉变成蓝色，这是青花里最稳定的着色剂。铁的着色力次之，锰的着色力最弱。铁和锰在不同的气氛温度中呈色是不同的，铁可以从淡绿到黄绿，再到更深的褐色，而锰可以出现淡紫色。根据这些特点，由于受到铁着色剂的影响，青花的发色会呈现灰暗的蓝色，这是钴铁结合的蓝色。在低铁高猛的青料中，宣德青花中会出现比较纯正而略带紫色调的青花特色。青花浓艳和淡雅的差别不是在于进口料或是国产料，而是画师们绘画时使用画料的浓淡之别，也就是说不管是进口料还是国产料，经过画师精心调配，可以绘成浓艳型，也可以绘成淡雅型。成化青花之绘成淡雅的形式，应该也是画工精心调配的结果，因此单从外观上根据青花发色深浅很难区分出进口青料或是国产青料。青料加水调成汁状，以笔绘于素胎上，外罩釉后高温烧成。钴料如不罩釉，烧成后则呈黑色。烧成时火候稍过，即成晕散，欠烧则泛绿泛黑。

在白坯上用青料勾描纹样线条的方法，叫分水。用浓淡不同的青料水进行渲染填色，根据画面需要，按照头浓、正浓、二浓、正青、影青的浓淡变化不同，在勾画好的坯面上用泼墨式笔法，用青料水染色，已达到美化、填色的艺术效果。分水也可以先分水后勾线，这样不受轮廓束缚，分水后的画面活泼自然，通常多用于写意画的青花艺术瓷。在景德镇官窑工作的绘画匠分工很细，绘画者不填色，填色者不绘画。彩绘分工也很细，每个人仅仅完成某一纹饰或纹饰的某一局部。烧成温度对青花颜色也有影响，温度过高过低都不利于青花的呈色。宣德以后，瓷器烧结温度一般都达到了 1200℃上下，瓷器的烧造之所以能够取得如此的成就，与窑工对火候掌握的技艺是分不开的。明代景德镇烧造数量最多的是青花瓷，其在传世品中所占的比例，可能超过了所有传世明代其他官窑瓷器的总和。从景德镇御窑厂出土的残器情况看，当时青花的堆积物也占主导地位。可以说，有明一代，青花瓷器始终是官窑瓷器的主流。

4. 明前期瓷器的色釉与彩

明代瓷器分为釉上彩和釉下彩两种：釉下彩主要是青花和釉里红，釉上彩主要有矾红、绿彩、黄彩、酱彩以及紫彩等。

釉上彩瓷器是指在高温瓷器或瓷胎上施以低温釉或者低温彩，然后入窑烧成的器物。釉上彩瓷器至少要烧两次。其工艺流程是：先将瓷器坯体成型，晾干以后，在坯体上面以画、刻、划花等方式进行装饰，然后施釉，入窑高温烧成。瓷器出窑之后，再于釉上填涂彩料，复入窑低温烘烤方成。另外还有一种矾红彩，由于烘烤温度较低，不能与其他彩料同时绘制，需要另行烘烤上彩，这种器物是要入炉三次方能成功。景德镇御窑厂出土釉上彩瓷器半成品有两种色：一种是青花已经烧成，未填入釉上彩；另一种半成品是釉下青花和釉上黄、绿彩均已经烧成，但未施以矾红彩。说明了这种情况是存在的。

釉下彩的施釉方式较为简单，是在素坯上绘画青花或铜红料后，再施以透明釉，然后入窑烧成。其中主要有以下品种：

白釉。终明代一朝都有。永乐时瓷坯呈肉红色，上釉以后呈黄白色。明代白釉总的特点是釉层比较厚，釉面滋润。以永乐时甜白釉最为著名。

高温红釉。继承元代，明洪武开始有了真正意义上的红釉，以永乐、宣德时期的最为著名。其颜色鲜艳，玻璃质感强，又称“宝石红”。但也有烧制不好者，铜红釉本来不易烧好，烧不好则呈猪肝色。红釉在宣德以后很少见，据文献上讲，正德、万历朝还有，这种红釉都是高温红釉。其官窑器口沿都有很整齐的白边，称为“白锁口”，又叫“灯草边”，其器物露胎的地方有橘红色的窑红。另外还有白地红釉靶杯，是由红釉派生出来的。洪武、永乐、宣德和成化时期的均匀红釉形貌较为接近，其共同特征为：釉有一定流动性，高温粘度一般较大，釉面光泽柔润，玻璃质感差，有的则呈失透状，一般不龟裂，有的釉面有橘皮纹。单色红釉器的口沿都有白色“灯草边”，其宽度与烧成状况有一定关系。烧成条件敏感，同一件器物上呈现多种深浅不同的颜色，常因呈色不佳而遭淘汰。红釉上常有不均匀的深色斑，深色斑随烧成状况或施釉厚度而成不同形态，也有一些釉上深色斑不明显。气泡周围常有深色圈环绕，红釉上的气泡大小差异度较大，大气泡周围常有小的微细气泡环绕。永宣和成化时期单色红釉越来越厚，填红也越来越厚，但是各朝填红均略薄于同时期的单色红釉。整体气泡也较小于同时期单色红釉，三朝均匀红釉和单色红釉成分比较接近，都属于钙碱釉。许多红釉器上所用白釉，都有着与甜白釉相同的特征，即釉层浑浊、气泡模糊、气泡细小密集，其成分特征也与甜白釉相同，都属于钙碱釉。这些铜红器外壁所施白釉或所填之白釉很可能就是甜白釉。

明代红釉用的是铜料，根据中国文献记载，是将铜混合以贝母粉、石榴石和微量黄金，最好的铜料是宋代的钱币。红釉中除了含有助熔剂之外，还含有呈色氧化物，这些在高温下都有助熔作用，故红釉中一般常含有很多大气泡，红釉的高温流动性也较大。单色红釉的口沿处常有白色的“灯草边”，此处釉泡细小，因红釉的高温流动性作用，器物口沿处釉层减薄，釉层减薄使得此处气泡没有足够的空间长大。釉层薄也使得铜含量减少，釉层中铜含量太少时，便无法呈现红色。釉层高温流动性越大，器物口沿处白色“灯草边”就会越宽。釉的高温流动性与釉的成分和烧制温度直接相关。红釉如郎窑红，则是将铜红的发色料掺入釉料之中，然后涂于器物之上，所以烧至高温时颜色会随釉料一同流淌，呈现出“脱口”的情况。康熙时，为了仿制“灯草边”，特以白膏泥敷于口沿处，然后上釉，久之泥脱沿残。这是不明道理，反被捉弄。

永乐和宣德时期还有一种淡色的“霁红”。霁红不同于红釉，是因为其铜红色料是涂布在生坯上面而不是掺入釉中，待晾干后再上透明釉料，故而烧成后颜色均匀，发色一律。明代祭红盘口沿留有一圈白色边沿，应是在涂布发色料时故意为之，所以烧成后呈现自然的“灯草边”状况。明代洪武时即发明祭红，这主要是受元代涂布钴料而为祭蓝的做法影响，所以出现了祭红。明洪武时霁红釉器极少，仅见故宫所藏之霁红釉盘，内壁模印阳文云龙纹，印花处线条凸起，釉层较薄，隐现白色胎骨。永乐、宣德所烧之霁红釉，与洪武同，亦多模印上釉之器物。

根据老古玩商吴赉熙的说法，朱砂红是在铜中加入一定量的氧化铁以产生还原反应而成。他认为，永乐鲜红釉是三种釉色中最为稀有的，在北京故宫博物院也没有鲜红釉的瓷器。明中期后，釉里红与祭红的烧制方法皆失传。到康熙晚期才又试烧成功红釉器，并以当时督窑官郎廷极为之命名曰郎窑红。其实，这是清代发明的一种新器物品种，有别于明代以来的祭红。

红彩。明代红彩有多重色调，如砖红色、枣红色、褐红色、黑红色等。因施彩工艺有别，红彩厚薄也不同。红彩厚时颜色深，有时呈黑红或者泛紫色。红彩不透明，通常没有光泽，有的在测光下，泛微弱的漆状光泽。红彩均匀性和分散度也有很大不同。有的红彩厚薄不均，料彩颗粒有明显堆积，有的则相对比较均匀。红彩上有时可看到小气泡，及气泡破损后留下的圆形孔洞。在红彩点彩很厚的部位，可以看到很多气孔。在显微条件下，可以看到红彩实际上分为二层，下层是白色透明铅釉，铅釉有裂开皮肤状龟裂纹。上层是红彩着色剂的颗粒，为超细氧化铁颗粒，有凝聚倾向。着色剂颗粒悬浮在铅釉表面，其附着力很差，容易脱离铅釉。着色剂颗粒之间连接性也很差，故红彩极易剥落。红彩的剥彩只是着色剂颗粒脱落，而铅釉并未与白釉脱离。又因着色剂颗粒未熔于釉中而只是在表面悬浮，故红彩表面通常是没有光泽的。红彩和黄釉都属于低温釉，需要在烤花炉中多次烘烤。烤花炉为砖砌成筒状，高三尺，口径二尺六七寸，周围有夹层，用于填炭储火，下面有风眼，烤花需要一个昼夜。釉上彩是先挂釉入炉烧成，再上彩，然后再入烤花炉烧成。烤花温度要比烧瓷温度低。

蓝釉。也是高温釉。明代蓝釉有两种：一种称为“祭蓝”，是在胎体上涂布钴蓝，然后罩透明釉。另一种是真正意义上的蓝釉，这是将钴料掺入釉中，再上于器物之上。祭蓝是自元代继承而来，洪武时出现蓝釉白花，还加些刻花。蓝釉自洪武到晚明一直都有，明早期的光泽较强，釉质细腻，晚期光泽差，有些发灰，不够鲜艳。

黄釉。黄釉在明初宣德时就已经产生，但颜色不均匀，早期颜色较深，以成化、弘治的黄釉为最好，称为“鸡油黄”。到正德、嘉靖时，颜色开始逐渐变深了，特别是嘉靖的黄釉，称为“虎皮黄”，又名“焦黄”。

绿釉。明代有几种绿釉：一种是孔雀绿釉，明初就有，曾经在宣德窑址中发现过，另一种称为“果绿”。绿釉以弘治、正德时为最好，常见品种有“白地绿龙盘”。有的龙加雕地，更是名贵。

豆青釉。以仿龙泉青瓷。有二种：一种称为“翠青”，颜色鲜艳。另一种发黄的称为“豆青”。宣德时期已经有仿制，胎釉皆比龙泉要薄。

酱色釉。曾经在窑址中发现白釉酱花器，始于宣德。

十、明前期出现的陶瓷新品种

1. 各种新创的陶瓷品种

明前期的瓷器，以青花和釉里红为主要绘画方式。后来逐渐由以青花为主派生出来许多新品种，主要有：

（1）外青花里白釉暗花，始于明初。

（2）外酱褐釉里青花及暗印花，始于洪武。

（3）外蓝釉里釉里红及暗印花，始于洪武，而且仅见于洪武一朝。

（4）外青釉里青花，始于永乐。

（5）外祭蓝釉里青花，始于宣德。

（6）外白釉里青花，始于宣德。

（7）黄地青花，始于宣德，成化、弘治和隆庆也有。

（8）白釉上雕地加青花，始于宣德。

（9）绿地褐彩，始于宣德。可能没有试烧成功，未见传世品，仅有景德镇出土的残器。

（10）外青花里红釉，始于宣德。

（11）孔雀绿釉加青花，青花外面施以孔雀绿釉，始于明初。

（12）青花抹红，始于宣德。但红是铁红，不是铜红。青花是釉下彩，铁红是釉上彩。晚明出现过仿品。

（13）青花斗彩，用青花在釉下淡描出轮廓，然后用彩料在釉上轮廓内填彩，始于宣德。

（14）淡描青花，始于成化。

（15）釉上黑彩，始于成化。这种黑彩是两种材料混合而成，完全不同于康熙时的黑彩。

（16）青花玲珑瓷，始于永乐。这是一种极少见的品种，透明的花，称为“玲珑”。

（17）青花镂空、镂孔，始于永乐。

（18）素三彩鸭熏，成化时试烧，未成功。景德镇御窑厂仅有残器出土。

在制作工艺上，御窑厂工艺流程十分复杂。无论是时间上还是在耗费劳力上，永远只多不少。一些瓷器从成型到完工，单单干燥就需要整整一年时间，如果再上釉并且干燥后才发现有出错的地方，则会将这些瓷器磨光，并在坯胎上重新上釉。每个窑口的烧制，一半以上的都会成为落选品，这些落选瓷器和实验没有成功的样品，都被打碎掩埋，在景德镇周边形成了大量的碎瓷片堆。

2. 明代仿制各种宋代名瓷

明代景德镇御窑厂，在宣德年间就开始大量仿制宋代名窑瓷器，而且一直持续下来，形成了一个传统。明代工匠在大力创新的同时，也在模仿前朝名窑瓷器的工艺特点，并且生产了数量可观的仿宋代名窑瓷器。这些仿宋代的瓷器主要有哥窑、定窑、龙泉窑以及景德镇窑的影青瓷、白瓷等。其中仿制宋代官窑青瓷的“仿官釉”瓷器，是明代景德镇仿制最为成功的品种。从景德镇出土的资料看，仿哥釉最早开始于成化年间，也是在这时期达到了仿制的最高峰。此后，官窑和民窑都有生产，其中许多仿制品在造型、胎色、釉色、釉面开片和支烧工艺上，模仿宋代名窑瓷器特征都可以达到乱真的程度。这反映当时工匠对宋代名窑及其青瓷产品工艺特征的高度认识。

明代对于宋代瓷器的文献记载已经有不少：

明初曹昭《格古要论》言：“官窑器，宋修内司烧者，土脉细润，色青带粉红，浓淡不一，有蟹爪纹，紫口铁足，色好者与汝窑相类。有黑土者，谓之乌泥窑，伪者皆龙泉所烧者，无纹路。”

明万历田艺蘅《留青日札》记载：“官窑，政和间京师自置窑烧造，曰官窑，文色尚白而薄如纸者，亚于汝，其价亦然。……内窑，南渡有邵成章提举号邵局，于修内司造青瓷器，名内窑。模范极精，釉色莹彻，为世所珍。”

屠隆《文房器具笺》在品评文房用具时说：“笔洗……陶者有官、哥元（圆）洗……长方洗，但以粉青纹片朗者为贵；水中丞……陶者有官、哥瓮肚圆式，有钵盂小口式者……水注……陶者有官、哥方圆壶……印色池……官、哥窑方者尚有八角，委角者最难得……诸玩器，玉当较胜于瓷，惟印色池以瓷为佳……故今官、哥、定窑者贵甚。”

何孟春《余冬续录》中说：“浙江官窑，烧造供上瓷器，其始抟作涂饰，求其精致一也。……故供上磁器，惟取其端正合制，莹无疵瑕，色泽如一者耳。”

文震亨《长物志》中云：“官、哥、汝窑以粉青色为上，淡白次之，油灰最下。纹取冰裂、鳝血、铁足为上，梅花片、黑纹次之，细碎纹最下。”

高濂《遵生八笺·燕闲清赏笺》中云：“官窑品格，大率与哥窑相同。色取粉青为上，淡白次之，油灰色，色之下也。……所谓官者，烧于宋修内司中，为官家造也。窑在杭之凤凰山下。其土紫，故足色若铁，时云紫口铁足。紫口，乃器口上仰，釉水流下，比周身较浅，故口微露紫痕，此何足贵？唯尚铁足，以他处之土咸不及此。……后有董窑、乌泥窑，俱法官窑，质粗不润，而釉水燥暴，溷入哥窑，今亦传世。后若元末新烧，宛不及此。”

高濂还说：“俗人凡见两耳壶式，不论式之美恶，咸指曰“茄袋瓶”也。孰知有等短、矮肥、腹无矩度者，似亦俗恶。若上五制与敨姬壶样，深得古人铜铸体式，当为官窑第一妙品，岂可概以茄袋言之。又如葱管脚鼎炉、环耳汝炉……盘口束腰桶肚大瓶子……纸槌瓶、胆瓶、双耳匙箸瓶；笔筒、笔格、元葵笔洗……二色双桃水注……方印色池，四八角、委角印色池……竹节段壁瓶，凡此皆官、哥之上乘品也。……桶炉、六棱瓶……皆二窑之中乘品也。……又若大双耳高瓶、径尺大盘……凡此皆二窑之下乘品也。”

上述文献所记叙的宋代名窑器物，除了真正传世器物外，许多器型在传世的明代仿官釉制品中也能找到对应器物，显然明人在宋名窑的制品中掺杂了不少宋龙泉仿官之类的器物。这种现象反映了明人对于宋代官窑青瓷的认识尚存有一定局限性，但是明人仿制官窑的许多制品，在青瓷工艺上十分成功，比如宣德仿龙泉青瓷就十分成功。明代前期百余年来，一直追崇宋代的汉文化，宣德发其源，成化承其尾。从明代御窑厂出土的资料看，明代官窑中只有宣德、成化的出土器物中有仿宋代官窑的产品。宣德仿宋器，只是略有大意而已。到成化时则不同，不仅注重釉色的模仿，而且也注重造型，成化官窑的工匠，可能是根据曹昭的《格古要论》的记载和参照物对修内司官窑器进行了仿制。这些仿制对于提高制瓷工艺水平、繁衍新品种起了相当大的作用，并且开了清代大量仿制宋官窑瓷器的先河。

图 1-1　釉下痕迹现象

图 1-2　白龙纹高出图

图 1-3　苏麻离青料中铁分子的流淌现象

图 2-1　苏勃泥青料的黑斑点状特征

图 2-2　苏勃泥青料的针状和点线现象

图 3-1　永乐青花黑斑特征

图 3-2　宣德青花黑斑特征

图 4　元祭蓝白龙纹大罐

图 5　元青花匜

洪武时期的瓷器

一、御窑厂的设立

1. 从“浮梁瓷局”到“御窑厂”

朱元璋在1368年称帝，国号明，建元洪武，至1398年，洪武一朝共31年。其实，江西地区于1361年以后，基本上已经在朱元璋控制之下。据《明史・太祖本纪》记载，早在元顺帝至正二十三年（1363年），朱元璋就已经击败陈友谅，控制了景德镇所在的鄱阳湖地区，浮梁瓷局也已经归西吴（即朱元璋吴政权，区别于张士诚吴政权，史称“西吴”）所有了。《浮梁县志・武禄》记载：“至正十二年（1352年）三月二十七日，蕲贼项普陷城，杀戮甚惨”，此时，浮梁已被红巾军攻克。到至正二十年（1360年），“于光并取饶州以归明”，在这八九年间，浮梁一直处于元军与红巾军的战争争夺之中，民不安，商不通，瓷业生产受到很大影响。元代的“浮梁瓷局”也在战火纷飞的至正十二年结束。《浮梁县志・官司下・名宦》所记：“李庸，或云淮人，至正庚子（1360年）知州，时初归附，庸招抚流亡，辟田野，通贸易……民赖以安。”足见自1360年起，浮梁已经成为朱元璋的管辖区了。故景德镇在1361年以后生产的瓷器，已经很难确定其是否为元代瓷器了。但是在这时，已经归顺了西吴的工匠，也不得不依照西吴政权的要求，开始烧制朱元璋喜欢的红色瓷了。釉里红瓷器也是在这段时间开始烧造，所以此时烧制的釉里红瓷器，称之为元代釉里红可以，称之为洪武釉里红也没有错。元末对景德镇的破坏非常惨烈，故而洪武时期生产恢复也需要一些时间。

元代浮梁瓷局在全国星罗棋布的窑厂中独树一帜，成为当时真正代表时代特点的官窑。当时国内其它窑厂虽然还在生产，但已经是强弩之末，只有景德镇窑成就最高，影响最大。进入明代，浮梁瓷局的使命宣告完结，使元朝生产御用瓷器的能工巧匠和被瓷局所垄断的麻仓土必然流散民间。至正庚子之后，瓷业生产复苏，这些在民间从事生产的能工巧匠，施展高超熟练的技艺，生产出了大量青花瓷器。1360年后，李庸等当地官吏受命生产一批高档瓷器，用于赏赐功臣和外邦使臣，说明此时景德镇官窑生产能力已经恢复，并没有因战争受到太大影响。在当时，朱元璋需要大批陶瓷制品，用于祭祀和赏赐外国国王及使臣，尽管还没有来得及建立新机构，西吴政权也沿用原有的浮梁瓷局推进生产，当时可能称为“瓷局”，并未称御窑厂。2002 年景德镇珠山北麓考古工地，出土了一块明初刻有“局用”，和一块刻有“局”铭的白瓷碗残片。该碗的圈足具有洪武早期工艺特征。初步判断，当时的“局”或者“瓷局”，应该就是指朱元璋临时改用的瓷局名称。清康熙《浮梁县志》在卷五《职官志・洪武县丞》条下，赵万初列在首位。道光年间的《浮梁县志》在赵万初的名字下，用小字注出：“咸阳人，洪武二年（1369 年）任”。由此可知，洪武二年，朱元璋已经任命官员来景德镇管理瓷器生产。这时主要工作是改造浮梁瓷局，尽快恢复瓷器生产，以应付大明朝祭祀和赏赐的需求。乃至后来，因为浮梁原有窑炉不敷使用，才又在珠山北麓开始建设新窑炉，直到洪武三十五年（建文四年，1402 年）才正式改名为“御窑厂”。

据《明史》卷三二九记载，洪武七年（1374 年）朱元璋一次就赏赐琉球瓷器七万件。洪武十六（1383 年）年曾经赠与暹罗、真腊等外邦瓷器一万九千件。明代早期类似的记载不少，对外邦赏赐数量很大。南京郊区和江苏江宁县的几座明初王墓中出土的一批“至正型”青花瓷，就是这一时间生产的。（南京市博物馆编《南京明汪兴祖墓清理简报》，《考古》，1972 年第 4 期；南京市文管会编《南京江宁县明沐晟墓清理简报》，《考古》，1960 年第 9 期。）江西高安窖出土的那批元代青花瓷，其中有一件釉里红罐子，由图案来看，应是洪武时期作品。“至正型”元青花和带有洪武特点的釉里红器，正是这一过渡时期的特点。

元代浮梁瓷局管理虽然相对宽松，但是一些基本生产要素完备，比如特定地点、督烧官员，以及对原材料和产品的管控，这些特征已经可以勾勒出一种官窑形态，也为明代初年官窑形态的研究提供了一些途径。元代手工业者处于工奴地位，他们被征调后就终身服役，人身依附性很强。明朝初年对工匠管理仍然沿袭元代，专门编置匠籍，不许轻易变动，但是不久就对这种制度进行了改革。御窑厂初建之时，有窑 20 座，后来增至 58 座。明代沿袭元代匠役制度，当时御窑厂汇集了全国最优秀的制瓷工匠，并且许多人还是元代时被委派来的色目人。这些人对于瓷器生产已经具有了极为丰富的经验。他们可以选用最优质的制瓷原料和烧瓷燃料，不惜工本地烧造了大量精美的御用瓷器。这些瓷器经过挑选后，被源源不断地押运到京城，除去日常损耗和不可抗力因素的损坏，还有一些完整器物流传至今。

明代祭祀活动特别多，朱元璋本人也非常热衷于此。早在至正二十七年（1367 年），就已经在为登极大典做准备，并且将明王朝祭祀用瓷烧造完成。洪武一朝祭祀频繁，对外交往赏赐数量极大，这些都证明了洪武期间景德镇烧造活动并没有停歇。当时，朝廷管辖的工匠约有二三十万人，规模宏大。洪武官窑瓷器数量和出土瓷器数量不多，而景德镇珠山御窑厂出土的标本也较少，并且没有专门的洪武官窑落选掩埋坑，可见与永乐时期相比，洪武官窑管理似乎显得松散。台湾蔡和璧女士在《有关洪武永乐官窑的背景》一文中有详尽叙述。景德镇官窑的正规化建设，其实始于永乐时期。这一转变的重要标志性事件是皇帝启用了宦官来监督窑厂生产。皇帝的意志通过宦官直达产品生产地，这是对官窑窑厂生产最为重要的管理政策，这种制度一直延续到明万历晚期。朱元璋原本是不喜欢太监的，他认为这种人里好人不多。但在实际生活中，庞大宫廷需要太多太监，洪武初年，内监就已经设立了二十四个衙门，为十二监、四司、八局，太监总数达到千人以上。掌管瓷器烧造的是内官监。有烧造任务时即派中官前往督办，无事则撤回。

建文朝的四年（1399—1402 年），瓷器生产没有什么发展。今日所见之建文款器物，大多为后代仿品。1981 年，在伦敦拍卖的仇炎之所藏一件署建文年款的雕山水人物笔架，其釉面泛黄绿色，棱角处显露胎骨，款识为：“吴氏均茂志建文四年三月日横峰造”。这件器物款识字体可疑，耿宝昌先生认为可能是赝品。清人汪汲《事物会原》的“古饶州器”条中有这样的记载：“明惠宗建文四年壬午始开窑烧造，解京供用。”这里明确说是建文四年设置御器厂。建文帝登基之初，下诏“罢天下诸司不急之务”，这不急之务当然也包括瓷器烧造。此时，为巩固皇权，建文帝采用了削藩之策，激起燕王朱棣于建文元年八月发动“靖难之役”。建文三年（1401 年），战争进入白热化阶段。四年六月，南京城破，他哪里顾得上建什么御器厂？明人文献中的“洪武三十五年（1402 年）始开窑烧造”，通常是把建文四年列入洪武。因为洪武只有三十一年，燕王朱棣在“靖难之役”取得胜利后，在继位诏书中说，“今年以洪武三十五年为纪，明年为永乐元年（1403 年）。”古代帝王以年号来纪年，新帝继位后，通常在次年改元纪年。永乐不承认侄儿建文，故以洪武三十五年为结束。故文献中“洪武三十五年，改陶厂为御厂”的正是永乐皇帝。

对洪武瓷器研究，开始于 20 世纪 50 年代。特别是 1961 年和 1964 年南京明故宫遗址的发掘，和 1984 年国家文物局对北京四中、明西什库遗址的发掘，出土了数千片洪武瓷器残片，以及为数不少的洪武纪年墓葬瓷器的出土，开始解开了洪武瓷器的本来面貌，确定了洪武瓷器的共同风格。目前国内关于洪武瓷器研究，是从洪武官窑瓷器特征方面，在与元青花及永宣青花的简单比较中确定其差异。分析也是从器型、纹饰等方面下手，分析过于笼统，缺乏从多方面梳理过渡特征的研究。

洪武时期仍然流行以金银器作为酒具。所以，洪武官窑所生产之瓷器多为大碗、大盘、大罐、大壶之类，均为金银器无法替代之物。洪武官窑器具很少，台北“故宫博物院”《故宫瓷器录》中记载仅有三件，其他博物馆也仅有少量收藏。1964年南京明故宫遗址发掘，发现了大量洪武瓷器，其中有不少官窑器物，品种有釉上红彩、棕红釉、外酱釉内蓝釉、内模印外青花等。1984年，在北京明代宫廷库房遗址，发现大量洪武瓷器，主要有青花、釉里红等，器型有荷叶盖大罐、石榴尊、玉壶春瓶、执壶、军持、碗、盘、盏托等。1980年代末，景德镇珠山窑址洪武地层发掘，再次发现大量洪武官窑残瓷。其中一片瓦写有题记：“寿字三号，人匠王士名，浇釉凡（樊）道名，风火方南，作头潘成，甲首吴昌秀，监工浮梁县丞赵万初，监造提举周成，下连都。”这些文字记载了当时烧瓷匠人分工和监造人名称，弥足珍贵。据刘新园先生考证，这些洪武残器，多为洪武前期制品。从这些出土残器看，洪武瓷器制作有一个渐进过程，前后期面貌差别很大。洪武前期瓷器制作工艺还很粗糙，中后期制瓷工艺有很大进步，出现了一些胎质细腻，造型纤盈的作品。这些器物才能称为洪武时期最具代表性的杰出作品。

洪武时期何时设立官窑，主要有两种说法：一为洪武二年（1369年），始于景德镇设立。（见蓝浦《陶录》一书）；一为洪武三十五年，实际为建文四年（1402年）。（见王宗沐《江西省大志》一书）。按照后一种说法，等于洪武一朝并无官窑，但是就明初已经有大量官窑出土物和传世品而言，此说并无根据。故今日多以第一种说法为依据。其实，明代官窑设立有一个过程，先是在元代至正年间，就已经接管了浮梁瓷局，并且在接管这个瓷局之后，立刻着手生产瓷器，用于赏赐。到洪武建元以后，改元浮梁瓷局为大明瓷局，正式设厂，这就是洪武二年所做之事。到朱棣“靖难之役”已经取得决定性胜利之时，为加强瓷厂管理，直接派中官督窑，并且改名称为“御器厂”。这时则是所谓洪武三十五年。至于所谓“御窑厂”的名号，则是到清代初期方才使用的名称。洪武二年的说法见载于乾隆四十八年（1783年）所刊《浮梁县志》卷二《建置志·衙署》条：“御器厂建于里仁都珠山之南，明洪武二年设厂制陶，以供尚方之用”，但是该县志是以何依据得出此说并不明确。元至正二十二年（1362年），朱元璋曾经一度占领景德镇，至正二十三年（1363年）朱元璋与陈友谅在鄱阳湖决战，陈友谅几乎全军覆没，饶州再度归属朱元璋。陈克伦先生认为当时战乱频仍，社会经济尚未恢复，设置御窑可能性不大。（陈克伦《明洪武朝景德镇瓷业的初步研究》，载《上海博物馆集刊》第7期。）但是接管元代浮梁瓷局，则是已成事实。洪武二年之说，可能是因为当时浮梁瓷局窑炉不能满足需要，才在珠山设立新窑用以扩大生产。如果以此作为改建新厂的依据，也不是没有道理，但是当时的名称还是叫“瓷局”，而不是“御器厂”。2002年在景德镇珠山北麓考古工地出土了刻有“局”和“局用”铭碗残片，该碗圈足处理及胎釉特征都具有洪武早期特征。这两件标本是解释文献最好的实证。明代《饶州府志》记载：“景德镇，即陶器之所，肇于唐而备于宋，国朝设局以司之。”可以得知明初仍然沿用了元代官窑名称，叫“瓷局”。直到洪武三十五年（1402年）正式设厂时，方改名为“御器厂”，并且直接派中官前来管理。明崇祯十年（1637年）《关中王老公祖鼎建贻休堂记》残碑记载：“我太祖高皇帝三十五年，改陶厂为御器厂，钦命中官一员特董烧造。”可知洪武三十五年并非另外设置官窑，而是直接将“瓷局”改名为“御器厂”，并派中官监督烧造。

御器厂的建立，标志着制度上专门生产御用瓷器的开始，这是明代皇帝加强君主集权的产物，所烧造瓷器是皇权的象征。在景德镇珠山东麓洪武地层中出土一些印有“官匣”铭的匣钵残片，以及褐色铁料书写的“监工浮梁县丞赵万初”铭瓷瓦，都说明了明代洪武时官府管理和设置窑厂的存在。但是这时仅仅是接管浮梁瓷局，并没有真正专门建厂，派员管理等都是后来的事情。1990年，景德镇珠山东头门出土铁料书“赵万初”铭瓷瓦，同时还出土有青花、釉里红大盘和白釉印花碗。这块瓷瓦用褐色铁料书写，记载监制瓷瓦的官员、监工及制造瓷瓦匠人名字。据《浮梁县志》记载，赵万初为洪武时的县丞，而且是第一名。因此景德镇陶瓷考古研究所认为，此地层遗物之下限，在洪武二十年（1387年）左右。此说法见于刘新园先生之研究。

御窑厂最高行政长官是督陶官。在明清职官序列里并没有这个官职，明初督陶官多是临时派遣，由工部官员担任。但是各次监造所派官员不一，有时是工部员外郎，有时是工部特使，有时还有营造提举司官员。但是从永乐时开始以太监督陶，到宣德时，太监督陶次数更为增加。尤其是正统以后，太监督陶成为常例，这种办法一直持续到嘉靖九年（1530年）。当然，这期间偶尔也会有朝廷官员前来督陶，如成化时就派遣过部臣周芳誉和朱元佐。嘉靖九年以后，改由地方官员，即饶州府副职官员担任督陶官。所谓“官窑”是指由官府出资设厂，并且是为官府烧造瓷器的窑厂。官窑不同于贡窑，它是专门为宫廷需要而设立，其生产标准皆按照朝廷标准严格执行，其烧制产品由朝廷垄断。而贡窑则不完全由政府控制，其窑厂性质也可能是临时性的，其前身也许是民窑，被官府临时确定为搭烧地。明代官窑有如下特点：

首先它聚集了南北方最为优秀的工匠。把北方先进制瓷工艺带到了景德镇。洪武十九年（1386年）景德镇制定了工匠轮班和坐住制度，三年轮一班，每班三个月，为朝廷服务。其次它垄断了最为优质制瓷原料。烧制瓷器最重要的原料是制胎高岭土和烧制青花瓷所需青料。元末孔齐《静斋至正直记》中记载："饶州御土，其色白如粉垩，每岁差官监造器皿以贡，谓之御土窑。烧罢即封，土不敢私也。"可见元代和明代的御土是为朝廷垄断，民间不能开采。而烧制青花的上等青料，特别是进口青料，也由官方严格控制，民间难得见到。因此官窑瓷器，不论胎釉还是材料的发色，都是民窑所不能比拟的。最后，它是由朝廷派遣官员专门督造，并制定严格的生产要求。据《大明会典》记载："洪武二十六年（1393 年）定，凡烧造供用器皿等物，须要定夺样制，计算人工物料。"据此可知，官窑生产，绝不是任由工匠自由发挥，必须按照朝廷要求和所颁发样式烧制。有明一代，青花瓷成为自宫廷到民间最普遍使用的器物品种，进入了青花瓷发展史上的"黄金时期"。就整个制瓷业来说，代表当时最高水平的制瓷中心就是景德镇。景德镇所制青花瓷，成了全国瓷器生产的主流。特别是宫廷用瓷，几乎主要是靠景德镇供应，因此，景德镇的瓷器，特别是青花瓷，代表着当时中国瓷器生产的最高水平。

目前御窑厂烧造数量已不可考，文献中也没有记载。但是在朱瞻基尚未继位改元前，就开始命令御窑厂烧造宫廷祭祀用瓷了。宣德五年（1430 年），宣德皇帝因烧造御用瓷器劳民伤财而下令停止烧造，三年后才又开始烧造。目前景德镇仅是挖掘御窑厂残留残片，就已经获取数十吨残片，粘合复原出来的完整器物数以千计。（刘新园著《明永乐官窑考》，见首都博物馆《景德镇珠山出土永乐官窑瓷器》，文物出版社，2007 年。）另外台北"故宫博物院"收藏洪武瓷器共有 10 件，都是碗、炉、壶、盘之类，体型极大，釉色仅有釉里红和青花二种。数量以釉里红为多，占七成。这些器物胎骨厚重，玻璃釉色混腻不清，或许因为炉火温度未臻理想的缘故。青料发色不佳，色度趋于暗淡，甚至变成青黑色。釉里红更显沉闷。绘画笔致显得拘谨板滞，在风格上显然没有摆脱元代青花器影响。根据笔者所做不完全统计，目前国内外所存洪武器物，包括残器，总共约 204 种，共计有 389 件，其中包括残器复原件 57 件。这些瓷器大多收藏在公共收藏机构，约 268 件，另外海内外私人藏家还收藏有 121 件。

2. 洪武官窑窑事记载

《大明会典》卷二百一记载："洪武二年（1369 年）定，祭器皆用瓷。"

《明太祖实录》："洪武二年五月，丁亥，礼部奏：按《礼记·郊特牲》曰：'郊之祭也，器用陶匏。'瓦器尚质故也。《周礼·笾人》：'凡祭祀用簠、簋之实。'疏曰：'外祀用瓦簋。'今祭祀用瓷已合古意，惟盘、盂之属，与古之簠、簋、登、豆制异，今拟凡祭器皆用磁，其式仿古之簠、簋、登、豆，唯笾以竹韶。从之。"

《大明会典》卷二百一记载："洪武九年（1376 年）定，四郊各陵瓷器，圜丘青色，方丘黄色，日坛赤色，月坛白色，行江西饶州府，如式烧解。计各坛陈设：太羹碗一，和羹碗二，毛血盘三，著尊一，牺尊一，山罍一，代簠、簋、笾、豆、瓷盘二十八，饮福瓷爵一，酒盅四十，附余各一。”

《明太祖实录》：“洪武二十四年（1391 年）六月己未，诏六部都察院同翰林诸儒臣，参考历代礼制，更定冠服、居室器用制度……官民人等，所用金银磁碇等器，并不许制造龙凤文及僭用金酒爵……公侯伯至二品酒注、酒盏用金，余用银，三品至五品酒盏许用金，余用银，六品以下酒器许用银，庶民酒注用锡，酒盏用银，余用磁、漆。”

《大明会典》：“洪武二十六年（1393 年）定：凡烧造供用器皿等物，须要定夺样制，计算人工物料。如果数多，起取人匠赴京，置窑兴工，或数少，行移饶、处等府烧造。”

《饶州府志》：“洪武三十五年（1402 年），始开窑烧造解京，有御厂所、官窑二十座。

王宗沐编，陆万垓增补《江西省大志·陶书》“建置”条：“洪武三十五年，始开窑烧造，解京供用。有御厂一所，官窑二十座。宣德中，以营缮所丞专督工匠。正统初，罢。天顺丁丑，仍委中官烧造。嘉靖改元，诏革中官，以饶州府佐贰督之。”

乾隆四十八年《浮梁县志》卷五《陶政》之“陶厂”条曰：“明洪武初，镇如旧，属饶州府浮梁县。始烧造岁解，有御厂一所，官窑二十座。宣德中以营缮所丞专督工匠。正统初，罢。”

清康熙二十一年，《浮梁县志·艺文录》载明代嘉靖十九年（1540 年）詹珊《重建赐封万硕师主佑陶庙碑记》载：“至我朝洪武末，始设御器厂，督以中官。洪熙间少监张善始祀佑陶之神，建庙厂内，曰：师主者，姓赵名慨，字叔朋，尝仕晋朝，道通仙秘，法济生灵，故秩封万硕，爵视侯王，以其神异足以显赫今古也。”

清蓝浦《景德镇陶录》卷一：“明洪武二年（1369 年），就镇之珠山设御窑厂，置官监督烧造解京。”卷五“洪窑”条亦云：“洪武二年，设厂于镇之珠山麓，制陶供上方，称官瓷，以别民窑。”

3. 明代早期出土墓葬

从目前掌握的资料看，明代景德镇官窑瓷器，在明清时期确实较少用于陪葬。考古发现明代墓葬中也较少见到这种产品。这说明应与明王朝律令有关，明初曾有过一项规定：“洪武二年赐葬开平王常遇春于钟山之阴，给明器九十事，纳之墓中……后定制，公、侯九十事者准此行之。余以次减杀。”（《明史》卷六十《志第三十六·礼十四》）。常遇春墓里的九十件明器，多以木、锡为质材，只有杂物中的“粮浆瓶、油瓶”没有注明质地，推测这两种瓶可能用瓷。后来明代的皇亲国戚和大官员死去后，用金银铜玉和珠宝陪葬的较多，用瓷器陪葬较少。半个多世纪以来的考古发掘，还是见到了一些明代墓葬中出土明代官窑瓷器。当然，朝廷器用另有标准，如洪武二十六年规定了公侯一品、二品以至九品的酒注、酒盏的标准：“洪武二十六年（1393 年）定，公侯一品、二品酒注、酒盏金，余用银。三品至五品酒注银，酒盏金。六品至九品酒注、酒盏银，余皆瓷、漆。”（《明史》卷六十八《志第四十四・舆服四》。）虽然六品以下官员有用瓷规定，但这与陪葬品不同，而且使用是否为景德镇官窑瓷器也难以知晓。

20 世纪 60 年代以来，南京明故宫遗址范围内兴建水利或基础设施建设施工，有三次重大的洪武官窑瓷器发现。1964 年南京城建部门疏通城东排水系统，对环绕明故宫内宫墙玉带河西侧进行疏通拓宽，在河床淤泥中发现大量明代残瓷，其中不少属于官窑制品。其中重要的洪武官窑遗物有白釉红彩云龙纹盘残片、青花云龙纹盘、酱色釉盘残片、青花缠枝莲纹碗等。1995 年在明故宫玉带河西侧发现一水井，南京博物院工作人员在水井淤泥中，清理出一批洪武官窑瓷器，其中重要的遗物有白釉赏赐梅瓶、白釉爵、白釉盏等。1999 年底至 2000 年初，在明故宫武英殿遗址附近一个灰坑中，发现了一批洪武时期白瓷、青花和龙泉青瓷。20 世纪 80 年代至今，在南京发掘了三十余座明代王公贵族墓。这些墓葬中出土了很多重要的洪武瓷器。虽然大多数是民窑，但其中也有比较重要的洪武官窑瓷器。例如南京中华门外郎宅山明永乐五年（1407 年）宋晟墓中，出土了八九十件青白釉瓷器，计有釉里红松竹梅纹带盖梅瓶、玉壶春瓶、双环耳瓶、梨壶、墩式碗等，其造型颇具元代风格，胎体较元代枢府器略薄，砂底，圈足为外撇里斜式，也有像元代那样底足脐状突起的圆涡形足，但青白釉面比枢府釉略白，釉中含有斑点和杂质，不够光润清洁。器物上多有与枢府釉一样的模印凸花，但所表现的效果又各有不同。元枢府釉印花器里不透亮，这批瓷器虽然在某些方面不免带有元代遗风，但从胎釉的精细、纹饰的柔美等方面看，风格与明故宫遗址出土明洪武红彩云龙盘相近，据此，可以认定这些青白釉器应该是洪武时期器物。包括在靖海侯吴祯墓出土的白釉梅瓶，宋铉夫人唐氏墓出土的釉里红松竹梅纹梅瓶，以及西宁侯宋晟墓及夫人叶氏墓出土的一批景德镇白釉瓷器。

1984 年北京四中基建工地上，出土了大量洪武瓷器残片。北京四中位于紫禁城皇城墙内西北角，在明清时期是宫廷库房，称之为“西什库”。2006 年 7 月北京四中在综合楼基建施工时出土了较多瓷器。北京市文物研究所对出土瓷片区域进行了抢救性发掘，出土了大量洪武官窑瓷器残片，这些残片基本不能复原，但仍能通过它们对器物器型和纹饰进行研究判断。另外江西文物商店于 1980 年在江西省玉山县征集到一件出土的洪武款青白釉罐，现存江西省博物馆。罐为直口，胎体厚而色灰白，质稍粗松，实足平底，足部露胎粘有沙土。口径 7 厘米，高 9 厘米，口沿下肩部压印单层宽硕莲瓣纹，器腹中间顺衔接处用竹刀刻划一周行楷：“洪武七年（1374 年）二月二十七日造此”的纪年款。器物造型丰满庄重，具有元明时期器物的浑圆特征，所刻文字为窑工随手刻划。迄今为止，在江西地区民窑烧制瓷器中，具有明确洪武年款的器物，此罐居首。它是揭示洪武瓷面目的珍奇瑰宝，亦为鉴定洪武瓷极为典型的标准器。按时间讲，此罐为洪武七年（1374 年）造，但仍具元代风格，由此对照南京郎宅山宋晟墓青白釉器，互相印证，两者已较近似。但也有学者认为此罐除了具有年款之外，无论从纹饰和器型等方面看，学术价值并不大，特别是对于洪武青花而言。半个多世纪以来，出土洪武景德镇官窑瓷器的品种和墓葬记述如下：

洪武玉壶春带盖梅瓶，出土于 1957 年江苏江宁县东善桥孙家山宋琥墓，收藏于南京博物院。

洪武青花大盖罐，出土于 1961 年北京德胜门外，收藏于首都博物馆。

洪武白釉暗花牡丹纹梨形壶，半圆形盖，小口，鼓腹下垂，足外撇。出土于 1960 年江苏南京明西宁侯宋晟夫人叶氏墓，收藏于南京市博物馆，与北京故宫博物院所藏梨形壶造型一致。

洪武酱色釉梨形壶，足内两层台式，于北京市丰台区出土，收藏于首都博物馆。

洪武红釉铁红彩“赏赐”款梅瓶、白釉爵杯、碗等，于 1995 年南京明故宫遗址水井中出土，收藏于南京博物院。

釉里红缠枝牡丹纹碗，撇口，深弧腹，圈足，于山东鲁荒王墓出土，藏于山东博物馆。

玉壶春瓶一件，口外撇，细长颈，溜肩，腹部下垂，底部斜收，圈足外撇，通体满绘青花云龙纹。高达 39.4 厘米，体量为世所罕见。其龙纹与上海博物馆寿春瓶极为相似。于河南荥阳市明周惠王墓出土。

爵杯二件，白釉，仿青铜器造型，于南京明故宫遗址水井内出土。

白柚梅瓶二件，小口，梯形短颈，丰肩，长腹下收，腹部有接痕。一件于江苏省南京市中华门外明吴祯墓出土。另一件肩部褐红彩书“赏赐”铭，由江苏省南京市明故宫遗址水井内出土。

梅瓶二件，一件通体釉里红装饰松竹梅纹，小口，束颈，丰肩，腹下部微收，底部微外撇，无盖。于南京市中华门外明宋铉夫人墓出土。另一件带宝珠钮盖，主体纹饰为松竹梅蕉叶纹，于南京市中华门外宋琥墓出土。

白釉梅瓶一件，撇口，束颈，双兽耳，各贴有一环，带盖，于南京市中华门外宋晟墓出土。

盖罐一件，器身呈十二瓣瓜棱状，撇口，束颈，丰肩，腹部下收，底部外撇，带荷叶形盖。于北京海淀区邮电学院出土。青花装饰，器身主体纹饰为十二组折枝花卉。此件盖罐器型硕大，胎体厚重，为洪武官窑的典型作品。北京故宫博物院收藏有同类盖罐。

二、元青花的秘密

洪武官窑瓷器发展源头来自元代浮梁瓷局，因此研究洪武官窑瓷器，不能不从元青花开始。而且在洪武早期，其工匠、原材料等都是来自元代浮梁瓷局。洪武二年（1369年），直接将浮梁瓷瓷局改为明王朝烧制瓷器的局厂，并且在此后时间内烧制了数量众多的瓷器。这些瓷器大都带有元青花的印记。元青花最重要的就是它所使用的青料。苏麻离青，简称“苏料”。名称来源，一说是来自波斯语“苏来曼”的译音。这种钴料的产地在波斯卡山夸姆萨村，村民们认为是一名叫苏来曼的人发现了这种钴料，故以其名字来命名此料。青花瓷命名很大程度上和“钴”料的使用有关，“钴”赋予了青花瓷全部内涵。也就是说，谈青花瓷，离不开重要材料“钴”。

1. 钴料原矿石的来源

何为“钴”？钴是一种化学元素，主要成分是砷化物、氧化物和硫化物。元素符号为Co，属过渡金属，有磁性和毒性。钴的英文名为“Cobalt”，来自德语“Kobold”，意谓“坏精灵”。19世纪之前，钴最广泛的用途是作为染料。中世纪时，钴是琉璃生产的重要材料，也是阿拉伯釉陶的重要材料。元统治者尚白尚青，这与萨满信仰不无关系。元青花中包含大量阿拉伯元素，其崛起与蒙古族关系最为密切。钴蓝在西亚长期受到珍视，其发端于西亚人的青金石崇拜。苏美尔人在两河流域建立国家，是西亚整个人类最早期文明。在乌尔第三王朝墓地，发现了大量青金石制品。出于对青金石的喜爱，西亚地区很早就出现了模仿深蓝颜色的人工制品，例如蓝色玻璃珠。这与我国古代崇尚玉器，在瓷器釉色上模仿玉器颜色而生产青瓷是同样的道理。

来源之地。“苏麻离青”来自伊拉克和伊朗。中国元代青花瓷器所使用釉下青料通称“苏麻离青”，其主要呈色剂——钴蓝料是从哪里来的？百年来，中国陶瓷专家一直在孜孜不倦地寻找答案。氧化钴CoO，成色为深蓝，它是最稳定的一种呈色剂。不管是重复烧，还是在任何釉料下，它都呈现稳定的蓝色。0.25% 的氧化钴，在釉中呈现出艳丽的蓝色，1% 的氧化钴在釉中呈现出非常深的蓝色，氧化钴稍高于 1% 时，则会呈现蓝黑或黑色。在伊拉克的奥曼和黑加北部都有着丰富的钴矿，钴矿在当地陶器中的使用，在阿拔斯时代（750—1258 年）已经很广泛。萨马拉在公元 9 世纪，也就是中国唐代与波斯湾地区贸易最繁荣时期，是伊拉克最重要、最大的制陶中心，它位于底格里斯河东岸，在巴格达以北 125 公里处。在 836—892 年间，曾作为阿拔斯王朝的首都，它也是古代波斯湾沿岸一个重要大城市，它的制陶业发展，直接得到国王资助与支持。通过对文献的研究和考察得知，阿拔斯时代的哈里发们，在得到来自中国如玉般美妙的瓷器时，考虑到这些瓷器珍贵而又易碎，必须经过一年半的远航才能从中国带回，这促使他们要兴建自己的窑厂，来烧造仿制中国瓷器。萨马拉出土的瓷片证明，这里首先烧造的陶器，完全是仿制中国的邢窑白瓷，由于缺乏重要的瓷土——高岭土，又因为仿制陶瓷，不能从本质上成为高温瓷器。崇尚蓝色的阿拉伯人民，由于其特别审美取向，成功地使用氧化钴作为釉下颜料，烧制成功了青花陶器，这在陶瓷装饰上是一个贡献。

在元代宫廷养生著作忽思慧著《饮膳正要》（元天历三年，1330 年）中提到“回回青”。忽思慧将“回回青”归为调物科，“味甘、寒，无毒，解诸药毒，可敷热毒疮肿。”这与李时珍《本草纲目》记载基本一致。“回回青”是一种需要研磨之物，它与隋朝从波斯进口的“螺子黛”不一样。螺子黛无需研磨，蘸水即可绘，色呈墨绿。《说郛》卷七十八引唐颜师古《隋遗录》载：“绛仙善画长蛾眉……司宫吏日给螺子黛五斛，号为蛾绿。螺子黛出波斯国，每颗直十金。”隋唐时中国从波斯等地进口名贵物品已经不是新闻了。关于元代青花钴料的来源，国际学术界也存在不同观点。英国学者如 Harry Garner 等的观点是，14 世纪（元明之际）景德镇窑所用青花钴料源于波斯。Garner 是最早对景德镇元青花做出研究的学者。他发现波斯和叙利亚地区 13 至 14 世纪左右的青花陶器，所用的钴料与元青花都是高铁低锰型钴料。而日本学者如加藤夰、加藤瑞山等的观点主要有两个：一种认为元代青花瓷的青料来自西域的 Smalt 玻璃料；一种认为是由来自远东的花绀蓝和钴土矿混合而成。中国学者如李家治等则有另一种观点，认为元青花钴料源于中国西部甘肃和青海。总之，这时期钴蓝料是由陆路运来，而且来自甘肃、青海以西是没有疑问的。

其实，钴料早在唐代就已经传入中国，出土的唐三彩或唐青花主要集中在扬州唐城遗址和河南巩县窑。但是，当年青花并未受到唐朝贵族的喜爱。唐代贵族风行使用金银器，当时流行的部分唐青花和钴蓝三彩器的受众，可能是一部分来自西亚的穆斯林。可以推测，西亚重视钴蓝色的传统，与唐代中国钴蓝传入不无关系。当时的中国，虽然有能力生产青花，但无意于生产青花。“非不能也，是不为也”。蒙古在13世纪早期崛起后，迅速向外扩张。南下西征，所向披靡。向南灭掉了西夏、金，进而于1279年消灭了南宋政权。向西灭掉了统治中亚地区的花剌子模，并且继续向西推进到欧洲多瑙河流域。最后，成吉思汗的子孙分别建立了金帐汗国、察合台汗国、窝阔台汗国，伊利汗国和元帝国。这个横跨欧亚大陆的庞大帝国，使得东西方在前所未有的广大领域上被打通了，贸易和文化的交流空前便利。就陶瓷来说，钴蓝原料此时能够更加方便地由西亚进入中国，这是元青花发展的前提条件。而生产出来的产品，又得以方便地运回到西亚，使得世界真正见到产于中国的元青花瓷器。

最早的元青花市场在西亚，然后逐渐获取得了一定的国内市场。这也是今天存放在西亚地区元青花，大大地多于中国国内的原因。目前元青花主要收藏在西亚土耳其托普卡比博物馆以及伊朗德黑兰国家博物馆。其中托普卡比宫的收藏，无论在数量上还是质量上，都是全世界元青花收藏的翘楚。景德镇元代浮梁瓷局是在色目人的管理下，从事瓷器生产。所以，这些来自西域的色目人，由西域弄来苏麻离青，又在景德镇带领工匠造出了他们极其喜爱的元青花。一直到明初，这批色目人仍然在御窑厂工作，所以永乐、宣德时期，仍有大量瓷器保留有西亚的艺术风格。这批人到成化时已经过世，故而成化已经没有中亚风格的器物了。

当时的商人们也一定会设想并尝试带上钴料，和适宜阿拉伯欣赏需求的式样，到中国订烧瓷器，而这些钴料便是从萨马拉取得。萨马拉在古代的发音一直是Samarra，古希腊文写为Souma，拉丁文写为Sumere，叙利亚文是Sumra。中国早期青花使用的进口料为苏麻离青，这发音与萨马拉（Samarra）及当时普遍使用的叙利亚文“Sumra”这个地名发音相同。萨马拉富有钴矿，又是大量生产釉下青花陶瓷的制瓷中心，同时又距中国唐宋以来，特别是元明青花瓷贸易集散地巴格达十分近。要彻底解开元青花之谜，伊朗是突破口，谜底在伊朗。伊朗是当时丝绸之路的西部节点，又是在蒙古人政权统治下，现在伊朗语中，仍有许多完全来自中国的词汇，发音是汉语词的对音。

上海社会科学院的许明先生，为探求元青花秘密专程到伊朗访问，参观了伊朗国家博物馆，在这里他看到了保存在伊朗国家博物馆的28件元青花瓷器。伊朗国家博物馆阿拉伯部主任Rohfar女士告诉许明先生，钴料苏麻离青产于德黑兰西南大约400公里的地方，那里有个小村庄，属于卡山市。是这个小村庄的人在古代发现了这种闪着银色光芒的石头，即现代的钴矿藏。当地人用Soleimsni称呼它，音译为“苏来麻尼”，这就是中国人称之为“苏麻离青”的钴料。但是这位主任告诉许明先生，这种钴料早就没有了。许明先生专程乘车赶去这个小村庄，实地探查了一下。他发现早在六十年前，矿已经封了，洞塌了。进矿有个大洞，里面分成几个矿道，有铁矿、铜矿，还有这种黑色的钴矿。原来这是一个伴生矿，所以苏麻离青才会有那么多的铁含量。这是迄今为止中国人所能获取到的关于苏来麻尼产地最直接的信息！我们知道，这种进口料只在元代至明代洪武时期使用过，以后再也没有了。令我们困惑的是，在元代文献中，我们除了在元代汪大渊《岛夷志略》中找到可能是青花瓷的“青白花瓷”“青白花碗”“青白花器”等外，少见其他叙述。蒋祈的《陶记》也语焉不详。这是一个很有意思的问题。但纯正的元青花瓷，其“青料”来自域外，已经不是一个值得深究的问题了。

2. 成熟元青花的特点——黑斑与铁斑

在讨论元代和明早期青花瓷器“黑斑”特征时，我们不得不引述了许多专家的见解，其中几乎都谈到了“铁斑”，有的把它和“黑斑”一起讨论，并认为这是同一现象的不同称谓。如冯先铭先生说：“青花色泽有浓翠及灰淡二种，均有铁斑。”（冯先铭著《中国陶瓷》，上海古籍出版社，1994 年 11 月第 1 版，第 462 页。）而在同书中他又论及“永乐、宣德直至成化前期的青花都有黑铁斑”。（冯先铭著《中国陶瓷》，上海古籍出版社，1994 年 11 月第 1 版，第 479 页。）冯先生的“黑铁斑”之谓，是把两者合并称呼。耿宝昌先生在论及永乐瓷器时说：“线条的纹理中常有钴铁的结晶斑，呈星状点滴晕散”（耿宝昌著《明清瓷器鉴定》，中华书局香港分局，1984 年 9 月版，第 29 页），在这里，耿先生把它说成“钴铁的结晶斑点”。有的把“铁斑”说成“黑斑”的别称，已故的张英先生在《元代青花与五彩瓷器》一书中说：“进口料高铁低锰，烧制出的青花，上面呈色浓艳，有黑色斑点，在黑色浓聚处闪烁如铅，俗称‘锡光’或‘铁锈斑’”（张英著《元代青花与五彩瓷器》，辽宁画报出版社，2000 年 10 月第 1 版，第 31 页）。而英国的哈里·加纳先生则认为：“纹饰上带有锈斑表明了钴料的过度富集，锈斑偶尔在各时代的器物上都有发现，其中在早期装饰繁缛花纹图案的青花瓷上表现得特别明显。”（哈里·加纳著《东方的青花瓷器》，叶文程、罗立华译，上海人民美术出版社，1992 年 7 月第 1 版，第 5 页。）哈里·加纳先生在一定程度上探讨了“锈斑”的产生原因，即钴料的过度富集。以上诸家的论述至少说明两点，多数学者认为：一是“铁斑”和“黑斑”在呈色上有密切联系；二是“铁斑”和“黑斑”是同一事物的两种不同称谓。

笔者认为，尽管“铁斑”和“黑斑”，无论在呈色上还是在形成机理上，都有密不可分的联系，但它们称谓应该区分开，才能真正体现“铁斑”和“黑斑”这两种器物的不同形态，这是元代和明早期青花瓷器上不同的呈相特征，即“黑斑”是黑斑，“铁斑”是铁斑，两者不应该混淆。也就是说，它们不是同一事物的两种不同称谓。区分称谓的原因有三：一是“铁斑”和“黑斑”在呈色上有明显不同；二是它们形成机理既有联系，更有区别，“铁斑”形成机理比“黑斑”更复杂，形成的条件也更为苛刻；三是把两者混为一谈，容易产生误解，即会认为所有元代或明早期青花瓷器都有“黑斑”或“铁斑”。上述冯、张二家的观点，就容易使初学者产生这样的迷惑。其实，应该这样说，全部采用苏料烧制的元代和明早期青花瓷器几乎都有“黑斑”，但不是所有元代和明早期青花瓷器都有“铁斑”！有“铁斑”的元代或明洪武时期的青花瓷器并不多见！所以两者应该严格区分开来。否则，会造成一个判断上的失误，会把没有铁斑的元代或明早期青花瓷器都判定为仿品。

下面还是从实物开始探讨“铁斑”外在形象和内在形成机理。先看湖北省博物馆所藏元青花玉壶春瓶，此瓶撇口、细颈、圆腹，圈足微外撇，其器型是典型元代玉壶春瓶。这里，我们应该关注的是它器身上是否有铁斑，从已经发表的图录特写上可以清楚地看出，其瓶颈和腹交接处有一条明显的“铁线”，其锈迹斑斑，用青料描绘弦纹线，染成咖啡色，别具风采。这种咖啡色彩，和黑斑色彩完全不同，因此从色彩颜色上说，它就不应该称之为“黑斑”，而应该称之为“铁斑”，因为它实在是“铁”的颜色。在1973年蚌埠市汤和墓出土的元青花缠枝牡丹纹带盖大罐上，也能发现这样的铁线，不过其铁线的颜色较淡，如一丝锈黄色，轻轻地抹过罐颈，犹如一缕淡淡的丝巾，围在罐颈上，留下无尽惆怅。“铁斑”形状是多样的，可以是线状，也可以是点状或圆状。苏州博物馆藏洪武青花托盘盘心上的铁斑呈点状或圆状。铁斑呈色明显比上面所说玉壶春瓶上铁线上的铁斑颜色要深，而且铁斑上还有“锡光”。铁斑可以单独出现，也可以和锡光处于共生状态，说明两者之间既有联系，又有区别，其原因稍后再作讨论。苏州博物馆藏洪武青花托盘在整器全图上很难看清盘心“铁斑”颜色和形状，只有在特写镜头下才能清楚地呈现“铁斑”的形状。所以，对于“铁斑”这个苏来麻尼料的呈相特征，稍有疏忽，就可能与之失之交臂。而“铁斑”对于认识真品元青花瓷器和明早期青花瓷器，却有着十分重要的意义，所以这个疏忽，会给鉴定带来绝大遗憾。诸多铁斑呈现不规则的线状、条状或块状，有的还呈现弥散状态。首都博物馆藏景德镇窑元青花凤鸟纹扁壶嘴上的铁斑，就呈不规则弥散的条状，在全图的观察上稍不留神，就会忽视这种青花的特殊情况，因此，对铁斑的了解不仅要细心，更要借助于现代摄影手段，才能对铁斑的形状、呈色和在青花中分布状况有比较明确的认识。如果可能的话，读者应该到这些青花瓷器展出的博物馆，用高像素数码相机拍摄，然后在电脑上放大观看，效果会更好。上海博物馆藏景德镇窑青花莲瓣形盘上的铁斑，因其铁斑所在的位置显著，所以全图和特写图上的铁斑都十分清楚，可以让读者清楚地了解铁斑的形状、颜色、弥散情形和分布状况，多看这类图片，尤其是多看实物，会使读者对元代和明早期青花微观特征认识逐渐加深。英国伦敦公司 2007 年在香港展出的元青花大盘，这件大盘的盘心中铁斑明显，已经完全清楚地显示铁的呈色外观。这种呈色和上海博物馆所藏一件元青花牡丹纹罐，有异曲同工之妙。

烧窑温度的控制，一直是历代窑工孜孜不倦追求的目标，从平地堆烧到置窑烧造，人类从 600℃不到的温度中烧出陶器，到在窑炉中用 1200℃以上的高温烧出瓷器，人类摸索了数千年。一直到元代出现成熟的青花瓷器，其间虽然经过了一千多年，但窑温控制仍然不能得心应手，所以欠烧和过烧现象还会屡屡出现。因此，因温度控制不当所产生的青花变“铁”变“黑”现象，在元和明早期青花瓷器上不时出现。这种不当，甚至可能使整个器皿纹饰都呈铁色，也就是说，青花变成了“铁花”，浙江南宋官窑博物馆藏元青花观音像，就是这种元代“铁”花瓷器。它虽然是元青花瓷器烧制的失误，却也不失时代风采，为后世研究者提供了元代烧制工艺的实物资料。窑温控制不当，不仅会使青花变成“铁花”，而且在极端情况下，还会把铁质真正还原出来，在青花瓷器上出现真正的“铁”！典型例子就是上海博物馆藏元青花牡丹纹罐上的铁斑，读者一定要问：这当然是“铁”，但这种“铁”会不会是瓷胎中的杂质在烧制过程中还原的呢？我们首先来观察这种“铁”在瓷器上的存在状况。完全可以看出，“铁”在釉下面，存在于瓷器胎和釉之间，也就是说，它不是胎的杂质，也不是釉的杂质，而是胎釉之间的“第三者”，这个第三者只能由青花呈色剂带上去。元代青花瓷器所用的青花料，即苏来麻尼料，是高铁低锰钴料。这种高铁低锰钴料，在高温下为发生什么变化呢？一般来说，铁还原需要三个条件，即高温、铁含量和窑炉中的还原气氛。

首先，元代时景德镇窑烧制青花瓷器温度已经达到 1280℃，这个温度能不能使铁还原呢？纯铁熔点是 1534℃，但是一旦铁中加入其他物质，其熔点会大大降低。现代陶瓷行业中，为仿古砖使用而专门研制的磷铁系金属釉，其低温熔点只有 1100℃。因此说，产生使铁还原的高温，在元代窑炉烧制时是完全没有问题的；其次，元代景德镇窑青花瓷器中，釉和青花中呈色剂 Fe2O3 含量在 1.73%—4.26% 之间波动（李家治主编《中国科技史》，科学出版社，1998 年 10 月第 1 版，第 371 页），大大高于 MnO 的含量（0.09%—0.13%），这使青花料中铁成分得到保证；第三，从已知景德镇窑瓷器分析，它们的烧制往往都是还原焰。由此可见，使铁还原的三个物化条件完全吻合。读者在本书列出的元代和明早期青花瓷器的图中，一定可以发现，有“黑斑”的青花部分，不一定有“铁斑”，有“铁斑”的青花瓷器，“铁斑”一定在“黑斑”之上。景德镇考古所收藏洪武青花缠枝灵芝纹直口杯和青花缠枝花卉纹折沿杯托，就出现了这种黑斑和铁斑之间的相互关系。这说明“铁斑”和“黑斑”既有联系又有区别，窑温过火，铁离子被还原出来，“黑斑”就变成了“铁斑”。也就是说，一般情况下，元青花所用苏麻离青料会在釉下形成黑斑，而在极个别情况下，由于瓷器在窑内位置或者窑温的关系，“黑斑”可以被还原成“铁斑”。再看一看上海博物馆收藏元青花牡丹纹罐上的铁斑，读者就会明白元青花瓷器上“铁斑”的颜色、光泽、形状和位置了。

细心的读者一定能够发现，“铁斑”出现的地方往往是瓷器接胎之处，或者是瓷器器型转折、堆塑之处，湖北省博物馆藏元青花玉壶春瓶弦纹上的铁斑就在接胎之处，看到上海博物馆藏景德镇窑青花莲瓣形盘、首都博物馆藏景德镇窑元青花凤鸟纹扁壶嘴上的铁斑，也会明白。为什么会在这些地方形成“铁斑”呢？这是因为接胎、转折和堆塑之处容易造成青料的凝聚，当沾满青料的笔在瓷胎上绘画时，遇到这些地方，用笔不太流畅，笔意就会滞胀，因为怕青料着色不重而重复绘制，从而在接胎处留下重笔或叠笔，造成青料凝聚，再巧遇窑火过分燃烧，就会产生“铁斑”现象。过去我们一直认为“铁斑”是元代和明早期青花瓷器重要特征，有“铁斑”的元代和明早期青花瓷器应该是真品，这就是“铁”证如山！但是今天，由于仿制品五花八门，各种铁斑均有呈现，故不能以铁斑作为认定元代或明初青花瓷器的证据。但是，它与明代永乐、宣德时期的钴料来自东南沿海或南亚一带迥然不同。故不能将元青花和永宣青花的钴料来源视为同一地区。即便从色泽上观察，它们二者也是有区别的。

元青花瓷器总体分为两种色调，一种呈灰蓝色，较浅淡，一种是深蓝色，较艳丽。传统概念中，呈色灰蓝者为国产料，呈蓝艳者为进口料。其实根据学者测试的结果，元青花中是没有国产钴料的。呈色灰蓝黑者为下等进口钴料，含铁量高，杂质多，发色不好。可能是烧成温度太低或者釉面太薄，也可能是釉钙含量太高。总之，关于这个问题还有很多争议。进口钴料即苏麻离青，元代进口钴料成分是低锰高铁，含硫和砷，所绘青花纹饰呈色浓艳深沉，并带有紫褐色或黑褐色较光润的斑点，有的黑褐色斑点显现出“锡光”。“锡光”是在黑褐色斑点中出现的一种自然光泽，并有凹凸感。另外，苏麻离青呈色有如下特征：（1）呈鲜丽靛青色，略含程度不同的紫色，有些呈非常幽雅的紫罗兰色。（2）有浓淡色阶，勾勒线条较深，填色青料较浅。青料积聚处有蓝黑色或蓝褐色斑点，釉面下凹并哑光。(3) 青料都较细匀，线条边缘稍有晕化。有些呈色浓重，有放射状流散，见蓝黑色结晶或结晶线，应为青料颗粒较粗所致。元末至正型青花和洪武时期青花无论从器型、纹饰、胎釉都难以区分。洪武青花应该是元瓷的延续。南京及全国其他地区，明代早期皇亲国戚以及开国将军墓葬中出土的所谓元青花，应该就是洪武早期烧造，使用的是元代遗留下来的苏麻离青。当时因为元代遗留下来的原料不足，可能混合有国产青料共同使用。由于洪武时期海禁锁国政策，海陆两条通道几乎都被阻断，苏麻离青料使用告罄，开始以大量的釉里红替代。同时洪武时工匠还较多地使用了国产青料，使得洪武青花瓷器种类较多，难以以一种简单情况来论述。

3. 元代的釉里红

元代除了青花以外，还有元釉里红瓷器。釉里红在元代生产数量不多。当时釉里红瓷器生产尚处在创烧初级阶段，工艺上不太成熟，尚未成形。元代釉里红瓷器的胎（含胎质、胎色、胎体）、釉（含釉质、釉色、施釉）、成型工艺技术的制作特征等，与元代青花瓷器基本相同，只不过元代釉里红器的胎质坚致、胎色灰白、胎骨厚重为多，也有一部分胎色白而胎质坚致者。釉面以青白釉为主流，有明润光泽。而器物造型种类、装饰纹样的题材内容及形式也大体类同于青花瓷器，唯生产数量较少、品种较少。可以说，釉里红瓷器有的，青花瓷器全有；而青花瓷器有的，釉里红瓷器不一定有，即元代釉里红瓷器造型品种、纹样题材内容，仅仅是青花瓷器中的一部分。装饰纹样题材内容多采用元代传统题材，较之青花瓷器更少些，且更简单粗率些。元代釉里红铜红素所呈现的红色，往往并不纯正，常有变色和流散现象出现，发色偏黑或发灰色，有的甚至多烧成釉里黑、釉里灰或釉里黑褐，只有少量精品呈色浓艳，彩料薄的地方呈色浅淡，有的釉里红铜红彩料在熔融过程中，有明显流动和晕散现象。

元代釉里红绘画技法和纹样都与青花瓷器一样。线描勾勒，是元代釉里红装饰最主要的绘画技法之一。在瓷胎上用细线条来描绘勾勒出各种不同图案纹样的轮廓线，这与青花瓷器装饰描绘勾勒相同，犹如中国绘画中的白描技法。有的则有铜红彩料覆盖在刻划好的图案纹样刻划线条上，产生效果为“白地红花”。纹样线条因铜红彩料因素，常有晕散，也叫“飞红”现象。平涂渲染，常与刻划的图案纹样相结合。以含铜元素彩料在瓷器坯体上用毛笔来摹绘敷彩、点染皴擦、平面吐染成图案纹样。或在刻划、堆塑的图案纹样、造型纹样、造型装饰上平涂渲染，常以成块、成片形式出现，称为“红班（斑）”，产生效果为“斑块”。或在纹样周围平面涂染而成，这些纹样有的是事先刻划好图案，在纹样部分留白，又称之为“拨白”，产生效果为“红地白花”。元代釉里红瓷器装饰纹样题材，基本与同时期青花瓷器相似，但没有青花瓷器上装饰纹样那么丰富多彩，主要都是元代传统题材，如云龙、云凤、凤穿花、鱼纹、芦雁、玉兔、鹤、鸭、山鸡、凤凰、鸳鸯、花鸟、花卉、山水、人物、诗文等。花卉纹中以串枝、缠枝形式来表现，如莲花、菊花、牡丹、灵芝等，其他还有荷花、莲瓣纹、变体莲瓣纹、焦叶纹、葡萄、松竹梅、万年青、月季花、山茶、蔷薇、杂宝、十字宝杵、双莲回纹，等等。（见图 4）

4. 元青花瓷的胎体

元代瓷器的胎体是瓷石掺合高岭土和三宝莲的三元配方，宋末元初起，景德镇发明了 74% 的“南不瓷石”掺合 18% 的瑶里高岭土，以及加入了 8% 的三宝莲瓷石的三元配方。提高了烧成温度和强度。

分段印模制胎接胎：采用分段印模制胎，然后再用胎泥粘合而成，粘接处器表往往突起，给人以不平之感，外壁接痕经打磨，但内壁接痕仍清晰可见，器物颈部内侧略加切削，内壁均不修削，所以在器里的底、腹、口等处胎体接痕表现明显，由于是印模制胎，所以器物不是同心圆。印胎、脱胎、接胎、修胎，是当时制胎主要方法。至于元青花瓷的造型，从制作工艺上看，此时出现了胎体厚重的巨大形体，如大罐、大瓶、大盘、大碗等。但也有精细之作，如胎体轻薄的高足碗、高足杯、匜、盘等，独具特色。

削足处理方法：常见底足足端外墙斜削一刀，大器足底宽厚多为挖足，挖足有深有浅。有的器物圈足不十分整齐，呈弯曲状，是由于手持此处蘸釉造成变形。器底可见螺旋状切削痕，大瓶、大罐底部旋削纹较粗、较疏，且有破刀痕，即板刀破了没有修理造成的，盘和碗切削痕较细较密。高足杯的高足与杯身以泥浆拼接，交接处可以看见黄色或浆色挤压泥浆，杯把、足端、圈足厚薄不一。碗底部胎体较厚重，足内露胎，中心微微突起，俗称“脐”状，实为拉坯痕迹。大罐底部多为宽圈足，不规整，有的底部中心有较浅的螺纹痕迹、板刀痕及破刀痕。传说当年元朝政府对刀具控制很严，铁刀奇缺，所以板刀很破也没法修，这就是破刀痕的来历。

垫渣和火石红：瓶、罐等大型器物底部中心处常见一内凹的圆点，这是在烧制大器时，为防止塌底，需在底部中心或稍偏处放一个用耐火土做成的圆饼或圆圈作支点，圆点就是由此形成的。

5. 元青花瓷的釉

景德镇瓷釉历来是用 86%—90% 的釉果，掺以 10%—14% 的釉灰配制而成。元代时增加了釉果的成分，减少了釉灰成分，用高倍放大镜观察部分标本的釉层，在密布的雾状小气泡中散落着大气泡，并没有中等气泡过渡，同期青白釉和枢府釉并无这种情况。明初青花瓷釉面也见气泡，但是大、中、小气泡混杂，和元青花唯见大、小两类气泡的分布不同。有些器物表面有橘皮纹或棕眼。对景德镇宋元湖田窑标本测试发现，元代釉中氧化钙含量从宋代的15%左右减少到8%—9%，而钾、钠等含量从宋代的3%左右增至6%左右。成分变化使釉的烧成温度提高，也使釉浓度增高。另外，釉灰主要成分是石灰石和凤尾草，煅烧后钙含量达90%左右。还有其所用釉果是一种风化较浅的瓷石。元青花釉面有三种：一是影青釉，含钙较高，对钴料发色偏灰。二是白釉，即石灰碱釉，釉色莹润透亮，光洁滋润，积釉处显鸭蛋青色，釉色亮度时常会有闪动感，足圈釉面显出淡的水绿色。具有恰到好处的透明度、光亮度和色泽，能更好地衬托青花的表现力。三是卵白釉，釉层乳浊，多小型器，以高足杯、碗、钵、小罐类居多，对钴料发色偏灰、偏黑。

施釉工艺：元青花除玉壶春瓶等器物外，底部一般无釉，底部露胎有大小形状不一的釉斑。高足杯的高足内侧近底处有一圈宽窄不等的釉痕，梅瓶等细身类瓶内侧口沿下素胎。大罐内壁以荡釉法施釉，器盖内侧素胎，浅土黄色，见细微釉斑。元青花器体釉面基本较平，大型琢器在胎体粘结处，釉面微微凸起，器里口部釉厚薄不匀，釉薄处显米黄色。从残器看，瓶颈部以下器腹内无釉，瓶、罐底部或高足杯、碗的足内，常见一块块釉斑，每块釉斑周围或足边及缩釉处，都呈现出浅色火石红边线。器物口边有毛边现象，即小气泡破裂状。器表釉面有缩釉现象，不严重，属于少数现象。釉面手感温润如玉，光感柔和不刺目。另外浇釉工艺会造成器物内部有釉水挂流现象。浸釉会造成器物外圈留下浸釉时手抓留下的指痕。而陶车上泼釉这个工艺会造成口沿釉层较厚，且有挂流现象。这些都是元青花的施釉工艺。（见图5、图6）

6. 元青花瓷的纹饰

（1）装饰技法

青花与刻花、印花、瓷塑、浅浮雕等多种技法相结合，形成白地青花、蓝地白花或青花线描为地等几种风格。在装饰时，元青花纹饰绘画方法以平涂为主，结合勾、皴、点、染技法，线条苍劲有力，显示出元代工匠高超的绘画才能。

变形莲花瓣纹。俗称“八大码”，无论圆、琢器常以8个莲花瓣作装饰带，在每个花瓣内又加绘多种花纹，有朵花、朵云、火焰、杂宝，等等。莲花瓣画法元代风格较为明显，均用一道粗线和一道细线平行勾勒出轮廓线，每片花瓣间不相连，留有一定空隙。

花卉纹饰。元时多以莲花和牡丹为主，其次为菊花。牡丹花叶呈肥硕状，为尖瓣形；

莲花叶呈带双翅的葫芦形叶片，菊花叶为五叉的叶片。三种花朵都不填满色，有自然留白边现象。

栀子花。为元青花中独特纹饰，五瓣形小花小叶状缠枝花，多用作边饰。有关专家论证此花别名薝卜花，传说为佛喜爱的花。

缠枝莲纹。大多数青花盘外壁及瓶、罐肩部装饰有缠枝莲花纹，盘外壁莲花为六朵者较多见。

青花云头纹。瓶、罐肩部往往有青花云头纹，称为“云肩”。云头纹内多加饰海马、海莲、折枝花、麒麟等，又称垂云纹，是元青花上极具特色的装饰，在明代正统时期也有这种装饰，其他时代少见。

海水纹。由浪花与海水组成的二方连续图案，在细线条描绘的海水纹中以粗实线勾绘浪花组成海浪纹饰，形成特色鲜明的元代海水纹。

蕉叶纹。常作边饰或纹饰间的装饰带，画法讲究用粗线描绘蕉叶边线，再用细线描绘叶脉。

（2）纹饰题材

植物类。有牡丹花纹、莲花纹、菊花纹、松竹梅纹、月梅纹等。除以上主花外，在组合图案中还出现牵牛花、山茶花、海棠花、月季花、枣花及萱草、灵芝、芭蕉或竹石葡萄、瓜果、草虫等作画面衬托。

动物类。有龙纹、凤纹、麒麟纹、鱼藻纹、鸳鸯卧莲纹、孔雀纹、鹿纹、海马纹等。其中元代龙纹极具特色，身躯细长如蛇，龙头呈扁长形，双角，张口露齿，细长颈，四腿细瘦，筋腱凹凸，爪生三趾、四趾或五趾，分张有力，肘毛、尾鬣皆呈火焰状。（见图 7）

人物纹。通常别出心裁，并与戏剧相结合，将著名历史人物故事情节移植到瓷器画面上，呈现一种新的艺术境界，具极强感染力。这是其他时代无法比拟的。此类题材主要有蒙恬将军、周亚夫细柳营、文姬归汉、昭君出塞、萧何追韩信、三顾茅庐、敬德救主、陶渊明爱菊等，画工绘画技艺高超。

波浪。元青花上波浪纹应用于大盘边沿、盘内纹饰间的隔离及花卉纹底纹。边沿采用的波浪纹大盘一般为菱边。波浪纹由浪纹和波纹两部分组成。元青花浪纹以轻重变化的粗线勾勒，形状如“佛手”，如棕榈叶，又如姜芽，称姜芽海水。波纹以极细密的线条画成，呈放射状或旋涡状，后者如人的指纹。浪与波之间有留白以增加空间感，有些波浪纹中加绘简笔朵花。明初青花波浪纹已简化，浪纹用细线双勾中空，有的加绘细小圆圈以示浪花。波纹粗而疏，层层叠叠，汹涌起伏，已不见指纹状的旋涡。

变体莲瓣。莲瓣分写实性质和抽象性质，后者为变体莲瓣，有仰覆之别，应用很广。元青花上变体莲瓣纹饰于瓶、罐类器物颈部和胫部。每瓣独立，由外粗内细双框组成。内框细线一笔勾成，外框双勾后填色或用粗线画成。粗线画成的分两笔，均从中间起笔。莲瓣肩部方折，内框线条和莲瓣内纹饰连笔。莲瓣内填杂宝（如火焰、宝珠之类）、花卉（以莲菊为主）或云头，云头下加一圆圈。明初变体莲瓣外框互相借用，肩稍圆柔，莲瓣内图案简单，有宝相花、旋涡纹等。

回纹。元青花的回纹源自青铜器云雷纹。单体绘制，自左上方起逆时针走笔，从外到内一般为套叠两框，也见单框。有变形回纹，笔画简化而不完整。明初青花回纹两个一组，笔画相连，借用一条边线。明初回纹另一种画法是整个饰带一笔完成，从外向里画后再逆向画出，开始第二个单位。

卷草纹。元青花的卷草纹每一单位独立绘制，一正一反相接，也有二上一下或一下二上相接。无中心波谷曲线，明初卷草纹先画一中心波谷曲线，再画卷草纹，明中期起，出现有不画中心波谷曲线的卷草纹。

钱纹。元青花的钱纹饰于盘沿口和瓶口等处，有整钱组成的装饰带，也有半钱交叉组成的饰带。钱纹以外圆内方为基本造型，有种种变化。有些钱纹中的方穿画成菱形，菱形每边加一点，如菱形饰带画法。

菱形。元青花的菱形饰带，画于盘的口沿或作瓶罐纹饰间隔。圆口大盘一段用菱形饰带装饰边沿。每一单体为两个菱形套叠，有的在其间填青。内菱形中心和四边各有一点。

蕉叶纹。元青花的蕉叶纹来源于商周青铜器纹样，饰于瓶颈和下腹部。叶中茎画至叶尖，一笔画成或两笔画成后填色。叶边沿用细线勾勒后填色。叶脉细线勾勒，有单层和前后双层两种画法。明初蕉叶纹中茎用两条平细线画至叶尖，不填色。永乐起叶中茎已不到叶尖，叶纹细密如鱼骨，叶边如锯齿般尖细，轮廓线用复笔加粗。一般为前后双层画法。

如意云头。元青花的如意云头，为中间粗两边细的三条线画成，二阶、三阶、四阶均有。云头内纹饰稠密丰满，有细小花卉纹、海水纹等，有些在此底纹上再画动物纹。

三、官窑瓷器特征

1. 洪武官窑瓷器概况

在出土的明初大量器物和传世品中，哪些器物可以归入洪武官窑呢？根据上海博物馆陆明华先生的研究，大致有如下一些：

南京博物院曾经于明代故宫玉带河遗址发现一件白釉虹彩云龙纹残盘（见1976年《文物》第8期），其胎质洁白细腻，釉质匀净，制胚及纹饰精细，红彩鲜亮，所绘龙纹形态介于元代和明永乐间。另外，还有青花云龙纹残盘，外壁为青花云龙，里壁模印凸花纹云龙，中心绘三朵如意云，又有外酱釉里霁青暗花凸云龙纹大碗，蓝釉浅淡如砖蓝色。这些虽是残瓷，又不具年款，数量和品种也不多，但从制作精细和考究上来判断，均非民窑之所能企及，似应划归洪武官窑器。

洪武红彩云龙纹残盘，现藏于南京博物院，1964年出土于南京明故宫玉带河疏浚工程中，是龙纹瓷器典型代表。出土仅为残片，经过复原，口径为15.6厘米。内心绘三朵短脚飘带云，内、外壁各绘两龙，图案透过灯光观察完全重合，碗心浅刻“风带如意云”纹。其龙嘴微张，脖颈较细，五爪呈团形，爪尖锐利，背部有火焰状飘带，肘毛三根。盘上所绘云龙纹，是明代洪武朝官窑瓷的典型纹饰，还有红釉印花、蓝釉印花、青花印花等品种。

美国堪萨斯城阿脱肯斯艺术博物馆，藏有一件外酱釉里霁青高足碗，碗心暗刻三朵风带如意云纹，里壁模印凸云龙纹。这件器物与南京博物院收藏洪武外酱釉里霁青高足碗的器心、纹饰几乎完全相同。同时，这件高足碗的模印龙纹也与洪武官窑云龙纹的龙形大体相似，此类风格的还有一些红釉器。把这些器物定为明代洪武时代的作品，因为只有洪武时期出现过两色釉的品种。这种两色釉器物，目前存世极少，十分珍贵。

上海博物馆所藏釉里红暗龙纹双环耳瓶，与美国旧金山亚洲艺术博物馆所藏在造型和纹饰上完全相同，颈部都贴饰双兽套环耳，所绘蕉叶、缠枝灵芝也很一致。若将两件器物上所绘云龙主题纹饰相互对照，则可看出两龙为左右对称，即上海器为左向，旧金山器为右向，可谓是天生一对。这种双兽套环耳的器型，以元末时最常见，当时铜器及龙泉窑瓷器上都惯用这种装饰工艺。其釉里红云龙纹那种猛厉飒然的气魄，与永乐、宣德的龙纹造型比较，既类似又略有差异。而且，龙四周的云彩也略有不同。另外，上海博物馆藏的那件器物的器身上，可以依稀见到局部的开片。综上分析可以判断，这两件器物体现的时代风格大体仍属明初，所以这对釉里红龙纹兽环耳瓶的年代，应该定为洪武时期。当然，也有专家认为应该定为永乐时期的产品，因为景德镇御窑厂遗址，曾经出土过署有“永乐元年”和“永乐四年”年款的同类风格口沿残片。但从两块残片风格看，与这类作品还是有较大区别。残片的洗口较高，款识就写在口外沿，颈部莲瓣纹也较宽大，而传世完整器洗口较高，一周绘以花纹，颈部莲瓣纹较细长。

1984年，景德镇御窑厂遗址层出土一件釉里红岁寒三友椭圆形笔盒，胎体厚重，釉面灰白，釉里红色泽不及永乐、宣德鲜亮，口沿下绘以缠枝花，花朵秀丽，层次清楚，叶脉线条流畅，较元代叶纹略小，盒盖顶面松、竹、梅与山石较元代浑圆，而与同品种其他造型的传世品风格则完全相同。按其工艺之精细，应为洪武至永乐初期的官窑作品。

江苏省江宁县境内的宣德五年（1430年）宋琥（永乐帝安成公主驸马）墓出土了一件釉里红松竹梅三友梅瓶，现藏南京博物院。其器身有别于元代器的细瘦修长，略丰的下腹又与永乐、宣德器稍有出入。就其纹饰而言，松竹、蕉叶与山石形象，虽仍有元人笔意，受元画家柯九思画风影响，但画法却见柔和。据上述这些元末明初特点及墓主的身份推断，此件也应属于洪武官窑之作。

北京故宫博物院所藏两件青花云龙纹盘，其器型与南京明故宫出土的洪武青花云龙盘相似，为里斜削式厚浅圈足，有釉无款，广底。胎质精细，体感厚重，口沿处胎薄，至器底渐渐加厚。釉质肥腴细润，釉面莹润，呈浅灰乳色。盘心也和洪武青花云龙盘一样，绘有三朵品字形如意云纹，且云形基本一致。另外，器壁也有模印凸云龙纹，口沿卷草边饰，外壁绘有青花云龙纹。其龙形与元代不尽相同，与永乐、宣德龙纹也略有出入。值得注意的是，其青花色调很浅淡，少有晕散，而且于浅淡的纹饰中，有极其明显的深色小星点无规则地散于其中，似繁星密布。这种小黑斑现象，与元代和永乐的块状斑痕不同。底足白釉，也具有永乐时常见的那种温润似玉的特征。初步分析，这两件青花云龙盘，应属官窑器物，其制作年代应属于洪武晚期。与此相同的还有菱花口云龙盘，及穿花飞龙高足碗等。

广东省博物馆收藏一件青花云龙三足炉。造型圆浑，为元末明初器之典型。后世类似的见有永乐、宣德白釉与青花器，这件三足炉腹部略扁，所绘青花云龙纹饰的风格，与景德镇出土青花云龙纹花口盘，以及“洪武二十二年（1389年）造”款的铜镜龙纹一样，足的狮首状貌雄威，与山西省太原市文庙之“洪武辛未（洪武二十四年，1391年）晋府造”铁狮形象雷同，为同一时代的标准形制。据此考证，上述青花三足炉，亦是洪武时期作品。

1974年，美国首都华盛顿弗利尔美术馆入藏一件缠枝青花大碗，其造型及胎体都具有明初特征。釉面肥厚细润，器足也是里斜削式浅厚圈足，与洪武官窑红彩云龙盘器足的处理一样。刷有不均匀的釉浆，并且闪现许多铁锈斑杂质斑点，器心于反正一组的回纹环中绘有牡丹折枝花，内壁绘不同花心的缠枝莲纹。口沿内外为缠枝灵芝边饰，外腹部绘缠枝大花牡丹，腹下部一周饰以变形大莲瓣，圈足用回纹环绕。这件器物青花色调浅淡，既与元代大器上那种青花、釉里红的白色不同，也与至正型青花发色相异，并且青花中也有明显深色小星点散布于浅淡色泽之中，这一现象与上述北京故宫博物院所藏两件青花云龙盘特点一致。器外壁主题纹饰与明初常见缠枝花朵、花叶类似，而器腹下部所绘大莲瓣内的团花形纹饰，与南京明故宫出土的洪武釉里红大碗残片上的图案完全相同。由以上诸多特征判断，这件青花大碗的制作时代，划为洪武时期较为适宜。

上海博物馆所藏洪武釉里红缠枝花卉纹大碗，算是古代瓷器中的超大型作品。该碗釉里红绘饰，釉里红成色较好，外壁缠枝扁菊纹饰为洪武瓷器常见装饰纹样。在世界传世品中，这种相同风格和尺寸的大碗还有几件。如中国历史博物馆藏有一件，口径 41.8 厘米，内心绘以扁菊纹，外壁画牡丹纹。美国大都会博物馆收藏一件口径为 41.8 厘米，内心绘以牡丹纹。这种纹饰交替使用的方法，在明代十分常见。南京博物院也有收藏。

上海博物馆收藏洪武釉里红缠枝花卉纹菱口大盘，是洪武釉里红瓷器中大口径瓷盘。元代景德镇生产了一大批青花大盘，其中也有菱口盘，所以洪武时期出现这样釉里红大盘不足为奇，它们是元代瓷盘制作的延续和发展，当然在风格上已经与元代有所区别了。通常所见洪武大盘有青花和釉里红两种。由于在烧造、配方、成型、纹饰等方面存在一些差异，所以洪武菱口大盘具有自己独特风格。通常这种大盘胎体较厚，比元代和永乐的都厚。这种大盘在国内外保存有一定数量，例如南京博物院、河北博物院、天津艺术博物馆、广东省博物馆、景德镇陶瓷博物馆、日本大阪东洋陶瓷美术馆、日本东京松冈美术馆、日本梅泽纪念馆、英国大英博物馆等都有收藏。其产品纹饰大同小异，烧造质量稍有差别，其中发色好的作品与发色差的有很大差别，说明当时在工艺的控制方面，还不能得心应手。

上海博物馆还收藏着洪武青花缠枝扁菊纹碗和青花缠枝牡丹纹碗各一只。两件碗均为直口、圈足，这种造型过去被称为“墩口腕”或者叫作“墩子式”。这些碗由于器物纹饰接近于元青花，故长期被定为元代产品。随着 20 世纪 70 年代后期洪武瓷的存在在学术界被确认，这种碗的归属逐渐明确。这两件作品有元青花遗风，造型敦厚稳重，纹饰粗犷流畅，但是在绘画上又比元青花更加细腻，所以它们属于元代和永宣之间过渡期的作品。这类作品与前代和后代青花的重要区别是青花色泽不同，元青花用苏麻离青，是一种进口青料，而洪武青花则多是使用国产青料烧成。过去始终这样认识，因为见到洪武青花的色调与苏麻离青完全不同，多数洪武青花蓝中带黑。目前各博物馆所收藏的洪武青花，如玉壶春瓶、执壶、大盘、大碗等，都是这种蓝中带黑的青花，这是洪武青花的典型特征。这两件碗有洪武时期的特有风格，以缠枝牡丹纹碗为例，胎体上部稍薄，下部加厚，足胎较厚，足壁直，内足壁斜，底内厚，近足端处薄，平切足，足较光滑。

洪武红釉暗花云龙纹盘。该盘原系香港徐展堂先生旧藏，流出市场后为上海博物馆购得。此盘通体施以高温铜红釉，盘内刻有暗花云龙纹。从釉色看属于洪武高温铜红釉作品中烧制较为成功者。同类型作品目前在国内收藏极少，北京故宫博物院和首都博物馆各藏有一件，故宫那件高 3.2 厘米，低于上海这一件，但是口径又与之接近，为 19.5 厘米，所印云龙纹饰较为清晰。日本出光美术馆也有一件，口径为 19.8 厘米。由于洪武时期铜红釉还没有进入烧造高潮，因此，不可避免地存在釉色色差问题，此盘整体釉红色中略带灰色。

具备上述特征的器物在国内外时有所见，如香港收藏家葛士翘先生所藏青花折枝花菱花口大盘，国内外文博单位收藏的大石榴尊、扁腹绶带葫芦瓶、玉壶春瓶、执壶、直口大碗、折沿花口盏托等。又如景德镇御窑厂近年出土的青花花口龙纹盘，龙首细长，如意形尾，神态柔和，已无元代细颈龙挺拔之势。青花较元代色淡，釉面厚润光亮，火石红底，剖面呈梯形圈足，里侧足跟深凹一圈窄细的沟槽。具有这类釉质洁白、细润、晶莹，纹饰柔中见刚特点的器物，多见于景德镇御窑厂出土的残片。其造型有玉壶春瓶、执壶、军持、石榴尊、收口墩式碗、撇口墩式碗、撇口盘、花口大盘、菱花口盏托以及人物雕塑等。无论青花和釉里红器，均胎体坚致，釉面肥腴光润，纹饰绘画用笔洒脱。花卉写实感强，静中有动，如在微风中摇曳。这些器物造型、纹饰虽承袭元代，但细柔温润的风貌已与元代迥然不同。随着时间推移，类同的完整器物于国内外发现日渐增多，这类既带有元代风格，又貌似永乐、宣德的器物，其制作年代即为洪武时期。

洪武时期景德镇御厂场烧制了数量可观的官窑瓷器。但是它们又是洪武时期三十五年（含建文四年，1402 年）中哪个时期烧制的呢？上世纪 80 年代，北京地区出土与南京地区红彩风格一致的明初黄釉印花龙纹盘，较之永乐、宣德时同类器施釉略厚，色泽较深，黄釉色调近似洪武二十五年（1392 年）每面都具有年款的开封铁塔上的琉璃砖瓦；常见的洪武铜镜、宝钞与铜板，朱元璋对西藏首次圣旨行文，及山西省大同市九龙壁等，多署洪武二十五年款，朝鲜李氏王朝李成桂也是在洪武二十五年归附明朝的，以此推断，此时洪武朝根基稳固，其官窑制瓷也相应地有了较大发展。

20 世纪 70 年代之前，所谓洪武官窑的概念是不明确的，至于哪些是洪武瓷器也没搞清楚。后来，随着对明故宫遗址出土瓷片进行的深入研究，才使洪武官窑瓷器轮廓渐渐清晰起来，并且逐渐将那些混在永乐、宣德瓷器中的洪武器物区分出来。80年代以后，景德镇御窑遗址出土了大量瓷片，其中不少出土于洪武时期地层，因此传世和之前出土的洪武瓷器，方被证实为业界公认的御用瓷器。当然，在洪武官窑设立的时间上认识还不一致。也有学者认为洪武朝瓷器烧制情况与以后的官窑有所区别，例如上海博物馆收藏的明代洪武釉里红大碗，就曾经很长时间被定为元代产品。其实洪武早期青花瓷基本是元青花的延续，只是到了洪武后期，外来的钴矿料使用殆尽，才开始使用国产青料，此时洪武青花与元青花已经没有关系，呈现出纯粹的洪武特色。

属于洪武官窑瓷器的标本，在20世纪80年代有零星发现。在90年代两次发掘中，均发现有明确的洪武官窑瓷器标本。1990年9月，景德镇珠山东麓地表以下5米处出土数量较多的建筑瓷，其中有青花和釉里红大盘碎片。1994年7月，在景德镇珠山东门头当时市政府建筑工地南端，发现了不少洪武和永乐早期瓷器和碎片。有关部门对这次出土的瓷器进行整理修复和精心挑选，选出81件赴台湾展出。（参见台北鸿禧美术馆编《景德镇出土明清官窑瓷器》，台北鸿禧艺术文教基金会，1996年版。）其中有洪武瓷器33件，永乐瓷器48件。在洪武瓷中，青花类有大盖罐1件，玉壶春式执壶3件，各式碗5件，大盘17件，带杯杯托1套。釉里红类有口径38厘米的缠枝花纹大碗3件，32厘米的1件。铜红釉类侈口碗1件，白釉类是一件高足杯。

根据李扬的研究，洪武一朝官窑品种众多，计有青花、釉里红、高温红釉、白釉、酱釉、蓝釉、绿釉，还有外酱里蓝、外红里蓝、外蓝里红、外白里黑等的高温两色釉，以及白地红彩、白地红绿彩等釉上彩等。传世品中最多的是釉里红瓷器，青花器并不多见。这种釉里红器远多于青花器的现象，在明清釉下彩发展史中十分稀奇。至于绿釉和白地红彩、白地红绿彩的器物，目前未在传世品中见到，只有出土碎片标本。据不完全统计，现存洪武官窑瓷器超过200件，分别收藏于国内外博物馆、美术馆和私人藏家手中。其中，北京故宫博物院和台北"故宫博物院"的收藏最为丰富，分别为75件和40件，总计115件，约占全部传世品总数的一半。（李杨《明洪武时期官窑青花瓷器的过渡特征研究》，2014年5月硕士论文。）根据笔者所做的不完全统计，洪武存世的器物共198种，计387件，其中包括残器复原件57件，其中国内外公共机构藏268件，私人藏家收藏119件。这仅仅是个不完全统计，实际上还有一些洪武瓷器被私人藏家保管，未能公诸于世。所以洪武时期传世瓷器总数量，应当不少于400件。

在已出版的有关景德镇御窑厂遗址出土瓷器专著和图录中，可以看到20世纪80年代出土的洪武瓷器残片，如 1988 年中华路洪武地层出土的釉里红瓷器碎片等。这些虽然都是报废品，但是仍然可以让我们看到洪武时期景德镇官窑瓷器的烧造面貌，尤其是可以对青花瓷器的认识更为清晰。洪武青花瓷器传世不多，盘碗也就是那么几种。出土物中居然有那么多品种，有的青花发色是那么鲜蓝，有的造型纹饰在传世品中从未见过。最令人感到意外的是，十数种大盘和大碗多数从未见传世。从那些成色艳丽的青花看，我们过去认为当时烧造质量不高、青花多呈蓝黑色的看法应该改变，这种现象似乎不是洪武时期的常态，在当时使用“苏麻离青”，肯定能烧造出美丽的蓝色。

景德镇洪武时期所生产的品种较多。元代青白釉和枢府釉，入明以后仍然在继续烧造，白釉和黑釉瓷也都有发现。青花、釉里红、白釉红彩、柿色釉、红釉、蓝釉、绿釉等品种均有实物传世，此外还有在同一件器物上里外釉色不一的两色釉制品。1983 年，北京市第四中学扩建施工，在地下发掘出土大量洪武残破瓷片，这里原来是明代京城一个重要遗址“西什库”，洪武十二年（1379 年）竣工。当年是就元代隆福宫改建而成，在燕王朱棣府邸附近，后来成祖决定迁都扩建北京京城时，此处逐渐扩建成紧邻皇城的内府十大库。北京四中出土的大量瓷片，均为明初到永乐时期库存物的遗存。这批出土瓷器品种丰富，数量众多，几乎囊括了目前散于世界各地博物馆的藏品类型。造型有石榴尊、玉壶春瓶、执壶、军持、直口大碗、折沿大盘、盏托、碗、盘等。从传世洪武瓷来看，有质量精粗程度悬殊的器物，可分为粗瓷和细瓷两大类。细瓷中凡属于颜色釉部分，较多五爪龙的纹饰。考虑到明故宫遗址出土的情况，细瓷中很大部分应该是官窑产品，而粗瓷显然应属于民间日用品。

明洪武朝（1368—1398 年）历时 31 年。明代建国后不久，明太祖在景德镇珠山改元浮梁瓷局为大明的瓷局，成为明代景德镇最早的官窑。到建文四年（洪武三十五年，1402 年），方正式建立御窑厂，并且派中官前来督窑。但到目前为止，还未发现真正带洪武官窑纪年款的瓷器实物。南京博物院曾于明故宫玉带河遗址发现了青花云纹残盘和其他一些青花残片，虽然是残瓷，但从其制作的精细上判断，应为洪武官窑器。南京和江西等地区，则出土了大量民窑实物标本。总体来说，洪武朝的青花瓷，各方面都继承了元代风格。器型粗大，胎体厚重，青花色泽偏灰，图案装饰线条粗疏豪放，改变了元代层次多、花纹满的风格，留白余裕成为趋向。这里分别从明洪武青花瓷胎体、明洪武青花瓷青料、明洪武青花瓷造型及纹饰等几个方面，对洪武青花瓷做了较为详细的介绍。

2. 洪武青花瓷的胎釉

洪武瓷器大致承袭元代，其工艺和制作皆源于元代。洪武青花瓷胎体厚重，其胎质呈现土黄色或灰白色，颜色发灰，常见有细孔，这是由于烧窑温度掌握不成熟所致，致使瓷化程度未达到最佳水平。釉色发青且灰暗，虽然施釉偏厚，但并不紧密，时常呈浑浊状态。手感均比较平滑。因为瓷土淘洗的粗细不同，胎质也有粗有细。官窑器因为工艺精细，一般瓷化程度较高，因而胎体致密细白。洪武瓷器胎体，所使用原料是一种复合型瓷土，即瓷石加麻仓土的二元配方。在高倍显微镜下观看，元代瓷胎给人感觉要坚硬一些，而洪武瓷器胎土，相对感觉要细腻润滑一些。民窑器则大多数胎体略含杂质，有氧化铁黑黄色疵点，偶有小片窑渣粘附，胎质呈浅灰白色。洪武瓷器胎质比元代要致密洁白，烧结不透的现象比元代要少。因此洪武瓷器的硬度比元代要强，器物表明修饰光滑，胎体接痕也不太明显。

洪武瓷器釉层肥厚光润，白中泛青，晚期釉色趋淡，有极淡的卵白色。洪武官窑瓷器的釉在配料上与元代不同，釉浆中釉果的比例降低，釉灰的比例相对增多，因而成色上与元青花不同，釉色偏青灰色，是釉灰较多的缘故。典型洪武瓷器的釉是卵白釉，如鹅蛋白，釉色发青的较少。洪武官窑瓷器多为乳浊状，釉色肥厚，但釉面较光亮。玉壶春瓶、执壶和大碗底足多刷白釉浆，薄处泛黄，厚处呈乳白色或青色。其他器物多是砂底，刷上洪武特有的赭红色浆，可见刷浆痕迹，露胎处均可见星点状或大片的火石红。元代圆器和琢器的底部制作比较粗率，大器往往胎底有粘釉或粘沙现象，而洪武则没有这种现象出现。洪武的盘、碗等圈足挖足较浅，足壁较厚，足跟平切，部分底足中心仍有鸡心点，有些里心仍有用砂圈叠烧法留下的涩圈，呈浅红色，俗称窑红。洪武朝 30 厘米以上的大碗都是裸胎，即胎底不上釉。小碗一般器底有釉，但卧足碗的碗底无釉。也有各种形式种类繁多的圈足，常见的有圆涡形厚底足、高足、内壁斜削外倾斜式圈足等。此外民窑青花碗，底面无釉，圈足深高，有的挖足过肩，残留刮削痕及同心圆跳刀痕。此时的盘碗胎底不施釉，目的是要克服底部大面积在高温烧结过程中因胎体玻化变软而向下塌落，造成地面不平与匣钵粘连。所以要另外用垫饼垫在底下，或是用稻糠铺垫在足内，用以避免粘连。根据当时的经验，器足底面小于 6 厘米，底部就不会向下塌陷。洪武窑工为了碗要做大、器底又漂亮，因此在元青花小足大碗的基础上，制出了更加细致的撇口直壁式小圈足碗，底内施釉，由于碗的形状像莲蓬头一样，故俗称“莲子碗”，这种器型在永乐时成为重要品牌。洪武官窑器工艺较为精湛，一般瓷化程度较高，胎体更细，泥土洁白。洪武的釉层细腻光亮，白中泛青，晚期釉色趋淡，有极淡的卵白色。

3. 洪武青花瓷青料

洪武青花使用的是一种质量不太好的国产江西乐平青料，远不如元青花美观亮丽，两者反差极大。洪武青花这一特点十分独特，这与当时将进口青料掺入国产青料中使用有关。洪武官窑的青花主要使用含铁量低、含锰量高、且淘炼欠精的国产青料，呈色青中带有灰色调，偏浅灰色。由于掺入较少的苏青，故有部分铁锈斑深入胎骨，这是由于钴料中含有金属锰、铁等杂质的缘故。一部分呈现淡蓝色，色泽稳定，无晕散，色泽浓密处常能见到散布着一些小杂质点，反倒能表现出青花的层次。还有一部分是浅淡色中含深蓝点，有少量晕散。与元青花相比，洪武青花除了使用青料有所不同，在烧制方面也没有元代那么成熟，这可以从洪武青花胎土疏松和釉色阴黄等处看出。洪武青花不同于典型永宣青花的浓艳色泽，而有自己的特点。明代永乐、宣德青花多采用由南洋进口的苏勃泥青料烧制，色彩浓艳的青花纹饰中泛出点点银黑色结晶斑。这种青料比国产青料铁的含量丰富、锰的含量低。实践证明，青花料若不罩在釉下烧出则为黑色，近似唐代耀州白地黑花的作品。如果罩在釉下烧制，成品则为灰蓝色。

4. 洪武青花瓷造型

洪武青花在造型上继承了元代枢府瓷古朴敦厚的风格，如撇口盘、碗类，中部以下胎体逐渐厚重，有的与元瓷一样，或者折腰，或者器心留有叠烧的垫饼痕迹。官窑器有所创新，洪武青花不如元青花瓷丰富，大件器物较多，主要品种有特大型碗、大盖罐、菱花口盏托、菱花口大盘、梨形壶、执壶、玉壶春瓶、瓜棱罐、石榴尊、高足杯、香炉等。执壶主体呈玉壶春瓶式样，也有称玉壶春执壶，有大小两种。大的一般高约 30 厘米，小的大约 20 厘米高，主体为小撇口或小直口，细长束颈，斜肩丰腹，腹部饱满，长流弯曲，流口低于壶口，流口与壶体之间有云形纽带连接，另一侧为带形高把柄，柄的顶端有一小系与壶口齐平，壶盖为宝塔形圆顶，顶端有内插式火珠纽。整体造型和同时期玉壶春瓶相比，肩腹部略瘦小，下腹部下沉呈圆腹状。玉壶春瓶造型和元代基本相同，也有大小两种，只是颈部丰满一些，腹部略下沉，圈足低矮。瓜棱罐造型高大的超出 60 厘米，造型为撇口、短颈、圆肩、敛腹、撇足。腹部有突起的瓜棱形，底足平，底面内凹，无釉，砂底，罐盖呈宽沿或荷叶形，顶部有火珠形纽。菱花口盏托直径大约 20 厘米，宽板折沿，菱花口，浅弧壁，外壁作八瓣莲花形，盏托内心有一圈凸棱，用以放置固定杯盏。浅圈足，为洪武时期独有形制。菱花口大盘口径在 40—55 厘米，菱花口形，盘口呈 12 或 16 瓣莲花形，宽板折沿，浅腹，弧壁，矮圈足，细砂底，多为模制。特大型碗口径在 40—55 厘米，口形有撇口、直口，圆唇，弧形深腹，直立圈足。

5. 洪武瓷器的装饰艺术

洪武青花瓷以绘制为主，辅以堆贴工艺。洪武青花瓷纹饰绘制布局疏朗，简练流畅，改变了元代多层次布局、纹饰繁缛的特点，留有较多白地。官窑器的画风多精细清秀，画法工整，创造了明代早期“一笔点画”的瓷绘笔法。洪武青花所选用的装饰图案，与前后相邻朝代相比显得单调，各种折枝、缠枝花卉纹为主，其中扁菊纹使用最多，也使用一些兽纹，如龙凤纹等，庭院湖石、石栏芭蕉、岁寒三友、鸳鸯池塘、灵芝纹等亦常见。元代习用的杂剧故事、水藻游鱼纹等已很少见。碗、盘底心有书草书福、寿字。还有一种采用器内阳文印花、器外青花装饰的做法。

洪武青花的主题纹饰有龙纹、山石纹、牡丹纹、梅花纹、莲纹、芭蕉纹、海水纹等，辅助纹饰有卷草纹、缠枝灵芝纹、双层莲瓣纹、忍冬草纹、回纹、如意云纹、宝相团花纹等。与元代图案相比，洪武青花已表现出自身某些时代特征，例如纹饰层次开始减少，茶花叶片和蕉叶中茎留白不填色，西番莲叶和牡丹叶片普遍缩小，明显细瘦，并产生变形，有的叶片有明显出尖现象。菊纹多绘成扁椭圆形，具典型时代特征。折枝或者缠枝莲纹大都呈螺丝状，而元代缠枝莲纹多为葫芦状。同时元代叶形较大，为大花大叶，至洪武时则明显缩小，昔日硕叶纹饰不复再现。图案布局渐趋疏朗，开始改变元代装饰多层次、花纹满的风格。

龙纹大多以云龙纹绘饰，形象不如元代凶猛。龙头小、细颈、蟒身、作腾飞状，头部描绘简单，独角或双角，龙头大多有后掠披发，晚期绘有竖发。爪有三爪至五爪，三爪较多，爪之间绘得较分开，呈车轮状。鳞呈小圆弧形，留白边，立体感强烈。常伴有云纹，云形粗短，呈品字形排列，云带向一侧弯曲。山石纹绘画手法基本和元代相似，略细瘦一些，在花朵顶部，荷花瓣的一侧留白，呈现出花瓣间的间隔和花朵的层次，四周补地子的花叶，是较细瘦的螺钉形卷叶，比元代更为写实。芭蕉纹蕉叶宽大而丰满，蕉叶中心主茎脉双线勾绘成平行竖线，中间留白不填色，两片蕉叶间叠有一片蕉叶，叶尖稍圆，叶子边缘绘成细碎且密集的锯齿状，轮廓线用复笔渲染。莲花纹花蕊有石榴形、圆形，四周绘有连珠纹的圆形花蕊。花瓣绘成麦粒形或变形莲瓣形。叶子比元代瘦小些，像螺丝形。菊花纹以扁菊花为多，扁菊花纹呈圆形，花心绘斜网状或螺旋状，花蕊外部用双线勾描轮廓。花瓣有两层和三层，最里层为白色小花瓣，只用线描而不上色；外层花瓣填色，每个花瓣顶部和一侧都留白边，表现出花瓣的层次。菊花叶子一般绘成葫芦状，叶子两侧各有一或两个分叉，画面显得较活泼。

6. 洪武青花瓷款识

洪武青花官窑器至今未见年款。有落款的实物仅有一例梅瓶，肩部篆书“春寿”二字。民窑青花器亦未见年款。

四、瓷器的胎釉

1. 工艺方面

洪武官窑青花瓷器，虽然大多承袭元代制瓷工艺，但是它的胎体减薄和釉面厚润，确实是一次技术上的创新。洪武期间官窑的窑炉黄泥涂抹紧密，砌窑坚固，确保了火气不漏，瓷器很容易烧制成功，没有出现胎质粗糙松软的情况，由于成型技艺和烧造技术较好，加之器物底部较厚，所以洪武青花很少有塌底。造型比较丰富，体型较大，胎质洁白，器物底足修削规整，从洪武时期使用含铁量较低的国产青料来看，说明洪武期间青料淘洗和炼制方面的制作技术欠佳，在呈色方面色泽偏暗黑，在纹饰方面，洪武青花空白处较多，同时流行扁菊花纹。瓷器底足也有很大的特点，较大而露胎。

洪武官窑瓷器制作技术有一个渐进的过程，前后期差距悬殊。据理化测试，洪武官窑青花瓷胎氧化铝含量较低，不及元青花。所以，胎骨略微酥松，断面有孔隙，多数胎色较白，部分呈米黄色，部分胎质细腻，胎骨细薄，青色浅淡。随着洪武官窑青花制作技术的发展，成型技术和烧造技术实力增强，胎骨较元青花略薄，并且提高了釉面质量。洪武官窑青花瓷釉层中含钙量较低，肥若堆脂，具有莹润的特殊质感，釉层较厚，有乳浊密布的云雾状气泡。早期洪武青花呈色清白、灰白或乳白，后期呈现略微泛青的白色，也有牙黄色。釉质肥润，微泛青色，有的略带乳浊，有缩釉现象。

了解洪武时期瓷器胎质，必须关注圈足之大小。大盘为大圈足，罐类也是大圈足。小盘和小碗为小圈足。瓶类适中，与瓶身比例适当。按器型排列圈足之大小，依次为大盘、大罐、瓶、小盘、碗。至于器物挖足之深浅，大瓶及玉壶春瓶为深圈足，中小瓶为浅圈足，罐类都是浅圈足，大盘也是浅圈足，小盘反而有深圈足者。关于足墙之宽窄，大瓶为窄墙，中小瓶类为宽足墙，罐类多为宽矮足墙，盘类为窄墙。足端之形态，大瓶为扁平式泥鳅背，过去认为泥鳅背始于康熙的看法不对。中小瓶类多为双面斜削，即“两面坡”。个别为单面斜削，即外墙向里斜削。罐均为双面斜削，但坡面很小。小圈足的盘和大碗为平切足。

胎色。由于土沁的程度、清洗的程度及火石红的程度不同，胎色也有所不同。显然不应该把土色、火石红色、铁锈斑、霉斑及其他附着物的颜色视为“胎色”。所谓胎色，应该指瓷器胎体的本色。有的瓷器露胎部分完全被窑红（火石红）覆盖，有的土沁满布而未经清理或只是略为清洗，土色仍在，在这种情况下辨认“胎色”毫无意义。辨认胎色最理想的状态，是从瓷器的破缺处，哪怕是很小的磕点，由此处进行观察。其次为既无窑红又无土沁，呈本来面目者，这种状态的元青花不多。再其次为底部清理比较彻底者，国外收藏的元青花，一般清理得比较彻底，有时火石红也被磨去一些，会见到真正胎色。国内收藏者很多基本不做任何清理，如高安藏品许多基本无从观察胎色。洪武青花胎色有三种：莹白色是最好的一种胎色，有润泽感。灰白色，是最普通的一种。说它灰白，是指白中略带一点灰色调，但不同于宋瓷的灰白胎。米白色，往往带有不明显的浅紫斑点。

胎质。大多数使用二元配方，即瓷石加高岭土，已呈近代特征。洪武瓷器胎质比元青花致密。总体上胎体不及元青花浑厚敦实，要轻薄很多，有的碗壁厚度只有 2 毫米。但也有例外，比如 45 厘米以上的大盘、玉壶春瓶和较大的执壶，反而较元代厚重。胎质坚致细腻，气孔率极低，基本不吸水，扣之声音浑厚响亮。部分为青白瓷和卵白瓷瓷胎。也有一些瓷胎不够致密，比较松软，可能与烧成温度有关。不少瓷胎表面有铁锈斑点，锈斑坚硬，不易去除，锈色极深，呈黑褐色，但也有基本不见锈斑者。但如果使用含铁质较高的垫具，也有可能在底足上出现铁锈斑点，区别主要是观察铁锈是从胎体析出，还是由外部粘连所致。如是后者，铁锈斑点一般都分布在足端，即与垫圈、垫饼的接触面，外底中心地带少有；如是前者，则分布没有规律，外底中心地带常可见之。还有一点对鉴别很有参考意义，即大的铁锈斑呈现银面，有云母般光泽。从残片断面看，洪武官窑瓷器的胎质，要比元青花致密洁白，烧结不透的现象在洪武官窑瓷器中已经较少出现了。另外洪武瓷可塑性强，具有足够的硬度，器物表面修饰光滑，胎体接痕不明显，少有元青花的塌底、夹扁和翘棱等现象。

旋纹。修坯时大多已经修去，不见旋纹。也有少数保留，多为疏间距旋纹，绝无明清时的密旋纹。起刀点如逗号，干脆利落，或带起一个小乳钉。旋纹方向为左旋。洪武时大盘圈足处理并不十分规范，足壁宽窄、挖足深浅，都没有完全划一，修足刀法稍乱，有的呈泥鳅背，有的只旋二刀。洪武的小件器皿基本是施满釉，其足墙直径变大，但足墙厚度变窄。大盘和大碗的底部无釉，都刷有一层橘红色的浆水，俗称“窑红”，成为洪武时期重要特征。这种窑红与瓷器中铁含量有关，也与坯件装烧时所使用垫砂中的含水量无关，是坯件在高温下出现二次氧化而形成的。因有明显的涂刷痕迹，故与所谓的“火石红”不同。

釉斑。有一部分元青花瓷器底部有釉斑。釉斑或多或少，大小不等，形状不规则，一般呈青白釉色。为什么会特地加上这些并不美观的釉斑呢？经观察，发现这些釉斑分布在圈足内墙根和外底边缘交界处、外底中心区域，这不就是经常会出现裂缝的地方吗？查有关资料，元代没有晾晒池，所以生坯在干燥过程中产生拆裂现象当比较常见，这些釉斑，即是用来填补瓷坯缝隙的。再观察釉斑呈圆形的很少，许多都是呈不规则长条状，可证实这一推测。另外这些釉斑都很厚，也能说明此现象。而洪武瓷器这种状况很少，现代一些元青花仿品也效仿釉斑，但因为作伪者并不明了元代人在釉底加斑的用意，或者任意挥洒，在不可能产生折裂的部位也乱点一通，毫无道理可言。

洪武瓷胎保持了元代高岭土和瓷土的二元配方，胎色发灰，略松，不太致密，断面有孔隙。胎质因陶炼精细之差，表现不一，官窑器物瓷化程度较高，因而坚致细白，稍有厚重感。其制作工艺：罐瓶多为砂底，盘碗也以砂底居多。其砂底上带有粘砂，有窑红，底部中心常带乳钉或鸡心底。足内墙成斜坡状。瓶罐都是节装，洪武时期瓷器胎骨较元代稍薄，有些直径 20 厘米左右的大碗，口沿仅 2 毫米厚。器表装饰洁净，不见旋胎痕。洪武小件青花瓷，胎体白而致密，比元代瓷胎细腻，大件器物的胎略显灰白，质地较小件略粗，有小气孔。洪武时期官窑使用黄泥涂抹窑炉，使其紧密，砌窑坚固，确保了火气不泄露，瓷器容易烧制成熟，并未出现胎质粗糙松软的情况。由于成型技艺和烧造技艺较好，洪武青花很少有塌底。

2. 洪武时期的器物底足

明早期瓷器承袭元代，底足呈离心梯形，其后外足墙变垂直。足墙厚，足端平切。挖足草率，有的甚至浅挖即止，像所谓“饼形足”。内足墙离心角度大，与底相交处呈现弧折。外足墙端斜削，使之成为通常所称“鲫鱼背状”。底心乳钉状突起明显。晚期内足墙与底相交处呈钝角折的较多。离心角度缩小，挖足渐深，内足墙向永乐时期的较垂直发展。观察这时期涩圈迭烧器，有些已经接近 15 世纪。洪武底足分为三种情况：釉底、浆料底和砂底。玉壶春瓶、执壶和部分碗盘为釉底，器身与底釉的釉质不同，釉色和光泽有区别。有些器物底釉有细密开片，较干薄。浆料底多数为大盘、大罐和大碗，其底部仅是刷一层浆料，刷痕明显。这种浆料刷于砂底或釉底上，其色有红色、淡红色、深红色、深黄色和赭色等。砂底要较元代器物底足平滑，无旋削痕，泛火石红色。洪武底足根部平切，边宽，碗心有涩圈，有的则无。总之洪武所制之瓷粗糙，甚至不如元代。洪武官窑器底部有火石红，圈足平切。洪武时器物底部中心有乳钉状突起，是元代遗风。这种器足处理，在当时处于主流地位，成为明显的时代标志。

洪武窑底足多不施釉，碗底心往往带有乳点，有的碗盘为软折腰状。官窑器底部常见大面积火石红，俗称“朱砂底”。其形成原因有二：一为胎土本身含有铁质，经窑火烧结转化为氧化铁而呈现红色。二为工匠着意涂刷而成。这种人为而成的火石红斑，自元代开始多了起来。**明代使用稻糠和瓷土渣垫烧，故在初次使用的时候，由于其中含有水分，会因氧化气氛而出现火石红**。通常火石红斑越浓重，表明器物年代越早。但是，近年来景德镇制瓷业已经初步掌握了使砂底露胎处呈现火石红斑的技术，**故不能以此作为鉴别的依据**。盘内心略凹，衔接边墙有明显旋削界线一圈。洪武底部刷白釉浆者，其釉与器壁之釉色不同，究其原因，可能与器足受火向背不同，熔融时产生变异。也有人认为，是器物底部所用之釉浆与器壁不同。

洪武时期发明了瓷器垫饼的装烧方法。这种垫饼烧制法是，先在匣钵上洒一层粗砂，然后放上瓷土做成的饼，再把瓷坯直接放在瓷土做成的垫饼上，如此一来，在窑内高温下，匣钵与瓷饼之间可以滑动，不会造成破裂，瓷饼与瓷坯的膨胀系数一样，既不会相粘连，也不会破裂。使用这种方法烧制瓷器，多为官窑精制的高档瓷。当时的垫饼只能使用一次，不可重复使用，故只有官窑烧制高档瓷器，才会不惜工本地使用这种方法。在烧制时，为了让瓷器能够自由收缩，先在匣钵底部撒一道砂，再放上一块比器物底部稍大些的垫饼或渣饼，再在渣饼上撒一道谷壳灰，最后放上碗盘。这种方法烧制瓷器有两个缺点：一是渣饼中的铁元素，在高温状态下容易形成二氧化铁气体，从而把瓷器的底部熏成灰褐色。二是在圈足上粘连有许多渣渣，如同黑漆般污迹。自明初这种烧制方法就已经在官窑和民窑中普遍使用。洪武器物品种有撇口圈足深腹碗、折腰碟、高足杯等，胎体厚重，碗底厚达 1.1—1.4 厘米，挖足浅而粗糙，底足内有乳钉凸起，足内壁离心切削斜度大，与圈足相较处呈弧形，足壁厚，足端呈“泥鳅背状”足，高约 1.1 厘米，内敛，砂底，胎白。质地较粗，坯胎瓷土为多元配方。

3. 洪武瓷的釉面特征

洪武瓷已经开始注重釉面质量。据《景德镇陶录》记载：“（洪武官窑）其制器必坯干经年，重用车碾薄，上釉候干，入火。釉漏者碾去，再上釉更烧之，故汁水莹如堆脂。”洪武瓷器釉面肥若堆脂，与其成分有关，其含钙量较低。其特点为：色呈青白、灰白、乳白，其后期更是略闪青色，烧制不好者因温度稍低而成牙黄色。其釉层较厚，含密布云雾状气泡，有乳浊感，介于乳白釉和青白釉之间。器物的底釉较薄，有开片，不匀，有刷丝痕。器物内壁釉面不均匀，有垂流痕。因为釉中没有釉灰则枯槁无光泽。灰产地在景德镇南 40 里乐平县境内，制作方法是以青白石和凤尾草合烧而成。即在石灰窑中将青白石和凤尾草交互堆叠数层，加火烧成灰，将灰放入水中淘澄，以洗去碱性，是称头灰。然后将头灰浸入小便中一二个月，取出淘洗，所得为二灰。将二灰配合白不细泥注入缸中储存，即可备用。这种釉灰成分为碳酸钙，但是来自植物的碳酸钙成釉颜色稳定而有涩味，如果是来自石灰性碳酸钙，则成釉颜色显得光亮。两种物品混合一起，是为了达到釉面那种含蓄的感觉，明代瓷器有这种感觉。釉灰多则釉色青，釉灰少则釉色白。青者入火易熟，白者入火难熟。洪武瓷釉白中泛青，此为元明两代瓷器的共同点，只是清白程度各朝有所不同。洪武青白釉釉面厚润，比明代其他各朝颜色较深，官窑瓷器显得白润肥厚，其肥厚程度普遍超过元青花，有的甚至超过元代以釉面肥厚著称的枢府釉，并且极少出现开片。有的釉面伴有细碎开片，玻璃化程度高，色泽清雅，柔和悦目。有部分为卵白釉。有的釉色呈米灰色，个别呈米黄色。洪武釉面带有浓郁的影青味，有影青釉、灰青釉，白度不高。其卵白釉釉厚浑浊，出现开片，釉密度松。其青花底釉呈影青，多为元末明初产品特征。此外，其存在如施釉不均、釉面不平、釉面泛黄、青花色黑或偏灰、青花浅淡、色泽浓淡不均、釉里红色灰等特点，甚至一些传世品中还有胎体开裂现象存在。这些缺陷反映出洪武时期烧造技术还不很成熟，施釉、装烧、窑内烧成气氛控制及工艺技术等掌握得不够完善。洪武胎釉特征是胎质粗糙，瓷化程度不高，带有大量未烧透的孔隙，为窑温掌握不好所致。釉色发青并且灰暗，虽然施釉偏厚但不紧密，时常呈浑浊状态。细孔的原因，是胎土练泥时因为淘洗不净，有些细小的杂质混入泥中，经高温烧结后，这些杂质被烧掉，留出些许小空洞。这些瑕疵一直到成化炼泥及淘洗技术提高后，才真正消失。

洪武的釉色白而微微泛青，釉层肥厚，常见缩釉。其釉色白，釉闪灰青色或偏黄，釉层薄亮，酷似青白釉。有的日久自然开细纹片，质精者口沿镶有酱色釉。釉层较厚的器物，可见釉面气泡密集，给人以温润柔和的质感。洪武圆器类口沿处常有积釉，琢器器里常有釉汁垂流痕迹。大器多为砂底，往往涂刷一层浆汁，小件器物底部施釉，工整细腻。另外元代除少数玉壶春瓶为釉底外，其他器物底部无釉，而洪武则除玉壶春瓶、执壶以及口径 20 厘米左右的扁菊纹大碗为釉底外，其他器物底部无釉。洪武时为提高窑室装烧量，沿用元代“涩圈重叠装烧法”，通常每个桶式匣钵内装碗 5—9 只，折腰碟 2—7 只，除最上一只内部底釉完好外，其他瓷器内底心都有一圈约 1 厘米宽的呈淡窑红色的露胎，称为涩圈，这种产品多为民窑制品。

4. 洪武瓷的鉴定要点

洪武瓷的鉴定要点是要区分和正确辨别它与元瓷的不同，并且注意不要和典型的永乐瓷相混淆。其特点是：元代除少数玉壶春瓶为釉底外，其他器物底部无釉。洪武则是除玉壶春瓶、玉壶春执壶外，口径在20厘米左右的扁菊纹大碗也为釉底，其他器物则底部无釉。元代碗类底足有斜削习惯，洪武除民间青花粗瓷碗仍然沿用外，其他较细的器物已改为平削足。元代梅瓶的口为上窄下宽梯形口，明代梅瓶口部已经改变为直而微翻唇，绝无梯形感。元代青花龙纹绝少五爪，洪武官窑器几乎全为五爪。元代印花和青花二种装饰工艺同置于一器的做法，洪武仍继续使用。元代莲花叶子为标准葫芦形，洪武已变得不成葫芦形了。元代牡丹叶子画得肥厚规矩，洪武已经变得稍微细瘦而随便了。元代仰莲瓣纹每瓣都分开描绘，洪武朝除个别器物仍分开画外，绝大多数莲瓣之间借用边线，不再分开，并出现了双勾边线而不填色的白描画法。器物颈部的蕉叶纹，元代每片叶子之中茎，或单线色绘，或双勾填色；洪武则蕉叶中茎以双线勾出后不填青花或釉里红，形成中茎有空白地现象。洪武青花呈色靛青，凝聚处起黑褐色斑点，过烧时青料晕散，给人以浓艳、凝重感。据测试，青料中氧化锰含量高，三氧化二铁含量低，与元青花料的低锰高铁特征截然相反，属于国产钴土矿。绘画勾拓用笔随意挥就，龙飞凤舞，如书狂草。线条粗细变化明显，有急速感和节奏感，纹样粗犷奔放。

五、釉里红器

1. 洪武釉里红器的生产

元代景德镇成功地在青白釉上烧成了釉里红瓷器。目前发现的元代釉里红纪年器有江西省博物馆藏元至元四年（1338年）铭文青花釉里红堆塑四灵塔式盖罐和元至元四年青花釉里红楼阁式人物铭文仓。前者器物颈部用青花书写“大元至元戊寅六月壬寅吉置”，后者用釉里红书写的墓志铭中记载“殁于至元戊寅年五月”。两件器物同属景德镇长芗书院山长凌颖山之孙女殁后随葬品。两器为同年制成，元世祖忽必烈和惠宗妥欢帖睦尔都使用过“至元”这个年号，这两件瓷器经研究后定为后面的“至元四年”（1338年）制作，是目前已知带明确元代纪年的釉里红瓷器。1976年发现的韩国新安沉船上，也出土了一件釉里红诗文盘，关于沉船年代问题，对发现的280件附属于器物上的木牌经过化学处理，上面出现了许多可以通读的墨书文字，其中有记有“至治三年（1323年）六月一日”的木牌，使断代有了突破性进展。至治三年（1323年）是确切的纪年时间，该船似应再稍晚一些沉没，船上的瓷器也应大致在这一时间烧造。（冯先铭著《南朝鲜新安沉船及瓷器问题探讨》，《故宫博物院院刊》，1985年第3期。）根据落马桥遗址底层考古发掘，在元代早期最早出现的是红绿彩瓷和釉里红瓷器，与卵白釉瓷同期。后来才出现了青花瓷和白釉、蓝釉瓷器。（黄薇、黄清华著《元青花瓷器早期类型的新发现——从实证角度论元青花瓷器的起源》，《文物》，2012年第11期。）可知釉里红瓷器的历史，要稍早于青花瓷器。而在元青花瓷之前景德镇生产过釉下黑彩，在新安沉船打捞出水的瓷器中就有黑彩瓷器。由此推测，元青花的出现不会早于公元1323年。同时在新安沉船中发现釉里红瓷器的制作水平已经达到一定高度。但是沉船中没有发现元青花瓷器，说明当时元青花还没有大规模生产，落马桥考古发掘也证实了这一点。

应该说景德镇釉里红和青花瓷的发明使用，与吉州窑釉下彩绘有很大关系，应是受到釉下绘制技法的影响，可能与当时工匠交流有关。《庐陵县志》引用了明代吉州太守吴炳《游记》中的记载："相传陶工作器，入窑变成玉，工惧事闻于上，封穴逃之饶，今景德镇陶工故多永和人。"从纹饰图案也可以看出吉州窑彩绘与元青花之间的关系，多花、草、鱼、虫、鸟、兽，海水和几何图案等。早在宋代的时候，吉州窑就使用铜红作为呈色剂，在低温釉瓷枕中绘画已经稍具规模。元代早期釉里红，多是采用铜红涂抹装饰的方法。这种方法在元代祭蓝釉器上仍然可以看到，说明其绘制方法如出一辙，是先有釉里红涂抹罩釉方法，才有元青花和元代祭蓝器的上釉方法，这在技术上是一脉相承的。特点是笔触较为轻率，常见晕散。到14世纪中期，元代釉里红由简单涂绘向线绘转变，多采用白描简笔，与以后装饰风格差别较大。再到14世纪晚期，受到至正型青花影响，无论青花还是釉里红瓷器，其装饰多采用多层图案，图案繁密，制作较前期更为优良。

明初大体上仍保留了元代釉里红的特征，但在烧造技术上略有进步，而且当时烧造量并不小。在景德镇御窑厂遗址没有发掘前，传世瓷器是唯一的实物证据。其中釉里红是传世洪武官窑瓷器中数量最多的品种，在国内外传世品中可以确定为洪武瓷的，也是以釉里红器为最多。其器型有高达50厘米以上的大罐、直径达40厘米以上的特大型碗，以及直径在40厘米至55厘米之间的大盘，多为菱口。此外，还有直径在20厘米左右的盘和盏托，以及玉壶春瓶、双耳瓶、三足炉、军持和执壶等。但是洪武釉里红在纹饰上不如元代丰富，其主要内容仍以花卉为主，绘画严谨工整，缺少变化。画面布局力求突出主题，一改元代那种多层次绘画、繁缛华丽的时代风尚。常见主题纹饰有缠枝或折枝花卉，如菊花、莲花、牡丹、菊石、树石、庭院、松、竹、梅等。扁菊纹在元代使用不多，但在洪武器物中却普遍使用，辅助纹饰有卷草纹、忍冬纹、回纹、蕉叶纹、如意云纹等，纹饰上也以线绘植物花卉为主。洪武器型有所变化，器型增加，如在尊、大盘等大型器皿上，运用釉里红装饰，并且取得良好效果。洪武时还出现了一些新器型，例如军持。军持是一种盛水器物，为云游僧人盛水洗手的用具，由中亚传入内地。（见图 8）

从景德镇珠山遗址出土的大量洪武釉里红残件和瓷片，不难看到当时的烧造规模，此也可以证明明初是一个釉里红烧造的流行时期。洪武时期，因洪与红谐音，故釉里红生产得到朝廷极大重视，相比元代有了很大发展。宣德时期虽然也有釉里红产品，但是较洪武时期稍逊。无论从品种还是质量和数量上，都远不如洪武时期。宣德时期釉里红与洪武时期有所不同，比如三鱼纹杯，从手感上，三条红色鱼纹图案有明显凸起感，而传统釉里红是没有这种感觉的。原因是该器物采用了铜红釉在剔釉露胎处进行填绘，铜红釉釉层较厚，烧成效果才能较为理想。其断面一般有三层，即上层透明釉、中层红色釉层和下透明层。（汪庆正著《明景德镇洪武瓷述略》，《上海博物馆集刊》，1987 年。）这种釉里红瓷已经是传统釉里红瓷的变体，宣德以后，整个明代釉里红瓷器制作已经逐渐衰落。洪武时期所出现的大件釉里红产品，可以看作是釉里红生产的高峰，后世已经少见精美的铜红釉线绘瓷器，更多地被简单红釉装饰替代。

明初的釉里红是仅限于官窑生产的瓷器品种。对于这一点，主要有三个根据：

一是明初礼制对釉里红生产的限制。明初就制定了详尽礼仪规矩，对日用物品、服饰等做严格规定，君臣有别，上下分等，不可逾越。从器物材料看，洪武二十四年（1391 年）公布的居室器用规定，酒具自君王至庶民分别使用金、银、锡、瓷、漆等材料制作。明宫廷仍沿袭元制，日用器皿多为金银器，大件器物仍用瓷器。因此迄今为止，我们所见洪武官窑所烧皆以大碗、大盘、大罐、大瓶为主，绝少见小件器物。从瓷器釉色看，洪武二年（1369 年）规定了祭祀用青、黄、红、白四种色釉，其中青、红、白是高温色釉，黄是低温色釉。这四种釉色在民间显然被禁止使用。红色、青色和黄色除瓷器外，庶民服饰上也不得用大红、鸦青及黄色。因此，红、黄、蓝色成为皇室专用色。在诸色中，尤以红色最为皇室重视。据《国初事迹》载：“太祖以火德，五色尚火，将士战袄、战裙、壮帽皆用红色。”在古代五色是指青、赤、黄、白、黑，对红色的偏爱也会旁及其他，其中包括瓷器装饰中对红色的垄断。单一红色釉作为祭器，因视觉上较为单调，而并不适应于日常用器，选用线描釉里红作为宫廷用器就成为明初礼制和帝王爱好的必然结果。

二是宫廷需求促进釉里红的生产。釉里红工艺的发现约在 14 世纪前期，韩国新安海底中国元代沉船上发现了外施影青釉的釉里红碟。到 14 世纪中叶元代至正年间，景德镇烧制出以涂抹为主的釉里红器，但工艺不成熟，产量也非常稀少，和釉里红差不多同时发展起来的青花却成就了辉煌。究其原因是社会有效需求不同，蓝白相映的青花深受阿拉伯国家喜爱，外销需求量大。釉里红器主要用于内销，人们的消费使用习惯和消费心理还有一个适应过程。元末景德镇生产了一批小型釉里红器，如小罐、小球、小碗之类销往东南亚地区，这种需求对釉里红发展产生了动力。这些釉里红器采用线描简笔画法，呈色比较鲜艳纯正，为洪武釉里红大规模生产提供了技术准备。洪武时期釉里红得到急速发展，其原因也在于需求的拉动，而且是由于皇帝喜爱而产生的需求，在那个年代这足以决定一切。这正是洪武釉里红发展的根本原因。

三是考古发现对明初釉里红性质的证明。釉里红被明初皇室选为宫廷用瓷，并限制民间使用，使其退出了正常流通领域，成为明代商品性质的官窑瓷器。和明代一般官窑瓷器比如青花不同的是，釉里红和明初的黄釉、蓝釉、红釉等品种，仅限于官窑生产，考古发现证明了这个结论。从明初开始，青花瓷基本维持着官窑和民窑平行生产的格局，传世文物和考古发现都证明洪武青花中有外观截然不同的官窑、民窑两类产品。与青花瓷不同的是，洪武釉里红器无论从传世品还是从发掘出土的器物来看，都只有一类产品，即均属官窑产品。也就是说，考古发现证明了洪武釉里红均属官窑性质。可资证明洪武釉里红性质的考古发现很多，我们由以下遗址、墓葬和窑址发现等三个方面分别考察。

遗址发现。明初釉里红器有过几次重大发现，这些遗址出土的釉里红器都具有明确官窑性质。1964 年南京明故宫兴修水利时，发现大批洪武破裂的瓷器，以官窑白地铁红龙纹盘最为著名，属于首次发现。该盘原口径 15.6 厘米，足径 9.3 厘米，高 3.5 厘米，撇口圆唇，砂底，呈朱砂色，胎体稍薄。盘壁表里均用铁红绘以五爪云龙纹，在灯光下透映两面花纹可叠合为一。内画流云三朵，云势走向作逆时针呈品字形排列。原来认为铁红彩开始于宣德，这件南京玉带河铁红云龙盘的出土，证明早在洪武时期铁红彩运用已臻成熟。其制作讲究，纹饰规矩，内容拘谨。这也证明洪武年间曹昭《格古要论》对洪武景德镇有五色花瓷的记载是真实的。1989 年秋，南京在原来故宫西掖门与社稷坛靠内宫围墙外今午朝门遗址西侧马路挖下水管道时，在距地表 1.6 米处，发现 8 件洪武时期白地釉里红龙凤纹瓦当和滴水残片。以铜红釉做建筑构件，在建筑史上仅见。这些釉里红建筑构件，胎的质地粗糙，颜色灰白，是制瓷的下脚料，俗称“灰渣胎”，又因烧成温度较低，故瓷化程度不高，施以普通石灰釉，呈色灰白、乳浊，属于卵白釉型。其龙凤纹饰分成两道工序做成，先用印模在胎上做花，然后涂以铜红料，经高温还原焰一次烧成。因铜红釉对温度要求较高，难以掌握，往往颜色还原不佳，色泽很少鲜艳，多呈褐色及红墨色。

在景德镇陶瓷博物馆中收藏两件有铭文的完整器。一件铭文为“饶州府寿字老号”，另一件是“开整姚焕利匠吴林”。这两件白瓷筒瓦都在景德镇出土。铭文告诉我们，这种筒瓦是在景德镇寿家作坊生产的，工匠名字叫姚焕、吴林。明代洪武和永乐两位皇帝崇尚白色建筑制品，可能受元代蒙古贵族以白为美遗风影响所致。1983—1984 年，在北京四中原明代宫廷库房区，发现大量洪武时期釉里红和青花残瓷。出土的釉里红残瓷，器物特征和造型纹饰都与洪武官窑遗址出土物相同，也与清宫旧藏釉里红器一样，相互印证为洪武官窑产品。

墓葬发现。明代王公官吏中用瓷器随葬似有定例，最常见的是梅瓶。从各地历年出土梅瓶看，青花居多，另有白釉、哥釉青花、蓝釉堆粉、珐华、孔雀绿釉、茶叶末釉、釉里红等品种，其中釉里红器极为罕见。1957 年，江苏省江宁县的明正统八年（1443 年）宋琥夫妇合葬纪年墓，出土了一件釉里红岁寒三友图梅瓶。1991 年，在同一墓区的正统十三年（1448 年）宋铉唐氏合葬墓，也出土了一件釉里红岁寒三友图梅瓶。两件梅瓶从胎釉并釉里红呈色、纹饰特征看，都属于洪武时期的产品。宋琥、宋铉为父子，是明初西宁侯宋晟之子。宋琥妻系明成祖朱棣之女，当年身份显赫，这两件梅瓶应是经赏赐而流出内宫的。南京及各地明初王公大墓出土梅瓶有一定数量，大多为青花绘制，釉里红难得一见，证实了明初只有皇室才可以使用釉里红，且不轻易赏赐，其宫廷御用性质显而易见。同样可以证明这一结论的是明初墓葬中出土民间青花瓷为数不多，有些绘制得也很精致，但基本不见釉里红踪迹，其原因也在于民间没有使用甚至禁止使用釉里红器。

窑址发现。景德镇明初釉里红瓷器有数次出土，出土数量较多的是 1994 年在明代御窑厂东院的发现。在同一地层中出土了青花、釉里红和红釉等洪武官窑产品，器物有大碗、大盘、盏托等器。画工精致，纹饰以扁菊纹、牡丹纹、西番莲纹等花卉题材为主。对这批珍贵出土物可以做两个比较：首先是出土物中青花和釉里红相比较，两者从器物造型到装饰纹样，都具有相似性，可以相互印证，都属于洪武官窑产品，都应视为洪武官窑或釉里红标准器。其次是传世釉里红和出土釉里红相比较，两者工艺和艺术风格相同，证明目前所见传世釉里红均属洪武官窑瓷器。

2. 釉里红呈色

洪武釉里红呈色多样，大多较灰暗，红艳的是少数。**有鲜红色，**呈色纯正、浓艳，线条外沿大多有晕散，有些甚至整个釉面都染成浅红色。呈色鲜艳无晕散的极少。现在看到捡来的采用这种工艺的釉里红残片，莲瓣间不借用边线，应属于洪武初期釉里红画法，由此推断这种工艺在洪武早期使用。**有赭红色，**呈色红中含赭，或赭中含红，色厚重。剖面用高倍放大镜观察，釉里红画于釉层中间，即胎上有一层白釉，其上是釉里红，釉里红上又一层白釉，应属于釉中彩，略见晕散。**有灰红色，**呈色红中含灰，或灰中略红，釉里红彩较薄，稍晕散。**有灰黑色，**呈色以灰黑为主，微见红意，又称釉里黑或釉里灰，不见晕散。这些呈色灰黑的，可见明显铁褐色斑块，因含较多铁质之故，这种铁质是因为铜釉料提炼不纯导致。南京明故宫和凤阳皇陵釉里红建筑构件有数种呈色：赭红色，局部有绿苔点；酱红色，有晕散；赭褐色，有绿苔点和晕散；黄褐色、黑褐色等，可见当时釉里红呈色极不稳定。这应该是洪武早期在实验阶段的釉里红制品，不是成熟期的作品。

元代釉里红有三种，一种为线绘，一种为涂绘，还有一种是留白，即“反花”。洪武时期的釉里红主要是线绘，传世品绝大多数是这一种。与同时期青花基本相同，因而在这方面没有什么特色。从配方上看，“传统的釉里红色料是用铜花和助熔剂配置而成，铜花用量高达百分之十以上”，同时，“釉里红是用笔蘸色料在生坯上进行绘画，由于色料中的铜含量很高，且落笔有轻重，故图案中铜的分布很不均匀。（张福康著《中国古陶瓷的科学》，上海人民美术出版社，2000 年版，第 115 页。）

洪武釉里红是淡淡的红。其呈色暗红，并带有橘黄色，有失透感。釉里红器是以铜红釉在胎上绘画，施以透明釉后在高温还原焰中一次烧成的釉下彩瓷。它的工艺过程和青花瓷完全一样。传统釉里红所用色料是由铜花和助熔剂配制而成，其中铜花用量高达 10% 以上。釉里红不易烧成，在烧造中，对窑炉形状、装窑位置、烧成气氛等均有严格要求。窑内温度和气氛稍有差异，就不能达到预期效果，呈色不正。洪武时期釉里红之釉色呈色偏灰，微泛黄，彩料浓处微显红。有时其釉表面有凹坑缺陷，坑呈黑色，凹坑周边为黄绿色，说明其铜红料性不均匀，可能是彩料研磨不够细，烧成后带有红黑色小点。铜氧化物不仅是一种呈色剂，还是一种助熔剂，在高温下可以降低釉层粘度。釉里红只有在釉料浓度、烧成温度、升温速度和烧成气氛等都合适的情况下，才会出现红色。洪武时期的釉里红所用白釉釉层浑浊，釉中气泡细小稠密，其显微形态与永乐甜白釉较为近似。

3. 高温铜红釉

明代景德镇官窑祭红釉是在当时色窑中烧成的，有关专家对此已经有所认识。前些年在明代景德镇御窑厂遗址发掘的当时的色窑以及相关实物更进一步说明了这一点。（刘新园著《明宣宗与宣德官窑》，《景德镇出土明宣德官窑瓷器展》，台湾高雄市立美术馆，1998 年版，第 148 页。）这种祭红釉是在釉里红的基础上发明出来的，将铜红料均匀涂布在瓷器的生坯上，然后罩上一层透明釉，入炉高温烧成。由于是在生坯上面涂布，瓷器边缘的灯草边，可以很好地人为控制。学界过去认为是自然形成的，看来有些主观了。而且在洪武早期曾经试验过，罩上一层透明釉后再涂布铜红料，然后再罩一层透明釉。由于铜红料夹在釉层中间，需要更高的温度才能烧融，故而红色被过烧，变成了赭色。由此看来，烧制祭红釉，其釉层不能过厚，否则会过烧；而釉层太薄，铜红会被烧飞，颜色变得浅淡。

铜红釉是在青白釉的基础上加入适量含铜物质烧成的。铜红釉的着色原料是用紫铜煅烧后形成的氧化皮层粉碎磨细后”的“铜花”。在烧造中，铜花易于受气氛影响而发生改变，在釉中容易扩散和少量熔解，并且在高温下容易发挥，致使烧造铜红釉的技术较难掌握。（李家治主编《中国科学技术史·陶瓷卷》，第十一章，科学出版社，1998 年，第 389 页。）从传世作品及出土实物看，铜红釉是一种初创期不太成熟的高温单色红釉，产品通常只在外部施以红釉。烧成的红釉色调不均匀，红色烧飞现象较严重。明洪武红釉烧造质量比元代有较大提高，有传世作品施釉较匀净，红色较纯正，但是也有的质量不高。通常洪武红釉的釉色是红中略带橘黄色，也有的烧成了咖啡色甚至略带灰色，整体上还不尽如人意。直到永乐以后铜红釉的烧制技术才得到解决。洪武红釉器的重要特点是红中偏黄，这是时代特征。

真正有特色的倒是宣德以后制作的三鱼、三果题材的釉里红作品。上海博物馆所藏三鱼纹高足碗就是这样的器物。这种作品被有的学者称之为“釉里红的变种”，“通常用剔釉填彩的技术完成。共有两类，一类为将白釉剔去，再以红釉为彩填入，然后罩一层透明釉；另一类则是将红釉剔去，并在剔去的地方填以白釉。”（李家治主编《中国科学技术史·陶瓷卷》，第十一章，科学出版社，1998 年，第 388 页。）这种剔釉填彩的做法，在宋元磁州窑等北方瓷窑中已经较多使用，但运用的釉彩品种不同。而元代的和以后的釉里红剔釉填彩，由于釉料和烧造工艺的不同而成为一种新的工艺。这类瓷器产品历来都称之为釉里红，实际上工艺与釉里红不尽相同。以宣德三鱼和三果碗为例，如果是釉里红工艺，只需在成型的高足碗外壁涂绘铜红料施以透明釉即可。但实际上这种瓷器釉面采用的是上述第一种做法：剔去白釉，填入红釉为彩，外施以透明釉。上海馆藏的宣德三鱼高足碗也是这样的制作工艺。因而有的专家已经把它们称之为“填红”，因为它们的工艺性质实际上已经改变了。与此相比，填红所用的彩料就是普通的祭红釉，其中铜花的含量仅百分之一左右。填红是在已施白釉的生坯上用工具按图案形状剔去白釉，再在露胎处用笔填上红釉，由于填红的铜含量很低，且无落笔轻重之虑，故铜的分布基本上很均匀。另外，“釉里红的色料层和透明釉层都很薄，而填红则没有色料层而只有色釉层，色釉层很厚。”（张福康著《中国古陶瓷的科学》，上海人民美术出版社，2000 年版，第 115 页。）

洪武的铜红釉与釉里红不同，从釉层结构看，釉里红是釉下彩结构生而红釉则是均匀红釉结构。至于其他单色红釉、红底白纹或白底红纹器物的红釉，都是均匀红釉结构。白底红釉纹饰器在白釉与红釉的交界处，可见红釉叠压在白釉之上，这种红釉是在剔除白釉后填进去的，故称为“填红”。另外，洪武时期釉里红拔白装饰技法，颇为少见，多为缠枝花卉和蔓草纹，从方法上看，可能为一人所为。洪武时期之红釉颜色暗红，并带有橘黄色，有失透感。其口沿有明显很窄的白边。洪武的红釉器物还有一种外红里蓝的品种，似是试烧品种，这种两色釉品种极为少见，目前国内没有，仅见国外博物馆有少量传世品存世，不超过十件。

4. 洪武釉里红器介绍

釉里红折枝牡丹纹花口大盘。高 8.6 厘米，口径 45 厘米，足径 22.1 厘米。大盘菱口与瓣形弧壁对应，梯形圈足，细砂底，泛火石红色。大盘胎体厚重，图案采用釉里红线绘装饰技法，颜色鲜亮。盘心主题纹饰绘折枝牡丹纹，与内壁转折处绘两两对称之花卉图案，装饰繁缛，勾绘娴熟。洪武釉里红装饰以植物题材为主，其植物种类繁多，内容新奇，是以前各时期无法比拟的。

明洪武釉里红四季花卉纹石榴尊。高 53 厘米，口径 26.5 厘米，足径 23.3 厘米。罐通体起瓜棱，撇口，短颈，丰肩。肩以下渐敛，圈足，外壁釉里红纹饰共 10 层，近口沿处绘以回纹，其下绘连续如意云头纹，肩部纹饰自上而下依次变化为变形莲瓣含折枝莲纹、朵云纹、连续如意云头含折枝莲纹。腹部绘四季花卉 12 组，均配以湖石，腹下绘变形莲瓣纹，其内绘朵菊纹，胫部绘回纹，近足处绘变形莲瓣纹，其内绘折枝莲纹，足边绘卷草纹，外底无釉，无款识。此罐体型高大，发色略显灰暗，主题纹饰四季花卉描绘细致生动，纹饰布局繁密，层次清晰，体现了元末明初粗犷豪放的艺术特色。

釉里红折枝玉壶春瓶。高 33 厘米，口径 8.8 厘米，足径 11.3 厘米。瓶撇口，细颈，圆腹平底，圈足。通体纹饰，里口沿绘卷枝纹一周，胫部绘焦叶纹，胫腹部之间绘变形海水、卷枝纹各一周，腹部主题纹饰为松、竹、梅，衬以山石、芭蕉、灵芝纹，近足处绘莲瓣纹一周，圈足上亦绘卷枝纹。红色纯正，纹饰清新，是明初釉里红佳作。

釉里红串枝花卉瓜棱形大罐。这件器物高达 48.8 厘米，是洪武传世和出土品中较大器物，藏上海博物馆、北京故宫博物院、日本东京国立博物馆、日本松冈美术馆、日本梅泽纪念馆。有类似收藏的，英国还有一件，瑞士保尔美术馆有一件，后者口沿残缺。

北京首都博物馆有一件1961年在德胜门外出土的同类产品，其图案色泽已经接近黑色。扬州文物商店保存有一件，口部完全破损，后来用金属镶接。天津艺术博物馆收藏有一件相同造型的釉里红作品，其器身所绘图案为松竹梅纹，与美国洛克菲勒三世所收藏的一件类似。1994年景德镇珠山东门头明代御窑厂旧址，出土了与此器物造型、纹饰相同的青花带荷叶形盖大罐，经修复后，基本完整复原，但是同类型的釉里红器没有发现。

釉里红云龙纹环耳瓶。该瓶样式见于元明铜器，瓷器中较少见。传世品仅有二件，一件藏上海博物馆，另一件藏美国旧金山亚洲艺术博物馆。两件造型、纹饰完全一样，有趣的是，旧金山的那件器身所绘龙纹与上海博物馆的这件完全相反。前者龙头向右，后者则向左，龙四周云彩也略有不同。这两件器物可能是原有的一对，不知何时被拆散。另外，前者器身可以依稀看到局部开片。（见图9、图10）

5. 洪武釉里红器的鉴别

洪武釉里红器特征主要有：釉里红多数呈色较淡，或色泽偏灰，个别器物还有飞红现象，或呈暗黑色，器物釉面往往有开片。器物制作，除玉壶春瓶、玉壶春执壶以及口径在20厘米左右的大碗等为釉底外，其余均为糙底。凡糙底的盘、碗之类，底部均刷有一层釉浆，烧成后呈红色，且多数有明显刷痕。碗类等细器的底足，已经摈弃元代斜削的习惯，而采用平削，故而底足平齐。洪武朝釉里红的制作，除少数器物采用涂抹拔白的方法外，已经主要采用线绘的图案装饰。这意味着烧制过程中工人已经多数能控制铜红料飞红现象，说明洪武烧制技术已经有了很大进步。图案花纹多见花卉纹，主要是缠枝花卉或折枝牡丹、莲花和扁菊花，扁菊花纹尤为多见。这是洪武时期釉里红或青花瓷器共同特点之一。此外，还有松竹梅图、庭院芭蕉图和飞凤图。与元代青花瓷器相比，洪武釉里红器少见人物故事、动物、莲池、水禽或鱼藻等图案，显得比较简单。

从工艺上说，釉里红是氧化铜色料绘制于瓷胎上，施釉后经高温还原焰烧成，但不是所有铜色料绘于瓷胎在高温还原焰中就能烧成理想红色的。洪武釉里红产品有不少烧成釉里黑甚至釉里灰色，这说明在当时还不能运用自如地掌握釉里红烧造技术。经科学测试，景德镇官窑釉里红瓷的胎釉成分与同时期青花瓷相同，只是前者用铜着色，后者以钴画彩。"釉里红釉下彩用的着色料是用铜花制成，铜花乃是以金属铜加热氧化，将被氧化的氧化铜表面层取下而制得。因为氧化铜薄层较脆，易于粉碎研磨加工成细粉颜料，便于彩绘使用，釉里红与青花两者的不同，在于釉里红釉下彩对温度和气氛都较敏感，要在非常合适的温度和较重的还原气氛下，方能形成纯正的鲜红色。由于铜在釉中溶解、扩散和易于挥发的特性，所以特别难烧，需要有固定的窑位进行专门的烧成，方能得到最佳产品。因此制作釉里红要比制作青花瓷的难度大得多。”（李家治主编《中国科学技术史·陶瓷卷》，第十一章，第386—387页。）

在研究洪武瓷器时，还有值得探讨的地方。在传世釉里红线绘图案纹饰器物中，还无法确定哪些是元代的作品，而从器型、图案纹饰和底足来看，这类线绘釉里红器，大多可视为洪武瓷器。江西高安窑藏出土的釉里红菊纹高足转杯，和一件釉里红四面开光的罐，似乎也是洪武器物。在东南亚菲律宾和印尼等地出土了一批高6厘米左右的方形水滴、高5.5厘米左右的双耳圆形小罐、高6厘米的圆形小罐、直径在8厘米左右的侈口小碗、高11.5厘米的扁形执壶等小件器物，有青花，也有釉里红。这些小件器物的釉里红均为线绘，并且出现了双勾不填色技法，其纹饰为草叶纹、扁菊纹和扁形的牡丹、莲花纹。这些画法已经改变了元代典型风格，基本上可以确认为是洪武器物。洪武釉里红肯定比元代有了更大发展。宣德朝也有釉里红器，除了少量釉里红拔白器的制作外，主要是以成片涂抹方法制作的龙纹盘和碗，即后来的祭红釉，以及三鱼、三果纹高足杯等。宣德的釉里红无论从品种或数量上看，都远不如洪武时期。宣德以后，整个明代釉里红制作已渐趋衰落。因此可以断言，洪武是明代釉里红极盛时期，最值得给予充分的关注。

洪武釉里红与青花是同在一定技术条件下产生的，二者工艺流程基本一致，胎釉特征大体相似。但是，釉里红和青花对釉的成分和窑炉条件的要求略有差异，致使二者在外观上又有所区别。洪武一朝历时三十一年，釉里红原料配方和制作工艺前后不同，在胎釉特征上和釉里红呈色上，也能看到这种特点。洪武釉里红胎骨有粗松和致密两类。粗松的手感稍轻，瓷化程度较差。胎质致密的断面细腻、坚致，白中略灰。据理化测验，釉里红釉层中的氧化钙含量比青花瓷釉层高，而含钾量较低，属于钙碱质，高温烧成时，粘度变化不会太大，也能减少流釉。洪武釉里红釉层有两种：一种肥厚莹亮如堆脂，乳白色，有冰裂状开片；另一种肥润致密，釉表有极细橘皮纹，白中含青或青灰。普遍见缩釉点或缩釉线，露胎处见窑红。釉里红呈色红艳的大多釉色乳白，呈色灰暗的大多釉色趋灰。

南京市江宁区明正统八年（1443年）宋琥墓出土的釉里红松竹梅纹带盖梅瓶，黄云鹏先生做过认真比较，认为其区别有以下诸点：釉里红瓷和一部分青花瓷的釉色类似肥厚的卵白釉，但比元代卵白釉透明度稍好，青色稍深，似乎介于元代青白透亮的青花瓷釉和卵白釉之间。青花料色普遍不及元青花浓艳、凝聚，显得比较灰暗，黑色斑点多呈赭黑色。釉里红也多呈猪肝色或淡灰红色，有的甚至呈深灰黑色，鲜艳的红色很少。纹样线条周边多有晕散现象。装饰题材不及元青花丰富，常见纹样仅有缠枝或折枝牡丹、菊花、莲花、灵芝、牵牛花、山茶花、松、竹、梅和栏杆湖石、芭蕉、荷莲、长脚云龙纹等。许多元青花中常见的栀子花、禽兽、莲池鸳鸯、鱼藻、人物以及大云肩纹、各种杂宝等几乎不见了。花卉纹样较写实，用笔稍不及元青花利索、生动、有力，纹样显得工整、拘泥，但比永乐官窑青花又要粗犷有力得多。装饰布局开始改变元代多层、繁密的特征，层次减少，纹样显得疏朗。元代青花缠枝莲中常见的葫芦形大叶变成卷云状。麦粒状莲花瓣变得丰腴了，莲花瓣增多并成为明锦缎中宝相花的形象。隔开排列的边饰变体莲瓣多紧靠相连。菊花在元代多画单层瓣，此时则普遍画成工整的双层花瓣。元代画竹叶多朝上，此时则多朝下。牡丹花花头与叶子的比例缩小并较写实，整体上看去没有元代画得丰满。姜芽海水边饰，元代多画成旋涡巨浪，洪武不及元代汹涌澎湃。器型比元青花瓷少些，常见的有碗、折沿菱口盘、直口盘、执壶、荷叶盖罐、梅瓶、玉壶春瓶、军持等。大盘在产品底足处往往有涮水笔痕，并产生窑红和分散着许多黑褐色铁质斑点。碗壁弧度增大，更加圆浑饱满，圈足变大，并由元代的外撇变成垂直或稍内敛，足端由厚而平切到稍薄，并呈现“泥鳅背”状。玉壶春瓶颈部增粗，下腹加丰，足扩大。荷叶盖罐口外撇，肩部丰圆，胫束足外撇。

以上所表现的特征，与永乐、宣德官窑比较有启后的因素，但是更为重要的则是承前特征。由此可见，绘制这一类青花、釉里红产品的陶工，是绘制“至正型”青花大师的高徒，他们直接接受大师的培养，并且是以至正型青花作为学习的蓝本。如果元青花早期产品——江西九江博物馆藏元代延祐六年（1319 年）墓出土的青花缠枝牡丹纹塔式盖罐，是绘制“至正型”青花艺人 20 岁左右的作品，那么他们到至正十一年（1351 年）时才 53 岁，正是他们的艺术造诣达到炉火纯青的年华。再过十七年到洪武元年（1368 年）时，这一代青花艺人已过 70 岁高龄，要大量地绘制出如此精致的“至正型”青花，就成了不易之事。大量青花、釉里红产品则必须是由他们的徒弟来绘制。如果我们把洪武初年初露头角的一代绘制青花、釉里红的陶工称为景德镇第二代青花艺人，而第一代绘制青花、釉里红的师傅年逾 70，第二代也多已年近中年，技术也应该达到纯熟的阶段，接替师傅的重任势在必行。所以，这就是这类产品酷似元青花，又有别于元青花的重要原因。这一代工匠到洪武末年也进入老年，这类产品的生产下限也应该到洪武末年，因为永乐、宣德的青花与这一类产品有着明显区别，应属于第三代青花艺人的创造。

如果把洪武时期器壁印有龙纹的碗盘与高足杯，和元代印有同类纹饰的瓷器相比较，元代瓷器的底心或无纹饰，或印一圈莲瓣，或印一折枝菊花。圆器底心最为重要，也是最引人注目的地方，洪武的底心多印有三朵云，又名“品字云”，或者刻有一朵有转折的“折带云”。这与朱元璋的心态有关，史载洪武十二年（1379年）正月、十八年（1385年）四月、二十一年（1388年）五月，南京城中五色云现，朱元璋大悦，翰林学士们说这是“圣德所致”。故而“品字云”和“折带云”应是洪武瓷的特色。洪武时期以釉里红器为主要瓷器品种，已经开始大量生产。洪武时期瓷器大件器物比元代更大，数量也更多，盘的直径大至56厘米，荷叶盖罐通高66厘米，都不见于以前的时代，这些都显然标志着洪武官窑有着空前的成型能力。洪武青花瓷题材虽然不如元青花丰富，画笔也不如元青花流利生动，但却不失浑厚质朴之作，这种风韵在历代官窑中极为独特，几乎不曾再现。目前据刘新园先生统计的洪武传世品共有172件，其中青花仅46件，釉里红器为126件，青花器仅占四分之一。但是在景德镇的出土器中，青花器的数量为多，釉里红器极少，与传世品不成比例。（见图11、图12）

8. 洪武釉里红的分期

洪武釉里红可以分为早、晚二期。早期器型主要有玉壶春瓶、梅瓶、环耳瓶、盖罐、高足杯、三足炉、盘、碗、盏托、执壶等。梅瓶、玉壶春瓶、高足杯、盏托、执壶等多为小件，盘、碗、盖罐多为大件。梅瓶口沿多为倒梯形和梯形叠加形状，也有个别的倒梯形。大盘多为花口。釉色白中透青，釉面白润肥腴。铜红的发色个别的鲜红，大多色淡。色淡的色泽偏黑，色鲜红的有红色晕散。器物釉面往往有细小开片。铜红发色趋灰趋黑，或虽红却晕散，甚至有飞红现象。这种现象说明当时铜红烧制技术还没有过关。纹饰以花卉为主，多使用扁菊纹，还有缠枝牡丹、折枝牡丹、缠枝莲、西番莲、草叶、灵芝等，纹饰基本是满布局，和元瓷相仿，但纹饰的层次没有元瓷那么多，大致为四至五层，扁菊花纹饰使用普遍，这也是与元瓷的区别。瓶类器物颈部的蕉叶纹，其蕉叶中茎用单线色绘，或双勾填色。仰莲瓣纹的每瓣或分开绘画，或借用边线，莲瓣不再分开。器物底足除玉壶春瓶、执壶以及口沿的20厘米左右的大碗为釉底外，其他均为砂底。凡是砂底的盘、碗之类的底部，均刷有一层釉浆，烧成后呈红色，且多数有明显的刷纹，或者有红白相间的斑片。瓶罐的底足修胎颇具特色，外壁斜削，类似元瓷；内壁也斜削，与元瓷不同。

晚期洪武官窑釉里红与早期有些区别，器型朝生动活泼的方向发展。主要有玉壶春瓶、梅瓶、环耳瓶、执壶等。器型以中小器居多，碗和盘较大，碗多为深腹碗，盘多为花口盘。玉壶春瓶和执壶的颈部过渡自然，腹颈圆滑，腹颈最大处向下移。玉壶春瓶口沿与器身比例合适，执壶长流嘴稍高于壶身。其底足与早期圈足斜削不同，此时的盘、碗底足摈弃元代足外壁斜削的习惯，也不像早期那样斜削圈足内壁，而是采用平削底足，使底足平齐。从器物整体而言，纹饰繁缛、多层次装饰状况已经得到改观，三至五层纹饰的情况较为普遍。从纹饰花样看，早期常见的蕉叶纹、仰莲纹、覆莲纹已经减少，缠枝花卉增多。从纹饰绘画技法看，绘画讲究用笔，使用双勾描绘的情况增多，甚至连花卉和叶片也有用双勾的，一笔点画的情况比较少见。铜红发色虽然不够鲜艳，但成色稳定，没有晕散和飞红的现象，多为线描花卉草叶。

六、青花器

青花瓷是指一种在瓷胎上用钴料着色，然后施以透明釉，以 1300℃高温一次烧成的釉下彩瓷。青花的色料是钴，钴料中主要含有氧化铝和氧化钴两种成分，这两种成分经过煅烧后变成了尖晶石。但这种物质太浓，颜色会黑，加入百分之十的色基和九成的白釉，就成了青花料。

1. 洪武青花器特征

明代建国后不久，明太祖在景德镇珠山设立瓷局，成为明代景德镇最早的官窑。南京博物院曾于明故宫玉带河遗址发现了青花云纹残盘和其他一些青花残片，虽然是残瓷，但从其制作精细上判断，应为洪武官窑器。总体来说，洪武朝青花瓷各方面都继承了元代风格。器型粗大，胎体厚重，青花色泽偏灰，图案装饰线条粗疏豪放，改变元代层次多、花纹满的风格，趋向多留白。洪武青花瓷发色几乎都不够理想，一般都蓝中偏灰，发暗甚至漆黑，就连官窑青花也蓝色偏深，少有元至正型青花那种纯蓝色。这也是判断元青花和洪武青花的依据。

洪武青花瓷胎体。洪武青花瓷胎体比较厚重，呈现土黄色或者灰白色，手感比较平滑。因为瓷土淘洗粗细不同，胎质也有粗有细。官窑器因为工艺精细，一般瓷化程度较高，因而胎体致密细白。器物制作和釉里红器一样，除了玉壶春瓶、玉壶春执壶以及口径在 20 厘米左右的大碗有釉底外，其余均为糙底。糙底的盘、碗之类底部有红色护胎釉，并且多数有明显刷痕。釉层肥厚光润，白中泛青，晚期釉色趋淡，有极淡卵白色。釉质玻化程度较高，釉面少有开片现象，釉面细腻、洁净。玉壶春瓶、执壶和大碗底足多刷白釉浆，薄处泛黄，厚处呈乳白色或青色。其他器物多是砂底，刷上洪武特有赭红色浆，可见刷浆痕迹，露胎处均可见星点状或大片火石红。盘、碗等圈足挖足较浅，足壁较厚，足跟平切，部分底足中心仍有鸡心点，有些里心仍有用砂圈叠烧法留下的涩圈，呈浅红色，俗称窑红。从传世品和景德镇窑址发掘的标本看，洪武年间以碗类为主的青花器，大多为底部无釉，并且有尖顶状凸起，仍然保留了元代斜削足的特点。这时也有各种形式种类繁多的圈足，常见有圆涡形厚底足、高足、内壁斜削外倾斜式圈足等。

洪武瓷除了有元代同样花卉纹饰之外，也有龙纹、人物故事、水禽等图案，而且开光图案时有所见，多以框线和串珠构成。洪武早期官窑瓷器上画风多精细清秀，纹饰舒展柔和，层次多，繁缛复杂，布满器身。但是画法简单，技法较为单一，或勾连留白，颜色多平涂，以圆弧形线条居多，线条粗细明显，纹饰多源于元青花，但有所创新。传世品中，洪武青花瓷图案花纹比釉里红器更为单调，以花卉纹为主，基本上和釉里红花卉纹相同，特别多是扁菊纹，有的器物以缠枝扁菊为主题纹饰，唯独束腰梅瓶有五爪龙纹。南京故宫博物院出土青花云龙纹小盘碎片盘心有三朵云，不见釉里红器的松竹梅、庭院芭蕉和飞凤图等图案。常见纹饰有长尾如意头云纹、龙纹、缠枝花卉，也有人物故事、动物、水禽、莲池等。这些纹饰多为元青花中常见，但细部处理就有差异了。元瓷与洪武官窑龙纹不同，元瓷是鹿角，洪武则不同，元瓷通常没有五爪，洪武已经出现了五爪龙。元瓷和洪武瓷的云纹都为如意云纹，二者区别在于洪武瓷云纹除了有单线描绘以外，还有露白如意形，整个图形较元代龙纹要复杂。洪武瓷器中还有暗花装饰，曾见有青花云龙纹盘，内底心有三朵呈品字形排列青花流云纹，内壁模印五爪龙纹，外壁有青花云龙纹。此种青花器带有元代卵白釉瓷器遗风。

洪武晚期青花瓷风格开始有所变化。在造型上较早期器型丰富，有盘、碗、盏托、执壶、玉壶春瓶、梅瓶、石榴尊、军持等。在成型工艺方面，洪武晚期官窑梅瓶口沿部分成为束腰形口沿，器身也变得秀美，执壶口沿与器身比例更趋合理。腹部最大颈部下垂，流嘴稍高于壶口，碗足底采用平切。除玉壶春瓶外，执壶以及口径在20厘米左右大碗底部施釉，其他器物外底均不施釉，俗称砂底。盘碗之砂底用手触摸并不涩手，已经不见火石红色。此时图案布局渐趋舒朗，花纹趋向于多留空白地，层次为三至五层。主题纹饰以代表春夏秋冬四季花卉为主，其次是松、竹、梅岁寒三友或竹石、芭蕉、园林景致。花卉中扁菊纹减少，多为缠枝或折枝牡丹纹、莲叶纹、荷花纹、茶花纹等。辅助纹饰有缠枝菊花、灵芝、海水、卷草、回纹、莲瓣、如意云纹等。元青花和洪武早期青花上较多出现的戏曲人物故事画面，此时已经消失殆尽。纹饰虽然舒展柔和，但画法简单，技法上喜欢使用双勾填色，绘线多勾连留边，颜色多平涂，以圆弧形线条居多，线条粗细明显。在纹饰上，最具特色的是牡丹花、扁菊花、云朵纹等纹饰，这些纹饰皆留白边，白边十分清晰。云纹多为如意状，云尾不同于明初向左飘动，而是转向右飘动。另外，此时龙纹身形较元代粗壮，但不够威猛，既有三爪，也有四爪和五爪，少见云龙纹。缠枝花叶子不如元代那样画得规矩。辅助纹饰中蕉叶纹以双线勾出，中间留有空白。洪武晚期瓷器的回纹，则多两两相连，而元青花上回纹多为互不相连。此时青花料呈黑青花，这种青花发色在洪武朝中过去没有，陶瓷界有人认为是窑内窑温过高，使得发色改变。另一种说法是在上过釉的瓷坯上用钴料绘青花，烧出来的青花就是黑色的。还有人认为洪武青花釉水较元青花薄，也多少影响了青花正常发色。这时期青花瓷底足无论是瓶、壶，还是罐、碗、盘，其圈足修足工艺都是足跟平切，与元代瓷器和洪武早期的器型不同。这里分别从明洪武青花瓷胎体、明洪武青花瓷青料、明洪武青花瓷造型及纹饰等几个方面，对洪武青花瓷做较为详细介绍。

洪武青花瓷青料。洪武青花瓷可以分为早晚两期。早期青花瓷风格几乎与元青花一致，难以区分。其底足较大，露胎。其釉色白中透青，呈鸭蛋色。釉质莹如堆脂，釉面白润肥腴。此时器型有玉壶春瓶、带盖梅瓶、大罐、大盘等。梅瓶口沿为倒梯形或铜鼓形，器身束腰下收，底略外移，整体上看器型较元瓷略显清瘦。器底为细砂底，或有火石红，手摸上去有细滑感。瓶、罐足壁稍厚，足内和足外壁呈斜坡状，倒角切削，底部通常较平整。盘和碗足内壁呈斜坡形，糙底盘、碗之类底部有红色护胎釉。且多数有刷痕，也有刷白色釉浆的釉底。元代青花钴料由波斯引入，到明初时，官窑所用钴料仍是进口料。洪武青花发色没有元青花那样鲜艳，也没有元青花那样的铁锈斑。这种状况可能与掺入了国产青料有关，也有可能是因为钴料淘洗煅烧技术不成熟，色调稳定，不晕散，纹饰浓重之处也能呈现出青花层次。另外还有些青花发色浅淡，少有晕散，纹饰中少有深色小点无规律地星布其中。其纹饰青花要比釉里红复杂，洪武时期青花钴料不同于国产青料，成分为高铁低锰，与元青花进口青料属于同一类型。从外观上看，洪武青花呈色既不同于元代至正型苏麻离青，也不同于国产青料。其特点为：青花呈色趋于偏灰或黑，晚期较为明丽纯正。青色浅淡为多，夹杂星点状深色斑点。青料浓重处有黑褐色铁斑，有些器物上青料深浅不匀。釉层肥厚的青料处有晕散，同时因为釉层肥厚，青花有朦胧之感。明代景德镇官窑所产青花瓷器，在青料使用上有所不同，在彩绘和制作方面也曾经历过不同工艺流程。90 年代末，中国科学院上海硅酸盐研究所和景德镇陶瓷考古研究所联合举行了一次元明景德镇官窑瓷器标本测试，其中有一部分是洪武官窑标本，共有洪武青花瓷 7 件，其中官窑 4 件。测试结果与人们以前想法完全不同。据相关研究者说，他们“首次发现洪武时期官窑青花所使用的色料是高铁低锰型钴矿，与元代所用属同一类型钴矿，是否属进口尚待进一步研究，至少，它与已分析的国产钴土矿有很大的不同”。（李家治主编《中国科学技术史·陶瓷卷》第十一章，科学出版社，1998年，第378页。）由此可知，洪武所使用的青料，也是同样的高锰低铁青料。于是，另一些学者认为是瓷器在烧制时，可能是由氧化转还原阶段还原气氛不足而造成的。

大部分洪武官窑青花呈色青中带有灰色调，偏浅灰色，有部分铁锈斑深入胎骨，这是由于钴料中含有金属锰、铁等杂质的缘故。一部分呈现淡蓝色，色泽稳定，无晕散，色泽浓密处常能见到散布着一些小杂质点，反倒表现出青花的层次。还有一部分是浅淡色中含深蓝点，有少量晕散。洪武青花不同于典型至正青花的青翠艳丽，也不同于典型永乐、宣德青花的浓艳色泽，其有自己的特点。明洪武时期部分使用元代留存进口青料。过去有“洪武无瓷器”的说法，但是现在洪武瓷器十分珍贵。洪武官窑青花瓷器发色普遍较为灰暗，按青花色调可以分为三种类型：其一为清新淡蓝色调，沉稳典雅，与成化朝平等青有异曲同工之妙。这类器物主要有20厘米左右折沿盘、菱花口盏托、20厘米左右小碗及玉壶春瓶、执壶等；其二为青花发色浅淡，常常可见深色星点散布其中，似群星片布，此类器物主要是碗类；其三是青花色调灰黑，纹饰中有黑色凝聚斑，下凹胎骨并且有锡光。由于青料中含有较多锰杂质，不够纯净，有较大斑状的黑块。青色常分布纹饰中，深入胎骨，手感凹凸。此类器物有碗、菱花口折沿大盘、玉壶春瓶和瓜棱形大罐。总体来看，洪武官窑青花远不及元青花鲜艳、浓翠。在原有传世品中，可以确认洪武瓷中青花器少于釉里红器，其器型有口径41厘米以上特大碗、高32厘米以上玉壶春瓶、高36厘米以上束腰瓶、口径45厘米以上大盘，以及口径在20厘米左右盘和菱口盏托、口径在20厘米左右大碗。此外，还有北京德胜门外出土的高达66厘米的带盖大罐和高足杯等。

根据化学测试，青花色料在1280℃时烧成颜色深蓝微紫，在1350℃下烧成呈色蓝中带黑。明洪武青花色泽浅淡，少有晕散，颜色极不均匀，偏灰，普遍浅淡模糊。其呈色浓处呈黑色，并有大片灰色斑点，很多灰色斑点呈银白色金属光泽。青花纹饰中分散着极其明显的深色小星点，这种小黑斑特征与元代和永乐青花中块状黑斑有所不同，具有明初洪武时期特征。缘其所用青料浓度不够均匀，黑色斑点处引起青料集中，青料熔融后，氧化气氛使之变为黑色。因呈色剂在高温下有一定助熔作用，故青料集中处黑色斑点有较大气泡存在。洪武青花瓷釉中气泡小而稠密，釉层清澈，气泡比较清晰，表明洪武青花釉中釉灰用量较少。熔剂总量较低，使得釉高温粘度相对较高。洪武青花颜色之所以有差异，不是原料有所区别，而是对于窑内烧成气氛掌握不够成熟，不够完善而致。之所以导致这种现象，有学者认为是在烧制过程中还原气氛不足造成的。洪武时期，由原来浮梁瓷局转变过来的洪武瓷局，曾经有一段时间存在技术断层，必须经过较长时间实践后，才能真正掌握这种难以驾驭的烧窑技术。

洪武时期青花呈色清淡，发灰，少数为灰褐色，原因是底釉厚浊泛青。部分有元代留下的进口青料，色泽鲜艳。洪武青花常见白地青花，其次是外青花里印花，还有外是酱色釉里是青花，为仿磁州窑。洪武早期的青花云龙纹“春寿”瓶，传世共有四件，一件在日本大阪东洋陶瓷美术馆，一件藏英国格拉斯哥美术馆，一件藏上海博物馆，另外有一件藏于上海私人收藏家手中。四件作品纹饰、造型、大小基本相似，为同时期制作。其器在器物上部有青花篆书“春寿”二字，这在景德镇瓷器中极为特殊。还有就是它的造型，与通常元代或明初梅瓶不同，在器物器身有明显的束腰，并且底部内凹也极为少见。从青花风格看，更接近元代瓷器。在目前已知器物中，以釉里红器为多，青花器实物数量有限。但是在景德镇御窑厂遗址出土瓷片中，有大量青花瓷片出土。说明当时曾经有大规模青花烧制，但是烧制成功者数量有限，重要作品有青花瓷碗、青花大盘等。洪武时期青花器，除少数呈色比较纯正，为艳丽蓝色，大多数为蓝中泛灰，有甚至偏黑，与元青花深蓝艳丽形成极大反差。影响青花发色原因很多，洪武青花偏淡偏灰主要是因为釉料。洪武白釉采用的是碱钙釉配方，减少了釉灰，同时增加了釉果用量。景德镇工匠将这种长石多、釉灰少的称为“釉紧”，这种釉容易产生乳浊感，不仅影响青花发色，还容易引起缩釉。另外，洪武釉中还含镁，而镁也不利于青花发色。所以，洪武青花颜色灰暗，是由釉中元素造成，而与钴料产地关系不大。

洪武青花瓷造型。洪武多少继承了元代枢府瓷古朴敦厚的风格，官窑器则有所创新。洪武青花不如元青花瓷丰富，大件器物较多，主要品种有特大型碗、大盖罐、菱花口盏托、菱花口大盘、梨形壶、执壶、玉壶春瓶、瓜棱罐、石榴尊、高足杯、香炉等。执壶主体呈玉壶春瓶式样，也有呈玉壶春执壶式样的，有大小两种。大的一般高约 30 厘米，小的大约 20 厘米高，主体为小撇口或小直口，细长束颈，斜肩丰腹，腹部饱满。长流弯曲，流口低于壶口，流口与壶体之间有瑞云形纽带连接，另一侧为带形高把柄，柄的顶端有一小系与壶口齐平，壶盖为宝塔形圆顶，顶端有内插式火珠纽。整体造型和同时期玉壶春瓶相比，肩腹部略瘦小，下腹部下沉呈圆腹状。玉壶春瓶造型和元代基本相同，也有大小两种，只是颈部丰满一些，腹部略下沉，圈足低矮。瓜棱罐造型高大，超出 60 厘米，造型为撇口、短颈、圆肩、敛腹、撇足。腹部有突起瓜棱形，底足平，底面内凹，无釉，砂底，罐盖呈宽沿或荷叶形，顶部有火珠形纽。菱花口盏托，又称劝盘，直径大约 20 厘米，宽板折沿菱花口，浅弧壁，外壁作八瓣莲花形，盏托内心有一道棱，用以放置和固定杯盏，浅圈足，为洪武时期所独有形制。菱花口大盘口径在40—55厘米，菱花口形，盘口呈12或16瓣莲花形，宽板折沿，浅腹，弧壁，矮圈足，细砂底，一般多为模制。特大型碗口径在40—55厘米，口形有撇口、直口，圆唇，弧形深腹，直立圈足。

洪武青花瓷以绘制为主，辅以堆贴工艺。洪武青花瓷纹饰绘制布局疏朗，简练流畅，改变了元代多层次布局、纹饰繁缛特点，留有较多白地。官窑器画风多精细清秀，画法工整，创造了明代早期“一笔点画”。洪武青花所选用装饰图案，与前后相邻朝代相比显得单调，各种折枝、缠枝花卉、扁菊纹使用最多，也使用一些兽纹，如龙凤纹等。另外庭院湖石、石栏芭蕉、岁寒三友、鸳鸯池塘、灵芝纹等亦常见。元代习用的杂剧故事、水藻游鱼纹已很少见，碗、盘底心有书草书福、寿字。还有一种器内阳文印花、器外青花装饰的做法。洪武青花主体纹饰有龙纹、山石纹、牡丹纹、梅花纹、竹纹、松树纹、菊花纹、山茶纹、月季纹、莲纹、芭蕉纹、海水纹等。辅助纹饰有卷草纹、缠枝灵芝纹、双层莲瓣纹、忍冬草纹、回纹、如意云纹、宝相团花纹等。与元代图案相比，洪武青花已表现出自身某些时代特征，例如纹饰层次开始减少，茶花叶片和蕉叶中茎留白不填色，西番莲叶和牡丹叶片普遍缩小，明显细瘦，并产生变形，叶片有明显出尖现象。菊纹多绘成扁椭圆形，非常具有时代特征。折枝或者缠枝莲纹大都呈螺丝状，同时元代叶形较大，为大花大叶，至洪武时则明显缩小，昔日硕大叶纹饰不复再现。图案布局渐趋疏朗，开始改变元代装饰多层次、满花纹的风格。龙纹多为云龙纹绘饰，形象不如元代凶猛。龙头小、细颈、蟒身，作腾飞状，头部描绘简单，独角或双角，龙头多有后掠披发，晚期绘有竖发。爪有三爪至五爪，三爪较多，爪之间绘得较分开，呈车轮状。鳞呈小圆弧形，留白边，立体感强烈。常伴有云纹，云形粗短，呈品字形排列，向一侧弯曲。山石纹绘画手法基本和元代相似，略细瘦一些，在花朵顶部荷花瓣的一侧留白，呈现出花瓣的间隔和花朵的层次，四周补地子的花叶是较细瘦螺钉形卷叶，比元代更为写实。芭蕉纹蕉叶宽大而丰满，蕉叶中心主茎脉双线勾绘成平行竖线，中间留白不填色，两片蕉叶间叠有一片蕉叶，叶尖稍圆，叶子边缘绘成细碎且密集的锯齿状，轮廓线用复笔渲染。莲花纹花蕊有石榴形、圆形，四周绘有连珠纹圆形花蕊。花瓣绘成麦粒形或变形莲瓣形，叶子比元代瘦小些，像螺丝形。洪武青花绘画特点：颈部蕉叶纹，中茎留白，两侧不染青料，莲花主纹则先绘边饰线，花瓣边缘及蕊芯留白，再染青料。此为洪武青花典型手法。菊花纹以扁菊花为多，扁菊花纹呈圆形，花心绘斜网状或螺旋状。花蕊外部用双线勾描轮廓。花瓣有两层和三层，最里层为白色小花瓣，只用线描而不上色；外层花瓣填色，每个花瓣顶部和一侧都留白边，表现出花瓣层次。菊花叶子一般绘成葫芦状，叶子两侧各有一或两个分叉，显得画面较活泼。

青花釉里红。洪武官窑青花釉里红比较少见，细分可以分为早晚两期。早期器型主要为瓶类和盘。瓶有玉壶春瓶、梅瓶、胆式瓶、大瓶，其纹饰类似元瓷。盘多为内壁印花再施釉里红，外壁为青花纹饰。瓶上纹饰有蕉叶纹、卷草纹、莲瓣座纹、菊花纹、贴花、串珠纹等。青花为主，釉里红作点缀。其红色偏淡，偏灰。底足为糙底，有的刷有不匀的釉浆。青花釉里红胆瓶，纹饰满器，从瓶口到圈足，多为卷草纹、蕉叶纹、串珠开光、扁菊缠枝纹、仰莲纹、旋纹。串珠开光是元瓷特征。瓶颈蕉叶纹虽为单线色绘，但蕉叶排列有重叠，仰莲纹的莲瓣之间不再分开，借用边线予以分隔。青花的发色也不像元青花那样蓝，青花色泽中有细小流动的铁锈斑痕迹，显然是采用进口青料苏麻离青。瓶底圈足是采用外壁斜削修胎工艺，器底为细砂白底，有红色釉浆刷痕。晚期，青花釉里红烧造技术有了明显进步。与前期相比，器型方面变化不大，主要还是盘、瓶之类，口沿有些变化，花口沿较多，有些还有附加雕塑。器物纹饰变化不大，其变化主要在青花和釉里红发色方面，两种材料虽然都是高温釉，但是对窑室烧造气氛需求却又不同。因此将二者烧造成颜色鲜艳不容易。这时期青花釉里红色泽应该能够达到同样鲜艳程度。目前来看，传世青花釉里红器物数量极少，这类器物是在永乐、宣德以后才逐渐增多起来。

2. 蓝釉器

元代早期青花和祭蓝器在使用青料上办法相同。所谓祭蓝，其实是如同青花的绘画方法一样，将钴料涂布在胎体上，然后罩上一层透明釉，其实这种做法不能称之为蓝釉，而应该称之为釉下蓝彩，即祭蓝。洪武后来的做法是将钴料掺入釉浆中，然后均匀地涂布于器物上面，这才是真正的蓝釉。这两种不同做法的区别是：将钴料先行涂布于胎体上，然后罩以透明釉的器物，我们可以清晰地看到钴料涂布的痕迹，而且在接胎处由于凸凹不平，钴料在涂布时自然形成较多重复涂布现象，这在窑内烧结时由于温度不到，会在还原焰中出现较多流黄现象。另外，透明釉可以清晰看到釉下坯胎上出现疵点等物质的状态，而如果将釉料加入釉中再涂布于胎器上，这些则是完全看不出来的。仔细观察这种祭蓝釉可以看出蓝彩在釉中还是蓝在釉下。这应该是早期元代祭蓝器和后来明初蓝釉器最为重要的区别。扬州博物馆所藏元代蓝地白龙纹梅瓶，其釉层极其肥厚，发色蓝艳深重，但其总是影影绰绰地透出泛白的胎色，即为显例。当时工匠是在实践中发现将钴料掺入釉中，要比直接涂布于器物坯胎上均匀得多、效果要好，故而在元代晚期开始改变施釉方法。到洪武时已经发明了蓝釉，但是同时祭蓝方法还在继续使用。这应该是今天我们判断元代祭蓝和洪武蓝釉器一个重要区别。

元代和洪武青花的蓝釉器物中有时会出现黄色流淌现象，应该是青料中含有的较多铁物质先行融化，而且温度没有尽快上升时出现的现象。这种情况下，铁物质会出现流动，而钴料着色尚未呈现，可以看出黄色的流淌或囤积而形成黑斑。这种流淌黄色会将钴蓝盖住而影响钴蓝的发色，而钴料融化后的铁斑与此不同。能够区分铁斑和黑斑的不同，才能对于其形成产生正确认识。元代青花器物中出现较多流黄现象，可以说是当时窑工对温度控制还没有完全掌握时留下的痕迹。到洪武时期，这种现象已经很少出现了，到永乐、宣德时期就已经没有这种现象了。铁物质在还原焰中没有来得及流通，钴料也随之熔融，就不会出现铁分子单独流淌现象。由是，我们可以得到一个概念：元代祭蓝白龙纹器物，无论是瓶还是罐，其工艺制造方法应该是在生坯上刻画出龙纹图案，然后填白，第三步是将器物其他地方以涂布的方式将钴蓝料水逐步涂抹上去，留出已经填白的龙纹，最后再上透明釉。这样处理的结果是填白的部位往往要凸出一些，虽然是微微的凸出，视觉上会看得清楚。另外，如果器物是上蓝釉，那么在白龙纹与蓝釉之间的区隔将非常难以处理。蓝釉会在烧融后流淌，侵入到白龙纹的区间。而今天我们所看到的只有两种处理方式：一种是使用钴蓝料水涂布，然后罩透明釉，这是元代处理办法。另一种则是在蓝釉通体上完以后，晾干，然后再在上面绘以龙纹，将龙纹剔除蓝釉，填白后补上透明釉。这样处理的结果，白龙纹饰往往要比蓝釉地子稍微凹下一些，手摸上去会明显感受到。这种方法是今天人们使用的办法。可见辨别元代蓝釉器物并非难事。

从严格意义上讲，这种先将钴料涂布在瓷胎上再罩透明釉的做法，不能称之为“蓝釉”，因为它的釉并不是蓝色的，只能叫作“祭蓝”。这种钴蓝器物没有通常蓝釉常见的积釉状态，这也是分别祭蓝和蓝釉的方法。钴蓝的釉透明清澈，可以清晰地看到釉下的所有划痕、钴蓝涂布时的痕迹、瓷胎不平的状况。而蓝釉器物则是被其全部遮盖，什么也看不到。另外，元代祭蓝是直接涂布于生坯上面的，有时候涂布不匀，还可以看到生坯原生状态在涂布层边缘裸露出来。这时苏麻离青并非特别的蓝，而是有些蓝黑状态，这种祭蓝釉在强光下才能出现那种宝石般蓝色。其涂布层不均匀，也使得蓝色出现一些斑驳。目前看来，元代所谓蓝釉其实都是祭蓝器物，直到洪武才出现了真正的蓝釉，后来又出现了将铜红料掺入釉中的红釉。这些在工艺上皆有先后出现的顺序，也是工匠们不断探索的结果。目前很多人将此混淆，不能清晰区分，所以在断代的时候容易犹豫。

3. 洪武青花瓷款识

洪武青花官窑器至今未见年款。有落款的实物仅有梅瓶一种，肩部篆书“春寿”二字。民窑青花器亦未见年款。

七、颜色釉

颜色釉是指在瓷器基础釉料中加入铁、铜、锰、钴等氧化金属着色剂，在相应的烧成条件下，釉面会呈现青、褐、红、蓝等色泽。近年考古出土的颜色釉器物主要有白釉、红釉、黑釉、酱油、青白釉等五种。洪武颜色釉瓷器与元代颜色釉相似，主要有红釉、黑釉、褐色釉、蓝釉等多种，在器型上主要为碗、高足杯、盘。其共同特点是制作规整，碗的胎质稍厚，砂底，底心有明显旋纹。圈足略外侈，足端稍厚，与元瓷风格接近，唯足跟平切。高足杯和高足碗的高足与器身是用釉连接。其中最为典型器物是里外施以不同釉色的两色釉器。外壁多施以酱色釉或蓝釉，内壁则多施以红釉或蓝釉。内壁纹饰还有印花云龙纹、如意云头纹（上下两个如意云头，中间以横 S 形云带相连，在云带两弧形外侧各有半个如意云头。这种形式的云纹被形象地称为“风带如意云”）、三朵云纹、云龙纹等。

1. 白釉

近年来考古出土白釉瓷器较多，约 200 件。器型主要有盘、碗、壶等，其中白瓷盘数量最多。此外还有碗、高足碗、盏、酒壶、玉壶春瓶、双耳瓶、爵、梅瓶、执壶和罐等。洪武时期白釉来自元代枢府卵白釉。元代的枢府釉又称卵白釉，色如鸭蛋壳，釉厚浑浊，透明度较差。这种釉到明初时加以改进，是在白釉中加入了钾的成分。洪武时的白釉，玻璃质感较强，没有永乐甜白釉那种甜润感觉，从微观形态来看，洪武白釉不如永乐甜白釉中气泡稠密。洪武时瓷器所施之釉，聚釉浓厚，烧成时不及流淌，多形成不均匀的釉缕以及聚釉、流釉现象，其青花色泽偏灰、偏黑、浓淡不均等均与此有关。其有色偏灰暗、阴黄，或可能与高温还原不足有关。其青花施釉不匀，偶有乳白色积釉瘤。其白釉玻璃质素较强，没有永乐甜白釉的甜润感觉。洪武白釉器烧造不可避免受到前代的影响，其釉中略呈失透状的卵白釉风格比较明显，也有烧成青白色的。当然，比较成功的作品已经比元代瓷器水平稍高，体现了洪武时期的烧造水平。

洪武白釉器中有一种白地红彩釉上彩品种，传世较少。这种瓷器在洪武时期已见烧造。南京明代故宫遗址出土白地红彩龙纹残片，代表了当时较高烧造水平。其制作工艺是在成型胎上施以透明釉，高温烧成后，再绘以红彩，然后在彩炉中经低温烘烧而成。这种以氧化铁着色的红彩，明代历朝均有烧造。元代枢府瓷的红绿彩制品，在东南亚发现过，但是民窑制作较粗。南京明故宫遗址发现的白地红彩云龙纹盘，则是洪武官窑产品。此盘是在已经烧成的白瓷盘上，用铁红料于内、外壁绘以五爪龙纹，在盘心绘三朵云纹。

洪武时期烧造的红彩，不同于宣德时红彩，宣德时使用的是矾红，而洪武时期是使用铁红，这种红彩在以后也少见烧造。

2. 红釉、红彩器

近年来，出土洪武红釉器物不多，但釉面光洁，呈色均鲜红。主要器物有侈口碗、高足碗等。红釉是一种高温红釉。由于红釉对窑内气氛、温度、铜含量、釉层浓厚等诸多因素极为敏感，只有在这些条件都合适情况下，才会烧成鲜艳的红色。如果工艺条件稍有偏差，就不能得到真正的红色，或者红色根本不会出现。元代铜红色釉，是在坯体上涂布铜红料，如同画釉里红一般，然后罩一层透明釉。这实际上是一种祭红，并非红釉。直到洪武朝，才真正出现完整意义上的铜红釉。真正鲜红釉微微呈现出樱桃红色。洪武烧制技术发展到永乐，才烧造出成熟完美的红釉瓷器。

3. 蓝釉

元代蓝釉也称为“高温祭蓝釉”，早在元代景德镇就已经出现，传世及出土实物有宝石蓝祭蓝白龙纹梅瓶、盘、祭蓝金彩匜、爵杯等。这些作品目前保存数量较少，是比较名贵的作品。明代景德镇烧造高温祭蓝釉瓷器相对较多，从洪武开始就有生产，一直到万历时期。从工艺上说，元代的蓝釉还不能算作真正的蓝釉，充其量是一种釉下蓝彩，也可以称作祭蓝。明代的高温蓝釉是一种掺入适量钴料配制而成的釉汁，器物上釉后完全不必再罩透明釉。“古代蓝釉所用色料与青花瓷所用相同，钴矿中除含氧化钴外，尚含有一定比量的氧化铁和氧化锰，三者混合着色的效果使蓝色形成深沉蓝色。”（李家治主编《中国科学技术史·陶瓷卷》，第十一章，科学出版社，1998 年，第 391 页。）

从整体看，元代到晚明时期高温蓝釉瓷器，由于都是以氧化钴作为主要呈色剂，所以烧成产品大同小异，均呈蓝色。但由于时间跨度长、釉料配比不尽一致、烧成情况也不尽相同，因而各时期产品风格、烧造质量均有差异。由于没有对元明各个时期高温蓝釉瓷器做完整科学测定，难以做出全面评估。但据有关学者对元代、明宣德及嘉靖蓝釉瓷器抽样测试，可以得知大致的情况。测试结果表明：“元代蓝釉和明代宣德和嘉靖蓝釉中含钴量接近，都在 0.5% 上下。但元代蓝釉中铁高锰低，这与元青花所用色料的特征相同，用高铁低锰钴矿作为色料。宣、嘉蓝釉除钴外主要是锰，……可以判断宣德和嘉靖两种祭蓝釉所使用的色料是钴土矿，这与青花使用的色料是相同的。”（李家治主编《中国科学技术史·陶瓷卷》，第十一章，第 391—392 页）从明代祭蓝釉色泽看，洪武蓝釉似乎有些偏淡，国内外传世那些单色和两色釉产品，多为这种釉色。宣德蓝釉应该是元明时代最纯正、最精美的钴蓝釉。其施釉均匀，色泽纯净，是宣德蓝釉中的极品。成化蓝釉的烧造质量同样很高，但传世作品很少，从极少传世作品和景德镇御窑厂遗址出土的大量瓷片看，成化蓝釉胎釉均匀润净，色调鲜丽。嘉靖蓝釉产品是明代蓝釉瓷器中最多的，说明嘉靖时期仍然保持着良好烧造势头，有些作品仍可以看出它们具有较高烧造质量和水平。

4. 黄釉

景德镇黄釉器是从洪武时期开始的，有内白釉印花外黄釉和全黄釉两种。到宣德以后，黄釉成为帝王专用颜色，民间已经不能使用。

5. 酱色釉

酱色釉俗称“老僧衣”，是明洪武新创品种，是以铁为着色剂的高温颜色釉。过去都认为宣德时才出现此品种，南京玉带河出土的瓷片，证明洪武时期就已经有了。其实，这一品种来自宋代“柿天目”铁釉瓷，在宋代定窑被称为紫定。洪武时期酱色釉釉面光洁莹润，有漆器色感。还有一种外酱釉里蓝釉品种——内里暗花凸云龙纹饰的碗，数量极少且十分珍贵。

6. 孔雀绿釉和仿龙泉窑青釉

洪武时期已经有这些品种，但是很少见到实物。

7. 彩器

洪武时期的彩器源自元代。这里所说的彩器，主要指青花以外的彩、堆垛彩等。这种釉上彩，又称之为“炉彩”，是在经过高温烧成的素胎坯体上施以彩绘，然后经过低温炉烘烤，一般在600℃—900℃左右。又因色彩附着于釉面之上，故名釉上彩。

元代统治者以马上得天下，在景德镇设立了“浮梁瓷局”，并且派遣色目人前来管理，这些色目人有许多是原大食国当地的匠人。在大明朝廷关注下，这些色目人和景德镇的工匠们创造出了釉上五彩以及具有“堆垛”效果的彩瓷新品种。据耿宝昌先生研究，“具有堆垛如珐华一般立体效果的玻璃料质五彩品种。这种料质突起的五彩，就应是明初洪武朝曹昭《格古要论》中记载的‘五色花戗金’品种。其造型丰满端庄，均为元代官窑枢府类的典型器，时代风格明确。见有玉壶春瓶、香炉、墩碗、高足碗、靶杯、盘等。纹饰绘有云龙、折枝花卉、缠枝花卉、莲瓣、八宝、题句、梵文等，器壁内外印刻牡丹、菊花、水波纹等。胎釉基本同于枢府之青白釉瓷，在乳浊的青白釉地上，以堆花立粉的特殊技艺，堆出纹饰轮廓，再于轮廓内分别填彩并加嵌金片。其红、紫、赭、黄、蓝、白、绿、孔雀绿料彩，高高凸起于釉表，彩质如玻璃料质般透明，色泽既浓艳鲜亮又沉着古雅。各种色彩与嵌金浑然一体，格外华丽。就其若似珐琅的艺术效果来看，说明它明显地曾受过西域‘大食窑’彩绘嵌金陶器与铜质珐琅嵌的影响。其工艺与当时新品铜质珐琅和新创的瓷质珐华器如出一辙，孰先孰后，尚待研究。也可以说它是最早出现的珐琅彩。”

8. 两色釉

此为洪武时期所独创，也为洪武时期所独有。这些两色釉瓷器十分珍贵，当年生产数量极少。今天存世器物大多保存在国外收藏机构。主要有外蓝釉内釉里红釉、外酱釉内白釉、外红釉内蓝釉、外酱釉内红釉、内黑釉外白釉、外酱油内蓝釉等多种不同搭配，并且在器物内里还有模印凸起云龙纹饰。1964 年春，南京市疏浚环绕明故宫宫墙玉带河，在南京博物院在西段长约 400 米范围内，在距地表下深 1.4—1.7 米河底淤泥中，发现大量明代瓷片，有青花、釉里红、青白瓷、红彩和颜色釉等品种。由于南京故宫在建文四年（1402 年）“靖难之役”中被战火焚毁，因此在这个宫殿废墟中出土的瓷片，应该是洪武时期宫廷用器物残片。这批洪武朝颜色釉的发现，对洪武朝颜色釉瓷器的鉴别提供了可靠依据。据此，可以认定日本大和文华馆藏里黑外白印花云龙纹碗、出光美术馆藏里红外蓝印花云龙纹碗、美国纳尔逊博物馆藏里蓝外褐印花云龙纹高足杯等，都是属于洪武瓷。他们的共同特点是：在器物内壁印云龙纹，龙为五爪；器内底心均浅刻云纹。云纹有二种，一种是“风带如意云”纹，另一种是“三朵云”纹。这种三朵云纹与明故宫出土青花云龙纹盘盘心三朵云纹完全相同。洪武颜色釉品种有红釉、蓝釉、酱色釉和黑釉等多种，器物有碗、盘、高足杯等。其共同热点是：制作规整，特别是五爪龙纹相似，说明是同一时期官窑制品。

上海博物馆陈克伦先生对此进行了认真研究。他发现在明故宫遗址出土的酱色釉碗和外酱色釉里钴蓝釉印花云龙纹大碗的残片，从标本看，底心有明显旋纹，圈足略外撇，足端稍厚，与元瓷风格相近，唯足跟平切，与元瓷不符。碗外壁酱褐色，下腹部有线刻的双勾仰莲瓣纹一周，莲瓣内有变形云头。碗内壁有钴蓝釉，尚可见内壁印有云龙纹，碗心为浅刻云纹，上下为两个如意云头，中间以横 S 形云带相连，在云带两弧形外侧，各有半个如意云头。这种形式云纹被形象地称为“风带如意纹”。在美国堪萨斯州纳尔逊·阿托肯斯美术馆，收藏有一件外酱釉内钴蓝釉的高足碗，碗心有浅刻风带如意纹，内壁为印花如意纹，其纹饰与上述明故宫出土大碗残片几乎完全一致。龙纹为两条同向而行的五爪龙，龙形象也与明故宫遗址出土红彩云龙纹盘大致相似。据英国学者艾提思先生介绍，纳尔逊收藏这件两色釉高足碗，碗心与柄是用褐色釉相连接的。高足杯的杯柄是釉接还是泥接，正是区别元明高足杯的根据。根据上述器物标本特点，在过去认为的元代瓷器中，可以辨认出一批明洪武时期景德镇生产的两色釉瓷器，目前海外传世品主要收藏有九件：

内蓝釉外红釉印花云龙纹高足杯，藏英国大英博物馆。

内蓝釉外红釉印花云龙纹盘，藏英国大英博物馆。

内蓝釉外酱色釉碗，藏英国大英博物馆。

内红釉外白釉印花云龙纹盘，藏英国大英博物馆。

内红釉外蓝釉碗，藏英国伦敦大学大威德基金会。

内蓝釉外白釉印花云龙纹盘，藏美国布利斯托尔美术馆。

内蓝釉外白釉印花云龙纹碗，藏于英国 W · Sedgwick 夫人之手。

内黑釉外白釉印花云龙纹碗，藏日本奈良大和文华馆。

内红釉外蓝釉印花云龙纹碗，藏日本东京出光美术馆。

以上所有这些两色釉器物内壁均有印花云龙纹，龙纹均为五爪。器物内底心有浅刻云纹，除了上述“风带如意云”外，还有一种三朵品字形排列如意云纹，其特点是如意云头是为双重的，云脚较短，并且是向一侧飘去。两色釉是在瓷器上模印出花样的两面装饰手法，为洪武窑对元代枢府窑模印技术的承袭，为洪武朝所独有。该碗碗心饰有三朵“风带如意云”，上下如意云头，中以 S 形云带勾连，云带外弧各作半个如意云头，以其恰似“风吹云走”而得名。这两种云纹均与元青花瓷器上云纹不同，但与明故宫出土瓷片标本上纹饰相同，可以证明它们都是明洪武时期产品。可惜的是这些宝贵的两色釉瓷器，国内博物馆居然没有收藏一件。但愿中国民间藏家有可能收藏有这些宝贵瓷器，可以作为重要研究资料。根据上述的器物特征，我们还可以进一步从过去认为是元代或者明永乐、宣德时期的单色釉器物中，辨别出明洪武时期的产品，重要的有十二件：

红釉印花云龙纹碗，藏日本安宅。

红釉印花云龙纹碗，藏台北“故宫博物院”。

红釉印花云龙纹盘，藏英国大英博物馆。

红釉印花云龙纹碗，藏英国维多利亚和阿尔伯特博物馆。

红釉印花云龙纹小碗，藏台北“故宫博物院”。

红釉印花云龙纹盘，藏北京故宫博物院。

红釉印花云龙纹高足杯，藏北京故宫博物院。

红釉印花云龙纹碗，藏日本大阪东洋陶瓷美术馆。

红釉印花云龙纹盘，藏日本东京出光美术馆。

红釉印花云龙纹碗，藏于美国 S.A.Miuikin 夫妇之手。

红釉印花云龙纹碗，藏美国克利夫兰美术馆。

蓝釉印花云龙纹盘，藏英国大英博物馆。

上述器物表明，明洪武时期颜色釉瓷器可以分成两种类型：一类是两色釉，即器物内外施以不同颜色的釉；另一类是单色釉，其釉色有红釉、蓝釉、酱色釉和黑釉等。红釉以氧化铜为着色剂，在还原焰的气氛中烧成鲜红色。由于铜红烧成要求比较高，故红釉瓷发色一般偏于暗淡。蓝釉是以钴料为着色剂，可以烧成纯正宝石蓝色。酱色釉和黑釉都是以铁作为着色剂，这种着色剂中还含有锰。另外，它们装饰特点也比较一致，内壁绝大多数印有云龙纹，龙纹都为五爪龙纹，但也有少数为三爪龙纹。其内心有浅刻云纹，也有不刻云纹的。器型有墩式碗，分为大小两种，大者口径约 19—20 厘米，小者口径在 6—10 厘米。另外还有大足盘和高足杯，制作比较规整，碗盘类一般为砂底无釉，高足杯则多为釉接。因此可以说它们是同一时期的产品。不过相对于单色釉来说，两色釉是一种试探，是洪武官窑在瓷器新品种上做出的探索，故而十分可贵。（见图 13）

八、装饰技法

1. 洪武装饰技法概况

洪武官窑瓷器装饰分为颜色釉、青花、釉里红三大类。从总量上看，釉里红最多，色釉次之，青花最少，这种现象与朱元璋尚红有关。铜红釉与青花一样，也是高温釉，其技法采用铜红涂抹、拔白方法外，主要采用线绘图案纹饰。其纹饰以花卉为主，多使用扁菊纹、缠枝牡丹、折枝牡丹、缠枝莲、西番莲、凤纹等，也有少量松竹梅、庭院芭蕉和飞凤图。洪武时期绘画风格与元代至正型元青花较为接近，元代青花瓷笔锋犀利挺劲，构图繁缛严密，以华丽雄劲之美夺人眼目。洪武青花釉里红则笔法舒缓柔和，布局疏朗开阔，形象更趋写实，笔法更加洗练。洪武装饰风格繁华丰富，以构图严谨、纹饰繁缛、层次众多为主要特点。但是纹饰层次较元代减少，图案主题鲜明，边饰仅仅起衬托主题和辅助性装饰作用。其纹饰也没有元青花丰富，元青花中鱼藻昆虫、瑞兽珍禽、人物故事之类图案在这时消失了。洪武瓷装饰题材基本上以花卉为主，形式有缠枝、折枝和串枝。而庭院小景、竹叶湖石、芭蕉栏杆以及松竹梅纹，仍然受到元代绘画影响。折枝花常见有菊花、牡丹、石榴、荷花、灵芝。缠枝花仅有牡丹、菊花、莲花三类。庭院小景有绘有竹叶湖石、芭蕉栏杆湖石，以及较为松散的松竹梅纹等。从构图方面看，仍受元代影响较大，一般来说在装饰层次上比后来各朝要多，但比元代舒朗。其常见纹饰变化主要有：

变形莲瓣纹多数相连，不像元代那样每一瓣之间都留有一狭长空间。云肩纹有变小趋势，绘有大云肩者仅见出土折沿盘一例，而且是绝无仅有的一例。图案细部有所变动，而与永宣不同。洪武时期变化主要体现在创作意识不同、装饰题材和纹饰布局不同。洪武画法为单笔勾勒，双勾填色，不同的是洪武青花纹饰趋向写实，典型纹饰有扁菊、蕉叶、芭蕉、松、竹、梅、云肩、变体莲瓣、回纹、卷草纹、龙纹、云纹等。主题纹饰以缠枝花卉或折枝花卉为主，布局疏朗，注重细节表现，画法工整，变化不多。辅助纹饰蕉叶纹，开始采用中茎留白画法，不再采用元代中茎填色画法。回纹也与元青花单独画成的画法不同，正反两个回字相连，极少使用瑞兽、人物、飞禽、莲池鱼藻纹等元青花常见内容。洪武青花主体纹饰题材较为单调，远不及元代丰富，以春夏秋冬四季花卉为主，其次是松竹梅岁寒三友。最为常见的有龙纹、竹纹、山石纹、松树纹、牡丹纹、梅花纹、菊花纹、山茶纹、月季纹、莲纹、芭蕉纹、海水纹等。常见辅助纹饰有卷草纹、缠枝灵芝纹、双层莲瓣纹、忍冬草纹、回纹、如意云纹、宝相团花纹等。至于元青花上面出现的戏曲人物故事画面，迄今未在洪武瓷中发现。洪武边饰也较为简单，不外乎海水、灵芝、忍冬、菊花、回纹、蕉叶、小云肩、莲瓣等数种。

所谓创作意识不同，是指洪武官窑是严格受朝廷颁布的御样烧造，不同于元代工匠有完全自主权。在《大明会典》卷一九四《工部则例·陶器》条中有这样的记载：“洪武廿六年（1393 年）定：凡烧造供用器皿等物，须要定夺样制，计算人工物料。”洪武官窑瓷器的纹样都是由官家定制，绘画风格严谨，不容许工匠自由创作。因此洪武青花已经不再是继续延续元代景德镇青花瓷器的创作思路，也不是简单模仿，而是官方意志的产物。洪武的纹饰形象与运笔有较大关系，此时官窑纹饰讲究中锋运笔，笔路沉稳饱满，较元代精工绘画略为随意。就花卉而言，不似元代花卉左右对称，而让大小花朵参差错落，随风摇曳。花瓣边缘仍然留白，但不似元青花之蓝白分明，而是由内向外渐次渲染，自然过渡，白边较小，叶脉顶端仍追求出尖效果。

从装饰题材上看，洪武官窑青花瓷器与元青花最大的区别，就是装饰纹样题材单一，远不如元代丰富，这或许与当时御窑厂初建有关。元青花上大量流行的戏曲故事等题材不见了，主题纹饰以四季花卉为主，如缠枝花卉、牡丹、莲花、菊花、茶花等，绘画工整而缺少变化，有些已经形成固定图案样式。洪武青花中花卉品类有牡丹、石榴、菊花、茶花、月季、莲荷、百合、芙蓉、灵芝和宝相花，其中牡丹、石榴、菊花和茶花最为常见，是四季花卉的常见组合。另外，极具特色的是宝相花，在不同花瓣中孕育着各种形式的花蕊，似乎寓意着不同花卉品类，给人百花争艳的感觉。此外还有松竹梅、树石庭院、芭蕉图景等，边饰主要有海水纹、回纹、卷草纹、缠枝灵芝纹、缠枝菊纹、缠枝牡丹纹、缠枝莲纹、莲瓣纹、蕉叶纹、云肩纹等。元青花上流行菱形锦纹，钱纹等边饰则再也不见。折带云、品字云是洪武时期新创纹样。明初御用器物首次出现云纹，与朱元璋的某种心态有关。据文献记载，朱元璋在与元军的战争中，几次重要战争的胜利都有五色云出现。这成为朱元璋对祥云纹饰极为重视的原因。

洪武瓷器常见边饰有卷草、蕉叶、莲瓣、灵芝、如意、云肩、回纹、海潮、四出云等。尽管洪武青花题材不及元青花丰富，画笔远没有元青花流利生动，但是表现形式上仍有浑厚、朴素的特征。这种风韵在历代官窑器物中极为独特，几乎不曾再现。洪武时期瓷器上一面青花绘画、另一面模印凸花的两面装饰手法，是对元代枢府窑模印凸花技术的承袭与演变，这一装饰手法成为洪武瓷器脱胎于元瓷的证据。洪武时期釉里红和青花装饰技法仍然保持了元代风格，但已经呈现出与元代不同特征，从装饰方法、绘画笔法和纹饰上都能反映出来。构图繁密，主题突出，层次分明。民窑瓷器用笔简练纯熟，以描写自然为主，朴实无华，大笔写意，着意渲染。洪武时所绘菊花呈椭圆形，折枝或缠枝莲叶纹大都呈螺丝状，而常见元代缠枝莲叶纹则为葫芦形。由此可见元明两代在纹饰上的继承与演变关系。

洪武边饰中最为明显的是颈部环饰蕉叶纹与肩部、腹部一周莲瓣纹的变化。元代青花蕉叶一般比较挺拔细长，相互留有空间。而此时蕉叶相互叠合，叶体宽阔，中茎留白线勾叶脉。莲瓣文肩部丰满，转折柔和，不似元代方正。内里多填入灵芝纹或以宝相花居中，后者为洪武朝所创新和独有。元代莲瓣文常用八宝纹，此时消失殆尽。再是洪武纹饰布局与构图也具有时代特点。碗内常见的缠枝牡丹、菊花、宝相花相互套合，多以一种折枝花为中心，环以其他类缠枝花卉。器内外壁花卉品种又不相同。若内壁为缠枝牡丹，则外壁多绘以缠枝菊花，且外壁花卉与器心花卉遥相呼应。其中巨型碗除同于上述者外，还有以四季折枝花——牡丹、荷花、菊花、茶花同时并存于内壁四方的构图。另外，盏托类均以折纸花或团花为中心，逐渐向外展开三种不同的花卉，圆口盘较菱花口盘少一层花卉装饰，但是两种盏托口沿与外侧都环以回纹。此种器口外沿装饰回纹，也为洪武朝官瓷首创。

洪武年间，瓷器烧造数量十分惊人，主要是赐赠他国数量极大。在瓷器生产上，基本继承了元代生产大盘、大罐的遗风。其青花色泽偏于暗黑。所画纹样，尽管还是元代的布局，但是已经改变了元代满、密、平的感觉，形成了留白多、疏朗而清秀的风格。有的追求简洁的装饰，例如北京故宫博物院的“青花云龙纹盘”，只是盘心画三朵图案云，配合装饰的仅仅是装饰带，而留出的大片空白，则是元青花以来少有的视觉。洪武早期的青花清淡，如“洪武青花缠枝莲纹折腰碗”，内心草书“福”字，外壁画缠枝莲纹，活泼简洁。同类的高足碗的纹样也是线条疏简，色调清淡。到洪武中后期，才逐渐走向色彩浓重晕散，而向永乐过渡。

洪武的绘画虚实相映，枝叶扶疏，因风摇曳，富有动感，深受元代大画家柯九思画风影响。在烧制中由于窑位不同，其青花色泽有浓淡深浅之分，但整体偏于灰蓝。其重色者，纹饰中有大片的黑褐色金属沉淀斑；其色彩浅淡者，呈色近似天蓝，发色沉稳典雅，与成化朝平等青有异曲同工之妙。原因在于洪武改朝后没有开海禁，与外交往贸易有限，元代苏麻离青钴料一度中断。故而洪武青花钴料也曾一度使用当时国产青料，其来源是景德镇附近的乐平县。洪武时釉里红发色也极不稳定，说明此时在掌握烧制温度等方面还不够成熟。元末釉里红工艺还十分不稳定，处于由原始向成熟期迈进的过渡期。釉里红的烧制，到洪武时期已经能够基本掌握，到永乐时才烧出非常成熟的釉里红器。元代釉里红易于晕散，烧成技术不够完善，呈色难以掌握，其原料多被朝廷控制，民间不见釉里红烧制。到了洪武后期，皇家垂青釉里红，工艺精进，开始批量生产，但仅限于官窑。洪武晚期生产釉里红产品，在元、明、清三代里最为丰硕，成为这一时期的奇观。

洪武的龙纹一般是用云龙纹绘制，龙头小，颈部细，蟒身，作腾飞状。头部绘制并不复杂，独角或双角。龙头大多绘有后掠披发，晚期绘有竖发。最常见的是三爪龙，也有少数四爪龙和五爪龙。爪与爪之间分开得比较大，呈现车轮状。龙鳞为小圆弧形，留白边，富有立体感，常和粗短且向一侧弯曲云纹相伴出现。山石纹画法是先勾勒出山石、地面轮廓，留出白边再涂绘，这样山石便有了阴影，富有立体感。牡丹纹是洪武时期青花瓷上最常见纹饰之一，描绘手法沿袭元代风格，只是不如元代牡丹肥硕。先在花朵顶部和花瓣一侧留白，用以表现花瓣的间隔和花朵层次，再用较细瘦的螺钉形卷叶补四周地子，比元代更为写实。芭蕉纹中芭蕉叶宽阔舒展，用双线勾绘出蕉叶主茎脉，中间留白不填色，两片蕉叶间叠有一片蕉叶，叶尖稍圆，叶子边缘呈密集锯齿状，轮廓线用复笔渲染。此时莲花纹叶子比元代略小，花瓣绘成麦粒状或变形莲瓣形。莲花花蕊有石榴形、圆形，四周绘有连珠纹圆形花蕊。此时期菊花纹中常见扁菊花，扁菊花花心是斜网状或螺旋状。花蕊外部轮廓用双线勾描。花瓣有的是两层，有的是三层，最里层为白色小花瓣，只用线描耳部涂色。外层花瓣填色，但是每个花瓣顶部和一侧都留白边，用以表现花瓣的层次。菊花叶子一般绘成葫芦状，叶子两侧各有一或两个分叉，显得格外俏皮。

总之，以元青花与洪武官窑青花瓷器进行比较，特别是在扁菊纹、莲纹、牡丹纹、变形莲瓣纹、蕉叶纹、回纹、海水纹等纹饰方面，差距稍大。可知洪武官窑装饰手法基本来源于元青花，但是在继承的同时又有改变和创新，形成了自身独特风格。元青花纹饰笔锋犀利挺劲，构图繁缛严谨，以华丽雄劲之美夺人眼目。洪武的纹饰则是笔法舒缓柔和，布局疏朗开阔，形象更趋写实。洪武颜色釉，其装饰特点比较一致，内壁绝大多数刻印有云龙纹，龙纹形象不如元代凶猛，龙身稍粗，麟呈小弧形，或填色留边，龙鳞画得比较精细，出现五爪龙，但仍以四爪、三爪为多见。云纹呈品字形排列，器物里心有浅刻云纹。洪武官窑纹饰，虽承袭元代，但是较元代层次感强，或勾连留白，或平涂。其所创“一笔点画”大笔写意对后世影响很大。

2. 洪武时期的画法

所谓“一笔点画”的绘画方法，起笔色深，收笔色淡，布局舒朗。这是基本装饰方法。其缠枝花的枝叶、海水纹、卷草纹、回纹、变体莲瓣和松竹等都是采用这种笔法。其主要特点是圆弧形线条多，线条粗细变化明显。元青花纹饰笔锋犀利、挺劲，构图繁缛严谨，以华丽雄劲之美夺人眼球；而洪武青花纹饰特点是笔法趋缓柔，布局舒朗开阔，物象更趋写实。洪武青花装饰题材远不如元青花丰富，这或许是因为天下初定，景德镇窑厂还处于初创时期。凡是瓷器近似元青花，但又有椭圆形扁菊花纹饰，或者蕉叶纹重叠排列，蕉叶边缘用笔不实，叶脉中茎中空的，应该视为明洪武时期青花瓷。至于那种器物内壁模印云龙纹、外壁绘青花云龙纹大瓷盘，只要底足露胎而且大，底足壁较元青花瓷器底足壁稍薄，也应视为明洪武青花瓷。

双勾画法。双勾的方法在元代青花瓷中偶尔也能看到，但是双勾线条较粗，难以与单笔勾勒做区分。洪武青花上的双勾线条，已经较细而且均匀，如扁菊纹、焦叶纹、芭蕉、花卉纹等，都是采用了这种方法，勾勒后有似白描效果，有的还做了填色。洪武时期使用了模印纹饰加青花绘画风格，这种方法延续了元代青花绘画工艺，但又有所区别。元青花往往只是在模印处以青花勾勒填色，洪武则是模印与青花各自独立，如青花云龙盘内壁模印龙纹，外壁青花龙纹，似乎是枢府瓷模印工艺与青花结合。洪武以后，官窑青花上也屡见胎体上装饰暗纹，但都采取刻画方法，而非模印。纹饰特征，洪武官窑装饰风格繁盛丰富，与元青花不同的是采用花卉为主，已经不见元青花常用的瑞兽、人物、飞禽、莲池鱼藻等图案内容，纹饰造型趋向写实，注重细节表现。

3. 各种装饰纹样

走兽翎毛类。走兽类有龙、马、鹿、狮子，还有怪兽麒麟。翎毛类的有孔雀、鸳鸯、大雁、仙鹤、鹭鸶、锦鸡、雄鹰和鸭子等。另外，还有一些鱼虫、昆虫等小动物也会出现于纹饰之中，如纺织娘、螳螂、蝉、蜥蜴、青蛙、蝴蝶等。鱼类主要有鳜鱼、鲤鱼、鳊鱼、鲢鱼和螃蟹等。

龙纹。洪武时期，因为朱元璋属龙，故而特别重视龙的纹饰。龙纹原本是元青花瓷器的重要纹饰之一，其形态为小头、细颈、长身，有的无毛发，张牙舞爪，凶猛威武。由于元代官方禁止民间使用五爪龙，因此现存元青花上龙纹均为三爪、四爪，以三爪为多。洪武官窑青花瓷器纹饰以花卉为主，龙纹少量出现，龙有三爪、五爪之分，数量各占一半，沿袭了元代小头、细颈、长身的特点。形态多为张口、吐舌、有角，多有毛发，肘毛二根至数根不等，胸背多饰有火焰状飘带。但龙形象不如元代凶猛。元代时龙身细长，明代龙身变得粗壮，小头，长身，细颈，后掠披发，晚期还出现竖发。首先，将元代四爪龙改为五爪。元代龙是小头细身，龙鳞有网格状和鱼鳞状，而洪武时的龙都是鱼鳞状的。龙张嘴和闭嘴的都有，有的还伸出舌头，下颌比较长，即所谓“猪嘴龙”形象。其龙特点是：身子粗，头大，下巴尤其大，并且向前冲，五只爪子像风火轮。

这种龙又分为几种：一是行龙，或称赶珠龙，衬以云纹、火珠。二是海水龙，在永乐时期出现，并且永乐龙纹身躯较洪武年间圆润，不再是蛇形，脚爪有力，龙腿增长。龙头部出现平直披发和竖发等多种形式。龙身开始有发胖趋势。三是飞翼龙，宣德时出现，嘉靖时消失。四是螭虎龙，形如壁虎，有行龙亦有团龙。洪武二十四年（1391 年）数次规定官民人等所用器具不准画龙凤纹（《明太祖实录》），尤其是五爪龙，更是皇室专用瓷器，故至今绘五爪龙纹饰的数量稀少，画凤纹的基本未见。北京故宫博物院藏明代洪武青花云龙纹盘，内壁釉下模印云龙纹，外壁绘以云龙纹，一面青花绘画，一面模印凸画，其模印装饰手法最早始于元代，可见洪武时期仍然保持了元代装饰方法。洪武的龙纹装饰手法对永宣龙纹造型产生了一定影响。

龙纹自古以来就是应用最为广泛的装饰纹样之一。在漫漫历史长河中，青铜器、玉器、陶器、漆器、瓷器、金银器、绘画等无一例外，均有其出现。而明代瓷器烧造规模庞大，数量巨大，明早期的洪武、永乐、宣德时期存世之作更是精美。因此，研究明代早期龙纹的发展，对揭示我国瓷器的演变有着重要的意义。由云龙纹来鉴别洪武青花瓷与元青花的区别，也是一个判断的依据。现阶段，学术界对于明代早期龙纹瓷器主要有以下几个观点：第一，洪武朝此类瓷器流传数量很少，胎体和纹饰均与元代十分相似，不易区分。第二，永乐瓷器在图案装饰上已改变前朝风格，更为秀丽、典雅，趋于疏朗清秀。第三，宣德龙纹数量增加，形式更为多样，其中团龙更是一大特色。

明代早期龙纹瓷器举例。博物馆藏品为了社会教育和科学研究，根据自己馆藏性质，搜集保藏自然界和人类社会物质文明、精神文明发展见证物。博物馆藏品具有重要历史、科学或艺术价值，是国家宝贵的科学文化财富。考古发掘收集遗物，也具有真实性、可靠性特征。因此，研究现有馆藏及考古出土物，是了解明早期龙纹瓷器重要途径。现进一步分析三件代表性器物，以揭示明代早期龙纹特点。

其一，洪武红彩云龙纹残盘。现藏于南京博物院，1964 年出土于南京明故宫玉带河疏浚工程中，是龙纹瓷器典型代表，出土仅为残片，经过复原，口径为 15.6 厘米，内心绘三朵短脚飘带云，内、外壁各绘两龙，透过灯光观察图案完全重合，碗心浅刻“风带如意云”纹。其龙嘴微张，脖颈较细，五爪呈团形，指尖锐利，背部有火焰状飘带，肘毛三根。盘上所绘云龙纹是明代洪武朝官窑瓷典型纹饰，还见到有红釉印花、蓝釉印花、青花印花等品种。

其二，永乐青花釉里红龙纹梅瓶。出土于景德镇御窑厂遗址。梅瓶形体矮胖，线条流畅，造型敦实，采用刻画方式。龙口紧闭，发上冲，呈三角状，五爪。眼部上方有两根直立向上胡须，下颌胡须分为两部分，前面一半数量较多，后半部略有卷曲。其间点缀以朵云、海水纹、火珠等图案。此时期釉里红制作工艺技术，经过洪武时期发展已经成熟，所以釉里红器物，特别是釉里红龙纹器物有所增加。

其三，宣德青花红彩海水龙纹盘。现收藏于北京故宫博物院。高 4.4 厘米，口径 22 厘米，足径 14 厘米，敞盘口，盘腹较浅，圈足，口沿内外都用青花勾边。外壁为红彩海水满地，上绘九条青花龙穿梭于海水浪花之间；内壁仅在内心画有一条青花侧面龙，与釉里红海水及白色卷浪相映成趣。龙纹紧凑，整体呈团形，首尾同在一侧，身形矫健，有腾空飞舞之感。

除以上几件以外，我国博物馆还存有大量明代早期龙纹瓷器。据耿宝昌先生《明清瓷器鉴定》及其它资料介绍，洪武朝的主要有北京故宫博物院收藏的青花龙纹盘、红釉龙纹盘，还有美国堪萨斯阿脱肯斯艺术博物馆收藏的外酱釉里霁青釉高足碗、上海博物馆与美国旧金山亚洲艺术博物馆收藏的釉里红龙纹双耳瓶、广东省博物馆收藏的青花云龙三足炉以及菱花口龙纹盘、龙纹高足碗、缓带葫芦瓶等器物。

明代早期龙纹瓷器特点。通过上述分析，将同时代瓷器放在一起进行比较，寻找规律，可以看出明代早期龙纹瓷器发展具有以下几个特点。

一个朝代灭亡，一个朝代兴起，当有明显界限。然而作为工艺制造，并不会像朝代更迭一样迅速转变。明代开端洪武时期的龙纹仍带有元代特点：龙身形较胖，鳞片采用留白手法，描绘细致紧密，呈鱼鳞状，细颈粗身，差别明显，背脊近二分之一处有一长飘带状毛发迎风向后，且上分三支；腿上部肌肉发达，与下部对比明显；肘部有肘毛三根，分开来画而非交于一点或相连通，团形五爪，指尖锋利。辅助图案以云纹为主，形状固定，完全相同。整体呈巨龙飞舞、威猛潇洒之状。

辅助纹饰。海水纹，又称海涛纹。海水纹是水纹中专门描绘海水浪涛的一种纹样，出现在宋以后，明清甚多。海水龙纹是明代早期常见纹饰图案，由龙与海水组成，龙穿游于白浪，身影矫健，故名。海水纹根据釉色品种不同，分以下几种：一是龙纹与海水都用青花勾勒，青花龙纹颜色较深，海水用淡描细线铺地。二是青花海水，龙纹留白。在模印好的龙纹周围，用青花绘海水。此种装饰方法特点是眼部留白处和龙身外缘处会因周围青花流动而变小。三是釉里红龙纹，青花地。釉里红在洪武、宣德朝一度发展到极致，颇负盛名。其将两种釉下彩相结合，色彩丰富，工艺精良。英国达维特基金会就存有一件海水龙纹高足碗，属宣德或更早制品。四是青花龙纹，釉里红海水。与前一种工艺方法相同，用釉相反。五是根据海水的分布位置，还可分为底部和环绕两种。除此以外，龙纹还常与香草、宝珠、水草、花卉等装饰图样一同出现，组合方式多样，各具特色，有香草龙、龙赶珠、莲池龙、穿花龙等。

特殊龙纹纹饰。螭龙、夔龙与应龙都是明清官窑中，永乐、宣德时期相对少见特殊龙纹，属广义龙纹范畴。夔龙纹是商周时期青铜器上主要纹饰之一，侧身、一足、卷尾。纹饰造型清晰，上唇较长且上卷，猪嘴，前半身有双足、两翼、卷草尾。整体与同时期应龙纹相似，身形短小，口吐西番莲，俗称“含花龙”。也有一种说法，说夔龙其实是中亚地区神兽摩羯，自唐代传来中国。到元代时将原来的夔龙改造，变成双尾龙。明代早期夔龙图案出现次数较多。应龙是古代传说中一种有翼龙，相传大禹治水时有应龙尾画地成江河，使水入海。从传世品与景德镇珠山遗址资料看，应龙纹在成熟落款瓷器上使用较多。其按照不同特征可分为四种：双足三爪羽翼类、鳍足羽翼类、双足龙爪蝙蝠翼类、鳍足蝙蝠翼类。三者的区分是：螭龙和夔龙没有鳞，有兽足，螭龙为四足、无翼。夔龙为双足，无鳞，有翼。应龙之足可有可无，有翼，有鳞。洪武时期龙纹留白，细线勾勒，无其他纹饰，以达到突出龙纹的效果。除前文提过明故宫出土的白地红彩云龙纹盘外，明代早期龙纹瓷器品种还有酱色釉、外酱内霁青釉、红釉、斗彩、五彩、黄彩、绿釉、蓝釉、黑釉等。

青花龙纹装饰技法。龙纹多为赶珠龙，一龙向前赶珠，另一龙扭身回头呈现正面。二龙均双目圆睁，龙口闭合，须发向上飘起，小头、细颈，身躯强壮，五爪呈风火轮状，张扬有力，鳞片为弧形麟状纹，全身平涂青花料。龙鳍呈火焰状，肘毛三条，如飘带状，毛根部绘旋涡圈一处，云为蝌蚪状或飘带如意状。洪武龙之绘法是由元代传承而来，古朴而雄健。而元代的纤细、灵动，发展到永、宣，逐步走向浑厚和矫健。元代龙纹极有特点：小头，细颈，长身，龙鳍呈火焰状，或用粗笔绘成飘带状，常见有三爪或四爪，爪子瘦骨嶙峋，却充满力度。而洪武龙纹承袭元代特点，身躯变得粗壮，面目更为狰狞。到永、宣以后，身躯变得雄健浑厚，龙须由细变粗，龙口有的闭合，但更多的是昂首张口，龙鼻高翘，显得雄壮有力、霸气十足。其所配花卉云朵留有白边，极少有款识。明代早期龙纹器型以盘（包括菱口或板沿二类）、碗、高足碗数目居多，多见于梅瓶、玉壶春、执壶、梨形壶、高足杯，也有少量罐、钵、天球瓶、扁壶、盖罐、环耳瓶、滴砚、鸟食罐、尊、扁瓶等存世，可以说是形式多样，覆盖了明代大多数器型。其中海水仙山龙纹常装饰于高足碗、高足杯，海水龙纹装饰于罐、盘，团龙见于内心，而多条团龙则绘在盘、碗葵瓣或是开光之中。总的看来，明代早期瓷器龙纹造型威武凶猛，气势如虹，构图合理，色彩优雅，细部刻画精细。

祥云。云纹主要有两种：一是风带如意云，上下两个如意云头，中间以 S 形云带相连，在云带两弧形外侧，各有半个如意云头，分布于龙纹周围。二是三朵云纹，以明故宫出土青花龙纹盘内心为例，云头饱满，尾部出尖，三云首尾相接呈环形，主要作龙纹盘、碗的内心纹饰。

凤。《说文解字》中释为“神鸟也”，是古老图腾之一。其形象通常为“鸡头、蛇颈、燕颔、龟背、鱼尾、五彩色，高六尺许”。龙、凤自古都是吉祥代表，成双成对出现，这样才有了“龙凤呈祥”、“龙飞凤舞”等成语。明朝统治阶级出于巩固政权需要，对龙凤的崇敬和颂扬不断升级，运用广泛。当时盛行清秀纤巧装饰风格，在细部刻画上更为具体。明代早期团形龙凤纹最具代表性，始现于永乐，多见于宣德，首尾相对，装饰于内心或菱瓣，寓意吉祥。

洪武禁制。明初“洪武禁制”是问题关键。据《明太祖实录》记载：“洪武三年（1370年）八月丁丑诏中书省申禁：官民器服，不得用黄色为饰，及彩画古先帝王、后妃、圣贤人物故事、日、月、龙、凤、狮子、麒麟、犀、象之形，如旧有者，限百日内毁之。”（《明太祖实录》卷五十五。）可以推测，洪武禁制所限制人物题材就涉及这些故事、高士图、仕女图，以及寓意人物图、山水人物图等。这种禁制称为当时瓷器绘制纹样的规范。当时统治者认为在瓷器上绘制这些人物故事，是对先帝忠臣亵渎，这成为下令禁止的直接原因。这个禁制一直延续到永乐初年。洪武一朝未见其他人物纹饰青花瓷器，另外在纹饰方面，元代常见的人物故事、麒麟、文豹之类动物纹饰也没有见于洪武一朝。通过各方面资料搜集，发现洪武朝青花瓷明显少于釉里红，而且完整器物更少，并且没有发现洪武时期官窑青花瓷器带有人物纹饰。目前仅上海博物馆藏有一件釉里红青花开光人物故事瓶，其年代或在元代与洪武之间。如此看来洪武时期几乎是人物纹饰空白期了。

人物故事类。明代早期人物头大，孩子头上有刘海，前脑大。在洪武官窑器物上没有出现，在民窑器上有表现。洪武瓷器人物故事多承袭元代，主要题材不脱元代窠臼，主要有蒙恬将军、唐太宗、西厢记、三顾茅庐、昭君出塞、百花亭、细柳营、萧何追韩信、吕洞宾、周濂溪爱莲、陶渊明赏菊、王羲之爱兰、林和靖爱梅、郭巨得金等。本来元代晚期人物故事题材的背景很多，不过 14 世纪以后，元代执政者发现当时杂剧内容有激励人心作用，并因而出现反政府效果，所以出示告示禁止演出，成为“榜禁”。明代洪武时期为了防止借古讽今，更禁绝历史剧演出，若非法律指定可以演出者，如果有人传送印卖，一律烧毁，有收藏的全家杀绝。可见当时管制之严厉。这可以解释为什么在元末明初之际陶瓷上人物故事画突然消失不见踪影的原因了。

花卉类。洪武时期花卉主要有牡丹、宝相花、莲花、牵牛花、灵芝、芭蕉、松枝、竹叶、梅花、菊花、栀子花、鸡冠花、山茶花、带状水草和浮萍等。另外，还有诸多瓜果也会穿插其中，例如桃实、石榴、扁豆、西瓜、葡萄等。

扁菊纹。洪武时期最具特点纹饰为扁菊纹。这种纹饰早在元代就已经出现，有作为主题纹饰，也有作为辅助纹饰。大英博物馆藏元代青花缠枝菊纹玉壶春瓶，通体装饰缠枝菊纹。到洪武时期扁菊纹应用更加广泛，不仅作为配饰，还常常作为主题纹饰，主要以缠枝菊纹和折枝菊纹两种形式出现。缠枝菊纹多单独装饰 20 厘米左右碗外壁，以及 40 厘米左右大碗内外壁以及折沿。如英国维多利亚与阿尔伯特博物馆藏洪武青花花卉纹碗，其内壁装饰有缠枝菊纹，它是由两朵扁菊纹前后相叠而成，这种缠枝菊纹还常以四季花卉组合形式出现于 40 厘米左右大碗口沿以及圆口托盘里心。折枝菊纹一般单独出现于菱花口大盘盘心作为主题纹饰，有时也与牡丹组合成一组图案。折枝菊纹还常与牡丹、莲花等花卉组合装饰菱口大盘内外壁花瓣形位置和执壶腹部。而菱口大盘内外壁通常是一朵盛开菊花，上方分叉处有两只花骨朵，执壶则是在壶腹表现为三枝折枝菊纹。

洪武扁菊纹整体呈椭圆形，花心也为椭圆形，用双线勾勒，双线之间留白，花心里绘以网格纹，花瓣分为里外两层，里层花瓣较小，只勾勒不填色；外圈花瓣较大，花瓣内填色不满，在花瓣一侧和上端留白，以此来表示花瓣间隔和层次。而元代扁菊纹画法与此不同，土耳其托普卡比博物馆藏元代青花瓷鸳鸯莲池纹碗内口沿处装饰，由一周缠枝扁菊纹，扁菊纹花心同洪武一样为网格状，但是花瓣只有一层，且留白处比洪武窄。元代青花双凤纹大盘里心也装饰有扁菊纹，扁菊纹采用了蓝地白花表现方式，因此花瓣只勾线不填色，花瓣分为里外两层，里心填色而不是网格纹。可见元代扁菊纹或者没有二重花瓣，或者无网格形花心，表现形式多样，并未形成洪武官窑青花这种统一画风。元代花卉花和叶比例不对称，有时一样大小，叶子往往呈大葫芦形，叶子脉尖似蟹爪，宣德时呈剪刀形，菊花花心成网格纹。到明代初年仍有保留只是略有改变，其叶子变为钉螺形、剪刀形。这种扁菊花蕊以双线勾勒，中间画斜网格，线描双重花瓣，外层花瓣里侧面填以青料。叶两侧有一个或两个开叉。元代菊花纹一般为圆形，单瓣为多，菊叶两侧均三个开叉。元代叶子外框白边，明代呈三角形。菊花为扁菊，花瓣一般分为两层，外层花瓣涂满，里层花瓣留白，花心绘网格，这类扁菊纹是洪武朝所独有纹饰。也可以分为缠枝菊花纹和折枝菊花纹。缠枝菊花纹比较常见，一般用于直口大碗、花墩式碗内壁以及执壶仿腹部以及折沿盘外壁。折枝菊纹比较少见，一般用于直口大碗和折沿盘内壁中心。元代菊花多作为辅助纹饰，洪武时期菊花改为主题纹饰，菊花呈椭圆形，花心作斜网格纹，菊为重瓣，内层线描不填色，外层花瓣填色。这种扁菊花形式不同于元代，永乐、宣德时也十分少见，是洪武时期所独有造型。

莲纹。洪武时期官窑瓷器上莲花纹，分为缠枝与折枝两种形式，缠枝莲纹一般单独或与其他花卉如牡丹、山茶花等组合形式出现在盏托盘心、大碗内壁，有时还装饰在壶嘴位置。折枝莲纹常单独出现在盏托盘中心或菱口大盘内壁。菱花口大盘通常是一朵盛开莲花，上方分叉处有两只花骨朵，以每根凸棱为中轴左右对称。洪武时期莲花纹饰与元代不同，此时莲花呈麦穗状。元代时层次较多，花心有石榴形、心形和圆形，而洪武时花心还出现了在周围缀以连珠纹的新形式，使花型更具图案化。洪武时层次减少。洪武时期所用之缠枝莲纹饰，为洪武所特有。洪武缠枝莲纹构图饱满，而且莲纹花头种类繁多。从视觉效果区分，有正视、侧视和俯仰效果下的莲纹。缠枝莲纹除与写实莲纹相近外，大致可以分为三种：一是麦粒状莲瓣，此类花头外形饱满，花瓣尖若有芒，花形俏丽。二是螺形莲瓣，花瓣弯曲似螺纹，且层层叠叠，外形夸张富丽，完全摆脱了自然界中莲纹造型特点，但是具有很好的装饰效果。螺旋莲纹有俯视、正视等不同视角下表现形式。三是大莲瓣之间夹以小莲瓣，采用勾线填色留白手法，内绘以花蕊和莲心，莲心内随意点拓。

石榴果实状莲心，外围以螺形莲瓣，而内层以双写实莲瓣托起石榴果实状莲心，造型饱满，装饰性强。洪武官窑釉里红地白花纹碗，莲瓣内勾线不填色，莲纹外以釉里红为地，花型饱满，敦实可爱。宽莲瓣纹，莲瓣肥实，瓣尖突起，与现实中的莲瓣相似。外环以双层莲瓣，其变体有仰俯之分，两瓣并合，互借边线或分开者均有，肩圆柔。元代莲瓣每瓣分开，各自独立。元代时在莲瓣内还精心描绘各种花卉、如意云头或杂宝等，而洪武时变得简单，只见单线勾描涡卷纹或宝相花。莲瓣中纹饰简单，有花卉、涡云、宝相花等，边框只勾勒不填色。元青花中莲瓣均为独立分开而不借用边线，肩方正，莲瓣中纹饰多样，边框填色。典型元代青花瓷器莲花纹中有肥硕葫芦形叶，在洪武瓷中已经变得细瘦而不成葫芦形。洪武官窑缠枝莲缠枝表现为弧度很大，曲折回转，缠绕有序，将莲纹缠绕将近一周，给人一种饱满富丽之感。洪武官窑缠枝莲骨架形态优美，笔势洒脱，大气舒展。传统单层横带式布局，波形骨架线条细滑，于波峰背面发枝，形成卷枝将莲纹缠绕半圈，相邻莲纹于波谷偏右上方起线，由波峰到波谷段较为陡峭，线条柔软，弧度大，间隔空间稍小。官窑缠枝莲骨架与莲纹、花叶一样，非常具有规律性，形式较为单一，但气势磅礴，线条顺畅不迟钝，继承了元代风格，处于由元代向明代早期转折阶段。元代成熟莲纹与明代早期莲纹从原料、材质、整体艺术风格、莲纹局部特征上，都具有明显或微妙差别。

明代早期缠枝莲纹，一般装饰在大碗外壁，作为外壁主题纹饰。对于莲纹局部处理，洪武主叶大多如指物之手。洪武缠枝莲纹缠枝，多将莲花花头缠绕四分之三，而元青花花头多数裸露于外，缠枝形状为波浪形。另外官窑莲纹与花叶形态比元青花要小，整体构图空间感很强，留白较多。元青花枝叶通常绕过主枝穿插到枝另一端，而洪武缠枝莲纹枝叶多数不超过主枝，显得比较中规中矩，较元青花少了些妖娆婉约之态。洪武缠枝莲纹部分地继承了元青花莲纹风格特征，莲花花体大，花型饱满，花瓣间不填满色，留一线白边，使花朵结构清晰，立体感增强。在传承同时，洪武缠枝莲纹在局部上也产生了很多变化。

洪武时以釉里红为原料绘制缠枝莲纹，在瓷绘莲纹中占较重分量，采用釉里红地白花装饰手法，是延续和借鉴元代青花地白花装饰手法，而在永宣时期这种装饰手法极少见到。洪武官窑缠枝莲纹非常注意利用空间，譬如一个碗，其口沿、外壁、颈部、外足墙绘满主题纹饰，给人一种紧致细密装饰美感，有些边角直接用弦纹进行装饰，显得结尾疏朗。在绘画技法上，洪武朝官窑缠枝莲纹较多采用勾线填色并留白，填色用大笔一笔填满。明朝洪武缠枝莲纹花叶，一般只有一种变形叶片，偶尔有一朵小花缀饰其间。洪武朝官窑缠枝纹多用一侧视一仰视莲纹交替出现，显得活泼灵动。洪武与永宣时期官窑缠枝莲纹从整体构图、绘画技法、花叶、莲纹花头排列上，都有着各自风格特征和时代特点。洪武时期官窑缠枝莲纹继承多、创新少，永乐、宣德时期官窑缠枝莲纹产生了许多新颖形式。

变形莲瓣纹。这是元代与洪武时期常见边饰。洪武官窑青花瓷器变形莲瓣纹，常常装饰于大碗、盏托、玉壶春瓶、执壶颈部等部位。元青花上变形莲瓣纹则是无处不在，不仅将其作为颈部装饰，还常常把它装饰于圆器内壁、琢器颈部、肩部以及梅瓶瓶盖上。洪武与元代变形莲瓣纹区别比较明显。首先，元代相邻两个莲瓣之间都留有空白间隙，而洪武时期莲瓣纹基本不留空隙，相互借边；其次，元代莲瓣纹边框均为青花涂抹粗线，而洪武则为用细线双勾莲瓣边框，内不施以青料；再次，元代单个莲瓣纹边框上折肩几乎为 90°硬折角，相比之下洪武则相对圆润。最后，洪武莲瓣内多见单线勾勒涡卷纹，莲瓣内绘以宝相团花，为洪武首创。

蕉叶纹。洪武与元代蕉叶纹多装饰在长颈瓶之类器物颈部，此外元代青花梅瓶器盖上偶也出现蕉叶纹。两者之间区别在于：首先，元代蕉叶纹挺拔细长，而洪武则相对宽大一些。其次，元代蕉叶纹相互之间多留有空白，而洪武均为两两叠合。再次，元代蕉叶纹中颈部或者单线色绘，或双勾填色。洪武双线勾绘之后不填色，中茎留白。最后，洪武蕉叶绘画较为规范和统一，边缘都为细碎锯齿形，元代则较为随意，例如美国波士顿美术馆藏元青花玉壶春瓶，它蕉叶纹边缘就是波浪形。美国大都会博物馆收藏元代玉壶春瓶，它边缘则为平滑弧线。洪武蕉叶纹饰多见于瓶颈。洪武蕉叶纹中茎仅以线描勾出而不填色，中颈两笔勾成并留白，而元代蕉叶仅以一笔勾勒轮廓而不画叶脉，中茎满色，填色浓重，开叉稍少。元代蕉叶纹狭长瘦尖，洪武蕉叶纹变得稍阔，叶瓣叠压，与元代蕉叶各自独立者不同。

松树与竹子。洪武时所画松树，用粗细线条勾勒树干和树枝，松针圆球状。元青花松树纹更写实，松针细长，马尾状、折扇扇骨状或圆球状。洪武时竹子采用双线勾填或单笔勾勒，竹叶向下为多；元青花均为单笔勾勒，竹叶向上为多。

茶花。元代不多用，洪武开始多用茶花。茶花纹一般出现在四季花卉纹中，配合其他花卉使用。单独使用时以整株形式绘于折沿盘盘心。

牡丹纹。洪武牡丹纹与扁菊纹一样，也分为缠枝和折枝两类。缠枝牡丹常与莲纹组

云肩纹。云肩纹常装饰于罐与执壶肩部，云肩内常绘以折枝花卉，或绘叶脉，或作蕉叶状。

钱纹。比较少见，见于执壶颈部。

釉里红装饰技法。釉里红性能特征、线描技巧难以驾驭，其绘法笔法有自己特点。分析洪武时期釉里红笔法，有二种：第一是单笔勾勒，如卷草纹、变体莲瓣纹、花卉枝叶、花瓣等都是用粗细不一单线条单笔勾勒，犹如中国画的没骨画法。用这种笔法，釉里红呈色大多红艳，釉层肥厚、乳白。第二是双勾填色。双勾线条有粗细变化，填色有浓淡深浅。用这种笔法的釉里红呈色大多灰暗，釉层白润，白中含青灰。绘画笔法和釉里红呈色及釉层的相关性，是一个在瓷器鉴定中值得重视的问题。这可以从两个角度分析：首先是这两类作品是否有先后之分。因为在单笔勾勒、釉里红呈色红艳、釉面乳白作品中，如变体莲瓣不借用边线等特征，常有元代遗风，因而有理由认为这种作品在洪武早期已经在生产。从景德镇出土的永乐初年釉里红器看，绘画笔法、釉里红呈色和釉面状况与上述第二种笔法完全一致，因而同样有理由相信双勾填色、釉里红呈色灰暗，以及釉面白润、白中含青灰作品是洪武后期生产。至于单笔勾勒作品生产到什么时候，以及双勾填色作品何时出现，两者是否共存以及共存时间，则需要进一步研究。

其次是这两类作品出现的原因。釉里红理化性能没有青花优异，一是难以表现纹饰细节，笔画之间相互叠压遮障，晕散厉害，用双勾填色就非常困难。经观察研究，釉里红晕散原因之一是釉里红和底釉铜含量浓度之差过大，由此可以推测，为了改善绘画性质，不得不放弃呈色要求，在釉里红中掺合其他成分，降低纹饰和底釉间铜含量浓度，用以改善绘画性能，减少晕化。这就是造成呈色红艳、绘画粗糙、绘画优异却呈色较差的原因。由此看来，洪武釉里红有些呈色灰暗并非烧制失误，而是有意识地通过原料成分改变，来提高绘画工艺手段。在传世釉里红器物中，有些采用双勾填色，但晕散明显、呈色红艳的，当属这两种原料配方的过渡阶段。

纹饰题材。洪武釉里红装饰纹样和同期青花相同，只是受到釉里红性能限制，画法稍简。如牡丹花花瓣外勾勒一圈细线留白，青花在留白处再染淡青色，釉里红则没有这些工艺。洪武釉里红装饰纹样以四季花卉为主，有牡丹、菊花、莲花和茶花，另外，松竹梅也较多使用，迄今未见有人物纹，龙纹也少见。辅助纹饰有卷草纹、回纹、灵芝、蕉叶、变体莲纹和海水等。釉里红的时代特征基本同于青花，两者可以相互参照。

釉彩特色。明代早期龙纹瓷器以釉下彩瓷品种青花、釉里红为主，但也有其他品种，如釉下彩、釉上彩、斗彩和颜色釉等。青花从元代开始就成为瓷器中最主要品种。洪武青花呈现为淡蓝色，有些稍许青中泛灰，为采用低铁、高锰、含钴量低的国产青料作色料所致。明永乐三年（1405 年），明成祖命郑和下西洋，对瓷器发展产生重大影响。郑和七次下西洋，从南洋苏门答腊地区带回苏勃泥青料，造就了发色艳丽、含有铁锈斑的永宣青花。

釉里红是元代江西景德镇创烧的一种釉下彩瓷品种，即釉下红色。它用以氧化铜为成色元素釉彩，在瓷坯上绘制图案，然后施透明釉以高温还原焰烧成。但真正色彩鲜艳的极为罕见。这是因为它制作过程复杂。古代瓷工在制作釉里红瓷器时，先要在瓷坯上描绘图案，然后施上一层透明釉，再进窑烧至 1300℃左右，其中上下温差不超过 25℃。在这样高温中一次烧成。其实这是烧制青花瓷的温度，但是烧制釉里红就不行了。釉里红需要温度要比青花稍低。故而当温度烧高至 1300℃时，釉里红颜色就会烧飞。虽然这一工艺始于元代，明代达到成熟阶段。釉里红在洪武时期已达到烧制顶峰，颜色多为较淡或偏灰，这与窑工掌握和控制温度还不够熟练有关。

九、器物造型特征

洪武官窑瓷器继承元代青花釉里红瓷器，具有承上启下特点，虽然力图创新，但是仍然没有摆脱元代厚重风格。目前由于器物存世器物数量较少，器型种类也较少，造型设计上仍保留了元青花痕迹。洪武青花造型多数以大件为主，小件为辅，主要有盘、碗、盏托、玉壶春瓶、执壶、春寿瓶、三足炉、狮足炉，盖罐等。由于春寿瓶、三足炉和狮足炉等器型存世量很少，并且元末未见此类型，可见是洪武朝所创烧。洪武时期器型还较单调，创新器型较少，比照前朝厚拙、挺拔，此时稍显柔美，兼有元代沉稳遗风。洪武时期造型有元代风貌，总体特点是比较敦厚古朴，大件器多，个别单薄。

1. 底足特征

足径大。洪武瓷器底足中心有乳钉状突起，是元代器足遗风。这种器足处理在当时处于主流地位，成为明显时代特征。同时也兴起各种形制圈足，种类繁多，常见有圆涡形厚底足、高足、里壁斜削外倾斜式圈足等。器底为细砂底，底部边缘有少许火石红，底部多刷有白色或红色护胎釉。底足外墙多为平直状，内墙斜削，呈坡状，也有底足内外斜削现象。小件器物底足多为平切。高足杯碗的柄足多为釉接。洪武大盘浅圈足与宣德浅圈足不同。

呈花瓣形，浅圈足，砂底。口径20厘米左右，花口，弧壁呈八瓣花瓣式，火石红色，或有釉浆，内心有凸棱一圈，用以承小杯。该盏托口沿外墙上绘以回纹一周，为洪武朝典型器，其他时期所不多见。托上之小盏，直径9.2厘米，直壁，圈足，涩胎底，景德镇窑址曾有出土。盏托在元代时中间是平的，没有凸槽。洪武盏托中间有一周凸棱，用来固定茶盏。目前均少见托上之杯，可能当时在盏托之上使用金属器物以示尊贵。

5. 直口小杯

直壁，底部为涩胎，有粘砂。是与上述盏托配套使用，故又称“劝杯”。由于这类小杯从未见传世品，因此有人猜测与盏托配套使用的小杯可能是金器或银器，甚至又说是与碗配套使用的。

6. 瓶

瓶类主要有梅瓶和玉壶春瓶，另有石榴尊。

梅瓶。小圆口，短颈，平肩，敛腹，浅圈足，砂底。有盖，盖中有子口。瓶腹部绘松、竹、梅。连盖高44—45厘米。束腰缓缓外撇，浅圈足，底心下凹，底部与大盘一样也呈窑红。梅瓶通常有盖，盖作钟形，盖内有一管状物，盖上后，管子插入瓶口可以起到固定作用。洪武青花梅瓶形状较为特殊，与元代及同时期釉里红梅瓶造型迥异。

玉壶春瓶。洪武玉壶春瓶最为常见的器型为承袭元代的造型。撇口，束颈，垂腹，圈足，釉底。自颈部和腹部及圈足分为三段衔接成型。颈部较元代肥大，垂腹较元代丰满。其最大区别在于圈足直立，较为宽厚，露胎足脊呈弧面。此时玉壶春瓶大致可以分为青花和釉里红两个品种。造型相同，高度约30厘米，侈口宽唇，长束颈，颈部略粗，腹部浑圆饱满，矮圈足，足径约11厘米，和元代制品相比略粗壮，造型敦实。明洪武玉壶春瓶器身较高，瓶颈较短，圈足较高。全器由颈、腹和圈足三部分拼接组成。口沿勾云纹，颈部蕉叶纹、回纹、如意云及缠枝花叶纹，腹部缠枝菊、缠枝牡丹或缠枝莲、松竹梅等，高32—33厘米。这种玉壶春瓶在元代时颈部细长，颈部以下渐广，椭圆形腹，圈足略高并稍微外撇。洪武瓶的颈部明显缩短变粗，较元代肥硕，腹部也较丰满，垂腹的重心下移，较永乐器丰满。元代玉壶春瓶高度约在20—30厘米，口径与足径相对较小，圈足略外撇。洪武玉壶春瓶虽然沿袭元代，但是有所改变。颈部变粗，流的长度增高，腹部丰满下垂，圈足直立且较宽厚，露胎足脊呈弧面，是洪武玉壶春瓶最大特点，总体风格比元代稳重敦厚。洪武玉壶春瓶与永乐时比颈部较粗，下腹部较为宽大，不如永乐浑圆柔和。

石榴尊。器身如石榴状，腹部鼓，口、足外撇，厚足，砂底，荷叶盖。目前看来，在出土器物中，种类是荷叶盖的石榴尊不在少数。全器由颈、腹、足三节拼凑而成。口沿外侧和肩腹部处云头纹，肩胫部变体莲纹，腹部四季花卉纹或松竹梅纹。盛酒器，高约50—60厘米。洪武石榴尊体型硕大，出土数量不在少数。器身若石榴，口与足外撇，中腹部凸鼓，后足砂底。通常器型高约50—60厘米，分颈部、腹部和足三段粘接成型。这种器型有青花和釉里红两种。据《明史》记载，该瓷器当为酒尊，是洪武朝独创并且仅存的器型。1961年在北京德胜门外出土一件，藏首都博物馆。1966年沈阳市平罗公社蒲河村清初王墓出土一件，其造型纹饰相同。釉里红器数量稍多，藏北京故宫博物院、天津艺术博物馆、上海博物馆。另外，日本与英国也各有一件，扬州文物商店保存有一件残器。

7. 执壶

分为扁壶、执壶和军持三种。洪武执壶有青花和釉里红两种。

扁壶，为青花龙纹双耳扁壶。该器物为洪武时所创制，借鉴中东地区的类似金属器物。国内有一件这样的传世作品，所绘龙纹与宣德龙纹明显不同。该器型为永乐、宣德同类器物之滥觞。

执壶，执壶造型也是承袭元代，但有较大变异。器身如同玉壶春瓶，高度约20—40厘米，盘口或撇口细长，束颈，溜肩，圆腹，圈足，釉底，细流弯曲，与壶身以如意云带相连，另一侧置带状弯曲扁平执手，曲柄外侧中为棱状突起，上有圆系，柄下端执手与壶相连处，有贴三个古钱品字形饰物，应为仿金银器铆钉。其内侧亦有青花彩绘，这是洪武特有装饰特点。顶为宝珠盖，钮上有孔，盖插入式，有穿绳的孔。元代口沿多直口，而洪武朝执壶则口径外撇出一小直沿，外观如一周凸起弦纹，内里平直，口上所合为穹拱式宝珠顶盖，为双插口，扣合严密。这种造型成为后来明代执壶典范。其壶圈足较元代矮，底部满釉。也有一种壶体呈八棱形，流与颈部间用S形花饰连接。洪武执壶造型虽然承袭元代，但是已经出现一定的变化。首先，洪武执壶颈部比元代稍粗短，腹部也更加圆润；其次，洪武执壶流与壶腹连接的是云形横板，而元代执壶则是S形花饰；最后，洪武执壶流与柄均与壶口高度相当，而元代执壶流和柄都低于壶口。总的说来，元代执壶更为修长秀美，而洪武执壶则更显敦厚。洪武青花执壶器型较为单调，不如元代器型美好。清宫旧藏洪武青花执壶高度为27.8厘米，日本出光美术馆所藏高度为33厘米。总之，洪武执壶尚处于过渡期，器型演变还不完善，洪武器型的长处在于，造型线条更为优美流畅，造型端庄挺拔，富于变化，是明代时期成熟作品。据《明史》推测，该壶当为酒注。

军持。唇口，直颈，平肩，圆腹，敛足。胫中有凸环作为执柄，腹侧出一肥硕管状短流，肩、腹中部有接痕。此造型始见于隋唐，以后宋辽各代均有瓷制品。元代时南方诸窑厂曾广为烧制，运销南洋诸国家，为当时重要外销瓷品种。明代洪武窑有较多制作，但仅见于青花和釉里红两种，以釉里红器为多。在此后仅见永乐朝有类似高足器。

8. 盖罐

高 50—70 厘米，青花和釉里红均有，体型细瘦，器身凸瓜棱状，撇口，平肩，鼓腹，颈部外撇，平底无釉，有火石红斑，宝珠盖，盖沿宽，有的为荷叶形。元代盖罐多荷叶盖，明洪武时期荷叶盖边波折比元代多。此时还有一种大盖罐，撇口束颈，丰肩收腹，罐身多作棱状，平砂底，荷叶式盖。其器型源于古代存储器皿——罍，但是该罐构图繁缛，罐身纹饰达十层之多，属于外销之瓷，查阅阿拉伯有关绘画，确有使用此类器物的场景。

9. 炉

仿青铜器器型，圆口出唇，二耳三足，胎体厚重，釉色白，腹内及足底无釉处露淡褐色胎。口缘满饰串枝花卉纹。高 33.8 厘米。

十、款识

目前还没有看到洪武官窑青花瓷器带有年款。此时期的青花梅瓶只有一件有落款，在肩部篆书“春寿”二字。民窑青花器也没有年款。应该说此时还没有年款意识。洪武器物没有款识，后代的民窑瓷则有“洪武年造”的伪款，多嘉靖时期人所为，清代雍正朝也有“大明洪武年制”伪托款。

十一、后代仿制情况

《景德镇陶瓷史稿》一书插图中有一件署“洪武年造”款青花缠枝莲罐，器口绘单向回纹，肩部饰以云头纹，足边饰以万字纹，其造型、纹饰、青花色泽以及款识书法，均具嘉靖时期典型特征，应为嘉靖时期仿品。北京故宫博物院藏有一件署“洪武年造”款卧足小碗，内饰青花八卦纹，外施以豆青釉，器型敦实，胎体坚致，为康熙时仿品。同此造型装饰的碗时有所见，但多不署款。

1937—1939 年间，北京孙瀛洲先生曾经专仿明代前期青花器。1940 年以后，他人得此改变手法，在同一器型、色彩、纹饰的器物上，分别书写不同的罕见年款，例如建文、永乐、宣德、成化乃至晚明帝号等，喧嚷一时。另外，还有署“大明洪武年造”款香炉，青花色调深黑，有元代青花特点，款字仿写于炉口外沿。近些年来，台湾与景德镇仿元、明、清各代古陶瓷颇有成效。其中，洪武瓷器赝品有釉里红折枝花石榴尊、玉壶春瓶、菱花口大盘和大碗等，虽均以真品为范，但造型、纹饰却过于规整，故显得呆板。清代雍正时，有冒署建文年款的瓷砚台，青花色泽晕散。另有民国时署建文年款的青花缠枝莲香炉，青花纹饰模糊不清，造型、釉面及青花色泽虽以宣德民窑为本，但青花呈色黑褐，青绿釉面有药水浸泡处理痕迹，抚之涩手。改革开放以后，赏玩古玩之风兴起。景德镇趁机出现大批仿制品，做得粗糙，也有的仿制颇有洪武意味。故而在鉴别时要处处留心，不能比照图录选择器物，在这方面吃亏的已经大有人在。

十二、小结

洪武一朝实际有三十一年，按照永乐的说法，将建文的四年也纳入了洪武，据此洪武有三十五年。如果说在元代至正二十二年（1362 年），朱元璋的势力就已经实际控制了景德镇地区，浮梁瓷局实际上已经属于大明了。这样算起来，洪武朝实际掌控浮梁瓷局，并且发展到建设御窑厂的时间，实际应该有四十多年。在这四十多年时间内，洪武一朝基本承袭了元代浮梁瓷局生产工艺，并在此基础上有所发展。四十年来所烧制瓷器多为大型器物，应该是祭祀之用。洪武瓷器唯一的特色是重点烧制了釉里红，洪武朝尚红是御窑厂大力发展釉里红瓷器的原因。但是洪武釉里红器，始终没有烧出最为理想的红色。其中的原因主要有二：

首先，洪武施釉的釉层并不能达到釉里红所需要的厚度，釉汁浓度与掺入铜红数量还在摸索之中。釉的浓度薄了，釉里红容易烧飞，洪武时期釉里红，可能就是因为这个原因而发色浅淡。而宣德时期釉的浓度厚重，所以红釉的颜色深重发黑。只有永乐的釉层最为合理，所以才烧出了最亮丽的鲜红釉。

其次，烧制釉里红需要窑内保持较高温度的还原焰，在掌控窑炉技术方面，烧制青花要比釉里红容易得多。青花瓷所需要的温度也比釉里红高，故而按照烧造青花的温度来烧制釉里红，就很容易烧飞。说明洪武时期在控制窑中温度方面，还有需要努力的地方。洪武时期在这方面所做的许多尝试，为永乐红釉烧制提供了必要技术和工艺支持。

要说洪武一朝最重大的贡献，应该是试烧成功了颜色釉，特别是两色釉瓷器的成功烧制。蓝釉和红釉都在洪武时期烧制成功，而且将两色釉在同一件器物上成功烧制，这不是一件容易的事情。因为钴蓝和红釉所需要的窑内气氛不同，而且温度也不同，二者能够同时在一件器物上烧制成功，是洪武朝瓷器的最大进步。目前保留下来的传世器物十分可怜，而且绝大多数保存在海外。根据笔者的不完全统计，目前存世的两色釉器物仅有十件。真乃世之珍宝，诚可贵也。近期，景德镇已经开始仿制两色釉器物，细细观察，这些新品与洪武产品还是相差千里。

图 6　洪武釉里红军持

图 7　洪武釉里红盏托

图 8　洪武釉里红牡丹纹碗

图 9　洪武釉里红四开光花卉纹罐

图 10　洪武釉里红玉壶春瓶

图 11　洪武红蓝二色釉高足碗

图 12　洪武青花四面开光罐

图 13　洪武蓝地白菊花纹大盘

永乐时期的瓷器

一、概况

永乐一朝有二十二年。永乐帝朱棣从其侄子建文帝手中夺得政权后，立北平布政司为京师，以南京作为留都安抚南方一批宗室和官僚，仍然维持南京朝廷和六部的规模。北京建成新都后，两京所用瓷器的数量和品种大大增加，永乐帝对外赏赐也需要大量瓷器，景德镇御器厂担负了大部分宫廷用瓷的生产任务。明代永乐时期（1403—1424 年）的二十二年，是中国陶瓷史上辉煌期的开始。永乐在文治武功方面卓有建树。政治上整治吏治，严厉削藩；军事上三下安南，五征漠北，六下西洋；文化上聚天下文士编撰《永乐大典》，保存我国极为丰富的文化典籍。在景德镇珠山御窑厂也取得了极为辉煌的成就。据史料记载，建文帝登基之初，由于朝廷与燕王朱棣的尖锐矛盾，始终处于“靖难之役”的战争之中，建文帝根本无暇顾及官窑瓷器烧造，故建文四年之中，景德镇御窑厂基本上是处于停烧状态。朱棣入继大统以后，于建文四年（1402 年）七月，大祀天地于南郊，下诏：“今年仍以洪武三十五年（1402 年）为纪，其改明年为永乐元年（1403 年）。建文以来祖宗成法有更改者，仍复旧制。”永乐继位后，立即恢复御窑烧造。《江西省大志》中说：“洪武三十五年始开窑烧造，解京供用，有御厂一所，官窑二十座。”1987 年在景德镇御窑厂遗址出土一件釉里红盘口瓶的残片，上面题有“永乐元年（1403 年）”题记。说明永乐官窑烧造时间最晚也不晚于永乐元年。

永乐十八年（1420 年），明成祖为了制约锦衣卫镇抚司，在内廷设立了一个新机构——东厂，由太监来管理和掌握。早在朱棣起事之前就因倚信内监，大批建文帝宫内逃出的太监归降朱棣，带去了大量情报。明成祖登基后更加重用太监，特别是一些机密事项，不再交由外官去办。当时永乐还有一件心头大事，即找寻建文帝，他多次派中官外出查找，并派郑和下西洋到海外寻找，这些事情都由太监去做。当年明洪武时明确规定有“内监不得识字”的禁令，到永乐时禁令被破。当年英国公张辅出征交趾（越南）时，俘获了许多个中南半岛人，将其中的四个美童净了身，送进宫中作服侍小太监，这四个人很快得到了永乐帝的喜爱。永乐认为这四人可以造就，即派人教他们识字，并按日教其读书，数年后竟然能够通经史，善笔札，可以做点文墨事情了。后来，永乐将范泓、阮安、阮浪三人赐给了太子朱高炽，这三人中数范泓最为得用，掌司礼监，很有权势。阮安学了修建，在宫廷修造方面做了些事情。阮浪运道不及二人，在景泰时被人陷害杀掉。王瑾原名陈芜，后来被赐名王瑾。在明宣宗还是皇太孙时，永乐特别把王瑾赐给了他。王瑾也极得宠，后来成为宣德一朝最受宠眷的太监。太祖“内监不得识字”的禁令，是被宣宗彻底废弃的。朱瞻基得了王瑾后，深深感到这个内监要比普通内监好用，故在内廷办了个内书堂，选一些小太监去读书，派阁臣大学士陈山主管内书堂的事。这个学堂一直延续到明朝灭亡，先后长达二百多年。在内书堂教书的都是内阁大学士或者翰苑词臣画匠。无论管和教的都是当时国内顶级人物，小太监们也学以致用而有所成。《明史》对这些小太监们的评论暗合明太祖之意：“用是多通文墨，晓古今，逞其智巧，逢君作奸。数传之后，势成积重，始于王振，卒于魏忠贤，考其祸败，其去汉、唐何远哉！”但明代宦官也用他们控制的御窑厂为皇帝生产了大批精美瓷器，以他们所知的文化知识来管理督陶事务，自与前朝面貌有所不同。

明代永乐（1403—1424 年）皇帝朱棣当政期间，政局稳定，经济发展，他推行节俭政策，规定宫廷日常生活不准使用金银器，这极大地推动了官窑瓷器生产。朱棣是一个仪表堂堂而又讲究生活细节的人。他衣冠整齐，一丝不苟，为防弄乱胡须，甚至在睡觉时会戴上胡须护套。在瓷器制作上，要求精益求精，器物制作必须轻薄规整，不许马虎。因此永乐时期瓷器制作可以说是明代最规整美观的，并以生产的瓷胎细白，瓷釉呈半木光，温润而又庄重、精细而又含蓄的“甜白釉”白瓷最为著名。由于人们过去对洪武瓷一无所知，因此有些文献就把永乐看成是明代景德镇最先烧造官窑的朝代。综合历史文献记述，永乐官窑大致以烧造白瓷、青花和红釉为最突出。明万历年间王世懋《窥天外乘》说：“宋时窑器以汝州第一，而京师自置官窑次之。我朝则专设于浮梁县之景德镇，永乐、宣德间内府烧造，迄今为贵。其时以棕眼、甜白为常，以苏麻离青为饰，以鲜红为宝。”同一时期的黄一正《事物绀珠》也有相同的记载。明代官窑瓷器真正变化，是从永乐开始的。这一时期瓷器无论从数量还是质量上都大大超过了前朝，并且从制作工艺到装饰风格，开始追求端庄又妍丽的美，为明代瓷器开拓自己独特风貌迈出了坚实的一步。永乐烧造的瓷器胎薄，器型华美，颜色鲜艳，史上空前。永乐官窑瓷器今天仍有较多数量传世，而且早在晚明时期，人们就已经津津乐道地在讲述收藏永乐瓷器的事情了。永乐青花瓷所取得的成就一直被视为中国青花瓷典范，对后世产生了深远影响。

根据台北“故宫博物院”统计，其馆藏永乐朝瓷器共计 229 件。其中碗有 209 件，数量最多。又可细分为葵瓣口碗 130 件，高足碗 56 件，半脱胎碗 2 件，小碗 21 件。另外，壶有 3 件，又分为扁壶 2 件，三系把壶 1 件。有梅瓶 1 件、葵瓣口杯 5 件、葵花盏 6 件、半脱胎盘 3 件、三系盖罐 2 件。根据笔者不完全统计，目前存世的永乐瓷器大约有 475 种，共计 939 件，其中出土的复原残器 141 件，这些瓷器收藏在国内外公共机构有 499 件，海内外私人收藏 439 件。永乐朝瓷器在制作上已经脱离了洪武朝厚重作风，发展出一种轻重兼顾的格调。在这些器物中，甜白釉 219 件，为最多，其余则有祭红 6 件，青花 2 件，翠青 2 件。据肖祺在其硕士论文《明代永宣官窑青花瓷研究》中提供的数字，目前，全世界永宣官窑青花瓷整器的遗存，据已经发表的资料统计，大约有 5500 件，主要集中在北京故宫博物院、台北"故宫博物院"、南京博物院和香港天民楼，和国外日本、英国、美国、伊朗和土耳其等的博物馆，以及私人收藏家手中。其中，故宫博物院和台北"故宫博物院"的收藏量占总数的五分之四。1933 年故宫博物院文物南迁之前，永宣官窑青花瓷全部收藏在清宫内，后来因躲避战乱而辗转于各地，于 1948 年大部分被运到了台湾。

结合目前已知传世品，可知永乐朝生产的瓷器应以青花、甜白、红釉、酱色釉、淡青釉为主，其中以青花为最多，甜白次之，其他颜色釉器物都极为少见。明前期对于洪武和永乐，以及永乐与宣德某些交替时间的断代还很难识别，因此，对有些品种还未能准确断代。只有依赖更多的出土发掘成果，才能进一步解决各种难题。例如洪武朝釉里红制作极为发达，而宣德釉里红器也有传世，但是哪些器物属于永乐，过去在传世品中很少见到永乐釉里红。最近在景德镇御窑厂遗址发掘中，发现不仅有釉里红，还有青花釉里红的品种。又如洪武和宣德都有蓝釉器出土和传世，但是永乐蓝釉暂时还无法判断。在品种方面，主要有青花、甜白釉、红釉、酱色釉、黑釉、翠青釉和影青等，以及各种彩瓷。其中尤以青花、甜白釉和红釉最具代表性。永乐常见器型有梅瓶、玉壶春瓶、执壶、高足杯、压手杯以及各式碗、盘、罐等。由于对外交流频繁，受阿拉伯文化影响，增加了许多仿阿拉伯风格金属器的造型，如天球瓶、抱月瓶、花浇、无挡尊、鱼篓尊等。同一器型也会有许多变化，以最常见的碗为例，就包含有撇口碗、葵口碗、鸡心碗、高足碗、卧足碗、墩式碗、笠式碗，等等。在图案纹饰方面，永乐一改元代和洪武时期繁复构图方式，纹饰变得更加疏朗。常见纹饰有缠枝花卉纹、折枝花卉纹、瓜果纹、云纹、回纹、海水纹、龙凤纹等等。外来文化的进入又带来了许多新素材，如阿拉伯文字装饰等。同时带来了苏勃泥青这一优秀的青料，这种青料呈色浓艳，常有晕散和结晶斑，不适宜绘画人物，所以此时期人物纹饰较为少见。永乐青花绘画手法是以小笔填绘，需要不断地蘸料，使得青花有深浅笔触痕，这也是永乐至成化初期青花细瓷的共同特点。

从大量传世和出土的永乐御窑瓷器看，永乐时期景德镇御窑厂除了烧造青花、釉里红、鲜红釉、祭蓝釉、紫金釉、黑釉瓷等传统品种外，还成功创烧出了青花釉里红、青花加金彩、黄地绿彩、红地绿彩、白地绿彩、白地矾红彩、白地金彩、绿地酱彩瓷以及甜白釉、仿龙泉釉、翠青釉瓷等十多个新品种。特别是永乐时期的青花瓷及鲜红釉、甜白釉瓷，质量精湛，备受后人推崇，对后来景德镇制瓷业产生过极其重要的影响。在器物造型方面，新瓷器器型层出不穷，尤其是模仿阿拉伯国家的黄铜、玉器、陶器造型和纹饰，例如大量烧造的甜白釉或青花无挡尊、双系活环背壶、绶带耳葫芦扁瓶、如意耳扁壶、方流执壶、绶带耳蒜头口扁壶、花浇、折沿盆（洋帽洗）、倭角方瓶、八方烛台、笔盒等，显示出永乐时期景德镇御窑厂擅于吸收外来文化创造崭新陶瓷艺术品的能力。此时使用由南洋苏门答腊地方进口的苏勃泥青，与洪武朝迥异，青色深翠凝重，使得产品脱胎换骨，展现前所未有的新面貌。《陶雅》一书记叙永乐窑器物时，说有一种青花长方式横盂，性质尤为特殊，可惜都已不见流传于世。永乐官窑瓷器能取得这样的成绩，得益于管理制度的严格。御窑厂不仅对原料加工、器物成型有严格要求，对落选贡品和贡余品管理也非常严格。对所有贡余品官员不能任意处理，必须经核对后砸碎，并掩埋于御窑厂内。这种处理落选贡品方式一直延续到明代嘉靖时期。

1982 年景德镇御窑厂遗址出土大量永乐时期瓷器残片，使这一时期官窑烧造面貌变得格外清晰。1982 年在景德镇珠山东段发现大量永乐甜白釉瓷器残片以后，1983 年、1984 年又先后发掘了这一窑区，出土了永乐、宣德时期各种瓷器碎片，有青花、釉里红、红釉、甜白和彩瓷等。1988 年又在中华路明代御窑厂遗址发现了洪武、永乐、宣德等朝遗存，出土有永乐青花、宣德天青釉等瓷器。同年，在东司岭发现了明代遗存，在第三层出土了宣德青花填红花钵、斗彩盘、青花孔雀绿釉盘碗等。1993 年在明代御窑厂遗址东门附近出土的宣德瓷器品种十分丰富，其中有文人书画韵味浓重的青花蟋蟀罐，还有红釉、白釉、天青釉、龙泉釉、白地蓝花、蓝地白花、黄底蓝花等品种。（刘新园著《景德镇早期墓葬中发现的瓷器与珠山出土的元明官窑遗物》，载《皇帝的瓷器·新发现的景德镇官窑》，日本大阪市立东洋陶瓷美术馆，1995 年。）1994 年 7 月在景德镇珠山东门头出土除了上述洪武瓷片的堆积层外，上面覆盖的永乐地层也出土了不少瓷器，有青花、白釉金彩、白釉绿彩等，其中白釉金彩钵、花口折沿盘和白釉绿彩器托在传世品中均未见，而青花器中有不少大盘和瓶罐，有的未见传世。（鸿禧美术馆编《景德镇出土明清官窑瓷器》，鸿禧艺术文教基金会，1996 年。）

1. 据陆明华先生介绍，上海博物馆收藏之经过修复的出土明代官窑瓷器有：

——永乐青花龙凤纹盘（高 3.9 厘米。口径 21.8 厘米。足径 13.7 厘米。）

——釉里红云龙纹盘（高 2.8 厘米。口径 19.2 厘米。足径 11.9 厘米。）

——云龙纹碗（高 7.1 厘米。口径 17 厘米。足径 6.8 厘米。）

——云龙纹高足碗（高 10.2 厘米。口径 15.4 厘米。足径 4.5 厘米。）

——白釉爵（高 12.6 厘米。最大直径 15 厘米。）

2. 另外，半个多世纪以来，出土的永乐官窑瓷器主要有：

——白釉暗花龙纹执壶，1962 年北京市西城区新街口外清墓出土，收藏于首都博物馆。

——白釉梨形壶 1 件，直口，垂腹，足微外撇，暗刻云龙纹。北京市清代黑舍里氏墓出土。

——青花竹石纹碗，1939 年出土于江苏扬州，收藏于北京故宫博物院。

——青翠釉碗 1 件，撇口，弧腹，圈足，湖北省明楚昭王墓出土。

——青花桃竹纹梅瓶，1970 年北京石景山雍王墓出土，收藏于首都博物馆。

——青花云龙纹高足碗 1 件，青花人物故事纹高足碗 1 件，白釉泥金龙纹高足碗 2 件。均为 2001 年湖北钟祥市明梁庄王墓出土，收藏于湖北省文物考古研究所。

——青花梅瓶，2001 年湖北钟祥市明梁庄王墓出土，收藏于湖北省文物考古研究所。

——青花梅瓶 2 件，唇口，丰肩，底部下收，带宝珠钮盖，通体青花装饰，肩部绘如意云纹，腹部竹桃纹装饰，颈部绘缠枝灵芝纹。北京市石景山区明雍靖王墓出土。

——白釉梅瓶，唇口，短颈，丰肩，腰部向内收，足外撇，带宝珠钮盖。肩部有青花书“内府”二字。北京市海淀区香山路出土。

——盖罐 3 件，子母口，丰肩，腹部微收，宝珠钮盖。白釉，一件暗刻缠枝莲纹。北京市五塔寺塔基出土。一件暗刻云凤纹，一件暗刻云龙纹。上两件罐为 20 世纪六七十年代从当地农民处征集而来，据说出土于江陵园艺厂，应为明江陵郡王墓出土。

3. 景德镇御窑厂珠山官窑遗址出土永乐瓷器

“官窑”就是封建王朝的皇家瓷厂，而景德镇官窑集中了从元代至清代最优秀的工匠和最好的原料，烧造出了当时世界最高水平的瓷器。在中国五千年陶瓷发展史上，景德镇明代官窑瓷器有着极为重要的历史地位。其中永乐甜白、宣德青花、成化斗彩精美绝伦，代表了明代官窑瓷器最高成就。这批稀世遗珍，又是窑址出土物，因年代可靠，学术价值高，享有最权威的断代标尺，为我们广大古代陶瓷集藏爱好者以及鉴赏投资人士，提供了最为可靠的物证资料。这些瓷器全都是景德镇珠山官窑遗址出土的“明三代”落选官窑瓷器贡品的碎片，经景德镇陶瓷考古研究所修复后的稀世遗珍，虽残缺却能代表明代官窑瓷器的最高水平和真实面貌。这些器物主要有：

永乐白釉单把四系壶。1983 年出土于珠山。器身呈梨形，下腹部有凸弦纹三道。唇口小颈，流细而长，流口饰凸起弦纹三道。圈足内有不匀的刷釉痕。器座为由下而上的多级台面，其与器身连接处为一中空的球状凸起物。

永乐白釉浮雕莲瓣纹束腰三足座。1983 年出土于珠山。通体施甜白釉。器口作平底折腰盘，盘口饰双珠一圈，盘外高浮雕仰莲三层簇拥，束腰部饰浮雕缠枝花，底座台面绕以浮雕覆莲两圈。下部边口作凸线卷曲牙子纹，三足作云头式折而外转。其口部的一圈双珠尚有元瓷装饰的遗风，而一器装饰变形莲瓣达五层之多，当与永乐时宫中崇尚佛教有关。该器造型庄重、别致、构思精巧，是一件受石刻影响的陶瓷珍品。

永乐白釉三壶连通器。1983 年出土于珠山。该器造型奇特。口作杯状，杯底有花形筛孔，通过颈部内管及其下三扁管与三个带圈足的球状皿相连通。颈之外层以镂空花纹为饰，器身饰凸起的弦纹七道，其间锥刻阿拉伯錾金纹样。从断面观察，除了三个球状皿的下半截为轮制旋削成型外，其余部分均采用模印分段黏接而成，其转折接合处作子母口，故部件多，结构复杂，成型难度大，当年成品率绝不会高。目前这件器物究竟用途为何尚不得而知。

永乐白釉爵。口径 15.2 厘米，高 11.2 厘米。1983 年出土于珠山永乐地层。据宋人朱熹撰《绍熙州县释仪图》，谓爵的舟形口较尖的一端为“尾”，较圆的一端为“流”，口沿上的一对角形物为“柱”，腹的小环名“鋬”。该器口若舟，舟形口沿上着一对短柱，流短而圆，尾较细而尖长，腹圆而浅，底似釜，有三足，外腹下部有一接头即弦纹一周，腹外一侧有一半圆形鋬，器内外均满施甜白釉，仅平底无釉，底心有一支钉痕。

永乐白釉四系矮壶。口径 17.8 厘米，足径 16 厘米，高 17.8 厘米。1983 年出土于珠山永乐地层。身矮腹丰，直口平肩，肩部有四系，流较粗短高过瓶口，浅圈足，足外撇，通体无纹饰，施甜白釉。其造型饱满，容量大。

永乐釉里红云龙纹梨形壶。口径 4 厘米，足径 5.6 厘米，高 12.6 厘米。1984 年出土于珠山永乐地层。壶身作梨形，圆口，珠顶盖，弯曲流，盖沿与柄上端各有一小系，圈足外高内浅且微外撇。壶身釉里红绘双龙戏珠纹，其间饰十四朵小祥云，腹下部与盖均饰变形莲瓣一周，盖顶绘成花蕾状，流两侧与足壁绘有卷草纹。

永乐绿地酱彩龙纹碗。口径 10.2 厘米，足径 4.3 厘米，高 5.4 厘米。1984 年出土于珠山永乐地层。碗内壁及圈足内施白釉，外壁绘酱彩双龙戏珠及变形莲瓣一圈。此碗为高温烧成后在外壁露白处填以低温铅绿彩，再经低温 700°C—800°C焙烧而成。集高、低温彩饰于一身，开启了宣德青花填黄、青花矾红装饰的先河。

永乐青花海浪仙山纹双耳三足大香炉。1994 年出土于珠山东门头。束颈，鼓腹，兽形腿，颈部饰以鼓钉，双耳呈S形，耳与腹部连接处饰有朵云状雕件。通体绘青花山石海水。该器造型雄伟，海浪纹气势磅礴。

永乐青花海浪刻白龙纹大扁壶。口径 3.3 厘米，足径 6.8 厘米，高 30.2 厘米。1994 年出土于珠山永乐地层。椭圆形，足底施釉，颈部饰缠枝菊纹一周，壶身两侧各饰阿拉伯花纹，周绘卷草纹。

永乐青花折枝花卉纹盖皿。口径 21.8 厘米，足径 16.7 厘米，高 14 厘米。1994 年出土于珠山永乐地层。唇口，鼓腹，矮圈足，盖子口，宝珠顶。盖面及器腹部各绘折枝花卉六朵。

永乐釉里红梅竹纹笔盒。长 31.8 厘米，宽 7.2 厘米，高 8.2 厘米。1984 年出土于珠山永乐地层。子母口，平底，底部无釉。盒分隔成三格，盒盖与盖内均施满釉。盖面绘釉里红梅竹纹，侧面绘缠枝花。盒身外壁绘缠枝莲。传世瓷笔盒最早为宣德青花器，宣德器盖内绘有折枝花，永乐此盒盖内素面无纹饰。其盒内之分隔形式与此亦稍有不同。此件不仅年代早于宣德，且为釉里红装饰，为仅见的永乐孤品，亦为宣德青花笔盒的祖本。

永乐青花松树小景纹大盘。明代永乐青花六出开光莲花纹花口折沿大盘，口径 40.5 厘米，足径 23.7 厘米，高 7 厘米。1994 年出土于珠山永乐地层。折沿，菱口，孤壁起棱，矮圈足，白砂底，白釉泛青。盘心六出开光内绘折枝莲花。内壁均匀绘十二朵折枝四季花卉，内折沿饰一周缠枝莲纹，外壁绘折枝莲及灵芝。青花呈灰蓝并有黑色结晶斑点。

永乐青花瓜瓞纹折沿盘。口径 33.6 厘米，足径 20.5 厘米，高 6.5 厘米。1994 年出土于珠山永乐地层。敞口，宽折沿，浅弧壁，矮圈足外撇，白砂底，胎较厚，白釉泛青。盘心绘一瓜瓞。内壁以莲花、茶花、月季、石榴、芍药、牡丹等组成一周缠枝花卉，内口沿饰江芽海水纹一周，外壁绘折枝石榴、葡萄、荔枝、桃、樱桃、白果等瑞果纹。青花色淡优雅。此器所绘瓜果丰富生动，盘心绘两个西瓜蔓叶相掩，植于园地，外壁饰四季鲜果，给人以浓郁的自然意趣。

永乐青花荔枝纹窝盘。该器是景德镇陶瓷考古研究所修复件，口径 29 厘米，足径

20 厘米，高 5.5 厘米。1994 年出土于珠山永乐地层。敛口，浅弧壁，矮圈足，白砂底。盘心绘一株地上的荔枝，内壁饰缠枝花卉，内口沿饰缠枝卷草一周，外壁饰缠枝莲、石榴等花卉。

永乐青花釉里红海兽纹高足碗。口径 15 厘米，足径 4.5 厘米，高 10.6 厘米。1999 年出土于珠山永乐地层。侈口，曲壁，柱状足，足中空，施白釉，外壁宝石蓝釉，饰釉里红赶珠龙纹两条。内壁白釉，印赶珠龙纹两条。

永乐内红釉外釉里红点彩纹碗。口径 5.3 厘米，足径 4.3 厘米，高 10.7 厘米，1993 年出土于珠山永乐地层。侈口，浅弧壁，柱状足微外撇，内中空，饰白釉，内外通体施红釉，内壁隐隐可见印有双龙纹饰，碗心印有“永乐年制”四字双篆书款。由于红釉在烧成过程中的特殊原因，碗心所书“永乐年制”篆书款特别清晰，是迄今为止高足碗中纪年铭文最清晰的一件，弥足珍贵。

永乐黑釉双耳三足炉。口径 12.8 厘米，高 11.6 厘米，1999 年出土于珠山永乐地层。折沿，鼓腹，双鱼形耳，三足。外壁通体施黑釉，内壁涩胎。腹刻白书“永乐二十一年（1423 年）岁次癸卯吉日喜舍湖坑大桥求”。从器物形制与刻书内容来看，应为祭祀用器。（见图 14、图 15）

4. 永乐官窑窑事记载。

《浮梁县志》：“永乐间，部使祁鸿莅事至厂，建堂曰秉成。立门四：东曰熙春，南曰阜安，西曰登川，北曰待诏。”

《大明会典》：“永乐四年，以将建北京宫殿，遣大臣诣四川、湖广、江西、浙江、山西督军民采木，及督北京军民匠造砖瓦，征天下诸色匠作。”

（明）田艺衡《留青日札》：“大明永乐窑、宣德窑、成化窑，皆纯白，或回青、石青画之……宣德之贵，今与汝敌，而永乐、成化亦以次重矣……今宣窑兴而与汝争价，亦足观也。”

（清）唐秉钧《文房肆考图说》卷三：“古窑重青器，至明而秘色已绝，皆纯白，或画青花，或加五彩。永窑亦足贵重，（永）乐、（宣）德二窑，皆内府烧造，以棕眼甜白为常，以苏麻离青为饰。”

（明）文震亨《长物志》：“（宣窑）隐纹如橘皮，红花、青花者，俱鲜彩夺目，堆垛可爱。……至于永乐细款青花杯，成化五色葡萄杯，及纯白薄如玻璃者，今皆极贵，实不甚雅。”

（明）高濂《遵生八笺》：“若我明永乐年造压手杯，坦口折腰，砂足滑底，中心画有双狮滚球，球内篆书‘永乐年制’四字，细若米粒为上品，鸳鸯心者次之，花心者又其次也。杯外青花深翠，式样精妙，传用可久，价亦甚高。若近时仿效，规制蠢厚，火底火足，略得形似，殊无可观。……余意青花，成窑不及宣窑。”

（明）谷泰《博物要览》卷二：“永乐年造压手杯，坦口折腰，砂足滑底，中心画有双狮滚球，球内篆书‘大明永乐年制’六字，或白字细若米粒，此为上品，鸳鸯心者次之，花心者又其次也。杯外青花深翠，式样精妙，传世可久，价亦甚高。”

（明）王世懋《窥天外乘》：“我朝则专设于浮梁县之景德镇。永乐、宣德间内府烧造，迄今为贵。其时以棕眼、甜白为常，以苏麻离青为饰，以鲜红为宝。”

（清）王棠《燕在阁知新录》卷二十五：“永窑之手杯，传用可久，撇口折腰，砂足滑底，外深青花，内双狮球。球内篆书‘永乐年制’，细如粟米。鸳鸯心次之，近仿蠢厚，约略形似耳。……盖永尚厚，成尚薄，宣青尚淡。”

（清）梁同书《古窑器考》：“永窑造压手杯，中心画双狮滚球，为上品，鸳鸯心者次之，花心者又次。杯外青花深翠，式样精妙。若后来仿效，殊无可观。”

（清）梁同书《古窑器考》：“古瓷重青器，至明而秘色已绝，皆纯白。或画青花，或加五彩。永窑亦足贵重，乐、德二窑皆内府烧造，以棕眼、甜白为常，以苏麻离青为饰，以鲜红为宝。永乐尚厚，成化尚薄，宣德青尚淡。……永在宣、成之下，嘉之上。南村谓：‘成青未若宣青。’……然宣窑选料、制样、绘画、题款、无一不精。青花用苏泥勃青，至成化其色已尽，只用平等青料，故论青花，宣窑为最。昔有论窑者，首成，次宣，次永，次嘉，论虽不同，总之，明器无能过宣、成者，要知一时有一时聚精之物，故稍有高下之等。”

（传）项元汴《历代名瓷图谱》记载“明永乐窑脱胎龙凤暗花杯”：“杯制款式甚嘉，可茶可酒，而杯质甚薄，才如纸厚，向明细视，中有绝细龙凤之纹。杯底有‘大明永乐年制’六字款最精。此杯之存者有数，而鉴家见着鲜矣。今写此图亦犹虎贲中即之意耳。倘海内鉴家得见此杯真者，须不惜重值购藏。嗣后好事诸公闻有此杯而不得见者，当觅图谱，细观以当屠门之嚼可乎。余见于京师保国公家。”

永乐时督陶官有两位：祁鸿、王士嘉。“永乐间，部使祁鸿莅事至厂，建堂曰秉成。立门四：东曰熙春，南曰阜安，西曰登川，北曰待诏。”（乾隆《浮梁县志》卷二“建置·衙署”）王士嘉，公讳士嘉，字道亨，五岁而孤。……永乐初，公复起监饶州陶器，凡三十余万皆如期而办。（明王直《抑庵文后集》卷三十二《侍郎王公墓志铭》）。

5. 其他记载

马欢《瀛涯胜览》重记叙明永乐时期郑和下西洋时的贸易情况：

在祖法尔国(今阿拉伯半岛南岸)："中国宝船到彼，开读赏赐毕，王差头目遍谕国人，皆将其乳香、血竭、芦荟、没药、安息香、苏合油、木别子之类来换易纻丝、瓷器等物。"

在暹罗国（今泰国）："地产罗斛香、大风子油、苏木、犀角、象牙、翠毛、黄蜡，以海贝代钱，每一万个准中统钞二十贯；货用青白花瓷器、印花布、色绢、金银、铜铁、水银、烧珠、雨伞之属。"

在苏门答剌国（今属印度尼西亚）："（胡椒）番称一播荷，抵我官秤三百二十斤，价银钱二十个，重银六两，金抵纳即金钱也，每二十个重金五两二钱。……货用青白瓷器、铜铁、爪哇布、色绢之属。"

在榜葛剌国（今孟加拉）："永乐十三年（1415 年），……其王知我中国宝船到彼，遣部领赍衣服等物，人马千数迎接……又差人赍礼象、马迎接，再行二十站，至板独哇，是酋长之居处。……使海贝准钱市用。地产细布……货用金银、段绢、青花白瓷器、铜铁、麝香、银珠、水银、草席之属。"

在天方国（今麦加）："地产金珀、宝石、真珠、狮子、骆驼、祖剌法、豹、麂。马有八尺高者，名为天马；货用金银、段匹、色绢、青白花瓷器、铁鼎、铁铫之属。"

二、胎釉特征

1. 鉴定永乐瓷器最值得注意的事项——造型特点和胎足处理

永乐时期是明代陶瓷史上一个高峰，此时生产的瓷器时代特点鲜明，器型与洪武时期相比，大器占比相对减少，造型也更加俊秀，厚薄适度。永乐时期瓷器较洪武瓷器釉质肥厚，发色青翠，胎质较洪武稍显细腻，但是仍有细孔。碗的造型与洪武的区别，在于碗口不再外撇，以墩式碗为主，碗口施釉，底部常见无釉，偶有施釉，且跳刀痕明显，施釉未到处多有窑红，胎釉交界处火石红明显。这一时期苏勃泥青为官窑专用，绘画纹饰则以梵文纹饰为装饰，直接用在永乐器物上。从总体上看，永乐官窑瓷器仍是以白瓷为主，特别是甜白釉优质产品数量较多，多数为使用器皿。红釉器物相对来说为少有品种。永乐生产大量青花瓷器，主要出口西亚，故而今日在伊朗、土耳其的博物馆中，均收藏有大量 14—15 世纪中国青花瓷。这些青花瓷器中，洪武和宣德不多，主要为永乐时期所生产。郑和七下西洋，既带去了瓷器，也带回了“苏勃泥青”，这些都促进了永乐朝及以后瓷器的大发展。明前期瓷器，在今天国内传世品中，永乐青花数量可观，有的器型硕大，而鲜红釉器则较少。

关于永乐瓷器的胎体，蓝浦的《景德镇陶录》卷五中“永窑”条对此作了比较全面的评价：“永窑，永乐年厂器也，土埴细，质尚厚，然有甚薄者，如脱胎素白器、彩锥拱样始此。”可见永乐胎体有厚有薄，如盘、碗之类的撇口器口沿极薄，但部分琢器的胎体较厚重。景德镇自元代开始即采用官窑专用的瓷土成型，官土只供御用，民间不得取用。永宣时期的瓷土淘炼精细，经数年的陈腐，胎体柔韧度极好，胎质洁白细腻，程度高于元代和洪武时期。永乐青花底釉也很独特，肥厚，晶莹，粘度大，白中微微闪青，俗称“蜜淋釉”。这种釉只盛行了30余年，它对提高青花视觉美至关重要。永乐青花器除少数大件器外，多数底部均施釉，大盘砂底一般都色白而细，细腻温润，称为“糯米底”。另外，永乐器底削足的处理，也改变了元代斜削办法，永乐细瓷一般是底足平削。永乐官窑青花瓷制作技术进一步提高，胎土淘炼更加细致，成型技术娴熟，在这样的工艺背景下，永乐青花已经可以制作出薄如卵壳的瓷胎，胎骨细白精致，砂底露胎处也处理得细腻光滑。与宣德相比，同样的青花瓷器，永乐的纤秀、轻盈，宣德的厚重、体重。永乐官窑青花瓷器釉层中的气泡较小，釉层肥厚，器型规整，致密平整，在显微镜下观察未见橘皮纹，釉面呈青白色或白中泛青，部分釉面能够看到细小蓝点，从已经面世的瓷器来看，永乐青花瓷器中，除大盘、大钵和扁瓶为砂底外，其余多为釉底，而且砂底都是经过特殊工艺处理，非常细腻，偶尔会有棕色小点或黑色铁斑。

永乐器物在工艺上制作较精细，罐瓶的接痕不明显，是修胎讲究之缘故。大盘多砂底，细腻光滑，有糯感。足跟平切始于洪武，但永乐的足跟狭窄，洪武则宽平。永乐瓷器烧成环境较差，常见落渣，致使器物顶部和器物内部釉上有小的瑕疵。其烧制高温过久时，器物多呈窑裂。景德镇御窑厂遗址出土的永乐元年（1403年）标本中，有一件书写“永乐元年”题记的釉里红盘口瓶，其胎釉、造型都留有浓厚的洪武痕迹。此后制瓷工艺陆续发生了许多重大改变。永乐胎体较宣德略薄，不及宣德官窑厚重。永乐修坯精细，但是在接缝处仍有痕迹。另外，胎釉结合部火石红呈色较轻，宣德则更为浓重。

2. 永乐瓷器的时代特点及鉴定要点

在讲到永乐瓷器和宣德瓷的时候，都知道永宣不分，就是说永乐和宣德时期的瓷器有相同的地方，其实也有不同的地方。论器型，比如说同样一个碗，永乐的胎比宣德的胎要细得多。而且永乐的线条，也比宣德的更圆润，从上到下的线条比宣德更优美。更重要的是永乐瓷器胎质非常细腻，而且厚薄适度。宣德胎质没有永乐细腻，胎的厚薄也稍有不均匀，比如同样是碗，永乐的碗从口沿一直到底，厚薄是比较均匀的。宣德则从口沿到底部，口沿往下越来越厚，在厚薄适度上没有永乐好。

胎体。永乐瓷胎，蓝浦《景德镇陶录》作了比较全面的评价："永窑，永乐年厂器也，土埴细，质尚厚，然有甚薄者，如脱胎素白器、彩锥拱样始此。"《文房肆考图说》云："永乐造压手杯，中心画双狮滚球为上品，鸳鸯心者次之，花心者又次。杯外青花深翠，式样精妙，若后来仿效殊无可观。"事实上，永乐瓷除少数白瓷梅瓶及大盘外，很多甜白碗或青花器，都是比较薄的。永乐官窑器物制作，在工艺上已经改变了洪武时期粗犷简单处理手法，变为精致严格。这与永乐帝严格要求分不开。景德镇御窑厂首先从练泥开始，淘洗精细，所以胎质杂质极少，十分致密。永乐时胎质中杂质含量极少，胎质更为致密，并且能够生产出半脱胎瓷，名传于世。可惜这种半脱胎瓷难以保存，目前存世量极少。由于改进了瓷胎配方，瓷石和高岭土的比例适中，达到了硬质瓷标准，也使瓷胎白度大大提高。通常永乐器物胎体有四种情况：

厚胎。胎质细润而坚致。但较之后来宣德与成化的胎质，则莹润有余而坚硬不足。厚胎多为墩式大碗，因胎釉结合致密，故釉面洁白，莹润如玉。

薄胎。器体玲珑、规整，圆器中以大小盘碗居多，琢器少见。其胎体细腻轻薄。

浆胎。该器物胎色油黄，剖视其足部断面，可发现胎质有烧结不足的现象。釉面开片亦呈黄色。一般开片纹较小，底部的开片较器身为重，甚至有的器物胎体底部裂有很深的纹络。以指弹之，胎声沙哑。所见器物有红釉盘、白釉或青花梅瓶和盘、碗类。

脱胎。永乐脱胎器名传于世，胎体薄如蛋壳，极为轻盈，俗称"卵幕"。其胎体虽薄，但器型规整，还能在器上印刻花纹，技艺堪称绝伦。脱胎器的制法为胎体成型后施釉，待器内釉干后，即刮除未施釉的那面胎体，刮得几乎只剩一层釉，然后在刮削面上施以釉汁。烧成后，似抽去胎骨，薄如两层烧结在一起的釉面，莹彻透亮，故曰脱胎。此技法始于永乐，日后成化和清代康熙、雍正乃至民国都有仿制，均不及永乐器圆润精细。所见有小盏、葵口小碗和盘，似无大器。纹饰有云龙、缠枝莲托八宝，器物中心有暗记，刻"永乐年制"篆书款。后仿者没有永乐那种浓重红润光泽，而且新品的通透性更强。

永乐瓷器胎土淘炼精细，硬度较高，胎色洁白。胎体坚薄，轻重适度。瓷胎以轻薄为多，并创烧出了脱胎器物，器型规整。琢器微露接痕，碗盘等圆器底面下凹成鸡心状，或球面状。足端有平切和灯草状两种。有些足端平切的外沿微凸出一线。梅瓶、扁瓶等平底，底心中间微凹。圆底见明显旋削痕。圆器口沿切削爽利，**撇口碗口沿以手摸之有**

尖削的锋利感。而清代仿品的器口则圆润，不见棱角。这是断定年代和区分真伪的重要依据。盘类白砂底，出窑后经过打磨。一般来说，永乐时期大件器皿较少，圈足矮浅，盘碗底心微微内凹外凸，大盘砂底细密，足墙外直内坡，偶见火石红斑。同样器型，永乐要比宣德的薄，修胎工整。琢器腹部接痕微露并不明显，不及元代和明初。永乐最为突出的是那些受外来文化影响的器型，如无挡尊、执壶、花浇、僧帽壶、鱼篓尊、八方烛台、折沿盆等。有的上面还有阿拉伯文、波斯文和藏文，一直延续到宣德时期。这些器物都是为西亚人烧制的外销瓷，与西亚人饮食起居等习俗有关。花浇和执壶等是穆斯林举行礼拜活动的用器。

永乐期间瓷器以胎薄为贵，能够烧制出薄如卵衣的青花，说明永乐官窑青花瓷器成型技术比洪武更加先进，胎质洁白而细腻，细若糯米。圆形器物胎体更加细薄，造型更加规整，接坯痕迹已经不明显了。瓷器内部与外部都削整打磨得光滑细腻，除大件器物外，多数器物底部已经开始施釉，盘类瓷器出现细糯米粉状的砂底，具有划时代的工艺特征。永乐青花典型特征是挖足精细，比洪武青花要讲究。尤其是郑和下西洋，带回来苏勃泥青，着重青料的使用，使得明代青花瓷器更加精细、美丽，丰富多彩，同时，永乐也带来了阿拉伯文化特征，在瓷器上出现具有明显中西合璧的色彩。永乐胎釉细腻，瓷化程度仍然不够，多用瓷土为胎，还有浆胎，分量轻且开片，为瓷土上层之浆水制成。总体来说永乐时期白釉器呈色较好，其他如红釉、紫金釉、黑釉器呈色多不佳。由于永乐胎土淘洗精细，故胎体轻重适宜，尤其以白砂底温润细腻著称。永乐梅瓶多平底，微有修胎痕，呈直角式小斜坡状。

1985 年夏天南京在拓宽马路时，于明故宫原奉天殿以东文楼以北动土，在距地表 1.6 米处土层中，出土大批永乐时期甜白釉瓷片。其胎质致密细腻，釉汁丰润，颜色洁白，与以前白釉器有明显不同。说明此时瓷胎中已经加入高岭土，制釉时改用了氧化钾、钠为主的长石做助熔剂，避免了瓷胎灰白、釉汁泛青的现象。个别杯碗残片器壁极薄，厚度仅有 1—2 毫米，如纸一般。清代蓝浦《景德镇陶录》卷四说：“脱胎器薄，起于永窑。”这些盘碗大多为细砂底，少量釉底，均为官窑精品。

釉面。在配釉方面，永乐时已知釉色的青与白不但和着色剂中铁元素有关，也和助熔剂有密切关系，逐步掌握了“灰多则釉青，灰少则釉白”的经验。陶工可以根据需要来控制釉的白度。随着烧造温度提高，永乐釉面肥厚、细腻、莹润，釉色白中微微泛青，与浓艳青花相互衬托，相得益彰。永乐使用了含铁含钛量极少的优质原料，创烧了甜白釉，使得釉白度显著提高，釉面更加肥厚、细腻和平整致密，没有后来宣德时普遍存在的那种橘皮纹。就青花釉面来说，青白色或白中泛青，永乐青白程度较元代有所改进。其烧造方法是在釉料中掺进有凤凰草的草木灰，并以木材炙烧，故产生特种效果。现代仿烧由于其工艺与明代不同，故烧不出永乐那特有釉面。永乐偶尔也有不泛青而洁白的釉面，有些釉面常见散落细小蓝点。在显微镜下观察，永乐胎中的气泡比宣德要小。白釉器口边与底角釉薄处多闪白色或黄色，釉汁厚聚处闪淡淡的虾青色。琢器表里的釉面多均匀一致，器底的白釉匀净，少有厚薄不均现象。薄处泛黄，厚处呈浆白色或稍闪青。有的器底白釉有细片纹。总之永乐釉面非常的滋润，非常细腻，也非常肥厚。上海博物馆明清馆里藏有一个永乐甜白碗，能体会到什么叫釉的宝光那种滋润和肥厚。如果不说是瓷，远看就像一个白玉碗，而且釉面那种光泽，好像是要脱开整个碗，离开碗体大概 1 厘米左右有一种光泽出来，那层就是宝光。如果说永宣不分，永乐的釉要比宣德的白一点，而且比较匀净。

器足。永乐瓷胎比较好，一般来说盘、碗等小件比较多，大件器物比较少。永乐有种大盘，细砂底，非常细腻，光滑得像婴儿皮肤一样。其实烧造时候是以砂垫烧，上面都沾满了窑渣，很粗糙，所以出窑以后都要经过人工打磨光滑。人工打磨后，它上面火石红就统统都被打磨掉了。所以一般来说，像永乐大盘和宣德大盘，你只会在胎和釉交界的地方看到有一些火石红。烧造技术提高以后，大盘是用垫圈垫烧，所以宣德以后就开始变成釉底了。垫圈垫烧的瓷器容易塌底，器型会变形，所以现在存世永乐、宣德大盘，多多少少都有点变形。由于它用垫圈垫烧，所以就不会有砂底而是釉底，当然更漂亮也更光滑，这是判断永乐和宣德瓷器底不同的地方。大部分细砂底火石红非常少见，这是因为所用窑渣是瓷土，本身铁含量就少。再加上人工打磨时，顺便也把剩余一点火石红全部打磨掉了。

永乐青花瓷清秀优雅，器物线条柔美流畅。杂质少，胎质纯而细腻，胎色洁白。胎体规整，厚薄适度，比洪武朝更薄。永乐时期工匠们进一步提高了烧造技术，烧出瓷器釉面细腻、光滑、莹润，不会出现橘皮皱纹，仅有少部分器物釉面开片。此时釉色有一小部分洁白无瑕，大多器物釉面白中泛青，口沿和底部釉薄处，多为白色或黄色，器物里外釉面较均匀。在制作工艺方面，**盘、碗之类的撇口器口沿极薄，用手抚摸有锋利感**。还出现了如糯米粉一般的细砂底。此时器物底足露胎处少见火石红。底足墙逐渐趋薄，器足由浅至深，由小至大。早期修足如同洪武晚期，其后内足墙由内心过度挖，挖足渐深，足端平切。釉面与露胎的交接处多呈现火石红色。质佳的足底内开始刷涂一层薄釉。由单涂足心进而半涂内足墙。足墙加高，直径放大。个别有挖足过肩。内足墙与底交接处呈锐角折，而内足墙大部分却较垂直，与成化前后修足特征相似。其区别在于成化时足墙较薄，且大多挖足过肩，挖足趋于细致，乳钉状突起不明显。质量高一类足墙及器口沿较薄。内足墙向心角度，自宣德以后呈逐步缩小之势。**明早期器内底通常在底与器壁的交接处有一道较深的凹线，即所谓“月亮底”，这种状况一直到成化时期还有。**

永乐烧造瓷器器型俊美，薄胎，口沿薄，底心下塌，有釜底、锅底、馒头底。永乐红白釉烧造皆有成就，其青花烧得极具特色。永乐官窑的陶土淘炼细腻，成型技术高超，瓷器胎骨细白而精致，砂底露胎处极为细腻光滑。永乐瓷器中有一种浆胎器，胎体结构较松，胎色微黄。此时大盘、大钵、扁瓶等的砂底都异常细腻，有的见小块棕点或黑色铁斑。永乐底足常见有以下几种：高深外撇式圈足、内墙外撇式浅圈足、里直外收式圈足、齐平式圈足、外底边角微有突出的齐平式圈足。其圈足露胎处多泛火石红斑。盘碗类内壁与地面衔接处，印有弦纹一周。器心多微下凹，器底外凸，呈塌底状。梅瓶多平底，微有修胎痕，呈直角式小斜坡状。通常器物底部是人们容易忽略的地方，但永乐却在器物底部装饰花纹。特别是爵，可以看出是在追求底部装饰，因为爵的底部是垫烧的部位，为了在底部装饰，而将垫柱做成环形，留出中间一圈来绘饰宝相花，真可谓考虑无微不至。在胎釉方面由于注意胎土淘洗，胎质细腻，胎土洁白，釉质肥润，还出现了脱胎器。在款识方面，官窑仅见“永乐年制”四字篆书款。

装烧工艺。永乐时装烧工艺有显著提高，开始大量使用平底匣钵。同时为求得更好烧制效果，还使用了瓷匣套烧，保证了官窑瓷器在烧造时避免渣尘污染，极大提高了瓷器烧成质量和成品率。永乐瓷器胎质非常细腻，而且厚薄适度。

三、红釉器

1. 红釉器的含义

釉是熔融在陶瓷表面一层很薄的均匀玻璃质层。单色釉陶瓷是简便而廉价的装饰方法，是指在无色透明釉或乳白釉料中掺入适量颜料，红釉即属于色釉瓷。明初红釉主要是指高温铜红釉和低温矾红彩，这两种瓷器皆是明代著名品种。矾红彩着色成分主要是三氧化二铁，以其调成釉浆，施于陶瓷釉面之上，以低温氧化焰烤烧，因此矾红多是作为一种彩，而非作为釉使用。矾红制作比铜红釉简单，故而成品率较高。高温铜红釉则是以氧化铜为呈色剂，经过 1250℃以上高温烧成。永乐时期主要是以高温铜红釉为主。

铜红釉的烧制早在唐代就已经开始尝试，只是由于技术和原料限制，一直未能烧制成功，直到永乐时期才取得突破。而到嘉靖年间，该项技术又失传，只能用矾红代替，直到清代康熙年间才又烧制成功。

永乐时期铜红釉又称之为鲜红釉，在历史上最负盛名，影响远在诸多红釉之上。当时的铜红釉只能在景德镇官窑生产，民间不许仿造。永乐时期红釉制作，比洪武时期有了进一步提高，其胎质更为精细，施釉匀净，还原气氛适宜，使其发色呈鲜艳的红色。因此，又称“鲜红”。又因这种红色犹如红宝石，故称“宝石红”。高温红釉其实有两种，一种是在坯胎上使用氧化铜着色剂进行涂抹，然后罩上一层透明釉，这种叫作“祭红”，因其器物多用作祭器而得名。另外一种是将氧化铜着色剂掺入釉料中，将这种带有色料的釉水施于器物坯胎之上，待干燥后，入窑一次烧成，这是真正意义上的红釉，这种红釉要比祭红难烧得多。它需要很好地控制窑内还原焰的气氛和温度，不然，呈色不会理想。这二种红釉，事实上都是指高温铜红而言。这些名称，明清两代一直沿用，从未混淆。永乐鲜红釉釉面透亮，鲜艳如诱人的樱桃，色泽深沉，釉质莹厚如堆脂，没有流淌和堆积痕迹。这种鲜红釉又分为厚釉和薄釉两种。薄釉色泽发亮，厚釉质感浑厚，釉色鲜艳。缺点是呈色不匀，深浅不均，局部有时被挥发呈白色。过去有人认为当时曾以红宝石粉末入釉，其实这样做并不能使红釉有丝毫增色。

有人认为把铜红料加入釉中，不就可以烧出红釉了吗，而且用这种铜红釉也可以绘制釉里红图案。因为二者发色一致，工艺和烧成条件也基本相同。区别就在于，釉里红是绘制完成后再罩一层透明釉，而红釉则是通体呈现红色。釉里红烧造给红釉瓷器的发展提供了方向。用釉里红彩料绘制和用红釉绘制纹样，同样可以达到釉里红效果。但是一直到了洪武时期，红釉和蓝釉才登上历史舞台。如说元代有蓝釉，那也只是使用钴蓝在釉下涂布后，再罩上一层透明釉，实际上应该是釉下蓝彩，或者叫作祭蓝。初看上去与蓝釉没有区别，其实完全不同。洪武时期尚红，在存世洪武瓷器中，釉里红器居多，其中不乏精品。但是真正的红釉器却极少，只是在洪武时期少得可怜的两色釉器物中，可以看到红釉的使用。到永乐时期，景德镇不但生产了甜白釉、苏勃泥青青花瓷，更重要是创制出了色调纯正的高温铜红釉，使红釉瓷技艺走向了完全成熟。宣德以后红釉生产间或有之，但技术已经大不如前。到嘉靖时期，铜红釉烧制技术已经失传，不得不以矾红替代。可见红釉烧制难度之大。（见图 16）

2. 红釉器的生产工艺

红釉瓷器生产技术十分复杂，需要充裕资金作支撑，因而红釉生产并非一般窑户所能承担。到今天景德镇还流传一句成语“要想穷，烧铜红”，说明直到今天，也没有完全解决铜红釉烧制难度问题。永乐时期能够合法生产红釉的只有御窑厂。景德镇官窑作坊分工极细，大致有 72 道工序。这种细致分工，对于提高铜红釉烧成意义重大。红釉作为一种色釉，其基本原料与普通釉料大致相同，区别在于其中含有一定比例着色剂，还有帮助发色的辅助原料，比如乳浊剂、结晶促进剂等。这些成分不同，导致红釉瓷釉色出现差异。永乐红釉的红色究竟是一种怎样的釉色？明代王世懋所撰《二酉委谭》描述永乐和宣德瓷器时提到“以鲜红为宝”，将红釉瓷称为“鲜红”。蓝浦说：“永器鲜红最贵”。可见鲜红是古人对永乐红釉的唯一称谓。从现存和出土的永乐红釉器釉色来看，永乐红釉釉如油脂，色调纯正，光莹鲜艳，犹如初凝鸡血。如果将宣德红釉与永乐红釉相比，宣德红釉釉中带黑，红却不鲜，而永乐红釉釉色中闪出红宝石般光泽。之所以永乐红釉色调纯正，在高倍放大镜下观察，红釉中是由无数深浅不同微细红点组成，故发色鲜艳而深厚。但是也有红釉呈色不好的产品，可能与窑中所处位置的烧成温度有关。

红釉釉料配制方法十分复杂，其基本釉料的制作方法为：以青白石和凤尾草烧炼，用水淘洗后成为釉灰，再配以瓷土，将其充分搅拌成浆状，之后再加着色天然矿物材料，即氧化铜粉末。釉料配方中各种原料比例，直接影响着红釉的釉色。永乐红釉釉料配方经过不断改进，终于形成一个稳定配方，其使用剂量有着十分精确的规定。从现在景德镇配比铜红釉所使用铜花比例来看，可以印证这一点。在钧红釉中铜花占配方的 0.5%，祭红釉中铜花比例占配方的 0.31%，朗窑红中铜花所占配方比例也只有 0.4%，桃花片中铜花竟然能够占到配方的 38.02%。可以说直到今天，没有人能够明确知道永乐鲜红釉中铜花所占比例。这种釉料配置比例，全凭长期实践积累经验。如果有经验的窑工没有将这种配方留存下来，遗失就不可避免。根据明代早期制度规定，当时匠户不能随意改变自己身份，而是世袭罔替。这部分制瓷匠户服务官方，有着十分娴熟的技术，方能摸索出如此精准釉料配方。这是他们的命根，不会轻易传给别人，有时失传是十分正常的事情。

烧制红釉，火候把握必须十分精确，因而对窑工掌握火候技术要求甚高，甚至昼夜不得歇息。所以，陆万垓在续补《江西省大志·陶书》中称：“惟第二日紧火之后，则昼夜省视添柴，时刻不可停歇，或倦睡失于添柴，或神昏误观火色，则器有苦窳拆裂阴黄之患。盖造坯彩画，始条理之事也，入窑火候，终条理之事也。火弱则窳，火猛则偾。”烧制红釉器物与烧制其他器物不同，是要在还原焰气氛中烧成。否则其釉色可能泛绿。

还原焰在燃烧过程中由于氧气供应不足，使得燃烧不充分，在燃烧物中含有一氧化碳产生的还原性气体。火焰中含有极为少量氧气。为实现这种方法，窑工凭借自身经验，在瓷器烧到 1000℃左右时加大火力，使得窑内火焰在缺氧情况下能够继续燃烧，实现还原反应，并且持续到 1250℃以上才结束。这是烧制红釉瓷器的重要特点和经验，需要窑工精确掌握。窑工如果没有精确掌握烧成技艺，烧成之后釉色必然功亏一篑。所谓“入窑一色，出窑万彩”，说的就是这个现象。

3. 红釉器的种类

永乐红釉器物主要有梅瓶、梨形壶、盖盒、靶盏等器型。部分红釉器身上暗刻划纹进行装饰。在红釉器物口沿处，会出现一道明显的“灯草边”。这是铜红釉在烧制过程中容易挥发以及下流导致，使得这一区域呈现白胎的自然现象。瓷器外底足内没有施以红釉，通常施以白釉。永乐时期红釉釉层较薄，据专家检测发现，宣德红釉釉层要比永乐厚一倍，这也是宣德红釉要比永乐红釉深沉厚重原因。而成化釉层却较薄，故而红釉挥发变得浅淡。永乐红釉器多为盘、碗、高足杯以及梨壶等小件器物，大多是器物里外都施以红釉。一般说来，永乐、宣德时期红釉或蓝釉器，凡是里外均施以颜色釉，其口沿大多有一条呈白色透明釉边线，非常整齐，白红或蓝白相映，显得很柔润，俗称“灯草边”。这种“灯草边”在宣德器上十分典型，但在永乐器上并不一定存在，不能以有无“灯草边”来判断永乐红釉器真伪。例如台北“故宫博物院”所藏一件“永乐年制”款祭红双龙双珠高足杯，其口沿就并不具备典型“灯草边”。但是红釉器外底基本施以白釉，而且釉层基本较薄。现代科技工作者发现，现存永乐红釉器釉层中，永乐釉料含有氧化铜含量大约在 0.1%—0.3% 之间，永乐红釉还含有其它一些元素，能够帮助红釉成色。另外红釉釉层厚度也与红釉呈现出的滋润色泽起着重要作用。这些因素都与其呈色有很大关系。一般红釉釉层在 0.9—1.1 毫米范围以内，釉面才容易呈现红色，并具玉石感。如果釉层低于 0.7 毫米，则容易失去红釉光泽。（彭子成著《明清期间景德镇祭红釉的化学组成对比研究及其科技意义》，《文物保护与考古科学》，2008 年第 3 期。）而永乐红釉釉层则正好是 0.8 毫米。

据刘新园先生介绍，1987 年 12 月，在景德镇御窑厂遗址西墙东司岭下明初填土层中，发现了两个釉里红盘口长颈瓶残片，一口沿部用釉里红书“永乐元……供养”，另一书“永乐肆年……供养”。这是迄今为止所见到的永乐官窑釉里红。两件器型相同，纹饰有异，前者口下绘以蕉叶纹，后者绘以莲瓣纹与龟背锦。前者纹样特别，在蕉叶纹边沿有渲染，而主脉两侧则没有渲染痕迹。这种画法与元至正十一年（1351 年）著名的大威德瓶瓶颈，和出土的洪武青花执壶壶颈部上蕉叶纹相同，而与常见的永乐、宣德青花执壶壶颈部蕉叶纹不同，后者则是在主脉两侧渲染。可见元代蕉叶纹画法一直延续到永乐初年才有了新变化。如果以此作为认识方法，那么原来两件被确定为明初洪武窑的两件很有名的釉里红盘口铺首龙纹瓶，瓶上蕉叶纹画法不仅与元代和洪武时代不同，而且也与永乐元年（1403 年）瓷片上所绘同类纹饰有异，故可知两件器物都不能早到元代或洪武，而只能是永乐元年（1403 年）以后的遗物。

红釉瓷在元代尚未有烧造，到洪武时才出现真正红釉瓷，但是发色浅淡偏暗。至永乐时，景德镇已经能够熟练掌握铜红釉呈色技术，完全改变了以前红釉泛黑或偏白色调的情况。此时红釉器，多数釉面均匀，釉色莹润透亮，鲜艳如初凝鸡血，这无疑是火候恰到好处的明证。红釉出窑颜色并非一致，需要进行挑选，精益求精，这才成就了红釉的尽善尽美。个别釉质稍有不纯，偶尔还会伴有黑色小点或血丝状纹。永乐鲜红釉在当时和以后相当长时间内，是上层文人阶层极为推崇和喜爱的高档瓷器产品。传世永乐铜红釉瓷器不多，所见都较精美，上海博物馆收藏的一件永乐红釉盘，就体现了当时烧造水平。北京故宫博物院所藏釉里红三鱼小盏，则是仅见的孤品。

永乐红釉瓷之所以受历代关注和追捧，在于永乐红釉釉色在历代红釉瓷中都属于精品和上品。永乐之前由于工艺水平尚未达到，所烧红釉发色相去甚远。永乐和宣德红釉虽然一脉相承，但又有细微差别。宣德红釉其工艺水平大不如前，釉色失纯，发色不纯正，无法真正做到鲜红，颜色普遍偏暗。到成化时，由于釉层较宣德减薄，使得红釉容易挥发，呈色又偏淡。总之，其釉色再也难以达到永乐红釉那种鲜红色彩。成化时期，红釉器已经由宣德时期偏暗走到偏淡，其釉色已经无法达到永乐时的鲜红状态。后来红釉技艺逐渐失传，永乐之后二百年直到康熙朝才又研制出郎窑红，但这时郎窑红与永乐红釉已经是完全不同的关系，这是清代工匠研发出来的一个新品种，与永乐红釉相比，工艺的精益求精已经略显不足。

红釉暗花云龙纹盘。该盘内外满施高温铜红釉，底部白釉。从釉色看这件作品烧造十分成功。其施釉均匀，釉面透亮，与洪武高温铜红釉作品相比，更加精致完美，难怪古人要推崇永乐鲜红瓷器。传世永乐鲜红瓷器在国内外有少量收藏。例如北京故宫博物院收藏有高足碗和盘各一件，天津艺术博物馆收藏有一件红釉盘，天津与上海器物尺寸不同，可见当时烧造器物至少有两个规格。传世红釉器物底部均不落款。2002 年在景德镇珠山御窑厂遗址，有多款永乐篆书款器物残片出土，说明当时定有署款红釉器进入朝廷。永乐红釉盘在大英博物馆藏有两件，均有暗刻花纹，盘心为三朵云纹，内壁为双龙。该器釉色较深，有无数淡色气泡孔，这种釉色在清代仿明代郎窑红瓷上常可以看到，可见郎窑红所仿制的就是这种效果。器物的底部泛赭红色，表面好似刷了一层薄釉，较为光亮。永乐红釉器中也有在器物内壁施以透明釉，外壁施以红釉的。例如北京故宫博物院所藏高足杯即为一例。红釉器大多无花纹装饰，但也有少数装饰有云纹、龙纹或双龙戏珠纹，显然都是官窑器。这种印花云龙纹十分隐暗，器底划写“永乐年制”四字篆书款，应属于极为珍贵器物。《景德镇陶录》有“永器鲜红最贵”的说法，是把永乐红釉器至于永乐其他品种之上，可见对它评价之高。但是，永乐铜红釉釉色因深浅不一，分为上、中、下三等，同时胎体也有厚薄之别。

厚胎红釉。永乐厚胎红釉如高足碗之类，发色微浅，胎质坚细，加之施釉较厚，更显釉面坚致。器内白釉微泛青色，口边呈现一圈整齐淡青色白釉宽线，比通常红釉“灯草口”略宽，口沿露骨处，白釉与红釉接唇明显，口下沿显青绿色，但色调多不浓重，愈显其口沿下红釉之艳，高足碗底边垂流釉质截然整齐，并泛青灰色。

薄胎红釉。如盘碗之类，个别器若扣之听声，便觉器胎体并不坚硬。釉面往往通体开片，底部尤甚。与永乐青花鸡心碗、墩式碗一样，釉底有开片现象。其形成原因，一是胎质疏松，二是烧结时火力不足。其器身釉色稍暗，红中闪灰，器底白釉泛黄，口边却施有少许红釉，偶尔闪现的“灯草口”不及厚胎红釉器那么宽白。所见永乐红釉薄胎暗云龙纹盘，同洪武官窑红彩云龙纹盘以及成化、正德青花云龙纹盘相比较，在造型及图案纹饰上相差无几，不难看出一脉相承的联系。**永乐早期釉里红与洪武同，色灰暗，白釉发黄，釉面多棕眼、深点和釉泡，釉面未熔融平。其釉里红上有朦花，有胎裂。其红中泛青灰色，略有晕散。有的釉面上还积有大量沉碳，可能是烧成过程中铜盐挥发所致**。永乐红釉器呈色不均匀，深浅斑驳，有的局部被烧挥发呈白色了。真正永乐红釉颜色，古人称之为“绯”，是一种不暗不淡、不温不火的深红，其色彩和光泽度都达到了最佳效果。色彩过之则黑，无光泽感；色彩不及则淡，色度不够。永乐颜色深红如初凝之鸡血、鲜红之樱桃，釉面光亮却不刺眼，因而其釉色从形式上达到了和谐之美。

4. 红釉器的其它品种

永乐时期红釉使用较多。其方式有三：在白釉之上施以红釉者，为**填红**；在红釉或青花地上施以白釉者，称为**拔白**；另有以釉里红为地，以留白处为花者，称为**反花**。这种铜红釉烧成温度较高时，釉的粘度小，会使铜盐挥发，使红色变得浅淡。当时所做青花釉里红也为填红，而非纯粹釉下彩结构。釉里红在高温中可使釉面粘度变小，流动性较强，与青花稳定状态不同，有时会出现流淌，或铜盐发挥色彩变淡。永乐时期釉里红所用填白之白釉，与甜白釉相同，釉层皆不清澈，釉中气泡细小稠密。永乐红釉碗红釉不匀，呈色浅淡发白，所呈现“灯草边”很宽，约 5 毫米，釉面气泡、毛孔明显，釉面颜色极不均匀，器物边缘泛青。红釉釉上有深色斑块，红釉呈深红或橘红两种颜色，有时红釉上布满不透明红斑，说明是烧成温度不够、熔融不透所致。这种情况在永乐早期出现较多。永乐釉里红有两个品种，分为釉下彩结构和均匀红釉结构。两种红釉施釉方法不同。釉下彩结构是先施铜红彩，后罩以透明釉。而均匀红釉结构则是将原来白釉地剔去，填入均匀红釉，或是将釉里红剔去填入白釉，谓之“拔白”。

拔白。永乐普通釉里红器与洪武时期极为相似，可能多为永乐早期作品。红底白纹器物在白釉和红釉交界处，白釉叠压在红釉之上。其制作方法应该是在器表满施红釉，在红釉上刻出花纹，再将花纹内红釉剔掉，填以白釉，然后高温烧成。其中红地拔白是以铜红釉为地，在留白处施以白釉。红白相映，纹饰鲜艳夺目。这种是以铜红釉为地进行装饰，是对元末明初釉里红白花品种的继承和创新。此类品种有胎薄体轻的盘、碗和梨壶等，均是以红釉为地，划刻龙纹后填施白釉，色泽红白分明，给人以新颖别致之感。工艺上以红釉为地，在花纹处剔去红釉，填以白釉，是介于红釉器和釉里红之间的方法。红地鲜艳异常，纹饰白润如玉，器物有高足杯、壶和大碗等。如红底白云龙高足杯，撇口，弧腹，高足，杯外壁饰以云龙纹，底部上半红釉，下半卷草纹。另有红底白云龙梨形小壶，其造型装饰与白地线描釉里红壶完全一样，壶身云龙纹，胫部变体莲瓣纹，流和圈足卷草纹，盖为花蕾形，连盖高 12.6 厘米。

填红。白地红纹器则是在白釉与红釉交界处，红釉压在白釉之上。其红釉应是剔去白釉后填入，为“填红”结构。白地填红是釉里红衍生品种。工艺方法是在器物上先施一层白釉，在花纹处剔除白釉，用红釉填入，外面再罩一层透明釉，然后烧成，如三果纹高足杯、三鱼纹高足杯等。这里填红采用单色铜红釉，而单色铜红釉必须具备一定厚度，才能呈现艳丽的红色，因此填红处明显高出釉面，纹饰有凸出感。

永乐时期釉里红釉面略薄于单色红釉。所有红釉、釉里红等器物，其整体特征是：红釉颜色不均匀，常伴有深浅不同的斑块和流纹，在气泡周围通常有一个深色红圈环绕。如烧成温度高，则釉流动性好，釉层清澈，釉色易呈浅红或灰青色。烧造温度不足的高温粘度大，釉流动性差，釉层较浑浊，多呈不透明深斑，易呈深暗色。釉层薄处，颜色浅，气泡小。釉层厚处，还原气氛不当，釉色灰青或深暗。永乐红釉基本能呈鲜艳红色，单色红釉厚 450—550 微米，均匀红釉厚 340—360 微米，略薄于同时期单色红釉，气泡整体也较同时期单色红釉小，从化学成分分析，均匀红釉与单色红釉成分接近。

线描釉里红。永乐时期釉里红工艺特征得到改善，有新品种出现。白釉釉里红在洪武时期得到充分发展，但工艺相对落后，呈色不稳，晕散厉害，釉面不是肥厚太过，就是青灰苍白。永乐时期釉里红呈色仍然灰穆深沉，从景德镇出土的永乐四年（1406 年）釉里红残片看，与洪武产品几无两样。同时出土的松竹梅纹笔盒、云龙纹梨形壶也是呈色欠佳。自永乐后期起，白地线描釉里红品质有明显改进，呈色红艳欲滴，釉面润白如玉，有许多非常成功的作品。其线描釉里红呈色艳丽和灰黑者均有，灰黑者可能是烧制的废品，也有可能如同洪武那样，是配方不同所致。从绘画笔法来看，有明显双勾填色特征，粗细均匀，勾勒线条清晰可辨。器物有釉里红梅竹笔盒和云龙纹小壶等。釉里红梅竹笔盒为长形，两头圆角，地无釉，子母口，盒内分成三格，盖面画梅竹山石丛草，侧面绘缠枝花，长 31.4 厘米。釉里红梨形小壶为弯流、细把、梨身，半球形盖，盖并把上有圆环形小系。壶身云龙纹，胫部为变体莲瓣纹，流并圈足绘卷草纹。壶身高 9.9 厘米。

青花釉里红。以青花和釉里红合绘一体青花釉里红工艺难度高，在元代曾经有个别作品，但呈色极不稳定。从永乐官窑开始烧制青花釉里红，以青花绘海水，以釉里红绘海兽或鱼纹，目的在于用蓝红进行颜色搭配，同时又扬长避短，利用青花优异性能表现海水波涛细节，用釉里红绘画对细节要求不高的动物纹。青花釉里红是借用青花和釉里红两种色彩交织构成纹饰，也有在同一器物上不同部位，绘有两种不同色泽的纹饰。如高足碗器身上部绘以青花龙，而柄部则以釉里红着色海水纹。这样处理，构思巧妙，极为罕见。还有以青花画海水，以釉里红画海兽或三鱼，海兽或三鱼的画笔都较粗糙简单。另有青花釉里红海水海兽高足杯，以青花画海水波涛，杯身和高足画海兽，如海马、海龟、海羊等十三只。口径 15.2 厘米，高 10.3 厘米。还有青花釉里红海水靶杯，其外壁以青花画海水，以釉里红涂抹三鱼纹，杯内心有青花梵文。喇叭形底中底，底面满釉。口径 8 厘米，高 7.2 厘米。永乐釉里红传世品极少，出土物也不丰富，其总体面目仍待认识。

永乐官窑釉里红。此时的釉里红大器，除景德镇御窑厂遗址出土的署永乐元年（1403 年）与四年款识的供器双环耳大瓶外，还有缠枝莲三足炉，器口平齐，折沿束腰，圆腹下承三足，朝天双耳。除此，小件器皿有胎薄体轻的梨壶及盘、碗等，色泽鲜艳，可与同时期鲜红釉媲美。其制作工艺可以大致分为前期和后期。前期，永乐釉里红残片发现于景德镇明代御窑遗址前院西侧宣德灰坑内。两件残片为瓶口和盘口，口沿分别标有“永乐元年”和“永乐四年”纪年款，是可靠的永乐前期物品。从这两件标本观察，均采用粗细不同线条勾勒画法，与洪武后期作品相似，其中“永乐元年（1403 年）”款的焦叶纹中间叶脉双线勾成并至叶尖，叶脉两侧不加渲染，是属于永乐、洪武习惯画法。在1982—1984年，在景德镇珠山路北侧的公馆岭地段发现了永乐后期残瓷堆积，有甜白、青花、红釉、红釉白花并釉里红等器物。釉里红有线描釉里红、涂抹釉里红、红底白花及釉里红等几类。

四、青花器

1. 永乐时期的青料

青花瓷器自元代烧制成功后，明初洪武时期曾经一度衰落。郑和七下西洋，带去了大量丝绸、瓷器、茶叶和铁器等，也带回来了一种名为“苏勃泥青”的钴土矿，这便是永宣青花瓷器使用的钴料。从永乐开始，景德镇青花瓷又开始出现新高峰。从陶瓷发展史角度看，元代青花瓷器除大量运销国外，在国内市场亦颇为流行，但是它在整个制瓷业中影响还不大。元人及明初人文献中还没有元青花的记载，文人学士还没有把它作为重要陈设品。然而从永乐朝开始，青花瓷器的制作已经逐渐成为景德镇瓷器生产主流。

苏勃泥是苏门答腊地区一个国家的英文名字，即今天的文莱。钴料是取地名作了物品名字。这种苏门答腊青料传入中国后，便连音带意地转译成了“苏勃泥青”。另外这个青料还有一个名字叫“苏泥勃青”。这是由两个地名联和而成。其中“勃青”的“勃”，指的是明代南洋的“勃泥”，即今日马来西亚的槟榔屿，当地恰好输出一种在明朝时被称为“佛头青”的颜料，或许因此而获得了“勃青”之名。一水之隔的马来西亚的槟榔屿和苏门答腊的苏勃泥青有时被混淆了。《明史·外国志》中“苏门答腊”条记载：“苏门答腊……贡物有宝石、玛瑙、水晶、石青、回回青，……”其中石青、回回青即是青料。其传入时间，首见苏门答腊和勃泥入贡的时间，是在明朝永乐三年（1405年）、七年（1409年）、八年（1410年）、九年（1411年）、十年（1412年）、十三年（1415年）、十四年（1416年）、十六年（1418年）、十八年（1420年）、二十年（1422年）、二十一年（1423年），共十二次之多。可以说在永乐朝是供应不绝。宣德时期有宣德元年（1426年）、六年（1431年）、八年（1433年）、九年（1434年）、共计四次。到成化时，仅在成化十六年（1480年）贡过一次，而后终明一代不再进贡。故而成化时期瓷器，通常的说法是成化初年使用了部分宣德遗留下来的苏青，以后便以平等青代替。此说不确。因为成化十六年还进贡过一次，因而成化青花瓷在十六年以后还用苏青烧过一些，应是确事。而成化初年其实已经没有苏青了，因为原来宣德朝由苏门答腊进贡过来的苏青，早在景泰时期就大量地用来烧制掐丝珐琅器了，以致在天顺时期就已经没有苏青可用了。

至于当时苏青是否产于南洋，目前国内还有一些不同意见。南宋赵汝恬的《诸蕃志》中记叙有“三佛齐国”，其国物产，除部分之土产外，其余皆大食诸蕃兴贩，又“其国在海中，扼诸蕃舟车往来之咽喉。”明代马欢《瀛涯胜览》书中也说到三佛齐即是旧港，也就是后来的巴陵旁（Paem Bang），位于苏门答腊，与勃泥同为阿拉伯人（大食）通商居住的两个城市。那么这种青料为阿拉伯地区所产，商人运来此地出售就合情合理。苏门答腊人知道此物能烧瓷器，用来作贡物也就很自然了。再说明代晚期南洋各国也学烧瓷器，其青花发色暗淡，若苏勃泥青是当地所产，何以不用苏勃泥青？明代各朝代都与南洋通商，商业往来频繁，当地如果产此青料，明代后期青料不应该断了来路，瓷器烧造却改用国产青料。故苏勃泥青产于南洋之说不足为信，应该是产于阿拉伯一带方为可靠。这是仅仅由文献来分析，其实对比和区分中东和南洋两种青料之不同，并不是非常困难的事情，完全不必拘泥于对文献的猜测。现代收藏家们已经能够用肉眼观察出来两种青料的不同，既然不同，就肯定不是产于同一个地方。

万历十九年（1591 年）高濂《遵生八笺》则有“宣窑之青，乃苏勃泥青也”的记载，随后数百年，关于苏勃泥青屡有著录，这也就不能简单地认为是一个巧合或推测。具体是什么时间这种钴蓝料被商人带到中国则不得而知，但从元代以及明洪武、永乐、宣德等中国早期青花瓷的特殊发色，并结合文献及现代化学分析，可以明证元代苏麻离青即是来自伊拉克萨马拉（Samarra）的钴蓝料。考察土耳其伊斯坦布尔托普卡比宫藏中国元代青花瓷，其浓烈波斯细密画风格和其优秀质量，中国境内博物馆所藏大部分元代青花瓷，质量多不可与之比拟，也可证实当时景德镇是用来料按订单加工并精选上乘品质器物用于出口的。来自萨马拉的青花原料，也被以产地命名作苏麻离。直至几个世纪后的今天，人们仍把它作为元代青花瓷进口青料的特称。冯先铭等学者在《中国陶瓷史》中谈到：“元青花使用的青花（钴）料，有进口料和国产料两种。作为青花料的钴土矿，在我国的云南省、浙江省、江西省均有蕴藏。……云南的玉溪窑、浙江的江山窑、江西的景德镇窑，由于附近都产青花原料，具备了烧青花瓷器的条件。”根据中国科学院上海硅酸盐研究所对元代出土元青花所作分析，其青花料和国产青花料有明显不同，含锰和铁量正好相反，且含有砷，应为进口钴料。（陈尧成等著《历代青花瓷器和青花色料的研究》，《硅酸盐学报》，1978年第6卷。）从目前调查看，我国钴矿产地分布于24个省份，其中以甘肃、山东、云南、河北、青海、山西等省为多。但古代烧造青花瓷器的窑址，除了冯先铭《中国陶瓷史》提到的外，还有便是福建窑也生产青花瓷器。如明代德化窑、漳州窑等。其实冯先铭先生也没有将两种不同青料区分开来，这是时代的局限。

鉴定或识别景德镇历史上各个时期的青花瓷器，对青料的认识至关重要。元代及明代早期青花瓷器，大多以进口苏青为青料，并形成其独有风格。所以认识不同时期苏青的呈色及其主要特征，无疑对于上述历史时期青花瓷器的鉴识大有裨益。而且后来假冒的元青花也可以由此得以识别。

2. 永乐青花以进口苏勃泥青作为着色剂

景德镇青花瓷器烧造近千年，以明代永乐、宣德两朝烧制的青花最佳。它清新雅丽，质朴率真，青花图案形式多样，丰富多彩，纹饰舒朗秀丽，笔意自然，如同水墨画般，千姿百态的造型，恢弘雄奇，动人心魄。永宣青花代表了中国青花最高品质，在世界上任何国家博物馆中，都是跻身最负盛名展品之列。清人朱琰所云：“按此明窑极盛时也，选料、制样、画器、题款无一不精。青花用苏泥勃青，至成化其青已尽，改用平等青料，故论青花，宣窑为最。”永宣青花所展现出来超凡脱俗的艺术风格显而易见，它不同于元代青花豪迈奔放，又有别于明代后期典雅拙朴，更不同于清代前期青花华美亮艳。永宣青花展现出一种博大宽容、神圣崇高的美好意蕴，永宣青花瓷特有的经典纹饰，和不可再生的苏勃泥青料发出的优雅明艳的深邃蓝色调，使得永宣青花成为了人们心中至宝，奠定了青花瓷在世人心中无上地位。迄今为止，没有哪一时期的青花瓷，能够超越永宣青花的发展高度、模式与范畴。永宣青花已经成为青花瓷发展史上的黄金里程碑。

永宣青花是元青花发展的延续，其造型丰富独特，釉色晶莹透明，纹饰幽靓浓艳而大放异彩。永宣青花瓷上最常见纹饰是以植物类纹饰为主，而且常以花卉作为人物画、山水画背景或配景。由于所绘花卉多有美好寓意，故使青花瓷格外生辉，成为上至官宦下至百姓所喜闻乐见的纹饰。永乐官窑青花瓷青花呈色，较洪武青料更为鲜艳。胎釉制作也明显比洪武精细，从整体上看，烧造水平比以前更高。从发展情况看，永乐朝青花瓷烧造已经逐渐进入佳境。从青料看，呈宝石蓝色作品占有相当大比重，进口“苏勃泥青”是这个时期主流。元代进口青料来自波斯。青料呈色浓艳，色泽雅致凝重，鲜艳夺目。由于钴料中含铁量高，往往带有黑色结晶斑，即所谓的“铁锈斑”。青花呈色深沉浓重，浸入胎骨，并有“锡光”，浓重处还会有下陷之感，不少纹饰还出现自然晕散现象，具有水墨画般艺术效果。我国文献对这种青料称谓甚多，有“无名异”“回青”“苏麻离青”等。“苏麻离青”一词最早见于王世懋的《窥天外乘》一书：“永乐、宣德间内府烧造迄今为贵。其时以棕眼、甜白为常，以苏麻离青为饰，以鲜红为宝。”现在看来，是这个王世懋混淆了两种不同青料，给后世带来无穷麻烦。后来，高濂在《遵生八笺》中述及宣德青花时，使用了“苏勃泥”，谷泰的《博物要览》中又写成了“苏泥勃”。清代的文献中还出现了“苏麻泥”“苏泥麻”和“苏泥勃”等多种写法。对于这些名称，陶瓷界大多数人认为是一回事，只是译音问题。从某种程度上看，都是对王世懋的矫正。

但是永宣时期所用“苏勃泥青”产地究竟在何处？国内学术界仍然有很大争议。有人说产于西亚，也有人说产于东南亚，还有人说产于东非索马里。更多的人认为是产于西亚阿拉伯地区，甚至还有人认为就是产自国内。张福康先生就认为该种青料产自河南巩县。反倒是国外的专家更倾向于产自西方，特别是中东地区。根据现代科学测试的结果，为使用进口青料的可能提供了进一步证据。上海硅酸盐研究所研究人员曾经测试了若干国产钴土矿标本，结果显示国产青料中铁和钴的比例都比较低，而锰和钴的比例都比较高。测试结果说明：元代与永宣青花中的低含锰量青料，和我国国产钴土矿性质不同，所以很有可能是进口而来。这种青料产地，目前学术界一般认为是南洋群岛的苏门答腊等地。苏门答腊作为马六甲的咽喉，是郑和船队重要中转地。随着船队到访，当年苏门答腊也开始遣使入贡。其中在永乐年间共有 14 次，宣德年间有 4 次，以后贡使渐稀，只在成化十六年（1480 年）和二十二年（1486 年）有过二次，自后终明一代贡使不至。

根据科学测定，元代进口青料含铁量高，含锰量低。而永宣青料却由于含铁量高、含锰量低，减少了青中的紫、红色调，在适当火候下，能呈现出宝石蓝色泽。但也由于含铁量高，往往在青花部分出现黑铁斑点，发色浓重而明艳。这种黑色铁锈斑与自然晕散现象成为永宣瓷器的独特风格，别有一番韵味。永乐青花多晕散，加之施彩浓淡不同，青花瓷器中呈现出深浅不同的几种颜色。这种青料发色与元青花还不相同，其成色特征可以大致分为如下特征：呈色明艳纯正，略紫，无论浓重或浅淡处均有；青花色中有星点状结晶，呈放射状流散；青料集聚处有蓝褐色斑点，表面下凹无光。永乐青料厚处成堆，用手抚摸可辨凸凹不平之状。彩料较浓处，因着色剂融于釉中而显黑色。其青料略有晕散。青花线条颜色浓淡不一，可能与施彩工艺有关。其灰色斑点表层或边缘有时显棕色，有些灰色斑点呈银白色金属光泽，是为析晶。青花色料浓处有大面积的灰斑和灰褐斑，其斑上有较复杂闪银白色金属光泽的析晶。这些析晶基本上由针状细晶集合成各种形态的晶花。永乐青花这些灰斑、析晶及棕色边等，与洪武青花相近。青花料斑晕散处可见深浅不同几种蓝色：料浓处呈色很深，近于黑色，可见灰色、褐色斑点。其青料晕散严重，会出现流淌现象。青花浓淡不匀，其青花上可见微小圆斑和放射性析晶，可能是烧成温度偏高，或高温持续时间较长之故。永乐青花因烧成条件不同，呈色可能会偏黑、偏灰，或局部色淡，但是器物形体上呈色浓艳，烧造较好的呈色深蓝苍翠，蓝中似乎给人一种微黄的感觉。永乐青花因施釉浓淡不同，以及青料晕散，呈现出深浅不同的几种蓝：青花色深处常为黑色，青料浓处有较大灰色无光泽斑块。灰斑上常有带金属光泽析晶。这些析晶通常较大，形成为成型较好、形状各异的晶花。晶花通常显银白色金属光泽，但也有个别晶花会闪金色金属光泽。在灰斑边缘有时常见棕色。此外，永乐青花还有呈色偏纯蓝色调，其颜色较为均匀，但青料浓处色深并有灰色斑点。永乐“苏勃泥青”青花晕散严重，可能与青料中加入了较多助熔剂有关。

3. 永宣的苏勃泥青不同于元青花的苏麻离青

景德镇历史上使用苏青主要有三个时期，一是元代晚期，二是明洪武时期，这时使用的都是西域地区运来内地的苏麻离青，可以称为“西域料”。三是明永乐、宣德时期，这时由于使用新青料，还需要一段时间摸索体验。因烧制工艺不同，以及火候、还原气氛不同，各种苏青在各个历史时期呈色情况有明显区别，主要原因还是原材料不同。当然，尤以明永乐、宣德时期青花瓷器存世量最大，也最具代表性。成熟元青花，其钴料究竟来自何处？在明清以后古文献中，又为何称为“回青”？明代宋应星《天工开物·陶埏》中谈到：“回青，乃西域大青，美者亦名佛头青。上料无名异出火似之，非大青能入烘炉存本色也。”佛头青，名自佛发为青色，也言青黛色的山峦。鉴定或识别景德镇历史上各个时期青花瓷器，对青料认识至关重要。元代及明代早期青花瓷器，大多以进口自西域的苏麻离青为青料，并形成其独有风格。认识苏麻离青呈色及其主要特征，无疑对于上述历史时期青花瓷器鉴识大有裨益。

由于郑和七次下西洋，促进了与中亚地区贸易，带回来“苏勃泥青”钴土矿，这类进口青料含铁高，含锰低，由于含锰量低，减少了青中紫红色调，在适当火候下，能呈现宝石蓝色泽。但也由于含铁量高，往往在青花部分出现黑铁斑点。这种自然形成的黑铁斑点和浓艳青蓝色相映成趣，被视为无法模仿的永乐、宣德青花瓷器的成功之作。永乐、宣德两朝官窑瓷器胎釉制作，比元代有更大进步。胎质细腻洁白，釉层晶莹肥厚，青花色泽浓艳是这一时期共同特点。宣德款青花缠枝大梅瓶虽呈色浅淡，也无结晶斑，但有明显色阶，其色质与色地都呈现出苏勃泥青的主要特征，应属用进口南洋料绘制。宣德款海水龙纹青花高足碗，并非是以国产料与进口料相结合，如仔细观察就不难看出海水与龙纹实为同一色，只是深浅浓淡大不相同。这是使用“分水法”的结果。分水法又称浑水法，这一着色方法早在元代就已成熟。以北京故宫博物院所藏永乐、宣德青花瓷器实物来看，那种论永宣青花则必谈结晶及下凹不平状的看法，应该得到纠正。苏勃泥青的呈色情况比较复杂，如细观永宣时期实物，便会发现其中差异。陶瓷鉴定是以考古学的标型学为基础，而标型实际上就是可靠的科学物证，如果离开这一基础，则难免会全盘皆错。

笔者认为元代所有青花钴料来自波斯，即今伊朗地区，主要是由新疆一带传入，与永乐下西洋带回的钴料并非同一种类。在过去文献中称为“苏勃泥青”“苏麻离青”，也称“回回青”。关于它的产地并没有详实记载。《明会典》中记载苏门答腊国进贡物的品有：“马、犀牛、龙涎、宝石、玛瑙、水晶、石青、回回青、锡、硫磺、番刀……”。明代严从简《殊域周咨录》中也记载了苏门答腊国所贡方物中有“石青、回回青、硫磺”。明万历十九年（1591 年）刊行的《事物绀珠》记载苏门答腊使者在 15 世纪初叶曾经先后四次携带回回青来中国。故已故学者傅振伦先生考证说苏泥勃青的产地为地处马六甲海峡的苏门答腊岛附近。这种青料传入中国，引发了陶瓷中青花大发展，这种青料发色浓厚深邃，渗入胎骨，具有震撼人心的表现力，至今没有一种青料可以与之相媲美。但是在郑和停航以后，这种高档青料进口也停止了，成化时改用国产平等青。元青花与苏勃泥青的不同在于，元青花所用钴料没有苏勃泥青中铁含量那么高，而且其蓝色发色呈宝石蓝，与元代苏青料深蓝色不同。元青花也没有苏勃泥青晕散那么严重。

明永乐使用进口青料、国产青料、进口与国产青料的混合料。永乐青花瓷中呈色清淡而雅致，稍有或无铁锈斑痕的，多使用优质国产青料和进口青料混合青料烧制而成。烧制时有自然晕散现象，因为苏勃泥青含锰量高，含铁量也高，烧出青花瓷有红紫色调。蓝色雅致凝重，犹如宝石蓝一般浓艳。将进口青料与国产青料混合使用，用颜色浅淡的国产料绘云水，用浓艳进口料绘游龙，两色相互辉映，主次分明。苏勃泥青料烧后留下黑色斑点，且浓艳处易往下凹。现今遗留下来的青花瓷中，也有不带铁锈斑、黑斑的，青花色泽极为淡雅清新，现在还难以准确判断其使用的青花料，估计是淘洗纯度较高的国产钴料或进口、国产混合料。对于这个问题的解释，可能的出路是进行青料煅烧实验，这样才能淘洗出更高品质青料，烧出令人难以忘却的蓝色。永乐时期由于对外联系日益紧密，郑和下西洋加强了中国与世界交流。产自海外的苏勃泥青使得地处珠山官窑景德镇，对青料有了更多选择，用苏勃泥青烧制的青花瓷非常富有特色。同时受异域文化影响，永乐青花瓷纹饰多带有西亚文化装饰特征。线条上表现有粗有细，或者二者兼用。

点画技术也有所突破，运用一笔点画技巧，可以呈现青花色泽浓淡层次，效果极为绚丽鲜艳，清新明快。纹饰中常有带有结晶斑点。渗入胎骨的青料，使得器物具有凹凸之感，这就是苏勃泥青在高温条件下自然晕散的结果。后来仿品均有着重涂染，但没有凹凸感。当时匠人根据苏勃泥青晕散特点，很少绘画人物，多写走兽、花鸟、海涛、庭院等，都收到了很好效果。过去鉴别分不清永宣时期产品，现在总结**永乐青花瓷器特点就是体轻、色雅、纹疏**。

4. 永乐青花的呈色状况

永乐、宣德时期苏勃泥青的呈色特征，有五种典型情况。

第一种情况为呈色靛蓝，绚丽浓艳，清晰而通透，线条纹理中或青料凝聚处有乌黑而浓重结晶斑，结晶斑呈浓黑松烟墨色，浓重处或浓聚处下凹且深入胎骨，迎光侧视或以手抚摸可辨凹凸不平状。另一种发色蓝中泛紫，甚至呈明显紫罗兰色，发色浅淡，浅淡处呈星状点滴晕散；浓聚处结晶斑连点成片，呈黑青色，浓淡反差极其明显，晕散十分严重。这种青料呈色靛蓝浓艳，有的不含紫色，有的蓝中微泛紫或紫色较明显；结晶斑少见，且多呈褐色，不见浓黑色者；浓淡色阶明显，有明显晶莹剔透之感，或呈半乳浊状，但仍显晶莹。这种呈色，以北京故宫博物院所藏并于现在展出的永乐狮球款及花心款两件压手杯最具代表性。学界多认为这是永乐也包括宣德在内的“细路活儿”，颇有道理。

第二种典型情况是有晕散。晕散是指液体落在纸上向四外散开或渗透的情状，也即俗语所说的“洇”，如纸洇得厉害、洇水等。青花瓷器绘制也出现相同情况，故有是说。晕散是苏勃泥青一个基本特征，不论是哪一时期苏勃泥青，无论其呈色如何，或多或少总是带有晕散，没有晕散的苏勃泥青是不存在的。永乐、宣德时期苏勃泥青晕散情况尤为明显。苏勃泥青出现晕散机理机制尚不清楚，但与釉层有一定关系。永乐、宣德青花瓷器，釉面多肥厚莹润。据上海博物馆汪庆正先生介绍，永乐、宣德青花瓷器釉面肥厚且较为透明，如果用30—50倍放大镜观察，其气泡分布多呈大小不一、间距不一的星状。的确从所观察实物标本来看，这种呈星状气泡的情况比较多见，而且越是晕散严重，呈星状气泡情况也越是普遍。但是呈鱼子纹状气泡分布均匀情况也属常见，一般来说，釉面呈鱼子纹状气泡的晕散情况较轻。在30—50倍放大镜下观察结晶斑，也有两种情况：呈浓黑色的结晶斑，多呈锡箔状，也可以说是“锡光”；呈褐色的结晶斑，则呈深色“铁锈黄”。

第三种情况为典型色，以北京故宫博物院所藏明永乐青花海水江崖纹三足炉最具代表性。其主要发色特征是：发色蓝艳，晶莹亮丽，仿佛镶嵌于釉下的蓝宝石，熠熠闪光，并呈现出明显的紫罗兰色；凝聚处有明显的浓黑色结晶斑块或斑点，晕散情况严重。这种呈色令人宝爱，所以耿宝昌先生所著《明清瓷器鉴定》一书，就是以这件三足炉绘图作书影，即封面书名题字下的图案影衬。晕散与结晶斑，是青料粗砺所致，如以强光照射可明显看出，结晶斑实际上就是青料中斑斑块块呈颗粒状的锈斑，原因极有可能是因铁质含量高所致。青料粗砺，也极有可能是造成晕散和结晶斑重的要原因。晕散和结晶斑，本来就是一种缺陷。20 世纪八十年代至九十年代中期，景德镇御器厂曾出土明永乐、宣德时期大量实物标本，其中一些是因晕散过重或呈色过于深重而被废弃或淘汰，这也说明了这一点的存在。

第四种情况，以故宫藏宣德款青花缠枝大梅瓶和青花海水龙纹高足碗较具代表性，其呈色特征是: 色泽淡雅, 蓝中泛紫, 或**呈浅天蓝色, 不含紫色; 晕散情况较轻或不甚明显; 不见结晶斑**。因此有专家认为这是以国产料绘制，但是这一说法不知有何凭据。以笔者判断，这是一种推测，而且并不准确。从文献来看，明永乐、宣德青花瓷器，当然主要是指官窑，所用青料都是苏勃泥青。明陈继儒《妮古录》载：“宣庙窑器，选料、制样、画器、题款，无一不精。青花用苏勃泥青。”明高濂《遵生八笺·燕闲清赏笺》载：“宣窑之青，乃苏勃泥青也。”明王士性《广志绎》载：“宣窑以青花胜，成窑以五彩。宣窑之青，真苏勃泥青也，成窑时皆用尽。”清朱琰《陶说》、蓝浦《景德镇陶录》、唐秉钧《文房肆考图说》等文献，都有相同的记载。宣德朝如此，永乐朝也不会例外。永乐、宣德官窑青花瓷器，皆以苏勃泥青为青料，文献与实际完全相符。

第五种情况。永乐、宣德时期的苏勃泥青，有粗砺、细匀之分，着色方法有浓淡之分，青料细匀颗粒少见，则无结晶斑现象，而着色浅淡，则失去浓艳特征，此实为自然之理。另外永宣青花瓷器多以小笔蘸钴料上色，因此要不停地用笔蘸钴料，这样从起笔到收笔出现了深浅浓淡不一的明显特征，这一特征成因属用笔方法所致。我们说苏勃泥青有明显的色阶，则非指这一情况。色阶，是指色的质地，也是料质本身显现。苏勃泥青无论是呈色深重还是浅淡，其色质总是具有深浅不一特征，这可以说是苏勃泥青的本质特征。我们以扬州博物馆所藏元代蓝地白龙纹梅瓶为例，其釉层极其肥厚，发色蓝艳深重，但其总是影影绰绰透出泛白的胎色，即为显例。宣德款青花缠枝大梅瓶虽呈色浅淡，也无结晶斑, 但有明显色阶, 其色质与色地都呈现出苏勃泥青的主要特征, 应属用进口料绘制。宣德款海水龙纹青花高足碗并非是以国产料与进口料相结合，如仔细观察就不难看出，海水与龙纹实为同一色，只是深浅浓淡大不相同。这是使用“分水法”的结果。分水法又称浑水法，这一着色方法早在元代就已成熟。以北京故宫博物院所藏永乐、宣德青花瓷器实物来看，那种论永宣青花则必谈结晶及下凹不平状的看法，应该得到纠正。关于元代青花钴料来源，国际学术界也存在不同观点：英国学者如 Harry Garner 等的观点是 14 世纪（元明之际）景德镇窑所用青花钴料源于波斯。日本学者如加藤介、加藤瑞山等观点主要有两个：一种认为元代青花瓷的青料来自西域的 Smalt 玻璃料，一种认为来自远东花绀蓝和钴土矿混合而成。中国学者如李家治等也有一种观点，认为元青花钴料源于中国西部的甘肃和青海。之所以称其为典型色，是因为苏勃泥青的上述几种呈色，为现代仿品所不能仿，因此被业内人士称为“开门”的重要指标。

永乐青花色调，凝重古雅，绚丽鲜艳。所用“苏泥勃青”料，烧造时有自然晕散，形成浓重凝聚结晶斑，呈凸凹不平状。永乐、宣德青花器色料这一特殊现象，可以作为我们研究鉴定年代的有力依据，正因为有这种沕釉之病，所以永乐青花纹饰中较少描绘人物，而用来渲染花鸟、海水、园景等却收到了意想不到的效果，如同在生宣纸上作画时留下笔触、墨痕，富有丰润。永乐时期釉面气泡较大，肉眼可见。因气泡较大而使得青花略显模糊，有种朦胧感。其青花上有不平凹陷，有灰斑、棕斑。有时青花上偶可看到金黄色气泡和花瓣状黄斑。有的器物釉层浑浊。其釉面肥厚、细腻、光滑、平静，器物里外釉面均匀一致。青花之釉面清白，釉面肥厚光亮。其釉面多棕眼，棕眼周围呈黄褐色，它是胎中气泡上升破裂后留下的凹坑，因烧成温度不足，釉的高温熔融状态不良，冷却过快而形成，说明釉浓度与温度有关。多数永乐青花白釉釉面较为清澈，气泡分布较疏。其规律是：青花边缘色彩较浅处大气泡多，青花较深处气泡较少。永乐时期青花瓷釉面的青白色调，是元明两代共同特色，为使用中国传统陶瓷烧制方法所致，它已经较元代有所减弱，有的已经开始呈现洁白色调。釉面大都平滑光润，肥厚晶亮，不像以后宣德时橘皮釉面那样多皱。

5. 永乐青花的彩绘工艺

首先需要明白陶瓷文献中记叙青花彩绘工艺——“设色”、“混水”与“画”、“染”。明代嘉靖版《江西省大志·陶书》“回青”条曰：“回青淳，则色散而不收；石青加多，则色沉而不亮。每两加石青一钱，谓之上青，四六分加谓之中青。……中青用以设色，则笔路分明；上青用以混水，则颜色青亮。”一般而言，青花彩绘工艺技法有官窑与民窑之分。官窑严禁民窑使用官样绘画瓷器，只有官窑更加追求细腻；明嘉靖以前青花彩绘工艺没有文献可供借鉴，但是近年来，有研究者以复制实验探讨其技艺，获得了与永宣时期相同艺术风格。但是用成化“染水”和明中期以后“混水”技法，是无法表现永宣青花效果的。显然永宣青花彩绘工艺在明代中期以后，因为不再使用苏青而失传了。20世纪80年代，景德镇古陶瓷研究者，以仿制元代青花和釉里红为课题，反复试验，再现了珍品的艺术特征。

永宣青花的主要表现技法是：在坯体粉本上，以浓青料勾勒纹样轮廓，蘸浓青料抹在纹样暗部，再用稍含清水的笔将青料洗染过渡到亮部，最后做局部修饰。比如宣德青花折枝花果纹碗，以画叶片为例。先勾勒外轮廓，再在叶片两侧拓抹青料，然后洗染青料，使之向中间过渡，最后用浓青料勾勒叶脉。这种表现手法的审美特征是整体纹样青色调与瓷胎釉面白色调对比有节奏感，“水路”很分明，装饰性强。局部纹样中有小笔触带动青料，出现深浅浓淡色调变化，具有一定绘画性意味。但是从装饰工艺角度看，局部小笔触色调颇有浑浊杂乱感觉。此时期民窑青花装饰则是十分简化、草率，均使用笔触表现简单纹样，每一个清晰笔触表现一个造型单元，不加修饰。

6. 永乐时期典型器介绍

永乐青花摆脱了明初古朴厚重特点，形成了清新俊秀风格。其形制规整、端庄秀美，线条柔美、流畅，胎体厚薄适度，灵巧而不失凝重。永乐器型十分丰富，在传统日用器皿、礼佛法器、祭器等品种中创烧了许多新品种。上海博物馆陆明华先生对保存于上海博物馆的永乐器物进行了认真比较研究，研究结果大大扩充了我们的视野。

永乐青花山茶花纹扁壶。口小，底部无釉，无圈足。这种俗称抱月瓶的作品，在永乐以前景德镇及其他窑厂均未发现，应为永乐时所独创。此形制来自海外，是西亚阿拉伯地区的制作风格。同类型扁壶在国内外有少量收藏，其图案有人物、花鸟和花卉等。传世器物有大维德基金会的花鸟纹壶，日本大阪东洋陶瓷美术馆、松冈美术馆、静嘉堂文库和英国大英博物馆的荔枝纹扁壶，土耳其伊斯坦布尔托普卡普宫殿博物馆的菊花圆扁壶，北京故宫博物院和台北“故宫博物院”的人物图扁壶、花鸟纹扁壶及以河北承德避暑山庄的缠枝莲纹扁壶等。大英博物馆也有一件牡丹纹扁壶，可惜口已经断缺。法国吉美美术馆和台北“故宫博物院”各有一件与上海博物馆所藏器型、纹饰相同的器物，北京故宫博物院有二件：一件高25.7厘米，口径3厘米，最大足径10厘米。另一件高25厘米，足底尺寸与前者同。法国吉美这一件高24.9厘米，台北“故宫博物院”的器高25.3厘米，口径2.8厘米，最大底径9.2厘米，与上海博物馆藏器尺寸也不同。1994年景德镇御窑厂遗址珠山东门头，出土了一件与上海博物馆藏器相同的残器，高28.5厘米，口径3.2厘米，底径12.5厘米，因为青花没有烧好而遭废弃，总体比上海博物馆藏器略高略大。由此可知，永乐时期御窑厂烧制青花山茶纹扁壶至少有二至三种规格，但实际烧造数量可能并不多。

永乐青花缠枝花卉纹大扁壶。这种长颈扁腹作品传世较少，其器型在永乐前未见烧造，乃西亚阿拉伯地区金属器风格。当时传入中国的金属器较多，故而仿制。传世品在国内外皆有收藏，例如天津艺术博物馆的青花缠枝莲龙纹大扁壶、南京博物院的云龙纹大扁壶，均与上海博物馆藏青花缠枝花纹大扁壶造型基本一致。此外，还有台北“故宫博物院”、日本大阪东洋陶瓷美术馆收藏青花海水龙纹大扁壶，伊朗国立考古博物馆收藏青花云龙纹扁壶，英国维多利亚和阿尔伯特博物馆收藏云龙纹大扁壶等。这些器物当时生产数量虽然有限，但是保存较好。南京博物院那件还注明是清宫奉天行宫移交品。1994 年景德镇御窑厂遗址珠山东门头出土了一件器物，高 44.7 厘米，口径 8 厘米，最大底径 14.4 厘米。总体上与上海博物馆馆藏器风格一致，但青花过于晕散，比馆藏器略小。这种造型在宣德时期仍有延续，在中国历史博物馆、北京故宫博物院和广东省博物馆收藏的青花海水龙纹扁壶便是例证。

青花缠枝花纹双系卧壶。这也是由西亚传入中国的器型，为仿制阿拉伯金属器风格。美国弗利尔画廊就保存有这样一件在 13 世纪中期叙利亚生产的嵌银双耳扁壶。其器呈扁圆体，正面微鼓，中心一圈呈半圆球状突出，背面平坦，中心一圈内凹，全部露胎。景德镇生产的仿制瓷器在国内外收藏机构也有收藏，例如北京故宫博物院、台北“故宫博物院”、美国弗利尔美术馆等。北京故宫博物院收藏有两件作品，一件器身高 30.9 厘米，器身绘以缠枝花卉纹，正面中心半圆凸起部位画海水，该器与台北“故宫博物院”收藏的一件完全相同。另一件器外纹饰大同小异，高 46 厘米，但是正面中心凸起半圆内画八角形几何图案，与弗利尔美术馆藏品相同，肩部双系保存完整，器面青花以斜线分成多组三角形或菱形，内绘花纹，器面外圈绘以缠枝花卉纹。从以上收藏情况看，永乐时期烧造的青花卧壶至少有三种风格。

青花玉壶春瓶。共有两种，一种器外为折枝花果纹，一种画花卉纹。这种玉壶春瓶造型，早在宋代南北方瓷器中就已经出现，元明景德镇瓷器上也十分流行。但是，有关玉壶春瓶出处，缺乏更深入的研究。玉壶春原意与酒有关，相关诗句很多，如北宋张耒《柯山集·复答迎郭侯犊车之句》：“玉壶春酒射朝霞，只看纤腰不看花。但遣舟迎桃叶女，仍须恩赐短辕车。”北宋杨亿《武夷新集·夜宴》：“玉壶春漏咽铜龙，画栋尘飞曲未终。”明倪谦《倪文僖集·和王廷器检讨夕宴李挥使东轩诗三十首（其三十）》：“夜永铜龙滴水迟，玉壶春酒送青丝。”瓷器中出现玉壶春名当源于饮酒，而后才引申为一种瓶子的式样。这种器型的永乐作品在国内外收藏较多。

青花鱼藻纹大盘。该器型在元代景德镇瓷器中就已经出现，但是鱼的种类不同，鲫鱼类难以见到。在明代景德镇官窑瓷器上，绘有鲫鱼的画面也十分少见。上海博物馆收藏青花鱼藻纹大盘画有一对鲫鱼画面。鲫鱼是中国淡水鱼的一种，分布范围甚广。唐代诗人杜甫《陪郑广文游何将军山林》中有诗句："鲜鲫银丝脍，香芹碧涧羹。"与上海博物馆藏品类似的有日本大和文华馆的双鱼盘，内心也画有两条鲫鱼，时代也定为永乐。1994 年景德镇珠山东门头御窑厂遗址出土了一件青花鱼藻纹盘残片，残长 37.4 厘米，与上海博物馆藏品纹饰完全一致。永乐大盘虽然不及元代那么多，但在托普卡比、萨拉依以及阿托别尔寺，仍然收藏有口径达 62—63.5 厘米的花卉纹细砂底永乐青花盘。说明当时仍有大盘外销，而且口径极大。但元代典型器如方形扁壶、多棱瓶、壶、罐以及高达 50 厘米以上高的大罐则都已绝迹。折腰碗、折腰盘也不再多见。枢府瓷小底足制作，在永乐朝已经基本被摈弃，有些沿袭前朝器型亦有所变化。例如梅瓶的口部，元代上窄下宽的梯形口已不再见，梅瓶底部也从元代的较窄变得较宽。又如高足杯，已经改变元代和洪武下腹较宽形制，而成为上敞下收形式。匜的流已经由元代低于口沿变为与口沿齐平。

由于永乐青花瓷器除了罕见的压手杯有"永乐年制"篆书款外，其他都没有款识，人们很难划分它和宣德青花的区别，历史上统称为"宣青"，或以永宣并称。在相邻朝代制瓷工艺上往往没有差别，但是以永乐典型器看，也可以从以下几个方面的特征和元青花、宣德青花作出区别：釉面有肥亮感。典型永乐青花瓷，由于烧成温度较高，釉内气泡较宣德器为少，而釉面有"肥亮"感，但也有很大部分永乐器也有很多气泡，以 30 倍显微镜观察，气泡应为大中小三种不同类型。永乐青花器的釉，基本上为白中泛青色，少数器物有开片。青花有晕散现象。永乐、宣德直至成化前期青花都有铁锈斑，但永乐器则较多晕散现象，宣德器虽然也有，但较永乐为少。永乐朝器型多见梅瓶、玉壶春瓶、玉壶春执壶、双系扁瓶（又称抱月瓶）、深身洗、大盘（包括菱口和板沿盘）、大碗、碟、罐、钵、高足杯、小型竹节柄卤壶，以及各式碗（如莲子碗、鸡心碗等），还有各式盘、压手杯等。永乐青花器制作，除大盘、扁瓶等少数大件器物外，多数器物底部均已施釉，这是一个重要的时代特征。前人对瓷器底足处理方法也有所论述，如《留青日札》云："陶辨器足，永乐窑压手杯，滑底砂足，宣窑坛盏，釜底线足。嘉靖窑鱼扁盏，馒心圆足。凡陶器出窑，底足可验火法。"现存北京故宫博物院压手杯，确实底部已上釉，而圈足亦较粗糙。永乐器如盘类，其糙底一般色白而细，抚摸时有犹如糯米粉的感觉，这种细砂底的发现也是具有划时代的意义，有的细砂底已出现小块铁斑。永乐器底削足处理，彻底改变了元代斜削方法，永乐细瓷一般是底足平削。永乐器釉底有的还呈现波浪纹。

永乐青花瓷图案花纹，已完全改变了元代多层次而又繁密的布局，多留白空地。器物主题图案往往以缠枝四季花（即梅花、牡丹、莲花、菊花）为主，并且以蕉叶、如意纹、回纹、波涛等为辅助纹饰，显得有疏朗感。永乐器多以花卉、瓜果为装饰图案，也有少数花鸟和人物图案。还有少数龙凤纹器物，但是不见洪武时盛行的以扁菊为主题纹饰的图案。其蕉叶纹中茎多数是中空而不填色。仰覆莲瓣的瓣心已填色，但边框线为双勾而不填色，边框线除极少数外，多数已相互借用。永乐青花绘画笔法其主要特征是其图案花纹多为双勾填色，但其填色方法并非用大笔一笔涂抹，而是用小笔填绘，往往出现深淡笔触，这也是从永乐开始到成化前期，明代青花细瓷最具有共同性的一个特征。人们开始比较全面地识别永乐青花，只是晚近的事情。对于永乐釉里红和青花釉里红，过去认识更少。景德镇御窑厂遗址中出土瓷片中，对于识别传世釉里红器以及永乐青花釉里红，均有极大启发。所见青花釉里红海水龙纹高足杯、青花釉里红小高足杯，有青花海水、釉里红三鱼杯，足部封底，底釉为水绿色，有开片，碗心为梵文，也有釉里红长方笔盒，盒盖为松竹梅图案，有大香炉为缠枝牡丹，有釉里红龙纹高足杯及釉里红龙纹大碗等。

永乐官窑青花瓷器胎釉精细，青色浓艳明快，造型新颖多样，纹饰优美生动，在陶瓷史上占有重要地位，成为明、清两代青花典型。永乐三年（1405 年）至宣德六年（1431 年），郑和七次下西洋，带回制瓷所需的青料“苏勃泥青”，为景德镇烧制独具时代特色的青花瓷提供了物质基础。由于频繁的贸易和文化交流，这一时期瓷器造型和纹饰也受到西亚地区文化的影响。永乐官窑青花瓷器，纹饰除传统龙凤纹配以长脚如意云纹，或器里壁保留了同元代一样的凸印龙纹外，还有园景花卉、竹石芭蕉、枝果花鸟、婴戏、胡人歌舞、锦纹以及西亚阿拉伯文和缠枝莲纹等装饰。其用笔或粗或细，着色有深有浅，有浓有淡，纹饰层次清晰。但因研料不细，线条纹理中常有钴料中的铁结晶斑，浓重处则凝聚成黑色锡光，成为永乐、宣德时青花的典型色调。永乐官窑青花瓷器，造型清秀典雅，宣德器相对浑厚，两朝也有同类造型和纹饰，如玉壶春瓶、梅瓶、绶带耳扁腹葫芦式瓶、花浇、执壶、折沿盆、烛台、鸡心碗、卧足碗、炉，等等。永乐青花器的新造型有扁腹绶带耳葫芦瓶、蒜头口绶带扁壶、双系小口罐、四系扁罐、轴头罐、漏斗、执壶、三系竹节柄壶、葵花式洗、大鼎炉等。以下一批明代永乐时期官窑青花瓷器，是景德镇珠山官窑遗址出土物，因地层年代可靠、学术价值高，成为最权威的断代标尺，是最为可靠的物证资料。它们均为景德镇陶瓷考古研究所修复复原的器物：

永乐青花海浪仙山纹双耳三足大香炉。

永乐青花海浪刻白龙纹大扁壶。

永乐青花缠枝花卉纹大扁壶。

永乐青花开光龙纹执壶。

永乐青花折枝花卉纹盖罐。

永乐青花松树小景纹大盘。

永乐青花六出开光莲花纹花口折沿大盘。

永乐青花并蒂莲花纹折沿大盘。

永乐青花湖石鸡冠花纹大盘。

永乐青花牡丹纹折沿大盘。（见图 17、图 18、图 19）

五、白釉器

1. 永乐白釉是在元代卵白釉工艺基础上发展起来的

明代景德镇官窑白釉器，是在元代影青釉和卵白釉工艺基础上发展起来的，其中最成功的就是永乐甜白釉。所谓“甜白釉”是指瓷胎细白，瓷釉呈半木光，色泽异常温润的一种瓷器。如果说宋代青白瓷因其透明度高、光泽度强而给人以不够含蓄的感觉，元代枢府卵白釉又显得过分痴呆和粗糙的话，那么永乐甜白瓷则是一种既温润又庄重、既精细又含蓄并且在过去时代不曾有过的白釉瓷。永乐白釉器在质量改进上取得了重要进步，不少作品克服了那种卵白色和青白色，烧成了真正白釉产品。由于这些产品釉色细腻洁净、清纯甜美，烧造质量特别高，因而被后人冠之以“甜白”的雅名。中国科学院上海硅酸盐研究所李家治先生，曾经对永乐甜白瓷进行过物理与化学方面的测试，他认为永乐甜白瓷特有的那种“光洁如玉”的质感，是因为釉中含有多量微细残留石英颗粒和一定量的云母残骸，故而不同于元代，而成为真正的“一代绝品”。明代洪武白瓷已经有相当成就，但是目前研究不到，还无法认识。永乐白瓷的制作，可以说是划时代的贡献。首先瓷胎中逐渐增加高岭土用量，减少了瓷器变形；其次精工粉碎和淘洗原料，去除原料中粗颗粒和其他有害杂质，增加了瓷器白度和透光度；再是由于配料中增加了铝氧含量，提高了瓷胎烧结温度，增进了瓷器机械强度以及其他物理性能；最后改进了瓷器装匣支烧方法，提高了烧成质量，并有利于实用。永乐白瓷就是在改进这些工艺之后，才取得了较大进展。

永乐白瓷的特点是胎质细腻、洁白，釉色莹润，给人一种甜美的感觉，故有“甜白”之称。又有人认为，这种白瓷可以填上各种彩色而成彩瓷，故有“填白”之名。永乐典型甜白釉为名贵品种，通常不开纹片，釉色有的闪青，有的微微泛红，釉层浑浊，熔融不透，釉层中气泡较小，非常稠密。但是永乐白釉中也有少量并未达到“甜白釉”水平的，故只能称为白釉，其器物底部白釉就是这样，通常较薄。甜白釉中含有大量残留石英和一定量的云母残骸，其残留石英颗粒非常细小，所以没有引起釉的开裂。釉中高温粘度增大，使得釉层不易熔融透彻，故釉中含有大量残留未熔颗粒，致使釉中气泡细小稠密，不易长大。这些大量固体颗粒和细小稠密气泡的存在，使得釉面产生强烈散射光，使其形成更加明显的乳浊感。永乐甜白釉有厚薄两种，薄的一种主要是碗、盘、高足杯等小件器，能达到光照见影的程度，这是有名的薄胎器，可以薄到半脱胎的程度，其他大件器物都属于厚胎。**永乐甜白釉另一个特征是：在器物足边和折角积釉处常闪烁着灰青光泽，釉面偶然显现如同青、灰、白三色交织在一起极淡的虾青色，甚为奇特**。通常白釉瓷较难鉴定，需要格外谨慎。嘉靖白釉器与永乐甜白釉有许多相似之处，最易混淆。

有关专家对永乐甜白釉瓷胎进行科学测试，测试标样“化学组成既与元代的白釉瓷相近，但又有区别。特别是它们的熔剂含量都比较低，其中着色氧化物含量亦较低，甚至达到清代的水平。这就是永乐甜白釉瓷和元代以及明代其他时期白釉瓷的不同之处，遂使它们具有较高的白度和更接近硬质瓷的瓷质。”专家们认为：“根据它们化学组成的变化，推测永乐时期可能采用了不同于元代及明代其他时期更优的瓷石作为原料，或者是所用原料经过更精细的加工。”（李家治主编《中国科学技术史·陶瓷卷》第十章，科学出版社，1998 年，第 333 页。）目前看来，后一种可能性更大。因为如果原料变更的话，宣德和以后朝代一定会效法使用。从明代整体情况看，宣德以后官窑白釉瓷器烧造整体质量较高，但与永乐甜白相比就略显逊色了。只有嘉靖朝白釉瓷器与永乐甜白最为接近，这是嘉靖朝刻意模仿的结果。它们不仅在釉色上模仿永乐，而且器型等方面也与之相仿，传世品中有不少这样的器物。

2. 甜白釉的釉质特征

永乐甜白釉釉质洁白，肥厚如脂，比后来宣德时期更光洁，无棕眼，简称奶白或甜白，也有写作填白的。因为甜白原本只是一种工艺，是在红、蓝釉地上面刻留花纹后填以白釉，故称“填白”。永乐甜白釉，釉层浑浊，气泡模糊，属于碱钙釉。釉面平整晶莹，器物口足边沿及带系棱角处微显胎骨，足边沿的釉面截削整齐，施釉不淌，有光素与刻印纹样两种装饰。厚釉则釉质凝厚，比薄胎器釉面更为肥腻，多施于厚胎琢器，以光素器为多。少数器皿上有线条流畅的暗刻花纹。甜白瓷除了一部分为素面无花纹装饰外，也有一部分有划花或印花装饰，其图案花纹主要为缠枝牡丹、缠枝莲、瓜果、折枝花、莲托八宝等，此外也有双龙、五龙、凤纹及藏文。须仔细审视或借光线透视，方可看出纹饰或款字来。但往往真品反而不如仿品款识纹饰清晰。厚釉的釉面有平与不平之分，不平的釉面侧视如阴云密布的云层向下垂堆，釉表面微显灰暗之色。不论厚釉还是薄釉，永乐甜白器都有一个特点，即迎光透视其素胎，胎呈现肉红或粉红色。而在罩上一层透明釉以后，则呈色变为牙黄和甜白。而清末仿品在迎光透视下则显青色透亮，这是明清两代胎料釉质不同所致。常见康熙仿品有白釉葵瓣口碗、高足碗等，流散在国内外的不少康熙仿品多年来仍被误认为是永乐白釉器，未能得到纠正。永乐甜白器的印花为典型暗花，除少数极清晰外，一般都较模糊。雍正仿品印花显得特别清晰，尤其是有一类锥拱暗花八宝甜白碗，其中多见有雍正仿品。

3. 永乐与嘉靖甜白釉的不同

白釉瓷较难鉴定，应格外谨慎。永乐白釉器的特点固然突出，但嘉靖白釉器胎釉与之颇相类似，最易混淆。如果对永乐时器型特点掌握不准，往往会被嘉靖白釉瓷所惑。以下几种嘉靖白釉瓷，最易与永乐白釉混淆，特记录参考如下，主要有六种：

白釉暗花双凤碗。胎厚，撇口垂足，呈墩式。里壁暗刻云龙或双凤纹，内心有三朵如意云呈“品”字形排列，外腹下暗刻莲瓣纹。永乐和嘉靖时皆有此器，差别甚微，难以区分，但嘉靖器物胎体厚重，圈足高深，器足修饰不平，特别是釉面中偶有黄褐色斑点，而永乐器釉面无此现象，且底足很平齐。

白釉暗花盘。撇口，浅腹，厚胎，圈足，纹饰多为缠枝莲或双凤，其风格如同上面的白釉双凤碗。这种盘，永乐、嘉靖两朝都有，永乐白釉肥厚而洁净，嘉靖釉面虽好，但常有酱黄色斑点。

白釉暗花双勾缠枝莲罐。永乐时无此器型，乃正德、嘉靖时作品，往往被误认为永乐之物。其釉面虽白，但与永乐白釉相比，则微闪灰色，釉质虽肥润，但不如永乐时细平，胎体中腰有明显接痕。

白釉钵缸。这种器型也为永乐时期所不见，而嘉靖时则较多。腹部有接痕，无暗花纹饰，其釉面如同永乐白釉釉面一样，亦有层层垂流的积釉现象。另外日本有此类仿品，器型虽逼肖，然而釉面却不够肥润，底足处理亦过于细致规整，无明代作品那种自然感。

白釉鸡心扁瓶。除光素外也有带暗花的，釉质肥厚，器腹凸如鸡心。此种造型，正德、嘉靖时期的仿品，不如永乐器敦厚，釉面也不及永乐肥润。同此造型，嘉靖时还有红彩龙纹、蓝釉、蓝釉火石红麒麟或龙纹等品种。

白釉蒜头瓶。与永乐白釉釉面一样肥厚莹润，但永乐时无此造型，嘉靖时多见，有嘉靖白釉釉里红蟠螭蒜头瓶。

永乐甜白瓷在景德镇御窑厂遗址出土最多的是碗盘与高足杯。外壁多刻有折枝花果，它与洪武和以前的同类器物相比，其碗壁稍高，圈足较小，挖足比洪武深而薄，足内有刷釉，晚期则全为荡釉。碗以墩式碗最多，盘类早期多折沿锥花盘，晚期多为敛口浅盘。高足杯类一反元代与洪武旧式，足部变矮，下腹缩小，口径增大，足内满釉。并首次出现刻或印“永乐年制”四字篆书款，杯内壁有印花龙纹、八吉祥及花卉纹。小酒杯与洪武造型相近，但直径大大缩小。花口折沿杯托较洪武为薄。洪武杯托底心有一凸起圆线做承杯之用，而永乐仅仅一印刻圆线。茶盏为撇口小盏，小底，仿自宋代斗笠盏，但宋代圈足内无釉，永乐则满釉。盏托和宋代大异，和元大都出土的青花盏托相似，托盘比元代小，托座比元代高。

4. 永乐甜白釉的品种

关于永乐甜白瓷的器型，景德镇御窑厂遗址出土的主要有靶盏（高足杯）、盘、僧帽壶、碗、大瓶、罐、爵、扁壶、荷叶盖罐以及波斯型执壶、盏托、盖豆、花浇、烛台、圆筒形器座（无挡尊）、鸡心扁壶、葫芦形小盂、军持等。传世品以梅瓶、盘、碗为多见。此外尚有三系竹节把壶和双系盖罐等。

白釉刻填绿彩。这是永乐时期烧制的彩器。这种釉上彩工艺，以前认为出现较晚。20 世纪 80 年代以后，景德镇御窑厂遗址出土了这类瓷器的标本，使得人们对此有了更深了解。其工艺技术与白釉剔地基本相同。白釉剔地制作工艺应是单色釉，但由于器身刻剔纹饰，因而外观效果像是施过釉彩。明代成化、弘治和正德等朝烧造白釉剔地盘、碗就是这样的作品。其实这样的作品也可以作为成品，称为白釉剔地品种。如果对这种作品再进行加彩，在剔地部分施彩，它就是釉上彩工艺了。弘治、正德时期白地绿彩器就是在白釉剔地盘、碗上加绘绿彩的作品。但是永乐时期这种作品存世极少。

白地酱彩。这也是永乐时创烧的新品种。从景德镇御窑厂遗址出土残片中可以见到，属于高温彩。其分为单色白地酱彩、酱彩龙纹填绘低温绿彩地装饰工艺。

5. 永乐甜白釉瓷赏析

永乐瓷器制作最规整美观，并以生产瓷胎细白，瓷釉呈半木光，温润而又庄重、精细而又含蓄的“甜白釉”白瓷最为著名。景德镇官窑集中了从元代以来最优秀的工匠和最好原料，烧造出了当时世界最高水平的瓷器。在中国陶瓷发展史上，景德镇明代官窑瓷器有着极为重要历史地位。其中永乐甜白、宣德青花、成化斗彩精美绝伦，代表了明代官窑瓷器的最高成就。景德镇这批稀世遗珍，是窑址出土物，因年代可靠，学术价值高，成为最权威的断代标尺，为我们广大古代陶瓷集藏爱好者及鉴赏投资人士，提供了最为可靠的物证资料。这些瓷器全都是在景德镇珠山官窑遗址出土的“明三代”落选官窑瓷器贡品碎片经景德镇陶瓷考古研究所修复后的稀世遗珍，虽残缺却能代表明代官窑瓷器最高水平和真实面貌。景德镇这批复原器物主要有明永乐甜白釉盘口兽耳长颈瓶、明永乐甜白釉三壶连通器、明永乐甜白釉四系矮壶、明永乐甜白釉爵、明永乐甜白釉素面双环耳珠顶盖皿、明永乐甜白釉折肩深腹执壶、明永乐甜白釉锥花僧帽壶、明永乐甜白釉锥花云龙纹梨形壶、明永乐白釉军持、明永乐白釉八方烛台、明代永乐白釉执壶、明代永乐白釉单把四系壶等。

永乐白釉军持。高20.9厘米，1983年出土于珠山。器身成梨形，下腹部有凸弦纹三道。唇口小颈，流细而长，流口饰凸起弦纹三道。圈足内有不匀的刷釉痕。器座为由下而上多级台面，其与器身连接处为一中空球状凸起物。

甜白釉狮耳瓶。这是目前所见到明代景德镇官窑传世品中最高的瓷瓶，高达74.8厘米，洗口，长颈，下有高台座，颈腹间有双狮环耳，釉色细腻洁白。此瓶传世品十分稀少。相同造型器物在北京故宫博物院也有收藏，形制几乎没有区别，只是圈足下部似乎较大，器刻“云麓”二字，该器被确定为漳州窑仿景德镇器物。1983年，景德镇御窑厂遗址出土了与上海馆藏实物大致相同的残器，高度一致，只是洗口稍高，双兽更突出，双环不是紧贴器身，而是实环，同为永乐时期官窑作品。

甜白釉洗口双象耳瓶。这件器物为上海博物馆征集的器物，釉色洁白肥腴，洗口，长颈，下部为梯形足，足内有釉，颈部双象耳，耳上部有一孔，可见此二系中空，此瓶造型与上海博物馆藏另外一件洪武釉里红云龙纹瓶近似，高度也同为45.5厘米。但是，口径、足径和腹围都不同。细看造型也有微小变化，双耳也不同，洗口、梯形高足也都不尽相同。整体风格更为接近永乐官窑产品，该器应是永乐官窑传世品中特殊作品。

甜白釉梅瓶。该瓶于20世纪60年代收购于北京古玩行。器身较胖矮，釉色白净光洁，内挖浅足，足底露胎。这种梅瓶的器物造型，与日本大阪东洋陶瓷美术馆收藏的一对青花“内府”款的白釉梅瓶近似，但日本藏品器身更长。1983年景德镇明代御窑厂旧址永乐地层出土了一件与上海博物馆藏梅瓶相似的矮体梅瓶残器，尺寸较小，高33.9厘米，口径 6.3 厘米、足径 15.8 厘米。上海博物馆所藏是永乐时期难得的甜白釉作品。1995 年，南京明故宫遗址古井中（位置在今天南京博物院大院内）曾经出土过一件洪武白釉铁红彩“赏赐”款梅瓶，同时出土的还有白釉爵杯、碗等，作为一种赏赐物品，梅瓶的作用已经远远不同于普通装酒用具。

甜白釉僧帽壶。永乐甜白釉僧帽壶一向十分有名，上海博物馆的藏品是文物圈内人所共知的名品。1965 年，北京海淀区出土了一件元代卵白釉带盖僧帽壶，可知元代就已经有僧帽壶这个品种的制作。但目前人们所看到的甜白釉僧帽壶全部是永乐时期产品，如北京故宫博物院、西藏博物馆所藏。永乐时期，除了甜白釉僧帽壶之外，还有青花瓷和铜胎掐丝珐琅器，其中青花僧帽壶为宣德时期产品，底部有青花双圈六字款。有的器物还配有一个木质壶套，这种髹红漆壶套在明代文献中被称为“红油斜皮骰手”。在台湾地区公私收藏中也有这样的作品，如台北“故宫博物院”所藏铜红釉僧帽壶，底部无款，该壶在北京故宫博物院也有收藏。另一件为青花藏文莲龙纹僧帽壶，底部有青花双圈六字款。国外还有一些单色釉僧帽壶，如：大英博物馆收藏有一件同类白釉僧帽壶，高 19.4 厘米；瑞典斯德哥尔摩东亚博物馆也收藏有一件白釉僧帽壶，高 19.3 厘米。1983 年景德镇珠山御窑厂旧址出土过永乐甜白釉僧帽壶残器，器身刻有缠枝花纹，甜白釉僧帽壶有的为素面，刻有缠枝花纹者少。大英博物馆和西藏博物馆的两件作品，均刻有缠枝莲花纹。

“永乐年制”四字篆书款，以甜白器所见为多，其中尤以半脱胎器为主，款字有划和印两种，但多数永乐甜白瓷也是无款的。“永乐年制”四字篆书款以出现在半脱胎龙纹的盘、碗、高足杯等器物上为多，其他虽然也有发现，但是数量较少。其款字书写并不规范，清代仿品则四字往往为极为规整的篆书体。由于永乐甜白瓷声誉极高，后代多有仿制，尤其以清代康熙、雍正朝仿品为多，鉴定其真伪，除了要细心观察其造型异同、图案花纹时代特征外，还应看到永乐甜白釉一般应有釉层肥厚滋润感，并且多数呈白中闪青色泽。部分器物有开片，而橘皮纹明显。清代所仿永乐甜白釉半脱胎盘、碗之类器物，其底部可以完全透亮，而真永乐器底部瓷胎稍厚，因此并不全透，这是由于清代脱胎技术已经成熟，能使器物底部达到接近脱胎程度，所以能产生全透效果。至于康熙仿永乐一般甜白瓷，其底部往往有旋纹及黑疵等康熙瓷的普遍特征，而且聚釉处无永乐器常见的水绿色。

六、彩器

中国陶工早在汉代就已经使用铜或铁作着色剂，用铅作溶剂，再加上石英，制成低温黄釉或绿釉陶器。唐代三彩已经闻名遐迩了。但是把这种低温釉当作材料使用，并且在白瓷胎上面作画，则是较晚的事情了。根据出土资料，釉上彩最早出现在华北平原的金代磁州窑。当时所用材料为红、绿、黄三色，纹饰以花卉为多，也有鱼藻与水禽，但为数极少。入元以后，由于元官窑浮梁瓷局的设置，北方工匠南来，磁州窑烧造红绿彩技术又在南方出现，其纹饰以折枝菊花为多，也有莲荷之类，其画风与元青花完全相同。《格古要论》中所说的“五色花”，与南京明故宫遗址出土的红彩龙纹盘残片，说明金代红绿彩技术，在洪武时已经从民窑进入了官窑，被工匠用来装饰御用瓷器了。永乐时期还有黄绿两色低温釉的龙纹梨形壶，该器做法是先在梨形壶坯上刻画出龙纹，然后入窑烧成瓷胎，再在瓷胎上填以黄绿二色铅质釉，入低温焙烧炉低温烧成。在明代以前，低温铅釉仅仅用来装饰陶器，从永乐开始他们已经用来装饰瓷器了。

1. 青花红彩和青花红绿彩

青花加彩的初始品种，出现于永乐，宣德时有较多生产。青花红彩和青花红绿彩在装饰上有三个特点:

第一, 青花和釉上彩各自以独立纹饰形式相互配合, 构成全部画面。如海水海兽纹杯，使用青花画全部海水，红彩画各种海兽，相互拼逗组成画面。与成化斗彩相比，青花与釉上彩配合度并不密切。

第二，画面上青花和釉上彩比重有两种，一种以青花为主，另一种以釉彩为主。如海水海兽纹杯就有两种装饰，一种以青花绘海水，红彩画海兽。另一种则相反。从工艺顺序来说，都是先画青花，然后烧成后再画釉上彩，这才是青花加彩含义的正确来源。

第三，相同器物分别采用青花加彩和青花釉里红两种装饰方法。如赶珠龙纹合碗，有青花红彩和青花釉里红两种装饰工艺，二者造型、尺寸、纹饰完全一样，区别在于一件用釉上红彩画龙，另一件用釉里红画龙。这种情况可能是因为青花红彩因和青花釉里红相互启发而创烧，也可能是因为釉里红烧制困难而改烧釉上红彩。

景德镇御窑厂窑址曾经出土过永乐青花红彩器。1984 年在景德镇御窑厂公馆岭地段永乐后期堆积层中，发现了一件青花海水靶杯，薄胎白釉，外壁及把手绘海水仙山，预留空白处留有白釉海兽纹，当属未加彩的青花红彩器。因烧制不好而废弃，尚未上红彩，高 10.2 厘米。同时出土的青花釉里红海水海兽靶杯，与青花海水靶杯造型、尺寸、纹饰完全一致，说明当时青花红彩和青花釉里红往往是一种器物的两种装饰方法。

2. 黄釉地绿彩

永乐时期新创彩器品种。所见有撇口盘，胎薄体轻，白里，外壁以黄釉为地，填以绿彩龙纹，黄绿两色均浅淡。自永乐始，黄釉地绿彩成为明清两代传统品种。唯独永乐、宣德时龙身凸起于釉面，而有别于成化以后诸朝暗刻填绿彩装饰工艺。明代传世品中，多见弘治、正德器，永乐、宣德及成化作品少见。这种制作工艺是在成型胎体上剔刻花纹，晾干后经过高温烧造，再在已经剔刻的地方填绘绿彩纹饰，空白处则填以黄彩，然后入彩炉中用低温烘烧而成。这种工艺出现在永乐朝，与以后素三彩工艺相似。目前保留较多的是正德以后作品，早期作品数量极少。

3. 孔雀绿釉地紫彩

景德镇御窑厂遗址出土有残片，为永乐时期新增加彩瓷品种，是以孔雀绿釉为地，于暗刻龙纹上加绘赭紫色，其色彩深暗无光，成为成化姹紫色前身。之后明嘉靖、万历以及清代各朝官窑均以此为规范。

4. 绿釉地红彩

明代有景德镇御窑厂出土洪武红彩龙纹梨壶与盘类，其胎薄体轻，色彩凝重泛紫。红彩原来仅在白釉地彩绘，永乐时又有所发展，采取以绿彩釉铺地，暗刻龙纹着红彩新技法。

5. 矾红地绿彩

产生于永乐朝。其制作工艺是在坯胎上剔刻花纹，高温烧成后绘以低温绿彩，空白处则填绘矾红彩，然后经低温彩炉烧成。景德镇御窑厂遗址有残片标本出土。传世品中难见实物。

6. 绿釉地酱彩

永乐时期釉上彩瓷中，绿地酱彩是彩下无基釉而在生坯上着彩。其他红绿彩、绿彩、酱彩、金彩等，彩下皆有白色基釉。其釉上彩瓷或多或少都有病害，出现剥彩、虹彩，颗粒不均匀。永乐时期烧造情况比成化时差很多，腐蚀现象也很严重。其绿彩颜色不均匀，与施彩浓淡不均匀有关。剥彩是其颜色变淡原因之一。这类彩瓷烧造情况差于后来成化。这种瓷器仅见于景德镇遗址出土残片，没有完整器面世。

7. 红彩

景德镇御窑厂遗址出土有红彩云凤纹墩式碗，画风细腻，施彩有层次感。色彩红艳凝腻，较南京市明故宫遗址出土明洪武红彩龙纹盘色泽略重，还有以红彩铺地绘绿彩纹饰图案的装饰，仅见于出土瓷片。

8. 金彩

金彩早在唐宋金元时期就已经用来绘画陶瓷纹饰，如唐代郑仁泰墓所出土的陶俑及五代越窑器，宋代定窑，元代白釉、红釉和蓝釉器等，加绘金彩，增添了纹饰的美感，使器物显得雍容华贵。永乐金彩的品种有青花加金和红釉加金两种。北京故宫博物院与山东曲阜孔庙均藏有永乐青花金彩碗，里心绘以荷莲，内外壁绘缠枝苜蓿花，并填以金彩，底足有青花或金彩图案款。清代嘉庆、道光时期，青花苜蓿碗常仿此图案。这种金彩纹饰，虽大部分涂金已经脱落，但从红澄澄的遗痕光泽，仍能辨出其原有呈色。晚清和民初仿品，由于金的成分中掺入了铜或者采用了洋金，呈浅黄或黄绿色，亮度不足，显得漂浮。因此看金彩成色，可以作为明清金彩器断代依据。而且不仅限于瓷器鉴定，其他鎏金铜器等也可以用此方法佐以参考断代。

过去在传世品中没有发现永乐彩瓷，是因为彩瓷传世品极为稀少。直到景德镇御窑厂遗址的重大发现，我们才知道永乐彩瓷品种有白地釉上红彩、青花红彩、白地孔雀绿彩、白地刻填酱彩、白地刻填酱彩加绿彩、黄地绿彩、绿地酱彩等。这些品种的新发现，说明明代后期多数彩瓷，其实在永乐时期就已经开创。永乐一朝对明代景德镇制瓷业发展具有极其重大推动作用，其彩瓷光彩永远光照后世。

七、其他品种

1. 黑釉

是永乐时新创烧品种。烧制好的黑釉漆黑光亮，为明初罕见珍品。永乐黑釉多带棕褐色，尤其黑釉稀薄处，常呈褐色。黑釉表面光泽很弱，常呈失透状，并带有一层灰白色物质。黑釉表面折皱不平，布满不透明的白色纹路，在纹路之下看见棕黄色气泡，估计表层白色物质与气泡分泌物有关。永乐黑釉表面褶皱、纵横交错黑白色纹路、出现虹彩等现象，可能均与釉中气泡凸出和排出有关。在高温烧成时，黑釉中铁矿物会分解，放出气体，形成气泡，当气泡长大到一定程度时，会鼓出或破釉而出，随后釉面再度变平。气泡吸附铁氧化物，气泡周围的富铁熔体随着气泡升至釉面，在气泡凸出和鼓破处富集。在冷却过程中，富铁熔体会析出铁氧化物晶体，随着气泡鼓出、鼓破和填平过程，气泡周围富铁熔体升至釉面，形成反映釉面流动情况的“晶体流”，从而形成相应灰白色无光纹路。在气泡破损釉面填平处，若富铁熔体定向析晶，并形成对光干涉薄膜，则会出现虹彩变异，产生虹彩斑点。永乐时期黑釉与康熙乌金釉不同，康熙乌金釉中含有一定量的钴着色剂，故釉色很黑。永乐黑釉则不同，釉中基本不含钴，仅以铁为着色剂，故黑色中常带棕褐色剂。有的黑釉器呈色不均匀，色调浅淡。笔者曾见有梅瓶和四系扁罐，其罐底直径为36厘米，唇口、短颈、溜肩、扁腹，广平底，颈肩凸起一圈卷草花纹，肩均布四只圆形小系，器身釉面肥厚，漆黑光亮，为明初罕见珍品，现藏福建省厦门市华侨博物院。

2. 蓝釉

较少见完整器，目前所见到多为瓷器残片。大致与宣德祭蓝釉相同，区别在于釉面。其釉面与永乐红釉、白釉效果一致，平滑滋润，没有宣德的橘皮纹。其蓝釉瓷盘胎薄体轻，釉面光润肥厚，蓝色纯正，与宣德、成化蓝色不同。几百年来学者与行家从未提起永乐蓝釉之存在，洪武、宣德、成化均有蓝釉器，何独只缺永乐？既然蓝釉又较红釉易烧，永乐应在其间有继承和创新。按实际情况推算，永乐应该有蓝釉生产，只是目前传世品过于稀少而已。

3. 紫金釉

在永乐时烧造较好，呈色棕褐，表面闪烁非常光亮的金黄色金属光泽。紫金釉又称为酱色釉，是以铁为主要着色剂的高温釉。紫金釉可分为二层：最表一层为棕黄色带金属光泽的光亮薄膜，表面金属光泽层下为深棕色釉层。紫金釉表面的金属光泽层为一层密集分布的微晶颗粒，这些颗粒按规则定向排列，对光线产生强烈镜面反射，使釉面呈现出光亮的金属光泽。这些微晶颗粒可能是自釉中析出，釉面还有明显的析晶痕迹。但是这些金属薄膜层很容易脱落，金属光泽层脱落后，露出其下深棕色的釉层，会使得釉面无光发涩。有的紫金釉色调呈色黑暗，这种紫金釉产品，早在宋代定窑就有生产，称为紫定。由于年代久远，其上面的金属薄膜早已脱落。永乐紫金釉器物如果保存不是特别好，这层薄膜脱落的可能性很大。

4. 黄釉

永乐的黄釉是在前朝的基础上又有发展。以肥润的甜白釉衬底，覆罩浅淡的黄釉，因有白釉衬托，黄釉显薄，色淡，曾见有撇口盘类，胎薄体轻，窄小的圈足很浅。明代早期许多黄釉，多数是在已经烧好的器坯上直接施以黄釉，故而黄釉颜色较深。而永乐则不同，是在已经烧好的白釉器物上再施以黄釉，这种做法具有鲜明的时代特征。即在永乐甜白的衬底上，附着浅淡的黄釉。因有白釉衬托，黄釉显得很薄，色淡。体胎亦薄轻。永乐的黄釉很少见，世所珍稀。

5. 青色釉

永乐青色釉共有三种：影青、翠青、冬青。

影青釉。永乐影青釉，为仿宋、元影青釉品种。明初影青器已经不多见。永乐时景德镇御窑厂新烧制的影青瓷才又重新崭露头角。但由于胎质不同，与宋元影青瓷已经有明显区别。宋元影青胎体不甚透亮，永乐影青胎体玲珑，透映性强，釉质肥润，并有较大的气泡密布于釉中。釉面虽青，却很浅淡，仍可分出浓重和淡雅之色，其制作之精细，较宋元影青更为上乘。其装饰方法也与宋元影青不同，多在碗的外壁双勾缠枝莲花纹图案，由于釉面玻璃质感强，在已经刻划的纹饰轮廓线内形成积釉现象，把纹饰衬托得格外秀美。因刻划的积釉处显青色，故名“影青”或“隐青”。仅见有撇口碗，其撇口的外撇度大，器型线条优美。永乐仿影青釉，可以北京故宫博物院所藏暗花缠枝莲纹碗为代表。宋代景德镇青白釉中有极薄而光照见影的典型器，上海博物馆所藏青白釉刻花花卉碗，胎体细洁而甚薄，釉色青绿，刻纹清晰，即属此例。但与永乐仿影青釉相比，由于永乐胎质更细，且釉面肥润，色呈淡青，且暗花在隐约之间，因而显得更为幽雅恬静。

翠青釉。釉色青嫩如翠竹，色泽光润，是当时永乐创新釉色之一。有娇翠恬淡的感觉，器型以盖罐和高足杯为多见。盖罐有三系或四系，胎体厚重。永乐翠青釉仅施翠青釉于器物外表，内壁则为白色透明釉。翠青釉满体气泡密布，如鱼籽状。但气泡亦有大小之分，非一律大小。这类盖罐有清代仿品，或是后配罐盖。凡永乐原件其罐盖顶部呈弧状拱顶，后配者成平顶而无弧形拱顶状。清代后仿器或气泡较小，或气泡成一律大小的整齐状。其胎体和器足处理规整，器面多光素，因釉汁随器身各部位凹凸起伏面而垂流积釉，从而使盖罐肩部色泽浅淡，下部浓重，尤其是边缘垂釉现象突出，玻璃质感强，釉面含密集的小气泡。盖罐肩部常配有三、四系，盖顶浑圆微凸，成化斗彩器中也有这种形状的小盖。

冬青釉。这是永乐时期新创釉色，是一种极淡的淡青绿色，色泽较重，具有宋元龙泉釉效果，故也称之为“仿龙泉釉”。浙江龙泉窑在明代前期仍继续烧造民间日用陶瓷，景德镇在永乐、宣德时期即已成功仿烧龙泉釉瓷。永乐时期仿龙泉釉器主要有碗、罐、高足杯等。其釉色较龙泉稍偏青绿，釉光泽度较强，有的器物施釉不太均匀，这类仿龙泉釉又称“冬青釉”。其釉色青中闪绿，苍翠欲滴，釉质肥厚，多小气泡及垂流现象。施釉均匀，釉面玻璃质强，口边釉薄处闪白，并且微露胎骨，也偶有匀净无气泡的。冬青釉为永乐创新品种之一，器型不多，仅见罐、碗、高足碗等，高足碗均有篆书款识。罐肩部除光素无系外，装饰有几种，或均分三个小圆系，或露胎凸起火石红梅花，或以梅花托出小系，器身则刻划或光素。

6. 绿釉

绿釉分为孔雀绿釉和淡绿釉两种。

淡绿釉。为薄施釉汁于已经烧成薄胎器上，然后入烤炉烘烤。其色泽较孔雀绿釉更为浅淡、清雅。

孔雀绿釉。最早见于宋代磁州窑器上，景德镇窑在元代才开始由北方来的工匠烧制孔雀绿釉。当时是于瓷器上摹烧单一孔雀绿釉，其色美如孔雀之尾羽，极为艳丽，同时派生出孔雀绿青花品种，将孔雀绿釉覆盖于青花器上，则青花色调变黑，与同时期磁州窑孔雀绿黑花效果近似。明代景德镇御窑厂于永乐时首次烧成这种低温釉，色泽淡雅明快，釉面匀净。除光素外，尚有刻龙纹填白釉的嬗变为孔雀绿釉白花的又一新品种。

7. 永乐时期的器物形态

永乐器物形态是有些规律可循的，主要因为永乐与洪武器型分期还比较困难，与宣德早期的区分也有难度。但是在某些特殊器型上，可以视为开始或盛行于永乐朝，例如瓢形扁壶、抱月瓶、大天球瓶、单面扁壶、双系（或三系、四系）盖罐、花浇、压手杯、尖底莲子碗等。**盘、碗之类撇口器的口沿极薄，手抚之较尖，而无圆浑感。这种特点在成化的小件器物中仍然保持**。出现极白的细砂底，抚摸有极细腻如糯米粉的感觉。细瓷底足平削，底釉有的呈波浪纹。白瓷底釉聚釉处呈水绿色，特别明显。甜白器盘、碗的底部胎体稍厚，并不全部透亮，凡底部全透者，非永乐甜白半脱胎器，应属后仿品。青花器釉面肥亮，釉色多数发青，青花有的有晕散现象，青花有铁斑，涂绘部分有不同深浅的笔触感，多见缠枝四季花和折枝瓜果为主题纹饰的装饰图案。玉壶春瓶口沿内外沿，往往有稍厚的釉层，呈淡青色流淌斑块。永乐款识只有“永乐年制”四字篆书款，字体自然，凡特别规矩而呆板者，则要注意其时代。永乐气泡一般均有大小不同，以30倍显微镜观察，凡气泡大小一律者要特别注意其时代。永乐瓷与宣德瓷相比，凡相同器物，永乐薄，宣德厚；永乐轻，宣德重。甜白瓷底足聚釉处，永乐比宣德更显水绿色，青花器釉面，永乐比宣德更显肥厚。

八、装饰技法

永乐青花继承了元青花和洪武青花的风格。永乐青花布局较洪武青花清丽疏朗，辅助纹饰和主题纹饰差距已经逐渐缩小。青花纹饰空灵，整个画面连贯呼应，有一种女性化轻歌曼舞式的柔美。永乐青花常见主题纹饰有束把莲、牡丹、四季花卉、缠枝灵芝、葡萄、西瓜、石榴、荔枝、菊花、折枝花、松竹梅、山石松树、山石花卉、山石鸡冠花、卷草纹、番莲、轮花、蕉叶、龙纹、回纹、花鸟和极少数人物纹等。画法有单笔勾勒、勾勒点染、双勾填色、白描等几种，会在同一器物上结合使用，但以双勾填色为主。线条圆润而舒展，纤细而清晰，毫无生硬粗俗之感，并且留有深浅不一的笔痕。永乐花纹式样和装饰方法，已经基本奠定了明清两代的总体风格。尤其是清初刻意仿制，更见其对清代面貌影响巨大。永宣官窑青花瓷不仅从造型上大量模仿阿拉伯地区金属器物或其他器物原形，在纹饰上也与西亚文化存在很大联系。在清真寺中几乎都是植物和几何图案，没有人和动物的雕像。但是阿拉伯艺术家匠心独具，他们利用阿拉伯字母和几何图案，把清真寺装饰得华美壮丽。工匠们运用植物纹饰、几何纹、书法等来装饰金属器、陶器、地毯等工艺品表面，自然形成了阿拉伯地区纹样装饰的一种风格。

1. 技法与风格

绘画笔法。永乐绘画笔法多样化，有单笔勾勒、勾勒点染、双沟填色、白描等多种。在一件器物上往往有几种笔法结合使用。线条都非常圆润而舒展，无生硬粗俗之感。装饰手法日益繁多，不仅有刻、印、划、堆拱，而且还有青花印花、青花加金彩划花、釉上彩绘、雕塑、活环等。有的器里印花，其外为青花划花，这种装饰是承袭了元代枢府窑的传统方法。永乐时瓷器上所印暗花，线条圆润，似隐似现，生动自然。清代康熙、雍正时期仿品上的暗花，则使用白粉状的线条凸出釉面，纹饰浅露。永乐时期绘画手法主要是双勾填色，填绘时用小笔，改变了前朝用大笔涂抹方法，画面增加了留白，给人更多想象空间。

绘画风格。元代青花装饰繁缛，到永乐时期风格为之一变，大都疏朗秀丽，笔意自然，疏密适度，与中国文人画构图形式相一致。永乐绘画十分注重画面留白，具有鲜明的时代特征。由于苏泥勃青料呈色不够稳定，易于晕散，纹饰中较少画人物。同时内外加花，器心绘画的装饰手法得到广泛应用。永乐时是青花纹饰线条纤细、清晰，风格潇洒。有的使用金彩，其所用金彩成色足赤，呈凸凹不平状。永宣绘画有强烈阿拉伯艺术风格。阿拉伯艺术是以形式华美、内涵丰富、观念浓厚的植物纹饰，几何纹饰，阿拉伯文字纹饰等来装饰器物表面。这种阿拉伯艺术对永宣青花器物的影响巨大，使中国青花瓷器产生了一种异样的精彩。从永乐三年（1405 年）六月起到宣德八年（1433 年）七月止，前后长达 28 年，郑和七次出使西洋，他每次出使都会带去大量的丝绸、瓷器、茶叶、铁器、麝香、金属货币等。在这些礼品中，瓷器是最受欢迎的品种。郑和下西洋带到中东地区大量瓷器，以赏赐、交换形式流传到阿拉伯地区，这些精美青花瓷器吸引了西亚人的目光。同时又由这些地区进口了大量的钴矿原料，苏勃泥青钴料的引进，也使得永宣青花的烧制达到了历史新高度。这批钴矿原料一直使用到成化时期才告罄。

绘画题材。永乐时常用主题纹饰、绘画多缠枝花卉，如牡丹、莲花、菊花、竹石芭蕉、折枝枇杷、洋莲，暗龙等，而绘画疏朗的折枝花卉出现时代较晚，却比洪武时期更加丰富。洪武花卉仅见牡丹、菊花、山茶、石榴、莲荷、芙蓉、月季、百合、宝相花、灵芝等十余种。到永乐时除上述十余种花卉外，还增加了桃花、芍药、海棠、剪秋萝、秋葵、银杏、桂花、苜蓿、香橼、萱草、栀子、牵牛花等。另外洪武花卉有花无果，永乐则大量使用瑞果纹，如葡萄、枇杷、荔枝、桃实、柿子、石榴、甜瓜、白果、樱桃等。这些瓜果纹饰应用广泛，几乎出现于所有器物上。其中以折枝瑞果和折枝花卉纹更为突出，它们可以作为主题纹饰，也可以作为辅助纹饰，还能用作不同部位的边饰。有的果实直接从地里长出，硕果累累，给人以浓厚田园意趣。此时描绘的折枝花卉主要有石榴、枇杷、莲花、碧桃、佛手、海棠、柿子、忍冬草、竹石、松石芭蕉等。缠枝花卉主要有牡丹、菊花、灵芝、梅花、宝相花、苜蓿、莲托八宝等。缠枝花卉的花是主体部分，叶子较小，叶片边缘呈细齿状，枝蔓蜿蜒流畅，栩栩如生。蕉叶纹的中茎采用留白不上色方法绘制，蕉叶主脉不画到叶尖，主叶呈细瘦的等腰三角形，叶缘绘成锯齿状，叶缘轮廓线以复笔渲染。仰覆莲瓣纹画法是以两大叶瓣间叠一小花瓣，花瓣中部留白，很少上色，莲瓣边框线用双线勾绘。

龙纹是明代官窑主要装饰图案之一。永乐时龙凤纹图案较多，有云龙、行龙、赶珠龙、海水龙、升龙、降龙、团龙等多种形式。其中**俯视的龙仅见于永乐**。此时龙纹绘画与前朝差不多，细颈，蟒身，但也开始出现一些身体比较壮硕的龙。龙首有竖发和披发，龙爪从三爪到五爪都有。龙纹图案大多是组合图案，有双龙、五龙、云龙、团龙、荷塘龙等。永乐时五爪龙均为双角、竖发、闭嘴，上唇作如意形，有须有髭，背鳍，蛇腹，鹰爪。这一形象为以后各朝所继承，直到嘉靖时龙头才发生变化。此时三爪龙多为张嘴吐舌，其形态与元代龙有些相似。永乐青花釉里红龙纹梅瓶出土于景德镇御窑厂，梅瓶形体矮胖，线条流畅，造型敦实，采用刻画方式。龙口紧闭，发上冲，呈三角状，五爪。眼部上方有两根直立向上的胡须，下颌胡须分为两部分，前面一半数量较多，后半部略有卷曲。

其间点缀以朵云、海水纹、火珠等图案。此时釉里红制作工艺技术，经过洪武时期的发展已经成熟，所以釉里红器物，特别是釉里红龙纹器物有所增加。此时扁瓶的两面或盘心、高足碗内常绘有花鸟纹，题材有绶带鸟和荔枝、喜鹊梅花等。

2. 永宣宫廷院体画与青花瓷绘的关系

由于进口青料的特殊晕散性能，永宣官窑青花纹饰中的人物纹，除了少量婴戏题材和胡人乐舞等，在永宣初年并不多见。即使宣德时期出现大量仕女图案，也只是对人物轮廓进行简单描绘，人物脸细部特征并不明显。相反，这一时期花鸟瑞果纹饰则大量出现，成为永宣时代的主题纹饰。该时代花鸟瑞果纹崇尚写实，取材大自然，真实生动。从瓷画风格上来看，画稿似出自宫廷画家之手，明显有院体画特征。永宣时代的宫廷画以院体花鸟画为主。所谓院体，孔六庆先生解释："中国自夏商周以来，适应着宫廷需要、服从了帝王审美意志的绘画，总称为'院画'，而形成了一定风格者，称之为'院体'。"（孔六庆著《继往开来——明代院体花鸟画研究》，东南大学出版社，2008 年版，第 15 页。）明朝建立不久，即开始恢复宫廷画院，逐渐征召名画家入宫为皇室服务。永乐年间仍属初创阶段，到宣德时画坛活跃，宣宗本人雅好诗文书画，"绘事尤精"。正是由于皇帝本人对绘画的热衷和倡导，明代画院日益昌盛，大量征召民间名画师入宫。永乐时入宫的有边文进、谢环、郭纯等人，宣德时又从江浙一带征召民间高手如周文靖、李在、马轼、倪端、商喜、孙隆、石锐等人，一时名家云集。供奉内廷的画家，大多数属于仁智殿和武英殿，所受职衔也有所提高，并授以锦衣卫武官名衔领薪俸而不司军职，体现了皇帝对画家的优厚待遇和无比恩宠。永宣官窑青花瓷器的纹饰，是运用毛笔之笔尖，饱蘸研磨成汁的青料，在白色胎体上精心绘制而成。在构图上，线条的描绘一改元青花的粗犷豪放，笔法上多采用晕染勾勒，局部细节精致细腻，笔法讲究，类似于绘画中的工笔画。根据张浦生先生研究，认为永宣官瓷风格工整细腻，重在工笔画法。永宣宫廷自成一派的花鸟画，画法精巧、工整，俨然属于工笔画一类，在画法上继承了黄荃父子工笔重彩的画风。花鸟题材，生机勃勃，通常寓意吉祥富贵和喜庆，非常符合永宣时期皇室的生活意趣。明代院体画花鸟设色绚烂艳丽，勾线强劲。这一时期宫廷重要画家就是边文进，有"明代院体花鸟之祖"之称。

边文进，字景昭，永乐时入宫为御用画师，在花鸟画方面一开明代院体花鸟新视野。边氏花鸟作品基本表现了传统贵祥思想，有百鸟齐聚，场面热闹。过去唐宋时期画中鸟禽较少，给人以宁静之意。而边氏所作，体现了汉人收回江山一统天下的时代感。近人有研究指出，永宣年间官窑青花瓷器花鸟纹饰的粉本，可能出自边文进之手。张浦生曾以永乐青花枇杷绶带纹盘的纹饰，与边文进的《三友百禽图》《春花三喜轴》《喜栗图》进行比较，绶带鸟一类鸣禽是边氏常用题材，画作《春花三喜轴》中的喜鹊，“张嘴啼鸣，其神态与青花枇杷绶带纹盘中的绶带鸟有异曲同工之妙。”（张浦生著《青花瓷器鉴定》，书目文献出版社，1995 年版，第 141 页。）故而，“明永乐、宣德瑞果鸣禽青花瓷画的画稿，完全有可能是边景昭等画院画家所作。”虽然没有最直接的文献记录证明永宣官窑青花瓷上的花鸟纹饰是否来自于宫廷画师之手，但是对于此时瓷画粉本来源，明人王士性在《广志绎》中有所记载：“宣窑以青花胜，……当时殿中画院人遣画也。”（王士性撰《广志绎》，中华书局，2006 年版，第 278 页。）王士性生于嘉靖二十五年（1546 年），而嘉靖七年（1528 年）以前记载已毁不可考，故而王士性所言或许是他本人猜测之言。艺术是相通的，一个时期艺术风格会在多个领域有所体现。既然永宣年间花鸟画是宫廷画派主流，其寓意丰富多彩，非常符合那个时代的盛世风尚。然而瓷画和纸画不同，即使按照原有样本绘画，将其如实描绘到瓷胎之上，由于瓷胎吸水性与纸张不同，故而效果难求一致，这增加了瓷器纹样与画样粉本进行对比研究的难度。

3. 明代早期龙凤纹特点

通过上述分析，将同时代瓷器放在一起进行比较，寻找规律，可以看出明代早期龙纹瓷器发展的特点。永乐动物纹在此时主要是体现在龙凤纹上，还有瑞兽以及与花卉搭配的花鸟类纹饰。

龙纹图案。龙凤纹是皇家专用纹饰，是皇族的象征。龙纹主要有云龙纹、海水龙纹、戏珠龙纹、团龙纹、夔龙纹、螭龙纹、应龙纹和穿花龙纹等，另外还有单独的龙纹和凤纹。一个朝代的灭亡与一个朝代的兴起当有明显界限，然而作为工艺制造，并不会像朝代更迭一样迅速转变。典型器有明永乐青花龙纹天球瓶，为台北“故宫博物院”所藏。永乐龙纹继承了洪武特征，龙有张口和闭口之分。头部有角，毛发上飘或后飘，眼上有立眉，胡须有长有短，下颌长须飘动，须两边有的向外卷起，也有一边卷起者。龙身有麟，背有鳍，胸背出飘带。但是永乐的龙爪不再涂色，鳞片多是一笔一笔画出来。总体上永乐龙纹的画法比洪武龙纹更规范，更精细。永乐云龙纹不仅有青料绘画，还有模印法。洪武时就有这种工艺，来自元代。永乐时模印与洪武造型相同，纹饰也一样，可见这项技术传自洪武。永乐时龙纹少数仍是细颈、长身外，已经出现肥身龙，并有平直披发及竖发的不同处理。爪有三爪、四爪和五爪，其爪部也显得较肥。永乐龙凤纹并不多见，仅出现在盘、碗、扁瓶、梅瓶、罐、盖罐和爵等器物上，有团龙、云龙、双龙、乌龙、河塘龙、龙凤等。龙身由元代细颈长身，逐步过渡到粗颈肥身。龙爪画法有三爪、五爪之分，其中以五爪占大多数。永乐瓷器制造工艺及装饰图案已逐渐摆脱元代影响，自身风格趋于成熟。随后青花瓷器发展迅速，与宣德时期并称为“青花的黄金时代”。龙纹作为瓷器的装饰，在数量和质量上都得到进一步提高。

特殊龙纹纹饰。螭龙、夔龙与应龙都是明代官窑中永乐、宣德时期相对少见的特殊龙纹，属广义龙纹范畴。螭龙是原始社会形成的图腾之一，其纹饰在明代官窑开始使用，始于宣德朝，与夔龙纹使用时间相仿。宣德螭龙纹为四足，爪数分三、四、五，体魄强悍雄健，造型与当时流行的永宣龙纹极为相似，常口含灵芝。夔龙纹原本是商周时期青铜器上主要纹饰之一，侧身，一足，卷尾。纹饰造型清晰，上唇较长且上卷，似猪嘴，前半身有双足、两翼，卷草尾。整体与同时期应龙纹相似，身形短小，口吐西番莲，俗称“含花龙”。应龙是古代传说中一种有翼的龙，相传大禹治水时有应龙尾画地成江河，使水入海。从传世品与景德镇珠山遗址出土资料看，在成熟落款瓷器上应龙纹使用较多。应龙纹按照不同特征可分为四种，即双足三爪羽翼类、鳍足羽翼类、双足龙爪蝙蝠翼类、鳍足蝙蝠翼类。以上三种特殊龙纹区别是：螭龙和夔龙没有鳞，有兽足。螭龙为四足，无鳞，无翼。夔龙为双足，无鳞，有翼。应龙为足可有可无、有翼有鳞者。明代早期龙纹器型以盘（包括菱口或板沿）、碗、高足碗数目居多，多见于梅瓶、玉壶春、执壶、梨形壶、高足杯，也有少量罐、钵、天球瓶、扁壶、盖罐、环耳瓶、滴砚、鸟食罐、尊、扁瓶等存世，形式多样，覆盖了明代大多数器型。其中海水仙山龙纹常装饰于高足碗、高足杯，海水龙纹装饰于罐、盘。团龙则见于内心，而多条团龙则绘在盘、碗的葵瓣或是开光之中。总的看来，明代早期瓷器龙纹造型威武凶猛，气势如虹，构图合理，色彩优雅，细部刻画精细。明代早期龙纹瓷器发展情况，反映了随着当时社会高速发展，人们追求高远、开拓进取的社会精神以及由简到繁、逐渐细腻的艺术审美观，奠定了明代乃至清代瓷器上龙纹样式的基础。除此以外，龙凤纹还常与香草、宝珠、水草、花卉等装饰图案一同出现，组合方式多样，各具特色，有香草龙、龙赶珠、莲池龙、穿花龙等。

凤纹。《说文解字》中释凤为“神鸟也”，是古老图腾之一。其形象通常为“鸡头、蛇颈、燕颔、龟背、鱼尾、五彩色，高六尺许”。对于凤纹，如果是双凤，则凤尾会是两种：一作绶带尾，一为卷草式。大概是一凤一凰之意。龙凤自古都是吉祥的代表，成双成对出现，这样才有了“龙凤呈祥”“龙飞凤舞”等成语。明朝统治者对龙凤的崇敬和颂扬不断升级，运用广泛。当时盛行清秀纤巧的装饰风格，在细部刻画上更为具体。明代早期团形龙凤纹的出现最具代表性，始现于永乐，多见于宣德，首尾相对，装饰与内心或是菱瓣，寓意吉祥。

花鸟纹。主要有喜鹊、绶带鸟、大雁、鹭鸶、白头翁等。画法富有工笔花鸟的细致，神态逼真，但在瓷器绘制上并不多见，其出现时多与相应植物搭配，构成一幅花鸟画小品，如有大雁配以芦苇，见于宣德蟋蟀罐；有绶带鸟配以枇杷，见于永乐青花绶带枇杷纹花口盘；以及有鹦鹉配以寿桃，见于宣德青花鹦鹉寿桃纹大盘等。

海怪纹。在波涛汹涌的大海中绘以飞龙、飞象、飞鱼、虾等十余种海中灵兽。这种题材与郑和下西洋密切相关。《金陵玄观志》中记有“天妃宫”的建造情况，“文皇帝遣使海外诸番，舟几没飓风黑浪中，赖天妃显护帖息。归日以闻，赐建宫崇报……宫殿华俊，廊庑绘海中灵异”。海中灵异有“狮、龙、鱼、虾、海兽，水波汹涌，活跃如生，云是三保太监郑和自西域得之。”

辅助纹饰。主要有海水纹、祥云纹等。

海水纹。又称海涛纹。海水纹是水纹中专门描绘海水浪涛的一种纹样，出现在宋以后，明清甚多。海水龙纹是明代早期常见纹饰图案，由龙与海水组成，龙穿游于白浪翻滚的身影矫健，故名。根据釉色品种不同，海水纹有以下几种：一是龙纹与海水都用青花勾勒，青花龙纹颜色较深，海水用淡描细线铺地。二是青花海水，龙纹留白。在模印好的龙纹周围用青花绘海水。此种装饰方法特点是眼部留白处和龙身外缘处会因周围青花流动而变小。三是釉里红龙纹，青花地。釉里红在洪武、宣德朝一度发展到极致，颇负盛名。其将两种釉下彩相结合，色彩丰富，工艺精良。英国大维德基金会就存有一件海水龙纹高足碗，属宣德或更早的制品。四是青花龙纹，釉里红海水。与前一种工艺方法相同，用釉相反。根据海水分布位置，还可分为底部和环绕两种。永乐海水纹发生较大改变，以白色表示波涛，海涛则以细密线条描绘，在白色浪涛间常出现漩涡。瓷中画法与元代、洪武相比，更加逼真，又具有一定装饰性。海水波涛中的波涛整齐，浪花简单，无元青花的螺旋状波浪，也不画飞溅的水珠。

祥云纹。祥云纹主要有两种：一是风带如意云，上下两个如意云头，中间以S形云带相连，在云带两弧形外侧各有半个如意云头，分布于龙纹周围。二是三朵云纹，以明故宫出土的青花龙纹盘内心为例，云头饱满，尾部出尖，三云首尾相接呈环形，主要作龙纹盘、碗内心纹饰。

4. 其他装饰图案。

永乐时期主要的图案纹饰有团龙、云龙、双龙、五龙、荷塘龙、龙凤、云凤、云肩、朵云、拐形如意云、狮球、瑞兽、鸳鸯、喜鹊、山雀、园景、竹石芭蕉、松竹梅、朵梅、碧桃、团花、佛花、莲瓣、菊瓣、洋莲、折枝花、折枝牡丹、折枝石榴、折枝枇杷、折枝花鸟、缠枝莲、缠枝宝相花、缠枝菊、缠枝灵芝、缠枝牡丹、缠枝苜蓿、缠枝莲八宝、三果、荔枝、枇杷、海棠、石榴、桃、柿子、弦纹、回纹、海水纹、半钱文、方胜纹、忍冬纹、婴戏纹、藏人歌舞及阿拉伯文及藏文等。此外，还有与刺绣有关的莲池纹。其实从南宋开始就被称为“满池娇”。宋代舒岳祥《金线草》诗中有“袅袅蜻蜓菡萏枝”句，后自注：“旧时都下花工……作小荷叶，名满池娇。”元代柯九思《宫词十五首》：“观莲太液泛兰桡，翡翠鸳鸯戏碧苕。说与小娃牢记取，御衫绣作满池娇。”后面自注云：“天历间，御衣多为池塘小景，名曰“满池娇”。明代嘉靖《江西省大志》记录官窑瓷器的纹饰中也有满池娇，可见“满池娇”这一名称使用时间之长。永乐时期的装饰还有折带云、品字云、海水仙山、水草游鱼、双狮戏球以及各种开光形式和特殊的菊瓣纹，与佛教相关的文字还有梵文。其边饰有卷草、蕉叶、莲瓣、灵芝、如意、云肩、回纹、海潮、朵花、朵云以及四处云，等等。折枝花盘的外壁或内壁一周用折枝花果作辅助纹饰，有些下面加绘山石土坡。

人物纹。由于进口青料晕散，不适宜人物毛发和脸部特征的精细绘制，所以永宣官窑青花瓷中，带有人物纹饰的青花瓷数量颇为稀少，仅见永乐青花胡人乐舞双耳扁瓶和婴戏纹碗。宣德时期，社会安定，由于宣宗本人对艺术的热爱，即使在进口青料不适宜描绘人物的情况下，也出现不少婴戏纹和仕女纹装饰的青花瓷。仕女人物多与婴孩和庭院小景搭配，绘于碗外壁上，人物线条流畅，画面布局精巧，绘画艺术十分精湛。明代早期青花瓷器数量本来就十分有限，带有人物纹饰的青花瓷器更是少之又少。目前看来，香港天民楼收藏一件明代永乐至宣德时期青花十六子婴戏纹碗，可能是最早的一件，也是绘有婴戏人数最多的一件。瓷碗侈口，口径较大，窄圆唇，腹部较浅，圈足，釉底。足端见有淡淡火石红，胎体轻薄，青花发色浓艳，多铁锈斑痕迹。碗内壁素面无痕，外壁绘以远山近柳。庭院花墙内绘四组戏童，这四组“婴戏图”在明代青花瓷器上较为常见，各时期所绘图案的寓意不变，改变的只是婴戏图的细节。左起第一图主题是“捞鱼放生”，三童围在缸边，二童手在缸里摸着什么，一童朝着塘边摆手，顺手望去，池塘边另一童子手举一条鱼，似乎正欲放生。第二组五个戏童围着背光佛像，其中一顽童正往地上的佛像洒沙子，或是在佛诞浴佛，远处一玩伴招手，似有着急欲制止的样子，一童子把拨浪鼓丢地上，一童子跪着，另一童子侧卧于地上。第三组戏童主题似乎是“草逗蟋蟀”，戏童跪着，半蹲着围观，细节晕散不清。第四组主题是骑木马，多认为这组婴戏在做“传胪加冠”主题游戏，似有“马上做官”的寓意。明代殿试由鸣赞官宣布登第进士名次的典礼上，唱出二、三甲第一名的名字叫作传胪。这个游戏是模仿举子考中时报告喜讯仪式的场景。此图中一个童子骑着三轮竹马，一手执马头，另一手捧冠，后面紧随一童子正手执一柄莲叶作幢当仪仗，另一位手捧一摞手卷，可是孩童头部较大，实在滑稽可爱。画面上通景附以远山近柳、半人高花墙、繁实祥云、花石与草木。戏图里穿着似带图案的肚兜，外身穿到膝长衣，衣服半袖多外撇，不分左右衽，衣底两侧开叉，裤子和鞋并未多加描绘，多数童戏甚至未描绘发型，似为削发光头。明代早期人物绘画来自元代，但与元代人物纹饰描绘有较大区别。元代人物图有繁密层次构图、粗犷的大笔拓涂，而且人物只是在人物的脸部、手部以及衣服的袖口、领口与帽檐等处留白。明代则不同，多用小笔细描，精细绘画，粗笔写意，人物衣裤纹绘画多为简单细线勾勒轮廓，只有少量涂绘，地皮景中石头褶皴，湖石、栏杆等细节之处也多处留白，笔法很工整。画工描绘多为侧身正在忙碌的戏童，游戏活动有主题、情景与角色分工。明代婴戏图更具有象征性。

人物纹中还有仕女纹。目前由于材料所限，没有发现洪武时代的仕女图，无法臆断洪武朝有无仕女图。2001 年湖北钟祥市梁庄王墓后室出土八件青花瓷器，其中一件为永乐、宣德时期景德镇窑青花瑶台赏月图高脚瓷盅，绘画三组仕女图案纹饰，第一组主题是“瑶台赏月”，一位老妇人抬头仰望，双手合于胸前，侧身坐在石凳之上，右侧身边侍童持扇，左侧另一仕女两手捧水回眸，与随从持水盆共事。砖砌高台之上配地皮景、松树、假山、芙蓉树等，远处为流云、圆月，表明了画面夜晚且满月的特定时间。第二、三组青年女子与丫鬟，位置恰好相反，一组中两人手捧花草，一仕女像是在指导仕女花艺；另一组中仕女与随从在赏园景，两组分别以远山、连通的栏杆为背景。从女子的服饰看，明代瓷画仕女服饰大体仿中晚唐时期服制，宽袍大袖，长裙曳地，肩披长巾，身系长带，外套褙子或披风。不同的是上衣与下裙长短，随时不同而变易。中晚唐带多为短衣长裙，束带至胸，对开襟上衣微露胸口。瓷碗中女子则上下短裙，腰系长带，领口上多为高交领。发饰上明早期仕女不再为元代辫发，多承袭唐宋时期汉人发式，仍可见唐及五代流行的高髻。瓷碗中所绘画的仕女发式或为簪花高髻，或为“牡丹三小髻”——高发髻的一种。旁边侍者或为“乌云低垂”——盘髻于脑后，或为“低鬏髻（假发）”，此碗从仕女发式上看，仕女与侍者身份特征差异比较明显。笔法上，画工多只勾画轮廓，多处留白，渲染极少。后两组图看似是配合“瑶台赏月”而画。

园景图。永乐山水小景别具风格，不作重山叠水，仅取山川一角。有以湖石、萱草、棕树及花草为衬。这可能是来自宫廷画院的画稿。明代早中期宫廷以浙派绘画为主流，他们在构图方面善于剪裁与美化自然景物，也就是人们所说的善画“边角之景”。与宫廷画院有关的，在纹饰上还有樱桃小鸟、绶带枇杷、蝴蝶兰花等花鸟小虫，以及松竹梅、桃竹纹、竹石芭蕉之类，还有各种花卉、人物、山石、松树等。

植物纹。永宣瓷器上最常见的纹饰就是植物纹。既作为主题纹饰，也作为辅助纹饰。常见的有牡丹、莲花、菊花等四季花卉，还有瑞果、松竹、灵芝等。这类纹饰的表现手法，多是以缠枝或折枝形式出现，**还有一种转枝画法，在于枝头转过花朵来，与缠枝的波浪形不同**。当时，还与花鸟组合成图画出现在盘心、瓶腹等部位。植物纹中的图案种类较多，主要有：

牡丹纹。自唐代以来，牡丹就代表富贵吉祥，由元到明代前期，牡丹仍旧是流行纹饰，但是绘画技法有所改变。永宣时期牡丹花瓣边留白，明显少于元代及洪武朝，常见有二方或四方连续性缠绕形式。永乐绘画手法是以双勾填色，多用小笔触，且层次分明，花叶纹路清晰可见，笔法细腻。而宣德层次的布局，主要是运用青花的深浅浓淡来加以表现，并且用比较浓重的青料来勾描叶脉纹理。所以画的层次感没有永乐时期层次感强，但是此时缠枝牡丹的布局，要比永乐时期有规律得多，纹饰大都与器型相配合。永乐时期牡丹纹常常出现在碗、盘、玉壶春瓶等器皿上，而折枝牡丹纹则出现在盏托里心。永乐牡丹花比洪武更为饱满，显得富丽堂皇，花瓣双勾填色，周围留白明显少于洪武朝，多用小笔触，层次分明，十分写实。花叶形状也不再是洪武时的鹅掌形，内部叶脉纹路清晰可见。

莲花纹。由于南北朝盛行佛教，代表佛门圣花的莲自然也就成了瓷器上的流行纹饰，一直流传下来。永宣时期，莲花的表现形式有缠枝莲花、折枝莲花和束把莲纹样。缠枝莲花多绘于梅瓶、无柄壶、折沿洗、碗、杯、盘等器皿上，折枝莲花多见于盘、碗器皿，而束把莲纹只见于盘心。永乐莲花画法规整统一。缠枝莲在明初的形式比较规整，都是用横带式装饰法，在圆形花蕊周围缀以连珠纹的形式，并且在缠枝莲纹花瓣周围留白等，这种画法到永乐时不见了。永乐采用花瓣双勾填色，用小笔触填满，细腻生动，花叶继承了洪武时瘦削样式。与元代及洪武朝不同的是，布局层次要少，多到二到三层，主题纹饰突出，但永乐器也有单层布局。永乐青花缠枝莲双系盖罐，其肩部与腹部顺联，只有一枝缠枝莲作为主题纹饰，但大都朝着一个方向排列。宣德器见有异花同向的布局，所谓异花，也只是莲花作为另一种形式出现，如花蕾、变形莲花等。另外盘形器物内外壁常见缠枝莲纹，盘心较为少见。折枝莲和束把莲多见于盘、碗等器皿上，不同的是，把莲出现在盘心，不见他处，并且把莲花茎呈现出一种飘带状。总的来说，构图上永乐时期更加疏朗，宣德时期较永乐丰满些。

变形莲瓣纹。永乐变形莲瓣纹与洪武一样，多装饰在琢器颈部和肩部，如执壶、玉壶春瓶、梅瓶的颈部以及水注和梅瓶肩部。这种装饰在肩部的莲瓣纹各自独立不借边，其余装饰在颈部的皆是共用边界，绘画手法为先勾线再填色。元代莲瓣纹勾线必须填色，洪武则大多数单勾线不填色，永乐时期两种情况都有。洪武莲瓣纹内多为单线勾描涡卷纹、宝相花纹，永乐时期纹饰则丰富得多，最具特色的是永乐莲瓣纹，每两个莲瓣纹之间露出里层莲瓣的尖瓣，这是元代和洪武都未曾出现过的新形式，为永乐时期新创。姿态变化最多的要算莲花，以各种形式出现，尤其以一把莲与并蒂莲最为别致。一把莲的形式虽见于元代，但是永乐更显飘逸，内容也不一样，是将莲池中的莲花、莲蓬、荷叶、红蓼、慈姑、芦苇等用丝带扎成一束，故又称束把莲。并蒂莲则仅见于永乐时期。永乐时缠枝莲叶和元代不同，花大而叶小，蔓叶清秀，运笔流畅，形象生动，常绘以纤细齿状叶纹，而有别于宣德同类器物上的画法，引人注目。莲瓣纹很少用矩形变体莲瓣，出现写实莲瓣，中间满色，外勾线。永乐缠枝莲纹装饰比前朝有很大突破，此时增加了很多创新器型，缠枝莲纹得到了更广阔的展示空间，多用于装饰罐、壶、盘、碗、梅瓶、花浇、压手杯等器皿上，并且是作为器物主题纹饰进行装饰。永乐缠枝莲纹在构图上，表现出了莲纹的动感与节奏感。画面比例恰当，莲纹形态千姿百态。永乐继承前朝已经有的莲花花型，并注重突出莲蓬的造型。还有一种风格相异的造型，即蟹爪形莲瓣和叶形莲瓣。

蟹爪形莲瓣。为永乐压手杯的局部绘画，压手杯始创于永乐，造型小巧可爱，因其握于手中，外翻口沿刚好压住拇指和食指，正合于虎口，故得“压手杯”之称。永乐压手杯外形大体相似，一般绘有缠枝莲纹，其中以犹如蟹爪形莲瓣的莲纹为佳，始终处于视角中央位置的莲瓣尖内折，有如爬行蟹爪一样尖锐的莲瓣，花心则如石榴果实。莲纹造型较为奇特，色泽鲜艳，笔意自然，纹饰精细，并且左右对称。

缠枝莲纹。永乐朝缠枝莲纹布局形式较丰富，除了单层横式带，还有纵向式、双层横带式和自由式。纵向式就是缠枝莲纹主枝，以立 S 形伸展，莲纹在其枝左右展开。其布局疏密有致，花型饱满丰硕，花朵之间距离适当，花叶舒展，与花头相衬，更显和谐的主次关系。双层横带式，即在同一个波形骨架上，缠枝上相邻莲纹分为上下两层，所绘缠枝莲占用空间较大，相邻莲纹，一个居上，一个居下。构图有松有紧，新颖别致。缠枝骨架流畅自然，花型健硕。花叶对生，规律性较强，花与叶比例恰当。颜色深沉凝重，构图古朴，尽显皇家庄重文雅气质。所谓自由式，即是纵向和横向的结合，既有横向缠绕，又有纵向延伸。永乐官窑缠枝莲纹构图多变，造型丰富，并且比例恰当。当时缠枝莲纹出现了许多新品种，缠枝莲枝叶也显示出了强大装饰功能，不只是一种变形花叶的规律性使用，出现了传统变形花叶、写实荷叶、勾叶筋的写实花叶、小蓓蕾等随机组合装饰，使得整个画面繁花似锦。永乐朝缠枝莲纹布局形式较丰富，例如青花缠枝莲纹瓶，纹饰布局疏密有致，花型饱满丰硕，花朵之间距离适当，花叶舒展，与花头相衬，装饰效果极佳。横向与纵向相结合的布局，主枝骨架为传统横带式，副枝骨架为纵向迂回伸展形式，主枝弧度平缓，副枝屈曲弧度较大，形成横向与纵向、平缓与陡峭的对比，缠枝骨架形式没凸显。缠枝双层横带式构图，平缓的波形骨架，介于波峰和波谷的波面上起线，形成转枝将莲纹缠绕，一莲纹于波面之上，相邻的另一莲纹位于波面之下，上面副枝近似圆形，下面副枝近似椭圆形，形态各异，灵活不呆板。传统横带式布局，缠枝骨架波峰段陡峭，有直上直下的气势，而波峰段骨架的描绘，平缓自然，所占用空间大。此缠枝骨架有急有缓，呈现时而陡峭时而柔和的态势。

桂花纹。桂花因为花小，而且是生于叶腋之下，作为花卉题材很难表现。但是永乐时竟然将其作为主题花卉纹饰，尝试性地装饰于大盘之上，成为历代官窑中鲜见主题纹样。

卷草纹。永乐辅助纹饰与主题纹饰的差距已渐渐缩小，因为一件器物上的层次减少，辅助纹饰装饰的空间相对增加，画法上也有相应变化。如卷草纹有中心连续不断的波谷线，有些卷草不再采用细笔勾勒方法，而是双勾填色，画法和缠枝花相似，唯有叶无花。缠枝灵芝和卷草纹的画法相似，有一中心波谷线。

扁菊纹。扁菊纹大约在五代时入画，宋代绘画中画菊较少。到了元代，画作中出现了以梅、兰、竹、菊为四君子的文人画。元末明初菊花纹饰开始多见，洪武朝多见有扁菊纹，永乐、宣德时期有别于前者，画法发生了变化，扁菊纹样没有花心，花瓣正中几乎没有留白。永乐菊花多为单层，宣德菊花层次较多，多为三到四层。永乐时期的扁菊纹，分为缠枝菊纹和折枝菊纹两种，缠枝菊纹经常装饰在盘心、玉壶春瓶的腹部等处，折枝菊纹则出现在菱花口大盘内外壁或口沿处。通过对比可以发现，永乐菊纹花瓣有一、二、三层之分，并且填色，在花瓣周围的留白部分比洪武时少，无花心或花蕊内无网格。就花叶部分而言，洪武时花叶内填色，但无叶脉，永乐花叶较洪武时饱满，并且内部用浓重的青料勾描叶脉纹理。总体来说，洪武扁菊纹只是简单地填色或者留白，永乐则有青花深浅的渲染和细节勾勒，笔法细腻。总体效果上，没有洪武朝的画风精细。永宣时期菊花颜色艳丽，主要是由于洪武朝的青料产自国内，未像苏勃泥青料那样容易晕散。

蕉叶纹。永乐蕉叶纹不仅出现在玉壶春瓶、执壶的颈部，有时还出现在琢器的颈部，如梅瓶等。永乐蕉叶纹的画法，部分继承了洪武特点，但也有自己的创新，两者相同之处在于蕉叶纹均为两两叠合，中茎留白不填色。不同之处在于永乐蕉叶纹比洪武叠合得更加紧密，后一层蕉叶只能看见尖端。永乐蕉叶纹比洪武时宽大，近似三角形。蕉叶纹中叶脉，洪武时排练整齐，连着中茎和叶的边缘，永乐时叶脉外端与叶边缘留有空隙。洪武蕉叶纹边缘为细碎的锯齿状，永乐则为大波浪形。

松竹梅纹。松、竹都是常绿植物，经冬不凋，寓意气节坚贞。梅花不畏严寒，寒冬开花，通常寓意品格高尚，故把三者合称为“岁寒三友”。这类题材源自元代文人画，采用松、竹、梅用来象征君子的高尚品行。永宣时期松竹梅纹多见于小件器物上，如盘、碗类，不像洪武朝多饰以大件器物之上。永乐时期三者结合的纹饰比较少见，多见于松竹或梅竹二者结合，从整体视觉效果看，布局讲究三者枝干穿插，层次比较丰富。此外其他各种花卉，也有单个或者多种以缠枝形式出现，各类花卉也同时出现同一件器物上，随意搭配构成四季花卉，用以代表一年四季，此类纹饰数量不少。

瑞果纹。常见的题材有葡萄、荔枝、枇杷、石榴、瓜果等。这类纹饰仅次于花卉植物纹，多见于盘心、梅瓶、罐、壶、碗的腹壁处。葡萄多有留白，宣德时期更加注重果实填色。荔枝在永乐时期出现较多，以折枝或整株出现。枇杷常见于绶带鸟的组合搭配，单独作为主题纹饰较为少见。石榴象征多子多福，宣德较永乐时期为多，花叶大而果实小，花朵层次多，不同于永乐时期多以石榴果实描绘为主的写生方法。瓜果经常是以不同组合的方式，把葡萄、枇杷、石榴、西瓜表现出丰富多变的画面，瓜果纹出现在永宣两朝的器物大致相同。只不过永乐构图较为舒展大方，画风细腻，宣德构图饱满，画风较为随意些。

缠枝花卉纹。这种纹饰非常繁复，但是仍能保持清晰的脉络，使得整个纹样富于均衡性和节奏感。题材有藤条、枝叶和花卉的延伸，绵延不断，不断地相互缠绕，拉近了人与自然的距离，象征着生命力的旺盛和生生不息。这一时期受阿拉伯文化影响，主要就是花卉缠枝纹的表现手法，而并非以某一种花卉作为主题。缠枝花卉纹几乎在所有永宣官窑瓷器上都可以看到。采取繁缛缠枝形式，以曲线为主，以花卉为纽带，相互交错、蔓延以布满整个装饰空间，在相互缠绕的藤蔓上点缀各种花卉及果实。这种缠枝花卉纹最迟在宋代就已经出现了，与永乐时期相比，两者相似之处在于，都是由花卉、枝叶和蔓藤所组成，不同的是中国传统缠枝纹样强调的是花卉，首先考虑的是花卉与其应有枝叶的搭配，突出花卉寓意效果，而藤蔓只是作为一种底衬，是一种附属品。但阿拉伯风格的缠枝纹，则注重的是缠枝无限地向四周延伸，花卉地位较弱，所以在永宣青花瓷器上可以看到一件器物表面的同一枝藤条上可以出现各种不同的花卉，而枝叶却是相同的。如宣德勾莲纹扁瓶，其腹部枝藤缠绕的花卉就有莲花、茶花、野山菊、苜蓿花、海棠花等多种不同季节的花卉。这种缠绕的藤蔓装饰，已经不具有自然界中植物的天然属性，是一种抽象性的艺术表现手法。永乐早期青花纹饰布局，还略带有元代遗风。但在缠枝纹的运用上，到宣德时期已经开始出现疏朗感，即使缠枝纹布满器物的主题画面，还留有较多空白，也已经不像元青花那样层次繁复到一眼望去皆为蓝色了。

回纹。永乐回纹多装饰在器物口沿处，尤以鸡心碗为多见，不再像洪武装饰于玉壶春瓶、执壶等琢器颈部。洪武回纹为一正一反相连成对，元代回纹虽单独成立，但彼此相连，曲折的方向一致，永乐则两者兼有。如北京故宫博物院藏永乐青花缠枝花菊瓣纹碗，口沿回纹为两个一组，正反相连相对，北京故宫博物院所藏另一只永乐青花菊瓣纹碗则不同，它口沿回纹则是方向一致，彼此相连。回纹有单体回字、两个一组的回字和正反两个回字连成一体的三种画法，前两种分别是元青花和洪武青花的画法。

锦纹。主要作为辅助纹饰，以固定形式出现在永宣时期青花瓷器上，实际器物并不多见。

5. 关于阿拉伯风格的纹饰与造型

永宣时期海外贸易是一种政府行为，将烧制的瓷器用于外销以及赏赐或招待来使，是正常国事活动。因此永宣时代国外用瓷群体，不仅仅是当地民众，还有当地国王和首领。在这些专项用途瓷器中，普通生活器具达不到对外交流和宣扬国威的政治目的，因而除了仍然烧制元青花式大盘、大罐等器物外，还要创烧出更加精美、品种更丰富的阿拉伯风格器物，从而得到阿拉伯地区国王的喜爱。这些器物样本则来源于阿拉伯地区使节进贡的器物。事实证明，永宣时期烧造的这些特别器物，中亚、西亚统治者十分喜爱，把它当作最珍贵礼品镶嵌在神庙墙壁上。当然其中还有大量中国纹饰，例如植物纹饰掺杂其中，将两种艺术风格融为一体，在永乐时期这种相结合的器物是一种新创造。

永乐青花仿阿拉伯器皿中装饰有阿拉伯风格的植物图案、几何图案和阿拉伯文字，这可能与阿拉伯艺术有诸多禁忌有关。它不允许反映世俗的一切感观，这就促使那里的艺术家使用华丽的植物图形、几何图形和书法来美化器物。永乐所绘阿拉伯植物图案有两种：一是以花卉为中心，以藤蔓为媒介，花卉、藤蔓互相交错以布满整个装饰空间。另一种是以非常抽象化的轮花为主体，周围环绕叶纹及其他纹饰呈圆形装饰。所谓几何纹饰，是以不规则多边形为基础，构成各种角度相互连接，组成各种变化不定和复杂结构的几何纹样，可能与龟背锦纹相似，所以有人称其为锦纹。另外还有文字装饰，即在蔓草中书写波斯文字。另外三通连接器上还有阿拉伯錾金纹饰。永乐青花瓷器上的纹饰，部分继承了洪武时期的特征，但是更多是结合阿拉伯文化而形成独特时代风格，既有浓郁异国情调，又不乏中国传统装饰韵味。植物纹饰是阿拉伯纹饰的三大题材之一。在伊朗高原地区，波斯人渴望蓝天碧水和绿色植物，因此他们对植物有着特殊情感。阿拉伯植物纹饰并非具象地描绘树木和花草，而是波状呈现旋纹的一种变体。这就是阿拉伯的缠枝纹饰，这在阿拉伯装饰中随处可见，因这种题材发扬了西洋卷草纹的曲线风格，以及萨珊王朝波斯纹样的象征性风格，也被称为“波斯派系”。阿拉伯植物纹饰另有两种抽象风格，即朵花形式和放射状植物纹饰，都在永宣青花瓷器中有具体体现。

阿拉伯缠枝纹饰的特点。阿拉伯植物纹样以蔓草纹为主体，其特征在于以葡萄藤般柔美曲线为中心展开，婉转缠绕变化，在曲线方向转折的反曲点上伸出与曲线进行方向相反的分支，并在其尖端加上花叶或果实之类装饰。阿拉伯蔓草纹样，如常春藤般延绵不绝，毫无间隙地填满了任何形态的装饰区域。为了使纹样进一步呈现出繁茂丰盛的面貌，这种纹样还可以逐一错开，重叠二重、三重，以造成极度复杂精巧效果。这种反复曲线的结构，在整个造型中毫不中断，使整个画面呈流动状态，这可以说是阿拉伯纹样的精髓。这种植物纹饰最初来源于埃及，是以莲花和纸莎草做蔓草状连续纹样，继而在迈锡尼发展为连续波浪纹，在埃及以棕榈叶、在希腊以莨菪叶为主要题材，分别产生并融合成卷草纹原型。这是一种产生于地中海沿岸的一种低矮低年生草本植物，具有再生和复活的象征，因而被古希腊艺术家广泛应用到装饰艺术中，是古代希腊罗马卷草装饰的典型题材。此后传到了阿拉伯地区。

阿拉伯植物纹的第二个源流是葡萄纹。在中东地区葡萄叶肥果大，是丰收的标志，被尊为生命之树。波斯萨珊王朝时期的浮雕、纺织品和金银器上都描绘着涡卷状延伸的葡萄纹。经过阿拉伯艺术家长期改造和应用，这种纹饰已经演变成为一种富于流动感的抽象卷草。与其说它是一种植物纹样，不如说它是一种集合形的涡卷图案，其形态构成是向宇宙无限延伸的扩散状态。它给人一种错觉，好像在无休止连续旋转运动，直达上苍宇宙。

中国缠枝纹的发展。中国缠枝纹主要特点是强调曲线连接作用。喜欢曲线是人类共性，中国人喜欢这种涡旋状缠转不断的曲线，可以一直追溯到新石器时代马家窑文化。中国曲线通过粗细、疏密、黑白和虚实对比的手法，组成各种卷曲云纹，因为曲线产生了节奏，让人们感受到了大自然变化和生命韵律。可以说中国卷曲纹与阿拉伯缠枝纹饰形式虽有所不同，但是有着相同的曲线审美基因。中国缠枝纹饰的出现还与佛教忍冬纹有很大关系，这是罗马帝国征服印度河的产物。这种舶来的忍冬纹，是中国缠枝纹的早期形态。从这一点说，中国缠枝纹与阿拉伯缠枝纹有着共同源头。到宋代，缠枝纹正式形成，在宋代的吉州窑、耀州窑、磁州窑等已经广泛采用。宋代缠枝纹受写生影响很深，这是宋代画院对工艺美术影响的结果。这时还没有阿拉伯的影响，缠枝纹饰主题是花，藤蔓处于次要地位，仅仅是花的附属，构图较为流畅自由。

到了元明时期，中国缠枝纹与阿拉伯缠枝纹融合。自元以后缠枝纹饰盛行于景德镇，但是明显受到了阿拉伯文化影响。元代缠枝纹构图以满与密为特点，强调枝蔓的缠绕作用，其装饰化和图案化效果，得到了明显加强和肯定。所绘线条细密工整，层次分明，构图对称，因此密而不乱，用笔只有勾勒而无笔墨渲染。元代缠枝花叶子绘画依然较为写实，抽象化因素不强。元青花也以国外进口的苏麻离青作为彩绘原料，笔触明快率真，所画缠枝花卉具有硕大饱满的叶子，在花瓣边缘刻意留白，在浓艳如蓝宝石的色彩中显得极为厚实稳重。因而从总体上看，元代缠枝纹虽然有了一些阿拉伯风格，但审美特点仍然还是中国传统纹饰那种写实性很强的特征。永乐青花瓷器中阿拉伯风格非常明显，比如永乐青花大扁壶，壶主题纹饰为明显阿拉伯缠枝纹。缠枝花的花头和叶片比元代时候缩小，花朵本身比较写实。花头、叶片描绘细致入微，叶片少而细小，叶基向后卷曲，叶尖长而弯曲，曲线化特征明显。藤蔓弯曲连接作用得到加强，弱化了花的主体地位，使整个缠枝纹饰更突出曲线形的几何特征和合乎数字比例的秩序化特质。同时与元代缠枝纹相比，青料所覆盖面积与白地相比，明显白多于青，使得纹饰布局更加疏朗。但是此时中国绘画因素依然顽强地存在，这主要体现在纹饰布局疏朗，留白较多，绘画用笔更是体现了中国风格和审美特点。到明代中后期乃至清代，阿拉伯的缠枝纹饰已经融入到中国纹样艺术之中，成为中国器物表面装饰主要纹样，并且这种纹样还反过来影响到其他国家纹样艺术。

如果把中国的缠枝纹饰与阿拉伯的缠枝纹饰相比较，可以看出如下特点：

第一，纹饰构成形式相似，都是由花卉、藤蔓和叶子组成，绘画方式上都是以平面化为主，装饰性较强。

第二，都强调纹饰象征意义。中国缠枝花卉强调由藤蔓连接花朵而形成的吉祥象征，如牡丹象征荣华富贵，菊花象征延年益寿，石榴象征多子多福等。阿拉伯缠枝花卉纹饰也具有强烈象征意义，连绵不断、枝叶繁密的植物本身，就象征着宇宙万物的节奏感和顽强生命力。一些特殊植物还有特别的象征意义，如圣树象征生命之树，乐园纹是对幸福生活的向往和对美好未来的憧憬。莲花纹是西方净土的象征，是孕育灵魂之处，意思如同中国的“出淤泥而不染”。

第三，阿拉伯缠枝纹强调整体统一性和秩序感。其缠枝纹饰并不注重个性特征展现，而是以规整统一勾勒出鲜明共性特征。因纹样线条多采用严谨的 S 形波线、抛物线、螺旋线进行穿插缠绕，所以即使繁复到无以复加的程度，仍然能够保持脉络清晰，给人总体印象不杂乱、非常和谐统一的感受，营造出了敬穆、庄严、崇高的情感气氛。当然这种艺术形式也充分体现出了对人思想、行为加以统合规范的宗教目的。这种整齐划一是通过对藤蔓布局的强调而形成。中国缠枝纹饰是中国艺术精神的体现，注重个体花朵的表现，布局较为清新，所以即使有永宣时期那样浓厚的阿拉伯风格，也很快融入中国艺术精神之中，具有了中国特色。

第四，中国和阿拉伯纹饰都存在着世俗性与宗教性，后者更是具有鲜明宗教色彩。阿拉伯艺术不存在反映一切感观具象造型，人物和动物形象被禁止，但是可以临摹植物和建筑物。即使是植物纹样也要淡化它的生命感，植物被抽象成数学式构成，成为宗教秩序载体。

第五，阿拉伯缠枝纹更加抽象化、几何化，而中国缠枝纹较为写实。阿拉伯注重想象和冥索，这是抽象艺术思维方式。

第六，阿拉伯纹饰不留空白。中国艺术不管绘画、书法还是建筑和园林，都赋予空白以丰富内涵，通过虚实相生，进行美学追求，展示了中国独特艺术境界，中国缠枝纹饰布局也体现了这方面特点。而阿拉伯缠枝纹样最大特点是密集繁复，呈现密不透风、满地锦绣形态。

永乐时期的缠枝纹饰，大致可以分为缠枝纹、蔓藤纹、转枝纹和连枝纹。永宣瓷器上阿拉伯缠枝纹从平面角度看上去，缠枝纹主要以花朵为中心，枝蔓缠绕一周，花朵置于枝蔓缠绕形成的圆形封闭空间内部。从字面意思体会，缠枝纹主要体现一个“缠”字。永宣青花上缠枝纹主要有两种形式：

一种是二方连续缠枝纹，其特点是枝蔓横向展开，花朵位于枝蔓波浪形曲线的波谷，波谷半腰再生出卷曲藤蔓，将花朵缠绕其中。14 世纪早期阿拉伯地毯的边缘就是这种类型缠枝纹饰。缠枝纹用于青花瓷器上一般作为主题纹饰，主要是用于枝蔓做圆环形缠绕，所占空间比较大。这种缠枝纹在元代就开始出现，这种纹饰通常以莲花作为主题纹饰，在图案中莲纹置于上下图案枝蔓弯曲所形成圆环空间里面，形成一个单位，沿着器物腹部做二方连续，花朵和叶蔓都比较纤细，营造出一种疏朗感觉，不同于元青花时的满密状态。

另外一种是做圆形适合纹样的阿拉伯缠枝纹。这类风格缠枝纹以茎柄为支点，一朵花为中心，茎为媒介，周围环四、五或六朵花卉，花朵都躲在半封闭曲线空间内。整个纹饰随着大盘中心圆形做适合纹样，叶子也随着圆形做相应扭曲。这种缠枝花方式出现于永乐时期，同样缠枝类型，在阿拉伯的 13 世纪土耳其青花陶盘中出现过。盘中间纹饰布局与永乐青花缠枝莲纹盘形式相同，都是花朵藏于枝蔓所形成的封闭空间内，且枝蔓形成圆形两两相切。永乐青花缠枝纹盘装饰形式与之更为接近，虽然是图案化卷草纹，但是可以看出这类缠枝纹饰在传入中国后已经进行了一定改良。

再谈阿拉伯藤蔓纹饰。这种藤蔓纹饰是阿拉伯纹饰最典型代表，它是以茎叶为媒介做四方连续，由一个叶片生出另一个叶片的茎蔓，从而构成一系列几何化重复形式，用以布满器物整个外部空间。在枝蔓连接处的花叶，主要为西番莲和长麦穗状卷叶纹。一般来说缠枝纹、转枝纹、连枝纹善于横向蔓延，在高度不大、横向围绕连接平面中具有较大优势。若纵向空间过大，则需要数次分段绘画，如同元青花的分段，间隔空间过大，整体造成分散凌乱感觉。而这种阿拉伯缠枝纹饰在纵横两个方向都不受限制，可以向四面八方延伸，随心所欲，会使纹饰更加协调，整体感更强。

转枝纹饰和连枝纹饰。转枝与连枝的区别不太清晰。**两者类似于缠枝纹，但枝蔓几乎不缠绕花朵。常以波浪形曲线连接花朵做二方连续**。转枝纹是阿拉伯艺术中的传统装饰纹样，这种装饰方式在元代就已经出现，并且成为缠枝纹饰主要形式，特别在永乐时期此类纹饰更为精致，更突出蔓藤曲线感和飘忽感。永乐青花转枝花卉纹折沿盆外壁绘以转枝花卉 7 朵，转枝纹在这里做主题纹饰。纹饰构成为由一花朵横向生出另一组花朵的枝蔓，枝蔓上饰以小叶片和另一分枝的枝藤，分支枝藤上再饰叶片，以此构成复杂的二方连续图案。这些转枝都是由弯曲度不高的藤蔓连接花朵，藤蔓上生出几片纤细小叶或小花。无论缠枝还是转枝纹，其纹饰叶子都画得非常细碎，并做螺丝状扭曲，显得非常精细化，几何化、抽象化，也使得空间布局更加疏朗。

阿拉伯花朵纹饰特点。这类阿拉伯风格纹饰多用于永宣青花瓷器盘心装饰。通常以四朵花瓣组成，注重对称，非常规整。可见宣德阿拉伯卧足碗内碗心部分朵花装饰。

阿拉伯放射状植物纹饰的特点。这种放射状排列图案通常在盘心和碗心上大量运用，它是以器物内里同心圆、花纹图形依次分层展开，占据整个空间。典型的例子就是永乐青花鸡心碗，它是以中间花朵纹为中心呈放射状排列开去。这种装饰方式在阿拉伯地区早已存在。

阿拉伯几何纹饰的特点。阿拉伯几何图案由直线、圆形、方形、三角形和菱形等基本图形，通过 90°或者 60°的交叉组合，创造出多角形图案，产生了魔术般神秘效果。它的构成主要有两大类：一是以基础几何形为骨干组成纹样，如以正三角形纹样构成六角形及其倍数十二角星形。二是复杂多边形以及圆弧所围绕的区域无限复制。在这种变化莫测图案中，人们可以感受到循环往复的世界，思索生命回旋与更替。在永宣瓷器上阿拉伯几何纹主要为六角形、八角形纹饰和锦纹。这些六角星形、八角星形在阿拉伯地区流行了千年之久。永宣瓷器也出现了这种装饰图案，如永乐青花缠枝莲纹双环扁平大壶，其中间便装饰有八角星纹。永乐时期最为典型的阿拉伯纹饰是锦纹。扁瓶把圆腹杯分割成一个大的六角星形，中心部位绘一个小的六角星，星内绘以缠枝花卉，星周围间以六边几何形花格，花格内分别绘制海浪、云气、花草等图像，例如永乐时期的壮罐，其造型和纹饰被后世多方仿制。但是永宣时期几何纹装饰的青花瓷器数量并不多，放眼望去，几乎是缠枝花卉的天下。这与中国工匠对这种纹饰文化内涵的理解不够有关。

中国瓷器开始受阿拉伯几何纹样影响，就历史发展来看最早是在唐代。其所绘花纹应是波斯式纹饰。阿拉伯几何形纹饰又是以星形图案为主，星形组合方案较多，如三角可变成六角星，四角可变成八角星。四角象征四面，而八角象征八方。人们透过星形纹样，可以联想到天穹与地宇，以及正中与方圆，这里蕴含了阿拉伯人天地融合观念。常见永宣官窑青花瓷上的几何纹饰，多见八角星、六角星之类，这种图形在阿拉伯地区极为流行。星状图案常见于建筑和木质、铜质艺术品上，如藏于大英博物馆伊朗卡山地区星形壁砖，即是以两个四角形叠压的八角星形。这些壁砖中填满了各种纹饰，其中一件还绘有中国飞凤纹样。在青花瓷中永乐青花缠枝莲双环耳大背壶正面中心凸起部位，即是一个八角星外环以圆环的装饰。八角星与前面壁砖图形构成有所不同，是以三个相同三角形相互交叉而构成，和谐对称，星内绘有缠枝花卉，星上八个角内均绘有相同枝叶纹。而永乐青花花卉纹洗口双耳扁瓶则几乎包含了所有的阿拉伯几何纹，扁瓶腹部正中绘以标准的六角星，星内绘以常见的缠枝花卉，星的周围绕以六个不规则八边形，上下左右对称，八边形内填以缠枝花纹，组成了一个对称的十八边形，再往外围则是十二个对称六边形，排列布局与里边八角形相同，纹饰相异。相对应的六边形内，分别绘制了云纹、菱形纹等，最外围一圈则是一个正六边形。整个腹面皆以具有浓郁阿拉伯风格的几何形纹样来布置，是永宣官窑青花瓷器中几何纹饰的代表，绘成的立体纹样，使人耳目一新。

阿拉伯文字的装饰特点。用阿拉伯书法作纹饰，是阿拉伯艺术独一无二的特点。在瓷器上用波斯文和阿拉伯文做装饰，自唐代开始。永乐官窑青花瓷器以阿拉伯文作为装饰图样的器物不多，书写较为规范，字的起笔转折极为圆润，体现出汉字书法特点。台北鸿禧美术馆收藏一件永乐时期所做青花缠枝花卉纹执壶，全器有六层纹饰，口沿是一圈回纹，颈部绘以花卉纹，肩部饰以莲瓣纹，足部绘以足草纹，腹部绘以缠枝花卉纹。此壶尤为珍贵的是在流口上方刻有波斯文，意为："贾哈哥瑞王之子阿克比尔沙哈二十年（1625年）之物"，此壶应是阿克比尔王子定做之器。天津艺术博物馆也收藏了一件永乐青花无挡尊，更是明代瓷器中的瑰宝。无挡尊明显是受阿拉伯文化影响而出现的一种新器物，具体用途不明，可能是用作放置大盘或大碗器物之器座。该器物上下以板状口沿对称，中间以长圆柱形相连，内部中空透底。圆柱形器身上纹饰以炫纹分界，隔为三部分，中间凸出处饰以变形莲瓣纹，上下两部分均以缠枝莲花花卉纹为地，上面书写阿拉伯文字。这种器物传入中国后，国人难以了解其用途，后来乾隆给它一个名字，叫"无挡尊"，以后遂以这个名称流传于世。香港天民楼收藏永乐青花波斯文卧足碗，在外壁口沿处绘写一周波斯文。到宣德时期，无挡尊虽然也是这些内容，但是并非是阿拉伯人所书写，显然是窑工模仿而制，从大马士革出土的宣德青花无挡尊来看，没有一个人能够理解文字的内容，这是因为工匠在模仿中，把文字中字母和装饰图案混淆在一起的缘故。随着宣德时代结束，明朝对外政策有所转变，这种阿拉伯风格浓郁的官窑瓷器基本停烧。

阿拉伯艺术对永宣青花瓷器装饰风格的影响。青花瓷器大规模产生以前，中国陶瓷装饰较为朴素，多以釉色取胜。元代以后，阿拉伯纹饰传入，开始产生了一种新装饰方法，青花颜色鲜艳，为瓷器与绘画结合提供了充分技术条件。故而元代以后，青花瓷吸收了中国水墨画、宫廷绘画和民间绘画一些具体表现方法。元代绘画风格与元代隐士思想一脉相承，明初画家们走出了山林，走进社会生活，其积极入世的画风影响了画坛，也影响到工艺美术。同时明初新政权恢复了画院，延续了宋代院体花鸟画格局工细而精致的审美风格，影响了永乐、宣德时期官窑瓷器绘画。就在此时阿拉伯风格传入，故能风行一时，造成了一种新气势。

阿拉伯开光布局的沿用。开光装饰手法是指利用不同形态轮廓外形，在瓷器表面画出各自独立装饰区域，使它成为一个独立画面。开光方法的运用，可以使有限空间和面积内增加无限装饰的层次和内容，使得主题花卉处于更为醒目地位。从现有资料观察，开光的布局早在宋代就已经由阿拉伯地区传入国内。在北宋磁州窑瓷枕中，就已经使用了开光方法。元代景德镇广泛运用开光装饰手法，开光式样以菱形或如意头形为主。开光数以四个为多。永宣时期继续沿用，例如宣德青花梨形壶腹部，就运用了开光装饰方法。

分层布局的沿用。分层布局在元代由阿拉伯传入，主要来自大型金属器。元青花就采用了分层布局，层数多达七八层不等，成就了元青花瓷器装饰纹样的多样性。永宣青花瓷器继续沿用这种方法，只是层数逐步减少，最多为三层，以弦纹将器物的圈足，颈部，腹部三个部分区分开来，使得纹饰不再满密，呈现出清新疏朗的特征，也使纹饰秩序井然统一。

九、器型变化

永宣时代，在海外因素刺激下，官窑开创性成功仿制出不少阿拉伯风格青花瓷器。永乐尚白，阿拉伯造型的瓷器，最早就是体现在永乐甜白瓷上。永乐青花瓷主要是外销瓷，但在景德镇珠山御窑厂遗址出土永乐官窑青花瓷器上来看，早期多为外销瓷，御用器物很少，晚期御用器物增多，外销瓷又少了一些。虽然数量上少了，但是制作仍是至美制作。永乐官窑器造型并不多，以大件器物为多，以陈设器为多。可以大致分为饮食器具、祭祀及宗教用器、陈设器具和容器、文房器具、休闲器具和奇巧器物等。各类器物以台北“故宫博物院”收藏最多，在伊朗和土耳其也有不少。近期在景德镇出土瓷器碎片中，发现了一批过去没有见过新的器种，如青花釉里红云龙纹梅瓶、釉里红云龙纹梅瓶、内白釉外釉里红赶珠龙纹碗、红釉梅瓶、刻花云龙纹梅瓶、僧帽壶、印花花卉瑞果纹盖盒、黑釉划花鼎式香炉等，极为珍贵。

永乐时曾派郑和率领庞大舰队六下南洋，随着中外文化交流和贸易往来，中国陶瓷文化受到阿拉伯文化影响，将传统陶瓷做成阿拉伯金属器皿的造型，并且在瓷器上绘制阿拉伯花卉，还将异国风情和文字表现在瓷器上，创造出来崭新的陶瓷艺术精品。在这些仿阿拉伯文化的瓷器中，大多仿自金属器皿，造型上变化不大，例如八方烛台、双耳扁壶、单把壶、器座（又称“无挡尊”）、敛口钵、笔盒、三壶联通器等。特别是变化多端的扁壶，有大扁壶、卧式扁壶、直口双耳扁壶、带座双耳扁壶等，并且在这些器物上绘以阿拉伯花纹。这些仿阿拉伯器物造型奇异，生产难度极大，需要高超成型技术才能完成。其中三管连通器工艺精湛，至今也不知道其为何用，亦是极为罕见之孤品。

永乐瓷器造型比例匀称，厚薄适中，追求线条的优美。以优美俊秀、厚薄适度、仪态万方为其突出特点。器型新颖，与宋代迥然不同，比元代有较大发展。其器型清秀、圆润、灵巧。这时特别是琢器接胎十分讲究，以高45厘米扁瓶为例，本来瓶身可以上下两接完成，再接瓶口。由于接胎处往往会留下合模痕迹，而两瓶瓶身接口处正处在瓶身中线上，这里恰恰是人们视线的焦点。为了避免这一缺陷，永乐将瓶身作为三段，合模处在瓶的肩部与下部，即使出现一点不平，也不容易觉察到。高25厘米双耳扁瓶，因瓶身平面较小，则将上下合模改为前后合模，这样的成型效果更好。**过去人们普遍认为前后合模是清代工艺，明代都是上下合模，其实情况完全不同**。由于频繁的对外交流，这一时期瓷器中外来色彩造型很多，计有天球瓶、抱月瓶、扁腹绶带葫芦瓶（即清代马褂瓶）、藏草壶、卧壶、执壶、无挡尊、鱼篓尊、香薰、烛台、花浇、笔盒、折沿盆（清代称洋帽盆）、折沿盘、卧足碗、鸡心碗等，皆与波斯文化中较早的金、银、铜、玉、料以及陶器造型接近。有些器型为元代和洪武朝所没有，而从永乐朝开始出现，比如大型天球瓶、单面扁壶、双系扁瓶（又称抱月瓶）、扁瓢形瓶、花浇、尖底莲子碗以及双系、三系或四系盖罐或多把壶、多棱烛台、筒形器座、波斯形执壶、带盖瓷豆、高足盏托、鸡心扁瓶等。其中有些形式显然是受到中东阿拉伯文化影响。

1. 瓶

陈设类代表器物。永宣官窑青花瓶常见的有梅瓶和玉壶春瓶，这两者都是盛酒的容器。仿阿拉伯瓶类，分为扁瓶和天球瓶，创烧于永乐年间，宣德时继续烧制。另外还有卧瓶、短颈扁瓶、扁腹绶带葫芦瓶、葫芦瓶数种。分别介绍如下：

梅瓶。是一种小口微侈、短颈、丰肩、浅圈足、尖顶盅、瘦底的瓶式。永乐梅瓶，线条流畅，底部丰满，造型端庄稳重。胎骨上薄下厚，底露胎，高度20—30厘米不等。永乐梅瓶基本上继承元代式样，总体风格饱满，挺拔而庄重。永乐梅瓶胎质稍轻，造型古朴，肩部丰满圆润，腹下较元代开阔、稳重、纹饰纤细，有白釉、青花和釉里红等品种。器型可分为大中小三类。较大的梅瓶上部胎薄，下部渐厚，托于手上要比视觉感为轻。但是也有极为特别的品种，比如日本大阪东洋美术馆所藏青花“内府”款梅瓶，比宣德同类器物壁厚且重，是极为少见的作品。其盖上饰以青花折枝花果，肩部有青花楷书“内府”二字，当属宫内用器。此类梅瓶极为罕见，早年仅于北京地区出土两件，约在20世纪30年代流散国外，现由日本安宅博物馆收藏。永乐器物通常比宣德要薄。青花海水双角五爪白龙纹撇足梅瓶，在伊朗阿德比尔神庙收藏有一件，景德镇御窑厂遗址也出土过一件残器，构图十分精美。清代康熙、雍正和乾隆时多有仿品，但多仿中型器，其中雍正时所仿几可乱真。永乐时还有一种撇足梅瓶，为永乐朝所特有，其丰肩收腹、撇足。其器型如同景德镇近现代的鱼尾瓶，这种瓶来源于明初龙泉窑。（见图19）

胡人乐舞图扁瓶。双耳扁瓶，小圆口，直颈，腹部扁圆，平底无足，颈肩间饰两拱形耳，有花鸟纹、人物纹，高度为25—30厘米。现藏于土耳其伊斯坦布尔托普卡比萨拉伊博物馆的胡人乐舞图扁瓶。高27.9厘米，小口，细颈，扁圆腹，肩颈部之间有一对称双耳。台北“故宫博物院”和伊朗均有藏品。另有一件器型较大，高度47.6厘米，纹饰繁密，造型同。该器物的器型来自13世纪中亚地区制造的铜壶。永宣时期由于苏青晕散关系，人物图案的器物较少，故而此瓶十分珍罕。

卧瓶。又称卧壶。还有一种短颈扁瓶，敛圆口，短颈，圆腹，腹正面呈圆弧，中央拱起，背面平，中心凹下一周，砂底无釉，胎稍厚，腹正面满饰花纹，背露胎，有淡红色铁斑。肩两侧凸起花朵或以双系活环装饰，短颈口流。这种器型在北京故宫博物院、台北“故宫博物院”、美国弗利尔美术馆均有收藏。器型高30.9—46厘米，口径5.4—7厘米，足径33.7—35厘米。这类大壶中间突起处饰以海水或几何纹饰，体型硕大，极富动感，是模仿西亚地区铜壶造型烧制而成，为清真寺中陈设用品。

扁瓶。其器型源自西亚铜制扁瓶，盛水用，但是瓷质扁瓶主要用于室内陈设。永宣扁瓶可分为无耳和双耳两种。总体看来，这一时期仿制阿拉伯式瓶，在永宣两朝更替中几乎没有什么变化。无耳扁瓶瓶口微撇、长颈、颈部较粗，颈部尾端微外撇，圆肩，腹部扁圆，外观曲线略呈下降式抛物线状，圆形浅圈足。至于双耳扁瓶，目前存世有三种式样：第一种是在原有无耳扁瓶基础上，撇口改为直口，在颈部与肩部之间置两个如意耳，呈对称式分布。但颈部较无耳瓶要略短和细，其造型端庄稳重，与叙利亚13世纪釉彩细颈双耳玻璃扁壶十分类似。第二种是壶身为葫芦形，短颈，下腹部扁而略圆，两侧饰以对称绶带耳。但在宣德年间的造型，出现过上部“葫芦头”几乎与颈部同宽的样式，是一种变形葫芦扁瓶样式。还有一种永乐青花花浇，圆扁腹，和无耳扁瓶大致相同，颈部极短，瓶口较大，为盂口，底足呈璧形，高足外撇，与叙利亚藏红陶双耳罐在双耳和足部造型上更为相似些。葫芦扁瓶下半部分造型源自于红陶双耳罐，但整体上已经融入了中国传统风格——葫芦形制。天球瓶，直口，长颈，腹部明显与扁瓶有很大差异，球形鼓腹，溜肩，宣德器物有的肩部会落“大明宣德年制”横书六字款。总体来说，扁瓶中葫芦瓶通高一般都在25—30厘米之间，形体纤细而具有中国特色。无耳扁瓶和天球瓶通高大都在45厘米以上，少数高度略低。

短颈扁瓶。又称双耳扁瓶，绶带耳扁瓶。永乐青花绶带耳扁瓶通高约28.9—27.8厘米，口径3.7厘米，足径7.7厘米。瓶为小洗口，束颈，扁圆腹，宽足，足心内深凹，有釉，口肩之间有对称绶带形耳。腹部两侧有圆形突起。口部绘以折枝花卉，颈部饰以缠枝花卉。肩部两边纹饰为缠枝花卉，纹饰布满全器。还有纹饰为几何形锦纹。

高颈扁壶。又称为杏圆扁瓶。台北“故宫博物院”收藏有一件，高 44.4 厘米，为四季花卉纹。

扁腹绶带葫芦瓶。其造型最为优美，又称“抱月瓶”，或“轮花纹双耳扁壶”。瓶呈葫芦形，下部扁腹，椭圆形圈足，釉底，两侧饰以绶带耳，高 35 厘米左右。洪武时御窑厂开始烧制，见有青花器。永乐、宣德时有青花与白釉品种。但两朝器型略有不同：永乐器葫芦形器口细长，底足较小，腹部所绘轮花纹，又称“佛花”，纹饰纤细清晰。宣德同样器型，葫芦形器口较短圆，底足也大，纹饰粗重有力。1983 年景德镇御窑厂遗址出土过一件，高达 30.1 厘米，为白瓷扁壶。1994 年在景德镇珠山东门头御窑厂旧址也出土了与永乐器型相同、同形制的青花扁壶。据此判断，口部呈圆唇鼓腹状的那种造型，与同类更为接近，可以定为永乐时烧造。宣德早期承袭永乐旧制，继续烧造此壶，不同处是在壶口沿处添加了六字铭款。双耳扁瓶早期平底无足，后来才出现方圈足，而且扁瓶曲颈的大小并不能成为区别永乐、宣德两朝器型的依据。还有一种壶口呈葫芦形，其造型与口部大小都基本一致，个别口部稍大。如馆藏于大英博物馆、台北“故宫博物院”和伊朗国立考古博物馆的三件同类型作品就是这类。目前对于这些扁壶具体烧造年代还不能一概而论，有待今后做更为精确的甄别。 过去人们通常将这类扁壶定为永乐时期所烧制，因为元代不见此种类型。但实际上洪武瓷器中已经见到这种器物风格，当然造型与永乐器还有一定区别。13 世纪在中东地区出现过这种黄铜制的背水壶。目前在绘画作品中，还可以看到相似金属器物。康熙、雍正时也有这类仿品。景德镇御窑厂遗址曾出土一件永乐青花山茶花纹直颈双耳抱月瓶，成型方法由传统上下对接改为前后对接，左右两侧接坯线清晰可见。

葫芦瓶。圆葫芦形，砂底，没有传世品，仅有遗址出土残器复原件藏品，复原高度竟然高达 52 厘米。

玉壶春瓶。撇口，颈部细长，垂腹，其样式恰似细长的倒式梅瓶。永乐玉壶春瓶基本继承元代形制，变化不大，两朝风格接近，但较元代更为秀丽，较洪武时颈部变细。一般高度为 26—31.7 厘米，造型显得更为清秀。侈口宽唇，颈部细长，腹部上敛下平，垂腹，矮圈足，胎体稍厚。其样式恰似细长倒置的梅瓶。台北“故宫博物院”有四季花卉纹玉壶春瓶，西亚藏品中亦有同类，高 31.7 厘米。另有一种，其颈部细长，垂腹，圈足略高，足际平齐。其光素与暗花白釉器釉面肥腴光润，纹饰隐约不清。青花器见有花鸟和云龙等图案，纹饰线条纤细，画意生动。永乐玉壶春瓶还自创一种扁瓶，扁肚两边印鸡心形，比较特别。

天球瓶。这是受西亚文化影响极深的一种器物造型，其来源于中亚阿拉伯地区11—13世纪的玻璃瓶，始烧于永乐。多见青花，以海水龙纹为贵。直口，长颈，溜肩，假圈足，砂底微凹。该器型在永乐朝已经成为观赏式瓶，宣德年间更为流行。因圆球硕大，似是从天而降，故名天球。清代雍正、乾隆两朝多有仿造，其颈部略长，属于宫廷大型陈设用瓷。除传统青花品种外，还有五彩、粉彩等彩绘天球瓶出现。乾隆时景德镇还烧造了斗彩天球瓶。

铺首盘口长颈瓶。其造型来自元代，但是比元代瘦长，永乐以后这个器型不再烧造。

2. 壶

目前仅见两种造型，即扁瓶背式大壶和长颈式方口执壶，该壶在宣德时期也称作水注。永乐壶的最大特点是在壶柄上只画外面不画里面，而洪武的壶柄则是里外均画有花纹。永乐时期新创造的壶形主要有白龙纹扁壶、扁肚盖皿等，还有一种双耳小扁壶，过去人们的认识都是上下合模，但是景德镇御窑厂遗址出土的这件小扁壶，采用了前后纵向合模粘接的方法。

扁瓶背式大壶。青花缠枝莲纹双耳大扁壶，通体纹饰有青花海水缠枝莲纹等，少有款识，通高46厘米，口径7厘米，背径35厘米。直口，一面扁平，一面隆起形如龟背，中心有一突起圆脐。肩部对称，装饰双环，颈部突起弦纹，两侧有系。此壶造型独特，仿自阿拉伯铜器式样，又称卧壶，永乐、宣德均有此造型。永乐青花扁瓶式大背壶，主要收藏于北京故宫博物院，特征是壶口小、圆唇、短颈，颈上有一道弦纹凸起，壶背两侧各安有小环一个。壶身整体造型为扁圆形，但是壶身腹部正面略微向上鼓起，中心有一凸起圆脐，正面造型犹如龟背。壶身正面除中心圆脐外，通体绘满青花缠枝莲纹，勾缠连绕，连绵不绝。而壶身背后则平坦无釉，露出细砂胎体。背部正中与正面相对之处，有一小圆凹进，圈内施以白釉。此种大壶只适合于捆绑马背之上，为盛水之器具。此壶仿制于西亚阿拉伯卧足铜壶样式，其用途为驼队旅行时，一侧平面，便于悬挂。永乐时期，郑和下西洋携带此壶用于赏赐和贸易。美国华盛顿弗利尔美术馆收藏有宣德朝青花大背壶，壶身正面中部凸出小圆脐的装饰造型，在永乐年间创烧的青花鸡心碗也有类似部件造型。当时中东地区有一种金属碗，有这种奇怪的特征，在带有圆腹壁碗类中心有一个像脐一样的凸起。这种形式的金属碗，是从很老的西泰德时代（约公元前1000年）就已经开始使用，沿用至今。这种碗的造型很受中东地区人们喜爱。

青花长颈式方口执壶。又称水注，仿自阿拉伯铜器。主要是穆斯林在做礼拜和朝圣时，做盛水之用，它用于净手或作为饮水器具而出现在阿拉伯地区。这种器物除国内收藏外，在伊朗阿德比尔寺内保存有3件，在印度莫卧儿宫内保存有1件，在这件执壶上还刻有莫卧儿皇帝贾汗吉尔的名字和年代。由北京故宫博物院所藏执壶来看，其主要特征是颈部高竖，呈圆柱形，肩部较宽，肩部以下渐敛，折底，圈足。颈部一侧置一方形流，流口呈葫芦形，与流相对一侧颈部和肩部中间部位，置如意形柄，通体饰以折枝、缠枝花卉。总体来说永宣两朝这类壶形在造型上变化不大，但从总体效果来看，永乐器较之宣德器更为纤细，比例也更为适中，宣德器则更饱满些。还有一些永乐时期重要器型，如有三系把壶、僧帽壶、执壶、直径执壶、梨形壶、藏草壶、背壶等。

三系把壶。椭圆形，小口，弯流，竹节柄，肩上饰以三环纽带，平顶盖，直腹，平底，台北“故宫博物院”藏有凤凰三系把壶，高11.4厘米。

僧帽壶。又称多穆壶，沿袭元代造型，元代器型更为敦厚。永乐僧帽壶高约27—30厘米，直颈，圆腹，圈足，板带状把柄，圆顶纽盖，合于长条口流之上。器型受外来影响，因器口边缘如同僧帽，故名。永乐时僧帽壶风格俊秀，所见品种有青花、红釉和白釉器。永乐僧帽壶比元代有所变化，线条刚柔相间，器型更匀称端庄。

执壶。执壶出土较多，多数有盖，盖罩住壶口，形成所谓天包地式。流修长，柄弯曲多姿。流与壶颈部之间连接板绘以流云纹，其造型风格与荷叶盖一样，体型虽大而形态独秀，为其明显特征。执壶壶身有玉壶春形，也有鸡心扁壶，还有梨形壶等。多数执壶壶身如同玉壶春瓶，流和把手细长，流和壶身之间有云纹系连接，把手上有系，圈足外撇，釉底，高27—30厘米。该壶彩绘极为讲究，从盖到底，形成九个横向装饰带，弯曲的壶柄上正反两面都绘以缠枝花。这种里外皆绘的手法为洪武朝所独有，永乐以后仅绘外不绘里。洪武与永乐玉壶春型执壶的区别是：洪武有盖，颈部较粗，流细，柄有系钮与壶颈部接近。而永乐早期还有盖，中晚期则薄唇无盖且细颈，流下较粗，曲柄与其颈部稍远。凡是有流的执壶或注子，永乐朝都较细长，流管粗细变化较小。宣德朝则流管下方较为宽大，如此会有利于出水的顺畅。

直颈执壶。又称水注，器型来自西亚地区铜、银器制品。这类执壶一般造型较大，高度在36—38厘米左右，口径在7.4—7.8厘米左右，足径在12.5厘米左右，也有人称之为花浇。造型为直口、长颈、圆肩、丰腹、圈足、釉底，颈部一侧呈方形口流，流口孔呈葫芦形，另一侧为宽带扁平把手与颈部相连。该器始烧于永乐年间，宣德时承袭之。永乐器薄而俊秀，无款；宣德器体粗阔而厚重，署有款识。有青花与白釉两个品种，青花器多绘缠枝莲纹或折枝花卉。伊朗有藏品，高33.5厘米。其青花器柄高流长，壶身如玉壶春瓶，俏丽俊秀，颈部较元代短而粗，但又较后世细而长。明初尚白，用白釉器，据实物统计约有60余种。故永乐时白釉壶较青花壶造型更为多样，除了与青花器为同一造型者外，还有杏圆扁腹壶、大型四系壶及粗颈硕腹执壶等，同样造型亦见于明初锡器类。清代有仿这种造型的器物，但是流为方形口。

梨形壶。壶身呈梨形，故名。弧形盖，圈足，盖和把手均有系。元代始烧制，其后历经明清两代，经久不衰。所见有影青、青白釉、青花、酱釉、蓝釉、红釉、白釉等诸多品种，以刻划牡丹和凸印龙纹为饰，釉薄者清晰，釉肥厚者仅能辨其大致形状轮廓。永乐器较之元代胎薄体轻，器型明显秀巧，口流细长俊美。其品种纷繁，除单色釉外还有釉上彩器、黄地绿彩、绿地红彩等。红釉与釉里红色泽鲜亮，色彩淡雅明快，纹饰纤细流畅。此外尚有瓜棱形新作，品种有青花、青花地白花等，纹饰以云龙、海水龙、龙凤、开光双龙、凤穿花、双狮戏球等图案最为常见。有的署款，有的无款识。梨壶造型历来大同小异，清代以来多有仿制，随着各朝审美观变化而演变。其明显变化见诸流、柄、盖、足等处。

鸡心扁壶。这是永乐时新创烧的品种。作扁腹式，两侧腹部各有一鸡心状凸起，长流，曲柄，圈足微微外撇，模制而成。

藏草壶。永乐时有此造型。青花缠枝花卉纹藏草壶，高20.5厘米，口径6.5厘米，足径10厘米。壶造型奇特，撇口，细颈，长圆腹。由壶身和底座两部分组成，流细直，无把手，壶体上部形状类似玉壶春瓶，一侧有长形直流，下部为高台座，台座上部略呈球形，下部是覆盘。内口沿有卷草纹边饰，颈腹及流饰以缠枝花卉纹，颈及底部饰以两道边饰及小莲瓣纹一周。器座上分别饰有变形回纹、莲瓣纹、朵花圆点纹各一周。为礼拜时供器，用于净手。器型始创于永乐时，有青花、白釉品种，造型秀丽，胎体轻薄，纹饰纤细。乾隆时多有仿制，壶流呈兽面喷水状，用作佛像前供具。最早见于晋代法显《佛国记》，意为“净水瓶”。器身呈梨形，下腹部有凸旋纹三道，唇口小，短颈，细流而长，流口饰以凸起旋纹三道，圈足内有不匀的刷釉痕。器座为由下而上多级台面，其与器身连接处，为一球状凸起物。这种造型的器物除北京故宫博物院收藏外，也流散到国外，器造型明显受到西亚地区铜器影响。（见图20）

蒜头口绶带扁壶。蒜头形口，高足外撇，造型秀逸，腹部绘以锦纹，仅见青花品种。宣德同类器纹饰略粗放。清康熙、雍正年间有仿制。

背壶。永乐、宣德时均有此器型，所见有青花与白釉器，其造型大体相同，但永乐纹饰纤细。清代康熙、雍正仿品多不规整，胎体非薄即厚，不能适中。

军持。为外来语，是一种汲水的壶。其器型承袭洪武，但是与洪武器型不同，已有所变化。

3. 碗、杯

永乐碗有多种形式，直口碗直径在 20 厘米左右，足径 10 厘米，比洪武时小了一倍。还有墩式碗、撇口碗等。其直口浅碗，永乐比洪武粗。永乐碗还有压手杯、鸡心杯、撇口碗、凉帽碗、直口碗、敛口钵、菱花式杯、高足杯等不一而足。碗类中大部分器型延续前朝，如直口碗、撇口碗、敛口碗、墩式碗、敞口碗等，器型基本变化不大。除此之外永乐还创烧了许多新品种，例如鸡心碗（又称莲子碗）、骰子碗、压手杯等都是这一时期典型器物。其中直口碗延续了洪武器型的特点。洪武官窑青花碗存在大小两种尺寸，一种口径为 40 厘米，圈足 20 厘米。另一种为中号碗，口径 20 厘米左右，分为深浅两式。深碗有直口和撇口两种，浅碗只有直口一种。小碗圈足内有釉，胎壁较厚，唯挖足极浅，是其主要特征。永乐朝延续这两个品种烧造，两者相比，永乐碗底足圈足大而矮，底部无釉。永乐大碗腹部更垂，线条更为圆润，极具时代特色。大碗足大而无釉，这在其他时代较少见。

撇口碗。器身与高足碗同，只是未加高足。撇口，深腹，弧腰，高圈足，口沿直径 18—20 厘米。品种有白釉刻花、影青釉刻花、冬青釉刻花及青花器，后者仅见竹石芭蕉及苜蓿花纹图案。通常碗心双圈内绘以折枝牡丹纹，内壁缠枝花卉纹，口沿内饰以回纹。外壁饰以缠枝莲纹，口沿下绘卷草纹，近底处一圈莲瓣纹，足墙一周为变形回纹。台北“故宫博物院”收藏有一对，叶义也收藏了一件，伊朗阿德比尔珍藏一件，英国里艾斯克收藏一件。

骰子碗。平沿撇口，腹壁较浅，胎体厚重，碗内洁白无纹饰，碗外壁多绘有青花婴戏纹，宣德器大量增加仕女纹。此碗形制非常特殊，虽然造型上属于碗类，但其功用已经脱离了饮食用器行列，是专门用于赌博的器具。永乐器极为少见，在宣德年间大量烧制。太平盛世，宫廷中娱乐生活较之前两朝日渐增多，由此器可以折射出宣德朝宫廷赌博之风甚盛。

凉帽碗。又称草帽碗、笠式碗。撇口，碗壁斜直，呈喇叭形，小底，圈足，口沿直径 21—22 厘米。器型有大小之分，所见有白釉与青花品种。清代康熙仿品多见白釉器。胎体也很轻薄，但迎光透视微泛青色，且暗刻龙纹细瘦，与康熙官窑青花器上龙纹相同。

直口碗。弧腹，圈足，砂底，可见旋削痕，矮圈足，口沿直径 29 厘米。

斗笠碗。是仿古器型，其圈足较宋代略大，有的还做成花口。

墩式碗。直口或撇口，深壁，垂腹，丰底，矮圈足，宽阔平齐，故称作墩式碗。釉底，腹颈部平满，有大小两式，大的口沿直径约 40 厘米，小的 15—20 厘米。品种见有青花、白釉暗花、红彩器等。其中青花、白釉器以缠枝莲和折枝花果、凤纹装饰，红彩器绘凤纹图案。另有厚胎器，仅见白釉暗花品种。永乐墩式碗胎体较洪武时薄，大小规格更多，并且足底均满釉。洪武时墩式碗因为圈足增大，而逐渐演变为永乐窝式碗。

收口碗。敛口，器壁较直，腹部下垂，平削足，底心微下塌，细砂足底无釉，显火石红斑，多见白釉器，釉质肥厚光润，胎体轻薄，透光时泛肉红色。器壁刻暗花，上边沿饰以缠枝莲纹，下边沿饰以卷草纹。

敛口钵，敛口，弧腹，敛颈，矮圈足，平砂底，口沿直径 23 厘米。

菱式花杯。八瓣菱形，敛口，深腹，矮圈足，胎体稍厚，口沿直径 8.8 厘米。

葵瓣口碗。有大小之分，为半脱胎，均为白釉，较多器型为六瓣葵花式。腹部略有弧度，浅圈足，里壁暗印花纹，有缠枝莲、八宝、双龙、五龙、团龙、龙凤纹等，内心刻印篆书款，清代康熙、雍正时有仿品，其仿品特点为胎体透光时显青白色，釉质稀薄，釉面不够平滑。纹饰及款字过于清晰，篆书款字体较真品稍大，结构松散，折角处生硬，起落笔处不尖锐。

鸡心碗。又名茶盅，俗称菊瓣碗，是永乐青花器型，属于敞口碗。这种碗为永乐时新创烧品种。因碗敞口，碗心弧度深，碗底如鸡心，腹深，足小而高，碗底不同于一般碗的平壁底，其足底内心作尖形凸起，形如鸡心而得名。外壁多作青花莲瓣或菊瓣装饰。在清宫档案中称大者为“莲子碗”，称小者为“莲子茶盅”。在明代文献中又称之为“尖足茶盏”，是永乐时期代表性器物。分大中小三种，大者直径 20 厘米，高约 7.5 厘米，足径约 6 厘米，宣德器重约 600 克，永乐器重约 524 克。中者直径约 16 厘米，高约 9 厘米，足径约 4 厘米。中型碗青花图案掺杂了阿拉伯图案纹饰。小者直径 10 厘米，高约 5.7 厘米，足径 2.9—3 厘米。小型碗有白釉和青花两种，碗壁莲瓣纹狭长，类似菊瓣纹。永宣两朝所做有甜白和青花两种碗。甜白分白素无纹和刻有暗花两种。青花则有莲瓣纹，分为单层和双层两种，均具有鲜明阿拉伯风格。有白釉划、刻、印和青花描绘等工艺装饰。青花器外壁多饰以线条型莲瓣纹。以碗底足心为中心，向碗壁上绘制细长菊瓣纹作为主题纹饰，规律性地呈放射状排列，从足心延续至碗口沿下。永乐与宣德时期的鸡心碗区别在于：胎体方面，永乐体轻，宣德体重；底足方面，永乐足矮，宣德足高；莲瓣纹方面，永乐器呈单体细长状，青花色浓，宣德器的花瓣短而宽，并且呈双层排列，青花纹饰有的色泽不艳，但也偶见绘单体莲瓣纹、写宣德年款的鸡心碗，应为宣德初期作品。两朝的碗主要区别在于胎地粗细和绘画风格。永乐器胎地较宣德器稍细，轻薄。永乐器外壁莲花纹较宣德器细短，留白较多。永乐器无款，宣德器为六字年款。宣德莲子碗的尖足也不如永乐明显。近年景德镇珠山窑还出土了釉里红莲子碗，为小型折枝花卉纹茶盅。这种器型还有鸡心杯，口径 16—21 厘米。这种茶盅自明代见诸文献，直到清代一直沿用，大致以 10 厘米为界，大于 10 厘米者称之为碗，小者为盅。到清末又有茶缸名称出现。但数百年来，则一直以此为率。

卧足碗。器分大小，底心拱起，外口沿处写有阿拉伯文字，青花纹饰纤细，西安文物管理委员会藏有此品。碗敞口浅腹，卧足，里心凸起。碗外饰以缠枝花卉纹，下面饰以莲瓣纹，无款识。

小碗。有两种尺寸，一种口径为 7.9 厘米，另一种略大。其中白釉器印有双龙、双凤、缠枝莲、八宝等，碗心饰以三朵如意云纹或暗刻篆书款，胎体轻薄。永乐时期制作的薄胎器，不仅限于甜白釉品种，在同期青花器中，也有胎体极薄的大碗，外壁绘以青花海水龙纹，圈足内以青花绘细身龙纹代替署款。清代康熙时多有仿制。

小盏。脱胎小盏，口径约 7 厘米，腹壁较浅，胎薄如纸，釉面肥腴，刻印缠枝莲花纹和“永乐年制”篆书款。

压手杯。口径约 9.1 厘米，其制作工艺极为超前，该杯为坦口状，厚沿，折腰，下胎壁较厚，顺口沿而下胎体渐厚。圈足微撇，足墙平切，宽圈足，足底露胎处平滑细腻，外沿微凸，滑底砂足。此杯造型简单，杯身虽小，但瓷胎厚，以手握其中有凝重感，如将其握于手中则切合手心，置于手中则合于虎口。或因胎质厚重、凝重有压手感而得名。其种类有青花也有甜白，甜白者内有暗刻纹饰和款识，难以辨识。宣德朝未见烧制。明人谷泰在《博物要览》中对其有专门评价：“若我明永乐年造压手杯，……中心画有双狮滚球，球内篆书‘大明永乐年制’六字或‘永乐年制’四字，细若粒米，此为上品，鸳鸯心者次之。花心者又其次也。”传世压手杯目前只有北京故宫博物院有收藏。该杯有狮球与花心两种，款式仅见四字篆书款，多为过去清宫收藏，直径 9.1 厘米，内心有青花篆书款“永乐年制”四字。外壁所绘青花缠枝莲，纹饰纤细，永乐压手杯为永乐瓷器中杰作，被后世视为无上珍品。历代一直不乏仿制品，其最早于明万历时期，其后历朝皆有仿制，直至晚清。改革开放以后，有更多仿品出现。这些赝品的共同特点是：器型放大，足径、器高、尺寸依次为：9.1 厘米、3.95 厘米、5.1 厘米，纹饰粗犷，胎体过于厚重。明末清初时有的已成大碗，甚至索性改制成盘，均与原物相去甚远。近年来景德镇所仿之器，从造型规格到青花色调、纹饰，反而十分接近于真品效果，唯底足处理还不够自然，微露规整旋痕，足底边线也无真品那种微凸一线之特征，如果掉以轻心，极易受其蒙蔽。

高足杯。又名“靶杯”，永乐靶杯一反元代和明洪武旧式，口径增大，下腹微小，把变矮，足内满釉。这种足内施釉是永乐工艺的一大变化。元代高足杯的把与杯身是分开制作然后用泥粘接而成，足内会留下一团挤压出的泥浆。永乐时全部改用釉接，底足内干净光滑。其实早在洪武晚期釉接就已经在部分瓷器上烧制成功。永乐所烧制靶杯与元代造型相近，只是在景德镇珠山官窑遗址出土过一件，在同期遗物中属罕见。永乐靶杯通常为侈口窄唇，深壁，高圈足，薄胎。台北“故宫博物院”所藏口径为 12.4 厘米。另外永乐时还出现了一种撇足封底新型高足杯。该杯高不足 8 厘米，撇口弧壁，足下部外撇，足中段凸起一圈，呈竹节状。从断面看，足为中空，底部以瓷泥片封闭。这种器型改善了底部写款条件，成为成化以后众多靶杯的基本器型。

高足碗。造型优美，撇口，线条流畅，器足高度略小于全器一半。常见有冬青釉、白釉、红釉，青花器少见。红釉器有两种，一种为开片釉面，釉色不鲜亮；另一为不开片釉面，釉色鲜亮，内壁多印云龙、云凤、双龙、五龙、团龙、缠枝莲、八宝纹饰，外壁光素无纹。宣德时器型改变，腹部下垂，较永乐略为丰满。

4. 盘

永乐器型最多的是大盘和瓶。常见盘类仍然以折沿花口和平口两种为主，与洪武时期相同。洪武盘最大直径 56 厘米，最小也有 48 厘米。而永乐器最大盘 48 厘米，最小仅 34 厘米。由于永乐器胎比较薄，因而比洪武盘显得小巧精致。永乐窝盘也有大小分别，最大直径为 68 厘米，为元代和洪武所不见，显示出瓷器制作高超水平。永乐盘虽然承洪武之制，但小盘造型灵巧精致，底部满釉。大盘底均为细砂底，采用淘洗过的高岭土尾砂作支垫，所以器底洁白而又细腻，手感滑润，俗称“糯米底”，是永乐官窑断代标准之一。永乐时期盛行一种青花折沿大盘，是盛放食物的器皿，同洪武官窑青花器一样，分为圆口和菱花口两种。永乐圆口大盘口径在 37—45 厘米，洪武时期青花大盘口径多在 45—47 厘米，比永乐时期稍大。永乐菱花口大盘与洪武时期相同，也有十六瓣花口与十二瓣花口两种，后者较为多见。永乐十二瓣花口盘直径在 34—45 厘米，比洪武时小，十六瓣花口盘则达到 51 厘米，比洪武时大。永乐与洪武花口盘的盘壁相同，都呈花瓣形，并且每瓣上都绘有一枝折枝花卉，但是永乐盘花瓣弧度较小，花瓣棱线不明显。此外圈足处理也不同。永乐大盘与元青花大盘一样，圈足是正圆形，而洪武圈足则是随着器身作花瓣形起伏。两者均为砂底。洪武大盘砂底火石红明显，摸起来有粗糙感，而永乐大盘火石红浅，砂底摸起来光滑细腻。洪武青花云龙纹盘在永乐时期也有烧造，比永乐时略小。两盘均为撇口、浅腹、圈足，造型十分接近。但是仔细比较可以发现，永乐口部撇度较大，器型外部线条更优美流畅，并且釉面较洪武更加润泽，青花色调也略显浓艳。永乐盘足墙内壁接近盘底的折角处呈现一个小小弧度，极为圆滑，与宣德时期盘足墙内壁折角呈 90°完全不同。永乐时盘品种不多，但数量众多，主要有撇口盘、折沿盘、菱花式盘、收口盘等。

青花花卉纹葵口盘。永乐时期大盘的制作仍旧沿着元青花的方向，盘沿多为折起，是受阿拉伯金属盘的影响，便于人手端起，但在纹饰上多保留了中国特色。这些大盘分为圆口盘和菱花口盘两种，有多种尺寸。

圆口盘。在中东的元青花中，口径多数在 40 厘米左右，少数在 45 厘米以上。而永宣时代，有些大盘口径达到 60 厘米以上，其足径也宽近 50 厘米。宣德大盘无论是中东还是御窑厂出土器物，都发现有口径 60 厘米以上大器。大盘的出现，是为了满足阿拉伯地区人民席地而坐、以手抓饭而食的风俗习惯。盘子口径增大，可以盛放更多食物，得到人们的赞美。但是这种 60 厘米以上的大盘，在烧造时却并非易事，容易发生变形、开裂。

圆口板沿大盘。板沿，浅弧壁，矮圈足，平砂底，见于西亚藏品。土耳其所藏花卉葡萄纹大盘直径 46 厘米，伊朗藏束把莲纹大盘直径 43 厘米，即便稍小尺寸的也有 31.3 厘米。其造型类似元代盏托。其折沿分为两种，即圆口或菱花形口，但盘心均无脐，仅有青花和白釉暗花两个品种。永乐青花色调清晰明快，通常盘心绘以缠枝牡丹、茶花、葵花纹等，内壁绘缠枝花卉十一朵，折沿饰以海水纹。外壁纹饰与内壁相近。该盘体型硕大，构图丰满，纹饰具有阿拉伯风格。参考境外著名收藏事例得知，土耳其托普卡比皇宫博物馆收藏两件，伊朗阿德比尔珍藏一对，印度皇帝沙·贾汗收藏一件并在盘内刻上其铭款。其他还有台北“故宫博物院”、赵从衍、瑞士鲍氏东方艺术馆各收藏一件，英国里艾斯克也收藏一件。永乐青花葡萄纹大盘，高 7.7 厘米，口径 44 厘米，足径 28.4 厘米。大盘折沿，细砂底，盘沿饰以海水纹，内外壁饰以折枝花卉，盘心主题纹饰为葡萄纹。这种大盘在元代以前民窑中基本不见。自元代和洪武时代开始烧造，主要是供应西亚地区。在伊朗、土耳其等国收藏有较多中国元明时期景德镇生产青花大盘。

菱花式盘。八瓣菱花形，侈口宽唇，周壁低矮，浅圈足，薄胎骨，底露白胎。台北“故宫博物院”有藏，直径 18.6 厘米。莲瓣大盘为十二莲瓣花形，侈口宽唇，浅壁，矮圈足，胎骨较厚，底面露白胎。台北“故宫博物院”有藏，直径分别为 44 厘米、33.3 厘米、20 厘米。伊朗藏有大盘直径达 62.2 厘米，土耳其所藏为 64.2 厘米。另外关于菱花口盘，中东元青花器物口径多在45厘米左右，大的可以达到57厘米，小的在40厘米以下者皆为少数。永乐时期口径仍在60厘米以上，在中国本土所藏的多为40厘米左右，而宣德器物在中东地区的都在37厘米左右，可是在中国本土所藏均超过37厘米，有的达到45厘米。这是个有趣现象。永乐特大尺寸盘子在中国境内尺寸缩小，而到宣德时期，国内的尺寸又超过了外销尺寸。这说明，永乐外销瓷器仍然保留了元代青花大盘造型风格。

撇口大盘。盘壁外撇，平砂底。此盘土耳其和伊朗最多，最大直径有63.8厘米。线条优美，比例协调，胎体轻薄，口边锋利。盘内壁根部刻划弦纹一周，此为元代至明代宣德盘类器型特点之一。

收口大盘。大者口径达67.6厘米，盘心画园景图案，青花色泽明快。过去此类均被看作是宣德器物，后经耿宝昌先生比对，发现永乐大盘纹饰线条较之宣德器纤细柔和，有眉清目秀之感。

劝盘。又称盏托，承接元代制式，有花口和棱壁等新品种。永乐时盏托不见圆口，八瓣花口盏托分大小两种，大的口径在20厘米左右，小的只有13厘米，底部无釉，并且两种均不见内面有凸棱。永乐盏托比元代和洪武要厚，边壁还绘有一圈规矩回纹，在这个部位的装饰部件与其他时代同类器皿类似。此外永乐时还出现了一种中间带槽的新型盏托，高2.1厘米，口径18.7厘米，足径12.6厘米，为八瓣花口，折沿，浅腹，里心有槽，底施以白釉。值得注意的是，永乐时期小杯容量比元代要大。元代小杯直径为8厘米，永乐小杯为9厘米，洪武小杯为9.2厘米。洪武盏托常见出土，但盏却十分稀少。

歇爵山盘。为放置爵杯的器座。中心做一凸起，三面山形，内置三孔，正好插入爵的三足，盘作如意形四足，涩底。其名称始见于嘉靖《江西省大志》。在该盘出土之前，多以为是嘉靖前后才出现此器型。（见图21）

5. 罐

永乐罐的种类很多，大致可以分为带系盖罐、扁罐、荷叶盖罐、轴头罐等。永乐大罐在制作上极具功力，出现许多精美制品。例如青釉海水青花龙纹大罐，其造型奇特，工匠们在瓷坯上采用宋元时代刻划手法，满刻滔滔不尽的潮水，再罩以青釉，并且又在青釉下用极鲜艳青料绘以缠身赶珠龙纹一条，手法新颖，画笔生动，气势相当宏伟，是永乐时代至精至美之物。其他种类具体介绍如下：

带系盖罐。分为小罐、盖罐和高罐三种。小盖罐为宝珠形盖钮，丰肩，扁肚，釉底或为无釉扁平底，肩部有小双系，腹部绘以青花折枝花。所见有白釉和青花器。盖罐的造型浑圆，扁肚，无釉平砂广底。其盖顶部凸起，折角处线条柔和。器身光素，或带暗花装饰。溜肩，饰以二或三、四系，数目不等，系极小，孔径仅容细绳穿过，此种盖罐器型，为永乐时期所仅有，明代其他时期罐上多无系，至万历时再现。永乐时期无论大中小罐，肩部多有小系，这一独特装饰，为其造型增添了俊秀，也使得釉色和纹饰更显得俏丽。这种带小圆系罐类，永乐以后就很罕见了。到清代雍正、乾隆年间还有仿制。

扁罐。与带系盖罐器型相似，但无小系。北京故宫博物院收藏一件，高 16.5 厘米，口径 14.3 厘米，足径 9.1 厘米。瓷罐造型与其他不同，口径较大，足径较小。其盖或为天盖地式，或以子扣套合，也多有散失。所见有白釉和冬青釉两个品种。白釉器器身光素或以单线刻暗花纹饰。冬青釉器，有的肩部饰以圆系，为花心露胎火石红梅花，明显是受西亚地区器物影响而制作。

荷叶盖罐。直口，溜肩，平底无釉露胎，器身光素，白釉莹润。所覆荷叶形盖，顶面平扁，边缘起伏翻卷度大，并暗刻叶筋脉络。这种盖罐的器型分为大小两种式样，高的为广口桶式，器型不多见，矮式造型与元代“鬼谷子下山”罐相似，也有大小二种，大的为钹形盖，小罐高均在 10 厘米以下，双系，珠钮直壁盖，精巧秀美。该器在元代已有生产，但元代荷叶盖罐矮而肥，盖钮作一卷曲叶柄。洪武时则较为细瘦，荷盖之钮作宝珠形，与整体造型更为和谐。洪武盖罐尽管体型硕大，高至 66 厘米，但比元代秀美。清代同类器物盖面高凸，边沿翻卷度小，器身笨拙肥硕。

轴头罐。其实就是当时装裱书画所用轴头，永乐始有。折角处线条浑圆，上部较小，下部较大，造型纤巧，胎体轻薄。有青花和青花釉里红品种，青花色泽艳丽。宣德时器型与之类似，仅见青花品种。国家博物馆所藏之永乐青花番莲纹轴头罐，高 5.7 厘米，口径 4.2 厘米，足径 4.4 厘米。清代康熙、雍正时仿品最多，然胎体厚重，罐上下部分或大小相同，或下身过高，线条生硬，器底常有明显旋纹。

扁肚盖皿。永乐新创器型，为磬口圆腹，矮圈足，形制近似水盂，其盖作子口式，宝珠顶。如果不看到盖，人们会称其为洗。

壮罐。永乐青花锦地壮罐，高 28.5 厘米，口径 12.5 厘米，足径 10.8 厘米。罐为唇口、直颈、窄肩、长腹、圈足。颈部及近足部分别饰以海水纹或缠枝花纹，腹部饰以几何形锦纹。此类罐因口足相若，故称之为壮罐，在传统器型中较为少见。器物有盖。清代乾隆时期御窑厂有仿制，虽是官窑制品，底部却无款，器型略高于永乐器型。

6. 炉

炉是祭祀用器，国家大事在祭与戎。早在洪武二年（1369 年），明太祖就规定祭器皆用瓷器，到洪武九年（1376 年），更是做出具体规定：“四郊各陵瓷器，圜丘青色，方丘黄色，日坛赤色，月坛白色”。并且规定这些祭祀用器只准在江西景德镇烧造。永乐尚白，永宣时期的祭祀用瓷中青花瓷不多见，仅见香炉、爵杯、豆等。永乐时期的炉因作祭祀用器，器形都较大，样式是仿造商周青铜鼎造型，双耳朝天，三足鼎立。永乐器一般通高近 60 厘米，较 35 厘米以下宣德器要高大得多。成祖造这样大香炉，是想要向世人宣告自己的丰功伟业以安定人心。北京故宫博物院所藏永乐青花三足炉，通体纹饰皆为海水江崖，青花色泽浓艳，气势磅礴。景德镇御窑厂遗址也于 1994 年出土类似大香炉。而宣德时期香炉，则没有这种定鼎天下的雄伟之状。因为宣德朝是明朝最稳定和富强时代，明宣宗没有经历过创业的艰难，也没有太祖和成祖一样的戎马生涯。安定而富足生活和良好文化教育，使得宣宗与其祖先不同，更多具有文人气质。北京故宫博物院所藏宣德青花松竹梅纹三足炉，腹部绘以松竹梅纹，双耳内外分别绘以灵芝、忍冬纹，整体纹饰皆为植物纹，特别是以松竹梅这种象征文人气节纹饰来装饰香炉，文人气已相当足。永乐炉品种主要有三：虎眼双耳三足炉、三足鼎炉、四方倭角三足炉。具体介绍如下：

虎眼双耳三足炉。虎眼双耳，扁圆腹，三乳足，造型浑厚，仅有白釉器，釉质温润。双耳三足炉，束颈、鼓腹、兽形腿，颈部饰以鼓钉，双耳呈 S 形，耳与腹部连接处饰有多云状雕件。造型雄伟，气势磅礴。北京故宫博物院藏有一件，景德镇珠山官窑遗址也有出土。从出土标本看，其成型工艺难度极大，圆形炉口与弧形双耳均用瓷泥拍成薄片后再镶接而成。颈部半圆形凸起物，也是先做成薄壳后再粘接上去。因此尽管是巨型香炉，但重量却比想象的要轻。

三足鼎炉。为仿青铜鼎器型。双耳朝天，三足鼎立。北京故宫博物院藏有青花海水波涛大炉，器形浑厚庄重，通身浓重艳丽青花海水，汹涌澎湃，气势磅礴。近年景德镇御窑厂遗址也出土白釉与釉里红大器。器口折沿，束腰，圆腹下敛，下承三足粗壮如象腿，双耳朝天，器形雄伟，釉质肥厚，缠枝莲纹饰自然流畅，为明初器典范。其造型风格、气魄完全同于青海省瞿昙寺藏“大明永乐年施”款红铜鎏金大炉。

四方倭角三足炉。迄今为止只发现一件。收藏于北京故宫博物院。器口平齐，折沿束腰，器身与腹呈长方形，腹部倭角呈八棱锤状，双耳对称朝天。此件历来被定为元代青花器，但其釉面较元代洁白，所绘松竹梅山景与永乐青花园林景致图案大盘风格一致，据其釉面、纹饰、画风及青花色泽特征，耿宝昌先生将其定为永乐时器物。

7. 漏斗

是一种过滤用的医疗器具，永乐时创烧。其上部类似鸡心碗，为花瓣形口外折，圆锥形器身，下有漏管。漏斗中有六个梅花状小孔。上部通体绘有青花纹饰，下部引管出现类似哥釉的开片，釉质肥厚光润。伊朗藏有残器，漏管缺，残高 11.2 厘米。其造型奇巧，口为菊瓣花形外撇，边饰菊瓣纹，沿下绘以钱文，器腹鼓凸，下环单条菊瓣，上半部如鸡心碗式，接漏管处有小圈足。器里绘缠枝花、双线，莲瓣纹，中心呈梅花状六个篦形漏孔，可作过滤之用。青花纹饰绘制清晰，色泽浓艳，漏管上宽下窄，口径边为青花弦纹，这作瓷器极为罕见。永乐、宣德两朝都有制作，宣德器为白釉漏管，边部有款，以永乐时所制为精。

8. 花浇

是模拟西亚黄铜制品的器型制作。阿拉伯地区有铜、银和陶的同类器物，用于洗手。青花瓷器花浇创烧于永乐窑，器物造型呈方唇口，长颈，丰肩，肩部以下渐渐收敛。圈足，颈部一侧置方形流，流口呈葫芦形，与流相对的一侧颈部与肩部之间置曲柄。造型来自西亚地区黄铜器，也是穆斯林礼拜时净水器物。永宣特征有所不同，多为直口，花浇为直颈，圆身，宽颈，圆腹，一侧置柄，龙形把手，内凹足。永乐青花缠枝花卉纹花浇高 14.7 厘米，口径 8 厘米，足径 4 厘米。葡萄牙里斯本古本江博物馆藏有一件白玉龙柄花浇，其成器时间相当于元代。与之相同器型，是在永乐时才开始烧制，其后续烧至宣德。永乐器仅有青花，宣德时又增添了白釉器。两朝花浇之不同点为：颈部，永乐器长，宣德器短。腹部，永乐器圆，宣德器扁；把柄，永乐器为龙形，宣德器为宽带式；纹饰，永乐器颈部常绘为海水纹，腹部绘有像压手杯那种细梗叶缠枝莲纹，宣德器颈部常绘有两种不同变形莲瓣纹，腹部多绘缠枝花；纹饰风格，永乐器纤细，宣德粗放；款识，永乐器无款，宣德器常写于腹部上端。此外，永乐器有盖，盖有外套口与内插口两种形式。永宣花浇差异在于，花浇一侧柄多是龙柄，而宣德器则为绶带如意柄，增添了中国传统元素。另外永乐花浇口外及肩部凸起弦纹，还可以见到金属器物制作遗风。

9. 八方烛台

烛台为八方形，上部为八棱形，烛插中部连柱，下部八棱形台座。底施釉，中部有一块露胎并三孔。器物底部中间有涩圈和支孔，以防烧制时塌陷。通常高 38.5—42.5 厘米左右，口径 9—19 厘米，足径 23.5—25 厘米。北京故宫博物院和上海博物馆均有收藏。所见有白釉和青花器，白釉器物较多。烛台上蜡烛形插柱易于遗失，故现存多为乾隆时后配。永乐器无款，宣德器有六字横款，写于露盘折边处。对比宣德时所制作同类型器物，可以看出，永乐器物稍大，宣德器物较小。宣德时期制作较精，类似铜烛台在伊朗等地多有所见。

10. 器座

器座又称无挡尊，是当年乾隆为之所取名字，因为不知道用途为何。其器物身呈筒状，中空。上下各有折沿。应该是当年中亚地区人们放置大型盘碗等器物的底座，通常为大盘底座，仿自西亚铜器和玻璃器。永乐时始有烧制，到宣德时仍在烧造。有白釉与青花品种，薄胎体轻，上下直通，器身上写有阿拉伯文。永乐青花盘座高 17.2 厘米，口径 17.2 厘米，足径 16.6 厘米。盘座纹饰分为菊瓣纹和缠枝花卉纹。宣德器造型与永乐大体相同，但青花纹饰略粗放。永宣盘座中部书写阿拉伯文，但是书写极不规范，可能是工匠根据原来器物描画，将其文字与纹饰混淆的缘故。清代康熙仿品非厚即薄，雍正仿品虽器型接近永乐、宣德，釉面亦有橘皮纹，但胎体稍薄，青花色调仍具本朝特征。乾隆时仿品器形缩小，显得短粗。

11. 鱼篓尊

因袭西亚铜器造型，仿制 14 世纪中期阿拉伯描金矮腹罐，二者皆为直口，短颈，腹部呈圆形，胎体轻薄，造型秀美，底面为弧形圆底，置于平面可以转动，并有一圈露胎，以利烧制。所见有白釉与青花品种，其青花器壁绘以缠枝莲、菊，纹饰纤细。青花尊因其造型类似鱼篓而得名。北京故宫博物院有真品，高 8 厘米，口径 11.2 厘米，足径 6 厘米。宣德时也有制作，较永乐时制品高大。北京故宫博物院还藏有康熙仿品，仿品胎质细密、厚重，釉面稍薄处显露青白色，青花纹饰也具有康熙时的淡雅色调，器物高 6.5 厘米，口径 10.3 厘米，足径 9.5 厘米。

12. 三管连通器

该器物造型奇特，瓶口深腹呈盅状，盅底有花形筛孔，颈部环以三道凸旋纹，中腰镂孔钱文为饰，其下分为三弯扁管，分别承接三个球状器皿连通，鼎立为足。三个水盂为鼓腹、浅圈足，为轮制旋削成型，其余部分采取模印，分段粘接而成，其转折结合处作子母口，上部钵体以镂孔钱文为篦，篦孔下有胆壁贯通于三管至盂。全器釉质肥腴莹润，除上部钵体为光素外，均以暗花装饰。这种别致新颖珍品，部件多，结构复杂，需由拉坯、印坯、雕镶等多种工艺合成。是由景德镇御窑厂遗址出土，其奇特造型为明传世品所鲜见，具体用途不明，它究竟为永乐时医疗卫生器械，抑或是花插或香薰，尚待考证。

13. 爵杯

爵杯原为商周时饮酒器具，为仿铜器器型，在唐以前为酒器，唐以后作为祭器。据宋人朱熹《邵熙州县释仪图》对爵的细部名称之介绍：舟形口，较尖一端为尾，较圆一段称之为流，口沿上一对角形物称之为柱，腹部小环名鋬。永乐青花爵杯口若舟，口沿上柱有高低之分，无鋬，底部似釜，釜底有三足。足外撇幅度比元代要小。元代开始出现瓷爵。洪武九年（1376年）朝廷对祭祀瓷器品种曾有规定："计各坛陈设，太羹碗一，……引福瓷爵一，……。"（《明会典》卷二百〇一《工部二十一·器用》。）过去认为永乐时有彩釉白瓷爵杯，1994年景德镇在永乐地层出土一件青花云龙纹爵杯，口沿外撇，前尖后翘，腹下承接三个高足，细而略微外撇，口沿处有两个对称的小柱，但是较之早先的爵，腹部小环已经消失。瓷爵杯最为奇特的是还配有一个歇爵的山盘。盘中立一山形柱，中有三孔，与爵杯三孔正好相配，恰好将三足插入孔中，以稳固爵杯不倒，造型巧妙古雅。永乐器较元代爵形高大，仅见专为祭祀所烧白釉器，釉面白润晶莹，光素凸有旋纹，此种器型延续至明代万历时期一度中断，后又恢复并贯穿于清代始末。宣德器形与永乐形制相同。

14. 履式水盂

永乐文房具形制不多，仅见水盂和花口笔洗两种造型。而宣德造型丰富，还有笔盒、瓷灯、砚滴、笔管和调色盘等，其中笔盒和瓷灯为仿阿拉伯样式。履式水盂器呈皂靴式，以青花着云头纹，胎体轻薄，玲珑精巧，用途应归于文具类。清代多有仿制。

15. 笔洗

又称花口洗，也是永乐时创烧的新品种，宣德时期承袭该器型，继续烧造。

16. 温器

系景德镇御窑厂近年出土的稀世珍品。器形浑厚，直壁较矮，平底宽阔，两侧附有对称小系，可穿活环，覆宝珠顶盖，器身满施白釉，肥腴温润，露胎砂底。据文献记载，明初尚白。除传世品外，近年于景德镇御窑厂遗址出土了大量造型新颖奇特的白釉瓷，它与文献记载相吻合，从而为研究永乐、宣德器提供了新内容。

17. 折沿盆

该盆深腹折沿，平底。口径有26厘米和32厘米两种。北京故宫博物院收藏一件，高13.9厘米，口径31.6厘米，足径21.5厘米。盆折沿、直壁、平底，底部素胎无釉。

内口沿绘以缠枝花卉纹，外口绘折枝花卉，腹壁内外绘缠枝花卉，足边绘以小朵花。盆内心外周绘回纹，里绘莲瓣纹，中心朵花。里心饰以团花纹，外壁饰以缠枝如意和海水纹，折沿以海水浪花装饰。例外各有青花弦纹六道。青花折沿盆是永乐始有，仅见有纹饰纤细青花器，分大小两种，均为平底，造型简洁，纹饰清新饱满。宣德时期有同类器物出现，只是纹饰装饰不同。该盆为穆斯林洗手器皿，其原型来自14世纪阿拉伯地区黄铜嵌银折沿盆。二者口径和尺寸都非常接近。清代雍正、乾隆时有仿品，造型颇像，写本朝款识。该器物存世量较少。

18. 汤匙

又名大勺。形制特大，通常33.5厘米，呈150°角，勺内外满釉，勺沿去釉露胎，系放置特制支垫物上复烧而成。釉面白润，器里外书青花梵文咒语，为宗教用器，是稀世珍品。通常瓷质勺流行于清代嘉庆以后，早期瓷勺极少，这种大勺更为罕见。瓷勺内满书梵文，当与帝室宗教活动有关。青花梵文大勺少见传世品，台北“故宫博物院”收藏有一件，江西景德镇御窑厂遗址出土一件残器。该勺长柄，呈瓢形，勺内书有梵文五圈，正中心有一梵文绕行，其梵文呈每行三字，或四字、五字等横向排列，至勺之后端为一字排列。大勺反面没有青花梵文字体，而是绘以小朵花纹，稀疏有致。中国宋代以前的勺大都为饮酒器具，用大勺从盛酒容器中把酒引入杯中。汉代画像砖中屡见此种画面，唐代勺也是作为基本酒具。台北“故宫博物院”藏有一幅宋人摹唐《宫乐图》，其中一人正持勺舀酒，桌面正中放一酒盆，其他人面前皆有碗盏。宋代由于盛酒容器转变为瓶，大勺传统功用消失，元明两代继承宋制，直到清代嘉庆以后，粉彩开始流行于瓷勺。瓷中大勺内壁布满梵文，显然是为佛教活动所制造。

十、年款

1. 书写年款的器物

永乐时期景德镇御窑厂所烧造瓷器大都不署年款。只有少部分署有四字年款。于官窑瓷器上书写帝王年号款识，始于明永乐时期。虽然早期就有在瓷器上刻印文字之风，如唐、五代刻有“官”、“新官”；元代印有“枢府”、“太禧”等，但是这些款识严格意义上还不能算作年款。只有“永乐年制”篆书款才是真正年款。这说明景德镇官窑瓷器正规落款始自永乐。官窑压手杯内部中心写款为“永乐年制”四个篆书体，围以双圈线、单圈线和花瓣飘带等。从永乐起，官窑瓷器上开始标注年号款识，但有永乐年号器物极其稀少，传世品种中仅四件压手杯有“永乐年制”四字篆书。北京故宫博物院收藏青花压手杯，杯中为狮球心，其年号款写在球内，反映了当时工匠高雅艺术修养。

永乐常见器物有8类，分别为梅瓶、高足碗、盏、盘、僧帽壶、三系盖罐、扁壶、碗。共有3种釉色，分别为甜白、祭红、青花。永乐朝带款瓷器并不多见。据王光尧先生著文介绍，传世品种中带有永乐年款的官窑瓷器仅有11件。刘新园先生介绍，1982年珠山中路东段出土大量甜白瓷，底心刻或印“永乐年制”篆书款71件。永乐官窑年款有别于后世仿写款生硬直折，无论刻、印，都具有笔力浑厚圆润、字体端正秀丽的特点。永乐年款器物以压手杯、高足碗、碗三类最为著名。永乐年款多为四字篆书，笔法折角处浑圆。题写年款的永乐瓷器大多为盘碗之类，釉色以甜白、祭红等单色釉为主，较多使用细线刻花、划花、印花和绘画等装饰技法。在碗心或靶盏心部印有“永乐年制”四字篆书款。除了压手杯青花年款外，还有白釉和红釉靶杯中内刻或印有四字篆书款。白釉僧帽壶颈部分别刻有永乐年制篆款等多种形式。

永乐年款可以分为青花料书写款、锥刻款、模印款三种。款识字体为篆体，不见楷书。内容仅见“永乐年制”四字，不见“大明永乐年制”六字款，故凡署六字款者，不管是楷体还是篆体，皆伪款。永乐窑烧制青花器不少，但目前仅见传世或出土青花缠枝莲纹压手杯上有青花篆体“永乐年制”四字款。据吕成龙先生介绍，北京故宫博物院收藏四件这种压手杯：一件杯心绘双狮戏球纹，球内署篆体“永乐年制”四字年款，另三件杯心画团花纹，五瓣葵花芯内署篆体“永乐年制”四字年款。按照谷泰在《博物要览》所说，还有一种鸳鸯心者，至今未见。锥刻款和模印款主要见于永乐御窑单色釉瓷器，位置多在碗、盘、高足碗等器物内心或内壁，款字作两行排列，署于葵花芯或单圈内。模印款主要见于内外鲜红釉或甜白釉薄胎印花器上，甜白釉薄胎印花器见有云龙纹盘和高足碗等。锥刻款则主要见于永乐鲜红釉或甜白釉划花器上，如永乐鲜红釉高足碗，此类高足碗有两种，一种内施白釉外施红釉，碗底内单线圈内锥拱一朵五瓣葵花，花心内锥拱篆体四字双行年款，款字清晰。另一种是里外均施以鲜红釉，碗内底锥拱篆体四字年款，被鲜红釉覆盖，不甚清晰。但也有个别在内底模印篆体四字年款却异常清晰。传世品中还有永乐甜白釉暗花僧帽壶，颈部锥拱缠枝花纹，四朵莲花分别托着锥拱的篆体“永乐年制”四字，殊为少见。永乐还有一种甜白釉的竹节鸟食罐，在每个竹节处篆划“永乐年制”四字款。永乐官窑瓷器上刻、划、印年款需要对着侧视光或透视方能看清。

釉里红器中，署款器物仅见有两件云龙纹双环耳大瓶的残器，口沿下分别署以“永乐元年（1403 年）”和“永乐四年（1406 年）”，为记事楷书款识。

单色釉瓷器，仅见印款与刻款两种体式，其中印款有白釉、冬青釉、红釉盘、高足碗、葵瓣口碗、小碗与盏托。所印“永乐年制”四字篆书款，除围以单圈外，还环以葵花状一圈火云或莲瓣纹。因釉质肥厚，款字若隐若现，需借助光线透视，方能看清印款部位。一般在器心，唯独高足碗有在器内壁者。其刻款的有红釉、白釉、冬青釉高足碗和白釉小碗，碗心刻有“永乐年制”四字篆书款，外划有单圈或双圈栏。因施釉厚，加之器心积釉，故即使刻纹很深，也不易看清。遇到此种情况，需要侧视详查，方可观察到款字大概。只有白釉脱胎小碗，因为胎壁极薄，款识较为清晰。

2. 永乐款字书写特点

永乐款识，无论印、划、写，其笔道皆浑厚圆润。该四字笔法：笔画折角处浑圆，起落笔处尖细，字体结构紧凑严谨，刚劲挺拔。靶盏心有模印“永乐年制”四字篆书款，字形模糊。永乐款识，为帝王使用年款的开端，使用并不广泛。北京故宫博物院有三件，款在内心，为“永乐年制”四字篆书款。明代谷泰所著《博物要览》中，对永乐压手杯的记载，与北京故宫博物院所藏两种款式压手杯实物相印证吻合。永乐年款很少使用青花题写，传世品中仅有三件压手杯有“永乐年制”四字青花篆书款，这三件压手杯器形基本一致，背身饰以缠枝莲纹，足部外侧饰以草文。杯口沿内侧有两道圈线，其内心分别饰以双狮绣球、花心中、鸳鸯纹中，以细如粟米篆字题写四字款。其形状有三种：一为中间四字篆书，以双鸳鸯围绕；二为绘双狮滚绣球，年款写于球心；三为青花单线圈，内绘团花，花心内书四字篆书款。在其他永乐青花器中，还有绘龙纹或花形图记款。

永乐官窑款识特点如下：就目前所见实物看，永乐官窑款识仅见“永乐年制”四字篆书款，不见“大明永乐年制”六字款，或“永乐年制”楷书款，景德镇御窑厂遗址也只出土了“永乐年制”四字篆书款。因此，凡遇到六字款或楷书款者，要特别小心，通常情况下此类多为伪品。“永乐年制”四字篆书款，有刻、印和青花篆写三种方式。永乐款以青花书写者仅见于青花压手杯，款字写于碗底心花纹之内，其他青花器不见款字。这些压手杯仅为清宫旧藏传世品，在明晚期文献中就见于谷泰所著《博物要览》：“永乐年造压手杯，中心画双狮滚球，球内篆书‘大明永乐年制’六字或‘永乐年制’四字，细若米粒者为上品，鸳鸯心者次之，花心者又其次也。杯外青花深翠，式样精妙。”谷氏所书永乐六字年款就已经出现。但是 1982 年景德镇考古出土大量材料，也仅有“永乐年制”四字篆款，没有证据支持永乐年间已经有六字款款识方式，而且此类压手杯在历次景德镇御窑厂考古发掘中并未发现。

永乐高足碗均为四字篆款，题款位置以内底为主，个别位于内壁，釉色有甜白、祭红等单色釉器。壁印龙纹或麒麟纹，以八件杂宝及绶带云相隔，内底心单圈内刻“永乐年制”篆书款，以双线组成九瓣花形围绕款的四周，另外红釉高足碗内底模印篆款，单圈外模印花纹。还有外红釉内白釉高足碗，器心印暗花云龙纹。碗心刻一朵葵花，花心刻“永乐年制”四字篆书款。釉里红龙纹高足碗，外绘釉里红赶珠龙纹，盏心篆印款。永乐年款多见于单色釉瓷器。就碗而言，题款位置位于内底，为“永乐年制”四字篆刻款。甜白釉碗内壁模印两行五爪龙首尾相接。甜白釉半脱胎龙纹葵口碗，内壁模印龙纹两条，内底刻“永乐年制”四字篆刻款，外加单圈。甜白釉半脱胎龙凤纹葵口碗，内壁模印龙凤纹三只，内底模印缠枝番莲花一周及“永乐年制”四字篆书款。内红釉外釉里红大碗，内底刻双圈款。永乐甜白釉盘四字篆款位于内底，圈外有绶带云组成近似花形纹饰围绕。印款和刻款用于甜白瓷及釉里红器，款字一般在器物内底心部位，四字款外加单圈或有花边及图案纹饰。印款文字一般均模糊，凡是特别清晰者要注意其真伪。刻款字画自然而不呆板，凡是特别规矩而呆板者，要注意其真伪。清代仿永乐甜白器仿款，其印款特别清晰，而字体也显得挺硬有力，但由于太规矩而呆板。永乐青花碗有一种底有近似波斯图案花款，此外在御窑厂遗址还发现龙纹单圈款。

3. 年款的形式

据景德镇出土实物资料，当时还有一种在四字款外加饰莲瓣纹者，未见传世品。永乐器物此类书款，在晚明和清初皆有仿制。后世所仿永乐篆书款识，其笔道多生硬折角，无柔和圆润之感，所见伪款有青花写款、阴文刻款、阳文印款三种形式，其字形写法不一，款外围常饰以花瓣图案，线条硬直欠流畅，也有围以单圈者。除仿永乐款赝品外，还有于永乐白釉圆器上后加阳文篆书的伪款，其凸起字迹釉面上隐约可见做旧摩擦旋痕。其伪作越往后越走样。还有四字款为工匠随手仿写，以致仅凭外形就可勉强辨识。永乐年款有刻、印、写三种，都是“永乐年制”四字篆书款，写在圆器里面中心，围以双圈线、单圈线和花瓣飘带等。最宝贵的是青花双狮绣球心款、花心款和鸳鸯围款，全是细小篆字青花款。永乐没有楷书款。永乐官窑写有年款器物为数极少，但是仿制品都有年款。从正德开始就有仿造永乐官窑之作，以后越来越多，一直到民国初年，仍然没有断绝。伪款除了篆书款，还有楷书款以及写在器物内里和口沿边沿的六字横款。

4. 年款的字体

永乐时期瓷器年款，无论印、刻还是青花书写，字体多为四字篆书。文献记载中曾有六字之说，但是迄今未见实物。故以四字楷书或六字楷书、篆体正规官窑款识写于器里或底足、口边者，多系后仿。尤以明代嘉靖、万历和清代康熙、雍正以及晚清、民国所仿永乐款识最多。还有书六字款者，皆为后世伪造之物。永乐瓷器篆书年款，无论书写还是刻划、印，都颇有章法，笔道流畅自然，笔画转折处柔和，字体结构严谨，苍劲浑厚，婉丽飘逸。此款之蓝本必出自功力深厚书法家之手。据刘新园先生介绍，上海博物馆所藏永乐朝翰林学士沈度的一方端砚，其底部刻划的篆体“永乐乙未秋翰林沈度识”，与永乐朝瓷器上所书年款篆体字相比，二者风格完全一致。因而认为永乐朝瓷器上篆体年款，很可能是沈度书写后下交景德镇御窑厂，再由工匠按照墨迹摹写，刻划或做成泥模，印在瓷坯上。（刘新园著《景德镇明御厂故址出土永乐、宣德官窑瓷器之研究》，《景德镇珠山出土永乐、宣德官窑瓷器展览》，香港市政厅，1989 年。）沈度（1357—1434），字民则，松江华亭（今上海）人，以善书入翰林院。当时朝廷“一切大制作，必命度书之”，被誉为“我朝王羲之。”（《玉堂丛话》“巧艺”条）

十一、后代仿制品

永宣官窑青花瓷，自明代中后期得到世人赞赏后，各类仿制品开始出现，这种仿制之风一直延续到今天，特别是改革开放以后，古玩艺术品价格高企，更加推动了景德镇地区仿制品的盛行。

1. 青花器

青花器的仿制，无外乎从造型、纹饰、胎釉及款识等方面入手。明代正德官窑仿制宣德官窑青花瓷，就是以前朝款识写就，开了以前朝款识仿制的先河。随后的嘉靖仿品，似乎技术上比较过硬。明人沈德潜评价嘉靖仿品与真品时，认为只是稍逊于后者。耿宝昌先生认为：北京故宫博物院藏品以青花十棱碗为例，嘉靖器“胎体略厚，釉面肥腴，青花用回青料，鱼藻纹不及宣德器线条流畅，底书本朝官窑款识”。（耿宝昌著《明清瓷器鉴定》，紫禁城出版社，1993 年。）嘉靖至万历间，仿制之风达到高潮。不仅官窑有仿制者，民间也有高手加入其间。嘉靖、隆庆时期的崔国懋，万历时期的周丹泉，以及昊十九都是当时仿制高手。但是各朝仿品与真品相比，其共同特点是器形放大，纹饰粗犷。胎体过于厚重。与原物相比，仍然有不少差距。1980 年景德镇仿制出十分接近真品效果的压手杯，几可乱真。历代仿品主要有：

压手杯。最早有明万历朝仿制永乐压手杯，青花色泽无浓艳感，器形也较真品略大。清代康熙、雍正时所仿永乐压手杯，若不以真品相对照，还觉器形规整酷肖，其实貌似神非，只缘带有清代青花器时代风格。晚清同治、光绪时所仿永乐压手杯，器形放大，胎体厚重，纹饰粗犷。更有奇者，于压手杯上画团龙纹，与原物差之远矣。1937—1938 年间孙瀛洲在北京也曾仿制过，永乐、宣德青花盘、碗类，而不具年款，其凝重结晶青花斑点深入胎骨之间，效果与真正永乐、宣德青花器极为神似。唯独其釉面经过化学药物处理，略微涩手。台湾地区在 1978 年仿制的永乐、宣德青花器物，景德镇 1980 年仿制的永乐压手杯、梅瓶等，水平也相当高，唯独胎质过白且透亮，击之声音铿锵。

无挡尊。康熙、雍正、乾隆时均有仿制，但乾隆器形较永乐时略小。同时青花色料不同，没有苏青那种凸凹感觉。许多点是特意点上去的，国产青料不可能像进口青料那样形成天然结晶斑。

鱼篓尊。有康熙仿品，胎体较厚，釉面青色，浅淡均匀。

轴头罐。有康熙、雍正仿品，器分大小，纹饰、线条或粗重或精细，有的青花色几可乱真。但胎体则区别明显，即使浆胎也不及永乐胎体轻薄，另外仿器底部往往带有螺旋纹。

八角烛台。康熙、雍正时均有仿品，胎体较真品厚重。

撇口碗。北京故宫博物院和山东省曲阜孔庙，均藏有外画苜蓿花永乐青花碗，器底无款，有图记。此碗形制清代乾隆、嘉庆、道光时均有所仿，虽制作较精细，底部亦署同样图记款，但是其图记款过于规整，且造型、胎体较真品厚重，尤其道光器更显笨拙。

鸡心碗。器物有大小之别，有康熙仿品，胎体厚重，釉色青白，纹饰线条粗犷。雍正仿永乐菊瓣纹鸡心碗，仿品略小于真品，其胎质比真品坚硬，胎体比真品薄。釉色比真品白，但是釉质没有真品肥厚。真品足内鸡心状凸起比仿品略高。

永宣青花底釉十分独特，据老专家研究，称其为“蜜淋釉”，这种底釉釉色白中闪青，厚润明亮，以后历朝底釉烧造均不及此。这种肥厚“蜜淋釉”盛行 30 余年，它对于提高青花视觉审美十分重要。识别蜜淋釉，对认识永乐青花瓷器极为重要，仿品在此方面过不了关。另外永乐瓷器修坯工艺非常精细，器物内外釉面一致。

2. 白釉器

康熙、雍正时有仿永乐白釉盘、碗、高足杯，如白釉暗花缠枝莲撇沿小碗、暗花双龙纹撇口碗等。虽都印、刻有永乐篆书年款或朵云，但胎体于光线透照下无肉红色，而显青白，纹饰过分纤细而板滞。真正永乐暗花纹饰线条圆润流畅，仿品款识字体折角生硬，阳文过于凸起。康熙、雍正时所仿制永乐无款白釉盘、碗、高足碗、小罐之类，其胎体多与真正永乐白釉器厚薄一致，纹饰有暗云龙、缠枝莲、结带宝杵等，均具清代特征，其光素器则易与永乐真品相混，唯独釉面略欠平静，在鉴定时尤其要慎重观察。雍正时所仿永乐白釉器，较康熙时更加细润、规整。永乐白釉器中还有后挂黄釉现象，宣德、成化白釉盘也有后挂黄釉者，如于永乐白釉僧帽壶上后挂黄釉，釉面格外泛油或带反铅锡光。这些都是民国时别出心裁、怪诞离谱的伪作。

3. 红釉器

康熙时仿制永乐鲜红釉器有凸云龙小碗，器形、纹饰与永乐白釉小碗相同，胎体轻薄，制作精细，但是釉面不及真正永乐红釉鲜艳、光润、平静，多有小皱纹，款识字体折角生硬。

4. 影青釉

康熙时仿永乐影青釉有影青凉帽式小碗，印刻双龙火珠纹饰，碗心刻有永乐篆书款，胎体轻薄，但胎质过于坚细。乾隆时所仿永乐影青器，多署本朝款识。民国仿品，器分大小，胎体更加玲珑，薄如纸片，几乎无胎，釉色呈白色或淡青色，刻款与阳文款字体均较小，胎体与底足处理具有现代瓷特征，底足平齐，似有茫砂。

十二、小结

永乐官窑主要成就

首先，使用含铁含钛矿物质极微、助溶剂极少的优质原料，创造了甜白瓷，使其瓷釉白度更高，瓷胎更接近现在硬质瓷水平。

其次，使明初鲜红釉瓷烧造技术进入一个崭新阶段，严格地说，呈色鲜艳，质感浑厚，并有一道自然形成的白边，所谓“灯草边”的祭红器，是永乐时代创造的。

如果说元青花瓷装饰花卉纹饰层次多、空间狭窄，形成阿拉伯图案所谓的“恐怖空间”

的话，那么洪武瓷盘上常用的以散点形式分布折枝小朵花，取代了元代瓷盘内壁缠枝花，把元代图案空间拓宽了。到永乐时某些纹样作了简化和缩小，从而形成了比较舒朗的构图风格，于是浓艳青花与白而泛青瓷釉形成强烈对比，起到了相互衬托、相得益彰作用，为明代官窑青花瓷器发展奠定了良好基础。

另外永乐瓷器上首先出现“永乐年制”篆文刻印款，开启明清两代官窑瓷器书写年款的先例。

永乐官窑出土各式各样釉上彩瓷，是对金元以来釉上彩绘技术的继承，而高低温釉彩综合运用，则为明代工匠们创造斗彩提供了有益启示。

以铅作溶剂的低温黄、绿釉，永乐以前只用于陶器，而从永乐开始，成功地用于瓷器装饰，即所谓的“浇黄三彩”，这是一种新创造。

最后，永乐时代大量地运用阿拉伯金属器之造型而烧造甜白瓷，以及在扁壶上绘制青花阿拉伯花卉，充分地展示了永乐官窑善于吸收优秀外来文化，创造出崭新陶瓷艺术品新品种。

图 15　永乐青花缠枝花卉纹执壶

图 14　永乐青花轮花纹绶带抱月瓶

图 17　永乐青花折枝花卉纹折沿盆

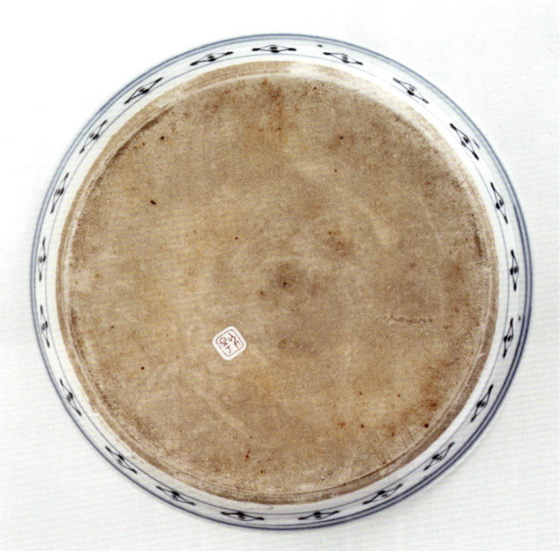

图 16　永乐红釉盘

图 18　永乐青花鸡心碗

图 19　永乐甜白釉暗刻龙纹梅瓶

图 20　永乐青花藏草壶

图 21　永乐甜白釉暗刻龙纹盘（残）

图 22　永乐青釉盘

宣德时期的瓷器

一、概况

1. 洪熙（1425年）

1424年7月，永乐皇帝病逝于北征途中。8月，太子朱高炽继承皇帝位，年号洪熙。仁宗体态异常肥笨，不能乘骑，远不如次子朱高煦。但是永乐喜欢的是孙子朱瞻基，永乐九年（1411年）时，立朱瞻基为皇太孙，当时朱瞻基还只有十四岁。日后，永乐无论出征还是巡幸，都要把朱瞻基带在身边，以广历练。后来为了能让孙子登上大统，最终选择了长子朱高炽继位。恰好洪熙也是个短命皇帝，因纵欲过度，从登基到去世，在位时间不到十个月。明仁宗登基之初曾下诏："下西洋诸藩国宝船，悉皆停止。"并"罢一切不急之务"，官窑瓷器烧制自然也包括在内。第二年，即洪熙元年（1425年）正月，仁宗颁布《郊恩诏》："广东珠池及各处官封金银场，并江西饶州烧造瓷器官窑仍前禁止外。"足见景德镇在停烧半年后，仍然还要停烧。这个诏书下达不到四个月，洪熙帝崩。御窑厂在洪熙一朝确实没有任何烧造活动。

由于洪熙在位只有不到一年时间，而且一直没有发现洪熙款器物，故研究中通常把洪熙纳入宣德来共同认识体察。在《景德镇史稿》一书中，虽然有洪武至洪熙年间遣中官督烧瓷器记载，但是，至今未发现具有洪熙年款瓷器。洪熙时期根本没有制器，景德镇一直是在停止烧造状态中。但是后世尤喜仿罕见年号的瓷器，所以即使见到洪熙年款东西，也未必是真品。如重庆博物馆收藏洪熙元年墓出土一组青白釉器，造型有方瓶、双耳方炉、荷叶盖以及盘碗等，其明初特点突出，与南京市宋晟墓出土青白釉器风格相近，当为洪武时期作品。故而洪熙这一年中作品，目前不用甄别，基本全是仿品。

2. 宣德（1426—1435年）

洪熙元年六月，宣宗入继大统，共在位十年。1435年宣德帝染病，仅三天便猝然病逝，年仅36岁。这十年是明代最为辉煌的十年，史学家誉之"仁宣之治"。由于宣德皇帝有较高文化修养，又酷爱艺术，又加之皇后亦喜爱陶瓷，所以为世间留下了宝贵文化遗产，尤其是景德镇御窑厂烧造的官窑青花瓷器，更加引人瞩目。当年景德镇烧造规模巨大，据《大明会典》卷一九四记载，宣德八年（1433 年），一次就下达了要景德镇烧造龙凤瓷器 44.35 万件的任务。宣德朝烧造瓷器数量之大，盛况空前。由于前朝永乐奠定庞大经济基础，加之当时在日常生活中瓷器逐渐替代了其他器具，特别是明代祭祀开始大量使用瓷器。再是当时社会浓厚的艺术风气激荡，使更多艺术家投身于这项规模宏大的艺术性创作之中。明代官窑制度至此臻于完善。所有这些改进，都对宣德一朝瓷器生产起到了巨大推动作用。

明代虽自洪武二年（1369 年）设御窑瓷局于景德镇，但实际正式遣中官至御窑厂督烧瓷器，则始于宣德。并且宣德官窑六字铭款的产生，或者与朝廷直接遣官制度有关。明代官窑由宣德开始，于景德镇大量制作宫廷用器，而且烧造数量和规模均十分巨大惊人。宣德一朝于景德镇烧造瓷器记录，在《明宣宗实录》、《大明会典》上的记载仅有三次，即洪熙元年（1425 年）、宣德五年（1430 年）和宣德八年。期间或有加烧，但没有记载。计宣德皇帝在位十年间，景德镇烧造瓷器仅中断两年左右。并且在两次烧瓷记录中，只提及白瓷祭器和各式龙凤瓷器，而没有记有其他纹饰者。那些其他官窑瓷器究竟烧造于何时，文献资料并无记载。

明宣宗是个才智出众的人，办事精明，算无遗策，在作诗填词和写字绘画等方面更有天赋。尤其是绘画，为人惊叹。但令其声名最大的还是“促织”，人称“促织天子”。在《皇明纪略》中记有这样一件事：“宣庙好促织之戏，遣取之江南，其价腾贵至十数金。时枫桥一粮长，以郡遣，觅得其最良者，用所乘骏马易之。妻妾以为骏马易虫，必异，窃视之，跃去矣。妻惧，自经而死。夫归，伤其妻，且畏法，亦经焉。”为了一只蟋蟀，三人上吊自杀，也是奇事。明代惯于派宦官去各地采办诸物，其仗势欺人，为害各处。清代有鉴于此，定下不许宦官出京律条，违者斩。

明宣宗朱瞻基是史上寥寥可数的擅长艺术又实施仁政的君主，每于万机之暇，宣宗则寄情于各式文玩，以致彼时雕漆、范金、织绣、制墨等各类宫廷工艺品成就斐然，为后世之典范。究其原因，最根本则是与宣宗个人修养分不开。明人姜绍书《无声诗史》评价曰：“帝天藻飞翔，雅尚词翰，尤精于绘事，凡山水、人物、花竹、翎毛，无不臻妙。”宣宗皇帝精通绘画，重视赵宋文艺，创设宣德画院，吸收许多著名画家入宫，汇精英于一堂，并与之交流学习，品画论道之声不绝于耳，文风极一时之盛。在这种浓厚人文氛围之中，宣宗对御用瓷一项，也亲自过问指导，故宣窑品格超群，创新发明极多。此时陶瓷品类之丰富，釉色之广泛，装饰之多变，皆发古之未有，应为中国陶瓷史上最为辉煌的十年。

从文献看，明王朝在前一个皇帝殡天之后，新登基的皇帝为了表示哀思和对臣民的体恤，都有停止官窑烧造命令。但是宣德帝却是个例外，他于洪熙元年（1425年）六月登上皇位，不到三个月，便命令已经停烧了九个月的景德镇御器厂开窑烧造。不过他是打着为祖父和父亲烧造祭器的幌子，“命行在工部，于江西饶州府造奉先殿太宗皇帝几筵、仁宗皇帝几筵白瓷祭器。”景德镇一旦开烧，就不可能仅仅烧这几筵祭器，况且宫廷还有大量需要，并且还要赏赐大臣和外国使者。《杨文敏公集》记载宣德元年（1426年），赐大臣杨荣“御用笔墨及白磁酒器、茶盅、瓶罐、香炉之类。”宣德三年（1428年），朝鲜李朝“使臣昌盛、尹凤、李相至，赍赐白素瓷器十桌，白磁青花大盘五个，小盘五个”。郑和第七次下西洋也需要大量瓷器。因此宣德时期官窑烧造任务十分繁重。据《大明会典》记载：宣德八年（1433年），“往饶州烧造各样瓷器四十四万三千五百件”。直到宣德十年（1435年）正月宣宗逝世，才将“烧造饶器……悉皆停罢。差去内外官员人等，即便回京。”这个大规模烧造时间其实很短暂，充其量仅仅只有两年多时间。

在历史上，宣德朝是一个能够与永乐朝相比肩的瓷器技术高峰期。《陶说》中描述宣德瓷时说：“此明窑极盛时也，选料、制样、画器、题款，无一不精，青花用苏泥勃青。至成化，其青已尽，只用平等青料，故论青花，宣窑为最。”宣德时期国内政局稳定，经济繁荣，为制瓷业提供了良好条件。国泰民安也使得宣德皇帝有时间去享受生活，皇帝对瓷器关注，有利于制瓷业发展。同时对外贸易需求量增加，也刺激了瓷业发展。此时永乐对外交流带回来苏勃泥青，为宣德青花辉煌提供了重要条件。由于宣德与永乐仅仅隔了一年，因此宣德在瓷器风格上继承了永乐风格和特点，并在此基础上进行了变化和改进。

明代宣德瓷器能够迅速发展，并且在宫廷得到广泛使用，有其经济、文化和体制原因。景德镇在明代废除了元代“匠户制”，工匠成为半自由手工业者，提高了生产积极性，从而促进了制瓷业发展。从大量传世品和出土器物来看，此时景德镇制瓷技术有很大提高，并创制出许多前所未有新品种，体现了我国制瓷业高超技术造诣。宣德时期不仅一般瓷器制作精美，而且一些特大型器烧造也取得成功。这与宣德皇帝本人雅爱艺术分不开。宣德擅长书画，对瓷器制作风格产生一定影响。而且当时民窑也纷纷仿照官窑，其造型、纹饰、色彩等方面，皆受官窑之影响。综上所述，宣德官窑在烧造任务非常繁重情况下，还能确保产品质量，这与御窑厂科学管理密不可分。

本来景德镇官窑在洪武时仅有20座窑炉，到宣德年间就一下增加至58座。典型宣德器，其器型、纹饰为永乐所无者，应为宣德五年（1430年）以后所烧制。宣德一朝烧造瓷器时间仅有八年，在陶瓷史上，与其他时期官窑相比，可谓极为短暂，似乎没有必要去划分器物所属时段。宣德八年（1433年）以后烧造数量巨大，浪费朝廷大量资源，也成为宣德以后张太后摄政时期最为人所诟病的事情。包括悉数毁坏宣德时期所烧制蟋蟀罐，以至今日这种器物留存较少，难得一见。英宗即位后节俭，也是针对宣德后三年大量浪费而采取的措施。应该说今日所见宣德瓷器，大量生产时间应该是宣德八年以后，这是一段疯狂烧造瓷器的历史时期。

明人对宣德瓷器的鉴赏，偏重于红釉、釉里红、甜白釉、仿官窑与哥窑器物。但文震亨在《长物志》提到红彩和青花瓷可贵，说："红花、青花者，俱鲜彩夺目，堆垛可爱。"清人则不同，偏重于强调青花瓷成就，如《南窑笔记》在记叙历代官窑器，提到宣德时说青花宣青"尤为上品"。《陶说》记叙宣德瓷时说："此明窑极盛时也，选料、制样、画器、题款，无一不精，青花用苏泥勃青。至成化，其青已尽，只用平等青料。故论青花，宣窑为最。"蓝浦《景德镇陶录》综合前人之说，概括宣德窑特征如下："宣德间厂窑所烧，土赤埴壤，质骨如朱砂，诸料悉精。青花最贵，色尚淡，彩尚深厚，以甜白、棕眼为常，以鲜红为宝，器皆腻实，不易茅蔑。"《唐氏肆考》云："宣厂造祭红红鱼靶杯，以西红宝石为末入釉，鱼形自骨内烧出，凸起宝光，汁水莹厚。有竹节靶罩盖卤壶，小壶甚佳。宝烧、霁翠尤妙。又白茶盏光莹如玉，内有绝细龙凤暗花，花底有暗款'大明宣德年制'。隐隐鸡橘皮纹，又有冰裂鳝血纹者，几与官、汝窑敌。他如蟋蟀澄泥盆，最为精绝。按：宣窑器无物不佳，小巧尤妙，此明窑极盛时也。祭红有两种：一为鲜红，一宝石红，唐氏所记宝石红，概以祭红言之，似误。宣青是苏泥勃青，故佳。成化时已绝，皆见闽温处叔《陶记》，今宣窑瓷尚有存者。"这段记载，基本上把前人掌握的有关宣德窑情况作了总结，但目前我们从传世品和出土器物中所得到的资料，已远远超过上述内容。

宣德窑生产品种之多是空前的。在釉下彩方面有青花、釉里红和青花釉里红，单纯釉上彩和五彩，釉下和釉上相结合品种有青花五彩、青花黄彩、青花加矾红彩、青花加金彩和青花斗彩。单色釉方面有甜白、白地矾红彩、白地铁红彩、白地黄彩、白地铁钴铜点彩、红釉、鲜红釉描金、铁红釉、蓝釉、祭蓝釉白花、洒蓝、黑釉、紫金釉、仿龙泉釉、低温绿釉、瓜皮绿釉、孔雀绿釉、孔雀绿釉青花、浇黄釉、黄地绿彩、黄地青花、淡茄皮紫釉、天青釉、仿哥釉、仿汝釉、仿钧釉。杂釉彩方面有刻填酱彩和各种金彩器物等。可谓品种丰富，洋洋大观。其中青花、甜白、鲜红釉被后人称为"三大名品"，青花瓷则被推为明代青花瓷器之冠。明清景德镇御窑厂所产瓷器品种中绝大多数在宣德时期都已经具备。宣德仿汝窑天青釉，采用钴原料着色，这是宣德官窑一个大发明，它对后世瓷器生产产生深刻影响。无形中为后世瓷器创新提供了思路，产生了一个新品种，清初仿汝窑就是采用了这种方法。洒蓝为宣德官窑独创品种，是一种以钴为着色剂的低温铅釉。方法是将钴与玻璃在高温下烧成蓝玻璃，把粉碎的蓝玻璃加入石英、铅粉，制成釉水，吹在经过高温烧成的涩胎上，经过1000℃左右温度焙烧，在器物表面形成深浅相间蓝色斑片，以求达到钧窑花釉装饰效果。宣德洒蓝器传世极少。到清代康熙年间生产洒蓝釉，已经属于高温釉品种，而乾隆之后又出现了以钴为着色剂低温铅釉炉钧釉，但是与宣德洒蓝已不是同样器物了。

宣德一朝虽然只有十年，但是御窑厂烧造瓷器可谓蔚为大观，堪称明代瓷器最为辉煌时期。当时官窑不仅烧造了许多新品种，造型颇多，纹饰精美，工艺先进，如宣德斗彩、祭红釉、孔雀蓝釉、蓝釉器等，而且对宋代名窑名瓷多有仿烧，如仿龙泉窑带座梅瓶、六方花盆、洗、三足钵、金钟式花钵、折腰碟等，仿定窑紫釉碗，仿建窑黑釉器，仿哥窑三足炉以及各式罐等，有些仿品已经是惟妙惟肖，尤其是仿烧龙泉器，可谓达到乱真水平。这从一个侧面反映了宣德皇帝追慕宋代汉文化的传统心态和审美情趣，这在明代制瓷史上具有重大意义。宣德时期重视瓷器制作生产，不仅技术提高，而且量化生产，在造型设计、纹饰装扮和瓷器数量上，宣德青花瓷居明代之首。流传到今天的宣德瓷器，也比其他朝代瓷器数量要多得多。目前仅仅收藏于台北“故宫博物院”的宣德一朝官窑瓷器，数量就有两千件左右。（廖宝秀著《宣德官窑菁华展导论》，台北“故宫博物院”编辑委员会编《明代宣德官窑菁华特展图录》，台北“故宫博物院”，1998年。）根据笔者的不完全统计，目前存世宣德器物大约有579种，计1428件。其中并没有将台北“故宫博物院”所有藏品统计进去，其中景德镇复原残器79件。所有这些传世藏品主要收藏在公共机构，大约有1127件，另外海内外私人藏家藏有302件。这些统计，特别是私人藏家数字非常有限，只能有待将来有条件时再行增补。

3. 宣德官窑窑事记载

《明宣宗实录》“洪熙元年（1425年）九月己酉”条谓：“命行在工部，于江西饶州府造奉先殿太宗皇帝几筵、仁宗皇帝几筵白瓷祭器。”（仁宗于洪熙元年五月崩逝，六月宣宗朱瞻基继位，改明年为宣德元年（1426年）。故洪熙元年九月实则宣德已经在位。）

《明史》：“（宣德元年）宣宗始遣中官张善之饶州，造奉先殿几筵龙凤文白瓷祭器，磁州造赵府祭器。逾年，善以罪诛，罢其役。”

《明宣宗实录》“宣德二年（1427年）十二月癸亥”条谓：“内官张善伏诛。善往饶州监造瓷器，贪黩酷虐，下人不堪，所造御用瓷器多以分馈其同列。事闻，上命斩于都市，枭首以徇。”

《明宣宗实录》“宣德四年（1429年）五月丁卯”条谓：“罢饶州烧造瓷器。初，行在工部，奏遣官烧造白瓷龙凤文器皿毕，又请增烧。上以劳民费物，遂命罢之。”

《明宣宗实录》卷七十“宣德五年九月”条记载：工部遣官烧造白瓷龙凤纹器皿毕，又请增烧，上以劳民费物，遂命罢饶州烧造瓷器。

《大明会典·工部》“陶器”条：“宣德八年（1433年），尚膳监题准，烧造龙凤瓷器，差本部官员一员，关出该监式样，往饶州烧造各样瓷器四十四万三千五百件。”

《明英宗实录》“宣德十年（1435年）正月壬午”条记英宗即皇帝位诏：“各处买办诸色纻丝、沙罗、缎匹及一应物件，并续造缎匹、抄造纸扎、铸造铜钱、烧造饶器、煽炼铜铁、采办梨木板及各处烧造器皿、买办物料等件，悉皆停罢。其差去内外官员人等，即便回京，违者罪之。”

明谢肇淛**《五杂组》**载：“今龙泉窑世不复重，惟饶州景德镇所造遍行天下，每岁内府颁一式，度纪年号于下。然惟宣德款制最精，距迄百五十年，其价几于宋器埒矣！嘉靖次之，成化又次之。世宗末年所造金箓大醮坛用者，又其次也。宣窑不独款式端正，色泽细润，即其字画亦皆绝精。余见御用一茶盏，乃画轻罗小扇扑流萤者，其人物毫发俱备，俨然一幅李思训画也。”

明王世懋**《窥天外乘》**载：“宋时瓷器以汝州第一，而京师自置官窑次之。我朝则专设于浮梁县之景德镇。永乐、宣德年间内府烧造，迄今为贵，其时以棕眼、甜白为常，以苏麻离青为饰，以鲜红为宝。”

明王世贞**《觚不觚录》**：“画当重宋，而三十年来忽重元人，乃至倪元镇以逮明沈周，价骤增十倍。窑器当重哥、汝，而十五年来忽重宣德，以至永乐、成化价亦骤增十倍。大抵吴人滥觞，而徽人导之。俱可怪也……近闻此好流入宫掖，其势尚未已也。”

明王士性**《广志绎》**载：“浮梁景德镇，雄村十里，皆火山发焰，故其下当有陶埴应之。本朝以宣、成二窑为佳。宣窑以青花胜，成窑以五彩。宣窑之青，真苏勃泥青也，成窑时皆用尽，故成不及宣。宣窑五彩堆垛深厚，而成窑用色浅淡，颇成画意，故宣不及成。然二窑皆当时殿中画院人遣画也。”

明张应文**《清秘藏》**“论窑器”：“论窑器必曰柴、汝、官、哥、定……我朝宣庙窑器，质料细厚，隐隐橘皮纹起。冰裂鳝血纹者，几与官、汝窑敌。即暗花者（内烧绝细龙凤暗花，底有‘大明宣德年制’暗款六字），红花者（以西红宝石为末，图画花鸟鱼虫等形，骨内烧出，凸起宝光，鲜红夺目），青花者（用苏勃泥青，图画龙凤、花鸟、虫鱼等形，深厚堆垛可爱），皆发古未有，为一代绝品，迥出龙泉、均州之上。”

董其昌《**骨董十三说**》：“世称柴、汝、官、哥、定五窑，此其著焉者。更有董窑、象窑、吉州窑……皆有佳者，俱不及五窑。本朝宣、成、嘉三窑，直欲上驾前代。”

明陈继儒《妮古录》：“宣庙时，蟋蟀澄泥盆最为精绝。”“宣庙窑器，选料、制样、画器、题款，无一不精。”

明沈德符《**万历野获编**》：“本朝瓷器，用白地青花，间装五色，为古今之冠。如宣窑品最贵，近日又贵成窑，出宣窑之上，盖两朝天纵，留意曲艺，宜其精工如此。”

明文震亨《**长物志**》“茶壶”“茶盏”条载：“茶壶以砂者为上，……宣庙有尖足茶盏，料精式雅，质厚难冷，洁白如玉，可试茶色，盏中第一。”另外，“香橼盘”条曰：“有古铜青绿盘，有官、哥、定窑冬青瓷、龙泉大盘，有宣德暗花白盘、苏麻离青盘、朱砂红盘，以置香橼，皆可。”还有“器具”篇之“海论铜玉雕刻窑器”条曰：“三代，秦汉人制玉……窑器柴窑最贵……宣窑冰裂鳝血纹者，与官、哥同，隐纹如橘皮。红花、青花者，俱鲜艳夺目，堆垛可爱……至于永乐细款青花杯、成化五色葡萄杯及纯白薄如玻璃者，今皆极贵，实不甚雅。”

明田艺蘅《**留青日札**》载：“大明永乐窑、宣德窑、成化窑皆纯白，或回青、石青画之，或加彩色。宣德之贵，今与汝敌，而永乐、成化亦以次重矣……今宣窑兴，而与汝窑争价，亦足观也。”

明高濂《**遵生八笺**》认为宣德青花靶盏是“发古未有”之名品。

明李贤《**天顺日录**》记：“宣庙崩，太后（指宣德母亲张太后）即命将宫中一切玩好之物、不急之务悉皆罢去，革中官不差。”

明谷应泰《**博物要览**》载：“宣德年造红鱼靶杯，以西红宝石为末，图画鱼形，自骨内烧出，凸起宝光，鲜红夺目……又如竹节靶罩盖卤壶、小壶，此等发古未有。他如妙用种种，唯小巧之物最佳，描画不苟……又等细白茶盏，较坛盏少低，而瓮肚釜底线足，光莹如玉，内有绝细龙凤暗花，底有‘大明宣德年制’暗款，隐隐橘皮纹起，虽定瓷何能比方，真一代绝品。”

清程哲《**蓉槎蠡说**》：“宣窑之祭红杯、盘，有通体红者，有红鱼者、百果者，有西红宝石垩涂烧者，其宝光凸起。紫黑者，火候失也。”

清朱彝尊《**曝书亭集**》：“见新而遗旧者，人之情也……盖尝以月之朔望观于京师慈仁寺。比日中，天下之货咸集，贵人入市，见陈瓷碗争视之。万历窑一器索白金数两，而宣德、成化款识者倍蓰焉。”

清乾隆七年（1742 年）《**浮梁县志·陶政**》谓：“洪武初镇如旧，属饶州府浮梁县，始烧造岁解，有御厂一所、官窑二十座，宣德中以营缮所丞专督工匠，正统初罢。”

清佚名《**南窑笔记**》：“宣窑……又有霁红、霁青、甜白三种，尤为上品……故一切釉水，以霁红为难。旧红名鲜红，又名宣烧，盖珍重之也。”“宣窑一种，极其精雅古朴，用料有浓淡，墨势浑然而庄重，青花有渗青、铁皮锈者。”

《**景德镇陶录**》评价宣德官窑：“诸料悉精，青花最贵。”

朱琰《**陶说**》引用明代陈继儒观点“明窑之盛期也，选料、制样、画器、题款无一不精”，从陶瓷各个角度，给宣德器做了近乎完美评价。

民国许之衡《**饮流斋说瓷**》：“宣窑之美为有明一代冠，不但宣红、宣黄彪炳奕叶已也，即青花、五彩各器亦发明极多，咸为后代所祖。”

古人多有厚古薄今习惯，然而明代人却把当代宣德瓷誉为“一代绝品”，并且认为与宋徽宗御用瓷价值相等，可见宣德官窑瓷器在当时文人雅士和鉴赏家心目中地位。入清以后，宣德官窑更为人们重视，乾隆皇帝咏明代官窑诗篇共有 11 首，而盛赞宣德官窑的就有 7 首。由于明清文人对宣德官窑器物有极高评价，因此宣德官窑一直都是美术史、明史专家，特别是陶瓷史家和收藏家们鉴赏和品评的主要对象。

另外，1908 年英国人卜士礼编译出版了一部书《历代名瓷图谱》，假托明代著名收藏家项元汴的名义，据说在清光绪年间已经有稿本在手，但是书中所言宣德年间器物多未曾见传世品，应为伪书无疑。但是书中仍然代表着晚清的收藏家们对宣德官窑瓷器的向往和猜测，可为今日研究之参考。

记叙“明宣窑积红朱霞映雪鱼耳彝炉”曰：“彝炉式仿绍兴鉴古图中款制也。纯缘以上悉填积红，其色艳若朱霞，腹足以下填以白釉，素如积雪。红白交映，眩耀眉真。历代名瓷之首冠也。周身粟文隐起，稀世之奇珍也。余见于南都中府都督朱公希孝家。云原出内府，以折公侯月奉者。公以三百金得之。今虽悬千金购求，亦不可得矣！”

记叙“明宣窑青花龙纹小砚”曰：“砚仿宋宣和殿御用玉砚款制，长短大小如图，釉色白如积雪，周身绝细龙纹，砚之两舷之间画以青花五爪龙纹，骧首于云气之中，周身粟纹隐起，其花之翠色如凝黛，真可宝爱。砚底有大明宣德年制六字款，特为古雅，并上太平有象砚，同得于徐谦斋家。”

记叙“明宣窑积红双柿水注”曰：“水注仿古铜双柿水注款式。以双实并列，蓄水梗蒂，中通作注。釉色红于猩血。粟文突起，绿叶蒙茸，俨如徐崇嗣等写生赋色。文房中绝品之奇珍也。同上二砚具得之徐参政家。”

记叙“明宣窑青花竹节小瓶”曰：“瓶高一寸七分，款作竹节之式。根发节目皆具，填以回鹘大青，灿然夺目。纯缘以上有‘大明宣德年制’六字，细如蚊脚，且甚端楷，真奇品也。余得自童年，及今五十余载，俨然在笥，当与余偕老。”

记叙“明宣窑青花鹅壶”曰：“壶制不知何仿，而高低大小如图。谨按：《禽经》曰‘鹅，家禽也。性能警夜逐盗。’古人制器喻意以鹅形着壶，戒饮者莫至昏夜无知、沉冥不醒耳！壶可贮酒一升五，合其体制之精。若首翅项翼，咸具轩翥之至，与真鹅之真者无殊。釉色青翠欲滴，粟纹隐起，盖宣窑中之极品也。余见于吴门顾司薰家。”

记叙“明宣窑青花象尊”曰：“象尊仿《考古图》中款式也。高低大小如图。按：《三礼图》云太社之祭用两象尊。夫象为南越大兽，能负千钧，其齿闻雷而生文藻，解人语。以之着尊，取其柔远来宾之意也。今虽不以用之太社，陶甄为器，存古意耳！尊可盛酒三升，其制作之精，色泽之美，宣窑之上乘也。余见于南都陶司成署中。”

记叙“明宣窑积红凤首壶”曰：“凤首壶仿上方御用玉壶款制也。高低大小如图。宣庙诸窑以积红一种为贵，盖釉色以西红宝石为末，烧成之后殷红的烁，宝光耀目，迥非他窑所能比。并此壶出自宫掖，非外间所有，价亦甚昂。余见之京师黄锦衣家。云官钞二百锭得之吴中贵家。”

记叙“明宣窑积红卤壶”曰：“壶制全仿柿实，高低大小如图。釉色红如猩血，枝叶之上另覆赭绿，俨若生成。此壶亦出自宫掖，乃宫嫔所用，以盛面泽者也。价目甚高，索值至百金以外。余见京师报国寺鬻古家。”

记叙“明宣窑青花龙松茶杯”曰：“杯制不知何仿。大约有似玉汉斗式，而高低大小如图。釉色莹白如羊脂美玉，粟文隐起青花，翠光夺目，乃回鹘大青所画也。其松本茎叶盘屈，攫拿如虬龙蜿延舒转之势，若郭熙山水中所写之古松也。松下山石芝兰咸兴，种种生趣，绝非俗工所能，必殿中名笔所图也。余以十金得此杯四只于吴兴臧敬舆太仆家。”

记载“明宣窑积红三鱼靶杯”曰：“杯制仿汉玉靶杯款式，高低大小如图。釉色白如凝脂，素尤积雪，而积红三鱼不填鳞鬣，红如猩血，宝光的灼，光彩陆离，耀人眉目，真绝世极品之奇珍也。杯底坦平有暗款‘大明宣德年制’六字。余以二十四金买之于绍兴朱给谏家。”

记载“明宣窑积红双桃靶杯”曰：“杯制与上第一杯款制相同，其高低大小如图。双桃之色深浅攸分，殷红灼烁，如朱樱果实，又如靺鞨宝石，殊光逸韵出之釉水之内，非后来假作积红，描朱烧就如赤土也。此杯之传世者绝少，海内所存不过三四而已。得者当与玉東西金叵罗同其贵重而珍藏之可也。余见于京师李中贵家。”

记载“明宣窑积红斗笠杯”曰：“杯制不知何仿，而高低大小如图。釉色白如羊脂，积红之色赤如猩血，而螭龙之象蜿延如生，而杯之周身细描云气飘缈，如秋空濛灏气中，良可宝也。此杯海内存者仅一二而已，价值百金不为多也。余见于南都左府余公署中。”

记载“明宣窑积红三鱼小盏”曰：“盏制甚小而浅，极为周正。釉色白如积雪，鸡文皱发，如丝如縠。而积红三鱼才如蝇大，鳞鬣咸备，色若西红宝石，璀璨可喜。盏可容酒一合，饮具中之巨灵神也。余曾一见于秦客寓中，彼云以善价得之于京师，嗣后绝未再见，足证此物之再世无多也。”

记载“明宣窑青花文姬匜”曰：“匜仿《宣和博古图录》中款式也。高低大小如图。釉色白逾积雪，花文青如凝黛，乃回鹘大青所写也。青白相宜，粟文隐起，乃宣庙诸窑之大器也。置之几上，文华溢目，爱之无穷。余以元人鲜于伯几书杜诗《秋兴八首》两卷，易之于吴门文休成家。”

记载“明宣窑积红三鱼宫碗”曰：“碗制甚奇雅，出自宫掖，高低大小如图。釉色白如积雪，三鱼若红凝丹，粟文矗起如縠文风皱，极可玩赏。以之贮盛江瑶注鲜羹，方能相称。然非寒酸儒士家蓄。余见于京师梁中贵家。”

记载“明宣窑积红双鱼洗”曰：“洗仿绍兴鉴古图录中款式也，高低大小如图。洗身釉色晃白如凝脂。鱼红如猩血。洗之周身画以水纹，洗中画作双鱼，为游泳之态，活泼如生，真奇品也。余见于冯大司成琢庵家。”

记载“明宣窑积红龙纹宫碟”曰：“碟制甚奇，高低大小如图。釉色红逾猩血，周身暗画五爪龙纹。碟里釉色纯白无文，碟底有‘大明宣德年制’六字暗款，最妙此碟。余见于张国戚家，彼以厚值购之于鬻古家。”

记载“明宣窑积红穿心盒”曰：“盒款甚奇，全仿宣德制钱之式。中心贯通可以穿之手巾。上釉白字红，作‘宣德通宝’四字于盒盖上，特此为异。盒内两花精甚。宣窑诸器俱已臻妙绝，即此些微小物，尚复精工不苟，实夽具小物中之珍秘，今幸为余所藏。”

记载“明宣窑五彩舍利塔”曰：“塔制高一尺五寸，凡七级。每层六面栏楯，回环而中空。第一层坛上中安白玉小瓶，高寸许，中置佛舍利三颗。七级之上顶悬小金钟，长才半寸许。第五层作一格，供小玉佛一尊，高可八分许。相好庄严，坐尊台上，与诸寺院上慈法相无异。寺僧云此佛乃外域所贡者，塔身本瓷而五彩敷色，如碧瓦朱栏，垩墙黄閟，种种臻妙。而舍利每午夜放光，五彩腾耀。余曾两见放光，深信佛法之洪深也。

余见于南都报恩寺巩僧官丈室，云隆庆间内府奉皇太后诏赐寺奉事供养。”

记载“明宣窑青花四台灯”曰：“灯制不知何仿，高低大小如图。釉色莹白如凝脂，粟文隐起，周身青花细画，华缛可爱。身列四流（流即嘴也），上有提梁覆盖，下有承盘。壶中贮油，四流置炷，悬之室内，四座光明，书室中之佳品也。余以厚值购之，归悬斋室。”

4. 宣德瓷器存世情况

青花碗二件。撇口，弧腹，圈足，一件青花花卉纹装饰，出土于河北省安次县西固城何公墓。另一件为北天宁寺施工时出土。

青花高足碗一件，敞口，半高足，碗外壁绘青花莲托八宝纹，足墙外壁绘卷草纹，北京市广安门外明墓出土，

青花鱼篓尊一件，口微外撇，斜肩，鼓腹下垂，矮圈足。通体以青花为饰，内口沿一周圆点装饰，外壁绘网格卷草纹。北京市朝阳区明刘永诚墓出土。

青花石榴尊一件，口折沿下撇，束颈，丰肩，足外撇。通体呈六瓣瓜棱状，青花为饰。北京市海淀区上庄出土。

青花执壶一件，直口，束颈，扁腹，圈足。以龙首拱背为把，腹侧龙首张口为流。青花装饰，绘夔龙、杂宝纹样。四川省成都市明隆庆太监墓出土。

鼎式炉一件，直口，鼓腹，圆底，腹下接三兽蹄足，两附耳内倾。白底矾红彩装饰，绘以缠枝莲托八宝纹。河北省安次县西固城何公墓出土。

青花梅瓶二件。唇口，丰肩，底部下收，子母口，带宝珠钮盖。通体以青花装饰，主体纹饰为折枝花果纹。北京市海淀区四季青公社香山大队出土。

白釉梅瓶一件。小口，梯形短颈，丰肩，腹部下内收，底部外撇，腹部中部有接痕。肩部有褐彩书“内府”铭。江苏省南京市中华门外明怀忠墓出土。

青花罐一件。直口，短颈，丰肩，鼓腹下略收，平底。通体以青花为饰，口沿外一圈卷草纹，肩部莲瓣纹，器身缠枝莲纹，肩上部书“大明宣德年制”款。北京市朝阳区太阳宫清墓出土。

根据陆明华先生研究，上海博物馆保存的宣德官窑器物和上海博物馆收藏的经过修复出土明代官窑瓷器有：

宣德红釉梨形壶（高 12.1 厘米，口径 3.8 厘米，足径 5.5 厘米。）

红釉桃形壶（高 12 厘米，口径 3 厘米，最大足径 6.6 厘米。）

红釉水仙盆（高 7.5 厘米，口纵 15.5 厘米，口横 23 厘米。）

青花白鹭黄鹤图蟋蟀罐（高 9.5 厘米，口径 13.5 厘米，足径 12 厘米。）

青花缠枝花卉龙纹盘（高 3.9 厘米，口径 19.4 厘米，足径 12.7 厘米。）

青花白龙纹盘（高 4.4 厘米，口径 23 厘米，足径 14.5 厘米。）

青花花果纹碗（高 10.7 厘米，口径 27.7 厘米，足径 11.2 厘米。）

青花执壶（高 12.3 厘米，口径 3.8 厘米，足径 6 厘米。）

黄釉直壁碗（高 7.4 厘米，口径 13.6 厘米，足径 7.7 厘米。）

这些作品大多数在传世品中未见或稀见，如宣德红釉水仙盆、红釉桃形壶、黄釉直壁碗等从未见于传世品。红釉梨形壶只在少数大博物馆有收藏，青花蟋蟀罐只见苏州市博物馆有一件，还缺盖，图案也不同。像青花白鹭黄鹤图蟋蟀罐这种与传统瓷器图案不同而完全绘画化的作品，可以使人们进入诗情画意境界之中。可见当时景德镇瓷业的兴盛。

半个多世纪以来，出土的宣德景德镇官窑瓷器主要有：

青花龙纹扁执壶，1969 年四川成都明隆庆太监墓出土，收藏于四川博物馆。

青花缠枝莲纹罐，1972 年北京市朝阳区出土，收藏于首都博物馆。

青花灵芝纹尊，1972 年北京海淀区上口大队出土，收藏于首都博物馆。

青花折枝花果纹梅瓶，北京市海淀区四季青乡出土，收藏于首都博物馆。

青花缠枝莲八吉祥纹高足碗，1991 年北京市广安门外天宁寺滨河路明代墓葬出土，收藏于北京市文物研究所。

宣德瓷器之存世数量。

明初洪武有国 31 年，永乐 22 年，成化 23 年，宣德在位仅有 10 年。但是从台北“故宫博物院”所收藏明代前期瓷器数量来看，却是宣德最多。洪武器有 7 件，永乐器有 232 件，宣德器有 1900 件，成化器有 576 件。可见宣德存世器物超过其他各朝中之和。总览世界各大博物馆明代前期瓷器收藏，也是宣德最好，数量最多。其中台北“故宫博物院”保存宣德瓷器 1900 件，北京故宫保存 700 余件。就目前考古资料来看，宣德瓷器很少出土，现今出土仅有景德镇珠山御窑厂遗址出土的大量宣德官窑残破瓷片。1980 年台北“故宫博物院”童依华女士利用该院藏品作宣德特展，展出清宫旧藏宣德器物 128 件，其中赝品 61 件被童女士定为“宣德款器”。（即不是宣德年间遗物，而是宣德以后仿品）。根据笔者对部分馆藏所做统计，宣德年间所生产瓷器仅就不同品种进行估算，目前存世大致有 569 种，存世数量不算北京故宫博物院和台北“故宫博物馆”藏品，约 1410 余件。

宣德一朝流传至今的收藏品，保留在台北“故宫博物院”的总共有 1900 件，数量高居明代藏瓷之冠。其中碗有 926 件，计为莲子碗 564 件，大碗 12 件，小碗 5 件，浅碗 10 件，合碗（盖碗）34 件，高足碗 168 件，高足盖碗 2 件，牡丹花式高足碗 8 件，仰钟式碗 2 件，莲瓣碗 12 件，菊瓣碗 1 件，牡丹花瓣碗 8 件，葵瓣口碗 100 件。盘 556 件，计普通圆盘 528 件，牡丹花瓣盘 20 件，菊瓣盘 8 件。碟 105 件，其中圆碟 53 件，莲花瓣式碟 52 件。壶 17 件，其中又分为僧帽壶 3 件，莲瓣卤壶 2 件，扁壶 7 件，玉壶春壶 2 件，执壶 1 件，贯耳壶 1 件，瓜式把壶 1 件。瓶 24 件，计为纸槌瓶 1 件，葫芦瓶 1 件，凤凰瓶 1 件，棒槌瓶 1 件，其他瓶 2 件。盅 111 件，其中普通盅 5 件，高足盅 106 件。杯 21 件，其中小杯 8 件。盏 2 件。罐 13 件，其中盖罐 10 件，鸟食罐 1 件，其他罐 2 件。洗 66 件，其中圆洗 56 件，牡丹花式洗 5 件，葵瓣式洗 5 件，水盛 1 件，印泥盒 1 件，鸟形砚滴 1 件，镂空花熏 1 件，花浇 1 件，灯 4 件，漏斗 12 件，钵式缸 1 件，豆 10 件，渣斗 2 件，花囊 3 件，三足炉 2 件等。若按釉色来区分，又可分为甜白 208 件，宝石红 80 件，祭红 191 件，祭青 222 件，翠青 80 件，浇黄釉 3 件，紫金釉 6 件，窑变玫瑰紫 1 件，仿哥窑灰青釉 1 件，仿哥窑月白釉 1 件，青花 1001 件，釉里红 63 件，青花釉里红 6 件，青花抹红 4 件，黄釉青花 3 件，祭青绿彩 2 件，青花加彩 5 件，漆面刻画描金 1 件。宣德一朝不仅器物种类范围大大扩大，而且由生活用具发展到精神生活产品，而且造型复杂。在传统形式上推陈出新，所有器物皆美不胜收。

到了宣德年间，国家富强，宣宗本人喜好艺术，尤善绘画，对青花瓷喜爱胜过永乐皇帝。景德镇珠山御窑厂出土品显示，宣德官窑瓷器总体数量，是青花瓷多过其他瓷器。宣德仅仅十年，但是在明代各朝中官窑青花瓷器存世最多，几乎占到一半以上。以台北“故宫博物院”为例，所藏明代洪武至万历各朝官窑青花瓷器统计结果显示，总数 2189 件，其中洪武器 3 件，永乐器 2 件，宣德器 979 件，成化器 266 件，弘治器 89 件，正德器 150 件，嘉靖器 454 件，隆庆器 9 件，万历器 237 件。（谭旦冏著《陶瓷汇录》，台北“故宫博物院”出版，1981 年版，第 100 页。按：此数据截止到 1981 年。）宣德一朝数量最多，并且自永乐到宣德，青花瓷成为官窑御用品种之一，青花瓷器发展进入到了一个高峰期。这些都与最高统治者个人喜好有着巨大关系。另外景德镇自 20 世纪 80 年代以来数次发掘，出土了大量瓷片。据刘新园先生研究，最早发现御窑厂遗址瓷片是在 1982 年景德镇市政工程处在珠山路明代御窑厂南大门前铺设地下电缆时曾挖出永乐、宣德官窑瓷器残片。后来马路翻修，在中华路明代御窑厂遗址东门及东围墙一带铺设煤气管道，以及市政府西墙内宿舍、东墙内商品长廊修建和珠山顶上龙珠阁改造等时候，都有洪武至万历时代官窑遗物出土。具体情况介绍如下：

1982 年景德镇市政工程处在珠山路铺设地下电缆，在东起中华路西至公馆岭前一条长约 160 米沟道中，发掘清理出大量宣德瓷片和叠压在宣德瓷片之下永乐官窑瓷片。又在中华路市政府南围墙前发现一座窑炉遗迹，这里堆满了匣钵、垫饼和红釉瓷器残片。红釉瓷器大多有“大明宣德年制”六字款。这可以辨别出是当年生产红釉的所谓“色窑”。

1983 年 7 月，景德镇珠山路铺设水管，1984 年又在同一地点翻修马路，景德镇陶瓷考古研究所在 470 平方米范围内，发掘清理出大批永乐、宣德官窑瓷器残片。按重量计，约有 10 吨，其中宣德残片在六成以上。

1988 年 11 月，景德镇市政府在明御窑厂西院东司岭下修建食堂时，发现明御窑厂遗址和东司岭之间一条长约 17 米、宽 1.5 米沟道。沟道内填满了正统时代青花龙纹大缸残片。在沟道底层离地表深约 2 米的地方，发现宣德瓷器的残片，虽然不多，但都能复原，并且为稀有品种。如著名青花斗彩莲池鸳鸯纹盘、孔雀绿地青花鱼藻纹碗、盘，青花填矾红花钵等，以及无款黄地堆绿龙纹盘等重要遗物，都在这条沟道里出土。

1992 年年底至 1993 年 3 月，景德镇市政府在明御窑厂东院，即中华路西修建商品长廊，动土面积约为 3000 平方米，在离地表 1.4—1.6 米的白尾砂层（这是淘洗瓷泥时抛弃的粗砂）下发现了大量宣德官窑瓷器，而且都是成窝状堆积，其中除仿龙泉釉和仿元代枢府白釉带座加盖梅瓶，以及部分蟋蟀罐无纪年款外，其他均有六字年款。

1988 年 4—5 月，市政府在中华路铺设煤气管道，1996 年改建下水管道时，都曾经有所发现，特别是 1996 年，发现时由于工程紧迫、底层扰乱，以及不法人员哄抢，陶瓷研究所获得瓷片均难以复原，十分遗憾。

从景德镇历年出土宣德官窑瓷器看，当年饮食器皿生产是配套生产，出土器物也成套，大致碗分为四种：大号撇口碗直径 20 厘米左右，二号撇口碗直径 17 厘米左右，三号直壁碗直径 13—14 厘米左右，四号撇口深腹小碗直径 10 厘米左右。此外还有直径 27 厘米大碗与直径 11 厘米莲子碗等。盘类分为三种：一号大盘直径 21—22 厘米，二号盘直径 17.6 厘米，三号盘直径 15.1 厘米。还有特别巨大款，如直径 72 厘米盘和口径在 41 厘米或 38 厘米盘子。这些均单独烧造。

5. 所谓永宣不分

宣德和永乐虽然隔着洪熙一朝，但官窑烧造活动基本相连，由于两朝青花瓷的造型、纹饰多有共同之处，加上青花和釉色比较近似，所以人们在讨论两朝瓷器时，往往以“永宣”并称，甚至有“永宣不分”之说。但是只要细心观察，就不难找出它们之间的差异。永乐青花有秀、巧、薄的特点，器形特别秀丽。宣德胎体一般都比永乐略厚，所以同样器物，宣德显得要厚重些。明清文献记载中说“永乐尚厚”，其实与实际情况不符。

釉。永乐釉色莹润，光亮平静；宣德釉面肥厚柔和，侧视可见难以察觉的橘皮纹，正如明代文献所说“质料细厚，隐隐橘皮纹起”。

青花。永乐青花发色蓝艳，晶莹靓丽，犹如镶嵌于釉下蓝宝石，宣德发色深沉凝重，有的呈蓝中偏灰，不及永乐浓艳，另外晕散现象也比永乐青花少。

纹饰。宣德花卉、瑞果纹虽继承永乐，但巧作变化，特别是瑞果不再作为补白辅助纹饰，即使称为主题纹饰，也与永乐不同。另外阿拉伯植物纹与几何图案也有所减少，出现了许多具有中国水墨画韵味图案，仕女题材更加丰富。

款。永乐写有年款器物很少，仅见篆书“永乐年制”四字篆书款。宣德正好相反，写款成了普遍现象，不写款者极少，而且写款形式变得多样化。

造型。永乐特大件不多，特小件也稀少。宣德有高 60 多厘米大罐，直径 60 多厘米大缸，小则仅 8 厘米小罐和手不盈握的砚滴、鸟食罐等。

器物细部。永乐展示出来的匠心更为丰富，永乐方流直颈壶柄转折圆活，而宣德器略显生硬。圆形豆，永乐器腰部细而秀，宣德器较粗，略显臃肿。军持体现得更为突出，永乐军持流口饰以凸起旋纹三道，下腹部也有凸起旋纹三道，器座由下而上为多级台面，其与器身连接处为一球状凸起物，而宣德军持，流口旋纹没有了，腹下仅有一道凸起旋纹，器座多级台面成为一斜平面，与器身连接球状物变成了钟式，远不及永乐秀雅。

工艺。大件器物镶接技术，在宣德时有较大改进。在景德镇珠山官窑遗址出土标本中，直径 50 厘米以上大罐，其上下两节交合处都旋有凹槽，当使用接头泥接胎时，泥浆就会充满凹槽。在烧成过程中，由于凹槽相互卡住，坯件就能保持同步收缩，克服了大件器皿上下错位现象。直径 30 厘米以上大盘，盘底面积大，在窑内悬空烧成时会塌底。因此装烧时，盘底要用垫渣垫实。永乐是用高岭土作垫渣，所以烧成盘底洁白细腻，有“糯米底”之称。宣德时使用垫渣是高岭土加谷壳灰混合物，因此宣德大盘底往往沾有褐色颗粒，被称为“芝麻底”。永、宣圈足处理也有差异。侈口腕圈足，永乐器为直壁，宣德器圈足内壁微斜。双耳扁壶圈足，永乐器为椭圆足，宣德器为长方足。宣德时有些瓶罐底做成台阶式，有双台阶和三台阶两种，即在小罐圈足内做二层台阶，渣斗和瓶呈三阶式，为宣德创新工艺。总之宣德十年，是景德镇御器厂烧制任务最为繁重的十年，也是最为辉煌的十年。人们把它比作夏夜流星，在中国艺术史和陶瓷史上，留下了一道极其神秘而又华美、短暂而又灿烂的光辉。

宣德官窑瓷器特点

首先，除少数为宣德独创品种外，宣德瓷器与永乐官窑瓷器风格一脉相承。有些无款青花器物，与永乐青花便很难区分。据《大明会典》与《明实录》记载，宣德官窑烧造活动，大多集中在宣德元年（1426 年）到五年（1430 年）间，以后只有宣德八年（1433 年）至十年（1435 年）间。在这短暂的十年间，要想完全抛弃前朝，重建新形象，完全不可能。其次，宣德少时深得祖父永乐宠爱，对祖父十分敬仰。宣宗登大位后，宫中器物一切从前。但是宣德瓷器也有一些自己特点：首先是宣德朝青花烧造数量巨大，品种极多，并且彩饰精美。另外，青花色调也与永乐时有所不同，既有永乐青花的深厚浓丽，又带有一些清新淡雅，形成独特韵味。还有，宣德青花使用混合青料，即将苏勃泥青与产于乐平的“陂塘青”掺混，减少了钴料中铁着色剂含量，增加了钴料中锰着色剂含量，故而宣德青花蓝中略带紫色调。这就是宣德青花不同于前朝，而又有别于后世的原因。宣德与永乐瓷器的胎釉、纹饰虽然没有太大区别，有“永宣不分”之说。但是宣德瓷器上龙纹要比永乐器画得更为精彩，有竖发、披发及前披发式，均显得较为凶猛。如螭龙纹，其形象就显得特别雄伟。龙的五爪多画成带勾状圆圈形。应龙、莲龙、衔花龙均首见于宣德时期。在花果纹上也有不同之处，永乐花果纹一般有花无果，而宣德花果纹则花果并存，如双桃纹，有花又有果。

永乐青花中少见有细描人物故事图，宣德青花中已经屡见不鲜，并且多配以庭院台阁，构成一幅完整画面。辅助纹饰中常见仰覆莲瓣纹，花心多填色。宣德瓷器上相同纹饰常采用不同装饰来体现，如萱草纹盘就有蓝地白花、白地蓝花和青花填黄三种，相同牡丹纹盘也见有铁绘、青花和青花填黄三种。款识形式有很大变化。宣德官窑制品绝大多数都有年款，并无固定形式。书体有楷书和篆书两种。从工艺上看有青花、铁绘和釉上矾红款四种。字数有四字、六字两种，排列有单行、双行、三行之别，有加双圈、单圈或长方单框等之异。宣德碗盘底部多施釉，款识流行书于器底，大盘则书于外壁口沿处，瓶罐之类则书于器物之肩部。还有在同一器物上书两处年款的情况，如蟋蟀罐。故前人有“宣德款识满器身”之说。据考证，宣德器物上年款均出自当时著名书法家沈度之手，是由沈度书写粉本后，由御窑厂工匠临摹于瓷器上。

宣德官窑有些器型和品种特别引人注意，如洒蓝、天青釉、青花填黄、青花填红、斗彩，均为宣德官窑新创之品种。天青釉是以钴为着色剂的高温釉，过去一直被认为创烧于清初官窑。1993 年珠山御窑厂遗址宣德地层出土 1 件盏心书有“宣德年制”篆书天青釉靶盏，证实早在宣德时就已经烧成天青釉。再如彩饰精美蟋蟀罐和形制各异鸟食罐，也是宣德官窑特色。这些蟋蟀罐的存在，也证实了宣德宫中尚蟋蟀之戏的史实，且宣宗本人也有逗虫之好。宣德鸟食罐有鸳鸯形、蟾形、双石榴形、竹节形、鼓腹形、瓜形和双联形等。这些都说明宣德时宫中养鸟已经蔚然成风。

从釉色品种来讲，宣德时仿制宋代名窑单色釉水准已经达到很高程度，有仿龙泉、哥釉、紫定、建窑黑釉、汝釉等，说明宣德时对宋代名窑单色釉仿制已经是十分普遍的事情。当然这些风格是到成化时才完全定形下来。从传世和出土器物来看，宣德时期釉上彩产量已空前增多。其品种更为丰富，有矾红彩、青花填矾红彩、青花填黄彩、青花斗彩等。其矾红彩是洪武、永乐技术的继承，但较之以前是更加成熟了，色彩更为鲜艳。斗彩是宣德官窑新创品种，这一新品种的烧制成功，为中国釉上彩瓷器发展找到一条新路，这在成化官窑中得到空前发展。宣德皇帝在位仅十年，但是宣德官窑成绩却是以质优量多而著称。据刘新园先生估计，永、宣两朝烧造成品总量不会少于500万件。宣德器大部分有款，由此可推知宣德官窑烧造盛况。在所有宣德烧造器物中，尤以碗、高足杯和盘数量最为丰富。

釉色方面。永乐瓷器许多品种在宣德时期仍在烧造，例如青花、红釉、甜白、青釉等，这些品种甚至与永乐官窑烧制品风格相同，无法区分。虽然景德镇御窑厂遗址出土了大量瓷片，使得许多实物断代问题得到了解决，但是仍然遗留了不少问题，许多瓷器还没有最后定论。根据文献记载，宣德瓷器应该还有许多品种，但是在传世品中未见，比如后来在西藏萨迦寺收藏的宣德官窑五彩碗和高足碗，那是非常著名品种，但是传世数量太少，只是在景德镇御窑厂遗址见到了大量碎片，可以说填补了陶瓷史上研究空白。如果按照器物釉色来分类，则包括高温釉、低温釉。其高温釉有甜白、影青、天青、宝石蓝、鲜红、紫金釉以及仿宋名窑仿紫定、仿汝、仿龙泉、仿哥、仿建窑天目和茶叶末釉等。低温釉有浇黄、洒蓝、孔雀绿、瓜皮绿等。按照瓷器彩分类，则分为高温彩、高低温结合彩和低温彩。高温彩有青花、釉里红、酱彩、铁红彩、青花釉里红、宝石蓝地白花彩等。高低温结合彩有青花斗彩、青花填黄、青花填矾红、青花孔雀绿彩等。低温彩有单纯矾红彩、釉上绿彩、黄地填绿彩等。

器型方面。宣德瓷器造型之多可以说是空前的。宣德官窑烧造瓷器主要有五大类：一、饮食及日常生活器皿，如各式碗、盘、杯、碟、靶盏，以及各式壶、盆、洗、罐、漏斗、渣斗、钵等；二、文房及实用陈设器物，如各式炉、缸、笔盒、砚滴、水盂、灯、镂空香薰等；三、花园用器，包括各式花盆、盆托、水仙盆、花插、鸟食罐等；四、仿阿拉伯金属器造型器物，如八方烛台、方流执壶、双耳扁壶、网格纹盖皿、折沿盆、花浇等；五、祭祀及御用特殊器皿，如坛盏、豆、三足香炉、蟋蟀罐、军持、僧帽壶等。永乐时期大部分造型，在宣德时期仍然在继续烧造，而且在造型上有诸多变化。以常见碗为例，分别有撇口碗、花口碗、鸡心碗、敦式碗、合碗、卧足碗、高足碗、骰盔子，等等。其常见器型还有执壶、盖罐、梅瓶、玉壶春瓶、抱月瓶、天球瓶、折方瓶、贯耳瓶、以及各式盘等。宣德时期瓷器不仅造型多样，而且制作规整，比例协调。

品种方面。宣德官窑瓷器是明代瓷器的重点，其中最多品种是青花。整个宣德一朝，瓷器烧造红红火火，中间虽然也有短暂停烧，但是烧制数量之大，为历朝仅见。直至今日，宣德瓷器仍然是人们收藏的重点，名声比永乐瓷要大的多，并且宣德瓷器有明确款识，是最为保险收藏品。宣德瓷器仍以青花为大宗，此外还有红釉、蓝釉、洒蓝、黄釉、甜白釉、酱色釉、仿哥釉、仿汝釉、仿龙泉釉、低温绿釉等单色釉，也有青花红彩、青花金彩、青花五彩、釉里红等彩瓷。其青花器凌驾于永乐、成化青花之上，而釉里红、宝石红等尤受称赞。如明王世性《广志绎》卷四中记载："本朝以宣、成二窑为佳，宣窑以青花胜，成窑以五彩。"明张应文《清秘藏》"论窑器"中指出："我朝宣庙窑器，质料细厚，隐隐橘皮纹起。冰裂鳝血纹者，几与官、汝窑敌。即暗花者、红花者、青花者，皆发古未有，为一代绝品。"在永乐时期，青花瓷器是销往伊朗、土耳其等国重要商品。外销刺激了永乐瓷器发展，并且形成了商品生产能力。宣德到弘治，对外瓷器销售几成空白。宣德时外销萎缩，为宫廷大量使用瓷器提供了可能。另外宣德时期文化习俗改变，也为瓷器使用提供了契机。元代到明初上层社会大量使用金银器，宣德时期承平日久，瓷器代替金银器，成为主要宫廷用具。明宣宗朱瞻基具有很高的文化造诣，受其影响，朝野艺术气息浓厚，瓷器从设计到烧制都更加精益求精。

纹饰方面。纹饰以缠枝花卉纹、折枝花卉纹最为常见，此外还有各式龙纹、凤纹、云纹、海涛纹、兽纹、蕉叶纹、八宝纹、梵文、阿拉伯文字等。永乐时期少见人物故事图，在此时也变得较为常见。此时绘画风格与永乐相比较显得更为豪放、生动。青花绘画方式，也延续了永乐时期的小笔填绘，浓淡层次感鲜明。宣德时期所用青料分为三种：一为进口的苏勃泥青，发色浓艳，一为国产青料，还有一种混合青料，为前两种青料之混合，发色淡雅，无结晶斑和晕散，也不会偏灰。宣德皇帝"雅尚词翰""精于绘事"，创作了大量诗文、绘画和书法作品，身边聚集了一批文人、书画家、音乐家，后人称之为宫廷文化旗手。同时他还"斗鸡走马，园情鹞首，往往涉略，尤爱促织。"作为明代第一风流天子，对宣德帝诸多嗜好人们都深信不移，唯独对"酷好促织之戏"有不同看法。清初著名诗人王渔洋读到《聊斋志异·促织》时疑虑地说："宣宗令主……顾以草虫纤物，殃民至此耶？惜哉！抑传闻异词耶？"不敢相信皇帝竟然喜欢草虫。1993 年景德镇御窑厂遗址出土了 20 多个蟋蟀罐，其中有绘以双角五爪龙纹者，证实宣宗确有此好！

胎釉方面。胎土淘洗更加精细，胎质细腻、坚硬，胎体较永乐时期显得略重一些，这时胎土淘洗干净，胎质细密，使得胎质密度较高，在同等体积下，彩绘显得略重。釉为亮青釉，釉面多见橘皮纹。橘皮纹也是宣德时期极具代表性的一个特点。这是因为宣德时期釉质特别厚重。在窑炉内烧造时，坯体中气泡破裂，而破口难以较快平复，伴随温度降低，便留下了层层橘皮纹。宣德朝在瓷器烧制上能够取得如此成就，也是因为永乐时期在坯土精炼、釉料选配、纹饰描绘方面，较前代为胜。宣德继承了永乐良好基础，方有更稳定发展。同时在艺术上的造诣，使其具有较高艺术品味和追求，这也成就了宣德官窑辉煌业绩。和宋徽宗一样，宣德也是一个懂艺术的帝王，所以才会有这样的炫彩官窑作品。

款识方面。款识多为“大明宣德年制”六字楷书款，少数为“宣德年制”四字楷书或篆书款。款识位置也不像后来基本固定在器物底部，而是在器物各个部位都有书写，因此有“宣德款识遍器身”之说。宣德款识，楷体横款，朴拙苍健，古意盎然，绝非庸手所为。据考证宣德一朝御瓷款识底本，应出自当时大书法家沈度之手。沈度书法深得圣意钟爱，宣德皇帝常以之为师。故《万历野获编》赞宣德皇帝书法：“学颜清臣，而微带沈度姿态。”沈度对明初宫廷文化影响颇大。明焦竑《玉堂丛语》卷七“巧艺”条记述：“度书独为上所爱，凡玉册、金简，用之宗庙朝廷、藏秘府、施四裔、刻之贞石、传于后世，一切大制作必命度书之。”今审沈度著名墨迹《张桓墓碣铭》中“宣德”二字和“年”等三字，与瓷器上款识如出一人之手，无论其点之大小，划之长短，运笔之轻重，间架之疏密，均非常相像。可见宣德瓷器上款识是由沈度书写后，再交工匠临摹上瓷器的。年款选择表明宣德御瓷每一项制作，绝非随意而为，均遵循严格程序，处处彰显皇权独尊不凡，故终明之世，精光不泯。嘉靖朝谢肇淛在《五杂组》中说：“宣窑不独款识端正，色泽细润，即其字画，亦皆精绝。”“然惟宣德款制最精，距迄百五十年，其价几与宋器埒矣。”正是如此，宣德御瓷备受好古者推崇，一直身价不菲，明代田艺蘅《留青日札》中惊叹：“宣德之贵，今与汝敌！”宣窑青花御瓷，独具静穆而高贵品质与气息，经六百年沧桑变幻，历无数人间风霜，依旧风韵不减。

工艺方面。此时烧造器物特点是盘心不平，微下凹，多有塌底现象。琢器为分段粘合而成。这一时期瓷器从选料到制作，无一不精，尤其以青花器最为人称道，是中国瓷器发展史上一个高峰。宣德瓷器烧造量惊人，因此存世量巨大，据1961年出版的《故宫瓷器录》记载，台北“故宫博物院”所藏宣德官窑器有1900件，其中青花瓷1001件，其数量绝对为明瓷之首。

管理方面。宣德御窑瓷器始烧于洪熙元年（1425年）九月，终于宣德十年（1435年）元月。期间宣德五年（1430年）九月停烧，至八年（1433年）再度恢复。其管理甚为严密，新式样定制和使用不是随意而为，一切均需依据内府既定底本。自洪武朝设立御窑厂后，“凡烧造供用器皿等物，须要定夺样制，计算人工物料。”御窑瓷器烧造，必须遵循一套完备程序，须要依据烧造要求选择器皿式样。例如《大明会典·工部·窑冶》条记载：“宣德八年尚膳监题准烧造龙凤瓷器，差本部官一员，关出该监式样，往饶州烧造各样瓷器四十四万三千五百件。”宣德御窑瓷器之烧造是由营膳所丞直接管理，所丞官为正九品，官阶虽低，然“以诸匠之精艺者为之”，在明初皆是由画家和巧匠担任。如永乐时著名的画家郭纯、弘治年间著名花鸟画家林良等，均曾担任过此职。惜管理宣德窑所丞文献失载，无从知晓其详情。除此之外朝廷还会派出品秩较高内官赴厂监造。这一切皆说明宣宗在继位之后对官窑烧造极为重视。

6. 明宣德青花瓷器市场行情

明代宣德年间景德镇御窑厂烧造的青花瓷器，在中国陶瓷发展史上具有很重要地位。它以其古朴、典雅造型，晶莹艳丽釉色，多姿多彩纹饰而闻名于世，与明代其他各朝的青花瓷器相比，其烧制技术达到了最高峰，成为中国瓷器名品之一，其成就被称颂为“开一代未有之奇”。宣德青花胎体比永乐朝厚重，胎质精密细腻、洁白坚硬。《景德镇陶录》评价宣德瓷器：“诸料悉精，青花最贵。”苏勃泥青这种进口青料，含铁量特别高，含锰量低，故称“高铁低锰料”。苏勃泥青发色深沉浓艳，在炉火气氛好的情况下，能烧出宝石般色泽；含铁量高容易使发色呈现深蓝色，色料凝聚厚处会形成黑褐色结晶斑点，在一定光线下有锡光色，而且呈三角形结晶，用手抚摸釉面凹凸不平。如果此处釉层薄则会出现干涩、无光现象；国产钴料呈现一种蓝中带灰色泽，没有黑褐色铁锈结晶斑点；另一种发色清淡，有晕散现象，色泽幽雅；在进口和国产两种色料混合使用时，发色明快，呈色浓重与淡雅相间，具备两种钴料特点。

宣德纹饰取材范围比较广泛，花鸟鱼虫、人物山水无所不有。纹样绘画上，采用小笔渲染填色，由于笔小，蘸料有限，需不断重新蘸料绘画，这样就使得纹饰留下许多深浅浓淡笔触痕。其构图中的形象都得到概括、夸张和取舍，增强了装饰性。另外宣德青花在装饰上还与模印、刻划等方法结合使用。综观宣德青花纹饰，取材范围广泛，构图有新意，装饰手法丰富，绘画讲究恢宏壮阔，具有很强艺术感染力。宣德青花瓷以纹饰取胜，纹饰画得十分规矩，从不出边线。画笔分实笔和勾勒渲染两种，实笔多为细线条，勾勒渲染多为粗线条和纹饰，线条流畅，纹路清晰，有一气呵成之感。纹饰粗犷、随意点绘没有轮廓，这种笔法俗称“一笔点画”。

宣德瓷器市场价一直很高。比如一件宣德青花“水波双龙”图高足碗，1992 年在香港苏富比以 308 万港币价格成交，到了 2007 年同样在香港苏富比，则是以 3504.7 万港币价格成交，在 15 年间上涨了 11 倍。又如 2010 年共有 7 件宣德青花瓷成交价格超过 700 万元人民币，器型有葫芦扁瓶、葵口盘、大碗、十棱洗、钵、大罐等。其中香港苏富比秋拍一件，宣德青花轮花绶带葫芦扁瓶，以 2642 万港币成交。北京保利秋拍一件宣德青花云龙纹十棱洗，以 2688 万元人民币成交。在 2011 年 5 月江苏万达春拍一件宣德青花海水白龙纹扁瓶，以 8000 万元起拍，经过几十轮竞拍，最终以 2.24 亿元人民币成交，创下了宣德青花瓷成交价格最高纪录。

二、胎釉特征

1. 宣德瓷器胎土

宣德瓷器胎土精细，淘炼纯净，胎体坚硬，比永乐时期厚重。所制盘底部多有下陷。宣德时期使用的优质瓷土称为“麻仓土”，产于景德镇东乡，官窑多取此土。这种瓷土精良，瓷化程度好，细腻洁白，微微偏灰。所制胎骨细致，晶莹如白玉。宣德胎土要比永乐坚硬致密，所以同样器物，宣德器物要比永乐瓷器为重。宣德器物胎体有厚薄之分，宣德大器多厚胎，底为无釉砂底，处理得光滑自然，无旋痕，带有火石红斑，后仿宣德器物处理上显得生硬，在砂底上常可以见到清晰旋痕。琢器胎体为分段横接，处理较好，但仍能看出衔接痕迹。宣德浆胎器质地较松，开白色片纹，其断面有烧结不透现象，扣之发声沙哑。宣德之胎体有厚薄两种：**小器细薄，口沿薄削**。大件器物胎较厚，与永乐器物相比较厚重。宣德官窑青花瓷器采用麻仓土制胎，并且在胎土中加入高岭土比例要比永乐时多，这使得产品器型显得比永乐官窑产品更为规整。

景德镇官窑自元代开始，御窑厂烧制瓷器即采用官窑专用御土，作为成型烧制瓷器基本材料。元代孔齐《静斋至正直记》卷二“饶州御土”条记载：“饶州御土其色白如粉垩，每岁差官监造器皿以贡，谓之御土窑。烧罢即封，土不敢私也。”（《粤雅堂丛书》，严一凭选辑《原刻影印百部丛书集成》，艺文印书馆印行，1965 年，第 41 页。）明代御土称之为官土，或“麻仓官土”，因其产地在新正都麻仓山而得名。明王宗沐《江西省大志》卷七“陶书·沙土”条记载：“陶土出浮梁新正都麻仓山，曰千户坑、龙坑坞、高路坡、低路坡，为官土。……麻仓官土一百斤值银七分。”（李科友、吴水存点校整理《古籍鉴定指南》二编，北京燕山出版社，1993 年，第 143 页。）麻仓土使用至明代嘉靖时逐渐告竭并转恶，万历以后逐渐被临近地区的高岭土所取代。明高濂《遵生八笺》卷十四“论饶器新窑、古窑”重记载：“世宗（嘉靖）青花、五彩二窑，制器悉备。奈何饶土入地渐恶，较之二窑（宣德、成化）往时代不相侔。”官土仅能供御用，不能私取，而麻仓土质与高岭土相近，为高岭土前身，可塑性高，质坚，在高温下不易变形。（刘新园、白焜著《高岭土考——兼论瓷石、高岭与景德镇十至十九世纪的制瓷业》，《中国陶瓷》，1982 年第 7 期，第 152—154 页。）明初永乐、宣德胎土尤其精淘细炼，故胎质白净、坚致、细腻，甚至于露胎无釉底部或圈足触感亦光滑细致，明代其他时代官窑皆无法与之相比。

宣德官窑使用极精细麻仓土作坯，是其成型工艺成功首要条件。技术方面继承了永乐官窑精湛轮削技艺，使其整体器型达到极其精巧细致地步。宣德官窑器型之多，为历代所罕见。其成型工艺虽受永乐官窑影响甚大，有“永宣不分”之说，但是永乐、宣德官窑器物，仍然有其时代相异之处。宣德时期不少器物，不仅在造型上继承永乐，甚至于成型工艺细节制作上也仿效永乐。例如窄心碗底内凹外凸、凸起如鸡心的鸡心碗（也称之为“莲子碗”），或宽底碗心内凸外凹的馒头心碗（或称之为“卧足碗”），虽然此二类皆为永乐时期所创烧，然而在成型工艺上仍值得重视。宣德薄胎器少，除少数甜白高足碗与盘器外，数量远较永乐甜白半脱胎者少。大体言之，宣德胎体均匀微厚，与永乐胎体相较，后者纤细轻盈，前者敦厚凝重，故同类器物一呈秀丽，一呈典雅，各有所长。

宣德高足圆器，无论碗、盅、杯或凸节小杯，胎壁均匀，近底部略厚，但由于高足支撑圆体，上大下小，焙烧时往往上段圆体微陷下塌，故容易造成口缘高度不齐现象。严重者则口缘明显歪斜，此乃宣德成型工艺一个瑕疵。清代仿宣德高足圆器者，忽略此项成型特征，或因清代官窑技法更为进步，已能掌控圆器塌陷的工艺缺陷，上半碗形圆器胎壁匀厚，成型工整，故罕见口缘歪斜器。但仿者成型无论怎么精打细算，坯体烧造过程中的膨胀系数、冷却收缩率则不是人力可为的，总有些微不同。清仿宣德高足碗，不仅口缘较宣德器齐平，碗底也较为窄小，碗壁弧度略微峭直，不似宣德时期的圆弧。近碗口边处，宣德器明显外撇而上，但清仿者则撇度不明，故颇显拘谨，两者极易分辨。

宣德带盖器物器型多样，大小圆器、琢器带盖者极多。常见有合碗、各式盖罐、各式壶类、豆形器、灯、执壶、梅瓶，等等。宣德盖器看似平常，然极富特色，典雅庄重，成型工艺上，有其突出表现。合碗尤其别致，盖钮仅微凸一圆点，亦为盛开莲花花心。盖面略高，盖沿低平，与碗身十分相称。盖内子口一周，可使其覆盖碗上，子母口相扣，不易滑动，此为宣德首创。另一盖面呈伞状，略平，盖钮呈大小宝珠形，盖内亦附子口，形制秀丽。另有青花花卉纹豆，盖钮为一单一宝珠钮，盖内亦有子口，以止滑动。还有折枝花纹盖罐，盖呈三阶渐高折沿形，顶上附有一大宝珠形钮。盖内心一短插管，其作用亦为固定止滑。还有转枝海棠花小盖罐，盖折沿面平，附宝珠形钮，内也有小插管，以便固定。再有霁青、祭红酒壶等则为一般常见圆形钮盖。以上数器，均制作精巧，坯体均匀，体型大方典雅，为清代后仿者所不及。有些宣德器物，原盖缺失，清代虽然是后加盖，然极易辨认。宣德还有仿唐宋金银器荷叶盖，盖钮为一叶梗或是螭龙驻足荷叶状，此也是延续宋、元龙泉青花盖罐之遗制。

2. 宣德瓷器釉面

宣德器釉质与永乐时期相比，仍属细润，但釉质肥厚，多橘皮纹。就青花而论，釉面多泛青，称作“亮清釉”。宣德器物突出特点就是这种橘皮纹，青花器釉面呈亮青色，前期与后期釉面稍白，中期为青白色，釉面均很细润。宣德官窑器物一般比永乐官窑器胎釉略厚，因此宣德官窑器物大多重于永乐官窑器物。白釉釉层厚薄、窑温高低，皆能影响青花呈色。宣德青花中常见白釉釉层较厚，釉面密布细小气泡，掩盖釉下青花而造成青花呈色不鲜明。青釉釉色均匀，温度适中，其釉面大小气泡分布较为疏朗，不会掩盖釉下青花，青花呈色必然鲜明艳丽。温度过高则呈色晕散模糊，然宣德青花较少有此现象，此种现象多见于永乐青花。

明人张应文《清秘藏》盛赞：“我朝宣庙窑器，质料细厚，隐隐橘皮纹起，冰裂鳝血纹者，几与官汝窑敌。即暗花者、红花者、青花者，皆发古未有，为一代绝品。”**最名贵的宣德青花青料是蓝中泛绿的**。此时期青料主要是国产青料和进口苏勃泥青，有时分开使用，有时混合使用。苏勃泥青料含铁量高，故其呈色深沉浓艳，不易发紫。如果烧制火候和时间恰到好处，能烧出宝石般色泽。但是色料厚的地方会形成黑褐色结晶斑点，釉层薄的地方会出现干涩无光现象。国产钴料呈色多数蓝中带灰，没有黑褐色铁锈结晶斑点。还有一种发色淡雅，会晕散。将进口和国产两种青料混合使用，发色清新明丽，颜色既不是很浓艳，也不是很清淡，结合了两种钴料特色。在瓷坯绘制时，一般是用国产料淡描勾线，用进口料填色。值得一提的是，宣德官窑青花瓷在烧制白地青花上施釉，二次烧成了黄釉青花瓷和绿釉青花瓷。黄釉青花瓷是在青花纹饰间隙处施釉，绿釉青花是在整个白底青花瓷器上施满孔雀绿釉。

宣德器物底面釉色与器物表面釉色往往有别，应该使用了不同釉浆。宣德釉面有以下几种：最为典型的是白色，洁润有橘皮纹，呈乳汁状，施釉不匀；另外有浆白色，有黄色烟黄斑；还有青白色，即光亮的亮清釉；最后是一种牙黄色，有开片，为浆胎器。宣德器物釉面较为白润平滑，与那种典型青白色橘皮纹釉面迥然不同，如果此类青花没有款识，多半被误认为是正德器物。只有比较了署宣德年年款的同类器物，才会对此泛白釉面有正确认识。如北京故宫博物院收藏的青花蟠螭纹罐、缠枝莲大罐等就属于这一类型。

3. 釉面橘皮纹

宣德瓷器特征是具有橘皮纹。所谓橘皮纹与窑温和釉料有关，釉料浓厚，必须高温才能烧融。至于釉面气泡大小与窑温有关系，与釉料也有关系。因为高温则气泡大而疏，温度不够则气泡小而密，到达一定温度后，气泡鼓破，才产生细如针孔的气泡眼，类似宋代汝窑瓷器上的“棕眼”，在宣德器则被称为“橘皮纹”。可见宣德窑火一般温度甚高，所以在青花、红釉、蓝釉等器物上，时常可见此现象，这也是宣德官窑一大特征。在宣德高温色釉中都具有釉面橘皮纹特征以及气泡麇集现象，少有例外。器物釉面多泛青，釉面光亮，成为“亮光釉”。底足内釉为洁白或浆白色。有时器物釉面偶有釉裂现象，可能与器物晾干时间长短有关或是与釉料浓度有关。器物釉层中气泡较大，肉眼可见。在青花颜色较深处，气泡较少。宣德釉面如果过烧，会呈现出釉面玻璃质感极强的效果，釉层清澈，气泡稀疏，釉层较薄，有流釉和积釉现象，说明釉流动性很大，高温粘度较小。器物内里釉汁流淌不均匀，可见垂流痕。宣德釉面有精细不同橘皮纹，主要是釉洁白，民窑则白中闪青。

宣德官窑最重要特征是釉面呈现密集橘皮釉，普遍肥厚，“汁水莹厚若堆脂”，晶莹如羊脂美玉，被誉为“蜜淋釉”，表面流畅光亮，带有玻璃质感。这是因为宣德官窑青花瓷釉水较浓厚，大量气泡集聚釉中，因釉层中含有气泡，在烧制冷却过程中气泡热胀冷缩下陷，部分气泡在釉面破裂，釉面下陷形成橘皮痕，亦称橘皮釉。在宣德中期，橘皮釉出现频率较高。但是这种状况也不尽然，有的釉面也没有橘皮釉。这可能是因为器物在烧成时候，距离火的高温处近，温度高，较早将气泡赶出，故没有这种现象。因此对于这个特点不可一概而论。前人形容宣德瓷器，多称“汁水莹厚若堆脂”，而且给予多种不同的名字，或叫作“蜜淋釉”，或叫“橘皮釉”，或叫“粟纹”。顾名思义，总可以想见其釉层腻厚的特色。这种厚釉如玻璃般明亮，如玉一样温润，再衬着洁白瓷胎，明人形容它“素如积雪，白如羊脂”。这种橘皮釉就是由于厚层釉表层有着隐隐凸起，犹如无数不规则褶皱，光线透入釉层发生内部反光，循着不同方向反复往返折射从而温敛不散的情形。所以从外表看来，釉面便显得光润厚泽。宣德这种晶莹如羊脂玉的厚釉，表面流亮带玻璃质感，有细微的不平，呈橘皮状。用高倍放大镜观察之，是因为釉层中含有较大气泡，在烧制冷却中气泡收缩下陷所致。宣德单色白釉釉面有龟裂，有的不龟裂，釉面显微形态与永乐甜白釉较为近似，釉层不清澈，熔融不透，气泡都很稠密，气泡较小。

4. 釉面乳浊感

宣德白釉有乳浊感，熔融不透，气泡很多，与元代枢府器物釉面相似。其釉白中闪青，在器物口沿和底部积釉处呈水绿色。釉面时有裂纹，有落渣形成的黑点，有的还有针孔。宣德白釉还有一种有开片，似是故意模仿而为之，釉色呈灰白色。宣德釉面要比永乐釉面浓厚肥润，有的青花器釉面气泡密集，大小不一，显云雾状，称为“朦釉”，俗称之为“唾沫釉”，清代仿宣德器尤多这种云雾现象。还有一种密布雾状小气泡釉面，呈乳浊状。宣德白釉、红釉、洒蓝釉、青花、蓝釉瓷器胎一般均为白色，质地细密。孔雀绿釉瓷器胎呈色灰白或灰色，质地较疏松；仿龙泉青釉瓷器胎呈灰色，质地较细密；仿哥釉胎呈灰色，质地较粗，不够紧密。白釉、青花、孔雀绿釉瓷器呈色较好，其他有色瓷器色泽不佳。宣德器物器身与器足釉面往往不一，器足釉面有几种情况：一是白色洁润者，有橘皮纹，呈乳汁状；二是施釉不均者，色泛浆白，于白釉中微微显黄，又似串烟色，涩而少亮，俗称“鱼肚白”或“黄溢子”；三是青白色者，晶莹光亮，此现象多见于器物底部，较器身稍亮；四是浆胎开片者，呈牙黄色。宣德器物器身及底部边际、棱角等转折处，常呈翠青色或亮青色积釉。宣德晚期出现过洁白釉，少见橘皮纹。清代雍正仿宣德器最多，釉色青中泛白，气泡均衡一致而无层次，橘皮纹过于规整而不自然。

5. 宣德器足

宣德器足有多种形式：琢器多细砂平底宽圈足，无釉，无旋痕，泛有火石红斑。瓶罐类有台阶形成，连续上凸，为宣德时独创。底面露胎处均做打磨，底为施釉，多署款识。

宣德官窑器足修坯处理方式。与永乐及其他时代有显著不同，其圈足足底无釉，大多修削平整，这是其主要特征。圆器类除大盘涩胎、足墙较低、外敛内撇、特征不甚明显外，其他无论大小碗器、盘器或带圈足之琢器类足底皆平削工整，与永乐底足相比，平削略圆，与后来明清官窑泥鳅背（那种器物底足，足底两侧略低，足脊拱圆，俗称“泥鳅背”）、滚圆足皆迥然不同，可大概见其特色。

圈足分为高低、宽窄。一般大多直墙，少数盘类或碗类偶有外墙内敛、内墙外撇情形，多皆为直墙平足。大件碗、盘等坯体厚重器，其平整无釉圈足上常见遗有大小不一铁质黑褐色斑点，小件器如高足杯等涩底器及圈足稍宽无釉处，亦大多有细小灰黑点，此一现象不是坯胎本身所遗留，而是窑具耐火泥垫饼中所含铁质焙烧时渗染圈足所致。宣德官窑装烧碗盘窑具的支垫垫饼及盖盒均为耐火瓷土所成，然而毕竟窑具瓷土总不比作器麻仓官土精淘细练，故瓷泥耐火土含铁杂质总是在所难免。不过稍大盘支垫瓷泥比成化时细致，含铁量少，故涩胎盘器上铁质斑点比成化时期为少，亦无成化故意挂釉水做成的铁锈盘底，类似烧焦米糊底。此与永乐相比较，永乐支垫耐火泥则含铁成分更少，因此少见永乐圈足遗有明显大小铁斑。在北京故宫博物院所藏之宣德重器中，大碗、罐器、瓶器、盘器足墙上露胎处皆有或多或少大小铁质斑点，此为宣德厚胎重器一大特征，也是宣德器与永乐器区分之处。

斜坡式盘底。盘心微下凹，浅圈足，外墙内敛，里墙作斜坡状，足脊处见棱角，另有与之相反外直墙内斜坡足。宣德大盘底足处理极为特别，往往呈倒梯形，里墙外斜，很难用手抓起。后代仿品多为矮圈足，但是都做直墙处理，圈足内外都与盘底垂直，很容易用手抓起。清代仿品足端多呈泥鳅背，乃时代风格体现。另有齐平足，足脊如刀切一般，但较之永乐器略显倭角。所见高足碗、杯，有平底高足、平底浅圈足与竹节或中空柄足等种类。前两种底足皆是将柄足中空封底，一般高柄足内多施釉，唯有平底高足为光滑细润平砂底。永乐圆器足脊齐平，宣德器足脊略显圆。还有一种是卧足，底心拱起，无圈足。还有外墙内敛足，其足壁外墙内敛，内墙陡直，多为盘类。直墙圈足多见于骰盔子与大型碗类，其圈足里外墙均为直壁。除大盘、梅瓶、天球瓶等大件器物为砂底外，小件器物如花浇、三足炉等也见砂底。凡砂底均经打磨，有窑红斑，有的砂底还涂浅红护胎汁。

圈足之形制。除一般圆形足外，尚有平底无足或称平底、高足、葵形足，以及琢器类长方形足、椭圆足、撇足、宽带圆形圈足，等等。平足盘与宣德一般盘器一样，底心内凹外凸，其形成原因有二：一为塌底盘心下陷，一或为宣德官窑故意为之。照理说大件盘器因面积大，自然容易造成下塌现象，然而小件器物也是如此。一般以此为宣德盘器主要辨识特征：凡平底者则大多非宣德制品。二平足盘、钵，因涩胎与垫饼接触面大，故亦多垫饼渗染之大小铁质斑点。

高足器类有碗、盅、杯等。高足碗有圆形和棱瓣十棱形两种，足皆中空，足墙上直下微撇，足底涩胎平整，与一般碗、盘矮圈足特征相同。碗外底（即圈足）内大多凸心，以指触之，可有明显感觉。高足盅口径、深度皆较高足杯大，其高足器除甜白高足盅与高足碗足相同外，其余釉里红三鱼、三果纹或青花器高足盅皆上敛下撇，近足底皆又微向内敛，底足中空，撇足外围着地点一圈涩胎，一般尚平整，然因内足墙自上斜弧而下，故露胎不似前述各类圈足之平整。高足杯器有平底与平底浅圈足二类。前者底足全为涩胎不上釉，款在杯心。后者底部施釉，浅圈足，涩胎平整，款在外底。其高足又有中间凸棱一周，俗称“竹节”高足凸节高足杯。两种高足杯虽为平底，但高足皆为中空，高足与杯身均各自拉坯成形，再于杯底结合，此为其工艺特征。元代杯碗与高足各自成型后，用胎泥链接，而明代则是用釉来链接。实际上釉接器物始于洪武晚期，这是元、明在高足杯接足工艺上的重要区别。

葵形足。葵形足器有碗、高足碗、洗三类，前二者碗形相同，足与身皆成葵瓣十棱形，圈足则一大一小。洗亦相同，不过圈足更大，几与口径相同。葵形圈足，足宽大小不一，然皆平整。

长方形足。到目前为止，宣德官窑仅见琢器葫芦形绶带耳扁瓶为长方形圈足，此形器物有下截腹圆稍大与大圆两种，并为长方形矮圈足。虽然此瓶始制于永乐官窑，有甜白及青花两类，纹饰也相同，然而双耳弧度与上截圆腹带状折枝花纹的宽窄，以及圈足等处却有明显时代风格，尤其显著的是这款宣德圈足可谓皆为长方形足，无款永乐器则全为椭圆形足，双耳肩部较平，底部外撇。上截腹部折枝花纹较窄，不像宣德双耳肩部微耸，底部外撇，以及折枝花卉纹较宽的特征。另外此类型器还有一特点，在永乐器下截圆腹中段有一道明显接痕，宣德器稍经修饰，较难发现。不过此一长方、椭圆形圈足应为宣德、永乐瓷器简易的辨认方法，但是清代雍正所仿，亦为椭圆圈足。

撇足宽带形圈足。此类圈足大多是瓶、罐类器皿，例如折方瓶、豆、渣斗、盖罐等立件琢器。此类器物圈足主要必须承重，故足墙外撇，撇足的涩胎底部则大多呈带状较宽浅圈足。此类圈足也可以发现垫饼所遗留渗染的大小铁质斑点。撇足宽带形圈足，瓶、罐类器物上有圈足略高者，其足底常呈台阶式双阶或三阶渐层式底圈，此类型圈足似乎始见于宣德器物。

三、红釉器

1. 宣德红釉器极为稀少

宣德红釉应该是比较珍贵品种，烧得极为成功，其名气很大，值得关注。宣德高温铜红釉，在永乐鲜红釉烧造基础上有所发展，是明代红釉烧制的高峰。

宣德红釉器颜色。宣德铜红釉摆脱了元末明初那种黑红、粉红的晦暗色调，形成鲜艳宝石般红色。由于对铜红釉呈色技术掌握较好，纹饰浓淡都能运用自如。即使淡描也色彩鲜艳亮丽，纹饰清晰。宣德红釉较永乐鲜红釉别开生面，更胜一筹，俗称“宝石红”“祭红”“积红”“霁红”“醉红”“大红”“鸡血红”“牛血红”，等等，名目繁多，今日泛称红釉。永乐时鲜红釉已颇享盛名，到宣德时，窑工在呈色技术上继往开来，有所发展，烧造数量也随之增加，但胎与釉都较永乐时加厚，致使红釉颜色稍有不同。据文献记载，宣德以后虽历朝还略有生产，但无论品质还是数量，都已趋向衰退。红釉已很少烧制，正德时虽力图重振，但少有成功，嘉靖朝高温铜红釉往往烧成暗红中带黑，导致不得不以低温铁红代替。铜红釉烧制技术不久也告失传。在中断二百年后，到清代康熙时期才又重新出现。

宣德红釉器之所以能够烧出如此美丽的颜色，重要的是使用了**寒水石**。这种技术可能永乐时就已经发明，所以才烧出如此美丽鲜红釉。所谓寒水石，就是一种质地很纯的方解石，其中钙含量高达 55% 以上，而氧化铁含量又是景德镇陶瓷材料中最低的。使用寒水石作助溶剂有利于敏感红色呈色纯正。这种秘方后来失传，导致长期以来红釉烧制不理想。《明宣宗实录》“宣德五年（1430 年）二月丁亥”条曾记载：“上闻中官督江西泰和县采寒水石者，虐民特甚，命亟诏还，岁令民自采纳。”宣德红釉烧造质量比永乐时期更高，不少官窑瓷器烧造水平，超过了永乐时期同类作品。但是从铜红釉角度看则不同，精美宣德红釉产品的釉色，似乎与上等水平永乐红釉还有一定距离，说到底就是鲜艳程度稍嫌不够。传世宣德红釉器制作质量很高，胎釉、造型、圈足都十分工细规整，唯有釉色与永乐最高水平稍有差距，有的呈豇豆红色，有的烧成咖啡色，只有极少数作品接近永乐红釉。上海博物馆所藏几件宣德铜红釉器物，正是这一时期标准铜红釉制品，但是从釉色看，它们之间还是存在色差，有的较鲜艳，有的略显灰暗。说明那时产品烧制水平并不稳定，这种状况的出现，国内许多专家认为可能与永乐时制瓷高手以及重要工艺技术部分失传有关。但笔者以为，由于宣德釉层较厚，需要烧制温度较高釉层才能烧透，这才是宣德红釉呈色不如永乐红釉的关键。温度过高，红釉则容易过烧而呈色发黑。

宣德红釉有的鲜艳，有的略带橘黄，单色红釉厚 600—700 微米，厚于永乐朝单色红釉。宣德单色红釉与永乐红釉成分组成有较大差异。宣德红釉釉面透亮、肥润，红色较深，器物底部白釉浑厚，滋润闪青，器物边缘有明显的“灯草口”，红白分明。宣德红釉器物呈牛血红，釉色不均匀，器物外壁呈色浅淡，有时泛苹果绿，有铜盐挥发和局部氧化迹象。红釉表面有橘皮纹，其橘红色釉面上有深红色小斑块。器物口沿有“灯草边”，越靠近口沿处气泡越小，靠近红釉处大气泡增多，最厚处气泡聚集是其特色。清代仿品其白边是有意添加并非自然形成。其红釉经火熔融，垂至足边，截然整齐，垂积釉处显青灰，如青虾之背，而后仿者多凝黑。宣德红釉器器口沿处都有自然形成的一圈白釉，俗称“灯草口”，红白分明，相互烘托。清代康熙所仿之灯草口，其一圈白釉是有意添加，并非自然形成。宣德器最厚处则有气泡聚集，独具时代特征。红釉炉是宣德器物中极为少见的，由于炉本身没有款识，过去通常把它定为明代中晚期的器物。上海博物馆有件红釉炉，原来定为明嘉靖时期器物，经过化学成分对比，原来与宣德红釉盘基本相似，从而定为宣德时器物。该器物配有铜鎏金盖和器座，盖顶上还安有玉炉顶。器外满施高温红釉，并有暗刻纹饰，两边附有双象耳。内部施以白釉，釉色白中泛青。器底挖足，足端两面斜削，足底平切，足内心下凹，外底形成一乳突。足外部露胎一线，似由挂浆造成，釉色呈深红色。景德镇出土的宣德红釉器中，有勾绘轮廓线及线条后再涂抹着色者，如波涛海兽纹锥花高足碗、云龙纹莲子碗、波涛海兽锥花莲子碗等，高足碗施釉较薄，故见线条及边线均呈青灰色，类似蟹壳青，然青多于红，红则近暗。

宣德红釉釉面色调。宣德红釉器传世品釉面色调与永乐鲜红釉不同，按深浅浓淡可以分出多种色阶：色深者黑红，犹如初凝之牛血，釉质肥厚，内中气泡较多；略深之色艳丽，釉面较前略薄，亦有小气泡，并伴有隐约显露之细小血丝纹与小斑点；浅淡之色分外匀净，可与宝石红晶莹相比美。所有这些釉面均有不同程度橘皮纹。更为浅淡之色粉如桃花，称作“桃花面”，唯有此釉面平滑无橘皮纹，底足白釉泛青。宣德红釉有鲜红和豇豆红两种，鲜红因烧成气氛不同，有深浅不同红色，习惯上称为“宝石红”“祭红”等。鲜红釉器型以盘、碗为多见，僧帽壶、梅瓶、莲瓣纹卤壶、梨形小壶、香炉、洗等则数量较少。大多无纹饰，仅少量有刻花暗龙或莲瓣纹装饰。传世宣德红釉器，一部分并无款字，一部分有“大明宣德年制”两行楷书青花款或刻款。

宣德红釉器最为典型器物为祭红釉盘，目前保存数量最多。国内北京故宫博物院、上海博物馆、天津艺术博物馆、广东省博物馆、中国国家博物馆等均有收藏，海外主要是大英博物馆、美国大都会博物馆等有收藏。这种红釉盘分为青花写款和暗刻款两种。器物造型基本相同，但釉色不尽一致，从目前传世品看，大多数器物颜色虽红，但往往带有一些咖啡色，或者说有一种类似清代康熙时期“豇豆红”色调。这一点不如永乐鲜红。其规格上大小尺寸各不相同，风格多样。北京故宫博物院收藏一件高温红釉盘，高 4.1 厘米，外壁及内里满施红釉，内外红釉上均绘有金彩云龙纹。可见这种红釉盘不仅可以作为单色釉成品出厂，也可以有红釉金彩作品传世。不光有盘，还有碗、高足碗、洗等器物。从出土物看，祭红釉尺寸大小不一，口径从15—22厘米不等。所见以青花器多于刻款器。从1982年景德镇御窑厂遗址出土残器看，青花款识器物就有15.1—22厘米者，可见当时烧造数量较多，难有规律可寻。但是足底刻款器物，要早于青花款识器物。

单色红釉器。单色高温红釉器烧制开始于明初，永乐、宣德祭红高足碗驰名于世，宣德红釉颜色为世所称道。明王世懋《窥天外乘》中说到："以棕眼、甜白为常，以苏麻离青为饰，以鲜红为宝。"台北"故宫博物院"所藏宣德祭红品类颇多，与霁青瓷同，有内外壁均为红釉者，有内白外红者，两者底足内部均为白釉，有朴素无纹与印花纹饰两种。款识则有青花写款与阴文刻款。还有祭红描金，纹饰以金箔描绘而成，传世极少，虽无款识，但为典型宣德器。宣德红釉内布满大小气泡，一般疏朗有致，晶莹透黄，近口沿处尤为明亮，气泡较为密集，而红釉面上隐约显露深黑斑点，在放大镜下呈现鲜艳火红，与周圈红点呈橘黄与火红斑不同，也不似清仿者黑点偶呈青绿。

"灯草边"为宣德红釉普见特征，与霁青一样，皆因焙烧中釉汁下流、口沿釉层减薄所致。宣德红釉釉层较薄，流动性不大，经过烧熔垂至足边，亦留一白边，近白边处釉层稍厚，偶成灰青色。关于所谓"灯草边"的形成，笔者认为，因祭红的红釉是釉下红彩涂布而成，故在涂布时可以精准地留下一个白边，然后罩上透明釉，故而在烧成后并无垂釉现象发生。这种祭红与清代郎窑红不同，清代是将铜红料掺入釉中，料随釉流动，故与祭红不同。清代郎红者，其施釉较厚且流动性较大，致圈足积釉明显、呈色凝黑现象。其实清代祭红釉也不会出现这种垂釉现象，这是制作工艺不同所致。国内外学者藏家不能区分这两种不同的红釉产品，故而出现各种混淆在所难免。宣德宝石红釉器皿特征是：口釉不淌，底釉不坠，釉尽处为淡青或青灰色，口沿处有纯白釉边一周，俗称"灯草边"。其足内绝大多数施白釉，多有青花款和划款暗款，均为六字楷书，并在款外围以双圈线，足内釉厚处闪浅淡绿色，釉薄处闪牙白色。由于宝石红釉质不够均匀，多含有深浅赤紫色，因而形成了隐约丝缕条纹和星点，但无纹片。

2. 宣德红釉器分红白两种

白釉者往往在器物里壁暗印龙纹，因釉质肥厚，不够清晰。有三果纹靶盏，其红色不是釉里红，而是红釉。红釉基本不扩散，断面可见二者分界明显，在交界处是红釉叠压在白釉之上，为填红结构。清代康熙、雍正时仿制宣德釉里红器虽能乱真，但仍带有本时代特色。宣德填红比永乐填红要厚，其底款除青花款识外，还有双行楷书刻款，多有阴文双圈。台湾仿制釉里红器效果更佳。鉴定时要仔细观察其不同特点和细微差别。

除上述单色红釉器外，还有一种以红釉为地，填以白色龙纹红釉白花品种，为填白结构。如红釉白龙梅瓶、梨壶和高足碗类，器身通体施以红釉，留空填以白色龙纹，双目以青花点缀，足边填出白色卷枝花，釉面莹润，图案精美。从景德镇御窑厂遗址出土瓷器残片中，可以看出其造型有钵、盂、罐、梨壶、僧帽壶等，尤以盘碗类数量最多，也有些器型为传世品所不见，如凤首流瓜棱壶，器为唇口，短颈起弦，凸云肩，圆腹起棱三折，卧足，夔凤首为流，凤尾作柄。另有桃形壶，以覆形桃花为盖，器身如蟠桃，两侧浮雕折枝桃花，花叶翻卷自如，台北“故宫博物院”有此造型的酱釉器。其余有带原盖暗刻花海水龙纹梅瓶，器身粗短，釉面肥厚，色泽红润，匀净犹如康熙时豇豆红色。由于铜红釉烧制技术较难掌握，经过窑火釉面反映出多种色调，仅残器堆积物所见，就有红艳、浓红、黑褐、半红半灰、粉红、黄、绿、淡青等色，其色调优劣相差悬殊。宣德红釉器一部分色调较深，呈色暗红或黑红，深红者釉质肥厚，气泡较多；一部分色调浅淡，釉面较薄，亦有小气泡，并伴有隐约显露之细小血丝纹与小斑点，红色艳丽。这些釉面均有不同程度橘皮纹。更为浅淡如粉红之桃花面，有的局部红色已经挥发殆尽。底足白釉泛青，这种釉面平滑无橘皮纹。宣德时期还有以白釉铺地剔花填红釉纹饰的新技法，所填红釉釉面略微高出白釉釉面，所见有海水云龙纹梅瓶。还有一种红地描金器，属于创烧品种，数量极少。

宣德铜红釉烧制达到成熟阶段，不仅在数量上有明显增加，而且较之永乐鲜红更胜一筹，色调深沉，不流釉，不脱釉，被称为“宣红”。以色泽而论，宣德红釉有深、略深、浅、淡四种。深者色为黑红，犹如初凝的牛血，釉质肥厚，釉内气泡较多。略深者呈色艳丽，釉层略薄，亦有小气泡，并伴有隐约显露出的细小血丝状与小斑点。浅者釉色分外匀净，可与永乐红宝石晶莹相媲美。淡者呈现桃花般粉红色，俗称“桃花面”，而且釉面不滑，无橘皮纹。如明宣德鲜红釉葵花式洗，其红釉器在口沿部位，都有自然形成的一线白釉，俗称“灯草口”。红釉积釉处显现青灰色，最厚处气泡密集，这是宣德红釉的时代特征。宣德年间烧制红釉器主要有红釉描金云龙纹碗、鲜红釉盘、红釉碗、红釉盘、红釉高足碗、红釉鼓腹盖钵罐、红釉刻海水龙纹梅瓶、红釉窝式碗、红釉直壁碗、红釉梨形壶、红釉盆、红釉僧帽壶、红釉白龙纹高足碗、红釉龙纹钵、红釉云龙纹盘等。宣德之后铜红釉一度衰落，清康熙时才又仿宣德红釉烧制了著名的郎窑红、霁红等品种。

瓷器上高温红色釉，早在宋代钧窑器上已经出现，但并不是纯净单一红釉，而是在以铁为呈色剂的高温釉中加入氧化铜呈色剂，在烧制中出现窑变机理而显现出红色斑块。真正意义上高温红釉瓷，是洪武时期创烧成功的，但因铜元素在还原焰中极不稳定，对烧成温度和窑内气氛要求十分严格：温度低了烧不出正红色，温度稍微偏高就会“烧飞”；还原气氛恰到好处时铜离子才能呈现美丽红色，窑内稍有氧化气氛，红色就变暗、变青甚至变黑。因此明初洪武一朝红釉器烧制并不成功，直到永乐时才烧制出纯正的红釉器，因其成品率太低，传世品绝少，后人遂有“永乐鲜红为贵”之叹。明代红色釉瓷器烧制到宣德朝完全成熟，无论质量和产量都达到最高水平，因此业界对宣德红釉以专有名词“宣红”称之。一百八十年后，清康熙朝郎廷极主持御厂窑务时，又重新烧制出了新品种红釉瓷，人们称之为“郎窑红”或“郎红”。永宣红釉器为国家祭祀礼仪的需要而研烧，故又将其称之为“祭红”。但是祭红与宣德红釉器其实是两种不同器物，祭红是将铜红料涂布于瓷器坯体之上，再罩上一层透明釉，其实是一种釉下红彩。而高温红釉则是将铜红料铜花掺入釉水中，然后上釉，入窑一次烧成。因此红釉器烧制要比祭红难烧，在工艺上有釉层厚薄和温度控制的难易。

3. 宣德红釉器主要特征

上面所谈到的两种红釉器，即宣红、祭红，其主要特征表现在以下八个方面：

第一，都是以铜为呈色剂，都是高温釉种，都是在还原焰气氛中烧成。有里外施以红釉和外壁施红釉、里壁为透明釉两类，器物里壁不施以红釉者往往胎质较薄，且有的有印花纹饰，唯独花纹模糊，其红釉釉面多数有橘皮纹。

第二，名称涵盖不同。祭红外延广泛，凡宣德以至明清、民国和现代同宣红类似的高温红釉皆称祭红，故祭红包括宣红，而宣红不等于祭红。宣德红釉器器里釉有红、白两种，白釉者往往于器里暗印龙纹，因釉质肥厚而不够清晰。器底足除青花款识外，也有双行楷书刻款者，多有阴文双圈。但是祭红与红釉不是同一种高温釉，祭红是在坯体上涂布铜红料，再罩上透明釉烧成，只能是一种釉下红彩。而红釉则是将铜花掺入釉中，再将釉直接涂布在器物表面。这两种不同制作方法也带来完全不同效果。祭红颜色通常很好掌控，容易取得较好红色彩，而红釉由于釉层厚薄和窑中温度（即烧成气氛）不同，不易掌控，故而难以烧制成功。

第三，釉质高温黏度不同。包括宣红在内所有红釉器，其物理性质中高温黏度系数都大大高于郎红，因此清代郎红器都有“脱口”现象，即烧制过程中，陶瓷器物口沿及其相邻部位因釉汁下滑而变薄，铜离子无法形成红色层，致使该部位釉面呈无色状态，并露出白胎底色。而祭红釉器仅在器口顶部露出白胎底色，因其红白界线分明、宽度一致，极似中草药材中的灯草，故行内人名之曰“灯草边”。这里的灯草边因为烧制祭红事先将铜红料涂布在坯体上，可以专门留出灯草边，再罩上透明釉，故而烧成后器物口沿没有向下流淌问题。即便流淌，也是透明釉的流淌，不会影响器物坯体所绘灯草边状况。但是红釉器就不同了，在高温下，釉水向下流动会带走铜红料，但是由于宣德红釉釉汁过于肥厚，故而流动状态较差，但是会伴有隐约显露之细小血丝纹与小斑点。釉质高温黏度不同的另一结果是釉汁向器物下部流淌效果不同，宣德红釉垂流性差，器物根部积釉少或不积釉，而郎红釉垂流性强，因为掺入釉中铜花会带动釉流动，所以烧成后器物根部积釉很厚。清康熙器利用修足方法阻止红釉垂流，故有“脱口垂足郎不流”之说，而清末民初仿康熙郎窑器，则往往是流釉垂到器底，甚至同匣钵粘连，必须敲去垂釉粘连的匣钵方可取出，而敲釉时往往伤及圈足，使之伤痕斑斑，这是判别郎红器是真康熙器，还是后仿器重要标志之一。凡是较精细规整的祭红釉器物，其口沿有露出胎体本色整齐的“灯草边”，虽然也红白分明，但不像康熙后仿那样为特意加涂的白边。凡是制作稍粗器物，口沿不一定有“灯草边”，近底足处由于氧化因素呈绿色。此类器物釉面多棕眼，并有开片。

第四，釉质透明度不同。祭红釉为乳浊状釉，失透，釉中大、中、小气泡较多，故宣德红釉器有时会出现橘皮纹。而清代郎窑红为玻璃状釉，透明度高，釉中气泡较少。另外高温粘度不同，包括宣红在内所有红釉，其物理性质中高温黏度系数都大大高于郎红，因此郎红器都有“脱口”现象。凡是较精细规整的祭红釉器物，近底足处凝釉截齐，垂积釉处呈青灰色，清代仿品则呈凝黑色。有些器物的棱往往露白胎而成出筋，例如北京故宫博物院收藏的十棱洗、台北“故宫博物院”的莲瓣卤壶。

第五，通常宣德红釉釉面不开片，但是宣德“桃花面”品种除外。清代郎红釉面开片。宣德器物底足有两种，多数为白釉底，或有“大明宣德年制”两行六字青花楷书款，款外有青花双圈，有的双圈并不规整。另一种为米黄底，其色与清代康熙郎窑红“炒米黄”底相同，说明康熙郎窑红是仿宣德红釉而制作，但是迄今尚未发现宣德器物中有郎窑红之另一种苹果绿底的红釉瓷。

第六，宣德祭红与清三代祭红的异同。相同处是宣德祭红和清三代祭红都不开片，都不易流釉，大部分产品器口都有“灯草边”，大部分产品釉面都有“橘皮纹”。不同之处在于：永宣祭红釉比清三代祭红釉色鲜艳；永宣祭红器釉层比清三代厚；显微结构上，永宣祭红釉中气泡周围有红圈，而清三代祭红没有。永宣祭红釉中有红色斑块，而清三代祭红则没有。永宣祭红釉不积釉，而清三代祭红有积釉现象。造成上述不同的根本原因是永宣祭红属于石灰碱釉配方，属于一种乳浊釉，其配方早已经失传，而清三代祭红是石灰釉配方。在高温环境下二者有着完全不同的组织结构，对烧成气氛要求也不尽相同。

第七，永宣祭红、清三代祭红同清末民国祭红的区别。永宣和清三代祭红器除在器型、胎质及釉质肥润上同清末民国祭红有区别外，另一个重要的特征是清末民国祭红“灯草边”不是自然烧制出来，而是人为用白釉涂抹成的，祭红、祭蓝都是如此。宣德鲜红器中也有描金装饰品种。另外由于宣德豇豆红釉至今没有发现传世品，因此过去总是把豇豆红这个淡红釉品种看成是清代康熙朝创制。后来在景德镇御窑厂遗址中，发现了炒米黄底红釉器和豇豆红器，说明康熙朝有很多品种都是仿自宣德瓷器。

第八，宣德大部分所谓红釉器与釉里红相同，均以氧化铜为发色剂，在还原焰中烧制而成。一般均称为“祭红”，主要应与其作为祭器有关，另外又称“霁红”和“积红”。积红因窑内烧成气氛不同，而有深浅不同红色，釉色鲜艳者被称为“宝石红”，釉色略深或深浅交错者称为“霁红”，均匀而稍淡者为桃红。此种桃红带灰浊红釉，是因为温度较高而使得铜元素挥发而造成，传世品与出土品皆少。台北“故宫博物院”仅藏有一件，景德镇珠山遗址出土也仅有数件残器。但是所有这些祭红器都属于釉下铜红彩器，而不是纯粹意义上的红釉器。真正红釉器物在宣德时期烧造数量极少，比如三鱼高足杯等，这种红釉是将铜红料掺入釉料之中再上于器物之上。

4. 宣德釉里红

宣德釉里红是一个重要品种，但是比起洪武器来，无论从数量还是质量上都差了一截。宣德釉里红分为两种：一种为生坯涂布铜红彩，一种是填红方式。宣德釉里红器在明代以红鱼高足碗最为著名：“宣德年造红鱼靶杯，以西红宝石为末，图画鱼形，靶自骨内烧出，凸起宝光。”在传世文物中，宣德釉里红瓷都是官窑器，三鱼高足碗及三果高足碗稍多见，但传世数量亦极有限。这两种碗其实是以红釉填白形式制成，不能算作釉里红。此外尚有云龙纹碗，则更属罕见。景德镇御窑厂遗址曾经出土三鱼高足碗、三果高足碗、三鱼盘和云龙纹小碗和瓶罐残件。值得注意的是，宣德釉里红瓷主要采用涂抹法，即使像少见的云龙纹碗的龙纹，它虽然先有轮廓线，但仍然以涂抹法着彩，洪武朝盛行的那种细线描绘图案釉里红器，变得不多见了。宣德釉里红颜色鲜艳，具有宝石般红色特征，不论轻描或是重描效果都好，烧制得极为成功。其釉里红摆脱了元末明初那种黑红、粉红晦暗色调，形成鲜艳宝石般红色，其色有晕散、流淌现象，所施之彩浓淡不一，红色浓艳处有些许黑斑。宣德三鱼纹上的红釉，不是将铜红料涂布在器物上，而是先用红釉涂布，再罩上一层透明釉，故而红色地方釉色稍厚，这才是真正意义的红釉。通常釉里红施彩厚度极不均匀，导致其浓淡颜色不一，其颜色浅处釉层薄，色呈橘红色，颜色浓处釉厚呈不透明黑色。釉里红晕散严重，晕散处呈橘红色、浅红色。红釉就更难烧了，烧制不好红釉呈色灰红，红釉上深红色斑块较少。红釉气泡周围常可见深红色圈，在深红色圈和气泡之间，会有一个橘黄色圈。红釉器物圈足边缘之胎釉交界处，因积釉而变成黑色。

由于高温铜红釉烧成难度大，因此宣德釉里红后代仿品一般很难相像，但清代雍正时期所仿却能达到极高水平。雍正仿烧器物以三鱼、三果高足碗和盘、碗为多，其中一部分直书“大清雍正年制”官款，也有很大部分书“大明宣德年制”仿款。对这些仿品，分辨款识书写字体异同以外，还应该注意其器形及图案的不同，一般地说宣德器鱼纹头较圆而尾部肥大，雍正仿品则鱼头较尖或鱼尾稍瘦。三果纹画法也稍有不同，宣德三果为苹果、石榴和桃实，雍正仿品则画成两只苹果连在一起的形状。宣德时期，官窑釉里红生产工艺得到进一步改进，产量增多。由于对铜红釉呈色技术掌握得较好，纹饰浓妆淡抹均能运用自如。即使是淡描，亦色彩鲜亮，纹饰清晰。如釉里红云龙纹合碗，其龙纹线条纤细，虽轻描淡写，但色泽仍很明快。所创烧的釉里红三果纹碗和三鱼纹碗也是非常成功的作品。宣德官窑釉里红传世品较多，大多题有年号款，容易鉴别。其莹润的橘皮纹白釉与明艳的釉里红纹饰，互相辉映。除了釉里红绘画外，还有其他各种新白釉铺地剔花填红釉纹饰的新技法，如海水龙纹梅瓶等。清代康熙、雍正年间仿制宣德釉里红三鱼、三果高足碗等，虽颇乱真，但仍带有本朝特征。近年台湾仿制釉里红器效果更佳。因此鉴定时要特别注重器物造型、胎釉、色调、纹饰、器足、款识等不同特点，尤其是那些细微差别。

传世宣德这些器物品种在景德镇御窑遗址发掘中，均有出土物加以确认。1982—1988 年景德镇御窑厂遗址周围发现多处宣德瓷堆积，堆积物分散且呈窝状。出土物有青花、釉里红、各种高温色釉和低温色釉，数量巨大，有数万片之多。但釉里红能够复原的仅有数件。据刘新园先生考证，这些发现应为宣德后期作品，既然这样能够与这些出土物一一对应的传世宣德釉里红，也是宣德后期，即宣德八年（1433 年）至宣德十年（1435 年）间的作品。至于宣德前期釉里红特征，仍有待于考古发掘来补充披露。已知宣德后期釉里红官窑器物中，大致有线描釉里红、白地填红和青花釉里红几类。

线描釉里红。宣德时期线描釉里红，采用较粗线条双勾填色笔法，与同期青花相似，传世品中大多呈色极艳，也有些稍灰的。有三种装饰方法：一种是釉里红描地留白，俗称“反花”。如釉里红螭龙红梅瓶，瓶身堆拱白龙四条，隙地满绘釉里红波涛纹，白色龙身上用青花点睛形成红、白、蓝三色相映的画面。瓶高 33.5 厘米，底有“大明宣德年制”青花楷书款，台北“故宫博物院”藏。另一种是白地釉里红绘花，这是最普通方法，如釉里红石榴瓶。白釉微青，腹部画缠枝石榴花四朵，颈部和足下饰以花朵及云纹六周。瓶高 33.1 厘米，无款，台北“故宫博物院”有藏。还有一种白地暗龙釉里红线描，如釉里红海兽纹高足杯，在地上堆拱波涛纹，釉里红画海兽。内心有“大明宣德年制”青花款，由景德镇窑址出土。

白地填红。白地填红工艺在宣德时首次出现，是洪武、永乐涂抹釉里红的发展。涂抹釉里红是将铜红料在胎上涂绘出鱼或花果形样，外罩透明釉烧成。白地填红则是胎上满施白釉后，剔除图案轮廓，施以铜红釉后烧成。后者呈色浓艳厚重，纹饰处凸出釉面，因艳若红宝石，又称“宝石红”。和白地填红工艺相同的是白地填铁彩，只是将铁褐釉填入。可见白地填红和白地填铁彩这两种釉彩方法是同时诞生的。白地填红有三鱼纹和三果纹两种主要纹饰，三果纹是桃实、苹果和石榴。采用白地填红工艺的有盘、碗和高足杯三种主要器型。这里所填入的是真正意义上的红釉。白地填红高足碗，侈口窄唇，深壁，高圈足。内壁均素白，外壁红三果或三鱼，碗心有“大明宣德年制”青花楷书款，口高 9.8—10.7 厘米，口径 11.9—15 厘米。

红底剔花。宣德时期还发明一种红底剔花方法，这是釉里红又一衍生品种。元代和明代洪武时期都有红底白花釉里红方法，是将纹饰留空，纹饰外涂红。这种工艺费时费力。到宣德时采用红底剔花方法，在胎体上满施铜红彩，然后按花纹剔除红彩，外面再罩白釉后烧成。这里所用铜红釉和祭红一样，外面的白釉也与同期白釉一样。烧成后，其白釉的部分出现凹于平面的状况。

青花釉里红。俗称“青花加紫”。此品种最早见于元代，但一直未见成功之作。明初时中断，永乐、宣德时再现。由于青花和釉里红烧成条件不同，二者置于同一器物上，在同一烧成条件下，就很难达到理想要求，宣德朝青花釉里红烧制工艺有了进一步的提高。英国大维德基金会有一件海水龙高足碗，其海涛为青花，龙纹为釉里红，似亦属宣德或更早时期制品。景德镇御窑厂出土了一件小罐残盖，“盖面绘釉里红五爪龙，云为青花纹”，但在传世品中，可以确认的宣德青花釉里红器极为罕见。景德镇御窑厂遗址还出土过一件高足杯，内为釉里红，外壁为青花海水龙纹，因为高足安置有些偏斜，导致杯放置出现偏颇，故而打碎。器物虽然残破，却十分珍贵。（见图 23）

由于青花和釉里红在烧成条件中所需气氛不同，因此使两种釉料同时呈色鲜明艳丽极其不易。虽然宣德青花釉里红有了釉里红烧造经验基础，已经能够较好控制烧窑气氛，故有少数成功之作，但数量仍然有限。青花釉里红烧制比釉里红烧制更加艰难，永乐、宣德均不多见。之后成化、正德虽然也有制作，然多釉色不佳，纹饰也不及前代。景德镇珠山官窑遗址出土永乐、宣德青花釉里红器数量极少。台北“故宫博物院”收藏有宣德青花釉里红器，为无款波涛海兽纹高足碗，其釉色、胎体与永乐稍有不同，应为典型宣德之作。景德镇珠山御窑厂遗址出土的红釉，呈色多晦暗不匀，缘边呈色浅淡，胎骨也较宣德为轻。宣德红釉和釉里红烧造数量较少，即便台北“故宫博物院”所藏之宣德釉里红，也与所藏青花不成比例。景德镇市珠山官窑遗址出土大量宣德残器，其中釉里红数量之少，更见其珍贵！釉里红在烧制时，由于高温还原气氛不易控制、火力不够时，而加柴生火，又易造成窑内气氛氧化，而呈现红中带灰黑、灰青现象。因此烧成难度大，此为宣德釉里红器数量有限的最大原因。

宣德官窑线描釉里红和白地填红，都加青花款，线描釉里红龙纹也用青花点睛，从严格意义上说，已经是青花和釉里红合绘一起的青花釉里红。台北“故宫博物院”藏有数种青花釉里红器，如青花釉里红赶珠龙合碗，侈口，浅壁，矮圈足，带圈顶盖。盖器各画釉里红赶珠龙两条，盖顶有青花小瓣图案，器底边有青花蕉叶一周，盖、器内均有“大明宣德年制”青花楷书款。高 10.5 厘米，直径 17.5 厘米。此品种于明清两代延续不断，成为一个传统品种，深受人们喜爱。同样器型纹饰还有青花釉里红器。

釉里红和青花一样，虽然在元代即已经盛行制作，然而胎釉成型均较为粗糙。明初洪武、永乐时期则多釉色不佳，不是偏灰即暗红，真正细致釉里红制作，应始于宣德。宣德以后，成化尚能守成。成化以后，铜红烧造技术衰退，虽然清代雍正所仿宣德釉里红三鱼、三果器颇为精良，却无宣德红釉的沉敛，亦乏笔趣。传世宣德釉里红的三鱼、三果器，均采用大笔涂抹没骨绘法，故不见勾画轮廓线条。由于大笔涂抹，偶尔造成边缘部分施釉较薄，烧成后常见鲜红釉边泛蟹甲壳青晕，红釉明丽，微带青晕，更添几许画趣。此为瓷器上极难见到者。宣德釉里红杯在明代已经极负盛名。明谷泰在《博物要览》中称：“宣德年造红鱼靶杯，以西红宝石为末，图画鱼形，自骨内烧出，凸起宝光，鲜红夺目。”（《博物要览》，《丛书集成》本，台湾艺文印书馆，第 8—9 页。）宣德釉里红内大小气泡分布疏朗，晶莹带浊，犹如大小珍珠颗粒，红釉呈深浅淋漓斑驳现象，而清仿者则气泡均匀，晶莹不浊，红釉也没有晶莹斑驳特征。

四、青花器

宣德青花以其独特艺术魅力，从 20 世纪 30 年代起就备受推崇，闻名中外，至今仍被认为是明代青花瓷器之冠。安徽省博物馆收藏一件宣德青花缠枝莲纹菱口大盘，其细砂底上墨书“大明万历三年（1575 年）徐惇庆堂置办”的纪年记事款识。从这件器物的墨迹上可以窥知，明万历时不仅崇尚成化斗彩鸡缸杯，对宣德青花瓷也早已垂青，前朝青花瓷在当时已经成为待价而沽的古董被人收藏，可见宣德青花影响之大。1936 年英国人白兰士来中国，专为英国不列颠博物馆收集永乐、宣德青花器。其实在他之前，国内已经有人对宣德青花器进行了研究。1938 年，白兰士出版了《明初官窑考》一书，其中对宣德青花的描述和介绍，在国内外文物界引起很大震动，并相继兴起了研究永乐、宣德青花瓷热潮。随后英国人布德、德国人布夏德、美国人柯马、法国人魏智、日本人山中以及英国华侨吴赉熙等以及另外一些法国公司洋行，连同传教士在内也都在国内进行掠夺性收购，以至于永乐、宣德瓷器大量流失国外，其身价也擢升百倍，至今在国外市场仍然具有很高经济价值。早在 20 世纪 30 年代，孙瀛洲在北京就已经仿制出宣德青花，做得形神兼备，惟妙惟肖。这批仿制品多数销往国外，另有一部分卖给国内藏家，但不知何原因，今日竟然一件不见。这些仿品也许还被一些收藏机构或收藏家珍藏，未能露面。

1. 宣德青花器的主要特征

永乐、宣德时期为中国青花瓷器发展的黄金时代。宣德青花瓷器烧造数量远较永乐瓷器为多。宣德青花瓷以制作精细、纹饰精美为特色，明代以来文人对其赞誉有加。明王世性《广志绎》卷四称：“本朝以宣、成二窑为佳，宣窑以青花胜，成窑以五彩。宣窑之青，真苏勃泥青也。”张应文《清秘藏·论窑器》中载：“我朝宣庙窑器，质料细厚，隐隐橘皮纹起，冰裂鳝血纹者，几与官、汝窑敌。即暗花者、红花者、青花者，皆发古未有，为一代绝品。”宣德选择青料与永乐相同，青料品质相差无几，永乐青料略胜一筹。宣德青花用料更多使用进口优质青料，并且煅烧提纯技术更加娴熟，故而永乐重型，宣德重纹。现今世上流通宣德青花数量大，品种多，对后世影响很大，所以有“青花首推宣德”之说。宣德以后仿品越来越多，已故鉴定专家孙赢洲先生在 20 世纪 30 年代就能够精确辨别永宣青花。宣德所使用国产青料发色清淡，蓝色不是很稳定，并且流散走釉。明初青花釉面影青型占据主要地位，特别是浅淡青花，常于釉面混淆不清，如菱花口缠枝莲纹盘就有这种现象。宣德进口苏勃泥青与国产青料搭配使用，是取其优点、去其缺陷，具有明快发色、浓郁和淡雅相结合的特点。浓郁者，色泛黑蓝或深蓝。淡雅者，色灰暗犹如隐身云雾中。也有浅淡鲜明色调。进口青料负责“浓郁渲染”，国产青料负责“轻描淡写”，着重配合使用方式，更加能够凸显出青花纹饰层次效果。使用国产平等青，以浅淡颜色绘制龙的鳞甲，以浓重进口青料苏勃泥青绘制龙鳍，明显铁锈斑痕是宣德青花瓷的典型特征。

永乐和宣德时间相连，烧造年代无法区分，难以判断。但从整体上看，区分永乐、宣德青花瓷器大致有如下要点：年款不同。宣德青花瓷中很大部分有“大明宣德年制”或“宣德年制”官窑款。宣德官窑器所用青花料有两种：一种是进口苏勃泥青，由于其含锰量低，含铁量高，烧后色泽浓翠而有铁斑。另一种是国产钴料，由于国产料含锰量高，含铁量低，由此色泽带灰而没有铁斑。但宣德官窑器中有一种色泽偏淡，并不带灰暗色，且无铁斑，极为幽雅。这应该是精炼国产料绘画烧制而成，或是两种料配伍使用的结果。和永乐青花制作一样，宣德青花瓷着彩时系用小枝笔，每笔蘸料有限，需要不断重新蘸料，这就使得青花色彩有深淡浓浅笔触痕。**永乐、宣德瓷中，不见整片一笔涂抹情况，因此凡一笔涂抹的青花着彩法，即不属于永乐、宣德实物**。宣德青花器中除极少数器物釉色莹白外，绝大多数釉色均白中泛青，某些瓶罐类口沿及足边聚釉处呈水绿色。宣德青花瓷绝大部分底部施釉，有一小部分底部并不施釉，大器件有天球瓶、大盘、梅瓶、大缸等，中小器件有深腹圆洗、三足炉、花浇、鸟食缸等。凡底部露胎部分或是白胎色而露火石红，或有一层浅红色涂抹料，但均无旋痕。清代后仿宣德大盘之类器物，器底露胎部分往往有旋纹痕。宣德青花器物以矮底足为多，削足处理有多种方法，特别要注意大盘底足处理法。凡真宣德青花大盘，圈足断面往往呈倒梯形，墙内敛，里墙外斜，因此无法用手抓起。雍正仿宣德“一把莲”盘，圈足内外墙垂直，可以用手抓起。宣德底足之足脊应有棱角感，后仿者则呈“泥鳅背”状。宣德大件器物，如扁壶等均系分段结合而成，在器身可以看到或摸到接痕，但清代仿品则用前后身模制而成，在器身两侧可以看到或摸到拼缝痕迹。

宣德青花器型众多，永乐器型在宣德时期大部分继续烧造，而更趋变化多端，多见的有梅瓶、玉壶春瓶、天球瓶、贯耳瓶、折方瓶、葫芦形扁瓶、抱月瓶、僧帽壶、玉壶春执壶、方流执壶、梨式壶、大罐、大缸、钵、盖罐、八角烛台、豆、高足碗、花浇、渣斗、鸟食罐、匜、蟋蟀罐、漏斗、各式洗、各式盘、各式炉、各式盆、各式碗、杯、盏、碟以及笔管、笔盒、水盂等。宣德青花大盘在中东土耳其、伊朗以及景德镇御窑厂遗址出土品中都有所发现，有口径在 60 厘米以上大器，最常见有三种：一种是板沿大盘，其口径达 44 厘米以上；二是微侈口、浅弧壁形大盘，其口径在 28—44 厘米；三是菱口大盘，口径在 37 厘米左右。宣德青花碗是历代碗类器物中最繁多，有大、中、小各种式样数十种，如胎体极厚重平口沿大碗、器身如筒而矮短墩子碗、卧足馒头心碗、折腰形合碗、仰钟式碗、花瓣式碗、口极撇而底甚小葵口薄胎碗、口大而身高的盏、口撇而身矮的马玲式碗、口撇而大且底矮而阔的草帽式碗、口径与底径相近而身高直筒子杯，以及尖底莲子碗等。宣德青花器上辅助纹饰，最常见有仰、覆莲瓣纹，已经完全改变元代及明初洪武式样，多件瓣心填色，凡不填色者，内饰纹饰已毫无元代风格。在这些器物中，如折方瓶、方流执壶、厚胎钵、八角烛台、豆、鸟食罐、花浇、蟋蟀罐等，在永乐器中极为少见。

宣德青花瓷图案花纹以缠枝花、折枝花，其中尤以缠枝莲和宝相花为多见。在特定器型上使用某一种图案花纹，似乎有某些规律性。例如在口径37厘米左右菱口大盘上，一般都绘缠枝莲；在微侈口浅壁弧形大盘上，多见把莲、串枝莲和牡丹花；在板沿大盘上则以把莲、缠枝葡萄、瓜果和缠枝菊花为多。宣德官窑器使用龙纹较为普遍，龙的画法已经改变了元代细长颈的特点。有竖发、披发和前披发，显得较为凶猛，龙的五爪爪尖成带状圆圈现象多见，也有三爪、四爪。除了云龙外，龙和云分开的图案极多，有海水龙、团龙、龙戏火珠，也出现了莲龙、飞翼龙和衔花龙以及吐珠光龙。过去认为后面这三种龙出现的时代较晚，需要更正。双凤、狮球、波涛海兽也是常见画面。永乐青花器中少见的细描人物故事图，在宣德器中已屡见不鲜，人物故事配以庭院台阁，构成一幅幅完整画面。这些人物图案器物，多半是宣德八年（1433年）以后所生产，其绘画风格一直延续到正统以后。松竹梅岁寒三友图以及八宝图、竹石芭蕉、莲池水藻和梵文、阿拉伯文作为装饰也常见。蕉叶纹饰则中茎分开，留有空白地已成定例。回纹除个别仍还用二方连续外，多数已是整圈环连。此外，缠枝花、勾云纹、如意云纹、波涛纹、斜方格纹、锦地纹、团龙、团凤、各种团花及开光立龙和莲托八宝纹也是永乐器上少见的，而多见于宣德器纹饰。

宣德青花瓷除了白地蓝花常见品种外，也有蓝地白花装饰手法，其制作方法是在器物内、外壁上锥画出图案花纹，再用青料染绘地纹，以填满其空隙部位，然后上透明釉，高温一次烧成。其蓝色部分仍是釉下彩，它和以钴料入釉为呈色剂的蓝釉不同。从元代开始，景德镇就有这种蓝地白花品种。宣德仍然保留着青花和印花装饰同置于一器的方法，这种以印花和青花各自独立的装饰手法同置于一器，以洪武时期最为多见，永乐瓷中则很少发现。景德镇御窑厂遗址出土了很多有宣德年款内印龙纹、外绘莲池游龙青花小盘。这说明宣德朝继续烧制这一品种，但为数一定极少。

宣德青花深沉凝重，线条中能见到铁锈斑，青料凝聚处更加明显，褐色斑点深入胎骨，迎光侧视可见凹凸不平，有的画面也会出现晕散现象。晚明文献记载宣德青花“为苏勃泥青也”。囿于文献，学界一致认为永乐、宣德青花都是使用进口青料所绘制。同时把青花中有铁锈斑和晕散现象，作为使用进口青花料的主要特征，但是又对永乐、宣德青花中没有铁锈斑和晕散现象的青花是否使用的是进口青料产生怀疑。《中国陶瓷史》称："在传世的永乐、宣德青花中，有相当一部分不带铁锈瘢黑斑，而青花色泽又极为优雅美丽的制品，有人物画面的青花器，往往属于这一类。其所用青料究竟是国产钴土矿，还是进口料加以精制的结果，还有待进一步研究。" 苏勃泥青料发色明快，但在色釉深浅浓淡上，往往得不到均匀一致的效果。因此用这种青料画细线条和人的眉目脸型不适宜，特别是这种青料还常有洇釉之弊。所以永宣青花图案虽然很多，但是画人物较少，多数画各种缠枝花卉、龙凤和海水江牙等。即便有绘画人物图案，也多是以绘画仕女为多，衣饰多淡描轮廓，轮廓内部不填色。而国产青料特点是呈色稳定，色泽美丽，用于渲染烘托，其细线条能达到理想效果，具有水墨画风格。（见图 24、图 25）

2. 宣德青料的不同

青花的呈色情况比较复杂，如果仅仅把青花中有铁锈斑和晕散的现象作为进口青花料的唯一特征，显然是不够全面的。因为形成这种现象的原因很多。产生褐色结晶斑的原因主要是铁元素的沉积。明代青花料的加工要经过选料、淘洗、煅烧、拣选、研磨等工序。其中淘洗必须反复搓洗，多次沉淀。如果淘洗不精，则铁锈不尽，就会产生褐色斑点。另外，与用料的浓淡也有关系。画笔上含料过多、过浓，也容易产生结晶。故大笔平涂的起笔处，出现结晶斑的概率就高。至于青料的晕散，则与烧成温度有关。当烧成温度偏高时，则容易出现晕散，这从釉色中也可以得到印证，青花晕散的釉面要亮一些，不及正色青花的釉面柔和。所以，**为了使青花发色稳定不晕，有在青料中加入适当高岭土的做法是宣德青花的独门技艺。**

宣德所用青料的种类。宣德青花与永乐青花一样，皆是青花釉色达到极致的时代。究其原因，乃在于青花原料氧化钴。有人认为永乐、宣德所使用的青花钴料大多来自波斯地区，其撒马尔罕国就曾经进贡过钴矿"速来蛮"石，所以当时称钴料为"速来蛮"石。刘新园曾经做过精辟解释。（刘新园著《景德镇明御窑厂故址出土永乐、宣德官窑瓷器之研究》，《景德镇出土永乐宣德官窑瓷器展览》，香港市政局，1989 年，第 38—40 页。）晚明的时候称之为"苏泥麻"，音译讹传为"苏勃泥""苏泥勃""苏麻离"。名称虽异，其实就是同一产物，也可以说它是元代和明初之际由波斯引进钴料的通称。现在看来，这一认识有待更正。永乐时期，郑和下西洋带回来的苏青应该是南洋料，而不是西域料。虽然这两种苏料在呈色上相近，但还是有许多不同的地方。永宣青花就是这种南洋料的产物，与元青花那种西域料毕竟不是同样的东西。但是在高铁低锰的特点这方面，二者有共同之处。这种钴料经化学分析，系一种高铁低锰的青料，因用料有浓淡，绘笔有轻重，经高温烧成后，青花通常呈色艳丽。泛青的釉面上则常带有高铁所留下的铁质褐绿、褐黄或铁褐的结晶铁皮锈疵斑，浓淡不一，使纹饰有层叠堆积感，妙趣天成。有时或因釉料研磨不够精细、粒子微粗，会有渗青斑现象发生。此种现象清人称为“渗青”“铁皮锈”，也就是《南窑笔记·宣窑》中所谓：“宣窑一种，极其精雅古朴，用料有浓淡，墨势浑然而庄重，青花有渗青、铁皮锈者。”这段话描述了宣德青花的特征。

其实，当年除了郑和下西洋带回来的南洋料之外，还有一种来自西域的青料，这就是苏麻离青。“苏麻离”是根据波斯语“速来蛮”的音译而来，如果这样的话，撒马尔罕王朝在宣德初年还进贡过“速来蛮”。《明实录》“宣德六年（1431 年）正月甲午”条：“赐撒马儿罕使臣卜颜札法尔等钞、彩币表里有差。初，行在礼部奏：‘卜颜札法儿等进速来蛮石一万斤，多不堪用，今还请薄其赏。’上曰：‘厚往薄来，怀远之道。撒马儿罕去中国最远，毋屑屑与较，可加厚遣之。’故有是赐。”这里说的是宣德时西域进贡的速来蛮青料的质地太差，不能用。当年来自西域的青料主要问题是质量下降，可能与开采矿产已经进入尾声有关。对于这种劣质的苏青，景德镇的窑工探索用火煅烧的办法，对苏料矿石进行提纯提炼，这使得青料的提炼之法得以一直流传，成为景德镇制瓷业的一项重要创新。另外，当时景德镇的窑工还探索将进口青料与国产青料混合使用，相互取长补短，也成为宣德青花的一个重大创新。故而，当年宣德同时拥有南洋料和西域料，在绘画青花的取舍方面更为自由，在参与国产青料方面多有试探，因此，宣德的青花与永乐的青花不能认为完全相同，必然有其不同之处，方为正常之理。

宣德青料除使用进贡的“苏勃泥青”外，少数也使用国产青料。1993 年，景德镇珠山官窑遗址出土了一块宣德盘，盘上绘有呈色不同的折枝花，花旁书有“乐一”“乐二”等汉字，这显然是在检验青花呈色的试料盘。盘内书有“乐一号”“乐三号”的江西乐平产的青料，一般称为“陂塘青”或者“平等青”，这种青料大量使用开始于天顺、成化年间。特别是使用于成化官窑，呈色淡雅。国产青料中含铁成分不高，属于高锰低铁，因此不会有黑褐等铁皮锈斑，也没有浓淡不一的现象。在宣德试料盘上怎么会出现“乐”字编号呢？这使考古工作者产生了与乐平陂唐青的联想，他们把历年出土的元青花和洪武、永乐、宣德青花进行比对，结果是宣德青花呈色深沉，多数还略感泛灰，不及元代和永乐青花浓艳，晕散的现象也比元代和永乐青花少。为了弄清宣德青花料的真实面目，中科院上海硅酸盐研究所对宣德青花进行了科学检测。实验结果表明，宣德青花属于低铁高锰类，使用的是国产青料。这一结论出来后再次引发学者对宣德青花的关注。经过研究与探讨，大多数人认为宣德青花确实与永乐青花有差异。有人认为宣德青花是使用了国产青料与进口青料混合配比的混合料，也有人认为宣德青花是三种青料共同使用，即进口料、国产料和混合料。当然，如果说宣德青花完全是使用国产青料也有失偏颇，因为永乐与宣德仅仅隔有一年，永乐的苏勃泥青不会使用到一点不剩，而且宣德时期苏勃泥青还有过多次进贡。可能是宣德朝对于这三种青花料进行过比较研究，混合出一种新的青料，而且效果不差。

宣德青花呈色比较复杂，使用的青花色料一般被认为有国产青料、进口青料和两者的混合料。宣德官窑青花瓷与永乐青花一样，同属于最兴盛时期的产品，也是整个宣德朝官窑产品的主流。这一时期的青花瓷要比永乐时期的制作更为精彩，更为讲究。从整体看，写有年款的宣德官窑青花瓷器，在器形方面要比永乐官窑产品更为规整，青花发色也更为清晰，反应了这个时期的烧造水平的进步。宣德青花的发色清晰，修正了永乐产品常见的纹饰晕散的缺点。但是，有一点还值得深入研究。前些年曾经有观点认为宣德官窑使用的是国产青料，这种看法与以前的研究观点不同，以前通常都认为当时的青花瓷器使用的青料有三种：一是“苏勃泥离青”，二是“苏勃泥青”与国产青料合用；三是完全的国产青料。最近，有科学家指出，“宣德青花色料有两种，一种为高铁低锰，一种为高锰低铁，而且是大量的。据此确知宣德时期已较多使用高锰低铁型钴料了。与国产钴土矿对比，宣德时期所用的青料与浙江和云南产的钴土矿比较接近。”该专家的结论是：“永乐时用进口钴料，宣德时既用进口钴料又大量使用国产钴料是可信的。”（李家治主编《中国科学技术史·陶瓷卷》，科学出版社，1998年版，第378页。）这个结论比较客观，传世品中也证实了这个说法。进口“苏勃泥青”与国产“平等青”原各自单独使用，也有两者混合使用的。使用时以“苏勃泥青”绘龙纹，以平等青浅画波涛，故釉面主纹呈色浓艳，并带褐绿和黑褐铁斑，辅纹则淡雅清澈，深浅釉色和谐，这种强劲与柔和的调和，表现了宣德青花的极致之美。

宣德青花由于其制作工艺相对不够成熟，导致出现诸多“折裂”“棕眼”“橘皮纹”等工艺缺陷，又因宣德青花瓷在一件器物上也可见到两种不同的色料，宣德青花通常被认为使用的是与永乐相同的高铁低锰型苏青。所以说从元代到宣德，同样进口的青料有两种：一种是高锰高铁的“苏勃泥青”，一种是低锰高铁的“苏麻离青”。前者正是宣德朝使用的青料，而后者是元代所使用的青料。但是宣德时也有这种青料进贡，但是品质较差。宣德时使用煅烧法提纯，取得了较好的效果。故而宣德时期的青料成分较为复杂，或是单一品种的青料使用，也有可能是两种或者三种青料混合使用。相对于永乐时期的深蓝浓艳的苏青，宣德的青花多偏灰、偏紫或偏纯蓝，其灰色斑点和析晶也不如永乐青花多，其晕散情况亦较少。宣德青花使用苏青，与永乐青料相同，但是呈色浓淡不一，有铁锈斑和浅淡的锡光等特点。其青花料浓处有灰色或棕灰色小斑点，有的斑点上有析出的闪银白色金属光泽晶花。有些青花的析出物皱缩不平，周围的釉面有同心环状的裂纹。宣德青花在其较浅淡处偶可见斑驳的蓝色小点。宣德青花的最大特点是：要比永乐青花更为浓密，发黑，有凝聚斑点，而色调灰暗的，则少结晶斑。宣德后期的青花色调，或浓褐，或灰暗，少晕散和斑点。

宣德青花与永乐青花器无论在造型、釉料、纹饰上均有多处重叠，所以无款永乐器与宣德青花一般难以分辨。不过古人的文献中已经透露了信息，如前文所提及“质料细厚，隐隐橘皮纹起”，便已经说明了宣德瓷器的特征。所谓橘皮是与窑温和釉料的浓厚有关，至于釉面气泡大小，与窑温亦有绝对关系，与釉料也有关系。永宣青花都是使用进口青料，在技术、工艺和风格上又颇为相似，故过去一直说永宣不分。其实，朝代不同，纹饰画风是有所改变的，乍看相似的青花，永乐胎体稍轻，宣德胎体略重；永乐釉面光净，没有橘皮纹，而宣德釉面肥腴，多有橘皮纹；从纹饰上看，永乐器线条纤细，宣德器略粗，画意豪放，色调更为凝重晕散。就器足来说，永乐圆器足脊齐平，宣德器足脊略圆。二者还是有着甚多的不同之处。

宣德时期的青花用料大体有四种：

一是“苏泥勃青”料。这种来自南洋的苏料，发色浓艳深沉，有晕散现象。色闪黑蓝或深蓝者，凝聚处可见自然形成之黑褐色结晶斑，深深凹陷于胎骨之中，并发出淡淡的锡光色。其色浅处为天蓝色。苏勃泥青料所绘花卉枝叶有错综的变化，深浅相映，枝叶纷披，给人以清新明快的感觉。这种青料在绘制的纹饰上，有深入胎骨的深凹状况。手掌抚摸凸凹不平。

二是来自西域的苏麻离青，俗称“西域料”。但是这时的苏麻离青料的质量已经大不同于元代，无论在哪个方面，都已经不能满足宣德时期青花瓷大量生产的需要。因此景德镇的窑工采取了两个办法进行工艺改进。一种是对青料矿石进行煅烧提纯，以提高青料的纯度。另一种是使用国产青料与苏青混合配比，相互取长补短，也取得了较好的烧制效果。

三是国产青料。发色清淡，蓝色不稳定，时有流散走釉，特别是浅色的青花色料常与釉面混淆，致使纹饰模糊不清，如菱花口缠枝莲盘就有此种现象。这种国产青料产于江西端州，名“石子青”。这种青料有时也会有铁质斑点，这种青料的特点是铁质斑点不是深入胎骨，而是浮于釉色的表面，呈黑褐色或者单纯的褐色斑。宣德时期使用这种国产青料，绘制的陶瓷制品数量很多，也有人把它当成是苏麻离青料。当时这种青料还与经过提纯的西域料混合使用，效果很好，国产青料以优雅为贵。

四是“苏泥勃青”料与国产青料的合用。把两种青料结合在一起，苏料以浓艳为主，国产青料以幽雅为贵。如青花海水龙纹盘就是以这两种青料绘制的，浅淡的海水纹是用国产青料画的，浓艳的龙和盘子外壁上的石头，是用苏勃泥青料画的，可以显出龙的凶猛。这种混合青料发色明快，浓重与淡雅参差相间。浓者色泛黑蓝或深蓝，淡者色灰暗犹如隐身在云雾中，亦有浅淡鲜明的色调。这种混合使用的青料，以浓重的进口料渲染为主，国产料轻描为辅，收到了突出纹饰层次的效果。还有一种画行龙海水江牙纹的高足大靶杯，龙和海水全部都是用苏勃泥青料绘成，颇具匠心。

到宣德晚期时，瓷器的青花色调与上述四种情况完全不同，往往显得特别浓黑，有凝聚斑点，而色调灰暗的则少结晶斑。这时的釉面较为平润光滑，与那种青白色橘皮纹釉面全然不同。如果此类青花器没有款识，往往被误认为是正德器物。只有对比了署宣德年款的同类器物，才可能对泛白釉面有正确认识。这种情况要引起特别注意。如北京故宫博物院收藏的青花蟠螭纹罐、缠枝莲大罐、海水纹渣斗等，就属于这种类型，不过这几件均有款识。景德镇御窑厂一直出土的数件缸、罐、盘等大器，也同于此。这些青花瓷器可能更多地使用了西域进贡的苏青料，并且可能掺入了国产的石子青料，所以出现深色较深的现象。

所谓进口青料，与国产青料相比，呈色有自身特征，可概括为以下特点：呈色浓艳翠丽，色有浓淡，略含紫；有渗青现象，青色中有蓝黑色小点，如同上矾的宣纸上用墨绘画，漏矾处墨下渗成墨点，故称渗青。凡是有渗青者，在线条的边缘都见放射状流散。这种渗青现象在永乐青花中不多见。还有就是在青料聚集处有铁锈斑，铁锈斑处表面下凹并呈亚光。这些渗青和铁锈斑的形成机制并不一样，渗青是由于青料中的苏青颗粒所致，铁褐斑是由于青料集聚处含有较多铁质物质融化所致。而国产青料呈靛青色，有浓淡。单色的常与釉层晕化在一起，呈色方面晚期的稍差，或浓黑，或灰暗，和正德青花相似。有些器物中使用两种料绘画，即使用国产料勾勒，用进口料渲染。当时的国产青料与进口青料的混合使用，有两种方式，一种是分别绘画不同的部位，这些器物使用两种青料绘画不同的纹饰，如海水龙纹中用国产料画海水，用进口料画龙纹，起到了相互映衬的作用。另外一种是将两种青料按照不同的比例掺入一起，在绘画时表现的风格自然不同以往。宣德后期多半是使用这种方法，掺入的国产青料应该是所谓的石子青，所以颜色更为偏黑、偏浓重。

3. 高温钴蓝釉

瓷器高温钴蓝釉产生于元代末期或洪武时期。蓝釉所用青料与青花相同。明代蓝釉器又称作霁青或祭蓝。其实这是两种完全不同的制作方法。局外人不明就里，将两种蓝色混为一谈。高温钴蓝虽然源自元代，但是那是使用祭蓝方法在釉下涂布钴料。到洪武时开始试探将钴蓝料掺入釉中。但是至今人们仍然不能清晰辨认出永乐蓝釉瓷。宣德朝由于有“大明宣德年制”款蓝釉器传世，因此可以确认其存在。明代宣德高温钴蓝釉有很高的品质，其特征是：蓝釉色泽深沉，釉面不流不裂，色泽浓淡均匀一致，呈色稳定，又称“宝石蓝”“霁蓝”“祭蓝”，现在统称为蓝釉。从明代典章制度来说，蓝釉和红釉、黄釉都是作为祭祀之用，为宣德朝之上品，“宣窑……又有霁红、霁青、甜白三种，尤为上品。”宣德蓝釉以盘、碗为多，还有莲瓣卤壶、梅瓶、水仙盆等，但较为罕见。蓝釉器釉质肥润，显橘皮纹，颜色深浅不一，深蓝釉蓝中闪黑，具有宝石蓝效果。其中又有深浅之分，深色明亮多泛黑，浅色多泛白，不论深浅，在器物口沿处都有一线醒目的“灯草口”，在边缘积釉处微泛黑褐色。宣德蓝釉器的器里有蓝、白两种釉面。白里者，碗内部器壁上常印行龙纹饰，器里心浅刻三朵如意云纹，线条圆滑，但因釉质凝厚，纹饰多不清晰。宣德蓝釉器足内皆为白釉，并有青花和暗刻两种款识。另一种为器物内外都施以蓝釉，底部施白釉并署以宣德官窑款识。这种内外施蓝釉底部官款的器物，还有一种在内部有暗花刻款，较为少见。

宣德蓝釉器特征大致如下：和红釉器一样，有里外均施以蓝釉和仅器物外壁施蓝釉、里壁为透明釉的两类。碗、盘口沿之“灯草边”除个别极整齐外，有的线条弯曲，并不整齐。圈足施釉到底，有的器物甚至放置在桌上看不到圈足露胎处。足底釉色多数白净。年款有“大明宣德年制”青花款及刻款两种。但不见“宣德年制”四字刻款和青花款。宣德器物以素面为多，但也有浅刻暗花装饰，以龙纹为常见。

宣德也有蓝地白花品种。元代蓝釉白花器主要纹饰是龙纹，但宣德器龙纹少见，而以折枝花及莲池鱼藻纹为主。其白花部分是用堆泥法形成，即以白料泥浆按照花纹要求堆在器物上，烧成后有凸起的立体感。这里也有两种处理方法：一是在花或叶，或是鱼身上部位浅划茎、鳞，另一种则是在白花部位并不加任何刻划。清代康熙、雍正时都有宣德蓝釉器之仿品，如常见收口和撇口盘、碗之类，初看很像，细察之，则见釉质并不肥厚润泽，橘皮皱纹及气泡过于均匀、细小、密集。而真正宣德器橘皮纹，却聚集着大小不一、疏密有致气泡，并且仿品足内白釉过于匀净，均泛青色。再者宣德红、蓝釉器底多有塌陷现象，而仿品中薄胎者下凹过甚，厚胎者则无此现象。蓝釉中气泡反光性较强，在灯光照射下蓝釉中可见很多白色亮点。蓝釉表层可见到一些不透明浅色斑点。蓝釉器物也有类似红釉器的“灯草边”，口沿白釉与蓝釉过渡处呈浅蓝色，宽度约2毫米，比红釉器要窄。白釉处气泡较小，其浅色蓝略发白色。宣德和成化器蓝釉釉层都比较厚，但器物内外壁厚度不一，内壁釉层厚于外壁釉层，器壁釉层又厚于器底釉层，蓝釉釉层要厚于白釉釉层。明代蓝釉器似乎为多次上釉多次烧成工艺，故蓝釉釉层可以达到很厚。宣德蓝釉器非常名贵，又称宝石蓝、祭蓝，该种器物多为祭器，传世品存世量非常有限。

以钴为呈色剂的蓝釉，起源可以追溯到唐三彩陶器。高温钴蓝釉瓷器应是由元代景德镇发明。钴是青花呈色剂，融在釉中即可烧成钴蓝釉，呈色十分稳定。但是色彩鲜艳的蓝釉，除釉色纯净外，尚须有洁白的胎质映衬，方能显现出蓝如宝石的理想釉色。景德镇陶工在元代末期发明高温钴蓝釉后，后来发明了回青、洒蓝和天蓝等釉色，绚烂多彩，耐人寻味，现分别介绍如下：

元代蓝釉。元代蓝釉产品传世完整者十分稀少，全世界仅存12件左右。北京故宫博物院藏蓝釉白龙盘一件，为清宫旧藏之物，盘中心贴塑三爪白龙一条，龙纹矫健，刚劲有力，动态盎然，为典型元龙风格。同样白龙盘早年流散国外两件，一件存日本出光美术馆，另一件现存日本大阪市立东洋陶瓷美术馆。另有蓝釉白龙纹梅瓶一种，也是贴塑三爪白龙一条，原有3件，一为扬州博物馆收藏，一件藏于法国吉美博物馆，另一件为清宫中旧藏，原存颐和园，可惜后被打碎。还有蓝釉白龙罐一种，是残器，为镇江地区20世纪90年代出土。中华人民共和国成立后杭州出土元代蓝釉爵杯一种，保定市出土元代蓝釉金彩杯和盘各一种，其呈色蓝如宝石，金彩画法娴熟，灿烂金光与蓝宝石釉色呼应成趣，给人以富丽华贵之感，是元代蓝釉烧造水平的杰出之作。此外西亚地区尚藏有元代蓝釉白龙和白花、飞鸟及海马纹大盘，直径多在45厘米左右，分别存于伊朗巴士顿博物馆、阿特别尔寺和土耳其伊斯坦布尔托普卡博物馆。这几件蓝釉瓷器当是元代与青花一起生产的外销瓷。元代蓝釉瓷器传世稀少，且均藏于国家博物馆中，仿制者很难拿到手中，只能比照图录仿制。现代仿品主要出于景德镇，有用煤气窑烧的，也有用柴火窑烧的。鉴定时只要把握元代造型、胎釉特征，自可识别真伪。如盘底，元代真品虽看去粗糙，但用手摸时，却感到平滑，新仿者或过于细洁，或过于粗糙，均未仿到真品原有的神韵。元代蓝釉真品釉色深沉，后仿者多偏蓝色，过于轻浮。

笔者经过比照研究，发现元代所谓蓝釉器，其实应该叫作釉下蓝彩，或者称为祭蓝。这些钴蓝料是如同青花一般，用涂抹的办法涂布在器物生坯上，而不是将钴料掺入釉汁中再整体上釉。我们可以透过瓷器上面的透明釉，清晰地看到生坯上面钴蓝涂布时的笔

痕以及生坯上面的疵点。如果是蓝釉的话，这些东西都不可能看到。真正的蓝釉应该是在洪武时才真正出现。元代至正晚年，朱元璋击败了陈友谅，景德镇实际已经在朱元璋控制之下，这个时期浮梁瓷局烧造的瓷器，或许可能出现创新的蓝釉，如此说来，目前在各个博物馆收藏的蓝釉器物，如果不是洪武时期物品，最早只能是元末朱元璋实际控制浮梁瓷局后生产的。元代晚期或洪武时期烧造的蓝釉器物，其制造方法应该为蓝釉填白，这里面白色纹饰通常要比蓝釉微微凹进去一些，而元代釉下蓝彩做法则不同，它是在生坯上面浅刻画纹样后，以白料堆拱上去，然后在其他空白的地方涂布钴蓝彩，最后统一上透明釉。烧成以后，白色纹路因为增加了白料，通常微微高出蓝色地子。这可以用手轻轻抚摸就能感受到。因此说蓝釉器是区分元代和洪武最为重要的标志性器物。目前国内外各大博物馆还没有就此作出变更，需要更多研究来证实。（见图 26）

宣德霁蓝釉。过去明、清蓝釉习称“霁蓝”，继承元代传统，延烧不断，主要造型为祭器和陈设用瓷。明代霁蓝最为后人称道的首推宣德一朝。其釉色蓝如深海，釉面匀净，呈色稳定，后人称其为“霁青”，把它与白釉和红釉并列，推为宣德颜色釉瓷器三大“上品”。宣德霁蓝釉瓷器多为单一色釉，也有少部分刻划暗花的。另有蓝釉白花的，多为折枝花及鱼藻纹。其官窑款有青花和暗款两种，均为“大明宣德年制”双行六字楷书款。宣德霁蓝釉鉴定要点如下：（1）里外满施蓝釉和里白釉外蓝釉者并存。（2）碗、盘口沿“灯草边”整齐者少，多数线条弯曲，不规整。（3）圈足施釉到底，平视不会看到圈足露胎。（4）凡四字款者，均为后仿。（5）浅刻花纹多为龙纹，白花者龙纹少见，且白花均是用堆塑法制作，为凸起的立体花纹，但观望时似无立体感。（6）造型中碗、盘常见，瓶、壶传世品中少见。霁蓝釉梅瓶，高 27.4cm，口径 3.8cm，足径 8.6cm。**这里的第二条“‘灯草边’整齐者少，多数线条弯曲”，恰好说明祭蓝是釉下蓝彩，是在生坯上涂布再罩釉烧成**。

成化、弘治、正德时期，霁蓝釉瓷器传世不多，尤其是成化时期，至今未见一件传世完整器，但景德镇御厂遗址出土过书有成化款蓝釉碎片，说明其生产从未间断。弘治、正德蓝釉瓷器带官款者极少，鉴定时主要是把握两朝瓷器胎釉及造型特征。嘉靖蓝釉瓷器较为盛行，一是造型品种丰富多彩，二是釉色品种有新发展。造型除传统宫廷祭器、陈设瓷外，日用器皿中也常见蓝釉产品。釉色除霁蓝外，又新创一种“回青”釉。嘉靖霁蓝釉色蓝中微泛紫色，有些釉面开细小纹片，个别有棕色斑点，接近底足聚釉处则发黑色。回青釉则呈淡蓝色，没有刺眼浮光，有些器物口沿及圈足处施一层酱色釉。清代霁蓝釉瓷器生产历代未断，均有精品传世。有刻暗花纹，也有描金彩，常见造型仍是宫廷祭器和陈设用瓷。官窑霁蓝釉瓷多有官款，且做工十分精细，民窑也有霁蓝釉瓷，多是庙堂所用祭器，以炉、瓶最多，均无官款，但有纪年款。祭蓝釉器又称“霁青”，又名“祭青”“祭蓝”“积蓝”。宣德“霁青”名重于世，被誉为“宝石蓝”。与“霁红”“甜白”“黄釉”皆可作为祭祀用器。其存世数量仅次于青花，可见其在官窑品级中的重要地位。

宣德蓝釉器烧造较好，与祭蓝釉器不同。宣德蓝釉釉质肥腴，显橘皮纹。其色分深浅，深色明亮泛黑，浅色多泛白。不论深浅，在器物口沿处都有一圈醒目“灯草口”，在边沿积釉处微泛黑褐色。宣德蓝釉器，有蓝白两种器里，白者器壁上常印行龙纹饰，器里心刻三朵如意云纹，线条圆滑，但因釉质凝厚，纹饰多不清晰。底足多为白釉，上有青花或暗刻两种款识。清代康雍时期之蓝釉，釉质稍薄，气泡及橘皮纹过于细小、密集。足内白釉过于匀净，泛青色。

宣德霁青瓷是一种呈色较为稳定的色釉，色泽沉稳，色调浓淡均衡。宣德霁青器可以分为三种：一为器内外皆青者，二为内白外青者，三为蓝地白花者。三者外底足内皆为白釉。前二者素面为多，也有浅画和刻印纹饰者，通常在内壁印饰云龙，内心浅画云纹。后者则纹饰部分留白，有穿莲龙纹、折枝花与莲塘鱼藻纹三种。均是在坯土未干前先浅画轮廓线条、细部线纹，再施以透明釉。而莲塘鱼藻则是在留白纹饰上，以白料泥浆堆拱细部线条再罩透明釉，以凸显图画立体感。宣德霁青与同朝各类瓷器一样，在釉面上有大小不一、疏密分布的气泡和橘皮纹。器物口沿、圈足通常有不甚整齐均匀的白色“灯草边”。白边有深浅之分。霁青釉色有深浅明暗之分，有的浓艳明亮，古称“宝石蓝”。有的釉色呈灰蓝，盘心内凹，边缘处微鼓，鼓处釉薄泛白。霁青白花器因为钴料施釉时，必须避免沾染留白处，因此纹饰周围下笔较轻，故此处釉色较浅泛白。霁青留白堆泥器数量甚少，极其珍稀！

天蓝釉。天蓝釉又称天青釉，是宣德创新品种。宣德天蓝釉以氧化钴作着色剂，在还原气氛中高温烧成，其釉色应源于宋代汝窑青瓷天蓝釉色，不过汝窑天蓝釉色是以氧化铁为着色剂。中国烧制青瓷历史最长，宋代为其高峰。北宋汝窑、官窑、钧窑、耀州窑，南宋官窑、龙泉窑、哥窑等青瓷，釉色之美，色调之多，古今激赏。自明代起，景德镇官窑不断以宋代名窑瓷器作为模仿对象。汝窑幽玄典雅的天青釉色，也为喜爱艺术的宣德皇帝所爱，所以就开创了仿汝天青釉器。汝窑正色为天青色，青中带蓝。较淡者为天青，较深者为天蓝，其釉面上有开片纹及无开片纹两种，此皆为宣德官窑所仿。台北“故宫博物院”收藏有两件仿汝天蓝开片釉器，景德镇珠山官窑遗址也曾出土无开片天青釉器。台北“故宫博物院”藏有两件天蓝釉器，一件有款，一件无款，仅仅于底部画双篮圈，青线浅淡，不易辨识。然两件器物无论胎骨、釉色、釉调、开片纹或圈足修坯，皆一致，故知其为宣德时难得的制品。此两件宣德天蓝釉器，胎骨匀厚，较一般宣德器来得沉重，而且胎土也不似一般之洁白坚致，此应为刻意模仿宋代汝器灰白微黄之香灰色胎所致。观其釉面满布细碎开片纹，釉色天蓝偏灰，釉调乳浊偶带蓝点，具有“橘皮纹”气泡眼，与宋汝窑器神似而貌不同。宣德还有种天青釉，釉面整体呈色灰蓝，下腹部积釉处颜色较深，与釉层厚度不一有关。其釉面时有龟裂，釉面有细小纹片。器物口沿和底足涂有一层紫金釉。其釉薄显白，故颜色发黄。其中所用钴料会形成不均匀蓝色小斑点。（见图 27）

洒蓝釉。宣德洒蓝又称“青金蓝釉”，在清代称之为“吹青”，民间多叫“雪花蓝”。洒蓝釉为一种高碱釉，含有少量的钴原料。洒蓝釉颜色极多，且不均匀，蓝中加以白色小斑块，分布自然，犹如雪花挥洒在蓝釉上，有蓝黑色、深蓝色、浅蓝色和白色。在每种颜色上有其他颜色相间，或呈条状，或呈点状。洒蓝也是以钴为着色剂的一种蓝釉，制作工艺与蓝釉不同，却与青花有共同之处，只是青花以钴料作画，洒蓝则是将钴料吹于坯上，其装饰效果取决于钴料吹于坯上的形状。如果是星星点点地吹于坯上，则形成洒蓝装饰效果。洒蓝釉成熟于宣德时期，景德镇御厂遗址曾出土宣德洒蓝釉碎片，观其釉色，似为实验器，说明宣德时开始创烧这种釉色。星星点点的钴料融于透明釉中，极似釉中包裹着朵朵雪花，故也被称为“雪花蓝”“鱼子蓝”。《南窑笔记》说：“吹青、吹红二种本朝所出。”其吹红即是指豇豆红。长期以来人们都把洒蓝和豇豆红看成是清代康熙朝所创，事实上这两个品种当时都是仿宣德之作，只是宣德洒蓝要比康熙洒蓝拙朴得多。洒蓝上利用低温熔块铅质釉作成洒蓝釉，使用吹釉方法施于器物之上。这成为清代乾隆时期炉钧花釉前身。

从工艺上说，洒蓝并不是钴蓝釉，而是一种吹青料品种。其烧制方法是：在已烧成白釉器或毛坯上，以竹管沾蓝釉汁水，吹于器表，形成厚薄不均、深浅不同的斑片，其白釉仿佛飘落的雪花，隐露于蓝釉之中，经釉下暗云龙纹饰衬托，美不胜收。此类品种极少。洒蓝釉面开细密纹片，纹路细而浅。洒蓝釉中气泡较少，其釉与胎之间有化妆土，为高铝低硅特质，这种化妆土的特点更接近于高岭土，应该是一种含有较多高岭土成分的黏土。烧造不成功时会出现大面积颜色偏绿，这是由局部煅烧温度过高而形成。古陶瓷界一般认为洒蓝釉是一种高温釉，是在胎体上以青料吹施，罩上一层高温釉，再高温烧成。然而从化学成分分析来看，洒蓝釉中碱金属含量如此之高，应该不是高温釉。从显微形态看，洒蓝釉形貌更接近于孔雀蓝釉，洒蓝釉表面也没有施过白色透明釉痕迹，但洒蓝釉中确实含有钴，可能为所吹青料所致。洒蓝釉应该是一种中温釉，熔融温度在1000℃—1100℃间。洒蓝釉和孔雀蓝釉这种高碱釉，又含有过多碱金属，其膨胀系数与胎体严重不匹配，在烧制后冷却过程中，釉的收缩远大于胎体收缩，会导致釉面龟裂。但釉面龟裂不止形成于冷却过程中，在釉高温熔融之前可能就已经产生。如在施釉后的干燥过程中，釉面可能会开裂。在升温过程中，釉从常温到熔融之前，发生了一系列干燥脱水、氧化分解等物理化学反应，在这个过程中也会产生裂纹。熔融之前开片纹一般比较平滑，冷却中造成的开裂和出窑后应力参与造成的裂纹，以及腐蚀造成的裂纹和断裂，其裂缝边缘比较锐利。洒蓝工艺终有明一代，似乎仅仅出现于宣德时期，一直到清代康熙时期才又复烧成功，清代称其为“吹青”。宣德时期孔雀绿釉和洒蓝釉中碱金属含量非常高，从成分上看属于高碱釉。洒蓝釉的釉面也开细密开片，开片尺寸较小。洒蓝釉中含有大量的钴呈色元素。清康熙时洒蓝釉又恢复了生产，《南窑笔记》称其为“吹青”，并认为是清初新制，实质上为仿宣德产品。康熙洒蓝呈色稳定，做工精细，多辅以金彩装饰，也有少量辅以五彩和釉里红装饰。康熙以后历代均有洒蓝釉瓷器生产，仿康熙洒蓝也不少。鉴定时要注意各时代造型和胎釉，仿康熙洒蓝金彩容易脱落，常有后世金彩脱落后描金复烧的情况，一定要用放大镜仔细观察描金痕迹。现代仿品金彩是用金水烧的，呈色比康熙金彩艳丽，要注意二者区别。

这种洒蓝釉大碗均为器内施以透明釉，器外壁吹青料，有的刻有云龙纹，有的为素面无纹，内底有“大明宣德年制”六字楷书青花款。器型和图案花纹布局，在宣德青花瓷器中可以找到相同实物。国内原仅有两件完整器：一件为光素器，藏北京文物商店；另一件外壁饰以暗刻云龙纹饰，为侨居瑞士的仇焱之先生所藏。近年景德镇出土有残盘片，署官窑款识。该种器物釉色色调多偏暗，呈深蓝或黑蓝点，釉面上白花（雪花）不明显或无规律。由于是在毛坯上吹釉，釉面中微含淡紫色斑点。宣德洒蓝釉完整传世器物仅见一种钵形碗，高为12.5厘米左右，口径26厘米左右。现在知道的传世品仅有4件，国内有1件，曾经于1978年5月在北京全国征集文物展览中展出过；国外有3件，其一为仇焱之原藏，于1980年11月在香港拍卖；另一件为英国大维德基金会所藏；第三件则于1967年5月16日在英国伦敦拍卖过；还有一件藏于天津艺术博物馆。宣德洒蓝器只是官窑少量烧造的制品，在景德镇御窑厂遗址中曾经出土过有锥刻花纹洒蓝残片。这种工艺只是在宣德时期出现过，宣德以后整个明代不再复制，一直到清代康熙时才又恢复生产。2014年成都文物考古研究所对成都东华门明蜀王府遗址进行了发掘，出土了相当数量陶瓷，其中有一件跟我们介绍的碗一个面貌，应该是同一件东西。从公布出来的图版上，可以看到出土的那件洒蓝碗上的龙其中有一条腿就为四爪。这样看来，故意把双龙的一条腿刻成四爪，可以理解为是为了避免僭越官窑制度。器形外壁双龙都是五爪的例子也有，台湾清玩雅集收藏团体有一件盘，盘心是透明釉，盘壁是双龙，同样是洒蓝地上孔雀绿，不同之处就是双龙都是五爪，这件可能是为宫廷所烧。（见图 28）

老太太的喂鸡盆。20 世纪 70 年代的一天，北京文物商店来了一位老太太，进屋后从布包里拿出一个瓷碗，“我要把它卖了换钱。”工作人员拿起来一看，是一只蓝色大碗，胎体厚重，釉色浓淡均匀。再看碗内部，碗里有些磨痕，而且还有污垢。“老太太，这碗是做什么用的？”“最早是家里装盐的，后来觉得太大不好用，就用来装鸡食喂鸡了。”工作人员这才明白为什么碗里有污垢。“那您准备卖多少钱？”“这只碗在家里已经很多年了，应该是有点年头的古物。不过，它虽然看着结实，但蓝色中还有白点，可能也不是什么太好的东西，价钱嘛……看着给就是了。”最后商量着，工作人员给了她 80 元人民币，老太太拿着钱高高兴兴地走了。老人走后，工作人员将碗放进水里清洗，当碗内底污垢慢慢被洗净，正正方方的六个字显露出来——“大明宣德年制”。这六个字是青花年款，笔画纤细规整，确实像明朝宣德年间的风格。如真是老物件，算起来，这碗至少得有五六百年的历史。罕见的洒蓝釉碗全世界仅存 3 件。一般来说，瓷器落款都在器物外底部，而这件却在碗内心，这是非常少见的！工作人员立马意识到这碗不是一般的老物件，马上向领导汇报。当天下午北京文物商店门口停满了汽车，几位著名瓷器专家陆续赶来。当把这只蓝碗摆上桌时，所有人都屏住了呼吸。从器型、材质到工艺，专家们一致认定这就是一件烧制于明朝宣德年间的景德镇瓷器，根据器型特点，专家们将其命名为“景德镇窑洒蓝釉钵”。老太太一定没想到，这碗最珍贵之处正是她误认为有缺陷的地方，即碗上的白点。洒蓝釉碗看似简单，其实工艺十分复杂，因为要二次烧制，所以成功率很低。一般来说由于做工精细程度不同，形成瓷器效果也不同。首都博物馆藏有一件明宣德时期洒蓝钵，也是非常重要的一件作品，高 11.5 厘米，口径 25.3 厘米 。

4. 其他青料釉色瓷器

天蓝釉。霁蓝、回青和洒蓝的钴含量均在 2% 左右，如果降低钴含量在 1% 以下，则可烧成天蓝色高温颜色釉，又称之为“天青”。此种釉色早在宣德时期出现，试烧数量极少，传世品难以见到。后来工艺失传，到清康熙时又复烧成功。雍正、乾隆时继续生产，色泽幽雅，传世数量不多，精品均为官窑生产，其造型有瓶、觚、洗、碗等类，基本未见大件器物。北京故宫博物院所藏雍正天蓝釉釉里红葡萄纹碗，把天蓝釉与釉里红融于一体，清新淡雅，耐人寻味，是代表雍正天蓝釉最高水平的精绝作品。康熙天蓝釉呈色浅淡，雍正略深，乾隆时积釉处微泛淡黄绿色。后仿天蓝釉的胎、釉均与真品有较大差距，注意把握真品的时代特征，鉴定真伪比较容易。现代新仿烧制天蓝釉并非难事，要注意当代高仿作品的出现。

渗青。宣德官窑青花呈色历来评价甚高，其中有所谓“渗青”现象更备受青睐。据理化测试，宣德青花釉料分高铁低锰和高锰低铁两大类。高铁低锰料显然是进口苏泥勃青料特征，高锰低铁料是国产料特征。从测试标本统计，高锰低铁钴料占大多数，说明宣德时期已经较多使用国产青料。这种国产青料呈色和浙江、云南所产钴料较接近。

蓝地白花。以青花来描绘主题纹饰，效果甚好。但宣德时还有另一种手法，是以青花为地或做陪衬，以留出空白图案为主体，形成青花地白花品种，又称为“宝石蓝地白彩”，民间俗称为青花“反花”器。这种做法继承元代工艺，独具匠心，为后来各种色地套叠装饰开创了一条新路。明代宣德、成化朝官窑瓷器上已较多使用。从装饰方法看，类似于元代蓝釉白花器，以宝石蓝釉做色地，留出空白做纹饰图案，用刻、堆、镶嵌方法填入白釉，使白色纹饰有立体感，蓝白分明，清新别致。但是与元代蓝釉白花器在制作工艺上明显不同。元代是一种“填白”工艺，而此时蓝地白花则是在白釉地上，以蓝釉填空隙，漏出白底。故被称为“反花”。元代蓝底比晕散青花纹饰更加艳丽，并且深厚平静。而反花纹饰器物少有不同，其常见纹饰有龙纹、鱼藻、葡萄、牡丹等。从釉层断面看，在器身“白花”白釉与蓝釉交界处，蓝釉叠压在白釉之上，应该是先施白釉，剔除白釉后再填蓝釉，为“填蓝”结构。上海博物馆收藏一件蓝釉白花莲池游鱼纹盘，其制作方法是在器物纹饰部分留出蓝色，施以白釉。还有一种做法是用白釉做纹饰，以刻印、堆线等手法制成龙纹、花卉花果等图案，在纹饰之外满施蓝釉，并在高温中烧成。这种器物是以宝石蓝釉为地，用白釉地做彩绘图案，画出龙凤或花卉等图案，在高温中烧成。上海博物馆收藏一件宣德官窑蓝地白花盘就是其典型作品。

刻画描青。是指在胎骨上刻划暗纹，在隙地里用青花描绘辅助纹饰，如青花海水白花纹。有些则是以青料涂地，如青地白龙大盘。

堆塑涂青。先将器物或者局部堆塑成型，在相应部位用青料涂抹，如青花鸟形砚滴。

青花釉里红。又称“青花加紫”。最早见于元代，明初中断，永宣时期再现，此后延续不断，但是传世品数量极少。

蓝地描金。这样的品种属于试烧品种，存世数量极少，而且所描绘的金彩极容易脱落。

5. 青花写款

宣德时期写款所用青料多与器物本身青料有所不同，写款呈色较浅，并偏向较暗的纯蓝，并略有朦花现象，似是两种不同配料。这种青料是一种纯正蓝色，显微状态下看，有很多斑驳蓝色小点，其形貌与成化青花相似。应该是当时使用国产青料与进口青料混合的一种青料。（见图 29、图 30、图 31、图 32）

五、彩器

1. 五彩是明代景德镇官窑瓷器中一种新工艺

元代景德镇瓷器中不见五彩，只有红绿彩和其他多种彩。洪武官窑中也没有五彩，只有单色和二色釉上彩，2002 年景德镇御窑厂遗址出土了洪武红绿彩就是证明。永乐时期，景德镇御窑生产了许多种类釉上彩瓷，珠山窑址中有较多出土，但也没有五彩。直到宣德时期，景德镇官窑才烧出了五彩瓷器。关于宣德官窑五彩，历史上曾经有过不少记载，但长期以来传世品中并没有发现宣德官窑五彩，有人甚至怀疑历史上是否真有宣德五彩存在。直到 20 世纪 80 年代，传世品和出土实物双双被发现，宣德五彩才为世人所熟悉。宣德釉上彩品类之多，可以成为宣德官窑另一特色。仅就目前所知，宣德彩釉品种中属于釉下彩的有青花、釉里红，以及青花釉里红，属于釉上彩的有釉上红彩、黄彩、绿彩等，以及属于釉上、釉下彩结合的青花红彩、青花黄彩、青花描金、红釉金彩等。单色釉有甜白釉、红釉、蓝釉、天蓝釉、紫金釉、褐色釉、龙雀绿釉、绿釉、洒蓝釉、紫红釉、仿龙泉釉、仿哥釉，等等。据文献记载，“彩器始自宣德。”但是，南京市发现的洪武官窑红彩云龙盘残片已经突破了这种看法，可以认定它是景德镇窑红彩器的开端。中国唐宋以前陶瓷皆以单色釉为主，元代开始普遍使用青花和釉里红等釉下彩釉，改变了单一色釉的局面。明初釉上彩绘逐渐增多，到宣德时，釉上彩开发和烧制技术已经成熟，于是创烧出了釉上、釉下彩相互结合的瓷器，使得宣德官窑成为五彩、斗彩的先锋。这一成就，使宣德官窑在中国陶瓷史上占有十分重要位置。

宣德时烧制的红彩较洪武时更加鲜艳，并且色调有浓重和浅淡之分。浓重之色，见于河北省安次县正统三年（1438 年）何氏墓出土缠枝莲托八宝三足炉，其红彩呈色黑紫，深暗凝厚，显得油腻，表面无光，与同时期海八怪碗相同。浅淡之色，见于北京故宫博物院收藏红彩云龙纹合碗，其龙首色泽虽重，却较上述三足炉红彩浅淡，龙身则为浅珊瑚红色。景德镇御窑厂遗址出土红彩三鱼、三果纹高足杯，其色泽更为浅淡。在西藏日喀则萨迦寺，发现了一件色彩比较浓艳的瓷碗，后经专家鉴定，确定为宣德官窑五彩瓷器。1993年第三届全国文物精华展在上海博物馆举行，萨迦寺宣德五彩碗首次入选亮相。2000年萨迦寺另一件宣德五彩瓷器——高足碗第一次出藏，在上海博物馆“雪域藏珍——西藏文物精华展”中露面。这两件作品一件比一件精彩，尤其是高足碗，釉色光洁滋润，五彩色泽鲜艳，作品毫无瑕疵，堪称人间绝品。在萨迦寺宣德五彩瓷器发现后不久，景德镇官窑遗址也发现了宣德五彩残器，那是一件盘。上面青花和五彩绘制风格与传世品基本一致，连图案也相同，均绘以青花龙纹和五彩鸳鸯莲池纹。目前还没有发现其他图案宣德五彩瓷器或残片，因而不能肯定当时是否还烧造了其他作品。

从工艺上看，宣德与以后五彩瓷器并无二致，属于釉上彩制作工艺，在已经烧成上釉胎体上，画上红色和其他色彩，在低温彩炉中烘烤而成。当然与明代许多五彩瓷器一样，在釉下还会有少量青花图案，由于这些图案只是点缀性的，它们不是图案和画面主体，也没有与烧成使挂上去的五彩“拼逗”在一起，因而还不能称为“斗彩”。总之明代五彩是在釉上单彩基础上发展成为以红、绿、黄为基本色彩的多种彩。还有在青花上以单彩基础上发展起来青花五彩，这就是明人所称的“间装五彩”。明代五彩瓷器烧造高峰是晚明时期，其工艺没有什么大改变，但在用料方面有细微变化。从外观效果看，各个时期五彩在色差上可以看出其间变化。

宣德产生了青花加彩器，这是一个伟大发明。这项技术诞生有三个前提条件：首先是青花双勾填色技法出现，其次是釉上五彩工艺成熟，最后是复合彩方法的创造。明代沈德符《敝帚斋剩语》对宣德时期青花五彩器有明确记载：“本朝窑器，用白地青花，间装五色，为今古之冠。如宣窑品最贵，近日又重成窑，出宣窑之上。”因世事更迭，传世品中极少明初青花加彩器物，自20世纪80年代以来，考古中多次发现明早期青花加彩的资料，弥补了一些历史空白。1982年在景德镇御窑厂仪门故址，发现一件青花卷草纹小靶杯，外壁蔓草状纹饰，内外口边饰均留有空白，应是填金料或红彩。台北“故宫博物院”所藏青花红彩花卉纹高足杯，其造型、尺寸、纹饰与此件出土物完全一致，由此可以相互印证。1988年11月在景德镇明代御窑厂西院和东司岭间沟道内，发现了宣德残瓷，其中有满池娇纹盘、青花填矾红花钵。特别是满池娇纹盘的发现具有重要意义，可与西藏地区发现的青花五彩满池娇纹碗相互印证。青花填矾红花钵因属青花为地，与青花加彩的器物相比，青花和釉上彩相互拼逗完成画面，意义不同，当属另一新品种。1993年在景德镇御窑厂故址东侧，出土一块青花五彩满池娇纹饰靶盏残片，其纹饰画法同上。

2. 青花红彩

这是青花加彩的初始品种，出现于永乐时期，宣德时有较多生产。青花五彩在永乐制品中没有发现，但是在宣德时，无论在文献或是实物资料中都已经有了十分成熟的青花五彩器。即在青花纹饰中留出兽形、龙形等白釉色地，再填以矾红彩，其色彩凝厚，红中闪黑，少有光泽，如青花地开光红彩花朵、青花纹饰各式花盆以及青花海水红彩海八怪高足杯、盘、碗、大碗、合碗之类。反之，也有用红彩做地的来衬托青花兽形纹饰，其效果更好，这一类红彩，较上述单一矾红彩凝重色调略显清淡，又较浅珊瑚红色为重，介于二者之间。宣德青花红彩器品种较多，择要介绍如下：

青花红彩云龙纹合碗。侈口，浅壁，矮圈足，带圆顶盖。盖、器壁各画红彩赶珠龙两条，隙地画青花朵云。器底边画青花波涛纹一周。盖边饰红线两条，青花线三条，器身青花线十条。盖和器内有“大明宣德年制”青花楷书款，外双圈。口径17.4厘米，高10.2厘米。

青花红彩海水海兽纹杯。侈口，窄唇，深壁，高足平底，外壁青花海兽12只，隙地满饰红彩波涛纹，器心有“大明宣德年制”青花楷书款，外双圈，高8.8—8.9厘米。

青花红彩花卉纹高足杯。侈口，窄唇，深壁，高足平底。器内口沿青花斜方格纹，加红彩十字，周壁红彩缠枝花叶，底心青花锦纹一周。外壁口沿下青花双线连环一周，加饰红点，周壁青花缠枝花叶，红彩花朵。底边青花云头，红彩点心，足边青花勾云一周，内外均加饰青花，红线16条，器心有“大明宣德年制”青花楷书款，高8.5厘米。

上海博物馆收藏一件青花红彩海兽鱼涛纹高足碗。传世中极为少见，仅有少数机构有收藏。可分为三种：一种绘有海兽鱼涛纹，一种绘花卉，还有一种绘三鱼纹。绘海兽鱼涛纹的，一是以釉下青花绘海水，烧成后再绘以矾红彩海兽鱼涛纹，然后入低温炉烘烧。另一种则相反，以青花绘海兽鱼涛纹，用矾红彩画海水。前者在上海博物馆和北京故宫博物院均有收藏；后者在台北“故宫博物院”和香港天民楼也有收藏。宣德还有一种器身满绘青花海兽纹饰，却不以矾红彩加饰的器物，可能是尚未施以矾红彩的漏彩器。北京故宫博物院和大英博物馆均有收藏。这类器物还有青花红彩海水龙纹碗，藏北京故宫博物院。台北“故宫博物院”还收藏有一件青花红彩云龙纹盖盒。景德镇御窑厂遗址出土的还有青花红彩云龙纹碗和海水龙纹盘残器。还有同样器形和纹饰的青花杯，未加彩。此外尚有青花矾红直口碗，直口，深腹，圈足，口沿下有青花几何纹饰带，腹部有青花海水波涛纹，海水中以釉上红彩画海兽，口径16.4厘米。青花红彩撇口碗，撇口，直腹，圈足。口沿有青花回纹，腹部有红彩波涛纹，海水中画青花海兽，口径15.3厘米。景德镇御窑厂遗址出土的一件宣德官窑青花填红大缸残器便是明证。这类作品明代晚期也有制作。

青花红彩为釉下青花与釉上红彩结合，此两项技法皆在宣德前已臻成熟，不过都是单独存在，宣德时始见两者结合技法的出现。台北“故宫博物院”所藏青花红彩器物有青花描红云龙纹合碗、青花红彩海兽波涛纹高足杯、青花描红花卉高足杯。其中云龙纹以青花绘云，以矾红画龙，而海兽波涛纹则恰好相反，以青花绘主纹十二海兽，以矾红绘波涛，此两种属正反用釉，因均在釉面上填满纹饰，即使青云或红水可单独成立，但釉面上刻意留下空间，难免有缺憾不足之感。以上数种类器，釉上彩、矾红有色彩，光泽皆不同，有深浅明暗之别。花卉红纹彩较为深暗厚重，波涛海兽、波涛龙纹色泽鲜红，浅淡近似珊瑚红。合碗龙纹则呈色为较浅的橙红，此与蘸釉厚薄及低温烘烧的温度有关。另外还有青花加彩，分为青花红彩和青花五彩两种。青花红彩如海水怪兽纹，用青花画海水，空白处绘怪兽纹路，再在烧成的青花器物上用矾红彩描画怪兽，二次烧成。青花五彩是用青花画出纹样局部，烧成后再用五彩描绘其他部分，经二次低温烧成。

3. 青花金彩

景德镇在元代开始采用金彩装饰，到明初永乐、宣德时继续沿用。宣德时金彩器见有青花加金高足碗，于青花卷枝梗上加绘金彩叶纹，于内壁上方青花格纹中加绘金彩或红彩“十”字，器心写“大明宣德年制”官窑款识，其青花色淡。还有加饰金彩龙纹的红釉、蓝釉器物，如红釉云龙纹大碗和盘，龙身用金粉彩绘，红釉闪黑灰。上述青花加金及红釉加金器物，其金彩现多已脱落，仅能见到灰白色痕迹，可见北京故宫博物院藏品。官窑瓷器上贴金或描金装饰，始于五代越窑秘色瓷，北宋定窑已见使用，景德镇明代官窑遗址亦出土多件白釉金彩器。明初官窑在白瓷和各类单色釉上，如霁青、祭红等器物上，使用金彩作为纹饰图案装饰，可见金彩颇受宫廷欣赏，用以彰显皇家富贵气象。台北“故宫博物院”所藏之单色釉上加金彩者，如祭红描金双龙赶珠纹高足碗、红釉金彩双龙赶珠纹碗，均以金彩为主要纹饰。当然也有金彩作为边饰的青花金彩器，主要纹饰大多为片状贴花技法施彩，故容易剥落。有的金彩则由于施彩纹饰为局部点缀，不似片状贴饰之易于剥落，因此金彩剥落者较少。

4 青花黄绿彩

宣德青花黄彩皆为黄彩填地，也就是在已经烧成青花纹饰以外隙地均以黄彩填满，然后二次烧成，故也称为“黄地青花”。宣德黄彩仅作为单色釉彩或填地，并不像其他红彩或金彩也作为纹饰使用。青花黄彩工艺技法肇始于宣德，一般常见为折枝花果纹盘，以青花绘折枝花卉，隙地填黄，其隙地边缘，因未能仔细填画，常有露白或彩过青花纹饰边缘的情形。宣德以后，成化、弘治、正德亦盛行模仿此类釉彩，不过已经少有上述缺陷，黄釉呈色较宣德更为娇嫩均匀。青花黄绿彩品种仅存一件，为台北“故宫博物院”收藏的青花黄绿彩游鱼盘，侈口窄唇，浅壁，矮圈足。盘心青花番莲一支，边线双青花线。外壁青花波涛纹，加填绿彩，分饰黄彩游鱼六尾。底有“大明宣德年制”青花楷书款，外双圈，口径 21.6 厘米，窑址未见出土。还有绿釉青花，宣德官窑中还有在烧成的白地青花上，施以低温色釉，然后二次烧成。绿釉青花是整个器物满施孔雀绿釉。

5. 青花五彩

目前所发现的宣德时期青花五彩器均为满池娇纹饰。在西藏萨迦寺发现碗两件。萨迦寺为元代萨加王朝国师八思巴圣地，寺中有大量明初永乐、宣德时金属与陶瓷施品，乃文物宝库。在景德镇御窑厂遗址发现盘两件、高足碗残片一件。这五件青花五彩器型不同，但主题纹饰相同，绘画方法也相同。青花五彩满池娇纹碗，为西藏萨迦寺所藏，共两件，撇口，弧壁，圈足。制作规整，胎薄而致密，釉白略青，厚润如玉，碗内口沿有青花藏文一周，意为“昼吉祥，夜吉祥，昼夜吉祥，三宝吉祥”。外壁口沿一周有青花五爪龙纹五条，间饰万字云纹饰，龙纹下是青花五彩莲池鸳鸯纹，圈足为青花海水纹。底有“大明宣德年制”青花楷书款，外双圈，足端平润，露胎处有一圈火石红。青花呈色宝蓝，极为纯正艳丽。青花线条有放射状流散，并有深色结晶细点，即所谓渗青，是使用进口苏泥勃青料。其碗外壁青花五彩莲池鸳鸯纹，画工精细。荷叶用绿彩没骨法勾成，荷花用红彩双勾并填色，鸳鸯用青花、绿彩、褐彩、黄彩等色绘画，呈色五彩斑斓。青花五彩满池娇纹盘，为撇口弧壁，矮足微敛，底心微凹，口沿有青花藏文吉祥语一周，盘心为莲池鸳鸯纹，画荷莲三组，间饰芦苇、红蓼、慈姑、浮萍，有飞翔鸳鸯一对。外壁莲荷四组，间饰红蓼、慈姑，有鸳鸯两对。底有“大明宣德年制”青花楷书款，外双圈。口径 21.5 厘米，足径 13.3 厘米。青花五彩满池娇纹高足碗残器，纹饰同满池娇纹盘。该器物中花鸟分别以红、黄、绿、绛紫诸彩点饰。红彩泛黑，绿彩闪黄、黄彩浅淡鲜亮，绛紫微褐，近似于成化时的姹紫。其色彩均明快、艳丽，并非堆垛。

青花加彩是指先在坯胎上用青料绘成完稿或者不完整纹饰，施以透明釉烧成后，再于白釉上用其他单色或多色彩釉描地，或绘饰其他图案，再以低温烘烧而成。因此完整图案的青花器，若无釉上彩结合，仍可单独成立，而不完整图案的青花器则不能单独成器。到目前为止，青花加彩器无论单彩或复彩，最早皆出现于宣德时期，台北“故宫博物院”所收藏青花加彩器，有青花红彩、青花黄彩、青花描金等三类，三者皆为单彩。多彩者如景德镇珠山御窑厂遗址出土宣德官窑，以及西藏萨迦寺出土及传世器，此二器应就是明人记载中的五彩器。明人王世性《广志绎》卷四：“宣德五彩，堆垛深厚。而成窑用色浅淡，颇成画意，故宣不及成。”（《笔记小说大观》四十三编，第5册，台北新兴书局，1975年，第83页。）高濂《遵生八笺·燕闲清赏笺》亦载：“宣德年造……如漏空花纹，填以五色，华若云锦，有以五彩实填花纹，绚艳悦目，……五彩宣庙不如宪庙，……宣窑五彩，深厚堆垛，故不甚佳。”（黄宾虹、邓实编《美术丛书》三集第十辑，艺文印书馆印行，1947年，第164页。）由以上两则记述可知，早在明人笔记中即多记载宣德有五彩器，然而实物却于近年景德镇珠山遗址以及西藏萨迦寺发现，两者皆釉色鲜丽，画工精细，并不见得画意不如成化，唯典型成化色彩大体较淡且疏朗而已。1984年摄影家王露女士于西藏萨迦寺偶然拍摄到一对青花五彩官窑碗照片，引起文物出版社胡昭静女士注意，经北京故宫博物院耿宝昌鉴定为宣德器，才解开宣德五彩之谜。这个碗器底青花楷书“大明宣德年制”官窑六字款。花鸟纹分别以红、黄、绿、绛紫诸彩点饰。其红彩泛黑，黄彩浅淡鲜亮，绛紫微褐，近似于成化时的姹紫。其色彩清晰明快，艳丽，并非“堆垛”。

宣德五彩以釉下青花及釉上绿彩、红彩、黄彩以及赭石等多彩结合烧制而成。出土的莲塘鸳鸯纹盘以及西藏萨迦寺传世碗，与同类纹饰的成化款莲塘鸳鸯盘比较，宣德釉上五彩蘸色堆填，故色彩较成化时为厚，而画工却较成化时为细，惜明人不喜厚彩，因此认为典型成化斗彩胜于宣德五彩。景德镇珠山窑址出土宣德款五彩莲塘鸳鸯纹撇口盘，名录虽定名为“斗彩”，其实即为明人文献中的“五彩”，所谓“斗彩”之名，实为清人所定。

6. 宣德斗彩器

宣德斗彩数量极少。提到斗彩，人们只知道成化，认为是景德镇彩瓷中重要品种。景德镇斗彩瓷器烧造于何时？古人说始于成化。但今天看，应该早于成化。景德镇御窑厂遗址出土大量宣德、正统时期青花瓷盘碗残片，上面青花留下大面积空白，有关专家认为是斗彩半成品，空白处是特意留下绘制五彩。尽管没有发现真正宣德斗彩，但当时有五彩器已经没有疑问了。萨迦寺两件宣德五彩，严格说也有斗彩味道，所以说这种工艺很可能诞生于宣德时期。景德镇出土一件残器，为鸳鸯莲池纹盘，以青花为底蓝色，釉上有矾红彩、褐彩、绿彩和黄彩，均为低温釉上彩。宣德时期出现绿彩，又称瓜皮绿彩。但这时绿彩浓淡不匀，在绿彩周围有一圈黄彩环绕。绿彩上多黑点，与周围白釉相比下凹，说明绿彩下有白色基釉，绿彩多有龟裂。褐彩画于红彩之上，红彩不均匀，褐彩厚处有气孔和剥彩。此可证明五彩和斗彩并非始于成化，而是自宣德就已经有了。这是对元代和洪武时期五彩的继承和发展，也是后来成化斗彩的前身。

六、其它色釉

宣德单色釉产品种类很多，红釉整体质量不及永乐器，但是蓝釉烧造水平大大超前，色泽十分稳定均匀。仿龙泉豆青釉烧造不多，皆为无足轻重小品，但是宣德仿龙泉器物则是龙泉器中名品。宣德甜白釉没有永乐器精细，但也有制作水平很高的产品。

1. 铁红花釉

宣德有一种铁红花釉，器物底部施白釉，无款。该器生坯时经过几次挂釉，将铁锈花釉直接施予胎体之上，为高温铁红彩，其呈色深沉。颜色和釉层厚度不均匀，在棕红色底釉上有很多深红色或黑色暗淡无光斑点，偶有露胎凹坑。在棕红色颜色中有深红色蜂巢状花纹，在深红或黑色斑点处有析晶物。铁绘花虹彩光泽弱于铁红花釉，釉表层为失透棕红色层，之下为深棕色玻璃态釉层，釉彩中都含有大量析晶。铁红釉分层，表层为无光失透棕红色层，其下为深棕色玻璃态釉，其棕红色层是出自釉中析出层，其下玻璃态釉断面可见哈喇光纹并闪虹彩光。该器物之底款有用铁红釉写款。铁红彩中析晶呈蓝色、黑色、棕黄色和粉红色，棕红色析晶上面散布很多粉红色析晶斑点，斑点呈分散圆斑，或成串成片斑点，斑上布满闪银白色金属光泽针状析晶，密集组合成一定形状。其中较大析晶呈黑色或蓝色晶花，常被粉红色晶花环绕，周围有很多棕黄色小晶花。蓝色晶花光泽较强。（见图 33）

2. 紫金釉

又名“柿色釉”“酱釉”，是一种以铁为着色剂的高温釉，最早出现于宋代定窑。明初曹昭《格古要论》中称其为“紫定”，云：“有紫定，色紫；有墨定，色黑如漆。”（明曹昭著《格古要论》，《影印文渊阁四库全书》，第 871 册，第 107 页。）景德镇官窑自明洪武官窑开始，一直烧制不断，也是明代仿宋代仿古釉品种。明代从洪武时开始烧造。景德镇官窑烧制这类高温酱色釉一直没有间断。紫金釉是宣德年间烧制成功的品种，有宋瓷紫定的效果，也称为“酱釉”。宣德酱色釉特征是釉表面光洁莹润，釉面肥厚，底挂白釉，多阴刻款。有橘皮纹，也有个别不光亮釉面。器底有青花写款或暗刻款。传世器物仅见盘、碗两类。常见器型有椭圆形水仙盆、方盆、撇口碗、收口盘及撇口盘等。台北“故宫博物院”收藏有酱色釉瓜式把壶属于后仿。从康熙、雍正所仿宣德酱色釉器看，当时似乎不仅限于盘、碗等器皿。

紫金釉分为两层，上部分釉面发涩，有一层很薄闪金属光泽的光亮层。其下为釉层，呈色为深棕色。器物表面光泽层为密集分布的微晶颗粒，对光线产生强烈镜面反射，而使釉面闪金属光泽。这些微晶颗粒磨损后易脱落，脱落后釉面发涩无光。其外壁泛黑处有很多深棕色小斑点。其釉面有明显毛孔凹坑，釉面多见橘皮纹。紫金釉表面失透，不易见到釉中气泡，金属光泽层脱落后，露出深棕色釉，釉面呈现深棕色斑点。台北“故宫博物院”收藏之紫金釉器物可分为两类，一为全器施以酱釉，二为白地酱花。前者为素色紫金釉，有撇口暗花双云龙纹碗、紫金釉桃形壶，均以荡釉技法施釉，故釉色匀整。后一种为白地酱花装饰技法，为宣德始创，通常为盘上绘一主纹折枝花卉，盘壁为四果纹，均以绘笔沾釉技法添画，釉色有深浅厚薄之分。深厚者呈色红赭，浅薄者呈浅黄褐色。釉质肥厚者光洁莹润，带橘皮纹细小棕眼。有的釉料故意调淡，且其上再罩透明釉，故呈色较浅淡，釉色与一般紫金釉色不同。釉料调配或施釉浓淡不同，则呈色深浅有别，青花器也常用这一调配法。

3. 白釉

宣德白瓷是在永乐朝高度成就基础上继续烧造的，尽管看不出在质量上有进一步提高，但是甜白釉制作仍然在宣德瓷器中占有重要地位。宣德元年（1426 年）就有关于宫廷指派景德镇烧造奉先殿白瓷祭器的文献记载。传世白瓷没有青花瓷那么多，在数量上仅次于青花瓷。明代鉴赏家对宣德白瓷做了很高评价，如谷泰《博物要览》在记叙了宣德其他品种后说：“又有白茶盏，光莹如玉，内有绝细暗花，花底有暗款，隐隐橘皮纹起，虽定瓷何能比方，真一代绝品。”文震亨《长物志》也说：“宣庙有尖足茶盏，料精式雅，质厚难冷，洁白如玉，可试茶色，盏中第一。”由于明代文人仍把品茶看成是一种高尚娱乐，因而茶盏就受到他们特别重视。事实上宣德白瓷器型很多，但《博物要览》简短几句话，却把宣德白瓷主要特征表达得很完整。白釉烧造历史长远，唐代邢窑、宋代定窑皆名噪一时，然而釉、胎以及支垫装窑之技法皆未臻完美。白瓷烧造技法完成应始于永乐时期，尤其甜白釉制作，更是其他朝代所不及。宣德白瓷承前遗绪，亦有可观。甜白釉烧造占宣德瓷器重要地位。这是因为明朝祭祀祖先的奉先殿皆用白瓷，都是由景德镇烧造，数量庞大。宣德烧制白釉器，多数以盘、碗、高足碗为主，也有少量其他器物，其中甜白数量不少。明代艺术家对于宣德白瓷均有很高评价。《博物要览》称誉坛盏：“盏心有坛字白瓯，所谓坛盏是也。质细、料厚、式美。”上文文震亨《长物志》所言者为外底凸起小莲子碗，又称“鸡心碗”。明代文人喜好品茶，把此类莲子碗作为品茶茶盏，而宫廷是否作如此用途，则无记载。

宣德白釉器不同于永乐白釉器，釉面呈乳白色，施釉较厚，并且有密集小橘皮棕眼，釉面这种特殊现象为宣德器所独有。尽管永乐、宣德青花器易于相混，但在白釉器上，二者泾渭分明。掌握宣德青花白釉器上橘皮纹特点，就较易识别和区分。此外宣德白釉器多暗刻款识或青花署款。目前宣德白釉器在珠山御窑窑址出土器物中还没有发现，因为已经出土的瓷片多为宣德中晚期器物，而白釉则为宣德五年（1430年）以前的早期品种，存世量极少。存世有白釉刻花双耳扁壶，为仿制阿拉伯风格的作品。葫芦口那种白釉器物，现在传世品中极少见到。明人在文献重累次提及的“质料细厚，隐隐橘皮纹起”，为宣德瓷器共有特征。宣德白瓷无论胎、釉，均较永乐微厚，胎质洁白细腻，施釉稍厚，故印花纹饰多模糊不清，肉眼颇难分辨。宣德白釉器最显而易见特点是有细如针孔的橘皮纹气泡孔。橘皮纹产生应与釉料及窑温有关。宣德白瓷主要特征如下：宣德白瓷和永乐白瓷一样，洁白度很高。宣德白瓷有薄胎和厚胎两种。凡是薄胎亦属半脱胎性质，以盘、高足碗及小杯为多见。厚胎以大盘、梅瓶、扁瓶、盖盒、大碗等为多。凡半脱胎盘、碗之类器物，器壁薄而器底稍厚，仍和永乐器底一样并不透亮。多见浅划暗刻纹饰在薄胎器上暗花部分，和胎釉白色相比，往往微带青色。图案花饰以缠枝和龙、凤纹为多见。款识有青花款和暗刻款两种，青花款除中小盘之类书于器物底外，其他琢器往往书于器物口沿处。宣德白瓷最普遍特征是器物表面一般都有橘皮纹，也就是前人所说棕眼。在鉴定实践中，对于无款明代早期白瓷，往往视有无橘皮纹而判断属于永乐器还是宣德器。

还有一种白釉酱花为其新创品种。在白釉上刻填酱釉花，呈现未经搅拌芝麻酱色调，但晶莹光亮。常见器物有书写宣德款识白釉酱花三果大盘。这种器型一直延续到正德时期。反之也有以酱釉为地填白花品种，见有撇口盘。这种白釉酱色制作工艺为：先以细花纹饰刻以胎体局部，再用酱釉填绘于纹饰部分，并在纹饰以外施以透明釉，经高温一次烧成。此工艺在宣德朝开始流行，烧成产品成色深浅不一，其制成器物主要有盘。其品种在成化以后继续流行。白釉青绿花也是宣德时期新创烧品种，极为罕见。其图案所填釉彩，似青苹果绿色，其造型纹饰均等同于上述白釉酱花三果盘与枇杷大盘。还有白地红彩，也是宣德一朝创烧品种。宣德时还烧造了一种白地黄彩器，是在已经烧成白釉瓷器上绘黄彩纹饰，入彩炉低温烧成。宣德时期开始烧造，并且在以后朝代均有烧制。英国大维德基金会藏有完整宣德官窑作品。景德镇御窑厂遗址还出土了龙纹小杯，为成化烧造。

4. 黄釉

隋唐以来黄色成为皇帝御用色，黄釉瓷器也从诸多色釉瓷器中脱颖而出，成为皇室御用瓷。耿宝昌先生在《明清瓷器鉴定》一书中提到：近年北京地区出土有与南京地区红彩器风格一致的明初黄釉印花龙纹盘，较之永乐、宣德同类器施釉略厚，色泽较深，黄釉色源近似洪武二十五年（1392 年），而瓷器上纯正黄釉始自明永乐年间。冯先铭先生在《中国陶瓷》中亦提到明代黄釉自永乐朝开始，已经烧制得相当成功。观现有资料，黄釉瓷始自永乐有证可循。中国历代陶瓷上黄釉，根据釉料成分和烧成温度不同，可分为低温黄釉与高温黄釉两种。高温黄釉是含少量铁分子石灰釉，在高温氧化气氛中生成三氧化二铁，呈现黄色。以唐代寿州窑黄釉最为典型，包括在唐三彩和宋三彩陶器上亦有深浅不同的黄褐色釉。低温黄釉即铅釉，是一种以铅为熔剂，以氧化铁为着色剂，在850℃—900℃之间的火焰中烧成的黄釉，色较淡，釉面薄。明代以弘治时期的娇黄、浇黄或鸡油黄为烧制的最高水平。

瓷胎黄釉最早应始于宣德。其基本釉为铅釉，以氧化铁为着色剂，在 850℃—900℃低温中烧成。宣德黄釉名重一时，因以浇釉技法施釉，故称“浇黄”。黄色为帝王至尊之色，因此黄釉器只是宫廷用器，民间不准使用。黄釉是一种低温釉，用适量氧化铁作为呈色剂，这是一种含铁较高的赭石，在氧化铁中又加入较多石英粉和铅粉作成，在氧化气氛中烧成。弘治以前黄釉多施之素胎上。但是在和别的青花瓷一起使用时，则是二次烧成，黄釉施之于白釉上面。目前所见到传世品和景德镇御窑厂遗址出土残器，以宣德时期为最早。可能是直接施之于胎体原因，无论是宣德还是成化产品，釉色都没有以后弘治黄釉那样鲜艳娇嫩。其实成化时黄釉盘已经将黄釉施于白釉之上了，但是黄釉施釉仍然不够匀净，器物造型也不如弘治优美。弘治时黄釉施釉技术有了新发展，通常都是施之于已有白釉产品上，施釉多采用浇釉方法，质量普遍高于宣德和成化时期同类器物，淡雅精美，光洁细润，被誉为明代最好低温黄釉瓷器。正德以后虽然沿用这些方法，但釉色略显深沉，嘉靖以后色调更深。可能与釉层加厚有关，也可能是釉中铁成分增加所造成。

早在《周易》中就有关于黄色为吉利之色的记载，《明史》记载：“闪黄，乃上用服色也。”《汉书》说黄色为“中之色，君之服也”。按中国传统“五行”思想来解释，五行中金、木、水、火分别代表西东北南四方，土居中央，统率四方，而土色为黄。历代帝王崇尚土德，故黄色成为帝王之色。皇帝是中央集权象征，把黄色用于皇帝衣食住行中，则象征皇帝贵在有土，有土则有天下，有至高无上权威。由此可看出古代先民对黄色的尊崇。自隋唐以后，黄釉瓷器亦成为皇室御用瓷器，明清两朝只供宫廷使用，民窑不得生产，违者重罚。到了清代，黄釉器使用有了更为明确规定。据《国朝宫史》卷十七记载，皇太后、皇后用里外黄釉器，皇贵妃用黄釉白器，贵妃用黄地绿龙器，嫔用蓝地黄龙器，贵人用绿地紫龙器，常在用绿地红龙器。这不仅说明黄釉瓷器是皇室专用瓷器，同时说明黄釉瓷器，在皇室中还是等级制度的象征，为黄釉瓷器烧造奠定了深厚的历史背景。明代以后，封建礼制对黄色的法律规定更加严格。根据其釉色及款识，我们可以将明代黄釉分为早中晚三期。《明史·舆服志》记载，洪武二十四年（1391 年）明代早期黄釉瓷器，以永乐及宣德黄釉瓷器为主。永乐黄釉瓷在前朝基础上有所发展，以肥润甜白釉打底，覆罩淡淡黄釉，因有白釉衬托，黄釉显薄，色淡。胎薄体轻，窄小圈足很浅，具有鲜明时代特征。

宣德黄釉器特征是：黄釉器有两种施釉方法，一是在素坯上直接施以黄釉，这种黄釉器多有开片纹。另一种是在已经烧成白釉器上施以黄釉，这种黄釉没有开片纹。宣德黄釉器釉面肥厚，有橘皮纹。以素面无纹饰者为多，一般盘壁较深，圈足稍高，盘底心微凹，胎质稍厚。器物施黄釉到底，置于桌上不见圈足露胎。器底书“大明宣德年制”青花款或刻款。清代仿品以盘为多，但盘身不深，圈足稍矮，盘底平直，或由于釉内含铅量大而泛银光，特别显著。后世也有将宣德白釉器加黄釉复烧而充宣德黄釉的，其鉴定方法则主要是看器底白釉部分是否有复烧沾痕，同时视黄釉之下是否有划痕，从而定其真伪。

黄釉釉层普遍比较均匀，有些地方可见极为细小气泡。黄釉颜色深浅不均匀，釉面粗糙，有凹坑，釉面表层有脱落迹象，略显虹彩，有的地方有浅灰色斑点沉积物。该黄釉之下罩有白釉，底部施白釉，有的器物底部为褐砂底。黄彩开片龟裂，纹路细长、弯曲，黄彩边缘常呈树枝状，这种龟裂纹有可能是在烧成冷却过程中形成。黄彩上有黑点，为气泡溢出后留下的孔洞，黄彩上还可见浅灰色和白色斑点沉积物。黄彩表层粗糙，有较浅腐蚀小坑及虹彩现象。黄釉与青花交接处有玻璃状态黄绿边，其上有虹彩光。还有一种黄地绿纹盘，为素胎施釉，黄釉表面多细小气泡和黑色小点，为气泡破后留下的孔洞。另外黄釉青花器为宣德创烧之新品种。即将黄釉施于精美青花器上，其色泽凝重鲜亮，呈深蛋黄色。常见器物有宣德青花三果纹撇口大盘，这种黄釉青花盘有釉底，也有无釉砂底，该品种一直烧造到嘉靖年间。正德时出现收口式，其器型图案大同小异。宣德、成化黄釉青花盘，多于器物口沿下写款识，弘治后书于器物底部。另有宣德青花旧器上挂黄釉的伪作，其黄多闪绿色，青花色调有浓淡和浅淡之分，其红彩呈色黑紫，深谙凝厚，显得油腻无光。

宣德时期，黄釉釉色娇嫩而略深，但不及以后弘治釉面细润。由于原白釉器上有橘皮纹，挂黄釉烧制后橘皮纹更加明显。釉面肥厚，呈凹凸不平之状，底足内为白釉，有青花写款或刻款，器型多见盘、碗类。一般盘壁较深，圈足稍高，盘底心微凹，以素面无纹为多，底书“大明宣德年制”青花款或刻款。器物施黄釉到底，置于桌上不见圈足露胎。后世有将宣德白釉器加黄釉复烧而充宣德黄釉的。从现有资料看低温黄釉虽创烧于明初景德镇官窑，但传世品罕见。据文献记载，明代方丘祭器用黄色。浇黄釉虽为宣德所创烧，但生产数量并不多，故单色黄釉传世器，数量极少。台北“故宫博物院”所藏宣德黄釉器，可以分为两类：一类是全器素面无纹饰黄釉，底为白釉，刻款。二为黄釉青花，是釉上、釉下彩的结合。二者都是在烧成的白釉上施以黄釉后再低温烧成。另外也有在素烧过涩胎上直接施以黄釉的，但釉色则无前者肥厚莹润。宣德浇黄器以盘类最为常见，圈足较一般器皿为高，底内凹外凸，釉色淡柔，圈足处不积釉，故没有成化、弘治时的一道赭黄色积釉痕。釉面不见橘皮纹，釉层较薄，并无弘治浇黄釉细润光亮。

弘治时期黄釉瓷已近乎完美，也是整个明代黄釉烧制最成功时期，达到历史上低温釉最高水平。由于其黄色特别娇嫩，犹如鸡油之色，因此又有“娇黄”和“鸡油黄”之称。弘治一朝黄釉最负盛名，色泽娇嫩，堪称弘治官窑典型之作。弘治时期瓷器品种和艺术风格，完全继承成化传统，无论是釉、单色釉和青花、五彩、斗彩瓷器都取得很高成就。弘治颜色釉，无论从品种还是产量都比宣德、成化时期少，但其官窑白瓷制作，胎釉都较细致，器物底部闪青色，盘碗底部厚度已较永宣器为薄，但还处于半透而未全透程度。因此研究者都将弘治黄釉器作为明代陶瓷史上黄釉典型。

明朝黄釉的烧制成功，与皇家统治者严格控制分不开。黄釉器使用亦有着严格的等级制度，贵贱有级，服位有等，任何人不得僭越。黄釉至明晚期曾一度停烧，明弘治年间（1488—1505 年），据《明史》记载，弘治景德镇瓷器生产一度断断续续。《孝宗纪》就记述了弘治三年（1490 年）冬十一月甲辰停工役、罢内官烧造瓷器的史实，直到清顺治时期才又恢复烧制。在宫廷生活中，黄釉瓷器是最常见形态，虽然是日常用器，但本质上仍然以体现皇权和等级制度为主。这种尊崇黄色的做法，亦是中国古代传统文化色彩观的反映和封建集权下森严等级制度的体现。就是明清黄釉瓷釉料配方和烧造工艺，也属皇家御窑厂秘方，被严密控制，民间无法掌握黄釉瓷工艺、配方，从而成为至尊之色。因此黄釉器只是宫廷用器，民间绝无使用。明代黄釉器釉多显肥厚，光亮十足，清代则细薄光亮不足。也正因明代黄釉瓷尊贵精美，清代各朝皇帝亦有沿袭，为其制作工艺、釉色，以及各式器型创新奠定了基础。

5. 绿釉

宣德朝有一般低温铅绿釉和孔雀绿釉制品，过去在传世品中有孔雀绿釉釉下青花品种，往往是将青花器烧成后再加孔雀绿釉，然后低温烘烧而成。对于这种制品创烧年代，前人以正德时期为最早。上海博物馆征集到成化孔雀绿釉青花后，把创烧时代推前了。近年来又在印度尼西亚出土了元代孔雀绿釉青花玉壶春瓶，说明这类品种从元代即已经盛行。那么对宣德朝之有这种制品应无所怀疑。至于一般铅绿釉和孔雀绿釉器，景德镇御窑厂遗址也有出土，其铅绿釉还有锥刻花纹装饰。铅绿釉早在汉代陶器中就已经普遍使用了。瓷器上使用绿釉，应为永乐时期景德镇官窑首创。永乐黄釉地绿彩龙纹盘，或绿地酱彩龙纹盘、碗、梨形壶等器物，瓷胎上均施以绿釉，用低温二次焙烧而成。可见绿釉彩绘纹饰在明初就再次流行，绿釉使用在宣德时期渐渐趋于频繁。台北“故宫博物院”收藏一件翠绿釉白里暗花双龙纹碗，甚为珍罕。景德镇御窑厂遗址出土了一种青花绿彩加铁红釉的盘，盘的胎骨十分轻薄，虽为残器，也十分罕见。铅绿釉为低温釉上彩，宣德时期开始将釉上彩绿彩和红、黄、紫等彩料与釉下青花结合，开始烧出色彩丰富的五彩瓷器。宣德以后绿彩更成为成化斗彩中不可或缺的主要色彩。宣德绿釉彩，色淡釉薄，呈鲜嫩绿色，釉调不甚均匀。成化则呈豆青色，且较匀亮。

孔雀绿釉又称法翠或翡翠釉。施釉技法有二：一为在素坯上直接施釉，这种器物釉面容易脱彩剥落；二为在已经烧成白釉上施釉。台北“故宫博物院”收藏数件孔雀绿釉器物，皆为在白釉上施釉者。内壁、底皆白釉，仅外壁施以孔雀绿釉，内壁白胎上印饰双云龙纹，外底有“大明宣德年制”青花写款或划刻款两种。另一件孔雀绿釉“弦纹三足炉”器虽然无款，但器型为典型宣德器。宣德孔雀绿釉多在白釉上挂釉烧成，温度比一般低温釉略高，故釉层完整，没有在素坯上直接挂釉，会使胎釉不易烧结，较易出现剥落现象。台北“故宫博物院”所藏孔雀绿釉盘类，釉层较薄，三足炉略厚，盘器因面平整而无积釉，三足炉则因凸弦凹棱容易积釉，两者釉面均密布细纹开片，釉色鲜艳。

明代孔雀绿釉与黄釉器一样，也有两种烧结方法：宣德时多在白釉器上罩釉烧成，故釉面不易剥落。除素釉器外，尚有以青花绘鱼藻纹覆罩孔雀绿釉装饰，器型多见高足碗和撇口盘。宣德时期绿釉和孔雀绿釉呈色虽较好，但剥釉现象比较普遍。孔雀绿釉施釉方法为刷釉，过去文献认为是在白釉或者青花釉上面二次烧成低温孔雀绿釉，但从出土器物看，孔雀绿釉下面没有釉，只有白色化妆土，这导致了孔雀绿釉经常出现剥釉情况。绿釉器物内挂有高温釉，绿釉不均匀，多黑点，局部泛红。绿釉表面风化层有薄片脱落，有虹彩和擦痕现象。宣德绿彩下可见细小气泡和黑色小点。孔雀绿釉整体呈色浅蓝，釉面呈细密龟裂纹，局部有脱落现象。其下腹部和足外壁纹路显黑，个别地方泛青绿，有较大开片。孔雀绿釉气泡极其细小，釉面并非光滑平整，而是凸凹不平，这是因为釉层遭环境侵蚀后，会出现微裂纹以及表面风化脱落。当时还有一种瓜皮绿釉和翠绿釉，其内壁施白釉，器物外壁在化妆土上施以瓜皮绿釉或翠绿釉，再低温烧成。其口沿及底部积釉处为蓝色，其釉面较容易脱落。孔雀绿釉最早出现于宋代和元代民窑，是一种以铜为着色剂的低温釉色。景德镇也发现了元代制品。明早期官窑似乎尚未普遍使用，故罕见宣德以前制品。宣德时期制作了各类器型的孔雀绿釉器，但存世者以盘、碗类居多。景德镇珠山御窑厂遗址出土宣德官窑残器中发现多件孔雀绿釉器，包括撇口碗、高足碗、盘、梅瓶等，以及青花莲塘鱼藻纹饰上再罩孔雀绿釉盘器，显示了宣德时期孔雀绿釉盛行。

宣德时期还尝试烧制了一种蓝釉和孔雀绿釉相结合的产品，有蓝釉地孔雀绿釉海兽纹海棠形水仙盆。该盆呈海棠形，盆深体高。足为圈足，又有四个支点着地。其孔雀绿釉颜色偏蓝，色淡。蓝釉在烧融后流淌浸压在孔雀绿釉的上面。蓝釉的呈色偏紫，孔雀绿釉下面有划花、划海兽图形。似是先上孔雀绿釉，后再添以蓝釉，然后入窑烧成。有微小的地方出现釉面崩裂脱釉。器物内里施以厚厚的白釉，呈乳浊状，底部书“大明宣德年制”六字一行官款，字迹上面有雾蒙蒙的状况，是为朦釉。这种器物极少面世，可能是当时试烧的产品。（见图 34）

6. 黑釉

黑釉釉面不平，有颗粒感，器物之上会有斑驳彩虹点，且釉面多有褶皱、凹窝及白色无光斑点和纹路。说明釉层较厚，釉浓度很大。宣德黑釉器物通常由于烧制温度掌握不到，发色多呈现黑褐色，有的甚至呈现浅褐色。黑釉器物传世品较少见，景德镇御窑厂遗址出土过残片。宣德黑釉的形成与成化黑釉一样，也是在绿釉表面涂布钴蓝料，然后入窑烧制，呈现黑色。

7. 仿官釉

宋代官窑不仅其制度被后世官窑继承，其产品也对后世官窑产生了较大影响。在明官窑烧造活动中，出现了高度模仿北宋汝、钧窑及南宋官窑产品，这种模仿只重釉色，不重造型，这股仿烧之风甚至影响到了之后的清官窑。通过对明御厂遗址出土仿宋官窑瓷器的考察，我们可以从中看到宣德制瓷工艺水平的提高，以及瓷器新品种的繁衍。同时还可以领略那种对宋代汉文化传统追慕的心态与审美情趣。官窑是始于北宋后期一个特殊窑厂，它代表了我国制瓷业一种崭新的生产和管理制度，对后世产生了巨大影响。

学术界有人认为北宋时期汝窑、钧窑，以及南宋时期修内司窑和郊坛下窑，均属于宋代官窑。元代以后宋代的官窑制度得到延续，元朝在景德镇设置有官窑性质的“浮梁瓷局”，明、清两代在此基础上设立御窑厂。宋代官窑不仅其制度被后世官窑继承，而且其产品也对后世官窑产生了较大影响，尤其在明官窑烧造活动中出现了模仿北宋汝、钧窑及南宋官窑产品，而且其仿烧之风影响到清官窑。

明御厂遗址考古发现仿宋官窑瓷器。明洪武二年（1369 年）朱元璋在珠山设置御厂，或称“御瓷局”，直至万历三十六年（1608 年）御窑厂停烧，延续烧造时间达 230 余年。在长达 230 多年烧造过程中，其淘汰的官窑瓷器均掩埋在御窑厂之内。根据考古资料证实，洪武至正德时期官窑，与杭州老虎洞发掘的南宋修内司官窑情况一样，均采取砸毁集中掩埋方式处理废品。从发掘官窑瓷片修复情况看，这些砸毁瓷器可分为废次品、贡余品、试验品，其中废次品居多，贡余品、试验品较少，出土的历代官窑瓷片多达数十吨，出土资料十分丰富。根据对以上官窑考古发掘与资料整理情况得知：明代官窑仿宋官窑瓷器，目前仅发现宣德官窑仿宋汝窑和钧窑器、成化官窑仿南宋官窑青瓷，除此之外，明代其他官窑则未发现有仿宋官窑瓷器生产。

8. 仿哥釉器

明代仿哥釉器烧制成功是在永乐末年。明皇甫录《皇明纪略》记录了明仁宗做太子时爱好哥窑器而仿制成功的史实：“都太仆言，仁宗监国，问谕德杨士奇曰：‘哥窑器可复陶否？’士奇恐启玩好心，答云：‘此窑之变，不可陶。’他日以问赞善王汝玉，汝玉曰：‘殿下陶之则立成，何不可之有。’仁宗喜，命陶之，果成。”但是这种永乐末年仿哥窑器，现在已经无法找到。宋代哥窑遗址已经在杭州老虎洞找到，其传世哥窑器物对后世影响极大。宣德时期开始仿造哥窑品种，其釉面光洁度不高，略有油质感，也有橘皮纹，基本接近宋代哥窑釉面效果。其釉色分淡青和灰白，都有开片，但纹路微闪黑或闪红，没有宋代哥窑金丝铁线和紫口铁足效果。仿哥釉器型有鸡心碗、菊瓣碗、碟、盘、葵花式洗、弦纹筒炉和执壶，其器物均书青花宣德年款。鉴别明代仿哥窑器物，应注意：凡釉面呈暗淡油光、有橘皮纹器物，多为宣德时所制。其光泽极强的，则为成化时所作。再后期所仿制器形多不规整，清代仿制品多具有本朝器物风格。宣德和成化都有仿制宋代哥釉和官釉器物。其色呈灰白或灰青色，釉有乳浊感，釉中气泡繁密，釉层较厚，釉面龟裂，有开片，胎呈浅灰色，胎釉之间有白色化妆土层，其釉中气泡较大。哥釉瓷器釉色灰白，釉面布满细碎纹片，哥釉效果较差。北京故宫博物院所藏之明代仿宋器约有 20 余件，大部分为清宫旧藏，均未署年款。这些仿品釉层较厚，釉面开大小纹片，多为粉青和灰青色。造型有贯耳穿戴壶。宣德仿哥釉存世者，除台北“故宫博物院”收藏外，数量不多。明代宫廷已收藏宋代名瓷。《宣德鼎彝谱》中记载：“内库所藏柴、汝、官、哥、均、定”，（明吕震等撰《宣德鼎彝谱》卷一，《影印文渊阁四库全书》第 840 册，第 1021 页。）可见明代仿宋代名窑瓷器皆有所本。

台北“故宫博物院”所藏仿哥釉器仅见两类，一为菊瓣盘，一为折沿盘。两者釉色为灰青与灰白，釉调常见灰青或灰白不匀，带橘皮纹。釉面布满黑黄细纹开片，而开片纹仅有一层，不似典型哥窑大小双层“金丝铁线”开片纹，也没有“紫口铁足”。釉面微浊，不似哥窑之均匀，胎骨也较哥窑略厚。《格古要论》论旧哥窑曰：“色青，浓淡不一，亦有铁足紫口，色好者类董窑，今亦少有群队者。”专家对这件东西的真伪还有争议，似乎应属于康熙仿制品。国内故宫博物院和上海博物馆都无收藏。宣德仿哥釉器，虽不似宋哥窑之面目，但仍有其古朴之趣。明代仿哥釉以宣德、成化为甚。成化仿哥釉，釉面比宣德更为平整，连“紫口铁足”都能仿烧，但是釉质比宋代更厚。由此及天蓝釉的启示，是知宣德仿古釉乃着重于釉色之近似，而不重全器之仿作，否则仿汝器，应裹足包釉支钉烧，仿哥釉亦应模仿“紫口铁足”才是。成化仿官釉器成功，更说明从永乐末年到成化之间，仿哥窑制作一直没有间断过。

9. 仿汝釉

早在永乐时，景德镇就开始仿造宋代名窑瓷器，而仿汝釉则为宣德时首创。并且明代仅宣德、成化时有此品种，以后到清代雍正时才又重现。宣德仿汝釉与宋代汝窑的釉面相似，釉色有淡青和天蓝，釉质肥厚、匀净，开细小片纹。釉面同样具有宣德时橘皮纹普遍特征，但胎体不够坚硬，类似浆胎。仿汝釉器型有鸡心碗、合碗、盘、盂、菱花式洗、蟋蟀罐等，底面一般都有青花款，釉下款字色泽较灰暗。宣德仿汝窑器与真正汝窑相比，其不同之点有三：一是胎质较松，釉层较宋汝釉透亮；二是开有细小纹片，比宋汝釉更密而规整；三是釉面有橘皮纹，具有宣德瓷普遍特征。宣德仿汝器和宣德仿哥器一样，都是官窑制品，因此应有宣德官窑款识，常见器物有盘、碗等小件器皿。1984 年景德镇陶瓷考古所队员在珠山明清御窑厂仪门前进行抢救性发掘，在宣德地层发掘出土一件仿汝青釉敛口小底水盂残器，口径 11.6 厘米，高 7.2 厘米。该器敛口平足，白砂底，口沿饰凸起的浅边一道，通体施淡青釉，釉色绿中微微泛蓝，有细小纹片，与宋汝窑青釉相近，但不如宋汝窑釉面柔和，该器无款。根据出土资料和相关文献推断，该器约烧造于宣德后期。1993 年为配合基建，景德镇陶瓷考古所队员在明清御窑厂东院进行抢救性发掘，在宣德地层发现一批仿汝天青釉瓷残片，经整理复原后有：

天青釉青花四字篆款靶盏，高 11.5 厘米，口径 16.7 厘米。通体施淡青釉，内壁隐约可见印莲托八宝纹，盏心青花书四字“宣德年制”篆书双圈款，款圈外亦印有莲瓣纹。此器款式为宣德官窑中所罕见，不见有传世品。

天青釉靶盏，高 10.4 厘米，口径 15 厘米，器型相同，但口径略小。该器无款，釉面有细裂纹。

天青釉侈口碗，高 8.4 厘米，口径 19 厘米，该器釉面有细小纹片，口沿及足底涂有一层紫金釉，深圈足，底书青花“大明宣德年制”双圈六字款。

天青釉斗笠碗，高 7.4 厘米，口径 17.8 厘米，该器仿自宋影青斗笠碗，底书青花“大明宣德年制”双圈六字款。

天青釉标本，有天青釉蟋蟀罐盖残片，残长 9 厘米；天青釉过笼残片，残长 3.8 厘米；天青釉折腰盘残片，残长 3.2 厘米。该类残片，釉面均有开片。

台北“故宫博物院”藏有两件宣德仿汝天青釉器：一是天青釉斗笠碗，高 7 厘米，口径 17.5 厘米。侈口，斜直壁，通体天青釉，釉面布满细碎纹片，釉里气泡细小乳浊。釉色天蓝偏灰，底足露胎，胎釉间呈橘黄色，底书青花“大明宣德年制”双圈六字款。器型仿宋斗笠碗，为宣德刻意仿宋官窑之作，该器与上述明御厂出土天青釉斗笠碗相似。二是天青釉撇口碗，高 9 厘米，口径 20.7 厘米，撇口，深弧壁，无款，但隐约可见青花双圈，胎、釉与前件天青釉碗相似。北京故宫博物院藏有一件宣德仿汝天青釉盘，高 4.2 厘米，口径 17.6 厘米，侈口，弧壁，内外施天青釉，釉面布满细碎纹片，底书青花“大明宣德年制”双圈六字款。该器与北京故宫博物院藏宋代汝窑天青釉盘相似。以上天青釉都是以钴为着色剂的高温色釉，而汝窑天青釉是以铁为着色剂。因宣德天青釉着色剂为钴，故色调较深蓝，不及汝窑柔和含蓄，且宣德仿汝器多数书写年款。过去一直以为天青釉创烧于清初官窑，该类色釉器则证实早在宣德时天青釉就已经发明。从以上宣德仿汝窑器来看，其釉色有两种：一种为淡蓝，如仿汝青釉敛口小底水盂，该器釉是以铁为着色剂的高温色釉；一种为深蓝，如 1993 年明御厂出土一批天青釉器，该类器釉是以钴为着色剂的高温色釉。

10. 仿钧釉、洒蓝釉

宣德时期御窑厂也仿制钧窑器物，传世品多为盘、碗类，器均撇口、广底、圈足，与同时期白釉器造型相同。底内露胎泛黑褐色，近似后来成化时期的糊米底。釉面于紫红中杂以蓝色。此类宣德官窑仿钧釉盘碗，在北京故宫博物院、法国巴黎吉美博物馆，及英国伦敦大威德博物馆均有收藏。1982 年景德镇考古研究所队员在明御窑厂东院仪门前进行抢救性发掘，在宣德地层发现一批仿钧洒蓝釉瓷片，经修复有洒蓝龙纹钵，口径27厘米，敞口，弧壁，足底无釉。钵内满釉，并有“大明宣德年制”六字双行款。外壁施洒蓝釉，釉下锥刻五爪龙纹。1995年景德镇考古研究所人员在明御厂东侧清理发掘出一批仿钧窑器残片，所见器型有：（1）洒蓝釉碗，高7.2厘米，口径15.8厘米，侈口，弧壁，内施白釉，外施洒蓝釉，足底满施白釉，底书青花“大明宣德年制”双圈六字款；（2）洒蓝釉水仙盆，残高7.5厘米；（3）洒蓝釉刻龙纹梅瓶，残长11.8厘米；（4）洒蓝釉靶盏残片。2004年景德镇陶瓷考古研究所等单位，在明御厂珠山北麓考古发掘，清理出一批宣德洒蓝釉瓷片，经整理复原有：

洒蓝釉刻龙纹大罐，高30.5厘米，口径22.24厘米，圆唇，直口，丰肩。内施白釉，外施洒蓝釉，腹部刻赶珠龙纹一条，间饰四出朵云纹，下部刻海水仙山纹，底书青花“大明宣德年制”双圈六字款。

洒蓝釉刻花纹金钟碗，高10厘米，口径15.4厘米，侈口，深腹，内施白釉，外施洒蓝釉，腹部刻赶珠龙两条，下部刻一周莲瓣纹，底书青花“大明宣德年制”六字双圈款。

洒蓝釉刻龙纹碗，高7.6厘米，口径17.7厘米，内施白釉，外壁施洒蓝釉，腹刻赶珠龙纹两条，底书青花“大明宣德年制”六字款。

洒蓝釉刻花纹小碗，高5.3厘米，口径10厘米，内施白釉，外壁施洒蓝釉，腹部刻赶珠龙纹两条，下刻一周莲瓣纹，底书青花“大明宣德年制”六字款。

洒蓝釉刻花纹盘，有敞口式和撇口式两种，盘心白釉，有刻品字云和素面两种，外壁均刻赶珠龙纹，盘底书青花“大明宣德年制”六字款。

洒蓝釉刻龙纹碟，高3.7厘米，口径15.2厘米，刻龙纹与上述器物相似。

洒蓝釉是一种以钴着色的低温铅釉，蓝中夹以白色小斑块，分布自然，因似雪花片挥洒在蓝釉之上，故名洒蓝，又称雪花蓝，在1000℃以下烧成。这类瓷釉以铅作溶剂，这种利用低温熔块铅质釉作成洒蓝釉显然是仿宋钧窑之窑变花釉，清乾隆时期演变为炉钧花釉。值得一提的是，北京故宫博物院藏有明宣德仿宋钧釉盘，该器高4厘米，口径15.9厘米，侈口，弧壁，底涩胎，内、外壁均施玫瑰紫釉，与宋代钧窑盘相似，但明御厂遗址则未见有出土。

11. 仿龙泉釉

宣德也有仿龙泉青釉制品，亦称冬青釉，以仿南宋龙泉粉青釉为主。釉面匀净，传世品中多数无橘皮纹，但是在景德镇御窑厂遗址的出土碎瓷片中，则发现仿龙泉釉也有橘皮纹。一般胎质稍厚，没有薄胎器，并且多数为素面无纹饰。器物一般里外及底足均施以龙泉釉。传世品多见器型为花式碗、花式盘和菱口小碟等中小件器皿。景德镇御窑厂遗址中出土物品中，发现有大件器物碎片，有“大明宣德年制”六字楷书青花款。盘、碗之款字均书于外底部龙泉釉下，菱口小碟之款字则书于碟内底龙泉釉之下。（一书正面，一书反面。）此类仿龙泉釉官窑制品，胎洁釉润，制作精良。其价值高于同时期龙泉瓷。后世也有仿品，以清康熙仿者为最佳。台北“故宫博物院”收藏一件敛口深壁矮底足碗，有缠枝莲及仰莲划花纹饰，底有“大明宣德年制”六字青花楷书款。从其缠枝花纹及款字，以及底足过白等几方面判断，似非宣德制品，应属后世仿品。

永乐时期就开始以浙江龙泉窑系青釉为范烧造釉器，宣德釉面效果则已能与龙泉釉比美。器釉面肥润，色调青翠，唯有胎质较白，底部以人工涂刷泥浆，烧结后或呈现较深酱褐色，或呈现火石红色。这些特征极为明显，往往据此就能识别。景德镇仿龙泉釉工艺手法有光素、刻花、凸贴等，器造型有龙缸、花口缸、花盆、六方花盆、连座花盆、水仙盆、洗、鼓钉炉、卷口梅瓶、盘、碗、碟、高足碗等。台北“故宫博物院”收藏仿龙泉冬青釉高足碗，釉色柔雅匀静。宣德仿宋龙泉釉，器型较多，大器如景德镇珠山御窑遗址出土的宣德官窑大花钵、花托，以至小件器物的莲瓣折腰小碟等各种生活用器齐全。台北“故宫博物院”收藏之宣德仿宋龙泉冬青釉主要器物有仰钟式葵口碗、葵瓣碗、葵瓣盘、莲瓣折腰碟等。釉色有深浅、厚薄之分，深者翠绿，又称冬青或东青，釉汁肥厚，如刻花莲瓣折腰碟；浅者翠青，釉层匀薄，清澈透明，薄处泛黄，如葵花式碗、葵花式盘。两者釉面玻璃质感强，无橘皮纹之细针孔。釉内均密布细小气泡，口沿或凸棱出筋处可见白色胎质。

冬青釉在永乐时已有烧制，宣德时继承之，釉面无橘皮皱纹，其匀净度和永乐时大体相同，唯独釉质莹润无气泡。釉色有深有浅，深者青翠，玻璃质感较强；浅者犹如新鲜之青豆色，十分雅静。尽管色泽浓淡不同，但都有仿龙泉青釉效果。这种仿龙泉青瓷瓷器釉层较厚，呈色青绿，有的泛黄。这种釉色瓷器又称冬青釉，常见器型有葵花式盘、碗与菱花式小碟，常以暗花装饰，有缠枝莲和缠枝灵芝等。葵花式盘则通身划刻出花瓣形。盘款识多写在底面，小碟款识常写在器里底心。上海博物馆收藏有青釉葵花口盘，器物作八瓣葵花式样，内外施以豆青釉，底部施白釉，釉下有青花双圈六字款。该器为宣德官窑仿制龙泉窑的作品。在北京故宫博物院和台北“故宫博物院”皆有收藏，传世品数量不多。当时生产仿龙泉作品中还有葵花口碗，风格与盘相同。另有一种葵花口小碟制作方式相同。这种青釉器做工细腻，古朴粗放，颜色略带青黄色，看上去有一种厚重感觉。台北“故宫博物院”藏有明代万历时期仿品。清代康熙时期仿此类小碟很多，其釉面、款识与宣德器相似，较难区分。另外日本也有仿制，其造型、釉面和纹饰与宣德大体一致，不同处在于器底有三个支钉痕迹。（见图 35）

12. 紫红釉

又称“茄皮紫”。以氧化锰为主要着色剂，铁和钴用作调色作用。一般认为紫釉由明代晚期景德镇窑开创，实际上台北“故宫博物院”就收藏有一件弦纹三足炉，为宣德官窑作品，可证明该种釉色创烧于宣德官窑。目前紫釉器仅台北“故宫博物院”收藏有一件，应属孤品。该器物与该院所藏一件青花弦纹三足炉，制作方法完全一致，为典型宣德器物。口沿书“大明宣德年制”一行六字印文款，为目前所见唯一印文款。该件紫釉器釉层肥厚，呈色紫红，积釉处尤显紫黑。釉质流动性大，底部溜釉露出白胎，釉面满布细碎开片纹。宣德时期发明的了紫彩，在宣德官窑斗彩莲池鸳鸯纹盘上有紫彩。这是宣德时期发明的一种新色彩。紫彩着色剂为钴，钴烧结温度很高，人们当时把钴和石英加在一起，在高温下烧成蓝色熔块，之后再粉碎熔块加上铅粉才能形成紫色。随着紫彩出现，宣德官窑把釉上彩推进到了五彩时代。

13. 矾红

宋代、金代磁州窑系已见釉上红、绿彩等多彩装饰技法，然而在细致白釉瓷上以红彩绘饰出现，应开始于明代洪武官窑。矾红是由大量氧化铁加微量铅粉制成。明代洪武有白釉印花红彩云龙纹盘残器，在南京明洪武宫殿遗址发现，这足以证实釉上红彩始于洪武。（南京博物院编《南京明故宫出土洪武时期瓷器》，载《文物》1976 年 8 期，第 74—75 页。）永乐时期官窑也有烧制。自宣德开始红彩使用趋于多样化，不只在白釉上绘饰，也与釉下青花及其他彩料在釉上做结合，使得五彩瓷器出现无比绚烂的精彩绘画。红彩作为低温釉料，是以氧化铁为发色剂，因使用青矾作为煅烧原料，故称矾红。通常是在白釉上绘饰纹样，经低温二次焙烧而成。台北“故宫博物院”所收藏矾红彩绘器物为三鱼纹高足杯，其款识也为矾红所书，且所藏仅此一件，弥足珍贵。这是官窑器物上最早出现釉上红彩款识。青花矾红釉色应与矾红彩相同，有浓重深浅之分，北京故宫博物院所藏三鱼纹高足杯，与青花描红云龙纹合碗上的红彩色调相近，为浅淡鲜明橙红色。然而河北省安次出土矾红缠枝八吉祥三足炉则呈色暗红，与台北“故宫博物院”所藏之花卉纹高足杯颇为相近，皆属浓色而色深者。

七、装饰技法

宣德官窑瓷器装饰艺术成就达到了难以逾越的高度。其青花纹饰布局、笔意与永乐相似，其线条流畅、水路清晰、题材广泛、装饰手法丰富。明宣德青花瓷造型精致，釉质厚润，青花瑰丽，纹饰丰富多彩，创作技艺先进，艺术成就登峰造极，堪称明代瓷器制作技术顶峰。

1. 宣德时期瓷器装饰题材

宣德青花纹饰非常精妙，布局规整严谨，从不出边线。画笔有时候是实笔，多为细线条，有时候是勾勒渲染，多为粗线条和纹饰。此时期图案线条流畅，粗犷随意，没有轮廓，有一气呵成之感，俗称“一笔点化”。宣德青花装饰华美是一个重要因素。宣德装饰纹饰一改永乐纹饰纤细之风，显得粗重豪放。尤以龙纹雄健威武之状，为明清两代之最。宣德装饰风格以熟练装饰笔法、多样绘画题材和丰富装饰风格，使其瓷器装饰手法获得了巨大成功。宣德时期青花纹饰，具有鲜明时代特征，不仅画意豪放、生动，笔法酣畅流利，粗细皆有，而且内容题材广泛。

宣德青花纹样题材。此时纹样题材繁华绮丽，花卉纹、人物纹、动物纹、几何纹等几乎无所不有。即使是同一器型，纹饰也变化丰富，纹样组合充满想象力。仅仕女图就竭尽变化，巧妙地配以楼阁、庭院、山石、水榭等富有创意的多种内容，使画面更加丰富多彩。绘画笔法包括勾勒点染、双勾填色、双勾填色加点染、浓笔勾勒、单笔渲染等多种笔法并结合使用。款识为楷书“大明宣德年制”或“宣德年制”两种。字体均统一为晋唐小楷，具有工整舒展、笔画圆润而遒劲特点。“德”字一般不写中间一横，款识遍器身，通常多放于器物底部中心或圆器里心与口边。宣德青花纹饰题材非常丰富，包罗万象，构图新颖，装饰手法丰富，描绘风格豪放大气，艺术感染力很强。缠枝和折枝花卉是此时期最常用装饰图案，有缠枝牡丹、缠枝莲花、缠枝菊花、缠枝灵芝、缠枝牵牛花、松竹梅、宝相花、栀子花、百合花、束把莲、山茶花、枇杷果、萱草、莲荷水藻、竹石芭蕉等。当时的工匠们常把几种花卉交错在一起使用，其中由茶花、菊花、牡丹和莲花的组合图案纹饰最受人们欢迎，被称之为“四季花卉”。缠枝莲花在宣德青花瓷中使用最多，多为双边莲瓣。青花图案既灵活多变又不会杂乱无章，显示了宣德年间高超绘画功力。宣德官窑纹饰及其造型，同样丰富且多变化。其画工绘画技巧十分纯熟。有明一代除永乐官窑外，难有出其右者。虽然成化斗彩质细色美，但纹饰绘画稚拙，少有笔趣。凡永乐官窑造型、纹饰题材，宣德官窑颇多继承发扬。其主体纹饰仍以植物纹样为主。台北“故宫博物院”收藏之宣德官窑器物之纹饰，大致可以分为瑞兽瑞禽、草木花果、诗意人物、吉祥图案等四类：

瑞兽瑞禽类。以象征帝王至尊权力的龙凤纹为首，此为宣德官窑瓷器纹饰之最常出现者。宣德八年（1433年）一次就命烧造龙凤纹瓷器多达四十四万三千五百多件，可见龙凤纹为官窑首要纹饰。其中龙纹有行龙、立龙、团龙、云龙、波涛云龙、穿花龙、双龙戏珠等。凤纹则有云凤、凤凰、双凤、穿花凤、团凤等。其他瑞兽还有海飞象、海兽、双狮戏球、莲塘鱼藻等。海兽又可分为九海兽和十二海兽，有龙、狮、象、麒麟、马、海贝等，均有飞翅。

草木花果类。如各式缠枝、转枝、折枝花卉。有四季花卉类，如茶花、牡丹、芍药、桃花、石榴、月季、栀子、玉簪、莲花、牵牛花、秋葵、菊花、石竹等。折枝花果类有石榴、柿子、葡萄、莲实、荔枝、枇杷、樱桃、苹果、灵芝等。花卉、果实为吉祥长寿的象征。宣德草木花果纹饰，虽多数继承洪武、永乐官窑，然巧作变化，种类也多于前朝。如宣德盘心常见大折枝花卉以及内外壁折枝四季花果纹，永乐虽有类似图案但并不相同，一般仍视为宣德所创。宣德草木花果纹饰之多，应与喜爱艺术、吟诗作画的宣德皇帝有关。此由《大明宣宗皇帝御制集》之大量咏草木花果诗作便可得知。

人物图案类。神仙、诗意人物类。有仙女骑鹤、仙女乘风、吹箫引凤、秋夕诗意、仕女秉烛夜游、仕女蕉叶题诗、焚香拜月、水榭纳凉、小扇扑萤、仕女婴戏、婴戏十六子，等等。在瓷器上绘画历史人物或神仙故事，虽常见于元代青花瓷，但明代永乐、宣德青花瓷上的绘画，布局疏朗，画意清雅，远非元代可比。尤其宣德仕女画的题材，以及仕女高贵气质、园林景致，皆暗示其非普通人家，应为宫廷或仙境仕女。仕女绘画风格，亦与宋代仕女画较为接近，窈窕清丽，与南宋高宗《书〈女孝经〉马和之补图》中仕女貌似神近，而与明代画家笔下丰腴仕女稍有距离。秉烛夜游、蕉叶题诗、小扇扑萤等，描绘仕女家居休闲诗意题材，似亦始于宣德。青花皆以小笔蘸画，笔触圆熟流畅，加上宣德进口钴料含铁量高，其铁质疵斑所呈现浓淡渲染釉调，可谓一幅墨趣盎然、曲尽其妙的山水人物画。世称宣德官窑“女多男少”，以台北“故宫博物院”所藏青花器来看，确实如此。青花三友人物图碟，描绘历史人物故事，为传世宣德官窑之稀有者。在宣德官窑人物绘画中，首次出现了日本人称之为“云堂手”的涡旋云纹。但是这时云纹还比较简单，到正统时期才变得愈加复杂多变。这些宣德人物图装饰绘画，多为宣德八年（1433年）以后作品。其绘画方法和笔法一直延续到正统时期。

吉祥图案类。各类寓意吉祥纹饰，有松竹梅岁寒三友、莲托八吉祥、藏文经语吉祥文、梵文经语吉祥文、坛盏等。吉祥图案为明清官窑彩瓷常用装饰纹饰之一，有莲托八吉祥、梵文经语等纹饰常见于宣德官窑瓷器。在官窑瓷器上使用藏文吉祥语始于永乐时期，此与宫廷颁赐西藏诸法王举行法会有关。台北“故宫博物院”收藏青花藏文高足碗、穿莲双龙藏文高足碗、穿莲藏文僧帽壶等皆带四字篆书款、楷书款，为宣德官窑早期所制祭器。另外青花凸节高足杯内也固定书有梵文字，意为受佛庇护吉祥之义。

中亚文化类。除以上常见纹饰外，尚有中亚波斯文化图案，因郑和下西洋与中东贸易往来频繁，受其影响，在形制、纹饰方面，颇仿其制。宣德纹饰有继承前代唐宋陶瓷、金银器或缂丝、织绣纹饰，经过宣德工部制样特显风格者。宣德瓷器纹饰中颇有西亚风格者，此类纹饰不见于明代以前。当为明初与中东诸国往来频繁、文化交流所致。台北“故宫博物院”藏青花卷草斜格纹盖罐、灯、莲子碗、葫芦双耳扁瓶等器物上的斜格纹、花卉纹、图案纹以及周边纹饰圈点纹、叶纹等，皆为波斯金银器、陶器上常见纹饰。宣德时期多有阿拉伯风格器物，可能是为西亚地区特别定制。其青花器物主要有轮花纹双耳扁壶、缠枝纹执壶、缠枝花卉纹八角烛台、缠枝花卉纹花浇等。这些作品一直被定为宣德时期所烧制，传世作品保存有多件。

自创纹饰。台北“故宫博物院”所藏穿花牡丹龙纹或穿莲龙纹，其构图就源于宋代花间行龙图，只不过宣德把宋代走龙穿行于多种花卉，改为单一花卉而已。云龙纹装饰亦常见于北宋定窑印花、刻花纹饰。莲塘鱼藻纹为宋代莲塘水禽与其器心鱼纹的结合。宣德官窑喜欢以象征祥瑞珍禽异兽作为装饰，使用各类海藻纹或与三保太监郑和下西洋及海事相关。至于以矫健海兽纹为主，以海上仙山、波涛云纹为背景纹饰亦始见于明清官瓷。宣德官窑所画龙纹，皆矫健勇猛，侧面昂首，绝无嘉、万以后明清官窑上常见的正面龙纹，其龙纹所表现强劲动感与雄健气势，亦为历代龙纹之佼佼者。

画稿来源。宣德瓷器绘画成就的取得，除题材丰富、釉料精良、画工技法纯熟外，另一个不可忽视原因，即其画稿来自宫廷画院画家之手。明王世性《广志绎》卷四记载：“二窑（宣德、成化）皆当时殿中画院人遣画也。”有了当朝一流绘画范本，亦造就了宣德瓷器上的山水、人物、花鸟等各类纹饰卓越的工艺水准。

2. 宣德时期装饰技法

宣德官窑装饰技法也远较前朝丰富。常见同一器物上同具刻花、印花、堆拱（堆泥）等多种手法与绘画结合。如青花或釉里红纹饰，外壁绘以青花或釉里红，内壁则印饰龙纹。在盘心、碗心又刻划折带云纹、品字形云纹作为装饰。宣德印花纹饰与洪武、永乐纹饰相较，印文大多浅而模糊不清，少有如洪武纹饰之鲜明者，此应与印模浅、釉厚有关。宣德印花暗纹如非细审，则与印文篆款一样常遭遗漏，而此暗花纹饰往往为仿者所疏忽。宣德釉里红三鱼、三果纹高足碗为其一例，真者内壁皆印饰双龙纹，仿者则无，清代康熙官窑已颇为高明，难道忽略了此点？另外蓝地白花装饰技法始于元代，明代官窑似自宣德起，才承袭了此一技法。宣德蓝地白花，是先在白胎上以刻花和堆拱技法作成纹饰，纹饰部分贴复或涂蜡，隙地以青料喷染，再施以透明釉，一次高温烧成。其蓝白分明的清新风格，成就已超越元代，而蓝地白花莲塘鱼藻纹，各类折纸花果纹，亦为明清官窑争相仿效。

绘画笔法。从绘画笔法来看，宣德纹饰一改永乐时纹饰纤细装饰风格，显得粗重豪放，笔法苍劲。采用与纹饰内容相适应的多种表现形式，包括单笔勾勒点染、浓笔勾勒淡笔点染、双勾填色、双勾填色加点染等多种方法。并且在填色时，改变了永乐时小笔点染方法，而是采用较大面积笔上下渲染，可见笔痕。许多器物都是多种笔法相结合的作品。宣德青花有“殿中画院人遣画也”的记载，故其“粉本”可能出自宣德时期供职于仁智殿宫廷画家之手，自是不凡。

绘画题材。宣德瓷器绘画题材广泛，传统瓷器花卉纹饰、人物纹、动物纹、几何纹等，无一不有，称得上繁华艳丽。虽然大多数纹饰在元代已经出现，但宣德纹样更富变化。比如仕女图，宣德配以山石、庭院、楼阁、水榭等不同内容，富有创意。宣德时在各种纹样组合上也是充满想象力，使画面内容更加丰富多彩。即便同一器型，也会饰以不同纹饰，令人目不暇接。宣德时期花卉纹饰组合没有规律，出现较多是茶花和菊花，其缠枝组合中较多出现的是牡丹、芍药、莲花、芙蓉、菊花和茶花等多种花卉组合。其折枝组合中出现较多的是牡丹、月季、莲花、石榴、菊花、茶花等。其瓜果纹饰则多是对永乐图案的继承，主要为桃实、柿子、枇杷、葡萄、甜瓜、石榴、荔枝、樱桃等。在传统的绘画中，鸟常常与花联系在一起，而宣德青花花鸟图案则多与果实相联系，如绶带枇杷、鹦鹉寿桃等。

装饰风格。到宣德时期，瓷器已经取代金银器成为日常生活用器。这个重大转变，也使得瓷器装饰风格发生了改变。最重要的是艺术上更加本土化，更适合国人生活习惯和欣赏水平。从造型上看，巨型大盘、大瓶已经少见，从纹饰上看追求典雅而精致，不但改变了元代气势逼人的特征，而且也没有处于转折期洪武、永乐器物略嫌生硬与刻板的风格，宣德瓷器浸润着宫廷式华美，一枝一叶，一点一划间都具有艺术灵动与新异。宣德器物装饰上注重器型与纹样统一，不同器型选择不同装饰方法，如用轻枝蔓叶牵牛花来装饰造型奇特的倭角方瓶，竟然是那么的和谐与自然，使造型与装饰配合达到了绝妙和谐。宣德瓷器或轻歌曼舞，或气势恢宏，或异域情调，各臻其妙，大大丰富了瓷器装饰意境。

装饰工艺。这时期日常装饰工艺主要有印、刻、划、雕、锥拱、绘画等。青花与其他装饰手法相结合形式中，增加了青花填红、青花填黄和青花斗彩。斗彩一词首见于清初的《南窑笔记》，其概念正是从宣德斗彩中归纳，即在“坯上用青料画花鸟半体，复入彩料凑其全体，名曰斗彩。”宣德时期这种釉上、釉下相结合装饰手法，开创了彩瓷崭新局面。

3. 宣德瓷器装饰纹样

宣德器物装饰纹样主要有人物纹、动物纹、植物纹、吉祥纹等四大类，另外还有辅助性的多种纹饰。宣德装饰技法多样，有刻花、剔刻花、印花和绘花。值得注意的是不同瓷器品种，纹饰内容也有所不同。白釉瓷器花卉内容不多，见到纹样有刻划莲瓣纹、焦叶纹、朵云纹和模印云龙纹。洒蓝釉瓷器刻饰龙纹，大罐饰一条赶珠龙纹，配饰海水仙山纹和朵云纹。蓝釉瓷器多素面无花纹装饰。有时在釉面上剔刻出鱼藻纹，使其露出白色胎，然后再在纹样上施以白釉，艺术效果颇好。孔雀绿釉瓷器多以青料在釉下绘鱼藻纹。仿龙泉青釉瓷器则是刻绘花卉纹，纹样有缠枝牡丹纹、折枝莲花纹、折枝灵芝纹、宝相花纹、莲瓣纹、卷草纹、云气纹等。下面分别就常见图案纹饰叙述如下：

龙凤纹。在装饰纹样中尤以龙纹雄健威武之状，为明清两代之最。龙的形象从元代到洪武、永乐时期，身材瘦长，宣德时龙形象变得凶猛威武，生气盎然。龙纹粗壮凶恶，都是龙首昂扬，龙嘴拱翘如猪嘴，下颌突出。龙头多前披发或竖发，龙发长而飘起，双角，龙身舒展纤长，筋骨矫健，多为三爪或五爪，爪尖呈带尖状圆圈，表现出官窑龙纹的震慑力。宣德龙纹取法“配阳至刚”“至阳出蛰”“极阳之精”“顾阳而行”“步天而行”。宣德龙纹之凶猛别的朝代无法比拟，这表现了明初进取的精神状态。此时还有飞翼龙、卷尾龙。过去认为正德时才有飞翼龙出现，根据出土资料证实，其实宣德时已经有了。这时云龙少，海水龙多。宣德龙纹主要有团龙、云龙、赶珠龙、穿花龙等造型。龙为五爪，爪趾连成一圆圈，张嘴伸舌，神态凶悍。宣德晚期出现闭嘴龙、翼兽龙，翼兽龙有半鱼半龙和兽身花尾两种造型。其雄健英发身态，体现了宣德帝对明太祖审美精神的弘扬。

宣德器物有以下特点：龙整体威武豪放，比之前更有气势，嘴多为张口状，下唇向上翻，最前两端须向前而非向上，发冠从上飘。五爪仍为团形，指尖向下，前两爪置于头前，作扑杀状。在单一器物上的龙数目增多，特别是九龙图案被广泛应用。龙身上长飘带主要集中于龙身近1/2处。团龙图案变得更为常见，一件器物上数目不等，有独龙、双龙、四龙、九龙、十龙，亦偶伴有凤纹出现。有明宣德窑青花穿莲双龙藏文高足碗，见于台北“故宫博物院”。过去认为明代绘翼龙和穿花龙纹青花器始于正德，现在出土实物证明时代可以上溯至洪武、永乐时期或者更早。但是主要器物还是在宣德时期开始出现。宣德纹饰画意豪放，笔触流畅，题材广泛。官窑布局繁琐，民窑疏朗。其技法采用一笔点画，部分用勾勒渲染。从永乐后期到宣德出现了器物内外画花，用料多，费工。有锦地开光，四周围画花，中间留空，这样就能突出重点。题材有缠枝花卉穿花龙、穿花凤，个别有龙凤呈祥图案。主要龙纹图案有团龙、云龙、双龙、四龙、五龙、九龙、十龙、海水荷莲龙、花间行龙（俗称穿花龙）、夔龙（又称摩羯）、蟠螭龙、翼龙（又称应龙）、香草龙衔灵芝等。龙爪数为三、四、五不等。宣德青花红彩海水龙纹盘，现收藏于北京故宫博物院。高4.4厘米，口径22厘米，足径14厘米，敞盘口，盘腹较浅，圈足，口沿内外都用青花勾边。外壁为红彩海水满地，上绘九条青花龙穿梭于海水浪花之间；内壁仅在内心画有一条青花侧面龙，与釉里红海水及白色卷浪相映成趣。龙纹紧凑，整体呈团形，首尾同在一侧，身形矫健，有腾空飞舞之感。龙凤纹在宣德时期大量出现，《大明会典》载：“宣德八年（1433年）尚膳监题准，烧造龙凤瓷器。”宣德时期凤纹出现数量较多，这一点与永乐不同。

人物纹。过去一般认为宣德青花中很少绘画人物，现在却从看到的实物和资料中发现了不少内容丰富人物场景，结合后来成化瓷器中大量出现以人物为主体的纹饰，更加说明宣德时期已经为绘制生动多姿青花故事人物画奠定了基础。人物纹图案有所增多，在碗、盘、靶杯均可见人物纹图案。宣德人物纹图案主要以仕女为多，格调清幽，均配以楼台亭榭、庭院景致，其器物主要有罐和碗两种。碗上所见绘画图案有仙山楼阁、双姝跨凤、山水楼台、仙女跨鹤、山水楼阁、阁中仕女吹箫、丽人跨凤而至、仕女秉烛夜游、仕女水榭纳凉、仕女蕉叶题诗、仕女焚香拜月、山水庭院仕女赏月、四仕女游戏其间、仕女五游戏其间、仕女独坐茅亭、二童花间嬉戏等，总体风格上反映了太平年景的祥和与安宁。（见图36）

人物类图案主要有藏族歌舞、西王母骑鹤、吹箫引凤、赏月、拜月、扑流萤、高烧银烛照红妆、仕女乘车、婴戏十六子、仕女琴棋书画、仕女婴戏、仙人乘凤、蕉叶题诗等。人物纹饰中还有几幅婴戏图，其中十六子图案源自永乐。另外还有高士乘鹿采花图。宣德时期男士人物纹图案目前仅见3件，故过去常言的宣德“女多男少”是有道理的。宣德晚期开始出现人物通景图案，绘画精细，布局合理，对正统以后影响很大。江苏常州市博物馆收藏一件宣德晚期至正统时期景德镇民窑青花婴戏图碗，外壁比永宣时期稍厚，釉色白中泛青，釉质润泽。内地绘以宝杵纹，口沿内写一周梵文，外壁一周婴戏纹。童子头上均为三个小髻，手中各执一物，一童子胸前一鼓，双手持缶，正在鼓乐，绘画较为晕散。瓷中婴戏图毫无背景可言，几个戏童彼此独立，是几个毫无联系的平行游戏行为。此时绘画特点在于技法采用“小枝笔”勾线填色，由于笔小，用料有限，所以造成人物纹饰留有大量先浓后淡、深浅不一的笔触痕。

宣德人物图案均非随意所画，它们所描绘或为历史故事，或为唐人诗意。如“焚香拜月”画面为：楼内画屏前红烛高照，楼前一少妇执扇端坐，她上方星空闪烁，一大两小，三星相连当为牛郎星，一侍女在树旁捕捉萤火虫。这不正是唐诗“银烛秋光冷画屏，轻罗小扇扑流萤。天阶夜色凉如水，坐看牛郎织女星”的意境吗？明代《五杂组》作者谢肇淛也见过同样构图的官窑器：“余见御用一茶盏，乃画“轻罗小扇扑流萤”者，其人物毫发俱备，俨然一幅李思训画也。”古陶瓷界长期以来有着“元朝人少，永乐无人，宣德女多男寡”的说法。从目前来看，永乐无人说法是站不住脚了。但是宣德时期人物图案中仕女多过男人是存在的。目前宣德人物图瓷器，多收藏在台北“故宫博物院”，属清宫旧藏，是在一种太特殊情况下保护起来的，所以差异性难免。

宣德时期人物图案较少，宣德晚期直到正统以后，人物图案突然多了起来，特别是仕女图。台北“故宫博物院”藏有多件宣德仕女图瓷器，其中一件宣德青花庭院仕女图碗，在庭院中绘多个仕女，双卷边云纹，勾画流畅，天高云淡。辅以山石春花、新桃翠竹，落英缤纷，表达了惜花之情。另一件宣德青花松竹梅仕女纹盘，内底绘松竹梅三友、湖石、灵芝、兰草，外壁绘海棠诗意仕女，侍者或依栏而立，一仕女秉烛夜游其间，选取夜晚挑灯赏月的视角传递“爱月”之感。第三件宣德青花庭院仕女图碗外壁绘以花园内湖石、牡丹、棕榈树等作为间隔，其间均为主婢游玩及以高低起伏翻腾的云纹。第一组图，一仕女坐着看明月，仕女执扇；第二组图中，仕女两手捧水回首；第三组图中，一仕女指导侍从持瓶浇花；第四组图案为仕女拈花，侍从则捧瓶花。从绘画上可见，此碗绘画是“永宣青花瑶台赏月图高脚瓷盅”的延续，只不过从三组人物演变到四组人物。1993 年景德镇珠山出土一件宣德青花庭院仕女图碗，也绘有相同的纹饰。最后一件为宣德青花庭院仕女图碗，一组图中，三个随从在园中谢琴、捧包、持卷等，一组图中，一仕女手持一枝桂花与拱手丫鬟对话，“弄花”之意不言而喻。扬之水先生把这四件宣德瓷器所绘称之为“惜”“爱”“掬”“弄”图，是宫廷必备的一组图案。

明代早期人物画与元代人物纹饰描绘有较大区别。元代人物图常常出现繁密层次构图，粗犷大笔拓涂，而且人物也只是在脸部、手部以及衣服袖口、领口与帽檐等处留白。宣德人物图中，人物多是通景绘画，粗笔写意，小笔描绘，人物衣裤纹绘多为简单细线勾勒轮廓，只有少量涂绘，地皮景中的石头褶皴、湖石、栏杆等细节之处也多处留白，笔法也很工整。画工描绘多为侧身正在忙碌的戏童，游戏活动多有主题、情景与角色分工。戏童也有投入了浓厚兴趣与高涨情绪的表现。应该说明早期婴戏图更具有象征性，这主要表现在：首先，几个戏童通过想象，建构“传胪加冠”这个虚假创造性情景。群童在情景下角色分工、协同游戏成长过程，比成人仪式涵义更为重要。其次，第四组“传胪游戏”中，戏童利用木马代替真实大马，用荷叶替代伞盖，替代手法更为巧妙，体现了婴戏图符号化意味。

动物纹样。分为三大类，即龙凤、禽鸟和怪兽。龙纹和凤纹在宣德瓷器中占有一定比例，龙凤合绘器物较少。宣德龙凤纹动姿增多，最富有生气。在永乐龙纹基础上，宣德增加了回头龙、穿花龙、莲池龙、闹潮龙和墨龙，并且多为张嘴吐舌。五爪龙外还有三爪龙以及勇猛矫健螭龙、夔龙和应龙。凤纹主要有云凤、双凤、穿莲凤、穿牡丹凤、团凤、团龙凤、龙凤等。异兽纹主要见于青花矾红器中，有海马、海兽等，以矾红彩描画，造型稍嫌简略。动物纹饰中还有狮球纹、满池娇、海怪纹等。传统莲池鱼藻纹多为双鱼，宣德时则画成四鱼，分别为鲭鱼、鲌鱼、鲤鱼、鳜鱼，这成为宣德系列产品，分别绘制于碗、盘、靶杯和花口洗上。

麒麟和狮纹。无论是唐代还是元代，青花器上都没有麒麟和狮子的形象。甚至明代洪武和永乐时期的瓷器纹饰中，也很少见到这两种瑞兽作为装饰图案。但是到了宣德朝，青花瓷器上突然大量出现了麒麟和狮子这两种动物纹饰。凡是出现龙形麒麟、狮子装饰的青花瓷器，基本可以排除在宣德朝之前。宣德时期麒麟纹是短身龙的变形，头角、竖发、身躯等部分还有龙的影子。

花鸟画。宣德以前花鸟图案少，到宣德时，吕纪、林良都是花鸟画家，而且宣德本人也画花鸟，故而花鸟图案增多。禽鸟图案中以枇杷绶带鸟为最精，通常绘于大盘中，在永乐时已经开始烧制，延续到宣德时期。画法近似，似为宣德早期器物。莲池戏禽图是又一重大题材。例如青花五彩满池娇，从构图到画法都很精彩。从装饰技法上，也为明代中后期青花加彩提供了摹本。宣德图样纹饰中鸟类主要有黄鹂、鹦鹉、绶带鸟、翠鸟、鸳鸯、海东青、竹鸡和白鹭。

花卉图案。宣德花卉多折枝。其中，花卉、花果、藤蔓等在器物中占最大比例。折枝或缠枝番莲纹占大多数，另有牡丹、菊花、茶花、四季花果、四季花卉、牵牛花、月季、芍药、芙蓉、萱草、栀子花、百合、宝相花和石榴、葡萄、灵芝、樱桃和松、竹、梅等。其中缠枝花果类主要有莲、菊、束莲、牡丹、苜蓿、宝相花、荷莲、灵芝、石榴、牵牛花、番莲托八宝、葡萄、茶花等。折枝花果类主要有菊、莲、牡丹、栀子、荔枝、葡萄、百合、莲实、枇杷、桃、芝兰、菊花、茶花、玉簪花、三果、石榴、瓜、九秋等。花卉图案还可作为辅助纹饰，主要有回纹、蕉叶、龟背锦纹、垂云、点珠纹、朵花、卷草、莲瓣、如意、海水和几何图案等。

这时花卉图案中最突出的是三叉叶形莲瓣和莲蓬造型。三叉叶形莲瓣主要为宣德时期莲纹，宣德缠枝莲盘局部莲花花瓣比较怪异，如鹅掌形三叉叶子形状，位于其正下方和右上方两朵莲花花瓣与其一致，都是叶形花瓣，不过中央一朵是从俯视角度描绘，而另外两朵是侧视效果下叶形莲。纹饰造型简约，秀丽端庄。另外突出莲蓬造形也是宣德一大特色。此类莲花结出果实，有一颗硕大莲蓬位于莲瓣中央。宣德青花缠枝莲纹菱口盘局部形态，就处于虚实之间，用笔勾勒得非常巧妙、传神。重笔描之则失之过重，轻之则亦不能得。这就是苏勃泥青上等青料与瓷绘工匠娴熟技法相结合下的陶瓷艺术杰作。莲纹形态古朴典雅，青料晕散，非常具有水墨画艺术化效果，表现出清水芙蓉美丽与娇艳，布局合理，是宣德时期莲纹艺术佳作。宣德官窑青花缠枝莲纹梅瓶，底层缠枝莲为横带式布局，从莲纹花头生出一枝，绘出另一支莲纹，再以此莲纹花头向左上方上发枝，绘出一个蓓蕾，形成一个纵横交错构图。自由式画面丰富，横向波形缠枝骨架体现了节奏感和韵律感，缠枝绘画较为精细，花叶形态俏丽活泼，永宣朝莲纹构图内容多变，且富有巧思，造型古朴深沉，非常注意整体黑白关系，纹饰有疏有密，恰当合理。永宣官窑缠枝莲纹骨架线条硬朗，形式变化多端。在同一平面上，缠枝将中心莲纹缠绕一圈，再从主枝上出枝，将周围莲纹缠绕，形成一个轮状图形，形式新颖可爱，在历代缠枝莲纹骨架中较为少见。

在花卉纹饰中还有松竹梅纹。宣德松竹梅纹品种齐全，绘有纹样器物较多，但有一定规律性，如盘心多绘有折枝松竹梅，常与山石组合搭配，布局紧凑，构成一幅画园小景，以较为散漫伸展姿态环绕碗壁一周，布局相对发散。在此时松竹梅纹饰与器物搭配，呈现出一种程式化趋向。

吉祥纹。主要指宣德瓷器中反映佛教意义的八宝纹，时常见到的主要有莲托八宝和瓔珞纹。八宝为藏传佛教中八种法器，又称之为“八吉祥”。依序为轮、螺、伞、盖、花、鱼、瓶、肠。八宝纹饰大多采用缠枝番莲托八宝图案构图，有些还辅以藏文。瓔珞纹颇为新颖，它是藏传佛教中纹饰，原本悬挂在佛身上，宣德时期则将其装饰在了大罐肩部。

另外梵文、藏文也常用于青花瓷器上。阿拉伯图案在宣德时期，只见轮花纹和网络纹。

其他纹饰。主要是云头纹、海水纹（平波或激浪）、海水江芽（水中有山石）、海飞象、海八怪、海石榴、狮球、鱼藻、三鱼、荷莲水藻、花鸟、枇杷绶带鸟、桃花双雀、桃树团花、碧桃竹子、竹石芭蕉、山石园景、松竹梅岁寒三友、萱草、七珍八宝、宝杵、法轮、璎珞、太极、月华、蕉叶、菊瓣纹、莲瓣纹、双层莲瓣纹、回纹、弦纹、云纹、锦纹、点纹、梵文（包括蓝查体）、藏文经语、阿拉伯文和“茶”、“坛”字样，“茶”多写在碗心，“坛”多写于碗底。

蟋蟀罐的纹饰。蟋蟀罐的纹饰与其他器物不同，有其独特风格。其绘画主题多至20余种，除了龙凤、螭龙、海兽、花卉、瓜果、松竹梅等常见纹饰外，还有一组构图新颖、题材丰富的纹饰，有画唐人诗意的“两个黄鹂鸣翠柳，一行白鹭上青天”、画猎犬飞鹰狩猎图以及汀洲鸳鸯、汀渚竹鸡、樱桃小鸟、瑞兽等。这些图案本身就是一幅生动水墨画，具有浙派绘画风格，也再次证明了明初官窑上纹饰是由宫廷画师们设计的，同时也反映了宣德皇帝的艺术修养和丰富生活情趣。

宣德斗彩器物。其绘画方法尤其独特之处主要在于矾红彩的使用。其矾红使用与成化、宣德时期有区别，区别在于有渲染还是无渲染。有渲染者，如景德镇珠山御窑厂出土宣德斗彩莲池鸳鸯纹盘，盘心以没骨法绘红莲、绿荷，莲花用矾红渲染后，再用线条勾画轮廓，其莲花花瓣具有阴阳反差，经线条勾勒后，立体感极强。又如宣德矾红云龙纹靶盏，先用矾红勾勒图案，然后用淡描渲染云头、龙身，再用线条描绘局部，绘法细腻，层次感强。说明在宣德时斗彩还处于试制阶段，制作精细，至成化早期还沿用此法，后来斗彩制造量大，如此繁缛工序必须精简后才能扩大产量，故而成化中期以后改变为无渲染工艺。

宣德青花五彩器。此时宣德五彩虽然仍处于创烧阶段，但是将青花与五彩拼逗在一起，宣德工匠还是摸索了一些成功的经验和工艺方法。青花绘制方法与传统青花器相似，采用单笔勾勒（如水波和藏文）、单笔勾勒点染（如海水）、双勾填色（如云龙）三种笔法。从青花看，用笔流畅，造型准确，是成熟宣德风格，应属宣德中后期作品。五彩方法有数种：（1）单笔勾勒如中国画中没骨画法（如荷叶和慈姑、浮萍）；（2）双勾填色，用色彩勾勒轮廓后填彩（如红莲）；（3）渲染点彩，以较淡釉上彩画出形状，以较深同色釉彩加点（如鸳鸯身体、芦苇、红蓼等）；（4）刻划加彩，所有釉上彩部分均在胎上画好轮廓线，烧成后依照暗纹填彩。宣德青花五彩上青花和釉上彩拼逗工艺，反映为这两个层面的配合。一是青花和釉上彩分别画了不同部位后，拼逗成完整纹饰，如鸳鸯头、颈部和翅膀用青花画，其余用釉上彩画。二是青花双勾后，用釉上彩填色，如雄鸳鸯背后扇形飞翅，是用青花勾勒后填黄彩。

4. 宣德瓷器工艺手段

宣德青花五彩工艺手段非常丰富，集青花和釉上彩拼逗方法之大成，对彩瓷产生重要作用。对后世影响最大的则是成化斗彩、嘉万五彩和素三彩。青花双勾、釉上填彩方法自此以后成为一种基本方法，并且发展出了成化斗彩，而这种方法正是宣德时所创。台北“故宫博物院”藏有青花五彩满池娇盘数件，侈口窄唇，浅壁，矮圈足，口唇上饰以青花藏文一圈，盘心及外壁饰以莲池水藻，加饰鸳鸯三对，内外分饰青花线二道。底有“大明成化年制”青花楷书款，外双圈，口径 16.6 厘米。当为成化早期仿制宣德时作品。其口径比宣德略小，纹饰相同。从画法看，宣德莲花采用釉上彩双勾填色，成化制品则是红彩抹绘，采用没骨画法，与荷叶、慈姑、芦苇画法一致。在此后各朝仿制品已经与宣德、成化制品有别。

宣德晚期青花器中，出现纹饰较简单的所谓“云堂手”绘画方法，该手法的大量使用是在正统时期。这种纹饰发生重大变化是在正统后期，由简单变得繁复无比。另外宣德时期青花瓷器上缠枝纹的阿拉伯风格非常明显。

八、器型变化

宣德器型有自己的特点，其造型敦厚凝重，无论大件小品，制作均十分精致，即使器型很大也不觉钝重笨拙。其所生产瓷器品种甚多，琳琅满目，并且创制了不少独特之作。与永乐同类器型相比，略有细微差别，如抱月瓶，宣德造型品种繁多，居明代之冠。宣德时期其底足多砂底，足跟浅，内壁稍有坡度。其造型特点是凝重浑厚，多含有外来文化色彩。台北“故宫博物院”号称收藏明代宣德官窑青花瓷最为齐全，历代制品约有 7 大类 59 种，宣德占有 39 种，并且绝大多数是造型新颖的新创器型。

宣德青花造型丰富，形式多种多样，极富变化，小器制作精美而优雅。由于宣德皇帝有优雅丰富生活情趣，御窑厂根据宣德皇帝的爱好，创烧了许多新器型，其中有造型硕大的存储器、小巧精致鸟食罐以及形制各异的花盆、绘画生动的蟋蟀罐，以及惟妙惟肖的像生瓷，特别令人瞩目。宣德器型之多，单是碗类，就有 14 种之多。其同一造型又有多种尺寸，口径大小不一。即便在官窑瓷器史上，也少见像宣德官窑这样数量巨大、规制繁多的情况。宣德官窑造型丰富，碗、盘、高足型碗、杯等圆器为其大宗，而琢器类之花样亦多，如花浇、葫芦扁瓶、执壶、折方瓶等为仿自西亚金银器、玻璃器型，大多在永乐时期即已制作，弦纹三足炉、豆、梅瓶、尊形瓶、贯耳瓶、水盛、渣斗、水仙盆等则为继承古代青铜或陶器造型，僧帽壶、漏斗、大勺、花口洗、凸节高足杯等继续沿用永乐器型，莲瓣卤壶、砚滴、鸟食罐、鸟食瓶、大盖罐、小盖罐、合碗等，则为宣德官窑所创制。宣德青花瓷除了继承传统以外，还创烧了大量造型新颖器型，如抱月瓶、天球瓶等，并且大多为明清官窑所沿袭。宣德官窑一些青花瓷还带有阿拉伯风格，胎体也比元青花瓷要精细，胎泥中粗砂几乎没有断裂现象。胎体更加洁白，露胎盆底火石红也淡，胎釉结合处为橙色，釉面白中泛青，具有明显时代特征。若以功能而论，这些造型无论日常生活所用，如饮食器、容器、陈设器、文房用具乃至祭祀供器，几乎无所不包，甚至盆栽水仙盆、花盆托，或是生活工具，如漏斗，还有鸟食罐以及蟋蟀罐均有制作。宣德朝瓷器作用如此之广，在陶瓷史上尚不多见。

1. 宣德瓶的种类

永乐瓶式主要有梅瓶和玉壶春瓶，为实用器物。到宣德时代创烧或仿制出不少新颖瓶式来做陈设之用，就目前所见，有圆腹扁瓶、绶带葫芦瓶、天球瓶、兽耳环瓶、贯耳瓶、四方倭角瓶、小壁瓶、胆瓶、琮式瓶、龙耳折方瓶、广口瓶、鸟食瓶等。

梅瓶。宣德梅瓶变化最大，有承袭元代到明初各种器型，也有自己创制新器型。分为大、中、小三类。高有 25.1 厘米、30 厘米、31.6 厘米三种。器物口也有大小之别。有唇口外卷，有唇颈伸长，并呈平口状。有溜肩，多数肩较丰满。有收腹，不一而足。小口收肩、短颈、下腹削瘦的小号梅瓶，是宣德新创，均为砂底浅圈足，其圈足内底为浅台阶式。青花款写于器物底部。有青花红釉刻海水龙纹器，于白釉底部署青花款器。上海博物馆收藏有一件宣德民窑五彩缠枝莲纹梅瓶，造型庄重古朴，与同类官窑青花器一致。纹饰气势雄浑，施彩凝腻，为宣德五彩瓷典型。美国堪萨斯城纳尔逊阿脱肯斯艺术博物馆藏有一对宣德青花云龙纹大梅瓶，高 54.4 厘米。卷口短颈，丰肩，收腹，足底外撇，肩部绘有兽面，间以云纹，并署四字楷书款，腹部绘单身行龙，足边饰以莲瓣纹。两器纹饰对称，龙作相对竞舞状，画面与另一云龙罐相同。釉面有开片，器身微有损伤，在宣德琢器类中像这样成对大梅瓶实为少见，也尚有绘以缠枝莲纹相同器型。近年，景德镇御窑厂遗址出土有青花蟠螭大梅瓶，青花呈深蓝色，为宣德晚期之作。其后嘉靖、万历时所流行这类图案皆源于此。另有一种小口梅瓶，器身修长，小口外卷，溜肩，下腹削瘦，圈足内为浅台阶式，此种足形为宣德朝新创，并成为这一时期瓷器底足处理的典型，并且以后为成化朝所承袭。器身饰以青花缠枝莲纹，肩部与下腹饰焦叶纹，青花款写于器物底部。

圆腹扁瓶。小口，细颈，腹部扁圆，平底无足，颈部饰以两方形耳，腹部绘以山水、人物，高 29.8 厘米。另一种圆腹扁瓶，高 45 厘米。为侈口，短颈，腹部扁圆，浅圈足，腹部两面画云龙纹。

长颈扁瓶。北京故宫博物院收藏一件，高 45.5 厘米，口径 8 厘米，足径 14 厘米 ×10 厘米。瓶撇口，长颈中内收，扁圆形腹，椭圆形圈足。这种造型源于西亚地区金属器扁瓶，是阿拉伯人装盛井水的容器。该瓶颈部和腹部绘有两组缠枝花叶纹，颈部缠枝纹接近阿拉伯纹饰。腹部纹饰有缠枝花卉、山菊花、莲花、茶花等，花纹满布，典雅华丽。同样造型还有宣德青花云龙纹扁瓶，高 45.8 厘米，口径 8.1 厘米，足径 14.5 厘米 ×10.2 厘米。腹部主题绘以中国传统云龙纹。云龙回首屈体，四足伸展，气魄宏大。另外还有蓝地龙纹扁瓶，高 45.4 厘米，口径 7.8 厘米，足径 14.5 厘米。口部和颈部绘以缠枝花卉，腹部以蓝色海水为地，留白龙纹。

双耳短颈扁瓶。宣德青花折枝茶花纹双耳扁瓶，高 25.7 厘米，口径 3 厘米，足径 7.3 厘米 ×10 厘米。瓶细颈直口，扁圆腹，椭圆形素胎平底。颈肩部饰以如意形双耳，双耳涂蓝。颈部绘缠枝花，肩部饰以蕉叶纹，腹部两面为折枝茶花。这种器型在台北“故宫博物院”、伊斯坦布尔托普卡普宫也有收藏。其造型源于阿拉伯器物，来自大马士革釉彩玻璃扁壶。是中西文化结合的范例。

玉壶春瓶。侈口宽唇，短颈，矮圈足，硕腹，其颈部特征较永乐造型略显粗短，其它与永乐器相同。有青花与白釉品种。青花主题纹饰多见缠枝花，白釉器多为暗刻缠枝花纹。青花器颈部绘以蕉叶纹、勾云、牡丹各一层，腹部绘缠枝番莲，足饰以卷云纹，高 32.6 厘米。

扁腹绶带葫芦瓶。又称“抱月瓶”“轮花纹双耳扁壶”。仿葫芦形，直口，腹部扁圆，上部鼓圆，束颈，椭圆圈足，也有呈长方形足。高度有 26 厘米、30 厘米、33 厘米三种。上下两面饰以宝相花纹，近边环饰半钱纹，一面宝相花正中饰太极阴阳纹，另一面正中饰放射状花瓣纹，颈部饰方形耳。其造型深受西亚文化影响。这种器型来自叙利亚陶扁壶。最早这类圆腹扁瓶，双耳链接口与肩部，可以追溯至远古米诺斯晚期彩陶章鱼纹马镫罐。该彩陶出土于希腊克里特岛上帕来卡斯特罗，为公元前 1500 年制造，相当于中国商代。辽代绿釉壶也有这种造型，应为悬挂马鞍之用。科威特塔里克拉贾博物馆收藏一件绿玻璃圆扁瓶，以吹膜切割方法制成，器足非常独特。该器为 7 世纪末 8 世纪初的产品，相当于中国唐代。美国华盛顿弗利尔美术馆，收藏一件 13 世纪中叶叙利亚铜壶，体型较大，其外形接近明初扁壶下部。中国烧制这种双耳扁壶，应该是来自当时西亚地区的铜器造型。该扁壶最早出现于永乐时期，器有大小之分，较大款式高约 30 厘米，上腹圆浑，下腹扁平，较小款式高约 25 厘米。景德镇御窑厂永乐遗址出土一件白釉葫芦式扁瓶，属于较大款式。大英博物馆收藏的一件属于较小款式。宣德这种扁瓶一般署有款识。其青花图案中有佛花（又称车轮花）、洋莲、阴阳鱼及云龙等。腹部绘番莲或宝相花。口沿下有“大明宣德年制”六字楷书款。通常高有 26 厘米、30 厘米、33 厘米三种。宣德扁瓶要比永乐扁瓶存世量稍多。有人认为这种扁瓶是出口西方阿拉伯市场的产品，其实不然。在南京皇城遗址永乐、宣德堆积层中也曾出土过该瓶瓷片，说明该瓶也为当时宫廷所器重。北京故宫博物院也收藏一件，高 29.9 厘米，口径 2.7 厘米，足径 7 厘米 ×5.2 厘米。

这种扁瓶真品与后仿品区别在于：宣德器接口于颈部和腹部两处，中腰为两端横接；仿品则接口于器侧壁，为两片竖接。宣德器底足为倭角近圆长方形，仿品为硬折角长方形或大椭圆形，但并非绝对。这种壶形制在元代不曾见，到洪武时已经出现，永乐和宣德时期则多所烧制。由上海博物馆所藏之器物观察，该瓶有明显区别：一种壶口为圆唇，壶口以下略鼓出，没有年款，可以定为永乐时期所烧制；一种在壶口下方有“大明宣德年制”款，上面小葫芦器型比永乐稍大。清代康熙仿宣德双耳扁瓶，高 25.7 厘米，口径 3 厘米，足径 6.7 厘米 ×5.8 厘米，造型有细微差别，瓶边饰与宝相花纹饰线条较细，足为长方形圈足。雍正仿品高 26.6 厘米，口径 3 厘米，足径 6 厘米 ×5.1 厘米。正面中间绘有太极图案，底部为长方形圈足，比康熙时仿得更为规矩。

胆瓶。卷唇口，细颈，扁腹，器身饰以青花缠枝或卷枝花叶图案，瓶口外沿下有款识。清代康熙时多有仿品，其颈部较粗，扁腹，体重。

青花缠枝莲纹细颈瓶。高 19.8 厘米，口径 3.8 厘米，足径 7.6 厘米。唇口，细长颈，鼓腹，圈足。瓷瓶造型朴素，仿 14 世纪阿拉伯描金长颈圆腹玻璃瓶。德国柏林阿拉伯艺术博物馆藏有这种玻璃瓶，两瓶造型稍有不同。宣德所制收藏于北京故宫博物院。

四方倭角瓶。又名折角瓶。唇口，敛口窄边，短颈，方腹折角，矮圈足，扁腹间饰以牵牛花。高 11.9 厘米，另一种高 14 厘米。直径饰以双兽耳，方腹折角，呈八棱锤状，四角似从边沿往下削掉一个小三角体，使得本该为尖角的部位呈现出一个三角形平面，腹部两侧饰以象耳一对，深圈足外撇，内台阶式底。有白釉与青花品种。其青花器腹部绘缠枝牵牛花，双耳染青，底署宣德款识。北京故宫博物院收藏一件，高 14 厘米，口径 5.5

厘米，足径 7.5 厘米。该瓶造型虽小但是胎体厚重，足心内双圈，内署有“大明宣德年制”六字楷书双行款。瓶颈腹部有对称象耳，腹部绘有牵牛花纹，象耳涂蓝。其造型来自 12 世纪西亚地区铜刻嵌银多面瓶。明末清初仿品造型大小不一，无款仿品较难区分，而清代雍正官窑造型则明显放大，一目了然。

天球瓶。北京故宫博物院收藏一件天球瓶，高 46 厘米，口径 8.9 厘米，足径 15.2 厘米。瓶直口有唇，长颈，圆球形腹，胎骨厚重，圆口，上阔下敛，腹部丰硕而扁，平底无足，素胎无釉，砂底微凹，露胎。腹部青花绘以蟠龙纹或缠枝番莲纹，也有绘以海水龙纹等。腹部主题纹饰为缠枝花，肩部饰以花瓣纹。肩部有“大明宣德年制”六字楷书款。器物造型与纹饰具有西亚地区风格，应该是中西文化结合产物。宣德天球瓶较永乐器纹饰略微粗放，大枝大叶，一般署款于口沿下或肩部，也有少数无款器，高 43 厘米左右。后仿同类器颈部长而腹部圆。

撇口大瓶。撇口，长颈，溜肩，长腹，足部外撇。颈部饰以青花海水，肩部饰以莲瓣，腹部绘松竹梅，腹部以下至器底绘莲瓣和缠枝宝相花纹。虽然仅见磨锯口残器，高达 51.5 厘米，但足可说明此时亦有此一造型。

兽耳环瓶。敛口窄边，短颈硕腹，矮足平底，颈部饰双兽首衔环耳，腹部绘龙凤各一对，高 30 厘米。

琮式瓶。器高约 4 厘米，小品大样，形如玉琮，这类陈设品小巧玲珑，大者可以置于器物架上观瞻，小者则作为把玩之物。明清两代官窑皆以此为范本承袭烧制，唯不再是鸟食罐配套用具，而成为陈设器和把玩物。

小壁瓶。明代壁瓶最初问世于宣德时期，只有 3 厘米高，虽为小品，却做得精致，一丝不苟。

贯耳瓶。圆唇口窄边，长颈，丰肩，敛腹，圈足内呈台阶式圈足底。通高 19.3 厘米左右，颈部两侧各有一个贯耳，并绘以青花海水及回纹，腹部画缠枝花卉或石榴纹，肩部与下腹绘焦叶纹，底心署款识。清代雍正所仿造型较接近真品，以后各朝官窑也有此器型，但皆为平底圈足。

广口瓶。广口微侈，窄唇，短颈，敛腹，浅圈足，绘以凤凰纹，高 13.3 厘米。（见图 37）

2. 尊类

尊原为祭祀用品，其中以白瓷为多见，青花器物较少。主要有石榴尊、龙纹尊、海水蕉叶纹尊等。石榴尊是为数不多尊类仿生瓷，因形制如同石榴而命名，通体呈六瓣瓜棱形，主题纹饰为折枝灵芝纹。

龙纹尊。即渣斗。撇口，短颈，鼓腹，是用来盛放食用后剩下的鱼肉骨头之类容器。而海水蕉叶纹尊是渣斗演变器型，由原来的渣斗变为广口，颈部拉长，成为了一种陈设用具。

无挡尊。又称青花花卉纹器座。该器是由波斯传入的器型。口底似壁，中空，上下直通，呈筒状，器身上饰以阿拉伯文。为明代永乐、宣德年间创烧，多为青花装饰。清代康熙、雍正年间有仿制。此器型是仿阿拉伯铜器而制作，因中空无底，被乾隆在其御制诗内称为“无挡尊”。其实该器应为大盘器座，被西方学者称为“托盘支架”。它为西亚人席地而坐垫放器皿的物件，也可称为花座。此器物纹饰具有阿拉伯风格，器身文字也是阿拉伯文。相同类型作品在世界上有少量保存。大英博物馆所收藏有一件青花瓷器作品，发现于叙利亚首都大马士革，明显是中国与西方交往的证据。

撇口尊。上海博物馆收藏有一件宣德青花蓝釉白龙纹撇口尊。其形制类似传统唾壶，表面使用青花装饰，采用剪纸贴花和吹釉方法形成蓝地白龙纹饰。过去有人称之为回青地白龙纹。但从作品青料看，应与永宣时期青料相似，其制作工艺也与永宣器基本一致。在过去传世品中未见有相同器物，无可比性。北京故宫博物院藏有一件青花海水蕉叶纹尊，高 15.1 厘米。

石榴尊。为青花器，乃宣德年间创烧新品种。器型呈六瓣形，似石榴果，唇口外卷，短颈，硕腹，圈足外撇，内台阶式底，以青花与颈部绘六组三联圆圈纹饰，腹部绘以折枝灵芝，口、肩、下腹及底边分绘莲瓣四层，极具观赏价值。

鱼篓尊。器型沿袭永乐，以青花为饰，绘以缠枝花卉纹，高 13.5 厘米，口径 16.7 厘米，足径 9.5 厘米。尊口微撇，短颈，溜肩，垂腹，圈足。里口饰以圆点纹，足底书“大明宣德年制”六字双行楷书款。

青花海水蕉叶纹尊。高 15.1 厘米，口径 16.5 厘米，足径 10.9 厘米，广口外撇，扁圆腹，圈足外撇，足内呈台阶式，通体以青花为饰，颈部饰以蕉叶纹一周，肩部下垂如意云头纹，腹部主题纹饰为江牙海水纹。此器物仿阿拉伯玻璃器烧造，该玻璃器原为悬挂于清真寺中的玻璃灯。该尊形体端庄古朴，具有较强艺术感染力。

3. 碗类

宣德碗的器型与永乐器相似，只是略显敦厚。种类也很多，主要有合碗、盖碗、有撇口、花口、花型大碗、葵瓣口碗（又称葵口碗，有七瓣葵式碗，有十棱葵式碗）、鸡心碗、莲子碗、宫碗、浅碗、仰钟式碗、直口大碗、侈口窄唇大碗、侈口大碗、敛口大碗（又称桡碗，即收口碗）、宽口沿大碗、高足碗、十棱高足碗、高足侈口窄唇碗、高足盖碗、卧足碗、大敦碗、钵式大碗、斗笠碗、高足碗、高足杯、高足侈口碗和墩式碗等。

盖碗。又称“合碗”。该碗为宣德朝新创。侈口窄唇，深壁，矮圈足，圆顶盖。有番莲、番莲八宝等纹饰。盖与器内均有“大明宣德年制”款，连盖高10.3—11.6厘米。另有一种是直壁折腹，腹下部凸起两道弦纹，器身饰以海水龙纹、折枝花、海石榴及缠枝莲托八宝纹等。盖内与碗心的青花款识对铭，一般为六字楷书款，也有个别署篆书款大型器。其品种有青花、釉里红、青花釉里红、红彩、青花红彩、蓝底白花（蓝釉白鱼藻纹）、红釉、仿汝釉等。合碗的碗口为撇口、直壁、折腹，折腹腹部下方有二道凸起的弦纹，碗形折底，带有圆顶盖，开创了碗盖结合的一种新形式。合碗纹饰简单，仅在碗外壁绘有青花龙纹或植物纹作为主题纹饰，而碗内壁洁白无瑕，没有任何装饰，在碗心处书有“大明宣德年制”六字双行楷书款。

花形大碗。为十瓣牡丹花形，侈口窄唇，深壁，矮圈足，外壁饰以莲塘水藻、游鱼四尾，碗心有莲花三丛、游鱼两尾，口径35.2厘米。还有一种较小型的，口径18.6厘米。

撇口碗。又称“宫碗”。宣德时创烧，口沿处微微外撇，腹部宽深，深弧腹，圈足。造型丰满端正。宣德是初创阶段，烧造量不大，到成化时期为宫廷主要御用器皿。碗心双圈内绘以折枝牡丹纹，内壁环饰六朵莲花，口沿下饰朵梅纹一周，外壁饰以缠枝莲纹，近底处饰叶纹。足墙饰朵梅纹。底青花双圈内有“大明宣德年制”楷书款。该碗饰以朵梅纹，以点代瓣，表现出明初青花纹饰生动细腻的风格，应源自永乐青花缠枝莲纹器物。清宫旧藏两件青花压手杯，其口沿外就是饰以朵梅纹。台北“故宫博物院”、北京故宫博物院和上海博物馆以及里艾斯克等均有收藏。该碗至少有三种以上尺寸，口径分为21厘米、19.5厘米、17厘米不等。宣德宫碗尺寸比成化宫碗尺寸要大，其圈足也要比成化宫碗稍大一些，显得宣德碗弧腹更陡峭、更深。还有高足式宫碗，在明代正德年间烧造规模增大，多为皇宫御用器，因此在正德年间又被称之为“正德宫碗”。

葵瓣口碗。为六瓣葵花口，深壁，矮圈足，碗内口沿下画各种花卉12朵，碗心有桃实一支，外壁饰以四季花卉6支，口径22.3—22.6厘米不等。该件作品体态轻薄、均匀，釉面细腻，青花图案舒朗清晰，体现了一种造型优美、体态轻盈特点。在御窑厂遗址可以见到永乐时期相同残器，可能为宣德时期所创烧。同类作品在北京故宫博物院、台北“故宫博物院”、广东省博物馆、美国弗利尔美术馆、日本户栗美术馆等均有收藏，大小稍有参差。清代康熙、雍正时仿品最多，但斜壁较直，所制仿品亦颇精致。还有一种菊瓣口碗，口呈菊瓣状，通体起棱形，有仿汝釉和仿哥釉等品种。

鸡心碗。又称“莲子碗”，莲子碗来自永乐鸡心碗，永乐器型形体较小，碗心呈尖形，故称鸡心碗。器分大中小三种，圆口微侈，深弧腹壁，窄尖底，矮圈足，碗心双圈内绘以四瓣花纹，外环饰半花纹，再一圈饰连枝叶纹，内壁饰以缠枝花纹，口沿下饰曲线朵花纹，外壁饰银锭、犀角、珊瑚、阴阳板四杂宝，间以花卉纹，口沿外为缠枝花，近碗底处饰莲瓣纹。不如永乐器型秀丽，略显丰满。大碗外部多为双层莲瓣，青花白釉器均同。侈口，浅壁，内壁饰以桃实，碗心饰梅花、桃实，外壁饰花卉，其碗心装饰多呈阿拉伯风格花卉图案，口径 13.1—15.4 厘米不等。凸底，圈足内有一高凸，底面有款。足墙饰卷草纹，底足内青花双圈内书“大明宣德年制”楷书款。饰以番莲、四季花卉等纹饰，有大中小三种。口径 16—21 厘米等。清代康熙、雍正仿品胎体有厚薄之分，厚胎器体笨拙，薄胎器秀美，但釉面稀薄泛青，纹饰清晰，线条生硬，足壁较直且高，足脊滚圆。台北“故宫博物院”收藏一件，大英博物馆、英国维多利亚与阿尔伯特博物馆、伊朗阿德比尔皆有收藏。

卧足碗。仿自阿拉伯黄铜碗。碗敞口、浅腹、卧足，碗心凸出。碗心绘以六瓣内三叶纹，外环饰以连枝三叶纹，内壁饰缠枝莲纹，口沿下饰金钱纹一周，口沿外饰一周缠枝莲纹，下承三叶纹，近底处饰连枝三叶纹。足上一周卷草纹，足内青花双圈内书“大明宣德年制”款。器型有大小之分，受到西亚器物影响。此碗始烧于永乐时期，器物造型与永乐器相似，更见浑厚圆润，但纹饰疏简，器心饰以青花折枝花，口沿处为缠枝莲纹等图案边饰，多有款识。此外还有绘婴戏纹者，瓷器造型线条柔和，纹饰严谨而细腻，充满异域风情。馒头心碗或卧足碗之器型、纹饰应来自阿拉伯金银器，永乐年间开始烧制。北京故宫博物院收藏一件，高 4.6 厘米，口径 13.2 厘米，足径 4.2 厘米。1994 年景德镇珠山出土一件永乐青花阿拉伯纹卧足碗，其碗心框饰多了一周缠枝莲纹，内壁光素。该碗碗形较大，凸心绘以六瓣叶纹，内壁满是缠枝莲纹，非常独特。其他宣德卧足碗体型较小，纹饰近于永乐原型。台北“故宫博物院”收藏一件，荷兰海牙市立博物馆收藏一件，东京梅泽纪念堂收藏一件，2004 年 11 月 1 日香港佳士得拍卖会拍出一件，拍品 1074 号。英国里艾斯克家族收藏一件。明万历及清代康熙均有仿品，但纹饰不尽相同。

大敦碗。口径约 30 厘米，撇口、深壁、矮圈足、釉底，器形呈墩式，器身多绘青花折枝花果或缠枝莲纹等。

浅碗。侈口，浅壁，矮圈足，纹饰均仙山楼阁、山水仕女、婴戏等人物题材。口径 19—20 厘米。

侈口窄唇大碗。侈口窄唇，深壁，矮圈足，碗心为螭龙加饰番莲，外壁绘以双龙纹加饰牡丹，口径 27.7 厘米。另外还有一种口径为 27.5 厘米者，性质相同，外壁有番莲、双龙、五龙、龙凤、海兽等多款纹饰。

侈口大碗。侈口，深壁，矮圈足，外壁饰波涛、山石、白龙两条。口径 25.1 厘米，另外有口径 15—25.1 厘米同样式碗二种，绘以花卉纹。这种花卉纹碗多为青花缠枝莲纹，大小不同，器物纹样颜色也有区别，有的具有宣德官窑典型特点，色浓深；也有一种颜色较为清淡的纹样，可能是因为青花用料和烧成温度对颜色产生影响，进口青料成分多，色泽容易呈现蓝色，但是烧成时注意不够，则会出现蓝中偏灰的颜色。这类藏品当时烧造较多，目前国内外机构收藏也多。

敛口大碗。敛圆口，深壁，矮圈足，内壁饰花卉六支，底绘石榴一支。外壁绘花卉 12 支，口径 27 厘米。

直口大碗。这种大碗是永乐、宣德时期较为常见大碗。碗口径大致为 18 厘米—20 厘米，碗外壁通常绘以人物图案，特别是仕女人物图案极具特色，婴戏图较少。主题为鹿车仕女人物，一头奔鹿拉车前行，另一侍女在车侧侍候。该题材在明清景德镇官窑瓷器上较为多见，类似晚明麻姑献寿图。该种器物在台北“故宫博物院”收藏最多，其名称各有不同。例如仕女夜游图、秋夕诗意仕女图、仙女乘鹤图、吹箫引凤图、庭院仕女图、仕女影戏图、园林婴戏图等。北京故宫博物院也有较多藏品，其命名方式略有不同，没有形象描绘，仅是直言器物本身属性。在香港葛氏天民楼和台湾鸿禧美术馆也有收藏，过去将没有款识者被定为永乐时期器物。这个看法是错误的，没有款识的应该多为正统时期器物。这种碗是宣德晚期，即宣德八年（1433 年）以后才开始生产。正统时期继续烧制，但是不具年款。1993 年景德镇御窑厂出土了一件宣德款识青花人物纹碗，撇口，高 6.5 厘米，口径 14.8 厘米，足径 5.6 厘米。上面绘有仕女人物。从目前传世和出土人物图案看，人物构图多有不同，可以认定为多种不同分类或不同题材作品。这反映了景德镇官窑瓷器烧造题材多样化，它们多半是一些文人画风格作品，反映了皇帝个人喜好。

十棱葵式碗。葵口碗的一种，北宋时创烧，碗口沿造型多为四、六、八瓣葵花式而得名。通身及圈足呈十棱形，所绘青花纹饰略同于上述十棱菱花式洗，器底署“大明宣德年制”官窑款识。传统葵口碗在青花瓷上有所体现，而带棱式葵口碗则首创于宣德时期，与传统葵口碗的区别是瓷碗通身及圈足都呈棱形，而传统葵口碗仅在碗身上呈花瓣状，圈足仍是传统式样。这种带多棱式宣德青花瓷造型，还见于十棱葵花式洗和十棱高足碗。十棱开光立龙纹碗，为上海博物馆所收藏，共有两件。一件底部无款，一件底部署以“大明宣德年制”官窑款识。其造型相同，都是十棱式，每一棱有菱形开光，内中各绘以一龙，形制、纹饰、制作工艺基本相同，所不同是器物的大小和底部款识。无款器从整体上看尺寸较大，这件作品应为永乐时期所造。两件作品烧造有前后集成性，有相同器物所具有的典型特征。这种十龙式开光龙纹造型在宣德朝其他制品上可以看到。北京故宫博物院和台北“故宫博物院”都有相似十棱式开光云龙纹器物，均具有与这种碗配套的风格。其中有高足碗、执壶、洗等。明嘉靖朝及清代康熙朝均有仿制，但嘉靖胎体略厚，釉面肥腴，青花用回青料，鱼藻纹不及宣德纹饰线条流畅，底署本朝官窑款识。清代康熙仿品，造型敦实，圈足高深，胎体厚重坚致，纹饰粗放，所临摹宣德款识方正而呆滞。

十棱高足碗。器口造型与青花纹饰均同于上述菱花式洗和碗，碗足中空，为十瓣牡丹花形，侈口窄唇，深壁，高圈足，外壁画云龙十条。另有一种绘以团龙、桃枝、牡丹、凤凰等纹饰。口径 16.1—16.6 厘米，其六字双行官窑款识书于器心，北京故宫博物院有收藏。

高圈足碗。此碗圈足稍高，敛口，形制不见于前代，为宣德时首创，到正德期间大为流行。

高足盖碗。侈口，深壁，高圈足。盖与器身均画缠枝番莲、八宝，均有“大明宣德年制”六字楷书款，口径 15.1 厘米。

高足碗。分为有大中小之分，造型多样，器足有空心或平底两种。品种有青花、青花釉里红、白釉填红、蓝釉填白、青花白地、孔雀绿釉和红彩等。青花器壁绘以缠枝花卉、海水龙、人物及阿拉伯文等。釉里红多以三鱼、三果纹装饰。高足碗口径约 15.1 厘米。另外还有十棱高足碗，口径约 16.1—16.6 厘米。高足侈口窄唇碗，口径 12 厘米，15 厘米和 17 厘米三种。高足侈口碗，有口径 12 厘米和 15 厘米两种等。

高足侈口窄唇碗。有大中小之分，造型多样，器足有空心和平足两种，品种有青花、釉里红、青花釉里红、白釉填红、蓝釉填白、青花地白花、孔雀绿釉和红彩等。青花器器壁多绘缠枝花、海水龙、海兽、人物及阿拉伯文。釉里红多以三鱼、三果装饰，侈口窄唇，深壁，高圈足，外壁绘有庭园仕女、藏文、龙纹、番莲八宝等纹样，口径有 12 厘米、15 厘米、17 厘米三式。

高足侈口碗。侈口，深壁，圈足略高，外壁画番莲八宝等纹样。口径有 12 厘米和 15 厘米两种。

高足杯。小撇口，垂腹，柄足外撇，器足分细砂平底高足、平底浅圈足与竹节或中空柄足。其品种与纹饰有青花九龙闹海、松竹梅、缠枝莲、青花金彩苜蓿花、青花海水留白八怪和青花海水红彩八怪，以及釉里红三鱼、釉里红三果等。还有红釉和白釉器。

较为新颖的是红彩鱼高足杯，器为平底高足，红彩浅淡鲜亮，鱼之游向为两左一右，器心以红彩书六字双行官窑款识，环以双圈。这一造型高足杯在明万历、天启和清代康熙、雍正时期都有仿制，其中康熙仿品最为乱真，但釉面不及真品肥腴明亮，垂腹欠丰满，柄足造型线条生硬。（见图 38）

4. 盘类

盘也是宣德器物中较多品种，主要有撇口盘、收口盘、折腰盘、葵式盘、菊瓣盘、平足盘、侈口窄唇盘、板沿盘、圆口盘、卧足盘、莲花口大盘、敛口大盘等。从过去收藏角度看，宣德器物大件的存世量较多，小盘数量很少。要在市场上见到 20 厘米—30 厘米以下小盘，并不是一件容易的事情。上海博物馆收藏青花海水白龙纹盘，为国内唯一藏品。鱼藻纹大盘也是国内收藏较少品种。宣德盘种类繁多，有些器型沿袭宋代形制，如撇口盘、收口盘、折腰盘、葵式盘、菊瓣盘等。由于盘为宫廷几筵不可或缺之器，为配合各类饮食有各种尺寸，数量也大。但是像宣德官窑这样尺寸类别分得如此之多者也少见。元代多见大盘，与席地饮食有关，清代少见大盘，唯有宣德时期，从大到小，琳琅满目，实为其他官窑所不及。

侈口窄唇盘。侈口窄唇，浅壁，矮圈足，内壁绘以松竹梅，外壁画山水人物，口径有 15 厘米左右和 18 厘米两种。

收口盘。器形同于永乐收口大盘。有大中小之分，微敛口，浅弧形壁，矮圈足，腹部较永乐器丰满，有青花及各色釉品种。青花器纹饰多样，于器口外沿署横款，或为底款。大者口径 33 厘米—72 厘米不等，青花纹饰有园林景致、鹦鹉衔桃、波涛龙纹、波涛海兽、萱草枇杷、灵芝瑞果、缠枝灵芝等。见于著录的收口盘，伊朗国立博物馆收藏一件，其内绘以海水白龙纹，内壁绘缠枝莲纹，外壁为四条云龙。据记载，该盘在伊朗有 4 件：在阿德比尔神庙收藏有两件，一件口径 38.5 厘米，一件口径 40 厘米。在伊思法罕还有一件，口径 35 厘米。加上国立博物馆这一件，共 4 件。伊朗在这件盘在盘边及底线连接处，有一个阿拉伯风格图记。这四件大盘均没有宣德年款，是否为宣德时期所烧制尚不能肯定。上海博物馆收藏一件大盘具有明确的“大明宣德年制”官款。1993 年景德镇珠山御窑厂东门头曾经出土了这样一件青花白龙纹大盘残器。烧造时代被定为永乐时期。其造型纹饰与上海博物馆藏品基本一致。足见永乐、宣德官窑烧造风格是相同的，唯一区别是永乐盘子尺寸较小，宣德器尺寸稍大。另有超过以上规格大盘，直径可至 86 厘米，盘心及内外壁均绘有青花云龙纹，制作精细，实属罕见之大器。这种器型在清代康熙、雍正、乾隆时均有仿品。宣德还有一种青花束把莲纹大盘，绘有“一把莲”纹图式，在宣德器物中较多见，传世宣德大盘中数量最多的就是这种“束把莲”大盘。仅上海博物馆就收藏有这种宣德盘大小数十件。该盘没有宣德款识，露胎底部写有或刻有文字。在伊朗阿德比尔神庙中也有这种青花“束把莲”大盘，其上面文字何时书写尚无法考据。

撇口盘。口径为10—30厘米不等，按大小分为数种，有青花、青花五彩、白釉、红釉、蓝釉，以及天蓝仿汝釉等品种，纹饰内容丰富。白釉、青花和黄地青花器除无釉砂底外，其余皆为满釉底。上海博物馆有一组这样的收藏，极为难能可贵。该种盘在装饰上风格多样，仅青花风格装饰就有许多，如缠枝莲龙纹盘，底部有“大明宣德年制”官款。莲龙纹也是明代官窑传统纹饰，出现于永乐、宣德时期，并且在高足碗等器物上也有使用。另外还有青花海水白龙纹盘，尺寸较小，保存稀少。台北“故宫博物院”收藏有一对青花白龙纹碗，与该盘青花发色和绘画风格基本一致。还有青花缠枝双凤纹盘，这种盘多为后宫使用。早在元代瓷器上就已经有了凤纹装饰，直到永乐时凤纹使用还十分稀少，到宣德时开始较多见于器物之上。在台北“故宫博物院”也收藏有一件这类盘，比上海博物馆藏器稍高。

板沿盘。又称折沿盘。侈口，板沿，矮壁，浅圈足，外壁画青花龙纹，口径20.5厘米。其造型与菱花口盘相似，撇口下收，圈足细砂底，清代雍正时多有仿品。这种盘都是平足盘，其形制极其特别。

圆口盘。圆口微侈，浅壁弧形，矮圈足，盘心与外壁均绘以缠枝番莲花，口径18.3厘米。宣德圆口盘被视为官窑之精品。盘心精绘细腻的缠枝莲纹，六朵侧莲围绕正中盛莲，此款缠枝莲纹构图与北京故宫博物院所藏一件永乐青花大盘纹饰相近。永乐盘的缠枝花卉纹包含了莲、菊、葵花、石竹等各式花卉，而宣德盘则单绘莲花或仰或覆的不同形态，二款相同之处是均绘以嫩枝环缠花朵，永乐缠枝花卉并包含较小花头及不同纹叶，而宣德缠枝莲纹不含小莲头，叶纹统一，七朵莲浑成一体。台北“故宫博物院”还收藏一件，体型较小，口沿平直，该盘盘心所绘大致相同，唯独内壁缺缠枝果纹，口沿下绘一周卷草纹。宣德圆口盘写实地描绘了桃子、石榴、枇杷果共六组瓜果。在此以前，明代瓷器上绘以瓜果纹饰者极少，至永乐时期御窑厂才开创了折枝花果纹，带树枝果实纹更是风行一时。这是15世纪初青花纹饰创新手法。连同其他花果同枝、植物根部等纹饰，均取材于本草典籍插图，可参见1249年唐慎微及寇宗奭合撰、张存惠重编《重修政和经史证类备用本草》。若比较永乐与宣德青花碗、盘的折枝花果纹，永乐器物内壁常绘有折枝花果相间，宣德器内壁仅见折枝果纹；至于果实，永乐时绘出果实重叠，而宣德时较少出现叠果纹，仅见果实相连。在盘内绘画果实也别有寓意，枇杷果因果色金黄而象征富贵，该果为端午节挂图“五瑞”之一，属于应节果品。枇杷果是吉祥物，包含四季之灵。它秋天发芽，冬天开花，春天结果，夏季成熟。

卧足盘。侈口，浅壁，平底无足，盘心莲花一朵，外壁绘以缠枝莲并八宝纹，口径25厘米。

菱花口大盘。口沿呈菱花式折沿，细砂平底。器形同于永乐菱花口大盘，个别特重，一般体轻。器分大中小三型，口径33—86厘米不等。除极少数大、小盘于折沿下书写宣德款识外，大多无款识，故有断代上的永、宣之争。这种折沿菱花口盘有的特别大，其口沿作16花瓣形，盘心绘以青花枇杷绶带鸟等，口径可以达到53.3厘米。清雍正时多有精致仿品。

敛口大盘。敛口，弧壁，纹饰有龙纹、庭院、花鸟等，直径33—86厘米不等。

5. 壶类

壶有执壶、背壶、扁壶、茶壶和僧帽壶、军持等种类。

执壶。与永乐器形同，不及永乐时秀美。腹部以青花绘以花鸟图案或花果图案，画面较生动。此外还有瓜棱形凤流壶、龙形口流壶及凸杏圆鸡心执壶等器型。其青花凤流壶造型更为别致。其凤流为夔凤首，柄为龙首，腹部一面绘凤身及尾羽，另一面则绘龙身。宣德还有一种缠枝花卉纹执壶，在国内外均有收藏。有的还带有一个小盖。在北京故宫博物院和台北“故宫博物院”均有收藏。这种壶大致都被定为宣德晚期烧造。从景德镇御窑厂出土同类型执壶看，有青花和甜白两种。青花器圈足内有宣德六字双圈款，甜白器在1983年出土于永乐前期地层，时代无疑早于青花器。而传世青花器流口通常为一葫芦形小孔，但出土甜白器流口则作长方形。由此看来，方形流口作品要早于葫芦形流口作品。这种执壶器型来源于13世纪阿拉伯地区金属执壶。

背壶。多数为撇口，短颈，颈下部微敛，小卧足形底，底部露胎或施釉。施釉者底部厚薄不均，厚处色白，薄处色黄。白釉器釉面光素，青花器器身所绘纹饰有青花折枝花鸟、折枝果等。清代康熙仿品为直口、长颈，纹饰呆板无力。

茶壶。直口，圆腹，足外撇，器身绘有青花缠枝莲瓣纹，壶流上绘龙首纹饰，并竖写青花官窑六字年款。另有凸瓣莲茶壶，器为直口、扁腹，器身以凸起莲瓣纹装饰。所见有红釉、蓝釉品种，参见《参加伦敦中国艺术国际展览会出品图说》。此外尚有红釉、酱釉桃性茶壶，及红釉、绿釉及瓜棱茶壶等，品类多样，甚为新颖。

僧帽壶。元代已有烧造。元代器形敦厚，釉面青白，盖角短而上翘。明代永乐器身较元代器身略小，下腹渐收，口流修长俊秀。直口，圆腹，足外撇。其青花器身绘有青花缠枝莲纹或缠枝灵芝纹，颈部与肩部分饰穿花龙与垂云纹，竖写宣德官窑年款。宣德器较永乐器颈部开阔，下腹略丰，下腹与莲瓣之上托藏文吉语。这一段藏文吉祥语，与同期官窑青花高足碗，及西藏萨迦寺、景德镇御窑厂遗址先后发现的五彩荷莲鸳鸯碗以及盘的藏文完全相同。根据这些器物本身所含的特征及《明实录》记载来推断，它应为同时烧造的同一批成套器皿，是专为宣德二年（1427 年）遣太监侯显赏赐西藏诸法王举行法会的宗教用器。宣德僧帽壶还有白釉、红釉、祭蓝釉等品种，清代康熙、雍正及乾隆时均有仿品，器分大小，大者笨拙，小者秀丽。台北“故宫博物院”收藏一件宣德红釉器，底有楷书“大和斋制雍邸清玩”，乃雍正为皇子时所书款识。

军持。此造型始创于元代，以后延续至明清两代，成为外销瓷一个重要品种。明初器形古朴浑圆，纹饰洒脱自然。宣德青花缠枝莲军持壶，为明初民窑青花器典型。该器型在洪武时多为釉里红，烧制颜色浅淡。宣德时多为青花，与洪武器型已经不同，变化很大。

6. 罐类

主要有大罐、盖罐、出戟盖罐、壮罐、蟋蟀罐、瓜棱罐、直口小盖罐、撇足小盖罐、鸟食罐等。宣德时期创烧了一些大小盖罐，例如出戟盖罐等，值得关注。

大罐。直口丰肩，腹下微敛，肩有“宣德年制”四字年款。为朝廷祭祀、宫廷陈设之用，以及对于西亚文化交流等，宣德时期烧制了一批大型巨器，大罐即是其中之一。器造型繁杂，器身以青花绘缠枝莲纹，肩部署“大明宣德年制”六字横款。北京故宫博物院、首都博物馆以及美国纽约大都会博物馆均有藏品。另外较上述大罐器形稍小、腹部下敛的白釉器，或青花璎珞、鸾凤、螭纹直口大罐，明嘉靖时多有模仿。后一种于景德镇御窑厂遗址中出土了数件，均为残器，而传世品中鲜见。另有器身高达 56 厘米大罐，直口溜肩，圆腹下收，平足砂底，器身绘单条行龙，肩饰四大组兽面，间以云纹并署四字楷书横款。此类大罐早年流散到国外两件，现今一为美国纽约大都会艺术博物馆收藏；一在西欧，他们与美国堪萨斯城纳尔逊阿脱肯斯艺术博物馆所藏两件云龙梅瓶风格一致。民窑中此类大罐也有不少，多绘仕女、琴棋书画等人物故事以及缠枝莲、花卉、麒麟等。这些器物体态之大，均不亚于嘉靖、万历时期大罐，但却较嘉靖、万历制作规整精细。

盖罐。器型颇多，盖形各异。所见有荷叶形、圆珠顶、狮钮等。造型端庄凝重，秀美规整。短颈，硕腹，矮圈足或凹底，圆顶盖或环钮盖。腹部绘以四季花卉、牡丹纹或梅花纹，通高 11.5—19.5 厘米。另外还有一种小罐盖，高 6.7 厘米。器型颇多，其器足形不一，有釉底、下凹脐形施釉底、台阶式底和略凹平砂底等。纹饰多为缠枝莲、缠枝灵芝、四季花、凤穿花、花果、蕉叶、夔龙（摩羯）、海水龙、行龙、狮球、网络纹、几何纹等。青花色调深浅不一，浓重如夔龙衔灵芝盖罐一类，呈黑蓝色，当为宣德晚期青花色调。

出戟盖罐。该罐仅见宣德朝有一件，藏于北京故宫博物院，台北“故宫博物院”所藏同类器物缺一盖。盖罐为青花梵文装饰。其造型特殊，直口丰肩，鼓腹，广平底，罐身向外凸起八个长方平面扳手，扳手上绘以青花折枝花卉及莲瓣纹。罐身分层饰以八宝，腹部书以三层古印度蓝查体梵文，罐内底心处有“大德吉祥场”五字篆书。据考证盖罐造型与西藏称作“曼陀罗”供器相似，顶部下塌，绘四朵云，间以五个蓝查体文字，意为坛城，是能够防止魔众入侵的精要修行地或修法处。此大罐当为佛教徒做道场时的法器。出戟罐平面造型即是一种坛城器物，而肩部突出八个戟，则是代表坛城外八分，象征着八瓣莲花，是生命气息中第一缕曙光，也是佛教在世俗中的美好象征。清代乾隆皇帝博雅好古，北京故宫博物院所藏《是一是二乾隆赏古图》中即绘有此器，陈设于桌几之上。

壮罐。直颈，直腹，器物口底相当，呈高圆筒形，器身绘以青花海水纹或几何纹。腹颈略大，器物釉面肥润，似有垂流，器身饰以青花海水锦纹。清代乾隆时多有仿制，釉面平整，器型稍大，为无款官窑器。当年唐英曾上折请示是否加底款，乾隆批示说：“不必了。”后来龙泉瓷器中也有此器型。

蟋蟀罐。蟋蟀是一种昆虫，宋人发现它有好斗性格，由此养虫、斗虫便成为民间一种乐趣。明宣宗尤爱斗蟋蟀，这是当朝人人皆知的事情。史载：“宣宗酷好促织之戏，遣取之江南，价贵至十数金，”（明朱权等著《明宫词》，北京古籍出版社，1987 年，第 162 页。）景德镇御窑厂因命造蟋蟀盆。所造数量巨多，沈德符《万历野获编》说：“今宣窑蟋蟀盆甚珍重，其价不减宣和盆也。”这种蟋蟀罐，器呈鼓状圆柱形，上下略收，圈足，盖下凹，盖面外沿尚高，直径小于罐身。盖合时，盖陷于罐壁之中与罐身平。盖罐相交处作子母口。开贯钱形气孔，盖内竖写一行六字青花款识。器底亦书同样年款。李石孙《蟋蟀谱》称之为“座盖式”。目前传世三个蟋蟀罐中有两个是“平盖式”，即盖合时，盖在罐身之上。两者区别还有：前者罐内壁满釉，内地仅刷一层极薄之釉；后者罐内为涩胎，为宽边圈足。还有无款青花蟋蟀罐，亦作座盖式，宽边圈足，但比平盖式圈足窄一些。1993 年景德镇珠山御窑厂遗址出土了 20 多个鼓状蟋蟀罐，说明史载所言不虚。这种蟋蟀罐纹饰有行龙、凤穿花、怪兽纹、莲池珍禽纹、花卉、瓜果、天马、樱桃画眉、白鹭黄鹂、猎犬飞鹰、洲渚水禽、汀洲鸳鸯等十余种纹饰，其中有些纹样是过去在其他器物上从未见过的。同时出土的还有蟋蟀过笼，为青花过笼，扇形，平盖，平底无釉，两端留有小方口。过笼是放置在养盆之中，当换盆时，只要打开盆盖，蟋蟀就会钻到过笼里，这时只要能握住过笼两端，玩家就可以将蟋蟀控制住。蟋蟀过笼传世品极少，这与当年张太后下令清理有关。蟋蟀罐和过笼都是宫中养蟋蟀之用具，所见多为景德镇御窑厂出土之残器。景德镇御窑厂曾大量出土各种纹饰蟋蟀罐，可见宣宗在当时兴致之高，但是作为皇帝居住的紫禁城，却没有一件蟋蟀罐传世品，而且在宣宗以后一个世纪中再也没有烧制过蟋蟀罐。这是因为宣宗驾崩之后，张太后摄政，认为宣宗斗虫养鸟，会对年幼英宗产生不良影响，另外也是为了维护儿子宣宗形象，于是命将宫中一切好玩之物悉皆罢去，彻底禁毁，并革中官不差。今日能见到传世之蟋蟀罐，有可能是宣德赏赐臣工之物，可见于明代大臣记载，应是逃脱了灭顶之灾的难得之物。清代蟋蟀罐开始有仿品，但釉面有开片现象。

瓜棱罐。通身作瓜棱形，圈足，器身分别间绘大卷枝叶及蕉叶纹，青花色调深沉。（见图 39）

7. 盆类

品种不多，主要有折沿盆、水仙盆、花盆和骰盔子等。

折沿盆。撇口宽唇，深壁，细砂平底，造型及纹饰均同于永乐折沿盆，但折沿下写书款识，胎体厚重，画意豪放。

水仙盆。器形有长方倭角形和椭圆形等，所见有青花、仿汝釉、仿龙泉釉和红釉、蓝釉器。

花盆。器型有数种，如四方倭角式、海棠花式、菱花式、葵花式、六方、八方、圆形及椭圆形等，均为侈口，或连有托座。其品种有青花、青花地白花、青花红彩与红釉、白釉、蓝釉、蓝底白花及仿龙泉釉、仿汝釉等。另有一种大花盆，高约 30 厘米，口径约 36 厘米，造型多样，所见有葵口、菱花口、菊瓣口、折沿口以及四方、八方、长方、起弦纹、连座等样式。其品种除青花与白釉器外，还有青花红彩器，器身以青花染地留白，涂红彩开光，内绘宝相花图案，以淡红彩涂染花朵，然后用深色红彩勾勒轮廓与脉络，形成红上红彩新工艺，而花叶则用青花绘就。口沿下以青花涂地留白，长方框中署“大明宣德年制”六字楷书横款。

骰盔子。又称为“钵”，有大小两种，胎体厚重，形似大碗，侈口，浅壁弧形，矮圈足或卧足，书款于外口沿或器里心。饰有青花纹饰松竹梅、折枝果、缠枝牡丹、缠枝灵芝、缠枝莲托八宝、山水人物、海水云龙等纹饰。署款位置或于外口沿下，或于器里心。

青花云龙纹钵是一件典型宣德官窑作品，在海内外有一定数量收藏，例如北京故宫博物院、天津艺术博物馆、台北“故宫博物院”、美国旧金山亚洲艺术博物馆、弗利尔美术馆、英国大维德基金会、维多利亚与阿尔伯特博物馆等，风格基本一致，细看则有所区别。其中以旧金山亚洲艺术博物馆那一件口径最大。

8. 其他器物

其他器物还有香薰、无挡尊、撇口尊、石榴尊、豆、渣斗、漏斗、印泥盒、水盛、鸟形砚滴、花插、鸟食缸、花浇、弦纹三足炉、灯、烛台、钵式缸、笔管、菱花式洗、砖、山石、爵、盏托、鱼缸、水仙盆、花盆、钵式缸等。在这些器物中，多是具有异国风情的阿拉伯风格作品，如双耳扁壶、执壶、烛台、豆、折沿盆、花浇、盘座及卧壶等。

香薰。类似青铜器中的盖豆，宝珠顶，细长颈，圆腹，高足，圆腹有镂孔以散香。该器极为罕见，传世品只有一件，器足更显明代特征。还有一种花熏，仿青铜器造型，盖顶较长，饰以莲瓣纹，镂空五孔，胎骨较厚，通高40厘米。仅藏于台北“故宫博物院”。近年景德镇已有仿品，虽釉面及青花颇为近似，但造型胎体却厚笨沉重，不及原器秀美端庄，而且器足更具现代特征。

盖豆。又称“香宝子”，为仿青铜器的豆形，有宝珠顶或尖顶盖。这种器物虽然是以我国青铜时代器物命名，但是其纹饰却来自中东地区。器物为放置香料所用，一般放置于香炉旁，其器型来自唐代金银器。在陕西法门寺就出土了一件鎏金银香宝子。其盖饰以青花莲瓣纹装饰，其盖中心花卉略略凸起，腹部绘转枝缠枝番莲五瓣花一周，上下加饰单体莲瓣纹，口沿处环半钱形边饰及“大明宣德年制”六字楷书年款，器内底心画花卉一支。有些器物还带有铜胆，约高13.5厘米。该器物与传统器物不同，口内收，球形圆腹，足外撇呈高足，配有拱顶宝珠钮式盖子。盖顶为钱形纹饰与莲瓣纹。盖豆主题纹饰为缠枝花卉纹，肩部有“大明宣德年制”六字楷书款。这种造型为宣德时期新创，与12世纪西亚铜器相似。海内外藏品中相同器较多。例如北京故宫博物院、首都博物馆、台北“故宫博物院”、弗利尔美术馆、波士顿美术馆、大英博物馆、大维德基金会等收藏机构皆有收藏。北京故宫博物院收藏一件盖豆，高14厘米，口径8厘米，足径6.7厘米。目前存世品中的盖豆，多半已经失去盖子，有使用清代后配的盖子的。1993年景德镇珠山御窑厂遗址出土过同样的青花盖豆，造型纹饰与传世品基本一致，器口书“大明宣德年制”六字楷书款，所憾缺少了宝珠顶盖。因而总高只有12.5厘米。从目前所有传世品看，皆书有宣德官款，可以基本肯定这种作品是宣德时期所独有器物。过去孙瀛洲在民国时所仿宣德青花豆几可乱真，但釉面涩手，扣之发声过于清脆。现在景德镇也有仿制，但是神态迥异。

渣斗。又称“奓斗”。器有大小之别。侈口宽唇，短颈，扁腹，矮圈足外撇，底内为台阶式，中心款。颈部饰以焦叶纹，肩部饰如意纹，腹部画山石、波涛纹或青花海水龙纹，加缠枝灵芝纹，其色调或浓重或深浅，高14.8—14.9厘米。另外有青花地白花及蓝釉填白花品种。

漏斗。侈口，菊瓣边，深腹，圆底有六孔，下连长管，器物内壁画四季花卉，底心饰菊瓣纹。雕菊瓣凸起，高17.1厘米。

印泥盒。敛口，硕腹，浅圈足，有平顶盖，画缠枝花卉纹，口径6.1厘米。

文具盒。景德镇出土有洪武青花文具盒，永乐、宣德时期也有烧造。器造型来自叙利亚大马士革金属笔盒。

水丞。又称作盂。器如豆形去掉高足，器底微凹。敛口，硕腹，凸底，圈足，器物内心画菊花一枝，腹部绘以缠枝牡丹花，高7.3厘米。所见有青花、仿汝釉、白釉等品种。清代康熙、雍正时多有仿制，但均带有本时代特征。

水注。宣德青花瓷中最应关注水注。这些水注做成桃形注、石榴注、葫芦形注等，是一批独创像生瓷。其高度均在12厘米左右，口径在4厘米以内，是一种体量不大的小口细流壶子。这类器皿还有做成龙首、凤首、莲瓣形者，形状优美。关于这些注子的用途，人们认识不一，文献说是盛装调制诸肉之卤汁的“卤壶”。但是通常御膳调制诸肉的过程是在御膳房进行，再说用塑有龙首、凤首注子盛装卤汁，岂不有伤帝后尊严？由于这些器物近似宜兴茶壶，因而也有人把它定为茶壶。根据明代文献《五杂组》记载，明代喝的是“揉而焙”的芽茶，茶叶冲泡后会膨胀，而这类壶都是小口细流，冲泡后茶叶会堵住流孔，使得茶水不易倒出。另外喝完后的剩茶叶，要从小口壶内弄出，也非常困难。加上清洗不便，因此不可能是茶壶。会不会是酒壶呢？也不可能！因为有的注子无盖，再者明初喝的不是蒸馏的高度酒，而是米酒，壶体量太小。经学者研究，它应该是古代文人书写和绘画时必不可少文房用具，即陈放于书案之上，用于研磨墨汁的储水器物。

砚滴。所见有两种，一种为鸟形，背有圆孔，饰以滴管，平底无足，阳雕，加绘青花，胸腹间勾勒白梅花一枝，长7.8厘米。该砚滴台北“故宫博物院”藏有一件，高5.5厘米，造型完全呈小鸟状，翅膀羽毛均雕刻凸起，全身涂满青花色，背部有一小孔，“宣德年制”四字楷书款书于羽翅之上。另一种为青花螭龙首砚滴，该种砚滴未见有传世品，景德镇珠山御窑厂遗址出土一件，高10.6厘米，类似壶状，流为螭龙首，书有“大明宣德年制”六字官款，柄为螭龙形。

鸟笼花插。圆筒形，平底无足，腹部饰以缠枝牡丹花，高 10.9 厘米。鸟笼花瓶是为插花所用，即使是笼中之鸟，也有花草相伴，其形式有竹节式、琮式、葫芦瓶、贯耳瓶。竹节式又有双节和多节数种。台北“故宫博物院”藏有一件完整器，其余皆为景德镇出土残件。基本造型为筒状。鸟食罐和花插都应是鸟笼中用品。（见图 40）

鸟食缸。又称鸟食罐。造型极为丰富，所见有扁圆、双连圆、元宝、葫芦、瓜棱、竹节、六方、八方、筒形、盂式、瓜式、贯耳式、长条琮式及凸雕夔龙、凸雕婴戏和较大的竹节、八方鼓式等。普通鸟食罐敛口、短颈，扁圆腹，平底无足，腹部饰一鼻钮，绘以转枝牡丹四枝，高 4.2 厘米。制作精美，有形象逼真石榴形双联罐，有竹节形双连罐，还有甜瓜形罐、鸳鸯形罐、堆塑的人物罐、枇杷罐、螭龙罐、卷草罐，以及鼓腹罐、六边形罐和蟾蜍形五毒罐。尤其以蟾蜍五毒罐为特殊，罐身作蟾蜍形，口沿盘一条毒蛇，外壁两侧与尾部分别贴有蜈蚣、蝎子和蜥蜴，这五种有毒动物被民间称为五毒。农历五月，古代称为毒月，为了免疫防病，民间有在屋内贴五毒图的习俗，而宫中宫眷内臣则穿着五毒纹衣服，以避诸毒。故而宣德喜欢的鸟儿也要享受这种待遇，使用五毒纹饰鸟食罐。有种鼓形鸟食罐，其花式口沿为芒口，烧制时垫充其间烧制，整齐没有支烧痕迹，难能可贵。

花浇。敛口，短直颈，硕腹，凹底无釉，颈腹间有曲形如意形柄，柄中有突，高 13.1—13.5 厘米，口径 7.9 厘米，足径 5.2 厘米。该器器身满绘青花缠枝花纹，在肩部有青花“大明宣德年制”六字横写官款。这类花浇存世量较多，在国内外皆有收藏。仅上海博物馆就藏有 4 件。有的器物柄被换成黄铜、红铜和珠宝镶嵌的柄，足见其在阿拉伯世界的宝贵。有些器物造型并不完全一致，北京故宫博物院一件藏品把手就呈龙形，口下绘以海水纹，腹部缠枝纹饰也有所区别。还有一种没有款识同类型器物，应为永乐时期所烧制。说明宣德时期已经对永乐这种器型有精确把握，故能使制成器物尺寸大小差距很小。早在中世纪西亚地区就有花浇这种器型出现，中国辽代也有类似器型出现。中东地区伊朗、土耳其、阿富汗和乌兹别克斯坦，在 15 世纪时的把壶形制与之相似。可见当时在物质交流方面已经十分普及。永乐器仅有青花，宣德时又增添了白釉器。两朝花浇之不同点为：颈部，永乐器长，宣德器短。腹部，永乐器圆，宣德器扁；把柄，永乐器为龙形，宣德器为绶带如意柄；纹饰，永乐颈部常绘海水纹，腹部绘有像压手杯那种细梗叶缠枝莲纹；宣德器颈部常绘有两种不同的变形莲瓣纹，腹部多绘缠枝花；纹饰风格，永乐器纤细，宣德器粗放；宣德器有款识，永乐无款，宣德款识常写于腹部上端。

永乐器有盖，盖有外套口与内插口两种形式。

弦纹三足筒炉。该器物为宣德年间新创烧品种。敛圆口，深腹，器身如直筒，平底，三短足，口沿下有“大明宣德年制”六字款，高 12.7 厘米。器见《参加伦敦中国艺术国际展览会出品图说》第 2 册。常见民窑器还有呈鼓式的炉，器有大小高矮之分。

枢密座长方鼓腹炉。也是宣德年间创烧的新品种，存世数量较少。

灯。敛圆口，扁腹，长颈，下承圆盘，腹前有短流，后有曲柄，左右各饰一乳钉，带圆顶盖。腹部绘以花戟纹，高 12.7 厘米。另有一式，敛口，短颈，腹部扁圆，前有长流，后有小柄，左右各饰一乳钉，平底，浅圈足，腹部画转枝花卉纹，高 5.4 厘米。

八角烛台。这种烛台始烧于永乐时期，一般为传世品。台座为八角形，台座腹壁描绘缠枝牡丹花，颈部依结构分成不同构图区，分别装饰着蕉叶纹、变形莲瓣纹和缠枝花卉纹。尺寸大小参差不一，器底有一直径 6.7 厘米涩圈，是在烧制时防止器物烧塌而使用垫圈所致。北京故宫博物院所藏烛台，底心涩圈边有三个小孔均布，应为支撑固定器物所用，但并非所有器物均有此现象。在烛台中间台下沿有青花横写“大明宣德年制”六字楷书款。这类器物在后世有不少仿品。金属器座早在 11 世纪在阿拉伯世界就已经开始制作，并且在中东地区博物馆也有收藏。在 16 世纪时，土耳其伊兹尼克还曾经烧造了釉下蓝彩的陶烛台，大英博物馆有收藏。

钵式缸。敛圆口，深腹，弧形，口径约 24.2 厘米。底有两种，一为细砂平底无足，一为无釉浅圈足平底。有白釉、青金蓝釉以及青花器。器壁饰以暗刻云龙，青花器外壁腹部绘缠枝莲花或云龙纹，口径 24.2 厘米。清代雍正仿品较之宣德器略显呆板呆滞。

厚胎敞口钵。该钵胎体特别厚，最厚处达 2 厘米。钵口沿直径达 43 厘米，形制类似小型缸。钵口沿有垂直唇口，钵周身绘以海水龙纹，内底稍平，其用途不详，也有人说是骰子碗。宣德年间烧造量极少，该钵釉面呈现部分开片。（见图 41）

笔管。原本多为木质，宣德瓷质笔管极为罕见，国内未见传世品。1981 年英国苏富比公司拍卖图录中见有 1 件，器身分饰青花莲瓣纹和万字锦地纹，并有青花地勾白花卷草纹，笔管上端竖写“大明宣德年制”六字官窑款。

菱花式洗。器为十棱瓣菱花式口，矮壁、光平底，底心略微拱起，浅圈足。所见有青花、红釉、仿汝釉和蓝釉白花等品种。青花器身饰以团龙、团凤、折枝花果、莲塘鱼藻等，间有开光。器底多具款识，也有以龙凤或龙凤纹图记代作款识，这类款识数量极为稀少。该洗亦为由阿拉伯地区金属制品演变而来的器型。这种器型内外满饰青花纹饰，国内外传世品有多件，如香港葛氏天民楼、纽约大都会博物馆、北京故宫博物院、上海博物馆和日本大阪万野美术馆等均有收藏。美国纽约大都会博物馆收藏有一件14世纪加彩玻璃洗，造型与上海博物馆藏品相似。清代康熙、雍正仿品中也有此类器型。清雍正所仿为景德镇官窑制品，底部书写雍正官窑款识。

山石。器呈山形，仿石而作。峰崖峭而圆润，端庄稳重，釉面肥腴，有白釉器和青花涂染器。

砖。早在洪武时就有白釉瓷砖瓦烧造，至今在江苏南京、安徽省凤阳县、湖北省武汉市武昌镇明初宫殿与陵墓遗址仍可到处见到。永乐、宣德时开始烧造青花格锦纹砖，所见有长条与方形两种，可拼凑铺面。器制作规整，青花色泽浓艳，纹饰清晰。据文献记载，永乐时曾经建有瓷宫，后废。这类瓷砖传世品多见，景德镇御窑厂遗址现今也有相同出土物，与文献记载吻合。

爵。此物乃承袭前朝形制，有白釉与青花品种，所配为折沿托盘，中部呈山形，分别有三个沟槽置入爵足。

盏托。又称“尖浅”。菱花式口外折，器壁较浅，盘心有凸起弦纹，砂底，浅圈足。有青花和白釉品种。清代康熙时多有仿制，民国时孙瀛洲曾经仿过，惟妙惟肖，至今仍在国外流传。

调色盘。未见传世品，仅仅在景德镇有出土残器，造型类似现代塑料制调色盘。盘心中央有一高出盘心的圆圈，四周则以该圆圈为原点，以“S”型分成六格。该件器物可能是当时不合格而落选的御用器。

鱼缸。敞口，边沿外凸，腹部下敛，砂底，北京故宫博物院藏有白釉里的蓝釉器，口径约76厘米，外口沿下刻款。英国大威德基金会所藏一件宣德青花大鱼缸，青花色调浓重，呈黑褐色，口径57厘米，口沿及足边为卷草纹，器身绘双翼飞龙，翻腾于波浪之中，线条粗犷有力，于器口边署款。同类器近年又于景德镇御窑厂遗址出土数件残器。有绘青花云龙纹大龙缸，宣德款识写于器里口沿下。据清代蓝浦《景德镇陶录》记载，洪武二年（1369年）就已经设有龙缸窑。宣德年间，曾缩减龙缸窑一半数量，而改作青窑。这种龙缸窑是专门为烧制大鱼缸而设，每一个龙缸窑每次只能烧造1—2口，数量极少，而且越深大型器，成品率越低。在此情况下，宣德还将这种龙缸窑改作专烧小器的青窑，故而宣德青花大鱼缸传世品极其罕见。新发掘出土的直径达到60厘米应龙缸、大方盆之类，可能是饲养金鱼的器皿。

花盆。宣德花盆除了常见圆形外，还有各种镶器，有四方折沿、六边折沿、八边折沿，以及带座四足葵花式、海棠式、七棱折沿等多种形式。其中折沿又有平口折沿和花口折沿之别。花盆造型丰富，有四方倭角式、各类花式及方式、圆形及椭圆形等，都为侈口。

盖形器。为宣德年间创烧新品种。造型奇特，器型如同大盖，钮有二种，一似小罐，另一似盘口罐式样。钮无法手持，故用途不清。不见有传世品，景德镇御窑厂遗址出土有残器。

钵。青花海水龙纹钵，高 12 厘米，口径 26.5 厘米，足径 12.6 厘米。钵直口弧腹，平底，厚胎。外口施以海水纹，主题纹饰为云龙纹，下饰莲瓣纹。这种钵为皇家所专用，在造型上与巴基斯坦黄铜钵造型相似，其超乎一般器物的厚胎在传统器物中较为少见。此类器物除青花品种外，还有洒蓝釉钵。

在景德镇出土瓷器碎片中，有些过去不曾见到的新品种，如洒蓝釉刻划云龙纹大罐、赶珠龙纹碗、赶珠龙纹盘、孔雀绿釉鱼藻纹梅瓶、梨形壶、青花花卉果纹盘、应龙纹方盆、仿哥釉多棱小罐等，弥足珍贵。

九、年款

官窑器物书写年款始于永乐，但是永乐款识形式单调，仅见“永乐年制”四字篆书款，书写年款的器物也不多。宣德官窑器则不同，书写年款成了普遍现象，几乎所有器物都书有年款，不写款的微乎其微，而且落款部位也各不相同，前人有“宣德款识满器身”之说。这是说宣德款识，并不仅仅落在器物底部，即使是盘、碗之类也会随处落款。宣德青花款识布局合理，书写工整，结构端庄，笔法遒劲有力，并且形式多样，而被誉为历代官款之冠。

1. 宣德年款特点

宣德款识非常普遍，根据器物造型不同，在口沿、耳、颈部、碗心、足底、腹部等部位均有书写。宣德官窑款识文字多为楷书，篆书比较少见。采用晋唐小楷笔法来写，遒劲有力，结构端庄严谨，雄伟挺拔，浑厚古朴。书写中“德”字缺少心上一横，这是继承了汉碑中古体字的写法，同时也有避讳之意。“德”字左右两部分紧紧相靠，看似不太协调。宣德瓷器上多数写“大明宣德年制”六字楷书款，也有一小部分书写“宣德年制”四字款，篆体书写圆润，起笔处呈尖状，“德”字写法和现在一样。宣德青花款识分为篆书和楷书两种。篆书多承永乐之制为四字双圈款，楷书则有“宣德年制”四字和“大明宣德年制”六字两种。六字款排列形式较多，主要有单行横排、六字双行、六字三行，单行款多数无框，但是单行为竖排时多数为双框，六字款多为双圈，个别绘以单圈或无圈。主要为青花写款，但是在红釉器、白釉和孔雀蓝釉等颜色釉器物上也有刻款和印款。甚至长方框外还要加双圈。

宣德青花款根据不同器型，书写在不同位置，大多数器物都是在圈足内书写六字双行双圈款，只有鸡心碗因足小而无圈。莲子碗、卧足碗、高足碗、坛盏、高足杯、钵则是在器心写款。其中莲子碗为六字三行双圈，仿宋代青白釉高足碗为单行竖排双框，高足杯有六字双行单圈款。台北“故宫博物院”藏有青花边白釉碗，名为“坛盏”，除碗心书六字双行双圈款外，底足还书一“坛”字，故而习惯称之为“白釉坛”。于器物外口沿下方写款者，多为六字单行横排，有花盆、小天球瓶、鸟食罐、豆、钵、双耳扁壶、旋纹炉、长方炉、漏斗、敞口窝式碗和涩底侈口大盘。在肩部书写四字或六字单行横排款者有梅瓶、天球瓶、大罐、花浇。在颈部写款者仅见有仿阿拉伯烛台。注子有不少在流上写款；折沿大盘则在外折沿处写款。书写四字款者有僧帽壶、高足杯、青花大罐，僧帽壶的底部仅为四字双圈款。有一些高足杯在中空把内写四字款，这种款书写较为特别，而且难度很大。盖盖的器皿中，器与盖双双写款者有蟋蟀罐、合碗、笔盒。蟋蟀罐和笔盒都在圈足内书单行竖款，盖内书单行横排款。合碗碗心为六字双行双圈款，盖内六字双行款则不划圈。瓶、罐、碗、洗、壶、盘等器物底部可以见到青花双圈六字双行双圈款，缸、盂、鸟食罐、弦纹炉、撇口盘、高足碗等器物上常可以看到六字横款。香炉、碗心及壶的流和柄，柄上多书写六字竖款。四字款格式有竖款、横款、四字双行双圈款、四字篆书款。碗、高足杯底足、梅瓶肩部多写四字楷书款。

根据宣德款识特点，有人将其编成歌诀：“宣德年款遍器身，楷刻印篆暗阳阴。横竖花四双单无，晋唐小楷最出群，德字心上少一横。”歌诀中的晋唐小楷，写得“婉丽飘逸，雍容矩度”，学者们认为款字是出自明代大书法家沈度之手。因为官窑瓷器必须由内府“定夺样式”，既然纹饰是由宫廷画师设计，那么年款也必然是朝中书手所写。款识书法为明代台阁体。从《明史・文苑二》中可知，永乐书手有沈度、沈粲、滕用亨、陈登等，其中永乐皇帝特别崇信沈度，称他为“我朝之王羲之”。焦竑《玉堂丛语》：“度书独为上所爱，凡玉册、金简、用之宗庙朝廷、藏秘府、施四裔、刻之贞石、传于后世，一切大制作必命度书之。”据此推断，永乐器年款为沈度所书。再将宣德楷书款与沈度墨迹《张桓墓碣铭》中“宣德”、“年”三字相比较，觉得“其点之大小，划之长短、运笔之轻重，间架之疏密，均十分相像”。所以认为宣德器年款也是沈度所书。

宣德瓷器最终具备了中国古代陶瓷从工艺到装饰的所有要件，其中书写帝王年号款作为官窑器物标识的最后确定更是重要内容，对后世影响最大。明代洪武一朝不书款识，而清初康熙早期禁止书写年款号，二者情况虽然不同，但结果类似。宣德皇帝能写会画，故而对制瓷影响巨大。在其旨意下，宣德瓷器所书款识没有固定位置，而清代乾隆皇帝也多才多艺，常授意于瓷器上书写御题诗，二者有相近似之处。宣德年款比任何时候都多，以楷书为主，多写在器物口沿或上边，俗称“遮匾款”。四字二行款极少，个别器物还有复款。款外有双圈，不见单圈。其口沿款无边框。宣德年款多是在器的底部或外部釉下刻或用青花料写“宣德年制”四字款，或“大明宣德年制”六字款，为双行双圈楷书款。四字款较少见，个别有写“局”字款。也有与永乐各式一样的青花或阳印、暗刻篆书款。宣德青花器多为六字横款，或者竖一行、二行竖写。其中有些大器及高足碗类，则多四字一行横写或两行竖写。其单色釉器物上多用阳文印或者阴文暗刻，字体较规整。另外有不具年号而以青花篆书“大德吉祥场”或楷书“坛”字器物也是官窑器。宣德款识，因器物不同造型而有写、刻、印款于不同部位。款识外常围有单圈线、双圈线、花瓣、长方框及方框外加双圈等，也没有圈栏。

“宣德年制”四字款有篆书和楷书两种字体。篆书“年制”两字与永乐款很相似，作两行，每行两字，应为宣德早期作品，可能与永乐年款书写者为同一人。四字楷书款通常为一行四字，横排或直排，四字楷书款无边栏框。永乐时开始书写四字款，到宣德，仍然保持四字款，这应是宣德早期做法。这种瓷器数量很少，在宣德器物中不到十分之一。

“大明宣德年制”六字款只见楷书款，为六字两行，每行三字或六字，横排，六字楷书款外有青花单圈、青花双圈、长方双框或长方双框外加双圈等形式。六字款是宣德官窑正宗写法，在宣德器物中占绝对多数。宣德年款多以青花书写于器物底部，但也有特殊范例。景德镇御窑厂遗址出土一件红釉碗，以铁红六字双行双圈书于外底部，有别于青花料书写惯例。在内底六字楷书款中，景德镇出土的莲子碗，款识以双圈三列排列，白釉暗花缠枝莲八宝高圈足碗以六字竖行排列，外加方框及双圈。这种款识排列方法也为宣德首创。有学者认为这是专为祭祀烧造。在刻款中，台北“故宫博物院”和西藏博物馆各有一件青花藏文高足杯，碗心暗刻四字篆款并围以双圈。通常四字和六字刻款，均见于单色釉内底并围有双圈，款识在非内底位置一般在圈足内缘署有无框四字款。台北“故宫博物院”收藏突节高足杯，以泥片封底，在外底上落六字楷书双圈款。在其他器型中，款识一般分布于外底和口沿，如宣德鸟形砚滴，背有圆孔，翅上有青花“宣德年制”四字楷书横款。

2. 宣德年号有遍器身之说

孙瀛洲先生说："宣德年款遍器身，楷刻印篆暗阳阴。横竖花四双单无，晋唐小楷最出群。"这里是说宣德写有年款地方，在器物里面中心、器内腰部、外口边、肩上、外腰上、沿下、流上和内足等处都有。习惯性题写位置如下：盘、碗、碟，题于底面；高足碗，题于碗心、里壁；壶、瓶，题于口沿、底面；豆、水丞、鸟食缸、花插，题于口沿；洗，题于口沿、里心、底面；花浇、灯，题于腹；高足钟，题于器心；合碗、蟋蟀罐，题于盖和器身。器物内部写款者有各式靶杯、靶碗、寸足碗、砂底白釉大盘、青花厚胎砂底钵式大碗、豆青花口小碟器皿等。器内腰部署款者有白釉暗花高足靶碗，印有阳文"宣德年制"四字暗款，款外围以花瓣，稍不注意就会当作花朵了。有一种器内上下双行款合欢大盖碗，碗里中心有六字双行"大明宣德年制"青花楷字，外围双圈线，上面盖中款与碗心款同，只是少了圈绕。还有一种内外双款长方文具盒，下层外上口有横书"大明宣德年制"青花楷字，款外无圈线，盒内款写在盒上层，与盒外款同。年款写在外口边圆器和琢器上者，都是横书六字或四字青花楷书款。外口边写款，还有青花一粒珠水丞、双带耳背壶、胆式小瓶、筒形圆炉、扁方壶、棋子篓祭蓝和青花鱼缸、青花靶杯、青花扁豆、白釉砂底大盘等。肩上写款者有青花梅瓶、抱月瓶和砂底青花大罐。外腰写款者有青花花浇、天球大瓶、梅瓶、桶式双口水鸟食罐等。口沿下写款者有青花板沿盘、青花大撇口平砂底圆鱼盆等。流上写款者有青花端柄茶壶。足内写款器皿种类数量最多，多半写在里外青花、尺寸不太大的盘、碗、杯、碟、洗子、瓶、尊、罐、渣斗、贯耳瓶、执壶等器物上。此外仿宋代汝窑、哥窑、定窑、龙泉窑等器物多是有足内款。足内款器皿极为复杂，介绍几种较为少见器皿，如里外青花地烘托白花穿花白龙高足靶碗，里绘青花缠枝灵芝、外绘青花葡萄高足靶碗等，这些器皿年款都在足内上顶，楷书"宣德年制"青花四字方款，款外无圈线。又如里外青花地烘托白花缠枝牡丹碗，足内有六字双行"大明宣德年制"青花楷书款，款外双圈线；再如青花夔龙纹扁腹罐，矮足砂圈底，底部中心有六字双行"大明宣德年制"青花楷字款，款外双圈线，而且只在年款和圈线上盖釉。

另外，"楷刻印篆暗阴阳"，是说年款形式有许多种类，楷书款有单行和双行"大明宣德年制"和"宣德年制"写法的都是青花。这种年款圆器多，琢器少。刻字款器皿有红釉、白釉、蓝釉盘、碗、杯、碟等。年款都在足内或器里，有六字双行、四字双行双圈线阴文楷书暗款，其刻楷款笔法和青花楷款笔法不同。印字款器皿有高足靶碗、靶杯等，都是在器内印有四篆字阳文或阴文"宣德年制"暗款，没有青花篆字款。款外围花边或圈线，器外身上只有书写单排青花六字或四字楷字款，而没有印、刻、篆或暗款。

"横竖花四双单无"是说横、竖款与花心款和款外圈线种类的分别。横写有青花六字和四字楷字款，竖写有六字单行、六字双行楷字款。花心款有青花里绘朵子梅花、外绘以缠枝莲高足大靶杯，杯中心有青花荷花八瓣组成一圈，内书六字双行"大明宣德年制"青花楷字款。这种花瓣围款极少见。又有一种四道线圈款甜白釉划花缠枝莲托八宝暗花寸足大碗，碗里中心有青花双圈，圈内又有顶天立地双线长方框，框内写"大明宣德年制"青花楷字款。这种四道线围款瓷器只此一种。常见到款识圈线有双圈线、单圈线，也有无圈线的。不写年款者，多是用苏勃泥青料绘的大件琢器。相反地写年款大件则是用国产青料绘的比较多。也有用苏勃泥青料与国产青料合绘的器皿，这种合绘器皿，在北京故宫博物院藏有较多。瓷器外身年款都没有任何圈线，但是流上款例外。

"晋唐小楷最出群"是说宣德年款里最突出的一种。它笔法工整、清秀、刚劲，像写在纸上那么自然大方，多数人认为是仿晋唐笔法，这种体式年款多写在高足小靶杯或盘、碗等器物的足内或中心，有六字双行"大明宣德年制"青花楷字款，款外有双圈线。凡是有这样年款器物都是精品。但是宣德年款也确有个别不是这种写法的，其字体有些不同，可能与当时学写徒工有关，这种款数量极少。

以上四句口诀必须分开来用，以免混淆。宣德款识落款位置，也有一个由内底向外底扩散的过程。永乐官款均在内底，到宣德时仍是如此。但是今天所见宣德器物款识，绝大多数在器物外底，这中间有一个由内底向外底转移的过程。除此之外，宣德官款从印刻写并用到以青花书写成为主流，也有一个变化过程。台北"故宫博物院"收藏一件稀有宣德暗花白釉高足碗，器壁模印"宣德年制"四字篆款，造型款识与永乐同类型器物类似，可见模印在宣德早期甚是流行，后来逐渐被刻款与写款取代。其流行线索可以判定为：模印最早，刻款次之，最终写款成为署款方式主流。

3. 宣德年号款书法特征

分辨宣德青花款真伪，可以用 8 倍放大镜在强光照射下看，真品特征是：款色多雾暗而下沉，器身和口里、足内釉薄处闪有明显牙黄色，浓釉处微闪淡青色，具备这些特点者，虽无橘皮棕眼，也无疑是真品。若款色涣散浅淡，又浮于上，白釉全身均匀一色，虽有橘皮棕眼特点，也不一定是真品而应该是明清两代仿品。仿款中也有暗雾下沉者多为明代仿款。晚清民国时仿款青花色都浮而不沉。

宣德年款中写法体式太多，以楷书"大明宣德年制"六个字来说，即使是大小相同的字，写法也都各有不同。"大"字就的有几种不同写法，有的左边长的，有右边长的，也有左右相等的。横道也有长短之别。第二笔上头有高有低，多为撇短捺长不相称，连接处也各有不同笔法。“明”字有的日月相平，有的月比日高一横。月下部也有长有短。日有上尖和下尖的，也有相等的。“日”字四笔有平笔封口的，有反撇笔封口的。“宣”字第一笔多是斜点，偶有直点，但为数很少。第二笔写一道的多，也有少数点重一点的。第三笔软勾少肩，末笔多数是右边长，有少数左边长，也有左右相等的。末笔那一横长短都有。“德”字第一笔、第二笔有少数向下撇的，但多数向外撇，“德”上心字第一笔写成一道的多，写成一点的少。“年”字除一般写法外，另有最明显的五种不同写法：有勾头“年”、单丰腰“年”、双丰腰“年”、大四横“年”、小四横“年”等。只有“製”字写法大致相同。“製”字的“衣”横不越过立刀，越过的极少。“衣”字第四笔、第五笔是上下分开不连接的，也有连接的，但是按笔体看，不是笔误就是款色釉毛病。大部分年款“德”字大，“年”字小，“製”字丰，“大明宣”三个字也是互有大小不匀的毛病。款色深浅多不均匀，横平竖直笔法也少，这也可以说是宣德年款特征。从以上年款笔法综合比对看，当时写款字的绝非数人。篆书款中“宣德”二字笔法平直，“年制”二字则较圆柔，与永乐款几乎一样，四个字的书写风格不统一，故推测是宣德初年作品。

宣德楷书款分为青花和红彩两种，矾红彩是在近年出土器中发现的。其主要特征为青花为进口苏勃泥青料，呈色浓艳青翠，可见钴料结晶点及晕散。瓷器釉面肥厚，密布气泡，釉面见橘皮纹。款字因气泡而有朦胧感。款字书写较为粗糙，间距大小不一，各种器物上款字有明显差异，似非一人所书。“德”字“心”上少一横，唐代虞世南、欧阳询诸家均有这种笔法。其实当年这样写应该是避讳宣德皇帝“德”字，由书法写法解释稍嫌牵强。有些款“心”字上端间距过大，气势不连贯。“年”字第四笔一般为向右斜点，写为短竖的则有真有伪。因为成化官窑“年”字第四笔也作短竖，这具宣德款特征、又写短竖“年”的器物，是否为后来正统、景泰、天顺和成化早年所制，存疑。“製”下“衣”字首点或有或无，有些款第一画点与第三画撇用一笔写成，此乃清代雍正、乾隆年间写法。

将宣德器和永乐器两种年款进行比较，可以发现“年”“制”二字完全相合，两者篆法与意境几乎相同，可见二者之间存在连贯性。据权奎山先生介绍：“西藏自治区罗布林卡旧藏成化五年（1469 年）四月十一日赐封辅教王的诏诰使用的是宣德二年（1427 年）生产的五色丝空诰，诰尾织有‘宣德二年某月某日造’篆书铭记。其中‘宣德’和‘年’三字，与瓷器上的篆款写法也完全相同，则这种写法不晚于宣德二年（1427 年）。”（权奎山，王光尧著《手铲解读明代御器厂的另一半——明清御窑遗址的新发现》，《紫禁城》，2006年第10期。）考虑到官窑生产制度，这些字应为宣德初期的通制和官样，可以得出宣德款识使用篆书体是沿用永乐时期旧例的结论。宣德时期使用的篆款瓷器，仅见高足器和盘两种，数量极少。这是宣德初年篆书款与楷书款并用的时期。

宣德年款写法主要有三种：一是“宣”字最后一横写得较斜，“年”字中间一横较短，“製”字中“衣”字的一捺特别强调顿笔。这类笔法遒劲，多见于创新品种或者罕见种类。可能因需要皇上过目，所以必须挑选优秀工匠书写。二是“大”字横笔写得较倾斜，“德”字上面“十”字位于双人旁两撇之间，“宣”字中的“日”多上宽下窄。这类书法较为随意活泼。三是“大”字左撇较右撇短，“宣”字中“日”较宽扁，“年”字三横顺序由上到下渐长，如数字“三”。这类笔法工整圆润，多见于琢器。伪造宣德年款笔法的通病是软硬不均，不是过硬，就是过软，或者过为工整或草率，并且有在“德”字心上加一横者，这种写法在宣德官窑中是没有的。仿款款色深浅多为一致。另外写仿款人必然是谨慎地模仿，既然谨慎，笔法就不容易自然生动。当年写官窑款人的字体都是经过严格审查的，具有当时风格，这一点可以肯定。

4. 写款位置和体式

以青花写款位置和体式而论，可以分为以下数种：

外口沿款有缸、天球瓶、大盖罐、豆、盂、鸟食罐、旋纹炉、鼓钉三足洗、收口盘、撇口盘、高足碗、骰盔子和厚体钵等。为一行横列六字楷书。

口外折沿下款有菱花口折沿大果盘、折沿盆、大花盆。为一行横列六字楷书。

颈部款有胆瓶，为一行横列六字楷书。

耳部款有香炉。为一行横列六字楷书，围以长方框。

肩部款有梅瓶、天球瓶、花浇、罐。为一字横列四字或六字楷书。

柄、流部款有执壶与茶壶，为一行竖列六字楷书，围以长方框。

里口沿款有大缸。为一行横列六字楷书。

里心款有碗和钵，为一行横列六字楷书。围以长方框，再环以单圈或双圈。高足碗、骰盔子、盘、菱花口碟等为双行横列六字楷书，围以单圈、双圈或团莲瓣，也有六字三行竖款，围以双圈。

器心与盖心对铭款有盖罐与合碗。盖罐为双行竖写四字篆书，无圈栏；合碗为双行竖写六字楷书，围以双圈。

器底部款有各式瓶、尊、罐、碗、盘、杯、碟等。一般为双行竖列六字楷书，围以双圈。花盆底有一行横写或竖写款，无圈栏。高足碗于把柄内底深处书四字款。有的罐底，仅款部以釉覆盖。另有碗、洗底面，画 1—2 条龙纹以代款识，所绘龙纹具有宣德时期特点。

阴文暗刻款的位置和体式分别为：

外口沿款有蓝釉大鱼缸，为一行横列六字楷书。

器里心款分篆书与楷书体。其篆书款有：青花缠枝莲高足碗，为六字双行竖列环以双圈；白釉暗花高足碗，为四字双行竖列，环以莲瓣纹，无圈栏。其楷书款，有孔雀绿釉高靶碗、冬青釉菱花口小蝶，为六字双行竖列，环以双圈。另有素白釉高靶碗，为四字双行竖列，围以双圈栏。

器底心款有白釉、红釉、蓝釉、酱釉的撇口盘、碗和白釉高靶碗。为双行竖列六字楷书，围以双圈栏。

阳文凸印款均为篆书，多于器里壁落款。有白釉凸缠枝莲高足碗，为双行竖列四字篆书，外围以莲瓣纹。另有器心凸盘龙高足碗，为竖行双列四字篆书，外环以单圈栏或火云纹。

阴文篆书款字体线条圆柔流畅，由于覆盖之釉过厚而欠清晰。同时字体也随着压印力量轻重不同，而呈现清晰与模糊两种现象。

红彩款仅见红彩三鱼高足碗，于器里心双行竖列，为六字楷书，环以双圈栏。

宣德青花款识，虽大小不一，但都较工整，字体有力，个别字体草率不拘，呈歪斜状。楷书所写“德”字，“心”上无一横，也有“心”上有“一”横的，多数不是本朝款识。字体圆润，与永乐款书法相同，起落笔处呈尖状。并且德字两边不很协调。篆书所写“宣”字，分两种写法。此时除写“制”字外，已经出现“造”字，如宣德青花鸟食罐中就有于口沿下书“大明宣德年造”款。明清官窑瓷器上面正式书写官款，以朝代年号为六字楷书款，始于宣德。永乐官窑仅见年号四字篆书款“永乐年制”，几乎全为暗款，均刻花于圆器器心，例如碗、高足碗、杯类等，而且不易发现，数量也少，琢器也不见带款者。宣德官窑款识，一方面承接永乐款制，也有四字篆刻暗款或是印款“宣德年制”，一方面自创款识制度，釉下青花四字楷书款、六字楷书款“大明宣德年制”，或者釉上红彩六字楷书款，皆始于宣德。其书写方式有四字、六字一行楷书横书或直书款，也有四字、六字二行直书款、竖书款、暗款（含印款、浅刻款等）。宣德开始不仅圆器有款，琢器也大多书写款识，唯有少数宣德早期器物也有不带款识者。

论及宣德款识，陶瓷研究者已有约定俗成的说法，即“永乐款少，宣德款多”。已故陶瓷专家孙瀛洲先生谓：“宣德年款遍器身，楷刻印篆暗阴阳。横竖花四双单无，晋唐小楷最出群。”（孙瀛洲著《试谈明代永乐、宣德景德镇官窑瓷年款》，《故宫博物院院刊》，1960 年总第 2 期，第 138 页。）这一歌诀已经把宣德款识复杂面貌化繁为简，为陶瓷界广为引用。宣德官窑多带款识，其书写款识部位，不像明代中期以后明清官窑几乎固定于器底圈足内，而是按照器类规律性地分布于器身各部位，此即“宣德年款遍器身”，款字则分楷、篆二体，楷字有四字、六字书款和刻款（阴文）、印款（阳文）三类。篆字款极少，皆为四字，也分为书篆、刻款（阴文）和印款（阳文）三类。到目前为止，篆字书写款仅见于景德镇官窑出土器物中。“横竖花四双单无”是说明款识书写排列方式，以及款识外圈圈式。款字有横写及竖写二类。外围圈式则有以花围饰者、以四方框圈者、以双圈圈者，还有以单圈圈者以及无圈式者五种。

台北“故宫博物院”所藏之官窑器，以楷书六字款为多，四字楷款、篆款仅占少数。四字篆款除青花藏文高足碗于碗心刻划二行四字书款，并加画双圈及印饰莲瓣纹外，其余 8 件四字篆书款，皆暗花阳文印饰于甜白高足碗内壁，加双圈及饰以莲瓣纹一周，款字也有外加单圈及莲瓣圈者。然因宣德印花纹饰通常印文较浅、釉厚，模糊不易辨识，故极易被忽略。印款除上述 8 件内壁印饰四字篆款外，另有唯独一件六字楷体印款，为紫红釉弦纹三足炉，其款识为六字一行款，横印于外口沿下，清晰可见，此或为目前仅有的楷字印款。四字楷款数量不多，仅占宣德官窑器的一小部分。在宣德官窑器物中，碗占较多数量，有书于碗心者，有书于碗底高足内者，也有刻划于高足盅心者，碗心款识外加双圈，圈足内者不加圈饰，应该是因为高足内空间不大不易书写之故，因此不见高足内有六字款者。而常见四字边款笔画脱漏现象，或者大小不一情形。此外四字楷款也有书于坛盏盏心者，或有在青花穿莲龙藏纹僧帽壶壶底者，或有在平足盘外口沿下者，或有在器腹部书写者。前二者为二行四字竖款，外加双圈饰，后二者为一行横写款，横写款无论四字或六字皆不带圈饰。

六字款识全为楷款，有六字一行直书体、六字一行横书体，以及一般最常见的二行六字直书体，也有少数六字三行直书体，书写部位则遍及器身。六字一行横款，除紫红釉弦纹三足炉为印款外，不见刻花款，仅有书写款。圆器宽口沿大碗、30 厘米以上大盘、琢器漏斗、龙纹渣斗、缠枝弦纹三足炉、葫芦双耳扁瓶、厚胎钵，鸟食罐、鸟食瓶等，皆为一行六字楷款，横书于器口下。另外，豆、花浇、水盛横书于器肩、器腹间，花卉纹书于流上。水仙盆横书于器底，颇为特别，这是在盆底涩胎中央留一长方形框区，先施以白釉，再横书一行六字楷款，此亦为前所未见之款识。六字一行直书竖写款器，较横书款器为少。台北“故宫博物院”仅有一件高圈足碗为一行六字竖写直款，外加长方双框及双圈边饰，此即四框圈饰者，仅见于此类高圈足碗。然同类制作高圈足碗，亦有二行六字楷书款外加双圈饰者。此一行六字直书款，加双长方框及双圈饰，则为宣德首创，似为特定祭祀所做。另外景德镇珠山出土的蟋蟀罐，为一器两款，罐底一行六字竖款，盖底一行六字横款，不加边饰，上下一横一竖，颇为特殊。

宣德官窑二行六字楷款最为普遍，一般不在器底就在器心，分书款及印款两种。圆器碗、盘、碟的二行六字楷款，一般均书写或者刻划于底部。莲子碗（鸡心碗）有大中小三种尺寸，口径与底径相差甚大，故大中尺寸者底书六字两行楷款，外加双圈，最小尺寸者，足仅三公分，不加圈饰。少数如仿龙泉釉莲瓣折腰碟书于碟心。瓶、罐、壶器亦多数书于器底。高足碗、高足盅高足中空，二行六字楷都在器心，有外加单圈、双圈者。高足杯底平，涩胎无釉，故款识全在杯心。凸节高足杯，平底上釉，浅圈足，二行六字款识书于足底。青花折枝花卉纹高足盅，二行六字款识在盅心，外加双圈，并围以八瓣莲瓣纹，为款识圈饰中之珍稀者。另外二行六字款中较为特别的是一器二款的合碗。合碗款识在碗心及盖底，碗心加饰双圈，盖底则不加圈饰，后仿者未加注意，在盒盖底款亦加双圈，出现破绽。台北“故宫博物院”馆藏釉里红云龙纹合碗是康熙仿品，其主因之一即是盒盖上款识加了双圈，当然其他青花蕉叶纹、釉色、描绘技法等也皆与宣德相去甚远。

宣德款识为官窑历史上最具创造性的特征，可谓空前绝后，其多样性造型，使其更显活泼变化。款字写法与其他官窑相比亦具特色。楷款并非一成不变，款字是由固定几人写款，虽有数种，但差异不大。其最具特征者，乃其“德”字的“心”上不加一横，凡加一横者皆为后仿。此为沿袭碑别字，宣德皇帝自己题署亦是沿用此体。“年”字写法也具特色，通常下半部“牛”左竖笔画，不与上下相连，而是写成一个微向内倾短斜点，极少写成一短横笔的，亦是上下不接。也有少部分写成上面一横超过短竖的，极其特别。宣德官窑四字二行或六字二行款排列大多不甚整齐，常出现高低微差，或左右稍出字体大小不一情况，而清代仿品排列则与清代官窑相同，工整规矩，缺少宣德款识之自然风格。

5. 仿款

明代宣德年款器物早在明之本朝，即已经被人重视，赞誉有加，因而明清两代仿品不绝。仿制宣德款之器物始于成化，正德以后逐渐多起来，直到民国仿制宣德款伪作一直不断出现，但均具本时代特点。明代中期以后各朝皆有宣德仿款，以天启朝为最多。仿款中有“宣德年制”、“宣德年造”、“宣德年置”、“大明宣德年制”、“大明宣德年造”等五种，历朝使用互有参差。成化朝仿款仅书“大明宣德年制”青花六字。正德时仿款有“宣德年制”青花四字款。嘉靖时仿款有“宣德年制”和“大明宣德年制”

二种，外加青花双圈，另有无圈线边框栏“宣德年造”和“大明宣德年制”款。万历时出现“宣德年置”和“宣德年制”、“大明宣德年制”及“大明宣德年造”四种仿款，外加青花双圈或方框，亦有无边栏者。天启、崇祯年间，有“宣德年制”和“大明宣德年制”以及“宣德年造”、“大明宣德年造”仿款。到清代，仿款始见于康熙、雍正和乾隆朝，花样虽多但多为清代人笔法，不可避免地具有本时代特点。廖宝秀女士指出：“清仿的排列，则与清官窑相同，工整规矩，缺少宣德款识的自然风格。”（廖宝秀著《宣德官窑精华展导论》，《明代宣德官窑菁华特展图录》，台北“故宫博物院”，1998 年。）康熙仿款则书写偏瘦。明宣德以后和清代仿宣德瓷器极多，对于宣德款识的识别，是鉴定宣德器真伪的重要标准之一。应该注意的情况大致有以下几点：

首先，宣德楷书款的“德”字，沿用汉碑中古体，没有中间一划，凡写有一划者，多为后仿品。

其次，宣德款书写是用晋唐小楷笔法，浑厚而拙朴，后仿者大多用仿宋体而毫无书写体笔意，虽为书写体，但笔画呆板，清代康熙时的仿宣德款，其“大”和“年”、“制”往往和康熙款这几个字相似。

景德镇御窑厂遗址出土残片中发现有“宣德年制”四字篆款碎片，传世完整器篆款多数是后仿，至于有六字篆款者更属不可信。

十、后世仿制品

洪熙一朝只有不到一年，所见署有“大明洪熙年制”款青花筒炉，特征同于署建文款同类器物，应为孙瀛洲在 1937 年时所仿制。明代宣德以后所仿宣德器最早始于成化，之后正德、万历，到清代康熙、雍正、乾隆各朝陆续有仿制。各朝所仿制品中，除了仿五大名窑以外，就是仿宣德、成化所制造之瓷器。可见明代宣德官窑影响深远。清代仿宣德之物品，着重在器型、釉色和纹饰方面，较少注意到细节，例如内暗花、圈足旋削，以及装烧支垫、耐火泥含铁、渗染涩胎处工艺技巧及特征等，故此应为今日鉴定仿品的简易辨识方法。

清代所仿物品种众多，大致可分为青花、釉里红、五彩、红釉、蓝釉和蓝釉白花器等。其中以宣德青花器仿制最多。而且宣德青花瓷官窑款识几乎写于瓷器各个部位，有“宣德款识满器身”的说法。鉴别宣德瓷器，除底釉和进口钴料与永乐器相似外，比较便捷方法就是记住宣德年款书写方式。宣德年款常见两种书体，即篆书和楷书，多以楷书为主。

字数又分“宣德年制”和“大明宣德年制”两种。字体遒劲有力，工整清秀，比较自然大方。还有一点非常重要，就是楷体的宣德年款中的 “德”字，中间一横去掉，这种写法在帝王纪年款中也算是标新立异了。一般仿制人不是很容易看出来，这种写法在当时亦是一种特殊避讳皇帝年号的做法。当年写官窑款人字体，都是经过审核的，都具有当时时代风格。书写仿款的人都是小心翼翼描摹，不仅不易自然生动，另外还由于青料不同，书写款识笔画显得浓淡不一，笔画周围在白釉衬托下，像蒙上了一层薄雾，仿品无此效果。当然笔画书写还牵扯到字体笔画起笔和收笔，当然在书法专业领域的鉴别中，应该还有另外办法。至于现代使用高新技术所仿制的永宣青花瓷，则更加难以辨别，必须要了解现代技术能够制作什么、其原理和效果如何，方能有所分辨。

1. **青花**

最早仿制宣德青花器的为明代成化时御窑厂，如宝相花撇口碗、婴戏纹鸡心碗、海水龙纹盘等，其青花色调近于宣德晚期作品，但纹饰画意较宣德柔和。仿款字体集中，笔力柔弱，双圈收拢。嗣后正德官窑、民窑中开始大量仿制宣德青花，常见器物有松下老人盘、碗与婴戏碗等，其青花色调于蓝中闪灰紫，釉面泛青，器底多署“宣德年制”或“大明宣德年造”伪托款识。清三代官窑更是大量仿制。《清档》中明确称这类仿品为“宣窑青花”。

玉壶春瓶。清康熙、雍正、乾隆时都有仿品，所绘纹饰有岁寒三友图、竹石芭蕉、折枝花果、缠枝莲、花鸟等。康熙仿品不如雍正仿品细致精美，大多胎轻，釉质松软，釉面朦釉不平。

梅瓶。清康熙、雍正、乾隆时均有仿品，多画三果纹与缠枝莲纹饰，器分大、中、小三种。胎体分厚重与轻薄，但后者不及前者质地坚硬。雍正釉面虽然也仿有橘皮纹，但有别于宣德时橘皮釉，釉的厚度不够，也过于明亮。同时青花纹饰晕散中的斑点，有人工点染痕迹，比较容易认出。

天球瓶。清康熙、雍正时都有仿品，纹饰亦抄袭宣德的龙纹、缠枝莲纹等图案，但胎釉特征仍带有本时代烙印，其造型较宣德器颈部粗短而腹部隆圆。

四方倭角瓶。明末及清代康熙、雍正时都有仿品，有白釉及青花器。青花器纹饰以牵牛花图案居多。朦釉青白，青花晕散。这种器型亦有日本仿制的青花器，器形较小，釉面明亮。

扁壶。清康熙时有仿品，纹饰为青花海水、缠枝莲图等。腹部两面略隆起，胎釉柔松，青花呈色浅淡。

鸟食罐。清康熙时有仿品，元宝形、鼓形皆有，器有大小，与原件略有差异，胎体厚重，器形笨拙。

僧帽壶。清康熙、雍正时均有仿宣德红釉、蓝釉器与青花器，器型线条不及真品流畅，器身也较真品略大。同于本时期署官窑款制品。

背壶。清康熙、雍正时有仿品。所见纹饰有折枝花鸟纹、缠枝莲纹、宝杵纹及人物等。

执壶。清康熙、雍正时仿品。仿品器身粗壮厚重，线条生硬。

绶带鸟枇杷纹大盘。清雍正时仿品，一般器型笨拙，胎体厚重，纹饰呆板。

束把莲盘。从清康熙、雍正到乾隆，一直到清末均有仿制，亦为砂底，但较真品胎厚，而且足边滚圆。

清康熙、雍正时仿宣德青花其他器物，还有吹箫引凤纹收口碗、高烧银烛照红妆图收口碗、西王母骑鹤图收口碗、婴戏图收口碗、菊瓣纹鸡心碗、折枝花纹葵口碗、缠枝莲纹合碗、松竹梅纹撇口碗、云龙纹或缠枝莲纹高足碗、海水纹高足碗、番莲折枝纹盆、缠枝莲纹或荷莲纹钵、盂等。其中唯水盂，在康熙时仿造最多，为缠枝莲纹饰，署边款。

总之，清代康熙早、中期所仿宣德青花，胎体厚重，质地缜密，青花色调稳重，而晚期至雍正时仿品，青花色调有晕散，釉面虽有橘皮纹，比较接近于宣德青花风格，但是釉面与宣德器不同。有清一代以康、雍、乾三朝制瓷最为辉煌，对于永宣瓷器的仿制，更胜前朝。康熙年间督窑官郎廷极奉旨仿制宣德官窑青花瓷，几乎达到可以乱真地步。乾隆时期督窑官唐英，在乾隆十年奏折中提到“今造得宣窑青花白地五供三堂，配造得青花五彩瓷苓芝二种，以备采用。”（见北京故宫宫中奏折。）这些仿品无论仿制再像，但是所用青料乃本朝青料，画风也不可能完全相同。宣德青花釉色渗青和铁锈斑特色，成为明清官窑不断模仿的重点。尤其以清代雍正、乾隆官窑为求得到“苏勃泥青”钴料含铁“铁锈斑”效果，刻意以重笔点成斑点，其勾画仔细，必然工整拘谨，缺乏永乐、宣德器的自然流畅风格。

民国时期仿品有青花海水地白龙盘，仿做得很精细，另外北京孙瀛洲先生出样仿做的宣德青花大小两种菱形式盘、豆、双凤罐、竹节形筒炉等也很成功。其中有一部分早年就流落国外，也有一些至今还在国际上流传。民国时景德镇仿制宣德青花海水龙纹盘、岁寒三友盘颇多，目前仿宣德三果纹梅瓶等比较成功，但终觉胎体处理过于规整，厚薄轻重不一，不及真正永乐、宣德青花器自然。近年所见仿品，有台湾，也有新加坡、泰国、日本仿我国元明两代青花器，包括宣德青花器，其仿品胎土都过细，其成分更是难以达到当时模样。

2. 釉里红

宣德釉里红制作考究，铜红釉呈色鲜艳。清康熙、雍正时仿品，所见有釉里红三鱼纹靶碗、云龙纹大碗，以及三果纹盘、碗，还有釉里红海水龙纹梅瓶等。康熙仿品虽不及雍正仿品秀美，但相近于宣德真品，个别款识仿得极像，可以乱真，唯是胎体过重。宣德釉里红三鱼纹、三果纹碗和高足碗，其器型、纹饰从成化官窑一直到雍正官窑，皆可见其仿制痕迹。宣德宝石红器在康熙时仿制最多，康熙郎窑红即为刻意模仿宣德而作，然釉层过厚，釉汁流动性大，底边积釉呈色暗红，成为郎窑红的特色。釉里红龙纹碗、青花釉里红龙纹合碗，康熙朝也仿制不少。由于仿用宣德款识，给后代造成困扰，此二器长久以来一直被认为是宣德官窑精品。近年台湾地区和国外也有新仿宣德釉里红品种器物，胎釉也能达到标准，甚至有仿品较宣德胎釉更加红润，唯独青花落款色泽过艳。

3. 五彩

宣德五彩器因传世品鲜见，故历朝仿宣德器物中，多见青花而少见五彩。但明代自正德开始，有于本朝五彩器上信手乱写宣德款识者，但其器物造型、纹饰风格与宣德器相去甚远，不难辨别。

4. 白釉

过去所仿宣德白釉小鸡心碗，暗刻宣德年款，造型俊秀，胎质坚硬，纹饰纤细，但线条不流畅，釉显青绿。另有仿宣德白釉大鸡心碗，毫无宣德气息。

5. 红釉

清康熙、雍正时仿品较多。所仿有僧帽壶，造型比永乐、宣德器笨拙。其仿制香炉，釉面虽相似，胎体却厚重，而一些收口、敛口、浅高足盘碗类，虽然也有塌底现象，但比真正的宣德红釉盘、碗，胎体显轻薄，釉面也不够肥厚，款识字体松散无力，不像宣德器遒劲端庄，并且写刻款位置都固定一处，用同一模式。

6. 蓝釉

清康熙、雍正仿品造型，大致同于仿宣德红釉器。其盘碗类装饰方法，除通体施以蓝釉者外，也有其外蓝釉器内白釉暗刻纹饰，器心为三朵流云。所仿宣德款识，有青花书写和暗刻两种，情况基本同前。以上红、蓝釉器如为厚胎，则无橘皮釉现象。

7. 蓝釉白花

康熙官窑仿品有盘、碗、合碗等，其撇口式盘，除突出白色鱼藻花纹外，也有暗刻白色花纹。其蓝釉与康熙本朝蓝釉釉面特征一致，不具有宣德蓝釉肥厚橘皮纹特点。另外，凸起白花纹饰及线条也显生硬。

8. 其他

后世仿宣德瓷器很多，尤以仿宣德青花、甜白、红釉和釉里红器为多见。鉴定宣德瓷器，除了要特别重视与常见器型是否一致和宣德款识真伪外，也须注意下列各点：

首先，宣德瓷釉面，一般都能见到类似橘子皮的橘皮纹。用30倍左右显微镜可以看出，宣德官窑瓷器釉内气泡成大中小不同气泡群，群与群之间间距较疏朗，凡气泡密集而整齐者，大多非宣德时所烧制瓷器。

再次，宣德盘、碗之底足，多数有棱边感，非圆滚之“泥鳅背”。特别是宣德大盘之底足，内墙自上而下向外倾斜，因此无法用手指抓住。凡清雍正仿宣德大盘，底足内墙接近垂直，因此可以用手抓起盘子。最后，盘类因塌底而盘心下凹状况明显，凡盘子平底者，大多非真正宣德时期所做。瓶、壶、罐之类器物均分段拼接成型，前后身合模成型者多非宣德所制。

另外，宣德官窑青花瓷，除极个别青花翠艳而无黑铁斑外，绝大多数有黑铁痕。清代康熙、雍正仿宣德器有的也能烧出黑铁痕，但仔细辨别，可以发现其中有的地方明显是由于加重了钴料而产生的效果。宣德官窑青花器以小笔触上彩，没有一笔涂抹制作。

十一、小结

明代宣德年间景德镇御窑厂烧造的青花瓷器，在中国陶瓷发展史上，具有很重要地位。它以古朴典雅的造型、晶莹艳丽的釉色、多姿多彩的纹饰而闻名于世，与明代其他各朝的青花瓷器相比，其烧制技术达到了历史最高峰，成为中国瓷器名品之一，其成就被称颂为“开一代未有之奇”。宣德青花胎体比永乐朝胎体厚重，胎质精密细腻、洁白坚硬。《景德镇陶录》评价宣德瓷器：“诸料悉精，青花最贵。”

当年苏勃泥青这种进口青料，含铁量特别高，含锰量低，故称“高铁低锰”料。苏勃泥青发色深沉浓艳，在炉火还原气氛好的情况下，能烧出宝石般色泽；含铁量高容易使发色呈现深蓝色，色料凝聚厚处会形成黑褐色结晶斑点，在一定光线下还有锡光色，而且呈三角形结晶，用手抚摸釉面感到凹凸不平。如果此处釉层薄，会出现干涩、无光现象。国产钴料呈现一种色泽蓝中带灰，没有黑褐色铁锈结晶斑点；另一种发色清淡，有晕散现象，色泽幽雅；在进口和国产两种色料混合使用时，发色明快，呈色浓重与淡雅相间，具备两种钴料特点。

宣德纹饰取材范围比较广阔，花鸟鱼虫、人物山水无所不有。纹样绘画上采用小笔渲染填色，由于笔小蘸料有限，需不断重新蘸料绘画，这样就使得纹饰上留下许多深浅浓淡笔触痕。其构图都达到概括、夸张和取舍，增强了装饰性。另外宣德青花在装饰上还与模印、刻划等方法结合使用。综观宣德青花纹饰，取材范围广泛，构图有新意，装饰手法丰富，绘画讲究恢宏壮阔，具有很强艺术感染力。宣德青花瓷以纹饰取胜，纹饰画得十分规矩，从不出边线。画笔分实笔和勾勒渲染两种，实笔多为细线条，勾勒渲染多为粗线条和纹饰，线条流畅，纹路清晰，有一气呵成感。纹饰粗犷，随意点绘没有轮廓，俗称“一笔点画”。

明宣德年制青花瓷器市场行情。宣德青花瓷器的价格始终处于高位。比如一件宣德青花“水波双龙”图高足碗，1992 年在香港苏富比以 308 万港币价格成交，到了 2007 年同样在香港苏富比，则是以 3504.7 万港币价格成交，在 15 年间价格上涨了 11 倍。又比如 2010 年共有 7 件宣德青花瓷成交价格超过 700 万元人民币，器型有葫芦扁瓶、葵口盘、大碗、十棱洗、钵、大罐等，其中香港苏富比秋拍一件宣德青花轮花绶带葫芦扁瓶以 2642 万港币成交。北京保利秋拍一件宣德青花云龙纹十棱洗，以 2688 万元人民币成交。在 2011 年 5 月江苏万达春拍一件宣德青花海水白龙纹扁瓶，以 8000 万元起拍，经过几十轮的竞拍，最终以 2.24 亿元人民币成交，创下了宣德青花瓷成交价格最高纪录。

图 23　宣德外青花内红釉高足杯（残）

图 24　宣德青花折枝花果纹盘

图 25　宣德青花折枝花卉纹六角水仙盆（有孔）

图 26　宣德外霁青内白釉团龙纹碗

图 27　宣德天蓝釉暗刻龙纹大碗

图 28　宣德洒蓝釉碗

图 29　宣德青花缠枝花卉纹盖豆

图 30　宣德青花小盖罐

图 31　宣德青花龙纹蟋蟀罐

图 32　宣德青花轮花纹绶带抱月瓶

图 33　宣德绿釉铁红花果纹盘（残）

图 34　宣德珐化彩海兽纹海棠形水仙盆

图 35　宣德仿龙泉釉菊瓣碗

图 36　宣德青花人物纹碗

大明宣
德年製

图 37　宣德青花凤纹贲巴壶

图 38　宣德青花莲塘鱼藻纹折腰碗

图 41　宣德青花海水龙纹厚胎敞口钵

大明宣

图 40　宣德青花花卉纹鸟笼花插

大明宣德年製

图 39　宣德青花芦雁纹鸟食罐

正统时期的瓷器

一、概况

明宣德十年（1435 年）正月，宣宗在乾清宫病逝，年仅九岁的太子朱祁镇即帝位，是为英宗，于次年改元正统。明代在这一段时间，皇位变换极快，政治不稳。若是从永乐二十二年（1424 年）正月算起，当时还是永乐帝在位。但是到宣德十年的正月，坐上龙椅的已经是他的曾孙朱祁镇了。在十个年头多一点时间里，皇位数度易手，从永乐、洪熙、宣德到正统，一下子便从曾祖父手中传到了曾孙手里。皇权快速转换带来政权波动，边患也日渐增加，时局动荡。

张太后摄政。明英宗朱祁镇九岁继帝位，还是个孩子。因皇帝年幼，由太皇太后张氏（宣宗母诚孝昭皇后）摄政，以杨士奇、杨溥、杨荣（三杨）辅政。张太后处理宣宗留下的一系列政治、经济、外交等方面难题，采取了紧缩财政政策，先减少经费开支，再分轻重缓急解决各种难题。张太后认为宣德时太过奢侈，于是尽毁所有玩物瓷器，如鸟食罐、蟋蟀罐等，严命景德镇停止烧造，并且不再派遣中官前往督烧。景德镇制瓷在此时陷入全面瘫痪。朝廷连续三次下令禁止烧造瓷器。这三项禁烧令对景德镇瓷业生产影响巨大。景德镇工匠只能另谋生路，开始仿制元代瓷器。那时元代瓷器还有大量存货，再加以仿制并不困难，这使三朝瓷器生产出现一个奇怪现象，不仿永宣器，却仿元代器。这种仿制不仅是器物造型上保持元代风格，而且胎釉和纹饰布局上也与元代器物保持一致。因为前朝物品不在禁令之中，而且难以追究是何时生产，故而形成一时风气。当时官窑、民窑一起上马，走了一条靠仿古避开惩罚的弯路。张太后死于正统七年（1442 年）十月。故而正统年间大规模烧造瓷器，应该是在正统七年之后。即张太后死后，年轻英宗开始下旨烧制瓷器，但是仍然秉持紧缩政策，不敢大肆放开烧制。而此后正统朝并不太平，先后有苗人、瑶人起义，正统十三年（1448 年）秋又有福建邓茂七起义。

宣德宫廷生活十分奢侈，对景德镇瓷器消耗很大，当时宫廷用的厨师就多达 5000 多人。在今天故宫遗留瓷器中的大量生活用具，陈设艺术瓷之外，还有蛐蛐罐、鸟食罐，以及栽花种草花盆等，数量很大。宣德十年朱瞻基病逝，朱祁镇一上台就秉承张太后旨意，着手罢去宫中好玩之物，减免征役、造作，使御窑厂停止生产。而且自从明英宗下令禁止窑厂烧瓷，以后政策越来越严厉。既有圣谕禁令，生产资金自然也就拨不到景德镇御窑厂，所以在空白期这29年时间里，瓷器生产确实比宣德时期少了很多。但是庞大御窑厂的管理官员和工匠又没有解散，他们还要生存，而且御窑厂一应材料齐全，故只能用生产瓷器来换取生计所需。他们制造瓷器因为没有朝廷允准，所以不敢在瓷器上署以国名年号，仅是以民间生产方式，为达官富豪制造，偷偷进行交易，以逃避朝廷惩罚。同时朝廷在严厉禁止烧瓷过程中，偶尔也时不时地命令景德镇烧造一些瓷器，如《明英宗实录》记载正统六年（1441年）五月，“行在光禄寺奏，……其金龙、金凤白瓷罐等件，令江西饶州府造。”这说明朝廷需要瓷器的时候，仍然会令景德镇烧造，而在其他时间则不管不问。因此所谓空白期并非完全严厉禁止，而是用时则烧，不用则停。在烧造瓷器中并没有严格规范，因此景德镇窑工们，也不敢轻易书写年号，故此时期是无款官窑时代。御器厂烧造活动暂停，由浮梁民窑进贡瓷器五万余。正统三年（1438年）逮捕因繁重劳役而逃亡工匠四千余人。景泰五年（1454年）减饶州岁造瓷器三分之一。可见从张善到景泰年间，既罢督陶官又减烧造，《志》称：“以兵兴议寝陶，息民之事也。”这里是指“土木堡之变”后，御器厂发生重大变化。

土木堡之变。早在张太后主政时期，“三杨”先后去世，朝廷出现了宦官把持朝政的局面。从小陪同朱祁镇的太监王振当上了司礼监太监，把内外权力都抓在手中。王振是个浅薄易盈之人，任性而为，不知所止。正统十四年（1449年）二月，瓦剌联合塞外诸蕃，联兵入寇。在王振要求下，英宗不顾兵部尚书邝埜和左侍郎于谦“六师不易轻出”之议，应允亲率五十万大军前往讨伐。不幸身陷土木堡，败于瓦剌，英宗被俘，王振死于乱军之中。这次战役明朝死伤数十万人，遗骸暴露荒野十几年。二十日后，当时朝中迎立正统之弟郕王朱祁钰为帝，是为明代宗，尊英宗为太上皇，年号景泰。景泰初年首先是防备蒙古再次内犯，对窑事无暇顾及。由于景泰帝十分喜爱早年传入中国的铜胎掐丝珐琅，把大量高级青料用于制作这类东西，瓷器生产因而再次受到影响。由于这三朝经历了“土木堡之变”和“夺门之变”，前者使王朝皇权陷入朝不保夕巨大危机之中，后者则是杀气四伏、皇位易主的宫廷政变。这两次政治斗争导致了国家机器的重大震荡，因此古陶瓷学界认为这三朝在外族入侵、时局动荡、政权迭更情况下，朝中无人顾及瓷器制作，故景德镇官窑生产一定处于低谷，甚至停烧。加上这一时期传世官窑瓷器中，没见有书年款者，使其真实面貌不为人知，无法研究，故学界把正统、景泰、天顺三朝定为陶瓷空白期，或研究黑暗期。以致很长时间里，各博物馆或私人收藏的这三朝官窑瓷器，均被划归宣德或是成化时器物，更有一些专家断言凡是书写这三朝年号的瓷器均为赝品。据《景德镇陶录》记载，宣宗时期以营缮所丞督陶，至英宗正统初年撤罢，“继以兵灾，议寝陶息民。”随后王振又改为中官督陶。世事多变，整个正统一朝应该没有官窑款识瓷器流传于世，而且这一时期瓷器生产数量也不是很多。正因为这些原因，学界中人将此三朝定义为空白期，意思是其面貌不清。

关于空白期概念的提出。据高宪平同志归纳，关于空白期概念，最早提出“空白期”概念的是美国学者约翰·亚历山大·波普（John Alexander Pope）。1956 年他在《阿德比尔神庙藏中国瓷器》一书中，提出“Interregnum”的概念，有“空白期”或“过渡期”意思。后来，1958 年英国学者汤姆·哈里森（Tom harrison）提出来“Gap”概念，意思为“断层”。而被日本学者较多称呼的“黑暗期”、“暧昧期”概念，最早见于藤冈了一所著《明の染付》一书，称之为“黑暗时代”。中国学者也曾经使用日本学者提出的这一概念，真正提出中国本土化概念的学者是王志敏。1982 年，他在《中国陶瓷》上连续三期发表题为《明初景德镇窑“空白点”瓷》文章，提出“空白点”的概念，“空白期”遂由此得名。值得注意的是，西方学者的“空白期”概念，是基本否定了景德镇御窑厂还在进行官窑瓷器的生产。但是日本学者认为这一时期景德镇民窑生产并没有因此停歇，相反是有着较大发展。应该是进入明代以来，景德镇民窑瓷业的第一次巨大发展，不论生产规模还是技术水准。而对这一时期情况的研究并未深入，故而日本学者称之为“空白”，是指研究的空白。

正统、景泰、天顺三朝（1436—1464 年），是明代陶瓷史上情况非常不明朗时期，在发掘和传世的瓷器中，还没有一件可以确认为是这三朝官窑器物。但从文献记载看，正统三年（1438 年）曾禁止民窑烧造与官窑式样相同的青花瓷器。正统六年（1441 年），命景德镇烧造金龙、金凤白瓷罐，以及九龙、龙凤青花缸。正统十二年（1447 年），又有不准民窑私造黄、紫、红、绿、青、蓝、白地青花等瓷器禁令。景泰五年（1454 年），有减饶州岁造瓷器三分之一的记载。天顺元年（1457 年）曾经派中官赴景德镇督烧瓷器。天顺三年（1459 年），又有原定烧造 13.3 万件准减 8 万的命令。从上述文献记载看，这段时期不论官窑还是民窑，都曾经有过烧造，而且烧造时间并不间断。当时御窑厂除了为朝廷烧造瓷器外，还接受民间委托烧造器物，这可以由墓葬出土瓷器看到。由于朝廷的禁烧令，即便烧造也不敢落朝廷名号的款识，所以不见有三朝官窑年款器物。过去曾经有三朝是瓷器生产黑暗期的说法，特别是青花瓷。近年来学术界致力于三朝空白期研究，但是由于未能发现具有官窑年款瓷器，问题很难解决。当时也有可能在宣德朝末年，有一大批尚未完成的瓷器在三朝完工，因而书写宣德款或者不落款。

从传世少数成化官窑早期官款器来看，其胎釉制作和青花彩绘图案和宣德官窑器并无区别。可见在宣德至成化之间生产的官窑产品，如果无年号款，很容易判断为宣德器物。工匠们到民窑制瓷，生产的许多精美瓷器，与宣德器并无两样，只是不敢落款。同时民窑烧制大量瓷器，也供给朝廷使用，出现了陆子顺这样的窑户。再是这三朝外患与内讧相继，政治上动荡不安，对瓷器督办也不如宣德年间用力，其废弛与懈怠可以想见。总之无论从哪一方面分析，三朝瓷器陷入衰退期都不可否认。这一时期瓷器产量急剧下降，对官窑影响巨大。今天必须从陶瓷发展史角度，把空白期瓷器烧造作为一种文化现象来展开探讨，从瓷器胎土制作、釉料配制、制坯成型、绘画施釉、入窑装烧等各个工艺步骤来认识、了解空白期景德镇瓷器及其工艺过程，尽可能还原当时瓷器生产环境、技术体系和瓷业状况。这样可为空白期乃至以后景德镇瓷器分期断代、窑业研究和瓷业状况提供一个新诠释。同时这一时期也是政治与经济影响此消彼长的变革时期，同时还是民风、世俗转型时期，瓷器如同其他艺术形式一样，直接折射了世相与民风，因此通过对空白期瓷器研究，可以一窥社会变革时期的意识形态。今天空白期瓷器已经十分常见了，实际上“空白期”早已不再空白。这期间瓷器生产大致面貌已经比较清晰，唯一留下的空白，仅仅是年号空白而已。

正统年间实际生产瓷器数量不少，特别是一些大型的器物，如缸等。如果统计正统年间的瓷器生产数量是十分困难的。笔者根据存世的不完全统计，正统年间共计生产各类瓷器 117 种，计 154 件，其中残器 75 件，这些瓷器大多收藏在公共机构，为 102 件。另外还有 23 件保存在私人藏家手中。

二、窑事记载（1436—1449 年）

《明英宗实录》宣德十年（1435 年）正月壬午：“各处买办诸色纻丝、纱罗、缎匹及一应物件，并续造缎匹、抄造纸札、铸造铜钱，烧造饶器，煽炼铜铁、采办梨木板及各处烧造器皿、买办物料等件，悉皆停罢。其差去内外官员人等，即便回京，违者罪之。”

《大明会典 · 卷一九四》：“正统元年（1436 年）奏准，供应库瓷坛，每岁止派七百五十个。”

《明史 · 食货志》：“正统元年（1436 年），浮梁民（陆子顺）进瓷器五万余，偿以钞。禁私造黄、紫、红、绿、青、蓝、白地青花诸瓷器，违者罪死。

《明史·食货志》正统元年（1436年）：“宫殿告成，命造九龙九凤膳案诸器。既又造青龙白地花缸，王振以为有璺，遣锦衣指挥杖提督官，赐中官往督更造。”

《明英宗实录》卷二十二：“罢营善所丞，并特严饶州知府与造异色瓷器之制，违犯者处死刑。”

《明英宗实录》正统元年九月乙卯：“江西浮梁民陆子顺，进瓷器五万余件，上命送光禄寺充用，赐钞偿其值。”

《明英宗实录》“正统三年（1438年）十二月丙寅”条曰：“命都察院出榜，禁江西瓷器窑场烧造官样青花白地瓷器于各处货卖及馈送官员之家。违者正犯处死，全家谪戍口外。”

《明英宗实录》“正统六年（1441年）五月乙亥”条曰：“行在光禄寺奏新造上用膳亭器皿共三十万七千九百余件，除令南京工部修造外，其金龙、金凤白瓷罐等件，令江西饶州府造，硃红膳盒等件令行在营缮所造，从之。”

《明英宗实录》“正统九年（1444年）正月丁卯”条曰：“礼科都给事中胡清等奏，因迩者累赐海西、野人女直等宴，光禄寺官员怠惰偷闲，不行亲督监视，以致夷人乘隙盗去碗、碟等器五百八十三件，略不知觉，今被通事赵兴顺等缉出送官。”

《明英宗实录》“正统九年五月丁卯”条曰：“江西饶州府造青龙白地花插，瑕璺不堪。太监王振言于上，遣锦衣卫指挥往，杖其提督官，仍赐内官赍样，赴饶州更造之。”

《明英宗实录》“正统十二年（1447年）十二月甲戌”条曰：“禁江西饶州府私造黄、紫、红、绿、青、蓝、白地青花等瓷器。命都察院榜谕其处，有敢仍冒前禁者，首犯凌迟处死，籍其家赀，丁男充军边卫，知而不以告者连坐。”

《明英宗实录》“正统十二年九月”条曰：“禁瓷器与外彝交易。”

《浮梁县志》：“宣德中，以营缮所丞专督工匠，正统初罢。天顺丁丑仍委中官烧造。”

三、出土瓷器

半个世纪以来，墓葬中出土的明代正统景德镇官窑瓷器，包括部分民窑器物，都对研究该时期瓷器提供了帮助，做了遗物补白。从文献中可以看到“空白期”瓷器烧造情况，但是仍然无法了解景德镇官窑制品真实面貌。1988年11月景德镇市陶瓷考古研究所在明御窑厂西院发掘出明初窑炉，在窑炉西侧发现一条长17米，宽2米的巷道，巷道中填满了明初瓷片。其堆积层可分为三层，上层为稀薄窑渣，其间杂有书“大明成化年制”款瓷片；中间一层堆积最厚，达 1.3 米，出土了大量龙缸残片和一些无年款瓷片；最下面一层是宣德瓷片。以上堆积层第一、三层，均有清晰纪年标本，唯独第二层没有明确纪年。根据地层叠压关系分析，第二层应属于正统至天顺间遗物。根据文献记载，北京故宫宫殿中奉天、华盖、谨身三大殿在永乐时因火灾而化为灰烬。正统六年（1441 年）重修完毕，尔后命景德镇御器厂烧造青花龙纹大缸，但因器物太大，屡烧不成，督造官员为此还受到了责罚。另外，还有命官窑烧造金龙金凤白瓷罐和九龙九凤膳案诸器记载。巷道中间层出土的遗物，以高 73 厘米、腹径 88.4 厘米青花龙纹大缸为多，还有无款青花九龙碗、盘和白釉罐等器物。如果将遗物与文献相互印证，可以确定这些器物就是正统时遗物，这为“空白期”研究提供了极为重要的实物史料。从 20 世纪 50 年代以来，人们开始注意到明代纪年墓葬资料，在三朝纪年墓中发现了一批瓷器。对于这些出土器物的整理，张静同志在其硕士学位论文《明代空白期景德镇制瓷研究》中做了详实排比工作。这些出土器物分为有明确纪年墓葬和非纪年出土器，但大多为民窑器物，不具典型意义。其中比较重要者有：

1. 纪年墓出土的瓷器

1958 年发掘的正统二年（1437 年）江西新建宁惠王朱盘烒墓，出土青花缠枝莲纹盖罐 5 件，造型基本相同。通高 19.5 厘米，口径 8.6 厘米，底径 8.4 厘米，直口，胫部收势缓直。笠帽形盖，器盖外沿外撇，盖和器物颈部分别绘有双层覆仰莲纹，肩部有折枝花果纹，腹部主体纹饰为缠枝莲纹。釉面肥厚洁白，细砂底，且有火石红现象。宝珠钮较小，顶部隆起，平口，短颈，溜肩，鼓腹，矮圈足。胎质细腻洁白，釉色莹润，青花发色鲜艳浓厚，多有蓝黑色。以莲瓣纹和缠枝莲纹为装饰。这些瓷器造型工整，有宣德官窑遗风，应属民窑细瓷。墓志铭记载下葬于正统二年，故该器物也有可能是宣德遗物。（古湘、陈柏泉著《介绍几件元明青花瓷器》，《文物》，1973 年第 12 期。）

河北省安次县西固城村发掘的正统三年（1438 年）何氏墓，出土麒麟送子俑一对、豆青釉碗一对、瓷香炉一件、青花碗一件。香炉上绘以紫色缠枝莲。青花碗上书有宣德年款，色调鲜艳。（冯秉其著《安次县西固城村发现明墓》，《文物》，1959 年第 1 期。）

2001 年发掘的正统六年（1441 年）湖北钟祥梁庄王墓，出土青花龙纹高足碗一件、青花缠枝花卉纹梅瓶二件、泥金龙纹高足碗一件、青花瑶台赏月图高足碗一件。该墓属于正统时期高等级墓葬，随葬器物质量不俗，多带有浓郁的宣德至正统时期过渡特征。（丁鹏勃著《明代藩王墓出土瓷器研究》，《中国历史文物》，2008 年第 1 期。）

1956年江苏南京发掘的正统七年（1442年）牛首山弘觉寺塔基，出土青花瓜棱盖罐五件。其中四件青花盖罐，通高13.9厘米，口径7厘米，底径6.9厘米。器身呈瓜棱形，腹部至颈部内收缩，器盖菱花形，主题纹饰是杂宝纹或缠枝花卉纹，青花发色浅淡。（蔡述传著《南京牛首山弘觉寺塔内发现文物》，《文物参考资料》，1956年第11期。）

四川省成都白马寺发掘的明正统十年（1445年）魏存敬墓，出土蓝釉盖罐一件、黑釉梅瓶一件、雕塑十件。（见于四川省文物管理委员会编《文物参考资料》，1956年第10期。）

1989年江西德兴市黄柏乡福泉山正统十二年（1447年）张叔嵬墓出土青花瓷三件：青花缠枝莲纹螭耳瓶二件，青花缠枝莲纹筒式炉一件。其胎质、釉色、青花发色、装饰风格相近。两件青花缠枝莲纹螭耳瓶造型、纹饰基本相同，高19厘米，口径5厘米，足径6.6厘米，盘口，长颈，双螭耳，球腹，颈部内收。圈足呈台式外撇，口沿饰以双线旋纹，颈部饰以螺旋叶一周，圈足饰以莲瓣纹一周。每层纹饰间都界以双线旋纹。通体施以青白釉，白中泛青。青花发色蓝黑，露胎处泛火石红。（孙以刚著《江西德兴市两座明墓》，《南方文物》，1998年第2期。）

江西省德兴市香屯镇发掘的明正统十二年蓝坤宽墓，出土黑酱釉鬲式三足炉一件、黑酱釉戟耳瓶二件、撇口碗二件。（孙以刚著《江西省德兴市两座明墓》，《南方文物》，1998年第2期。）

湖北省武汉市江夏区二妃山发掘的明正统十二年景陵顺靖王朱孟炤墓，出土青花云龙纹盘三件。（武汉市文物考古研究所等编《武汉江夏二妃山明景陵王朱孟炤夫妻墓发掘简报》，《江汉考古》，2010年第2期。）

1958年江西发掘的正统十三年（1448年）新建宁献王朱权墓出土白釉盖罐6件，通高19.2厘米，口径6.7厘米，底径8.4厘米，白釉罐，浅腹，宝珠顶斗笠形盖，直口，丰肩，肩部以下渐收至底，应为正统时期景德镇窑产品。出土时罐内尚有黄色液体，用途可能是用来装油。出土的青花缠枝莲纹盖罐，高19.8厘米，口径8.6厘米，底径8.8厘米。平口，唇微凸。短颈，丰肩，腹部上鼓下收，内圈足。配斗笠形盖、扣状钮，纽边、盖边及颈部均有旋纹，盖面及颈部饰有双勾重瓣纹仰覆莲纹，肩部饰以杂宝图案。腹部主体纹饰由4朵缠枝莲纹组成，整个器物每一部分纹饰之间都以两道旋纹相隔。腹中部内外有一道明显接痕。胎质洁白细腻，釉色白中泛青，青花发色纯正典雅，应为正统时期景德镇窑产品。（陈文华著《江西新建明朱权墓发掘》，《考古》，1962年第4期。）

1986年在江苏太仓东门发掘的正统十三年（1448年）柴处士（孟肤）夫妇墓，出土青花盖罐两件。其造型纹饰与湖北朱盘烒墓出土青花器相同。（徐月英等著《试析明正统、景泰、天顺三朝青花瓷部分纹饰特征》，《景德镇陶瓷》，1993年第1期。）

湖北地区还出土有数件正统时期云龙纹瓷器，整体风格与宣德官窑器存在一定差距。应该属于正统时期官窑产品。从明正统十二年（1447年）景陵顺靖王朱孟炤（楚昭王之子）墓，出土的3件青花云龙纹盘，应该为正统官窑。另外武汉流芳岭出土青花云龙纹盘一件，可能为正统时期王府定烧之物。

湖北蕲春三角山王妃墓出土青花云凤纹梅瓶一件。20世纪80年代湖北省文物商店在黄冈地区收购到青花云龙纹梅瓶一件、青花云凤纹梅瓶一件。收购的这两件梅瓶与王妃墓出土者一样，均有明显出土痕迹，应与王妃墓梅瓶为同一个墓葬出土。这三件梅瓶应为正统官窑瓷器。在今年景德镇御窑厂遗址出土空白期地层瓷片上，带有这种独特的海水江崖纹，江崖呈现倒三角形，两旁涌现旋涡状海浪。这种纹饰在青花云凤纹梅瓶上也有出现，应该为正统时期所独有。

湖北钟祥明代正统六年（1441年）梁庄王墓，出土青花缠枝花卉纹带盖梅瓶4件，带盖，盖为覆碗型，平顶，顶上有一桃形钮，顶内壁有一圆管凸唇。内外壁施以青白釉，盖口、器口和平底不施釉。这4件梅瓶绘画不精，型也不佳，与宣德官窑品质有很大差距，可能为正统时期王府定烧之物。青花高足碗2件，器型大小相同，唯独纹饰不同。（丁鹏勃著《明代藩王墓出土瓷器研究》，《中国历史文物》，2008年第1期。）

1988年景德镇明代御窑厂遗址西墙外东司岭发现一堆满瓷片巷道，根据地层叠压关系，找到正统地层，可确定其为正统官窑龙缸及正统朝官窑器堆积物。（江建新著《景德镇窑业遗存考察述要》，《江西文物》，1991年第3期。）

2004年发掘的景德镇珠山北麓和南麓御窑遗址，揭露了墙、建材、窑具、窑炉以及落选填埋用瓷坑等生产遗迹，从地层叠压关系和各类出土遗物看，约为永乐到弘治时期的遗迹，为明初到明中期御窑制瓷情况提供了考古实证。（北京大学考古文博学院等编《江西景德镇市明清御窑遗址2004年的发掘》，《考古》，2005年第7期。）

武汉江陵区流芳岭楚藩妃子墓出土青花云龙纹高足碗1件，其龙纹与宣德官窑比较接近，但整体风格稍显粗犷，与宣德官窑有一定差距，应属于正统官窑器物。

考古人员在2002—2003年对景德镇南河南岸湖田窑址北侧进行了发掘，发现了一处明代初年到天顺时期地层。在其中出土了一件空白期弧腹大碗，器型敦厚硕大，足径大于7厘米，足墙厚，内足外撇，外足直，足端修圆，通体饰以满釉，胎白釉清亮，有开片，青花发色浓翠，具空白期特征纹饰，如仙山人物、祥云海涛等。且有一类折枝莲，其花卉枝蔓纤细，花蕊呈圆形，花瓣作芒穗状，总体构图趋于疏朗。与景德镇湖田窑附近明景泰四年（1453 年）严处士墓出土青花折枝牡丹纹月牙耳瓶和江西新建县正统二年（1437 年）朱盘烒墓出土 5 件青花缠枝牡丹纹罐纹饰一致，可以认作空白期器物。（徐长青、余江安著《湖田窑考古新收获》，《故宫博物院院刊》，2004 年第 2 期。）

有纪年款瓷器仅有两件：一件为白釉山形笔架，纪年铭为“正统元年（1436 年）”。山形轮廓，以黑褐色在釉下绘出山峰图样，背面书写年款。另一件也是白釉山形笔架，纪年铭为“正统八年（1443 年）”。以青花绘出山峰图样，藏于广东省博物馆。

1971 年江西新干县荷埠公社出土的正统青花缠枝莲纹鼎式炉，现藏于江西省博物馆。浅盘口，束颈，鼓腹，柱形足，双耳。颈部饰以青花杂宝纹，腹部饰以缠枝莲纹。釉面白腻，釉质肥厚，青花发色深沉，为正统朝标准器。（张柏主编《中国出土瓷器全集·江西卷》，科学出版社，2008 年。）

2. 非纪年墓出土器物

这主要是指各地纪年不明墓葬以及基建工地等处出土的器物，具有空白期特点的瓷器。

山东兖州道沟公社巨王林村出土的青花吉语盖罐。通高 18.5 厘米，口径 10 厘米，足径 12.5 厘米。半笠形盖，宝珠钮，直口，扁圆腹，胫收，圈足。顶盖绘荷叶纹，边饰旋涡纹，肩部开窗围饰“金玉长命富贵”六字，以梅纹点缀。腹部饰以大朵葵花纹，胫部环饰旋涡纹，足墙边有指印，青花发色靛蓝，现藏兖州博物馆。（张柏主编《中国出土瓷器全集·山东卷》，科学出版社，2008 年。）

1964 年南京林学院发掘明正统墓出土雀纹梅瓶 1 件。通高 40 厘米，口径 5.5 厘米，足径 11.3 厘米。带盖，宝珠钮，瓶身修长，微溜肩，胫长且徐收。底足微外撇，浅圈足，涩底无釉，器身见明显接胎痕。青花发色蓝灰，釉面白润。画面为二羽不同形态的鸟中之王孔雀，配有花之王者牡丹，另有兰草、寿石相伴。以疏朗缠枝花卉纹饰肩，中空蕉叶纹饰胫，是典型空白期画法，现藏于南京博物院。（张柏主编《中国出土瓷器全集·江苏上海卷》，科学出版社，2008 年。）

1964 年南京明故宫玉带河出土遗物。是年春南京城建部门为疏通城东排水系统，对环绕明故宫内围墙西侧玉带河进行疏浚拓宽时，在 400 米范围内河床淤泥中发现了大量明代残瓷。其年代自元末明初到晚明都有。从分布来看，河北岸为明代初期由洪武至空白期三朝官窑和民窑瓷。（王志敏著《明初景德镇窑“空白点”瓷》，《中国陶瓷》，

1982 年第 3、4、5 期。）

香港大屿山竹篙湾出土的青花缠枝花卉纹盖罐。通高 19 厘米，口径 11 厘米，底径 12.4 厘米。直口短颈，鼓腹，平底露胎，盖平，宝珠钮。盖上施以卷云纹和旋涡纹，罐身饰以两层缠枝花卉纹，上层莲花花瓣作麦芒状，下层葵花花瓣作点状，皆为此时期典型画法，足墙饰以卷草纹，青花发色偏蓝黑。现藏香港古物古迹办事处。（张柏主编《中国出土瓷器全集·香港卷》，科学出版社，2008 年。）

北京海淀区军事科学院出土正统时期瓷器——绿釉鼎式炉。通高 42.5 厘米，通宽 46 厘米，直口、短颈、鼓腹、圆底。圆环形器盖，缎带形双耳，兽蹄形三足。通体绿釉，造型敦厚稳重，现藏北京市文物研究所。

北京市通州区麦庄塔出土正统时期瓷器。有酱釉盖罐，通高 17.3 厘米，口径 7.6 厘米，底径 9.6 厘米。盖为平顶平沿，宝珠形钮，子口。罐为直口，圆肩、鼓腹，腹部以下内收，平底略向外撇，通体施以酱釉，现藏北京市文物研究所。

福建省蒲城县万安乡明墓出土青花缠枝莲纹碗。高 8.4 厘米，口径 17.8 厘米，足径 7.7 厘米，现藏于蒲城县博物馆。侈口，深曲腹，圈足露胎，口沿外壁饰以回纹，碗腹部饰以缠枝莲纹，间饰以云纹，胫部饰莲瓣纹，足墙饰单圈弦纹。器物内壁饰以缠枝灵芝纹，器心饰月影松竹梅纹。绘画随意潦草，以一笔勾勒为主，青花发色偏浅，釉色洁白凝厚。（张柏主编《中国出土陶瓷全集·福建卷》，科学出版社，2008 年。）

湖北武汉江夏区流芳岭明妃子墓出土瓷器。有青花弈棋图簋式炉，直口，束颈，扁圆腹，象耳，圈足。口沿饰以水波纹，腹部饰以人物弈棋图，圈足绘如意云纹。青花发色浅淡泛灰，藏武汉市江夏区博物馆。

安徽潜山县太平塔地宫出土器物。青花折枝花卉纹盖罐，通高 11.8 厘米，口径 5.6 厘米，底径 5.6 厘米。圆钮，伞形盖。罐为直口、短颈、圆腹、平底内凹。肩部饰以如意纹，腹部饰以折枝花卉纹，底部饰以断头如意纹，现藏安徽潜山县博物馆。

江西新干县荷埠公社出土瓷器。有青花缠枝莲纹鬲式炉，高 13 厘米，口径 10.3 厘米。浅盘口，束颈，鼓腹，平底，三个柱形足，双耳。颈部饰以青花杂宝纹，腹部饰以缠枝莲纹，青花发色深蓝，现藏江西省博物馆。

1972 年广西桂林发掘明靖江安肃王夫妇合葬墓，出土青花携琴访友图梅瓶 1 件，高 38.2 厘米，口径 6 厘米，底径 11 厘米，圆唇口，短颈，丰肩，鼓腹，收胫，平底露胎，器体绘以携琴访友图。青花发色纯蓝明净，有铁锈斑，带有宣德到正统时期特征。（张柏主编《中国出土瓷器全集》，科学出版社，2008 年。）

3. 窑业遗址堆积物

除墓葬发现外，古窑址发掘中也出土了许多具有正统时期特征的瓷器和瓷片。1988年景德镇陶瓷考古所在对明清御窑厂西墙外遗址发掘中，在成化和宣德地层之间发现仍然存在一个地层，并出土了大量瓷器根据地层学叠压关系和出土器物特征判断，应该为正统地层。为研究这一时期官窑瓷器提供了大量实物资料，从而也证明了当时官窑确实仍在烧造。出土遗物大致情况如下，青花瓷器有：

青花云龙纹大缸。直口，平足，无款。器物肩部和近足处均绘以变形莲瓣纹，腹部绘云龙纹。

青花海水纹高足杯。侈口，弧腹，高足，无款，内、外壁绘以海水纹。

青花海水纹侈口碗。侈口，弧腹，圈足，无款，内、外壁均绘以海水纹。

青花海水纹侈口盘。侈口，弧腹，圈足，无款，内、外壁均绘以海水纹。

青花云纹暗刻龙纹侈口盘。侈口，弧腹，圈足，无款，盘心及外壁绘以海水白龙纹。

青花缠枝莲纹双耳瓶。花口，直颈，两侧各饰以一条扁方形耳，瓜棱形腹，圈足，无款，颈部绘以团花纹，腹部以上绘以缠枝花卉纹。

青花海马纹四铺首器座。直口，弧腹，腹下外撇，直圈足，无款。器物腹中有一平面，内有一孔，外壁贴塑四铺首，铺首下绘缠枝莲纹，近足处绘海马纹，腹内则绘卷草纹。

青花海水瑞兽纹花盆。折沿，弧腹，圈足，无款，腹部绘以海水瑞兽纹。

青花海水松竹梅纹大盘。直口，弧腹，圈足，无款，盘心绘海水松竹梅纹，外壁则绘以海水江牙缠枝莲纹。

青花莲池鸳鸯纹侈口碗。侈口，弧腹，圈足，无款。碗心及外壁绘莲池鸳鸯纹。

青花矾红彩器物有青花矾红彩海水龙纹直壁碗。直口，弧腹，圈足，无款，碗心绘以龙纹一条，外壁绘九龙纹，四周以矾红彩填海水纹。

斗彩莲池鸳鸯纹侈口碗。侈口，圈足，弧腹，无款，碗心及外壁以斗彩绘莲池鸳鸯纹。

2005年北京故宫博物院、江西省考古所和景德镇陶瓷考古研究所联合对景德镇西南丽阳瓷器山西坡进行了发掘，发现明代前期葫芦窑一座，出土了大量同时期青花、白釉、紫金釉、仿龙泉釉、仿哥釉瓷器。该窑址年代为明代早期，大概在天顺以前，因此其出土器物对于研究该时期瓷器特征具有重要意义。（北京故宫博物院编《江西景德镇丽阳瓷器山明代窑址发掘简报》，《文物》，2007年第3期。）

根据空白期三朝以及宣德、成化典型器物造型和图案，可以推断出正统、景泰、天顺三朝民窑青花的某些特征：青料除极少数为进口料外，大多采用含铁量较低国产青料，但其中也有少数色泽偏于浓翠。造型出现了戟耳和带座器物，这是对元代造型的复古，但变化很大。由于全是民窑器，胎、釉制作都不太精细，削足也不规整。瓶、罐的底部无釉，盘、碗底足跳刀痕明显。从元代开始出现的酱色假芒口在三朝器中仍有发现，部分琢器如瓶、罐之类的口沿多见剥釉现象。器物底足有加大趋势，足宽而深是这一时期民窑器普遍特征。碗类器足呈内敛者较多见。器物内壁刷釉的方法在三朝仍然流行。图案花纹以缠枝花和折枝花为多见。动物纹饰屡屡见到麒麟和犀牛。星象图使用普遍，三朝器物中有一批以琴棋书画、楼台亭阁为主题图案的大罐，以及携琴访友等写意山水画梅瓶。其画面特征是亭台楼阁往往在云雾幻境之中，人物脸部鼻尖突出，画图中柳条如断续的雨点。正统、景泰、天顺三朝青花瓷器就目前已经发现资料分析，可以肯定，就民窑生产来说和其他朝代一样，生产并未间断过。但是就决定青花瓷生产时代风貌的官窑来看，三朝仍然是一个空白期。造成官窑生产衰退的原因是多方面的，战乱频繁、宫廷内斗、争权夺利和社会经济衰败，固然是很重要因素，但是帝王兴趣爱好的转移，也是一个不可忽视的重要原因。景泰年间特别风行铜胎珐琅器，即所谓的“景泰蓝”，就是这一时期产生的专称。

从五代到宋，景德镇烧制陶瓷以生产单色釉为主，因此这个时期广大南方地区一直使用龙窑。这种龙窑窑室长，升温缓慢，装烧量大，产生还原气氛，适合烧制青瓷和大件器物。进入元代以后，由于青花瓷逐渐大行其道，龙窑结构已经无法满足相应烧制要求。不断升级的制瓷要求，必然需要能烧制更高温釉和更容易控制的新式窑炉。于是窑工们在龙窑基础上进行了改进，吸收了北方馒头窑优点，发明了葫芦窑，将烟囱立于后室，使窑室保持零压或负压，更易于控制窑温和气氛。葫芦窑的使用，对整个景德镇制瓷业是个巨大调整，也为以后制瓷技术更加成熟创造了条件。从御窑厂出土地层来看，明代初期景德镇已经在改良葫芦窑，同时龙窑仍然在继续使用，在洪武和永乐地层已经发现了七座葫芦窑。可见由龙窑到葫芦窑的转变是一个逐步改变的圆满过程。到正统时期因为没有烧造任务，景德镇完成了对葫芦窑的改造定型。这是正统时期景德镇在烧造技术上的一项重大革新。窑工在使用新窑过程中也需要摸索经验，从正统地层出土的大型龙缸可以看出当时烧制瓷器温度极高，不然难以完成这种大件器物的生产。

据文献记载，正统初年朝廷已经严命御窑停烧，以缓解宣德朝奢靡浪费造成的财政空虚状况。而且是由宣德帝生母张太后牵头主持办理，可见事情之大，问题之严重。为了表示态度之坚决，张太后命将宫中一切奢靡之物悉皆毁坏，以至今日难以看到宣德时期烧制的蟋蟀罐。但是当时民窑生产并未停止，而且由于官窑罢停，使得一些御窑厂能工巧匠得以释出，在民窑发挥更大作用。以至于这三朝生产的许多无款器物十分精美细腻，与官窑器物难以区分。因为官窑生产技法外传，故而正统十二年（1447 年）特地发布禁令，明令禁止民窑生产一些禁烧品种。这在出土墓葬中也有所体现，正统二年（1437 年）朱盘烒墓中出土的是青花罐，到了正统十四年（1449 年）朱权墓中，出土器物就变成了白瓷罐而非青花罐了，不能说与禁令没有关系。

四、瓷业生产分析

明朝十七个皇帝中，宣德是少有的聪颖有作为的皇帝，但在封建专制时代很容易在太平盛世下奢侈腐败，宣德宫廷生活十分奢侈腐化，对景德镇瓷器消耗很大，宫廷所用厨师达 5000—6000 多人。在故宫遗留瓷器中除大量生活用具、陈设艺术瓷以外，还有蛐蛐罐、鸟食罐、栽花种草等器物的数量也很大。宫廷一腐化，便很快在官僚系统中弥漫，并引发宫廷内乱。后来与瓦剌部开战使朝廷经济不堪重负，政府对农民赋税增加，削弱了农民抵抗自然灾害的能力，自然灾害频繁，社会不稳定因素显露出来，更使朝廷震惊，迫使朝廷不得不有所收敛，并想办法减轻社会负担。宣德十年（1435 年）朱瞻基病逝，朱祁镇一上台，张太后摄政，倡导节俭，首先就着手罢去宫中玩好之物、不急之务，减免征役、造作，御窑厂也停止生产。

正统朝瓷器生产。明朝景德镇瓷器发展史上有一个特殊时期，就是正统、景泰、天顺三个朝代，由于当时特殊政治经济原因，朝廷严令禁止景德镇烧瓷，这个时期被称为空白期，也称黑暗期。1435 年，即宣德十年，朱瞻基病逝，宣德统治结束，儿子朱祁镇继位，即明英宗，年号为正统，他当了十四年皇帝，1352 年在土木堡之战中被俘。弟弟朱祁钰替代他当皇帝，即明代宗，年号景泰，代宗做了七年皇帝。1457 年朱祁镇发动“夺门之变”再次上台，改年号为天顺，他又做了八年皇帝。正统、景泰、天顺三朝共 29 年，这 29 年间没有见到这一时期正宗官窑写款器物。朱祁镇二次称帝，故一人有正统、天顺两个年号。根据文献记载，正统初年景德镇官窑确实停烧了几年，因为正统前七年，内有张太皇太后主政，外有三杨辅佐，他们对宣德的政策缺失及时做了补救。特别是对宣宗在艺术和生活享受方面过分开支做了很大裁减。除罢办“纱罗缎匹，铸造铜钱，烧造窑器，锻炼铜铁，采办梨木”外，还释放了教坊司乐工 3800 多人，减光禄寺膳夫 4700 多人。自从明英宗下令禁窑厂烧瓷，以后越来越严厉。《明英宗实录》正统三年（1438

年）十二月丙寅“命都察院出榜，禁江西瓷器窑场烧造官样青花白地瓷器于各地货卖及馈送官员之家，违者正犯处死，全家谪戍口外。”正统十二年（1447年）十二月甲戌“禁江西饶州府私造黄、紫、红、绿、青、蓝、白地青花等瓷器。命都察院榜谕其处，有敢仍冒前禁者，首犯凌迟处死，籍其家赀，丁男充军边卫，知而不以告者连坐。”封建时代这种严厉措施，让人望而生畏，既有圣谕禁令，生产资金自然也就拨不到景德镇御窑厂，所以这29年时间里瓷器生产确实比宣德时期少了很多。

但是最迟在正统六年（1441年），景德镇官窑即开始恢复生产，在此之前的宫廷用瓷，曾以地方进贡方式供给。地方民窑烧造贡瓷，很可能是由御窑厂的工匠烧制。由于管理松懈，御器厂还出现官样纹饰外泄，以至御器厂以外窑厂也生产官样瓷器，因而受到朝廷禁止。景德镇戴家弄窑址就出土过青花五爪龙纹以及与正统官窑纹样相似的瓷片。《江西省大志》提到，御窑厂在宣德末期停烧，直到天顺丁丑年（1457年）为了筹集御军装备费用，才重新恢复生产。这一年朝廷派了一名宦官到景德镇做督窑官，御窑厂在此时才重新开工生产。但是在这一时期，民窑还在继续烧制瓷器，甚至供应朝廷使用。20世纪40年代末，江西省修公路时，于沿线古墓葬中出土过不少属于明早期的民窑器，当时曾大量流散于上海文物市场，继而不少流失国外，今日在日本、东南亚和欧美市场上仍时有所见。1988年初冬在景德镇一处基本建设工地发现明代这一“空白期”御窑厂遗址，出土了大量遗物，其残片堆积的地层特征与所显示的时代风格，使上述分析判断得到证实。现在看来答案是肯定的，烧是烧过了。但是在景德镇御窑厂遗址出土瓷片中，除了一些大缸的碎片，还有一小部分青花瓷片，数量有限，显然还没有找到这三朝的瓷片填埋点。就传世文物来看，虽然在瓷器排比中，已经把有些器物的生产时期推到了这三朝，但是仍然没有找到关键证据，没有见到具有这三朝官窑款识的器物。在上海博物馆中收藏有这类瓷器多达50多件。陆明华先生认为：这些瓷器中有一些可以肯定是这三朝的官窑器。如青花云龙纹大缸、青花双狮球纹盘、青花红彩海兽鱼涛纹碗、青花婴戏图碗、青花缠枝灵芝碗、青釉和青白釉缠枝莲纹碗等，这些作品基本排除了是宣德官窑烧造的可能，同时也不应是成化官窑或更晚些时候的东西，所以只能是这个不落款的空白期所生产的作品。

究竟正统、景泰、天顺三朝景德镇官窑有没有瓷器生产？应该是有生产，原因是：第一，庞大御窑厂的管理官员和工匠役夫要生存，他们有很强的专业性，政府又没有下令解散和令其回乡，他们靠什么维持生活？作坊设备齐全，原料提取不困难，他们一定会想尽办法去生产一些瓷器作为商品拿去卖，换回银钱以维持生计。第二，他们完全可以采取在瓷器上不署国名、皇帝年号的方式，也可以生产一些民间喜闻乐见的民窑瓷器来逃避惩罚。不为宫廷生产，但是可以为社会上达官显贵、有钱之家生产一些瓷器，偷偷进行交易。第三，天高皇帝远，地方偏辟，皇帝圣谕刚下达时下面唯唯诺诺，无人敢抗，时间一长就不大起作用了。景德镇瓷器生产者，可以采取阳奉阴违办法加以抗拒，不敢明目张胆、大张旗鼓地从事瓷器生产，可以暗地小规模生产瓷器，不署皇帝年号，就是流入市场也不易被察觉。第四，就在皇帝圣谕颁布严厉禁止过程中，时不时也命令景德镇烧造瓷器，如《明英宗实录》记载正统六年（1441 年）五月己亥“行在光禄寺奏，……其金龙、金凤白瓷罐等件，令江西饶州府造。”《明史·食货志》记载正统六年北京重建三殿工程完成，“命造九龙九凤膳案诸器，既又造青龙白地花缸。王振以为有璺，遣锦衣指挥杖提督官，赐中官往督更造。”第五，这些重要正史文献资料清楚地说明，就是最高统治集团也在这期间命令烧瓷器，只是今天命令烧瓷，明天又严厉禁止，后天又让烧造，或许数量减少，但绝对不是戛然而止，考古资料显示空白期瓷器时有发现。正统、景泰、天顺这二十九年景德镇御窑厂仍生产着瓷器。这些精美瓷器，部分可能来自高水平民窑，不可否认很大一部分来自御窑厂工匠之作，有人称其为“无款官窑”，说得非常恰当。

空白期瓷器大规模停烧的原因。从正统到成化继位，中间隔了近 30 年时间，这段时间全国天灾人祸不断，贯穿始终，景德镇所在的江南地区也不能独善其身。当时几乎年年发生水、旱、蝗、兵灾，引发严重大面积饥荒和社会动荡。例如英宗继位伊始，江西地区就爆发民变，乐安民曾子良等据大盘山起事。正统四年（1439 年）朝廷免除江西在内五灾区税粮。正统五年（1440 年）江西大水。正统十三年（1448 年）江西水灾，朝廷蠲免秋粮。同年江西民邓茂七起义，影响遍及多省。与此同时北京朝廷还有大规模营造项目，正统三年（1438 年）修造宫殿官署，六年（1441 年）完成。十三年内官王振重修庆寿寺。景泰四年（1453 年）建大福隆寺。灾荒加上营造项目用银之巨，朝廷不能不改革宣德朝奢靡浪费之风，遣散教坊乐工，大幅度消减宫廷用瓷数量。早在正统三年明政府令景德镇严禁烧青花瓷、青瓷，只准烧白瓷。其后又命令民窑各窑口不得私烧各种彩瓷。所以官窑瓷器少见，今见到的多为民窑器物，故而对这一时期御窑厂生产情况不明，这是这一时期官窑器罕见的原因。这些都对景德镇御窑厂生产产生影响。

宣德十年（1435 年），宣宗驾崩，英宗继位，张太后摄政。诏停止烧造，不仅仅是瓷器，还包括铜钱的铸造。这在各朝转变期均如是操作。皇帝换人，先帝时所定采办事项未必适合现在皇上意愿，铜钱上年号也必须更换，停办是例行操作。关于烧造瓷器，原先是委以中官督办，正统初罢。原因是中官多贪黩酷虐，甚至在宣德时出现过张善伏诛事件，故而取消中官督陶，由当地地方官兼办此事。后来因为地方官员兼任不能胜任此事，故又在天顺年间恢复中官监督烧制陶器。这期间空白期瓷器生产实际是放任的，产品制造不精、没有年款等皆由此而来。空白期跨度近 30 年，景德镇御窑厂遗址地层发掘证明，在正统时期御窑厂仍然在烧造官窑瓷器。但是可能因为府佐管理，经费恐怕与过去不同，产量和质量皆没有保证，朝廷仍然可以接受民间瓷器进贡。民窑得到大发展也才有了时机与可能。同时景泰时期流行景泰蓝，但是从成本上考虑，仍不可能取代瓷器，故到天顺时期又重新恢复中官督窑烧造瓷器。所以空白期御窑厂不生产瓷器的说法不能成立。但所生产瓷器数量大幅度减少则完全可能。

至于空白期官窑瓷器大幅度减烧的原因。大致有：首先，朝廷考虑节约开支，用于赈灾等用项；其次是边关的紧张局势，导致国家只能将钱用于国防建设。特别是张太后，对于宣德帝喜好奢靡之风深恶痛绝。景泰时期皇帝对于外邦传来的铜胎珐琅器的喜好，也直接导致官窑瓷器的减少；最后，明代朝廷下达烧造任务数量巨大，一年不可以完成，往往要拖延很多年才能完成，因此除非将原先任务停烧，否则只能按原有任务烧造，而产品多被归于前朝，致使在产量下降后看不到其他产品出现。瓷器烧造从颁布谕旨到景德镇，再到设计、制样、开炉烧造，都有着时间延迟。有时这一部分器物，被人们认作较早时期的作品也有可能。至于正统以后近 30 年时间内，景德镇瓷器生产为什么停滞不前，张太后倡导节俭是一个因素，另外一个因素可能与当时发生在江西和浙江等地的农民起义有关。根据李冰的研究，明代政府规定各地官矿借由政府经营，严禁民间开采。但是矿工有时会冒险盗矿，政府就派兵剿捕，起义就这样爆发。正统十年（1445 年）叶宗留进攻江西永丰。正统十二年（1447 年）起义军占领福建浦城，控制了闽浙赣三省交界地区的交通。正统十三年（1448 年）陈鉴胡攻破浙江松阳、龙泉。直到景泰元年（1450 年）明军才平定了起义，但是对这三省交接地区的报复性杀掠，切断了所有人员和物资的流通。矿税引发的矿变、战乱对景德镇瓷器生产影响巨大。景德镇瓷器生产一度衰落，而龙泉窑则一蹶不振走向衰落。

为何空白期瓷器没有年款？至于空白期瓷器为什么没有年款？至今仍然没有结论。年款是在宣德时期才大量出现，传统上认为以后相沿成习。但是在正统时期未必完全沿袭宣德做法，正统对宣德做法不接受也在情理之中。在瓷器上署年号款应是宣德帝的个人爱好，当时并没有成为朝廷定制。加上当时张太后对于宣德的奢靡浪费非常痛恨，认为是浪费国家财政。于是在罢免瓷器烧造的同时，更没有必要保留宣德喜欢的年号款识了。空白期三朝是明朝国力相对孱弱时期，这也是瓷器烧造数量锐减的一个原因。还有一个可以考虑的因素，英宗至代宗期间皇位两易其主，皇帝是在非正常情况下上位，加之废除太子等因素，仇视的因素也有可能令其尽毁前朝遗物，导致遗留器物较少。正统初年官窑停烧，于是有陆子顺进贡瓷器五万件、上令送光禄寺充用一事。当时朝廷向景德镇定烧瓷器也不过数万件。而当时陆子顺进贡瓷器不可能是民窑粗瓷，证明了当时民窑生产能力的强大。这条材料十分重要，它说明宣宗驾崩后官窑停烧，到次年秋始有民窑上贡之事，而且规模巨大。当时朝廷对民窑烧造持许可态度，正是这种许可态度，民窑才会有这样强大生产能力，而且陆子顺才可能斗胆向朝廷进贡这样巨大数量的瓷器。至于进贡动机，还有待进一步考证。但是三年后正统三年（1438 年）十二月，朝廷命都察院出榜，禁江西瓷器窑厂烧造官样青花白地瓷器于各处贩卖及馈赠官员之家，违者正犯处死，全家谪戍口外。这条禁令反映了当时民窑烧制官样瓷器泛滥，不得不下令禁止。并且禁令中明确说了馈赠官员之家，事情可以说是由此而起。这条禁令所禁是青花器，而且是官样青花瓷，明令民间不可烧制。到正统十二年（1447 年）十二月，朝廷再次明令禁止饶州府私造黄、紫、红、绿、青、蓝、白地青花等瓷器，违者首犯凌迟处死，籍其家赀，丁男充军卫边。这条禁令比九年前严厉得多。从一个侧面反映了这九年来私自烧造官样瓷器之事屡禁不止，而且管理者饶州府治理不严。同时说明当时官样瓷器样式之多，基本涵盖了当时所有样式。另外前者禁令所禁者为整个江西，而后者则仅是对负有监督责任的饶州府而言，并且特别强调了“私造”二字，可以看作是对饶州府私造器物的明令禁止。饶州府原本就负有烧造官窑瓷器的监督管理责任，由它来私造，问题才变得复杂起来。正统时期生产瓷器品种仍然相当丰富，以碗、盘、碟、瓶、罐居多，有大小不同规格，适应一般生活陈设和祭祀等方面需要。宣德宫廷中常见的蛐蛐罐、鸟食罐和种花种草的器皿及赏玩之物基本退出，没有烧造。从传世文物及博物馆藏品中，明代前期这类作品几乎看不到。永乐、宣德时期学习中东阿拉伯玻璃器和金属器而生产的器物，如抱月瓶、无挡尊、花浇和三足祭器等器物也很少见到，当时烧造器物种类回复到中国传统生活器皿，更加接近生活和实用。

五、瓷器主要特征

正统、景泰、天顺时期出土瓷器中发现的品种有青花、釉里红、白釉、青白釉、青釉、红绿彩、素三彩等，其中以青花瓷器为最多。正统青花瓷造型同宣德青花瓷一样，饱满厚重，恢弘大气。器型有双耳瓶、三足炉、筒瓶、龙缸、小鱼缸、笔架、梅瓶，还有盖罐、梅瓶、双耳瓶、碗、盘、碟、炉等。其中瓶炉和琢器出现带戟耳和带座的器型。每种器型又有不同样式，如炉分为鼎式炉、筒式炉，碗有撇口碗、直壁碗等。其中净水碗在以前几乎不见，当为此时开始流行。瓶双耳做成戟形和带有器物座的器物，是对元代的复古，瓶中的瓜棱瓶也极具代表性。盘、碗类圈足相较宣德时期逐渐放大，变得低矮且微微内敛。瓶罐类器物颈部，正统器与宣德时期相近，多是直径，而景泰、天顺器型与成化时期相似，多是上收下阔。器型逐渐变小，变得纤细，为此时一个普遍规律。

正统时期瓷器胎体大致分为两类：一类质地很细，如天民楼珍藏青花仙山楼阁菊瓣式大碗，还有青花缠枝牡丹罐，器胎体细致，结构致密，并不亚于宣德瓷器。由于结构致密，用手抚摸没有细砂感觉，露胎底部偶然出现很漂亮火石红现象。另外一类质地较粗糙，多半是较大器物，如龙纹大缸等，这些器物为了保持在高温状态下不变形，器物胎体比较粗厚。正统时期出现很多口径巨大的大缸，这在前朝很少烧造，成为正统瓷器一个极为鲜明的特色。说明正统时期窑炉已经改造得十分成功，能够烧制大缸是正统时期非常难得的一项成就。此后仅有嘉靖朝烧制过大缸器物，但与正统器相比已经有巨大差距。就空白期器物群体来观察，有一种趋势与宣德不同，就是日常使用器物向精细方向发展，胎体又细又薄，规格尺寸也很适用，改善了宣德器皿厚重雄放的风格。这也为成化、弘治新艺术风格的形成奠定了基础，开创了先河。这个变化始于正统，到天顺时期已经基本完成。

在纹饰方面，整体构图从繁密变得疏朗，是这一时期的走向。主题纹饰有缠枝莲纹、折枝花纹、海水纹、卷草纹、八宝纹、龙纹、花草纹、宝杵纹、法轮纹等，其中以各种缠枝和折枝花卉纹最为多见。辅助纹饰有变体莲瓣纹、蕉叶纹、回纹、云纹、弦纹等。纹饰构图方式均是采用横带式，多为一层或三层，纹饰画法也很有时代特点，如缠枝莲纹的莲花多是内作旋涡状，外呈火焰状或者麦芒状。花叶多呈飞鸟状，主叶弯曲着向前延伸，如同指物之手。八宝纹中的鱼画成单条，为本时期所特有，有细长云脚的云纹、细密繁复云气纹、作螺丝状莲瓣纹等，都是空白期具有代表性的纹饰特征。此时出土器物，除少数为先勾轮廓再填色外，多是采用一笔点画法，多为一气呵成，这需要窑工相当熟练的技术，说明正统时期窑工画匠并非等闲之辈。同时也说明正统时期御窑厂一直没有停烧，其工匠才能保持如此熟练的绘画技巧。许多器物随着使用者的要求在逐渐改变，例如梅瓶高度就在逐渐矮化。元代梅瓶通高在 46—48 厘米，洪武、永乐时降为 37—41 厘米。到正统、景泰时降为 36—38 厘米，天顺时则降为 33 厘米，成化以后则只有 22

厘米了。景德镇珠山御窑厂出土的宣德朝梅瓶，通高55厘米左右。景泰和天顺的梅瓶通高均在30多厘米。到了成化时期梅瓶则延续天顺朝造型特点，愈加表现出挺拔纤细的特征。

1. 正统官窑基本特征

第一，与宣德官窑器比，正统器的器型数量急剧减少，品种有限。琢器多见梅瓶和罐，各式双耳瓶成为独具时代特征的器物。器物种类仍然相当丰富，以碗、盘、碟、瓶、罐居多，有大小不同的规格，适应一般生活、陈设、祭祀等各方面的需要。宣德宫廷中常见的蛐蛐罐和栽花种草、玩赏之物这时已不见踪影，从社会传世文物以及馆藏空白期瓷器来看，这类作品几乎看不到了。永乐、宣德时期学习中东阿拉伯玻璃器等而烧成的器物，如抱月瓶、无档尊、单柄罐、花浇和三足器祭器等也很少见到，瓷器的生产仍然恢复到中国传统生活器皿的造型。从器物种类上看更接近生活，更实用。这可能是御窑厂被勒令停止烧造，御窑厂的窑工要生产适应民间生活的东西，受到民窑的影响，也就是说逐渐打破官窑封闭式的生产模式，官窑与民窑的工艺交流增加，官窑和民窑之间的界限也没有以前那么严格了，同时说明景德镇民窑工艺水平在快速地提高。

第二，正统时期瓷器的胎体有两类，一类质地很精细，胎体细腻，结构致密，并不比宣德瓷器粗多少。但由于结构致密，用手摸触没有细砂的感觉，露胎底部偶然出现很漂亮的火石红现象。但有些作品明显比较粗。从制作工艺上看，此时圆器开始在器物底部上釉，但是多见缩釉。琢器底足多不上釉，并且器身接胎痕明显，可见琢器仍然使用分段镶接法。官窑器物做工较好，个别作品甚至胎薄透光，修胎匀称，挖足精细，挂釉均匀。就空白期器物的群体观察，有一种趋势和宣德器物有明显的区别，就是由日常使用的器物向精细方向发展，胎体又细又薄，规格尺寸很适用，改善了宣德器皿较厚重雄放的风格，这为成化瓷器艺术风格形成奠定了基础，或说开了先导。江西新建县正统二年（1437年）朱盘烒墓出土的5件青花缠枝牡丹纹盖罐和南京牛首山正统七年（1442年）兴建的弘觉寺塔“龙宫”出土的4件青花瓜棱盖罐皆是正统时期具有确切纪年标志的物品，应该是鉴证正统瓷器的重要标准器。这一时期的瓷器的胎釉特征：有粗细两种，细的瓷化程度好，似乎是官窑，粗的为民窑。釉色较白，白中闪青。这三朝的器物总体特征是：胎体较厚重，瓶罐的器口与宣德时的直颈形状相同。这29年中，其前期风格类宣德，白釉泛青，青花发色蓝中闪黑，纹饰繁缛，多内外两面绘画，而且喜用边饰，常见有莲瓣文、蕉叶纹和回纹；其后期面貌像成化，白釉滋润，青花发色淡雅，绘画用笔秀丽，布局疏朗，不常用边饰，胎体较轻薄。

第三，正统时期的装饰花纹，图案类有回纹、缠枝蔓草纹、弦纹、莲瓣纹、莲叶纹、折枝花卉纹、缠枝花卉纹、锦纹、锦地开光纹、杂宝纹、水波纹、云纹等。主题花纹有缠枝牡丹纹、缠枝莲花加八宝纹、云雾高山图、水藻游鱼图、高士赏鹅图、仙山楼阁图、孔雀图、麒麟图和骑马武士图、离家出行图、喜鹊登枝图，以及琴棋书画图等。飘动的云彩，有的用灵芝形、圆圈形组合，加绘粗肥矮脚，多安排在主题花纹之间的空白地区，使画面充实，也增加动感。此外有大笔浓重的线条勾画连绵的大朵云彩，再用碎笔点画雾状浮云，使画面有由远而近的层次感。它将装饰表面分开成不同的装饰区间，便于安排醒目的主题花纹，这在元代和明洪武、永乐、宣德时期都没有，是正统时期的创造。它潇洒的风格和粗重的线条应该来自民窑工匠，从画面意境来看，有点无拘无束、放纵大胆的意味。这种纹饰日本人称之为“云堂手”。正统时期的涡旋纹，即云堂手的绘画非常繁复，到景泰时开始变得有些简化。其实到天顺时期，这种风格的东西已经变得简单多了。随着宫廷对景德镇瓷器生产管理日益严厉起来，这些来自民间的内容就迅速减少，以至消失。作为辅助装饰的几何图案，相当突出的是锦纹广泛使用。锦纹有细格纹，有四瓣花加圆点，有菱形格加十字纹，有多重纹加圆点，有四瓣围成钱纹，有锦地开光加绘折枝花、喜鹊登枝等内容。虽然只作辅助装饰，但增加了瓷器的时代生活气息。空白期由于特殊的社会原因，景德镇瓷器绘画艺术有浓厚的画院艺术的影响，但也有接近民间绘画的许多内容。一些作品虽然比不上画院艺术精细，也没有那么多的仿古意识，但贴近生活、反映民间风俗的内容增多，这是正统时期装饰绘画的一大特色。缠枝花卉一类主题花纹画得很疏朗优美。宣德时期流行的莲花纹、松竹梅纹、蕉叶纹等在此时期仍然流行，不过比之前朝，图案布局明显舒朗。这时期常见的纹饰主要有云气纹、缠枝菊纹、牡丹孔雀纹、山石花卉纹、人物故事图、仙山楼阁图、瑞果杂宝纹等。另外，龙凤纹、麒麟纹、海水龙纹、灵芝纹、宝杵纹等也常见于官窑瓷器。其中福山寿海图、缠枝花纹等是比较有特色的纹饰。宣德时期常见的阿拉伯文字装饰，此时仍然可见。至于辅助纹饰，主要有回纹、蕉叶纹、波涛纹和仰莲纹等。

第四，正统时期使用的青花料是国产料，和宣德一部分青花瓷一样。官窑大件器物与宣德朝一脉相承，仍以进口青料为主，青花发色浓艳，小件器物则青花发色常见蓝黑，有暗沉感。其精美者发色明亮纯正，也有清淡雅致、颜色略偏蓝灰者。从瓷器的艺术效果显示，这个时期对国产青料的选择、开采、煅烧、提炼已经渐渐成熟。由于钴料本质的变化，和洪武、永乐青花相比，青花的蓝色比较平淡，绘画线条没有边缘浸漫的现象，也没有凝而不舒的结晶斑块。一般线条蓝中发灰，如果要取得深浓的效果，则必须用笔蘸料来回多次涂抹。很多画花、果、树干枝叶、太湖石的内容，用笔来回涂抹的笔迹是很清楚的。由于显色平稳的本质，使瓷画艺术能更好地运用中国水墨画技巧，来表达绘画的内容。例如有些树杆是双勾树杆，再作出树表的皴皮，而有的果树则饱蘸钴料，重笔走转顿挫，很有劲地一笔完成。雀鸟的羽毛用重笔画轮廓，再用淡笔勾羽毛。水波纹也是这样。正统时期和元代、洪武、永乐时期海涛的海水江牙图的效果不同，而是画一个大的海水范围，再勾画水波线条，水面要用淡蓝染平，水面效果平静得多，没有以前那种波涛汹涌、浪花翻飞的气势，这是正统时期青花画面的微妙变化，也是帮助我们认识正统时期青花的一个方面。以前青花绘画多用没骨画法作画，正统时期仍然是这样，但从青花牡丹麒麟纹罐肩上的莲瓣、牡丹的花叶来看，似乎已经开始使用双勾构图、青料填抹的办法来画完画面。这种新的绘瓷技法的采用，到天顺以后就很普遍了。正统时期青花料以国产青料为主，所以发色偏浅青灰色，这是正统青花瓷不同于前朝的独有特征。正统时期青花料比以前更加精细，主要采用国产钴料，只是偶尔掺入少量苏勃泥青。青花颜色蓝中带灰，端庄深沉，色料厚的地方为黑褐色，少见黑色斑点，触感有些凹凸不平。色料淡薄处为灰青色，个别处泛蓝色，偶尔有晕散现象，正统时的青花瓷极具时代特征，其中画龙纹的器物与宣德器比较相近。正统青花的釉色稍显偏灰，其所用青花应该是国产青料的石子青。这时的青花呈色有浓淡二种。大多数颜色深沉，色调浓艳，深处靛青，色料厚处可见小的黑色斑点，未见晕散现象。江西省新建县明宁王朱权墓出土的 6 件白釉盖罐（陈文华著《江西新建明朱权墓发掘》，《考古》，1962 年第 4 期），出土时器内仍均留存半罐燃灯用油，表明 6 件白瓷罐属于典型的殉葬冥器。朱权是朱元璋第十七子，为朱盘烒之父，卒于正统十三年（1448 年），葬于次年，联系正统十二年（1447 年）重申禁烧各类彩瓷的谕告来看，这些未在所禁之列的素白釉器，若说产于正统时期，当为可信。

第五，从釉面和青花发色看，此时釉面肥厚，青花发色浓艳深沉，与宣德朝较为接近，后期釉面则愈加肥厚，青料发色逐渐趋于淡雅宁静。画工也较前两朝变得圆润纤细，开始隐现成化新风。对于空白期瓷器的辨识，有人提出应该从当时的工艺痕迹来辨认，可将其作为一种新的思考。但是，对于空白期的工艺痕迹的认定还需要大量的数据排比，不能简单武断。正统时期景德镇窑生产了部分斗彩瓷器，即文献中所说“白地青花间装五色”。说明此时斗彩工艺已经为御器厂所垄断。在正统地层中也发现了斗彩的半成品，并且在正统时期已经出现尝试使用紫彩彩料，可能是最早的姹紫。这种彩料过去只是在成化时期少量使用，其在正统时期出现，应该是一种创举。

正统瓷器特点。所谓“黑暗期瓷器”，是指明代正统、景泰、天顺三朝烧制的瓷器。因其面貌不清，故称之为“黑暗期”。在没有发生“土木堡之变”之前，大明王朝一直是处于盛世阶段。瓷器的制作虽然不及宣德时期的数量多，但是也不乏精品，只是传世品较为少见而已。再加之多不见款识，故这一时期的瓷器面貌并不清晰。正统时期的青花瓷多承袭宣德遗风，故而有的藏家将其归为宣德器。宣德皇帝喜爱瓷器，并且个人的文化修养很高，故而宣德时期的瓷器生产达到顶峰。宣德皇帝去世后，张太后下令停烧瓷器，所以正统年间，瓷器生产的发展缓慢，有些技术渐渐处于倒退状态。据《明史》记载，正统至天顺间，曾经多次由都察院出榜，禁止江西饶州府私自烧造黄、紫、红、绿、青、蓝、白地的青花器瓷器，违禁者杀头。这些直接影响了景德镇的瓷器生产，但是私烧者仍然禁而不绝。据《明英宗实录》第二十二卷记载，正统元年（1436 年），浮梁百姓陆子顺一次就向北京宫廷进贡瓷器五万余件。正统时期的青花用料多为国产青料，含钴量低，所以发色清晰，比较适合人物绘画。所以这个时期的一个显著变化，就是人物画开始增多，成为主流。而在永宣时期较为流行的“回回花”的几何纹饰逐渐减少。

据《明实录》等文献记载，历时约 30 年的正统、景泰、天顺三朝，朝廷都在景德镇设置御窑厂烧造瓷器。正统三年（1438 年），规定禁民窑烧造与官窑式样相同的瓷器。正统六年（1441 年），命景德镇烧造金龙、金凤白瓷罐和九龙九凤青花缸。景泰五年（1454 年），减饶州岁造瓷器三分之一。天顺元年（1457 年），派中官赴景德镇督烧瓷器。但是，由于战争频繁，饥荒不断，皇室内部为争夺皇位引发冲突，景德镇官窑生产的瓷器，此时因朝野动荡不便书写年款。当时景德镇瓷业一度衰落，瓷器一再减烧或停烧。迄今未见一件带有正规空白期官款的瓷器。以往很长时期，各博物馆或私人收藏的这三朝官窑瓷器均被划归宣德或成化朝，致使人们对这一时期官窑瓷器生产面貌认识不清，因此称之为中国明代瓷器史上的“空白期”或“黑暗期”。

2. 正统瓷器胎釉

由于发掘的器物多民窑之作，胎釉之作不是十分精细。但是御窑厂的官窑器物的胎釉制作还是十分精细的。此时底部多不施釉。釉色多呈鸭蛋青色，说明此时的釉料中釉灰的比例比前朝要高。青料既有发色灰蓝的国产青料，也有呈色浓艳的进口青料。浓重处呈色深蓝，浅淡处呈色蓝灰。底足露胎处多见火石红，这也是明代瓷器中的普遍特征。正统时期的产品胎质细白，釉面薄而白腻，也有的微带青或灰青，均是光亮透明。到景泰时，釉层微加厚，青色随之加深，近似湖水青，有的腻如堆脂。景泰时亦有酱釉口器物，也有青花和酱釉旋纹装饰。器壁和圈足比成化器厚，挖足仍见粗率，圆器产品的足内敛，挖足多不过肩，即所挖圈足的深度不超过胫部与圈足相交处，也就是足深小于足外壁高度。足的内壁离心倾斜或近似垂直。正统时，有的足底施以薄釉，成“浆糊底”。碗的足外壁开始施以青花旋纹。到景泰时，盘、碟开始出现足的内壁向心倾斜，足底多平，乳钉少而小。多见青花人物和花鸟纹大小罐，器造型肩腹丰圆，束颈，足外撇，给人端庄、雍容大方之感，与元青花带罐盖的造型近似，但多比元青花罐的罐身高大。这种造型风格一直影响到弘治时期。扁方耳、螭耳、月牙耳、戟形耳瓶等为多见。折胫筒形炉流行于正统后期，并延用至弘治。这种造型后来直接被成化所继承。小件琢器的瓶、罐，多用印模镶接成型，接痕多而明显，器物的内部不修坯，多无釉，高足瓶的圈足和高足杯的靶杯的柄用釉结合，有别于元代和洪武时期的泥接。青花的料色，正统时浓艳清新，笔触清晰，很少出现晕散现象。浓处有下凹不平等的黑色斑点，也有较浅的灰青色，但是仍然清晰明快。这种偏灰的青花色料是正统时期的主要色调。景泰、天顺时，有的由于釉层增厚，有微小气泡，青花出现朦胧、松散的现象，笔触不够清晰、有神。

正统时期瓷器底足。正统早期瓷器的器壁、器底仍较厚，器底跳刀痕和乳钉状突起比以前收敛。正统晚期足外墙几乎全部饰以青花圈线，并且从此沿用不变。较好一类的瓷器，在足外墙圈线内，开始加绘简单纹饰，成化时增多。多数外足墙端斜削并落于台面，内足墙端有棱边感。个别开始有外足端滚圆现象，这种形式是明代民窑上乘器皿特征之一。正统青花胎质较为致密，器物底部多为细砂底，有火石红现象。釉层没有景泰和天顺厚，青花图案多有晕散现象，特别是正统晚期，这一现象一直延续到景泰时期。圈足比较敦实，底足削修粗率，外圈足较浅，即挖足不过肩。

正统朝的琢器修足工艺，一般平足削修得并不过分细腻，多为厚重浅宽圈足，或微上凸平砂底，带有火石红痕或粘有星点窑渣，类似其后成化大盘类多见的所谓“糊米底”。目前所见这一时期器物多为民窑器，民窑器物复杂繁多，变化不一。鉴定正统瓷器，应密切比照宣德与成化官窑器。宣德官窑大件琢器一般胎体多厚重，虽然分段连接，但接痕处理细腻。底足露胎不施釉，以细砂底为其特色，不见旋痕。正统器物仍然胎体厚重，大件琢器同样多底足露胎不施釉。从景德镇珠山御窑厂正统地层发掘得到的标本看，精者有施釉现象，但仍不书写款识。小件圆器从宣德到成化朝皆有施釉习惯，其中宣德时期底足露胎线，仍然修饰较宽，露胎处有火石红迹象，而到天顺时几乎完全不见火石红，底足修胎手法精细。正统朝器物修饰精细，却唯独不书年款。此时器物以盘、碗等实用器物为主，琢器以瓶、罐、炉为主，器型风格以及胎釉总体上承袭明代早期，没有太大变化。双耳瓶为该时期特色，盛行在正统、景泰、天顺三朝，各地墓葬均见有出土。由于碗是各时期主要产品，因此碗的器型变化带有明显时代风貌。碗演变规律是这样的：器壁弧度由生硬到圆润，器物底足由厚实到薄巧，器底也由厚变薄，足墙由高到矮，器物由粗犷到精致。伴随着碗器型的变化，其厚薄和弧度也发生改变，同时底足部分也有相应改变。由早期底足挖足粗率，露胎处留有浓重火石红，到成化时修足规范精细，少见火石红。空白期是明代前期瓷器发生重大改变的过渡阶段。

正统一朝器物特点：器型有碗、盘、罐、瓶、香炉、靶杯等，碗、盘是大宗产品。多数足墙向内倾斜，足墙较薄，足底平滑，挖足过肩，或内壁仅施以半釉。另一类碗、盘修足呈涡形，底足不施釉，并且旋坯痕明显，足心多有乳突，其足端厚底者如元代修足，多有粘渣。此为民窑产品。罐多为高20厘米左右小罐，大罐少，远不及景泰时期多。瓶常见象耳、“S”形耳、方形耳等，到景泰时多见月牙形耳。两朝独立特征明显。炉分为筒式和鼎式，正统以后三足式筒式炉逐渐增多，如北京故宫博物院藏书写天顺年款青花波斯纹筒炉。鼎式炉为仿铜锭器型，正统朝的鼎，双耳朝天，耳自肩部始。这种造型宋元已有，只是延续前朝传统。到景泰时，其耳多为绳索式立耳，耳自口沿始，二者区别明显。靶杯有竹节式和直斜式两种。竹节式足下端外撇程度较深，直斜式足端微向外撇。随着时间推移，靶杯逐渐向秀气、小巧方向发展，成化时期尤甚。足多修长，并且开始出现大量方足形靶杯。正统瓷器还有一个显著特征，就是在大罐或瓶之类琢器上贴铺首。其铺首的形式多半为虎头，有的甚至还贴镶有环。铺首的使用，到天顺时期逐渐减少，到成化时所有瓷器几乎不见使用铺首。

胎釉。正统瓷胎质较为疏松，胎色白中泛浅灰。修胎多不细腻，多数为厚浅宽圈足，露胎处火石红现象普遍，沾有星点窑渣，有类似成化大盘常见的“糊米底”。部分器物修胎规整，足墙直且薄，挖足较深。釉色普遍光亮泛青，部分器物釉色偏灰，如同香灰色，差异较大。盘、碗一类器物由于采用匣钵装烧，器物粘连匣钵、釉面粘渣现象较为突出。此时瓷器釉质逊于后代，其釉面清亮，光洁度高，但开片现象较多。盘、碗器足内基本施釉，只有宽圈足和涡形的碗、盘足底不施釉，靶杯、炉、瓶等器物皆施釉到足。筒炉内部施釉，也有不施釉或半施釉情况。从各类器物状况看，其釉质多细润无片纹，细看仍然可见少量橘皮纹。釉面泛水青色，有少量腻白釉，有的或加酱色釉口。器物底部有极淡青色，多见针眼缩釉痕，积釉处呈苹果青色。及至景泰，釉质增厚，缩釉斑明显，粗者可见釉泡，精者釉质如凝脂。这种情况下可能因为釉层过厚，青花发色多有模糊感。天顺朝釉色愈加平润泛白，多为卵青色，亦见腻白，天顺精致制器与成化器物难以区别。故而今日仍然将许多没有年款的青花器物划入成化器。总之，宣德到正统的器物胎釉多细白，后来釉质逐渐变厚。景泰器物制造多粗糙，工艺草率，并大量呈现生烧、过烧等各类窑病特征。到景泰后期甚至到成化时，釉质才又重见白腻，胎体薄巧，挖足趋于精细，甚至挖足过肩。正统时期窑炉烧成技术有所改进，瓷化程度好，证明了瓷器经过一段时间调整，走向了更为精致的阶段。

3. 正统时期绘画

此时绘画用笔酣畅，洒脱不羁，线条有明显轻重粗细变化。正统绘画风格与景泰、天顺之区别，主要在于前者笔致俊巧，纹样多精致、秀丽，更接近宣德风格。而后者多肥润、圆柔，好似用柔软羊毫笔挥就。另外，正统时还有以抖屈笔法画成的纹样，给人苍劲古拙之感。正统时期常见纹样有卷云人物纹、云气纹、缠枝莲纹、缠枝莲捧八宝纹、缠枝菊纹、湖石牡丹孔雀纹、湖石牡丹花孔雀麒麟纹、山石松竹、芭蕉纹、缠枝和折枝茶花纹、折枝瑞果纹、莲池游鱼纹、杂宝纹等。景泰、天顺时除了继承以上纹样外，还出现了松竹梅纹、月梅纹、石兰灵芝纹、蒲草纹、宝杵纹、梵文等。即便是同题材的纹样，在各个不同时期画法也有所不同。例如缠枝莲的花头，正统朝与宣德朝一样，花头类似明锦缎中宝相花状，工整而细致。景泰时则简单草率，大多把花心画成螺旋形，花瓣作芒穗状，卷叶粗而短，中心叶片有的近似桃实、豆荚。有的近似元代的葫芦形，但小似蝌蚪。折枝瑞果和缠枝茶花，宣德和正统初皆为写实，从正统中期到景泰则成写意画，三果简化成一果，花瓣随意点簇，近似“逗号”状，枝叶纷披，变化自如。正统卷云人物纹大罐或碗，多以大片左右飘忽的弹簧状卷云作人物背景。其主题纹饰常有三国故事、琴棋书画、高人逸士、八仙等，人物形神兼备，线条十分流利，是明代青花人物的精粹之作。景泰后期以来画面趋于草率和简化，有的纯粹用卷云构成纹样，有的在卷云间装点亭台楼阁，有的则缀以远山、劲草，颇有些意趣。正统的麒麟纹多画成昂首前瞻蹲伏状，四周以火焰、杂宝补白，常饰在盘心，也有在罐腹以牡丹、孔雀组成主题纹样。自天顺至弘治，则多作回首仰望蹲姿，补白的杂宝、火焰也画得草率、简化。另外，以梵文作边饰蕉叶两边重涂青料中心留白的画法也有所不同，鳞次栉比并且夹以浪花或海马的波涛纹，锦地开光折枝花纹的肩部图案，以兰草和梵文箴言、行草或隶书“福”字、“寿”字，以及宝杵、海螺、月华纹等作底心纹，也是15世纪后半期常见纹样。

纹饰特征。空白期纹饰具有鲜明时代特征。例如全碗满饰海水纹的装饰手法，云气弥漫的仙人高士和亭台楼阁、莲托鱼纹中特有的单鱼，以及茎部中空的大蕉叶纹、螺丝状变体莲瓣纹、麦芒状莲纹、团花纹，等等，以及作为绘画主体的孔雀、海水、弹簧云气的云堂手等，皆为正统朝所独有，成为该时期最为明显的标识。可能由于宣德官窑成就实在难以逾越，正统官窑器物仍然承袭宣德朝旧制，因此早期器物在画法、装饰和釉面特征上表现出强烈的宣德遗风，往往无法将宣德器物与其断然分开。故而实际上有不少无款的宣德器物可能就是正统时期所制作。正统时期的器型在前朝的基础上出现了一些新的种类，如正统青花牡丹纹瓜楞盖罐，图案多二方连续，牡丹叶子成蝌蚪状，接近于写实。

4. 正统典型器物

明代空白期的陶瓷，真实地反映出了当时社会经济、政治、文化的基本状况。下面看看北京故宫博物院藏这三个朝代的瓷器：明代正统青花松竹梅纹罐，明正统器，高 33cm，口径 17.5cm，足径 17.5cm。罐直口、短颈、丰肩、鼓腹，腹以下渐内收，圈足。造型端庄饱满，通体青花装饰。颈饰忍冬纹，肩饰缠枝牡丹纹。腹部通景绘月映松竹梅纹，辅以花草、坡地、灵芝等。近足处绘变形莲瓣纹，素底无釉，无款识。正统朝瓷器制作无论是造型、纹饰，还是青花色泽，所体现时代风格，均与宣德晚期署款官窑器风格接近，是宣德制瓷风格的延续，但在生产中又有所演变和创新。正统青花瓷器所用青料有两种，一种为永乐、宣德时期使用的进口青料，青花色泽浓艳；另一种为国产青料，呈色较淡，为灰蓝色，这一时期使用国产青料开始居多。造型则直接继承宣德器物，器形饱满，瓶、罐类大型器与宣德时期相比差异不大，只是正统时期器物口部略收，与宣德时器口部外撇稍有不同；器身线条方面，正统时线条变化比较平缓，宣德时线条起伏明显；纹饰布局方面，正统器青花亦是宣德青花的延续，瓶、罐多采用三段式布局方法，即肩、腹、足三部分。宣德时瓷器上出现的云气纹在正统朝被广泛使用，一般亦采用外粗线、里细线的画法。

这一时期景德镇御窑厂仍然在烧瓷，只是因为连年战乱、改朝换代等原因，在品质与数量上比永、宣时期大为减少。这在《明英宗实录》《大明会典》《明史》《浮梁县志》《江西省大志·陶书》等文献中均有记载。故正统时期并非无官窑瓷器的烧造，其工艺精细者还是有的，只是绝大多数没有年款。明正统青花麒麟翼龙纹盘，明正统器，高 10.7cm，口径 52.4cm，足径 28.7cm。盘口微撇，浅弧壁，圈足。内外青花装饰。内底绘一麒麟驻足于松柏、山石与蕉叶间，麒麟所占空间很大，几乎占满盘里心。内壁绘四行龙穿行于云海之间。外壁绘缠枝莲纹，素底无釉，无款识。正统青花呈色及画法与明初已有所不同，不见明初那种普遍出现的铁结晶斑。麒麟，作为古代一种祥瑞动物广泛出现于明代各时期瓷绘之中，它是古代人们心目中的祥瑞之物，象征着吉祥幸福。而纹饰中将麒麟与龙纹组合在一件器物上，在永乐、宣德青花瓷器中却比较少见。由于正统时期瓷器存世量少，故而其器型也不多，大多是沿用永、宣时期瓷器特征。但也有一些新品种，如戟耳带座的器物，这是对元代瓷器的复古，但变化很大。釉与胎在制作工艺上相对比较粗糙，削足不规整，琢器一般底部无釉，碗、盘类底部跳刀痕比较明显。瓶、罐类器口沿多见削釉现象，足墙较宽而深，也是这一时期普遍特征。这三朝琢器胎体比较厚重，瓶、尊、罐类的器口，正统瓷器与宣德器相同，为直颈。而景泰、天顺与后朝成化类似，多为上收下阔式。底足修得不太仔细，大多为敦厚浅宽圈足或微微下凹的平砂底，有火石红斑痕和在底部粘一些星星点点状窑渣。

六、青花器

1. 正统时期所用青花料

正统青花料分为两种：一种发色浓艳，呈深蓝或蓝黑，积釉处有下陷黑斑现象，与永宣青花发色相近，应是进口苏勃泥青料。另一种发色浅淡，色泽偏灰，与成化青花的发色相近，使用的是国产青料。此时青花色泽多偏浓艳，较多混合青料。20 世纪 50 年代以来，这一时期纪年墓里出土了一批民窑青花瓷器。江苏省江宁县牛首山于正统七年（1442 年）重修弘觉寺塔基下，出土四件瓜棱小罐（蔡述传著《南京牛首山弘觉寺塔内发现文物》，《文物参考资料》，1956 年第 11 期），该器盖与肩部均绘以一周覆莲瓣纹，罐身除一件饰以缠枝莲纹外，其余三件均为开光杂宝图案。从胎釉特点、青花色泽和足际露胎火石红痕来看，基本上与朱盘烒墓中出土的青花器相同，尤其是器腹以青花绘就的菱形开光杂宝图案，更是宣德时期官窑菱花式洗、碗和高足碗经常采用的纹饰。据此而论这四件小罐的成器年代，上限不应超过宣德一朝，下限也不能排除正统时期。有可能是正统七年（1442 年）重修弘觉寺塔时，为表示虔诚而于当年定烧的器物，即类似于陕西省扶风县法门寺塔基地宫所藏秘色瓷的情况。

据《明实录》记载，正统年间工部曾几次下令严禁景德镇窑户烧制各色彩瓷。目前已经发现 3 件署有正统纪年款青花器：一件为早年耿宝昌先生亲眼所见署有正统元年款的青花山形笔架，为山形轮廓，背面以青花于釉下绘以层峦叠嶂山峰，正面署有“正统元年（1436 年）”四字楷书纪年款。字体大小不一，青花呈色黑褐。一件是广东省博物馆所藏署有正统八年（1436 年）款青花山形笔架，器造型纹饰与前者雷同，釉面肥腴呈黄白色，其正面有“正统捌年”青花黑褐色楷书款，笔画粗重。另一件为 1986 年 11 月英国伦敦苏富比公司文物拍卖图录中的一件明代青花兽耳尊，器撇口，丰肩平底，肩饰对称兽耳，造型风格类似宣德器，器颈部装饰为八棱锦地开光八宝纹，下肩一周缠枝牡丹，上肩及腹部一圈仰覆莲瓣，内缀朵花。最为突出的是腹部富有层次感的缠枝牡丹，具有宣德画风，而其叶纹脉络中间留白技法，曾经盛行于宣德、成化，终止于嘉靖。其胎体底部厚重，露胎显有褐斑，并以行楷墨书记事：“大明正统二年（1437年）正月吉旦弟子程进供奉”。字迹苍劲，为明人书法。查此器墨书记事时间，与宣德末年相距仅一年，其造型工艺、绘画风格及青花色泽均不失宣德风貌，仅书正统而已。特别是1988年11月，景德镇陶瓷考古研究所在景德镇珠山以西明御厂西墙外东司岭一巷道中，发现大量明代正统官窑瓷器，品种有青花和斗彩等，呈现出与宣德、成化不同的风格。出土的大量体型硕大的青花大龙缸残片，景德镇陶瓷考古研究所目前已经复原了20余口，还有很多碎片，龙缸最大直径为88厘米。除此之外，还有瓶、碗、盘和高足碗等。（刘新园著《景德镇早期墓葬中发现的瓷器和珠山出土的元明官窑遗物》，载《皇帝的瓷器·新发现景德镇官窑》，日本大阪市立陶瓷美术馆，1995年。）随着科学研究工作的深入，特别是对景德镇明代官窑遗存进一步科学发掘，正统时期瓷器真实面目将会愈加明朗。根据史料记载，当年“宫殿告成，命造九龙九凤膳案诸器，既又造青龙白地花缸。王振以为有璺，遣锦衣卫指挥杖提督官，赐中官往督更造。”（《明史》卷八十二志第五十八《食货志》，中华书局，1974年，第1998页。）上海博物馆馆藏一件大型青花云龙纹大缸，应为正统时期所造。其器身开满裂纹，与20世纪80年代景德镇官窑遗址出土残片一样，这件瓷器是传世品中最大也最完整的一件青花龙纹大缸。

2. 正统青花器特点

综合以上特征，正统时期青花绘制图案多简单疏朗，工匠在绘画时几乎是蘸一笔青花料水，就势完成对器物图案的勾勒。大件器物或工艺装饰复杂的器物，则是选用上等青料绘制，浓艳处青花发色极为深沉，有“苏勃泥青”料效果，具宣德遗风。此时最为常见的纹饰为花卉纹，以缠枝莲纹为主。常见动物装饰题材有犀牛望月图、蕉石麒麟图、狮子绣球图、孔雀图、鱼纹、禽鸟纹、瑞兽图等。植物题材有莲纹、牡丹纹、月影梅纹、兰草纹、茶花纹等。人物题材较少，因为此时对人物的形态、动作把握还不十分准确，远不及景泰时期精美，但是整体布局的雏形已经形成，为景泰人物画蓬勃兴盛奠定了基础。辅助纹饰有蕉叶纹、回纹、莲瓣纹、“7”形纹、旋涡纹、云纹、云头纹、杂宝纹、十字宝杵纹、月花纹、蕉石、山石、莲花、火焰、海涛纹、海螺纹、海水纹等。其中云纹又分为流云、卷云、朵云等形式。回纹使用率极高，常出现在器物口沿处。这些纹饰的使用，在组合上存在着固定搭配，并且随着器型变换而变。正统一朝虽然仅有 14 年，但是风格依然形成。过去由于缺乏判断标准，常常将其并入洪武、永乐或宣德时期而造成谱系的偏差。

3. 对无款青花器的分析

1964 年，湖北武昌市郊流芳岭一带明八王墓群中出土了一些青花器。经查文献，武昌地区明代八王是明太祖朱元璋第六子朱桢的八个儿子。朱桢于洪武三年（1370 年）被封为楚王，膝下有九子，但其后在这一地区封藩王者只有八位，即所谓的八王。八王大部分卒于正统时期，其墓葬出土文物十分丰富，计有青花梅瓶、大罐、高足碗及盘、碗等。其具体情况为：湖北省文物商店收藏 2 件青花龙凤纹梅瓶（见《文物》，1988 年第 1 期），胎体坚实厚重，造型古朴。器均为唇口、短颈、丰肩、敛腹、外撇足、平砂底。颈部绘以卷草纹一周，肩部分饰缠枝莲或云凤纹，器身主题纹饰分别为腾龙和舞凤，腹下以涡形海水撞出礁石（即“江芽”），象征江山社稷。纹饰青花以国产青料绘就，呈色黑蓝，用笔雄浑，画工生辣。其宝珠顶盖以璎珞纹为饰。梅瓶本为 2 对，有一件现藏湖北浠水市李时珍纪念馆，另一件不知散落何处。武汉市博物馆收藏有明八王墓葬出土物中其他器型，如青花荷莲鸳鸯纹盖罐，器通高约 55 厘米，宝珠顶盖，唇口短颈，溜肩，鼓腹，下身收敛至底，有外撇，平砂底呈火石红色。器身以浓重黑蓝色青花分绘五层纹饰：颈部饰以四组十字形灵芝状云纹，其四角小浮云呈“品”字形排列，后肩一周倒垂如意云头，下接青花地留白团葵锦地宽带纹，腹部一对羽翼丰满的鸳鸯游弋于硕大摇曳的荷莲之间，十字形灵芝云飘荡于天际，四角又各以蝌蚪状朵云拱托，腹部下为汹涌海浪拍打陡峭的礁石，溅起浪花。纹饰行笔奔放粗犷，青花色泽浓艳。以上明八王墓出土的这几件青花器物，无论是雄浑造型、粗犷豪放纹饰，还是浓艳的青花色泽，以及时代风格，均与宣德晚期署款官窑大器类相接近，仅图案稍有演变和创新，如梅瓶上立于海水中的江芽，状如倒置的三角形，悬崖峭壁撞出的海浪回旋成巨涡，跃动龙首前的火珠硕大，四周喷吐无数火舌。另有大罐上呈“器”字形排列于四角，以烘托中心十字形灵芝云纹的蝌蚪状浮云，等等，均为宣德时期官窑所不多见。据此及八王卒年的考证，这些青花器可以确定为正统时期官窑之作。八王墓葬出土圆器类有青花云龙盘、碗和高足碗等。器外壁均以云龙为饰。器心图案，盘饰以团龙，碗绘莲瓣、杂宝，高足碗则为一朵如意灵芝形飘带流云。颇为别致的是盘、碗内壁均以四颗甩长尾烈焰的火珠纹为饰。这些圆器硕腹的造型、龙纹的形象，均同于宣德署款之官窑器，但其较厚胎体，粗糙修胎，粘砂圈足，以及前朝器壁中从未出现过的托焰四火珠装饰等特点，也应视其为正统时官窑遗物。

近年广西桂林市郊明靖江王墓群中也出土了一些琢器类，相近于上述器物风格，有青花绘仕女拜月、鱼藻、孔雀牡丹诸种纹饰的梅瓶等。造型均为唇口、短颈丰肩、敛长腹、平砂底。颈部和肩部与下腹部分绘以卷草、缠枝莲和海水、莲瓣等纹饰。瓷画中仕女，首呈宽额，身材高大，神态安详，形象近似于宣德晚期。一笔点画绘就的水藻尚留有洪武朝遗风，但其层层涂染、体躯浑圆的游鱼，又较前朝有异。最为突出的是孔雀牡丹画面，雌孔雀形如鸵鸟，牡丹花叶如掌，筋脉留白。花叶的这一种处理手法，始见于宣德时期。但彼时署款官窑器中，却未见这一内容的图案，观其淋漓奔放、纵横豪肆笔意，无疑是师法于明代前期花鸟画家林良的作品。

查《明史・诸王世表》，靖江王名守谦，为明太祖朱元璋嫡兄南昌王兴隆之孙，明初名将朱文正之子，洪武三年（1370 年）封王，九年（1376 年）就藩于桂林府。第三、第四代孙就封于永乐、正统两朝，卒年在天顺成化初期。据此及这批琢器本身所独具的过渡时期特有的承上启下特征，断其制作年代为正统时期较为适宜。同此牡丹图案内容和画风的器物，散见于国内外博物馆中，如南京博物院所收藏的小口梅瓶，北京故宫博物院收藏的梅瓶、大罐，日本国立东京博物馆收藏的大罐，中国文物商店总店收藏的束腰筒炉，土耳其国家博物馆收藏的折沿大盘等。其主体纹饰基本相同，只是边饰或器腹另面纹饰略有变化，如口、肩、足边常绘卷草纹、缠枝莲、斜回纹、锦地、宽硕蕉叶、仰俯莲花瓣边饰，器腹加绘麒麟或鸡冠花、杂宝等。同类作品中也有单以麒麟入画者，如辽宁、山西等省博物馆收藏的麒麟、杂宝云纹梅瓶或大罐。青花与上述器物一样，为同一黑蓝色调，纹饰落笔也很粗犷，形象概括，繁简得当，但画面整体略为简素，空间较大。这些器物风貌与当时画坛高手林良、戴进画风一致。联系到有关文献记载，耿宝昌先生断定，这一批青花器就是继宣德晚期以来皇室定制的由同一代工匠绘制造就、用于赏赐诸藩王的御窑器。

在景德镇御窑厂遗址出土的大量“空白期”残片，也是这一时期器物断代的佐证。出土物中多数为青花龙缸残片，复原器高 88 厘米，唇口，束颈，弧壁较直，敛足，平砂底，口沿、足脊有 24 朵宽硕莲瓣各饰一周，上下对称相呼应，腹间两条雄健行龙绕器一周，龙目怒睁，双眉高耸，毛发前冲，四肢粗壮，五爪犀利，交错前奔，间以随风飘荡的十字形灵芝祥云及不同寻常的一颗烈焰熊熊火珠，构成了一幅苍莽天穹矫龙赶珠的壮观画面。另有瑞兽踏海纹小鱼缸，撇口，矮壁，平砂底。主题纹饰同于南京市紫金山天文台正统年间铸造的青铜浑天仪器上的同样纹饰风格。同批出土物中的大盘类，口径约 70 厘米，唇口，弧壁，宽圆浅圈足，平砂底。器心绘以松竹梅岁寒三友图，外壁海水江芽图案较为独特，江芽两侧各伸出一支翻卷莲花，谐音寓意为社稷江山连绵不断。这一纹饰为此时创新，后世嘉靖朝有仿制。这批御窑厂出土器物，均胎体厚重，釉面肥腴，青花色泽浓重深沉，纹饰粗犷，笔触遒劲。大缸龙纹与武昌明八王墓出土的梅瓶一致，它们又完全相符于正统时期修建的裕陵中碑座石雕形象，由此证明了这些风格独特纹饰，就是那时朝廷工部颁示的通用御样。就这批龙纹大缸残器断口普遍具有瓷裂旧痕来看，也印证了《明实录》中关于正统九年（1444年）饶州府烧青龙白地花缸瑕璺不堪的记载，从而揭示了正统御窑之谜。

但是这时期青花大缸上面的官窑纹样，仍然是采用宣德官窑的表现技法。如藏于景德镇考古研究所的正统青花莲池纹盘上面所绘莲花、莲叶均是如此。但蓼花、水草则不勾线，一笔拓绘一个造型单元，简化了局部纹样双勾线条涂抹青料的工艺程序，从这里可以看出正统官窑青花表现技法已经开始发生了微妙变化。从藏于江西省博物馆的正统二年（1437年）墓出土青花缠枝莲纹盖罐纹样特征，也可以看出民窑表现技法也有变化。画花用浓青料勾勒轮廓线，用平拓笔法拓抹浓青料，在轮廓线处留一道白线，而宣德时青料大多拓抹在轮廓线上，并以净笔染抹。民窑中简化莲花纹，花朵中心为青料实体桃形，再在桃形外勾画粗线，线上以点代画，绘成花瓣，一般为13—15点。缠枝上叶较小，显得舒朗，不勾轮廓，一两个笔触表现一个造型单元。笔触不重叠，笔含料饱满、滋润、清澄。藏于景德镇陶瓷馆景泰四年（1453年）墓出土青花折枝牡丹纹双耳瓶，表现技法上承袭前期民窑，而且用笔更为率意，运笔迅速，笔触明快，不加修饰。藏于江西省博物馆的成化三年（1467年）墓出土青花法轮云纹盖罐和青花花卉纹碗也有相同表现技法。由此推之，天顺时期青花彩绘工艺应该也与景泰时期工艺相同。在传世品中具有以上彩绘特征的有藏于北京故宫博物院的青花孔雀牡丹图梅瓶，此瓶画牡丹叶先用淡青料勾勒叶的大体轮廓线和主叶脉，再用浓青料拓抹，一两个大笔触表现一个叶尖，画完一个叶片形状，中间留白处不洗染，最后画短线分叶脉。明宣德青花以笔触表现造型单元是纹样的单一性，而正统所表现图画是丰富性。在转型阶段必定有前期特征。永乐青花区别于前朝主要特征之一是器物图案花纹多为双勾填色。其方法并非用大笔一笔涂抹，而是用小笔填彩，这样往往出现深浅不一的笔触。这也是从永乐开始，经过宣德到成化前期，明代青花细瓷最具共同性的一个特征。

从宣德到正统，青花表现技法的变化过程大致可以归纳为：由浓淡层叠、不规则的浑浊感，过渡到正统时期的勾线——拓料（见笔触，即造型单元）——修饰。效果是一个笔触表现一个形态，笔触有清晰明快感。正统到景泰、天顺青花表现技法没有大变化，而且空白期彩绘艺术效果生发了成化“勾线”“染水”工艺，为后来“勾线”和“混水”工艺的成熟奠定了基础。这三朝琢器胎体均较为厚重。瓶、樽、罐类器口，正统与宣德直颈形状相同，而景泰至天顺则多与其后成化上收下阔式相近。正统瓷器釉面肥润，青花色泽浓重深沉，带有晕散现象。景德镇出土的青花海水纹碗，纹饰粗糙，青花颜色虽重，但不如宣德时颜色光亮，又比成化时颜色暗，足内满釉无款。白釉中带有蓝色小点，应为青料颗粒粘附。其青花因施彩浓淡不同及青花晕散，蓝色青花外围常为蓝绿色青花。青花浓艳处可以看到灰色、褐色等析出物痕迹。青花釉层清澈，蓝中略泛紫色，并有较多的棕黄色斑点。釉面不太光润，毛孔较多，气泡明显，圈足内有积釉疙瘩。正统青花瓷釉分为二种，一种气泡小而密集，另一种釉中气泡大而舒朗，差异较大。

这时青花多为国产青料，个别为进口青料。发色淡雅较多，有铁锈斑晕散者较少。青花品种有白地青花，前期还有外豆青里青花、外祭蓝内青花等。上海博物馆收藏的一件青花云龙纹大缸，是目前中国古代瓷器中体型最大的传世作品。其重要性不仅仅在于作品奇大无比，更在于它作为一件大型传世作品，必将对瓷器收藏史产生重要意义。上海博物馆还收藏有一件青花狮球纹盘和青花红彩海兽鱼涛纹碗，其时代特征也比较明显，都具有 15 世纪中期官窑瓷器的明显特征。其制作质量很高，应该是 15 世纪中期景德镇御窑厂的重要作品。上海博物馆收藏一件青花红彩海兽鱼涛纹碗，该碗制造工艺及施彩方法与宣德官窑器物相同，唯一的区别是该碗没有署款，造型也略有改变，应视作是正统作品。该碗在国内外和民间有收藏，台北“故宫博物院”收藏两件，纹饰完全不同，其中一件青花绘以海水，红彩绘龙纹；另一件则是青花绘龙纹及口沿的如意形边饰，红彩绘海水，滔滔海浪的局部呈白色。上海博物馆还收藏有青白釉划花缠枝莲纹碗，共藏有 2 件，高度约 9 厘米，口径约 16 厘米，足径约 5 厘米。颜色稍有区别，一件为青釉，一件为青白釉。其造型和纹饰皆大同小异。应为同时期作品。景德镇官窑在永乐时就有仿制青釉器出现，只是造型不同。北京故宫博物院也收藏有一件基本同类型碗，其器身暗刻缠枝莲纹同上述器物，只是器形为撇口。台北“故宫博物院”也收藏有一件这类型碗，与上述类型基本相同。

七、绘画特点

装饰是瓷器的重要组成部分，也是瓷器断代的重要依据。每一种纹饰都有它产生的时代上限和下限，有些纹饰仅仅在某些特定时期出现过，带有时代深刻烙印。正统时期绘画常用双勾线技法，布局比较繁密，多件内外画花，所画高士人物用简笔写意技法，并以大片涡旋云纹衬托，日本人称之为“云堂手”，此时特别讲究使用边饰。

1. 正统绘画手法

正统时期纹饰画法，沿袭明初常见一笔勾勒法而又有所变化，特别是中锋运笔所绘流云和人物，具有独到之处。其所绘龙纹头上开始画上了刘海，有飘起感觉。这种龙的绘画方法一直延续到成化时期。上述墨书正统二年（1437年）款青花缠枝莲兽耳樽、墨书景泰二年（1451年）款青花海水浮莲罐，及青花天顺七年（1463年）款波斯文三足筒炉，均是代表这一时期画风与书体的典型器。随着时间推移，类似风格纪年款青花器将会陆续被发现，从而为研究者提供新的资料。所见这三朝器物多为民窑瓷，而官窑瓷和民窑瓷又互有影响，因此在鉴定时，应当结合前后朝官窑器各自特征，从器型、胎体、纹饰、青花色调以及器足处理等方面去分析对比，体察互相之间细微变化和内在联系。

此时期的装饰花纹，图案类有回纹、缠枝蔓草纹、弦纹、莲瓣纹、莲叶纹、折枝花卉纹、缠枝花卉纹、锦纹、锦地开光纹、杂宝纹、水波纹、云纹等。主题花纹有缠枝牡丹纹、缠枝莲花加八宝纹、云雾高山纹、水藻游鱼纹、高士赏鹅图、仙山楼阁图、孔雀图、麒麟和骑马武士图、离家出行图、喜鹊登枝图，以及琴棋书画图等。琴棋书画图分别有下棋、弹琴、读书、画画的人物场面。回纹用得不多，主要施于碗外沿和罐的颈部，缠枝蔓草纹使用更少，这些传统几何图案用作装饰辅助花纹。变形莲花瓣纹，自元代以来一直流行，在正统时期也有使用，有的放在相当显眼位置，如青花牡丹孔雀麒麟纹大罐肩部、这个弧度最大、最丰满位置上，是一周并列莲花瓣，做法是先勾画线条，然后用重笔描绘，再勾一个边，以前只是勾画莲瓣轮廓。这时八宝纹还没有形成规范，应该称为杂宝纹。其外有大笔浓重的线条勾画连绵的大朵云彩，再用碎笔点画雾状浮云，使画面有由远而近的层次感。它将装饰表面分开成不同装饰区间，便于安排醒目的主题花纹，这在元代和明洪武、永乐、宣德时期都没有，是正统时的创造。它潇洒的风格和粗重的线条，应该来自民间窑口工匠的创造。从画面意境来看，有点无拘无束、放纵大胆的意味。官窑作坊工匠给瓷器做装饰受到很多约束，虽身怀绝技，但不敢大胆放开。从表达个人心声和制作激情方面，官窑有民窑所不及的地方。作为辅助装饰的几何图案相当突出的是锦纹的广泛使用。锦纹是把当时在社会上很有影响的织锦纺织品上的花纹用在瓷器上，很多达官显贵、富商大贾身穿锦缎衣服，上面有很多素净优美的花纹，有细格纹，有四瓣花加圆点，有菱形格加十字纹，有多重纹加圆点，有四瓣围成钱纹，有锦地开光加绘折枝花、喜鹊登枝等内容。这此锦纹虽然只作辅助装饰，但增加了瓷器的时代生活气息。

正统时期由于特殊的社会原因，景德镇瓷器绘画艺术有浓厚画院艺术的影响，但也有接近民间绘画的许多内容。一些作品虽然没有画院艺术精细，也没有那么多模仿意识，但更贴近生活，反映民间风俗的内容增多。这是正统时期装饰画的一大特色。这一时期绘画布局疏朗为多，写意多，图案多。龟背锦在景泰前后较多，其技法仍是“一笔点画”为主，也有渲染。人物故事题材较多，采用简笔写意。有高士图、陶渊明爱菊、东坡夜游赤壁、庭园婴戏、张骞乘槎等。动物图案有狮子绣球、写生蝴蝶、池塘鸳鸯、松竹梅、鱼藻图等。“福”字多，“寿”字少，一般为楷书。莲花呈火炬形，人物配以大片云朵，给人以神仙幻境的感觉。前期多大片云，后期多小片云。小孩前额大，前有刘海。寿星是冬瓜头，时代早头长，时代晚头短。画松，是球形针叶，后期似鸡毛掸长形。这些都是正统时期瓷器绘画的一些特征。

正统瓷器常见主题纹饰有龙纹、狮纹、瑞兽纹、麒麟纹、犀牛望月纹、孔雀牡丹纹、貂蝉拜月纹、鱼藻纹、松竹梅纹、鸡冠花纹、荷花纹、菊花纹、西番莲纹。常见辅助纹饰有卷草纹、莲瓣纹、折枝花卉纹、蕉叶纹、连钱纹、灵芝纹、方胜纹、螺纹、法轮纹、海水纹、云纹、锦纹、回纹、火珠纹、八宝纹、杂宝纹、山石纹。龙纹中龙身体健壮，怒目圆睁，肩部高耸，毛发前冲，双爪锋利，整体形象呈奔腾的样子，常和火珠纹及十字形灵芝祥云搭配，景象壮观，富有动感，气势非凡。麒麟纹中麒麟都是昂首前瞻，有的为站立状，有的是卧蹲状，常在其周围搭配火焰、杂宝纹，常用麒麟纹装饰盘子中心，有时也和牡丹纹、孔雀纹搭配装饰罐身，构成主题纹饰。松竹梅纹也是此时期深受人们喜爱的纹饰。松针和之前圆球形相比更偏向于椭圆形。竹叶排列是叶尖向上，左右分披，显得很自然，竹竿由一笔画成。梅花侧枝呈半放射状，几朵盛开大梅花夹杂在小朵梅花间。此时还出现了大量人物纹，在卷云背景下描绘三国故事、高人逸事、八仙故事等故事题材的人物。

在瓷器分期断代中，对各类纹饰、图案及边饰的继承和演变规律进行归纳和对比，对绘画笔法和风格进行观察和分析相当重要。纹饰固然具有时代标志，但器型、胎釉、色彩及器足等特征，同样至关重要，不容偏废。如果仅重纹饰图案，忽视其他特征，往往会对器物的特殊情况只凭一时偶合而忽视主流方面。所以识别并熟记各代不同造型，领悟其形状和神韵，再佐以胎釉、纹饰、款识等特征，在鉴定中就可少走弯路避免失误，而收事半功倍之效。

2. 关于“云堂手”

涡旋云纹是正统时期最为流行的装饰之一。此后景泰时期流行的“铁索纹”与此一脉相承，应当是在瓷画基础上的进一步升华。涡旋云纹是以一条比较粗重的线条描绘云纹轮廓，然后用很细的线条在里面又勾了一层。后来就不仅仅是勾一层了，而是用很细的细线，在里面勾画出了一种像弹簧状的螺旋线。甚至还有柳条一样的絮，一层层地垂下来。这种独特云纹始于宣德晚期，那时纹饰极为简单。它的盛行是正统到天顺年间，后来在成化初期还有使用，但已经非常简单了。这种云纹很有特点，国内有人也叫它“铁索云”，日本学者给它起了个很好听的名字，叫“云堂手”。过去时常看到一类绘有人物故事，背景为山石楼阁，并有弥漫的云气缭绕画面的青花器，日本陶瓷界对其极为重视。这种纹饰多见于当时一种筒炉，例如香港中文大学文物馆所藏一件青花涡旋纹筒炉，其口沿和外壁凸出部分均施以酱釉，内壁底足均不施釉。缠枝莲纹、蕉叶纹、回纹和变形云头纹，均为正统时期所流行的纹饰。此类绘画也有彩器，绘画内容与手法相同，色彩浓艳鲜亮。日本陶瓷业曾经对此进行仿制，比如现今被吉林省博物馆收藏的五彩双兽耳尊，具有上述特点的青花、五彩器，造型有尊、罐、炉、盂、碗等，究竟系宣德的，还是空白期三朝的，国内外同人看法不一。耿宝昌先生曾经于天津文物部门看到一件具有“云堂手”风貌的青花笔架，现今被天津市艺术博物馆收藏。该笔架与上述具有正统年款两件笔架器型完全相同，为五峰山状，胎体上薄下厚，手感沉重。器身横向弯曲，体内中空，峰间露两个气孔，砂底细润，呈火石红色。正面绘人物楼阁山峦，云气层叠，意境深邃，背面落花流水之中海马奔腾，画风活泼，青花为“苏泥勃青”料，色泽浓艳。器造型可与“正统元年（1436 年）”及“正统捌年（1443 年）”笔架互为佐证。耿宝昌先生据此推断：所谓“云堂手”之类画风的瓷器，当盛行于正统一朝前后，进而可以肯定正统时期民窑不仅限于白釉器烧造，青花器和彩瓷也当有遗存。这种“云堂手”涡旋纹应当来自民间窑口的工匠，在宣德末期被御窑厂画工吸取，并且画在宣德晚期人物画上，作为横向通景画头尾的间隔。

卷云纹的变化。纵观整个空白期云纹，用两条轮廓线勾勒云纹，并在线以内填色来表现云的状态。轮廓部分则是以青花来描绘，中间留白。内轮廓线以内全部填色，形成云纹长长的白色轮廓带，这种涡旋云纹常与婴戏以及其他人物纹饰相伴，构成了一种组合。最后宣德、正统两朝还把留白技术移植到了江牙海水纹上。青料绘海水，浪花留白，凸显波涛汹涌。这里表明了当时艺人已经熟练掌握了留白技术对于人物瓷画产生的效果。绘画中留白，就是在作品布局中留下无笔墨、空白之处。可以想象永宣婴戏瓷碗戏童的绘画，如果过实过满，整体构图就失去了童子好动的灵性，童戏仿活动就成了一种僵化。留白解决了这一问题，给观赏者以遐想的空间。同时留白还有对比的效果，从艺术心理学角度分析，这种留白实际上是图像与背景视觉范畴之间的一种模棱两可的状态。中国在两宋山水画中，已经开始自觉地使用留白，元明青花人物画早已熟悉了这种技法。

正统器物造型。有一种靶杯，足部造型有竹节式和斜曲式两种。竹节式靶杯其足上部有竹节状凸起，下端外撇。斜曲式靶杯，修足方法与元代以来的修足方法近似，下端微微外撇，但不及前者明显整体呈弧线形。靶杯露胎处见火石红痕迹，或有“糊米底”。明代梅瓶底部所绘蕉叶纹，上端有勾连云者多为人物图，这主要为正统器物定型。背景衬以灵芝形云纹并勾连成带，为正统至天顺间青花瓷绘画风格。该勾连云纹之下端多绘以草纹枝杈，后期渐渐删去此繁缛纹饰。这种绘画方法最早开始于宣德晚期，盛行于正统时期。宣德时“云堂手”画得较简单，在一件器物中仅存一处。到正统时这一画法得到广泛使用，并且变得复杂多端。这一时期纹饰画法，沿袭明初一笔勾勒法而有所变化。特别是中锋运笔所绘流云和人物，具有独到之处。

在对空白期三朝器物进行区分时，不能仅看“云堂手”，而更多要看它肩部的纹饰，靠近宣德风格便是正统器，靠近成化风格则是天顺器。正统纹饰多是一笔勾勒的画法，而成化则多分水画法。天顺瓷器纹饰已经比较趋向于图案化，相对比较规矩。在题材上宣德及其以后一段时间较多仕女题材，而天顺及其以后题材则偏向于高士携琴图了。工艺上正统瓷器在底部多是接底，有的出现断裂，甚至打以锔钉。因为这时期器物在做瓶底时，要分段拉坯，而底部则是一块独立圆饼型泥坯，如同一块大饼那样厚，这是作为罐底的底坯。在以后使用中，底部常会被拉脱出现裂缝。这原本是其工艺的缺陷，但是现在成为我们鉴定的一个重要依据。空白期底部刮削痕迹比较多，如同宣德时期民窑器物特征。

3. 人物纹。

正统人物纹图案出现比较多。青花人物在瓷器上出现，是将传统人物画的教化功能转变为娱乐功用，具有更多趣味性。故人物纹多以历史故事和婴戏图、胡人舞乐图、仕女图、高士图、神仙和历代名人为主。画风继承宣德朝，但是不及宣德晚期绘画精细。**正统人物纹图案虽然种类繁多，但是都有一个共同特征，就是“尖鼻梁”**。绘画时鼻梁线与鼻翼线接合后线条突然转折，形成这一时期的鼻尖风格。如正统人物纹，特别是婴戏图，同样绘画了戏童“捞鱼放生图”“传胪游戏图”“清洗佛像图”等。与永宣时绘图相比，发色均艳丽清新。使用永宣的苏勃泥青料，有“铁锈斑痕”，青白、浑浊、晕散依旧存在，细笔描绘仍可见永宣的部分风韵，变化也存在。就人体比例来看，正统图画中童子较为健胖、丰满。这里以招手戏童为例，永宣戏童人物高度占整个画面高度的

26% 左右，正统婴戏招手戏童人物高度占整个画面高度的 31% 左右。细节更为精细繁密。戏童头上有三撮头发，表情萌呆，比永宣朝婴戏纹碗精细，茂密的枝叶和湖石树枝似有宣德繁密遗风，晴竹多与坡石搭配，竹枝画得稍长，常见有左右分开杂乱而松散的纷披式。戏童所着上衣有短有长，但戏童衣裤均带罩染绘画，栏杆以罩染色阶取代了留白效果，色阶还处于萌芽阶段，并不明显。上海博物馆收藏一件空白期婴戏图碗，所描绘戏童多数着衣，少数穿肚兜。至于瓷碗绘画所谓"草逗蟋蟀"，解释为斗草游戏更为合理。唐代路德延《孩儿诗》以及《红楼梦》第六十二回都记载了斗草游戏，这种斗草游戏更像是捡花草素材，比对便是所谓文斗。而武斗则是孩童各执一根花草叶茎，相互用力勾拉，拉不断者便是赢家。故所斗者并非是蟋蟀，况且英宗时期，张太后曾经严命不得再玩促织游戏，婴戏图碗焉敢违命？

北京毛家湾瓷器坑遗址中出土了很多空白期婴戏图器物，器型以盘、碗居多。这些瓷器白中泛青，发色浓重，绘画草率，勾线罩染笔法简练。有的内底绘两个童子，似在为追一只蝴蝶而跑跳。辅助纹饰为柳树、花草、简略的云纹，口沿处绘一周平行线组成的三角纹。明中期民窑青花盘，内底绘成对婴戏图者屡见不鲜，应属宣德后常见的那种郊外婴戏图。与官窑的婴戏图相比，民窑的婴戏童相对瘦弱、精干。面部绘画不清晰，经常画有长过手的衣袖，身体腿部经常绘两条条带，迎风飘起。绘画所用青料以国产青料为主。在毛家湾出土瓷器中以盘居多，且许多绘以仕女图。如有的盘底绘两位仕女面面相觑，似在追捕蝴蝶，外壁绘以缠枝莲纹。此时仕女绘画特点为一笔点画，简笔写意，人物不渲染，只有树木、云朵、地皮景草有所平涂，以反衬出仕女瓷画的清秀，多为国产青料所绘。青花发色淡雅。人物头小椭圆，发式高绾，面部刻花均布细致。画工习惯以流畅的长弧形笔法绘仕女，下裙奇长，肩披长巾，裙尾上翘，凸显仕女身短腿长，似有些比例失准。这些多为正统时期民窑产品。正统时期，景德镇御窑厂仍然生产青花婴戏图大碗，同样绘画了戏童"捞鱼放生图""传胪游戏图""浴佛图"。但与永宣时期的绘图相比，发色均艳丽清新，仍然沿用了永宣苏勃泥青矿料，绘画变化主要表现在细节更为精细繁密，戏童头上三撮头发，表情呆萌，比永宣朝婴戏纹碗精细。（见图 42）

4. 龙纹

正统纹饰主要有龙纹、夔龙纹、狮纹、鹿纹、云纹、海水纹、福山寿海、海马纹、海怪纹、莲池和莲池鸳鸯纹、人物故事纹等。正统官窑纹饰都很特殊，仅见于正统时期的有如下几种：一是盘壁上下绘以如意纹，中间绘多云；二是在口衔宝相花的两夔龙之间画一鹿形动物；三是围绕盘心画寿山福海，在寿山福海中间画松竹梅；四是围绕盘心绘一周特殊卷草纹，中间画莲池纹；五是寿山福海上添加马纹或缠枝宝相花；六是散点式装饰球花纹；七是八吉祥纹饰中鱼纹画作单鱼。正统龙纹极有特征，且龙纹中夔龙所占数量居多。其所绘夔龙尾部分叉，成为一个“人”字形尾，后人称之为“人尾龙”。龙尾左右两端都呈卷枝状态，所以也称之为“卷尾龙”。这是正统和景泰时期龙尾的重要特征。到成化时出现一种花式龙尾，又称夔龙，其嘴唇犹如象鼻，龙嘴衔有一支或一束花。花尾龙的名称便由此而来。（见图 43）

5. 缠枝莲纹

这是明代瓷器中最常见的装饰纹样。可以当作主体纹饰，也可以作为辅助纹饰。缠枝莲纹早在宋代就已经出现，到元代逐渐流行。元代缠枝莲纹在模式化、规范化中又有所变化。明代缠枝莲纹几乎出现在所有器型和品种上，使用范围非常广泛。但是每个时代的缠枝莲纹，又有着不同风格和画法。洪武花瓣多为麦粒状，花叶瘦小，布局较元代疏朗，但仍然比后世繁密。永乐时期较洪武时期布局更为疏朗，留白增多，同花同向，花枝多缠绕但不穿插，布局简洁明快。缠枝莲花朵较大，叶子较小。花叶细长，叶尖卷曲。画法多为勾边填色，填色用小笔，因此有浓淡相间的笔触痕。宣德官窑的缠枝莲纹，在布局上有同花同向、同花异向、花朵大小穿插等几种，花形状有饱满状、花苞状、葫芦状、麦粒状、变形麦粒状等多种。花叶不同于永乐细长叶片，叶片主尖突出，两侧各有一个叶尖向后翻卷，相互对称。这时花瓣的细长画法上是为了适应量产化的需要。花卉主要有缠枝宝相花纹、灵芝托梵文。边饰有莲瓣、回纹、如意、卷草、交枝花、球花、几何纹、藏文和杂宝纹等。

正统缠枝莲纹画法和整体布局都与宣德时期相似，但不如宣德时期画得细致。花心多呈旋涡状，花瓣呈火焰状，也有如麦穗状的。花叶叶片细长，整体造型与宣德时期相似，但细节不同。花叶多呈芒状或飞鸟状，整体感觉有宣德遗风，但是不及宣德时期画得精细。正统缠枝莲纹采用传统横带式布局，枝蔓缠绕方式还是继承宣德时期的风格，莲纹花头形态依旧没有很大创新，保留了永宣时期传统莲纹形态。但是这个时期的民窑出现了缠枝莲与其他纹饰的组合，如缠枝莲纹托八宝图。缠枝莲纹与八宝纹的构图简练，绘画简约粗率，不拘形似，在空隙处绘以螺旋纹，用笔活络，纵姿挥洒，具有本朝民窑的时代特色。缠枝莲骨架早已脱离了洪武时期由于技法生疏而造成的线条生硬与粗细不匀，此时行笔顺畅自然，毫不犹豫。缠枝骨架形式继承前朝风格，似乎并没有太多创新。缠枝骨架形如“久”字者，波形骨架弯曲弧度大，主枝线条挺拔硬朗，副枝弯曲有力，线条非常健美劲道。缠枝骨架如“人”字形者，采用传统横带式布局，以上下弦纹分隔装饰带，缠枝骨架起笔很明显是以旋纹处为起点，起笔线浓，收笔线渐淡。向左右张开的“人”字形弧线，线条有力，部分骨架断开，但从笔法熟练程度、用笔力度上看，情况与洪武时期稚拙缠枝骨架显然不同，属于快速用笔的效果，体现了民窑疏简随意、写意性很强的特点。

6. 海水纹

海水纹过去一般用作辅助纹饰，但是在正统时却将海水纹作为主体纹饰，在器物外壁和内心满绘海水，连圈足外壁也饰以波涛，海潮采用写实手法描绘，海水起伏翻腾，气势壮阔。其特点是以蓝色海水为主，白色浪花很小。器物有碗、盘、靶杯等，说明这一装饰题材是成系列生产的成熟产品。正统时斗彩继续烧造，纹饰是沿用宣德鸳鸯莲池纹，但鸳鸯身短而显肥胖。除斗彩外，还有青花红彩，所见有云龙纹。龙用矾红彩绘，辅以青花云纹，或以青花画海水，在海水中间以矾红绘龙。另外还有一种则白色浪潮较多，更显汹涌澎湃，但出现时间可能要晚些。与此同时出土的还有青花八仙人物纹罐，人物处于飘忽云气之间。总之正统、景泰、天顺三朝官窑制品，都具有自身特有风貌，并且这些特征也广泛影响到民窑，从而形成浓郁时代特征。

正统主体纹饰主要是缠枝花卉、折枝花卉和莲瓣纹，其中尤其以缠枝莲纹、折枝牡丹纹最为多见。还有云纹、法轮纹、杂宝纹、海水纹、荷莲纹、花草纹、龙纹、鸳鸯纹等。辅助纹饰则以弦纹、回纹、云纹和莲瓣纹最为多见。在各种纹饰中，中间为涡旋状、外部为火焰状的缠枝莲纹、飞鸟状叶子、螺丝状卷云纹极具时代特征。此时八宝纹中八种宝物已经齐全，形式也渐渐固定下来，与后世八宝纹没有太大区别，不似明初时仅画其中几样。而且其中鱼只绘单条应是正统时期所特有。其构图方式，无论是盘碗还是瓶罐等琢器，都是以三层或两层横带式为主，未发现类似宣德时期的上下结构或环绕式构图方式。

7. 牡丹纹

牡丹纹是瓷器装饰中最普通的纹饰，以牡丹花为主体。牡丹纹作为纹饰，最早出现在唐代，历经元、明、清三代而不衰。牡丹纹形式多样，变化多端。有单独一枝牡丹，有两只相交牡丹，有缠枝牡丹，有折枝牡丹。牡丹作为纹饰，既可以作主题纹饰装饰整件器物，也可以作为辅助纹饰，烘托主题纹饰，起到点缀作用。永乐牡丹纹一改元代和洪武繁缛之风，变得疏朗起来，纹饰布局多为二方连续、四方连续和环形缠绕。有同花同向，也有异花异向，画法仍然是双勾填色，但是不留白边，利用小笔填色表现出浓淡层次，达到写实效果。叶脉清晰，画工细腻，牡丹花头下侧向两侧飘出两三片尖状花托，为永乐时的典型画法。宣德时期牡丹纹布局多为二方连续，也有四方连续、环绕式和折枝牡丹。花叶层次较永乐为少，但是叶子变化丰富，有飘动感觉。牡丹花花朵形式变化不大，上密而下疏，上面多有两三片花叶，下面则少有花叶。花朵有较为明显的尖状花托是本朝特点。花叶主脉用浓艳青花描绘，而细小筋脉则不明显。典型特征是线条有轻重粗细变化，用笔酣畅，布局疏朗。花大而叶小。叶片变化较大，或如豆荚，或如桃子，或为曲线形。景泰牡丹纹多为折枝，构图疏朗，茎长叶繁花小。牡丹花作为环线的花心，配三五叶片，花叶形状好似标点符号中的逗号。天顺牡丹纹基本仿照永宣风格，纹饰清晰，层次较多。成化官窑牡丹纹有折枝牡丹和缠枝牡丹。缠枝牡丹多为二方连续，多为同花同向，叶片为山形，花叶多对称而饰，成山字形。枝蔓线条流畅，稍有细碎小花叶片。花头多近似圆形，图案化明显。另一类花叶形状与缠枝莲纹花叶形状相似，为双勾填色，一笔填满。花形多做变形处理，有花蕊。对比前后时期牡丹花纹变化，再观察此时牡丹纹特点，可以勾勒出正统牡丹花纹饰的特点：布局疏朗，有较多留白，多为折枝牡丹和缠枝牡丹。花朵四周配上几片叶子，叶片比前后期少了很多，花朵开始加绘花蕊。花叶变化多端，但是写实性不高。

8. 云纹

云纹是瓷器装饰中最常见的绘画方法。既可以单独装饰，也可以和其他纹饰组合在一起。云纹多与龙凤、山石等组合在一起，起到烘托与渲染作用，也可以作为辅助纹饰，起到点缀局部的作用。云纹的形式多种多样，有如意形云纹、蝌蚪形云纹、灵芝状云纹，以及涡旋纹等。不同时期云纹多带有极其鲜明的特点。例如洪武时期云纹多呈如意形，宣德时期则多是人字形和壬字形，空白期则是弹簧状云纹，明末又出现括号状云纹。云纹作为瓷器的装饰手法约起源于唐代，多以褐彩描绘。宋代云纹装饰手法增多，应用范围也更加广泛。到了元代，云纹形式变得更加丰富，见有长脚如意纹、人字纹、卷云纹、云气纹等。洪武云纹与元朝相似，或者单独装饰，如短脚如意云，排成品字形，单独成图，多见于盘、碗类器物。或者作为辅助纹饰，如灵芝状云纹、蝌蚪状云纹和人字形云纹，多作为龙纹的辅助纹饰。永乐云纹不见单独装饰，多是与其他纹饰组合使用，常见的有短脚如意云纹、十字纹、人字形、蝌蚪状、万字形等。人字形云纹两脚向同一方向延伸，另一只云脚朝向另一相反方向。这不同于洪武和元代人字云纹。永乐云纹主要有两种，一种是云气纹，一种是官窑如意形云纹，如意形云纹多装饰在碗的外壁或者碗心。云气纹多与海水组合在一起使用，多装饰在碗外壁作为主体纹饰。海水云气纹多是以细密弧线和螺旋线来表示。

宣德云气纹与永乐云气纹用法相同，很少单独装饰，多是与龙凤、人物等结合在一起。常见有万字形云纹、壬字形云纹、S形云纹等。宣德短脚如意云纹，继承了洪武和永乐的风格，排成品字形，云脚较永乐时粗壮。宣德壬字形云纹三个云脚为三角方向，云头层次也比永乐时为多，云脚细长，转折较多。万字形云纹云脚细长，转折也比永乐时期多，画法为此时流行的勾线填色，基本不留空白。涡旋云气纹多数作为人物纹的辅助纹饰出现，画法为一笔点画，外轮廓多为粗浓线条，内轮廓多为细淡线条，线条有较多曲折。宣德还有堆塑云纹，堆塑装饰多为人物、动物造型，极为少见。宣德民窑装饰风格与永乐风格相似，云纹多曲折，线条也略粗些。正统云纹从所发现的出土器物来看，多数与龙纹组合在一起出现，突出特征是云脚飘逸，转折较多。多数以云头为中心，云脚四下伸展。双勾填色，有留白。多见壬字形云纹，形式与宣德类似，但是比例不如宣德协调、对称。涡旋云纹外轮廓多用粗浓线条，内以细线条与之相对称，这与宣德相似。云朵卷曲，螺旋状云气纹和细碎云气纹组合在一起，独具特色。

9. 水纹

水纹是瓷器装饰中一种纹样。根据描绘状态的不同，可以分为水波纹、波浪纹、海涛纹、旋涡纹等。水纹的出现很早，在秦汉时期原始青瓷中就已经出现，以后历朝都有。或是作为主题纹饰，或是作为辅助纹饰。宋代水纹逐渐摆脱了以前山水画的表现形式，多与动植物结合在一起。元代水纹很少单独做装饰，多数与龙纹等组合出现。单独的水纹作为多种辅助纹饰出现在肩颈部，或者下部近足处，起装饰点缀作用。明朝以海水纹最为常见，特别是明永乐之后，出现瑞兽海水纹，之后历代多有出现。洪武时不见水纹作为主题纹饰，多是作为边饰出现。永乐时期海水纹多与龙纹组合出现，用青花饰以海水，留白处为龙纹。另有细密水涡纹。单独海水纹用法与洪武时期相同，多是作为边饰使用。由于永乐青花有晕散，因此海水纹多不清晰，层次感稍差。宣德海水纹也多与各种动物、海怪、山石组合使用，单独使用时多是作为边饰。海水形式也是多种多样，有的用小浪花和弧线构成海涛纹，有的在两个大浪花之间用上下三条左右走向的线分三层，每层中间再用细密曲线勾画出水波。还有一种大小浪花共同组合而成的海涛纹。海水用粗线条勾描外部，内部再用细线条填满。浪花状如佛手，为宣德典型大浪花海涛纹。宣德还有一种浓重青花绘海兽，用浅淡的青花绘海水的装饰手法，这种装饰浓淡对比强烈。海水作为边饰，多见于盘碗之类的口沿部分，或者线条细密以浪花环抱水涡纹，或者线条略粗，层层相叠，浪花留白较小。总体来看，宣德海水波涛纹汹涌之感强烈。

正统时期发现几件海水纹器物，海水很少作为边饰出现，而是多数以海水纹作为单独纹饰出现，前朝海水纹留白龙纹的手法此时也有发现。此时海水纹海水布局繁密，层次很多，但又错落有致。海水纹多布满器物外壁或者盘碗中心部分，而不像宣德时期布满盘子内壁或者外壁。构图饱满，纹饰层层叠叠，错落有致。浪花留白较小，为此时典型特点。对比几个时期海水纹，空白期海水纹多是与其他纹饰组合使用，或者是作为边饰出现，单独作为主题纹饰出现的较为少见。构图饱满，层次较多，越到后来越显繁乱。海水浪花像仙人掌一样，留白很小，因此整体留白的地方，相较于宣德和成化时期要少得多，整个画面显得很满。海水纹多是用粗线勾出大的轮廓，用细线勾画出水波，然后用青花填绘内部。这与宣德时期有所不同，因此层次感和动态感稍显不足，没有前朝的波涛汹涌之感。

10. 八宝纹

这是受宗教影响而产生的一种装饰纹饰。八宝又称八吉祥，按照佛教的说法，八宝指的是法轮、法螺、宝伞、白盖、莲花、宝瓶、金鱼、盘长结。八宝纹出现于元代，流行于明清，多与莲花组合使用。一般是作为主题纹饰出现。刚开始顺序并不固定，形式也比较简单。后来逐渐由简入繁，变得越来越规范化。明代早期官窑器物上八宝纹较少，民窑则多见。洪武时八宝顺序未定，民窑所绘八宝也不全，构图极为疏朗，八宝纹多是寥寥几笔就完成了。永乐时所绘八宝纹有洪武遗风，但八宝仍未固定，多绘以盘长结、法轮和法螺。整体花卉风格与洪武相似，比洪武时更加细腻，局部纹饰出现了双勾填色画法。宣德年间官窑八宝的顺序已经基本固定下来，为逆时针的轮、螺、幛、伞、花、鱼、瓶、结，多以莲花托起。盘类多为莲瓣，碗类多为正面莲花。构图严谨，画法为双勾填色。法轮火焰真实，内有米字形花纹。法螺上有清晰的螺纹，腹内有旋涡纹。双鱼口衔莲瓣。八宝的构图方式，随器型而变化，器物不同，纹饰的布局亦不同。如碗类采用横带式，壶类多是上下式，盖面则是环绕式。

正统八宝纹装饰的器物，多是以青花缠枝莲托八宝装饰。八宝顺序同宣德时期，底部绘莲瓣纹一周，画法为双勾填色。八宝下绘有莲花座，莲座画得不如宣德时精美写实，也不如后来的成化风格。成化时期由于皇帝拜佛，所以八宝纹图案较前朝更为多见，而且开始在斗彩中绘八宝纹样。除了传统构图方式，成化时期还以散点状构图方式来装饰八宝纹，构图较以前缠枝方式更为疏朗。成化民窑还出现了团花式构图方式。八宝多有结带，法轮少见火焰状外廓。从洪武到成化，八宝纹越来越成熟，构图也逐渐固定化。空白期八宝纹顺序固定，构图饱满，八宝下面多用莲座托起。八宝不如前朝画得精致，缠枝莲纹时代特征明显。花叶形状好似豆荚，宝瓶有飘带，法轮上尖下圆为封闭圆形，鱼为单条，时代特征显著。特别是单条鱼的画法为此时所特有。

11. 兰花纹

明代以兰花作为主要装饰的器物不是很多，兰花纹多是与竹、石、灵芝等组合在一起使用。明代早期兰花纹较为多见，可能是因为兰花构图较为简单，容易表现。到了明代中晚期，兰花多与山石组合在一起使用。洪武兰草纹描绘十分简单，多是一笔点画法，寥寥数笔就将兰草描绘完成，形态洒脱随意，构图疏朗。线条多呈弧形，使兰草有灵动感。永宣兰草装饰的器物极少见。正统、景泰、天顺三朝兰草纹有洪武遗风，但更为精致。兰叶细长飘逸，兰草开始与山石一同出现，山石多呈螺旋状，线条流畅，石上方有青花苔点。景泰之后兰石纹逐渐减少，直到万历时才开始增多。

12. 正统官窑口沿纹饰

现在将景德镇考古研究所多次对珠山御窑厂遗址考古而发现的大量青花瓷器瓷片，与北京故宫博物院传世瓷器进行对比，明代瓷器史上所谓“空白期”的面纱被层层揭开。如 2019 年 5 月上海博物馆与景德镇陶瓷考古研究所联合举办的“灼烁重现：15 世纪中期景德镇瓷器大展”，汇集了国内外 28 家机构 280 余件器物，重现了明正统、景泰、天顺这一时期瓷业发展辉煌篇章。这一时期瓷器主题纹饰沿用永乐、宣德纹饰，但有所创新。**最为明显的是碗、盘口沿和边饰纹饰十分丰富，大部分纹饰前朝不见，后朝也不再出现，这样的纹饰竟达 39 种**之多。因之前没有学者对口沿、边饰纹饰作过专题研究，以至口沿纹饰名称除“回纹”“卷草纹”“莲瓣纹”之外，其它纹饰各自表述，同样一种纹饰有多种名称，并名而称乱象严重。现将其口沿、足部、边饰纹饰作出定名，并将我的理解与大家分享。（1）回纹是最常见纹饰，有单回纹、双回纹、连环回纹。（2）卷草纹。（3）海水纹。（4）江崖（江牙 / 姜芽）海水纹。（5）海波纹。（6）折线纹（变形海水纹）。（7）藏文。（8）梵文。（9）锦地“卍”字云纹。（10）飘带云纹，这个纹饰其实是下两种纹的结合。（11）飘带纹。（12）兰地飘带纹。（13）云纹（品字云纹）。（14）云头纹。（15）火焰云纹。（16）如意云纹。（17）锦地钱纹。（18）龟背纹。（19）双层覆莲瓣。（20）花卉纹。（21）锦地花卉纹。（22）蕉叶纹。（23）飘带枫叶纹。（24）兰地飘带花卉纹。（25）花卉卷草纹。（26）桂花纹。（27）如意鸡冠纹。（28）云气纹。（29）莲瓣纹。（30）锦地菱形果实纹。（31）锦地菱形纹。（32）十字锦纹。（33）如意果实纹。（34）如意蝙蝠云纹。（35）如意云纹。（36）团花纹。

（37）花卉纹。（38）双线卷草纹。（39）如意纹。

13. 空白期瓷器的特点

第一，器物种类仍然相当丰富，以碗、盘、碟、瓶、罐居多。有大小不同规格，适应一般生活、陈设、祭祀等各方面的需要。宣德宫廷中常见的蛐蛐罐、鸟食罐和栽花种草、玩赏之物，这时已大为减少。从社会保存下来的传世文物以及博物馆、艺术馆收藏的“空白期”瓷器来看，这类作品几乎看不到。永乐、宣德时期学习中东玻璃器等器物，如抱月瓶、无挡尊、单柄罐、花浇和三足器祭器等类器物也很少见到，此时期仍然恢复到中国传统生活器皿的造型。从器物种类上看更接近生活，实用又好用。这可能是因为御窑厂被勒令停止烧造，窑工要生产适应民间生活的东西，受到了民窑影响，也是逐渐打破了官窑封闭式生产模式，官窑与民窑工艺交流增加，官窑和民窑之间界限没有以前严了，同时也说明景德镇民窑工艺水平在不断提高。

第二，空白期瓷器的胎体有两类，一类质地很精细，胎体细腻，结构致密，并不比宣德瓷器粗多少。但由于结构致密，用手摸触没有细砂感觉，露胎底部偶然出现很漂亮的火石红现象。但有些作品明显比较粗，就“空白期”器物的群体观察，有一种趋势和宣德有明显区别，就是日常使用的器物逐渐向精细方向发展，胎体又细又薄，规格尺寸很适用，改善了宣德器皿较厚重雄放的风格，这为成、弘瓷器的艺术风格形成奠定了基础，或开了先河。

第三，关于装饰花纹，图案类有回纹、缠枝蔓草纹、弦纹、莲瓣纹、莲叶纹、折枝花卉纹、缠枝花卉纹、锦纹、锦地开光纹、杂宝纹、水波纹、云纹等。主题花纹有缠枝牡丹纹、缠枝莲花加八宝纹、云雾高山纹、水藻游鱼纹、高士赏鹅图、仙山楼阁图、孔雀图、麒麟图和骑马武士图、离家出行图、喜鹊登枝图，以及琴棋书画图等。飘动的云彩用灵芝形与圆圈形组合，加绘粗肥矮脚，多安排在主题花纹之间的空白地区，使画面充实，也增加动感。缠枝花卉一类主题花纹很疏朗优美。此外有大笔浓重线条勾画的连绵的大朵云彩，再用碎笔点画雾状浮云，使画面有由远而近的层次感。它将装饰表面分开成不同的装饰区间，便于安排醒目的主题花纹，这在元代和明洪武、永乐、宣德时期都没有，是正统时期的创造。它潇洒的风格和粗重的线条，应该来自民窑工匠。从画面意境来看，有点无拘无束、放纵大胆的意味。空白期一过，宫廷对景德镇瓷器生产的控制严厉起来，这样的内容就迅速减少以至消失。作为辅助装饰的几何图案，相当突出的是锦纹的广泛使用。锦缎纹有细格纹，有四瓣花加圆点，有菱形格加十字纹，有多重网纹加圆点，有四瓣围成钱纹，有锦地开光加绘折枝花、喜鹊登枝等内容。虽然只作辅助装饰，但增加了瓷器的时代生活气息。正统时期由于特殊社会原因，景德镇瓷器绘画艺术受到浓厚画院艺术的影响，但也有接近民间绘画的许多内容，一些作品虽然比不上画院艺术精细，也没有那么多仿古意识，但贴近生活、反映民间风俗的内容增多，这是正统时期装饰绘画的一大特色。

第四，青花料用的是国产料，和宣德一部分青花瓷一样。从瓷器艺术效果显示，对国产料的选择、开采、煅烧、提炼技艺已经成熟。加上钴料本质变化，因此和洪武、永乐青花相比，青花蓝色比较平淡，绘画线条没有边缘浸漫的现象，也没有凝而不舒的结晶斑块。一般线条蓝中发灰，如果要取得深浓效果，则必须用笔蘸料来回多次涂抹。很多画花、果、树干枝叶、太湖石的内容，用笔来回涂抹的笔道很清楚。由于显色平淡的本质，瓷画艺术能更好运用中国水墨画技巧来表达绘画内容。例如有些树杆是双勾树杆，再作出树表的皴皮，而有的果树则饱蘸钴料，重笔走转顿挫，很有劲地一笔完成。雀鸟羽毛用重笔画轮廓，再用淡笔勾羽毛。水波纹也是这样，和元代、洪武、永乐时绘制海涛的海水江牙效果不同，是画一个大海水范围，再勾画水波线条，水面要用淡蓝染平，水面效果平静得多，没有以前那种波涛汹涌、浪花翻飞的气势，这是正统青花画面的微妙变化，也是帮助我们认识正统青花的一个方面。以前青花绘画多用没骨画法作画，正统时期仍然是这样，但从青花牡丹麒麟纹罐肩上的莲瓣、牡丹的花叶来看，似乎已经开始采用双勾构图、青料填抹的办法来画完画面。这种新绘瓷技法的采用，到成化以后就很普遍了。

14. 正统年款

正统器物没有官窑款识，如今遗留下来的楷体纪年款仅见于民窑瓷器中。如“正统元年”和“正统捌年”款，以及用楷体、草楷、隶书写的“福”字等款。

八、器型及工艺特征

这时期的器型厚重者多，生活器皿、供器多。有大缸、铺首器座、小缸、葫芦瓶、花口四棱双耳瓶、靶盏、梨形壶、侈口腕、直壁碗、大盘、侈口盘、窝盘等。其中，大缸、小缸、铺首器座等是正统时所新创品种。有一种花口多棱瓶，原来流行于唐宋，而在元代至明中期少见。正统花口双耳瓶造型与众不同，为正统所特有。葫芦瓶虽见于宋元，但高度近50厘米的葫芦瓶在明初不多见。此时的瓶是高圈足，盆多折沿，内壁有手指凹痕，瓶盖钮顶鼓起成荸荠形。碗盘的圈足也与前不同，矮并且内敛是其特点。此时工艺稍嫌粗糙，盘的足跟内斜，而且较浅，常见釉底。碗的圈足深，圈径大。碗底常有乳点、缩釉点、芝麻点，口沿涂芝麻黄釉。罐、瓶等都是砂底，接口明显，不讲究修胎。瓶类多带双耳，有月形、戟形和兽耳形，并且出现较多铺首，一般装饰在琢器肩部。所见正统朝琢器修足工艺，也与其前后时期有所区别。一般底足削修得并不过分细腻，多为敦厚浅宽圈足，或微上凸平砂底，带有火石红痕或粘有星点窑渣，类似其后成化大盘等多见的所谓“糊米底”。这应是此时通行的一种琢器底足修整工艺。

1. 梅瓶

梅瓶是瓷器中十分常见的一个品种，小口，短直颈，溜肩，胫部徐收。器身修长，腹部不明显。圈足，带盖，为覆碗型。方唇，撇口凹弧壁，平顶，顶内壁有一圆管形突唇。盖顶为宝珠钮。器身主体纹饰为缠枝牡丹花卉纹，胫部饰以莲瓣纹，肩部饰以缠枝花卉纹。通体施釉，底部不施釉。青料发色深蓝。梅瓶应该都有盖子。梅瓶瓶身修长，造型优美。最初为盛酒器，也称经瓶。明代以后逐渐由日用瓷器变成陈设瓷，有时也作为陪葬物。近代许之衡在《饮流斋说瓷》中说：“梅瓶口细而项短，肩极宽博，至胫稍狭，折于足则微丰，口径之小仅与梅之瘦骨相称，故名梅瓶也。”自唐代产生后，历经宋元明清未曾间断，因此对梅瓶器型变化做时代特征的研究具有典型意义。从元代开始，梅瓶高度就呈现下降趋势，底足越来越大，体型越来越小，整体造型越来越纤细，符合梅瓶从整体功能向陈设瓷的转化。元代的梅瓶通高在46—48厘米，洪武、永乐时降为37—41厘米。到正统、景泰时降为36—38厘米，到天顺时则降为33厘米，成化以后则只有22厘米了。**明代空白期前的梅瓶之口，颈脖极短，乃为制造时工艺所致，梅瓶之口为专制，插入瓶中，以瓷泥粘结，明代中期后改革此制造方法，可以径直拉坯至口，一次成型，故瓶口之颈部方能伸长，并呈现各类口部形态。**

宣德时期梅瓶造型为圆唇，口外卷，短束颈，丰肩，肩下渐收，足稍外撇。正统时期梅瓶为圆唇，但不外卷，颈部为短直颈，与宣德的束颈不同。有的颈部甚至与元代的颈部相似，为上窄下宽，微微外撇。肩部早期微隆，与宣德时期相近，后期呈圆弧状，与成化时期相似。肩下向内收腹，但弧度不似宣德那样急，足跟为外撇。此时梅瓶多带盖。成化梅瓶为梯形圆柱形弧状，不像宣德朝这般鼓，与空白期后期相同，肩下渐收，幅度较缓，不像宣德朝这般急。其足部微微外撇，但不明显。宣德束腰式梅瓶在成化时依然存在，但是在正统三朝纪年墓中没有发现。成化和宣德时期也有平口梅瓶，但在空白期出土物中没有类似器物。

梅瓶是自宋代以来长盛不衰的少数器型之一，同时又是官窑大量烧制的器型。此时梅瓶虽然没有固定形制，但一般遵循的规律是颈部短直、肩腹部隆起、腰胫部收缩。景德镇珠山御窑厂遗址出土的宣德朝梅瓶高者可达 55 厘米左右。景泰和天顺的梅瓶则通高均在 30 多厘米。成化梅瓶则延续天顺造型特点，愈加表现出挺拔纤细的特征。以北京故宫博物院藏的瓷器为例。明代正统青花松竹梅纹罐，高 33cm，口径 17.5cm，足径 17.5cm。直口，短颈，丰肩，鼓腹，腹以下渐内收，圈足，造型端庄饱满。通体青花装饰，颈饰忍冬纹，肩饰缠枝牡丹纹，腹通景绘月映松竹梅纹，辅以花草、坡地、灵芝等，近足处绘变形莲瓣纹。素底无釉，无款识。

明代正统朝瓷器的制作，无论是造型、纹饰，还是青花色泽，所体现的时代风格均与宣德晚期署款官窑器风格接近，是宣德制瓷风格的延续，但在生产中又有所演变和创新。正统青花瓷器所用青料有两种，一种为永乐、宣德时期使用的进口青料，青花色泽浓艳；另一种为国产青料，呈色较淡，为灰蓝色。这一时期使用国产青料开始居多。造型则直接继承宣德器物，器形饱满，瓶、罐类大型器与宣德时期相比差异不大，只是器物口部在正统时期略收，与宣德时期器口部外撇稍有不同。器身线条方面，正统时线条变化比较平缓，宣德时线条起伏明显。纹饰布局方面，正统青花器亦是宣德青花风格的延续，瓶、罐多采用三段式布局方法，即肩、腹、足三部分。永乐、宣德时瓷器上出现的涡旋云气纹，在正统朝被广泛使用，一般亦采用外粗线、里细线的画法。

其实，正统时期景德镇御窑厂仍然在烧瓷，只是因为连年战乱、改朝换代等原因，在品质与数量上比永、宣时期大为减少。这在《明英宗实录》《大明会典》《明史》《浮梁县志》《江西省大志·陶书》等文献中均有记载。故空白期并非无官窑瓷器，工艺精细者也有，只是绝大多数没有年款。正统梅瓶纹饰在布局上基本相同，主体均分为三个部分，上下绘以辅助纹饰，中间绘主题纹饰。有的仿效元代，用弦纹将三个部分区分开来，其上下辅助纹饰以莲瓣纹最为多见。主题纹饰也以花卉纹饰最为普遍。宣德朝在梅瓶颈部和靠近颈部的地方留白，而成化朝的梅瓶还在圆柱形的胫部装饰图案。宣德梅瓶底足皆不施釉，多为砂底隐圈足。宣德后期底部施釉，但较为少见，常见为二层台式底足，有六字楷书款，并施釉。空白期出土的几件梅瓶底足均不施釉，平底内凹。成化梅瓶同样多为平底，不施釉。

2. 盖罐

这是中国历史上最为常见，也是历史最为悠久的瓷器品种之一。直口，唇微凸，短颈，丰肩，腹部至胫部内收，隐圈足。笠帽形盖，子口，宝珠钮，通体施以白釉。此罐既可以用来储藏水、酒等液体，也可以用来存放固体物品。盖子的主要功能是存放液体时防止挥发和变质，以及防止其他杂物进入。早期盖罐一般在肩部做系，常见有双系、三系和四系，系是用来穿绳便于携带。魏晋时期造型变得多样化，有弓形、桥形和狮形等。唐宋时期还出现了瓜棱形和球形等。元代出现了青花绘画，盖罐装饰也由素胎装饰变为了彩绘装饰。盖罐分为盖子和罐身两个部分。盖子由钮、顶和盖沿三个部分组成。罐身可以细分为口、颈部、肩部、腹部、胫部和足部组成。以下将这几个部分对照宣德和成化，分别比较如下：

首先是盖，宣德典型盖子为折沿、拱顶、宝珠形钮，盖下设计一子口，插入罐身颈部，盖子整体呈笠帽形，还有一种为圆形平面盖。正统、景泰、天顺三朝盖子与宣德朝类似，均为笠帽形盖，折沿，子口，宝珠形钮。只是此时盖钮比宣德时略高，折沿弧度也较为平缓。成化时期盖罐形式主要是平盖。宣德朝也有圆形平面盖，特别是斗彩盖罐，几乎都是这种盖子。盖短无钮，平面为内凹，盖沿为直壁。在平面到直壁部分有一个曲线过度，不像宣德出戟罐那样棱角分明，并且直壁长度也较同类盖子为短。其次是罐身部分，空白期的罐身造型为直口、短颈、丰肩、鼓腹，腹部下渐收，平底。这时器物比例上略有不同。就笠帽形盖比例来说，宣德时高度、口径、足径的比例为 1：0.9：0.8，三者比例很接近，所以整体给人矮胖敦厚的感觉。而平面罐盖罐的比例是 1：0.7：0.9。正统盖罐的比例是 1：0.5：0.5 左右，比例较为适中，很协调，相比宣德时期，给人以挺拔纤细的感觉。成化的两件盖罐比例在 1：0.7：0.9 左右，比例接近于宣德时期出戟盖罐的比例。器型浑圆，给人端庄稳重之感。同时这个时期盖罐的高度也有变化，整体上呈现递减趋势，仅宣德时期偶有大器出现。白釉罐造型与青花罐相同，典型器物见江西新建正统十四年（1449 年）宁献王朱权墓出土的白釉罐。

盖罐纹饰布局。宣德盖钮和器身上满做装饰，而正统盖子仅仅在盖子顶部和钮尖尖做装饰，其他地方留白。罐身布局纹饰分为三个装饰带，上下为辅助纹饰，中间为主体纹饰，纹饰多为花卉纹。宣德罐口部绘以纹饰，正统时期则仅以弦纹装饰。在整体布局上，正统时期相较宣德时期更为疏朗，留白的地方更多。正统盖罐有一个与前朝不同的地方，就是在器物肩部通常会装饰四个铺首，以虎头为多见。**这种贴铺首的做法一直到天顺时期还保留这种形式，但是到成化时则完全消失**。应该也是来自民窑的一种装饰方式。在底足方面，宣德时期既有露胎砂底，也有釉底书款，以无釉涩底较为多见。空白期器物底足多不施釉。罐盖主要特征是子口，盖为笠帽形，盖顶为宝珠钮。罐为直口、短颈、肩平斜、圆鼓腹、矮圈足、细砂底或平底。可见器物有江西新建正统二年（1437 年）朱盘�墓出土的 5 件青花盖罐、江苏南京牛首山弘觉寺出土的正统七年（1442 年）青花瓜棱盖罐等。

3. 炉

正统炉分为鼎式炉和筒式炉两种，鼎式炉均为盘口，双立耳，短束颈，扁鼓腹，三个柱形足。在构图方式上，中间部位为二层横带式布局，绘有各种图案。筒式炉在口沿和近足处也做装饰，纹饰多以缠枝花卉纹为主题纹饰，各个部分以弦纹相隔。

4. 双耳瓶

瓶为矮盘口，长颈，双螭耳，圆鼓腹，束颈，圈足外撇。有的是长条形耳，丰肩直腹，胫部内收，外撇高圈足，内空，釉底。方形瓶是正统时期代表性器物。口沿处饰以双线弦纹，颈上部饰以 6 瓣蕉叶纹，其下部饰以回纹一周。肩部两朵卷云纹，腹部饰以螺丝状卷云纹一周，圈足饰以莲瓣纹一周。每层纹饰以双线弦纹相隔。青花发色青翠，积釉处有黑斑，露胎处泛火石红。典型器物为江西德兴市黄柏乡福泉山正统十二年（1447 年）张叔嵬墓出土的两件青花缠枝莲纹螭耳瓶。高仅 19 厘米，应为冥葬用器。还有景德镇御窑厂正统地层出土的青花花卉纹花瓶，高 27 厘米。

5. 碗

碗是瓷器中最为常见的品种。瓷碗的造型经历了一个由简单到复杂的演变过程。从最初的实用器，渐渐加入了许多艺术因素和深层次文化内涵，出现了多种形式的碗。从元代到明初，碗整体趋势是由高大厚重变得俊秀轻巧。碗的口径逐渐变小，更符合国人进食的习惯。**器物壁也越来越薄，特别是口沿部分**。但是碗的造型没有太大变化，基本上是深腹、圈足，口部则为敛口、敞口或撇口。宣德和成化碗的种类很多，正统时种类有较大减少，趋于使用功能，碗的尺寸在逐渐变小，并且逐渐趋于稳定。宣德碗口径为 13—20 厘米，到景泰时期基本固定在 10—15 厘米。**从口、足和高的整体比例来看，口径和高度的比接近 2：1，而高度和足径十分接近，足径略小于碗高度，偶见足径略大于高度的情况。而碗口径基本上是足径的 2.5 倍左右，这种比例越到后期越趋于稳定**。说明碗的造型和比例在进入明代以后，特别是宣德以后逐渐固定，起变化的则是碗的不同类型。碗的固定还表现在，碗由原来以造型和釉色取胜，逐渐变为以装饰纹样和图案取胜。因为碗是与手直接接触的，必须适合手的生理构造。人的手掌长度是 16—20 厘米，手掌的宽度为 7—10 厘米，拇指与中指之间的距离是 20 厘米。这些都限制了碗尺寸大小的变化。正统之后，碗造型逐渐定形，以后没有太大变化，都是撇口、弧腹、浅圈足。

尽管成化器物类型较多，但是正统常见器物种类有限，主要为鸡心碗、花口碗、墩碗、卧足碗、合碗、收口碗。成化时期增加了撇口碗、花口碗、凉帽碗、敦式碗等。正统最多见的碗主要分为三类，即撇口碗、直壁碗和净水碗。景泰净水碗是一个新品种，在之前还没有发现这一器型。

碗的主要特征是侈口、敛腹、圈足。标准器型为1988年景德镇市珠山正统地层出土的莲池鸳鸯纹碗。该碗外壁绘六组荷莲、三组鸳鸯。底部绘以变形莲瓣纹一周。碗心绘以青花双圈，内饰以荷莲四组、一对鸳鸯。胎体轻薄，釉面泛青。高7.4厘米，口径17.3厘米，足径6.9厘米。该地层还出土一种撇口碗，撇口，弧腹，浅圈足。器物内口沿绘以“人”字几何纹一周，碗心和外壁饰海水纹。高7.1厘米，口径17.9厘米，足径9.4厘米。还有一种莲托八宝纹碗，撇口，弧腹，圈足。碗心绘折枝牡丹纹，碗外壁绘缠枝莲托八宝纹，高9.2厘米，口径20.8厘米，足径9.1厘米。另外出土了一件龙纹碗，内口沿饰以弦纹两道，碗心饰以龙纹，外口沿饰以回纹一周，外壁饰以上下两层龙纹，上四下五，以矾红为底，青花发色浓艳。高7.3厘米，口径13.6厘米，足径7.5厘米。对碗底足的处理，各个时期都有变化。宣德底足一个重要特征，是底足呈多棱边感，不是浑圆的“泥鳅背”。而正统朝由于本身制作水平限制，底足上还有跳刀痕，底足整体上呈现内敛状。到成化时，碗底足则加厚，而且较深。空白期碗底如果无釉，多为“糊米底”。碗的纹饰布局上，在三段区分上没有变化，多是在内外口沿、外壁、碗心或近足处装饰纹样。绘画风格与整体时代风格一致。宣德绘画是以小笔填涂为主，到成化则变为一笔平涂为主。空白期是这一绘画风格的改变期。

6. 盘和碟

明正统青花麒麟翼龙纹盘，高10.7cm，口径52.4cm，足径28.7cm。盘口微撇，浅弧壁，圈足。内外青花装饰。内底绘一麒麟驻足于松柏、山石与蕉叶间，麒麟所占空间很大，几乎占满盘里心。内壁绘四行龙穿行于云海之间，外壁绘缠枝莲纹。素底无釉，无款识。明正统青花呈色及画法与明初已有所不同，不见明初那种普遍出现的铁结晶斑。麒麟，作为古代一种祥瑞动物，广泛出现于明代各时期瓷绘之中，它是古代人们心目中的祥瑞之物，象征着吉祥幸福。而纹饰中麒麟与龙纹组合在一件器物上，在永乐、宣德青花瓷器中却比较少见。由于“空白期”瓷器存世量少，故而其器型也不多，大多是沿用永、宣时期瓷器的特征，但也有一些新品种，如戟耳带座的器物，这是对元代瓷器的复古，但变化很大。釉与胎在制作工艺上相对比较粗糙，削足不规整，琢器一般底部无釉，碗、盘类底部跳刀痕比较明显。瓶、罐类器口沿多见削釉现象，足墙较宽而深，也是这一时期的普遍特征。正统朝琢器的胎体比较厚重，瓶、尊、罐类的器口，正统时期与宣德相同，为直颈。而景泰、天顺的器口与后朝成化类似，多为上收下阔式。底足修得不太仔细，大多为敦厚的浅宽圈足或微微下凹的平砂底，有火石红斑痕和粘一些星星点点的窑渣在底部的现象。典型器物为湖北钟祥梁庄王墓出土的青花缠枝花卉纹梅瓶，通高 38 厘米，底径 11.8 厘米，口径 4.8 厘米。

盘和碟皆是撇口，浅弧壁，圈足。代表器物有 1988 年景德镇珠山正统地层出土的白龙纹盘。内口沿饰以弦纹二道，盘心绘以海水纹和留白龙一条，外壁饰以青花海水白龙九条。高 3.9 厘米，口径 17.5 厘米，足径 10.8 厘米，重 235 克。还出土过海水纹盘，撇口，浅弧壁，矮圈足。内口沿饰以“人”字形几何纹一周。盘心和外壁绘以海水纹，青花色泽深蓝。高 3.6 厘米，口径 15.3 厘米，足径 8.8 厘米，重 170 克。同时还出土了一件荷莲螭龙纹盘，撇口，浅弧壁，矮圈足。内口沿饰以回纹，内壁饰以 13 朵如意形卷云，盘心饰以荷莲纹饰。外壁饰以两条口衔香草的螭龙，间绘一只鹿。青花色泽浓艳，胎质细腻。高 4.5 厘米，口径 19.6 厘米，足径 11 厘米，重 310 克。还有一件出土暗刻白龙纹盘，撇口，弧壁，矮圈足。内口沿饰以弦纹二道，盘心饰以云龙纹，外饰饰以双圈。外壁绘以长脚如意云纹三组，间绘暗刻龙纹四条，龙纹尚未填彩，应属半成品。高 4.1 厘米，口径 20.3 厘米，足径 12.6 厘米，重 310 克。另外，江西永修县正统九年（1444 年）魏源墓出土青釉菱口碟，菱口，折腹，圈足。内壁刻缠枝花草纹，内底刻一圈菱花纹，中心刻一圈涡纹。外壁刻划花草纹，采用垫圈支烧，外底部一圈无釉。釉色清润肥腻，高 3.7 厘米，口径 12.5 厘米，足径 7 厘米。

7. 缸

1988 年，景德镇珠山御窑厂西墙外东司岭出土一件青花龙纹大缸。圆唇，直口，深鼓腹，平涩底，胎体厚重。内壁施釉，外壁口沿绘以卷草纹，肩部与下部绘以变形莲瓣纹，腹部绘以两条五爪赶珠龙纹，隙地绘以流水纹，青花色泽深艳。高 73 厘米，口径 72.4 厘米，腹径 88.8 厘米。此缸应与《明史》记载的“王振以为有璺，遣锦衣卫指挥杖提督官，赐中官往督更造”有关。后来陆续有更多大缸的瓷片出土，说明正统时已经能够烧造如此巨大的缸，当是在窑炉改造成功基础上所为。正统以后的瓷器烧造，就是在这样的基础上发展起来的，为成就成化的伟大业绩奠定了基础。

九、仿制品

由于空白期器物没有年款，所以在晚清民国时期，就有许多仿制品出现，有的署名“大明正统年制”，有的署款“大明正统年造”。目前还没有找到真正正统官窑具有款识的器物，具有正统款识的器物应该是民国或者是近代所做的仿品。近年来，随着收藏热的兴起，景德镇有更多的人在仿制明代瓷器，特别是这类没有款识的正统器物。因此，能否鉴别和认识正统器物特征，是今天收藏家们面临的较为复杂的问题。

十、小结

正统瓷器是目前比较难以认识的器物。在上海博物馆举办的空白期瓷器展，也没有能够就空白期三朝器物做出区分。就正统一朝的瓷器来看，其主要特征为：烧造的瓷器要比宣德粗糙，有明显仿制元代瓷器风格的作品。琢器胎体比较厚，底部修足简单。器物类型较少，多局限于生活用品方面。前朝时仿制中亚文化类型的器物已经不再出现。在器物装饰方面，吸收了民窑工匠许多内容，例如所谓的“云堂手”。这种纹饰在正统一朝发扬光大，变得越来越繁缛，直到天顺时期才陆续简单化。

正统时期最难的应该是民窑与官窑的区分，因为这一时期是民窑取得巨大发展的时期，御窑厂虽然也有烧造，但是与民窑中精品之作已经区别不大。普通民窑烧造还是粗糙的，比较容易识别。如果说正统景德镇御窑厂的瓷业生产，应该是在张太后故去之后，御窑厂进行了较大规模的窑炉改造，使得原来烧造小件器物的炉子能够烧造器型特别巨大的大缸、大罐。那么在御窑厂遗址出土的那些大缸残片，正是正统后期烧造的产品。这说明正统时期对于窑炉的改造，为景泰和天顺以及以后的瓷器生产做出了重要贡献。

图 42　正统青花龙纹大缸残片

图 43　正统青花龙纹大罐（残）

景泰时期的瓷器

一、概况

正统十四年（1449年），发生了“土木堡之变”，明军在对瓦剌的战争中失利，英宗被俘，大明王朝处于极度动荡时期。在孙太后和兵部侍郎于谦的支持下，郕王朱祁钰继位，年号景泰。景泰皇帝在位七年，虽然努力力挽狂澜，稳住政局，但在位期间，旱涝匪患不断，内忧外患，瓷器生产发展环境受到很大影响，故而景泰年间瓷器生产水平是在逐步下滑。

在景泰继位之时，孙太后为防止政权外入别家，又立朱祁镇儿子朱见深为太子。后来明廷与瓦剌达成和解，瓦剌释放了英宗。待瓦剌放回英宗后，景泰深恐皇权被废，于是在景泰三年（1452年）把孙太后所立太子废去，改立自己的儿子朱见济为皇太子。然而这位太子命运不济，一年半后一命呜呼。由是，景泰帝也日渐病重。延至景泰八年（1457年）初，趁景泰帝病重不能视朝之时，英宗朱祁镇在孙太后和石亨、曹吉祥等人策划下，于南宫发动“夺门之变”，重登皇位。同年，幽杀景泰帝于宫中，改景泰八年为天顺元年（1457年），随后立自己的儿子朱见深为太子。

景泰一朝为时很短，当时的皇帝朱祁钰是在明英宗被俘后匆匆登基的。经历了频仍的内忧外患，在位仅仅七年。当时景德镇制瓷业也经历坎坷。景泰三年（1452年），浮梁县一带遭遇饥荒，御窑厂制瓷业被迫一度停歇或减烧。成书于隆庆年间的郭子章《豫章大事记》记载“景泰五年（1454年），减饶州岁造瓷器三之一”。再是，早于元代自西亚传入的大食窑铜胎掐丝珐琅工艺品，经明初永乐、宣德时积极发展，到景泰年间，珐琅器制作已相当纯熟，由于景泰皇帝对此偏爱，被誉为“景泰蓝”。当时，大量进口青花色料被用于烧制这一工艺品，也在一定程度上造成了御窑厂瓷器生产的凋敝。故景泰年间是“空白期”中烧造瓷器最为低落的时期，其瓷器作品的风格，只能附于正统朝后，乏善可陈，基本没有创新。但是这一时期却是景德镇民窑大发展的时刻，民窑的发展，为天顺以后景德镇瓷业发展带来了成熟的技术条件。根据笔者所做的存世品不完全统计，景泰年间存世瓷器共96种，计115件，其中残器65件，大部分瓷器收藏在公共机构，约102件，另外有四位藏家收藏13件。

二、窑事记载（1450—1456年）

《大明会典》卷三十五曰:“景泰二年（1451年），青茶钟（盅）每七个税钞、牙钱钞、塌房钞各四百文。”

《大明会典》卷一九四曰：“景泰五年（1454年）奏准，光禄寺日进、月进内库，并赏内外官瓶、坛，俱令尽数送寺备用，量减岁造三分之一。”

（明）郭子章《豫章大事记》“景泰五年”条曰：“减饶州岁造瓷器三之一。”

据《浮梁县志》卷八记载，景德镇在正统至天顺年间有过三次较大的饥荒，即正统元年（1436年）至二年（1437年）、景泰三年（1452年）、天顺二年（1458年）。因此，即使天顺元年仍委中官烧造，但也是迫于经济困难，力不从心，一再减烧或停烧。

三、出土瓷器

1. 出土墓葬中的官窑瓷器

景泰时期墓葬出土器物较少，目前已知确切纪年的墓葬主要有：

1964年湖北省武汉市江夏区流芳岭妃子墓，出土青花荷花鸳鸯纹盖罐1件。通高50厘米，口径20.5厘米，底径19厘米。覆盘盖，宝珠钮，侈口矮直径，丰肩，鼓腹，收胫，底足外撇。胎体致密，釉色泛青，青花绘画精细，发色明艳，蓝中泛紫。（张柏主编《中国出土瓷器全集·湖北湖南卷》，科学出版社，2008年。）

1978年吉安市发现景泰元年（1450年）“奉天赐命”长方形青花瓷牌。上下边饰为双龙戏珠，左右边框为双线回纹，有“景泰元年六月二十一日”题款。边框露胎，牌内中空，釉色白中泛青，青花发色深蓝，浅处泛灰，有晕散。这是唯一具有景泰时期题款的瓷器，具有特殊纪年意义。（吴志红著《明景泰“奉天赐命”青花瓷牌》，《南方文物》，1992年第2期。）

1989年德兴市黄柏乡福泉山景泰二年（1451年）墓出土青花瓷3件，包括青花缠枝牡丹纹戟耳瓶一对，青花折枝花卉纹三足炉1件。其中的缠枝绘花纹戟耳瓶，高17.7厘米，口径4.8厘米，足径5.9厘米。侈口，长颈，双戟耳，溜肩，鼓腹，束颈，圈足外撇。每层都以双弦纹相隔，胎质厚重，釉面青白，釉质肥厚莹润，器身有明显接胎痕。青花发色浓艳，呈深蓝色，有下陷黑斑。颈部饰以折枝花果纹，腹部饰以缠枝牡丹纹，胫部饰以螺旋状莲瓣纹。折枝花卉纹鬲式三足炉，短束颈，扁鼓腹，下置三柱形足。纹饰分三层，每层纹饰都以弦纹相隔，露胎处有火石红。（孙以刚著《江西德兴明正统景泰纪年墓葬青花瓷考述》，《中国古陶瓷研究》第6辑，紫禁城出版社，2000年。）

1974年景德镇市东郊景泰四年（1453年）严升墓出土青花瓷7件，计有青花折枝牡丹纹长颈月牙耳瓶一对、青花折枝牡丹纹月牙耳瓶一对、青花折枝花卉纹筒式炉一件、青花松竹梅纹净水碗一件、青花结带宝杵纹碟一件。其中青花缠枝牡丹纹戟耳瓶高16厘米，口径4.8厘米，底径5厘米。侈口，长颈，月牙耳，溜肩，鼓腹下垂，束胫，直圈足，露底涩胎，器外壁施釉，但内壁未经旋削，仅侈口部位有釉。青花发色偏深蓝灰，釉色肥厚，浅鸭蛋青色，气泡密集，呈乳浊状。颈部饰以折枝花卉纹，肩部饰以云纹，腹部饰以折枝牡丹纹，用笔圆润。青花折枝花卉纹筒式炉、青花松竹梅纹净水碗、青花小碟各一件，以上器物釉色、青料相近，釉色呈鸭蛋青色，青料浓处呈深蓝色，积釉处有下陷黑斑，料薄处泛灰。另景泰七年（1456年）舒母袁龙贞墓出土9件瓷器，有青花戟耳方瓶、带座方耳香炉、碗、碟及釉里红折腰盘等。这些青花和釉里红瓷器最晚是景泰时期何时所制，还要研究。景泰四年严升墓中的青花器，釉面青白、肥润，青花色调浓重。浓重处有钴铁斑，凹入胎骨，所绘图案有结带宝杵、缠枝莲、回纹、梵文、松竹梅、折枝花、卷云纹、灵芝、月华等，对这些器物进行断代，可比照景泰以前永乐、宣德时期器物的时代特征。从画有结带宝杵的青花小碟来看，其足里外墙斜削，挖足过肩，制作精细，虽然宝杵图案在元代就已经有了，但该器具有永乐风格，应定为永乐瓷器。那几件绘有折枝花图案的筒炉等器物，从造型、纹饰、画意和浓重的青花色调来看，应是宣德晚期和正统时期的民窑器物。其中缺座的青花敛口净水碗，口沿以梵文为饰，外壁绘以成双成对的四组松竹梅灵芝纹，器心绘月华一轮，内壁分饰灵芝、树丛、兰草间以竹纹，青花色泽灰黑。瓷绘梵文装饰，始见于明初永乐官窑器中，同时，松竹梅三友、成对灵芝与月华纹也为明初民窑中所常见传统纹饰，但是，其纹饰布局疏朗、随意而渐柔的画风，却较符合景泰瓷器绘画风格，佐以净水碗用途，这件器物可以定为景泰作品。（欧阳世彬、黄云鹏著《介绍两座明景泰墓出土的青花、釉里红瓷器》，《文物》，1981年第2期。）

1953年南京市郊西善桥铁公鸡山景泰七年金英墓出土白釉梅瓶1件，瓶身敦实，丰肩，鼓腹，胫部续收，带盖，盖为华盖形，宝珠钮。釉质白腻肥厚，瓶底内凹（张柏编《中国出土瓷器全集·湖北湖南卷》，科学出版社，2008年。）

1974年景德镇市北郊观音阁景泰七年袁龙贞墓出土的青花瓷7件，大体上保持了元末明初作风，如胎体厚重、修胎粗糙、器里外墙斜削的圈足，有的还有内敛现象，可以看到类似洪武器足常有的那种离心式跳刀痕，所绘纹饰也与明初民窑那些缠枝莲纹、兰草纹一致。尤其是其中釉里红折腰碟，浅腹折腰，圈足小而厚，露胎砂底内有脐状乳突，而碟心垫烧圈痕内草书“福”字，更具有元末明初时代特点。所以这些青花器多半是明初洪武或永乐时期器物，而出土的青花卷云兰草文碗、卷云兰石纹碗，造型敦厚，圈足内敛，青花黑蓝，纹饰疏朗，器风格接近正统青花器，它们的成器时代应为正统晚期或景泰时期。这 7 件器物计有青花折枝花卉纹戟耳方瓶一对、青花折枝花卉纹连座炉一对、青花缠枝捧八宝纹碟一件、青花卷云兰草纹碗一件、青花卷云兰石纹碗一件。这些瓷器胎质、釉色、青花发色、装饰风格与景泰四年严升墓出土青花瓷风格相同。青花折枝花卉纹戟耳方瓶高 15.4 厘米，口部横截面积 4.2 厘米 ×3.7 厘米，正方形底足，边长 4.7 厘米，方口，束颈，戟耳，溜肩，弧腹，近底外撇，台式足，釉不及底，露胎。主题纹饰为折枝花卉，颈部饰以青花弦纹二道，外壁饰以折枝花草纹，腹部饰以花草纹，胫部饰以卷草纹，釉面青灰，青花发色深沉，构图草率，器身饰以潦草花纹。青花折枝花卉纹连座炉 1 对，炉身呈扁球状，带座，内无釉。青花缠枝捧八宝纹碟、青花卷云兰石纹碗各一件。所有青花器均呈色深蓝，有晕散和积釉现象，有的呈色淡灰。釉里红缠枝莲纹折腰碟 2 件，砂底呈丹红色，底部中心有明显鸡心凸起。釉里红呈色暗红，积料处有下陷黑斑。（欧阳世彬、黄云鹏著《介绍两座明景泰墓出土的青花、釉里红瓷器》，《文物》，1981 年第 2 期。）

1988 年 11 月在景德镇御窑厂遗址一带考古发掘的瓷片堆积层有三层。第一层为书写“大明成化年制”款的青花瓷片，第三层为宣德纪年款的瓷器，第二层大量瓷器无年款，有一部分和宣德风格一致，但多数器物仍有自己的面貌，应属正统官窑瓷器。有景泰元年（1450 年）款识青花“奉天赐命”牌，为征集品，乃景泰官窑之孤品。（江西博物馆、香港中文大学文物馆编《江西元明青花瓷》，香港中文大学出版社，2002 年。）

在景德镇明代御器厂遗址东司岭也出土过海潮纹的碗、盘，其潮头的绘制有所变化，青花色泽也与正统有些差异，可能是景泰和天顺之物。

福建省蒲城县万安乡明墓出土瓷器中有青花缠枝莲纹象耳瓶，高 19.2 厘米，口径 4.8 厘米，足径 6.5 厘米。盘口，细长颈，丰肩，腹下渐收，喇叭形圈足，颈部附双象耳，足底露胎处呈酱黄色。口沿外壁饰以双线弦纹，颈部饰以蕉叶纹、回纹及双弦纹，肩部饰以两朵如意云纹，腹部饰以缠枝莲纹，莲瓣麦芒状，胫部饰以螺蛳状荷叶纹，足外饰以飞燕纹，青花发色深蓝，时代特征明显。另有青花缠枝莲纹碗，高 8.4 厘米，口径 17.8 厘米，足径 7.7 厘米。侈口，深曲腹，圈足露胎。口沿外壁饰以回纹，碗腹部饰以缠枝莲纹，间饰以云纹。胫部饰以莲瓣纹，足墙饰以单圈弦纹。内壁饰以缠枝灵芝纹，碗心饰以月影松下梅纹。绘画随意潦草，以一笔勾勒为主，青花发色偏浅。现藏福建省蒲城县博物馆。（张柏编《中国出土瓷器全集・福建卷》，科学出版社，2008 年。）

2005 年北京毛家湾 1 号院内发现瓷器坑，在南北长 7.8 米，东西宽 5.2 米，平均堆积厚度 2 米范围内出土瓷片 100 余万片。在 97% 的明代遗物中，通过排比分析，辨识出来大量空白期的器物，极大丰富了对空白期三朝瓷器面貌的认识。

香港中文大学文物馆收藏 1 件青花小罐，纹饰共计 4 层，颈部、肩部为缠枝莲，腹部饰以大朵白纹硕瓣莲花盛开于碧波之上，近足处绘仰莲纹一周，底内书“景泰二年（1451年）岁次辛未肆月吉日立”，纪年款下为“正”形画押。

2007 年在景德镇市区戴家弄澡堂附近工地发现了一批瓷器。这些瓷器明显是经过特殊堆放的。其造型以盘、碗和高足碗为主，重要的是这些瓷器上的图案非龙即凤，具有官样特征。这批质量较高的瓷器，皆具有缺陷（发色不正、窑裂、变形、落渣、错画），应该属于经过细心挑选而落选的瓷器。经过对龙纹图案的比对，黄清华同志认定是空白期产品，而生产组织者应该不是民间窑主。其出土地点靠近昌江边上，能否认定为是官搭民烧，值得深入研究。（黄清华在 2012 年深圳考古研究所举办的题为“明代正统、景泰、天顺三朝官窑瓷器学术研讨会”上的发言。）

2. 非纪年墓出土的瓷器

北京市门头沟区西峰寺出土瓷器中有青花花卉纹香炉 1 件、青花人物纹烛台 1 对。香炉高 11.6 厘米，口部横截面积 8.6 厘米 ×6.6 厘米，长方形，直口，立耳，束颈，四足。器内有火石红斑。口沿饰以卷草纹，颈部饰以花叶纹，腹部四面饰以折枝牡丹纹。胎体厚重，青花发色深蓝。烛台高 20.4 厘米，口径 1.7 厘米，底径 6.5 厘米。烛台为方形，小口，长颈，溜肩，收腹，三层台座足。颈上部饰以折枝花卉纹，下饰以叶纹，腹部饰以各种人物故事图案，台足饰以云纹，口沿饰以卷草纹，胎体厚重，青花发色深蓝，同炉。器物形制不规整，制作粗糙，为典型民窑器，现藏于北京市文物研究所。（张柏主编《中国出土瓷器全集・北京卷》，科学出版社，2008 年。）

景泰元年（1450 年）“奉天饬命”青花瓷碑，1978 年江西文物商店征购，现藏江西省博物馆。该碑高 48 厘米，宽 33.3 厘米，厚 7 厘米。上下边饰为龙纹五爪的双龙戏珠图案，碑额自右向左书“奉天饬命”楷书款。正文为：“行人之职所以宣达命令于四方，必得才学通敏之士，庶几不辱国命。肆我祖宗，必择进士任之，盖慎重其选也。尔修职郎司行人罗如墉，发身贤科，授以斯职，式克勤慎，以举其官。比以随征，陷于战阵，劳苦可悯，良切朕心。是用锡之敕命，以示褒嘉。于戏！人孰无死，惟死于国事者为至荣也。尔尚祗服隆恩，永慰溟漠。敕命景泰元年（1450年）六月二十一日。”据《明史》卷一六七记载：罗如墉，字本崇，庐陵人，进士授以行人。从北征，濒行诀妻子，誓以死报国。属翰林刘俨铭其墓，俨惊，拒之。如墉笑曰“行当验耳！”碑文的意思是罗如墉为江西庐陵县人，考取进士，随王振进行北伐。又有民国《吉安县志》卷三四记载：“王振请上亲征，如墉扈驾。过其乡同年生刘俨，具言已与妻子诀，是行当死节官下。及土木败绩，如墉死之。”说明这位罗如墉在随王振北伐过程中牺牲，可以肯定是正统十四年（1449年）“土木堡之变”时为国牺牲之烈士。碑文是以罗家后代追念祖先的语气书写。

3. 窑业堆积

以江西景德镇御窑厂遗址以及周边地区窑厂遗址发掘结果为参考，可以了解这一时期窑业生产情况。1972年，刘新园、白焜在湖田乌泥岭东90米处清理了一座大约为景泰、天顺年间的窑炉。从堆积物看，多为弧壁青花碗等民窑器物。与景德镇景泰七年（1456年）墓出土器物相同，都有被日本学者称之为“云堂手”的瓷器，多景泰、天顺间民窑产品。其中还发现一件有“天顺年制”款的碗底残片。

2002至2003年，江西省文物考古研究所对景德镇南河南岸整个湖田窑址北侧进行了发掘。此次发掘发现了大量元明时期瓷片，其中也包括了空白期瓷片。在其中出土了一件弧腹大碗，足径大于7厘米，器型敦厚硕大，足墙厚，内足外撇，外足直，足端修圆，通施以满釉，青花发色浓艳。所绘折枝莲，其花蔓纤细，花蕊呈圆形，花瓣作芒穗状。总体构图趋于疏朗，与景泰四年（1453年）严升墓出土青花折枝牡丹纹月牙耳瓶纹饰一致，当为景泰时期典型画法。

4. 海外沉船和遗址的发现

目前最重要的沉船资料来自东南亚，分布在南越海岸、泰国湾、马六甲海峡、印尼以及菲律宾海域。高宪平同志在其硕士论文中对其进行了梳理，可以看出大致的脉络。属于15世纪中期的沉船共有7艘。他们分别是泰国湾的科拉姆（KoKhram）沉船、西昌岛三号（Kosichang No.3）沉船、罗勇府（PrasaeRayong）沉船、马来西亚的皇家南海号（Royal Nanhai）沉船、菲律宾地区的潘达南岛（Pandanan）沉船、越南海域的富国岛二号（PhaQuac No.2）沉船以及印度尼西亚海域的巴拉那堪（Belanakan）沉船。但是从这些沉船发掘出的瓷器多是在泰国和越南等地生产的青瓷、黑彩器、单色釉瓷、红绿彩及少量的青花瓷等，发掘出的中国瓷器相对较少。另外，瑞典人在马六甲海峡打捞出部分明代万历时期的出口瓷，即克拉克瓷，数量不清。

江苏省江宁县牛首山弘觉寺正统四年（1439 年）塔基出土 4 件青花小罐，江西景德镇景泰四年（1453 年）严升墓出土了青花双耳瓶、炉、碗、碟等。景泰七年（1456 年），袁龙贞墓出土了青花卷云兰草纹碗、缠枝捧八宝纹碟、戟耳方瓶、带座方耳小炉等。这是一批很重要的断代器物。但是这都是一些青花民窑器物，其胎釉制作显然都比较粗糙。

除考古资料外，传世品中有几件器物与官窑有一定联系，值得关注。明代景泰青花八仙庆寿纹罐，高 35.3cm，口径 21.5cm，足径 20cm。罐直口、短颈、丰肩、鼓腹，腹下渐收，近足处外撇，足边斜削，浅宽圈足。通体青花装饰。颈绘菱形锦纹，肩绘云鹤间杂宝纹。腹通景绘八仙庆寿图，老者中有执杖者、下棋者、观棋者、执板者、吹笛者、进香者等。童子有的持物，有的执伞，有的执果盘。人物处于山石、小桥、流水的环境中，并有鹤、鹿、松等相伴，空中为大片灵芝状祥云，图案寓意长寿福禄。近足处绘海水江崖纹。青花色泽浓重偏灰，釉面泛青，并有明显的开片纹。素底无釉，无款识。

四、瓷器特征

1. 景泰瓷器的胎与釉

到景泰时，盘、碟开始出现足的内壁向心倾斜，足底多平，乳钉少而小。景泰、天顺时，由于釉层增厚，有微小气泡，使青花出现朦胧、松散，笔触不够清晰有神。正统时期与景泰、天顺之区别，主要在于前者笔致俊巧，纹样多精致、秀丽，更接近宣德风格。而后者多肥润、圆柔，好似用柔软的羊毫笔挥就。

及至景泰，器物的釉质增厚，缩釉斑明显，处处可见釉泡，精者釉质如凝脂。这种情况可能是因为釉层过厚，青花发色多有模糊感。宣德到正统器物胎釉多细白，后来釉质逐渐变厚。景泰器物制造多粗糙，工艺草率，并大量呈现生烧、过烧等各类窑病特征。这与景泰时期许多工匠下到民窑有关，官窑器物生产变得质量下降，部分产品不能不依赖民窑。这种状况到天顺才有所改变。正统瓶与宣德瓶的直颈形状相同，而景泰至天顺则多与其后成化的上收下阔式相近。正统瓷器釉面肥润，青花色泽浓重深沉，带有晕散现象。景德镇出土青花海水纹碗，纹饰粗糙，青花颜色虽重，但不如宣德时颜色光亮，又比成化时的颜色暗，足内满釉无款。

碗的演变规律是这样的：器壁弧度由生硬到圆润，器物底足由厚实到薄巧，器底也由厚变薄，足墙由高到矮，器物由粗犷到精致。伴随着碗的器型变化，其厚薄和弧度也发生改变，同时底足部分也有相应改变。由早期底足粗率挖足，露胎处留有浓重火石红，到成化时修足变得规范精细，少见火石红。空白期是明代前期瓷器在造型和制造工艺上发生重大改变的过渡阶段。

景泰一朝最具特色的是人物题材的大罐和梅瓶。这些器物常见于国内外各大博物馆，以大片云纹装饰最具代表性，国人多称之为“铁索云”纹，或称“灵芝云”纹，日本学者则冠以“云堂手”之名。正统时期的涡旋纹，即“云堂手”的绘画非常繁复，到景泰时开始变得有些简化。到天顺时期，这种风格已经变得简单多了。其人物题材常见的有携琴访友图，与之相应的典故不少，最为著名的当属“高山流水”的故事。俞伯牙携琴访友钟子期，半路得知其病故的噩耗，其于钟子期墓前哭祭，念此生再无知音，遂碎琴以报，成为几千年来知音相惜的佳话。景泰一朝此类人物的表现多具有仙风道骨的气质，人物发冠、衣饰灵动飘逸，精者有“吴带当风”之韵，可参见景泰青花八仙祝寿纹罐。这些有关社会教化的题材，原本就是民窑生产的器物，传入官窑也成为官窑的产品。因此景泰一朝在瓷器生产方面官窑受民间窑口的影响极大。

胎釉。景泰时期的胎釉与正统时期并无差别，少部分器物胎质淘洗精细。受正统生产大件器物影响，景泰时期所生产的大件器物较多，如人物图大罐、梅瓶等，胎体多厚重。器物形态周正，制胎考究。其制胎水平较之正统时期提高不少。釉面多肥润光亮，细碎开片的情况不多，但是仍有釉斑，这与当时采用蘸釉的方法有关。如胎体不重、易于抓取的撇足器物，大多是采用了这种蘸釉法上釉。景泰瓷器胎质大多比正统粗糙，器物底部为白砂底，有时带有部分釉斑。釉层较厚，有细小气泡。釉色白中泛青，呈玉质感。有酱釉口器和青花酱釉弦纹装饰，器物里外釉基本一致。足胎露胎线打磨圆熟，器口呈“灯草梗”状。景泰釉中釉灰的含量比正统时期和后面的成化都大，因而呈色偏灰。正统产品胎质细白，釉面薄，白腻，也有的微带青或灰青，均光亮透明。到景泰时，釉层微加厚，青色随之加深，近似湖水青，有的腻如堆脂。正统釉层没有景泰和天顺时期厚，青花图案多有晕散现象，特别是晚期，这一现象一直延续到景泰时期。景泰、天顺时，有的由于釉层增厚，有微小气泡，使青花出现朦胧、松散，笔触不够清晰有神。及至景泰，器物的釉质增厚，缩釉斑明显，处处可见釉泡，精者釉质如凝脂。这种情况下，可能因为釉层过厚，青花发色多有模糊感。宣德到正统时期的器物胎釉多细白，后来釉质逐渐变厚。景泰时期的器物制造多粗糙，工艺草率，并大量呈现生烧、过烧等各类窑病特征。

瓶类器物大多以三节成型，器物外壁施以满釉，圈足处釉线不整齐。瓶罐类器物的颈部，正统器与宣德器相近，多是直颈，而景泰、天顺器与成化器相似，多是上收下阔。器型逐渐变小，变得纤细，为此时的一个普遍规律。折胫筒形炉流行于正统后期延续至弘治，这种造型直接被成化器所继承。

景泰后期以来，画面趋于草逸和简化，有的纯粹用卷云构成纹样，有的在卷云间装点亭台楼阁，有的则缀以远山、劲草，颇有些意趣。正统青花胎质较为致密，器物底部多为细砂底，有火石红现象。釉层没有景泰和天顺厚，青花图案多有云散现象，特别是晚期，这一现象一直延续到景泰时期。其圈足比较敦实，底足削修粗率，外圈足较浅，即挖足不过肩。景泰时期大罐多，常见月牙形耳，还有绳索式立耳，耳自口沿始，二者区别明显。景泰釉质增厚，缩釉斑明显，斜看可见釉泡，精者釉质如凝脂。宣德到正统时期的器物胎釉多细白，后来釉质逐渐变厚，景泰时期的器物制造多粗糙，工艺草率，并大量呈现生烧、过烧等各类窑病特征。到后期甚至到成化时，釉质才又重见白腻，胎体薄巧，挖足趋于精细，甚至挖足过肩。而景泰、天顺器与后朝成化类似，多为上收下阔式。底足修得不太仔细，大多为敦厚的浅宽圈足或微微下凹的平砂底，有火石红斑痕和粘一些星星点点的窑渣在底部的现象。

景泰至天顺时的器物，则多与成化时的上收下阔式相近。这个时期龙纹中的夔龙所占数量居多。其所绘夔龙尾部分叉，成为一个“人”字形尾，后人又称之为“人尾龙”。龙尾左右两端都呈卷枝状态，所以也称之为“卷尾龙”。这是正统和景泰时期龙尾的重要特征和鲜明特点。到成化时，出现一种花式龙尾，又称夔龙，其龙的嘴唇犹如象鼻，龙嘴衔有一支或一束花。花尾龙的名称由此而来。

景泰时期不见海水纹、动物纹的器物，海水纹多是作为器物边饰出现，或如屋瓦状排列，或者浪花飞溅，层次略显繁乱。与前朝最大不同是前朝海水用粗线条勾描，内部再用细线条填满，而景泰时海水纹多是用粗线条勾出轮廓，其内部再不填绘青花。空白期的海水纹多是与其他纹饰组合使用，或者是作为边饰出现，单独作为主题纹饰出现的较为少见。构图饱满，层次较多，越到后来越显繁乱。海水浪花像仙人掌一样，留白很小，因此整体留白的地方，相较于宣德和成化时期要少得多，整个画面显得很满。这与宣德时期有所不同，因此层次感和动态感稍显不足，没有前朝的波涛汹涌之感。这个时期龙纹中的夔龙所占数量居多。因为此时对人物的形态、动作的把握还不十分准确，远不及景泰时期的精美，但是整体布局的雏形已经形成，为景泰人物画的蓬勃兴盛奠定了基础。景泰四年（1453 年）出土的青花折枝牡丹纹双耳瓶，藏于景德镇陶瓷馆，表现技法上承袭前期民窑，而且用笔更为率意，运笔迅速，笔触明快，不加修饰。

景泰牡丹纹多为折枝，构图疏朗，茎长，叶繁，花小，牡丹花作为环线的花心，配三五叶片，花叶形状好似标点符号中的逗号。景泰之后兰石纹逐渐减少，直到万历时才开始增多。空白期瓷器胎体有少部分质地很精细，胎体细腻，结构致密，并不比宣德瓷器粗多少。但由于结构致密，用手摸触没有细砂的感觉，露胎底部偶然出现很漂亮的火石红现象。但有些作品明显比较粗，就空白期器物群体观察，有一种趋势和宣德时期有明显的区别，就是日常使用的器物开始向精细方向发展，胎体又细又薄，规格尺寸很适用，改善了宣德器皿较厚重雄放的风格，这为成、弘瓷器艺术风格奠定了基础。空白期一过，宫廷对景德镇瓷器生产的控制严厉起来，这样的内容就迅速减少，以至消失。作为辅助装饰的几何图案，相当突出的是锦纹的广泛使用。

景泰青花料是国产料。从瓷器艺术效果来看，当时对国产料的选择、开采、煅烧，提炼技术已经成熟。由于钴料本质的变化，和洪武、永乐青花相比，青花蓝色比较平淡，绘画线条没有边缘浸漫的现象，也没有凝而不舒的结晶斑块。一般线条蓝中发灰，如果要取得深浓的效果，则必须用笔蘸料来回多次涂抹。很多画花、果、树干枝叶、太湖石的内容，用笔来回涂抹的笔道很清楚。由于显色平淡的本质，使瓷画艺术能更好地运用中国水墨画技巧来表达绘画的内容。例如有些树杆是双勾树杆，再作出树表的皴皮，而有的果树则饱沾钴料，重笔走转顿挫，很有劲地一笔完成。雀鸟的羽毛用重笔画轮廓，再用淡笔勾羽毛。以前青花绘画多用没骨画法作画，正统时期仍然是这样，但从青花牡丹麒麟纹罐肩上的莲瓣、牡丹的花叶看，似乎已经开始用双勾构图、青料填抹的办法来画完画面。这种新绘瓷技法，到成化以后就很普遍了。**明代空白期之前梅瓶之口，与元代相同，颈脖极短，乃为制造时工艺所致。当时梅瓶之口为专制，插入瓶中，以瓷泥粘结，明代中期后改革此制造方法，可以径直拉坯至口，一次成型，故瓶口之颈部方能伸长，并呈现各类口部形态。**景泰和天顺时期的梅瓶通高均在 30 多厘米。成化梅瓶则延续天顺朝的造型特点，愈加表现出挺拔纤细的特征。空白期出土的几件梅瓶底足均不施釉，平底内凹。成化梅瓶同样多为平底，不施釉。

由于“空白期”瓷器的存世量少，故而其器型也不多，大多是沿用永、宣时期瓷器的特征，但也有一些新品种，如戟耳带座的器物，这是对元代瓷器的复古，但变化很大。釉与胎在制作工艺上相对比较粗糙，削足不规整，琢器一般底部无釉。碗、盘类底部跳刀痕比较明显。瓶、罐类器口沿多见削釉现象，足墙较宽而深，也是这一时期的普遍特征。正统朝琢器的胎体比较厚重，瓶、尊、罐类的器口，正统瓷器与宣德时期相同，为直颈。

而景泰、天顺时期的器口与后朝成化类似，多为上收下阔式。底足修得不太仔细，大多为敦厚浅宽圈足或微微下凹的平砂底，有火石红斑痕和粘一些星星点点的窑渣在底部的现象。

“空白期”三朝盖罐的盖子与宣德朝类似，均为笠帽形盖，折沿，子口，宝珠型钮。只是此时盖钮比宣德时期略高，折沿弧度也较宣德时平缓。成化时期盖罐的形式主要是平盖。正统盖罐有一个与前朝不同的地方，就是在器物肩部通常会装饰四个铺首，以虎头为多见。**这种贴铺首的做法，一直到天顺时期还保留这种形式，但是到成化时则完全取消，应该也是来自民窑的一种装饰方式。**

2. 景泰时期的底足

大约在景泰前后，器物大部分足墙向心角度加大，内足墙与底的交接处，呈现较小的锐角折，并且不再垂直切削。足胎露胎线打磨圆熟。底及圈足内壁无釉，器物外壁施满釉，圈足处釉线不整齐。器物中心底部微凹，底部花圈足内壁不挂釉。正统时，有的足底施以薄釉，成“浆糊底”。碗的足外壁开始绘以青花旋纹。到景泰时，盘、碟开始出现足的内壁向心倾斜，足底多平，乳钉少而小。多数外足墙端斜削并落于台面，内足墙端有棱边感。个别开始有外足端滚圆的现象，这种形式是明代民窑上乘器皿的特征之一。正统晚期足外墙几乎全部饰以青花圈线，并且从此沿用不变。较好的瓷器，在足外墙圈线内开始加绘简单纹饰，这种形式成化时增多。

这三朝琢器胎体比较厚重，瓶、尊、罐类的器口，正统瓷器与宣德器相同，为直颈。而景泰、天顺器与后朝成化类似，多为上收下阔式。底足修得不太仔细，大多为敦厚浅宽圈足，或微微下凹的平砂底，有火石红斑痕和粘一些星星点点的窑渣在底部的现象。正统以后三足式筒炉逐渐增多，如北京故宫博物院藏书写天顺年款的青花波斯纹筒炉。鼎式炉为仿铜锭器型，这种造型宋元已有，只是延续前朝传统。到景泰时，其耳多为绳索式立耳，耳自口沿始。双耳瓶为该时期的特色，景泰器胎质比正统粗糙，器物底部为白砂底。釉层较厚，有细小气泡。釉色白中泛青，呈玉质感。有酱釉口器物，以及青花酱釉旋纹装饰，器物里外釉色基本一致。足胎的露胎线打磨圆熟，呈“灯草梗”状。瓶类器物大多以三节成型，器物底部中心微凹，底及圈足内壁无釉，器物外壁施以满釉，圈足处釉线不整齐。

空白期的器物盖子与宣德朝类似，均为笠帽形盖，折沿，子口，宝珠型钮。只是此时的盖钮比宣德时期略高，折沿的弧度也较宣德为平缓。成化时期盖罐的形式主要是平盖。宣德时期碗的口径约为13—20厘米，到景泰时期基本固定在10—15厘米。从口、足和高的整体比例来看，口径和高度的比接近 2：1，而高度和足径十分接近，足径略小于碗的高度，偶见足径略大于高度的情况。而碗的口径基本上是足径的 2.5 倍左右。景泰时期的净水碗是一种新品种，在之前还没有发现这一器型。

五、青花器

1. 对一些无款青花器的分析

浙江省博物馆收藏有 1 件青花仙人乘鹤纹梅瓶，器高 32.3 厘米，小唇口，束颈丰肩，敛长腹，平砂底。肩与下腹部分饰以缠枝莲和蕉叶纹，器腹以云气开光，内绘乘鹤仙人。器青花画面主题突出，布局疏朗，与宣德晚期粗犷用笔及浓重色泽的画风稍有差异。若将其与北京故宫博物院收藏的署“大明景泰年制”款的铜胎珐琅缠枝莲梅瓶的器型相比照，则不难看出两者极为相近。以此为据，这件青花梅瓶的成器年代应在正统末年或景泰一朝。

湖北省武汉市文物商店收藏的青花双兽耳长颈瓶，为唇口，细长颈下起弦纹，溜肩腹部连以起台托座，平砂底，颈部饰以双兽耳，釉面青白润泽。上起长颈下至托座，分饰长蕉叶、十字形灵芝云、覆莲瓣、缠枝莲，卷草纹等，图案运笔活泼，纹饰形象生动，蕉叶有飘动感，兽耳留白无染青。该店收藏的另一件青花人物兽耳尊，胎体厚重敦实，釉面肥腴。唇口直颈，溜肩饰以对称兽耳，鼓腹下敛，足微外撇，平砂底。颈部与下腹分别绘以回纹与蕉叶纹边饰，肩部饰以钱纹锦地开光折枝花卉，器腹分别绘举杯邀月与仙人乘槎两组人物故事画面。槎形如瓢，云气堆垛如蘑菇状，仙人、高士神态飘逸洒脱。同此风格者还有湖北省博物馆收藏的青花兰竹纹折沿盖罐，唇口短颈，溜肩敛腹，平砂底，宝珠顶盖中腰下折，内有套口，边饰分别为仰、覆莲瓣与点纹，器腹绘以灵芝、丛兰、风竹，衬以密布于天际的灵芝形流云。构图简洁疏朗，青花色泽黑蓝。这种青花呈色黑蓝，多半是景泰一朝的器物，因为景泰青料中掺入了石子青料，故而呈色发黑。上述 4 件青花器，虽均系武汉市武昌地区明八王墓出土物，但风格已略异于前朝：纹饰疏朗，间空较多。查《明史・卷一〇一・诸王世表》，武昌地区朱氏八王各支子辈十人，大部分袭封于正统时期，相继卒于正统至弘治年间。据《大明会典》记载，景泰五年（1454 年），朝廷赏赐内外官一批瓶、罐。据上述 4 件器物本身所具有的特点，耿宝昌认为，它们即是这批皇室赏赐品，其成器年代当为正统末期至景泰五年（1454 年）。类似风格的器物，散见于国内外的文博单位之中，鉴定瓷器也可参酌之。

1989 年发掘的江西省德兴市黄柏乡福泉山景泰二年（1451 年）张氏墓出土青花折枝花绘纹鼎式炉 1 件，青花缠枝莲纹戟耳瓶 1 对。整体造型同于正统十二年（1447 年）墓出土的青花缠枝莲兽耳瓶，但胎体不及其厚重，耳部也有明显不同。该器耳部呈月牙形，又称戟形耳，而正统墓出土者为兽形耳。目前几件带有月牙耳的器物，基本都出自景泰时期的墓葬，这并非巧合，说明此类造型可能为景泰一朝所特有。另外从纹饰、画工、釉色、青花发色上比较，也呈现出与正统所见器物不同之处：笔意流畅，绘画精细，缠枝花卉不再是一笔勾勒，颈部多饰以整串折枝花果纹，这也是景泰一朝最为常见的装饰手法。戟耳部分由于空间狭小，故采用随意线圈勾画。釉面青白肥润，但底部施釉不匀，口沿及接胎处多见缩釉斑点。青花发色清新明快，幽兰匀称。

青花折枝花卉纹鼎式炉。这类小炉通高在 10 厘米上下，自正统时期开始流行，不同的是该炉耳部为绳索式耳，耳自口沿始，耳部中间有圆形小口，耳不同于前朝多见的朝天耳式，耳自肩部始，差异明显。釉面肥润，但是有菱形斑点。青花发色如同蓝色墨水一般。传世品还见麻绳式立耳。这种器物景德镇官窑博物馆藏 1 件，其他部位同，器身主体纹饰为落花流水纹。这种炉也多为景泰年间所烧造。

江西景德镇市东郊景泰四年（1453 年）严升墓出土有瓷器 7 件，分别是青花双月牙耳瓶 1 对、青花长颈双耳瓶 1 对、青花筒形香炉 1 件、净水碗 1 件、青花十字宝杵纹盘 1 件。青花双月牙耳瓶，其造型与德兴市景泰二年墓所出土者如出一辙，唯有底部装饰略有差异。釉质肥厚，不开片。青料浓艳处色深蓝，积料处有褐色斑，料薄处泛灰。青花筒形香炉器型也曾见于正统纪年墓出土，但二者差异明显。此器器身更为高挑，主体纹饰为折枝花卉纹，罕见于正统同类器中。青花净水碗器型敦厚，修足平整，器足不施釉，釉色泛青，釉面开片明显，青花发色比较晕散。这类器型在传世和窑址所见不多，有纪年墓出土器佐证，加以有典型的月牙耳，应是景泰年间标准器。

另有青花花卉纹香炉出土于北京市门头沟西峰寺，现藏于北京市文物研究所。炉为长方形，直口，立耳，束颈，鼓腹，四足。口沿饰以卷草纹，颈部绘以花叶纹，腹部四面饰以折枝牡丹纹。胎体厚重，青花呈灰蓝色。该器型与景泰纪年墓出土的同类器物十分接近，符合景泰瓷器的一般特征。其人物绘画与传世所见景泰罐、梅瓶等器物所绘典型的“铁索云”式人物有一定差距，或者为较早期产品。（张柏主编《中国出土瓷器全集》，科学出版社，2008 年。）

青花折枝花卉纹执壶，藏于景德镇陶瓷博物馆。小口，短颈，弧腹，内敛式浅圈足，通体施釉，釉面不匀净，其色泛灰。青花发色浅淡，腹部纹饰为折枝花果纹，整体质量较差，当为民窑所烧造，为景泰年间的产品。（铁源主编《江西藏瓷全集·明代》，朝华出版社，2007 年。）

青花莲托八吉祥纹菊瓣大碗，藏香港艺术馆。同类器物尚有青花仙人楼阁图菊瓣式大碗，藏香港天民楼。二者造型一致，皆为敞口大碗，花口，腹部呈菊瓣式，矮圈足。碗心周围饰以回纹一周，内饰流云。碗内壁口沿饰以网格纹，外壁口沿饰以回纹一周。香港艺术馆所藏者碗心饰以流云及内书梵文种子字之火焰形开光，内壁饰以折枝四季花卉纹，外壁饰以缠枝莲托八吉祥纹，上衬以璎珞纹，近足处饰以变形莲瓣纹。天民楼藏器碗心饰以单朵流云，外壁饰以梅兰竹菊纹，饰以仙人楼阁图。此外窑址出土的还见有碗心绘花卉纹和“铁索云纹”的同类器物。此器应为目前所见到的“空白期”最为精美细致的官窑器物。其制胎考究，釉质肥润，纹饰精美，青花发色蓝艳明快，均匀适中，实属难得之佳器。从整体上看是“空白期”时期的瓷器，仙山楼阁，流云簇拥，具有浓郁的景泰青花瓷特色，是景泰时期青花瓷的代表作，其精美程度远超正统一朝器物。由此可见景德镇御窑厂所生产的器物仍然具有较高的艺术水准，绝非一般民窑所能及。

香港中文大学文物馆藏青花人物图大罐，画面上方祥云簇拥，画面正中二位老者正面而对，端坐于地，执子弈棋，另一老者手执莲花，侧立而坐，神情悠然。画面左侧一仙女手持果篮踏云而至，画面右侧一老者手执扶杖而来，左右小童一携琴，一捧书。整个画面呈现一派祥和、悠然之景，意境深邃，令人浮想联翩。香港艺术馆另藏有青花二仙图梅瓶，场景虽不大，然匠师画工更为卓越，充分利用空间布景设人，线条生动流畅。这两件瓷器题材高雅，技法高超，是景泰时期难得的艺术精品。

2. 景泰时期青花特征

正统到景泰、天顺时期青花表现技法没有大的变化，但“空白期”彩绘艺术效果，却推动了成化“勾线”“染水”等创新工艺的形成，为后来的“勾线”和“混水”工艺的成熟奠定了基础。当时其所绘龙纹的头上开始画上了刘海，有飘起的感觉。这种龙的绘画方法一直延续到成化时期。前述墨书正统二年（1437 年）款青花缠枝莲兽耳樽、墨书景泰二年（1451 年）款青花海水浮莲罐，及青花天顺七年（1463 年）款波斯文三足筒炉，均是代表这一时期画风与书体的典型器。

景泰青花发色较之正统时期变化较大。正统朝青花发色多偏灰，并且浓淡不均，深者极深，淡者极淡。到景泰时期，青花发色较为幽蓝匀称，浓淡有致。其中人物图案的青花发色多浓艳夺目。景泰时期，代宗因醉心于西方传入的铜胎掐丝珐琅工艺（即景泰蓝），而忽略瓷器生产，故而青花风格在三朝里变化微小。但是景泰时期也有其特点，景泰青花瓷釉水较正统更加肥厚，玉质感强，气泡丰富。青料也是基本使用国产青料，釉面呈色浅淡，偏灰白。这时的云气纹已经较正统时期有了较大变化，更加繁密细致。明代景泰青花瓷延续了正统青花的风格，造型敦厚，釉面青白，青花色泽蓝中泛灰黑。其纹饰布局疏朗，画风缓柔，图案形象概括，繁简得当，但画面整体却略显简洁，空间较大。景泰四年（1453 年）出土的青花折枝牡丹纹双耳瓶，景德镇陶瓷馆所藏，表现技法上承袭前期民窑，而且用笔更为率意，运笔迅速，笔触明快，不加修饰。成化三年（1467 年）墓出土的青花法轮云纹盖罐，藏于江西省博物馆，和青花花卉纹碗也具有相同的表现技法。由此推之，天顺时期的青花彩绘工艺应该也与景泰工艺相同。（见图 47）

3. 景泰青花料

明代中期由于正统、景泰、天顺三朝历时近 30 年时间，正值景德镇御窑厂生产处于低落时期，目前可以确认的景泰瓷器实物非常少。在有限的出土器物中，不难发现此时期的青花瓷没有什么创新，基本是继承了前朝的风格，月牙耳瓶是此时期最具有特点的瓷器，还有梅瓶、长颈双耳瓶、连坐方耳香炉、净水碗、小碟等。筒形炉是平砂底，口沿、圈足都平切，炉内壁近口沿处一周施釉。碗盘类器物圈足外壁内敛，底面平整，施釉，同心圆线条及放射状的跳刀痕明显，中心有一微凸起处。景泰青花釉面青白，青花色泽蓝中泛灰黑。其纹饰布局疏朗，画风缓柔，图案形象概括，繁简得当，但画面整体却略显简洁，空间较大。

此时青花多使用国产青料，含钴量低，所以发色清晰，较适合人物绘画。所以这个时期一个显著变化就是人物画开始增多，成为主流，永宣时期流行的几何纹逐渐减少。值得一提的是，景泰皇帝偏爱铜胎掐丝珐琅，此技艺在景泰朝大放异彩，后世谓之景泰蓝。景泰时倾库存所有苏青用于烧制景泰蓝，故到天顺时景德镇已经没有苏青可用。景泰烧造瓷器时所用青料主要是国产石子青，最适宜描绘人物活动场面。但是青料厚的地方颜色深蓝，偏灰黑，有褐色斑点，薄的地方发色清淡，为灰绿色。终景泰一朝，使用苏青烧造的瓷器数量有限，现在较少见到。多数出土器物也是国产青料烧制。至于成化时出现的烧炼苏青，是因为成化十六年（1480 年）由苏门答腊进贡了一次，但是这次进贡的苏勃泥青呈色极差，必须要进行煅烧提炼才能使用。所以说成化的苏青瓷器应该是成化十六年以后的器物，而不是人们常说的成化早期，其意味中还保留着景泰有剩余苏青的含义。

六、装饰纹样

1. 景泰纹饰的特点

景泰瓷器绘画主要纹饰为折枝花卉纹、人物图案等。江西德兴黄柏乡福泉山景泰二年（1451 年）墓出土的折枝花卉纹鼎式炉，口沿绘以螺旋云纹，辅助饰以折枝花卉纹，足上部也绘以一种螺旋云纹，每层纹饰以弦纹相隔。这个时期的绘画方式以三层横带式为主，上下空间较小，绘以辅助纹饰。中间腹部较大，为主题纹饰。也有二层构图的，较为少见。其主题纹饰多以花卉和人物、动物为主，辅助纹饰则以变体莲、蕉叶纹为主。器物的盖子也有纹饰图案，多数在顶部绘以莲瓣纹。明代初年，统治者致力于恢复汉家风尚。洪武年间追仿宋制，到宣德时，重建画院。由于统治者的倡导，明代画坛非常活跃，各流派林立。在明代市井文艺风头正健的背景下，画家在绘画中有许多表现仙人高僧及文人隐士的题材，画面中的文人、隐士们或在松林荒郊及茅舍庭院中弹琴、饮茶、论道、吟诗，或骑着马，后面跟着书童，行走在丘壑泉石、烟云竹林中。受画风的影响，瓷器装饰上的高士图也迎合时代需要，出现了多种高士图装饰的青花瓷器。运用瓷画载体，表现文人闲云野鹤徜徉于山林秀水之间，意在“寄兴抒怀”，求得“心远忘世”。

正统常见的纹样有卷云人物纹、涡旋云气纹、缠枝莲纹、缠枝莲捧八宝纹、缠枝菊纹、湖石牡丹孔雀纹、湖石牡丹茶花孔雀麒麟纹、山石松竹、芭蕉纹、缠枝和折枝茶花纹、折枝瑞果纹、莲池游鱼纹、杂宝纹等。景泰、天顺时，除了继承以上纹样外，又出现了松竹梅纹、月梅纹、石兰灵芝纹、蒲草纹、宝杵纹、梵文等，即便同题材的纹样，在各个不同时期的画法也有所不同。例如缠枝莲的花头，正统时期与宣德时期一样，花头类似明锦缎中的宝相花状，工整而细致。景泰时期则简单草率，大多把花心画成螺旋形，花瓣作芒穗状，卷叶粗而短，中心叶片有的近似桃实、豆荚。有的近似元代的葫芦形，但小似蝌蚪。折枝瑞果和缠枝茶花，宣德和正统初皆为写实，正统中期到景泰，则成写意画，三果简化成一果，花瓣随意点簇，近似“逗号”状，枝叶纷披，变化自如。景泰花卉纹饰以草率著称，官窑瓷器的烧造也如同民窑，足见御窑厂缺乏严格管理，瓷器纹饰难以出现高品质的东西。

正统时流行缠枝花卉纹，到景泰时期则以折枝花卉为主流。特别是以整串折枝花果纹最为常见，是景泰时期最具特色的装饰。人物图案大量出现，题材有携琴访友、高人逸士、焚香拜月、琴棋书画、仙人楼阁、八仙祝寿等，其中携琴访友图出现频率最高。人物形象简洁概括，多具有仙风道骨，衣带飘动，线条流畅，动势突出。瓷器上的历史故事、高人逸士、仕女、婴戏等内容非常丰富，令人赏心悦目。人物图案纹饰的分类不在于细化到何种程度，可以根据其具体特征，按照纹饰的不同内涵，将之分为高士图、神话人物和婴戏图三大类。人物纹饰的大量出现就在正统和景泰时期，应该是民窑中的高人被引入御窑厂，给官窑瓷器带来了一股新的血液。这种人物纹饰的绘画，没有十分成熟的功夫难以实现，靠御窑厂那些规矩守旧的匠人，是产生不了这类绘画的。这种人物纹饰的图案，到天顺时期还有，绘画风格不变。但是到成化就难以见到了，即便成化有人物图案，但是与景泰时期已经完全不同。

此时动物纹饰较为少见。辅助纹饰有回纹、龟背纹、蕉叶纹、云纹、海水纹、莲托八宝纹、线圈纹、莲瓣纹、梵文、璎珞纹等。其中常伴随人物出现的大片“铁索云”纹最具特色。云的画法是先以粗线勾勒轮廓，再以细线装饰点缀其中。常常配合山、树、草、石，能够极佳地烘托出环境气氛，或圆润洒脱，或遒劲有力，极具时代特征。景泰一朝时间虽短，但却是景德镇瓷业制作日益走向成熟的时期，特别是人物画的巧妙布局、熟练用笔，凸显出匠师的高超技艺，为成化瓷器的发展奠定了基础。谢浩先生曾经对这一时期的人物纹饰做过专门的分析研究，有助于我们对此时人物绘画的理解。

2. 高士图

高士图是以文人雅士生活情趣为题材的一种瓷器装饰的典型纹样，是明代青花瓷器重要的表现题材，多描绘在瓶、缸、罐、杯、碗等器物的主要装饰部位。高士图出现在瓷器上，最早可追溯至五代时期，以席地坐饮清谈的人物为常见，辅助纹饰为祥云、异草、奇石等，人物表情洒脱。至元代，高士图作为主题纹饰已渐成熟，题材也较为确定，如江边垂钓的高士等。明代则将题材扩大，尤其是到了明代中晚期高士图大量出现，并对清代的瓷器纹饰产生了很大影响。

携琴访友图。“携琴访友”纹饰绘于瓷器上，金代已见，表现的是伯牙携琴访钟子期这一情节。俞伯牙是春秋时人，善弹琴，他所奏的《高山》《流水》，曲意皆被钟子期悟出，誉为“知音”。后来他携琴拜访钟子期，闻之已死，痛心之余摔琴绝弦以谢知音。明代青花瓷器上多绘有伯牙携琴访友图，其图案多表现为一高士或骑马或步行，身前或身后童子抱琴相随，以山水田园为画面背景。如广西桂林市尧山靖江宪定王夫人莫氏墓出土的青花梅瓶，腹部主题纹饰中所绘高士头戴乌纱帽，骑在马上怡然自得，马前为一童子携琴引路，后为役夫担酒食盒相随。安徽省含山县财政局宿舍工地明弘治年间纪年墓出土的一件人物纹盖罐，其主题纹饰为一高士于垂柳之下漫步，童子携琴跟随其后，寥寥数笔，神态跃然而出，人物形象生动。安徽萧县张庄寨出土的青花携琴访友图碟，内壁绘高士漫步于小桥上，其后跟随携琴童子，浅淡的远山和近景的山石，均以青花勾勒填色，但填色又多晕散出轮廓线，看得出潦草之状。

四爱图。在高士图纹中最负盛名的当属“四爱图”。所谓“四爱”即王羲之爱鹅、陶渊明爱菊、周茂叔爱莲、林和靖爱鹤，广义来说也包括孟浩然爱梅、米芾爱石等图案。三峡重庆库区宝塔坪遗址 M4011 中出有一件高士图纹碗，外壁由两幅主体图案构成，均为高士坐观秋菊，碗心亦饰有与之相类似的高士赏菊纹饰，展现了一幅陶渊明“采菊东篱下，悠然见南山”的情景，赞颂他不苟随时俗的高洁品质。北京市朝阳区八里庄出土的青花人物楼阁图盖罐，腹部主题纹饰为林和靖爱鹤图，并饰以楼阁和云纹。林和靖自谓“以梅为妻，以鹤为子”，人称“梅妻鹤子”，此主题纹饰着意表现一种恬淡闲适的隐士情怀。广州市中山五路明代六脉梁遗址出土的青花开光人物风景纹执壶，主题纹饰为开光人物风景，高士坐于池边，回首观看水中盛开的莲花，意指周敦颐“独爱莲之出淤泥而不染，濯清涟而不妖”的洁身自爱、淡泊名利的高洁人格。广西桂林市北站万历壬子年（1612 年）文林郎刘元石夫妇合葬墓出土 1 件青花四爱图梅瓶，腹部绘画主题纹饰为“高士四爱图”，描绘了俞伯牙爱琴、陶渊明爱菊、孟浩然爱梅、周敦颐爱莲的四幕情景。还有山西长治市郊区山门明墓出土的青花人物故事纹盖罐，腹部主题纹饰为孟浩然爱梅图，图中高士骑于驴上，回首与另一人交谈，前有一童子引路，后又两童子相随，前方有一梅枝伸出。孟浩然情怀旷达，常冒雪骑驴寻梅，曰：“吾诗思在灞桥风雪中驴背上。”梅花早春独步，一枝独秀，与兰、竹、菊并称“四君子”，又与松、竹并称“岁寒三友”，它的铮铮铁骨、浩然正气，也成为文人雅士的一种精神寄托。

其他。除了携琴访友图和四爱图，明代青花瓷器上还饰有高士对弈图、行吟图等其他寓意图纹，展现了高士图纹的独特意境。如武汉市江夏区流芳岭明妃子墓出土青花弈棋图簋式炉，腹部绘人物弈棋纹。北京市海淀区白石桥地区出土的青花高士图罐，腹部主题纹饰既有携琴访友，又有高士对弈、行吟图，同时又有松、竹、梅“岁寒三友”图，恰到好处地点缀其间。北京市朝阳区十里河出土青花渭滨访贤图盖罐，腹部为“渭滨访贤”图，共有 12 个人物，神态各异，栩栩如生。图中姜尚立于主体纹饰左侧，右侧文王作揖，生动地展现了周文王礼贤下士的情景，这也展示了古代文人“穷则独善其身，达则兼济天下”的心态。

景泰人物纹出现较多，北京毛家湾瓷器遗坑出土的 1 件残罐，肩部绘以四组云肩纹，外垂璎珞，腹部之上绘以庭院仕女纹，青花呈色深蓝，青色基本无浓淡色阶变化，大笔绘画，笔触痕、铁锈斑明显。常见大朵云纹，外线粗内线细，云朵大小分明，层次有多则五六层，少则二三层，大有漫布满天之势。与早期相比，此时所绘庭院中的栏杆变得高大，绘画细致许多。

3. 神话人物图

神话人物图是瓷器人物纹饰之一，多为佛、道等宗教人物，如八仙、罗汉、麻姑、南极老人、西王母、魁星等神仙人物。这些神话人物所表现的多为八仙过海、群仙祝寿、魁星点斗等题材。北京市朝阳区酒仙桥出土的青花八仙过海图瓜棱罐和海淀区国家气象局院内出土的青花八仙过海图罐，均于腹部绘“八仙过海”图。福建省闽侯县杜武湖头山出土 1 件青花开光人物纹三足炉，主题纹饰就是一罗汉凭栏远眺。广西桂林市尧山靖江宪定王夫人莫氏墓，出土 1 件青花岁寒三友仙人炼丹图盖瓶，图中纹饰描绘了吕洞宾和张果老各执云帚，铁拐李握杖搁腿，在松竹梅树下朝着地面四足架上宝葫芦坐望，纹饰繁复多样，刻画极为生动。八仙纹盛行于明代正统、景泰年间，尤以嘉靖、万历两朝为甚。当时帝王和上层社会倡行道教，八仙纹于是广泛流行，有“八仙过海”“八仙祝寿”“八仙捧寿”等图样。八仙乃指八位传说中的道教神仙，即汉钟离、吕洞宾、李铁拐、曹国舅、蓝采和、张果老、韩湘子、何仙姑，民间习称八仙纹或八仙图。他们中有老有少，老的如汉钟离、铁拐李、张果老等人，中年的如曹国舅，青年的如吕洞宾等，少的有韩湘子、蓝采和等人；也有贫贱富贵之别，贫贱的如乞丐铁拐李、艺人蓝采和等，富贵的如将军汉钟离、国舅爷曹国舅等人；有男有女，女子如何仙姑。在八仙中各种不同的或对立的要素之间相辅相成、相泄相济、融合渗透、和谐统一，体现了道教的“无极”理念。同时因为八仙分别代表着男、女、老、少、富、贵、贫、贱，由于八仙均为凡人得道，所以个性与百姓较为接近，成为道教中相当重要的神仙代表，也作为明代青花瓷器装饰的重要题材被广泛采用。富人与穷人都是人，要想得道，都得修炼，八仙题材所宣传的应该是一种普世的人世关怀，所以能够为广大民众所接受。

除了八仙人物外，祝寿题材的纹饰在明代也广泛流行，包括群仙祝寿和麻姑献寿等。北京市海淀区百万庄出土的青花群仙祝寿图盖罐，腹部主题纹饰为“群仙祝寿”图，画面中心绘寿星坐于山石之上，周围绘有鹤、鹿、石及人物。天津市蓟县鼓楼遗址出土青花麻姑祝寿图盘，内壁口部书“长命富贵金□”，末有一字残失，内壁底部绘麻姑祝寿图，这些都寓意着明人对于长寿吉祥的美好期盼。正统卷云人物纹大罐或碗，多以大片左右飘忽的弹簧状涡旋卷云作人物背景。其主题纹饰常有三国故事、琴棋书画、高人逸士、八仙等，人物形神兼备，线条十分流利，是明代青花人物的精粹之作。景泰后期，画面趋于草逸和简化，有的纯粹用卷云构成纹样，有的在卷云间装点亭台楼阁，有的则缀以远山、劲草，颇有些意趣。人物题材较少，可能与当时绘画人物题材的重要绘画工匠离世有关，新的人才还没有培养出来，人才出现了断层。因为此时对人物的形态、动作的把握都还不十分准确，远不及景泰时期的绘画恢弘精美，但是整体布局的雏形已经形成。景泰人物画的蓬勃兴盛，为天顺以后乃至成化的人物绘画奠定了扎实基础。

4. 婴戏图

瓷器装饰中利用高士图表达了儒家弟子修身养性和坚贞、高洁的情操，利用神话故事图期盼长命富贵的世俗理想，而对于多子多福的儒家世俗思想，则反映在婴戏图中。婴戏图纹饰形态多种多样，表达“早生贵子”“连生贵子”“五子登科”“四妃十六子”等寓意。明代是婴戏图的复兴期，其中又以明代中晚期为发展的高峰。常见的婴戏图案有戏莲、蹴鞠、放纸鸢、戏蝶、传胪、折桂、对弈等。景德镇明清御窑遗址出土了一件青花婴戏纹碗，外壁以曲折栏杆分隔为两组图案，每组均绘七名儿童做游戏，神态各异，十分生动。其中一组中一名孩童手擎华盖，左前侧另一名前有三孩童作揖模拟传胪的场景。江苏省淮安市楚州区城东乡南窑四队明墓出土一对青花婴戏纹碗，每只上绘八名儿童，分为若干组，在玩折桂和传胪的游戏。这种以婴戏图案模拟传胪场景，以孩童折桂寓意金榜题名、功成名就，既不落俗套，亦更显生动，因而广为流行。婴戏题材除了反映广大民众对功名的期待与奢望， 同时也有对官员生活的模拟，如北京市朝阳区洼里乡出土的青花婴戏图盖罐，腹部主体纹饰分为四个部分，着力表现了十四名孩童各自模拟官员出行、升堂、对弈、会客的场景，童趣十足，显示了民间对高官厚禄的期盼和向往。

除了将对功名利禄的期许暗藏于婴戏图中，更多的婴戏图还是着重反映百姓对于多子多福的向往，出土的青花瓷器上有很多绘有十二、十四、十六子的婴戏图。如江西省新干县荷埠公社出土的青花婴戏纹长颈瓶，腹部绘两裸婴手执荷叶游戏于缠枝牡丹花间，就暗含“连生贵子”的寓意。四川成都市永丰肖家村一组明墓出土的青花婴戏纹碗，和四川成都市红牌楼明墓 M3 出土的青花婴戏纹碗，外壁的主题纹饰为童子游戏图，活泼的孩童或蹴鞠，或戏蝶，或放纸鸢，极为生动可人。婴戏图纹充分体现了明代民众对多子多福的美好愿望，也反映了“不孝有三，无后为大”的儒家思想，其中隐含看对高官厚禄的期许。

明代青花瓷器上的装饰纹样，在元代基础上有了极大的发展，特别是在人物纹饰中，题材较前代有了很大的丰富，从高士图纹对文人雅士闲适恬淡的生活画面的展示，到神话图纹对于长命百岁、得道修仙的世俗要求，再到婴戏图纹追求多子多福外在含义的同时，还有对于功名利禄的渴望。这里将明代青花瓷器纹饰分为三类，即高士图、神话人物图和婴戏图，只是基于对有明确出土地点材料进行分析，也是为了更好展示人物纹饰背后的社会文化趋向，这绝不是青花人物纹饰的全部，它还包括了仕女图、农家乐等题材，只是多见于传世品中。中国古代瓷器上的纹饰，绝不仅仅只作装饰之用，因为大量的瓷器还是作为一种商品销售，是民众最普通社会追求的重要物质载体。而民众对纹饰的喜好具有时效性，因此通过对瓷器纹饰文化内涵的解析，可以为了解各时代社会生活提供一些新的视角和线索。景泰人物图纹，不仅见于官窑器物上，还大量见于民间窑口所生产的器物中，而且其纹饰范本也在相互传绘之中相互影响。

5. 龙纹和瑞兽

正统龙纹极具特征。这个时期龙纹中的夔龙所占数量居多。所谓夔龙始见于《山海经·大荒东经》，商周青铜器上亦多有夔龙纹，形象为张口卷尾的长条形，唐代由中亚传入中原的一种图腾——摩羯（其状为龙头鱼尾）对夔龙的形象也有影响。景泰时期将鱼尾改变为分叉，成为一个“人”字形尾，后人又称之为“人尾龙”。龙尾左右两端都呈卷枝状态，所以也称之为“卷尾龙”。这是正统和景泰时期龙尾的重要鲜明特征，这种夔龙直到成化时仍然活跃在瓷器图案纹饰中。景泰动物纹饰主要有麒麟和狮子。这个时期的麒麟画法完全有别于宣德时期的麒麟，为典型的狼形，具有狼的耳朵、狼的尾巴、狼的坐姿，等等，其图形的发展变化非常奇怪。绘制在盘心的主体纹饰中常见的狮子滚绣球纹，狮子头部的鬃毛绘成几束，向上飞扬，狮身矫健，威风凛凛。

6. 花卉纹

景泰纹饰主要有缠枝花卉纹、折枝花卉纹、菊纹、兰草纹、灵芝纹、卷草纹、“福”字纹、回纹、锦纹、鸳鸯戏荷纹、狮子滚球纹、金刚杵纹等，这是此时的主流纹饰。

缠枝莲纹，是明早期主要的绘画主题。景泰缠枝莲纹的画法不同于前朝，其花心呈旋涡状，外饰以火焰状或麦芒状花瓣。与正统的画法相似，而不同的是花瓣向内卷曲。叶片以双勾绘画，主叶叶尖向前弯曲延伸，主叶的形状好像正在指东西的手，叶短而粗，是为本朝的典型特征。缠枝牡丹纹的花叶主要有三种风格，“老虎脚爪”形最为常见，还有绘制呈三角枫叶状的“鹅掌形”和菊花叶形。碗盘的内壁多见缠枝菊纹，与绘在器物外壁上的缠枝牡丹纹各有千秋。菊花的花心部绘成细方格纹，格内点细点。卷草纹常以四方连续形式绘制，有时也以二方连续形式绘制的，用作边饰花纹，这种卷草纹是可以用作断代的纹饰。宣德时期牡丹纹布局多为二方连续，也有四方连续、环绕式和折枝牡丹。花叶层次较永乐为少，但是叶子变化丰富，有飘动的感觉。牡丹花花朵的形式变化不大，上密而下疏，上面多有两三片花叶，下面则少有花叶。花朵有较为明显的尖状花托，为本朝典型特点。花叶主脉用浓艳青花描绘，而细小的筋脉则不明显。

正统牡丹纹典型特征是线条有轻重粗细的变化，用笔酣畅，布局疏朗。花大而叶小，叶片变化较大，或如豆荚，或如桃子，或为曲线形。景泰牡丹纹多为折枝，构图疏朗，茎长，叶繁，花小，牡丹花作为环线的花心，配三五叶片，花叶形状好似逗号。天顺牡丹纹基本仿照永宣风格，纹饰清晰，层次较多。成化官窑牡丹纹有折枝牡丹和缠枝牡丹。缠枝牡丹多为二方连续，多为同花同向，叶片为山形，花叶多对称而饰，呈山字形。枝蔓线条流畅，稍有细碎小花叶片。花头多近似圆形，图案化明显。另一类花叶形状与缠枝莲纹的花叶形状相似，为双勾填色，一笔填满。花形多做变形处理，有花蕊。对比前后时期的牡丹花纹的变化，再观察此时的牡丹纹特点，可以勾勒出此时牡丹花纹饰的几个特点：布局疏朗，有较多留白的地方，多为折枝牡丹和缠枝牡丹。花朵四周配上几片叶子，叶片比前后期少了很多，花朵开始加绘花蕊。花叶变化多端，但是写实性不高。空白期三朝的兰草纹有洪武遗风，但较洪武时期更为精致。兰叶细长飘逸，兰草开始与山石一同出现，山石多呈螺旋状，线条流畅，石上方有青花苔点。景泰之后兰石纹逐渐减少，直到万历时才又开始逐渐增多。

7. 云纹

正统时期的云纹，从所发现的出土器物来看，多数与龙纹组合在一起出现。突出特征是云脚飘逸，转折较多。多数以云头为中心，云脚私下伸展。双勾填色，有留白。多见壬字形云纹，形式与宣德云纹类似，但是比例不如宣德时期协调、对称。云纹外轮廓多用粗浓线条，内以细线条相称，这与宣德时期相似。云朵卷曲，所组成的螺旋状云气和细碎云气独具特色。景泰云纹多见细碎的云气，构图繁密，或形如链条，或形如弹簧，细密的云气短而繁多。另一特征是云脚较长，但云头像个火轮，线条外粗而内细。天顺云纹分为繁密和简约两种，构图疏朗。线条以连廓线居多，云气繁多。云纹也多与其他纹饰组合使用，云头有双向卷曲的云脚。亦多见卷云纹，还发现了“壬”字形云纹。对比前后这些变化，景泰云纹特点是多与其他纹饰组合出现。云脚较宣德时为长，转折增加，但又不及成化时期。云纹线条外粗内细，外边的轮廓线条较粗，内部的线条较细。与同时期其他纹饰构图不同，此时的云纹布局繁密，特别是涡旋云气纹、螺丝状的云纹和繁密的云气纹，为此时云纹典型特征。其绘画夸张，有的云丝如同柳条般垂下。纵观其变化，永乐到成化云纹的云脚逐渐变长，转折变多，这是一个整体发展趋势。还有一种涡旋云纹，它是以比较粗重的线条描绘了云纹的轮廓，然后用很细的线条在里面又勾了一层。

后来就不仅仅是勾一层了，而是用很细的细线，在里面勾画出了一种像弹簧状的螺旋线，甚至还有柳条一样的絮，一层层地垂下来。这种独特的云纹始于宣德晚期，那时候的纹饰极为简单。它的盛行是在正统到天顺年间，后来在成化初期还有使用。这种云纹很有特点，国内有人也叫它“铁索云”，日本学者给它起了个很好听的名字，叫“云堂手”。过去时常看到一类绘有人物故事，背景为山石楼阁，并有弥漫云气缭绕画面的青花器，日本陶瓷界对这些称之为“云堂手”的器物极为重视。其实这种云纹原本不是景德镇御窑厂画匠之作，它来自民间窑口的绘画大师，在宣德晚期被景德镇御窑厂绘画师傅吸收，并且在正统和景泰年间发扬光大，成为极具特色的一种装饰纹样。天顺以后，及至成化，这种“云堂手”的绘画变得简单，并且日渐消失。

8. 海水纹

正统时期发现的几件海水纹器物，海水作为边饰出现的很少，多数以海水纹作为单独纹饰出现，前朝海水纹留白龙纹的手法此时也有发现。此时的海水纹海水布局繁密，层次很多，但又错落有致。海水纹多布满器物外壁或者盘碗中心部分，而不像宣德时期布满盘子内壁或者外壁。构图饱满，纹饰层层叠叠，错落有致。浪花留白较小，为此时的典型特点。景泰时期不见海水纹、动物纹的器物，海水纹多是作为器物的边饰出现。或如屋瓦状排列，或者浪花飞溅，层次略显繁乱。与前朝最大不同是：前朝海水用粗线条勾描，内部再用细线条填满。景泰时海水纹多是用粗线条勾出轮廓，其内部不再填绘青花。天顺海水纹也是作为边饰出现的，装饰风格与景泰时相近，只是层次更为清晰，线条也更加流畅生动。成化海水纹与动物纹组合使用较多，线条较宣德时细腻，但是海水波涛汹涌之感不及宣德海水纹。海水用密集的弧线组合而成，浪花留白层次清晰，气韵不足。龙尾处绘一排小浪花，是此时的独特创新。另一种海水纹采用螺旋线组合而成，层次较多。

对比几个时期的海水纹，“空白期”的海水纹多是与其他纹饰组合使用，或者是作为边饰出现，单独作为主题纹饰出现较为少见。这种海水纹的构图饱满，层次较多，越到后来越显繁乱。海水浪花像仙人掌一样，留白很小，因此整体留白的地方，相较于宣德和成化时期要少得多，整个画面显得很满。海水纹多是用粗线勾出大轮廓，用细线勾画出水波，然后用青花填绘内部。这与宣德时期有所不同，因此层次感和动态感稍显不足，没有前朝波涛汹涌之感。景泰时期不见海水纹、动物纹的器物，海水纹多是作为器物边饰出现。或如屋瓦状排列，或者浪花飞溅，层次略显繁乱。与前朝最大不同是：前朝海水用粗线条勾描，内部再用细线条填满，景泰时海水纹多是用粗线条勾出轮廓，其内部不再填绘青花。

七、器型与工艺特征

1. 炉

景泰的炉多为浅盘口，口部两侧置绳索式立耳，短束颈，扁圆腹，下置三柱形足。代表器物有江西德兴黄柏乡福泉山景泰二年（1451 年）墓出土的折枝花卉纹鼎式炉。该炉腹中部有一道接痕，露胎处有火石红。还有江西景德镇市北郊观音阁景泰七年（1456 年）袁龙贞墓出土的一对折枝花卉纹连座炉，为厚胎。当时的炉分为筒式和鼎式两种，筒式炉造型，上部均为盘口，筒形，斜直腹，圈足。鼎式炉均为盘口，双立耳，短束颈，扁鼓腹，有三个柱形足。

2. 瓶

这时期的瓶，较为特殊的是瓜棱瓶，在此前较少见。景泰瓶以戟耳瓶较为多见，除了戟耳还有月牙耳。侈口，长颈，双戟耳，溜肩，鼓腹下收，圈足外撇、中心微凹。纹饰分为三层，颈部为折枝花果纹，有的颈部为结带状云纹，稍晚于花果纹。肩部为云肩，腹部绘以缠枝牡丹纹，胫部绘变体莲瓣纹。每层纹饰都以双线纹相隔。釉不及底，底足露胎。青花料浓艳处呈深蓝色，积釉处有下陷黑斑，料薄处泛灰。典型器物为 1989 年江西德兴市黄柏乡福泉山景泰二年墓出土的缠枝花卉纹戟耳瓶，高 17.7 厘米。1974 年景德镇市郊景泰四年（1453 年）严升墓出土的折枝牡丹纹长颈月牙耳瓶，高 16 厘米。1974 年景德镇北郊观音阁景泰七年袁龙贞墓出土的一对折枝花卉戟耳方瓶，高 16.3 厘米。四川平武王玺家族墓出土青白釉象耳方瓶，其造型与江西景泰七年袁龙贞墓出土的青花折枝戟耳瓶相近。直口，长颈，双象耳，足内收，方形高足。除底部外，整体施釉，高 19 厘米。江苏南京西善桥铁公鸡山景泰七年金英墓出土白釉带盖梅瓶，其瓶身敦实，小口，丰肩，鼓腹，胫部短徐收，平底内凹。盖为华盖形，宝珠钮。高 36.5 厘米，口径 6.7 厘米，足径 12.5 厘米。景泰时期，瓶在器型上大体相似，做工多粗糙，精细作品较少。

3. 碗

碗以净水碗为这一时期的特色。普通的碗为撇口、弧腹、圈足，足外壁微内收。标准器形为景泰七年（1456 年）江西景德镇袁龙贞墓出土的青花卷草纹碗。该碗内壁口沿和碗心饰以弦纹，中间书一“福”字。该碗应该是民窑所烧造。外壁饰以卷云兰草纹，青花呈色深蓝，略有晕散。高 6.4 厘米，口径 12.4 厘米，足径 4.6 厘米。代表性的还有景德镇东郊景泰四年（1453 年）严升墓出土的青花净水碗。胎厚，釉肥。口径 13.4 厘米，高 7.2 厘米，足径 4.7 厘米。外壁绘以松、竹、梅、灵芝，上下饰以弦纹，内壁灵芝、树、花草、竹子，底心有旋转状月牙纹一轮，外饰以弦纹两道。

4. 盘、碟

盘的造型为撇口、弧壁、圈足。内口沿有二道弦纹，间饰以回纹，盘心绘以结带宝杵纹，外饰以双圈，外壁饰以缠枝莲纹，上下饰以弦纹，青花发色深蓝。高 3.3 厘米，口径 13.7 厘米，足径 6.8 厘米。江西景德镇袁龙贞墓出土的景泰七年青花缠枝捧八宝纹碟，撇口，弧壁，圈足，圈足外壁内敛。内口沿弦纹中间饰以格子锦一周，碟心绘兰草一株，外壁饰以弦纹两道，釉色肥厚、淡青。高 3 厘米，口径 14.1 厘米，足径 6.8 厘米。同时出土的还有釉里红缠枝莲纹折腰碟一对，敞口，折腰，圈足小而厚。砂底呈淡红色，釉里红呈暗红色，积料处为黑斑，并下凹。高 3 厘米，口径 14.3 厘米，足径 4.5 厘米。景泰釉里红的烧造技术已经比宣德时期有很大退步。

5. 瓷牌

1978 年江西博物馆在吉安市收到一件景泰元年（1450 年）瓷牌，长方形，高 48 厘米，宽 33.3 厘米，厚 7 厘米。上下边饰为双龙戏珠纹，左右边线为双线回纹。正反两面施釉，四边露胎，牌内中空，青花发色不一，浓处发色深暗，浅处泛灰。瓷牌记载时间为“景泰元年六月二十一日”。它是有确切纪年的青花瓷器，具有重要的特殊意义。

八、款识

景泰年间瓷器不署官款，署款者多为民窑，内容有“大明年造”“太平年造”“福”字等。景泰款识不再写于器心，而是写在器物底部。署景泰年款的传世品主要有以下几种：在英国伦敦苏富比拍卖公司的瓷器拍卖图录中，有一件明代青花罐，唇口短颈，溜肩敛腹，圈足砂底。器身分绘四层纹饰，颈部和肩为缠枝莲，腹部大朵白云，硕瓣莲花盛开于碧波之上，天水苍茫。这一主题图案，与山西省博物馆收藏的明正统至景泰青花麒麟大罐上的颈部纹饰一致。近足处绘仰莲瓣一周，底部有青花书“景泰二年（1451 年）

岁次辛未四月吉日立”，纪年款字之下为“正”字花押。据其浑厚的造型、肥腴的釉面、刚柔相济的纹饰笔触，及苍劲古朴的明人书体，结合自金元以来兴起的以花押作标记的民俗风尚，耿宝昌先生认为此件墨书景泰二年的纪年款识是可信的。他至少证实了这件器物制作成器的时间，或许略早于正统末期。若将其联系到正统二年墨（1437 年）书记事款青花兽耳尊、正统元年（1436 年）与正统捌年（1443 年）青花山水形笔架，及之后的天顺七年（1463 年）款青花波斯文筒炉一并考证，即可看出其间递次的风格演进，从而窥知景泰时期瓷器之脉络与风貌。所有这些款识，都是民间窑口的产品，景德镇御窑厂所烧造的瓷器，无论是传世品还是遗址出土的残器，都没有发现有景泰年制的官窑款识。

九、仿制品

民国以来仿制品主要是以景泰年款器物为多。其青花发色与景泰青花不同，便于识别。近年仿品多绘以人物图案，青料多用化学青料，制作较为粗率。由于仿制者对景泰器物之形态掌握不住，所仿器物在形体上容易出现漏洞，其釉面也过于青灰暗淡。景泰时期烧造的瓷器，其所用麻仓土早已经枯竭，目前是用高岭土代替，还是较好辨认的。

十、小结

在《明代洪武永乐御窑瓷器》一书中，吕成龙先生认为：“明代正统、景泰、天顺三朝御窑瓷器上均不署正规年款，故凡署‘大明正统年制’、‘正统年制’、‘大明景泰年制’、‘景泰年制’、‘大明天顺年制’、‘天顺年制’款者，皆为后仿品。”此话颇为武断，似未见到正规官窑年款器物之故。对于景泰一朝瓷器鉴定还都处于探索阶段，应当说，南京博物院及其他地区一些同人发表的看法颇有见地，但总的来说，鉴别这三朝的瓷器，要从前后时期继承和发展的相互关系和影响上去认识。正统瓷器的风格应当在较大程度上接近于宣德晚期风格，而天顺瓷器的风格则更应近似于成化一朝风格，其居间的景泰器物风格则在二者之间，鉴定时不易做过细的断然分期而隔断期间的一脉联系。

1. 景泰朝琢器的胎体比较厚重，瓶、尊、罐类的器口，正统时的与宣德时期的直颈形状相同，而景泰至天顺时期的则多与其后成化时期的上收下阔式相近。所见的景泰一朝琢器修足工艺，也与其前后时期有所区别。一般底足削修并不过分细腻，多为敦厚的浅宽圈足，或微上凸的平砂底，带有火石红痕或粘有星点窑渣，类似其后成化大盘类多见的“糊米底”，这应是此时通行的一种琢器底足修整工艺。

2. 景泰时期纹饰画法沿袭明初常见的一笔勾勒法而有所变化，特别是中锋运笔所绘的流云和人物，具有独到之处。上述墨书正统二年（1437 年）青花海水浮莲罐及青花天顺七年（1463 年）款波斯文三足筒炉，均是代表这一时期画风与书体的典型器。随着时间的推移，类似风格的纪年款青花器将陆续被发现，从而为研究者提供新的资料。

3. 目前所见景泰器物多为民窑器，而官窑瓷器和民窑瓷又互有影响，因此在鉴定时，应当从前后朝官窑器的各自特征，从器型、胎体、纹饰、青花色调以及器足处理等方面去对比分析，体察互相之间的细微变化和内在联系。民窑器物尤为复杂繁多，变化不一，在实际工作中，往往发现一项工艺和某些纹饰会跨越几个世纪，因而很易受其迷惑。如明初民窑与明末民窑的相同纹饰和一样的烧法周而复始，就是一例。鉴定“空白期”瓷器，固然应密切比照宣德和成化官窑器，但对其他时期官窑和民窑特征，判别时也不应忽略。

4. 在瓷器的分期断代中，对各类纹饰、图案及边饰的继承和演变规律进行归纳和对比，对绘画笔法和风格进行观察和分析是相当重要的。纹饰固然具有时代特征，但器型、胎釉、色彩和器足等特征，同样至关重要，不容偏废。如果仅仅重视纹饰图案而忽视其他特征，往往会对器物特殊情况只凭一时偶合而忽视其主流方面，所以识别并熟记各时代不同造型，领悟其形状和神韵，再佐以胎釉、纹饰、款识等特征，在鉴定中就可以少走弯路，避免失误。

鉴定景泰瓷器也和鉴定其他文物一样，应有科学严谨的作风，不可片面地、孤立地或机械地分析问题，否则难以透视实物的本来面貌，有碍于对器物做出正确结论。在目前还没有见到这三朝官窑确切纪年器物的情况下，应当联系前后各期时代特征，进行全面的承上启下的分析，从而做出合乎实际发展规律、比较接近历史真实的判断。

图 44　景泰青花缠枝莲纹梅瓶

天顺时期的瓷器

一、概况

景泰八年（1457 年），明英宗乘代宗病重之时，在孙太后及其内臣支持下，在南宫发动“夺门之变”。重新坐上了皇位，不久又将代宗幽闭。天顺年间政局的转变，使明王朝完成了由建政初期到巩固中期的转型，无疑有着极为重大的意义。在这一时期，英宗利用在位仅仅 8 年的短暂时间，仍然秉持紧缩的财政政策，不为各种势力所动，坚持调整方针，与民休息。坚持紧缩政策，终于为大明王朝赢得了喘息的机会，使得国力日渐强盛，经济逐步繁荣，社会更加稳定，为成化朝的发展奠定了较为良好的政治经济基础。有了较为雄厚的国力，宪宗才有可能在瓷器生产方面再次登上一个高峰。

天顺丁丑年（1457 年）英宗刚刚完成“夺门之变”上台，为了筹集御营装备的费用，立即重新恢复御窑厂的瓷器生产。这一年朝廷派了一名中官到景德镇做督窑官，御窑厂才在此时重新开工生产。在天顺的八年中，英宗励精图治，特别在瓷器生产上，使荒废多年的景德镇御窑厂恢复生气，并且开始出现新品种。天顺年间究竟生产了多少瓷器，已经无法统计。根据笔者所作不完全统计，天顺年间共有存世瓷器 85 种，计 126 件，其中残器 61 件，大部分收藏在公共机构，约 102 件。另外还有部分被私人藏家收藏，约 24 件。但是在这一时期，民窑还在继续烧制瓷器，甚至可以供应朝廷使用。

二、窑事记载（1457—1464 年）

《大明会典》：“天顺三年（1459 年）奏准：光禄寺素白瓷、龙凤碗碟，减造十分之四。”

《江西省大志·陶书》天顺三年：“光禄寺奏请于江西饶州府烧造瓷器共十三万三千有余，工部以饶州民艰难，奏减八万，从之。”

《明英宗实录》“天顺三年十一月乙未”条曰：“光禄寺奏请于江西饶州府烧造瓷器共十三万三千有余，工部以饶州民艰难，奏减八万，从之。”

《大明会典》："凡在京烧造，天顺三年（1459年）题准，琉璃窑瓷缸十年一次烧造。旧例缸土、釉土派行真定府，白釉、碱土，派行开封府。绢布、白麻，派行顺天府各办解。木柴召买。"

《明宪宗实录》"天顺八年（1464年）正月乙亥"条曰："诏：江西饶州府、浙江处州府，见差内官在彼烧造瓷器，诏书到日，除已烧完者照数起解，未完者悉皆停止。差委官员即便回京，违者罪之。"

《江西省大志·陶书》："宣德中，以营缮所丞专督工匠。正统初罢，天顺丁丑（天顺元年，1457年），仍委中官烧造。"

《浮梁县志·卷八》记载景德镇在正统至天顺年间有过三次较大的饥荒，即正统元年（1436年）至二年（1437年）、景泰三年（1452年）、天顺二年（1458年）的三次饥荒。因此，即使天顺元年仍委中官烧造，但也是迫于经济困难，力不从心，一再减烧或停烧。

天顺时期的都陶官是崔和，明唐龙正德十四年（1519年）《停差烧造太监疏》曰："伏望查照天顺年间停差事例，将江西镇守太监崔和取回别用，一应地方事宜俱责成巡抚三司等官综理，将烧造太监永久查革。"

三、出土瓷器

2005年在江西省景德镇市西南丽阳乡彭家村发掘瓷器山西坡明代窑址时，发现了一座明代早期葫芦形窑炉遗址。该窑炉的发现，完善了明初到明中期间葫芦形窑的演变序列，为研究景德镇地区制瓷工艺发展提供了实物资料。同时还发现了大量明代"空白期"遗物，出土了大量青花、白釉、仿龙泉釉、仿哥釉、紫金釉等各式瓷器，器型有碗、敦式碗、盘、靶杯、瓶、擂钵、炉等。纹饰以人物纹、云气纹、缠枝莲纹、缠枝莲捧八宝纹、梵文字等为主。此外还发现了此时期的匣钵、垫饼、窑垫、窑撑、火照等，为研究该时期装烧工艺提供了帮助。（故宫博物院等编《江西景德镇丽阳瓷器山明代窑址发掘简报》，《文物》，2007年第3期。）

景德镇昌江西侧的十八渡窑址和东郊南河北岸水泥厂窑址，被认定为天顺晚期到成化时期的作业窑场，其出土青花器物应该体现出天顺后期乃至成化初期的明显特征。其堆积遗物以撇口碗、盘为大多数。偶见盖罐、净水碗等。其形制纹饰可从成化官窑和成化初年纪年墓葬出土器物中得到相互印证，可见此一时期民窑以撇口碗盘、盖罐为大宗生产品。其净水碗不见于前朝，于景泰时期开始盛行。其出土瓷器釉质滋润细腻，胎质细化，挖足过肩，以及青料发色淡雅等成化时期特征普遍显现。（黄云鹏著《明代民间青花瓷的断代》，《景德镇陶瓷》，1986 年第 3 期。）

景德镇郊区瑶里古窑址是景德镇地区烧制年代极其久远的远郊窑厂，以质量不高的民窑用器为主。根据历年对该地区窑址的发掘，可以判断其烧造时间约为 13 世纪末到 16 世纪早期。其中栗树滩窑址是景德镇地区唯一可见明确地层关系的民窑遗址。（欧阳世彬著《十五世纪景德镇民窑研究》，《陶瓷学报》，2000 年第 2 期。）

江西鄱阳县牛港嘴天顺二年（1458 年）墓出土青白釉盖罐 1 件，盖边沿上卷。罐通体施以青白釉。（铁源主编《江西藏瓷全集・明代》，朝华出版社，2007 年。）

1988 年广东东莞发掘天顺三年（1459 年）罗亨信墓，出土青花盖罐 5 件，通高 15.7 厘米，口径 7.5 厘米，底径 7.5 厘米。短颈，器盖外沿短，宝珠钮较小，胫部急收，器足微外撇，器盖外沿略高过器物口沿。罐的主体纹饰为缠枝莲纹，另有菊瓣纹、弦纹、云头纹、覆莲纹等辅助纹饰。有青白釉瓷碗 2 件、青花瓷碗 2 件，绘以弦纹和花草，青花色泽较淡。这 4 个碗皆是作为陶罐盖子使用。（广东省博物馆等编《广东东莞明罗亨信家族墓清理简报》，《文物》，1991 年第 11 期。）

浙江省桐乡濮院杨家桥发掘明天顺五年（1461 年）杨青墓出土祭蓝釉碗 2 件。（周伟民著《桐乡濮院杨家桥明墓发掘简报》，《东方博物》，2007 年第 4 期。）

江苏省南京市雨花台天堡城发掘明天顺七年（1463 年）太监怀忠墓出土白釉瓷梅瓶 1 件。胎体厚重，内外施釉，外底无釉，肩部有楷书“内府”二字。款书釉色呈黑褐色。（南京市博物馆编《江苏南京发现明代太监怀忠墓》，《考古》，1993 年第 7 期。）

1974 年四川平武天顺八年（1464 年）王玺家族墓出土 15 世纪民窑瓷达 84 件，四川省平武县城乡小坪山共发掘明天顺八年王玺家族墓中的 4 座，分别是王玺、田氏、曹氏、蔡氏，出土青花瓷器 60 多件，其中有青花盘 50 件，青花瓷盖罐 5 件，青花瓷瓶 2 件，青花瓷碗 1 件，青花瓷女佣 2 件。其中天顺八年入葬的瓷器就达 60 件，内有青花盘 50 件，另外有青花香炉、青花斗黄彩碗、釉上红绿彩缠枝花盖罐、白瓷盖罐等多件。其中蔡氏墓出土白釉黄绿彩带盖梅瓶 2 件、青白釉盘式方口兽耳瓶 2 件、青花缠枝花加黄色点彩碗 1 件、青花云纹香炉 1 件、青白釉黑彩女佣 2 件等。（四川省文管会等编《四川平武明王玺家族墓》，《文物》，1989 年第 7 期。另见欧阳世彬、邹晓松著《四川平武王玺夫妇墓出土的景德镇民窑红绿彩瓷器》，《文物》，2003 年第 11 期。）

1974 年，鄱阳县磨刀石公社成化三年（1467 年）墓出土青花法轮纹盖罐 2 件，其造型、纹饰完全相同，其中 1 件缺盖。盖罐唇口外凸，中颈，溜肩，鼓腹，矮圈足，笠帽盖，宝珠钮。通体内外施釉，底足露胎无釉，胎呈浅红色，其罐釉色白中泛青，青花呈色灰蓝。局部发黑，颈部、肩部和下腹以及圈足各处绘以双线弦纹，将全器纹饰分为三部分，肩部绘如意云纹，腹部主体绘以法轮纹四组，间以云纹，下腹绘栅栏式变形莲瓣纹。另一件通高 15 厘米，口径 6 厘米，底径 6.8 厘米。侈口，短颈微侈，圆鼓腹，圈足露胎，罐帽隆，宝珠钮，青花发色偏蓝灰，其他特征相同。罐肩部饰以卷云纹，腹部饰以法轮、云纹，胫部饰以竖条纹。（杨后礼著《江西明代纪年墓出土的青花瓷器》，《南方文物》，1983 年第 3 期。）

1972 年永修县拓林乡易家村成化三年（1467 年）明故刑部尚书魏源夫人卢氏墓出土青花花卉纹碗 2 件，其造型纹饰相同。撇口，弧腹，圈足，口沿内外个饰以二道弦纹，期间填以几何形装饰纹样。腹外壁、内底饰以折枝花。纹样构图简单草率，布局疏朗，釉面呈米黄色，开冰裂细片，青花深灰发黑。（余家栋著《江西玉山、临川和永修县明墓》，《考古》，1973 年第 5 期。）

2007 年江苏淮安市世纪佳苑人防工程 5 号墓出土的天顺青花结带宝杵纹碗，高 6.9 厘米，口径 14.2 厘米，足径 5.4 厘米，侈口，深腹，圈足。胎质致密，釉面光润，底足上釉。内壁口沿饰以梵文一圈，底心饰以结带宝杵纹，外壁饰以宝相花纹。青花发色偏蓝黑。现藏于淮安市楚州博物馆。（张柏主编《中国出土瓷器全集・江苏卷》，科学出版社，2008 年。）

云南省剑川县中科山出土空白期青花麒麟纹盘，口径 14 厘米，撇口，浅圈足，足墙内敛，足底露胎。器心饰以麒麟杂宝纹，口沿施以酱釉，器身釉色清亮，釉质肥润。现藏大理州博物馆。（张柏主编《中国出土瓷器全集・云南卷》，科学出版社，2008 年。）

1952 年福建省莆田县四区凤林山出土空白期青花山水纹高足杯，高 10.6 厘米，口径 12.6 厘米，足径 5.5 厘米。撇口，曲腹，平底，竹节状圈足。器物外壁饰以山水纹。青花发色深沉，釉面清亮。现藏福建省博物馆。（张柏主编《中国出土瓷器全集・福建卷》，科学出版社，2008 年。）

北京市出土空白期青花云涛花卉纹罐，具体出土地点不详，高 14 厘米，口径 9.8 厘米，唇口，束颈，丰肩，鼓腹，平底。肩部饰以螺丝装如意纹，腹部饰以折枝花卉纹，胫部饰以螺丝装莲瓣纹。青花发色浓重偏黑，晕散严重，胫部有釉痕。现藏北京市文物研究所。（张柏主编《中国出土瓷器全集・北京卷》，科学出版社，2008 年。）

1990 年北京海淀区学院路出土天顺青花携琴访友图罐，高 34.3 厘米，口径 19.3 厘米，底径 20 厘米。唇口微收，直颈，溜肩，鼓腹，收胫，底足露胎。颈部饰以锦纹，肩部饰以海水江牙纹，腹部绘携琴访友、踏雪寻梅图，配饰卷曲云纹，胫部饰蕉叶纹，叶脉中空，纹饰具有典型时代特征。釉面腻白，青料发色深蓝偏黑。现藏于首都博物馆。（张柏主编《中国出土瓷器全集 · 北京卷》，科学出版社，2008 年。）

吉林省扶余县油田砖厂明墓出土空白期青花鱼纹碟，高 2.3 厘米，口径 11.4 厘米，足径 6.3 厘米。唇口，浅腹，圈足，底心饰以鱼纹，中锋一笔点绘，笔触奔放随意。青料发色深蓝偏黑，釉面白腻滋润。现藏于扶余县博物馆。（张柏主编《中国出土瓷器全集 · 吉林卷》，科学出版社，2008 年。）

1966 年湖北省蕲春县达城乡三角山王妃墓出土青花云凤纹梅瓶，侈口，粗短颈，丰肩修腹，颈部微收，绘海水江牙纹。青料发色浓郁，有铁锈斑，宣德后期特征强烈。（张柏主编《中国出土瓷器全集 · 湖北湖南卷》，科学出版社，2008 年。）

目前已经发现具有天顺纪年铭款的瓷器仅有 7 件：

一件是青花小碗，书“大明天顺年制”，藏北京故宫博物院。该碗内外施以白釉，外壁以青花绘四鹿衔花。也有人认为此碗是嘉靖、万历时期的仿品，是伪托款。（冯先铭著《瓷器浅说》，《文物》，1959 年第 11 期。）

一件是武汉流芳岭楚藩镇国将军朱季口夫妇合葬墓中出土“天顺年置”款青花云龙纹碗一件、蓝釉描金执壶一件。应为天顺时期楚藩定烧之物，其中蓝釉执壶与四川省出土的宣德青花夔龙纹扁执壶造型颇为相似，只是兽首稍简。

一件为青花香炉，书“天顺年”，藏北京故宫博物院。香炉呈筒形，下有三足，口沿有回文一周，主题图案为三行阿拉伯文字，款在外底。（沈承先著《杨永德夫妇捐赠文物》，《紫禁城》，1989 年第 2 期。）

一件为“天顺三年（1459 年）”款铭青花海兽纹长方砚，现藏江西省南昌县博物馆。

一件为“天顺五年（1461 年）”许愿文款铭青花贴塑螭虎缠枝纹长颈瓶，现藏香港艺术馆。

一件为青花香炉，书“天顺七年（1463 年）”，藏山西省博物馆。其造型、装饰略同上件，底款为“天顺七年大同马氏造”。

北京出土有“大明天顺年制”款龙纹盘，款式非常规矩，“天”字与成化天字罐上的“天”字写法一样。从器型、纹饰都可以确定为天顺官窑制品。**这是仅见的一件具有天顺官款的官窑器物，这个字号十分重要，应该是天顺晚期的器物。说明英宗在天顺时期对于官窑生产的重视程度，也说明空白期器物没有年款的说法可能要重新掂量。**

非纪年墓出土器物

北京故宫博物院藏“天顺年”款青花波斯文三足旋纹炉，其造型与宣德官窑炉的造型如出一辙。这种弦纹炉在海外还有一些传世品，保存在收藏家手中。

矾红彩八吉祥纹双耳三足炉，1955 年河北省安次县固城出土，收藏于河北省博物馆。

1964 年湖北省武昌市流芳镇一带出土青花云龙纹梅瓶、青花云凤纹梅瓶，收藏于湖北省文物总店。

安徽省含山县财政局宿舍工地明弘治年间纪年墓出土有青花花卉和青花人物图盖罐各 1 件。通高 10 厘米，口径 5.7 厘米，底径 6.6 厘米，盖面平折，宝珠形钮，平折沿，子口。罐为圆唇、直径、圆肩、鼓腹，胫部内收，隐圈足。肩部饰以缠枝花纹。主体纹饰一件为缠枝牡丹纹，另一件为“携琴访友图”，胫部均为莲瓣纹。青花发色蓝灰，应为天顺时期的器物。

明代天顺青花携琴访友图梅瓶，高 32.5cm，口径 5.4cm，足径 10.5cm。瓶小口，颈部上收下阔，丰肩，长腹下收。通体青花装饰，肩饰海水纹及海马纹，腹绘携琴访友图，近足处饰海水纹。素底无釉，无款识。天顺青花瓷器具有本朝特点，以此件青花梅瓶为例，当时青花有浓艳的深蓝色和泛灰的淡蓝色变化，此器采用进口青花钴料，色泽浓艳，并带有黑色结晶斑。画面运笔自然，采用一笔勾勒，特别是中锋运笔所绘流云与人物有独到之处，显示出较高的绘画水平。青花图案不似宣德之晕散，亦不像成化之纤细，带有一种飘逸感。而画面中的人物多逆风而行，冠带、衣衫拂扬，神情悠然。足前是疾风下的劲草，背后是云气掩映的峻岭山林。所绘云纹，粗重豪放，呈灵芝形，并有层层小圈密布于云气一侧。这种特殊流云纹既与明初的疏简风格不同，又与成化以后的圆柔风格有异，其时代特征较为突出。天顺青花瓷器在胎体及造型上也体现出时代特色，一般胎体较成化时期厚重，形体较宣德时高大，此瓶也无例外，风格古朴敦厚。

四、窑业堆积

景德镇长江西侧十八渡窑址和东郊南河北岸水泥厂窑址，为天顺晚期至成化时期的窑址。其堆积物以撇口的碗、盘为多，其次是盖罐。可见当时以碗、盘和盖罐为瓷器生产的大宗。这些器物既具有天顺时的部分特征，又有成化瓷的特点，这对于研究天顺向成化风格转化具有重要意义。（欧阳世彬著《十五世纪景德镇民窑研究》，《陶瓷学报》，2000 年第 2 期。）

2008年至2009年，江苏省文物考古研究所和淮安市楚州博物馆工作人员，对河下遗址龙泉窑堆积进行了发掘，确定了堆积坑形成时期为天顺八年（1464年）至成化初年。并且发现了元代晚期和明代中期大量瓷器残片，其中包括了天顺时期的瓷片。这对于研究天顺时期龙泉窑业的发展情况和瓷器特征提供了实物资料。（南京博物院等编《江苏淮安楚州区河下遗址龙泉窑瓷片堆积坑发掘简报》，《东南文化》，2010年第2期。）

以江西景德镇御窑厂遗址以及周边地区的窑厂遗址发掘结果为主，可以了解这一时期窑业生产情况。1972年刘新园、白焜在湖田乌泥岭东90米处清理了一座大约为景泰、天顺年间的窑炉。从堆积物看，多为弧壁青花碗等民窑器物。与景德镇景泰七年（1456年）墓出土器物相同，都有被日本学者称之为“云堂手”的瓷器，多景泰、天顺间民窑产品。其中还发现一件有“天顺年制”款的碗底残片。

2014年景德镇陶瓷考古研究所会同北京故宫博物院考古研究所，对江西景德镇御窑厂遗址珠山北麓进行了抢救性发掘，在第六、七层发现大量成化瓷片。然而在第八层出土大量瓷片及窑具，瓷器均不书写年款，除青花外还有仿龙泉窑青釉瓷，该地层应该为天顺或者再早一些时候的地层。这次出土的器物种类丰富，器物繁多。葛彦同志对此做了大量的梳理工作，其主要情况如下：

青花类

青花折枝花卉纹枕。枕面作如意头形，器底无釉，中有一铜线形孔，无款。枕面及腹部均绘缠枝花卉纹。

青花缠枝花卉纹净瓶。直径，瓜棱形腹，圈足，无款，口沿处绘海浪纹，腹部绘缠枝花卉纹。

青花卷草纹梅瓶。直颈，弧腹，圈足，无款，肩部与近足处绘蕉叶纹，腹部则绘卷草纹。

青花缠枝花卉纹花口瓶。花口，直颈，两侧各饰以荷叶形耳，弧腹，圈足，无款，颈部饰团花纹饰，腹部则饰缠枝花卉纹。

青花缠枝花卉纹双铺首瓶。侈口，直颈，两侧各饰铺首形耳，弧腹，圈足，无款，颈部分别绘卷草纹及团花纹，腹部则绘缠枝花卉纹。

青花缠枝花卉纹海浪耳瓶。直颈，两侧各饰海浪形耳，弧腹，圈足，无款。颈部绘海水纹，腹部绘缠枝花卉纹。

青花缠枝莲纹四铺首瓶。直颈，弧腹，腹部贴四铺首，圈足，无款，颈部分别绘团花纹及缠枝石榴纹，腹部则绘缠枝莲纹。

青花团花纹象耳连座盘口瓶。盘口，直颈，肩部两侧各饰一象耳，弧腹，下承底座，无款。颈部绘云纹，腹部绘团花纹。

青花缠枝牵牛花纹花觚。侈口，直颈，弧腹，圈足外撇，无款，颈部绘卷草纹，腹部绘缠枝牵牛花纹，近足处则绘宝相花纹。

青花云龙纹出戟尊。侈口，直颈，弧腹，圈足外撇，无款。颈部和腹部与近足处均绘云龙纹。

青花锦地纹壮罐。直口，直腹，圈足，无款。颈部绘海水纹，肩部及近足处绘缠枝莲纹，腹部绘锦地纹。

青花缠枝花卉纹僧帽壶。盘口，直颈，弧腹，圈足，腹部一侧为一流，另一侧为一柄，无款，腹部绘缠枝莲纹。

青花云龙纹鸡心执壶。侈口，直颈，弧腹，圈足，腹部一侧为一柄，另一侧有一流，无款。鸡心内绘云龙纹。

青花狮子绣球纹鸡心执壶。侈口，直颈，弧腹，圈足，腹部一侧为一柄，另一侧有一流。无款，鸡心内绘狮子绣球纹。

青花博山炉，作山形，近足处有孔洞，无款，以青花勾勒轮廓线。

青花缠枝莲纹方形花盆。折沿，直腹，下承底座，内以一板分隔，设有两孔，无款，腹部绘缠枝莲纹。

青花狮子绣球绣墩。似圆形鼓面，无款，绘狮子绣球纹。

青花方胜绣球墩。似圆形鼓面，无款，绘方胜纹。

青花松竹梅纹绣墩。似圆形鼓面，无款，绘松竹梅纹。

青花云龙纹花盆。折沿，弧腹，圈足，无款，腹部绘云龙纹，分为大中小三种尺寸。

青花海水瑞兽纹花盆。折沿，弧腹，圈足，无款，腹部绘海水瑞兽纹，分为大中小型三种尺寸。

青花海水瑞兽纹梨形壶。直颈，弧腹，圈足，腹部一侧为一柄，另一侧有一流，无款，腹部绘海水瑞兽纹。

青花暗刻海水龙纹梨形壶。直颈，弧腹，圈足，腹部一侧有一柄，另一侧有一流，无款，口沿与足部绘青花花卉纹，腹部则暗刻海水龙纹。

青花穿花凤纹梨形壶。直颈，弧腹，圈足，腹部一侧为一柄，另一侧有一流，无款，腹部绘穿花凤纹。

青花云纹暗刻龙纹梨形壶。直颈，弧腹，圈足，腹部一侧有一柄，另一侧有一流，无款，腹部绘穿花凤纹。

青花云纹暗刻龙纹梨形壶。直颈，弧腹，圈足，腹部一侧有一柄，另一侧有一流，无款，腹部暗刻龙纹，四周则绘青花云纹。

青花团花纹梨形壶。直颈，弧腹，圈足，腹部一侧为一柄，另一侧则有一流，无款，腹部绘团花纹。

青花瑞兽纹梨形壶，直颈，弧腹，圈足，腹部一侧为一柄，另一侧为一流。无款，腹部绘瑞兽纹。

青花云龙纹梨形壶。直颈，弧腹，圈足，腹部一侧为一柄，另一侧有一流，无款，腹部绘云龙纹。

青花龙纹梨形壶。直颈，弧腹，圈足，腹部一侧有一柄，另一侧有一流，腹部绘九龙纹。

青花海水龙纹梨形壶。直颈，弧腹，圈足，腹部一侧有一柄，另一侧有一流，无款，腹部绘海水龙纹。

青花梵文梨形壶。直颈，弧腹，圈足，腹部一侧为一柄，另一侧有一流，无款，腹部书梵文。

青花云龙纹匜。直口，直腹，器底无釉，腹部一侧有流，无款，腹部绘云龙纹。

青花云龙纹唇口钵。唇口，直腹，器底无釉，无款，腹部绘云龙纹。

青花云纹侈口碗。侈口，弧腹，圈足，无款，腹部绘九龙纹。

青花穿花凤纹侈口碗。侈口，弧腹，圈足，无款。腹部绘穿花纹凤纹。

青花莲池鸳鸯纹侈口碗。侈口，弧腹，圈足，无款，腹部绘莲池鸳鸯纹。

青花团花纹侈口碗。侈口，弧腹，圈足，无款，腹部绘团花纹。

青花瑞兽纹侈口碗。侈口，弧腹，圈足，无款，腹部绘瑞兽纹。

青花暗刻海水龙纹侈口碗。侈口，弧腹，圈足，无款，口沿与足部以青花绘花卉纹，腹部则暗刻海水龙纹。

青花婴戏图侈口碗。侈口，弧腹，圈足，无款，腹部绘婴戏图。

青花海水瑞兽纹侈口碗。侈口，弧腹，圈足，无款，腹部绘海水瑞兽纹。

青花海水龙纹侈口碗。侈口，弧腹，圈足，无款，腹部绘海水龙纹。

青花宝相花纹侈口碗。侈口，弧腹，圈足，无款，腹部绘宝相花纹。

青花双面海水瑞兽纹侈口碗。侈口，弧腹，圈足，无款，内外壁均绘海水瑞兽纹。

青花缠枝宝相花纹侈口碗。侈口，弧腹，圈足，无款，腹部绘缠枝宝相花纹。

青花缠枝莲纹侈口碗。侈口，弧腹，圈足，无款，腹部绘缠枝莲纹。

青花梵文侈口碗。侈口，弧腹，圈足，无款，腹部书梵文。

青花海水白龙纹侈口碗。侈口，弧腹，圈足，无款，腹部绘海水白龙纹。

青花暗刻海水龙纹金钟碗。侈口，弧腹，圈足，无款，口沿绘青花花卉纹，腹部则暗刻海水龙纹。

青花海水金钟碗。侈口，弧腹，圈足，无款，腹部绘云龙纹。

青花穿花凤纹金钟碗。侈口，弧腹，圈足，无款，腹部绘穿花凤纹。

青花海水龙纹金钟碗。侈口，弧腹，圈足，无款，腹部绘海水龙纹。

青花云纹暗刻龙纹金钟碗。侈口，弧腹，圈足，无款。腹部暗刻龙纹，四周则绘青花云纹。

青花瑞兽纹金钟碗。侈口，弧腹，圈足，无款，腹部绘瑞兽纹。

青花莲池鸳鸯纹金钟碗。侈口，弧腹，圈足，无款，腹部绘莲池鸳鸯纹。

青花海水白龙纹金钟碗。侈口，弧腹，圈足，无款，腹部绘海水白龙纹。

青花暗刻海水龙纹直壁碗。直口，弧腹，圈足，无款，口沿绘青花花卉纹，腹部则暗刻海水龙纹。

青花瑞兽纹直壁碗。直口，弧腹，圈足，无款。腹部暗刻龙纹，四周则绘青花云纹。

青花云纹暗刻龙纹直壁碗。直口，弧腹，圈足，无款。碗心及腹部均暗刻龙纹，四周则以青花绘云纹。

青花团花纹直壁碗。直口，弧腹，圈足，无款，腹部绘团花纹。

青花莲池鸳鸯纹直壁碗。直口，弧腹，圈足，无款，腹部绘莲池鸳鸯纹。

青花海水白龙纹直壁碗。直口，弧腹，圈足，无款。腹部绘海水白龙纹。

青花穿花凤纹直壁碗。直口，弧腹，圈足，无款，腹部绘穿花凤纹。

青花穿花凤纹小碗。侈口，弧腹，圈足，无款，腹部绘穿花凤纹。

青花婴戏图小碗。侈口，弧腹，圈足，无款，腹部绘婴戏图。

青花团花纹小碗。侈口，弧腹，圈足，无款，腹部绘团花纹。

青花海水龙纹小碗。侈口，弧腹，圈足，无款，腹部绘海水龙纹。

青花暗刻海水龙纹小碗。侈口，弧腹，圈足，无款。口沿以青花绘花卉纹，腹部则暗刻海水龙纹。

青花云纹暗刻龙纹小碗。侈口，弧腹，圈足，无款。腹部暗刻龙纹，四周则绘青花云纹。

青花龙纹小碗。侈口，弧腹，圈足，无款，腹部绘九龙纹。

青花莲池鸳鸯纹小碗。侈口，弧腹，圈足，无款，腹部绘莲池鸳鸯纹。

青花瑞兽纹小碗。侈口，弧腹，圈足，无款，腹部绘瑞兽纹。

青花婴戏图莲子碗。直口，弧腹，圈足，无款，腹部绘婴戏图。

青花莲托八宝纹劝盘。折沿，弧腹，圈足，无款，盘心绘莲托八宝纹，外壁则绘缠枝莲纹。

青花狮子绣球纹窝盘。直口，弧腹，圈足，无款。内外壁均绘狮子绣球纹。

青花海水松竹梅纹窝盘。直口，弧腹，圈足，无款。盘心绘海水松竹梅纹，外壁则绘海水江牙缠枝莲纹。

青花龙纹窝盘。直口，弧腹，圈足，无款。盘心绘龙纹一条，外壁则绘九龙纹。

青花暗刻海水龙纹窝盘。直口，弧腹，圈足，无款。口沿绘青花花卉纹，盘心及腹部暗刻海水龙纹。

青花海水龙纹窝盘。直口，弧腹，圈足，无款。盘心及外壁均绘海水龙纹。

青花瑞兽纹窝盘。直口，弧腹，圈足，无款。盘心及外壁均绘瑞兽纹。

青花云纹暗刻龙纹窝盘。直口，弧腹，圈足，无款。盘心及腹部均暗刻龙纹，四周则绘青花云纹。

青花莲池鸳鸯纹窝盘。直口，弧腹，圈足，无款，盘心及腹部均绘莲池鸳鸯纹。

青花婴戏图窝盘，直口，弧腹，圈足，无款。盘心绘以缠枝菊纹，外壁则绘婴戏图纹。

青花团花纹窝盘。直口，弧腹，圈足，无款。盘心绘以缠枝菊纹，外壁则绘团花纹。

青花梵文窝盘。直口，弧腹，圈足，无款。盘心及外壁均书梵文。

青花梵文侈口盘。侈口，弧腹，圈足，无款。盘心及外壁均书梵文。

青花龙纹侈口盘。侈口，弧腹，圈足，无款。盘心绘龙纹一条，外壁则绘九龙纹。

青花海水白龙纹侈口盘。侈口，弧腹，圈足，无款。盘心及外壁绘海水白龙纹。

青花团花纹侈口盘。侈口，弧腹，圈足，无款。盘心绘缠枝菊纹，外壁则绘团花纹。

青花莲池鸳鸯纹侈口盘。侈口，弧腹，圈足，无款。盘心及腹部均绘莲池鸳鸯纹。

青花海水龙纹侈口盘。侈口，弧腹，圈足，无款。盘心及外壁均绘海水龙纹。

青花瑞兽纹侈口盘。直口，弧腹，圈足，无款。盘心及外壁均绘瑞兽纹。

青花双面海水瑞兽纹侈口盘。侈口，弧腹，圈足，无款。内外壁均绘海水瑞兽纹。

青花暗刻海水龙纹侈口盘。侈口，弧腹，圈足，无款。口沿以青花绘花卉纹，盘心及腹部则暗刻海水龙纹。

青花云纹暗刻龙纹侈口盘。侈口，弧腹，圈足，无款。盘心及腹部均暗刻龙纹，四周则绘青花云纹。

青花婴戏图侈口盘。侈口，弧腹，圈足，无款。盘心绘宝相花纹，外壁则绘婴戏图。

青花龙纹高足杯。侈口，弧腹，高足，无款。杯心及外壁均绘龙纹。

青花瑞兽纹高足杯。侈口，弧腹，高足，无款。杯心及外壁均绘瑞兽纹。

青花穿花凤纹高足杯。侈口，弧腹，高足，无款。杯心及外壁均绘瑞兽纹。

青花穿花凤纹高足杯。侈口，弧腹，圈足，无款。杯心绘云纹，外壁则绘穿花凤纹。

青花团花纹高足杯。侈口，弧腹，高足，无款。杯心绘以缠枝菊纹，外壁则绘团花纹。

青花海水龙纹高足杯。侈口，弧腹，高足，无款。杯心及外壁均绘海水龙纹。

青花海水白龙纹高足杯。侈口，弧腹，高足，无款。杯心及外壁均绘海水白龙纹。

青花莲池鸳鸯纹高足杯。侈口，弧腹，高足，无款。杯心及外壁均绘莲池鸳鸯纹。

青花暗刻海水龙纹高足杯。侈口，弧腹，高足，无款。口沿以青花绘花卉纹，杯心及腹部则暗刻海水龙纹。

青花海水瑞兽纹高足杯。侈口，弧腹，高足，无款。杯心及外壁均绘海水瑞兽纹。

青花云纹暗刻龙纹高足杯。侈口，弧腹，高足，无款。杯心及腹部均暗刻龙纹，四周则青花绘云纹。

青花婴戏图高足杯。侈口，弧腹，高足，无款。杯心绘宝相花纹，外壁则绘婴戏图。

青花海水缠枝莲纹高足杯。侈口，弧腹，高足，无款。外壁绘以海水缠枝莲纹，杯心则绘缠枝牡丹纹。

青花狮子绣球纹大盘。侈口，弧腹，圈足，无款。内外壁均绘狮子绣球纹。

青花弦纹大盘。侈口，弧腹，圈足，无款。盘心及口沿均绘弦纹。

青花云龙纹大盘。直口，弧腹，圈足，无款。盘心绘龙纹一条，内壁绘海水纹，外壁则绘九龙纹。

青花缠枝葡萄纹大盘。侈口，弧腹，圈足，无款。盘心绘缠枝葡萄纹，外壁则绘缠枝莲纹。

青花矾红彩类

青花矾红彩海水龙纹梨形壶。直径，弧腹，圈足，腹部一侧为一柄，另一侧有一流，无款。腹部绘青花海水地，以矾红彩绘龙纹。

青花矾红彩海水瑞兽纹梨形壶。直颈，弧腹，圈足，腹部一侧为一柄，另一侧有一流。无款，腹部以矾红彩绘海水地，绘青花瑞兽纹。

青花矾红彩海水龙纹侈口碗。侈口，弧腹，圈足，无款。腹部绘矾红彩海水地，绘青花龙纹。

青花矾红彩云龙纹侈口碗。侈口，弧腹，圈足，无款。腹部暗刻龙纹，并于其上绘矾红彩，四周则绘青花云纹。

青花矾红彩海水龙纹直壁碗。侈口，弧腹，圈足，无款。腹部绘青花海水地，绘矾红彩龙纹。

青花矾红彩海水瑞兽纹金钟碗。侈口，弧腹，圈足，无款。腹部绘矾红彩海水地，绘青花瑞兽纹。

青花矾红彩海水龙纹金钟碗。侈口，弧腹，圈足，无款。腹部绘青花海水地，绘矾红彩龙纹。

青花矾红彩海水瑞兽纹窝盘。直口，弧腹，圈足，无款。盘心及外壁以矾红彩绘海水地，绘青花瑞兽纹。

青花矾红彩海水龙纹侈口盘。侈口，弧腹，圈足，无款。盘心及外壁以青花绘海水地，绘矾红彩龙纹。

青花矾红彩海水瑞兽纹侈口盘。侈口，弧腹，圈足，无款。盘心及外壁以矾红彩绘海水地，绘青花瑞兽纹。

斗彩类

斗彩梅纹绣墩。似圆形鼓面，无款，以斗彩绘纹饰，腹部刻梅纹。

斗彩莲池鸳鸯纹侈口盘。侈口，弧腹，圈足，无款。盘心及外壁绘莲池鸳鸯纹。

斗彩莲池鸳鸯纹高足杯。侈口，弧腹，高足，无款。杯心及外壁绘莲池鸳鸯纹。

矾红彩类

矾红彩云龙纹玉壶春瓶。侈口，直颈，弧腹，圈足，无款。通体绘云龙纹。

矾红彩云龙纹鸡心执壶。侈口，直颈，弧腹，圈足，腹部一侧为一柄，另一侧有一流。无款。鸡心内绘云龙纹。

矾红彩云龙纹匜。直口，直腹，器底无釉，腹部一侧有流，无款。腹部绘云龙纹。

矾红彩狮子绣球纹侈口盘。侈口，弧腹，圈足，无款。内外壁均绘狮子绣球纹。

矾红彩狮子绣球纹大盘。侈口，弧腹，圈足，无款。内外壁均绘狮子绣球纹。

绿彩类

绿彩云龙纹玉壶春瓶。侈口，直颈，弧腹，圈足，无款。通体绘云龙纹。

绿彩云龙纹鸡心执壶。侈口，直颈，弧腹，圈足，腹部一侧为一柄，另一侧为一流，无款。鸡心内绘云龙纹。

绿彩云龙纹匜。直口，直腹，器底无釉，腹部一侧有流，无款。腹部绘云龙纹。

绿彩云龙纹唇口钵。唇口，直腹，器底无釉，无款。腹部绘云龙纹。

绿彩狮子绣球纹侈口盘。侈口，弧腹，圈足，无款。内外壁绘狮子绣球纹。

绿彩狮子绣球纹大盘。侈口，弧腹，圈足，无款。内外壁均绘狮子绣球纹。

白釉类

白釉梅瓶。唇口，直颈，丰肩，直腹，浅圈足，无款。通体施以白釉。

白釉弦纹炉。直口，直腹，器底下呈三足，无款，通体施以白釉。

白釉暗刻云龙纹梨形壶。直颈，弧腹，圈足，腹部一侧为一柄，另一侧有一流，无款。腹部暗刻云龙纹。

仿龙泉青釉类

仿龙泉青釉暗刻团花纹莲子碗。直口，弧腹，圈足，无款。通体施以青釉，腹部暗刻团花纹。

仿龙泉青釉暗刻缠枝莲纹侈口碗。侈口，弧腹，圈足，无款。通体施以青釉，腹部暗刻缠枝莲纹。

青白釉类

青白釉暗刻缠枝莲纹莲子碗。直口，弧腹，圈足，无款。通体施以青白釉，腹部暗刻缠枝莲纹。

青白釉暗刻团花纹侈口碗。侈口，弧腹，圈足，无款。通体施以青白釉，腹部暗刻团花纹。

五、瓷业生产状况

景泰八年（1457 年），英宗“南宫复位”，改年号为“天顺”。英宗复位时的国力已经早不如前，与正统时不可同日而语。英宗在正统初登位时年龄还较小，加之张太后的摄政，对于瓷器生产并没有给予充分关注。再次登上皇位之后，历经坎坷的英宗皇帝，已经不是当年年轻上位的皇帝，而是想做些事情了。在瓷器生产上，天顺朝生产工艺虽多承接景泰，但是绘画技法却有较大的创新和发展。天顺初年，景德镇陶瓷业在逐步恢复中，包括招募工匠，用以接续正统以来走入低谷的景德镇官窑烧造。压抑多年的瓷器烧造业，必然会有一个较大的发展和突破。天顺就是这个转变的发动时期，为成化瓷器崛起创造了必要的基础。

天顺一朝的八年中，御器厂自始至终都没有停止过烧造。过去景泰皇帝喜爱铜胎掐丝珐琅，把大量高级进口青料都用于生产铜胎掐丝珐琅，对景德镇窑业生产必然有所影响。到了天顺时期，在苏青缺乏的情况下，景德镇御窑厂开始大量使用国产青料，改用江西乐平出产的平等青。这种青料颜色清雅，纹路清晰，没有晕散，一改永宣时期青花那种铁锈斑和晕散状况，给人以耳目一新的感觉。后来成化时继续使用平等青，并将其与各种彩料相结合，将瓷器制作推向了一个更高水准。

1. 天顺时期的瓷器生产

天顺时期瓷器生产在工艺上还是多承景泰。但是由于其使用分水画法，这种绘画技法的发展，给天顺瓷器生产开辟了崭新局面。《江西省大志》云："天顺元年（1457 年），委中官烧造"。这时已经将不懂瓷器制作的地方官员革去，继续使用中官来管理瓷器生产。中官熟悉皇帝喜好，所督办多按照皇帝意图生产，是故天顺瓷器与景泰时期相比，有面貌完全不同的变化。

正统时期对瓷器的禁烧，影响了景德镇瓷器生产。但是禁烧期一过，特别是到天顺时，宫廷对景德镇瓷器生产又开始严加管理。《明英宗实录》天顺三年（1459 年）十一月乙未，"光禄寺奏请于江西饶州府烧造瓷器共十三万三千有余，工部以饶州民艰难，奏减八万，从之。"由此可以知道，天顺时期景德镇的瓷器烧造量其实是很大的。仅是由于灾荒，不得不减少一些，但是英宗对于瓷器烧造的重视并没有减少。景德镇在瓷器生产方面，虽然数量减少，但是质量却大大提高。目前许多无款的青花器，因为其面貌类似成化青花器，多被划入成化一朝，其实这些瓷器多半是天顺朝生产的。天顺生产工艺基本传入成化，特别是在成化早期，想区分开何为天顺、何为成化，只有就款识来辨认，而其他方面的区别并不大。笔者窃认为：耿宝昌先生为北京故宫博物院在香港拍卖买回的那件青花人物图荷叶盖罐，从青花料、青花纹饰，特别是蕉叶纹以及人物的绘画方法等方面看，这件器物都应该是天顺时期的精美作品，不是成化却胜似成化。因此对于天顺时期，特别是天顺晚期的瓷业生产，笔者认为应该给予更高的评价。现在因为面貌不清，而评价稍低，是故大量精美无款器物不能被认识，而被划入成化器。这种偏颇迟早会被逐渐发现的更多器物而改变。对天顺瓷器，不能因为无款而低看。笔者始终认为，**成化瓷器生产不会突然发生改变，这种变化实际开始于天顺时期。无论是青料的使用，还是绘画风格的改变，甚至器物器型的缩小，都是在天顺时期开始发生变化的**。目前只是人们对其认识还不够，故而仅仅用一个"空白期"给轻轻地遮盖过去了。

正统、景泰器与天顺器之区别，主要在于前者笔致俊巧，纹样多精致、秀丽，更接近宣德器风格。而后者多肥润、圆柔，好似用柔软的羊毫笔挥就。景泰时，有的由于釉层增厚，有微小气泡，使青花出现朦胧、松散，笔触不够清晰、有神。到天顺时期，青花改用平等青，绘画方法也出现变化，使用分水画法，与正统、景泰时期完全不同。这时期生产的器物也有所变化，少了大瓶、大罐，碗的口径也变得小了很多。其实成化器型的变化，早在天顺时期已经开始出现，只不过到成化时才陆续完成。瓶罐类器物颈部，正统器与宣德时期相近，多是直径，而天顺器与成化时期相似，多是上收下阔。器型逐渐变小，变得纤细，为此时的一个普遍规律。折胫筒形炉流行于正统后期并延续至弘治。这种造型直接被成化器所继承。**天顺时期就已经开始的器物逐渐轻薄的过程，到成化时完成。故而同样的器物，天顺器要比成化器稍厚，特别是底部。而且天顺时期还保留有自正统以来在瓷器的肩部装饰铺首的做法，尽管此时的铺首已经变得很小，但是没有完全消失。到成化以后，这种做法不再出现。**

天顺时期是“空白期”三朝中最接近成化风格的时期。其釉水较之景泰时期的肥厚有所变化，更加细平薄浅，釉色偏白，玉质感减弱而瓷质感强，无论何种器型的底部，以施釉较为常见。青花料基本使用国产平等青料，发色趋向于成化发色。有的发色不够浓艳，瓷器的胎骨变薄。《明实录》等文献记载，历时约三十年的正统、景泰、天顺三朝，朝廷都在景德镇设置御窑厂烧造瓷器。“空白期”是明代前期瓷器发生重大改变的过渡阶段。民间对于明代“空白期”瓷器，自然是人见人爱。但由于其存世量少，投资者便对其市场价值不以为然。根据雅昌网所收录明代“空白期”三朝的瓷器上拍情况来看，总量仅有数百件，且成交价格亦不高，大多集中在十数万至几十万元的价格区间内。在各大拍卖行的拍卖中，所见“空白期”瓷器拍品，上拍数量亦是少之又少。这里面的原因是多方面的，有些景德镇官窑所烧造的瓷器被划入别的朝代，比如正统早期所烧制的瓷器被纳入无款宣德瓷，而天顺时期所烧造的瓷器，也被归于了成化朝。明显能够看出制作稍嫌粗糙的瓷器，也是“空白期”三朝的民窑产品。所以其拍卖价格要追上官窑，是没有可能的。真正的三朝官窑作品即便稍有潦草，其制作仍然十分规矩，比如正统时候的大龙缸，一般民窑难以烧成。

2. 关于天顺纪年款瓷器

过去一直认为，国内没有见到一件署名天顺朝的官窑款识的器物，见到的多是后朝的仿制品。后来**北京出土有“大明天顺年制”的龙纹盘，款式非常规矩，“天”字与成化天字罐上的“天”字写法一样。从器型、纹饰都可以确定为天顺官窑制品。这是仅见的一件具有天顺官款的官窑器物**。值得重视。1988 年春，香港著名文物收藏家杨永德先生捐赠北京故宫博物院一件“天顺年”款识的青花波斯文三足筒炉。器为唇口，直壁，呈筒形，下呈三乳足，口径16厘米，外口沿以青花绘连续回纹，紧靠炉底有两条重色青花边线，越乳足而过，炉身以三行波斯文环绕，器内底面施釉，覆青花“天顺年”三字楷书款。炉身波斯文诗句散见于波斯诗人萨迪的诗文集《果园》。其中锋用笔，圆润洒脱，一气呵成，与其后成化官窑款识用笔十分相似。而“天顺年”三字楷书款识，书体既具宣德以来浑厚风格，也初具其后统领成化一朝的矜持面貌，尤其是“天”字，逼肖成化“天”字罐的书法。三足筒炉在宣德时期即已出现，其造型大致相同，正统时常见圈足式筒形炉。天顺以后，三足炉大量出现，常见人物题材，但器壁多为弧形，器如小鼓，故称“鼓式炉”。与此基本相同的另一件，于器里底部署“大同马氏书”，现收藏在山西省文物商店，虽然这两件器物仅用文字作为装饰，但笔法上却透露出天顺瓷器绘画风格的信息，同时也为探讨“空白期”瓷器提供了线索。随着时间的推移，又有一些署天顺纪年款识的器物被同人留意而相继发现。

香港苏富比拍卖公司大村俊先生提供的几张照片，所显示的是天顺五年（1461年）记事款青花缠枝牡丹纹凸雕蟠螭直口瓶，造型古朴端庄，青花纹饰，题字中锋用笔，雄健有劲，色泽浓重。与之风格一致的器物，还有天津艺术博物馆收藏的青花山石牡丹象耳炉与凸雕蟠螭炉等，有了这些官窑民窑莫辨的瓷器，研究者可以缘此而上，探索正统、景泰、天顺时期瓷器的继承和演变规律，下窥成化初期瓷器的新貌。北京故宫博物院有两件署有天顺纪年款青花碗，其中四鹿衔花纹碗为收口、弧壁、浅圈足，釉面青白光亮，纹饰以浅描笔法绘出，圈足内署有“大明天顺年制”六字双行楷书款识。器型与款识字体风格，均同于常见的万历晚期至天启时期的碗类，显然这是一件伪托前朝款识的器物。另一件为小折边沿式，饰以青花花鸟纹，器型、纹饰和青花色泽及款识书法等，也同为万历至天启时的仿品伪作。

天顺三年（1459年）青花海水怪兽纹长方砚台，藏南昌县博物馆。形如砖块，砚池呈海棠形，以青花勾边，砚台外壁以青花勾边，砚壁饰以青花龙纹。底部施釉，青花竖书“天顺三年吉日置用”款，此器品貌不佳。天顺五年（1461年）青花许愿款缠枝花卉纹堆贴蟠螭胆瓶，藏香港艺术馆。该瓶长颈，上窄下宽，溜肩，扁圆腹，敛足，圈足脱落成平底，口沿经磨去后修补。此器胎质厚重，釉色莹亮，青花发色浓艳。该瓶的装饰共分三层，以弦纹间隔。第一层装饰在颈部，贴塑高浮雕螭龙，环绕瓶颈部一周，龙身饰以蓝料，其他部位衬以结带方胜、杂宝、蕉石、兰草等纹饰。第二层装饰在腹部，饰以缠枝牡丹纹。叶脉的画法常见于成化官窑器中，具体步骤是先以青花勾勒花卉叶脉轮廓，再勾勒叶脉，然后使用浓水分叶片外缘，淡水分叶片中心，造成一浅淡不同的分水效果。但此器勾勒的花叶较为草率，青花色深处十分浓艳。第三层装饰在近足处，青花楷书题记：“夏梅田都铎源汪村社奉佛弟子程铱、妻郑氏，喜拾香炉壹付入本里华林供养，祈求宦途清吉，天顺五年（1461 年）秋九月吉日题。”此器装饰独特，纹饰精美，青花艳丽，并且带有青花纪年题记信息，是目前研究天顺朝瓷器绝无仅有的最为珍贵的资料。

天顺七年（1463 年）青花阿拉伯文筒式炉，藏山西省博物馆。此器同故宫所藏“天顺年”三足炉，近口沿处饰以回纹一周，器身装饰三层波斯纹。器物底部书有“天顺七年大同马”，并在器物内壁近口处书“大同马氏书”。郭学雷先生分析两件器物异同，认为这两件器物均出于一人之手，并且“大同马氏”可能是一位大同籍的景德镇回族匠人。浙江省桐乡濮院杨家桥天顺五年杨青墓出土祭蓝釉碗两件。碗为撇口，深腹，圈足，足端内敛，平底。外壁饰以祭蓝釉，碗内壁饰以灰釉，碗底青花绘以月华纹。根据墓内出土纸本文书可知，其墓葬年代下限是在天顺五年六月初一日。从器物本身的烧造年代看，应是天顺朝器物。其特征是挖足过肩，向内斜削程度深。同类器物还有 2007 年江苏省淮安市世纪佳苑出土的青釉碗，该碗除外壁施以青釉外，其他特征与前二者完全一致，为同一时期产品。

四川平武县古城乡小坪山天顺八年（1464 年）王玺家族墓，出土瓷器共计 89 件，分别是盖罐 4 件、瓶 6 件、碗 6 件、盘 67 件、杯 3 件、筒式炉 1 件、雕塑 2 件，是迄今为止出土“空白期”瓷器最多的一次，其重要性不言而喻。南昌县博物馆还藏有一件青花海水怪兽纹长方砚，上书“天顺三年（1459 年）”铭款。香港艺术馆也收藏有一件缠枝花卉纹堆贴蟠螭胆瓶，上有“天顺五年”许愿文款。这些新发现对于天顺时期瓷器研究，具有重要学术价值。另外还有“天顺年”款青花回纹筒形香炉等出现，虽然是民窑器物，但是通过比对，仍然可以帮助人们认识该时期瓷器的某些特征。

三朝青花器尚不见官窑款，民窑中有天顺年款器物，书有“大明天顺年制”或“大明天顺年造”两行六字款，但都属于明代后期的仿品。山西省博物馆所藏“天顺七年大同马氏造”青花炉，及香港《求知雅集插图》“天顺年”回文炉，应确属天顺年所制，但款识都不规则，不是官窑款识。此外尚有银锭款、“正”字款和“大明年造”方款等。

3. 对一些无款传世品的分析

中国文物商店总店收藏有一类厚胎明代梅瓶，为圆唇小口，颈部上收下阔，丰肩，长腹下收，底面微显浅圈足。同此造型的梅瓶，散见于各地博物馆等文博单位。所见有蓝釉与青花品种，清蓝釉器釉面光润平静，色重泛黑。青花器釉面青白肥腴，器腹主题纹饰多绘文人高士、携琴访友、山石云景、鸳鸯荷莲、双狮戏球、瑞兽踏海等，肩部常绘缠枝莲、蕉叶、钱文、锦地开光折枝花卉，腹下部至足际则多以蕉叶、莲瓣或海水为饰。青花色泽浓艳的呈黑蓝色，浅淡的泛灰蓝。总之，笔调色泽既有别于宣德晚期的粗重晕散，又不似成化时的纤细淡雅。纹饰均中锋用笔，饱满圆润，纵横洒脱，笔法与上述两件署天顺纪年款筒炉上的波斯文相类同。画面中的人物，多逆风而行，冠带、衣衫拂扬，神情飘逸，足前是疾风下的劲草，背后是云气掩映的峻岭远林。所绘云纹，粗重豪放，呈灵芝形，并有层层小圈密布于云气一侧。这种特殊的流云纹，既与明代初期的疏简风格不同，又与成化以后的圆柔气质有异，其时代特征较为突出。这些梅瓶胎体比成化时厚重，器型较宣德时高长，器口造型具有上收下阔特点，琢器常作收口式。据此可以将这类器物的制造年代定为天顺时期或略早。

武汉市文物商店收藏有一件祭蓝釉双兽耳尊，据传该器出土于武汉市郊区明八王墓葬之中，器呈撇口，溜肩饰以双兽耳，丰腹，平底露胎，器身釉面平静肥润，其纹饰金彩虽已剥落，却仍能从遗痕中窥视其大概。肩部锦地开光，中以篆书写“福如东海，寿比南山”，腹部绘仙山楼阁访友图，其下出水芙蓉摇曳于碧波之上，画面上方一角题写五言诗句“春踏芳草地，夏赏绿荷池。秋饮黄花酒，冬吟白雪诗。”其古朴庄重的造型、生动流畅的笔触及宽敞的构图，无不与上述天顺纪年款波斯文筒炉及常见的天顺青花携琴访友图梅瓶风格相近，据此，理应将其制作年代定为天顺一朝。

各地博物馆藏有一类描绘各种人物的明代前期青花大罐，器造型为唇口、丰肩，圆腹下敛，足微外撇，砂底。颈部常绘以格锦和卷草纹，腹部主题纹饰多人物故事画面，如贤士醉酒、骑马、携琴访友、文人行旅、书童担书匣、八仙人等，肩部与胫部多绘海水纹。此类罐的器口造型与胎体特征，均与上述的梅瓶相近，所绘的人物和流云也具有天顺青花筒炉上的波斯文笔意。此外日本出版的《世界陶瓷全集・明代》图录中，还有一件青花花鸟大罐和一件青花楼阁人物大罐。其造型、纹饰、笔法，均与上述青花大罐雷同。尤其是花鸟大罐上所绘的鸣鸟栖树，其笔法和意境均相近于同时的花鸟画家林良的风格。这些器物均应为景泰末至天顺初期产品。与之相近的青花或五彩器，在国内外还时有所见，若进行收集而系统归纳，当能有不少的收获。

北京故宫博物院藏有一件青花荷莲纹撇口大碗，撇口、敛腹，平切浅圈足。其胎体略厚，釉面肥腴，足底施釉厚薄不匀。所绘莲池水藻及格锦纹边饰，虽为成化青花器多用，但其青花色泽都较成化时浓艳，用笔更为圆润有劲。胎体也略微厚重，观其淋漓放纵的笔墨和浓艳的青花色调，无疑也应是景泰至天顺时期的作品。

国内外博物馆中还时常见到一类青花折沿盘，胎体较厚，釉面肥腴，青花色泽或黑蓝，或泛浅灰蓝色，盘心主题纹饰多为松竹梅三友、山石牡丹、孔雀牡丹、松鹤寿星童子与梵文等图案，纹饰以圆润的中锋饱墨书写，迅疾入画，一挥而就。笔意酣畅，构图疏简，以天顺青花波斯文筒炉的特征为标准，也可以把这类青花盘的成器年代定为天顺时期。

南京博物院藏有一件青花海水兽纹撇口墩式碗，口沿处胎薄，下行渐厚，圈足内挖削过肩，通体青白，釉面肥厚光亮，青花色调灰蓝，器里外均以青花海水为地，留出白色瑞兽图案，笔法浑圆柔和，画面简洁。同此风格笔调的器物，还有北京故宫博物院收藏的青花海马踏波三足筒炉，以及北京市华夏工艺品商店收藏的青花三狮踏海梅瓶等，它们的制作年代均当为天顺时期，这种独特装饰手法及圆柔笔触，不久就被其后的成化朝全盘继承并有所发展，类似于成化风格的民窑青花器在国内还有不少，其中有些是否可以归入天顺时期，还有待进一步分析和判断。

上海博物馆收藏有三件空白期青花婴戏图碗。三件碗的造型、纹饰和制作工艺都大同小异，过去曾经被认作是正德时期的作品，因为正德官窑曾经烧造过这种类型的“宫碗”。英国维多利亚与阿尔伯特博物馆也收藏了一件类似作品，成器时代被定为成化。但是从其整体风格来看，肯定要早于正德，甚至也早于成化。早在永乐、宣德时期，景德镇官窑就烧造青花婴戏图碗，但是那时碗的造型与此不同，该碗应是靠近成化的15世纪中期的作品，即天顺年间所制。

双耳瓶为该时期的特色，盛行在正统、景泰、天顺三朝，于各地的墓葬均见出土。

4. 天顺时期器型和底足变化

天顺朝瓷器胎釉的特点：琢器胎体比较厚重，瓶、尊、罐类的器口，天顺的与后朝成化类似，多为上收下阔式。底足修得不太仔细，大多为敦厚的浅宽圈足或微微下凹的平砂底，有火石红斑痕和粘一些星星点点的窑渣在底部的现象。小件圆器从宣德到成化朝皆有施釉习惯，其中宣德时期的底足露胎线，仍然修饰较宽，露胎处有火石红迹象。而到天顺时，几乎完全不见火石红，底足修胎手法精细。正统晚期足外墙几乎全部饰以青花圈线，并且从此沿用不变。较好一类的瓷器，在足外墙圈线内，开始加绘简单纹饰，成化时增多。多数外足墙端斜削并落于台面，内足墙端有棱边感，个别开始有外足端滚圆的现象。这种形式是明代民窑上乘器皿的特征之一。大部分器物胎质细腻，较之正统和景泰时期有较大改变，对胎的淘洗精细很多，器物修胎也仔细。碗、盘类器物的足壁变薄，内底修胎平整，不见正统时期的乳突状痕迹，器物少见“挖足过肩”的现象。釉质显得更加肥润，小件器物足底基本均施釉。器物整体看上去较之“空白期”早期显得薄俏，规整。及至景泰，釉质增厚，缩釉斑明显，粗者可见釉泡，精者釉质如凝脂。这种情况下，可能因为釉层过厚，青花发色多有模糊感。天顺朝釉色愈加平润泛白，多为卵青色，亦见腻白，精致制器与成化器物难以区别。故而今日仍然将许多天顺时期没有年款的青花器物划入成化。天顺时期的青花瓷器主要有梅瓶、盖瓶、长颈瓶、三足炉、碗、盘等。明代天顺时期的青花瓷器具有本朝特有的特点。

梅瓶器型的变化。元代梅瓶通高在 46—48 厘米，洪武、永乐时降为 37—41 厘米，下降了约 7 厘米。到正统、景泰时降为 36—38 厘米，又下降了约 3 厘米。到天顺时则降为 33 厘米，再下降了约 5 厘米。成化以后则只有 22 厘米了，又下降了 11 厘米。故而成化时期的梅瓶不及元代梅瓶高度的一半。成化梅瓶为梯形圆柱形弧状，不像宣德朝那般鼓，器型与天顺时期相同，肩下渐收，幅度较缓，不像宣德朝那般急。其足部微微外撇，但不明显。另外，宣德时期的束腰式梅瓶在成化时依然存在。景德镇珠山御窑厂出土的宣德朝梅瓶，高者通高可达 55 厘米左右。景泰和天顺时期的梅瓶则通高均在 30 多厘米。到了成化，梅瓶则延续了天顺朝的造型特点，愈加表现出挺拔纤细的特征，高度仅有 20 多厘米。“空白期”出土的几件梅瓶的底足均不施釉，平底内凹。成化梅瓶同样多为平底，不施釉。瓶罐类器物的颈部，正统器与宣德时期相近，多是直颈，而天顺器与成化时期更相似，多是上收下阔。器型逐渐变小，变得纤细，为此时的一个普遍规律。（见图 45）

天顺青花彩绘工艺应该也与景泰时期工艺相同。在传世品中具有以上彩绘特征的有青花孔雀牡丹图梅瓶，藏北京故宫博物院。此瓶画牡丹叶片先用淡青料勾勒叶的大体轮廓线和主叶脉，再用浓青料拓抹，一两个大笔触表现一个叶尖，画完一个叶片形状，中间留白处不洗染，最后画短线分叶脉。从正统到景泰，天顺青花表现技法没有大的变化，而且“空白期”的彩绘艺术效果触动了成化“勾线”与“染水”工艺的形成，为后来的“勾线”和“混水”工艺奠定了基础。

天顺海水纹是作为边饰出现的。装饰风格与景泰相近，只是层次更为清晰，线条也更加流畅生动。成化时期海水纹与动物纹组合使用较多，线条较宣德时细腻，但是海水波涛汹涌之感不及宣德。海水用密集的弧线组合而成，浪花留白层次清晰，气韵不足。龙尾处绘一排小浪花是此时独特创新。另一种海水纹采用螺旋线组合而成，层次较多。

正统瓷器与宣德器相同，为直颈。而景泰、天顺的与后朝成化时类似，多为上收下阔式。底足修得不太仔细，大多为敦厚的浅宽圈足，或微微下凹的平砂底，有火石红斑痕和粘一些星星点点的窑渣在底部的现象。正统三朝的盖子与宣德朝类似，均为笠帽形盖，折沿，子口，宝珠形钮。只是此时的盖钮比宣德时期略高，折沿的弧度也较宣德为平缓。

成化时期盖罐的形式主要是平盖。正统时期盖罐的比例是 1: 0.5: 0.5 左右，比例较为适中，很协调，相比宣德时期给人挺拔纤细的感觉。成化时期的两件盖罐的比例在 1：0.7：0.9 左右，比例接近于宣德时期出戟盖罐的比例。器型浑圆，给人端庄稳重之感。同时这个时期的盖罐高度也有变化，整体上呈现逐步递减趋势，仅在宣德时期偶有大器出现。

碗的变化。宣德时期碗的口径为 13—20 厘米，到景泰时期基本固定在 10—15 厘米。**从口、足和高的整体比例来看，口径和高度的比接近 2：1，而高度和足径十分接近，足径略小于碗的高度，偶见足径略大于高度的情况。而碗的口径基本上是足径的 2.5 倍左右。**天顺朝碗的直径与景泰时类似，其釉色愈加平润泛白，多为卵青色，亦见腻白，有些精致制器与成化器物难以区别。故而今日由于对“空白期”的研究不够，仍然将许多没有年款的青花器物划入成化，而不是归于天顺。景泰、天顺时，有的由于釉层增厚，有微小气泡，使青花出现朦胧、松散，笔触不够清晰有神。正统器与景泰、天顺器之区别，主要在于前者笔致俊巧，纹样多精致、秀丽，更接近宣德风格。而后者多肥润、圆柔，好似用柔软羊毫笔挥就。成化三年（1467 年）墓出土青花法轮云纹盖罐和青花花卉纹碗，藏于江西省博物馆，也具有相同表现技法。由此推之，天顺时期青花彩绘工艺，应该也与景泰时期工艺相同。但是与景泰时期那种潦草不同，开始变得规矩，并且更加图案化。

六、青花器

天顺朝继承了景泰制瓷工艺，面貌上又与成化瓷器接近。有相当多的无款器被归入成化。但是天顺朝也有自己的独特风格，这些风格后来被成化所继承。例如天顺朝瓷器在整体面貌上一改过去厚重、简朴和粗犷的风格，开始给人以淡雅、清新和秀气之感，这在器物的造型、装饰等方面表现得尤为突出。

天顺时期常用青花钴料主要是国产料，极少使用进口料。青花有两种呈色：一种颜色浓郁，与宣德青花相似；一种淡雅柔和，与成化青花相仿。器物胎体较为厚重，继承了明初的风格，修胎较粗，釉色白中泛青。青花发色主流变化是日益淡雅，这与青花料使用以及质量提升有直接关系。正统时期使用的青花料高铁低锰，往后铁含量逐步减少，这从早中期器物青花发色的比较上有直观体现。香港艺术馆藏天顺五年（1461 年）缠枝花卉纹瓶的发色，虽然较为幽兰厚重，但是这种变化还没有形成，发展到成化时期就十分突显了。另外对青花料的洗练程度也决定了其质量的高低，是实现细致勾勒图案的保证。明代天顺青花携琴访友图梅瓶，高 32.5cm，口径 5.4cm，足径 10.5cm。瓶小口，颈部上收下阔，丰肩，长腹下收，通体青花装饰。肩饰海水纹及海马纹，腹绘携琴访友图，近足处饰海水纹。素底无釉，无款识。以这件青花梅瓶为例，当时青花有浓艳的深蓝色和泛灰淡蓝色的变化，此器采用的是进口青花钴料，色泽浓艳，并带有黑色结晶斑。画面运笔自然，采用一笔勾勒，特别是中锋运笔所绘流云与人物有独到之处，显示出较高的绘画水平。青花图案不似宣德之晕散，亦不像成化之纤细，带有一种飘逸感。而画面中的人物多逆风而行，冠带、衣衫拂扬，神情悠然。足前是疾风下的劲草，背后是云气掩映的峻岭山林。所绘云纹，粗重豪放，呈灵芝形，并有层层的小圈密布于云气的一侧。这种特殊流云纹，既与明代初期疏简风格不同，又与成化以后圆柔风格有异，其时代特征较为突出。天顺青花瓷器在胎体及造型上也体现出时代特色，一般胎体较成化时期厚重，形体较宣德时高大，此瓶也无例外，风格古朴敦厚。

有件“明代空白期的撇口碗”学术价值非常高，碗壁两条龙，其中一条龙的三条腿为五爪，另外一条腿为四爪，以为是陶工漏刻了一爪。再看另外一条龙，仍然如此，说明不是陶工漏刻所致。经过研究，认为很可能是当时明代藩王在景德镇订烧的瓷器。在断代方面，这件碗的年代倾向于天顺时期，龙的形象已经非常接近于成化时的形象：扁头，双目像两颗火珠，龙爪呈车轮状。在素胎上刻龙纹再加彩的工艺是成化时开始出现的，是弘治、正德时经常见到白底绿彩龙纹的盘碗一类作品的先河。器底施釉，刻有一个“棠”字，具体什么意思待考。但是在上海博物馆有一件成化黄釉盘，带有“大明成化年制”六字青花款，上面刻有“甜”字，也许是用来盛放甜品类的器物。同样是用利器在釉上刻款，是同一种手法。这是一件非常少见的明代空白期撇口碗，器口外撇，高圈足，洒蓝地上加孔雀绿。碗心是折带云，是明代早期经常见到的官窑纹饰，洒蓝在明代宣德时期非常出名。2014 年成都文物考古研究所对成都东华门明王府工程内河进行了发掘，出土了相当数量的陶瓷，其中有一件跟这个碗为同一个面貌，应该是同一类东西。从公布出来的图版上可以看到出土的那件洒蓝碗上的龙，其中有一条腿就为四爪。这样看来，故意把双龙的一条腿刻成四爪，可以理解为是为了避免僭越官窑制度。器型外壁双龙都是五爪的例子也有，台湾清玩雅集收藏团体有一件盘，盘心是透明釉，盘壁是双龙，同样是洒蓝地，不同之处就是双龙都是五爪，这件可能是为宫廷所烧。

正统瓷器釉面肥润，青花色泽浓重深沉，带有晕散现象。景德镇出土的青花海水纹碗，纹饰粗糙，青花颜色虽重，但不如宣德时颜色光亮，又比成化时期的颜色暗，足内满釉无款。其中宣德底足露胎线，仍然修饰较宽，露胎处有火石红迹象，而到天顺时，几乎完全不见火石红，底足修胎手法精细。到天顺时瓷器釉面已经变得越来越白，莹润无比，而且釉层仍然保持肥润。这与当时釉料配方改变有关，此时釉料中釉灰的成分陆续减少，使得釉色发生改变。这对于成化瓷器釉面的形成起了重要作用。

七、装饰艺术

天顺时期的绘画以植物纹饰为主，代表器物有广东东莞天顺三年（1459 年）罗亨信墓出土的 5 件青花盖罐、江西鄱阳县磨刀石公社成化三年（1467 年）墓出土的青花法轮云纹盖罐 2 件。其构图方面多为三层横带式，上下空间较小，绘以辅助纹饰。中间腹部较大，为主题纹饰。也有二层构图的，但较为少见。主题纹饰多以花卉纹为主，辅助纹饰则以变体莲瓣纹和花卉纹较多见，还有蕉叶纹，也有法轮纹和云纹。器物的盖子也有装饰图案，多数在顶部绘以莲瓣纹。

1. 装饰风格

天顺时的绘画技法，不但延续了自永宣以来的大笔涂抹和小笔点染的绘画技艺，而且还开创了染水法和分水法。这两种绘画工艺，特别是染水技法，基本上可以看作是分水技艺的先河。天顺时染水技艺已经十分成熟，是分水技法形成的滥觞期。就绘画技法而言，天顺应该是个集合期，是各种绘画工艺的集大成时期，值得称道。天顺时的绘画技法，特别是此时的染水技艺，已趋成熟，其雅致清越的画面，就绘画技艺而言，正如耿宝昌先生所言，天顺瓷器更近似于成化朝风格，这是鉴定天顺瓷器的最重要着手点。江西省博物馆收藏的几件梅瓶，如青花松竹梅人物瓶、青花携琴访友图梅瓶、青花松竹梅纹瓶，这几件瓷器明显具有空白期的部分特征，如回纹、折枝花卉纹、蕉叶纹、变形莲瓣纹等，同时又表现出一些新的独立特征，如撇口、高颈、束腰的造型和繁复的云头纹、莲瓣纹等，应是处于天顺向成化过渡期的产物。**天顺时还有一个重要变化，就是器物肩部所装饰的铺首，已经没有正统、景泰时期那么大了，变成了小巧的贴塑。到成化时期，这种铺首类的装饰已经不再见于器物之上，而完全被青花或斗彩的纹饰替代了。**

就纹饰而言，天顺一朝与景泰时相似，也是祥云簇拥、山石环绕的人物图案依旧不少，但是结合成化时的同类题材看，其复杂程度大大减弱。如景泰时期人物发冠飘带以二三缕为多，到成化、弘治时期就简化成一缕，甚至没有。从天顺五年（1461 年）青花许愿文款缠枝花卉纹堆贴蟠螭龙胆瓶上的纹饰特征看，缠枝花卉的画法与正统、景泰时期有很大不同，虽然繁满，却十分有层次。叶片两侧分水浓重，中间留下网格状的叶脉，一阴一阳，对比明显，这种画法已经十分接近成化的特征了。天顺纹饰主要是缠枝牡丹纹、缠枝莲纹、缠枝菊纹、折枝牡丹纹、折枝莲纹、蕉叶纹、折枝菊纹、松竹梅纹、菊石纹、秋瓜纹、海水瑞兽纹、双狮滚球纹、花鸟纹、莲池水鸟纹、月华纹等。

正统时期常见纹样有卷云人物纹、涡旋云气纹、缠枝莲纹、缠枝莲捧八宝纹、缠枝菊纹、湖石牡丹孔雀纹、湖石牡丹茶花孔雀麒麟纹、山石松竹、芭蕉纹、缠枝和折枝茶花纹、折枝瑞果纹、莲池游鱼纹、杂宝纹等。景泰、天顺时，除了继承以上纹样外，又出现了松竹梅纹、月梅纹、石兰灵芝纹、蒲草纹、宝杵纹、梵文等。即便是同题材的纹样，在各个不同时期的画法也有所不同。例如缠枝莲的花头，正统时与宣德时一样，花头类似明锦缎中的宝相花状，工整而细致。景泰时则简单草率，大多把花心画成螺旋形，花瓣作芒穗状，卷叶粗而短，中心叶片有的近似桃实、豆荚。到了天顺时期，画工逐渐变得简化，不似景泰时期的潦草，这与英宗对瓷器生产的重视有关。这也为成化瓷器绘画的新面貌奠定了基础。

正统的麒麟纹多画成昂首前瞻蹲伏，四周以火焰、杂宝补白，常饰在盘心，也有的在罐腹以牡丹、孔雀组成主题纹样。自天顺至弘治，则多作回首仰望蹲姿，补白的杂宝、火焰也画得草率、简化。景泰四年（1453 年）出土的青花折枝牡丹纹双耳瓶，藏景德镇陶瓷馆，在表现技法上承袭前期民窑，而且用笔更为率意，运笔迅速，笔触明快，不加修饰。墨书正统二年（1437 年）款青花缠枝莲兽耳樽、墨书景泰二年（1451 年）款青花海水浮莲罐及青花天顺七年（1463 年）款波斯文三足筒炉，均是代表这一时期画风与书体的典型器。成化三年（1467 年）墓出土青花法轮云纹盖罐，藏江西省博物馆，与青花花卉纹碗有相同的表现技法。由此推之，天顺青花彩绘工艺应该比景泰工艺提高不少。正统到景泰时的青花表现技法没有大的变化，只是越来越潦草、简化。到了天顺时期，青花绘画发生了较大变化，出现了“勾线”“染水”等工艺，为后来的“勾线”和“混水”工艺奠定了基础。**当时其所绘龙纹的头上开始画上了刘海，有飘起的感觉。这种龙的绘画方法一直延续到成化时期。**

2. 绘画技法

靠近成化绘画风格的则是天顺器，正统器多是一笔勾勒的画法，而成化器则多分水画法。其实这种分水画法，早在天顺时期就已经开始施行了，而且取得了较好的艺术效果，所以才有以后成化时的仿效。另外天顺时期的瓷器纹饰已经比较趋向于图案化，相对比较规矩。在题材上，宣德及其以后一段时间，较多仕女题材，而天顺及其以后的题材，则多偏向于高士携琴图了。这种高士图是天顺时很重要的题材，到成化时，仕女和婴戏图占据较多数量，高士图并不是主要的人物图纹样。但是这个时期的民窑，出现了缠枝莲与其他纹饰的组合，如缠枝莲纹托八宝图，缠枝莲纹与八宝纹的构图简练，绘画简约粗率，不拘形似，在空隙处绘以螺旋纹，用笔活络，纵姿挥洒，具有本朝民窑的时代特色，这为天顺时期的纹饰变化创造了条件。到天顺时期，所有在正统民窑中出现的精美纹饰，都已经被官窑所吸收并采纳，并且一直延续到成化，成为官窑瓷器的装饰纹样。景泰牡丹纹多为折枝，构图疏朗，茎长，叶繁，花小，牡丹花作为环线的花心，配三五叶片，花叶形状好似标点符号中的逗号。天顺牡丹纹基本仿照永宣时期的风格，纹饰清晰，层次较多。成化官窑牡丹纹有折枝牡丹和缠枝牡丹。缠枝牡丹多为二方连续，多为同花同向，花叶多对称而饰，成山字形。枝蔓线条流畅，稍有细碎的小花叶片，花头多近似圆形。

以前青花绘画多用没骨画法作画，正统时期仍然是这样，但从青花牡丹麒麟纹罐肩上的莲瓣、牡丹的花叶来看，似乎已经开始使用双勾构图、青料填抹的办法来画完画面，这种新的绘瓷技法的采用，到天顺以后就很普遍了。天顺朝釉色愈加平润泛白，多为卵青色，亦见腻白，精致制器与成化器物难以区别，故而今日仍然将许多没有年款的青花器物划入成化。景泰时期的器物制造多粗糙，工艺草率，并大量呈现生烧、过烧等各类窑病特征。到后期甚至到成化时，釉质才又重见白腻，胎体薄巧，挖足趋于精细，甚至挖足过肩。而景泰、天顺时与成化类似，多为上收下阔式。底足修得不太仔细，大多为敦厚的浅宽圈足或微微下凹的平砂底，有火石红斑痕和粘一些星星点点的窑渣在底部的现象。因为此时对人物的形态、动作的把握还不十分准确。

天顺青花彩绘工艺应该与景泰时的工艺相同。传世品中具有以上彩绘特征的有青花孔雀牡丹图梅瓶，藏北京故宫博物院。此瓶画牡丹叶，先用淡青料勾勒叶的大体轮廓线和主叶脉，再用浓青料拓抹，一两个大笔触表现一个叶尖，画完一个叶片形状，中间留白处不洗染，最后画短线分叶脉。从正统到景泰、天顺，青花的表现技法没有大的变化，而且“空白期”的彩绘艺术效果推动了成化“勾线”“染水”工艺的形成，为后来的“勾线”和“混水”工艺形成奠定了基础。景泰至天顺时则多与成化时的上收下阔式相近。这个时期龙纹中的夔龙所占数量居多，其所绘夔龙的尾部分叉，成为一个“人”字形尾，后人又称之为“人尾龙”。

天顺云纹分为繁密和简约两种，构图疏朗。线条以连廓线居多，云气繁多。云纹也多与其他纹饰组合使用。云头有双向卷曲的云脚，亦多见卷云纹，也发现了“壬”字形云纹。成化云纹多与其他纹饰组合，常见的有“人”字形云纹、“壬”字形云纹、蝌蚪状云纹。

云脚多细长，万字形云纹云脚较以前的云纹细长很多，蝌蚪形云纹头大尾小。**成化时的长脚如意云纹与前朝不尽相同，前朝的云脚或向左，或向右，而成化长脚如意云纹的云脚则向下延伸**。成化时期还在继承的基础上大胆创新，前朝的云纹多以如意云头在起笔或收笔处与飘带相连接，云脚细长，转折明显，为此时云纹代表特征。天顺以后，及至成化，这种“云堂手”的绘画变得简单，并且日渐消失。

天顺海水纹也是作为边饰出现的。装饰风格与景泰时相近，只是层次更为清晰，线条也更加流畅生动。成化海水纹与动物纹组合使用较多，线条较宣德时细腻，但是海水波涛汹涌之感不及宣德。海水用密集的弧线组合而成，浪花留白层次清晰，气韵不足。龙尾处绘一排小浪花，是此时的独特创新。另一种海水纹采用螺旋线组合而成，层次较多。

天顺牡丹纹基本仿照永宣风格，纹饰清晰，层次较多。成化官窑牡丹纹有折枝牡丹和缠枝牡丹。缠枝牡丹多为二方连续，多为同花同向，花叶多对称而饰，成山字形。枝蔓线条流畅，稍有细碎的小花叶片。花头多近似圆形，图案化明显。另一类花叶形状与缠枝莲纹的花叶形状相似，为双勾填色，一笔填满。花形多做变形处理，有花蕊。

3. 绘画特征

缠枝莲纹。天顺时期，缠枝莲的画法延续景泰时绘画风格，其主叶的叶尖向前弯曲延伸，小叶的形状好似飞翔的小鸟，近足处所装饰的螺丝状变形莲瓣纹为时代的主要特征。主叶夸张，托叶繁复，叶尖单线延伸，为此时的典型特点。天顺朝缠枝莲纹的绘画风格开启了成化一朝的先河，后期的缠枝莲纹构图疏朗大方，绘画风格接近成化，形成清新幽婉、细腻柔和的风格。线条纤细柔和，富于动势，笔法圆润婉转。此时的缠枝莲纹花型以尖锥状短线形、麦粒状和螺丝形变形莲纹为主，而以短线形莲瓣纹居多。这时的缠枝莲纹与前相似，用青花淡描勾画出花卉的纹样，再将色料涂抹在轮廓线外以佐底色，花瓣有单复之分。其整体纹饰布局较为疏朗，清丽美观。

永宣时期形态各异的叶子组合在一起共同装饰的画面不再出现。缠枝莲枝叶出现与前朝不同的表现形态。景泰青花缠枝莲纹主枝本应该是连续的“S”型，却在主枝的中间断开，如同两个括号形，象征性的缠枝体现了民窑的潇洒自由、不拘一格的画风。到天顺时期部分缠枝莲纹的骨架继承永宣时期挺拔有力的风格，但是更多的缠枝骨架开始变成纤细化、更加柔和的风格。缠枝骨架清晰不断裂，线条细腻匀称，色泽淡雅不俗，属于清新自然一路风格。缠枝骨架形式多为传统式波形骨架，柔和淡雅轻柔，另一种为“久”字形骨架，形式较为复杂。线条匀称纤细，没有起笔和收笔的粗细变化，缠枝骨架形式不是传统的连续波浪形状，而是由一组组的“S”形波段组合而成，左边将缠枝莲纹缠绕一周，卷枝形成一个封闭的构图，缠枝骨架绘制到中间，形成一个半封闭式图形，缠枝整体图形，体现了节奏感和运动感。

总之，“空白期”三朝的缠枝莲纹的花头、骨架、釉色、器型等方面没有得到很大的创新，前期上承宣德酣畅自由的画风，后期延续成化细腻柔和之风。民窑中简率的绘画风格，如枝叶变化，虽然使得后期缠枝莲缺乏一种缠绕的美感，使其缠枝功能减弱，但是从另一个角度考虑，却让人产生了联想的空间，成为一种天趣。成化官窑缠枝莲纹有同花同向、同花异向、一花同向等几种形式。莲花的画法也有花瓣如同麦芒的，但层次相比以前增多，也有如葫芦状的，花叶较为写实。这些特征早在天顺朝已有显现，并且是朝着这个方向转变的。相比明代前期缠枝莲的画法，“空白期”出土器物上的缠枝莲的画法，显得有些率意，不够精细。对比各个时期，特别是宣德时期缠枝莲的画法，“空白期”缠枝莲的花心多为旋涡状，花瓣多呈火焰和麦芒状。当然在天顺官窑中还是有不少精致制作，其风格精致，如同成化官窑。但是在整体结构上，其画法如同宣德画法，即一主叶，左右两侧为小叶。所不同的是“空白期”花叶的主叶多是弯曲着向前延伸，好似在指东西的小手，小叶的形状像飞翔的小鸟。不同于宣德时期的是，宣德时是先用小笔勾出轮廓，再填以料水，而天顺时期已经不勾轮廓，直接绘画，纹饰线条流畅，整体上看去，略显杂乱、繁密。**从正统到景泰，绘画越来越简单，越来越任性，少有工整之作。天顺后期，瓷器制作开始逐步走向精致，因而有许多精品被当作无款的成化器看待。**

宣德时期牡丹纹布局多为二方连续，也有四方连续、环绕式和折枝牡丹。花叶层次较永乐时为少，但是叶子变化丰富，有飘动的感觉。牡丹花花朵的形式变化不大，上密而下疏，上面多有两三片花叶，下面则少有花叶。花朵有较为明显的尖状花托，这是本朝特点。花叶主脉用浓艳的青花描绘，而细小的筋脉则不明显。正统牡丹纹典型特征是线条有轻重粗细的变化，用笔酣畅，布局疏朗。花大而叶小，叶片变化较大，或如豆荚，或如桃子，或为曲线形。景泰牡丹纹多为折枝，构图疏朗，茎长，叶繁，花小，牡丹花作为环线的花心，配三五叶片，花叶形状好似标点符号中的逗号。天顺牡丹纹基本仿照永宣风格，纹饰清晰，层次较多。成化官窑牡丹纹有折枝牡丹和缠枝牡丹。缠枝牡丹多为二方连续，多为同花同向，花叶多对称而饰，成山字形。枝蔓线条流畅，稍有细碎的小花叶片。花头多近似圆形，图案化明显。另一类花叶形状与缠枝莲纹的花叶形状相似，为双勾填色，一笔填满。花形多做变形处理，有花蕊。对比前后时期牡丹花纹的变化，再观察此时牡丹纹特点，可以勾勒出此时牡丹花纹饰的几个特点：布局疏朗，有较多留白地方，多为折枝牡丹和缠枝牡丹。花朵四周配上几片叶子，叶片比前后期少了很多，花朵开始绘花蕊。花叶变化多端，但是写实性不高。

缠枝花卉纹。天顺缠枝花卉纹的器物多以青花绘制，或于瓷胎上堆塑纹饰后再施以青釉或青白釉。绘以青花的器型较为丰富，包括器座、瓷枕、净瓶、花口瓶、双铺首瓶、海浪耳瓶、花觚、侈口碗及僧帽壶等。施以青釉及青白釉者，则仅见侈口碗和莲子碗两类。此时期缠枝花卉纹的器物，除部分特殊器以外，可根据器型分为两类，其中瓶类均以青花为饰，而碗类则有青釉及青白釉和青花三种。此时瓶类造型颇多不见于宣德和成化时期。至于碗类，宣德器型不仅在纹饰布局上与其差距较大，其纹饰丰富程度上也明显有所不同。而成化此类青花碗，在风格上则与天顺时十分相似，不过花卉缺乏生机，缠枝也没有活力。（见图 46）

云纹。从所发现的出土器物来看，天顺云纹多数与龙纹组合在一起出现。突出特征是云脚飘逸，转折较多。多数以云头为中心，云脚四下伸展。双勾填色，有留白，多见“壬”字形云纹，形式与宣德类似，但是比例不如宣德协调对称。云纹外轮廓多用粗浓的线条，内以细线条相称，这与宣德时的画法相似。云朵卷曲，螺旋状云气和细碎的云气独具特色。景泰云纹亦多是与其他纹饰组合装饰，多见细碎的云气，构图繁密，或形如链条，或形如弹簧，细密的云气短而繁多。另一特征是云脚较长，但云头像滚轮。线条外粗而内细。天顺云纹分为繁密和简约两种，构图疏朗。线条以连廓线居多，云气繁多。云纹也多与其他纹饰组合使用。云头有双向卷曲的云脚，亦多见卷云纹。这时期也发现了“壬”字形云纹。成化云纹多与其他纹饰组合，常见的有“人”字形云纹、“壬”字形云纹、蝌蚪状云纹。云脚多细长，万字形云纹的云脚较以前的云纹细长很多，蝌蚪形云纹头大尾小。成化的长脚如意云纹与前朝不尽相同，前朝的云脚或向左，或向右。而成化长脚如意云纹的云脚则向下延伸。前朝的云纹多以如意云头在起笔或收笔处与飘带相连接。成化还在继承的基础上大胆创新，云脚细长，转折明显，为此时云纹代表特征。对比前后这些变化，“空白期”云纹的特点是多与其他纹饰组合出现。云脚较宣德时为长，转折增加，但又不及成化时期。云纹的线条外粗内细，外边的轮廓线条较粗，内部的线条较细。与同时期的其他纹饰构图不同，此时的云纹布局繁密，特别是涡旋云气纹、螺丝状云纹和繁密云气纹，为此时云纹典型特征。纵观这些变化，永乐到成化时的云纹云脚变长，转折变多，是一个整体发展的趋势。

云龙纹。天顺云龙纹极具特色。器物多以青花绘制，间或也有以矾红彩或绿彩搭配绘制。器型则见有玉壶春瓶、梨形壶、出戟尊、执壶、匜、侈口钵、金钟碗、直壁碗、小碗、侈口盘、窝盘、高足杯等。其中珠山西墙外曾经发现青花云龙纹大缸及青花云龙纹暗刻龙纹侈口盘，其余均发现于珠山北麓。亦可依据精细程度将其分作两类：一类龙纹绘制精致，龙爪与鳞片等细节得以完整呈现；另一类则绘制草率，细节不甚清晰，目前所见者以后者居多，而前者多为大器。前者中以青花云龙纹大缸最具代表性，该器龙纹乍看起来威武霸气，细观之则龙爪比例明显失调，青花发色亦乏变化。至于后者则多为碗、盘及梨形壶等日常用器皿，风格上介于宣德与成化之间，或更近宣德风格。成化龙纹在姿态上远不及宣德那样有力，有的颈部细瘦，与其粗大的龙首不成比例，龙爪亦显无力，未能表现出关节等部位的细节，躯体亦显细瘦。此外**白地绿彩云龙纹这一官样系统，是正统至天顺年间首创，其先于瓷胎上暗刻海水龙纹及云龙纹轮廓，并以青花绘辅助纹饰，罩施以白釉，一次烧成以后，复于云龙纹轮廓内填以绿彩**。至成化时期，制作手法则有所简化，或于釉下以青花绘以轮廓线，釉上填绿彩。或先于器物表面施釉，后剔刻出龙纹，并于其内填绿彩，均需二次烧成。

穿花凤纹。天顺穿花凤纹的器物，均以青花绘制而成。器型见有梨形壶、侈口碗、金钟碗、小碗、直壁碗及高足杯等，全部发现于珠山北麓。宣德穿花凤纹的器物包括金钟碗、高足杯及侈口盘等，而成化时则见有侈口盘、侈口碗、壶、鹤颈瓶等。宣德凤纹绘法有两种：一类作圆眼鸟头型，首部和颈部均无须发，作立身振翅状，卷草式双尾；另一类细长凤眼，首部上下均有丛毛，躯体略倾，卷草式单尾。天顺穿花凤纹则是延续了后者的绘法。不过相比较而言，宣德时体态略显臃肿，凤尾亦改作三尾，整体布局紧凑。成化时期有与正统、天顺凤纹完全相同者，不过翅膀与躯体不甚协调，且乏力度。

海水纹。天顺海水纹的器物，以海水作为边饰者很少出现，多数以海水纹作为单独纹饰出现，前朝海水纹留白处所绘龙纹的手法此时也有发现。此时的海水纹海水布局繁密，层次很多，但又错落有致。海水纹多布满器物外壁，或者盘碗中心的部分，而不像宣德时期布满盘子内壁或者外壁。构图饱满，纹饰层层叠叠，错落有致。海水浪花留白较小，为此时典型特点。宣德御窑瓷器多饰以海水江牙纹，譬如渣斗，而不见饰以单纯海水纹者。景泰时期不见海水纹、动物纹器物，海水纹多是作为器物的边饰出现，或如屋瓦状排列，或者浪花飞溅，层次略显繁乱。与前朝最大不同是：前朝海水用粗线条勾描，内部再用细线条填满。天顺海水纹器物，均以青花绘成，器型见有侈口碗、窝盘及高足杯三种，全部发现于珠山西墙外。

天顺海水纹也是作为边饰出现。装饰风格与景泰时期相近，只是层次更为清晰，线条也更加流畅生动。成化海水纹与动物纹组合使用较多，线条较宣德细腻，但是海水波涛汹涌之感不及宣德。海水用密集的弧线组合而成，浪花留白层次清晰，气韵不足。龙尾处绘一排小浪花，是此时的独特创新。另一种海水纹采用螺旋线组合而成，层次较多。天顺以后也鲜有以海水作主题纹饰者，故可以定为海水纹为此时期所特有。其风格较宣德细腻，而气势上则有所不及，浪花描绘纤细，不似宣德时期那般澎湃。对比几个时期的海水纹，“空白期”的海水纹多是与其他纹饰组合使用，或者是作为边饰出现，单独作为主题纹饰出现的较为少见。构图饱满，层次较多，越到后来越显繁乱。海水浪花像仙人掌一样，留白很小，因此整体留白的地方，相较于宣德和成化时期要少得多，整个画面显得很满。海水纹多是用粗线勾出大的轮廓，用细线勾画出水波，然后用青花填绘内部。这与宣德时期有所不同，因此层次感和动态感稍显不足，没有前朝的波涛汹涌之感。

海水龙纹。天顺海水龙纹的器物或以青花绘制，或者以青花搭配矾红彩绘制。器型见有梨形壶、侈口碗、直壁碗、小碗、大盘、窝盘、侈口盘及高足杯等。其中珠山西墙外曾发现青花矾红彩海水龙纹直壁碗，其余器物均发现于珠山北麓。海水龙纹器物在宣德时期已经有大量生产，不过绘九龙纹者并不多见。此时期龙纹绘制者，普遍较往后的制作精细，且海水纹颇具气势，发色浅淡者往往描绘清晰，而深沉者则易晕散。及至天顺时期，绘以九龙纹者数量显著增多，海水纹乍看上去气势磅礴依旧，但细观之，则仅仅是线条粗犷，且往往晕散不清。龙纹绘制更显草率，比例颇不协调。除此之外，海水及龙纹青花浓淡两色的分野也不甚明显。到成化时，海水龙纹大致沿袭了天顺风格，虽然浓淡两色之分野相对较为清晰，不过龙纹缺乏威严及动感，尺寸亦略有缩小。

由正统到天顺三朝在青花绘画的纹饰方面，有超过宣德的势头。特别在绘画内容选择方面，这时期图案内容丰富，有弦纹、涡旋云纹、如意纹、灵芝纹、团菊、宝相花、藤蔓、桃树花鸟、海水海马、海水异兽、鸳鸯年鹤、松竹梅等，运笔娴熟且缓慢。人物故事内容主要有三国演义、姜太公访友等，神仙故事有四女图、四爱图、加官晋爵等。文字有回文、藏文、梵文等，十分丰富。

海水瑞兽纹。天顺海水瑞兽纹器物或以青花绘制，或以青花搭配矾红彩绘制。器型见有梨形壶、花盆、侈口碗、金钟碗、直壁碗、侈口盘、窝盘及高足杯等。其中除珠山西墙外层发现花盆外，其余均发现于珠山北麓。此时海水瑞兽纹器物与宣德及成化器物相比较，最显著的特点在于，瑞兽纹与海水纹青花浓淡两色的分野不甚明晰，这一点与海水龙纹器物有相同之处。除此之外，瑞兽纹的气势亦有明显区别，譬如宣德飞鱼纹，姿态昂扬，上下颌比例协调，而正统至天顺时期则上颌短小，几与眼睛重合，此一特征为成化时期所延续。

狮子绣球纹。天顺狮子绣球纹的器物多数为青花绘制，少数或以矾红彩或绿彩绘制。

器型见有执壶、绣墩、大盘及侈口盘等，全部发现于珠山北麓。宣德、正统至天顺以及成化时期的狮子绣球纹可以分为两类：一类绘制略显草率，两只狮子姿态相同，呈中心对称状，布局较为疏朗，空隙处填以杂宝纹；另一类则绘制较为清晰，两只狮子均张牙舞爪，但姿态略有不同，布局紧凑。宣德时饰以绣球纹的器物并不多见，器型有金钟碗、侈口碗、梨形壶及大罐等。其中前三类器物均采用紧凑型构图，仅有大罐绘画呈疏朗型，狮子动作协调。天顺时所绘狮子绣球纹的器物，则多见疏朗型构图，狮子姿态多僵硬，且缺乏威严感，采用疏朗型构图者还见有执壶等。部分绘制精致的器物与宣德器较为接近。成化狮子绣球纹的器物则见有侈口盘、大盘及高足杯等。总体而言，绘制草率。大器如此，构图兼有其上述特征，只是青花发色均乏变化，姿态较以往更为僵硬。

团花纹。此时期团花纹器物均以青花绘制，其器型见有梨形壶、直壁碗、侈口碗、小碗、窝盘、侈口盘、高足杯、连座盘口瓶及花盆等。除此以外，青花缠枝莲纹双耳瓶及青花缠枝莲纹双铺首瓶，也局部装饰团花纹。绘饰团花纹者，于珠山西墙外及北麓均有出土。宣德时期已见绘团花纹器物，不过数量较少，团花尺寸较大，且装饰一周。到天顺及成化时期，团花纹则分布错落有致，后两者在各个方面特征上均极为接近，几不可辨。

人物纹。天顺时期人物纹器物，均是以青花绘成，纹饰均作婴戏图，样式丰富，器型见有侈口碗、莲子碗、小碗、侈口盘及高足杯等，全部发现于珠山北麓。天顺人物纹的绘画较差，画面显得呆板生硬，比例也不甚合理。人物的衣纹、衣带通常是绘制成随风飘荡的样子，一般和云气纹搭配。云气纹形如灵芝或如意云头状，轮廓用粗线条来画，再用细线装饰，涡旋云气纹的这种构图是天顺朝特有的风格。此时期还用锦地开光手法装饰瓷器。具体是先用青花绘出细密的锦地，锦地上带有如菱形、花形、钱形纹、圆点形的底纹，然后预留一块白地，在白地边缘绘制花形、方形、如意云头等开光纹饰，再将花卉、人物、动物等图案画在开光内的白地上。图案在锦地的衬托下显得分外美观。锦地开光手法始于元代，到天顺朝盛行起来。宣德时期人物纹饰器物有侈口盘、直口碗及高足杯等，然则绘婴戏图者甚少，多绘仕女图。此时绘婴戏图者，青花多晕散，人物细节描绘不清，不过身体各部分比例相对协调，天顺青花发色普遍偏淡雅，故与婴孩无关的细节已完整呈现，但姿态略有僵硬感。成化青花人物纹器物装饰以婴戏图及仕女图者数量相近，其中婴戏图式样丰富，婴孩绘制较以往更为简练，略显肥胖。

莲池鸳鸯纹。天顺绘饰莲池鸳鸯纹的器物或为斗彩，或为斗彩半成品。器型见有侈口碗、金钟碗、直壁碗、窝盘、侈口盘及高足杯等。其中珠山西墙外发现有侈口碗，其余均发现于珠山北麓。宣德及成化斗彩莲池鸳鸯纹器物的器型均见有侈口碗、侈口盘及高足杯等，其中宣德时期在纹饰布局上与天顺时有明显不同，前者均于内壁口沿处书有一圈藏文，而后者则无一作此装饰。此外盘心的莲池鸳鸯纹在布局上也明显有别，前者鸳鸯均作飞翔状，而后者则于莲池中玩耍。成化器物则兼有生产宣德与天顺两种布局者，不过与宣德及天顺器物相比较，鸳鸯姿态普遍僵硬，神态呆板，莲花缺乏生机。除此之外，宣德斗彩莲池鸳鸯纹器，均于瓷胎上以针状工具划出极细的轮廓线，而正统以后这一工艺则有所省略。

梵文。天顺时期装饰梵文的器物均以青花书写，器型见有梨形壶、窝盘、侈口盘、侈口碗及小碗等，全部发现于珠山北麓。宣德时期不见通体书写梵文的器物，仅有出戟盖罐一件，梵文与莲托八宝纹及花卉相间，或仅书于器物内壁。至成化时，通体书梵文者则见有侈口盘及小杯，其中侈口盘与正统到天顺时器物的纹饰布局完全一致，不过书写流利程度远不及后者。

莲托八宝纹。天顺装饰莲托八宝纹的器物均以青花绘成，器型目前仅见有劝盘，发现于珠山北麓。宣德时期莲托八宝纹的器物众多，包括高足杯、合碗以及侈口盘等。成化时期有侈口盘、小杯及天字罐等。宣德莲托八宝纹绘制精细，及至天顺已有粗率、程式化之感，而成化时期则进一步简化，尤其是莲纹，花瓣近圆形，比例亦失调。

涡旋云纹的新变化。被日本人称之为“云堂手”的云纹，是“空白期”中最大的特色。这是一种涡旋云纹，它是以比较粗重的线条先描绘了云纹的轮廓，然后用很细的线条在里面又勾了一层。再后来就不仅仅是勾一层了，而是用很细的细线，在里面勾画出了一种像弹簧状的螺旋线，甚至还有柳条一样的絮一层层地垂下来。这种独特的云纹始于宣德晚期，那时候的纹饰极为简单。它的盛行是正统到天顺年间，在成化初期还有使用。这种云纹最早来自民间窑口的绘画，被官窑的工匠所接受。这种云纹很有特点，国内有人也叫它“铁索云”。过去时常看到一类绘有人物故事，背景为山石楼阁，并有弥漫的云气缭绕画面的青花器。日本陶瓷界历来对称之为“云堂手”的瓷器绘画极为重视，只要有这种云纹的人物故事图的瓷器，通常市场卖价要高出许多。

在对“空白期”三朝器物进行区分时，不能仅看“云堂手”，而是更多地要看它肩部的纹饰，靠近宣德风格的便是正统器，靠近成化风格的则是天顺器。正统多是一笔勾勒的画法，而成化则多分水画法。另外天顺瓷器纹饰已经比较趋向于图案化，相对比较简化规矩。旋涡纹是正统朝最流行的装饰之一，此后景泰时流行的“铁索云”与此一脉相承，应当是在瓷画基础上的进一步升华。**国内外传世品中这种云纹装饰主要是绘画在碗上，保存下来的传世品并不是很多，因而在拍卖时常常有极好的价格**。正统时期的这种云纹已经变得十分繁缛，有些喧宾夺主的感觉。景泰时期沿用这种画法，但是绘画有些潦草。到天顺时期，这种云纹开始变得越来越简化，云纹中间的那些繁缛的东西被删除，云纹多用两条线的涡旋纹表示，到成化中期才逐渐由画面中退出。

天顺云纹分为繁密和简约两种，构图疏朗。线条以连廓线居多，云气繁多。云纹也多与其他纹饰组合使用。云头有双向卷曲的云脚，亦多见卷云纹，还发现了壬字形云纹。成化云纹多与其他纹饰组合，常见的有“人”字形云纹、“壬”字形云纹、蝌蚪状云纹。云脚多细长，万字形云纹云脚较以前的云纹细长很多，蝌蚪形云纹头大尾小。成化的长脚如意云纹与前朝不尽相同，前朝的云脚或向左，或向右，而成化长脚如意云纹的云脚则向下延伸。前朝的云纹多以如意云头在起笔或收笔处与飘带相连接。成化时期还在继承基础上大胆创新，云脚细长，转折明显。纹饰画法沿袭明初常见的一笔勾勒法而有所变化，特别是中锋运笔所绘的流云和人物，具有独到之处。例如上述墨书景泰二年（1451年）青花海水浮莲罐，及青花天顺七年（1463 年）款波斯文三足筒炉，均是代表这一时期画风与书体的典型器。景泰、天顺时，除了继承以上纹样外，又出现了松竹梅纹、月梅纹、石兰灵芝纹、蒲草纹、宝杵纹、梵文等，即便同题材的纹样，在各个不同时期的画法也有所不同。

4. 装饰艺术

天顺时期所绘龙纹的头上开始画上了刘海，有一种飘起来的感觉。这种龙的绘画方法一直延续到成化时期。前述墨书正统二年（1437 年）款青花缠枝莲兽耳樽、墨书景泰二年款青花海水浮莲罐，及青花天顺七年款波斯文三足筒炉，均是代表这一时期画风与书体的典型器。

夔龙纹大约在正统时传入景德镇，**在绘画时，景泰时期将鱼尾改变，其所绘夔龙的尾部分叉，成为一个“人”字形尾，后人又称之为“人尾龙”。龙尾左右两端都呈卷枝状态，所以也称之为“卷尾龙”。这是正统和景泰时期龙尾的重要特征和鲜明特点**。这种夔龙的图形直到成化时仍然活跃在瓷器的图案纹饰中。

人物纹饰大量出现在正统和景泰时期，应该是民窑中的高人被引入御窑厂，给官窑瓷器带来了一股新的血液。这种人物纹饰的绘画，没有十分成熟的功夫是难以实现的，靠御窑厂那些规矩守旧的匠人，是产生不了这类绘画的。这种绘**画人物纹饰的会汉文大师早在元代的时候就在浮梁瓷局担任画师，创作了许多非常著名的图画，并且一直流传至今。例如老子下山、萧何月下追韩信等，**这些人的嫡传弟子将其绘画方法学会，并且在民间窑口多年实践，才能将其图案绘画成如此高的艺术水准。在宣德晚年，这些匠人被延入景德镇御窑厂，于是**在宣德八年（1433年）以后，在宣德青花碗上，突然出现了这种通景的人物图案。这种人物纹饰的图案，在正统时期发扬光大，也变得繁缛无比。**到景泰时，开始出现潦草的绘图。直到天顺时期这种人物图案的绘画还有，绘画风格不变。但是到成化时就难以见到了，即便成化也有人物图案，但是与景泰时期已经完全不同。由此可知，这就是一代画师的辉煌创作，以后再也没有传承人了。成化时期的人物画简约无比，与宣德、正统时期根本无法比较。

正统牡丹纹的典型特征，是线条有种粗细的变化，用笔酣畅，布局疏朗。花大而叶小，叶片变化较大，或如豆荚，或如桃子，或为曲线形。景泰时期的牡丹纹多为折枝，构图疏朗，茎长，叶繁，花小，牡丹花作为环线的花心，配三五叶片，花叶形状好似标点符号中的逗号。天顺牡丹纹基本仿照永宣风格，纹饰清晰，层次较多。成化官窑牡丹纹，有折枝牡丹和缠枝牡丹。缠枝牡丹多为二方连续，多为同花同向，花叶多对称而饰，成山字形。枝蔓线条流畅，稍有细碎的小花叶片。

5. 官窑口沿纹饰解读

今人将景德镇考古研究所多次对珠山御窑厂遗址考古发现大量青花瓷器瓷片，与北京故宫博物院传世瓷器进行对比，明代所谓“空白期”的面纱被层层揭开。2019年5月上海博物馆与景德镇陶瓷考古研究所联合举办的“灼烁重现：15世纪中期景德镇瓷器大展”，汇集了国内外28家机构280余件器物，重现了明正统、景泰、天顺这一时期瓷业发展的辉煌篇章。这一时期瓷器主题纹饰沿用永乐、宣德时期的纹饰，但有所创新，最为明显的是碗和盘口沿、边饰纹饰十分丰富，大部分纹饰前朝不见，后朝也不再出现者，竟达42种之多。因之前没有学者对口沿、边饰纹饰作过专题研究，以至口沿纹饰名称除“回纹”“卷草纹”“莲瓣纹”之外，其它纹饰各自表述，同样一种纹饰具有多种名称，并名称的乱象严重。这里借用专家所做专题研究，根据笔者对其口沿、足部、边饰纹饰的理解，作出命名和读者分享：（1）回纹是最常见纹饰，有单回纹、双回纹、连环回纹。（2）卷草纹。（3）海水纹。（4）海水纹。（5）江崖海水纹。（6）海波纹。（7）折线纹（变形海水纹）。（8）藏文。（9）梵文。（10）锦地“卍”字云纹。（11）锦地“卍”字纹。（12）飘带云纹，这个纹饰其实是下两种纹的结合。（13）飘带花卉纹，这个纹饰其实是下两种纹的结合。（14）飘带纹。（15）兰地飘带纹。（16）云纹（品字云纹）。（17）云头纹。（18）火焰云纹。（19）如意云纹。（20）锦地钱纹。（21）龟背纹。（22）双层覆莲瓣。（23）花卉纹。（24）锦地花卉纹。（25）蕉叶纹。（26）飘带枫叶纹。（27）兰地飘带花卉纹。（28）花卉卷草纹。（29）桂花纹。（30）如意鸡冠纹。（31）云气纹。（32）莲瓣纹。（33）锦地菱形果实纹。（34）锦地菱形纹。（35）十字锦纹。（36）如意果实纹。（37）如意蝙蝠云纹。（38）如意云纹。（39）团花纹。（40）花卉纹。（41）双线卷草纹。（42）如意纹。

八、器型与工艺特征

1. 器物造型

天顺朝大件器物减少，小件器物增多。器型主要有碗、盘、炉、瓶、罐等。瓶和罐等大件器物缺少气势，不如景泰时挺拔，而呈现出瘦高的态势。瓶口增大，圆方唇增多，颈肩的过渡缺乏早期那样圆滑的弧线，甚至变成近似直角，肩部下垂，束腰，瓶的下部变得瘦削，与上部形成明显的对比。有的瓶身上部不是斜直，而是呈现出外撇的弧线。整体上看，不如早期丰满，给人以柔美的感觉。炉的变化较之早期器型变化更加显著。正统时多见圈足式筒形炉，天顺以后，特别是成化、弘治以后，三足炉大量出现，炉上常见人物和植物纹饰题材，器壁开始多弧形，器如小鼓，故称“鼓式炉”。从王玺家族墓出土的碗、瓶、罐上面的红绿彩、黑彩、釉里红等彩看，早期对烧制各种彩器的禁令有所降低。民窑中生产彩器的窑越来越多，到弘治以后更加蔚为大观，并且大量用于出口海外。**正统瓷器还有一个显著特征，就是在大罐或瓶之类琢器上，贴铺首。其铺首的形式多半为虎头，有的甚至还贴镶有环。关于铺首的使用，到天顺时期逐渐少用，并且变得小巧，到成化时，几乎所有瓷器已不见铺首的使用。**

天顺时器的瓷器主要器型有：

盖罐。笠帽形盖，子口，盖顶有宝珠钮，短颈，直口，圆肩，收腹，平底。代表器物有：广东东莞天顺三年（1459 年）罗亨信墓出土的 5 件青花盖罐、江西鄱阳县磨刀石公社成化三年（1467 年）墓出土的青花法轮云纹盖罐 2 件。这些盖罐基本造型相同，均为笠帽形、宝珠钮、子口，罐身均为直口、短颈、鼓腹、浅圈足。通体施釉，底足无釉。仅在肩腹部和胫部收势有急有缓。另外江西鄱阳县城东牛岗嘴天顺二年（1458 年）墓出土的青白釉盖罐，唇口，短颈，鼓腹，浅圈足，宝珠钮盖，盖面外沿上卷。釉面光润细腻，高 15.6 厘米，口径 8.7 厘米，足径 8.7 厘米。

炉。四川天顺八年（1464 年）王玺家族墓出土杯式炉，主体纹饰是海涛纹。

碗。碗的演变规律是这样的：器壁弧度由生硬到圆润，器物底足由厚实到薄巧，器底也由厚变薄，足墙由高到矮，器物由粗犷到精致。伴随着碗器型的变化，其厚薄和弧度也发生改变，同时底足部分也有相应改变，由早期底足粗率挖足、露胎处留有浓重火石红，变为到成化时的修足规范精细、少见火石红。天顺时青花碗主要器形为敞口、弧腹、圈足。也有直口和敛口，圈足稍小，砂底微见鸡心，典型器物见江西永修县成化三年（1467 年）魏源夫人墓出土的青花碗，其口沿内外均有两道弦纹，两道弦纹之间饰以几何纹。碗外壁、碗心饰以折枝花卉纹，青花深灰发黑。天顺高足碗制作精细，绘画精美，多为官窑烧制。使用平等青，以青花为饰，绘制精美，如绘以穿枝花的夔龙纹高足碗，极易被误认为是成化时的无款器物。（见图 47）

盘、碟。撇口，外折沿，浅弧壁，圈足，细砂底。标准器物是四川平武天顺八年王玺夫妇墓出土的龙纹盘。盘心绘龙纹、火纹、海涛纹，外壁绘海涛纹，高 2 厘米，口径 14.1 厘米，足径 8 厘米。

梅瓶。江苏南京天顺七年（1463 年）明太监怀忠墓出土白釉梅瓶，小口，尖唇，短颈，丰肩，腹部长深，束胫，足外撇。腹部中间有一圈凸起的棱线，内外施釉，釉不及底，肩部有楷书“内府”两字。

素三彩船。浙江嘉兴天顺墓出土的素三彩船，施以黄、白、绿三色彩釉，釉不及底。船由船身和船亭两部分组成。墓志分别刻有“明天顺癸未（1463 年）乐园翁包处士墓”和“包处士妻何孺人墓”，为墓中器物提供了确切纪年。

2.“空白期”瓷器与明中期瓷器特征之比较

“空白期”经过二十多年的发展，其整体风貌显然已经确立。对比这三朝与明代中期的瓷器特征，还是有些不同之处。按照耿宝昌先生所言，正统的风格比较接近宣德，天顺的风格与成化、弘治时相似。但是以宣德官窑器与正统比较，则悬殊较大。目前多数研究是对该时期民窑器进行的研究，而民窑变化则晚于官窑，表现出一定的滞后性。从整体上看，“空白期”三朝是明代陶瓷史上重要分水岭，它处在明王朝的重要变革时期，经历了“土木堡之变”和“夺门之变”等一系列事件的重创，国家统治者开始变得阴柔起来，瓷器生产也发生了重大改变，表现出来诸多相似特征。大体上是从早期的丰满、大气、豪放，向淡雅秀美和精致小巧转化。这种变化并非突变，而是有痕迹可寻的渐进式过程。“空白期”三朝便是继承了早期的“大气”，又开始孕育中期的“柔美”。这种特点在天顺一朝表现得尤为显著。下面由胎釉、青花发色和器型、装饰图案等方面进行分析：

胎的优劣与泥土的淘洗精度有关。这一时期对泥土淘洗有个渐进过程。正统初期由于朝廷反对奢靡之风，不再派员过问烧窑之事，致使景德镇瓷器的烧制质量有所下降。

同时更换窑炉，对新窑炉的掌握还在慢慢摸索之中，所以正统时期瓷器实际属于试烧性质，故而总体质量较宣德时有所下降。当时对泥土淘洗也不够精细，胎质较为粗松。直到成化时方才开始注重淘洗泥土，故胎质多洁白细腻，瓷化程度高。在胎色方面，明代早期变化不大，色泽皆偏灰，到天顺后期、成化时，胎色明显增白许多。至于胎体厚重，这是“空白期”的特色，均为厚胎器物，到天顺后期开始出现胎体较为轻薄之器。这一时期在装烧工艺上，少数还有垫砂的现象，到成化时，垫砂烧制的现象已经很少见了。

修胎。“空白期”的修胎不是十分仔细。器物挖足较深，常见“挖足过肩”现象。器物修足主要是涡形足和斜直足两种，前者主要流行于正统早期，常见于缠枝花卉的碗、盘一类器物，底足多不施釉，足底旋坯纹明显，足心有乳突；后者则见于景泰以后。天顺、成化以后，器物修胎变得日渐轻巧、规整，足跟细圆，足径变小，足墙变直，成化时期挖足仍然较深，但总的趋势是越往后挖足越浅。

釉面。“空白期”的釉面普遍釉色清亮，光洁度高，釉色有偏灰的情况，开片现象明显。成化以后色泽偏灰稍弱，釉质匀称，开片现象减弱，有的瓷器光洁度甚至反而不如天顺时期。至于青花发色，整体上看这一时期发色较重，多见晕散现象。天顺时期青料普遍采用平等青，呈色淡雅。天顺朝釉色愈加平润泛白，多为卵青色，亦见腻白，精致制器与成化器物难以区别。故而今日仍然将许多没有年款的青花器物划入成化。

器物形制。“空白期”器物多为碗、盘、高足杯、炉、壶等，也有大罐、梅瓶等大器。到成化时，大器较为少见，时代特征十分明显。“空白期”器物胎体较厚重，正统朝器物足底不施釉者，多呈涡旋足，足墙厚，足底旋痕明显，足心常见乳突。这种特征在正统后几乎不见，足内开始施釉，常见“挖足过肩”。成化时期的碗仍然呈现此特征，足墙较高，以后则逐渐变得矮浅。**成化、弘治时期的小碗口沿十分薄削，外撇程度较“空白期”加深。**“空白期”时常见的大盘，在成化以后则十分少见。“空白期”十分厚重的有高足杯等器物，到成化时则变得小巧精致，原来的筒式炉也变为鼓式炉。这种改变开始于天顺时期，完成于成化中期。

装饰图案。自成化开始，器物的装饰题材极大丰富，有婴戏、花卉、花鸟、动物、人物故事等。“空白期”装饰图案最具特色的是“云堂手”，这种图案到成化以后大大减少。因此这是最具时代性的特征，是断代的要点。“空白期”人物故事多绘制在大罐、梅瓶等一类器物上，很少绘制在碗、盘等小件器物上。有时绘于碗的外壁，而碗心则绘以“月影梅”图案。成化时期多见碗心绘以人物图案，画人物的笔法虽近似“空白期”，但是却简单、抽象、随意。由于受画面的限制，携琴访友图、求仙问道等大场景的图案减少，多见碗心绘以单个人物，如仙人乘槎、寿星、儒士等。辅助纹饰也变得简单，不及“空白期”的繁复，特别是云纹的变化最大。

九、款识

天顺时期少见官款的款识，但是出土器物有明确纪年的器物却有许多，例如“天顺三年（1459年）大同马氏造”山西省博物馆藏青花香炉，还有底部书以楷书“天顺年”的青花波斯文三足炉，都是典型器物。天顺朝青花很少有纪年款，所见“大明天顺年制”六字两行款的青花小碗，系万历时的伪作。遗留至今的有天顺纪年款的青花瓷只有两件，即通体连书波斯文的三足筒炉。其中一件筒炉口径为16厘米，用回纹作边饰，器身被三行波斯文环绕，器底内写“天顺年”三字，由香港收藏家杨永德先生捐赠给了北京故宫博物院。另一件筒身里壁与器心分别写着“天顺七年（1463年）大同马”和“天顺七年大同马氏书”双重款。所写的“天”字与成化名器“天”字罐的书法很相似，这是天顺青花的明显特征。这件作品现藏山西省博物馆。

北京出土有“大明天顺年制”的龙纹盘，款式非常规矩，“天”字与成化天字罐上的“天”字写法一样。从器型、纹饰都可以确定为天顺官窑制品。这是仅见的一件具有天顺官款的官窑器物，官款的字号很重要，说明英宗在天顺时期，尤其是在天顺后期，对于景德镇官窑生产的重视程度，也说明“空白期”没有年款的说法可能要重新掂量。笔者认为可能在天顺晚期，英宗认为应该在瓷器上署以官款，当时还在尝试之中，还没有全面推广，天顺一朝就结束了。成化朝开头的四年，并没有瓷器的生产，四年以后才开始瓷器的生产，在当时就已经使用成化官窑款识了。所以认为成化早期有许多无官款的官窑瓷器的认识，其实具有极大的主观局限性。这些无款的成化瓷器，可能就是天顺时期御窑厂所生产的重要器物。当然，这个认识还需要更多的证据来证实。过去我们把大量无款的瓷器纳入成化时期，是因为它们与成化瓷器的特征很像。现在我们已经知道，天顺时期就已经能够生产不亚于成化早期的瓷器了，那么为什么还要把这些无款的天顺瓷器归于成化朝呢？但是这个观念的转变，还需要一段较长的实践检验时间。

十、仿制品

迄今未见明、清两代仿制的正统瓷器，**1937 年前后制成的署有正统款的赝品，**与上述风靡一时的仿永乐、宣德器的情况大体相似。天顺器的仿品，在明代万历、崇祯时有不少，如青花鹿纹收口式碗，为民窑所制，釉面青白，青花色淡，所绘纹饰草率，足内款识为“大明天顺年制”，体式与常见的万历、天启、崇祯款识一样。又，青花芝兰花卉收口碗，亦系民窑制品，釉面青白，青花色灰蓝，纹饰粗犷，圈足陡直，足内白釉粗糙，款识为“大明天顺年制”，亦为万历时的伪作。民国时期，对凡是没有年款的朝代，都有人在仿制该时期的瓷器。况且“空白期”三朝的瓷器面貌不清楚，在鉴别方面更是有不少困难，这也使得仿品大行其道。改革开放以来，古玩热潮汹汹而来，景德镇更是在仿制过去瓷器上面下了巨大的功夫，有些仿品已经达到历史的高度。“空白期”时期的瓷器更是他们牟利的不可缺少的题材。因此熟悉天顺时期瓷器的特征，明白向成化过渡时期的瓷器转变过程，是认识瓷器极为重要的内容。目前国内对于天顺瓷器的研究不足，看到的多是出土民窑瓷器，以民窑瓷器来认识天顺官窑，肯定是有问题的。这个问题的解决，还要依靠传世的那些无款器物，通过研究其特有的因素来识别它。当然，这需要更多的时间和经验来检验。

十一、小结

天顺瓷器生产开始于英宗的“夺门之变”。政变之初，英宗没有时间顾及景德镇御窑厂的生产，当政局稳定之后，就开始关注此事。他改变了由当地官员督查的办法，还是改用派遣中官到厂监督。这个制度又重新回来，与御窑厂瓷器生产质量变化有重大关系。天顺时的都陶官是崔和，这种派遣中官督窑的制度，一直到正德时期才发生改变。

有了专人督窑，景德镇的烧造质量发生重大改变，这也意味着英宗对瓷器制造的重视。故而天顺时期在瓷土的淘洗、青料的煅烧等方面都有较大的改进，加之早在正统时期就进行了窑炉改造，经过这么多年的试烧，已经取得了经验。所以天顺时期已经具备了能够生产极好瓷器的一切条件。那些美丽的无款青花瓷，就是天顺官窑重要代表作品，只不过今天人们还不能这样认识它们。

天顺时期，瓷器生产发生的重要变化有：新式窑炉已经可以完全掌握，烧成技术也达到成熟。平等青料的使用，已经通过煅烧提纯而使得青花淡雅美丽。瓷器的胎釉也开始逐渐由厚减薄，釉面的白皙程度发生重要改变。釉料中釉灰的含量减少，改变了原有的配方。这也为成化瓷器的面貌形成奠定了基础。在绘画装饰工艺上也出现一些改变，过去浓重的涡旋纹变得简单，突出了主体纹饰。到成化时，这种云纹逐渐离开了我们的视线。所有这些都是在天顺时期短短八年中发生的变化，不能说经历过那么多重大变故的英宗没有想振作的念头，可惜留给他的时间实在不多了。在这八年中，英宗给他的儿子宪宗创造了较好的物质基础，才有了成化的辉煌成就。

今天，必须改变我们的观念，天顺时期景德镇御窑厂生产的瓷器，应该与成化时期的产品不相上下。否则我们没有办法解释成化生产的瓷器怎么会突然发生那么大的变化，突然生产出了那样一批宝贵的作品。应该说成化所取得的成就，其实是由天顺朝就已经开始的转变促成的，而且天顺时就已经能够生产出极为美丽的瓷器精品了。将来待我们把那些没有款识的作品重新归于天顺时，我们才能重新认识天顺朝的瓷器生产，才能对天顺朝的瓷器做出准确评价。

图 45　天顺青花人物图梅瓶

图 46　天顺青花穿花夔龙莲花纹高足碗（残）

图 47　天顺红釉三朵云纹盘

成化时期的瓷器

一、概况

1. 成化时期（1465—1487）

成化皇帝名朱见深（1447—1487年），庙号宪宗，是明英宗朱祁镇的长子，朱明皇族的第六代，年号成化。他是明代的第八位皇帝，生于正统十二年（1447年）十一月二日，母亲是周贵妃。朱见深卒于成化二十三年（1487年），享年41岁。其于正统十四年（1449年）八月被立为太子，景泰三年（1452年）五月被废，改封为沂王。天顺元年（1457年）复被立为太子，天顺八年（1464年）正月即皇帝位，翌年改元成化。宪宗在位23年，政局基本稳定。坊间对其所知较少，对其印象最深的无非是设立西厂和宠幸万贵妃。

宪宗怠政。自成化二年（1466年）起，宪宗即怠于朝政，七年间只上过一次朝，朝政为宦官汪直把持，形成天下只知有西厂，而不知有朝廷的局面。成化皇帝因为是在朝廷的动荡中生存，特别是在被封沂王时，万贵妃是其身边侍女，曾与其共同生活，共患难。宪宗靠万贵妃的关照成长，因而对万贵妃的倚恃，到了被后世耻笑的程度。成化帝18岁登基，在位23年，一直对没有继承人而耿耿于怀，他的宠妃万贵妃比他年长18岁。万贵妃所生的孩子夭折后，她也不允许其他嫔妃诞下子嗣，以免自己失势。女史纪氏隐藏怀孕消息，顺利生下儿子，并将他偷偷收藏抚养至五岁，避过了万贵妃的加害，才让成化皇帝见面，后来的皇子即为弘治皇帝。因成化后期深恐后继无人，故尤其偏爱寓意儿孙满堂的吉祥纹饰。明代统治秩序开始出现松弛，应始于成化。成化一朝在政治上最为后人所嫉恨的是宠用太监汪直，他自己对朝政疏于管理，又重用太监理政，曾建西厂，并且广收方士，纵欲求仙，结果仅仅活到41岁。宪宗本人擅长书画，对明代宫廷书画艺术的发展功不可没。当时宫廷中汇聚了一批技艺高超的书画家，如林良、俞鹏、林时詹、许伯明等。尤其是林良的水墨写意花鸟画法在当时自成一体，颇具影响。宪宗自幼习字，并受名师指教，继位后常将所书诗赋赐予大臣。从留存至今的作品看，其一生书法变化不大，主要受明初沈度之风影响，给人以敦厚端庄的感觉。

成化时期经济发展，社会稳定，已经渐显奢靡之风，对瓷器的华美提出了更高的新要求。明宪宗又长于丹青，后宫多仿效。帝王艺术修养的提高和对华美享乐的接受，自然对瓷器烧造不惜工本财力。终成化一朝，烧造之事从未中断。宫廷交派景德镇的瓷器生产量很大，在历史档案中虽然找不到全部的统计数字，但《明史·食货志》概括性地叙述了当时烧造的情况：“成化间，遣中官之浮梁景德镇，烧造御用瓷器最多且久，费不赀。”其时有一个武官叫应时用，看到朝廷派内臣（太监）到景德镇督烧瓷器，贪赃枉法，作威作福，残害百姓，曾经上书朝廷，请改由当地官吏办理此事，而因此得罪当朝太监。成化十五年（1479 年）和二十一年（1485 年），朝廷官吏多次上奏，因灾情严重请求停烧瓷器，但都被成化皇帝搪塞拖延，这些都反映了成化对烧造瓷器的极高兴趣，也可以看出当时瓷器烧造的规模和数量。由于成化皇帝具有较好的艺术修养，也使得这一时期烧造的瓷器成为明代之最。同时新任御窑厂的督陶官朱元佐，深谙烧造之道，注重产品的品质。这一时期景德镇瓷业复苏，官窑瓷器烧造之成就，为历代赞颂不绝。这时的瓷器出现了许多的创新品种，成为明代制瓷史上的又一高峰。

瓷器烧造始终不停。宣德以后，瓷器的风格在正统、景泰、天顺三朝处于潜移默化的变迁中，及至天顺时，英宗已经对瓷器的烧造开始重视，并且恢复了景德镇瓷器烧造的规模。迨至成化年间，景德镇御窑厂再次恢复烧造时，大多已改永乐、宣德时期以来的雄健豪放之风格，此时的瓷器造型玲珑秀奇，胎体细润晶莹，彩料精选纯正，色调柔和宁静，绘画淡雅幽婉，以其轻盈秀雅的风格独步一时。故所谓“明看成化，清看雍正。”如同孙瀛洲先生称赞的那样：“成化瓷器，胎质细腻纯白，白釉莹润如脂，彩色柔和，笔法流利，造型轻盈秀美，表里精致如一。”从成化的传世品可以看出，当时极为重视制作质量，不合格者均毁之，因而各品种器物都少见夹扁、缩釉等窑艺弊病。此时民窑也受官窑影响，制作精细，并且大多模拟官窑产品，其纹饰、色泽、画意等均与官窑器如出一辙。明代制造工艺到成化时已经非常完备，分工细致，并且实行了严格的检验遴选制度，保证了进御瓷器皆是精制的完美之作。这从景德镇珠山窑址出土的大量瓷片，就可以想象当年的烧造情景。

成化瓷的总体风格是纤细柔美。从考古资料看，这种风格的形成是在成化后期。1988 年考古人员对景德镇珠山窑址的成化官窑落选贡品埋藏地进行了清理，按地层关系可分为早、中、晚三个时期。早期大约在成化六年（1470 年）之前，晚期在成化十六年（1480 年）之后。早期主要烧制祭器，早期和中期的产品受宣德官窑影响明显，器壁较宣德制品为薄，但纹样不如宣德时生动。晚期由于南洋最后一次进贡苏青料，成化也烧制了部分苏青的产品，但是主体的器物还是大量使用平等青。在御窑厂遗址地层中出土了大量青色淡雅、器形小巧的青花和斗彩器，非常华美艳丽。成化官窑少制大器，民窑则大器较多。官窑的常见器物以高足杯、酒杯、盘、碗、罐为主，因此时品酒之风盛行，故传世品中多见杯类，器型小巧俊美，为世人所称奇。罐类之中“天”字罐尤为名贵。传世的成化官窑器物较宣德器为少，大部分保存在台湾。近年台北“故宫博物院”刊行的《明代成化瓷器特展》图录，以真伪器并示，益于读者对比鉴别。成化朝的瓷器，不仅因斗彩的空前绝后之作而负盛名，其青花和颜色釉瓷，同样属于名瓷中的珍品。明代嘉靖、万历以后的民窑青花瓷器，往往书“大明成化年制”或“大明成化年造”款字。清代康熙、雍正朝的仿成化斗彩和青花的作品更多。民窑青花瓷的制作，有一定的规模，少数精品可以接近或等同于官窑器水平。

御窑厂遗址出土物。明代景德镇御窑厂珠山遗址，早在 1973 年就已经发现，以后于 1975 年和 1987 年进行过两次发掘，特别是 1987 年春到 1988 年冬，景德镇陶瓷考古研究所工作人员在珠山东北侧进行了发掘，遗存极其丰富，自上而下包括了近代到元代的地层。在成化堆积层内，发现了三处瓷片堆积，出土了大量成化瓷器残片，不但品类繁多，色彩丰富，而且许多品种在传世品中尚属仅见。出土的瓷器品种有青花、釉里红、青花填黄、白釉、祭红、红地绿彩、三彩、黄釉、黄彩、祭红地白花、宝石蓝釉、宝石蓝釉地白花瓜皮绿釉、孔雀绿釉、青釉、仿绿彩、官釉、仿哥釉、影青釉、斗彩、素三彩、黄地绿彩、红地绿彩、白地绿彩、白地黄彩、白地等，在上述各个品种中，许多是无法在传世品中见到的。因为当时御窑厂为创新品种试烧试制了许多产品，由于各方面还不能达到要求，故而放弃，例如著名的素三彩鸭熏。当年成化官窑烧造盛况，由此出土残片即可见一斑。最值得称道的是斗彩瓷器，这些残片的胎体都较薄，釉色莹润，色彩艳丽，时代风格突出，是深入研究成化瓷器不可多得的新资料。

在成化三处瓷片堆积的第三地点出土的成化斗彩瓷器，经过复原的达到 300 多件，有罐、碗、盘、杯、碟、靶盏等。各种器物的造型、图案、纹饰等均十分丰富，如小杯至少有五种式样，纹样约 20 种。“天”字罐有大小 7 种，分为短圆和长腹二种，器身的斗彩纹饰也有多种。（刘新园著《景德镇出土明成化官窑遗迹与遗物之研究》，载景德镇市陶瓷考古研究所、徐氏艺术馆《成窑遗珍》，徐氏艺术馆，1993 年。）这次发现，不仅使得我们的研究视野进一步开阔，更重要的是让人们全面了解了成化景德镇官窑的烧造内涵，及绝大多数产品的品种和烧造工艺。在出土成化官窑瓷器中，有些应该属于创新品种，有些则属于传统工艺。这些传统工艺早在永乐、宣德时期就已经出现，但在传世品中一直无法看到，并且在传世成化瓷器中也从未出现过，例如黄地紫彩、红地绿彩、白地绿彩等，工艺虽然并不复杂，但是它们各自代表了一种风格。再如素三彩瓷器，过去我们一直认为正德素三彩代表明代的水平，但是这次出土的成化素三彩鸭熏，足以证明素三彩在成化时已经具有很高的烧造水平。出土地层的明确，使得人们了解到成化斗彩瓷器大多是成化晚期烧造，这对于斗彩瓷器研究和推进有了一个新的进展。当然有些问题仍然无法解决，例如“天”字罐的用途和“天”字的含义，至今仍然是个谜。

成化官窑的特殊现象。成化官窑瓷器中有些现象发人深思。如成化红釉器、青花团花罐、青花松竹梅三友盘、青花云龙盘、狮球盘、黄釉青花三果盘等，无论造型、胎釉、纹饰还是款字的书写，都与宣德同类器极为相近，少数器物所呈现的发色浓黑的青花色调，也与宣德晚期的青花色调一致。尽管宣德与成化之间相隔了30年，但这些朝代虽不同而风格却相同的官窑器，历越三朝，其间工艺技术的传播和承袭居然能互相衔接，并未截然中断，乃是奇观。这对于揭示“空白期”之谜也极有参考意义。成化瓷器存世量较永、宣时期要少，但是传世的成化瓷几乎每一件都是精品。无论从收藏还是研究的角度来讲，都是明代景德镇制瓷繁荣的象征。成化瓷器的制作水平要高于永、宣两朝，并有其独特的风格。成化皇帝没有什么太大的政绩，也少见其他突出成就，唯有官窑烧造的瓷器，让后人感叹不已。成化瓷器在学术上争论不大，因为它时代特征明显，并且都有款识。唯一的谜题是“天”字罐，研究者尚无法搞清其真实的意义。清代高士奇的《高江村集》中有记载：“成窑鸡缸、宝烧碗、朱砂盘最精致，价在宋瓷上。”这里只有鸡缸杯在北京故宫博物院和台北“故宫博物院”有藏。而宝烧碗可能就是宣德朝使用西红宝石末烧成的宝石红，如此则就是存世的釉里红三鱼碗。至于朱砂盘，今日已经无从考据。在明代万历以前，人们认为宣德的青花为最好，晚明到清代时，又认为成化在宣德之上，为明代官窑之冠。

过去常说“成化无大器”，就传世品而言，目前世界各地收藏的成化官窑瓷器中，常见的多为一些较小型的作品，没有大器件。随着景德镇御窑厂遗址的开发，出土的成化大器增多，这一说法正在逐渐被否定。但就成化一朝与其他朝比较，成化所产大件器物还是不多的。因为在成化之前的官窑器物，大多器型硕大，浑厚凝重，而到了成化突然出现这么多小巧、细薄、华丽之器，人们自然要寻找这一“突变”的原因。由于宪宗身边有一位宠冠后宫、权倾内外的妃子——万贵妃，宪宗对她是“贵妃所亲，无不重用，贵妃所疏，无不贬斥”，因此朝中的内侍、外臣纷纷搜集奇珍异宝，谄事万贵妃，以图进身之阶。于是有人就把这些小巧华丽、具有“女性美”的小件器物与万贵妃联系起来，认为是为讨好万贵妃而生产的。其实不然，通过文献排比可知，万贵妃“丰艳有肌，每上出游必戎服，佩刀侍立左右”，“貌雄声巨，类男子”，并且“性嫉妒，掖庭御幸有身，饮药伤坠者无数”。其身心并不具备“女性美”，连明代文学家沈德符都感慨地说：“妇人以纤柔为主，今万氏反是而获异眷。”由此可见真正热爱艺术、欣赏小巧精致工艺品的，正是成化皇帝本人。

成化瓷器的存世量。成化瓷器烧造的情况，可以台北“故宫博物院”的藏品为例。成化一朝保存至今的作品总共有587件。其中杯占199件，分为半脱胎杯12件，八方高足杯1件，高足杯15件，普通杯171件。碗占166件，分为半脱胎碗3件，普通圆碗110件，小碗8件，浅碗9件，高足碗4件，大碗7件，葵瓣口碗25件。盘有129件，罐1件，盖罐17件，碟18件，圆洗4件，盅44件（其中高足盅16件），瓶2件，壶1件，卤壶2件。从以上情况来看，瓷器的数量远不如宣德，但是成化瓷器趋于精巧。在釉色方面，在总数587件器物中，有甜白28件，祭青18件，浇黄21件，仿哥浅青釉3件，青花254件，釉里红8件，描红2件，油红2件，绿彩10件，黄釉青花15件，青花红釉2件，青花加彩18件，五彩6件，青花斗彩194件，青花绿彩1件。笔者根据自己搜集的不完全资料统计，成化瓷器流传到今天的大约有469种878件，其中出土的残器复原者254件，这些器物被公共机构收藏的为729件，收藏于私人藏家手中的仅有150件。

成化时期的都陶官有三人：周芳誉、朱元佐、邓原。周芳誉，字明良，潞安长治人。景泰进士。成化二年（1466年）监临御器。高雅俭约，简易不繁。……迨至任满回京，毫无所取，时称清白部臣。（乾隆四十八年《浮梁县志》卷十五《杂记下·述旧》）明成化间，内翰朱元佐奉命视陶。（乾隆《浮梁县志》卷十《名迹·古迹》）成化间，太监邓原贤而知书，谓镇民多陶，悉资神佑，乃徙庙东门外通衢东北百步许，以便祭祀，即今所也。（詹珊《重建赐封万硕师主佑陶庙碑记》）

根据陆明华先生介绍，上海馆藏景德镇修复出土的成化官窑作品有：斗彩葡萄纹高足杯（高5.8厘米，口径8厘米，足径3.8厘米），斗彩海兽纹盘（高4厘米，口径18.6厘米，足径10.8厘米），斗彩鸳鸯莲池纹盘（高3.4厘米，口径17.7厘米，足径10.6厘米），斗彩八吉祥纹碗（高8.3厘米，口径16.7厘米，足径7.1厘米），红彩绿灵芝纹盖盒（高4.7厘米，口径9厘米，足径6.8厘米），蓝釉碗（高7.5厘米，口径8厘米，足径7.3厘米），素三彩鸭熏（高25.3厘米，身长15.5厘米），青釉觚（高15.5厘米，口径6.5厘米，足径6.5厘米），这些器物中的鸭熏、红绿彩灵芝纹盖盒、青釉觚等在传世品中难以找到。

半个多世纪以来，出土的景德镇成化官窑瓷器还有：（1）斗彩葡萄杯，敞口，圈足，

1962 年北京市西城区新街口外黑舍里氏清墓出土，收藏于首都博物馆。（2）青花宝箱花纹卧足碗 2 件，敞口，浅腹，卧足。1962 年北京市西城区新街口外黑（赫）舍里氏清墓出土，收藏于首都博物馆。（3）青花宝相花纹卧足碗，1992 年北京市小西天清墓出土，收藏于首都博物馆。（4）白地刻花填绿彩云龙纹碗，侈口，圈足，1953 年北京市王府井出土，收藏于首都博物馆。（5）黄釉盘 2 件，圈足，北京故宫博物院东华门外出土。（6）梅瓶 1 件，唇口，短颈，中部有一圈凸起的圆棱，浅圈足，平砂底，2001 年北京明宪宗皇子墓出土。

2. 成化官窑窑事记载

《明宪宗实录》卷一天顺八年（1464 年）正月的诏书："……南京内府各监司库承造一应物件及工部承造马槽马桩等项，诏书至日，悉皆停止，以后缺用，在京该衙门承造。两京承造光禄寺器皿及喂养牲口，槽□锅、桶、磨盘等件，自天顺五年（1461 年）以前拖欠未完者悉予蠲免……江西饶州府、浙江处州府见差内官在彼烧造瓷器，诏书到日，除已烧完者照数起解，未完者悉皆停止，差委官员即便回京，违者罪之。"

《大明会典·工部·陶器》"成化四年（1468 年）奏准，光禄寺瓷器仍依四分例减造。"

《大明会典》："成化十三年（1477 年），又准加……使臣进贡到京者，每人许买食茶五十斤，青花瓷器五十副，铜锡汤瓶五个。"

《大明会典》："（成化）十七年（1477 年）奏准：光禄寺岁用瓶坛，仍照旧例，或二年，或三年，一次奏造。令厨役关领，如有损失，责令照数赔偿。"

《大明会典》："（成化）二十三年（1487 年）诏：凡烧造瓷器，差去人员，悉令回京。"

《明史·宪宗本纪》成化十六年（1480 年）三月："以岁歉，减光禄寺供用物。"

《明史·卷八十二·志第五十八·食货六》："成化间，遣中官之浮梁景德镇烧造御用瓷器，最多且久，费不赀。"

《明史·食货六·烧造》："孝宗初，撤回中官，寻复遣，弘治十五年（1502 年）复撤。"成化二十三年，成化帝 41 岁病死北京，其子孝宗继位，发出停止"一切不急之务"诏书，命令"江南烧造瓷器内官回京。"

《明宪宗实录》"成化十八年（1482 年）闰八月壬申"条，记武臣后卫仓副使应时用建言六事谓："饶州烧造御器，必命内臣监督，自后宜止，降式委诸有司，以免供给之费。"

《明史·宪宗本纪》成化十八年闰八月壬申："仓副使应时用请罢饶州烧造御器内臣。"

《**明史·宪宗本纪**》成化二十年（1484 年）正月壬辰，“诏减贡献”。

《**明宪宗实录**》卷一九五“成化十五年（1479 年）十月”条：“户科都给事中张海等以灾异上言五事。一，南北直隶、河南、山东、陕西、江西、湖广、四川、福建等处水旱频仍，军民饥馑……江西之地被灾尤甚，所造瓷器宜暂停止……上批答曰：灾重地方追征粮草、颜料，并停俸官吏所司即为查照，斟酌奏闻。烧造瓷器将完，不必停止。”

《**明宪宗实录**》卷二十三“成化二十一年（1485）三月”条：“南京吏部尚书陈俊合诸大臣应诏言二十一事……江西浮梁县景德镇有内官监造瓷器，其买料供给夫役之费，岁用银数千余两，俱出饶州、广信、抚州之民，计其所费已敌银器之价，宜暂停三五年，以苏民困……上批答曰：瓷器俟烧完停止，其余俱如议行之。陈俊等不允退休，其令悉心供职。南京工科给事中丘璐等应诏言十二事……浮梁烧造瓷器，民困已极，宜暂停免。援令饶州等三府量出财力自造进京。上批答曰：所条时事多已行矣，置之下其章于所司。”

明王士性《**广志绎**》谓：“浮梁景德镇，雄村十里，皆火山发焰，故其下当有陶埴应之。本朝以宣、成二窑为佳。宣窑以青花胜，成窑以五彩。宣窑之青，真苏勃泥青也，成窑时皆用尽，故成不及宣。宣窑五彩，堆垛深厚，而成窑用色浅淡，颇成画意，故宣不及成。然二窑皆当时殿中画院人遣画也。世庙经醮坛盏，亦为世珍。近则多造滥恶之物，惟以制度更变，新诡动人，大抵轻巧最长，古朴尽失。然此花白二瓷，他窑无是，遍国中以至海外夷方，凡舟车所到，无非饶器也。近则饶土入地渐恶，多取于祁、婺之间，婺人造土成砖，磨砖作浆，澄浆作块，计块受钱，饶人买之以为瓷料。”

明沈德符撰《**万历野获编**》卷二十六曰：“本朝窑器，用白地青花，间装五色，为今古之冠。如宣窑品最贵，近日又重成窑，出宣窑之上。盖两朝天纵，留意曲艺，宜其精工如此。然花样皆作八吉祥、五供养、一串金、西番莲，以至斗鸡、百鸟及人物故事而已。” 又“玩好之物以古为贵，惟本朝则不然。永乐之剔红，宣德之铜，成化之窑，其价遂与古敌。盖北宋以雕漆擅名，今已不可多得，而三代尊彝法物，又日少一日。五代迄宋，所谓柴、汝、官、哥、定诸窑，尤脆薄易损，故以近出者当之。”

明张岱《**夜航船**》曰：“成窑，大明成化年所制。有五彩鸡缸、淡青花诸器茶瓯酒杯，俱享重价。”

明末谷泰撰《**博物要览**》曰：“成窑上品，无过五彩葡萄撇口扁肚靶杯，式较宣杯妙甚。次若草虫可口子母鸡劝杯、人物莲子酒盏、五供养浅盏、草虫小盏、青花纸薄酒盏、五彩齐箸小碟、香合、各制小罐，皆精妙可人。余评青花成窑不及宣窑，五彩宣庙不如宪庙。盖宣朝之青乃苏勃泥青也，后俱用尽，至成化时皆平等青矣。宣窑五彩深厚堆垛，故不甚佳，而成窑五色用色浅淡，颇有画意，此余评似确然矣。”

明末清初孙承泽撰《**砚山斋杂记**》卷四“窑器”条载：“窑器所传柴、禹、官、哥、钧、定可勿论矣，在胜朝则有永、宣、成、弘、正、嘉、隆、万官窑，其品之高下，首成窑，次宣，次永，次嘉，其正、弘、隆、万间，亦有佳者……成窑之草虫可口子母鸡劝杯、人物莲子酒盏、草虫小盏、青花小盏，其质细薄如纸，葡萄靶杯、五色敞口扁肚齐箸小碟、香合、小罐，皆五彩者。成杯茶贵于酒，彩贵于青。其最者，斗鸡可口谓之鸡缸。神宗时尚食，御前成化杯一双已值钱十万，成、宣靶杯，皆非所贵。”

明代徐树丕《**识小录**》：“画当重宋，而迩来忽重元人。窑器当重哥、汝，而迩来忽重宣德、成化，以至嘉靖亦价增十倍。”

明代谢肇淛的《**五杂组**》载：“今龙泉窑世不复重，惟饶州景德镇所造，遍行天下。每岁内府颁一式，度纪年号于下，然惟宣德款制最精，距迄百五十年，其价几与宋器埒矣！嘉靖次之，成化又次之。世宗末年所造金箓，大醮坛用者，又其次也。宣窑不独款识端正，色泽细润，即其字画亦皆精绝。余见御用一茶盏，乃画‘轻罗小扇扑流萤’者，其人物毫发具备，俨然一幅李思训画也。”

明代王世懋《**窥天外乘**》载：“宋时窑器以汝州第一，而京师自置官窑次之。我朝则专设于浮梁县之景德镇。永乐、宣德内府烧造，迄今为贵，其时以棕眼、甜白为常，以苏麻离青为饰，以鲜红为宝。”

明末清初朱彝尊撰《**曝书亭记**》卷三十六“《感旧集》序”条云：“见新而遗旧者，人之情也。然时方日趋于新，未必尽惬吾意所存。往往不若出于旧者之无敝，则新者反陈，而旧者只觉其可慕焉。彝尊儿时，见先王父母，治酒食、燕宾客，瓷碗多宣德、成化款识，近亦嘉靖年物。酒杯则画芳草斗鸡其上，谓之鸡缸，若万历窑所制，至或下劳傔从。见闻所习，无足异也。既遭兵火，往时之杯、棬尽失。而景德镇近日瓷碗颇极精巧，或谓可胜曩昔，唯有识者，辄以为不然。盖尝以月之朔望观于京师慈仁寺。比日中，天下之货咸集，贵人入市，见陈瓷碗，争视之。万历窑一器索白金数两，而宣德、成化款识者，倍蓰焉。至于鸡缸，非白金五镒市之不可，有力者购之不少惜。既得之，惟有咨嗟叹赏而已。”

清唐秉钧《**文房肆考图说**》说：“神宗尚食，御前有成杯一双，值钱十万。”

清程哲《**蓉槎蠡说**》论有明一代传世瓷器：“其品之高下，首成窑，次宣，次永，次嘉，其弘、正、隆、万间亦有佳者。”

清程哲《**窑器说**》曰：“成窑之草虫可口子母鸡劝杯、人物莲子酒盏、草虫小盏、青花小盏，其质细薄如纸。葡萄靶杯、五色敞口扁肚齐箸小碟、香合、小罐，皆五彩者。成杯茶贵于酒，彩贵于青。其最者，斗彩可口谓之鸡缸（神宗时尚食，御前成杯一双，值钱十万），成、宣靶杯，皆非所贵。……成窑酒杯种类甚多，有名高烧银烛照红妆者，一美人持烛照海棠也；锦灰堆者，折枝花果堆四面也；秋千杯者，仕女戏秋千也；龙舟杯者，斗龙舟也；高士杯者，一面画周茂叔爱莲，一面画陶渊明对菊也；娃娃杯者，五婴儿相戏也；满架葡萄者，画葡萄也。其余香草、鱼藻、瓜、茄、八吉祥、优钵罗花、西番莲、梵书名式不一，皆描画精工，点色深浅，瓷色莹洁而质坚。又鸡缸上画牡丹，下有子母鸡，跃跃欲动。”

《**南窑笔记**》中记载：“成、正、嘉、万具有斗彩、五彩、填彩三种。先于坯上用青料画花鸟半体，复入彩料，凑齐全体，名曰斗彩。填者，青料双勾花鸟人物之类于坯胎，成后复入彩炉，填入五色，名曰填彩。其五彩则素瓷纯用彩料画填出者是也。”

寂园叟《**陶雅**》卷上：“成化彩碗，表里各画葡萄果一枝，果凡五六朵，朵紫而叶碧，光景常新，枝藤虬结处袅袅欲动。最难得者，内外彩色花纹不走一丝，映日光照之，不知其为两面彩画也。”

许之衡《**饮流斋说瓷**》记载：“何谓豆彩？盖所绘花纹以豆青色为最多，占十分之五六，故曰豆彩也。或称斗彩，谓花朵之攒簇有类斗争，或称逗彩。”

另外，1908年英国人卜士礼编译出版了一部书《**历代名瓷图谱**》，假托明代著名收藏家项元汴的名义，据说在清光绪年间已经有稿本在手，但是书中所言成化年间器物多未曾见传世品，应为伪书无疑。但是书中的记载仍然代表着晚清的收藏家们对成化官窑瓷器的向往和猜测，可为今日研究之参考。

《**历代名瓷图谱**》记载“明成窑紫玉兰酒杯”：“杯之制度，外紫内白，填釉甚精，又且碧叶赭枝，深得丹青写生画法。俨若一朵初放之木兰花也，酒器中之妙品。余得之南都朝天宫许道纪丈室。”

《**历代名瓷图谱**》记载“明成窑五彩甜瓜壶”：“壶制不知何仿，而高低大小如图。宪庙一朝窑器以五彩敷色者为贵。盖当时瓷窑图画者皆殿中名笔，故其敷色深浅浓淡之间，迥非俗匠所措手。如此壶之大小，瓜苞青黄异色，茎叶之背面攸分，实珍赏。可贮酒一升六合。余得之云间陆太医家。”

《**历代名瓷图谱**》记载“明成窑五彩葡萄靶杯”：“杯制与上杯仿佛，而杯口微撇，高低大小如图。釉色粉白，而葡萄茎叶翠碧蒙茸，葡萄果实如紫英宝石，累累下垂。五彩陆离，描画之工细入毫发，真异物也。粟文隐起，淡淡穆穆，古色可餐。宪庙窑器中之极品，毋在其价值之昂也。此杯存金沙王损斋家。伊云以大锭十金购之于宣城余刺史家。”

《**历代名瓷图谱**》记载“明成窑五彩草虫小杯”：“杯制甚小而娇薄，映之指上可见旋螺之纹。每杯之重不过三钱，其轻微可知矣。亦且所写草花虫豸，细如蝇头蚊足，咸五色相宜，各具飞翔生动之致。一杯之微乃能用工如此，足徵宪庙圣鉴之精，非外间庸鄙之不典也。此杯之制，盖皆佳品，其价每对可值百金。今者百金可得此杯？不可得也！余见于京师黄锦衣家。”

《**历代名瓷图谱**》记载“明成窑五彩鹅缸杯”：“杯制不知何仿。而其形有类窑缸，故以缸名。高低大小如图。杯质甚薄而轻，釉色莹白。其上所画鹅形，如游翔戏浴，深具生成之趣。而水波回旋，藻萍浮泛，复尽写生之妙。价目之昂，日盛一日，以其杯之轮回存者无多矣。与下鸡缸杯皆余家藏之旧物也。”

《**历代名瓷图谱**》记载“明成窑五彩鸡缸杯”：“杯制一同鹅缸，而高低大小如图。杯质之薄几蝉翼，可以照见指螺。所画子母二鸡，特具饮啄之致，与宋画院所作写生之迹无殊。至于鸡冠花卉，敷色浓淡之间，大得黄荃赋色之妙。一杯之微，致工如此，其价目之昂可知矣。今幸为余所藏。”

《**历代名瓷图谱**》记载“明成窑五彩菊花小杯”：“杯制极小，才堪盛酒半合。高低大小如图。其花叶茎枝咸施五彩，浓淡浅深之色，极尽画院写生之妙。陶窑至此，可为极品矣。小物之精，埏埴如许，世鲜多见矣。并下树根小杯，俱为余契友张元龙所藏。”

《**历代名瓷图谱**》记载“明成窑五彩树根小杯”：“杯制极小，与上菊杯相若，其高低大小亦如图矣。而杯肖树根，色赭而泽，特具节目，凹凸嵌欹，曲屈之致，真鬼工也。小杯酌酒画多，不过微存梗概，具体而已。吾友元龙龙素与曲生契，吾置此似乎赘余否？”

《**历代名瓷图谱**》记载“明成窑五彩胭脂盒”：“盒制甚小，款式亦佳。黄地绿文，灿错可喜。此亦出之内府，乃宫人等盛贮口脂面药之器耳。花纹华缛，细密不紊，亦奇物也。以之贮香茶、槟榔、制半夏、香药最宜。亦余笥中旧物也。”

《**历代名瓷图谱**》记载“明成窑五彩莲花灯”：“灯制不知何仿，高低大小如图。釉色敷施五彩，花红叶碧，而敷色浓淡浅深，俨类画家写生敷色。上擎大叶，可以障风。花内贮油，可以照夜。古人用意精微，迥非今人作器便于苟简也。余见于吴淞朱磁甫医官家。”

3. 成化瓷器特点

由以上文献可知，成化朝前后经历23年时间，成化前三年没有烧造记录，成化四年（1468 年）开始烧造，基本都是祭器。之后虽然没有详细记录，但是估计以成化十八年（1482 年）前后为制作高峰。其中早、中、晚期绘画风格和青花发色也略微存在差异，虽然景德镇曾经有过几次发掘，有些器物能够基本确定制作时代，但仍然还有许多传世品并没有发掘到类似品，并且研究者自己没有见过详细的发掘报告，导致成化瓷器中一些瓷器暂时无法详细断代。即便笼统断代，也只能依靠现有发掘出土的资料，同时这里又存在成化遗址发掘不完全的情况，导致对中晚期青花特点的认识依然不够明确清晰。

成化青花没有宣德青花在制作上的缺点，发色基本稳定，同一瓷器上很少有发色差异的情况。成化的瓷器制作工艺已经非常成熟，至少是吹釉法已经普及，这点可以从成化瓷器的釉面处理能够推断出，成化瓷器已经基本没有橘皮纹了，所以赏玩成化瓷器，基本没有什么可预测性，只是欣赏它的至美。特别是成化后期的瓷器制作，基本没有制作工艺上的缺陷，也不像宣德瓷器那样气泡大小不一，成化瓷器的气泡大小基本差别不大，这点应该说明成化时期的釉剂搅拌要比宣德更为均匀，在光线照射下，釉面比较温润，且绘画细腻流畅，图案内容意境清远，超凡脱俗。成化时期是在经历了“空白期”三朝的低潮之后，特别是明英宗在天顺登基后，注重经济恢复，故而到成化时，景德镇再度回到了瓷器制作的高峰阶段。成化朝较永宣时期虽有不足，但是国家还算安泰，国库也还充裕，政局较为稳定。《明史》记载：“成化间，遣中官之景德镇烧造御用瓷器，最多且久，费不赀。”可见成化时期的瓷器产量之大。由于跨越了“空白期”三朝约 30 年的时间，此时制瓷风格较永宣时期发生了重大变化。

在器型方面。器物造型风格一改永宣时期的豪放气魄，变得精巧俊秀，这与当时统治者的性格不无关系。常见的器型有梅瓶、玉壶春瓶、长颈瓶、瓜棱瓶、筒式炉，以及各式杯、盘、碗、罐等。罐中的天字罐和杯中的鸡缸杯尤为珍贵，极具代表性。

在品种方面。相较于最多见的青花，成化时期的斗彩瓷更加具有标志性。特别是“姹紫”，可以说是成化斗彩的独特标志。元代创烧的釉里红此时已经逐渐没落，宣德时期极具代表性的红釉和蓝釉此时也极为罕见。此时瓷器品种还有五彩、白釉、黄釉、青花红彩、青花绿彩、白釉红彩、白釉绿彩、白釉黄彩等，瓷器品种相较永宣少了许多。

在图案纹饰方面。常见的图案纹饰有各式龙纹、凤纹、花鸟纹、花草纹、八宝纹、十字杵、婴戏图、波涛海兽、梵文等，各种纹饰趋于图案化，如龙纹相较于永宣时期少了凶猛威严之感。由于成化皇帝信仰道教，因此道教题材的图案渐渐变得流行开来，瓷器也不例外。在绘画方式方面，成化初期仍然是永宣时期的小笔蘸料填绘，后来变成双线勾勒、一笔平涂的方法。因此与永宣时期的图案相比，少了深浅浓淡的层次感。成化后期青花呈色仍是浓艳的，可见结晶斑和晕散。成化早期改用国产青料，呈色变得淡雅。成化十六年（1480 年）南洋有过一次苏泥勃青的进贡，虽然呈色稍差，但是毕竟用其生产了一些作品。《陶说》中提到苏勃泥青到成化时已经用完，是因为景泰年间使用苏青烧制铜胎珐琅器，到天顺时已经没有苏青可用，故而改用平等青。到成化时只能沿用平等青，故不可能在成化初期还有苏青可用。国内部分学者关于成化早期使用平等青的说法，应该是一种主观推测。

在胎釉方面。成化的瓷器胎质细润，胎体轻薄，釉质肥润，器物的口沿下常有流釉现象。在款识方面，成化官窑仅见“大明成化年制”和“大明成化年造”六字楷书款。工艺特点方面露胎底足有黄褐色或者黑褐色的斑点，称作“糊米底”，这是成化瓷器的独特现象。成化瓷器的种类，主要分为四大类：一是日常生活用器，包括碗、盘、碟、靶盏、高足杯、小杯、茶盅等；二是文房与画院用器，包括各式调色盒、水盂、带托花盆、长方形花盆、海棠形水仙盆、鸟食罐等。三是陈设实用器，包括长颈瓶、鹤颈瓶、卷耳香炉、鬲式炉、筒形香薰、鸭形香薰等。四是祭器，包括簋式炉、觚等。以上这些不同形制的瓷器，再按照其不同釉色和不同纹饰细分，则成化官窑瓷器大概可以分为 300 多个品种。成化官窑按其主要特征分析，宣德官窑对其影响最大。主要表现在以下几个方面：

一是成化官窑在瓷器胎釉方面延续了天顺官窑风格，更加精益求精，讲究胎釉的细致完美。成化胎质甚至比宣德胎质更加洁白致密，因为成化瓷胎中氧化铁的含量比宣德时更少，三氧化二铝含量又比宣德器高。瓷器的釉比宣德器的白度更高，光泽度也显得比宣德更加柔润温和，玉质感极强。研究认为成化青花瓷的釉中铁、钙含量不仅比元代和宣德时期要低，而且比后来的嘉靖官窑瓷器也低，所以说成化官窑的瓷质堪为明代官窑之冠。

二是成化早期多沿用宣德纹样或者简化前代纹样，之后又使用画意清新的适合纹样，如高士、三秋、子母鸡、花鸟、湖石山茶、婴戏、池塘莲荷等。其青花纹饰画法上使用天顺以来的双线勾勒再填色，线条细硬流畅。釉上彩纹饰填色则采用平涂法，有“花无阴阳，叶无反侧”的特点。

三是成化斗彩继承宣德斗彩，又有所发展创新。在工艺上有两个特征，首先宣德斗彩瓷器的花纹，均在胎上刻画出极细的轮廓线，再在其极细的釉下刻线填色。成化斗彩瓷器则是一律改用青花描画纹样，釉上填色均在青花线条之内。其次宣德斗彩瓷器的釉上色彩只有红、绿、紫、黄四种，而成化斗彩瓷器除了红、黄二色与宣德相同外，绿色有大绿（深绿）、苦绿（草绿）、水绿（淡绿）三种。紫色有茄花紫、丁香紫二色，因而色域更为丰满，为大明万历五彩的流行奠定了工艺基础。

四是成化青花分为两类，一是沿用“苏泥勃青”，呈色偏黑，并且带有黑斑；另一类是以青色淡雅而著称的“平等青”。根据考古发掘资料证实，前者使用的时间当为成化十六年（1480 年）以后，而后者则为成化十六年前的作品。成化风格一直受宣德青花影响，直到后期才逐渐真正形成了成化自己的风格。

五是成化前期的产品，特别是祭器，多模仿宣德官窑，在器形、纹饰、款式等方面多有模仿，甚至出现了成化官窑书写宣德官窑年款的制品。**成化官窑在成化四年（1468 年）开始烧造祭器时，就首次使用了“大明成化年制”六字方框款，为以后的官窑款式创造了一个新的样本**。在成化以后的官窑款式的书写方面，似乎也受到宣德皇帝的影响，成化官窑器上稚拙的六字年款可能出自皇帝之手。**所以说成化有无款官窑的说法是不成立的，仅仅是一种猜测。没有想到的是，天顺时期已经能够生产这样高水平的器物了**。

六是宣德官窑有大量仿宋名窑之作，有仿汝窑、哥窑、钧窑、建窑、紫定、龙泉等宋元名品。成化官窑也有仿宋代名窑的作品，有大量的仿宋官窑、宋影青釉、哥窑的制品，宣德当为仿宋之滥觞。

二、胎釉特征

成化官窑在制作工艺上独步明代，在原料的加工提炼上精益求精，无论胎、釉、青料都具有自身特征。成化瓷器造型唯重纤巧，如最享盛名的斗彩花鸟高足杯、鸡缸杯、高士杯、三秋杯、天字罐等，都是清秀异常的代表作。若能谙熟成化时期典型器的造型，并细心领会其风度神韵，于鉴定必然大有帮助。成化之前官窑制品大多器件硕大，画笔茂朴。至成化时艺术之风突变，制器以小巧精致为主，其柔润的釉色，淡雅的青花，在中国青花瓷中，犹如荷叶上滚动的露珠，具有一种特殊的晶莹美，是明代青花艺术的代表，因此古往今来享誉久远。成化官窑对青花瓷原料加工提炼精益求精，在流程和技艺方面已经相对完备，工匠的分工明确、细致，从景德镇官窑遗址中大量堆积的废瓷器可以验证，明成化时期实行非常严格的检验遴选制度。成化时期官窑青花胎薄如纸，尤其是小件青花瓷器，从背面可以肉眼观测到正面的青花纹饰。理化测定的各种指标，在明代青花瓷器中都是最优异的。这说明，成化时期瓷器制作技术有很大改进，胎土淘炼技艺更加细腻、纯净，配方更加合理，制坯与焙烧技艺已经熟练掌握。据理化测定，成化瓷器中三氧化二铝含量高达 22%，富钾高碱含量仅为 3.1%—3.8%，这说明成化时期烧成温度高于 1300℃的传统烧成温度。成化瓷的胎釉皆精，其胎质纯洁细腻，胎体轻薄，迎光透视呈牙白色或肉红色。釉面肥厚，如脂似乳，光洁晶亮。

1. 成化瓷器的胎骨

成化时期的窑炉已经普遍采用了馒头窑，而这时期瓷器胎骨中，铁和钙的含量下降，使得胎质显得洁白细腻。除了一部分琢器为厚胎，大都质如美玉。大多数胎体轻薄，修胎十分规整。瓷胎中高岭土含量大量增加，这就使得即便是很轻薄的瓷胎，也可以很稳定，不易变形。成化胎土淘炼十分精细纯净，小器尤为明显。有些小器胎薄如纸，达到半脱胎程度，与永乐甜白相仿，在器物的背面可以映见青花纹饰。成化瓷胎质洁白而细润，胎体秀美而轻薄。文献中所说的卵幕杯，当烧制于成化官窑。这时不仅能生产极其精致的脱胎瓷，还能在薄如蝉翼的瓷胎上采用印花工艺。说明成化官窑对于胎泥的淘洗、陈腐和炼泥都达到了历史的最高水平。

成化瓷器的瓷土。成化瓷是明代瓷器的代表，胎釉的制作工艺十分考究。胎土选用景德镇麻仓山的瓷土矿。用这种粘土烧制处理的瓷胎，通过迎光透视呈现牙白或淡淡的肉红色。成化炼胎、修胎的技术十分精炼，胎体的通透性为其他各朝所不及。成化青花的胎土白净，胎质细腻，胎体轻薄透明，瓷化程度较高。成化胎土采用优质麻仓土为原料，胎色微显暖色调。胎质异常坚致，扣之有金属声。因其胎土中掺入了较高比例的高岭土，而瓷石比例相应降低，这样要求烧成温度更高，因而瓷质更为优良。有藏家在观察成化胎体时发现，若迎光透视，隐约可见胎体泛出淡淡的肉红色，并认为这是成化青花瓷器的一个重要特征。其实从景德镇珠山窑址出土的瓷片观察，绝大部分在光线透视下呈现牙白色，只有少数标本是淡肉色。就胎质本身来看，有肉色的感觉，但是上过釉以后，还是呈现牙白色。

成化瓷器胎质洁白细腻，有的近似于脱胎，胎质虽薄，但是器型规整。此时期釉色是白中带黄，一改前朝的白中泛青，给人一种温润之感。釉质致密细腻，如脂似玉，手感极好。成化胎质细腻纯净，胎骨色白，修胎规整，厚胎者质如美玉。通常成化胎体比宣德时期轻薄，素胎器物迎光呈现肉红色。成化时期有薄胎器，内有暗龙纹纹饰，其胎厚是釉厚的一倍。白釉瓷器中的薄胎器、半脱胎器，厚度不足 1 毫米，壁内侧印有龙纹，在景德镇出土的瓷片中有此碎片，是难得之作，可与永乐脱胎器媲美。成化时期的瓷器工艺水平高，成化时期懂得把瓷胎中的氧化铝的含量提高，所以瓷胎在窑内高温下就不会变形。成化瓷器胎呈白色，质地致密、细腻，白釉呈色较好。造型庄重圆润，玲珑俊秀，具有艺术上的线条美。上海博物馆和北京故宫博物院均收藏有直径为 38.5 厘米的青花狮球大盘，为成化官窑，但不具款识。据笔者分析，这些无款成化器物极有可能是天顺时期的作品，其胎比成化时的要厚。仿宋官窑的青釉瓷器，胎体较为厚重，造型端庄显笨重，釉层较厚，色调较深，有的泛灰，开较大的纹片，无花卉装饰，应为成化早期作品。成化瓷器造型唯一重要的特征就是纤巧，如最著盛名的斗彩花鸟图高足杯、鸡缸杯、高士图杯、三秋杯、天字罐等，都是清秀纤巧的代表作。成化瓷器的胎精釉也精，其胎质纯洁细润，胎体轻薄，迎光透视呈牙白色或是肉红色。

2. 成化瓷器釉面

成化瓷器釉面以细润见著，釉质非常独特，历来为世人称道。成化釉面洁白肥腴，极其温润柔和，犹如凝脂，有很强的玉质感。其釉色有白里微闪青灰和略显牙黄两种，但白度都比宣德器高，特别是光泽度比宣德器温润柔和。大多数青花器釉面微闪青色或略显灰青，另有一种洁白釉，又称“乳白”或“甜白”，不仅肥厚滋润，而且光洁无瑕，如脂似玉。因为釉质肥腴，器物口沿下常见垂流形成的一圈堆积釉。如果在放大镜下观察宣德、成化二窑的制品，宣德釉中所含釉泡大而疏，分布并不均匀，但成化釉中所含气泡却细小密集，分布十分均匀。成化瓷器的白釉、亮青釉的技艺娴熟，近乎完美，得益于湖田窑制作青白瓷、施青白瓷釉的技艺基础，其间釉经历了元青花、洪武、永乐和宣德等各个朝代制瓷施釉的经验积累，因此成化瓷器的釉面光亮，釉层透明，釉色均匀，肥润如玉，釉层中有密集状态的小气泡，触摸时有玉质感。

上海硅酸盐研究所曾经对宣德、成化两朝瓷器的胎釉做过理化测试，分析得知成化瓷胎中的氧化铁含量比宣德时少，三氧化二铝又比宣德时高。氧化铝的含量高，其烧成温度必然高，故外观效果也就更为洁白致密。在瓷釉中氧化铁的含量成化时比宣德时少，故在还原焰下烧成瓷时，成化时溶于胎釉中的氧化铁少，故而成化的釉要比宣德时更为细腻洁白。《中国名瓷工艺基础》在研究了元明时代景德镇瓷器的胎釉之后指出：成化青花瓷釉中铁、钙含量不仅比元代至明宣德低，而且比明嘉靖官窑瓷器也低。他们认为，这种现象的出现是成化官窑对胎釉原料的选择控制，比元代、明初乃至晚明官窑有着更为严格的标准。其釉面釉层质地异常优异，各种理化指标在明代瓷器中是最好的。这取决于配方合理与提炼精细。从配方看，瓷器釉中的釉灰量少而釉果多（所谓釉果，即釉石），使得釉层含钙量远远低于明代其他各朝，与洪武时期相仿。釉石增多，大大提高了釉的粘度和釉层厚度。但是也由此提高了烧成温度，其烧成温度高过 1300℃。从提炼精度看，成化釉果淘洗工艺精细，使成化釉层釉面光亮程度大大提高。同永乐、宣德时相似，远超明代其他各朝。这些措施使成化釉层肥厚，莹润而光亮，其釉面以细润见称，**大多数青花器的釉面微闪青色，微偏绿或略显灰青。另有一种洁白釉，又称“乳白”或“甜白”，不仅肥厚滋润，而且光素无暇，如脂似玉，因釉质肥润，器物口沿下常见垂流形成的一圈堆积釉。成化的小器物多为这种白釉器，**釉层致密而平滑，光亮而不刺目，含蓄而滋润。成化单色白釉器也以釉中气泡细小稠密、熔融不透为特征，使釉层微带乳浊，与宣德器因釉表密布大气泡而形成的橘皮纹明显不同，其显微形态同永乐甜白釉。成化瓷器的釉面光润，釉色为乳白色，施釉较厚，有的器物釉面较为浑浊，多数青花器釉面微闪青色，圆器里外施釉，差别很小。

成化瓷器釉面肥腴，如同猪大油，也近似奶酪，光洁晶亮，特色鲜明。青花颜色淡雅，往往因釉层肥厚、青花色淡，而产生云遮雾障、若隐若现的状况，特别是在青花瓷外底款字的色调上表现尤为突出。而成化晚期使用苏青料的器物中则少见，这足以说明该种釉面是成化中后期的改进型，而非自始至终的标志性特点。其白度都比宣德官窑瓷器柔润温和，玉质感极强。

成化时期官窑瓷器釉面特征是：成化朝瓷器的釉果原料经过精致处理，成化瓷釉的典型釉面特征与其配方有极大关系，出土器物内壁呈黄褐色。成化器物器身与器物底部的白釉成分稍有不同。成化器物内壁釉面通常要比器物外壁略厚一些。成化时期较大的器物的釉面会有凹坑、棕眼和黄斑等缺陷，青花上的棕眼有析出物，釉面黄斑多为落渣痕迹，为烧造缺陷。较大器物的釉面有凹凸感，可见釉在熔融时釉质较厚。通常器物的口沿施釉较薄，成化器物少见积釉现象，可见该釉高温粘度较大。成化釉层大多浑浊，气泡模糊，釉中气泡非常细小密集，与其他时期的青花釉层差异很大。成化瓷器釉面在放大镜下观察，可以看到小而密集的气泡，分布均匀，而永乐、宣德时期的青花则是气泡大小不一，成团状，气泡大的一团，气泡小的一团。

3. 成化瓷器的底足

成化器物修胎精细，底面平整，足端细圆，边薄而直平。**小器口沿尖细利手，**但很圆润，大盘等器底面砂底，在黄色窑红中有黑褐色斑点，称“糊米底”。小杯盏因底面极薄，烧制后不平整，会出现水涡状同心圆波浪痕。成化器物底部的釉层与器物本身不同，底部白釉显得舒朗，可能白釉成分不同。常见露胎无釉的底足，有较多的黄褐色或黑褐色斑点，俗称“糊米底”，成为成化器的特征之一。

底足整齐，成化时碗的足径变小，足跟有一圈淡淡的枇杷黄窑红。香炉多兽足，瓶罐皆砂底，少数为釉底。胎体轻薄，质地细腻，色白釉厚，非常讲究用釉，有圆润玉质感，光泽细润，个别烧造得发灰。釉内外一致，甚至内外底三者一致，有细细橘皮纹。盘、碗挖足细致，普遍过肩，足壁较薄，足底平，多有釉，基本不见乳钉。足内壁与足底垂直，盘类则有交角小于 90°者，碗类圈足比明初略小。在器型上，三小乳足筒形炉和鼓形三乳足炉为多见，折沿菱口盘、卧足直口碗、马蹄式折颈碗为常见。开始出现一种折沿圆腹的“敦式碗”，至正德、万历间还时常见到。梅瓶口有的呈盘形，还出现一种广口、圆腹、长喇叭腿的梅瓶。

成化官窑瓷器釉层薄而细，釉色洁白纯净或略微白中泛青，绝大部分成化瓷器的底足均施釉，无釉的砂底亦称“糊米底”，是成化瓷器的典型特征之一。成化的民窑器在烧制过程中有缩釉现象。成化青花瓷是以青色淡雅著称，但是晚期也有使用苏勃泥青的器物出现，数量较少。成化瓷烧成温度高，瓷化程度好，少见欠烧的“僵胎”。胎体比明初薄而轻巧，釉色光亮透明。有的比明初釉层厚，滋润丰腴，呈淡湖水青色，有的釉稍薄，细白滋润如脂，也有的釉色白泛灰青。成化、弘治时期瓷器底足挖足多较深，普遍过肩，即内足墙高于外足墙。这种状况沿用至十六世纪初，大约四十年。较好的一类挖足过肩不明显，足墙趋薄，底心较平，乳钉状突起基本消失，内足墙与底交接处呈锐角折，并较垂直，与宣德前后相似，只是足墙较薄。外足墙端斜削或滚圆，内足墙仍有棱边感，较好的有足墙两端双侧滚圆的现象，挖足过肩更加明显。成化晚期挖足过肩现象减少，足墙较垂直低矮，部分出现内足墙离心倾向的一类，应属于正德时期。

根据耿宝昌先生多年观察：**成化底足一般较薄且浅，凡有青花边线的，虽圈足高低不同，却有同一现象，即近足跟青花双边线都很规矩，紧靠圈足底部，而且靠无釉处的那条边线，颜色较深重，上面的一条则显清淡，十之八九大致如此**。对于那些无款器物的鉴定，尤其应以此法作为鉴定参考依据。其实这种打边线的情况，不独成化时期，天顺时期就已经出现很规矩的做法了，因此使用此办法来区分天顺和成化瓷器是很困难的。

4. 成化官窑器特征

成化官窑器在明清两代及近现代都有仿品，以仿制成化斗彩和青花两类为多。至于署有“大明成化年制”的胭脂红器则更是伪作。成化官窑器的特征主要有下列几个方面：胎质细洁，釉汁纯净，用手抚摸有玉质感。釉色有偏青和偏白两种，无论何种釉色，其器物外底足和器身的釉色一致，是成化官窑的重要特征。青花瓷除晚期使用苏勃泥青呈色浓翠外，大多为淡雅色调的平等青。斗彩的色彩鲜艳，其中的“姹紫”色泽，为成化朝所创制，亦仅为成化瓷所运用。成化官窑款，迄今已经发现的仅为“大明成化年制”

及“大明成化年造”六字楷书款。凡“成化年制”四字或“成化”两字款者，多为伪作。特别是“成化年制”的黑底绿款，则成化朝根本无此制作。成化瓷的气泡已经彻底改变了宣德瓷的大小不一而疏散的情况，显得小而密集。“米糊底”是成化瓷器中大盘极为重要明显的特征之一。但是这种“米糊底”有的颜色很重，也有颜色浅淡的，主要是使用瓷土较多而稻糠少的缘故。

三、青花器

青花瓷器是成化官窑瓷器中的大宗产品，其造型以小巧的杯、碗、碟、盘、高足杯等为多见，大件器物少见。

1. 成化青花以淡雅、平静著称

根据史籍记载，成化青料改用平等青，不及明初青花浓艳，黑色斑点也几乎没有，其产品清淡宁静，有一部分还保留着景泰、天顺青花那种幽暗松散，有的则因烧成温度偏高而淋漓鲜艳。成化青花反映出当时对青料进行选矿、煅烧、精研、提纯的工艺进步。

成化时期社会稳定，经济繁荣，官窑恢复生产。由于成化皇帝绘画功底高超，艺术鉴赏水平也非同一般。因此明成化瓷器追求精致典雅，造型精致细巧，胎薄釉润，画风精细。成化青花分为晚期青花和典型青花两个阶段。明朝晚期青花采用进口青料，发色浓艳，与宣德青花相似，积青处有铁锈斑痕，呈色发黑，但因生产时间短暂，几乎很少见到传世品。典型的成化青花采用国产平等青，发色淡雅无黑斑，青花发色浅淡而呈色灰蓝，青花清淡柔和，色泽均匀稳定，色彩清丽明快，对后世青花有着深远影响。由于釉厚润泽，成化青花的纹饰比较含蓄，少数黑斑点由青花浓郁而产生。斗彩的出现，对明宣德、成化的青花瓷器影响重大，有力地推动了淡描青花的技法和品种。清代康熙、雍正、乾隆三朝对成化瓷进行仿造的主要是青花与斗彩、哥釉等特色瓷器。成化的成就，特别是斗彩，达到了明朝的最高水平，成就了明朝青花的第二个高峰。

成化平等青。明代初期采用高锰低铁的国产钴土矿作为色料，含氧化锰等杂质较多，青花色泽偏灰，呈色暗黑，这是江西端州的石子青。到永宣时期，使用由南洋进口的苏勃泥青，青料纯度较高，不需要太多的加工就能使得所绘纹饰色泽产生鲜艳明亮的效果。由于含铁量高，青料浓处呈现黑褐色斑点，到天顺时，青料种类有御用回青、陂塘青、石子青等。成书于明嘉靖年间的《江西省大志》里明确记载了青料的分级并提纯的工序。“至于敲青（首用锤碎，内有朱砂斑者为上青，有银星者为中青，每斤可得青三两），淘青（敲青后，取其奇零琐碎碾碎，入注水中，用瓷石引碎石，真青澄定，每斤可得五六钱）。”这里对青料的提取过程做了详细的讲解，首先进行筛选，分出级别，然后以磁石吸附杂质，待青料下沉后取用。再后来这种水沉法改为煅烧法，钴料的纯度大大提高，色泽更加明快靓丽。天顺时期基本完成了对青料煅烧提纯工艺的改进，为成化青花发展奠定了基础。

成化青花瓷有晚期和典型成化青花之分，晚期的成化瓷，其胎、釉制作和造型、纹饰都和宣德相似，其青花也用进口料，色泽浓翠而有黑斑，青花着色亦用小笔触，有淡淡的层次。如果没有成化官窑的年款，很难与宣德器物区分，但是这类晚期成化青花无论生产还是存世数量皆极少。典型的成化青花和宣德器有着明显的区别，这表现在下述几个方面：（1）典型成化青花已经不再使用苏勃泥青，而改用江西乐平的陂塘青，也称为“平等青”，发色淡雅而无黑斑。（2）已经改变了永乐、宣德时期采用小笔触着色的方法，使用双勾线条，用一笔涂抹的上色法，因而不如宣德青花那样留有层次和空白地。（3）成化少厚重的大件器物，器型多轻巧。胎、釉制作讲究，釉有两种，一为偏青色，呈色偏灰绿，一是洁白。都极其肥润，抚之有玉质感。**器物外底部的釉往往有不平的波浪感**。成化瓷的气泡小而密集整齐，不同于典型宣德器大小不同而疏朗的气泡群。典型成化青花器的图案花纹，常见有云龙纹、衔花夔龙纹、飞凤纹、波涛海兽纹、团龙纹、团凤纹、团花纹、莲花八宝纹、十字杵纹、庭院婴戏图、松竹梅岁寒三友图、花草纹、花蝶纹、花鸟纹样，也有以梵文为装饰题材者。其中莲托八宝应属成化时期开始流行的纹饰，而树石栏杆的庭院图虽然很早就出现，但是也以成化时为盛。在这些图案纹饰中，尤以夔龙（又称花式龙）和十字杵最为突出。成化花式龙又称应龙，龙的嘴唇上翘，如象的长鼻，龙嘴常衔一枝伸出的莲花或数串花枝。龙身有飞翼，有前爪而不见后爪，龙尾卷曲成图案化。十字杵图案为元青花瓷中所首见，入明以后，以成化时期为盛，即使民窑青花亦多有应用。

成化时用“平等青”料取代“苏泥勃青”料，呈色趋于稳定，发色蓝中泛灰青，衬以洁白细润的胎釉和纤细的纹饰，显得超逸幽隽，十分脱俗。成化青花与前朝宣德青花相近，发色较为浓艳，属于深沉凝重的一类。到成化中期，就出现了清新淡雅的一类。这类淡描青花，蓝中透出些灰，不但呈色稳定，而且非常柔和，在洁白温润的釉下，不晕不散的线条，均匀的渲染，清新的纹饰，别有一番风味。“显得超逸幽隽，分外脱俗”，并没有明代人所谓“成不及宣”的感觉。

成化青花青料采用“平等青”，又称“陂塘青”。由于这种青料中氧化铁含量较低，氧化锰含量较高，致使图案中基本不会出现明初永乐、宣德官窑青花瓷器中那样因使用进口“苏勃泥青”料而呈现出的氧化铁结晶斑，而是呈现柔和、淡雅、清爽的蓝色，而形成此时青花器的典型风格。成化青花与弘治青花相类似，特别是一些无款的器物，最易于相混，故有“成、弘不分”之说。同时成化、弘治、正德三朝青花器自成一体，而与前之永乐、宣德，后之嘉靖、万历的作品格调大相径庭。**成化青花往往因为釉质肥厚，青花色淡，而有云遮雾障、若隐若现的现象。底足的青花款字色调表现得尤其突出，**青花中色调浓重者，近于宣德晚期。成化青花大多数色淡，透彻而明晰，无漂浮感。但也有少数发色浓重，与宣德青花相似。例如画三友、三叶、九秋的盘、罐以及一些民窑器等，其中厚胎的也有浓艳的青花凝聚斑。故在鉴别中，不可一概而论，只认定成化格调淡雅一类，而忽视这些发色浓重的，或者是不纯正的灰褐败涩之器。除此之外，尚有青花地留白花及白地青花加绘金彩的品种。

成化苏勃泥青料。成化青花有一类青色浓艳者，与宣德青花相似。青花色泽浓艳，其造型和纹饰接近宣德器。其青花积青处有黑褐色铁斑点。用这种青料绘制的器物多半为成化晚期器物，乃成化十六年（1480 年）由南洋进贡而来，遂在绘画上继承宣德，如三果花卉纹盘，绘画笔法以单笔勾勒点染及粗笔双勾填色为特征，类似于国画中的没骨画法。成化晚期所用之青花料与宣德时期相同，色调浓重。但是理化数据显示青花成分中含有低锰高铁特性的青料，但其成分又与苏泥勃青不同，有些类似回青的特征。这是认识成化青料时必须分清的问题。另外关于青料的使用时间，成化器物中有些与宣德、永乐时期的风格相同的器物，釉面较宣德器平滑，但笔法又稍弱于宣德器，可以判断为成化期间烧制。景德镇珠山御窑遗址出土的瓷片中，有些海水龙纹的画法很接近宣德，青料也使用苏泥勃青料。成化同时还使用了回青料与陂塘青，其发色应与使用苏勃泥青料者有所区别。

成化景德镇官窑瓷器一直被认为与永乐、宣德产品不同，是一种采用产于江西乐平的国产青料“平等青”绘制的。这种作品运用“分水”的方法，烧成产品呈现出一种多层次清晰典雅的美丽色调。实际上这只是其中一个品种。成化时还有一种与永乐、宣德产品基本相同的作品，这种作品与永乐、宣德时所使用的青料、绘画风格是基本相似的。但是最近得出的结论与以前成化青花依然使用“苏勃泥青”的说法略有不同：“成化官窑青花色料从化学分析结果可以分为两类，一为高锰低铁型，可能用江西乐平的钴土矿。另一类则是进口料的回青，……不同于元代所用高铁低锰的那类钴矿原料，也许是进口回青和国产料混用的结果，这也是色料使用上的创新。”（李家治主编《中国科学技术史·陶瓷卷》第十一章，科学出版社，1998 年。）这里所说的不同于元代苏青，恰恰说明南洋料与西域料的不同。只是当时李家治并未对此做进一步的研究分析。

关于成化青花，有一个较长的认识过程。最早是依据明代文献，认为进口料“苏泥勃青”到成化时已经用尽。成化所使用的青料来自景德镇的邻县江西乐平的陂塘，俗称“陂塘青”，也叫“平等青”。之后弘治至正德早期都是使用这种呈色淡雅、清亮、稳定的青料。尽管这一观点早为学界接受，但实物史料却又展示出了另一方面的情况，那就是成化既有淡雅形青花，也有呈色深蓝、出现晕散现象的青花。于是研究者根据青花呈色的不同，结合器型和纹饰进行分期，认为青花呈色深蓝、凝重的为成化前期器物，淡雅型青花为成化后期器物，并且把淡雅型青花作为典型的成化官窑青花，从而形成成化前期和宣德一样“其青花亦用进口料”，同时成化后期“改用江西乐平陂塘青”的观点。这种以成化初期还有苏青的看法仅仅是一种猜测。其实成化十六年（1480 年），南洋再次进贡“苏勃泥青”料，这也是最后一次进贡，故而成化生产的苏青料的器物，应该是成化十六年以后的事情，而不是成化早期。

1978 年中科院上海硅酸盐研究所为了进一步了解景德镇明清各时期青花钴料的产地来源，收集了历代制作的青花瓷典型样品，对它们的化学组成、显微结构、烧成温度作了检测。同时测定了许多国产钴矿的化学成分，并且把所测的结果与历代青花钴料的相关数据进行比较，得出的结论是：明成化青花样品独具一格，所用青料是国产钴土矿与含铁高锰低的青料的混合料。成化时期是进口料与国产料混合使用，在学界这一观点并不被重视，这一说法曾经被用于宣德官窑，认为宣德官窑用的是进口料掺以国产料所绘制的。1996 年中科院上海硅酸盐研究所利用景德镇珠山御窑厂遗址发掘出土的年代绝对可靠的元代或明初的官窑标本，再次进行了一次系列的测试，实验中运用了青花含量的聚类分析，测试的成化样品中既有深沉浓艳型的青花，也有清新淡雅型的青花。结果成化浓艳型的青花都处于低铁高锰类，与宣德青花一样都是用国产青料，而淡雅型的青花则是处于高铁低锰的亚类当中。对成化淡雅型青花的检测和研究的结论是：“它的显色不是由于所用的色料是进口抑或国产，而是由于画师在绘画时调制的结果，因为它们所含的氧化钴都比较低。”这个结论说明成化时期已经能够对所使用的各种青料矿石进行筛选、煅烧，并且分类使用，在绘画时还能够根据所用青料的浓淡进行恰当的处理，在工艺技术上已经达到极高水平。

成化改用“平等青”，这种青料是一种被称为“陂塘青”的国产青料，产于江西乐平，因呈色均匀，又称“平等青”。这种青料呈色灰蓝，清淡柔和，色泽稳定，以淡雅著称，独辟蹊径。青料发色平淡、沉静、柔和，略含灰色，有浓淡两种色阶。浓处没有斑痕，淡处非常匀净。笔道清晰，不晕散，呈色趋于稳定，发色蓝中泛灰青。使用这种青料的成化器物，大都精巧而新颖，这种青花料对后世青花器的烧制有深远影响。它衬以洁白温润的胎釉和纤细的纹饰，显得十分脱俗。用这种青料绘制的青花瓷器，为成化时期器物的精品。其绘画方法多采用浑水画法，即使用双色勾填方法，双线条使用颜色较深的料水，填色则使用颜色较浅的料水，为典型成化官窑青花。在使用苏勃泥青料时，适合使用单笔勾勒的绘画笔法，而使用平等青后，相伴随的绘画笔法也发生改变，这与青料特色发生改变有绝大关系。正是在使用国产青料的过程中，创造出了细笔双勾填色的浑水画法，由此形成了成化瓷器的独特风格。

成化青花彩绘工艺——勾线、染水。“分水画法”应在天顺时期即已经发明使用，但是到成化时，已经使用得非常成熟。这种绘画方法开创了中国青花装饰绘画的一种新思路。首先是细腻的线条——勾线。纹样的轮廓线粗细一致，线条的色调浓淡均匀，运笔没有起笔收笔的变化，表现的纹样颇有装饰味道。这种勾线就是画线。其次是平均的填色——染水。纹样中出现平均、清澄、淡雅的色块，色块内部没有交错芜杂的笔痕，并用同一浓度的青料色水分别填在纹样的不同部位，这叫作染水。将勾线与染水区分开，称之为“分水”。在这之前的青花绘画技法主要是：采用小笔饱蘸一定浓度的青料水触及坯体，让坯体自然吸收，青料水均匀渗化。改变了以前用笔时挫锋在坯体上拓抹和青料水不能自然洇散的缺点，导致笔毫带动料色出现浑浊痕迹。后来混水所用的笔，改进为特制的混水笔，所含料水更为饱满，色彩层次更丰富。成化官窑瓷器上的青花绘画工艺多采用勾勒渲染法，线条不晕不散，宛如婉转流动的丝线，纤巧爽利。线条内染以淡淡的青料，整个图案给人以纤柔淡雅的美感。除白地青花瓷外，成化还烧造了黄地青花和青花加矾红彩的瓷器，这三个品种均需要两次烧成。成化的青花与弘治时期相似，故曰“成弘不分”。成化青花大多色彩淡雅，透彻而明晰，无漂浮感。但成化早期也有与宣德时期相同的器物，青花发色浓重。成化还有青花地留白花以及白底青花加绘金彩的品种，明代嘉靖、万历和清代康熙、雍正多有仿制，水平极高。

成化青花与宣德青花比较，由浓艳变得淡雅。往往因为釉质肥厚，青花色淡，而有云遮雾障、若隐若现的现象，其底足青花款字的色调表现尤为突出。有的器物青花浅淡模糊，淡雅恬静，釉厚色白，十分含蓄，个别有黑色斑点，青花浓重。青料有明显的落笔轻重表现。其浅淡青花上有很多斑驳的深蓝色小点。青花两侧边缘处，有许多外凸的釉质感较强的褐绿色斑点，两条褐绿色边缘中间时有灰色无光的析出物。其器物口沿处青花色料颜色较浅并有晕散，其青料浓时呈黑色并夹杂有灰色、灰褐色斑点，斑上有晶体析出的痕迹。这些黑色、灰色等斑点通常都极小，其边缘时显褐绿色。这时期青花的边缘有一条浅蓝色的过渡带，为青花晕散所致。成化时青花会有高温熔融不透的情况，导致青花局部无光失透。1987 年至 1988 年景德镇市陶瓷考古研究所对珠山成化官窑遗址进行了较大规模发掘，根据地层叠压关系，成化官窑大致可以分为三期。第一期遗物造型与纹饰多延续宣德官窑之旧样；第二期遗物差异不大，只是品类更丰富，瓷胎略薄一些；**第三期遗物堆积丰富，烧造数量巨大，品类和款式都有新意，为淡雅型青花瓷。“大明成化年制”六字方框款都出现在这一期**。这些考古资料，为人们认识成化官窑瓷器，提供了丰富的实物依据，使得人们对成化官窑的认识更为全面。

明代景德镇青花瓷器绘画所用青料，均是以天然钴土矿加工而成，但是由于矿石的来源不同和加工方式差异，致使各个时期青花器图案颜色出现不同风貌。永乐、宣德青花瓷使用的是进口苏勃泥青料，而典型成化青花瓷器，使用的是江西乐平县的“平等青”。典型的嘉靖、隆庆和万历青花瓷器，使用的是产于江西省上高县的“石子青”，又称“石青”。这种“石青”与从国外进口的“回青”混合使用时，其风格变得迥然不同。**成化青花的蓝色很淡，但是它所呈现的色度是很饱满的，这是成化青料真正的特点。仿成化器为了追求这种淡雅，把蓝色调浅，成为不饱和的浅蓝色，这种不饱和的蓝色看起来没有精神，颜色发飘**。没有比较是不容易看出来的。成化平等青也有好坏之分，处理得好的不含铁锈斑，发色清亮均匀，一般的平等青出现铁锈斑，次的则发色偏灰。这种平等青有两个特点：一是可以看见的有些地方出现铁锈斑，这种铁锈斑的颜色是深蓝带有些闪紫黑色，而仿品的颜色是用颜料点出来的，颜色单纯发黑。二是图案中的细笔道比较清晰，没有模糊不清的晕散，这是与永、宣青花相区别的重要地方。

成化早中期青花风格

在景德镇成化官窑遗址发掘过程中，编号为“87 珠成 H1”的地层，从资料及该地层出土品特点看，应该是成化四年（1468 年）之后不久的制品，被学术界判定为成化早期产品地层。该处出土青花器的特点是不少产品应用宣德时期的图案，绘画风格接近宣德时期。成化器物由于制作工艺提高，修胎技术好，同形器体比宣德时期轻巧，例如景德镇出土的“青花海水海怪纹碗”，其纹饰乃参照宣德时期同类作品所绘的海马、鹿、海螺、飞象、龟、翼龙、狮子、麒麟等，但是其制作的精细度已经远超宣德。成化时期所使用的青花料既有苏青，也有平等青。

景德镇珠山御窑遗址出土的成化官窑标本显示，成化前期和后期都生产过浓艳、深沉类似宣德型的青花瓷，只是后期的量少而已。由此可见淡雅型青花的出现，不是因为某种原料用完而改用新原料，而是在原有基础上的创新之作。其实早在天顺时期，平等青已经大量使用到瓷器绘画中了，成化时期仅承袭这种做法就行了。因为成化后期的官窑制品以小巧精致为主，如果在这些精美的瓷器上使用线条晕散、出现黑斑的青料绘制，不但达不到它预定的艺术效果，反而会给人以粗拙的感觉。如果使用淡雅青料，就没有这些弊端了。可见成化后期的淡雅型青花瓷，是成化宫中新审美意识的标志，这类别具一格的青花瓷的成功烧造，使中国青花瓷的风格更为丰富，同时还充分体现了御器设计者对原材料美的深刻理解，以及根据器型和纹饰选择运用新工艺的高潮技艺。这里要注意的是：成化进口料使用的是苏青，而且这种“苏青”，不同于元代所用的高锰低铁的那类钴矿原料，也许是进口“苏青”和国产青料的混合。按照一般常识，明代永乐、宣德时所使用的青料，皆是进口的“苏勃泥青”。成化时期的进口苏青，其质量已经完全不同于永宣时期，必须采用煅烧提炼的方法来改变其纯度。经过提纯煅烧以后的苏青，其发色也有所改变，其颜色有些类似嘉靖、万历时期的“回青”。以前只有在叙述嘉靖、万历青花瓷器时才使用的“回青”料，现在却变成了一个全新的概念，应当审慎地看待这个说法。这一提法的理论根据是：“嘉靖时期主要用进口料，据记载为进口回青掺石青使用，色料分析表明近似于成化、正德时期的青花色料，其中锰和铁都处于中下水平。”元代、明初洪武和永乐时所使用的高铁低锰钴料，与成化到万历之间进口的回青料在成分上还有一定差别，也许与矿源不同有关，也许与加工处理的情况不同有关。通常认为“回青”不能单独使用，必须与出产于江西端州的“石子青”混合使用。“回青”的化学特点是低锰、低铁、低铝，在烧成时形成高温粘度比较低的玻璃相，容易流散，因此不能单独使用。而国产钴土矿的化学组成特点是高锰、中铁、高铝，正好和回青相反。

成化晚期青花风格

历代官窑产品的制作都与当时统治者的喜好密切相关，明代早中期的档案资料，虽然已经在嘉靖年间被大火所毁，但是《大明会典》中记载，明承元制，“凡烧造供用器皿等物，须要定夺样制。”这说明当时的瓷器制作是统治者的意志表现，也是他们的性格体现。如同人们在选用盘、碗、杯、玩具时，其器型花纹无不体现本人的性格喜好一样，宣德瓷器也是如此，宣德后期统治稳定，制作了大量的鸟食罐、蟋蟀罐以及文房用具。成化时期依然如此，早期成化帝继位时年仅 18 岁，执政还要依赖前朝老臣，自己的性格爱好尚未能体现在瓷器的制作上面，故多延续前代的烧造。随着成化帝的性格成熟，并且逐渐表现出来，也因此难以收拾，才会出现应时用建言之事。当时成化官窑瓷器画意与佛道相关的图案明显增多，如罗汉图、高士图、梵文、八宝等，这类图案的广泛应用，在器型上也转变了宣德时的大气磅礴之风，而变化为成化瓷器的小巧玲珑。从传世品看，成化帝涉及瓷器制造要比宣德帝更甚，成化瓷器中手中把玩之物甚多，远远超出宣德朝，并且制作无不精致得体，能够深入体现成化帝的欣赏水准和他的多情善感、缺乏大气魄的性格。（见图 52、图 53）

景德镇官窑遗址中编号为“88 珠成 H3”地层，被学术界断定为成化晚期产品地层。这一时期的瓷器制作，产品最精，也为历代爱好者所喜爱，成化斗彩就是在这个时期达到了制作的高峰。由于这个时期的制品达到了成化器物制作的高峰，器物制造更为精巧，绘画成熟，釉面肥润，瓷器表面犹如上了一层淡淡油脂，胎土细腻如玉，特别是这段时期制作的一些小巧玲珑的器物，在把玩时，感觉妙不可言，日久生情，最为人所爱。但是成化晚期即便为同一时期的产品，发色也会有所不同，有的略显灰暗，带有一种淡淡的灰绿色，有的则十分明艳，白如堆脂。说明成化晚期的青花发色也不能完全控制，可能与窑中距离火源的远近有关。当然一个时期的青花，单靠发色来断代是瓷器鉴定的一大忌。瓷器的鉴别十分复杂，需要运用多方面的知识来分析判断，才能取得较为可靠的结论。明代嘉靖、万历及康熙、雍正御窑厂多以成化青花器为楷模，大量仿制，有的已达“仿古暗合，与其无二”水平，鉴别时要特别注意。

成化青花的发色

根据景德镇陶瓷考古研究所江建新先生对珠山遗址出土成化器物的研究，其对成化瓷器的青花发色进行了分期，给了我们很多新的认识。长期以来，永宣青花发色不稳定等原因，以及增加的诸多发色变故等，都为宣青增加了诸多不稳定因素， 使得在赏玩宣德瓷器时总是怀着某些不可预测性来赏玩。成化青花没有上述制作工艺不稳定因素，发色基本稳定， 同一瓷器上很少有发色差异情况。 成化瓷器制作工艺已经非常成熟，至少是吹釉法已经普及， 这点可以从成化瓷器的釉面处理能够推断出， 成化瓷器已经基本没有橘皮纹了。所以玩赏成化瓷器基本没有什么不可预测性， 只是欣赏它的至美，特别是成化后期的瓷器制作，基本没有制作工艺上的缺陷， 也不像宣德瓷器那样气泡大小不一， 成化瓷器气泡大小基本差别不大。在这点上，应该说明成化的釉水搅拌比宣德时更为均匀， 在光线照射下， 其釉面比较温润， 且绘画细腻流畅， 图案内容意境清远，超凡脱俗。

现存关于成化瓷器制造的文献资料很少， 在成化朝的二十三年间基本只见以下数条：成化元年即位诏书“江西饶州府、浙江处州府见差内官在彼烧造瓷器，诏书到日，除已烧完者照数起解，未完者悉皆停止，差委官员即便回京，违者罪之，……等件，自天顺五年（1461年）以前拖欠未完者，悉予蠲免。”（《明宪宗实录》卷一，第9页。）成化四年（1468年）奏准，光禄寺瓷器仍依四分例减造。（《大明会典》卷一百九十四）成化十六年（1480年）三月，“以岁歉，减光禄寺供用物。”（《明史·宪宗本纪》）《明宪宗实录》“成化十八年（1482年）闰八月壬申”条，记武臣后卫仓副使应时用建言六事谓：“饶州烧造御器，必命内臣监督，自后宜止式降，委诸有司，以免供给之费。”（《明实录·宪宗实录》）《明史·宪宗本纪》记成化十八年闰八月壬申：“仓副使应时用请罢饶州烧造御器内臣。”成化二十年（1484年）正月壬辰：“诏减贡献。”（《明史·宪宗本纪》）成化二十三年（1487年），成化帝四十一岁病死北京，其子孝宗即位，发出停止“一切不急之务”诏书，命令“江西烧造瓷器内官回京”。“孝宗初，撤回中官，寻复遣，弘治十五年（1502年）复撤。”（《明史·食货六·烧造》）。以上资料可知，成化朝前后历经二十三年，成化三年（1467年）前没有烧造记录，成化四年（1468年）开始烧造，之后虽然没有详细记录，但是估计烧造活动以成化八年（1472年）前后为制作高峰。其早、中、晚期绘画风格和青花发色，也略微存在差异。虽然景德镇曾经有过几次发掘，有些器物能够基本确定制作时代，但仍然还有许多传世品并没有发掘出类似品，并且笔者没有见过详细发掘报告，导致成化瓷器中一些瓷器暂时无法详细断代阐释。

成化早中期青花风格。在景德镇成化官窑遗址发掘过程中，从历史资料及编号为“8”的地层出土品特点来分析，出土器物应该是资料中的成化四年不久之后制品，该地层被学术界断定为成化早期产品地层，出土青花器主要特点是不少产品应用宣德时期图案，绘画风格接近宣德。成化器物由于制作工艺提高，修胎技术好，同型器体比宣德时期轻巧。其器物与“87珠成H1”地层出土的青花海水海怪纹碗基本一致，其纹饰是参照宣德期同类制品，绘画马、鹿、海螺、飞象、龟、翼龙、狮、麒麟等。青花海水海怪纹碗局部可以看出成化中期的青花发色。“珠山成2H”地层出土品因有一龙纹中爪画为六爪而被淘汰。青花狮纹玉壶春瓶照片中有类似发掘品，该器青花发色灰暗，局部照片见后文。青花狮纹玉壶春瓶腰部，还有比较明显的接口凸出，说明制作工艺有一定不足。绘画图案是利用宣德时期纹饰，推测可能为成化早期或者中期产品，可惜没有类似出土品资料佐证，估计是中期产品的可能性大些。

成化早中期青花麒麟纹青花发色。成化早中期没有类似发掘品，后期有同类制品，制作除青花发色和釉面有明显区别外，其它内容差别不是很大。成化时期青花料既有苏青和陂塘青”（即“平等青”），所以成化后期的青花既存在深邃幽蓝的青花发色，也存在着淡雅平涂的青花发色。该器器型及绘画皆仿永乐产品，由于青花发色接近进口料，推测可能为成化后期产品，没有见到类似发掘品。

以上这些历史资料都说明瓷器制作是统治者的意志表现，也是他们的性格体现。如同大家在选用盘、碗、杯、玩具等时，器型、花纹无不体现本人的性格喜好一样。从宣德瓷器来看，宣德早期由于即位时间短，瓷器制造还难以反映皇帝的情趣爱好，但是随着宣德后期统治的稳定，制作了大量体现宣德本人爱好兴趣的鸟食罐、蟋蟀罐，以及文房用具。成化时期亦然，早期成化帝即位时年仅18岁，执政还依赖前朝遗臣，有所顾忌，自己的性格和爱好不能充分在瓷器上体现，因此瓷器制作多延续前代烧造风格。后来，随着成化帝性格成熟并逐渐表现出来，才发生类似成化十八年（1482年）应时用建言之事。成化官窑瓷器画意上与佛道相关图案明显增多，如罗汉图、高士图、梵文、八宝等广泛应用，器型上一转永乐、宣德时的大气，变化为成化瓷器的小巧玲珑。从传世品来看，成化帝涉足瓷器制造比宣德帝更甚，成化瓷器手中赏玩类器物很多，远远超出宣德期，并且制作无不精致得体，能深入体现成化帝的欣赏水准和多情、善感、缺乏大气魄的性格。景德镇官窑遗址中编号为“88珠成FI3”地层被学术界断定为成化晚期产品地层。成化晚期瓷器制作最精，这个时期的制品也最为历代爱好者所喜爱，成化斗彩就是在这个时期达到制作高峰。由于这个时期制作更为精巧，绘画成熟，釉面上釉好，瓷器表面如同上了一层淡淡的油脂。其实成化中期有些产品已经有这个特点了。其胎土细腻如玉，特别是这段时期制作的一些玩物，小巧玲珑，玩握时感觉妙不可言，日久生情。成化晚期青花狮纹碗，为同一时期产品，但是发色有的略微灰暗，有的明艳。说明成化晚期青花发色也不能完全一样，虽然不像宣德时期发色相差极大，但是也多少存在一定变色区间。

发色明艳的中晚期成化青花。地层中有类似产品。成化早中期与晚期的青花发色相比较，由于不少读者很难同时接触大量成化青花，即使是偶尔上手，也一般是寥寥数件，所以很难全面认清成化青花各期特点，甚至许多人对成化青花认识还是很片面。同样青花绘画图案的早、中期与晚期产品比较来看，不同时期图案特征差异就会非常明显。成化中后期青花狮纹中青花发色没有类似发掘品。青花八宝纹盘与成化中晚期青花麒麟纹，两者发色相差不是很大，器型绘画基本一致，应该都为中后期作品，可能是同时期的不同发色，或者两者之间有稍微时间差，在编号为“87珠成”的地层有类似发掘品。一个时代的瓷器，仅仅从青花发色来断代，本身就存在极大的片面性，这在瓷器鉴定上是一大忌。因为瓷器的断代，是许多知识的综合，包括器体造型、发色、绘画、釉面处理，等等，不能仅仅依据某一点就进行判断。

2. 成化的蓝釉器

蓝釉又称“祭青釉”“宝石蓝釉”，属于以氧化钴为着色剂的高温蓝釉。釉中氧化钴含量为 2% 左右，生坯挂釉后入窑经 1280℃—1300℃高温还原气氛一次烧成。明代的蓝釉器始烧于洪武朝，以后历朝多有烧造，其中以宣德时期的产品为最多见，受到的评价也最高。成化官窑的祭蓝釉器不多见，景德镇珠山出土的残器中，主要有蓝釉碗、盘等，按照明代祭祀制度，蓝釉器可用于天坛祭祀。

成化高温蓝釉器在传世品中少见完整器。在景德镇御窑厂遗址出土残片中发现有“大明成化年制”的官款蓝釉碎片，有的蓝中泛紫，也有蓝色纯正的制品。釉面光泽度较强，但是仍有橘皮纹。所见盘子内外壁均施以蓝釉。圈足足脊锋利，不见滚圆的泥鳅背，足底聚釉处无水绿色。其蓝釉的颜色要深于宣德蓝釉，因为成化蓝釉器中的气泡形态与宣德蓝釉略有不同，气泡较小而稠密，与成化典型瓷器釉的规律相同。成化时期的蓝釉白花器物工艺精湛，多在宝石蓝般釉地上施以白釉纹饰，蓝釉鲜艳泛紫，白纹饰均印有细致的轮廓纹饰，底为蓝釉白釉所书双圈六字款。蓝釉中会有极小密集的气泡。其外壁白花的釉层与永乐甜白釉相同，釉层较浊，气泡不甚清晰。成化的蓝釉颜色深于宣德蓝釉，蓝釉中气泡反射性较强，灯光照射下可见很多白色亮点。蓝釉表层有时有失光失透的斑点，从蓝釉的断层来看，其釉层较厚，内壁厚于底部，在釉层的断面上可见多层气泡，似是多次施釉的痕迹。所测定成化蓝釉中铁钴锰的比例，与同期青花相差很远。在景德镇御窑厂遗址出土的残片中发现署成化官窑款识的蓝釉金彩云龙纹收口盘残片，盘为收口，垂腹，圈足高深，其造型风格与成化红釉盘一致，外壁隐约可见金彩遗痕。釉面色调蓝中泛紫，较宣德釉平整光润，中国文物商店总店收藏有一件完整器。

成化时期还有一种**祭蓝白花器**。此品种最早见于元代，到明代成化时工艺更精。多在生坯地上加有粉质浓厚的白釉堆成纹饰，并且在其他隙地涂以氧化钴，再罩以透明釉，烧成后颇有立体感。景德镇窑遗址发现有成化款祭蓝凸白花云龙、云凤纹大碗残器，其蓝釉鲜艳泛紫，凸起的白龙躯体肥大，花纹清晰，犹如珐花器的效果，并且在底足面有凸起的白色双圈和六字双行成化官窑款识。

3. 青花红彩

这种青花矾红彩乃继承了明初红彩的特色，较宣德红彩更为鲜艳。这种红彩施彩较薄，呈色清淡，并泛出油亮光泽。成化的矾红彩使用油调制，颜色浓艳，又称作“油红”，或“朱红”。常见器物有九龙闹海盘、碗，还有青叶红花杯，这些皆为当时的精细制品。清代雍正、乾隆时多有仿制，民国时还有在成化青花盘上加红彩的伪作。

4. 青花绿彩

青花绿彩是在青花纹饰中填加绿彩，纹饰犹如斗彩器。上海博物馆有青花绿彩卷草纹瓶，以及龙纹碗、盘、杯等，所绘青花和绿彩色调淡雅和谐。绿彩泛黄，玻璃质感强。此类官窑器也有未具年款者，可能早在天顺时期已经开始烧制。

5. 青花五彩

先在胎上用青料绘成完整或不完整的花纹，再用其他色彩组合成完整的画面。如缠枝莲纹罐及三秋杯，杯上绘蝴蝶六只，娇黄色的三只，姹紫色的三只，蜜蜂用青红合绘，花梗上点着浓赭点，山子、花草、双边为青花，这种画法是青彩各半。先在胎骨上用青料绘成完整或不完整的花卉和鸟兽等轮廓，再绘填各种色料，拼凑成完整的图案。如鸳鸯戏莲纹碗，除红莲花外，都用青料勾轮廓，花蕊黄色上带绿，鸳鸯为赭身、红足、黄翅，水草为穗赭色，这种画法为彩多青少。

6. 青花点彩

用青料绘成完整的图案，只是在适当的地方，如花梗叶上点上彩，只点不画。这种瓷器在成化窑中很少，其制作过程与斗彩同。

7. 孔雀绿釉青花

此品种始自元代。成化时的孔雀绿釉晶莹艳丽，青花于绿釉之下往往显黑，如同绿釉黑花一样。上海博物馆藏有一件鱼莲纹盘，盘外壁绿釉下绘青花荷莲四鱼纹，上面施以孔雀绿釉，里心为素白釉，器底心书“大明成化年制”青花官窑款识。这是一件少见的孔雀绿釉青花作品，十分难得。景德镇御窑厂遗址中发现同此品种的盘、碗，工艺表现手法多种多样，有青花绘画覆盖孔雀绿釉、孔雀绿地凸白花、划花填孔雀绿彩，以及青花地孔雀绿花等派生品种。

8. 孔雀蓝地绿花

此品种见有大英博物馆收藏的成化官窑款圆盒，腹部直径为 25.7 厘米，以孔雀蓝彩为地，饰以孔雀绿彩的穿花龙纹，彩色雅洁艳丽，无与伦比。尽管只有两种颜色，但基调完全与景德镇珐花器的施彩暗合相通。其后嘉靖御窑厂有与此造型、纹饰、色泽及尺寸大小完全一样的仿品，唯独署本朝年款。在英国伦敦维多利亚和阿尔伯特博物馆均有此藏品。

9. 青金蓝釉孔雀绿彩

以略泛紫色的低温蓝釉铺地，釉面起伏不平，所留之空白待刻出鱼及荷莲后，填以孔雀绿淡彩。器型有高足碗与盘类。这种器物早在宣德时期已经开始试烧，并且有成功的作品。

四、红釉和釉里红

由于成化时盛行斗彩器，故而对于烧成难度大的颜色釉器烧得较少，产量不大。从传世和出土的器物看，成化的颜色釉器主要有白釉、鲜红釉、祭蓝釉、青釉、仿哥釉、酱釉等。中温颜色釉只有孔雀绿釉瓷一种，低温颜色釉则有浇黄釉、瓜皮绿釉等。釉里红是以氧化铜为着色剂的彩料或釉料加以装饰，经高温还原气氛焙烧而成的釉下彩瓷器。由于氧化铜料烧成时对窑内温度和气氛要求极为严格，致使釉里红器的烧成难度非常大，稍有不慎铜红彩就会发黑甚至挥发，废品率特别高，要烧成一件成功的作品实属不易。明代釉里红瓷器以永乐、宣德时期景德镇窑产量最大，质量最好。宣德以后，因烧造难度大，技术逐渐失传，釉里红瓷器遂鲜有烧造。

1. 成化釉里红瓷器

过去多认为成化没有釉里红品种，但根据考古发现，成化釉里红烧制得很成功，呈色浓艳鲜亮，并不逊于宣德时期。从传世品和出土器物看，成化官窑釉里红器主要是延续宣德时期的装饰技法，大致可以分为两类：一是以铜红彩描绘图案纹饰的“线绘釉里红”；另一类是鲜红釉的局部使用，被称为“七宝烧”。前者有景德镇御窑厂出土的云龙纹碗、盘等，后者有瑞典斯德哥尔摩东方博物馆收藏的一件釉里红三鱼纹碗。其官窑釉里红所见有线描釉里红、青花釉里红和白地填红几种，呈色均鲜艳夺目，可以与宣德制品媲美。其典型器有釉里红九龙瓶，小圆口，短颈，瓶身上丰下敛，浅圈足。通体画龙纹九条，形态各异，隙地画龙纹。底有“大明成化年制”青花楷书款，外双圈，高 38.5 厘米。七宝烧釉里红有釉里红三鱼大碗，侈口窄唇，深壁，矮圈足。外壁绘鲜红大鱼三条，底边饰暗花云纹一周。底有“大明成化年制”青花楷书款，外双圈足，口径 20.6—21.2 厘米。

成化的铜红釉瓷器也有上等釉色的作品，与宣德产品不相上下。以后的正德产品釉色已不能与成化釉色相比，嘉靖以后的产品更差，虽然现在还可以看到少量的嘉靖铜红釉产品，但已不可同日而语。上海博物馆收藏的一件铜红釉香炉，过去被定为嘉靖时期的作品，釉色和制作工艺均属于上乘，后来经过科学测定，定为宣德时期的产品。从工艺上讲，铜红釉的烧造难度是很大的，将氧化铜粉末配入釉中，在高温下烧成时，一定要充分地还原，才能使釉色呈现美丽的红色。“明代永乐、宣德和清代康熙、雍正的铜红釉的质量高，也与烧成时的温度和还原气氛条件适当有密切关系。因为温度的高低影响釉的高温粘度变化，铜的扩散和高温下的化学反应过程，还原气氛的轻重影响铜的被还原的程度……如果还原不充分……可能会使釉产生不同程度的暗红和黑红色，以及产生绿色。同时釉中的其他着色成分的量也要控制才能得到纯净的红色，如钛和铁的含量过高，也会对着色造成影响。”（李家治主编《中国科学技术史・陶瓷卷》第十一章，科学出版社，第 391 页。）另外有关的科学测定报告认为，文献中关于明代晚期到清初有一段时期高温铜红釉失传的说法是正确的。他们觉得：“永乐与宣德铜红釉瓷胎的化学组成基本相同，而清代的雍正祭红和清代的郎窑红瓷胎的成分与明代铜红釉瓷胎稍有差别。雍正祭红瓷胎的含硅量和含钾钠量高于明代祭红瓷胎。清代郎窑红瓷胎的含铝量高于明代铜红釉瓷胎。这表明雍正红釉瓷胎配入胎中高岭土的量略少于明代，而郎窑红瓷胎配入胎中高岭土的量多于明代……这表明清代红釉中配入釉灰的量高于明代红釉。同时也表明了清代祭红釉的配方不是由明代传下来的，而是清代陶工们重新通过实践创造出来的，也说明了明代晚期有一段不连续的失传时期是可信的。”（李家治主编《中国科学技术史・陶瓷卷》第十一章，科学出版社，第 389 页。）

2. 成化釉里红瓷器制作

釉里红瓷是指用铜红料在胎上着彩，然后罩以透明釉在高温还原气氛中一次烧成，使釉下呈现红色花纹的瓷器。现有的出土资料和传世实物表明，釉里红瓷器首创于元代景德镇。由于釉里红以铜红料为呈色剂，而铜红釉在烧造技术上难度很大，正常显色不仅与彩料中的铜含量和基釉的成分有关，并且对烧造的气氛和窑温的要求都十分敏感，配方和烧成条件的任何细小变化，都会导致色调不正，因此发色纯正的釉里红瓷在元代很少见，大多是灰红色。明代洪武时期釉里红仍然较少，发色多是比较淡的红色或偏灰的红色，但较之元代有了很大提高，永乐、宣德时期的釉里红发色极佳，浓厚鲜艳似宝石，也有淡红色的，这与当时的透明白釉提炼已达到极高水平有关。宣德以后釉里红走下坡路，直到清代康、雍、乾三朝才得以复苏，这时的釉里红发色较为纯正艳美。

关于“空白期”釉里红器的有关资料。景德镇景泰七年（1456 年）墓曾经出土釉里红缠枝花卉纹折腰盘，由于是民窑，胎质较粗，底足无釉，红色暗淡，较宣德釉里红的制作有较大差距。自宣德以后釉里红器逐渐衰退，成化朝的釉里红器物十分稀少，其传世品主要是台北“故宫博物院”所收藏的一件釉里红三鱼大碗，有“大明成化年制”两行六字款。其颜色红得浓艳，鱼的形状与宣德相比已有很大改变，特别是尾部的变化更大，成蘑菇头形，颜色有的比宣德时的还要夺目；成化釉里红瓷器收藏品的款识多为“大明成化年制”六字两行款。苏州博物馆藏有红地白鱼盘，其红地似为釉里红彩，这类器物是继承宣德的釉里红地白花器的制作。此外台北“故宫博物院”还藏有青花釉里红四鱼高足杯及青花釉里红三鱼高足杯，都无款字。景德镇出土一件成化釉里红赶珠龙纹碗，其釉里红呈色鲜艳，但深浅不够均匀，局部泛青，圈足处略有积釉，其鲜红釉上有深色流纹状斑块，红釉清澈，红白釉气泡差异较大，二者分界明显。此器釉里红高高凸起，其制作过程应为先在器物上刻出龙纹，然后再按照刻线彩绘，填以红釉，而非釉下彩。此釉里红图案上有很多黑色、绿色和蓝色斑点，或类似铜锈状的凹坑。其釉里红略带黄色，红釉叠压的白釉之上，为“填红”结构。成化时期的釉里红多为填红结构，这时红釉的色料细度不够，会出现一些病态，红釉表面会出现橘皮纹。如景德镇出土之祭红釉窝盘。景德镇出土之成化祭红地白龙纹碗，红釉较厚，为红釉“填白”结构。其红釉上有深色流纹状斑块，气泡周围紧密环绕以红色圈，红圈之外有一浅红或白色圈，其外又见一深色圈。红釉中大气泡舒朗，毛孔明显。这是因为大气泡上的釉面下凹，在釉面形成毛孔。其红釉断面上可以见到深色流纹。其白釉较厚，可见其多次施釉痕迹。成化红釉色泽或者鲜红或带橘黄色，红釉上有深色板块。整体上看，成化红釉与其他时期的红釉相比，气泡偏大，红釉层较厚。成化的两个釉里红品种都是“填红结构”，釉层厚于永宣时期的釉里红。

成化釉里红图案中有很多黑色、绿色和蓝色等铜锈样的凹坑，这些地方铜的含量远高于其他红釉。这些锈点的出现，与红釉中铜的含量特别高有关，可能是彩料加工细度不够，造成此处有较大颗粒。这些粗颗粒有助熔效果，使附近釉的粘度变小，易出现大的气泡，经过局部饱和析出后，或与其他物质反应成各种颜色的铜矿物。宣德以后铜红高温釉的烧造技术有逐渐下降的趋势，传世品有极少的成化及正德的釉里红，或者青花釉里红器。明嘉靖以后即使能发现少数器物，其红色都烧得极不成功。明末民窑中也曾经烧制釉里红器，但无精品。清代康熙、雍正时有仿明代釉里红的制作。对于宣德以后的釉里红或青花釉里红的鉴定，应持十分谨慎的态度。釉里红瓷器的制作自宣德以后逐渐衰退，成化朝的釉里红十分稀少，其传世品主要是三鱼碗。其颜色浓艳，有的比宣德时的还要夺目。苏州博物馆藏有红地白鱼盘，其红地似为釉里红彩，这类器物是继承宣德釉里红地白花器的制作。此外台北“故宫博物院”还藏有釉里红三鱼大碗，有“大明成化年制”六字两行款。而其所收藏的青花釉里红四鱼高足杯及青花釉里红三鱼高足杯，都无款字。成化釉里红收藏品的特征有：高足杯敞口微撇，深弧腹，圈足，足内有青花双圈“大明成化年制”六字楷书款。里光素无纹，外壁釉里红绘三鱼纹。成化釉里红烧造量不是很大，故传世品尤为珍贵，成化釉里红瓷器的传世收藏品极少。（见图 54、图 55）

3. 成化红釉

釉里红瓷是指用铜红料在胎上着彩，然后罩以透明釉在高温还原气氛中一次烧成，使釉下呈现红色花纹的瓷器。高温铜红釉瓷器是在生坯上挂釉后，入窑经 1250℃—1280℃高温还原气氛一次烧成。由于高温下铜离子的发色，对温度和气氛的要求特别敏感，而且铜红釉在高温熔融状态下粘度较大，烧成温度的范围较窄，成品率极低。成化红釉器的呈色变动较大，釉色有的鲜红，有的略带橘黄，气泡整体较大，单色红釉厚 780 微米，比永乐和宣德时期的厚。釉里红厚 600 微米，略薄于同时期的单色红釉，但厚于永乐时期和宣德时期的红釉。成化釉里红图案上有许多黑色、绿色、蓝色等铜锈样的凹坑。成化釉里红烧造量不是很大，故传世品尤为珍贵。现有的出土资料和传世实物表明釉里红瓷器首创于元代末期的景德镇窑。由于釉里红以铜红料为呈色剂，而铜红釉在烧造技术上难度很大，正常显色不仅与彩料中的铜含量和基釉的成分有关，并且对烧造的气氛和窑温的要求都十分敏感，配方和烧成条件的任何细小变化，都会导致色调不正，因此发色纯正的釉里红瓷在元代很少见，大多是灰红色。明代洪武时期釉里红仍然较少，发色多是比较淡的红色或偏灰的红色，但较之元代有了很大提高。永乐、宣德时期的釉里红发色极佳，浓厚鲜艳似宝石，也有淡红色的，这与当时的透明白釉提炼已达到极高水平有关。宣德以后釉里红走下坡路，直到清代康、雍、乾三朝才得以复苏，这时的釉里红发色较为纯正艳美。成化红釉器物流传至今的极少。景德镇出土的成化红釉盘残器，胎体稍厚，釉面肥润，红釉浓重，略发灰暗，底足有白釉青花“大明成化年制”六字双圈款。青花款色浓重，字体挺拔有力。明代成化鲜红釉瓷器极为罕见，从传世和出土的鲜红釉器物看，按照明代的祭祀制度，鲜红釉瓷器可用于日坛祭祀。

鲜红釉器是指明代永乐时期景德镇御窑厂烧造的，以氧化铜为着色剂的高温红釉器，又称作“积红”“祭红”“宝石红”等。虽然红釉器自洪武至嘉靖，烧造从未中断，但是以永乐、宣德时期的制品为最多见，受到的评价也最高。成书于万历十七年（1589 年）的王世懋所撰《窥天外乘》记载：“永乐、宣德间内府烧造，迄今为贵。其时以棕眼甜白为常，以苏麻离青为饰，以鲜红为宝。”由此可知，明代高温铜红釉被称作“鲜红”。高温铜红釉在宣德以后开始衰落，“空白期”三朝红釉器极少发现，成化的红釉器较为难得。北京故宫博物院收藏一件红釉盘，其造型釉面等同于宣德釉面，其胎体稍厚，釉质肥润，色泽浓艳，气泡较大且多，釉厚处之波纹似橘皮纹。口沿下红釉显黑褐色，足边垂积釉更是红里透黑，口边白釉莹白，与红釉对比强烈。器里及足底均为白釉，如果没有“大明成化年制”款，很难判断与宣德红釉有不同之处，故其无款器易被视作宣德器。成化传世实物极为罕见，说明成化红釉在当时只是偶然的制作。

4. 红釉白花

景德镇还有红釉白花器，未见完整器物，御窑厂遗址出土的残器中，补充了这个品种。因此对过去的某些传统观点，需要重新研究。近年来这类器物的仿品大量出现，鉴赏时需多加小心。

5. 红地绿彩

这是在景德镇御窑厂遗址出土物中发现的一个新品种，为白釉上覆盖红彩，并加绘绿彩纹饰。其矾红彩凝厚，泛紫红色，干涩无光，比宣德时稍差。所见有双耳三足炉与印盒残器，为红地上以浅淡纤细的绿彩绘以缠枝灵芝纹，底部有青花款。

五、白釉器

白釉属于釉中氧化铁含量极低的高温透明釉，看起来发白，实际上是白色胎体的颜色。明代白釉瓷器在洪武时就有烧造，以后各朝承续不断。后来人对于永乐、宣德时期的白釉器评价最高，其釉色洁白恬静，称为“甜白”。以后各朝白釉器虽各有特点，但与永宣时的甜白不同。成化白釉平静光亮，多用于月坛祭祀。

成化白釉器胎质细腻，釉汁纯净，肥厚莹润，平静油光，没有宣德时的橘皮纹，具有很高的艺术成就。故而成化斗彩和青花瓷的高度声誉，一定程度上应当归功于成化白瓷的精细。成化白瓷除了有青花、彩瓷外，特殊烧制的甜白瓷，在质量上更着意追求，精益求精。官窑甜白瓷一般都是半脱胎，似以盘、碗、杯等物为多，制作规整，器物足底均露细白胎，但是器物底部仍不透明。个别盘碗的釉面显现黄色，如同烟雾弥漫一样，为串烟所致。该器物器足高且窄平。在传世品中成化甜白器的数量远较永乐、宣德时为少，整体质量也并不如永乐甜白器高。成化白釉器有白釉酱花、白釉红彩、白釉黄彩、白釉绿彩等多种品种。

1. 白釉酱花

与宣德时期品种相同，器型纹饰均相同，唯有釉面平静光润，所填酱釉花纹光泽强烈，底面署成化官窑款识。所见有白釉酱花三果盘。

2. 白釉红彩

多见玲珑秀巧的撇口杯、盘，多绘云龙纹饰，色彩光泽鲜亮。清代康熙时所仿胎釉、色彩皆具有本朝特征，康熙时所仿此类也有署本朝年款的。

3. 白釉黄彩

白釉黄彩为成化时的新创品种。景德镇御窑厂出土有署成化官窑款识的白釉黄彩云龙纹撇口大碗，胎体稍厚，圈足高深，内书蓝查体梵文，外壁绘以云龙。色彩透明淡雅，运笔粗犷而潇洒，未见有传世品，类似传世品中仅见有署嘉靖官窑款的撇口盘。

4. 白釉绿彩

常见多为弘治、正德器，成化器较少。从出土残片看，此品种应烧造于宣德时期，成化有刻龙纹填绿彩器物，其所填绿彩色泽浅淡，微闪黄色，透明度强。所绘绿龙线条纤细，舒展自然，有些器物还暗刻海水或龙纹，还有绘以缠枝灵芝的双耳三足炉与印盒等琢器。

5. 成化还有一种卵幕杯

这种卵幕杯釉色洁白，胎薄如同蛋壳，底部有青花六字官款，当时的产量就极其稀少，今日传世品更是难以见到。清代有仿制，区分关键在于款识。近年来景德镇有大量仿品，制作较精。

六、彩器

成化彩器分为五彩和斗彩，不仅数量大，而且品种众多。成化烧造的彩瓷，质量精美，其创作技巧为明代釉上彩瓷之冠。其胎质细腻纯洁，白釉莹润如脂，彩色柔和，笔法流利，造型轻灵秀美，表里精致如一。其主要品种有五彩、斗彩、青花加彩、青花五彩、青花点彩、三彩等。在1959年的《文物》杂志上，陈万里先生在《谈谈成化窑的彩》一文中，讲了成化各种用彩方式，对《南窑笔记》中的分类进行了重新区分，更加符合我们现今的称谓。陈万里先生认为：成化用彩方式，“既不是一个斗彩的名词所能包含一切，又不是《南窑笔记》所称仅仅三种的说法。”在这样一个基础上，陈万里先生突出了自己的看法：首先如北京故宫博物院所藏高士杯，主要色彩全是青花，只是在陶渊明手持的菊花花朵和周茂叔那一面池塘上的莲花上点以矾红。这种附加点彩的技法，陈万里称之为“点彩”。其次是覆彩，即在原有的青花上面，再度覆盖一层彩色。再次是染彩，在诸如“天”字罐上先以青花画好波涛，再加绿彩，虽仍是覆彩，但是表现白浪的却是青料画线不加彩，只是在边上施彩，衬托出浪花的白色，类似于画家的渲染手法。还有就是填彩，先用青料双线勾边，入窑烧制后，再于青花轮廓内施以彩绘，亦即我们通常意义上的斗彩。最后还有青花加彩，是局部用斗彩，其他地方完全是青花的装饰方式。

在这里我们有必要区分一下何为“五彩”，何谓“斗彩”。可以看到，五彩的称呼很早就有，而青花五彩的定名，则直到20世纪80年代才正式提出。之前的五彩，无论有无青花都统称为五彩。五彩中的“五”，不是一个限定数字，而是多的意思。凡是包含有三种以上色彩，且原则上含有矾红彩的彩瓷，均可以称为纯釉上五彩。传统意义上的五彩瓷器，主要是指在一件烧成的素白瓷上，再绘上红、绿、黑、黄、紫等图案，再入窑烧制。所谓“五彩”也只是一种约数，未必只有五种颜色，但是一定会用到红色。没有矾红彩的，则被称为“素三彩”。“青花五彩”就是五彩瓷器和青花的结合，先以青花描绘局部图案，同时为釉上的其他图案色彩进行定位，一次烧制之后，再将没有画好的图案以其他色彩补足成型，然后再低温烧造一次。这是釉下青花和釉上彩相结合的一个瓷器品种。现代意义上的斗彩，同样是采用釉下青花和釉上彩相结合，所不同的是，在斗彩瓷器中，釉下青花并不成为瓷器图案的一个部分，青花只是釉上彩图案的一个轮廓，即先采用釉下青花勾边，然后进行釉上填彩。换言之，在青花五彩瓷器中，没有进行釉上彩的加工，并不能成为一件完整的瓷器。而在斗彩瓷器中，没有进行釉上彩的加工，虽然也不是一件完整的斗彩瓷器，但是根据轮廓勾线的属性，其大致的图案确实是完整的，少了釉上彩的加入，其本身也可以成为完整的淡描青花瓷器。

中国传统五彩瓷器大致可以分为两类：一是在烧成后的素白瓷上以红、绿、黄、紫、黑等彩绘成图案纹饰，然后入彩炉烘焙而成，被称为“纯釉上五彩”。另一类则是在已经成型的坯体上，以青花来描绘图案局部，为釉上彩图案的布局定位，施以透明釉，经高温烧成后，再于釉上按勾线填彩，或依照“没骨”画法描绘图案的其他部分，凑成整个图案，然后再入彩炉烘烧，被称作“青花五彩”。成化官窑五彩瓷器的产量较低，传世不多，值得关注。所见有五彩缠枝花纹扁罐、狮球图玉壶春瓶、鸳鸯鱼莲纹盘、高士骑马图碗等，青花五彩器有五彩满池娇图藏文盘。

1. 成化斗彩

成化斗彩又称“青花填彩”“青花点彩”“青花加彩”，区别只在工艺技法，统称斗彩。成化斗彩代表着明代釉上彩的最高水平和意境，这为明清以来赏玩、研习瓷器的社会上层所公认。斗彩是釉下青花和釉上五彩的结合，是具有特殊艺术效果的瓷器装饰工艺。“斗”字乃“斗拢”的斗，意为拼凑、凑合的意思。其做法是先在已经成型的坯体上，以青花料双勾图案轮廓线，或者在此基础上，以青花描绘图案局部，施以透明釉，经高温烧成。然后再在釉上按照需要填涂色彩，完成图案全样，再入彩炉经低温焙烧，从而产生釉下青花与釉上诸彩竞相斗艳的艺术效果。《博物要览》对成化斗彩评价很高，认为作为成窑上等佳品的五彩葡萄高足杯，比起宣德杯型更加绝妙。因此就五彩而言，宣窑不如成窑。宣窑五彩厚重重叠，效果不好，而成窑五彩用色层次薄而透，显得极为别致，气韵生动，画面流露出的韵味也更加悠远。据《敝帚轩剩语》所述，万历年间的窑器，主要是用白地青花填充五彩色，这种装饰技法是今古之冠。如果说宣窑的时候品相曾经是最为贵重的，后来出了成窑，跃居宣窑之上。这里的“白地青花填充五彩色”就是所谓的成窑斗彩。斗彩瓷器产量较大，声誉极重。其胎体轻薄，胎质洁白细腻，釉色青白或乳白，釉质温润如凝脂。彩料纯正，画技高超，彩色润而不燥，柔和悦目。器物表里处理精致，制作工艺精湛，小型杯盏的口沿细薄利手。成化斗彩主要是为了宫廷赏玩品而烧造的，当时的生产数量就十分有限，在明代就已经成为了最贵重的珍品，例如《万历野获编》记载明代万历时期，一对成化窑的杯子就值白银一百两。

斗彩之名贵。斗彩，又称“逗彩”，明代这个名称还没有出现。明代晚期一些记叙瓷器的书籍如《博物要览》《敝帚轩剩语》《清秘藏》《长物志》等都还没有“斗彩”这个词。它们把成化斗彩叫作“成化五彩”或“青花间装五色”。直到清代雍正七年（1729年）的清宫内务府造办处的档案，还是称“成窑五彩”。最早使用“斗彩”这一专门名称并加以解释的，是成书于清雍正、乾隆年间的《南窑笔记》：“成、正、嘉、万具有斗彩、五彩、填彩三种。先于坯上用青料画花鸟半体，复入彩料，凑其全体，名曰斗彩。填（彩）者，青料双勾花鸟、人物之类于坯胎，成后复入彩炉，填入五色，名曰填彩。其五彩则素瓷纯用彩料画填出者是也。” 闻名于世的斗彩器，在成化时烧制得最为成功。其特点为：成化斗彩是先用青花在胎体上绘制图案轮廓，上面施以白釉，入窑烧成后，再在白釉的青花轮廓上填以黄、绿、赭、紫等各色彩料，然后再入窑低温烧成，即为斗彩。釉上彩料与釉下青花协调配合，争奇斗艳，雅丽绝伦，堪称陶瓷艺术上的瑰宝。从出土物看，同一件器物上面的彩料多为 3—4 种。其紫色有葡萄紫、赭紫、姹紫。唯独姹紫浓暗无光，是成化时期的典型特征。姹紫一品，更是独具特色，可谓成化一代的标志。斗彩的制作工艺过程为：先于釉下以青花做纹饰的轮廓线，或绘以局部图案，再在釉上缀填以艳丽或淡雅的色彩，经低温二次烧成，形成釉下青花和釉上彩色的鲜明对比，交相辉映。如果彩料中釉呈矾红色，则要再烧第三遍。目前使用姹紫的器物不多，仅见的有三秋杯，分别藏于台北“故宫博物院”和北京故宫博物院。（见图 57）

成化斗彩之所以名贵，在于其精湛的彩绘工艺特征。成化斗彩瓷器的胎质轻薄，透光，在纯白的釉面上，青花料显得清丽。除了部分烧成品仍采用苏勃泥青，使得瓷器釉面偶有黑色痕迹，后期均使用江西乐平的“陂塘青”，从而使得瓷器釉面光净莹润。这是因为这种青料中的铁、钙的含量下降，并且温度如果控制适度，这种青花料的呈色会更加纯澈有光泽。其次是斗彩的釉色丰富而华贵，甚为精致。成化以前釉上彩色很少，能够使用如此丰富多样的釉料进行烧制，以此烧成争奇斗艳的彩色，这是成化时期制瓷工匠的伟大创造。成化青花轻薄润泽，有大家闺秀之美。而釉上彩色娇艳，似少女之美。不同的器物造型，不同的装饰风格，都选用最适宜的色彩绘出，设色可谓灵巧自如。不管如何选取，选取多少种，都能保持设色适宜、浓淡兼顾、清理文雅。正是成化斗彩瓷器丰富多元的设色，为明清以及后代彩瓷的发展奠定了扎实的基础。

由于成化斗彩的名贵稀少，几百年来，主要垄断于宫廷之内，世人很少能见到，不少文献只是照录前人记述，少有研究价值。只有清代雍正、乾隆时期成书的《南窑笔记》，对斗彩的工艺名称作出了有重要意义的总结。在斗彩中还有填彩，这种工艺如果细分的话，与斗彩还是有不同特点的。一件作品常常以单一色的釉上彩，施彩于釉下彩的青花线体内，这种单一的施彩工艺与那种红、黄、绿、紫等多色调的斗彩工艺还是有区别的。但都可以归于斗彩门类中，但是如果区别出来似乎更为合理。其实，早在成化之前，已经有釉下青花和釉上彩相配合的品种，例如宣德朝的青花矾红彩已相当成功。但它只是青花和釉上单一红彩相结合。成化斗彩则是釉下青花和釉上多种彩相结合，它在釉上一般有三、四种不同的色彩，多的达六种以上，其色彩特征都极为鲜明，如鲜红，色艳如血，厚薄不匀；油红，色重艳而有光；鹅黄，色娇嫩透明而闪微绿；杏黄，色闪微红；蜜蜡黄，色稍透明；姜黄，色浓光弱；水绿、叶子绿、山子绿等皆透明而微闪黄色；松绿，色深浓而闪青；孔雀绿，浅翠透明；孔雀蓝，色沉；葡萄紫，色如熟葡萄而透明；赭紫，色暗；姹紫，色浓而无光。成化斗彩有浓艳与浅淡之分，设色很多，只是没有黑彩。

成化斗彩主要色彩的特征如下：关于成化的素三彩鸭熏上的黑彩，似应是氧化钴的釉上和绿彩的混合料，是以大绿先涂于器物之上，再上生钴料水，故给人一种黑中泛绿的感觉。时间稍长，生钴脱落，仅能看到大绿色而看不到生钴，例如鸡缸杯的公鸡尾羽。黑彩的真正发明是在清代康熙时期，在此之前的黑彩器物应被视作赝品。康熙时期黑彩的烧造方法是：先用钴涂地，再于其上盖一层大绿，经摄氏700℃左右烘烧，即成光亮如漆的黑底。这种黑地彩的使用其实一直处于探索之中。成化三彩鸭熏身上所用黑彩，即是这种做法，但是两种色彩的施法相反，仍然能够在黑色中看到大绿的痕迹，可能是钴的量少而大绿的量足的缘故。此时虽已经有孔雀绿釉，但是斗彩器上不见使用。斗彩的色彩鲜艳明亮，尤其是红彩，用在纹饰上可以掇出星点花蕊，犹如新滴鸡血，鲜艳耀目，为历代仿者所难企及。其黄彩更是变化多端，娇黄、鹅黄娇嫩透明，杏黄微闪红，蜜蜡黄稍微透亮，姜黄则色浓光弱。绿色也有深浅之分，大都透亮闪黄，松绿则色浓闪青。紫色大多如熟葡萄之黑紫，或为嫩茄皮之浅紫，极为醒目。少数特殊者则为浓黑紫色，其彩釉上罩有浓厚的白衣，似一层乌暗的金属氧化皮，犹如多层云母一般，折射出五光十色的光彩。至于独具特色的姹紫，色如赤铁，表面干涩无光，这是辨别成化器的关键因素，后仿者均无法企及。后仿以雍正所仿最佳，但从款识上可以识别。（见图58）

成化斗彩的名品有鸡缸杯、三秋杯和天字罐等。成化斗彩名气大，影响深，后世争相模仿制作。鸡缸杯，即饰以子母鸡图之盛酒小杯，环绘公鸡携母鸡领幼雏觅食。子母鸡图早兴于宋代，然绘画于瓷上，则从成化始。由于鸡缸杯色彩缤纷鲜明，绘画率真可人，被业内称为神品。成化十三年（1477年）正好是鸡年，相传设计制作斗彩鸡缸杯也正是为了讨个“大吉大利”的好彩头。成化斗彩鸡缸杯作为成化皇帝的御用酒杯，烧造时因帝王之家的高要求，成品率不高，上品供奉朝廷，次品则被销毁，因而流传到民间的数量极少。在古代瓷器收藏家中，就已经流传这样一句话：“宁存成窑，不苟富贵”。饮誉于世的鸡缸杯，早在《明神宗实录》中就有记载：“神宗时尚食，御前有成化彩鸡缸杯一双，值钱十万。”其杯造型始于成化，杯上画有雌雄双鸡，间以山石、兰草、牡丹、雄鸡引吭而立，雌鸡率众觅食嬉戏，幽菁的兰花，清秀的山石，以及淡雅的青花纹饰轮廓线，使得鸡羽毛和牡丹所点染的鲜红及其余色彩对比协调，整个画面既有鲜明秀丽之美，又有柔和自然之感。清初高江村写有赞美此件的《成窑鸡缸歌》诗文。明代嘉靖时以仿制成化斗彩最为知名，所见有仿成化斗彩婴戏杯、斗彩宝相花盘，其底足花心式署以嘉靖款，四周覆盖有黑彩，与原件无二。隆庆时亦有仿成化斗彩碗，所模仿的成化青花也很成功，如婴戏、雄鸡、缠枝莲盘等，但底款直列本朝。万历时期仿古之风达到高峰，但所仿成化斗彩或多或少流露出本朝不可掩饰的风貌。如仿成化款的斗彩鸳鸯荷莲碗、盘等，其造型、纹饰都带有本朝草率的风格，加之色彩对比鲜艳，青花色调浓重，故虽力求逼真，但与成化斗彩的深浅浓淡一比，还是一眼便能区分。民国以后，该杯流落于欧美一些国家，目前中国民间所藏不多。自明代以来，鸡缸杯便被视为千金难买。成化鸡缸杯曾经于 1980 和 1999 年两次拍卖，均刷新了中国瓷器的世界拍卖纪录。1999 年在香港苏富比上拍出 2917 万港币，刷新了中国瓷器当时的世界拍卖纪录。2016 年，香港佳士得拍出玫茵堂所藏鸡缸杯，加上佣金共计 2.8 亿港币。杯子为上海著名收藏家刘益谦先生所得。（见 59、图 60）

成化斗彩器绝大多数为台北“故宫博物院”和北京故宫博物院所收藏，还有一部分为清代康熙时期的仿品。由于是宫廷珍玩，一般不见大件器物，其器物主要有盖罐（天字罐）、碗、杯、高足杯、洗、碟及盖盒等。其中以杯和高足杯为多见，盖盒仅北京故宫博物院收藏一件，其胎质细腻洁白，釉色有两种，一为白中闪青，一为釉色较白。成化斗彩均为官窑器，制作讲究，**器物底部的釉和器身釉色一致，是其重要特征**。鸡缸杯自诞生之日起，就成为中国古代瓷器中的王者，历代皇帝也极为迷恋，不断仿造，在后世的仿品中，又以康熙、雍正两朝之仿作最为出色。清代康熙时期，成化斗彩鸡缸杯就极受重视，在当时程哲所著《蓉槎蠡说》、刘廷玑《在园杂志》、孙承泽《砚山斋杂记》、高士奇《高江村集》等笔记内皆有记述。其中高士奇更作《成窑鸡缸歌》赞咏。在此社会风气影响下，以景德镇御窑厂督窑官朗廷极督烧的郎窑鸡缸杯名重一时。刘廷玑评论云：“瓷器之在国朝，洵足凌驾成、宣”。此卧足鸡缸杯胎质细腻，白釉温润，色彩雅丽，纹饰、造型纯仿成窑鸡缸杯，落成化寄托款，青花淡雅，敷彩清丽，笔绘拙稚，颇有成化遗风，神形俱肖，为清代同类题材中的上品，不为多见。该杯由著名瑞典收藏家卡尔肯普博士所藏，北京故宫博物院收藏一件署有康熙本朝款的鸡缸杯，上海博物馆也收藏一件与北京故宫博物院完全相同的鸡缸杯，但是署有成化寄托款，可资比较。

2. 成化斗彩的品种

成化斗彩主要特点体现在玲珑小巧，以小件杯、盏、碗、碟为主，另有少量瓶瓶罐罐，很少有大件器物，最高的罐近 20 厘米，最小的杯仅 3 厘米高。例如成化斗彩高士杯高仅 3.4 厘米，口径 6.1 厘米，足径 2.6 厘米。由此体察出斗彩瓷器的精致灵巧，突出了这个时期的造型特点，这反映了成化时期瓷器的审美趣味由永宣时期的雄厚转为秀丽的变化。这种瓷器内敛中不失大方，柔弱中仍显韧劲，凝聚成独特的美学品格。器物胎体轻盈，有些小杯胎薄如纸，呈半透明状。以纯净淡雅的国产青料绘制，釉上彩艳而不俗，淡而有神，体现了成化瓷的特有韵味。成化斗彩瓷器的形制饱满而端庄，轮廓以简洁顺畅的线条舒展开来，大方得体中又颇有秀丽的风姿。小巧玲珑，精妙可人。除了整体形制端庄俊秀，成化瓷器在器型上对细节的处理也极为细致和利落。例如在器物口部一般会以青花料施以白边，虽然是手工而为，却几乎无法做到有何瑕疵。其次是圈足的处理，细致入微，触碰起来无丝毫粗糙之感，可以感受到工匠的这种精湛技艺和对于器物精修的耐心。

成化斗彩器型以精致小巧、玲珑雅致而闻名。其造型丰富齐全，包括各种小巧精美的杯、盘、碗、瓶、罐，等等，概括起来可以分为杯和罐两大类。杯主要包括莲子杯、缸杯、铃铛杯和高柄杯四种样式。莲子杯口圆而直，线条缓缓收拢，亦如莲子的形状。缸杯造型虽然保持成化斗彩瓷的小巧，但口大底浅。其中鸡缸杯是成化的独特造型，线条流畅，精巧玲珑，可在手中把玩，其装饰艺术中又以子母鸡题材最为著名。其不仅是饮用酒水最好的器物，更是成化瓷器中最为出彩的造型。还有高足杯，杯身和高足以微妙的比例关系相连，流畅舒展。罐主要包括深腹高体罐及扁腹矮体罐，主要区分在于颈部的长短，整体圆阔而不张扬，更显内敛之韵味，配以盖，称之为“盖罐”。（见图 61）

据收藏成化斗彩最多的台北“故宫博物院”的统计，有成化官窑器物共 587 件，其中斗彩器 194 件，如将青花五彩统计在内，共约 220 件，与同期青花瓷的 254 件相比，数量相当。各类器物有：罐类，有斗彩莲花盖罐 8 件；碗类，有斗彩莲花盖碗 7 件；洗类，有斗彩十字杵纹洗 3 件；盏类，有斗彩鸳鸯卧莲盏 5 件，半脱胎斗彩梅蝶纹葵瓣口盏 25 件，斗彩凌云盏 2 件，斗彩团花果盏 1 件，斗彩海兽小盏 2 件；杯类，有斗彩人物杯 2 件，斗彩婴戏图杯 2 件，斗彩夔龙纹杯 11 件，斗彩团龙纹杯 2 件，斗彩鸡缸杯 28 件，斗彩团花鸟杯 4 件，斗彩花蝶杯 4 件，斗彩葡萄杯 17 件，斗彩花果杯 2 件，斗彩莲花杯 5 件，斗彩番莲梵文杯 3 件，斗彩花卉杯 2 件，斗彩花卉梵文杯 6 件，斗彩凌云杯 8 件；高足杯类，有斗彩葡萄高足杯 3 件，斗彩番莲高足杯 4 件。碟类，有斗彩灵芝碟 3 件，斗彩梅花碟 9 件，斗彩葡萄碟 6 件。明代斗彩的名气大，自嘉靖、万历以后一直有仿制，明代万历时的具有成化铭款的仿器制作较精。明代中期以后，斗彩、填彩有较多制作，但是工艺基本与成化斗彩相同，几乎没有大的变化。

万金难买鸡缸杯。在斗彩瓷中，要说名气最响亮最传奇的，莫过于成化斗彩鸡缸杯。据《明神宗实录》记载："神宗时尚食，御前有成化彩鸡缸杯一双，值钱十万。"清代的《陶说》里记载："成窑以五色（斗彩）为最，酒杯以鸡缸为最。"在各种酒杯中，曾经是成化皇帝御用的鸡缸杯，自然是最好的。鸡缸杯自问世以来便倍受赞赏。郭子章《豫章陶志》赞"成窑鸡缸杯为酒器之最"。《唐氏肆考》里也有"神宗庙器，御前有成杯一双，值钱十万，明末已贵重如此"的记载。由于鸡缸杯的名贵，明万历时率先仿烧，清代各朝继之，尤以康熙、雍正时的仿品最佳，达到几乎乱真的程度。鸡缸杯的造型小巧别致，胎质细腻，色泽柔和，杯体上画着几只鸡，母鸡低头啄食，公鸡回首张望，小鸡展翅雀跃，它们的身边画有牡丹、兰花和太湖石，一派生机勃勃的景象。这是对世间万物最逼真的还原，充盈着如同家一般的世俗情怀，而不再有官窑朝廷用瓷的严肃和敬畏，这在以往朝代皇室用瓷中都是没有的，也因此"成窑鸡缸杯，为酒器之最"。1949 年香港大收藏家仇炎之先生曾拣了个大漏，以 1000 多港币买了一对成化斗彩鸡缸杯，一时传为藏界美谈。几十年后，他的这一对小杯却掀起了收藏界的惊天巨浪。1980 年他的后人将它们送上香港苏富比拍卖会，结果一只拍了 418 万港币，另一只拍了 528 万港币，刷新当年中国瓷器的成交纪录。后来 528 万的那只被大英博物馆收藏，而另一只在 1999 年的苏富比拍卖会上以 2917 万港币成交，被玫茵堂收藏，再一次刷新当年瓷器拍卖纪录，成化斗彩名声大噪，受到热烈追捧。

成化斗彩三秋杯。不管鸡缸杯也好，天字罐也罢，比起这件斗彩三秋杯就算不得珍罕了。成化斗彩三秋杯，据说世上仅存有两对。一对藏台北"故宫博物院"，据其"故"字编号，可知原为清宫旧藏。至于北京故宫博物院所藏者，为 20 世纪 50 年代孙瀛洲先生捐赠。据传闻，此对杯为孙瀛洲先生自后门桥一家当铺中以 40 根金条的价格易得，就其彼时年代背景等推测，此杯亦是清宫流出。

在北京故宫博物院，有一对瓷器堪称"镇院之宝"，即成化斗彩三秋杯。这对杯子由大收藏家孙瀛洲先生捐献，当年"每星期只吃一回猪肉"的孙瀛洲愣是咬着牙，花 40 根金条将它收入囊中。这对成化斗彩三秋杯，高 4.3cm，口径 6.8cm，足径 2.6cm。釉色青中泛灰，胎薄如蝉翼，杯上绘有山石、兰花和小草，几只蝴蝶在蹁跹起舞，栩栩如生。最为特别的是，其中蝴蝶翅膀上所施的紫色色如赤铁，虽艳丽但表面干涩无光，这恰恰是成化斗彩独一无二的特征。后世数朝仿成化斗彩，只紫彩一处无法仿效，行内把这种紫彩叫"姹紫"，实际也就是"差紫"。杯上以或淡雅或浓艳的色彩描绘了秋天的乡居野景，纹饰绘画线条简练，犹如一幅美丽的图画，充满自然气息和生活情趣。因为历时三个月的秋季，又有“三秋”的说法，故此杯被赋予“三秋杯”的雅称。关于这两对三秋杯，埏埴志专门对此进行了研究，这位作者真实姓名未详，所用“埏埴志”乃笔名，来源于《老子》中的“埏埴以为器”。他的研究极为细心，对比分析条理很清楚，特于下文转述其文意，以资读者参考。

细观北京所藏对杯，可发现两杯各有不同。北京故宫所藏，一只青料稍淡，主要纹饰中，石块轮廓线内加阴影线，以表现体量与层次，无二次局部涂染。而石块的构图，则主要以高低前后排列来描绘；杯中花头较大，个别花头有较明显的长短花瓣以表现其角度，飞虫较小；草叶的表现较直硬，曲度较小。此外，杯口外沿的两圈弦纹线相距较近，而总体距离杯口较远，且用料浅淡，略显朦胧；足部与胫部的结合相对柔缓，足部下弦纹线与圈足距离很近；足底施釉非常精细，仅留一线圈足，修足较圆；款识双框规整，字身用料较轻，在白釉的覆盖下，个别字稍显模糊，是成化瓷器的常见现象（为便于表达，我们下面将其称之为 A 杯）。

再看台北“故宫博物院”所藏三秋杯，其青料相对 A 杯稍重。主要纹饰中，石块勾线内局部以二次涂染表现其质感、层次。石块的构图有明显中心，并有明显主次之分；花头较小，没有明显长短瓣，飞虫却较左杯更显肥大；草叶的表现较左杯曲度更大，曲线的运用更多。杯口外沿的两圈弦纹线较左杯分得更开，但总体上显得距离杯口较近，用料明显；足部与胫部的结合较左杯直硬，足部更高，双弦纹线比较明显；足底施釉不及左杯精细，内足墙有局部施釉泛黄的现象，圈足较左杯，属平切足；款识双框较大，四角顶足，框线相交处有铁斑感，字身用料较浓，字体清晰，且字意较左杯肥厚，款识明显不同。（我们下面将其称之为 B 杯）。

可以发现，此对三秋杯明显并非同一类型，据其器型、纹饰上的差别，亦可以认为分属不同的批次与设计。无独有偶，台北“故宫博物院”所藏对杯，亦是如此情况。在台北“故宫博物院”的展陈中，一杯扣覆展示（我们下面将其称之为 C 杯），此杯的纹饰、器型、青料、弦纹线的安排等，都基本上等同于 A 杯，唯足部弦纹线似乎只有一条。而正立展示的另一杯（我们下面将其称之为 D 杯），则无论是器型、足部的高度，还是纹饰、青料、弦纹线的安排等，都基本上等同于 B 杯。

甚至于 A、C 两杯的足部修法都相对较圆，款识亦都较模糊，而 B、D 两杯的修足则更显平切，款识都相对肥厚明显。借此基本可以判断，两岸的两对四只三秋杯，各分属于一种主题的两种样式。借此推测，这在当年本为两个批次的四只杯子，或在清宫的收藏中被有意或无意地拆成了两对，每对杯子的样式，刚好纹饰不同且交叉成双。北京故宫博物院为A杯标注尺寸其杯高3.9cm，而台北“故宫博物院”则为D杯标注尺寸其杯高4.2cm，其余尺寸则基本一致，此亦为两种杯式之不同。故可称A、C两杯为高式杯，B、D两杯为矮式杯。

台北“故宫博物院”曾于2003年举办成化瓷器特展，图录中仅示一D杯，并标注为成化款点彩花蝶杯。通读全书可知，台北方面对于所著器物的标注，有“□□窑”“□□款”两种。前者为台北馆方确认为成化本年的器物，后者对于年代的看法则相对底气不足。可以看出，台北方面当年对于此杯的断代是存有疑虑的，而北京故宫博物院所藏B杯与其为同一样式、同一年代。那么，B、D两杯，究竟是否存在后仿的可能呢？

首先，此式杯中山石所用的绘法在成化青花瓷器中确实较为少见，但在一类成化青花寿石三友盘中，这样的手法还可以看见，只是较三秋杯的笔触粗厚得多，而无此明显分水。此外杯口的弦纹线是非常标准的成化时手法，绘线极稳且镇定。其次，主题纹饰的描绘中，线与线的对比相对柔软，似乎在直线中都具有着曲线的观感。且蝴蝶、飞虫、花草等的描绘笔触，都符合成化特征。再看款识，此高式三秋杯的款识属于圆杯方款，用笔与圆杯圆款不同。在台北“故宫博物院”所藏的圆杯方款样式中，我们找到了非常接近的例子，如编号为故瓷-013760的成化青花花果纹杯，其款识双框、笔法、青料等方面都基本一致，可以判断为同时期款识。此外在景德镇御窑厂遗址出土的成化斗彩中，我们亦找到了类似的圆杯方款，与一只斗彩西番莲坦口杯所书青花款书风极类。最后，综合胎釉、青料等种种方面都足以说明，此种高式三秋杯确属成化本年的产品，景德镇御窑厂出土标本亦验证了这一点。同时在景德镇御窑厂所出土成化遗物中，还发现有第三种样式的斗彩蝶纹杯，不过此式杯相较两岸所藏对杯样式相去甚远，属坦口杯式，唯纹饰之主题比较贴近。

明末清初尤以葡萄杯和鸡缸杯名噪一时。《博物要览》列举了明末所见精致的成化斗彩器：“成窑上品，无过五彩葡萄撇口扁肚靶杯，式较宣杯妙甚。此若草虫可口子母鸡劝杯、人物莲子酒盏、五供养供盏、草虫小盏、青花纸薄酒盏、五彩齐箸小碟、香合、各制小罐，皆精妙可人。”清初大收藏家高江村的《成窑鸡缸歌注》云：“成窑酒杯各式不一，皆描画精工，点色深浅，莹洁而质坚。鸡缸上画牡丹，下画子母鸡，跃跃欲动。”除了斗彩三秋杯以外，还有斗彩婴戏杯、葡萄杯、花鸟杯、花卉杯、团花碗等也很名贵。嘉靖、万历及清代均有仿制，其中以嘉靖仿品最为神似。其胎色、釉面、色彩、画意与真品无二，唯独彩中所仿无姹紫色，胎体略厚，仿款字体带有本朝特色。北京故宫博物院还藏有磨去成化斗彩杯底釉款，或在原款上后加“大明隆庆年造”红彩款的冒名之作。

成化斗彩婴戏杯。杯竖口，深腹，圈足。沿杯里口以青花绘饰青花直线条纹，杯身外饰绘以婴戏图。云朵以青花勾勒，并填以娇艳的橘红色，随意地飘飘荡荡。三童盘腿随意坐于地，乐此不疲地作斗草游戏。另一边的孩童欢快地跑着，手里紧紧拽着风筝线，风筝在空中越飞越高。画面布景清新，构图丰富而有趣。天上红色的云彩、地上葱绿的芭蕉、蓝色的山石，孩童的玩乐被这些衬托得更加生动有趣。此外，还有果树小鸟杯、团花夔龙杯等。（见图 62）

成化斗彩天字罐。除却鸡缸杯，在成化斗彩中还有一种著名的“天字罐”，罐底下写一个“天”字作为底款。天字罐也是作为御用瓷器，地位很高。然而几百年来，天字罐一直蒙着一层神秘的面纱，它的确切用途至今不得而知。关于天字罐的底款为什么写“天”字，有很多种推测。一般来说，是按照《千字文》排列。《千字文》开篇就是“天地玄黄，宇宙洪荒。日月盈昃，辰宿列张”。天字罐是成化时首创，纹饰有海马纹、花草纹，唯独没有人物纹。罐底书写的“天”字，特征是无栏无框。景德镇出土的成化斗彩天字罐，有红、绿、黄三种颜色的低温釉上彩。罐外壁绘云纹，天马、海水，二蓝一红一黄，肩部及底部绘一周黄彩蕉叶纹，器盖面部微拱，绘海水和矾虹彩的天马，底部用青料书一“天”字，罐身釉面开裂，罐底釉色发黄。器物上红彩无光失透，表面不平，红彩彩料颗粒分布均匀，但色彩浓淡不均，呈深红、浅红和黑红，还有的地方泛紫色，这与施彩厚薄不同有关。表面有许多斑块状脱落，鲜红釉表面有未熔平的痕迹，红彩脱落后，可见红色着色剂颗粒下有白色透明铅釉，铅釉上呈现皮肤状龟裂纹。因着色剂颗粒未熔于铅釉中，而仅仅是悬浮于表面，故红彩失透，表面无光。罐身黄彩有龟裂纹，表面有许多细小的开片，黄彩中有较多细小斑点沉积物和棕色小点以及毛孔。表面风化层可见很浅的小坑、极薄的小片脱落、细浅小裂纹及虹彩光。罐身绿彩亦有龟裂，绿彩表面有较多擦痕和局部的小片脱落。成化斗彩鸡缸杯中的绿彩较为透明，局部有裂纹，其表面不甚平坦，侧光下可见绿彩的风化层，该层开裂纹细浅，龟裂的纹片极密，呈凹凸不平状，有虹彩光，绿彩上有斑点状沉积物。

斗彩起于宣德，兴于成化。它以红、绿、黄色为主体的彩釉相拼，也是以釉下青花勾勒并装饰釉上诸色。宣德彩瓷原用于西藏，为祭祀用器，意义非凡。实物仅见于西藏萨迦寺旧藏与珠山窑址出土标本。在宣德斗彩生产中断 30 余年后，成窑再度恢复明代宫廷斗彩烧造，续瓷坛绝唱，使斗彩成为景德镇瓷器发展的一个重要品类，影响深远。因此成化时期以满池娇为题材的斗彩器，无论其学术意义还是存世数量，皆可与宣德斗彩满池娇相比美。有记载的存世成窑御瓷不过 30 件，斗彩更是寥寥无几，故弥足珍贵。成化斗彩的图案花纹多为花鸟、团花、莲花、葡萄、花蝶、团龙、夔龙。天字罐有龙纹和海兽纹。由于成化斗彩极其名贵，由此历代都有仿制，特别是清代康熙、雍正两朝仿制的天字罐和鸡缸杯都有很高水平，但是康熙、雍正官窑的仿成化斗彩鸡缸杯都标明“大清康熙年制”及“大清雍正年制”的官款。明清瓷器底下写“大明万历年制”“大清乾隆年制”，不是加双蓝圈，就是加一个方框。从万历起，到清代康、雍、乾三朝，屡见天字罐的仿品。民窑里有大量青花罐，底下就写一个“天”字。天字罐弥足珍贵，全世界仅存 10 余件，分布于北京故宫博物院、台北“故宫博物院”，以及东京博物馆、伦敦的大英博物馆等处。此外成化时期还制作了大量各种类型的盖罐，大小不一。

3. 成化五彩

成化彩瓷只有平涂，分浓淡而不分阴阳，无渲染烘托彩，绘老少人物的衣服只绘单色的外衣，无其他内衣作衬托，所以有“成窑一件衣”的说法。清代康熙、雍正、乾隆时代官窑绘制人物的衣服，有绘成不同色的内、外衣服，多达四五件之多。到嘉靖时才有绘阴阳面的彩瓷，亦为数不多。成化瓷器绝大多数都有青花衬托，不带青花的极为少见。**成化彩瓷釉上彩的颜色特征是：鲜红色艳如血，厚薄不匀，鹅黄色娇嫩透明而闪绿，杏黄色微闪红，水绿、叶子绿等色皆透明而微闪黄，松绿色浓而闪青，蜜蜡黄色稍透明，姹紫色浓而无光，孔雀蓝色沉，浅翠透明，赭紫色暗，葡萄紫色如熟葡萄而透明，油红色重艳而有光，姜黄色浓光弱**。这些色彩，在明清两朝的官民窑中皆可乱真，只有姹紫一色没有仿制成功。因为它烧造时出现差异色疵，所以又称为“差紫”。耿宝昌先生认为凡带姹紫色的成彩，皆可视为绝对真品。这话应是早年所言，今日景德镇已经能够仿制出姹紫彩，与真品相差无几。鉴别时应格外小心。

成化彩瓷除名噪一时的斗彩外，也有继承宣德的单纯釉上五彩瓷，但是极为罕见，色彩以红、绿、姹紫为主，且开始采用初见于永乐时的孔雀绿彩。景德镇的彩瓷和颜色釉瓷，在明代前期都是官窑器。民间窑曾经少量烧过，但受到朝廷的严厉禁止。《明英宗实录》“正统十二年（1447 年）十二月甲戌”条曰：“禁江西饶州府私造黄、紫、红、绿、青、蓝、白地青花等瓷器，命督察院榜谕各处，有敢仍冒前禁者，首犯凌迟处死，籍其家赀，丁男充军边卫，知而不以告者连坐。”说明禁令是很严的。但传世品中也偶然能见到民窑的颜色釉器。例如 1980 年 11 月 25 日香港苏富比拍卖行曾经拍过一件绿釉紫花的瓷足具，具有“成化元年孟秋吉日，景德镇东山程氏静乐轩章靖公十一世孙节淳置为妻何氏足具用”的填刻紫釉铭，可以肯定为成化民间瓷窑所制。原拍卖目录的说明误“足具”

为“足真”。“足具”是陪葬用的置足之具。该器物运用雕塑手法制成，象征莲池水禽立体图像，通体绿釉，缀以紫色釉彩，这是所见明代民窑颜色釉器中的罕见品。从少数传世品及景德镇御窑厂遗址出土碎片看，成化颜色釉和彩瓷尚有青花黄彩、青花红彩、青花绿彩、白釉填刻酱色釉、白地绿彩、红地绿彩、孔雀蓝地绿彩等器物。其中青花黄彩、青花红彩、白釉填刻酱色釉等，永乐和宣德均有完整器传世。

呈色淡雅，传世品罕见。彩色中以红、绿、黄、紫为主，同时开始使用孔雀绿彩。纹饰线条都很柔和。其五彩施于白釉器上，显得格外优雅。其彩中姹紫是鉴定成化五彩的关键。台北“故宫博物院”、大英博物馆都有成化官窑款识的器物收藏，其五彩鸳鸯荷莲盘，内壁绘以红绿彩四鱼束莲纹，荷叶上施以孔雀绿彩，盘心为五彩鸳鸯荷莲，于红彩莲花上用黄彩点缀花心，纹饰构图舒展，线条流畅，其纹饰、色彩均明显师法于宣德器，但五彩画面中的自然景物，前者更为写实，色彩浓艳，后者更趋图案化，色彩柔和，绿色泛黄。另外，北京故宫博物院和英国伦敦大不列颠博物馆各藏有一件五彩缠枝花罐，造型酷似永乐器，但釉色、色彩又均为成化时风格，据其姹紫特色，可以判定为成化之物。而大英博物馆收藏的署“大明年造”款的五彩高士骑马图碗，与江西省博物馆收藏的五彩狮球玉壶春瓶，则可视作成化五彩品种的典型代表。

2016年春，中贸圣佳的拍卖中出现了一件堪称孤品的明代成化斗彩鸳鸯碗。这只来自日本家族的秘藏，从未在拍场上露过面。该碗应是成化早期器物，与宣德时期的斗彩保持一致风格。明沈德潜在《敝帚斋剩语》中言：“本朝窑器，用白地青花，间装五色，为今古之冠。如宣窑品最贵，近日又重成窑，出宣窑之上。”成窑早期斗彩佳器，体现了全面恢复与模仿宣德故物的特点，该碗正是这段特殊历史时期之见证。明天顺八年（1464年）英宗病死，成化入继大统，在继位诏书中便有停止景德镇烧造瓷器的诏令。成化三年（1467年）前，在《明实录》中未见有烧制瓷器的记载，说明宪宗还是以孝事为先。至成化四年（1468年），《大明会典》卷一九四“工部·陶器”条，始有“成化四年，光禄寺瓷器仍依四份例减造”的记载，所谓“四份例”者，应是以天顺朝的烧造数量为参考的，可以证其烧造的时间不早于成化四年。成窑早期烧造的器物在景德镇珠山窑址出土的同样器物有成化款的残盘，其工艺、料彩之特征，与成化斗彩墩式碗高度吻合，应为同一批器物。其他传世品见于清宫旧藏者共有无款高足杯、无款大碗（口径19—21厘米）、带款盘等，但是没有墩式碗。从出土残器看，类似的墩式碗只有青花无款者，其式样大小相同，故这件来自日本藏家的斗彩墩式碗，弥足珍贵。

成化瓷器设色装饰十分丰富。成化斗彩瓷器胎体轻薄，彩料润泽光彩，浓淡适宜。

更加贴近自然，生活气息浓烈，从而凸显出器物造化之美和审美情趣。斗彩瓷器的设色，和成化时期的写实绘画风格一样，运用丰富多元的色彩种类，在真实地反映自然界的同时，并不做作地流露作者情感。自然万物在勾描平涂中显得生动，富有趣味，这是其他单一设色器物无法比拟的。这种烧制效果给人以清新恬淡的自然美。其实早在天顺年间开始，景德镇就已经使用国产平等青料，也叫作“陂塘青”。不同于苏勃泥青，其烧制后能够更加光亮洁净，呈现含蓄的优雅。氧化铁含量低，烧成后呈色幽倩淡雅。成化斗彩的设色，在整体上避免了刻意注重乃至放大客观对象的特点，转而注重尊重客体，以写实的方式还原客体。例如夺目的红色是朱霞，轻柔的绿色、水绿、叶子绿、山子绿等表现山水草木。还有跳动活泼的黄色，或深沉，或娇嫩，浓淡相宜地表现着生动的人物、动物。这些色彩聚集在一起，形成了更加主次分明又交相辉映的美学特色。此外成化斗彩瓷器上特有的颜色即“姹紫”，又称“差紫”，其色如赤铁，后世皆无。正是由于它的出色，成就了成化斗彩的葡萄杯、三秋杯。着重在设色中表现生活和自然的形形色色，蕴含着人们对生活的热爱和对自然的尊重赞美。在彩绘技法上，首先用青花料将构思的题材整体轮廓勾出，烧成后在其间填上适当的颜色。通过平涂描绘的技法，在勾勒人物单衣的轮廓内，填入适当的色彩，展现出有表无里的纯色单衣。反映了成化彩器不过分追求花哨繁缛，而是追求简约的意境之美。而着重抛弃复杂、追求简约的绘画方式，正切合了当时人们追求的审美意趣。

4. 成化三彩

在烧成无釉的涩胎上绘画填彩，不论色彩多少，只要没有红色，都称为三彩器。五彩和三彩的区别，不在于用彩的多少，而在于素白胎和涩胎的不同。五彩是在瓷器的釉上施彩，三彩则是在烧成的素胎上施彩。因此虽然有的瓷器上面只有两种彩，有的用了黄、绿、紫、黑、蓝等多种彩，但是仍然称为三彩瓷。而称为五彩的，有的只有三种彩，有的多至六七种，也都属于五彩瓷器。成化的彩瓷，除青花外，用三四种彩绘成的极多，用五六种彩的瓷器只有高士杯、九秋印盒、鸡缸杯等。由于在中国传统中，红色代表喜庆，属于荤色，其他色彩属于素色。素三彩中的“三”字，代表“多”的意思，并非指只有三种颜色。一般有绿、黄、紫、褐等色。这种三彩器是受唐代以来的彩绘影响，以低温铅釉各色釉料涂绘，再入窑焙烧而成。

明早期素三彩官窑器少见。1980 年 11 月香港所印《太仓仇氏抗希斋曾藏珍品图录》中，有一件成化纪年款的民窑三彩鸳鸯枕，其中绿彩与紫彩浓重艳丽，枕面有黑褐色款“成化元年孟秋吉日，景德镇东山程氏静乐轩章靖公十一世孙节淳置为妻何氏足具用。”

（该拍卖图录误为“真”。）此外民窑中常有雕塑佛像之类。素三彩作为釉上彩中的一个独立品种，通常与五彩、斗彩相提并论。但是由于产品数量较少，并且它与不少杂釉彩有着密切关系，在工艺上又具有杂釉彩品种的特点，因而它也应属于杂釉彩系统。明代素三彩，通常有黄地三彩、绿地三彩和紫地三彩等。其工艺是在成型胎体上暗刻花纹，经过高温烧成白瓷后，再在纹饰部分填绘绿、黄和紫彩，纹饰以外则填绘黄、绿、紫彩中的一种，以形成黄地三彩、绿地三彩或紫地三彩等。这种产品以成化朝为最早，以后各朝皆有制作，其中以康熙朝的素三彩最为有名。

成化还试烧了**素三彩器**，官窑器少见，其颜色为绿、紫、黄、褐四种，色釉之下无基釉，三彩直接施于素胎体之上。1987 年在景德镇御窑厂遗址再次发掘中，又发现署成化官窑款的方座立式鸭熏。器分大中小三种型号，胎薄体轻，造型生动，鸭伫立于方座之上，昂首张口，颈部为烟道，腹间中分，上下盖合，器座镂孔如同壶斗，所施黄、绿、紫、米色等釉，色泽浅淡，墨彩以绿托黑，其实是绿彩加以钴蓝料而成的黑色。其三彩表面均开细密龟裂纹，纹路比彩面略凹入，三彩的铅釉中有少量细小气泡，其绿彩的釉层要厚于紫彩，黄彩较透明。三彩表面均有虹彩光，其中绿彩更为明显，紫彩气泡极少，表面开细密龟裂纹，并有虹彩光和剥彩现象，还于羽毛间勾勒水绿色。由于当时试烧不成功，没有进宫，皆以落选品打碎。2014 年香港苏富比出现一件名为“明宣德鎏金铜宝鸭熏炉”，形同成化素三彩瓷的鸭熏。炉身分为上下二截，台座上落有“大明宣德年制”款，可知成化的三彩鸭熏当有所本。成化的紫彩有葡萄紫，还有姹紫，到雍正仿制时，颜色变为茄皮紫。在虹彩光的表层沉积有一层白色透明的膜状物，为虹彩薄膜。**素三彩的黄彩与普通斗彩中的黄彩成分不同，目测类似晚清粉彩中的黄彩。**三彩器的胎土气孔较多，类似于陶，但是化学成分与其他瓷器基本相同，可能系烧成温度不足的关系。

5. 成化黄釉

浇黄釉瓷器是以氧化铁为着色剂，以氧化铅为助熔剂的低温色釉，最早见于西汉时期的陶器上。明代以前低温黄釉多见施于陶胎上，其色调多为黄褐色或深黄色，不够亮丽。明代景德镇窑烧造低温黄釉，是在经高温素烧过的涩胎或者是经高温烧成的白瓷上挂釉，再入炉经低温焙烧而成。又因使用浇釉法施釉，故称“浇黄釉”。自洪武至万历，浇黄釉的烧造几乎从未间断。各朝烧造的浇黄釉瓷器颜色深浅略有不同，但基本趋于明黄色。其中弘治时期的产品受到的评价最高，其釉色均匀纯正，淡雅娇嫩，又被称为“娇黄”。从传世品和出土物看，成化时期浇黄釉瓷器的烧造已经很成功，釉面匀净，釉色淡雅，为著名的弘治黄釉的烧制奠定了基础。按照明代的祭祀制度，浇黄釉瓷器可用于地坛祭祀。明代黄釉自永乐朝开始已经烧制得相当成功，烧成鸡油黄娇艳色调的“娇黄”，过去是以弘治朝为最，然而传世品中也有少量的黄釉器是成化时烧制的。例如台北“故宫博物院”所藏娇黄釉盘，呈现极淡雅的鸡油黄色，胎质洁白，制作规整，底有“大明成化年制”两行六字双圈青花款。景德镇御窑厂遗址出土了成化黄釉瓷的残片，外地面往往有烧成后加刻的“甜”字，娇黄釉是两次烧成的低温釉，因而偶尔能看到铅质银色光泽。成化黄釉通常施于白釉器上面，分为两次烧成。其色有深有浅，釉面匀净娇嫩，其浅淡者，釉质稀薄，均具有成化年款，底足面往往后刻一个“甜”字，或几个小浅钻孔，弘治器同此特征。成化、弘治、正德的黄釉器是明代黄釉烧制的黄金时期，烧制的黄釉已掌握了准确的烧成温度和气氛，使器物颜色通体一致，即符合皇家用器正黄色的等级要求，又符合含蓄深沉的审美情趣。

成化黄釉呈色娇艳，由于黄釉较软，釉层有起翘现象，所开纹片尺寸较大细长，不同于绿彩。其器口沿处有较多擦痕及虹彩。黄彩釉层比较均匀，黄釉之下有底釉，黄釉中所见较大气泡应为白釉中的气泡，盘口沿处可见很浅的平行纹路，应为施釉时留下的涂刷痕迹。黄釉表面有刻划磨损痕迹，黄釉边缘圆润，釉层很薄，釉面局部有虹彩现象，有时可见局部土黄色的沉积痕。成化黄彩与弘治时期的黄彩相比，釉面的龟裂纹明显，黄釉较薄透明，一般玻璃质感较强。有些黄釉直接施于胎上，其釉面多见釉内气泡破裂后出现的细小的黑色孔洞。

黄釉青花。这是宣德以来的新品种，青花挂黄釉回炉熔烧后，往往变为黑蓝色。成化黄釉青花三果大盘与宣德同类器，除个别外，从器型大小到纹饰图案均相同，然而此时的黄釉色调较浅淡。成化青花黄釉折枝石榴花果纹盘是成化最为著名的品种，该盘与宣德的纹饰相同，黄釉的釉色比较浅淡。在绘画上也小有不同，成化折枝石榴花果纹比宣德时画得略为刻板，枝梗及花叶边线没有宣德时生动流畅。两朵盛开的石榴花呈三角扇形，不像宣德时两边稍出，叶片的转折或形状也没有宣德写实。尤其明显不同的是上端花苞上的两片小叶，宣德时期均画成分开或仅于叶底微靠斜出的两独立叶片，而**成化画工则多于小处忽略，画成两头相连，呈现一体斜出的叶片，类似英文字母的“U”。廖宝秀女士曾经做过统计，几乎所有成化器的顶上两小叶片均成此状，这成为成化折枝石榴花果纹盘的一大特征，**成化以后均无此现象。此外中茎的枝梗留白也是成化花果纹盘的一大特色，通常成化花果纹盘，仅于下方折枝枝头略加笔画点皴，余均中线留白，叶片仍延续永乐遗风，并与宣德一样于茎脉中线留白，不过成化留白区域大于宣德留白，因此成化时叶片中线大多成斜方格留白。盘的外底铁锈米糊底也是成化官窑的特色之一。

宣德时的30厘米左右的盘底不施釉，然其支垫的垫饼为细瓷泥所做，含铁量少，故底部仅留少数铁锈斑点，不像成化时底部支垫瓷泥含铁量高，烧成后渗染盘底而呈铁锈盘底，类似烧焦的糊米底。成化也有仅以瓷土垫烧，烧成后底部较为干净者。景德镇官窑遗址出土的黄釉青花盘还有萱花果纹盘，盘内面饰以一大折枝萱花纹饰，扁长的草本叶片，转折柔软，飘动多姿，中线脉线两边留白，二主花一大一小，三长蕊出花顶，花瓣双勾线，内外两侧皆留白，两花苞同一方向侧开，一藏于花下，不易发现。盘内壁画卷草纹（也称为忍冬纹）一周。青花卷草纹边饰线内大多留白，盘外壁饰以花朵各三，有茶花、菊花、石榴花，以及柿子、桃实、石榴。成化黄釉器传世极少，上海博物馆收藏了一件黄釉盘，十分难得。（见图64、图65）

黄地紫彩。这是成化时出现的一个新品种。景德镇御窑厂遗址出土有书成化官窑款的黄地紫云龙撇口盘、碗残器，外壁饰以云龙纹，下腹为仰莲瓣，暗刻纹上填以紫彩，色泽浅淡。（见图66）

七、新品种

成化时御窑厂烧造的颜色釉瓷器基本是延续永乐、宣德时期的品种。有高温、中温和低温三种。由于成化时期盛行斗彩，故颜色釉器相对产量不大。

1. 成化仿青釉器

1988年景德镇考古研究所在明御窑厂遗址龙珠阁东北角20米处发掘清理了一批明成化官窑堆积，同时出土有青花、斗彩、灰白釉细纹片与青瓷大纹片瓷器。青瓷大纹片瓷呈粉青色，纹片较大，瓷胎灰白，口沿与圈足露胎处常见一圈褐黑色的紫金釉涂料，即所谓“紫口铁足”。其器型有鱼耳圈足炉、环耳三足炉、折沿四足炉、觚、扁肚长颈喇叭瓶、大盘、八角靶杯、斗笠形小盏、敛口三足洗、渣斗式大花盆、鼓钉洗等。

青釉双耳簋式炉。高9.3厘米，口径12.1厘米，敞口，束颈，鼓腹，圈足，鱼形双耳。内外施以粉青釉，釉开纹片，无款，口沿剔除一圈青釉后，再施以一层紫金釉，足底露胎处呈深褐色，故宋官窑谓“紫口铁足”。明曹昭《格古要论》“官窑”条下记载宋官窑胎土为紫金土，其“紫口铁足”为流釉后出现的含铁量较高的胎土本色，而成化器的胎土为含铁量较低的灰白胎，其“紫口铁足”则为刻意追求的人工效果，故该器当为明人记载的宋修内司官窑烧制的仿宋官窑器。

青釉鼓形三足炉。高 9 厘米，口径 11.5 厘米，腹呈鼓形，三足，通体施以青釉，釉有细开片，口沿涂以紫金釉，足底露胎为深褐色，有宋官窑“紫口铁足”之特色。该器形与台北“故宫博物院”藏宋官窑三足炉相似。

青釉觚。高 15.2 厘米，口径 6.6 厘米，长颈喇叭口，鼓腹，足部呈八字外撇，腹部与底部做四出齿状脊，底部书青花双框双行“大明成化年制”六字款。瓷器釉汁莹厚，色青似玉，釉面开大纹片，足底露胎处为“铁足”，器型仿自青铜器。

青釉长颈瓶。高 22.2 厘米，口径 6.6 厘米，长颈喇叭口，扁圆腹，圈足微敛，底书青花双行双框成化六字款，胎体厚重，釉色呈湖绿色，釉层有失透感，釉面开片似铁线纹，足底露胎做成铁足，当属仿宋官窑产品。

青釉渣斗式花盆。高 26.2 厘米，口径 23.8 厘米，该器型如渣斗，其造型源于钧窑渣斗式花盆，内外施以青釉，釉开大片纹，圈足露胎铁足，底部为内凹，无款。该器与老虎洞窑址出土的南宋修内司官窑青釉花盆造型相似。

青釉鼓钉三足托盘。高 10.2 厘米，口径 27.2 厘米，直口，浅腹，三足，外壁口部两道凸起的弦纹，其中饰以一圈鼓钉，底部也饰以一圈鼓钉，内外饰以青釉，底部书写青花双行双框成化六字款。该托盘应为上述花盆的底托。

青釉敛口三足水盂。高 7.2 厘米，敛口，鼓腹，如意形三矮足，足底露胎呈深褐色，口沿剔除青釉后施一层紫金釉。

青釉八方靶杯。高 9.3 厘米，口径 7.9 厘米，杯体呈八方形，撇口，竹节把，足呈八字外撇。造型来源于元代，口沿为紫金釉，足为涩胎，呈深褐色。青花成化六字款横写于把足内侧斜壁一圈青釉内，其处内径仅 1.4 厘米，当使用特殊之笔书写。

青釉斗笠碗。高 4.5 厘米，口径 11.5 厘米，敞口，斜直壁，小足，矮圈足。通体施以粉青釉，釉开大片纹，口施以紫金釉，足底为深褐色，造型仿宋影青斗笠碗，但胎体厚重。

青釉窝盘。高 5.3 厘米，口径 24.2 厘米，敞口，圈足，通体施以粉青釉，底书青花双行双框成化六字款。

青釉四方折杯。高 3.7 厘米，口径 6.3 厘米。口和底呈四方折，口沿和足涂有一层紫金釉，通体施以青釉，底书青花双行双框成化六字款。

成化仿宋官窑青釉葵瓣洗。藏北京故宫博物院，高 3.3 厘米，口径 12 厘米，六瓣葵口，内外施以青釉，底部满釉，有五支钉痕。

成化青釉器施釉较厚，釉质肥润，平整光亮，釉色略闪灰，釉面开片细密，器物口部施较薄的酱黄釉，气泡较大，积釉处为湖绿色透明玻璃质状。釉层熔融非常彻底，有的高温流动性大。

成化时期还有一种矾红彩施于青花之上的器物，或为矾红地，或为青花地。其矾红彩受损易脱落。其矾红彩颜色较深，近似枣红色，不透明。其厚度极不均匀，彩料颗粒可见到明显堆积，彩料浓处有白色凹坑，为气泡破损后留下的痕迹。矾红彩烧制常见失透现象，且浓淡极不均匀，呈色深红、浅红、黑红或是泛紫色等，与施彩的厚薄有一定关系，彩越薄越浅，越厚越深。红彩的表面有细小的龟裂纹，也有斑块脱落，其表面有时可见凸起小包，可能与气泡有关。黄绿彩均较透明，表面有摩擦痕迹，其风化后表面有很薄的一层膜脱落。

2. 仿哥釉

成化时期的官窑器，以仿宋代哥窑和官窑者最为成功。成化仿哥釉是十分稀少的珍品。成化窑烧制的仿哥釉器在景德镇御窑厂遗址出土的数量很多，说明当时盛行这一品种，但是烧成的废品率很高。

成化时期仿制宋代官、汝、哥等窑口器物较多，其器物的口沿、足底均人工施釉制成“紫口铁足”。这种仿哥釉的器物釉层高温粘度大，色呈青绿色，釉中带有玉石感。釉层较为清澈。从成分特点上来看，仿官釉器的熔融温度要低于仿哥釉器，釉的高温粘度要小，高温流动性略大。故仿官釉器熔融得较为透彻，呈色灰白或灰青，釉层较厚，胎呈浅灰色，釉面颜色深于宣德仿哥釉器。成化仿官釉和仿哥釉的胎都为灰色调，胎土致密，比宣德仿官哥釉的胎土色泽略深。明代仿官哥釉的釉层都要厚于普通白釉。

成化仿哥釉是继承宣德的技术，胎质细洁白净，其釉面肥厚莹润，光泽极强，釉色有粉青和米黄。成化仿哥釉器的特点是釉质肥润，平静光亮，开片纹较规整，器口多施以酱黄釉，用以模仿紫口铁足的效果。釉面有粉青、月白、米黄等色。耿宝昌先生说，他曾经在 1945 年见到过两件成化哥釉凉帽式碗，釉面为粉青色，釉质凝厚，并有酥油光，无橘皮纹，器底圈足内有青花官窑年款。上海博物馆有同类仿哥釉小碗，这一对小碗早年为北京的一位藏家所藏，后流传至上海古玩行，最后进入上海博物馆收藏。这对作品原来应为清宫所藏，其釉面华润，光泽度强，开片规整，口沿及底部均涂一层酱色釉，以充紫口铁足。另外，北京故宫博物院藏有贯耳瓜棱小瓶、八方高足杯、菊瓣小杯等。台北“故宫博物院”也有成化仿哥釉的作品。景德镇御窑厂遗址近年出土的成化器中，除上述造型品种外，还有哥釉大器，如腹直径约 30 厘米的双虎耳三足大炉、腹部直径约 13 厘米的钵式三足炉、高约 21 厘米的出戟花觚、高约 15 厘米的撇口瓶等。其中腹部直径约 30 厘米的鼓钉洗，造型近似宋代钧窑同类器，只是足部较为高深。

宋代官窑瓷器造型古朴典雅，釉色洁净细润，历来为世人视作珍品，深受崇尚宋文化的帝王和文人士大夫的推崇。明代仿宋之风兴起，对后来的瓷器仿古之作影响甚大。从景德镇御窑厂遗址的发掘情况看，景德镇对宋代官窑瓷器的成功仿制始于成化，但是从永乐七年（1409 年）与八年（1410 年）间，在皇太子朱高炽的支持下，已经成功仿烧哥釉瓷器。明代的仿古之风由此兴起，在宣德时代就已经滥觞。但是仿制宋瓷最为成功的，当属成化时期的官仿，其釉面肥厚莹润，光泽极强，开片规整。

南宋哥窑遗址已经在杭州老虎洞找到，其传世哥窑器对后世的影响极大。宣德时开始仿造哥窑品种，其釉面光洁度不高，略有油质感，也有橘皮纹，基本接近宋代哥窑的釉面效果。其釉色分淡青和灰白，都有开片，但纹路微闪黑闪红，没有宋代哥窑的金丝铁线和紫口铁足效果。仿哥釉的器型有鸡心碗、菊瓣碗、碟、盘、葵花式洗、弦纹筒炉和执壶，其器物均书青花宣德年款。鉴别明代仿哥窑器物应注意，凡釉面呈暗淡的油光，有橘皮纹的器物，多为宣德时所制，光泽极强的，则为成化时所作，再后期所制器型多不规整，清代仿制品多具有本朝器物风格。

宣德和成化时都有仿制宋代哥釉和官釉器物。其色呈灰白或灰青色，釉有乳浊感，釉中气泡繁密，釉层较厚，釉面龟裂，有开片，胎呈浅灰色，胎釉之间有白色化妆土层，其釉中气泡较大。哥釉瓷器釉色灰白，釉面布满细碎纹片，哥釉的效果较差。北京故宫博物院所藏之明代仿宋器，约有 20 余件，大部分为清宫旧藏，均未署年款。这些仿品釉层较厚，釉面开大小纹片，多为粉青和灰青色，造型有贯耳穿带壶，明代仿哥釉以宣德、成化时为甚。成化仿哥釉器，釉面比宣德时更为平整，连“紫口铁足”都能仿烧。是知宣德仿古釉，乃着重于釉色之近似，而不重全器之仿作，否则仿汝器应裹足包釉支钉烧，仿哥釉器亦应模仿“紫口铁足”才是。成化仿官釉器的成功，更说明从永乐末年到成化之间，仿哥窑器的制作一直没有间断过。

3. 成化绿彩

成化绿彩的烧造情况一般较好，其绿彩一般都较薄，透明，玻璃质感强，绿彩厚度只有 10—40 微米。成化时还有一种白釉绿彩器，该器口沿芒口处施以淡黄色彩，器壁花纹施绿彩，底书青花六字双行款。绿彩施彩有细微的浓淡差别，绿彩玻璃质感强，透明度高，在绿彩边缘的龟裂处有剥彩现象。绿彩受外力所致有较大划痕和局部小面积破碎。由于绿彩较软，受环境影响，表面风化严重，粗糙且凸凹不平，可见细浅开片纹，有虹彩光出现。还有一种青花绿彩器，多为较小的杯，胎薄，呈一般透明感，制作精制，绿彩局部有凹坑缺陷，绿彩表面有较多擦痕，表面可见风化层。成化绿彩总体来说，腐蚀稍轻，有较强玻璃质感，但放大后可见粗糙的风化层，风化现象为多裂纹、划痕、虹彩光等。绿彩开细密纹片，有的局部脱落。成化还有一种黄地堆绿彩器，景德镇出土一件黄地堆绿龙纹碗。其器是在胚胎上刻划龙纹与莲瓣，在隙地填以低温铅绿釉。该器物局部黄色颜色不均匀，黄彩和绿彩均为素胎上釉，彩下无白釉，黄彩表面布满黑点，可能为气孔痕迹，黄彩上有明显尚未裂透的龟裂纹路。口沿的绿彩也有粗糙的小坑，釉面凸凹不平，釉面均有摩擦痕迹。黄彩和绿彩的表面都有一层很薄的表层脱落，脱落后的釉面颜色变浅。

4. 黄地紫彩

黄地紫彩是成化时期新创烧的品种。景德镇御窑遗址出土有署成化官窑款识的黄地紫彩云龙撇口盘、碗等残器。其外壁饰以云龙纹饰，下腹为仰莲瓣，其暗刻纹饰上填以紫彩，色泽浅淡。

5. 红底绿彩

红底绿彩是景德镇窑址出土的残器新品种。为白釉上覆以红彩釉，并加绘绿彩纹饰。其红彩凝厚，泛紫红色，干涩无光，比宣德时稍差。所见有双耳三足炉与印盒残器，均为红地上饰以浅淡纤细的绿彩缠枝灵芝纹，底部有青花款识。

6. 孔雀蓝釉绿花

仅见于伦敦不列颠博物馆收藏的成化官窑款圆盒，腹部直颈为 25.5 厘米，以孔雀蓝彩为地，饰以孔雀绿彩的穿花龙纹，色彩雅洁艳丽，精彩无比。其色调完全与景德镇所产之珐花器暗合。明代嘉靖年间有仿制，但具有本朝特征。

7. 青金蓝釉孔雀绿彩

以泛紫色的低温蓝釉铺地，釉面起伏不平，所留空白待刻出鱼及荷莲后，再填以孔雀绿的淡彩。器型有高足碗与盘。

8. 孔雀绿釉

孔雀绿釉又称“珐绿釉”“珐翠釉”“翡翠釉”，是一种以氧化铜为着色剂，以硝酸钾为助熔剂的透明蓝釉。因其极似孔雀羽毛上的绿色，故曰“孔雀绿釉”。孔雀绿釉起源很早，创烧于宋代的北方民窑。景德镇在元代就已经烧制，印度尼西亚曾经出土景德镇元代孔雀绿釉釉下青花玉壶春瓶。明代永乐时期，景德镇窑孔雀绿釉的烧制已经极为成熟。后来宣德、成化、正德、嘉靖各朝均有烧造，但以正德时期的产品发色最为纯正，受到的评价也最高。孔雀绿釉是在经高温素烧过的涩胎上挂釉后，再入窑在氧化气氛下焙烧而成。釉的烧成温度在1200℃以下，属于中温釉。上海博物馆藏有孔雀绿釉釉下青花莲鱼盘，绿色均匀，盘里为白釉，底有“大明成化年制”两行六字双圈青花款。景德镇御窑厂遗址出土了一件残器，为孔雀绿釉菱花口折沿花盆。旧时陶瓷断代由于限于资料，曾经一度误认为景德镇孔雀绿釉始烧于明代正德时期。现在可以清楚地知道这种彩最早始烧于永乐，并且有烧制十分成功的器物。

9. 珐花器

珐花釉是从传统低温铅釉发展而来，与低温铅釉的化学组成基本一致，只是助熔剂不同。铅釉以黄丹为助熔剂，是一种氧化铅粉；珐华则是以牙硝为助熔剂，. 这是一种火硝，即硝酸钾。低温铅釉和珐花都以铁、铜、锰、钴等金属的氧化物作为着色剂，但是珐花的颜色种类比铅釉更为丰富。珐花釉中的碧蓝、金黄、孔雀绿等颜色，在低温铅釉中未曾见到。珐花器须采用二次烧成工艺，即先以1200℃左右高温素烧，施釉后再入窑中中温釉烧，温度在1000℃左右。

珐花器自元代开始烧造，明代盛行。其产地在山西省南部的蒲城、阳城一带。胎为陶胎，分为沙胎与缸胎两种。沙胎酥松，缸胎坚致。器表纹饰以堆花立粉技法，做出轮廓后而填以色彩，分饰黄、白、蓝、紫、绿、孔雀绿诸色。传说景德镇自永乐开始烧制瓷胎珐花器，但迄今尚无实物确认。耿宝昌先生认为，景德镇烧造之珐花器，最早应为明宣德年间的作品，造型有瓶、尊、罐、秀墩以及透雕盒等。其器以孔雀蓝或茄皮紫为地，纹饰凸线内填黄、白、孔雀绿诸色，画面形象生动，色彩艳丽，成化蓝釉碗的堆粉做款工艺即受此影响。其实近年已经有出土器物证明，珐花器早在元代即已经有烧造，如高足靶杯等。清代康熙时开始仿制，造型有罐、钵、手炉、笔筒等，均具有康熙器型风格。堆花或刻花的纹饰线条都不及明代的圆浑，色彩与明代也略有区别。乾隆时同类器的时代特征更为明显，造型、纹饰都因苛求规矩而显拘泥。色釉有浓淡之分，与同期粉彩近似。

珐花之器因其独特的风格、艳丽的色彩而广受重视。昔日尤受法国人垂青，因此民国时曾大量被仿制，或以旧胎后加彩，但均失明代真品浑厚古朴的形象，且胎体过重，色调不够沉着，纹饰堆粉线脊平齐，不及明代的圆润，釉面也因做旧打磨而失亮。“立粉”是珐花器中最具特色的装饰工艺，其做法是将精细的泥浆装入带有细管的袋子，然后挤压泥浆，使泥浆由细管中缓缓涌出，在器物的胎面上勾勒出凸起的图案轮廓，晾干后入窑素烧，出窑冷却后按需求填入各色釉料，再入窑焙烧而成。

10. 酱釉

成化的酱釉器同于前朝，唯独釉面更显肥腴光亮。

八、器型特征

成化时期器物一改明初雄健宏伟的风格，其造型庄重圆润，玲珑秀丽，唯重纤巧，线条比永宣时期柔和，带有一种女性的艺术美。古人云："永乐尚厚，成化尚薄。"因为成化时以小件器物居多，胎体厚重的大件器物较少，故历来有"成化无大器"的说法。实际上成化时期民窑却烧出了不少大件器物。这说明成化并非不烧大器，是由成化皇帝的个人爱好所致。常见器物以高足杯、酒杯、盘、碗、小罐等为主。由于当时饮酒品茗之风甚盛，致使酒杯、茶杯等小器物较为多见，且造型小巧俊美，为后世所珍视。成化青花瓷虽然少有大件器物，多为小巧玲珑的小型器物，但是大型器物也有生产，即使是大盘、大瓶、大罐，也带有女性的柔美。到成化时，永宣时期的折沿洗、烛台、扁瓶、花浇等受西亚风格影响的器型已经基本不见踪影，说明成化时期瓷器所受的外来影响已经忽略不计。从造型设计到纹饰方案，都已经完全中国化了。成化瓷器主要是以满足日常生活所需为主，常见的有碗、盘、杯、罐、瓶等，其中造型设计丰富多彩的碗，是成化青花瓷中非常具有特色的。

成化前期器型以侈口碗和窝盘为主，其中有口径 42 厘米的大盘，所绘纹饰是与宣德相近的双狮绣球纹。青花呈色凝重，因为无款，加上受"成化无大器"说的影响，人们曾经将其定为宣德之物。由于该盘底部呈浓郁的褐黑色，为标准的"糊米底"，珠山御窑遗址的成化遗存又有同类器物出土，因此才被确定为成化官窑的遗物。还有高足杯、鸟食罐等，与此前不同的是高足杯无款，把内书"一"字；鸟食罐是系于鸟笼的盛食之器，由于鸟笼多数悬挂在高于人们视线的地方，所以宣德官窑鸟食罐的底部也加以装饰，装烧时采用覆烧工艺。而成化的鸟食罐用仰烧工艺，故口沿满釉，底部还有一露胎圆饼，系孔内亦不施釉，工艺不及宣德器精细，但为双系，便于固定，更加实用。

成化器物以小件为主，大件次之。如上海博物馆与北京故宫博物院都收藏有直径为 38.5 厘米的青花狮球大盘，有的虽不具款识，但其纹饰及青花色泽都与成化官窑器相似。尤其是器物的"糊米底"，更带有成化时期的鲜明特征，其中署有成化官窑款的黄釉青花三果盘多有此特点。又如常见绘以携琴访友图等人物故事画面的无款青花梅瓶或罐类，器身较高，胎釉细润，多用修长的蕉叶装饰，纹饰线条纤细柔和，画意飘逸潇洒。将以上的传世品与景德镇御窑厂遗址出土的瓷片相比较，它们既不属于宣德一朝，又与弘治正德时的风格有异，据其所体现的时代特征来比较，应属于成化时期残片。成化早期也不乏新的品种，主要有鼓形香薰、鸭形香薰、冲耳三足炉、长方花盆、长腹盖罐等。后期除传统器型外，新出现的品种有鹤颈瓶和各种类型的小杯、小碟等。常见器型中的碗、盘、罐、执壶、盖盒等也有许多新的变化。成化器的造型秀气，原因是多方面的。首先，成化时天下富足，开始追求精致的生活方式，以小杯、小盏代替了大盘、大碗，使器皿充满了书卷气，体现了一种儒雅的享受。其次，工艺的改进，使胎土更纯净，制胚与焙烧也能熟练掌握，胎薄如纸的器物也能大量生产出来。再加上平等青料的使用，使纹饰绘画受到限制，更适宜用纤细的线条以双勾填色方法绘画，正好与其纤细柔美的风格相一致。

成化器物的造型基本相似，除台北“故宫博物院”的藏品外，景德镇御窑厂遗址还出土了大量的斗彩残器，袁连山先生对成化斗彩的种类做了深入研究，为我们认识斗彩提供了很好的帮助。现根据资料将有关主要造型叙述如下:

1. 罐

成化时罐有很多种，有天字罐、高装罐、小罐、矮罐等。

天字罐。成化的“天字罐”最为著名。常见的有高、矮两式，互有差异。高的多为珠顶盖，矮的为平盖。所以高罐更显修长，矮罐稍显肥胖。成化的罐胎体轻薄，直口，短颈，溜肩，腹下略收，广底，因底部署“天”字而得名，两种罐均为官窑作品。北京故宫博物院和台北“故宫博物院”皆有所藏。罐是成化器物中十分珍贵的品种。罐分大小，大罐极少，以各式小罐为多，极精。其式样有硕腹小罐、敛腹小罐、矮罐、天字罐、高壮罐等。成化的各式小罐有青花，也有斗彩，以斗彩罐为多。所有成化罐原来均配有盖，盖有宝珠钮盖和平顶盖两种，以平顶盖多见。成化平顶盖盖面上均有微微上隆特征。彩器中用青花纹饰片段或以青花勾勒轮廓填彩，画意生动，构图舒展，多绘海马、海兽、海水、朵云、夔龙、翼龙、蟠螭、缠枝瓜、缠枝莲及蕉叶纹等，纹饰线条柔和圆润，色彩鲜艳明亮。该类罐有大小之分，最大者通高 13 厘米。其基本造型相同，都是圆腹、短肩、直口、圈足，尺寸也很相近，高度大概在 8—13 厘米，口径 7—9 厘米，底径 7—9 厘米。体态轻薄，造型秀美，同时纹饰也比较固定，肩部和足部一般都是仰、覆莲，中间腹部则主要是海马纹、夔龙纹、海水云龙纹、缠枝瓜纹等。底部仅书一“天”字款，俗称“天字罐”。成化时的“天”字罐久负盛名，天字罐为成化斗彩中的精美品种，历朝有仿，如清三代仿品，但未摆脱时代的局限，迎光透视胎釉泛青，釉下旋纹明显，纹饰也欠柔和。清代康熙仿品胎体厚重，雍正、乾隆所仿胎薄质细。清初仿制品颇多，基本造型为敛口短颈，圆腹或扁圆腹，浅圈足，带平顶盖或圆球钮盖，平顶盖的盖面上凸。

斗彩海马纹罐。通高11.3厘米，罐高10厘米，口径5.6厘米，底径7.3厘米。腹部主要画四匹马踏浪的场景，俗称“海马纹”。据考证，这样的图样取材于当时帝王的玉马旗。在《元史·舆服二》中记述：“玉马旗，赤质，青火焰脚，绘白马，两髆有火焰。”早在元代青花瓷上就已经开始使用这样的纹饰了。

斗彩海兽纹罐。罐高约11.7厘米，口径约5.6厘米，底径8.8厘米，造型与海马罐相同，腹部海马换成了海兽。海兽的形体由象头和狮身组成，海兽两只填红彩，两只填绿彩，间隔排列，神采各异。海兽间则点缀着大小的云朵，云朵和海水都是深浅不一的青花。海兽纹在永乐、宣德年间就已经在瓷器上出现过了，一般都是画九种，只不过在成化时被简化了。

斗彩海水龙纹罐。罐高16厘米，口径约9厘米，底径约10厘米，主体纹饰为双云龙，龙身填黄彩，海水和云朵填绿彩，波涛是在釉下勾线，釉上以绿彩覆盖。肩部和靠近足部的地方，用青料分别绘制了覆仰蕉叶纹。盖子的边缘和足部边缘饰以黄彩，这在当时的装饰中也很常见，底部为青花楷书“天”字款。

斗彩缠枝莲纹罐。天字罐中，除了这些幻想的动物纹饰之类，还有缠枝莲纹。其造型和斗彩海水龙纹罐基本相同。腹部主体纹饰为六朵莲花，都是以青花直接绘制，没有施加釉上彩。莲花之间以缠枝纹相连，藤蔓和莲花的茎叶用青花勾边，再施以绿彩。颈部和靠近足部的地方，则是绘有仰覆莲纹，底部有青花楷书“天”字款。在成化斗彩中，其釉上彩一般用两种或两种以上的颜色比较多，这件瓷器上只用了绿彩一种，较为罕见。

高奘罐。直口，短颈，丰肩，腹部下收，器高15.6厘米，所见有斗彩器，其肩部及底部分别饰以如意纹和莲瓣纹，腹部绘以间有云纹的团莲花装饰或缠枝灵芝等，比乾隆仿品矮许多。成化的盖罐中除了有“天”字款的以外，还有书双圈双行楷书“大明成化年制”款的，这类比较少见，其纹饰通常都是植物类纹饰，如宝相花、灵芝等，相较于天字罐，这些器物显得更高挺一些，腹部也更为瘦长。

斗彩的宝相花盖罐。其主体纹饰为六朵折枝画衬托的宝相花，在六朵宝相花之间的空白处，是上下对称的云朵纹饰。肩部为如意头纹饰，足部为变形仰覆莲纹。底部则是青花双圈的双行楷书“大明成化年制”六字款。

斗彩灵芝纹盖罐。其主体纹饰为六朵灵芝，灵芝勾线填以褐彩，灵芝之间以藤蔓相连，藤蔓填以绿彩，藤蔓的末端则覆盖了黄彩和红彩。肩部和足部分别饰以一圈如意头纹。台北“故宫博物院”收藏一件明成化斗彩灵芝盖罐，罐敛口，短颈，丰肩，敛腹，圈足内挖，带平顶盖。全器纹饰用釉下青花勾勒，加填各彩，红彩浓重。盖面绘一彩芝，盖壁画四道杂宝纹，加饰两道青线。罐肩与腹下各饰变形叶纹一周，腹部绘有缠枝灵芝，底有青花书“大明成化年制”双圈六字楷款。

硕腹小罐。高约 10.4 厘米，足径约 5.5 厘米。敛口，短颈，硕腹，浅圈足。腹部绘以团花、花果等，高约 10.4 厘米，足径约 5.5 厘米，其他同类罐尺寸略异，均足径约为高度之半。底有“大明成化年制”青花款，外双圈。

敛腹小罐。高约 16 厘米，敛口，短颈，丰肩，敛腹，浅圈足。腹部绘以团花、花果、虫草、坡石等，高 16 厘米左右，足径约身高之半。底有“大明成化年制”青花款，外双圈。

矮罐。高 10—11 厘米，敛口，短颈，硕腹，矮圈足。腹部绘以花卉、虫草、坡石等，足径与高相近或略大，视觉上较矮扁，又称扁罐。底有“大明成化年制”青花款，外双圈。

大罐。收口，短颈，溜肩，腹部以上与梅瓶造型相似，线条圆润。肩部饰以青花蕉叶纹，罐身有的饰以八仙人物。天津市文物管理委员会收藏的青花麒麟、狮子芭蕉罐造型也很优美，纹饰、画意完全是成化时期的风格。

直口罐。另有与梅瓶纹饰完全相同的直口罐，为成化时少见，现藏于美国檀香山艺术馆。

扁罐。收口，短颈，丰肩，圆腹，广底，浅圈足。器身大小不等，有的器型与永乐扁罐相似，具有特殊的圆润感，有青花、五彩、斗彩品种。主题纹饰常绘有地坡的山石、牡丹、蜂蝶、九秋花草、缠枝莲、莲塘水藻等图案，成化罐类多应有盖，但多已失落，有为清代后配盖者，顶面没有原盖向上微凸的特点，而是线条生硬，棱角分明，较为平直，嘉靖官窑青花婴戏大罐，颇为精致，得成化之风格。清代康熙、雍正仿品器的下腹多较真品削瘦。

2. 碗

各类碗是成化器物中数量最多的品种，且非常有特色，造型圆柔大度，充满灵秀之气。成化时期碗的变化主要有二：一为卧足碗，与永、宣卧足碗不同的是，碗壁变矮，足底面积变大而成为新的器型。二是与传统碗的器形变化不大，而被称为“宫碗”，其特征是撇口、矮圈足，碗内底呈窝状，与弧壁平滑相接，器壁厚薄变化不大，从外形看，碗壁腹部饱满圆润。这种宫碗所绘花卉纹较多，约有 18 种之多，其口径在 15 厘米左右。其它碗有大小数种，均胎薄体轻，釉面洁白肥润，器形线条流畅，圆浑温润而玲珑，口径在11—23厘米。碗的种类分为收口、撇口、花口、鸡心、凉帽、墩式、卧足、高足等样式。品类主要有侈口深壁碗、侈口矮壁碗、侈口窄唇碗、浅碗、高足碗、侈口钟式碗、敛口钟式碗，圆口钟式碗，窄唇钟式碗，敛颈钟式碗，高足钟式碗等。底有“大明成化年制”青花楷书款，外双圈或双方框。

宫碗。成化时期宫廷瓷器的生产比宣德时要少得多，朝廷定烧数量较多的就是宫碗。这一名称是当年著名汉学家，曾担任大英博物馆亚洲部主任的白兰士敦先生（Archibald Brankston，1909—1941）在他1938年出版的著作中所使用的名称。其特征为：侈口，深壁，矮圈足，纹饰有婴戏图、龙凤、灵芝、莲花、番莲、菊花、莲花八宝等数种，有些碗心加饰纹样，口径15—17厘米，底有“大明成化年制”青花款，外有双圈。据已知馆藏研究，笔者统计出成化青花宫碗图案纹饰大约有18种，如青花团风梵文宫碗、青花寿石茶花纹宫碗、青花山石牡丹纹宫碗、青花缠枝百合花纹宫碗、青花缠枝山茶花纹宫碗、青花缠枝莲花纹宫碗、青花缠枝宝相莲纹宫碗、青花转枝宝相莲纹宫碗、青花四季团花果纹宫碗、青花缠枝菊花纹宫碗、青花缠枝秋葵纹宫碗、青花缠枝栀子花纹宫碗、青花缠枝苜蓿花纹宫碗、青花缠枝宝相花纹宫碗、青花缠枝萱草纹宫碗、青花缠枝瓜瓞连绵纹宫碗、青花婴戏图宫碗，该碗有六子、九子、十子、十四子、十五子和十六子六种，宫碗还有彩器。台北“故宫博物院”收藏青花宫碗2件：（1）明成化青花花卉纹碗。侈口窄唇，深壁，圈足。碗外壁青花画缠枝栀子花，底边一圈莲瓣纹。内壁绘缠枝四季花卉，碗心绘一叶菊一朵。内外共饰青线十道，底青花书“大明成化年制”双圈六字楷款。（2）明成化青花葵花纹碗。侈口窄唇，深壁，圈足，以釉下青花绘饰。碗内外壁均画转枝葵花，碗心饰一图案式葵瓣花。青花色淡，花边内沿留白，再染青料。青料轮廓线笔画纤柔，内外共饰青线八道，底青花书“大明成化年制”双圈六字楷款。收藏宫碗最多的是大英博物馆，大概收藏有7只。由于生产时期较长，在同样的宫碗中有使用平等青料绘画者，还有使用苏勃泥青料绘画者，二者虽然图案一致，但由于所用青料的不同，制成的效果也有所不同。（见图67、图68）

直口碗。碗直口，深弧腹，圈足。外壁通景绘庭园婴戏图，十六个童子三五一组，姿态生动，栩栩如生，口沿外双线，下饰以如意云纹，足墙饰回纹，为成化后期的作品。之所以绘十六子，因成化帝深恐后继无人，尤偏爱寓意儿孙满堂的吉祥纹饰。

侈口腕。又名浅碗。成化的侈口碗形制较多，造型主要有：（1）侈口深壁碗，口约15—17厘米。（2）侈口矮壁碗，口径12—14厘米，侈口，矮壁，浅圈足，纹饰有转番枝莲、团花等数种，底有“大明成化年制”青花款，外加双圈。（3）侈口窄唇碗，口径约 12.1—20.9 厘米。侈口，窄唇，周壁直深，矮圈足，外壁绘衔花夔龙，碗心纹饰有十字杵、双龙赶珠、云龙、凤凰、龙凤（碗心龙凤）、海兽、转枝葵花（碗心葵瓣图案）、四季花卉（碗心菊花一枝）、转枝花卉（碗心一朵）、四季团花（碗心菊花一枝）等。底有“大明成化年制”青花款，外有双圈。另有一种器型稍小，口径 12.1 厘米，内壁绘团花，底心绘花叶，外壁饰缠枝莲花，底有“大明成化年制”青花款。上海博物馆所藏一件青花螭龙纹碗，为成化官窑瓷器中的极精之物。青花画法采用“分水画法”，色泽淡雅，富有层次感。相类似的作品在台北“故宫博物院”也有收藏，但口径稍大，体稍高，足略显小。上海博物馆还收藏有一件青花双龙纹碗，器物外壁绘青花双龙纹。双龙纹在洪武、永乐、宣德时期景德镇的瓷器中就有较多运用。双龙之间通常有一个圆珠（或谓火珠），也就是常说的“双龙戏珠”。这种双龙戏珠在当时有 2 种，一种为双龙龙首相对，还有一种作双龙追赶状，俗称“赶珠龙”。上海博物馆所收藏之碗即为赶珠龙。赶珠龙在明代瓷器中运用较多，有多种形式，有双龙的，也有数条龙的。这种成化双龙赶珠纹的碗，在国内外收藏也有一定数量，例如北京故宫博物院、常州市博物馆、台北“故宫博物院”等均有藏。台北“故宫博物院”的那件作品上面，还贴有旧时黄贴一张，上有墨书“头等成化明款，此样两件”十字，可能当时清代仿制的是碗的样碗。台北“故宫博物院”还收藏一件明成化绿彩釉划龙纹大碗。撇口窄唇，圈足，薄胎。碗心与外壁刻划云龙及双龙戏珠纹，外壁隙地浅划暗花福山寿海波涛纹。龙为涩胎不上釉，待白釉烧成后再填绘绿彩，经二次低温烧制而成。由于龙纹刻线较深，绿彩釉积深因而成重色，内外加饰绿线四道，底书青花“大明成化年制”双圈六字楷款。

斗彩鸳鸯卧莲纹碗。此碗高 8.3 厘米，口径 18.9 厘米，足径 7.6 厘米。撇口，弧壁，瘦底，圈足，外壁绘制四组莲花并点缀茨菇、红蓼、浮萍等。两组鸳鸯相对嬉戏在莲花中间，碗心则绘制与外壁相对的一组鸳鸯和四组莲花，纹饰是以红、黄、绿、紫为主，是釉上彩。鸳鸯卧莲因其美好的寓意，一直是我国工艺美术的常用题材。这种斗彩品种，对后世影响极大，直到咸丰年间景德镇御窑厂仍然有生产。

斗彩灵芝纹碗。此器物高 7 厘米，口径约 14.5 厘米，足径 5.8 厘米，其外侧纹饰和斗彩的灵芝杯相同。在碗心的部位，有一组灵芝的团纹，整体画面色彩鲜艳，同时显得很舒朗雅致。碗口的内侧有一道弦纹，外侧和底足也各有一道弦纹。碗底是青花双框双行楷书“大明成化年制”款。

浅碗。口径 12—13.6 厘米，侈口，矮壁，浅圈足，外壁饰转枝莲花、团花等，底有“大明成化年制”青花款。另有一种盏式浅碗，如同宋代的茶盏。上海博物馆收藏有仿哥窑碗，原来是北京一位藏家之物，辗转至沪，成为其馆藏。这种仿哥窑的器物，传世品有杯、高足杯、瓶和这种撇口碗。景德镇御窑厂遗址也出土了相当部分的残器。

钟式碗。该碗分为6种：（1）侈口钟式碗，口径7—8.7厘米，侈口，深壁，矮圈足。外壁有青花梵字、花鸟、番莲等纹饰。底有“大明成化年制”青花款，外双框或双圈。(2)敛口钟式碗，口径8.3—9.2厘米，敛口，弧形壁，浅圈足。外壁绘果树小鸟、折枝花卉等纹饰。底有“大明成化年制”青花款，外双框。（3）圆口钟式碗，口径约8.9厘米，圆口微侈，深壁，矮圈足。外壁饰浅色莲塘水藻。底有“大明成化年制”青花款，外双框。(4)窄唇钟式碗，口径8.6—9.6厘米，侈口窄唇，矮壁，浅圈足。外壁绘果树小鸟，碗心绘梵字云朵。另外壁绘番莲，底有“大明成化年制”青花款，外双框。（5）敛颈钟式碗，侈口，深壁，上丰下削，矮圈足。碗心莲花一枝，外壁缠枝莲花。底有“大明成华年制”青花款，外双框。（6）高足钟式碗，口径8—8.6厘米，侈口，深壁，高圈足。外壁莲花八宝、朵云八宝或八宝纹，圈足内有“大明成化年制”青花款。

高足碗。口径16—17.7厘米，侈口，窄唇，深壁，高圈足。碗心绘夔龙并花卉，外壁夔龙、异兽。又一碗心莲塘鹭鸶，外壁花果、鸟，口径17.7厘米或16厘米。

3. 杯

成化时小酒杯空前增多，其数量之大、式样之多、彩饰之美，为以往所不见。这种手不盈握的小杯，是晚明以来文人墨客吟咏的对象，也是陶瓷界讨论较多的话题之一。当时各种小杯的出现，是因为宫廷饮食习惯改变而产生的。在元代以前，中国人喝的是酿造酒，即米酒，由于酒精含量低，人们使用碗来喝酒。元代后期开始出现蒸馏酒，当时称之为“扎拉吉”酒，或“阿剌吉”酒。到明代成化时，始盛行饮用这种酒精含量较高的“阿剌吉”酒。而饮用这种高度酒，适合用这种6厘米左右的小杯。这是成化时期小杯突然增多的真正原因。

杯是成化官窑器中数量较多的一个品类，也是成化斗彩的代表品种，款式多样，胎骨轻巧，小不盈握。主要品种有小口径杯，主要以6厘米的为多，器型有卧足杯、侈口杯，高4—4.7厘米，口径6.1—6.5厘米，足径2.3—2.5厘米。此外还有敛口杯，高约4厘米，口径约7.5厘米，足径约3.8厘米。另有侈口窄唇杯，高3.5—4.8厘米，口径6.9—7厘米，足径2.9—3厘米。还有高足杯、八方高足杯、鸡缸杯、高庄式、菊瓣式、撇口式、钟式、墩式、马蹄式等各种杯型。均为滚圆圈足，有的胎薄如纸，由器内可以透视到外面的纹饰。成化杯有青花、青花红彩、斗彩与哥釉等品种。其中青花撇口高足杯，腹微敛，下承细颈柄外卷，高足，造型优美，为成化时的典型器。器青花色淡，釉面洁白，款识写于器足里边沿。雍正仿品中尤以绘八宝之器达到乱真水平，但款识笔力微弱。

斗彩鸡缸杯。除了天字罐以外，成化斗彩瓷器中最具特色的要数鸡缸杯。其造型颇具特色，形制似碗，但外壁似缸，体积却又很小，高度在 3.8 厘米左右。口径在 8.1 厘米左右，底径在 4 厘米左右。如同杯一般，底部则是平底卧足，故而被人称为“缸杯”。其纹饰的题材主体为鸡，有人认为取谐音“大吉大利”之意，亦有人认为是出于成化皇帝对万贵妃的感情，万贵妃十分喜欢斗彩，尤其是鸡缸杯。成化皇帝为讨好她，令景德镇大量烧造。另一说法是成化皇帝看到宋人所作的《子母鸡图》，很是欣赏，联想到自己年幼时的种种遭遇，深有感触，故而大量烧造。鸡缸杯的图样主要有公鸡、母鸡、小鸡，或觅食，或嬉戏，不一而足。同时还有月季、牡丹、兰花或湖石点缀其间，造型比较朴实活泼，栩栩如生，整个画面构图以舒朗雅致为主，用笔也显得简练流畅。这些图样都是由宫廷画家设计，再经皇帝御览批准，交由工匠绘制烧造。在设色方面，主要是青花的颜色，以及矾红、鹅黄、水绿、紫色等色彩。鸡缸杯的底部为双方框双行楷书“大明成化年制”款识。

台北“故宫博物院”收藏有多件这种杯。侈口，平底，凹足。外壁彩绘湖石花卉间散布两组小鸡，各为雌雄二鸡分带三雏鸡，花卉湖石均以釉下青花图绘勾勒，再填红、黄、绿、褐诸色。成鸡以实笔或虚线勾勒，并多重上彩染绘。雏鸡线条则轻描淡绘，仅填嫩黄一色。口沿及底边分画青线三道，内面素白无纹，底书青花“大明成化年制”双方框六字楷款。早在明代，鸡缸杯的价格就已经很高了。如万历时期的《明神宗实录》记载：“神宗时尚食，御前有成化彩鸡缸杯一双，值钱十万。”又朱彝尊的《曝书亭集》中记载：“万历窑器索白金数两，宣德、成化款者倍蓰，至鸡缸非白金五镒市之不可，有力者不少惜。”

侈口杯。侈口，深壁，矮圈足。外壁梵文三层，高 4 厘米，口径 6.5 厘米，足径 2.5 厘米。又一式，外壁花果纹二支上各栖一鸟，高 4.7 厘米，口径 6.1 厘米，足径 2.3 厘米。还有一种侈口矮壁杯，侈口，矮壁，平底，浅圈足。高 3.7—3.8 厘米，底有“大明成化年制”青花款，外双方框。

斗彩四季团花果杯。成化斗彩的四季团花果杯，此类器型高 4.2 厘米，口径 7.8 厘米，底径 4.1 厘米。这种果杯底部至口沿近似 45°的直线，微微外撇，整体纹饰为四季果蔬，一共四组图案，叶子为料色填彩，果蔬部分用黄色，花心部分为紫色，同时又有黑色点彩。在口沿部位是两道弦纹，近底部有一道弦纹。总体构图显得舒朗典雅。其底部款识也是双方框双行楷书“大明成化年制”。

斗彩团花果杯。成化斗彩团花果杯，高3.7厘米，口径6.9厘米，底径3厘米。其主体纹饰为叶子和果实组成的图案，叶子为勾线填绿彩，而果实为黄彩，果实的边缘点染红彩。总共四组图案，图案之间留白，口沿二道弦纹，靠底部一道弦纹，底部同样是双方框双行楷书“大明成化年制”的款识。

敛口杯。敛口，周壁弧形，浅圈足。外壁梵文三层，高4厘米，口径7.5厘米，足径3.8厘米。其中敛口深壁杯，敛口，深壁，浅圈足，高3.7—4.7厘米，底有“大明成化年制”青花款，外双方框。

斗彩高士杯。杯高3.8厘米，口径6.1厘米，底径2.6厘米，撇口，口沿部位微微下撇，口以下逐渐收敛，浅圈足。杯内为白釉，外壁则是两组纹饰，分别是“王羲之爱鹅”和“俞伯牙携琴访友”，这两则故事一般被认为是高雅的代名词。故事主人翁也是有名的高士，故而被称为“高士杯”。瓷杯上的图案，王羲之衣服为红色，在池水旁侧身而坐，看着水中的鹅，一旁的绿衣童子手持书卷而立。相对地俞伯牙则是身着绿色，童子则是着红色，携琴跟随。这两组画面以釉下青花和釉上红彩、绿彩为主，另外加了些许的黄色和赭色。杯底部书“大明成化年制”青花双方框楷书款识。这是成化时期景德镇御窑厂开创的新品种。台北“故宫博物院”收藏一件，敛口，深壁，凹足。口足分饰青线三道，内面素白无纹，底书有青花“大明成化年制”双方框六字楷款。

斗彩婴戏杯。此类器物高4.7厘米，口径6厘米，足径2.7厘米。画面主体图案为一个大人带着一个总角小儿嬉戏的场景，一般都是放纸鸢等活动，此外再点缀着山石、树木和花草之类的纹饰。用彩方面，人物都是先用青料画好，大人用绿彩表示衣服的颜色，小儿用红彩，其余的纸鸢、石头都是淡描青花，树叶填绿彩，云朵点红彩。口沿部位一道弦纹，底足二道弦纹，底部是“大明成化年制”双方框双行款识。其实婴戏图案早在宋代就很流行，最著名的有苏汉臣的《婴戏图》。而婴戏图在成化时期比较流行，其中一个原因，有人猜测是表达了成化皇帝对于拥有子嗣的渴望。成化二年（1466年），万贵妃以37岁的高龄产下一子，小皇子未满周岁便夭折在襁褓中。这使得万贵妃性情大变，导致宫内无论是宫女还是妃子，一旦怀上成化皇帝的孩子，不是惨遭堕胎就是死于非命。《明史》中记载：“掖廷御幸有身，饮药伤坠者无数。孝宗之生，顶寸许无发，或曰药所中也。纪淑妃之死，实妃为之。”到了成化六年（1470年），纪妃为成化皇帝生了一子，在太监张敏和吴皇后的帮助之下，才幸免于难，并且直到六岁才和成化皇帝相见。台北“故宫博物院”收藏一件明成化斗彩婴戏杯，敛口，深壁，圈足。外壁彩绘五童嬉戏图，全器均以釉下青花描绘轮廓线，再填以红、绿、赭诸彩。以湖石、芭蕉、棕榈将器面分为二组图，一组孩童采青，另一组则玩放风筝。口足加饰青线四道，内面素白无纹，底书青花“大明成化年制”双方框六字楷款。

斗彩葡萄杯。葡萄杯的形制有多种，既有高足杯，同时也有普通的造型，在普通造型中，有瘦长型类似于婴戏杯的，也有杯口较宽的品种。普通造型中的第一种，高4.8厘米，口径5.5厘米，足径2.5厘米，其外形与婴戏杯相似，杯口和圈足部分都有很高的二道弦纹，主体纹饰为藤蔓、叶子和葡萄。其中藤蔓为赭色，叶子为绿色，葡萄为紫色，款识为双方框双行楷书“大明成化年制”。另一种高4.7厘米，口径7.6厘米，足径3厘米，造型和第一种差别较大。撇口，腹部倾斜更大。虽也是葡萄纹饰，但是两者主要区别在于，这种葡萄杯并没有着重表示葡萄和枝叶、藤蔓，图案是以葡萄树架为主体，树架为青花染色，同时在杯子的底部，用几笔青花线条表示出了土地。杯口有二道弦纹，圈足部位有一道弦纹，弦纹的位置都比第一种葡萄杯更加接近口沿，款识为青花双方框双行楷书“大明成化年制”。

侈口窄唇杯。侈口，窄唇，深壁，浅圈足。外壁藏文二层，杯心一字，高3.5—3.7厘米，口径6.9—7厘米，足径2.9—3厘米，底有“大明成化年制”青花款，外双方框。另外有一种，外壁花果二支各栖一鸟，绘有转枝花卉八宝、折枝花卉、转枝苹果、折枝花果等。高4.2—4.8厘米，底款字外加双方框或双圈。

斗彩灵芝杯。高4.3厘米，口径7.2厘米，足径3厘米。整体造型和高士杯近似，纹饰为一个近似上下对称的结构，在腹部中间空白处有四组团状的灵芝，同组之间以上下两朵灵芝组合而成，口沿和圈足部位各有一道弦纹，底部为双方框双行楷书“大明成化年制”款识。用彩方面，灵芝和花草都是用矾红、鹅黄、青花和水绿的设色，只有在搭配上少有变化。

斗彩团花夔龙杯。成化时期，在杯子上采用异兽纹饰比较少见，此类夔龙纹杯，高4厘米，口径5.7厘米，足径2.2厘米。其中夔龙头部和身体、爪子采用矾红彩，其余均为青花以及绿彩。龙头前面的花卉用黄彩点彩，杯沿和圈足部分用两道弦纹装饰。

斗彩折枝莲纹梵文杯。此类器型，高5.5厘米，口径7.2厘米，足径3.7厘米。其造型和婴戏杯近似。主体图案为折枝莲纹，藤蔓用绿彩装饰，中间的莲花的叶子和花心，以黄色和绿彩相间使用，莲花之上是梵文，极有可能是当时朝廷礼佛祈福时所用。在近圈足部位以如意纹装饰，口沿和圈足各一道弦纹，底足为双方框双行楷书“大明成化年制”款识。台北“故宫博物院”收藏一件，侈口窄唇，深壁，圈足。外壁绘四团夔龙均口衔莲花，各团龙以花叶间隔。纹饰均以釉下青花勾勒，再填黄、红、绿诸彩。内外口缘、圈足分

饰青线，底书青花“大明成化年制”双方框六字楷款。（见图 63）

斗彩三秋杯。此杯高 3.9 厘米，口径 6.9 厘米，底径 2.6 厘米。敞口微撇，瘦底，圈足，釉色青中泛灰。杯的外部是两组斗彩的山石花草、飞舞的蝴蝶，表面主要以青花描绘花草、山石和蜂蝶，又以釉上覆彩、加彩和点彩等手法进行点缀，如蝴蝶覆盖黄彩或紫彩，蜜蜂和花朵则点红彩，显得朴实自然。而蝴蝶所施“姹紫”为成化时期所特有。因其所描绘的乃是花园中的秋景，故名“三秋杯”。该器当时生产数量极少，故今日所见传世品仅有 4 只。

高足杯。侈口，深壁，高圈足，足中空或平，分别在圈足内侧或平底上题写青花楷书款，高 5.9—7.6 厘米。

斗彩果树双禽纹高足杯。高足杯一般为敞口、深腹，高足中空，近底部又外展成为喇叭状。高足杯始烧于元代，因其足部稍高，可用手擎举，故名。分竹节和无竹节两种，杯身造型也略有差异。该杯高 7.6 厘米，口径 6.9 厘米，足径 3.6 厘米。足部呈喇叭状，高足中部无竹节。外壁绘了两组小鸟和果树图，小鸟青花绘羽毛，白腹，两睛点以赭色，款识写在足部内侧，自右向左“大明成化年制”绕书。此杯为御用酒器，在明清的文献中被称为“鹦鹉啄金杯”或“一平双喜杯”，画面的蓝本极有可能是当时的宫廷画家所设计。这件器物与众不同的地方在于杯子的口沿处和足部均没有青花弦纹装饰。

斗彩葡萄纹高足杯。此杯高 6.6 厘米，口径 8 厘米，足径 3.7 厘米。它是以元代的高足杯为蓝本，但是腹部扁平化，为成化官窑创新的品种。杯为敞口，杯口微撇，杯身腹部较浅，高足出五竹节。主体纹饰为折枝葡萄，其树叶为绿色填彩，藤蔓和葡萄纹褐彩。在杯口沿处和足部各施加了两道弦纹，款识写在足部内侧，自右向左绕书“大明成化年制”。

斗彩缠枝莲纹高足杯。杯身高 8.5 厘米，口径 7.4 厘米，足径 3.8 厘米。敞口，深腹，高足自下往上三分之二处有竹节凸出，杯身图案为缠枝莲纹，中间花纹为黄彩，花心为鹅黄色，枝叶为绿彩，杯口和足部分别有一道弦纹装饰。台北“故宫博物院”收藏一件，侈口窄唇，深壁，圈足。外壁彩绘莲花四朵，以釉下青花勾勒轮廓线条，再填黄、红、绿诸彩。口足加饰青线四道，内壁素白无纹，底书青花“大明成化年制”双方框六字楷款。

斗彩花卉高足杯。该杯器型较小，高 6 厘米，口径 4.8 厘米，足径 2.8 厘米。高足二分之一处有竹节。杯身从腹部到高足通体都有纹饰，杯口沿处有一道弦纹。其主体为传统藤蔓枝叶加花卉纹样，高足部分为黄色和红色梅花图案，靠近底足部分，则是如意头装饰。款识同样是写在足部内侧，自右向左绕书青花款识“大明成化年制”。

令钟。令钟的胎体很薄，其中有器薄如纸者，内壁还印有云龙纹，是明代官窑中最薄、最精美的脱胎瓷，存世量极少。

4. 盘

盘也是成化器物中的大宗。成化时出现了卧足盘与折腰盘。成化时的盘，分为撇口、收口、菱花式。盘中之大者，口径38.5厘米，圈足，露胎，呈黑褐色糊米底状。口沿下署“大明成化年制”六字横款，青花色调浓深。

侈口盘。直径15—15.3厘米，侈口，浅壁，矮圈足。盘心及外壁画人物故事或婴戏图。底有“大明成化年制”青花款，外双圈。上海博物馆收藏有一件孔雀绿釉青花鱼藻纹盘，此盘外壁青花纹饰上施罩了一层均匀的孔雀绿釉。这种孔雀绿釉青花作品在元代已经有烧造，印度尼西亚曾经出土过这样的瓷瓶。在明初景德镇官窑瓷器中，并未发现这种孔雀绿釉青花器，但是有宣德时期的孔雀绿釉作品传世，台北“故宫博物院”收藏有一件宣德孔雀绿釉香炉。成化时期与孔雀绿釉有关的作品除了这一件外，还有大英博物馆的孔雀绿釉加彩盖盒。明代正德时期，孔雀绿釉的烧造才进入了更加成熟的时期。此时既有孔雀绿釉，又有孔雀绿釉青花瓷器的烧造。正是由于正德之前没有见到孔雀绿釉的出现，所以上海馆藏的这件盘子更显珍贵。明成化青花双龙赶珠纹盘，侈口窄唇，浅壁，圈足，以釉下青花绘饰，外壁绘双龙戏珠，间饰十字云纹。盘内口缘画卷草纹一周，内壁素白无纹，盘心画如意云纹三朵，内外共饰青线八道。底部青花书“大明成化年制”双圈六字楷款。

台北“故宫博物院”收藏有这类盘3件，其中的明成化青花竹芝三友盘，侈口窄唇，浅壁，圈足。盘外壁以青花画松、竹、梅岁寒三友纹，圈足饰波涛纹一周。内壁缠枝竹芝一圈，盘心为折枝松、竹、梅图。内外共饰青线八道，底青花书“大明成化年制”双圈六字楷款。

斗彩莲池鸳鸯纹盘。宣德时期景德镇生产过青花五彩莲池鸳鸯纹盘，成化时期也有几乎同样的青花五彩莲池鸳鸯纹盘出现，高3.8厘米，口径16.6厘米，足径10.3厘米。其纹饰和宣德时期的盘基本相同，外围和内部都有莲池鸳鸯纹饰，在内部口沿处还有梵文。相比于宣德时期的盘子，其工艺更为精细秀美。莲花部分和宣德时期稍有差异，宣德时期有红彩所勾轮廓线，而成化时期是采用没骨画法。在盘内部为四朵莲花和一对鸳鸯，莲花叶子为绿色，花心为红彩，而鸳鸯则是赭色。花心部分有两道弦纹，靠近盘口有两道弦纹，没有梵文装饰。在盘的外部，则是将内部的圆形图案进行了横向的排列，主体纹样相同，盘口两道弦纹，足部三道弦纹，底足为双圈双行的青花款“大明成化年制”。

这是成化时期为数极少的青花五彩瓷器。台北“故宫博物院”收藏一件明成化斗彩莲塘鸳鸯盘。盘撇口窄唇，浅壁，圈足。以釉下青花与釉上红、绿、褐彩共同组成纹饰。盘心绘四丛水莲与一组鸳鸯，外壁为六丛水莲，间隔六只鸳鸯。腹壁下缘画青花云头纹一周，内外加饰青线九道，底有青花书“大明成化年制”双圈六字楷款。

侈口窄唇盘。口径 16.4—26.4 厘米，侈口窄唇，浅壁，矮圈足。有数种纹饰：盘心梵文七字，周边莲瓣图案，外饰以梵文二层；盘心松竹梅，加饰湖石灵芝，外壁仕女庭园；盘心云龙，外壁波涛白龙；内壁四季团花，盘心及外壁蟠龙加饰缠枝番莲；盘心朵云三，外壁双龙戏珠；盘心云龙，外壁云龙五；盘心及外壁各绘凤凰一对，内壁转枝莲花；盘心花卉，外壁转枝牡丹花；内壁缠枝灵芝，盘心及外壁松竹梅；内壁及盘心缠枝莲加八宝，外壁番莲团花六朵等。底有“大明成化年制”双圈青花款，口径 16.4—26.4 厘米。上海博物馆收藏有一件青花莲龙纹盘，此盘内心和外壁均绘以莲龙纹，内壁画折枝菊、牡丹等花卉八朵。莲龙纹图案在明代早期景德镇官窑瓷器上就已经出现，明代中期更为流行，以缠枝莲龙纹尤为常见，主要出现在明早期景德镇官窑瓷器上。但是在成化官窑器物中不为多见。台北“故宫博物院”收藏有两件，该院还藏有与此图案完全相同的弘治时的青花莲龙纹盘，高 5.1 厘米，口径 26 厘米，足径 16.1 厘米。底书弘治六字款，完全承袭了成化的装饰风格。说明该器物是成化晚期的作品，其生产者在朝廷换代以后仍然还在生产。

上海博物馆还收藏有一件青花松竹梅纹人物图盘。外壁绘以人物图案，内心绘松竹梅岁寒三友图。这种人物图早在宣德时期就已经较多出现，目前传世者主要是仕女图，收藏最为丰富的是台北“故宫博物院”，其他机构对成化官窑青花人物图案的器物收藏极少。成化青花人物盘与宣德人物盘相比各有特色，题材纹饰皆有相通之处，但是成化制作更为精巧细致，这与成化所使用的国产青料有关。与此相同的收藏见于北京故宫博物院和台北“故宫博物院”、美国弗利尔美术馆、大英博物馆等。2003 年台北“故宫博物院”举办的“成化瓷器特展”中，有内外绘以松竹梅的青花盘两种，均为撇口。一种内口沿画缠枝卷云纹一周，另一种内壁绘以竹枝灵芝纹，并且内外松竹梅纹样各不相同。前一种 2 件，后一种 3 件。

上海博物馆还收藏有青花折枝花果纹盘。这种折枝花果纹盘在宣德时期就已经有烧造，成化官窑的相同产品只是沿袭明初的制作风格，并没有创新之意。所不同的仅是花果纹饰的绘画风格稍有变化，以及口沿上的成化官窑款识。此盘底部呈现深浅不一的米黄色，类似烧焦的米饭，俗称“糊米底”。这种底在明代官窑中有特定的时间特征，只见于明代中期。相同器物在北京故宫博物院有一件，高 5.5 厘米，口径 29.8 厘米，足径 20.4 厘米。台北“故宫博物院”也收藏一件明成化青花栀子花卉纹盘，侈口窄唇，浅壁，圈足。盘外壁绘青花转枝牡丹，圈足饰波涛纹一周。盘心绘玉簪花，内壁绘变形缠枝花卉一圈。内外饰青线九道，底青花书“大明成化年制”双圈六字楷款。另收藏一件明成化青花莲托八吉祥纹盘，侈口窄唇，浅壁，圈足，以釉下青花绘饰，盘外壁六组团花番莲纹，圈足壁饰六朵图案小花纹。盘内壁七朵缠枝莲各托八吉祥之一件，盘心为莲托法轮。内外花纹间加饰青线十道，底青花书“大明成化年制”双圈六字楷款。

上海博物馆还收藏有一件黄釉盘。明代景德镇所烧制的黄釉盘很多，但是绝大多数为弘治年间所烧，成化黄釉不及弘治黄釉，但是由于稀少，成化黄釉显然比弘治黄釉要贵得多。此盘的底部白釉处刻写了一个“甜”字，这个甜字应是“甜食房”的简称。据《明史》记载：“甜食房，掌房一员，协同无定员。掌造办虎眼、窝丝等糖及诸甜食，隶御用监。”这个字肯定是进入宫中后刻写的，其用途十分明确。从中可以知道明代黄釉器在内府是实用器，至少这种产品如此。北京故宫博物院收藏这种作品一件，造型与之相同，尺寸也基本一样。台北“故宫博物院”收藏有这类作品四件，造型分撇口和敞口两种，其中三件里外均施以黄釉，一件仅外壁施黄釉，器内及底施以白釉，四件作品尺寸多有不同。上述各类作品的釉色均较匀净，成化朝的官窑黄釉器，已经有很高的烧造水平，为接下来的弘治黄釉打下了良好的基础。

撇口盘。盘微撇口，浅弧腹，浅圈足，典型纹饰为莲托八宝纹，尺寸约 19 厘米。盘心绘以莲托宝轮，内壁绘莲托七宝纹，外壁绘莲托八宝纹，底白釉。青花双圈内书“大明成化年制”六字楷书款。莲托八宝纹最早见于元代瓷器，八宝为轮、螺、盖、伞、莲、瓶、鱼、盘，是佛教吉祥纹饰，缠枝莲则象征洁净与连绵不断。至明初盛行，成化时更是大行其道，尤其成化后期，皇帝笃信佛教、道教，以至京城大肆兴建寺庙，举行法事，景德镇御窑厂遗址成化晚期堆积层出土大量瓷器，多书写梵文、藏文佛经和佛教图案等。（见图 69、图 70）

八瓣菱花式盘。盘口沿呈八瓣菱花式，盘心缠枝莲纹，内外壁各八折枝花。口径约 25 厘米，每瓣里外壁均有开光对称之青花折枝花，盘心绘缠枝莲纹。

大盘。口径 15—29.3 厘米。撇口，砂底，圈足。有大盘绘狮球纹，口径约 38.5 厘米。露胎广底呈黑褐色“糊米底”状，盘心绘青花龙纹或双饰结带绣球，里壁为四狮赶球纹，口边多涂青，外口沿下署“大明成化年制”六字横款，青花色调浓深。北京故宫博物院、上海博物馆及景德镇历史博物馆均有藏品。

黄釉青花盘。侈口窄唇，浅壁，矮圈足，砂底。外口沿有“大明成化年制”青花款，口径 15.2—29.3 厘米。台北“故宫博物院”收藏有明成化黄地青花折枝花果纹大盘，侈口窄唇，浅壁，圈足，青花纹饰，留白处加涂黄釉。圈足内底全部露胎无釉，布满铁褐斑。盘内壁绘折枝柿子、桃实、樱桃、荔枝四瑞果，盘内底画一款折枝石榴花，外壁绘番莲花四朵，外壁口沿下横书青花“大明成化年制”六字楷款。该盘为成化皇帝御用器，当年烧造数量有限，传世品很少，极其珍贵。

碟。在成化之前较少烧造。共分三式，分别是：侈口浅壁，矮圈足，口径 8.1—8.2 厘米；侈口窄唇，浅壁，矮圈足，口径 9.9 厘米；敛口，浅壁弧形，矮圈足，口径 8.3—8.4 厘米。底部均有“大明成化年制”青花楷书款，外双圈或双长方框。还有折腰式，器型线条柔和浑圆，这应该是谷泰《博物要览》中所说的“齐箸小碟”。这类小碟在珠山御窑厂遗址中大量出土，说明当时宫中已经普遍使用此器。清代时也有仿品，但釉面青白，折腰显得生硬。

斗彩花果葡萄小碟。该碟高 2.5 厘米，口径 8.2 厘米，足径 5.2 厘米。盘心为葡萄纹饰，葡萄为赭色，枝叶为绿色，末端为黄色。盘口处有一道弦纹，外壁是花果的图案，靠近口沿处有一道弦纹，圈足部位有一道弦纹。底足为双方框双行的“大明成化年制”的青花款。

斗彩如意云芝碟。高 2.3 厘米，口径 8.1 厘米，足径 4.6 厘米，纹饰较为简单。主要外壁绘以灵芝纹的云纹，红彩、黄彩、青花者几种颜色相互间隔。口沿处有两道弦纹，圈足处有一道弦纹，底部是双方框双行的“大明成化年制”的青花款。

盏托。薄胎，菊瓣或折沿口，盘心有脐，仅见有青花和白釉器，青花绘以缠枝莲纹或折枝果，白釉器为凸起的折枝梅花。

5. 瓶

瓶是成化器物中极少见的器种。目前传世品仅见上海博物馆收藏一件，其他多为残件。

成化的**梅瓶**。器口收拢，侧视如等腰梯形，溜肩，圆腹下敛，砂底无釉，微有浅圈足。颈部饰青花朵云莲瓣，肩部及底部饰蕉叶、莲瓣纹，腹部绘有携琴访友图。器无款，耿宝昌先生早年见过，高约 24 厘米。以其典型的蕉叶及莲瓣纹以及青花淡雅色泽，被定为成化器。此器外流后，今为美国华盛顿弗利尔美术馆所收藏，广东省博物馆有一件五彩的同类藏品。不过这类无款的成化器，今天看来多半是天顺晚期的作品，只是风格上像成化器，才被误定为成化时的器物。

玉壶春瓶。高约 26.4 厘米。撇口宽唇，短颈，腹部上敛下丰，矮圈足。胎骨较薄，釉白，青花色重而匀，略有褐色小斑点夹杂于青花之中。器身绘五龙，下腹绘以波涛纹，圈足外壁间绘云纹一周，口足加饰边线。

荸荠胆瓶。唇口，直颈扁腹，齐平圈足，厚胎，器高 18.1 厘米。器身以青花满绘淡描双勾缠枝卷草纹，并填绿彩，绿色浅淡泛黄，有斗彩效果，器底亦有青花署“大明成化年制”六字款并围以双框。上海博物馆、北京故宫博物院及大英博物馆均有藏品。这种瓶的装饰有人称“青花填彩”，也有人称斗彩。但是这件作品与其他器物不同之处是:斗彩的底部都以青花写有“大明成化年制”六字官款，而这件瓶子的底部釉层已经被打磨，露出了瓷胎。这种底部磨款或与为了做假款写补款的情况不同，晚清“庚子事变”后，宫廷文物被盗严重，后来朝廷追查此事，一些手中有宫廷物品的人们，便对它们进行改头换面，瓷器则采取磨款的方式，此瓶或许是在这种背景下被磨去底款的。这种填绿彩的作品还用在其他器物上，例如天津艺术博物馆和北京故宫博物院就收藏有相同工艺的成化盘。笔者曾过手一件青花荸荠胆瓶，厚胎。口与圈足部位可能因为碰伤而均被磨平，其青花发色淡雅，绘以缠枝莲花，腹部上端有四个凸起的兽面小铺首，做工极其精致。在瓷器上装嵌铺首是“空白期”的特色，正统时期的铺首做得特别大，到天顺时期已经变得很小，再到成化时已经不见这种风格了。这种无款的青花瓶，如果胎体厚重，应该为天顺时期的作品。当时瓷器的生产已经与成化瓷器难以区分，所以许多无款的瓷器，特别是一些较大的器物，可能都是天顺时期的产品，而非成化朝所烧造。（见图 73）

莲瓣口瓶。口呈莲花形，长颈饰以对称荷叶双耳，鼓腹，圈足，造型优美，青花色泽浓艳，为成化时期青花器的典型器。

长颈瓶。又叫“鹤颈瓶”。造型奇特，球腹长颈，卧足无釉，长颈中有一凸起弦纹，上部有一环形系，作珠钮钟形盖。这种器型见于唐代越窑，但没有盖与系，形体也比成化小些，多为八棱形。该瓶器呈小口，细长颈起弦纹，单侧饰小圆系以系盖，圆腹，卧足，通高约 40 厘米，器为一对，颈部均绘流云纹，腹部分别饰以穿花龙、凤。龙纹瓶下腹托以海水，凤纹瓶下腹环以莲瓣纹。该器物仅见于景德镇出土残器，没有传世品流传至今。

瓜棱瓶。直口，圆腹，圈足，通身瓜棱形，颈部双贯耳。其哥釉器釉色为月白或粉青，釉面皆有较大的片纹。

6. 炉

炉是成化器中较有特色的器种，主要有鼓钉炉、扁炉、方耳圆腹三足炉等。

鼓钉炉。器呈筒状鼓形，敛圆口，深腹，平底，下呈三短足，有的外器壁上下部各凸起乳钉一周，腹部以青花绘以缠枝莲、八宝或梵文。线条柔和，色泽浅淡，嘉靖官窑有类同者。如青釉双耳簋式炉，高 9.3 厘米，口径 12.1 厘米，敞口，束颈，鼓腹，圈足，鱼形双耳。内外施以粉青釉，釉开纹片，无款。口沿剔除一圈青釉后，再施一层紫金釉，足底露胎处呈深褐色，呈故宫所藏宋官窑所谓“紫口铁足”之特征。据明曹昭《格古要论》“官窑”条下记载，宋代官窑胎土为紫金土，其“紫口铁足”为流釉后出现的含铁量较高的胎土本色。而成化器的胎土则为刻意追求的人工效果，当属据明人记载的宋修内司官窑烧造的仿宋官窑器物。

方耳圆腹三足炉。方耳，折沿，束颈，圆腹，下承三足，造型浑圆敦实，通高约 12 厘米，釉面白润如脂，青花明艳，所绘仙鹤生动飘逸，如云中翱翔，平底署青花“大明成化年制”双行六字款，围以方框栏。

扁炉。卷唇，炉身矮浅，或略高，呈筒状，三乳足托底。青花器饰以高士、仕女等人物景致画面，绘以缠枝莲梵文，色调浅淡柔和。

7. 其他

成化的其他器物主要有圆洗、鼓钉炉、梨壶和雕塑等。

圆洗。口径约 14.3 厘米。敛口，矮壁，凸底，浅圈足。胎骨厚，牙白色釉，青花浅淡，内底绘婴戏图，底有“大明成化年制”青花款，外双框。有的在口沿嵌铜边。斗彩器里心绘结带宝杵，底足均有青花长方框“大明成化年制”六字竖款。

斗彩莲托五珍宝小洗。高 2.8 厘米，口径 7 厘米，底径 4.4 厘米。五珍宝也有称“五供养”的。明成化官窑器遗址中出现大量这种纹饰，其斗彩五供养纹小杯外壁所绘五种供物为莲花、白螺、寿桃、宝山、烛台，这可能与当时成化皇帝崇佛有密切关系。

斗彩折枝花纹洗。洗的内部为青花纹饰，中心是十字宝杵，十字杵外围是八瓣莲瓣纹，莲瓣内各书一个梵文。外壁则是四组对称折枝花纹，口沿处两道弦纹，底足有一道弦纹。

斗彩十字杵洗。此器物高 4 厘米，口径 12.5 厘米，底径 9.3 厘米。口沿和底足有包金，外壁为透明釉，器物内部的中心处为十字杵图案，杵的顶端用黄彩，其余都是水绿色。

梨壶。高约 14 厘米。敛圆口，硕腹，短流，曲把，矮圈足。口沿绘如意云一周，腹部绘以海水龙纹，圈足青线四道，盖面莲瓣纹边加以青线，盖平顶，上有宝珠钮。壶把上与盖侧各有一系。胎骨薄，釉色较白，青花色略浓。

盖盒。有盒内分作五格和七格两种，也有无格者。无格盖盒与永乐红釉盖盒造型一致，是承继永乐之作。七格盖盒的直径与宣德七格果盘相近，其分格的形式、格内的装饰都与宣德一致，只是在宣德果盘的基础上加了盖而已。成化盖盒呈扁圆形，盖直口，平顶，上下合口，圈足。胎体略厚，有青花、斗彩、红地绿花、白地绿花和孔雀蓝地绿花等品种，饰以花蝶纹，高8厘米。其斗彩器口径为15厘米，盒顶绘有九秋图（菊花、兰草、蜂蝶等），色彩艳丽，姹紫之色极为醒目，底部署“大明成化年制”官窑款识。青花蟠螭与花鸟纹器，则与孔雀蓝地绿花器大小尺寸一致，口径为28厘米。这种盖盒当为画家绘画时使用的调色盘，乃是为宫廷画院特制的器物。

斗彩花蝶盖盒。传世成化斗彩盒子类器物比较罕见。盖盒为扁圆形，直壁，平顶，圈足，盖和盒身作子母口盖合。盖盒的主体纹饰为草丛，草丛的空隙间则绘有蚂蚱、蝴蝶、蜻蜓等。用彩方面，还是以釉下青花配上红、黄、绿、紫等彩，款识为底部青花双圈楷书“大明成化年制”双行款。

堆塑。成化一朝堆塑工艺高超，人物制作尤其精细。如青花布袋僧，神态飘逸潇洒，栩栩如生。器身釉面肥厚白润，青花色泽淡雅，并遗有斑驳釉上彩痕。

鼓形香薰。作鼓形，三足，有盖，盖上为四个镂空的钱纹为出香口。

长方花盆。盆内三分之一处有一S形隔板，隔板下有一圆孔使两处相通，厚底，底边四角浮雕如意作假足，足与足之间亦饰以如意。成化、弘治时著名画师吴伟所作的《武陵春图》中绘有这种花盆，花盆中种一株梅花，可以证明这种长方形盆是用来栽种盆景之物。

执壶。成化执壶系仿永乐鸡心扁壶，与永乐器比，流与壶身之间多出了一相连的云板。其流细，壶身修长，但不及永乐器饱满。

在景德镇出土的瓷器碎片中，还发现了一些难得见到的新品种，如绘穿花凤凰纹或穿花龙纹者，还有在颈部书写“大明成化年制”横向单行楷书款的器物。鉴定成化器物必须熟悉其器型，领会风度神韵，方为有助。

九、装饰风格

成化早期器物的装饰风格大多承袭宣德风格，有些纹饰早在永乐时即已定型，一直沿用到成化以后，其中以龙凤纹居多。再如青花三果花卉纹盘，一直延续使用到弘治、正德年间，在一百多年时间内，一直沿用这种绘画题材和风格。成化中期以后，开始大量制作轻盈小巧的器物，使用淡雅纯净的青料，纹饰和装饰风格也必然受到限制，为了达到相互协调的效果，成化青花的纹饰风格，从雄伟跌宕转化到雅致纤柔、灵巧轻盈，赏心悦目的纹饰形成了成化独有的清新儒雅的特点。与此同时绘画笔法也随之变化，成化时期常见绘画笔法为粗笔双勾填色、细笔双勾填色、单笔勾勒点染等。其中细笔双勾填色是明代成化时期典型画法，主要用于成化时期新创作的纹饰，而其他各种画法多用于永乐、宣德传统纹样的绘制，但均在继承的前提下做了创新，画法更精致细腻。

成化主题纹饰有龙凤纹、花鸟纹、莲池鸳鸯纹、莲花托八宝纹、子母鸡纹、海兽、麒麟、犀牛、花蝶、仕女、婴戏、人物故事、花卉纹、文字、吉祥纹饰等。其中莲托八宝纹于成化时期才开始流行，辅助纹饰多为长蕉叶。成化纹饰大多来自中国传统题材，几乎未见西方题材出现，以人物画为主题纹饰是成化青花的典型特征。成化瓷器采用印、划、刻、堆以及绘画多种工艺装饰。其青花线条纤细，多用双线勾勒填色法，所填色彩较淡。其彩瓷只用平涂，分浓淡不分阴阳，无渲染烘托。绘老少人物衣着，只绘单色外衣，无内衣作衬托，故有“成窑一件衣”的说法。所画鸟类，体型丰满，花叶常作手掌状，花朵只绘正面，也无阴阳反侧，同宣德时一样。花木有的绘根茎，但多数以地坡为衬，山石无凸凹之感，所绘蕉叶顶尖略圆，形象柔和，似若风吹飘动。一般莲瓣纹与旋转叠压菊瓣纹边饰线条圆浑，而间以带状水藻莲花纹，为成化时突出的纹饰。

装饰纹样开始出现规整、近于图案似的花纹，如仅画四朵或六朵无茎叶衬托的宝相花纹和团花纹，而婴戏图、高士图、麒麟图、三秋纹、九秋纹、秋葵纹、花蝶纹、团菊纹、荷莲纹、鸳鸯卧莲纹等，皆为此时常用的图案。另有一些受佛教影响的纹饰，如长生莲纹、宝杵纹、梵文、八宝纹等，也开始兴盛起来。从正统朝开始，官样瓷器的设计权已经基本上转移到内府手里。《明英宗实录》卷四十九“正统九年（1444 年）五月丁卯”条谓：“江西饶州府造青花白地花插，瑕璺不堪。太监王振言于上，遣锦衣卫指挥往，杖其提督官，仍赐内官赍样，赴饶州更造之。”宫廷画工具有高超的绘画技巧和艺术修养，其所绘制的纹饰构图生动自然，能够达到器型与纹饰的和谐统一。明成化青花瓷的款识书写已经有固定格式，年号款识有“大明成化年制”和“成化年制”两种，私制款识较少见。从已经出土和传世的青花瓷看，长达 23 年的明成化官窑青花瓷的款识只有一种字体，笔锋相近，似乎只有一人专职书写。从文献记载分析，应当是成化官窑完善工艺制度、分工明细的结果。

1. 绘画笔法

成化典型绘画风格形成于成化中期，完成了从雄浑跌宕到纤柔雅致的巨大变化。相应地绘画笔法也有所变异，其主要笔法为粗笔双色勾填、细笔双色勾填和单笔勾勒点染三大类。粗笔双勾填色是青花瓷的传统装饰笔法，自永乐、宣德以来一直沿用，成化早期崇尚宣德风格，故沿用之。如花果盘上的四季花果，就是使用这种笔法绘制的。细笔双勾填色是用均匀细瘦的线条双勾后，再填以单色青料水，这在景德镇称之为“浑水”，为成化时的典型风格。这种方法是成化朝开始使用平等青以后，根据青料的特点发明的。用细笔双勾的纹饰纤细疏朗，结构简单，所填之色有浓淡两种，都较均匀，不见深浅笔痕，成化斗彩即是采用这种笔法填彩而成。单笔勾勒点染这种方法最初来自宋金时期磁州窑黑彩的创用，元代时的青花器也使用这种笔法创作。成化时有些辅助纹饰，如回纹、松针、茎蔓、海水等仍然采用这种笔法。上述三种笔法，只有第二种是成化时期独创，也是成化的典型笔法，使用这种笔法绘画的多是小杯、小罐等小型器物。这种笔法绘制的器物在年款的书写上，通常使用年号款外加双边框，这通常被认为是成化晚期的器物特征。至于粗笔双勾填色和单笔勾勒点染的笔法，直到正德时期仍然在沿用，不能以此作为鉴定的标准。成化的青花绘画历来被文人所推崇，认为画笔老道高古，笔势飞动，颇具意气。对于画师的技能也多溢美之词，“盖丹青妙手寄其心力于瓷片之上，故能笔细如发，用青如用墨，点染描画，各臻其妙也。”（《竹园陶说》）。可以说成化青花惹人怜爱，画师的神功笔力起了关键作用。

成化彩瓷特征是：双单线平填，叶只有阳面，无阴阳向背之分，花卉只绘正面，没有反侧之别。人物的衣着都是有表无里的一色单衣。山石也无凹凸之感，干枝不皴皮，花朵多一色，也有一部分为改变一色花朵的单调，在花朵上用异色填心，如红花填绿心、黄花红心、紫花红心和红花青花心、青花红心等，以相互配合显出花朵的层次。这时的彩绘技法表明，成化时期还没有发明炼制乳香油、樟脑油等调色方法。过去有种说法认为水便于堆填，胶便于抹，油便于洗染。真正的成化彩瓷除了没有洗染纹饰外，釉上还没有黑色和黑线轮廓线，只有釉下青花轮廓线。因此成化彩瓷以填为主体，用画笔处极少，如果有，也仅见于花瓣、翎毛、草虫及边角处，用画笔勾勒点缀为数极少。成化时期在画法上开始出现“分水”（又叫“浑水”）的画法，即先以颜色深的料水勾勒出纹样的轮廓，再用可以多含水的羊毛笔，蘸取不同浓度的青花水料在轮廓内晕染，使青花产生多色阶的艺术效果。成化时色阶只有浓淡二度，纹样精细，色彩淡雅清新。纹样粗犷的则分水浑浊，有的把轮廓线也染糊了，青花的花头混成一团。由于青花的青料和画法的改变，使得青花风格由明初的浓重粗犷变得清淡典雅。另外纹样多为双勾浑水，有的线条细而流畅，有的醇厚丰肥、柔软活泼，保持了天顺青花的特征。

成化斗彩绘画方法十分丰富，按照不同器型和不同纹饰做相应处理，具体有四种方式：一是青花双勾，釉上彩填色。全部纹饰以单一青花细线双勾形成轮廓，再于釉上填以色彩。如斗彩蔓草纹瓶，全器以细柔青花线条双勾蔓草轮廓，再以浅绿色填入轮廓线中，淡雅清丽。二是青花双勾渲染，釉上彩覆盖。釉下青花双勾轮廓，并用青花渲染，再以釉上彩在纹饰上平涂填色。如成化斗彩云龙穿瓜纹罐，罐上的瓜叶纹均为青花勾勒点染，其上再分别填以黄、绿彩，使纹饰有立体感。三是青花双勾釉上填彩和青花双勾渲染相结合。部分纹饰用青花双勾釉上彩填色，另外纹饰用单一的釉下彩青花双勾渲染，共同拼逗组成画面。如成化斗彩花鸟纹高足杯，其花果纹青花双勾釉上红、绿、黄彩填色，小鸟以单一青花绘画，使花果纹和鸟纹在视觉上拉开了距离。四是青花双勾填釉上彩和釉上彩双勾填色的结合。器物纹饰由单一釉上彩和青花两种画法组成。如斗彩团花花果碗，花果花枝有黄、红彩勾勒填色，碗心苹果用青花双勾釉上彩填色。成化斗彩除了上述方法外，还有许多变化，法无定法，随器而变。

2. 纹样纹饰

成化的绘画纹样婉约清新，别出一格。由于成化斗彩器均小巧轻盈，因而装饰风格也具有这种轻歌曼舞式的阴柔之美。题材皆是花蝶、葡萄、婴戏、高士、花鸟、鸡群等内容，没有雄伟壮观的大场面，即使是龙纹，也处理得非常富丽高贵，似乎有种卡通式的美，并无习见的凶煞气势。成化斗彩的绘画充满着诗情画意，将明代人典雅而精致的生活展示得淋漓尽致。和这些田园诗般题材相一致的，是胎骨的坚致洁白，造型的小巧细薄，釉质的莹白如玉，再加上青花的淡雅纯净和釉彩的艳丽明亮，将明代制瓷工艺所有成就都集于一身，被历代陶瓷界人士所津津乐道。后来虽然仿品不绝，但是大多貌合神离，或失之粗糙，或失之矫情，这即为世人所谓之绝唱。

成化的盘、碗等产品，除外壁与底心加以装饰外，碗的内壁也装饰瓔珞纹、锦地开光如意、折枝或缠枝花卉、莲池水藻等图案。碗、盘的内外口沿也常装饰十字菱形锦纹、龟背锦纹、梵文、云雷纹、卷草纹等。引人注目的还有碗的足部，外壁饰有简单的图案，或者画上二条弦纹线，整个器物装饰很满，这种作风一直影响到弘治。成化时瓷器纹饰线条纤细，圆润旖旎，尤以斗彩最为显著。其淡雅之态，如轻歌曼舞，淡而隽永。而其“姹紫”之色，独具时代特征。对于成化斗彩器，孙瀛洲先生曾有口诀：“鲜红淡抹绿闪黄，姹紫浓厚却无光。”成化纹样中，开始出现规矩图案化的宝相花等，并大量运用对称、连续等装饰手法。成化时期所独创纹饰主要有子母鸡、三秋（秋花蝴蝶）、花鸟、葡萄、苦瓜、池塘荷莲，以及宫碗上的青花湖石、山茶等，人物图案除高士图外，还有“仙人乘槎”图。后人感慨吟咏的也是这些画意清新，构图别致的器皿。

成化器物的纹样比明初繁缛得多，缠枝灵芝、番莲、牡丹或缠枝捧八宝纹，常常是均匀地填满短小的蔓草和卷叶，有的卷叶简化成排列有序的点，折枝花的花头常画成螺旋纹。画葡萄一类藤本植物，藤画成弹簧状，湖石一笔画成蚌壳状，湖石两边画对称的花草或“三果”树。以梵文为装饰的宗教图案亦多见，碗的外壁常画有龟背锦纹，蓝地白花缠枝牡丹纹很具特色。白描莲池纹以鳞次栉比的水浪为地，烘托白莲水藻，并蒂荷花对称构成，为此时独具。成化瓷器的纹饰大致分为两大类：首先是继承了永乐、宣德时期的传统纹样，做了部分改造，画法更为纤细精制。其次是成化时期新创作的纹饰，多采用细笔双勾填色的方法，构图简单明快，疏朗空灵，有些图案设计为绘画式布白。成化瓷器与永乐、宣德时期纹饰的严谨、端庄不同的是，注入了人性化和生活化的内容及意趣，体现了灵巧和轻盈，更注重赏心悦目。从题材来看，龙凤、怪兽、花鸟、人物、吉祥纹饰以及文字等仍然是主要方面。

3. 动物类

动物类纹饰主要有龙凤、螭虎、鸡、怪兽和花鸟等。其中闹潮龙和穿花龙使用宣德蓝本，但闹潮龙的潮头画得较多，浪花翻腾，动态感更强。穿花龙则花朵较小，枝叶纤细，不及宣德时粗犷。龙有各种组合方式，配以云纹、火珠、海水和莲花灯各类辅助纹饰。例如夔龙四条，各衔莲花一枝；夔龙二条，口衔番莲花；双龙赶珠纹，加饰云朵；云龙五条，配以波涛、山石；团龙、配梵字；龙凤各一，加饰云朵；凤凰一对，饰以缠枝番莲花并云头。成化龙纹矫健而灵动，配以莲花、云纹等有着华美高贵的感觉，与永乐、宣德时期的毛发上竖、凶猛威严的形象不同。青花双龙纹在洪武、永乐、宣德时期的景德镇官窑瓷器中就较多运用。双龙之间常有一个圆珠（或谓火珠），即所谓“双龙戏珠”。龙纹中出现最多的是夔龙、翼龙、团龙。夔龙造型奇特，嘴唇上翻为笏状，象鼻，兽身，尾作卷草，口衔一朵莲花，形象温驯。翼龙始见于永乐，双翼团龙为成化独创，它不同于应龙，是在常见的团龙前身绘一对蝙蝠翼，而不是羽翼。成化时的凤纹出现团凤，身体作卷草，又有夔凤之称。

成化花鸟图案多为简笔花鸟，所画鸟类体型丰满，一般是用于小型器物之上，画花果二支，各栖一鸟，非常动人。莲池鸳鸯纹，又称“满池娇”，雌鸳鸯游弋，雄鸳鸯飞翔。采用细笔双勾填色笔法，造型简洁。鸡缸杯有三种图案：其一，外壁彩绘大母鸡一对，率小鸡六只，饰以牡丹、红花二丛；其二，外壁彩画大鸡两对，各率小鸡三只，饰以牡丹、红花二丛；其三，外壁彩画大鸡一对，率小鸡五只，饰以山坡花卉。这种纹饰于缸形小杯和斗彩中为常见，为成化瓷中的代表纹饰。

香草龙在成化青花中常见，青花中画飞龙也始于此时，到正德、嘉靖时为常见。婴戏图、三老对弈图极为生动。成化斗彩的纹饰，常常以组合的方式出现，如小鸟配花果、蝴蝶配山石等。

怪兽图有海兽、麒麟、犀牛等，造型沿袭宣德器。花蝶多用于小杯，以兰花四盆、蝴蝶四只绘制。海兽珍宝纹饰于小碗上，碗内口唇上海兽四只，间饰青花绿彩海藻，碗心太极图一枚，外面彩绘八卦纹、波涛纹、四种珍宝纹。海马纹饰于天字罐上，外壁青花绿彩波涛，火红色海马，加饰青花云纹。云龙纹饰于天字罐上，外壁绘青花绿彩海水波涛，黄彩为云龙，绿彩为云纹。根据景德镇御窑厂遗址出土残片，还有海狮纹等。成化还有螭虎龙，这是一种会飞的翼龙，俗称“螭虎龙”。螭龙纹饰于敛口窄唇杯上，外壁彩画螭龙二，各衔莲花，上下间饰花枝。另外还有翼龙、莲池龙、穿花龙等形式。但是实际上，“螭”是古代一种无角的龙。而“螭虎”是指古代器物上的一种龙的形象，晋张华《博物志·逸篇》逸篇中有：“螭虎形似龙，性好文采，故立于碑文上。”清代顾张思《土风录》卷五记载：“衣饰、器皿绘画龙像，呼曰螭虎。”这种龙纹在成化以前的景德镇官窑瓷器上运用得不多，天顺以后开始使用，自成化以后才逐渐增多，尤其是晚明景德镇官窑中使用得更多。上海博物馆收藏有一件青花螭龙纹碗，相同的传世品极少。双狮戏球纹，空隙间加饰的杂宝较宣德时为多，宣德时一般绘火球、法螺、珊瑚、银锭等八种，而成化时多达十余种。海兽纹始创于永乐，从宣德到成化早中期都相当流行，但是多绘以多种不同的海兽，至成化后期简化为一种，如青花墩子碗只画海马，“天字罐”也只画海象一种。

在成化御窑彩器中，有一种满池娇的装饰风格，非常重要。满池娇图案又称鸳鸯莲池纹，这种纹饰始见于南宋丝织物，入元以后，风行于刺绣衣物中，颇见有时人题咏。柯九思《宫词》中说：“观莲太液泛蓝桡，翡翠鸳鸯戏碧苕。说与小娃牢记取，御衫绣作满池娇。”柯氏自注云：“天历间绣衣多为池塘小景，名曰满池娇。”元青花瓷器上亦多流行用满池娇题材装饰。其画稿早在元代即已出现，不应定为明人所作。但莲池鸳鸯纹模本源自宣德，鸳鸯的颈部画得比较粗。据刘新园先生考证，宣德御瓷开始绘以满池娇图案，是宣德皇帝审美主导的结果。该画稿可能出自宣德皇帝非常钟爱的明代浙派画家之手。他的出现与宣德皇帝的绘画修养，和对于色彩的敏感不无关系。其实该图案早在元代就已经出现，在典型的至正青花中也有完整的满池娇图案，深圳和畅园博物馆收藏一件元代至正型青花碗，为典型的苏青，就是绘以满池娇图案。莲池游鱼纹是在宣德构图的基础上，以淡淡的青料水涂于莲荷、游鱼上，绘出了碧意荡漾的水波。成窑因崇尚宣德风格，故制式承袭前朝，再度风行满池娇之装饰，体现了成化帝对祖父宣德帝的无限敬慕之情。成化斗彩工艺是从宣德工艺继承过来的，除了青花双勾后釉上填彩这一基本画法外，还添加了染彩、覆彩、点彩等方法，形成成化斗彩的独有特色。在釉上彩的研制和生产上面，成化斗彩也有新的发明，釉彩的种类和色彩饱和度都达到了空前水平。

4. 人物类

人物类纹饰主要有仕女图、婴戏图和人物故事图等。这一时期的纹饰稀疏，主题突出，线条纤细柔和圆润，多采用双色勾勒填色法，所填色彩较淡，以斗彩最为显著。其淡雅之态，如轻歌曼舞，淡而隽永。其彩瓷只用平涂，分浓淡而不分阴阳，无渲染烘托。所绘老少人物的衣着，只绘单色外衣，无内衣作衬托，故有“成窑一件衣”的说法。常见有人物纹杯，敛口深壁，图为兰亭观瀑。婴戏图饰于敛口深壁杯上，外壁彩画婴戏图，加饰湖石、芭蕉，底心饰湖石、浅草。人物纹见有庭院仕女，与宣德为同一模本。人物图案除高士图外，还有罕见的“仙人乘槎”图。后人吟咏、赞美的成化瓷器，多半是绘有这些图案的器皿，因为这些图案是成化时期所独创。清代乾隆时期朱琰所撰《陶说》一书的卷三和卷六，较多收录了关于明代成化青花瓷器人物纹饰的描述。“成窑酒杯有名‘高烧银烛照红妆’，一美人持烛看海棠也。锦灰堆者，折枝花果堆四面也。”解释了成窑人物纹饰绘画的内容。

婴戏图在成化时出现较多，并且十分生动，内容也很丰富。纹饰中娃娃们都是成群结队的在一起玩，画面中多的有16人，最少的也有4人。他们有的玩拨浪鼓，有的放风筝，也有捉虫、斗草者。这种生动活泼的纹饰，打破了过去官窑纹饰庄重刻板的局面，令人耳目一新。而这一题材的出现，又可能是与成化帝的盼子心切有关。因为成化帝18岁登基，到29岁还没有儿子，十余年来一直盼望生个太子以固国本。绘画题材正是迎合了帝王的这一需求。婴戏中的小孩，有的穿衣，有的系一围兜，也有上身赤裸的。衣服只绘单色外衣，不见有内衣作衬托，因此有“成窑一件衣”的说法。这一时期的婴戏图构图前期较为疏朗，后期比较繁密。1984年江西景德镇明代珠山御窑厂遗址成化地层出土成化青花婴戏图纹宫碗，内壁素面无纹，腹部绘两组共14个戏童，一组着衣，一组仅系肚兜，以曲栏隔开，辅以柳树、山石、花卉、栏杆等。通常认为成化青花存在前、后期风格的演变。刘新园先生根据景德镇珠山龙珠阁遗址的发掘，对比成化窑瓷器做出三阶段的分期推测：第一期为成化四年（1468年）的遗物，造型与纹饰多有宣德时期遗风，第二期为成化四年至成化十七年（1481年）的遗物，品类丰富，瓷胎细薄。第三期为成化十七年至成化二十三年（1487年）的遗物，款式创新比较多，斗彩瓷器或创烧于此时。

成化婴戏图多分为两组，戏童身体健胖，圆头大脑，绘画得更为明显，面部刻划细致，五官多集合于面部中心，头上多留有三撮头发。此时瓷器外壁出现八子、十二子、十五子婴戏图碗，有人认为，除此之外还有九子、五子和七子的婴戏图碗。成化斗彩纹饰中的婴戏图戏童零散，手持花草的戏童、手持幢的戏童、回头张望的戏童同处一组，略显凌乱。还有一种婴戏图，以草石地皮景衬云朵、蝴蝶，内底一戏童，手舞足蹈，外壁四个戏童形态各异，如此般郊外婴戏图在这一时期较为常见。其变化大致可以分为如下几点：首先戏童活泼，内容丰富。此时的孩儿游戏内容十分丰富，有捕蝴蝶、斗草、放风筝、骑马、蹴球、戏鱼、玩木偶、捉迷藏、执荷叶等，不难看出，绘画的儿童多在跳跃活动，好动的天性给予了充分写实。其次云纹变得相对单纯。此一时期的青花绘画技法包括勾勒点染、双勾线平涂等，在云纹上表现为细碎、波浪形状的两条轮廓线连接成链，描绘云纹的轮廓，再以青料简单分水，晕染上方的轮廓线，下方的轮廓线比上方更为细碎，偶有重叠，明中期以后的人物瓷画笔法更为简练。青花发色多为泛青，柔淡透彻，采用色泽稳定的国产平等青料居多，淡描青花，秀气不晕散，一些戏童衣裤只是单线平涂并未罩染，一些戏童显系勾勒点染。

成化仕女图与婴戏图相比显得保守得多，原因可能是与成化皇帝独宠万贵妃有关。同时成化皇帝也不同于先帝，先后在天顺八年（1464 年）、成化十五年（1479 年）、成化二十三年（1487 年）共三度应允让宫人自愿回家。这一放出政策基于自愿，应是成化帝的独自决策。但是成化一朝还是绘有仕女图瓷器的，如成化青花秋夕诗意图盘，内底绘以松竹梅、湖石、兰草、灵芝，外壁绘以庭院仕女。亭阁前有一仕女坐而烧香，另有扑萤、捧物者，室内红烛高照，中置书屏，天边三二点连线，整个情景尽取自于杜牧的《秋夕》，诗曰：“银烛秋光冷画屏，轻罗小扇扑流萤。天街夜色凉如水，卧看牵牛织女星。”天边的几点连线，正是七夕之夜牵牛织女星的写照。这种三二点连线星宿的画法，早在东汉时期就已经多处出现，譬如河南南阳白滩东汉画像石“牛郎织女星象图”的画法，其中三点连线好似一长长扁担，中间的是牵牛星，相传牵牛星在扁担的中间，两头挑着牛郎与织女的两个孩子，一直在追赶着织女。总体上看，成化的秋夕仕女图不及宣德“秋夕图”的瓷绘细致，笔触画工略显平淡。仕女的绘画呈现脸大身短、下巴硕圆、整体小的特点。细部略笔写意。成化时的云纹改为八朵并列成排，整体向上拱起，卷云纹多集中在通景首尾相连的地方，人物活动的空间趋于减少，与图画的边界构成云层的整体。一般多采用江西乐平的平等青，发色偏灰，浓淡不一。

至于在宣、成瓷器上作画的画工为何人，明代文人王士性《广志绎》卷四谓：“然二窑皆当时殿中画院人遣画也”，这里的“遣画”，可以理解为宫中画师画好样稿，送来景德镇，由工匠照描，也可以解释为画院直接派人来作画。从情理上讲，前者的可能性较大。因为画院的画师不可能会画瓷器，而且他们也未必习惯使用描绘瓷器青料所专用的鸡头笔。

5. 花卉类

成化花卉内容比较丰富，大致分为图案类和写实类。主要有兰草、缠枝莲、花果、花卉、灵芝云、仰莲瓣等。图案性质的花卉有粗笔双勾填色和细笔双勾填色两种。粗笔者有花果纹大盘，纹饰造型和笔法均沿袭前朝。细笔者对花卉的造型均作了简洁化处理，采用了新的画法，多被斗彩所采用。写实类的花卉往往配以山石、鸟雀、蝴蝶等内容，画面平和恬静。团莲纹用于盖罐上，腹部绘团莲五朵，间饰云纹，底边饰以云头花一周，青花勾勒，加填各彩。花蝶纹饰于盖罐上的为牡丹六朵，饰湖石、野菊及蝴蝶数只，饰于杯上的为牡丹三丛、蝴蝶五只。梅蝶纹饰于葵瓣口碗，器物内外壁均饰以淡红梅瓣，饰以彩蝶数只，内外可映见叠合。团花鸟纹饰于侈口窄唇杯上，周壁四团花，其中对称的两个团花内各有小鸟一对。葡萄纹饰于侈口窄唇杯上，外壁葡萄、桑葚各一枝，饰以山坡、浅草。另有缠枝葡萄纹一种。团花果纹饰于各种斗彩杯上，有石榴、桃等各种花果和四季花卉，每杯外壁四组纹饰。折枝花纹饰于斗彩杯上，外壁花卉三折枝。花鸟纹饰于侈口碟上，碟心如意纹，外壁灵芝七枝。梅花纹饰于侈口碟上，碟心青花绿彩波浪纹，饰以梅花五朵，外口沿下彩画云纹六朵，底边青花绿彩波涛纹，加饰梅花 12 朵。根据景德镇出土残片，花卉类纹饰还有缠枝宝相花纹、八宝纹、菊花纹、杂宝纹、落花流水纹等。成化时所绘花叶常作手掌状，花朵只绘正面，叶无阴阳反侧，与宣德时一样。花木有的绘根茎，但多数以地坡为衬，山石无凸凹之感。所绘蕉叶顶尖略圆，形象柔和，似若风吹飘动。一般莲瓣纹与旋转叠压的菊瓣纹边饰，线条圆润，而间以带状水藻的莲花纹为成化时突出的纹饰。其所创姹紫之色，独具时代特征。孙瀛洲先生有云：“鲜红淡抹绿闪黄，姹紫浓厚却无光”。湖石三友图中的湖石，无论形状还是画法，都与宣德时大相径庭。花果纹有菊纹、石榴纹、玉簪花纹、桃纹、柿子纹、荔枝纹、樱桃纹、白果纹和宝相花纹。将花果纹作团花状是成化之特色。松竹梅纹、花卉纹、瓜果纹饰的构图，都是成化时期特有的绘制风格，其中缠枝灵芝间夹以竹叶的图案非常特殊，仅见于成化时期。永宣时的阿拉伯花纹结构非常复杂，至成化后期这类“回回花”都进行了简化，有的演变为交枝形式的适合纹样。

缠枝莲纹。成化缠枝莲纹所装饰的器型主要有碗、盘、杯、罐、瓶等器型。绘制材料除了青花、釉里红，还出现了青花斗彩。这个时期缠枝莲纹花型丰富，有传统的螺形莲瓣、麦粒状莲瓣、如意云形莲心、倒“个”字形莲心、桃形莲苞等，分别解释如下：传统螺形，见于青花缠枝莲纹葫芦瓶局部，构图疏朗，采用双勾填色，相邻的两朵莲纹都是螺形莲瓣，外层莲瓣数较多，层层叠叠，使得整个莲纹显得饱满硕大。麦粒状莲瓣，其缠枝莲花头与花叶双勾填色，缠枝骨架单线勾勒。莲瓣呈麦粒状，按照构图的基本原理来讲，莲纹应该置于碗外壁中央位置，而此莲纹布置在偏下方，布局结构显得不是非常完美。瓷碗碗壁到胫部大面积地绘以缠枝莲纹，口沿、足墙上下都以双弦纹做渐淡装饰。由此看来，构图上成化的器物布局已经完全变成疏朗典雅的风格。如意云形莲心纹饰，莲瓣拱起如意形莲心，莲瓣和莲心都采用勾线填色并留白，看起来结构明晰，立体感十足。倒“个”字形莲心，见于成化斗彩缠枝莲盖罐，只有青花和釉上绿彩二色，青花勾轮廓，青花填莲花色，绿彩填花茎和叶子。正面看去莲花纹饰如倒“个”字形。桃形莲苞，见于青花斗彩缠枝莲纹杯，用青花勾轮廓，红彩、黄彩、绿彩填色，外有麦粒状尖形莲瓣，填色不准，本应红色的花瓣还是空白，内层的莲苞如桃形。

成化缠枝莲骨架顺畅、纤巧，有双勾填色、单线勾勒两类。双勾填色多为斗彩作品，缠枝的骨架力量感更强，单线勾勒显得轻盈飘逸。此时官窑缠枝莲骨架形式饱满，在弧度较大的骨架上，莲纹从波面发枝向左下展开，形成一弧状曲线，再由其弧线低点处起线绘莲纹，另一莲纹从同一波面上发枝向右下展开，在弧形曲线上起线绘莲纹，缠枝骨架将莲纹圈住，枝末以花叶封口，基本上没有任何缝隙，莲纹被骨架包裹得严实，缠枝骨架形成为一不规则的圆形。笔法灵动自然，优美婉约，这是明代中期官窑缠枝莲的代表作。与永宣缠枝莲纹相比，其种类一样多，但有一个细微的差别，永宣时缠枝上的表现是一个波段上的出枝方向为从右至左，而成化时则是从左至右。这是一个规律性的差异。永宣时期缠枝莲是单独构图，少见与其他图案组合，而成化缠枝莲与八宝图案相结合，即缠枝莲托八宝纹，此外还有缠枝莲托龙纹和凤纹。

6. 文字

成化官窑多用藏文和梵文作为瓷器主体装饰或辅助纹饰。以此作为主体纹饰，是成化时期所特有。成化纹饰中出现大量书写梵文和藏文佛经以及八吉祥、金刚杵等的图案，这与成化时期做宫中法会密切相关。成化帝即位不久，吏部尚书李贤等就提出，“近传番僧入内诵经，至晚乃出”，不合祖宗法度。那时宪宗尚能纳谏，遵照祖训予以停止。但成化十七年（1481 年）以后，就不顾大臣反对，在宫中大兴法会，连朝鲜《李朝实录》都记载：“皇帝酷好佛道，大内设法会则着僧衣，设道场则着道衣，或夹旬不罢。”这些数量多、品类繁琐的书写梵文和藏文的器皿，必然是成化十七年以后所烧造。作主题纹饰的多见于小杯，如藏文杯高约3.5厘米，外壁有藏文两层，内底一字。梵文杯高4厘米，外壁梵文3或4层。成化仿宣德青花加五彩盘，一周皆用藏文作装饰。番莲梵文杯，饰于侈口深壁杯上，外壁缠枝番莲八朵，花上各加青花梵文一字，底边如意纹。另有单独缠枝莲纹四枝，有些底边加饰梅花纹。

7. 吉祥纹

吉祥纹分为两种：一种如八宝纹，采用花卉托八宝的形式。另一种由几种纹饰组合，如用宫灯、蜂、鱼等各三组组成“年年丰登”的图案。又如凌云纹，饰于碗上，为团花灵芝加饰云朵。成化时期出现了比较规整、近于图案式的花纹，如仅画四朵或六朵无茎叶衬托的宝相花和团花。此时还有婴戏图、高士图、麒麟图、三秋图、九秋图、鸳鸯卧莲纹等，皆为此时的常用图案。受佛教影响的纹饰开始盛行，如长生莲纹、宝杵纹、梵文、八宝纹等。成化纹饰开始出现规矩图案如宝相花纹、团花纹等，并大量使用对称、连续等装饰手法。绘画技法采用渲染勾勒，增加了层次感。常见题材以花卉、花鸟为多，梵文过去单一作为辅助纹饰，成化时也用以组成立体图案，一直影响到弘治时期。内容有婴戏图、松鼠葡萄图、水藻浮莲图等。水藻似黄豆芽，细长。牡丹叶呈锯齿状，外廓留一圈白边，叶脉清晰，叶子画成鸡爪形。花果带藤须，碗圈足画两条线。另外还有云鹤纹、海兽纹、莲池鸳鸯纹、莲托八宝纹、品字云等纹饰。辅助纹饰主要有锦钱地纹、桂花锦纹、如意纹、藏文、卷草纹、飞花流云纹等。由于成化之前的青花大多线条晕散，渲染处常因流散而浓淡不一，有大笔水墨的效果。至成化后期，青花淡雅，线条不晕不散，有如游丝。过去渲染处容易控制，加上使用双线勾勒填色法，填色多是平涂，因此青花呈色均匀，无渲染烘托之效果，是空前工整的精细之作。成化后期的纹饰与构图也有很大变化，从而形成自己独特的风格，如包袱纹，是在包袱内分别绘有古钱锦、龟背锦、桂花锦。

成化云纹多与其他纹饰组合。常见的有人字形云纹、壬字形云纹、蝌蚪状云纹。云脚多细长，万字形云纹的云脚较以前的云纹细长很多。蝌蚪形云纹头大尾小。成化时期的长脚如意云纹与前朝不尽相同，前朝的云脚或向左，或向右。而成化长脚如意云纹的云脚则向下延伸。成化时期还在继承的基础上大胆创新，前朝的云纹多以如意云头在起笔或收笔处与飘带相连接，而成化云纹云脚细长，转折明显，为此时云纹的代表特征。对比前后的这些变化，“空白期”云纹的特点是多与其他纹饰组合出现。除了传统的构图方式，成化时期还出现了以散点状的构图方式来装饰八宝纹，构图较以前的缠枝方式更为疏朗。成化民窑还出现了团花式的构图方式。八宝多有结带，法轮少见火焰状外廓。

从洪武到成化，八宝纹越来越成熟，构图也逐渐固定化。“空白期”八宝纹顺序固定，构图饱满，八宝下面多用莲座托起。八宝不如前朝画得精致，缠枝莲纹的时代特征明显，花叶形状好似豆荚。宝瓶有飘带，法轮上尖下圆，为封闭圆形。特别是单条鱼的画法为此时所特有。

8. 青花和釉上彩的呈色

成化斗彩的烧制，实际兴盛于成化中后期，这从斗彩成熟的细笔双勾填色技法可以得到证明，青花和釉上彩的呈色也反映出这种特点。成化青花使用陂塘青钴料配制，呈色略灰，但是非常纯净均匀，有浓淡色阶，没有积青斑疤现象。成化斗彩的釉上彩多为半透明状的均质彩料，釉彩无厚薄、深浅之分，仅仅依靠不同釉彩来表现。因此纹饰没有层次感，造成花无阴阳、衣无内外的特殊景象效果。釉上彩大多较厚，边缘明显，表面光亮，略见龟裂。有些釉彩中含气泡，黄釉较多，绿釉较少。成化釉色彩比较丰富，多达十余种，每个基本色调中又分成几种，每件器物使用3—4种，也有些仅用一种。对釉上色彩的描述，以孙瀛洲的表达最为经典：

鲜红——色艳如血，厚薄不均；

油红——色重艳而有光；

鹅黄——色娇嫩透明而闪微绿；

杏黄——色闪微红；

蜜蜡黄——色稍透明；

姜黄——色浓光弱；

水绿、叶子绿、山子绿——透明而闪微黄；

松绿——色深浓而闪青；

孔雀绿——浅翠透明；

孔雀蓝——色沉；

姹紫——色浓而无光；

赭紫——色暗；

葡萄紫——色如熟葡萄而透明。

以上这些关于斗彩釉彩的描述，因为是主观观察后再用语言表达，难免会因人而异，但总体上符合成化斗彩的本来面貌。江小民先生又根据珠山窑址出土的斗彩瓷器，统计出来共计11种颜色，除了上述所有色彩以外，还有：（1）熟褐，颜色不透明且无光泽，仅见于成化仿宣德时期的莲池鸳鸯纹盘。矾红有暗红、深红、浅红之分，矾红呈色随配料的比例、颜料的厚薄以及烧成温度的不同而变化，但是均呈半透明状。矾红一词最早见于《大明会典》：“嘉靖二年（1523 年），令江西烧造瓷器，内鲜红改为深矾红。”矾红的呈色元素为氧化铁，主要是由青矾加其他元素配成，在《陶书》中有记载：“用青矾炼红，每一两用铅粉五两，用广胶合成。”（2）黄彩，有嫩黄、古黄两种类型，表面呈现玻璃质感，半透明状。（3）紫色，有葡萄紫、茄皮紫和赭紫之分，葡萄紫、茄皮紫常用于葡萄和茄子等纹饰，表面上呈现出亚光状。（4）赭紫，色暗无光，见于斗彩婴戏小杯之上。

成化时期的斗彩瓷器，除了使用青花勾边以外，一般都是使用三道适中颜色，只有在诸如高士杯、鸡缸杯等极少数的器物上使用更多的颜色。并且彩瓷上一般只使用平涂的手法，分浓淡而不分阴阳，无渲染烘托。描绘人物的衣服时候，也只是单色的外衣，而没有内衣作衬托，故而有“成窑一件衣”的说法。成化青花已经不再使用宣德时期的苏勃泥青，而是改用今江西乐平县的“平等青”，也叫作“陂塘青”。这种青料中氧化铁含量低，氧化锰的含量比较高，使得图案纹饰显得比较柔和、淡雅和清爽，不再像永宣时期使用进口的苏勃泥青那样有铁锈斑。

成化时期的斗彩使用频率最高的还是红、黄、绿三种颜色，其中紫色和褐色相对少见。且从珠山御窑厂遗址出土的情况来看，成化斗彩带有矾红彩的瓷器，其销毁率是相当高的，其原因也正是因为矾红彩在烧制过程中容易出现问题。矾红的烧造既和其原料的组成有关联，也与烧成温度、时间等密切相关。这些斗彩瓷器的落选，很大程度上都是因为其烧成温度偏低，相同配方的颜料，如果温度和时间把握恰当，才会呈现出鲜红。而如果温度过高，时间过长，颜料中的氧化铁就会融入到底釉中而使得红色的色调闪黄发暗而没有色泽。因为矾红的特殊性，御窑厂在挑选斗彩的时候，主要分三个阶段：一是在上青花料的时候，会有大量的瓷器落选。二是在填黄绿彩之后，又有一批会落选。三是上矾红彩后，又有大量的瓷器被落选。上矾红彩是斗彩瓷器烧造中的一个重要的步骤，直接影响到了斗彩的成品率。在落选的瓷器当中，绝大多数都是在上矾红彩这一工序上出现了问题。

绿彩的着色元素主要是铜，在法国传教士殷宏绪的信中说到配置绿料时，“一两铅料中添加三钱三分卵石粉，和大约八分至一钱铜花片研磨而成。”黄彩是以氧化铁为着色剂的铁黄，同样是在殷宏绪的信中提到：“制备黄料，就往一两铅料中调入三钱三分卵石粉末，和一分八厘不含铅粉的纯质红料。”在成化斗彩中还有一种颜色比较特殊，这就是“姹紫”，其实是“差紫”，这也是成化斗彩瓷器中所特有的。后世清三代仿成化瓷器中，其它颜色都可以仿得很像，唯独姹紫一色相去甚远。而关于姹紫这一色彩，历来也是众说纷纭。例如孙瀛洲先生认为姹紫是在瓷器的烧造中所产生的差异色疵，长久以来，这一观点也被文物界所普遍接受。然而吊诡的是，在近20年所出土的成化瓷片中，并没有再出现带有“姹紫”的瓷片。而英国大英博物馆研究实验室的科技人员，曾经利用X荧光衍射分析仪对藏在该馆的成化斗彩高足杯上的姹紫进行过无损成分分析，认为姹紫是1923年发生在紫禁城建福宫中的火灾造成的损伤。建福宫花园位于紫禁城西北部的建福宫后，又称西花园。明末清初这一区域一直是皇太子居住的地方。乾隆继位后留恋此地，于乾隆五年（1740年）将其建为建福宫花园，作为帝后们在宫内休息游乐之处。同时将自己所收藏的古物珍玩、各地进贡和大臣们所送的珍宝都藏于此，到乾隆去世后，嘉庆为了防止珍宝流失，将其尽数封存。

1911年清廷被推翻，旧皇室仍然居住在紫禁城内。到了1923年，溥仪清点宫内旧藏，在清点工作开始不久就发生了一场大火，将建福宫花园以及存放于此的珍宝烧为灰烬。关于这场大火的原因，历来也是众说纷纭，一般都认为是宫内太监监守自盗，害怕在清查殿内器物的过程中被查出来。不管怎么说，这场大火烧了整整一夜，损失是无法估量的。由于瓷器本身就是高温烧制，故而也就在这场大火中损失最小。斗彩的釉上彩，也就是在这个时候呈现出“姹紫”的特点。根据青岛科技大学化学与分子工程学院的杜峰和信息科学技术学院苏宝茹的研究，成化斗彩中的釉上彩，其红彩主要以矾红彩为基本原料，再经过煅烧和漂洗之后用铅粉和胶等制成。瓷器是需要烧成温度达到1200℃以上，而这个温度对单色釉和釉下彩不会造成太大的损害，最多只会因为受热不均致使瓷器出现裂纹。而釉上彩的烧成温度只有800℃，在高温下极易对釉上彩产生破坏。建福宫发生火灾的时候，其温度大概在1000℃到1500℃之间，当时存放瓷器的木箱被点燃后产生大量的碳，使得斗彩周围实际上是处在一个超过1000℃的小环境中。斗彩在这个小环境中发生了缺氧的还原反应，等同于将斗彩瓷回炉进行了一次复烧。但这只是一个假说，未必是真正的原因。这里不能解释的是，那些没有经历过这场大火的其他瓷器中的姹紫，为什么也是这样的呈色。由此可知问题不在大火，而是当时使用的原材料的问题。据笔者分析，成化时期所用姹紫，是当时对各种色彩的尝试使用的结果，其中姹紫可能是使用了朱砂作色，经窑炉高温烧成，其中汞的成分挥发，余下的则是朱砂的矿渣，故曰“差紫”，后人神化这一色彩，改名“姹紫”。

9. 成化斗彩器，过去一直认为是两次烧成，有的其实是烧了三次

所谓斗彩，是以青花勾勒轮廓线，烧成后再填以黄绿彩，经低温烧烤后，再以矾红绘制，然后进行第三次烧烤方能最后完成。在景德镇珠山窑址出土的瓷片中，即有仅画好青花线条的半成品。在烧成青花淡描器物后，有大量不合格的产品被打碎。出土物中也有两次烤过黄绿彩的器物，如淡描的鸡缸杯、天字罐。加以黄绿彩的器物有灵芝团花纹碗和斗彩团荷碗，说明是加了黄绿彩后就入窑烧制了。在二次烧烤后，又有少量不合格产品被剔除了。第三阶段是加以矾红彩后被淘汰者，主要是因为矾红彩出了问题，大部分的原因是矾红彩剥落，少部分是颜色发黑，呈色不好。如斗彩香草龙纹天字盖罐、斗彩夔龙纹天字罐等。故而今天可以将此视作区分明代成化器物的重要方法。成化斗彩釉上彩之彩绘颜色，主要是以含有铜、铁等金属元素的矿物质为着色剂，并掺入铅氧化物作为助熔剂，以降低烧成温度，增加颜色在瓷器表面的附着力。这要根据不同的呈色，需要按不同的比例配置。根据已经由景德镇珠山窑址出土的破碎瓷片和传世实物，可以大致统计出五类共 11 种颜色：熟褐色，矾红色（分为淡红、深红、暗红三色），黄色（分为嫩黄、杏黄二色），绿色（分为大绿、苦绿、水绿三色），紫色（分为紫色、赭紫二色）。

成化斗彩中的黄绿彩的烧成温度通常为 800℃左右，通常人们认为，矾红与黄绿彩同为釉上彩的低温釉颜色，其烧成温度应该大致接近，由于矾红彩不可重复入炉烧，无法保证其式样的完整性。由出土的成化斗彩莲托八宝纹碗的局部可以看出黄绿彩釉在烧成以后，其表面玻璃质处于同一层面，并且凸出于瓷器表面。其颜色的结合部分界不明显，两种颜色稍微有点相互渗透，呈色微有变化，故黄绿彩应为同一次烧成。而出土的夔龙纹小杯，龙以青料绘出，绿色须发，黄色翅膀，并用矾红画飘带。在黄色翅膀的下部，可以明显看到矾红与黄绿彩釉有图案重叠。同样出土的斗彩团龙纹碗，云纹用青花、矾红、黄绿彩间隔装饰，也可以清晰看到矾红彩边缘覆盖在黄绿彩之上。上述矾红彩边缘覆盖在黄绿彩之上的现象，似为工匠填彩时无意所为，其颜色重叠处的呈色并没有发生变化。

在传世品和窑址出土的器物中，还有特意用矾红在黄绿彩之上勾画的器物，如台北“故宫博物院”收藏的明成化斗彩鸡缸杯。其公鸡翅膀上用矾红彩勾勒肌理线条，并且矾红彩下还填有另外一种颜色。又如珠山窑址出土的成化斗彩鸡缸杯残片，其矾红彩由于烧成温度不够，附着力很差，仅仅是公鸡鸡冠和脖子上残留一点红色，其余全部剥落。但是公鸡翅膀和高高卷起的尾巴上的黄彩，在地下埋藏 500 多年后依旧颜色清新，光彩亮丽。江建新先生曾做过实验，将其他颜色涂于矾红之上，经烧烤之后，矾红便被吃掉，是被涂于其上的颜料所代替。故过去解决此问题的办法，就是先入炉烧成黄绿彩釉之后，才能用矾红在上面绘画烧制。又如 1988 年在珠山窑址出土的成化斗彩锦盆堆纹碗，其主题图案为一个大的青花盘上堆放着黄色的桃子、红色的石榴和紫色的葡萄，并且以红花绿叶相衬。其中黄色的桃子又以矾红点缀以示成熟，可以清楚地看到，矾红颜色是画在黄彩之上，且呈色没有变化。究其原因，只能是在黄彩烧制之后，表面有了玻璃质地，再在其上勾填矾红彩，才会有分层覆盖的效果。只有在这时，绘画时才能产生速度感。这种有意无意彩上加彩的工艺，为明代正德、嘉靖黄彩上再填画矾红彩的装饰技法的成熟奠定了基础。

在珠山窑址成化早期地层中，也有与宣德矾红彩风格类似的器物出土，如成化青花矾红海水碗、盘等。其外壁及底心用青料画龙纹烧成瓷后，再在空白处满地绘画海水轮廓，用矾红渲染层次，再用单线装饰突出海浪纹饰，这样的绘画工艺及纹饰特征与宣德时期的同类器物一致。另外还有一种为矾红彩没有渲染的，即在成化器物上的矾红彩，没有刻意去渲染层次，而是简单地按青料轮廓填满，器物烧成后，矾红彩有不规则的浓淡之分，但无阴阳主体之感，如成化斗彩婴戏小杯、斗彩海怪纹天字罐。杯子中的童子上衣只有填红，衣服局部没有渲染层次，衣服褶皱变化仅以红彩下依稀可见的青料线条来表示。海怪纹天字罐上的海怪，只是用矾红彩填充青料勾勒轮廓线，呈色无层次变化。成化斗彩器还有一种装饰形式，即矾红没有渲染，但是局部重复填绘，也就是先用淡料填绘后，再用浓料局部点绘，试图达到渲染的效果，如斗彩团花纹碗、斗彩开光瑞果纹碗。珠山窑址还出土了极少部分用矾红勾线的器物，但是矾红彩没有渲染，只是堆填后作勾线处理，图案效果远不及宣德和成化早期器物，如成化斗彩海兽盘、斗彩龙纹天字罐罐盖。器物上的海怪及龙纹用矾红彩填绘，没有层次感，再用单线勾画麟甲，其立体效果稍强，但远没有渲染层次后再绘画的效果好。宣德和成化早期的矾红彩绘，均为渲染后再勾画局部，但到成化后期，由于斗彩器烧造量巨大，工匠开始采用平涂无渲染的工艺制作斗彩器，以图省工加快进度。所以同为成化斗彩器，早期与中后期的物品应该有较大差距。

十、年款

1. 成化年款的形式

宣德之后三朝官窑遗物都不书写年款，到成化时重新启动书写年款之风。成化官窑器有很大一部分署有官款，其体例是“大明成化年制”六字楷书青花款。这六字款有几种不同排列，多见的是两行六字，外加双方框；其次是两行六字外加双圈；也有六字横排或列成半环形款；至于六字竖款外加双线长方框，则属极少数，在一些斗彩盖罐的底部则有只书一个青花“天”字的天字款，这种款在清代康熙朝有仿制。成化朝基本上是沿袭宣德形式，大多是在器物底部书写“大明成化年制”六字双行双圈或双框楷书款。还有六字无圈款，也有一行横排款。六字无圈款仅见于三足冲耳炉一例。六字横排款多书于 28 厘米以上的大盘口沿之下，六字竖排双框款仅见于出土标本。成化后期出现六字双行双框款，同时也继续使用双圈款。其中碗、盘中双圈、双框款互见，小杯和盏以双框款为多。盖盒大者为双圈款，小的为双框款。六字横排款多见于大盘、方盆的口沿和鹤颈瓶的颈部、小靶杯的把内近底边处。有人认为淡雅青花都是双框款，并且是成化青花的典型特征之一。但实际情况并非如此，淡雅青花中也有六字双圈款。其中最典型的宫碗就有双圈款。

在官窑器物上书写年款，宣德时已成定式。成化时开始仿写宣德朝的款识，体式有四字或六字双行竖写款。其字体排列不及宣德时的舒展，笔力柔弱，双圈收拢。据耿宝昌所见，署宣德款的成化青花狮球碗，其造型、画风及青花色泽均与宣德器相同，仅是圈足高深，款识的用笔仍具成化时的特色。后来成化器改变宣德器物遍身是款的状况，写款皆有固定位置，因此成化时的官窑器物，皆有年款标识。成化官窑款识的字体均挺拔有力，如同出自一人之手。应当特别指出的是，成化官窑款识字体风格突出，所以后仿者均未能得其神韵，因而善观款字，便可定其大概。成化本朝瓷器款识，以青花楷书双行六字为主要体式，多写在器底，色泽浓重，有些小件器物由于覆釉厚，呈色清淡而不易看清，但所书款字不论浓重或浅淡，色泽都很深沉，无漂浮感。无论官窑还是民窑，其外围圆圈或框线都紧束款字，并且所画方框多不及清代雍正时的四方规整，线条粗细和色泽深浅均不一。除此之外也有一行横、竖写款围以长方框者，另有以蓝釉为地、凸堆起白釉的款识。

2. 成化年款的内容

主要为“大明成化年制”六字款，书写的基本形式有三：釉底器物书写于底面中心，高足杯题于高足内侧（六字横排），砂底大盘题于口沿外侧（六字横排）。题于器物底面一般为六字双排，题款外有双圈或双框，双框是成化后期出现的写款装饰方法。成化还有“天”字款，楷体，无边栏，该款也见于印花白釉盘，故不能认为该款为成化斗彩罐所独有。这个“天”字笔画均衡舒展，起笔、落笔、住笔自然有力，整体一气呵成，毫无停滞。看似如此简单的一个字，却显出实而不虚的干练果断。另外，成化年款中未见四字款，却有诸多的创新之举，如在盖罐上书写“天”字款，在靶杯内书写“一”字款。特别值得一提的是，**成化官窑出现书写宣德的年款，所见有“大明宣德年制”六字双圈**

款和“宣德年制”四字双圈款两种，开了在当代器物上书写前朝年款的先河。对于这种行为，人们称之为仿古，不过成化官窑不是一味模仿的，它是在自己风格的器皿上书写宣德年款的，而且字体也没有用宣德时匀圆丰满仿馆阁体。所以可能是成化出于对宣德官窑崇尚而产生的思古之幽情。要注意的一点是，在成化器物中，没有书“成化年制”四字款的，凡是有这种四字款的都是仿品。

3. 款字的书写特征

款识主要为楷书，六字双行。书法娴熟圆润，字圆头圆脑，似小孩书写，排列歪歪扭扭，圈子紧靠着字，圈不大，双圈，双方框。成化的“化”字，“匕”字笔画硬折，成 90°，假的却是随便写。“大”字出头不高，为尖头或圆头，“成”字第五划生硬，第三划直角带勾或无勾，“製”字上丰下敛，上宽下窄，“衣”字的一横不过立刀。通常大底小款，小底大款，字体生硬有力。成化款的字体一致，比较规范，楷法峭劲，书体特别，如果与珠圆玉润的宣德款比较，则显得稚拙。有学者将成化款与成化帝的墨迹作比较，认为成化年款很可能出自成化帝之手，《中国历代皇帝墨迹选》辑录宪宗题画诗中的“成”“化”“明”“年”四字，与瓷器上的年款一致，也和孙瀛洲编的成化年款特征歌诀“成字撇硬直倒腰，化字人匕平微头……明日窄平年应悟”相符合。

成化一朝长达 23 年，但传世年号款风格相近，似为一人所书，为历代仿写所不及，这也为成化官窑款的识别提供了方便。其写款均为中锋行笔，以藏锋写出，起笔圆润，收笔尖细，但无虚尖。笔画雄健，跌宕跳跃，苍劲有力，有着明显的粗细变化。款字间气势连贯，前后呼应，一气呵成。如果说宣德款带初唐书风，严谨古朴，那么成化款则类似晚唐书风，活泼流畅。成化款的笔画较多使用逆势，左撇笔画均向内逆势收笔，有些夸张的上挑后再向左下撇出，与通常的向上圆势不同。“成”字的斜右勾平直，很少弯势，第五画的撇平直或逆势向左下方，十分生硬。“成”字的一点或高或低，点在不同的位置，是成化年款中最具代表性的特征。“化”字右半竖横勾转折处轻柔圆滑，起笔比左半“人”字旁略高。“年”字第四画写成短竖，垂直或向右下方倾斜，大多超出第三画之短横。个别的第四画作右斜点，类似宣德款写法，疑为成化早期风格。“製”字上半部右边“刀”写成两竖，长短相仿。“製”字下部“衣”的一横大多右边稍短，不超出“刀”的第二笔。

孙瀛洲先生总结成化款识有歌诀云：“大字尖圆头非高，成字撇硬直倒腰。化字人匕平微头，制字衣横不越刀。明日窄平年应悟，成字三点头肩腰。”第一句说的是款字中的“大”字的第二笔撇画的出头有尖有圆，但并不太高。第二句是说“成”字第五笔的撇画直而生硬，第三笔则有直立向下者，也有向左方弯倒者。第三句是说“化”字左边的撇和右边的“匕”的上端基本持平，或者右边略高，但高低差别不大。第四句是说“製”字下半部的“衣”字的横画，一般不越过右方之立刀，“製”字大多写成上丰下敛。第五句是说“明”字左边的“日”多半是上窄下宽或是上下宽窄相等，与一般习惯写法不太一样。“日”和“月”的头部基本持平，高低差别不大。第六句是说“成”字末笔的点，有的点在横画以上，有的点在与横画持平的位置，有的点在横画以下，即“头肩腰”。与这个歌诀对照看，康熙的仿品斗彩鸡缸杯的款中“大”字出头不是尖圆而是顿笔，“成”字第五笔撇画不够硬直，而是显得软而无力。另有“天”字歌诀云：“天字无栏确为官，字沉云蒙在下边。康、雍、乾仿虽技巧，字浮云淡往上翻。”（孙瀛洲著《成化官窑彩瓷的鉴别》，《文物》，1959 年第 6 期。）第一句话说的是成化官窑斗彩罐外底中心所书青花楷体“天”字款，虽外无边栏，但确为官窑制品。“天”字要写得舒展、大方，撇要撇出去，捺要捺出来。第二句的意思是，若要细致观察成化“天”字款，可以发现釉内气泡密集，笔画的颜色下沉，笔画上像是蒙了一层云雾。第三、第四句是说清代康熙、雍正、乾隆时期都仿造过成化斗彩天字罐。

成化斗彩器上的底款颜色大多浓重，字体深沉有力，无丝毫飘忽感。笔触以中锋用笔，笔法苍劲有力，笔画略显粗，字体略显肥。从结构看上去，其实并未严格按照规则进行书写，甚至显得稚拙，看似儿童所书，但实际上却于随意中显现力道和韵味，这与成化时期展现自我个性的文化情怀相呼应。这种独特的款识之蓝本出自一人之手，为历代仿者所难企及，成为成化斗彩底款的一大特色。成化年款在布局上也有自身的特点，它与书款部位的比例往往不相称。无论是双圈款还是方框款，在盘底的位置都偏小，而在碗和小杯上都偏大，特别是在小杯上，年款几乎占据了整个空间。故在藏家与鉴赏家眼中，有“大底小款，小底大款”之说。凡是书写有“大明成化年造”以及绘银锭形或方胜图记款的，均为民窑仿制的器物。

4. 写款的位置

成化年款多写于器口边，如黄釉青花盘，写于器足边缘上的有高足靶杯。最为常见的多是写于器足里面。有些官窑罐类，多在器足写有“天”字，有画海马的，也有画缠枝莲、蟠螭缠枝瓜图案的。这种天字罐，后代屡有仿造，但器型把握不准，非大即小，并且所书款字也不相同。成化时还有六字一行横款，书于碗盘边缘。

5. 后代仿成化款

后代仿成化款较多，自明代正德年间开始仿制，以后仿品不绝。各朝仿成化款以嘉靖、万历朝所仿最为近似，但仔细审度，却显得笔画粗重，排列稀疏，圈栏过大，仍有破绽可寻，其余相差较远。明代天启民窑及清初官民窑均有仿制，明末清初仿品最多，但书写大多粗糙，特征明显，不难识别。仿成化款的内容大致有“成化年制”、“成化年造”、“大明成化年制”和“大明成化年造”四种。正德、隆庆、嘉靖仿款仅有“大明成化年制”一种款式。万历、天启时的仿款有“成化年造”、“成化年制”、“大明成化年造”和“大明成化年制”四种款。崇祯时仿款有“大明成化年制”和“大明成化年造”两种，以前一种为多。清代康熙、雍正和乾隆三朝的官窑和民窑均有仿品，晚清及民国也有仿制，款式为“成化年制”和“大明成化年制”两种，有双圈或无双圈。仿成化款识，多锋芒毕露，与成化写款的笔笔藏锋不同，多是用较为纤细的笔锋，字体虽规整，但不自然，呈骨多肉少之态。真正的成化款识笔道粗，字体肥，柔中含刚劲，格外显得圆拙有力，极其含蓄。其色沉艳，如用放大镜看，有一层或浓或暗的云雾状，并且有字色下沉的特征。成化官窑款识要想仿得乱真是极其困难的。

成化年款多为双圈双行六字楷书款，外围线有双框和双圈两种，款识书写苍劲有力，起落笔处无虚尖，收笔多用回锋，具有明显风格，出自一人之手。其款识字体挺拔有力，这种字体在后来的仿制中，很难得其神韵。成化的题款有时个别字的笔画上会有添笔。其款所用青花料与器物本身的青花色料不同，器物本身的青料颜色均匀，而写款的青花往往浅淡，且多斑驳的深蓝色小点，边缘清晰，基本不晕散。成化双圈六字底款所用青花，其青花部位很少有气泡，青花颜色较浅，并且有很多斑驳的深蓝色小点，青花花纹边缘清楚，基本不晕散，其钴料类型与其他青花有很大不同。这种青花料在宣德时期就已经出现了。大多数双圈款瓷器都带有以上特征，底款与瓷器本身并不相同。成化器还有一种双框款瓷器，这种款识瓷器的器身与款识所用青花料基本相同，青花颜色较为均匀，气泡形态与周围白釉一样细小稠密，并且瓷器底部白釉与器身白釉相同。前者应被认为是成化早期的产品，而后者则是中后期的产品。成化官窑色料有两种：一类高锰低铁型，可能是江西乐平的钴土矿，另一类是进口的回青。也有人认为，成化朝大量使用的青料都是淡雅型，所用青料为“苏勃泥青”加陂塘青的混合料。其化学组成的特点是中锰中铁，其钴的含量稍低。

民窑成化款识。或写“大明成化年制”，或写“大明成化年造”、“大明年造”、“成化年造”，其结构较为紧凑。所见画双圈写“年造”的成化民窑瓷片，制作精细，与官窑不相上下。大件器物的款字特别浓重有力，小器则淡雅深沉，并有盘肠图记。色泽极为淡雅者，有磨款或改写为“大明隆庆年造”的现象。

十一、仿制品

成化瓷器精美，为人所爱，明嘉靖、万历时身价已高，官、民窑都有仿制。《景德镇陶录》上记载明嘉靖、隆庆间有崔国懋，“善治陶，多仿宣成窑遗法制器，当时已为胜，号其器曰崔公窑瓷，四方争售。诸器中惟盏式较宣成两窑差大，精好则一，余青彩花色悉同，为民陶之冠。”又说“嘉靖中厂器，土墡埴，质腻薄，时鲜红土绝，烧法亦不如前”，虽然“青花亦著，五彩略备，然体制较之宣成器则远甚。”鉴别清代仿制品与明成化器物的方法主要是：在造型方面，仿制品往往略显臃肿，不如真品俊秀，而这种差别一般很小，只有对成化官窑器物造型熟练掌握，谙熟于心，方能看得出来。在纹饰画法方面，仿品往往画得过于规整、拘谨，纹饰不如真品灵动，必须通过反复比较才能体察。而且最好是对绘画知识有一定的了解。在款识方面，纵然有的仿品的款识写得很像，但只要认真比对，仔细观察，还是能够窥见其破绽。在这方面古陶瓷鉴定家孙瀛洲总结出了著名的观察成化款识的歌诀，可以作为鉴别的方法之一。在胎釉方面，仿品的白釉表里不一，光泽强而不润，胎骨不够细腻，仿品多是重表轻里，因此在鉴定时，釉的鉴定主要是看器物的内里一面。在色彩方面，彩色中没有鲜红、鹅黄、阳绿和姹紫等色。另外，在烧制过程中，气候、温湿度的变化和质料等都会有密切关系，遇到气候不正常的骤变也会使烧制受影响。反映到制料调色方面，会出现一些差别。成化窑彩瓷的差别，有红色闪紫和闪粉红色的、绿色闪蓝和浅淡的，还有黄色不莹润的、紫色如牛肝的、色料粗的、绘画草率的、胎釉闪青的、火过度与不及的，等等。

1. 青花

明代仿成化青花器，以嘉靖、万历、天启、崇祯时的盘、碗为多，款识大都随意不规整，但笔意挺拔，均具有明代书法风格，青花纹饰亦然，易于鉴别。清代康熙、雍正、乾隆三朝，景德镇盛行仿制成化官窑瓷器，当时官窑和民窑均有仿制。特别是这三朝帝王对成化官窑瓷器均表现出浓厚兴趣，致使当时所仿成化官窑瓷器不但产量大，而且水平也高，有的仿品更是达到使人真假难辨的水平。康熙时所仿成化青花器，大都是在康熙中、后期烧制而成，其器型、青花色调、纹饰都以成化原器为样品，常见有瓶、罐、碗、盘之类。如署成化款识的康熙青花缠枝莲纹碗，胎、釉都接近成化器，青花运用淡描手法，以双线勾勒边框，涂绘出纹饰，可谓逼肖，但仔细观察，可发现款识字体方正，笔触纤弱，纹饰也不够舒展，绘婴戏图者同此。另有一件青花花鸟小杯，虽款识颇像，但纹饰板滞，神韵不足。康熙仿成化斗彩鸡缸杯，水平很高。其他一些康熙仿成化青花器，大都带有本时期青花器的明显特征，如常见的浆胎青花器，是康熙时才创新的一个品种，若署成化款，必是仿品无疑。还有的仿品粉白色或青白釉面致密，与成化器的温润釉面截然不同，其特征超越了时代。雍正时所仿成化青花器，有画八宝的高足杯，仿成化款识写于底足边釉下，亦很深沉。但仔细观察，其款字、体式均不如真款那样遒劲有力，且底足釉面也为雍正时的粉白色。雍正时仿制成化斗彩海兽图天字罐、雍正仿成化斗彩团莲纹盖罐等，无论造型、胎釉、纹饰、设色、款识等均已达到难辨的水平。康熙与雍正还仿了成化时的青花天字罐，但过去多见仿成化斗彩天字罐，而少见青花器。这类仿品除款识字体不及真正的天字罐挺拔有力外，其器型也不对，腹部或很大，或扁平，显得笨拙，与真正的斗彩天字罐造型相差甚远。鉴别这类仿品，主要还应从造型、纹饰画法、款字特点和器物的底部处理工艺等方面仔细观察，寻找破绽。另外，康熙至乾隆时民窑青花瓷也常书款识为宣德、成化年记事款，其粗糙状使人往往容易误认为是明代器物。

2. 斗彩

最早仿成化斗彩器始于明代嘉靖时期，突出的有两件器物，一为斗彩子午莲盘，一为斗彩婴戏杯。虽然色彩均相似，近于成化斗彩器物，但纹饰略粗放。这两件器物都带有嘉靖年款，后一件的款识被黑彩纹饰所围绕。隆庆仿成化斗彩器，有团花浅杯、鸳鸯卧莲盘等，仿写成化款识如同隆庆官窑器字体，青花也很浓艳。万历仿品有斗彩团花大碗、鸳鸯卧莲大碗和盘类，纹饰色彩颇为相近，所署成化款识字体与万历官窑器一样。清代康熙仿品有斗彩鸡缸杯，底部或写成化款，或具本朝年号。尽管康熙仿品色彩艳丽，但与成化器的色彩相比，则黯然失色，釉面也不如成化器肥润。康熙时所仿成化斗彩缠枝莲、婴戏纹盘，人物形象不够生动。所仿鸳鸯卧莲墩式碗，胎体较真品明显厚重或轻薄，纹饰较真品生硬拘谨。雍正时仿品也有斗彩鸡缸杯、斗彩花蝶碗等，特征与康熙仿品相近。其中的斗彩花蝶碗，见于 1935 年商务印书馆《参加伦敦中国艺术国际展览会展品图说》，山东青岛市文物商店藏有与之相同的另一件。乾隆时仿成化斗彩器较少，仅见鸡缸杯、婴戏图盘，所仿鸡缸杯有的为高奘卧足，器外壁还带有乾隆御题诗，底足以篆书写“大清乾隆仿古”款。这类乾隆仿古器物，后来在民国时又被人仿制。民国时仿成化器有绘花卉、蝴蝶、花鸟、人物等纹饰的杯和碟。除纹饰呆滞无神外，色调都很浅淡，所仿鸡缸杯色调清淡，青花色浮，釉面泛青。

3. 五彩

康熙仿成化五彩器有豆青地上绘红绿五彩盖碗，署“大明成化年制”或“大明年制”款，但过去从未见成化时有豆青地加绘五彩的工艺，显然这类仿品已经超越了所仿的时代。另有成化款的三彩双龙大盘，完全是康熙时的风格，见于商务印书馆《参加伦敦中国艺术国际展览会展品图说》中的故宫博物院藏品。

4. 哥釉

乾隆时有仿成化款的哥釉瓶、炉、盘等，器造型具有本朝特征，款识以青花书写，或为黑褐色地刻款，与真品相去甚远。乾隆以后至光绪时，仿品器型笨拙，工艺更为粗糙，底部多落黑褐色刻款。北京故宫博物院收藏明代仿官釉器物有 20 多件，均为景德镇御窑厂制作，大部分为清宫旧藏。这些仿品均为署款器，其特点是釉层较厚，釉面开大小纹片，多为粉青和灰青色。造型有贯耳穿带壶、三足圆鼎、琮式瓶、三孔瓶、双耳炉、葵瓣式洗、秋叶洗、茶船、盘、碗等。其中三足圆鼎、贯耳穿带瓶、贯耳壶三件器物的底部还刻有乾隆皇帝的御题诗。从诗的内容看，乾隆皇帝是将这些明代仿官器误当成了宋代官窑瓷器而加以珍藏，足见明代御窑厂的仿宋官窑的水平之高。明仿官釉贯耳壶，清宫旧藏，高 20.4 厘米，器口面积 9.6 厘米 ×7.5 厘米，器足面积 9 厘米 ×7 厘米，方口，口微撇，浅圈足，颈部两侧置贯耳。通体及足内均施以仿宋官釉，釉色灰青，釉面有不规则分布的大开片。片纹呈黑色，口沿涂以绛紫色釉质，足底露胎处则涂以酱黑色釉汁，以模仿宋官窑的“紫口铁足”。足内镌刻有乾隆皇帝御题诗：“李唐越器久称无，赵宋官窑珍以孤。色自粉青泯火气，纹犹鳝血裂冰肤。摩挲真是朴之朴，咏叹仍非觚不觚。合赠何人合长吉，簪花得句负奚奴。”下署“乾隆壬寅新正御题”，有“古香”“肖玉”两篆书方形印。此壶釉色及开片颇似宋官窑器，但造型上腹部下垂过大，颈部过高，整体比例失调。口、足部“紫口铁足”特征是人为涂染，圈足亦过浅。

5. 官釉

成化仿官与宋代不同之处。明代仿官窑瓷器主要为成化时制作，为景德镇御窑厂的品种之一，是景德镇烧制高温颜色釉技术提高和创新的一种体现。虽然明仿官窑瓷器仿技颇高，制作精细，但与宋代官窑器物相比，其胎釉、造型、烧造工艺等方面均略有不同之处。首先，由于宋代官窑瓷器因其原料、制作工艺、烧造气氛的共同作用，故烧成后胎成灰黑色，“紫口铁足”特征自然形成。而景德镇当地所产瓷土为灰白色，明代景德镇御窑厂仿官窑器物仿出“紫口铁足”的特征，可能采取两种方法：一是在胎中添加了含铁量较高的原料，如紫金土、乌金土等；二是在圈足、口沿等露胎处，涂刷一层烧成后可以呈现黑色或褐色的釉料。其次，宋代官窑瓷器的纹片普遍短而密，而明代仿官窑器纹片普遍稀疏而长。由于明代仿官窑器烧成温度高，釉中晶相对较少，故纹片较宋代官窑瓷器纹片直，弯曲度小。再次，宋代官窑瓷器的造型比较自然、挺拔、秀丽，线条柔和，古朴典雅。而明代仿官窑器物难以企及，不是棱角过于分明，就是腹部下垂过大，或多或少具有本朝瓷器的造型特点。第四，宋代官窑瓷器采用支钉支烧、垫饼垫烧的烧造工艺。支烧支钉数目不等，少的三五个，多的达十八个。支钉痕一般呈黑色，不紧贴足边或底边。而明代仿官窑烧造的钉痕不是过大就是过小，且大多紧挨足边或底边。最后，宋代官窑瓷器的显著特征之一并不是特别注重对底足的处理，圈足较薄，削足很自然。而明代仿官窑器对底足进行了一丝不苟的旋削、打磨，圈足一般都较宽，亦过于规整。

明仿官釉三足鼎。清宫旧藏，高 24 厘米，口径 19.2 厘米，足径 11.7 厘米。折沿，圆腹，圆底，下承以三柱足。足内侧均有两个小圆孔，应是烧造时排气所用。口沿上对称立两半圆形环耳。通体施以仿官釉，釉色灰青，釉面开片，片纹呈浅黄色。底部镌刻乾隆御题诗一首，字涂金。诗曰："见说轻坚大邑瓷，几曾髫垦匠师嗤。瓶盆徒供家人馈，均汝遥传修内司。无益害功伊古戒，大烹养圣系吾思。穆然葆采陈棐几，介绍凫樽与鸟彝。"下署"乾隆御题"，有"古香"、"肖玉"两正方形印。此鼎釉质及釉面片纹颇似宋官窑瓷器，但宋代官窑瓷器中无此造型，故此鼎是典型的只重釉色不重造型的明代仿官器。

明仿官釉贯耳穿带壶，清宫旧藏，高 40.5 厘米，器口面积 21 厘米 ×17 厘米，器足面积 23.5 厘米 ×20 厘米。呈四方形，直口，溜肩，垂腹，方圈足。颈部置对称式方形贯耳，圈足上有左右对称的长方形穿孔，以供穿带提携用。通体及足内均施以仿官釉，釉色灰青，釉面开黄褐色片纹，开片大小不一。壶外颈部开大片，腹部开片细小，瓶内开片大。口棱处因釉层垂流映现紫褐色胎骨，足沿无釉，涂深酱色釉汁。足内镌刻乾隆御题诗一首，诗曰："陈列檀橱不计年，把看古穆越龙泉。吉云入眼讶希矣，七字成吟属偶焉。遇弗遇时为之耳，今斯今念岂徒然。憬如惜复瞿如惧，屈者宁无似此贤。"诗后镌刻："御园架贮官窑瓶有年矣，兹经临偶见，一加拂拭，居然席珍，士之感遇遭际有时，亦类此也。为之感惕，因成斯咏。癸卯暮春御笔。"镌刻"乾"字圆形、"隆"字方形篆体二印。此壶釉质及开片与宋官窑器物相似，但形体硕大，棱角分明，口、足处涂将褐色釉汁，以模仿"紫口铁足"特征。

明仿官窑葵瓣式洗。清宫旧藏，高 3.3 厘米，口径 12 厘米，足径 10.5 厘米。此洗圆形，与宋官窑葵瓣式洗相同。十二瓣葵口，浅壁，平底，采用裹足支烧工艺，底部五支钉痕，通体施以仿官釉，釉色灰青，釉面开黄褐色片纹，无款。葵瓣起伏不如宋官窑突出，器壁较直。釉面虽有开片，但釉汁不如宋官窑器润泽，口唇部胎釉较厚，将口部覆盖，没有“紫口”特征。支钉痕与宋官窑器相比显得大而粗糙，底部圈足变矮，几乎与底齐平，洗底有凹凸不平的现象。

明仿官釉双耳炉。清宫旧藏，通高 10.5 厘米，口径 11.5 厘米，足径 7.5 厘米。呈鬲式，唇口，圆腹，腹下承以三乳状足，口上对称立两环耳。通体施以仿官釉，釉色灰青，釉面开灰黑色、浅黄色片纹，片纹中夹杂冰片裂纹。炉内有六个支钉痕，炉底有三个支钉痕，无款。此炉造型古朴，釉色及开片颇似宋官窑器物，应为明代仿官釉瓷器中的佳作。

明仿官釉琮式瓶。清宫旧藏，其器物比宋代原器物高大。高 33 厘米，口径 8 厘米，足径 13 厘米。瓶仿玉琮造型，小口，方腹，圈足。通体及足内均施以灰青色的仿官釉，釉层较厚，开细碎黄褐色片纹，釉内气泡大且密集。足沿无釉处呈褐色，瓶内呈四方形，各角贴三角形泥片，用来加固器物，无款。宋代盛行仿古之风，琮式瓶始出现于南宋，这种瓶式系仿照古玉琮外形并加以变化而成。

明仿官釉兽耳暗环尊。为孙瀛洲捐献，高 12.5 厘米，口径 8.3 厘米，足径 6.8 厘米。撇口，束颈，溜肩，圆腹，二层台圈足。肩部对称置铺首耳，通体内外及足内均施以仿官釉，釉面开灰黑色大片纹及黄褐色小片纹，片纹中夹杂小冰裂纹。圆足暗削规整，露灰黑色胎，无款。但宋代官窑器型中无此造型，故此尊是最典型的只重釉色不重造型的明仿官器。

6. 冬青釉和冬青釉青花

此类琢器和圆器凡署成化年款的，多为清代仿品。乾隆器足脊滚圆、窄齐，多涂刷黑釉，道光、咸丰时的仿品，器型笨拙，釉面松弛，青花漂艳，具有本朝特征。

7. 各代仿成化器物著录

只能就已知情况著录，大量仿制品仍未能全部记载。

斗彩婴戏图杯。高 4.9 厘米，口径 6.1 厘米，足径 2.8 厘米。署“大明嘉靖年制”款，藏北京故宫博物院。

青花云龙纹盘。高 5.4 厘米，口径 33 厘米，足径 20.5 厘米。署“大明成化年制”款，为明万历时仿制。藏北京故宫博物院。

青花人物图碗。高 9.8 厘米，口径 22.6 厘米，足径 9 厘米。署“大明成化年制”款，为明万历时仿制。藏北京故宫博物院。

青花花卉纹碗。高 9.4 厘米，口径 22.3 厘米，足径 9.8 厘米。署“大明成化年制”，为明万历时仿制。藏北京故宫博物院。

青花凤凰纹碗。高 9.3 厘米，口径 22.2 厘米，足径 9 厘米。署“大明成化年制”，为明万历时仿制。藏北京故宫博物院。

五彩满池娇图碗。高 9.8 厘米，口径 21.8 厘米，足径 9.2 厘米。署“大明成化年制”，为明万历时仿制。藏北京故宫博物院。

五彩狮穿花纹碗。高 9.2 厘米，口径 22.4 厘米，足径 9.5 厘米。署“大明成化年制”，为明万历时仿制。藏北京故宫博物院。

斗彩折枝莲托八吉祥纹碗。高 8.7 厘米，口径 16.5 厘米，足径 7.1 厘米。署“大明成化年制”，为明万历时仿制。藏北京故宫博物院。

白釉暗刻画缠枝莲纹碗。高 8.8 厘米，口径 20.9 厘米，足径 9.3 厘米。署“大明成化年制”，为明万历时仿制。藏北京故宫博物院。

祭蓝釉盘。高 3.1 厘米，口径 17.5 厘米，足径 11.9 厘米。署“大明成化年制”。为明万历时仿制。藏北京故宫博物院。

青花人物故事图观音瓶。高 48 厘米，口径 14.1 厘米，足径 13.2 厘米。署“大明成化年制”，为清康熙时仿制。藏北京故宫博物院。

青花山水图直径瓶。高 42.2 厘米，口径 8.7 厘米，足径 14 厘米。署“大明成化年制”，为清康熙时仿制。藏北京故宫博物院。

青花海水龙纹双陆瓶。高 37.5 厘米，口径 6.3 厘米，足径 19.5 厘米。署“大明成化年制”，为清康熙时仿制。藏北京故宫博物院。

青花题《醉翁亭记》笔筒。高 16 厘米，口径 18.8 厘米，底径 18.5 厘米。署“大明成化年制”，为清康熙时仿制。藏北京故宫博物院。

青花锦地开光人物图圆盒。通高 3.2 厘米，口径 11.5 厘米，足径 10 厘米。署“大明成化年制”，为清康熙时仿制。藏北京故宫博物院。

青花人物图折沿盘。高 2 厘米，口径 20.2 厘米，足径 12 厘米。署“大明成化年制”，为清康熙时仿制。藏北京故宫博物院。

青花山水人物图茶盘。高 2.1 厘米，口径 25.5 厘米，足径 18.5 厘米。署“大明成化年制”，为清康熙时仿制。藏北京故宫博物院。

青花藏文梵文杯。高 3.8 厘米，口径 7.2 厘米，足径 2.8 厘米。署“大明成化年制”，为清康熙时仿制。藏北京故宫博物院。

里黄地青花云龙纹外绿地青花云龙纹盘。高 4 厘米，口径 20 厘米，足径 12.5 厘米。

署“大明成化年制”，为清康熙时仿制。藏北京故宫博物院。

青花矾红彩云龙纹盖碗。通高 9 厘米，口径 10.1 厘米，足径 3.9 厘米。署“大明成化年制”，为清康熙时仿制。藏北京故宫博物院。

五彩麻姑献寿图盘。高 7.1 厘米，口径 39.6 厘米，足径 25.7 厘米。署“大明成化年制”，为清康熙时仿制。藏北京故宫博物院。

五彩过枝枸杞花蝶图盘。高 3.3 厘米，口径 15.7 厘米，足径 4 厘米。署“大明成化年制”，为清康熙时仿制。藏北京故宫博物院。

五彩婴戏图碗。高 9.3 厘米，口径 21.1 厘米，足径 7.3 厘米。署“大明成化年制”，为清康熙时仿制。藏北京故宫博物院。

五彩花蝶图杯。高 4.9 厘米，口径 7.5 厘米，足径 3 厘米。署“大明成化年制”，为清康熙时仿制。藏北京故宫博物院。

斗彩人物故事图玉壶春瓶。高 36.7 厘米，口径 12 厘米，足径 12.4 厘米。署“大明成化年制”，为清康熙时仿制。藏北京故宫博物院。

斗彩花蝶图盖罐。高 11 厘米，口径 7.5 厘米，足径 9 厘米。署“大明成化年制”，为清康熙时仿制。藏北京故宫博物院。

斗彩缠枝莲纹“天”字罐。高 7 厘米，口径 4.6 厘米，足径 6.8 厘米，署“大明成化年制”，为清康熙时仿制。藏北京故宫博物院。

斗彩天马纹水丞。高 4 厘米，口径 5.5 厘米，足径 3.8 厘米。署“大明成化年制”，为清康熙时仿制。藏北京故宫博物院。

斗彩折枝葡萄瑞果纹碟。高 2 厘米，口径 8.2 厘米，足径 5.2 厘米。署“大明成化年制”，为清康熙时仿制。藏北京故宫博物院。

斗彩鱼藻纹碗。高 8.3 厘米，口径 18.7 厘米，足径 7.4 厘米。署“大明成化年制”，为清康熙时仿制。藏北京故宫博物院。

斗彩满池娇图碗。高 7.5 厘米，口径 16.3 厘米，足径 10.4 厘米。署“大明成化年制”，为清康熙时仿制。藏北京故宫博物院。

斗彩落花流水纹碗。高 7.5 厘米，口径 16.5 厘米，足径 11.2 厘米。署“大明成化年制”，为清康熙时仿制。藏北京故宫博物院。

斗彩过枝竹凤纹碗。高 4.2 厘米，口径 10 厘米，足径 3.8 厘米。署“大明成化年制”，为清康熙时仿制。藏北京故宫博物院。

斗彩花蝶图杯。高 4.3 厘米，口径 6.1 厘米，足径 2.5 厘米，署“大明成化年制”，为清康熙时仿制。藏北京故宫博物院。

斗彩高士杯。高 4.1 厘米，口径 6 厘米，足径 2.3 厘米。署“大明成化年制”，为清康熙时仿制。藏北京故宫博物院。

斗彩羲之爱鹅杯。高 5 厘米，口径 9 厘米，足径 3.7 厘米。署“大明成化年制”，为清康熙时仿制。藏北京故宫博物院。

斗彩折枝莲纹杯。高 4.1 厘米，口径 6.7 厘米，足径 2.8 厘米。署“大明成化年制”，为清康熙时仿制。藏北京故宫博物院。

斗彩鸡缸杯。高 3.2 厘米，口径 7.2 厘米，足径 2.6 厘米。署“大明成化年制”，为清康熙时仿制。藏北京故宫博物院。该院还有一件鸡缸杯，为康熙年仿制，高 4 厘米，口径 8.3 厘米，足径 3.6 厘米。

粉彩花蝶图盘。高 4 厘米，口径 20 厘米，足径 13 厘米。署“大明成化年制”，为清康熙时仿制。藏北京故宫博物院。

矾红彩龙纹盘。高 2.4 厘米，口径 11.4 厘米，足径 7.1 厘米。署“大明成化年制”，为清康熙时仿制。藏北京故宫博物院。

浇黄釉盘。高 4.5 厘米，口径 20.7 厘米，足径 12.5 厘米。署“大明成化年制”，为清康熙时仿制。藏北京故宫博物院。

浇黄釉锥拱云鹤纹盘。高 5 厘米，口径 27.7 厘米，足径 17.7 厘米。署“大明成化年制”，为清康熙时仿制。藏北京故宫博物院。

浇黄釉锥拱云龙纹碗。高 8.5 厘米，口径 18.5 厘米，足径 7.6 厘米。署“大明成化年制”，为清康熙时仿制。藏北京故宫博物院。

浇黄釉白鱼纹罐。高 12.6 厘米，口径 7.8 厘米，足径 6.5 厘米。署“大明成化年制”，为清康熙时仿制。藏北京故宫博物院。

米黄釉拔白云龙纹碗。高 8.5 厘米，口径 19.5 厘米，足径 7 厘米。署“大明成化年制”，为清康熙时仿制。藏北京故宫博物院。

祭蓝釉拔白云龙纹香炉。高 5 厘米，口径 6.8 厘米，足径 4.2 厘米。署“大明成化年制”，为清康熙时仿制。藏北京故宫博物院。

白地红蝠“寿”字锥拱云龙纹盘。高 4.5 厘米，口径 25.4 厘米，足径 15.9 厘米。署“大明成化年制”，为清康熙时仿制。藏北京故宫博物院。

青花折枝花纹双系盖罐。通高 6.5 厘米，口径 2.8 厘米，足径 5.9 厘米。署“大明成化年制”，为清雍正时仿制。藏北京故宫博物院。

淡描青花松竹梅纹折腰碗。高 6.5 厘米，口径 9.8 厘米，足径 2.6 厘米。署“大明成化年制”，为清雍正时仿制。藏北京故宫博物院。

五彩松树人物故事图盘。高 3.4 厘米，口径 16 厘米，足径 9.4 厘米。署“大明成化年制”，为清雍正时仿制。藏北京故宫博物院。

五彩芭蕉人物故事图盘。高 3.4 厘米，口径 15.8 厘米，足径 9 厘米。署“大明成化年制”，为清雍正时仿制。藏北京故宫博物院。

五彩李广射石图盘。高 4.5 厘米，口径 20.5 厘米，足径 13 厘米。署“大明成化年制”，为清雍正时仿制。藏北京故宫博物院。

斗彩海水异兽纹“天”字盖罐。通高 11.3 厘米，口径 5.8 厘米，足径 7.7 厘米。署“大明成化年制”，为清雍正时仿制。藏北京故宫博物院。

斗彩应龙纹“天”字罐。高 16.5 厘米，口径 7.2 厘米，足径 11 厘米。署“大明成化年制”，为清雍正时仿制。藏北京故宫博物院。

斗彩花蝶图盖罐。通高 10.6 厘米，口径 7.4 厘米，足径 8.8 厘米。署“大明成化年制”，为清雍正时仿制。藏北京故宫博物院。

斗彩团菊蝶纹盖罐。通高 10.9 厘米，口径 5 厘米，足径 5.5 厘米。署“大明成化年制”，为清雍正时仿制。藏北京故宫博物院。

斗彩婴戏图盘。高 4 厘米，口径 16 厘米，足径 8 厘米。署“大明成化年制”，为清雍正时仿制。藏北京故宫博物院。

斗彩猴鹿花果图碗。高 7.3 厘米，口径 15 厘米，足径 6.6 厘米。署“大明成化年制”，为清雍正时仿制。藏北京故宫博物院。

斗彩高士图杯。高 3.8 厘米，口径 6.2 厘米，足径 3 厘米。署“大明成化年制”，为清雍正时仿制。藏北京故宫博物院。（该杯为一对，另一只高 3.8 厘米，口径 6.1 厘米，足径 3 厘米。）

斗彩葡萄癞瓜图杯。高 4.8 厘米，口径 7.7 厘米，足径 3.2 厘米。署“大明成化年制”，为清雍正时仿制。藏北京故宫博物院。

斗彩鸡缸杯。高 4.3 厘米，口径 9.8 厘米，足径 4 厘米。署“大明成化年制”，为清雍正时仿制。藏北京故宫博物院。

斗彩折枝菊纹杯。高 5 厘米，口径 5.5 厘米，足径 3.5 厘米。署“大明成化年制”，为清雍正时仿制。藏北京故宫博物院。

斗彩灵云纹杯。高 5.5 厘米，口径 7.5 厘米，足径 3 厘米。署“大明成化年制”，为清雍正时仿制。藏北京故宫博物院。

斗彩缠枝莲纹“天”字盖罐。高 7.5 厘米，口径 3.5 厘米，足径 6 厘米。署“大明成化年制”，为清乾隆时仿制。藏北京故宫博物院。

斗彩洋花纹瓶。高 24.4 厘米，口径 8 厘米，足径 8.4 厘米。署“大明成化年制”，为清乾隆时仿制。藏北京故宫博物院。

斗彩鸳鸯卧莲纹调色盘。高 2.5 厘米，口径 14.5 厘米，足径 10.5 厘米。署“大明成化年制”，为清乾隆时仿制。藏北京故宫博物院。

此外，在台北“故宫博物院”还收藏有至少数百件各朝代仿制品，因为资料收集不全，难以一一列出，暂付阙如。

十二、小结

成化一朝在瓷器制作方面成绩斐然。虽然平等青在天顺时期已经能够熟练使用，但是成化时期将此运用到炉火纯青的地步。成化时期创造性地改变了永宣官窑的雄浑大气，瓷器变得小巧精美，玲珑秀丽。无论胎体的轻薄，还是釉水的肥厚，成化时期都达到了明代瓷器生产的顶峰。特别是成化十六年（1480 年）以后，斗彩技术十分娴熟，创烧了许多新的品种，使得成化彩瓷成为以后各朝仿制的重点。成化十六年，自苏门答腊进贡的一批苏勃泥青料，虽然质量稍差，但是御窑厂的窑工对这批青料进行了煅烧提炼，仍然在瓷器上描绘了不输于宣德的呈色。这项技术为后代的国产青料的提纯技术提供了实践经验。

图 48　成化青花梵文杯

图 49　成化釉里红高足杯

图 50　成化斗彩龙纹小盖罐

图 51　成化斗彩鸡缸杯

图 52　成化素三彩鸭熏

大明成化年製

图 53　成化黄釉青花花果纹大盘

大明成化年製

大明成化年製

图 54　成化苏勃泥青宝莲纹宫碗

图 55　成化青花宝莲纹平等青料宫碗

图 56　成化斗彩折枝花果纹直口碗

图 57　成化斗彩团花夔龙杯

图 58　成化青花海水龙纹盘

图 59　成化青花三朵云龙纹盘

图 60　成化青花梵文小碟

鉴定的理论与实践

古陶瓷的鉴定有点类似侦探学，是根据各种证据来分析瓷器的真伪。在这方面，一些重要的概念是必须明确的，此外还必须掌握一些方法，以便在实践中不断验证。总之，会看还是不会看，最终是要靠实践来检验的。只会看图录是不够的，总是照图谱看器物，多数是要吃药的。中国仿制前朝陶瓷，早在明代就已经开始了。到清代康熙、雍正、乾隆时期，官窑更是带头仿制，无论在数量还是质量上，都达到了一个前所未有的高峰。清末民国初年，中国的仿古再次进入一个新的高潮期。以上这些仿古瓷器，在今天被古玩界称之为“老仿”。改革开放以来四十多年时间，仿古成为一时风气，加之科技水平日益提高，新仿古陶瓷，特别是高仿品，已经给古陶瓷鉴定带来了很大挑战。在今天，无论是鉴定方法还是手段，都必须不断改进，方能跟上这种仿古制假的潮流。但是只要认真观察体会，总还会在那些仿品上发现一些蛛丝马迹。由于仿制者水平高低不同，现代仿古瓷器大致可以分为三种情况：

一是那些普通仿制品。他们的造型怪异，胎釉和纹饰随心所欲，生搬硬套，粗俗蠢笨，稍有古陶瓷鉴定知识，即可一目了然。这类仿古品虽然数量很大，但比较容易辨识。俗称“一眼假”。

二是较高水平仿制品。他们以资料照片、图谱，甚至实物为蓝本，其造型、胎釉和纹饰都比较精到，是有本之作。但是这类仿品的细微之处总有一些差异和破绽可以寻找。只要细心对照，并且对古陶瓷有较深体会，应该还是可以识别。

三是现代仿品中精心之作。他们比照实物，在尺寸、重量等方面都可以达到标准，具有较高仿制水准。而且这些高仿品，通常都要经过专业人员做旧处理，有时两件新旧相同器物摆在一起，未必能够看得出来那件是仿品。这种高仿品主要是瞄准古玩市场和拍卖行，多是选择经济价值高，受人喜爱的收藏品种，刻意追求，并且追随艺术品市场的潮流而变化。这种高仿品数量不多，其仿制过程非常神秘和精工细作，超出人们想象。有人将这样的艺术精品称为“现代官窑”。但是新仿品毕竟是现代工艺与现代科技的新产物，和含有历史价值的古陶瓷还是不能等同的。对于这类仿古瓷器的鉴别特别需要眼力，考验的是鉴别者的历史功底和对古陶瓷的检验能力。同一件器物，经过不同的人鉴定，可能会有不同的结论，这是非常正常的情况。这时就需要以现代科学的方法，作为辅助手段来帮助鉴定，提供一些参考数据资料来帮助认识和辨别。

赵燕先生在谈论古陶瓷鉴定时论道："你对古玩艺术品发表观点以后，别人采用与你相同的观察和求证方法，也能得出与你相同的观点，你的结论才能被人们接受。"（赵燕《元代青花瓷器研究观点与论辩》，见《中国艺术品鉴赏与修复学科建设学术研讨会论文集》）其实，作为古陶瓷收藏爱好者，玩的就是一种经验和体会的感觉，依靠科技手段并不能使他们得到这种体验。因此对于经验的总结和表达，依然是十分重要的事情。明代前期瓷器代表的是五六百年前的工艺技术，用现代手法仿制古陶瓷，不论技法再高，总是存在不完全符合客观规律的情况，这些地方，为今日的鉴定留下了可供观察和研究的空间。所谓的鉴定经验，就是对这些细微地方的精细观察和思考。没有长时间的思考和实践，要想取得宝贵的经验是不可能的。

所谓科学的鉴定方法，是近几十年兴起的一种对古陶瓷的鉴别手段。也是一个系统工程。最早是中国科学院上海硅酸盐研究所的专家在古陶瓷研究领域进行的开拓性基础研究工作。他们对古陶瓷的一些窑口和某些品种做了大量科技测试工作。这些测试取得了重要进展，获取了大量数据，为古陶瓷研究奠定了良好基础。这些年有不少单位的科研机构，也进行了科学检测的测试工作，主要有中国科学院高能物理研究所、上海博物馆、复旦大学现代物理研究所、中国科技大学科学史与科技考古系、陕西科技大学、郑州大学物理工程学院、香港城市大学、香港大学等单位，都进行了这方面的研究，做了大量工作。但是直到目前，还不能准确无误地解决问题，而且绝大多数的历史名瓷，至今尚不具备接受科技鉴定的基本条件。所以这种方法在对古陶瓷的年代测试和窑口鉴定方面还有很多值得商榷之处。

有关测试古陶瓷年代的热释光法，上海博物馆进行了数万例实验，对古陶瓷的年代测试数据误差可以控制在50年左右。但是用它来进行测试明代陶瓷，由于年代较近，其准确度方面是有很大局限的。另外还有一些微量元素分析，作为使用古陶瓷的"指纹"特征来确定其身份，可以确定古陶瓷的窑口，但是对于年代的测定，必须有大量具有实践意义的标准器物和大量数据积累，这在今天都还是没有完成的工作。

瓷器的制作工种多，工艺流程长，要过七十二道流程方能成器。因此它是集体劳动的产物，其中只要某一道工序自以为是或是稍有疏忽，对传统技艺不熟练，就会留下它的习惯手法，或是模仿生硬，或是工艺不自然，这些地方就是今天鉴定古陶瓷的辨伪证据。从这个意义上讲，古陶瓷的"乱真"是不可能的，仿古能够不失其神貌，或是达到"几可乱真”已经非常了不起了，这类作品被称之为“高仿”。如何鉴定古陶瓷，识别“高仿”，从经验方面，主要有以下几点：

一、明代瓷器的老化现象

这是多年使用眼睛来观察器物形成的经验总结。瓷器通常被认为是一种不易腐蚀的材料，但是在自然环境下总会发生一些老化和陈旧现象。只是这个过程进展极为缓慢，不易被观察而已。瓷器老化的速度，受工艺因素和外部保存环境的影响，其表现不尽相同。在瓷器中，受腐蚀和老化比较严重的部位，主要表现在釉面上，尤其是烧成温度较低的低温釉或釉上彩等部位。高碱釉、低温铅釉和釉上彩，都不同程度地会出现老化现象，个别甚至达到非常严重的程度，比如孔雀绿釉、洒蓝釉和瓜皮绿釉等，均会出现一些剥釉现象。高温釉相对保存完好，但也不可避免地会出现个别老化和自然腐蚀的痕迹。这也正是观察瓷器新老最为重要的部位。关于如何判定一件瓷器的新老，国内藏家和专家历来意见不一，各说各话，大家似乎都按照自己的轨道在独立运行。在藏友之间的交流中，也经常出现“鸡同鸭讲”的情况，甚为尴尬，难以达成共识。这种认识上的混乱，导致了假货乘虚而入，甚至已经到了真货没有生存空间的地步。广大藏友在防不胜“仿”中吃尽了苦头，交足了“学费”，有的甚至到了倾家荡产、家破人亡的地步，还没处讨说法，局面如此混乱，令人痛心。为此笔者根据多年来对古瓷的研究和体会，并且搜集了众多有实践经验的老藏家所得出的一些结论，来分析一下古瓷的鉴定要点，希望能给纷乱的古瓷认知带来一些有益的共识。

瓷器在烧制过程中，由于受到窑温变化以及胎、釉原料等方面的影响，釉面通常会出现一些小的瑕疵，如气泡、棕眼、缩釉、炸纹等。瓷器出窑后，在长期的使用和不断把玩的过程中，釉面又极易产生一些人为损伤，如划伤、磕伤等。这些小瑕疵，在不同时代、不同器物的表面出现，形成了一些器物所独有的时代特征，这些瑕疵都是在瓷器烧成和长期使用后的自然状态下形成的。现在造假者为了仿制的更加逼真，甚至连一些常见的瑕疵和痕迹也一并研究模仿。因此陶瓷釉面的各种瑕疵痕迹，在鉴定中是非常值得注意的。

1. 感受老气

瓷器上手后的第一感觉就是：有没有老气。行内人称之为“望气”。无论是传世品还是出土物品，由于经历了长期与空气中微酸、碱的反应和人们使用欣赏时的抚摸等，总会留下一些痕迹，使得瓷器光亮的釉面会发生改变，使得它原有的耀眼燥光变得酥软温柔，在强光下没有刺眼的高光点，给人一种光亮柔和、温润如玉的感觉。这是物品在使用过程中，釉面会出现自然的、不规则的、较均匀的使用痕迹或者划伤，器物的足端变得光滑，有所谓的“包浆”产生，并且有油腻感。出土的器物还会留有土锈，新出土的器物可以在露胎处闻到出土的气味。高仿品要使之有古老味，唯一的方法是做旧。使之去掉新瓷器釉面耀眼的光泽。这里面有各种方法，多离不开用酸和强碱对釉面的腐蚀。但是这种方法会使釉面产生朦胧感，变得不光滑，无玉质感，用手抚摸时涩而滞。如果使用各种打磨方法做旧，会产生划伤痕迹，这种人为的划伤，往往分布不均匀或痕迹过重，有的呈平形状磨伤条痕。在做成出土器物时，使用办法是在器物上的表面上做“土锈”。这种土锈与真正的土锈是完全不同的。真品的土锈是器物长期浸埋在土壤中，所产生的沉积在器物表层上的一层灰白色的“土碱”。真正的土锈颜色是不均匀的，有斑斑的深浅变化，像小孩没有洗过的干尿布所染上的痕迹一样。真土锈用刀片可以刮掉，呈现灰白色粉末，而刮掉后的釉面并不受伤。做旧留下的各种痕迹，在高倍放大镜下观察，均会有不自然的感觉，理解不自然的现象，是鉴赏的必要环节。

以下的痕迹，是当今赝品中常见的现象：釉面无光泽，有酸碱腐蚀的朦胧感。手抚摸釉面时不光滑，有涩而滞的阻手感觉。仿明成化的产品足端胎质干涩，有人为的打磨、污染痕迹，没有自然的“包浆”油腻感。足端的胎泥与釉的交接处有一线火石红，是用一种色泥涂上后烧出的，呈现皮壳状。器物口沿和壶嘴口、把手边沿上的薄釉多而不自然，有人为敲破的现象。釉面有平行的、较深的划伤痕，并且分布不均匀，不易碰到的地方有划痕，且多。土锈呈均匀的黄泥色或灰色，是用胶水调泥粘上的土锈，用开水可以洗掉。用泥等调铅熔剂经过800℃烧烤上的土锈，会腐蚀釉面，用刀片刮不干净。真土锈是土碱沉积而形成的，仿的土锈没有这种感觉，也没有土腥气味。涩胎处有很多细小黑点，胎质粗糙，釉面有较多较大的黑点。接老底的器物，往往底的上部不具备老底时期的特征，老底的釉面与上部的釉面不太一致。进窑重烧后，往往气泡增大，增多，青花晕散，或者胎体起泡。生锈的铁马钉、铜马钉补的破瓷器要注意是否后仿。瓶罐内壁的“鸡爪纹”的破裂现象，可以仿得一样，是以要全面地审视器物是否具有真品的特征。老胎后加彩，多数画面缺乏神韵，不及真品生动，釉面划伤痕压在画面下，就是后加彩现象。釉上彩的颜色没有光泽，不肥润。颜色上或周边太脏，多为做旧所致。瓶罐等的砂底太粗，有的用粗泥另涂了一层，看起来很古老，其实真品的胎土并不粗糙。总之真品老气，釉面油腻，光滑如镜，光亮而无燥光即浮光，光泽十分柔和。

瓷器老化的原理

首先必须明确，大自然中不管什么物体都会随着时间的推移，慢慢老化或者说氧化，瓷器也不例外。我们将新老瓷器的对比就会发现，新瓷器釉面反射的光泽刺眼，火气大。老瓷器光泽相对柔和，气息沉稳，这就是老瓷和新瓷的直观区别，这种瓷器上反射的刺光转为柔光，气息逐渐沉稳变化，实际上跟空气的氧化有关。众所周知，氧气是无孔不入的。打个比方，我在家里放一只青苹果，过了两天它就会慢慢变黄，变熟，不管它内部是怎么变化的，都和氧气的进入有关，氧气进入瓷器的内部，同样也能改变瓷器釉面的光泽和气息、它能使釉内的反光物质老化。使它反射的光泽逐渐变得柔和，也能使瓷器在烧制时，从高温中吸收的能量，也就是所谓的火气逐步消退，使瓷器的气息变得沉稳，这种变化虽然缓慢，但经过上百年，几百年的时间，它已经具有了让老瓷器和新瓷器可以明显区分的特征。

对瓷器釉面的识别。

俗话说："胎是骨，釉是衣"，"人靠衣服马靠鞍"。陶瓷表面通常施有一层或两层与玻璃相似的釉，作用是使产品变得美观而实用，并且能提高器物的强度与表面的硬度，以及抗化学腐蚀的能力。自瓷器诞生之日起，釉就不离其左右。对釉的鉴定也是古陶瓷鉴定的重要内容。它大致包括对釉料性质和施釉方法两个方面的鉴定。当代以化学分析为基础的釉料研究，告诉我们，釉料主要是由基料、色剂、熔剂和辅料四类化学物质组成。情况如下：**基料，顾名思义就是形成釉的基础材料。基料中首先要有的化学物质就是硅。二氧化硅在熔融状态下，可以形成无色透明的均质体——玻璃。在绝大多数釉的组成中，二氧化硅的含量占50%以上。它在釉中能与很多氧化物化合，特别容易与盐类化合，形成复杂的硅酸盐。混以适当物质，能制成带色或乳浊的过冷溶液。三氧化二铝也是基料中的重要成分，一般采用分散性较大的黏土或高岭土。它在釉料中主要起固熔剂作用，调节釉的熔融温度和高温黏度，增大釉面硬度和抗化学侵蚀能力，增强色剂的稳定性。色剂，绝大部分釉都具有颜色，即便是白釉和透明釉，也会多少有一点颜色，如淡青色、牙白色等。真正无色透明的纯玻璃釉，在古陶瓷中是不存在的。釉的颜色是由其中所含着色剂决定的。熔剂又叫助熔剂。俗话说："无灰不成釉"，最原始的釉就是用草木灰做熔剂的，其中含有大量钾、钠、钙、磷等化学元素，它们都可以起到降低瓷土中石英熔点的作用。辅料，虽然在某些釉料中，辅料只起到辅助作用，但也不可小视，它会给人带来意想不到的艺术效果。人们通常根据釉料的原料组成、制作方**

法、烧成温度以及外观特征进行不同的分类：根据配料成分不同，可分为灰釉、石灰釉、长石釉、铅硼釉等；根据制作方法的不同，可分为生料釉、熔块釉、挥发釉；根据外观特征不同，可分为透明釉、乳浊釉、颜色釉、结晶釉、纹片釉、无光釉等；根据烧成温度，可分为高温釉和低温釉。

上述四种分类方法，都不能明确反映中国古陶瓷制釉历史的发展脉络，也不能充分表述当代古陶瓷釉质鉴定的基本思路。一些中国学者在学习西方科学技术的同时，也自觉不自觉地把他们的研究方法，全盘照搬到中国古陶瓷研究中来，甚至把釉面简单分成石灰釉和石灰碱釉两大类。在他们眼里，中国古代瓷釉只有两种，把含钙量在 10% 以上的釉，统统称作石灰釉，把含钙量在 10% 以下的釉称作石灰碱釉。这样一来，简单倒是简单了，但使许多人误以为，所谓石灰釉必定是以石灰石制釉，所谓石灰碱釉就是用长石制釉。殊不知二氧化钙含量高的釉，未必都是石灰石制釉。松木的含钙量近 40%，用松木制成的灰釉含钙量在 10% 以上。**用长石制釉，也是在有了近现代机械加工设备以后才出现的事情，由于古人没有大规模粉碎加工坚硬石头的能力，所以不直接用长石配釉。**更可悲的是，我们常见的釉质检测报告都是这样写的：“某某器物与某某窑某某瓷的釉质成分基本相同。”简直令人一头雾水，到底是真品还是赝品？没说！花了钱得不到结果。有些行业传统鉴定专家也误以为，古陶瓷的釉质鉴定，只能靠眼力，不能靠科学，科学分析无法断代，其理由是：即便是同一时代、同一窑口、同一品种的瓷片之间，它们的化学成分都不会完全一样。**元素分析法和釉质老化检测法，是当代古陶瓷釉质鉴定最科学的鉴定方法。要想掌握它，必须要懂得中国古陶瓷工艺发展史中，釉料发展的历史变化过程。根据中国古瓷制釉工艺历史发展的不同阶段，我们把它们分为灰釉、土釉、多元釉、化工釉和长石釉五个发展阶段。它应当是当代古陶瓷釉质鉴定的基础，也是在摆脱标形学鉴定的束缚，创立痕迹学鉴定过程中，始终要把握的最为本质的东西。**

氧化对瓷器釉表面色泽和光泽带来的变化。由于氧化程度的不同，造成瓷胎上下色泽光泽不同。其原因是胎的密度相对釉来说要疏松，**较多的氧气是从露胎的底，进入胎体内部的。一直往上渗透，离底胎越近，氧气进入得越多，氧化程度就越明显，色泽和光泽就变得越淡越暗，而且有一种“干”的感觉，所以造成了该瓷器上下胎色泽光泽的不同。**所谓胎中的深色，其实就是瓷器在烧制过程中，对能量吸收的结果，也就是我们常说的火气的颜色。如何证实这一点呢，我们可以拿两块石头做个试验，一个放到电炉里烧几个钟头，拿出来是不是比没烧的那块颜色要深？这就是能量吸收后的色泽。这种色泽只有经过氧化后，才能逐步消失，最后恢复到物质本来的色泽。瓷胎上部光泽亮，其实就是胎土内存在的反光物质在反光，随着氧化的过程，它的反光功能也会逐步减弱，直到消失。

这种能量和反光物质也同样存在于瓷器的釉中，虽然釉的密度大，氧气难以进入，但因为时间跨度长，它仍然会有不小变化，这种变化就是釉的光泽和色泽逐渐变暗变淡。而釉面的变化就更明显了，因为那里直接接触空气。我们发现这么一种现象，有些老瓷器釉面色泽比我们迎光下看到的釉色要淡，光泽要暗。**这说明一个问题，就是同样一件瓷器，氧气接触得越多，色泽和光泽消退得越快。特别是有些瓷器在使用的过程中有较多的机会接触阳光，这更容易使其釉面发生氧化，这种氧化的过程，叫作“退光”**。退光后的瓷器表面显得温润柔和，有的瓷器经过收藏者经常的抚摸，使得瓷器出现一种类似油脂的光泽，行内称之为“宝光”。所以我们平时看到一件老瓷器会有陈旧的感觉，其实就是瓷器氧化后光泽变暗，色泽变淡带来的影响。这种变化对于我们辨识一件瓷器的新老，有着重要的参照意义。目前仿古者用化学的办法退光，使用氢氟酸的稀释剂涂抹瓷器釉面，都是可以用肉眼识别的，因为瓷器的釉面被酸腐蚀过，会出现一些小小的斑痕，这与年代久远产生的退光现象完全不同。

除了瓷器自身的退光作用，**在传世品中，特别是那些经常用手把玩过的瓷器，在器物的表面会出现一种类似“癣”一样的东西，紧紧地附着于瓷器的内外釉层的表面，其形状并不规则，多呈破碎的小片点状，使用清水很难洗掉。这种“癣”状物质，古玩行的行话叫作“皮壳”**。不仅木器，玉器会产生皮壳，瓷器也能产生皮壳。目前做旧仿制这种皮壳，很难做得像。善于识别者，会一眼看出新老。这是鉴别传世品瓷器的一个极为特别的方法。当然有的保存较好的瓷器并没有产生皮壳。但毕竟经过了长久的保存，瓷器没有皮壳也会出现宝光。这些都是我们认识老瓷器的重要方法。

2. 陶瓷釉面的开片

何为陶瓷开片？瓷器表面出现的裂纹或者纹路就是开片。开片并不伤及瓷器的胎体。开片又称冰裂纹，按颜色分有鳝血、金丝铁线、浅黄鱼子纹；按形状分有网形纹、梅花纹、细碎纹等。分为大开片、小开片。小片细碎的，叫鱼子纹；大片稀疏的，叫牛毛纹、柳叶纹、蟹爪纹，都是形容其形状的。这些细致入微的纹路是怎么来的？开片陶瓷和不开片陶瓷，后天的价值差异究竟如何？无论是关于元明清陶瓷的记载，还是之前宋代关于瓷器的记载，虽都有关于开片形成的记录，但是也一直存在争议。有人认为，同一时期同一窑口的陶瓷，开片陶瓷更具价值，有的则认为非开片陶瓷更具价值。下面介绍瓷器开片的原因极其种类:

釉面裂纹。又称“开片”。早在宋代，汝、官、哥诸窑就已经出现了釉面开片作为装饰，其釉面裂纹如同冰裂、龟裂、蟹爪或其它细碎状。这些釉面不同形状的裂纹，是烧造工艺上的一种缺陷，是由于胎体和釉面的膨胀系数不一造成的，却显出了一种独特的装饰效果，别有一番古朴自然的情趣。明清两代及现代多有仿制，但却与宋瓷相去甚远。宋瓷的开片裂纹是烧制时自然形成。宋代哥窑开片有“金丝铁线”一说，它的形成一般来说是由于器物出窑以后，用草木灰均匀涂抹，使之渗入较大的裂纹之中，纹线即成黑线。随后一些小的裂纹内的铁元素受空气氧化而呈现出褐黄色，两种纹线交织布满釉面即所谓的“金丝铁线”。据有经验的窑工师傅介绍，现代仿古器可用化学试剂做出釉面裂纹，再用红色、黑色彩料分别泡染填充，但与宋代“金丝铁线”相差甚远。在明清两代青花或单色釉瓷器的釉面，一般来说是没有“开片”的，但有个别器物受保存条件的影响会偶然形成开片，没有形成时代特征。现代仿品中往往在仿元明两代的青花瓷釉面人为制作出“开片”，来伪造出土物，值得注意。正常情况下，开片并不影响器物的美观和使用，不算瓷器的残缺。近些年来有专门的人会制作这种开片，以使人感到器物的老旧。但是**人工所开之片，其裂口是撑开的，表现形式是裂纹的边缘呈平衡撕裂形，而随着时间的延续所产生的开片，却表现为裂缝的鼓胀，是一种由里而外胀开，其裂缝的边缘是凸起的。这是鉴定必须注意的地方**。自然的开片，是瓷器历年既久，表面釉层渐渐内裂，或呈“鱼籽纹”，或成“牛毛纹”。无论何种纹形，开片都与胚胎无关，开片纹痕绝不会深入胎骨，而仅仅开在釉面上。有一种开片是我们认识瓷器的重要线索。**明代前期的瓷器，如果入土时间很久，出土时被风吹过，瓷器的釉面会逐步开出一些曲折的片，是因为当墓中的瓷器出土之时，风吹过的釉面会急剧收缩，慢慢形成一种因为胎釉膨胀系数不同而导致的开片。这种开片不是短时间内开出的，会在一段时间内慢慢开出来，这恰好是我们认定出土器物的一种方法。所以凡是瓷器因年久自然开片者，其釉总是似开而未开，在若隐若现之间。若为人工开片者，则在瓷胎上豁然显露。这是二者的根本区别。**

人为的开片，多属浆胎瓷器。所谓“浆胎”，是在制胚时，撷取浸泡过的精细瓷粉，澄清后融成泥浆，制成胚胎。人为的开片，在这些浆胎制作过程中，就配好了药料。入窑烧时，必使之开片，开大片或者开小片，都可以按照用不同的配料来实现。这样烧制出窑的瓷器，开片形似龟裂，开裂都在胚胎里面。瓷器开片种类。虽然古陶瓷多数的窑口和相当部分的品种，或多或少地存在着不同程度的开片现象，多数是被当作烧造缺陷对待的。但也有一些品系却形成了特定的艺术效果，有些甚至可以作为鉴定古瓷真伪的特定要点。

“冰裂纹”开片。这是形容在冰清玉洁的釉面上形成了像冰雪一样清澈的裂纹。这种裂纹十分致密，没有缝隙，杂质无法侵入，历经数百年，仍然显得晶莹剔透，像冰块开裂一样，宋官窑中常见。明万历时钧窑受挫，继而发展冰裂瓷替代钧瓷，传说是为了避明神宗朱翊钧讳。现代的工艺仿冰裂纹也很美，但是因为釉层欠厚，有贼光而失神韵。宋官窑冰裂是无色的，后因污染才有色。冰裂也不是短期完成的，是经历若干年的，现在若将宋官窑冰裂瓷放置水中三五年，再拿出来经太阳暴晒，必定会开出新的片纹。还有一种冰裂梅花是冰瓷中的高艺术境界，冰裂纹有向心性，呈多条弧状斜片的冰裂组成一朵朵梅花，花朵中心花蕊部分不开片，只有点点气泡坑，而且整个釉面，又由数朵分布等称的冰裂梅花组成。大件是大朵梅花，小件则是小朵梅花，整个釉面显得和谐适中，美妙至极，极为神奇。今日工艺的冰裂也有冰裂梅花，但艺术性较古时相差太远，可能是制作者没有见过宋代官窑的艺技顶峰的古瓷奇葩。其中，一般是活芒片，会开启，会关闭，若是长期受污染，并且污染严重，则会变成死芒片。

“文武”开片。这是形容陶瓷器物上下左右，通体开片。其中呈大型的不规则开片，比喻为“文片”，当中又套有较小型的开片，比喻为“武片”。自古以来就有“文武之道，一张一弛”的比喻，以此来形容这类开片的形式颇为恰当。这是传世哥窑瓷器的特殊纹饰。因开片有大、小之分，大开片呈深灰似铁，小开片呈酱褐色，似金丝而得名。哥窑瓷器釉质凝厚，釉色沉稳，因其胎体中氧化铁含量较高，烧成时口沿处釉熔融垂流，釉层变薄，遂隐现酱紫色胎骨。古代工匠利用哥窑出窑前骤然冷却的方法，釉面内应力急剧释放产生大的开片。然后将瓷器浸泡入含铁的溶液中，裂纹将铁物质吸附进裂纹内形成“铁线”效应。再将这种一次开片的瓷器放入窑炉内烘烤，不等釉面熔化，再进行第二次骤冷，使釉面再次在大开片中产生小开片，再将烧成的瓷器放入陈腐的茶叶水中，裂纹再将茶碱之类的色素吸附进缝隙中，再加以长期使用、把玩，就形成了大片套小片，铁线裹金丝的艺术效果。这种哥窑特有的工艺，是自宋以来古代工匠人为掌控开片的典型例证，并被元、明、清继承与延续至今。这种开片是明代前期仿宋官窑瓷、哥窑瓷最为显著特征，也是这类瓷器除紫口铁足之外最大的特征。

蟹爪纹。原本较多地出现在汝瓷上，明代前期有仿制宋汝瓷作品。**其釉面开裂，裂缝上串有多个小气泡，后被污染成黑色，故形象地称蟹爪纹。极难仿制，这也是判定古瓷的一个重要特征**。另有瓜子片，与鱼籽纹、碎米纹、龟裂纹相关，表示开片的大小如瓜子，汝窑天青釉中最常见，现在的仿品也可以仿得很相似，但是仍有区别，**古瓷的片缝大，可以看出是千百年来陆续开片的，这种陆续开片的纹路，颜色深浅是不同的，后**

开片与先开片那种颜色完全不同。而新品则是人为控制，同时开片的，古瓷的缝色是多种多样的，而仿制者基本是一色的。再辅之运用其他的鉴定依据，就不难辨认了。禁用孤证判断，容易看错。碎米纹。裂片大于鱼籽纹，而小于瓜子片的。现代有仿制，也是缝色有差异。另外，碎米纹又与瓷器的品种有关联，它常出现在白汝瓷上，如果出现在天青的汝、官、哥上，就错了。

牛毛纹。像粗牛毛一样的流淌纹，有动感，但不及活流纹艳丽，各个时期的牛毛纹也各不相同，难以仿制。这种纹路多是慢慢随着时间陆续开成，故成弯曲多折的形状。有些来自墓中出土的器物，在出土时被风吹过后，瓷胎与釉面的收缩比不同，会产生这种陆续开出的牛毛纹。这种纹路难以人工形成，是鉴定古陶瓷的重要依据。

吐筋线。低温瓷开片后，在片缝上会生长起一道隆起的线，不同的胎质，颜色不同，是不能仿制的。古瓷出土后，也会逐渐生成吐筋线，但要在片缝的基础上形成，并且要经过几十年的风吹日晒。吐筋线上有时还会出现破泡眼。釉面的大泡破裂后，釉面出现一个较大的洞，口小内大。内里的形状不同于棕眼，破泡眼是呈圆球状的洞，破泡眼内，常有陈腐痕迹和臭干黑，或有黄水斑。这也是古瓷的一个重要特征。还有开芒片。指出水后，釉面重新开裂，裂片翘起，手抚之如触芒。个把月后，又自行关闭，如平面。复置水中数年，再拿出，又会开芒片。以临汝窑瓷、冰瓷为最。开芒片后，片隙里进了脏污，则谓死芒片，不会再开闭。活芒片是干净的，再经水泡，是可以重新开闭的。

鸡爪纹。老瓷器的腹部或底部在不小心碰撞后，器体受撞击处容易出现鸡爪状的裂纹，因而有“鸡爪纹”一说。老鸡爪纹由于形成时间久远，裂纹内多渗入其它杂质而呈褐黄色纹路。而**新仿品鸡爪纹是人为敲击形成的，在器壁上多见有二三处鸡爪纹，但器表没有撞点痕迹，显然是伪作。**

过烧石灰。石灰石遇到高温，会烧成熔融状，不是白色，而是蓝黑色，放在水里三天都不化解。如果胎中含有过烧石灰颗粒，出窑后遇水并不开炸，需经过几十年、上百年后，才会膨胀，造成胎体炸裂。因颗粒大小深浅的缘故，而有炸瓷、炸线、棕眼、炸包之说。炸线是因胎中含有小的颗粒，为过烧石灰，其膨胀力度有限，只能炸出一至几道线，看纹线，便可知是过烧石灰的所在。炸瓷是因为瓷胎中含有较大颗粒的过烧石灰，石灰膨胀而炸开瓷器，一般是炸裂成大缝，很少断裂。究其理，炸瓷的过程是几十年、上百年的缓慢过程，目前还没见有仿者。

发怀古之思，叹妙瓷之精。从鉴定角度来讲，开片原理可以用于鉴物定器物的真伪，但是对于器物断代的参考作用却较小。“开片”是陶瓷在烧造过程中产生的，或是历史原因而产生的釉层断裂现象。一般认为是一种缺陷，这对玲珑剔透、完整无损的各类瓷器的美观产生了影响，在或洁白如玉，或青翠欲滴，或碧蓝如洗，或鲜艳如血，或娇黄妩媚，或姹紫嫣红的釉面上产生的裂纹，影响到瓷器整体美观。但是我们睿智的祖先正是利用这种缺陷，化腐朽为神奇，人为地制造出开片效应，产生了变幻莫测、鬼斧神工的艺术效果。明代在宣德、成化时期仿制生产过这类开片的瓷器，但是数量有限，传世品较少。

3. 对老器复烧的辨识

复烧器就是老的瓷器或部件经过回炉烧制后的仿品，这些仿品与老瓷器存在很多方面的共性，所以有很大的欺骗性。因此笔者总结几点经验供大家参考：复烧仿品大致有二种情况，一是接老底复烧，也就是说器物上面的部分是新做的，而底是老的，二是整个老器复烧，有的甚至还在老器上加彩复烧。接底复烧又有两种情况，一种是有釉的底，一种是露胎的底。那么在复烧中又有两种情况，一种是低温复烧，也就是几百摄氏度的状况，一种是高温复烧，一千摄氏度以上。这些情况在鉴定的时候都是有不同区别和讲究的。

首先说接底的仿品，接露胎的底一般多见于高古瓷，比如元代瓷器或明代早期的瓷器。由于这类瓷器市场价值高，具有仿制的意义。**这种瓷胎回炉烧制后，胎体的颜色变深变亮，并且表面有凝结现象**。这种情况的产生是有科学道理的，我们前面说过，**能量的吸入会改变瓷器表面的颜色和光泽，所以本来一件老底胎，经过漫长时间的氧化，表面也变淡变暗了，但是经过高温烧制，颜色和光泽变得要深要亮。复烧过的老瓷器火气大，又光亮。没复烧的老瓷器，气息沉稳。那种有釉的老底，和整个老器复烧的釉面变化一样，都是釉面变油变亮**。可以给大家打个形象的比方，两个老竹筒，一个在火上烤一会儿，一个没有，两个比较下，烧过的那个是不是变得油油的，亮亮的，且带有火气。复烧温度不高的老瓷，所产生的就是这种感觉。表面凝结现象的产生也有科学道理的，因为底胎在长时间氧化后，它的表面颗粒呈均匀松散状，并且还带有一定的附着物。经过高温烧制后，这些附着物和胎表面的金属物质被搅在一起，冷却后就在胎体的表面出现了凝结状态。当然干净的、含金属物质少或没有附着物质的老胎经过复烧，这种状况就不太明显。

低温复烧的仿品一般都是用来加绘纹饰，但也有纯粹为了增加亮度，充当精品，卖好价钱，这种仿品早在民国时期就有。高温复烧一般多见于接底器，也有将窑址未烧熟的废品，残件和瓷片的拿来，加工仿制高档花纹，更有甚者，干脆拿完整老器来造这种假，可以说是对文物赤裸裸的犯罪，令人痛心。完整老器复烧的仿品，其釉面虽然火气明显，但不知底细的藏友，会误将它当作“老中见新” 的精品，它的迷惑性在于釉料、器型、工艺都一样，且其从釉内释出的斑点色泽，也和老的一样，如果藏家只注重这几点，是很容易上当的，所以学会观火气，辨气息在鉴别瓷器新老时是很重要的。

4. 对瓷器釉光的认识

对瓷器釉光的认识，是研究、鉴定古陶瓷非常重要的基本功。能够看懂瓷器釉面的光泽，并且能够区分出其中的不同之处，方是真正看懂瓷器的前提。每一个古陶瓷爱好者，不从这里下手，是不可能真正学会识别古陶瓷的。

如何辨识老瓷器的光泽和气息

首先是釉面光泽辨识。有一些亚光釉老瓷器，釉面看上去油油的，似乎看不到这种“宝光”，但如果是你透过釉层细细观察，它仍然能反射这种光泽。只是在油光的包围下，它的莹光度有所减弱，但光线仍然是“活”的，釉面质感也是均匀细腻的，这跟酸腐蚀后再涂上油的仿品那种呆滞的光泽，是完全不同的。通过对大量老瓷，新瓷和新仿瓷的观察和比较，可以印证这种“宝光”现象，确实为大部分老瓷所独有的现象。

其次是气息辨识。应该注意到不是所有的老瓷器釉面都能明显地观察到这种薄薄的莹光和晶光的，特别是含铁量高的黑釉瓷，某些海捞瓷，深色釉瓷和氧化腐蚀严重的瓷器等。鉴定这样的瓷器，不但要看它的釉面质感是否均匀，反射的光是否有“活气”，最主要的是要看其釉面和底胎气息是否沉稳，这种气息的直观感觉，就是**火气退去后釉面和胎体相对新瓷器颜色要淡，要有“干涩” 的感觉。而新仿器由于火气重，釉面和胎体颜色有“深”“湿” 的感觉，这就是区别，这种“深”“湿”的气息是仿制者做不掉的。因为火气用酸是很难腐蚀掉的**。而且酸一般只能对新仿瓷器的外表进行破坏，里面的釉层不会被破坏，所以这种能量仍然会从釉层的内部散发出来。这些光泽、气息、釉面等辨识方法，在实践中既有侧重，又可互相配合进行鉴别，古玩爱好者经过针对性的训练都是可以掌握的，关键是平常要多进行新仿品、老瓷器甚至瓷片的对比，把两者之间的本质区别强行记忆，做到稔熟于心。

釉光老化。瓷器在水中或是经常用手抚摸都会使瓷器釉面发生轻微变化，这种变化最明显的表现，就是瓷器釉面所发出的光泽变得柔弱和淡雅。这就是釉光老化的表现，俗称“酥光”。在自然界中，侵蚀是瓷器经常会碰到的情况，溶液中的氢离子与有表面碱金属离子会发生置换。这种侵蚀是极轻微的，由表及里的，由点到面逐渐展开的。这种侵蚀作用表现在瓷器的釉面上，会使碱金属离子和铅离子大量流失，还会引起溶盐的破坏。除了水之外，光照也是瓷器老化的一个重要内容。光照产生的紫外线会对瓷器釉面产生影响，光照产生的温度也会加速瓷器内部的化学反应。热胀冷缩会影响胎釉的膨胀、收缩，使釉面结晶产生变化。这些因素都会使釉面的光泽产生变化。朦胧光也是釉面老化的一种现象。现在可以用热释光原理来理解。古时视觉敏锐之人，在暗处，用开水烫古瓷，可见白色的、模糊的、略亮于古瓷的光。新瓷器就无此现象。

亚光。因釉面年久老化而生成的一种温和暗淡的光，又称之为“一片光”。年代越久越温和。还没有听说能有仿制者。瓷器因出窑十多年后，釉面结晶体分化瓦解，晶格组织之间开始陆续产生无数肉眼观察不到的间隔，并且随着年代的增长而加大，从而光线不能直射，产生散漫光，故肉眼见到的是亚光。亚光也是判定古瓷的一个重要特征。还有酥油光。也是亚光的一种，但是有油润感，常见于官窑、哥窑，在明代早期瓷器上也有显现。目前还没有仿制得特别像者，因为人们还没有完全弄清楚古人的生产工艺。

宝光。五百年前的古瓷，若没有经过日晒、水烫、火烤、闷热天或大雾天，可见古瓷四周散发大而圆的白光，区别于朦胧光。发光大时，隔布、隔纸都可以看到。因其神奇，故前辈称之为“宝光”。紫宝光。是指元明青花瓷，出土后没有慢慢地阴干，就直接见日光，此时就会出现一片金属闪亮般的紫光，不是局部，而是全瓷，迎日照处，展示时间约 10 分钟到半个小时后，逐渐消失。后人不知其故而曰“紫宝光”。若将元明青花瓷泡在水中三五年，再拿出来日照，也可见紫宝光，但十分暗淡，不够强烈。目前这种光泽还仿制不出。紫光。侧视元明青花瓷器，可以见到隐隐的紫光，因没有金属的宝色宝气，故曰“紫光”。能现紫色光的青花料，自古就名贵，价倍于黄金。还不知目前能否找到类同古代的矿藏。故更别说仿制了。

5. 对瓷器釉面磨损痕迹的观察

陶瓷器一经生产出来，它就需要被运输和销售，进而被使用、损坏、丢弃或储藏、随葬。在这些过程中，陶瓷或多或少会被磕碰、撞击和摩擦，所有这些原因都可能会在陶瓷表面留下使用磨损痕迹。这些痕迹有的明显，有的不明显，还需要鉴别者细心观察、逐渐积累经验。

磨损痕迹的鉴定原理。古瓷器在使用和流通过程中，会在表面留下痕迹。这种痕迹是在一个很漫长的过程中逐次形成的。因而真品古瓷的使用磨损痕迹是很自然的。新仿瓷器由于流通、使用时间很短，一般没有古瓷那种长时间积累起来的痕迹，即使在流通过程中产生少量的磨损，或者人为做出一些磨损痕迹，都是不自然的、刻意的、呆板的，与古瓷自然使用磨损痕迹有着本质的区别。掌握了两种使用磨损痕迹的区别和特点，我们可以通过这些方面来鉴定一件瓷器是真古瓷还是新仿瓷。瓷器最容易产生使用磨损痕迹的地方是器物的底足和口沿，还有碗、盘、盆、洗类器物的底心，器物突出的边角部位等。这些地方是我们在鉴定古瓷需要注意的重点部位。所谓对磨损痕迹的鉴别，主要是查看这些部位瓷胎的老化程度。并且通过对这些老化部位的观察，来判断该器物传世的年代。

新仿瓷器磨损痕迹的特点：

首先，新仿的古瓷，由于新鲜出炉，未经使用，特别是新仿明清瓷，如不经人为做旧磨损，它的底足和器身都是光亮崭新的。这种未经做旧的东西，火光刺眼，再看器身无任何摩擦痕迹，底足因为没有使用磨损过，用手摸上去往往感觉很粗涩或割手，没有老瓷器底足的那种自然光滑感，这类器物“新”得太明显，即可断定为新仿。

其次，有些新仿的瓷器，虽然在底足上经过人为刻意的打磨，以冒充使用磨损痕迹，但是由于它是人为的，在短时间内形成的，因而与自然磨损有着本质的区别。这类人为磨损一般是用砂轮打磨，或把器物底足直接在地板、石板上摩擦，磨擦痕迹很明显。有时往往弄巧成拙，把一些器物的底足或其他部位在正常使用情况下不容易产生磨痕的地方也弄出磨痕来。如果在一件器物不经常使用，或隐蔽的部位出现了过度使用和摩擦痕迹，那么这件东西就存在疑问。有些器物在人为做出磨损痕迹时，往往顾此失彼，考虑不周，该做旧的部位没有做旧，在磨损底足时，却忽略了器身；器身做旧了，却忽略了口沿。所以鉴定瓷器时应兼顾器物全部，关注局部，最终找出问题所在。

再次，有的器物在口沿或突出的边角部位，人为地做出磨损痕迹，但是这种磨损痕迹太规则，并非像流通过程中的磕碰、刮擦那样自然。有时用力过度，把一些不该磨损的地方也给磨损了。凡是口沿一圈或器物凸起的地方有规则、明显磨损痕迹的器物，大多都是新仿的。有的新仿器物，在器物的里面和器身用沙子类的东西打磨，表面有密密麻麻的摩擦痕迹，看起来很像是经过使用产生的磨痕，这类磨损痕迹需要仔细辨别。**如果磨损痕迹朝向一个固定的方向，力度较一致，很有规律感，这类东西必定是新仿无疑。**最后有的器物为了去除火光，采用毛皮或其他较软的东西摩擦釉面，以使釉面失亮。这种磨损痕迹在器物表面往往呈网状散射光，较易鉴别。

古陶瓷使用过程中的自然磨损痕迹。

古瓷的使用磨损情况比较复杂。由于器物的器型、用途不同，它们在磨损痕迹上的特点也不同。常见的几种情况如下：有的古瓷由于未经使用或使用时间很短，随即被用于随葬或窖藏保存，甚至有些器物本身就是专门用于随葬的，这类器物的使用磨损痕迹一般不很明显。至多在运输和埋藏过程中，在器物表面留下微小的零星擦痕。这种使用磨损痕迹，在鉴定时需要仔细观察才能发现。这种痕迹对于鉴定的意义不是很大，但是可作为参考，它毕竟与那些新仿器物毫无磨损痕迹还是有区别的。另外还有一种比较特殊的情况，即我们常说的清代宫廷库存的未经使用过的瓷器，虽然老，但上面却没有使用痕迹。这种库藏瓷器，古玩行称之为“库瓷”，有“真赛假”的美称。

许多古瓷是日常用器，由于经过长期的使用，器物的底足、内心和器身都有自然的磨损痕迹。特别是底足的磨损痕迹，由于是在桌子等木器上多次缓慢磨损，底足用手摸时，有光滑舒适的感觉。碗、盘、盆类容器内部的磨损则是杂乱无规律的。由于长期使用，釉面有失亮情况。同时器身的磨损擦痕也是毫无规律的，星星点点，若隐若现。这种器物表面自然磨损情况，在古瓷鉴定中的参考价值很大。

6. 陶瓷釉表的其他表现

瓷器在烧制过程中，由于受到窑温变化以及胎、釉原料等方面影响，釉面通常会出现一些小瑕疵，如气泡、棕眼、缩釉、炸纹等。瓷器出窑后，在长期的使用和把玩过程中，釉面又极易产生一些人为损伤，如划伤、磕伤等。这些小瑕疵在不同时代、不同器物的表面出现，形成了一些器物独有的时代特征，这些瑕疵都是在瓷器烧成和长期使用的自然状态下形成的。造假者为了仿制得更加逼真，连一些常见的瑕疵痕迹也一并研究模仿。因此釉面的各种瑕疵痕迹，在鉴定中也非常值得注意。常见的瑕疵痕迹主要有:

釉面老化。釉面和彩绘受介质侵蚀后会发生表面粗糙现象，出现受腐蚀的凹坑，腐蚀坑多由侵蚀介质对釉面溶蚀造成，有时也会伴有少量釉质脱落。虽然薄片脱落也是表层釉质的脱落，但脱落后釉面留下薄片状痕迹，留下的腐蚀坑整体形状更趋于圆形凹坑。腐蚀坑在黄釉和绿釉表面表现比较明显，较浅的腐蚀坑是釉和彩在其表面风化层上出现一些小坑，有些小坑非常细小，不易看到，但是在有褐彩的表面非常普遍。黄彩、绿彩、紫彩等铅釉最表面，都会或轻或重的风化迹象。这些风化层表现为釉面粗糙、凸凹不平、有开片、擦痕、薄片脱落，出现较小的腐蚀坑、虹彩薄膜等腐蚀现象。当瓷器受腐蚀程度较深时，腐蚀坑渐渐变得大而深，使得釉彩表面粗糙，光泽度降低，最为严重者，是整个釉彩层被蚀穿，彩层出现圆形孔洞，如同被虫蛀过一般。无论是玉器还是瓷器，这种表面老化的现象，都是值得认真观察分辨的。现在有一种使用氢氟酸溶液浸泡的方法，人工制造瓷器釉面的凹坑和失光，以创造一种器物老旧的皮壳。这种做法一定会留下可以辨析的痕迹，必须谨慎小心地观察分析。

气泡。釉在高温熔融状态下，某些化学成分会产生气体，大部分气体会散逸，未及散逸的气体被釉层包裹住，就在釉内形成了气泡，有的密集，有的稀疏，在器物边角处的气泡尤为密集。用放大镜或显微镜观察老瓷器中的气泡，由于瓷器年代、种类不同，会发现釉中各种气泡非常透亮，仿佛沉于纯净水中，有的却像是浮于云雾之中。孙瀛洲曾很形象地总结说，哥釉中的气泡如“聚沫攒珠”，汝釉中的气泡则“疏若晨星”，非常形象有趣。新仿瓷器中也有稀疏、密集气泡现象的存在。常见的一类现代仿品，釉内气泡极小，用放大镜看，有的几乎形成小白点，均匀地分布在釉面内。这种现象可能是因为瓷器是用电炉烧制成的，其升温速度极快。新老瓷器釉内都有气泡，或稀疏或密集，因此仅凭有无气泡这一点是无法成为鉴别和断代依据的。现在有些藏家用高倍显微镜观察釉内气泡状态来进行研究，其主要方法是要在釉中找到所谓死气泡、变色气泡，找到了就可以断定是真品，原理是“变色气泡没有几百年是形成不了的”。这种方法很值得商榷。因为气泡的形状、颜色是受到釉的薄厚、釉的粘稠度、釉所处的自然环境，或人为做旧等多方面的影响，因此气泡的显微效果要从多方面考虑，对瓷器鉴定来说，有一定的参考价值，但不是绝对的。破泡。是指釉面的气泡因年久风化，硅胶化，经过清洗摩擦而产生的破裂，一般看到的是釉面上层的破泡，釉面损伤太严重时，才可见到中下层破泡。在宋瓷上会有这种现象，极难仿制。如果在破泡里找到臭干黑或黄水斑，则可判定为古瓷了。另外有一种叫作“冰裂破泡”的特征，很是神奇美妙，在气泡的顶端呈放射性的冰裂，更难仿制。

棕眼。在瓷器的烧制过程中，由于坯料、釉料配制不当，当瓷器入窑煅烧时，釉和坯体因化学作用产生气体，在釉里面会形成气泡。当窑中火力不足时，气泡未能完全被釉充塞而收缩，在釉面上会留下气泡收缩的痕迹或中空气泡崩裂的痕迹，这就是棕眼。明宣德时期瓷器釉面常布满下凹的星点，犹如橘皮状，被称为“橘皮釉”或“橘皮棕眼”，这是明宣德时期瓷器釉面的主要特征。棕眼这一术语所指较混乱。在此文中界定为：古瓷表面混杂有小的颗粒，过烧石灰年久风化后膨胀，因在表面而不炸瓷，只是逐渐从釉面冲出小眼跑出，形成空洞，称为棕眼。仿制者，洞眼可以看出新的痕迹。

缩釉。缩釉则是釉面气泡破裂时釉质回缩，形成大小不均的无釉小孔，天长日久孔内容易进入污垢，形成缩釉点，清康熙瓷器底部釉薄之处常有针孔状缩釉点。也有由于缩釉较严重时导致釉面成片露胎的现象，如明洪武青花、釉里红大盘，大片缩釉现象比较严重，形成了洪武时期的时代特征。这种大片缩釉现象，是由于瓷器在烧制过程中，釉面有较大的气泡破裂时釉质回缩，或是由于胎面有油污，导致釉与胎体未能紧密结合，导致露出胎体。新仿瓷器中也有仿缩釉点的伪作，其做旧方法是：在瓷器入窑前用针状工具扎出大小一样的小孔，或用刀具在胎釉上刮去几处釉，使得烧成后器表产生露胎无釉处，由于留有人工做作的痕迹，与老瓷器相比较差别还是很明显的。

剥釉与剥彩。出土的瓷器，受腐蚀程度严重者会出现剥釉现象。古代低温彩釉瓷器中，常有釉质剥落或彩绘剥落现象。剥釉是指釉质从胎体上脱落的现象。剥釉比较多的情况出现在低温铅釉或高碱釉的器物上，如孔雀绿釉、洒蓝釉和瓜皮绿釉等瓷器上面。这类瓷釉大多都开细密纹片，有不同程度的剥釉现象发生。剥釉现象有的只是单个纹片或破碎釉块与釉面的脱离，其原因是低温彩釉瓷器都是经过二次入窑烧成，先高温烧胎，再低温烧釉或釉上彩绘。此类器物经长时间保存，无论是釉面还是彩绘，都有小小的开片，证明胎釉或釉彩之间结合不紧密，当受到潮湿空气的影响后，釉层或彩层就会从胎体或釉面上逐渐脱落，如黄釉、茄皮紫釉、孔雀绿釉等。有的是局部釉面的整片脱落，有的是大面积的剥落，这种剥釉现象多容易发生在瓷器的边缘部位。孔雀绿釉还有一种特殊的剥釉，即釉层未与胎体完全脱离，釉质在与釉面平行的方向上逐渐脱落，釉层减薄，显现白色。当釉层减薄至完全没有时，会露出胎釉之间的化妆土。清代粉彩瓷器彩绘花纹中的黄彩、绿彩、粉红彩等色彩也容易出现剥彩现象。新仿瓷器仿造的剥釉、剥彩现象，器体缺釉、缺彩处周围的釉面都非常坚实，手触摸的感觉也很光滑。有的新仿器大块大块地缺釉，不像自然剥落，而是人为做成的。另外剥彩是指釉上彩从釉面上脱落的现象。在瓷器中，绿彩、褐彩、酱彩、红彩、紫彩、金彩等釉上彩都会有剥彩现象发生，黄彩较少出现剥彩现象。剥彩缘于彩与底釉的结合不良，剥彩严重时，局部图案几乎完全脱落。鉴别时还需注意器身凸起的棱线部位、口边、足边及其它边角部分，如表现出很整齐的缺釉现象，则多是人为用化学试剂涂抹，做出的假剥釉现象。

釉面吃土痕迹。水碱、水锈、土锈这三类现象，都是出土瓷器器身上表现出来的痕迹，这些痕迹有的是呈灰白色、灰黄色的土疤或是铁锈状斑痕。无论是铁锈还是土疤，这些瑕疵都是由于地下环境潮湿，泥土中的元素与釉面产生的化学反应物质，痕迹深入釉面，锈迹坚实，不易洗刷掉。现代仿古瓷仿造假吃土的现象也很常见，具体做法是在器身用粘合剂涂抹一层薄厚不均匀的橘红色泥疤，或是在器内壁挂一层橘红色、黑色的泥浆。更有甚者，将仿古瓷通体用粘合剂粘满很厚的铁锈状附着物，仿佛瓷器在地下长年受金属物质侵蚀一般。现代仿古瓷中仿元明青花等瓷器品种的釉面上都有此现象。据有经验的玩家介绍，这种现象是因为在釉中加入了一种金属元素后烧出来的，表面很光润，与真出土器的痕迹有很大区别。辨别真假出土器物，还要警惕瓷器的粘补现象。在实物中常有假修补器，其做法是将仿古瓷器打破后重新粘补好，欺骗藏家，假冒御窑厂出土的官窑残器。其实御窑厂窑址出土的残片，在发掘过程中会经常碰撞，从修复器的粘合处，可以看出残片的边沿是不整齐的，并有缺补。但从新品碎裂的修补处，可看出裂纹非常整齐。值得注意。近年来还发现一种在仿古瓷釉表面粘附许多铁锈色状植物根茎的现象，仿佛是器物从土中挖出来时带有许多草根似的，经用放大镜仔细观察，器物釉面的一些植物根茎是用铁红色原料，绘画粘附后制作的假现象。

釉斑。釉斑是元青花瓷器底部特有的一种现象，但也不是所有元青花都有此现象，仿造者往往在仿品的底部，随意点上几笔釉来误导藏家。实际上元青花的釉斑，是当时的一种工艺特征，主要是填补底胎的裂痕和疵点，与新仿品点几笔釉作伪的表现截然不同。

地釉与青花变色。青花变色常常不被人们理解，但却是一条重要的古瓷鉴定的依据。瓷器为无机物，会变色，解释不通，但却普遍存在。青花瓷地釉一般是白色向鸭蛋青色过渡。鸭蛋青色封闭一年，色转白，开封三天，色转绿。出现地釉变色现象的，其釉里都会找到一些成蓝点状的矿物料，至今没有仿者。另外苏麻离青也会变色，凡是含有苏麻离青的青花，都会变色。长期封闭会转淡转白，日照越长，颜色越深越艳。如果有成对古瓷瓶，一比试便明了。但是苏麻离青存世者极少，难以验证。还有变色青花。明代的青花大多会随着光照不同，角度不同而发生颜色的变化。同时也与日照长短有极大的关联。日照越长，颜色越深，避光越久，颜色越淡，并且可以逆转。这些特征，青花瓷越古越明显。若要确实体会感悟此特征，是需要假以时日。常人难以接受的“无机的青花瓷为何变色”经过几代人的探索验证，得到了证实，成了鉴定青花瓷器的重要依据。不管有无人认同，这是客观存在的。另外变色青花还有另外一种含义，即是指万历、天启年间流行的一种青花，它由绿到蓝，由蓝到绿的变化，是窑里烧成的。在同一件瓷器上，同一笔画中会出现不同的色彩，角度，光源的不同，感受到的颜色也不同，但只是绿色和蓝色的互换。

老胎挂新釉。老胎挂新釉是冒充旧窑器的一种手法，造仿者将窑址中出土未上釉的瓷胎重新施釉烧制，冒充真品销售。但仿者过于光亮，与真品相比，缺乏时代神韵。另外还有釉面粘补。民国时还有一种在老瓷器上补釉的作伪方法。在北京故宫博物院馆藏的瓷器中，有一件宋代钧窑天蓝釉三足小香炉，有民国时古玩行商人，将炉身挖掉一块釉，然后再补上一块儿红釉，冒充成宋钧窑天蓝釉红斑小香炉。钧窑是宋代五大名窑之一，非常珍贵，民谚有云：“钧瓷挂红，价值连城”，痴迷者不仔细认真看，稍不留神难免入其彀中。

水流痕与水银沁。是指古瓷在封闭的空间长达数百年，其周围物体挥发的水汽聚集流淌的痕迹，有动感。一般为深黄色，很难洗净，新仿者则易于清洗。与土藏气、土脏气有别。水流痕也是鉴定古瓷的一个重要证据，并且很容易用肉眼鉴别出来。还有水气斑。不同于黄水斑，是水汽微量久聚，静止若干年后形成的，直视可见。另外有无色水斑。因为无色，不易被察觉到，需要侧目寻视，与周边有细微色差，也是无法清洗的。再有水银沁。所谓水银沁，也就是指陶瓷上沾有金属汞。古瓷长久接触水银，会粘合在釉面上，极难洗净。目前尚没有见到仿制者。需要注意的是，古瓷器上与古铜器上的水银沁在感觉上是不同的。古人为了防腐，多有用水银，秦始皇的陵墓里便大量地使用水银，以水银为百川江河大海。又有铁锈斑。分为青花铁锈斑和胎釉铁锈斑二种。古瓷因年久风化，都有水溶现象，故铁锈斑痕越洗越深沉。新的仿伪瓷器难以水溶，铁锈斑肤浅。凡是天然青花料，都会有铁锈斑特征，只是浓淡轻重有区别。釉面还有一种玻璃胶现象。前人称之为陈骨胶。是指古陶瓷年久，釉面硅胶化，微水溶。新瓷也有硅胶化，经过三次清洗便无，而古瓷再多次清洗都会有，目前还没有见到仿制者。这些特征一直会伴随着古瓷，直到釉面全部风化脱落瓦解。随时检测，随时可以感知。检验感知这些特征，是鉴定古瓷的重要手段。

冬瓜霜与豆腐花。这是古瓷千百年自然风化的自然现象。试将古瓷洗净，放置在封闭的玻璃罩内，放置二个月，便可感到瓷面上生有一层白粉。仿品也会有冬瓜霜，那釉面的霜偏黄色，出窑年代不多，火性特重，与古瓷的白色冬瓜霜有差异，这也是判定古瓷的一个重要特征。所谓豆腐花。是指前人以此比喻釉面和胎因老化而分裂的形态，相似盐卤点豆腐而产生的花形，无法模仿。缺点是需要借助 80 倍以上的放大镜，才能观察清楚。还有白云纹。是与豆腐花类似的一种现象，无法仿制。经风吹日晒便会转化为龟裂纹。白云纹的边缘，没有直线条，都是自然弯曲的，其交界不清。

气泡坑。瓷器釉面气泡里的气，因为热量散出，继而缩釉，缩釉的中央留下一个小坑，曰“气泡坑”。橘皮纹就是由若干个小小的气泡坑组成，与气泡眼有明显的区别。所谓气泡眼，是指瓷器在窑内烧造时形成，泡内的气体逸出，而釉面不收缩，外呈圆形小口，内呈球形大洞，明显区别于气泡坑、缩釉气眼、缩釉棕眼。古瓷的气泡眼、缩釉气眼、缩釉棕眼，其内是漆黑的，少部分是古铜色。缩釉气眼是在窑内烧造时形成，气泡内的气体溢出，继而釉面收缩。外呈圆形小口，内呈球状大洞。区别于气泡眼的是，小口外四周有明显缩釉，古瓷的缩釉气眼内漆黑，或在外口呈现冬瓜霜，或在外口现黄色小斑点，洞口大点的，可查到百年陈腐迹。还有破泡气眼。在明代仿钧窑、花钧里常见。釉下大气泡，因历经数百年腐蚀风化，气泡中心釉薄处率先破裂，显示出球状洞眼，古瓷洞眼里漆黑，常有臭干黑集聚其内，或有百年陈腐迹钻入。另有缩釉洞眼。窑内烧成，胎中有易燃物，或有可以升华的固体，遇火消失，继而釉面收缩，其内空洞无定形，内漆黑。与棕眼有明显区别，在放大镜下，其棕眼内是一派珊瑚石景象。

红云与蓝点。红釉中，因色差而形成的红斑，犹如六月的云彩，多姿多态，在强光源下更是明显。这里不是指飞铜现象，而是专指瓷器釉中物质相结合又相排斥的色差特征。色彩浓淡相间，也不明显。唐红、郎红也类似。景德镇至今未见能仿出一二件具有古瓷风味的铜红釉瓷。所谓红云是片状感，红卷云是条状感。蓝云与红云同一个道理。另外蓝釉下常会寻找到银点、金点，这可能与釉料的材质有关。蓝云有片状感。还有蓝点。天青釉、仿宋钧、鸭蛋青地釉等，绝大多数都可以在釉里找到蓝色的矿物点。凡是有蓝点的釉面均会变色，长期避光，色会变淡，日照不久，颜色变深。另外随着观察的角度不同，颜色也不同，光源辐射有差异，颜色也随之呈现差异。按照前人所说，是因为釉内含玛瑙汁。值得注意的是，明代前期和清三代的部分青花也会变色，以苏勃泥青料为最明显。再是绿点，名称叫辉绿岩，在汝窑的支钉里会出现，是耐高温、耐酸的矿物体，呈亮绿色。有了它，才能使得支钉小如芝麻。目前的仿品生产者，尚不知道绿点的功效，故而仿品的支钉过于粗大而失神韵。据推测，绿点也不单纯靠物理方法研细，古人是用了道教的炼丹术以及化学方法来做的。还有银点，是指在古瓷钧窑系的釉里出现的银白色物体。这种情况并不普遍，约占总数十分之一的比例，并且是火工较高的时候才显示。再是金点。是指在古瓷钧窑系里出现的金黄色的物体。比银点出现的概率高，约占总数五分之一的比例，而且也不需要过高的温度。以上这些都是陶瓷在烧制过程中产生的瑕疵现象，今日也成为鉴别古陶瓷的重要观察点。

7. 对古瓷器气息的辨识

在实践中，我们注意到不是所有老瓷器的釉面都能明显观察到这种薄薄的莹光和晶光的，特别是含铁量高的黑釉瓷以及某些海捞瓷、深色釉瓷和那些氧化腐蚀严重的瓷器等。鉴定这样的瓷器，不但要看它的釉面质感是否均匀，反射的光是否有“活气”，最主要要看其釉面和底胎气息是否沉稳，**这种老气息的直观感觉，就是火气退去后，釉面和胎相对新瓷器的颜色，要有种“淡”和“干” 的感觉。这也是一种器物氧化的特征。而新仿器由于火气重，釉面和胎的颜色有“色深”和“湿” 的感觉，这就是区别，这种“色深”和“湿”的气息，是新仿者做不掉的**。因为“火气”不会在短时间内消退掉。即便是使用酸性物质，也是很难腐蚀掉的。而且酸性化学物质，一般只对新仿瓷器的外表进行破坏，里面的釉层不会被破坏，所以这种“火气”仍然会从釉的内部散发出来。

褪色。瓷器的釉彩发生的变色，叫作褪色。瓷器的釉彩经过环境腐蚀后，会发生局部颜色改变或是减淡。化学反应也可以使着色离子溶出，使釉彩产生褪色。绿彩的褪色是因为接触到酸性物质，或是环境过于潮湿而引起。这种褪色可以使绿彩表面的碱金属离子、铅离子、铜离子流失，彩面的孔隙增大，裂纹扩展，风化层部分脱落，釉的表面变得粗糙。这两种原因造成的褪色，多出现在釉上彩中以及一些低温釉上，由化学腐蚀造成着色离子流失而产生的褪色，则多发生在绿彩釉上。另外还有一种侵染变色。是指瓷器埋入土中，或是浸泡于其他液体中，瓷器本身的纹片或凹坑处，会聚集其他的微生物残骸或是着色离子，这种侵染变色会使器物本身的缺陷变得更严重。

浮蜡。又叫百年蜡。是指有机物长期污染瓷器而留下的蜡状物质。干燥时滑溜，温热时湿手。新仿者不滑手。出土年代久远的，需要水泡半个小时后，才能感知到湿手。天气干燥时，摸之则如同摸儿童臀部一般，很细腻的感觉。浮蜡是判定古瓷的一个重要依据。还有泡黄浆。宋代官窑、哥窑在清水中泡上一天，清水会产生黄色较浑浊的感觉，再如明代黄釉官窑、黄釉哥窑、辽黄釉等，后者更加明显。疑是金丝铁线和黄釉中的铁氧化合物与水混合。这种状况没有仿品。

次火。又叫欠火工。即瓷器烧制时因窑火温度不足，使瓷器相应地出现差异，如色彩、硬度、瓷声等方面。常有人将次火瓷器当仿品判断。有工艺设计的低温瓷，也会如次火瓷，例如黄土胎的北宋哥窑，若是温度高了就变成灰胎了，也就失去了黄土胎的神韵了。完整的次火瓷器是很少见面到的，自身半生不熟者易损。如遇残器，一看断口就明白是否次火了。

见天。古瓷面世后，经太阳暴晒曰“见天”，又称“去阴气”，其实是对古瓷的极大伤害。一经暴晒，不该开片的瓷，也被晒出新的片纹。掉釉、脱衣伤等都是在见天情况下发生的。目前市面上很多古瓷，釉面上却开的是新片，其根源就在见天。有很多的见天，并非特意的，而是不知爱惜，风吹日晒造成的。老瓷器因见天而开新片纹，被误判为新仿品的实例太多了。

铁笔黄斑。此术语是对五彩、粉彩、釉上彩绘鉴定时专用的。釉上彩绘的轮廓线是用铁笔绘制，笔触较深，线条处也毛糙些，毛糙处也容易被污染，年代久了，就有多种颜色附上，以黄色为主。另外若是几百年来都浸在黄水中，其毛糙则更加不易洗净，黄斑色更重。这主要用以鉴别瓷器是传世的，是新面世的，还是面世已久的一个重要依据。也有人著文，称此为“黑彩紫光”。

涂花露水。是鉴别五彩瓷的一种有效方法。老货，用清水涂拭一遍，色彩截然不同，呈崭新状，故曰涂花露水。原理是上百年的古瓷表面老化，已呈现出冬瓜霜，发粉、蛤蜊光、无色水斑、亚光等现象。如遇水诸现象就被掩盖而呈新瓷状。这也是检验古瓷是否发朦的一个有效手法。

以上介绍的光泽、气息、釉面等辨识方法，其实就是对器物的气息进行识别。在实践中既有侧重，又可互相配合鉴别，经过针对性训练都是可以掌握的，关键是平常要多进行新仿品和老瓷器、老瓷片的对比，对两者之间的本质区别稔熟于心。除了这些之外，瓷器在长久的流传过程中，还会出现一些损伤的情况，通过对这些损伤情况的认识，我们也可以发现一些器物老化的气息。这要求收藏者有着丰富实践经验。这些损伤的情况主要有：

釉面划伤，磕伤。老瓷器在长期使用、陈设、把玩过程中，釉面通常会留有少量不规则划痕。现代仿古瓷为了表现瓷器的老旧，釉面通常人为做旧划伤，用放大镜观察不难发现，做旧的划伤痕迹是很有力度的划纹，或仿佛是用工具划出的一团团或一片片划纹，二者是有区别的。**磕伤**。瓷器本身化学性质稳定，经久耐用，不怕潮湿，但却是易碎品，最怕磕碰。古瓷器口边、足边在使用过程中，极易与其他物体发生碰撞，就会出现大小不等的缺磕痕迹，形成磕伤。陈旧性的磕伤，在器物的残缺处，可以观察到年代久远的痕迹，主要是观察瓷胎的氧化程度，经过氧化以后的瓷胎，会发生一些细微的变化。如果能够看到或者观察出这些变化，可以由此体会器物本身老的气息，对于断定该器物的新老，有重要帮助。但是现代造假者为了使仿品更加逼真，就故意在器物的口边和足边进行人为损伤，再经过修补打磨后造成所谓伤缺。新仿品的伤缺处，经仔细观察可以发现有打磨后的痕迹，大多较光润或有假修补现象，与陈旧磕伤痕迹差别较大。**损伤**。瓷器受到外部机械力所造成的物理损伤，除强力冲击造成破碎外，最为常见的是使釉面或是彩面产生擦痕、划痕和磕釉。有的甚至伤及胎骨，形成小的磕口和毛边。这些损伤会导致器物的继续开裂或釉层脱落。擦痕和划痕在瓷器上是普遍存在的，尤其是在高碱釉和铅釉器物中更是常见。因其表面硬度低，产生各种擦痕、划痕的机会多。**紫金釉表面金属光泽层的脱落，是十分容易的事情，有时使用胶带粘粘，即可将其表面的光泽层粘落，使其釉面发涩。**

毛口。又称毛边。老瓷器中常见器物的口边，因为小气泡破裂或轻微损伤，导致口沿釉面剥落，用手指顺着口沿捋过去，会略有棱刺之感，称之为毛口。这种毛口现象在元青花大盘、大罐和明代盘、碗、瓶、罐中较为常见，它会给人一种老旧之感，形成时代特色。可是新仿瓷器也有仿毛口的做旧方法。通常是在瓷器入窑烧制前，用工具将上了釉的口沿去掉几小块釉，出窑后再对缺釉处进行打磨和修补，伪造成毛口旧伤修补的痕迹。这里新仿器物和老旧器物之间的不同，必须慢慢体会，才能了然于心。不能简单地认为有毛口就一定是老货。

锔钉。瓷器在受外力碰撞之后器身易碎裂，过去百姓人家瓷器碎裂舍不得扔掉，而是找个锔匠，把瓷器修补好后继续使用。**锔，**是指用一种弯曲“∩”形的铜钉或铁钉（称钯钉、钯锔或锔子），用其将有裂缝的器物接补起来，修补的方法就叫作打锔子。手艺人将打破的瓷器片儿拼拢起来，用线扎缚固定，计算一下该打几个钯锔，做好记号，然后使用金刚钻，在瓷器外壁接缝两侧分别钻出小孔，接着取铜质或铁质的锔钉，用小槌细心钉入小孔。最后在打了锔子的地方，涂上一种特制的白色灰膏，再用布擦拭，抹去多余的灰膏，瓷器就修好了。瓷器的硬度很大，必须要用金刚钻才能钻得了孔，因此民间有“没有金刚钻，别揽瓷器活”的说法。明代器物体型宽大厚重，多用铁锔子，但是有些细瓷，还会使用金钉子来锔，以彰显其贵重。明代锔钉两孔之间距离稍远，大约超过一厘米。到清代使用铜锔钉，体型较小，两孔之间的距离也缩小许多，显得十分密集。有的新仿瓷器为模仿老锔活儿，故意将瓷器打破后再用大、中、小各种尺寸的铁锔子锔好，为了防止新锔子露金属光泽，往往还在锔子周围涂抹灰泥或铁红色的锈疤，值得收藏者注意和仔细观察。**宋锔**。这个术语更冷僻了。锔又称“抓钉”，宋朝的锔钉长度超过两厘米，厚度超过两毫米，钉是锻打的，锔身有棱有角，材质多数为铁，少数是铜。钻眼较大，直径超过两毫米。这种锔过的器物目前已经很难见到。**明锔**。明朝时流行的锔，一般长十五毫米左右，小于宋锔，而大于**清锔**。清锔。清锔明显比明锔苗条，长约一厘米，锔身的棱角消了，边缘已显圆滑，锔的厚度也轻薄多了，并且以机器冲压为主。仿瓷经常见到，没有听说有仿锔的。清锔不见棱边，锔身两头尖，中间宽。细瓷常用铜锔。明清两代常有珍贵瓷器使用金锔，值得关注。

酥解。釉和彩在环境介质侵蚀作用下，纹片之间原有裂纹会加深，变宽，表面原有微细裂纹会扩展、加深，直至釉层断裂，破碎。这种开裂和破碎在孔雀绿釉、洒蓝釉以及瓜皮绿釉上普遍存在。在黄彩和绿彩上也可以偶尔见到。尤其绿彩表面的风化层上，常可见到细浅的龟裂纹，这些裂纹与周围的联系力较弱，受到外力的挤压，就会出现釉质破碎和粉化，这就是酥解。

沉积物。瓷器出土前长期埋藏地下，受到土壤各种物质的粘附和沉积作用，会在瓷器表面形成各种颜色和形式的沉积物。这些沉积物的颜色有黄、灰、白、黑、红、棕等多种颜色。有的沉积物还呈金黄色。瓷器表面的沉积物通常不是单一的，多为混合沉积，同一瓷器上的不同部位的沉积物可能不同，同一部位有可能有多种沉积物混杂在一起。有的沉积物是矿物成分很多，如石英、高岭土、长石或石膏等，有的沉积物比较单一，如盐。这些沉积物不仅粘附在器物的表面，还沉积在瓷器的裂缝、空隙和开片中，并会对釉、彩造成破坏。轻微的沉积物还会使瓷器的表面变得凸凹不平，釉面光泽变得逐渐浅淡。**现在有一种所谓的海捞瓷，其实是人工制造的，各种沉积物附着在瓷器上，其制作手段低劣，所用材料亦不难辨识。**

脱粉。是指陶瓷表面因长久风化，经过清洗抚摸，有粉状物质脱落，难以仿制。比脱粉风化轻微些的是发粉，发粉一般只出现在高古瓷器上，清代的五彩和粉彩则只是发朦。**脱釉，**是指釉面老化，经水洗即成小片状脱落，非人力所为，难以仿制。因其脱釉的断裂处，常出现崭新的断口，容易被人们误读，以为是新货。

炸包。存在于瓷器胎表釉下的过烧石灰，历经百年后，逐渐膨胀，釉面微裂微鼓，其颗粒小的炸线、炸瓷，但是大的颗粒会造成鼓点。现今仿制不出。目前很多古瓷爱好者，无师自通地运用了这点来鉴别古陶瓷。加之清末民国的民窑器中，含有过烧石灰的特别多，值得注意的是，再过二三十年，现在的仿品也会出现鼓包、炸包、炸线、炸瓷，到了那时人们又会去寻找新的辨别方法了。**鼓点**。存在于胎表釉下的过烧石灰，历经百年，逐渐膨胀，致使釉面微鼓，但不开裂，瓷器颗粒小于炸包的是鼓点，现在也无法仿制。

红胎。常用于甜白釉、成化红胎瓷、明末德化瓷，指胎体微微发红。色深者称为“宝石红”，唐宋青花瓷中也有红胎，唐前陶器中也有红胎。清末以来，红土稀少，故红胎瓷很少有人知。清末民国时，红胎瓷也被商家、玩家、藏家所看重。但是卖不出高价，毕竟最终消费者是藏家兼学者，真正懂的人是凤毛麟角。

红片缝。含铁较多的瓷器，片缝呈红色，道理与火石红同。**黄片缝**。含铁较多的瓷器，片缝呈黄色。也有同一件瓷器上呈黄色片缝，又呈红片缝的现象，当与其千百年所处的环境差异有关。**黑片缝**。目视感觉片缝被污染成黑色，放大镜下则是黑色为主，另伴有紫红黄等色。黑片缝与宋代哥窑的铁线是两码事，铁线是出窑时就有的，黑片缝则是出窑后，经若干年的污染才形成的。有仿制的，目测不易辨别，放大镜下则泾渭分明。仿者缝色较单纯，只见黑色，不见其他色彩。

补生粉。瓷器有缺陷后，用磁粉修补之，曰“补生粉”。或者再次入窑烘烤，但是因为温度不高，还是叫“补生粉”。若是高温修补，则叫窑修，或者叫“窑补”。可见补生粉的也不是普通的粗货。补生粉常见于明前的陶瓷，清代以降，尚未见到。

8. 器物底足与胎质的识别

还可以用各个时期所具有的典型器物的足形来断代或辨伪。研究并类比各个时代不同形式的器足特点，找出其继承、发展、演变的规律，这与研究器型、纹饰一样重要。**明代早期小型圆器中的撇口器口沿，以手试之有锋利感，而后仿的器口沿多圆润，不见棱角。这种器口特点，是断定年代和区分真伪的主要依据之一。**永乐时胎土淘炼精细，胎体轻重适度，尤以白砂底之温润细腻著称。琢器胎体的衔接痕微露，不似元代与洪武时期明显。宣德时的胎体，瓷土淘炼更加精细，烧结后更为致密坚硬。与永乐相比，胎体则细润有余而坚硬不足。所以同样大小的器型，宣德器胎体较永乐的为重。同时宣德器胎体也有厚薄之分。大器多厚胎，底为无釉的砂底，处理光滑自然，无旋痕，常有火石红斑。后仿宣德器物，胎体处理生硬而显矫揉造作，于砂底处常可看到清晰的旋痕。琢器胎体一般为分段横接，处理虽较好，但仍能看出接痕。浆胎的胎质疏松色黄，胎体开白色片纹，视其断面有烧结不透的现象，扣之发声沙哑。

正统时的胎质，器物胎体的底部厚重，露胎显有褐斑。手感沉重，砂底细润呈火石红色。修胎粗糙，圈足粘有砂砾。大器多为平砂底或浅圈足。瓶、樽、罐类的器口，正统与宣德的直颈形状相同。景泰时的胎质，胎体厚重，修胎粗糙，圈足的里外墙斜削，有洪武时的跳刀痕。有的圈足小而厚，露胎砂底内有脐状乳突。景泰时期的胎体和底足有向元代恢复的特征。天顺时的胎质比成化时厚重，多为砂底。瓶、樽、罐类的器口，天顺时与成化时的上收下阔式相近。这时琢器的修足工艺，与前后时期皆有所不同，一般底足修削得并不过分细腻，多为敦厚的浅宽圈足，或微上凸的平砂底，带有火石红痕，或粘有星点窑渣，类似其后成化大盘中多见的所谓“糊米底”。

成化时的胎质细腻纯净，绝大部分胎体轻薄，修胎规整，以洁白细润著称于世。胎厚者，质如美玉，胎薄者，玲珑剔透，几欲比肩永乐时的脱胎器。同时**迎光透视下，瓷器的素胎体多显肉红色，这是明代前期胎体的共同特征，也是区分成化与清仿瓷器的一个不可忽视的特点。这种透视的感觉如果加上釉层后，就为一种牙白或粉白色，具有如脂似乳的莹润光泽。**而清代仿品在透视下，则显纯白或青白色，具有清代瓷器的特征。成化器常见露胎无釉的底足，有较多的黄褐色或黑斑色斑点，称作“糊米底”，此亦为成化器的特有现象。明代后期的瓷胎，在露胎处常可见到淡淡的粉红色，此为明代瓷器之特征。

目前景德镇及台湾的新仿品，则呈现出当代瓷的特征。台湾所用瓷土，多为景德镇的高岭土，先是由国内卖到日本，后又由日本贩运至台湾。这些仿品的胎土烧结程度普遍高于过去，其瓷化程度高，扣之声音清越。现在景德镇的仿古高手已经能够仿制出类似早已失传的麻仓土。其做法是以福建所出之德化土掺以景德镇当地的瓷土，按比例配制，可以烧制成近似元明时期的麻仓土，具有半透的感觉。这种土莹润有余而坚致不够。**识别的方法是观察瓷胎与釉的结合部。明清瓷器的胎釉可以清晰地区分，而今德化土的特点是胎釉结合紧密，难以区分。故而，凡是胎釉结合部区分不开者，应看作是新近的高仿品。**

9. 熟悉新仿瓷器的特征

理论上讲，我们已经知道了如何去观察老瓷的旧貌及这些旧貌的特征，但实际是谁也无法对所有老瓷的特征印象深刻并且了如指掌，因为收藏本来就是一个不断认知的过程，器物存世量巨大，仅靠书本知识难以驾驭全局，难免有疏漏之处，所以掌握了理论知识，还要有一个经验不断积累的过程。而且在鉴别一件藏品时，时间往往是仓促的。所以在平时学习中，我们应该对真假都要多看多学习，在鉴别一件瓷器时，要动用多种角度去看，可以起到相互印证，反推修正的作用，最后在确定釉面是否有老化痕迹后再下结论，这样做可以提高鉴别准确率。打个比方，你看一件瓷器时，很多部位不确定新老，但在某一部位看出是人为做旧，理论上讲，这件东西就是假的。只要认准一个造假的地方，就可以确定器物是赝品。发现一处有问题，那么其它不确定的部位也应该是做旧的，只是你没有看出而已。这样你就会更仔细地看它不对在那里，和老瓷旧貌有哪些本质区别。这样反复观察后，对新仿品的做旧痕迹与老瓷旧貌之间的本质区别，就能更加地了然于心。

以往鉴定中的误区

我们很多专家在鉴定古瓷方面往往着重看工艺、器型、纹饰、画工等。没错，这些方法都很重要，但对于鉴定一件藏品，他们应该放在第二程序上，这是因为在确认一件藏品的年代、用途、艺术、历史价值前，首先要排除它是一件现代仿品，而以上这些方法是解决不了这个问题的。为什么呢？因为这些外在的东西，现代人都能仿，譬如有些高仿品就是完全按照书本上，对古代制作工艺的描述来制作的，如果谁按照工艺、器型等来判断新老，那就钻进了仿者的圈套了。还有就是古代的工艺和器型，工匠的一笔一画等，现代人是不可能完全都了解的，而且很多东西，本身都有其某一点的特殊性，不能因为某一点书上没有说就是不对的。但如果一件藏品，在这些方面与古代有重大出入，倒是可以引起我们的警惕和怀疑，但最后定性仍然要在老化痕迹中找到依据，这个程序不能打乱。所以这些方法在鉴定中都是有局限性的，不能一锤定音，瓷器鉴定也是这个道理，必须要遵守程序的规则。**在目鉴学领域，对于如何判定一件瓷器新老的问题上，没有比自然老化痕迹鉴定更可靠，更科学的方法，所以老化痕迹鉴定，应该作为排除现代仿品的首要手段**。古瓷新老鉴定，既是一门科学，也是目鉴学，它不是盲目地看东西，任何说法都必须要有事实的根据和科学的解释，不能是玄学。

古瓷与新瓷的不同之处

首先，古瓷釉面无耀眼的浮光，又称“燥光”“火光”“贼光”等等，其光泽静穆如玉，新瓷则不同。防伪者去除浮光的办法主要有：（1）用稀释的氢氟酸涂或浸，但容易出现釉面苍白的感觉；（2）用兽皮打磨，但在放大镜下可以看到无数的细条纹状。（3）用茶水加少量烧碱久煮或者烟熏，但釉色不正；（4）入土久埋。景德镇许多的小作坊，各有各的做旧方法，很难尽知。其次，出土古瓷上的土锈，是长期入土逐渐形成的一层土碱，灰色斑斑，使用刀片才能刮除。而伪造者所做的土锈浮着于表面，用水浸泡或者开水冲洗可以去之。但是也有使用粘合剂调和土，形成粘黏十分牢固难以洗掉的状况。这些都是新仿品做旧使用的手段。第三，古瓷上的金彩日久磨损，易脱色，或只留下一点痕迹。新瓷金色鲜艳，光泽耀眼。第四，古瓷中的低温铅釉，其釉面可见彩虹光或有一层银色，这在瓜皮绿釉上最为明显，但是釉面光泽仍然光洁肥润。没有做旧的新瓷，则没有这种彩虹光，有的做旧用高锰酸钾等，虽然有光，但是釉面失光和失去肥润感。第五，釉上彩瓷，包括五彩、粉彩等，一般在100年左右，在光照下都会有“彩虹”光，年岁越久则越明显，越自然。第六，旧胎后挂彩多始自光绪，解放以后很少。是否属于后挂彩，应着重看如何几个方面：釉上彩是否有当时年代的彩料特征；纹样的布局、形象、用笔等是否有当时的风格。后加彩多画得拘谨、呆板、纤细，缺乏当时的画风。再是如果纹样压着了釉面的划伤痕。有着重现象的必然是后加彩。最后，后加彩的彩料颜色一般光泽度较强。除此之外，还有后加款、接底、换款、换口、补彩、修补器物残缺等等，在鉴定中屡屡遇见，都必须认真仔细观察。

在鉴别新老瓷器中，还有一些其他方面的常识性鉴别方法，可以为收藏者体会，这主要有：

土香气。是指古瓷在地下保存若干年，瓷器吸收了土壤里的气味，用水温之，则挥发出来。因地下环境各异，而土香气也有别。出土百年都可闻到。而干坑和烂坑出的则又是另外的气味。不同的气味，可以判知出土时的大概环境。这是一个判定古瓷的辅助特征，需要嗅觉极为敏锐的人才可以感知。另外还有臭干黑。是指腐败的有机物沁染了古瓷器，多数表现在素胎、破泡处，经长期水泡，会发涨变软，而被洗掉。作伪仿者用河塘污泥充填，这种情况在放大镜下有区别：臭干黑无定形，河塘泥有土粒。特别是为破泡里钻进臭干黑，是需要上百年才能形成的，一般是出现在明之前的古瓷上。清三代的瓷器上也会有，但很少，用放大镜寻找也较难。晚清的，只有在欠火的低温瓷上，才能找到一点点痕迹。

黄金斑。是指金器常年挤压古瓷，而渗透进釉泡留下的黄金痕迹。仿造不出。年代越久渗透越深，也不容易清洗掉。**陈酸斑**。长期受到酸性的有机物侵染而形成的斑，斑痕渗入胎骨，坑洼明显，坑洼的边缘有锐角。而仿制品的酸咬斑，有模糊感，并且仅是表面。**阳光斑**。呈老黄色，微红。是经过十年以上，长期定位在野外阳光下，经日照而形成的斑。其斑点可透瓷面。内外一致，破碎观胎，胎色也被晒成红黄色的斑色。**针状芒硝**。出土瓷器不洗不动，阴干一月后，便会生成粉状芒硝，唐代以前的陶瓷最为明显。

伤痕斑。古瓷中的细货，一般都会受到人们的爱护或不便实用，被放置在冷僻处，故硬伤很少，仿制者不知就里，故作硬伤痕。出土不久的大多釉面没有伤痕。**脱衣伤**。瓷器长期受腐蚀，釉面部分或全部脱光。脱衣伤常伴有发粉和脱釉等特征，容易鉴定。**脱落斑**。釉泡破裂、摩擦时，破裂的残体聚在一起，可被人感知，这些没有仿品。摩擦的前后，釉面在放大镜下观察，有较大变化。古陶瓷因经年久风化，同时也经不住人手摩擦。另外有一种试探底足的。用砂纸磨底足，探知胎色、胎质、老化和火工等情况。**发粉**。是指瓷器年久风化现象，素胎较明显，表面像有粉状物，手擦拭则无。风化再严重些就是脱粉、掉粉，以手擦拭之，有粉状物。这类现象仿制不出。伴随发粉现象的，是豆腐花、白云纹，在放大镜下可以看到。

陈附迹。是有机物千百年来堆积挤压在古瓷上面而留下的痕迹。可以清洗掉，但须反复多次。陈附迹一般是指有机物的痕迹：如衣服的陈迹，食物的陈迹，以及腐坏的纸张和毛发等。还有吐筋线，是判定古瓷的一个重要特征，并且容易感知到。再有**急干片**。古瓷出水后，没有慢慢晾干，便遭风吹日晒，不该开片的瓷器也会开片，但是因为是同时急干片，故片纹色彩一致，收缩缝小，用以区别其他开片形式。现代有仿制，但与真品相去甚远。

火坑货。火坑指没有被开启过，密封很好的古墓。开洞时会有一股气体跑出，此气体遇到烟火，会发出“轰”的爆炸声。按现代的科学角度分析，那是甲烷气体，并非什么宝气。火坑里出来的东西，叫火坑货。瓷器则崭新如故，在墓中当即手抓瓷器时有软质感，时过几分钟，风吹干后则坚硬。如果在墓中过度用力，釉面会留下指痕，出土后极难洗净。这种火坑在墓葬中极为少见，即便在清末，火坑也只能是百坑而遇其一，在民国时，行里还有人能识别此类货。**破坑货**。是指墓葬在历史上已经被开启过，金银细软已经被取走，剩下的都是不值钱的、不易变卖的、不易带走的瓷器，称“破坑货”。此类瓷器也多是细瓷，曰“细俏货”，大件者常有人为的破损，也有其具体的特征。解放初期仍有人能识别。**烂坑货**。几百年前就被开启过，其内的有机物体早已无法辨认，坑内一般只存有陶瓷器，少数小件杂项。烂坑所出的瓷器叫“烂坑货”，烂坑货的特征比较明显，也是面市量大的一种，其关联的词汇量也多，如：土沁、树根斑、草根须、黄水斑、臭干黑、土香气、脏气、陈酸斑、水流痕、水银沁、玻璃胶、脱落斑、浮蜡、百年蜡、吐筋线、陈附迹、蟹爪纹等。**干坑货**。是指没有被水浸的，一般是地层位置较高的，其中所出之物曰“干坑货”，又曰“北边货”。其特征，在干坑瓷的破泡里，钻入的是黄水斑，而烂坑瓷的破泡里，钻入的是臭干黑。**水坑货**。是相对干坑货而言，是指常年在地下水位之下的墓，出土的器物叫“水坑货”，这种行话，是用来辨别出土的方位。**回坑货**。指古瓷早年出土后，被人们长时间把玩，而留下很多痕迹、很多信息后，又被入土埋藏，又经过若干年再次面世了，故称“回坑货”。此类瓷器特征很多，所含有的信息也很多，是值得花大力气去研究探索的。

补釉与回窑。补釉是指二次入窑挂釉。它与回窑货的区别在于：目的专一，专为挂釉，不是修补，也不是成套器。补釉，对于远离窑场的人是很难办到的，能办成的不是一般人，瓷器也不是一般的瓷，不可轻视。有了补釉这一说，就有补题文、补绘画的。所谓补釉货，多与历史上的大名人、大事件有关。特别是一些高古补釉的，玩者当宝，后人当草。**回窑货**。指有重新回窑加工过的古瓷。这类瓷器必有奇特精贵之处。常见的是窑补。此类瓷通常是成套的，其中有一二件有明显的回窑迹象，其色差是明显的。

黄水线。很多古瓷内外会有一道水平的黄水线，线条较宽，色是呈渐浓形，黄线条的一侧有道十分醒目的分界线，越靠近分界线的，黄色越浓。此黄水线已经渗入瓷骨，甚至渗透瓷骨，百年不褪，浸泡清洗也不奏效。注意，真品的分界线只有一道线。细推究为何会有明显的分界线，则会领悟到一系列名堂。该器物有仿品，区别在于分界线不分明，或者多道分界线集中到一起。另外仿者容易被清洗干净，若有多道分界线的，必假无疑，通常是做不出渐浓型的黄水线。**黄水斑**。其成因原理同于黄水线。区别在于黄水斑没有明显的分界线，也不成线条型，而是片斑状。出现黄水斑的古瓷，墓中棺椁必是早年被毁，古瓷因为某种原因，还保留在原位，又经若干年，才又面世。若是黄水斑穿透瓷骨的，绝无假。在几十年时间内绝对是仿制不出来的。

古瓷新老鉴定既是一门科学，也是目鉴学，它不是盲目地看东西，任何说法都必须要有事实根据和科学解释，因此它不是玄学。上述因素综合起来，表现在瓷器釉面的是其所产生的光泽以及其发生的变化，使得原本刺眼的耀光变得柔和，变得酥软，甚至油腻。当然这中间人手的作用也不可或缺。所以判断老旧的瓷器，釉光的变化是最值得观察的内容。

10. 学会甄别底款的书法

古人入学启蒙，临帖习字为重要课程，书法普遍比今人好。不论官窑还是民窑产品上的楷、行、草、篆书，均有书法功底。官窑产品写款有专人，底款有格式，字体有要求。永乐是无框篆书“永乐年制”四字款，有青花，也有暗刻。但带款的器物很少。宣德底款是秀丽的晋唐小楷，排列形式有双圈六字、四字，分为六字、四字从右至左横排，青花及暗刻、印款皆有。正统、景泰还没有发现官窑器物书写本朝款。天顺仅有北京故宫博物院有一件盘上面有官款，可能是天顺晚期尝试写了一件也未可知。成化的款识格式继承宣德，款是按年幼皇帝的书体写的，所以字体稚拙，藏锋而圆润，此时开始出现双方栏款和官仿官款。官窑许多青花、斗彩罐的底部写“天”字，统称“天”字罐。瓷器上的官窑款识与文字，有书法笔意和书卷气，运笔十分自如，不重笔、不填笔、不生硬，没有呆板、迟滞的感觉。

二、熟悉瓷器的手感

这是用手来感知器物的一种体验和感觉。鉴定瓷器，上手触摸的感受是非常重要的，并且是必不可少的环节。手感可以印证、补充、丰富观感和判断，甚至可以校正否定观感结论。瓷器的手感是一个复杂、细致而又微妙的感知体验，通过长期的经验积累和思辨，虽然大同小异，但都会产生自己的结论。这种手感是极其细微敏感的，虽然因人而异，但是鉴定者仍然是可以通过经验来感知的。这种手感的内容主要有：

1. 轻重感

轻重感，在古玩行俗称：“手头”。瓷器上手的第一个感觉就是轻重感。瓷器的轻重是相对的，比较的，动态的存在，没有绝对的标准，因而需要大量上手实践和感知观摩，才能最终形成既贴近客观真实，又有个性差异的“轻重感”。瓷器的轻重感，取决于胎质及其瓷化程度、胎体和釉层的厚薄、器皿的大小等因素。胎质不同，即使瓷化度、胎体和釉层的厚薄、器皿的大小等相同，则其轻重感也绝不相同。只要手感到位，即使闭着眼睛，仅用手来区分，也绝不会将他们搞混。如果目验与手感双管齐下，当然就更万无一失了。宋代的胎质与元代、明代、清代和当代的胎质各不相同，至少从理论上讲，今天来仿制宋代瓷器是徒劳的。不说别的，单说其比重，就不可能做到完全一样。其轻重感自然也就各有不同。宋代的瓷器比今天的新仿货要轻许多。可惜的是，目前在这方面的研究几乎为空白，历代胎质及其衰变规律的数据，几乎无案可查，否则，瓷器的辨别、识假、打假也许就可以容易和轻松许多，至少不会像现在这样众说纷纭，莫衷一是。同样的器型，永乐的器物要比宣德的轻。而到正统以后则重了许多。到了成化时期，瓷器又变得轻盈了。其中，瓷化度的高低，胎体或釉层的厚薄，器皿的大小等任何细微的差别，也都足以导致瓷器的轻重发生变化。只有通过尽可能多的上手实践，并不断地自我感知、体悟、对比、修正，才能最终找到适合自己的，用来区分新旧好坏，是否仿品或赝品的轻重感觉。

一旦形成自己的轻重感的感知系统和体系，对于尚不明确瓷器的断代，以及区分窑口、品质、品位和新旧、真假等，都有着不可替代的重要判断作用。毋庸置疑，这里需要极大的经验积累和体会的成分。对于古人总结的经验，如轻重适度则真，过轻或过重则假。对于宣德、康熙手头重的说法，只能认真体会，不可机械地生搬硬套结论。这里颇有些只可意会不可言传的意味，一是因为不仅仅人的手感本身就有着不小的差异，更因为人们作为依据，和参照的轻重感的认知系统和体系，也仅仅是无形的，动态的和非标准化的。而要以这些动态的、非标准化的、非量化的、而且随机性很强的感知因素，去评判不同的感知对象，却要求得出确定无疑，而又完全一致的结论和看法，几率自然也就非常之低。换言之，手感尽管非常重要，也具有一定的准确性、可靠性和不可替代性。但是，它也具有其必然的模糊性、差异性和含混性，不可量化、复制和对照，因而也只能是作为观感目鉴的一种补充手段来使用，很难一锤定音。况且瓷器本身情况万变，不能一概而论。需要遵循和谨记的是，手感本身就是动态的感知，以及动态的平衡，以动态的感知去感知动态的事物，仅仅凭借一个动态的平衡，就将千头万绪、茫然无所措，也茫然无所知的事情找到一个头绪，这是最不牢靠的。而这种动态的平衡系统，就是靠经验和记忆形成，并保留在我们头脑中的。这是一种因人而异，异中求同的记忆。这是包括轻重感在内的，各种手感的感知、参照、对比、修正、判定和决断的体系和系统。我们的责任和义务是：不断地补充更新、丰富、发展和完善我们记忆中的这一系统和体系，尽最大的努力和可能提高其客观性、真实性、全面性、科学性和可靠性。从而切实提高我们的识别力和鉴赏力。在收藏和鉴赏中少犯错误、少走弯路和不走弯路。

2. 干湿感

瓷器的年龄不同，“衣着”不同，在相同的温度、湿度情况下，捧在手里的干湿感觉也明显不同。这就是古人所说的古瓷会“出汗”。当然也不是所有的古瓷都会出汗，更不是所有的古瓷都必须出汗，也不是古瓷越古就出汗越多。其实很多古瓷是不出汗的，也就是说，出汗与古瓷之间的关系是或然的，不是必然的。古瓷的出汗与否，取决于瓷器的年龄和衣着两个方面。首先，瓷器的年龄是瓷器出汗与否的重要内容之一。一般来说，瓷器的年龄只有在200岁以上者，才会有瓷器出汗的手感。但到800岁以上的瓷器也少有出汗的湿润手感了。尽管200岁以下，和800岁以上的瓷器都不出汗，但其手感的差异却是截然不同的。200年以下的新瓷，其手感是干而涩，干而滞、干而燥，**而老瓷器反复揉搓瓷器表面，或者呵气摩挲瓷器釉面，会发出虽干而润，虽干而滑，虽干而爽的感觉，不会出现干涩刺耳的摩擦声**。这里的涩、滞、燥与润、滑、爽并不是几个枯燥乏味的词汇的堆叠，每一个字都是一片天地，每一个字都是经验、汗水甚至泪水的结晶！要品味出其中的真意、深情和精义，不成千上万次地反复上手、揣摩、总结、凝炼、提纯、感知，是根本不可能深切体悟到的。其次，瓷器的“衣着”即釉质，也决定着瓷器是否出汗和出汗多少。总的趋势是，透明釉比乳浊釉易出汗，玻化度高的比玻化度低的易出汗。干或湿的手感，可以作为辅助手段，帮助我们约略地断代。需要指出的是：所谓古瓷会“出汗”和干湿的手感，其实只是一种上手后的感受而已，并不是真的可以见到汗液，或汗滴出现，即使你把古瓷捧在手里，已经有一汪水般的湿润感，但只要你放下古瓷，再看或摸你的手，却都是干爽的。瓷器干湿的手感，也与你是否汗手无关，汗手摸新瓷照样干涩，干手摸老瓷同样湿润。把手沾湿了去摸新瓷也不会爽滑，把老瓷烤透了再摸也不会干涩。只有用心反复品味和体会，才能摸到干湿手感的路径。

3. 润涩感

新旧瓷器润涩感的差异十分明显和巨大。可以说，润涩感是瓷器仿赝者无可逾越的鬼门关！老的瓷器，起码百年以上，不只是有着感官上，形制和做工上的圆润感、釉质和釉色方面的温润感、胎质和胎体方面的湿润感，而且手感上也非常地爽润、舒润和温润，无论是玻化度高还是低的，无论是脱玻度多还是少的，无论是乳浊釉还是透明釉的，无论是单色釉还是多色釉的，无论是釉层薄还是釉层厚的，无论是釉上彩还是釉下彩的，无论是有纹饰还是无纹饰的，无论是抚之若锦还是摩之如玉的，无论是完整无缺的还是残破不全的，无一例外的越古越滋润，越老越爽滑。新的瓷器，无论是蒸煮还是烧烤，无论是打磨还是涂药，无论是土埋还是海水泡，任他绞尽脑汁，千方百计也终究无济于事，诸多努力，也许会蒙骗人们的观感，但绝对欺骗不了人们的手感。新瓷的生涩感，滞涩感，阻湿感是绝对不以人的意志为转移的，是不可跨越岁月年轮的，揠苗助长只能适得其反。特别是明代成化年间的瓷器，其釉如堆脂，摸上去爽滑至极，润莹无比。鉴别成化瓷器，手摸是关键的环节。所以说把好润涩感的手感大门，于人于己，于鉴古察今都是至关重要的。

4. 软硬感

软硬感是一种极其微妙、精细的手感，与其说是一种手感，不如说是视觉和手感的共同体验。这种软硬的感觉只是一种心理意义上的，不是指瓷器本身的硬度。它只对个别瓷器的品种如越窑、定窑、耀州窑等具有一定的区分和标识意义。软硬感其实并不限于单纯的硬度范围之内，如果单纯以硬度来论的话，不同的瓷器品种，甚至相同的瓷器品种的不同个体之间也都各有差异，有的甚至相当巨大，而其真正的区分和标识意义却极其有限，我们不能为了印证或鉴定的需要，就时不时来一场瓷器硬度的碰撞大决赛吧？问题的关键在于，并不是简单的越软越好，或者越硬越好，而是软有软的道理，硬有硬的奇妙。区分手感的软硬有什么意义和价值呢？瓷器手头的软硬感是一种综合了视觉线性刚柔感、触觉的锐性利钝感的复合型感觉。绝不是一种纯粹的质地刚性的软硬感。越窑瓷器无论是釉色、廓线还是纹饰，相较其他任何瓷器品种都有一种冷硬、生硬、挺硬的感觉。定窑的阴线刻划工艺，都是具有各自独特的刚硬的特性。这种硬感是一种难以用语言来形容的和表述的犀利感、尖锐感、鲜明感、独特感的复合体，复杂而微妙。唯有反复上手、揣摩、分析和对比方可略见端倪。这种与其说是一种手感，不如说是一种体认和感悟。它已经超越了单纯的手感。

5. 温凉感

温凉感是区别瓷器品种优劣、品位高低的分水岭和试金石。好的瓷器、顶级瓷器，尤其是宋代五大名窑瓷器，比如哥窑、汝窑的瓷器，的确像宝石和玉石一样，在同等级的气候、气象、环境、温度的情况下，温润如玉，冬暖夏凉。这既不是主观臆造，更不是谣言惑众，事实如此。这种感受能在相同的温度下明显存在，至少在手上可以明显地感受出来。是不是真的玛瑙入釉，或是古人爱不释手有关呢？明代瓷器的瓷胎不像宋代的瓷器，烧制温度不够，故而明代瓷器上手的感觉，不像宋瓷那样感受明显。但是细心体验，还是会有所觉察的。对温凉感的体验，其实在很大程度上是在感悟瓷器胎质的致密程度，以及釉面的肥厚度。

6. 生熟感

生熟感是手感与听觉紧密结合的产物。瓷器也像瓜果一样，由于烧成温度不同而有生熟之分。烧成温度低，温度如果在1150℃以下，则其声若瓦，为生；烧成温度稍高，一般在1200℃左右，则其声类硬木，为半生；若烧成温度再高，一般在1260℃左右，则其声如石，略有回声，为半熟；烧成温度若在1320℃以上，则其声像金，回声悠长，余韵悠然，为熟。需要特别指出的是：这里所说的瓷器的生、半生、半熟、熟，既不是瓷器好坏的分水岭，也不是瓷器成败的试金石，而是不同瓷器的品种、不同釉层釉质的可观的特殊要求，是古人巧夺天工的技艺、智慧和能力的最高展现。众所周知，汝瓷的最佳烧造温度是在1150℃，此种情况下的汝窑釉色最纯正，釉质最完美，呈半失透状态，欺冰赛玉，温润莹腻，静穆高雅。釉面无光，侧视如绒，抚之若锦，其声类瓦。以100倍放大镜观察，而无一气泡。如果烧成温度低于1120℃，则釉面板结若漆，乳浊失透，从而失去灵动与美感，其声类破瓦，镜下也基本没有气泡。如果烧成温度达到1200℃左右，则其釉面的玻化度将迅速提高，通透光亮，几乎与透明釉无异，镜下还会出现大小不等、疏密不均的气泡，其声如硬木。

钧瓷的最佳烧成温度应该是1260℃左右，因为以铜为着色剂的铜红窑变基点，就是这个温度。钧瓷中的一部分胎土与汝窑的香灰胎土基本相同，如此高的最佳烧成温度，但是钧窑却不能烧到这么高，只能控制在1150℃左右，一方面固然与釉质的需求有关，另一方面则与香灰胎土的不耐高温也有直接关系。所以官钧为了解决这一问题，才全部采用了施以护胎釉素烧和多次施釉复烧的方法。将温度再升高100℃。而定窑瓷器的胎土最为白细和耐高温，所以定窑的成器一般都在1320℃以上。由此可知瓷器的生、半生、半熟、熟，非但不是技艺不成熟的结果，反而是瓷器技业登峰造极的标志。与瓜果的生熟状况正好相反，瓷器越生其手感就越轻，也越容易破碎。汝窑不必用力就可以掰开。反之瓷器越熟，则其手感就越重，胎体的瓷化度越高，比重越大，也相对坚固。柴窑和定窑瓷器的胎体都很薄，特别是柴窑，真正做到了薄如纸、明如镜、声如磬的绝妙境地，尽管胎釉都比汝瓷要薄得多，但却并不像汝瓷那样易破碎。熟悉了瓷器的生熟感，也就基本上把握了宋代五大名窑的烧成温度的主要特征，当生者熟或当熟者生时，自然就都不对了。

7. 滑滞感

滑滞感即是润涩感的延续，又是润涩感的结果和原因。润则滑，润必滑，滑就润，滑定润，涩必滞，涩定滞，滞则涩，滞才涩。凡古瓷必滑，光滑、润滑、油滑不等，滑溜、滑润、滑腻、滑爽有别。但是滑是必不可少的，滑不可缺。凡古必滑，是古定滑，因而也就无滑不古，不滑非古，凡涩必新，是涩就新。此滑非彼滑，古瓷之滑，源自岁月，发自肌骨，来自年轮，是历史的烙印，是衰变的结果，是沧桑的必然。年代长久的古陶瓷，在其釉面会出现一种宝光，这种宝光使得瓷器变得极其爽滑，以手抚摸感觉爽滑无比。这种自然之滑爽的感觉，不是人为打磨，涂油，上蜡等技巧所能仿制和再现的。老瓷的胎质是腐熟高龄土制成，加之老瓷年代已久，肉眼观感干、酥、有老化痕迹。新瓷胎制泥工艺与老瓷不同。一是原料配比不同，二是瓷土是球磨机粉碎而成，故现代瓷胎可表现为手抚有刺手感，有的虽然不刺手，但观感发湿、硬。因此我们下一番苦功，真正品味出，把握住古瓷之“滑”的精髓，不但十分必要，而且能够受益终身，实在是古瓷爱好者、收藏家、鉴赏家必修的一项基本功。当然，这种感觉的产生，是需要很长时间的对比感悟才能体味到的。但有的时候遇到出土的瓷器，特别是被土咬过，釉面受损的，脱玻化严重的，情况要区别对待。

8. 粗细感

瓷器的品种窑口不同，历史年代不同，保存环境不同，脱玻化程度不同等诸多因素，每一项单独作用，就足以导致瓷器釉面粗细感方面的巨大差异和不同，各项条件和原因交互作用的结果，就是使得瓷器釉面粗细感方面的差异和不同益发显著。一般来说现代的新瓷由于施釉和温控技艺的娴熟与改进，釉面漏釉、棕眼、破泡、淌釉、垂釉等技术缺陷得以完全改进和避免，再加上年限浅近，釉面脱玻程度几乎为零，也没有自然的剥釉、脱釉、开片、老化等情况发生，因此无论是看起来，还是摸起来都最为精细。而古代民窑的瓷器，无论是技艺水平，还是用工选料，无论是生产目的，还是生产需要，都决定了其瓷器产品的品质和品位的实用优先、艺术靠边的选择和定位。简易、粗糙与率意、灵动为其共性，几乎所有的历史局限、技艺缺憾都有所体现，再加上历史传承中的各种自然衰变，所以古代民窑瓷器中的粗细感最为粗糙，而官窑则精细古代官窑瓷器，尽管技艺水平和用工选料方面为历代之最，但是终究逃脱不掉自然衰变的法则，再加上有些瓷器品种，如哥窑金丝铁线、汝窑蟹爪纹与蝇翅纹、钧窑泥鳅走泥纹等特殊开片、纹路，化腐朽为神奇、变残次为至宝的，可以追求和特意营造等因素的推波助澜，所以古代官窑瓷器，尤其是宋代五大名窑瓷器，初步的观感和手感，都不如近现代新瓷那样精细，反而略显粗糙。只有仔细观察，深入玩味时，才能充分体悟到古瓷的精妙与完美。当然无论如何古代官窑瓷器，都要比同时代的民窑瓷器精妙得多。一言以蔽之，近现代瓷器粗看细，远看细，初摸细，而细看则粗，近看更粗，多摸益发觉粗。他们往往忽略细节，忽略细部的做工和处理，或粗枝大叶，或工艺欠精，有形无神，似是而非。古代民窑瓷器当然是远看粗，近看更粗，反复摸却绝非一个粗字能了得。不过像古代民窑瓷器这样里里外外，彻头彻尾，完完全全的粗与糙，也粗得磊落，粗得豪爽，粗得率真，粗得可爱。而古代官窑瓷器则往往寓巧于拙，寓美于陋，简约而不简单，朴素而不普通，平凡而不平常。以似玉非玉胜于玉的釉质釉色的内在之美，美轮美奂神秘莫测的纹路图型的外在美和匪夷所思、鬼斧神工的加工制作的工艺美，成就历史，创造辉煌。粗而不糙，粗中有细，粗中显细，粗中求细，化繁为简，以简驭繁，返璞归真。是真正古玩爱好者必须认真体会的。

9. 凸凹感

凸凹感对于甄别、鉴定元代和明代中期以前的青花、釉里红的真伪意义重大。明代中期以前的青花器，由于使用的是低锰高铁的苏勃泥青进口青花钴料，所以在青花着料略重之处，往往呈现明显向下凹陷和釉面有锡银光泽结晶的两大突出特点。此两大特征，自明代中期开始就已基本消失。后仿者有往青花料里加铁粉成分，但工艺拙劣或者成片糊黑，毫无通透感和层次性。或者点状下凹，而不是线状或片状下凹；或者没有晕散，僵硬而板结；或者过分晕散，洇散范围和程度远远超过苏勃泥青自然晕散的限度和规模。观感和手感都十分别扭，有一种沉重感、压迫感和粗糙感，极不自然，极不舒展，极不大方，也令人极不舒服。釉里红的情形与青花刚好相反，由于以铜为着色剂的釉里红，对温度极为敏感，也极易流淌，从而形成凸起，所以真正的明中期以前的釉里红瓷器，包括青花釉里红瓷器，往往都呈现出明显的向上凸起和釉里红颜色深浅不一，有发黑、烧飞和绿苔点等突出特点，极易辨认和很难仿造，尤其是青花釉里红瓷器则更难仿制。

宋官钧所独有的蚯蚓走泥纹也有凸起、凹陷和平展的三种状态和手感。凸起的蚯蚓走泥纹往往是由于神奇的成排气泡，呈非规则线性排布而成，这种情形最为罕见，有些玫瑰紫釉色上，分列着一条条由月白色气泡衔接而成的蚯蚓走泥纹，美得不可思议。凹陷的蚯蚓走泥纹有点像元明的线性下凹的青花，是由涂染致密结合，以致下凹的线性釉面浅沟槽蜿蜒勾连而成的，这种情形较为常见。平展的蚯蚓走泥纹是只见纹路，却没有上下凸凹起伏手感的水渍特殊形态。另外定窑瓷器特有的泪痕、所有窑口的阴阳刻、划、印花等，当然也都有各自特定的凹凸感。正确、精准而系统的手感对于迅速而准确地甄别、鉴定瓷器的年代、窑口、性质和品位有着无可替代、不可或缺的极其重要的地位和作用。特定条件和情况下，手感的可靠性、正确性和精准性甚至可以超越观感，从而可以最大限度地矫正、纠正和避免我们的误认与错判，尊重历史，还原真实，客观公正，使我们的鉴定更科学、更客观、更全面、更细致、更精准从而也更可信、更可靠，使我们的收藏更丰富、更坚实、更广泛、更精到、更高档并且也更有品位、更有情趣、更有价值。所以上手抚摸对于瓷器鉴定至关重要。

综上所述，正确精准而系统的手感，对于我们迅速而准确地甄别鉴定瓷器的年代、窑口、性质和品味都有着无可替代的、不可或缺的重要地位和作用。在特定的条件及情况下，手感的可靠性。正确性和准确性，甚至可以超越其它感官，从而可以最大限度地矫正和避免误认误判，还原真实，使鉴定更加科学客观。通常情况下，这些手感主要是一些老玩家的经验和体会，用语言来表述，显得十分苍白。真正在实践中体会到这种感觉，才是最为重要的。而且真正体会到手感的准确度时，方能认知“眼学”的高深。

三、“蛤蜊光”问题

1. 什么叫“蛤蜊光”？

含铅的釉上彩瓷、低温铅釉瓷，受外界物理、化学物质的侵蚀，以及本身发生的变化，会在瓷器表面产生一种膜状物。日复一日，随着“瓷龄”增加，这种膜状物也会慢慢地增加、增厚，达到一定厚度时，就会产生类似蛤蜊壳里面那种闪烁的“七彩光”，故人们称它为“蛤蜊光”。再增厚到一定程度，还会出现“银色釉”，但“银色釉”遇水即会褪色。据我们从祖传的数十件官窑釉上彩瓷器中得出：大致要150年以上的“瓷龄”，才会出现这种“蛤蜊光”现象。“蛤蜊光”对“瓷彩”中不同的色彩所发生的作用不同等，快慢亦有异，如蓝彩出现“蛤蜊光”现象就较快。另外瓷器所处的外界环境情况不同，反应亦有快慢。尤其是明万历年间的“红、黄、绿”三色的“大明彩”，不仅在彩釉上能见到这种光彩夺目的“蛤蜊光”，有时连牙白色的底釉上，也有这种令人目迷神移的光晕闪现。由于这种光晕显得珠光宝气，因此也有人把它称作“蛤蜊珠光”。到了清初，黄、绿、蓝等釉色，以及此类釉色的边缘部分，也常常可以看见这种正视难看见，侧视则分明的“蛤蜊光”。这种特有的迎光显现，避光消退的光怪陆离的光晕，成了古瓷的特征，因此也成了鉴定古瓷的重要依据之一。有一位著名陶瓷专家、鉴定家曾为此写有专著。认为这是由于釉色中一些金属元素，历经 300 年左右的岁月，渐渐游离到了瓷面上，因此而形成了“蛤蜊光”。由此断言：清康熙、雍正朝以上纪年的瓷器彩色釉面，才有可能出现这种“蛤蜊光”。人们原来认为“蛤蜊光”人工不能仿制，故把“蛤蜊光”作为鉴定古陶瓷的重要标准。其实“道高一尺，魔高一丈。”现在造赝者，用“电光水”、真空镀膜法以及使用高锰酸钾溶液都可以制造出“蛤蜊光”现象。景德镇的仿古瓷厂，改进工艺配方，使一出窑的五彩、粉彩瓷就有“蛤蜊光”现象。高仿釉上彩的清代官窑瓷器，因此几乎达到了以假乱真的程度。但是根据“蛤蜊光”来判别古瓷真伪，在目前来看，还算是个比较重要比较可靠的手段之一。尽管目前市场上也出现了仿古者以某种药水浸泡等手法，制造假“蛤蜊光”来仿造古瓷。但和别的制假手段同样，难以避免地产生某种缺陷。假“蛤蜊光”也和假“包浆”、假“火石红”一样，不够自然，缺少灵气。假“蛤蜊光”显得呆板生硬，而真“蛤蜊光”在侧光下若隐若现，如虹似霞，像是具有生命一样，闪闪烁烁，显得十分灵动。说得通俗一点，假“蛤蜊光”和假“火石红”、假“包浆”一样，是死的，而真“蛤蜊光”是活的。

2. 现在作旧人工“蛤蜊光”主要有以下特征：

一是因其通体“蛤蜊光”均匀，蓝彩周围“蛤蜊光”尤甚；二、自然旧貌划痕、光泽不自然；三、人物面部画得端正；四、底无明显的旋纹痕和“黑疵点”；五、瓶内壁“包浆”不对头。当然要识别“死”和“活”，说难也不难，只要经过几次比较，就能具有“火眼金睛”，学会识别真假“蛤蜊光”的本领了。初学收藏者的手头如果没有，可以从藏友处借一件或数件具有“蛤蜊光”的真古瓷，平时多看看，多捉摸捉摸，那么以后看到那种假古瓷上的假“蛤蜊光”，立即会觉得像是老妪脸上硬涂的脂粉，和真古瓷上的真“蛤蜊光”相比，简直可以说是相形见绌，真假就可以立判了。彩瓷多少年才会出现“蛤蜊光”？这只能靠藏家的实践来验证，不可能有一个准确的年代来限定。原因很简单，因为同是同治时期的粉彩器物，有的器物就出现了“蛤蜊光”，有的器物就没出现“蛤蜊光”。这在很大程度上是与瓷器的保管环境有关，瓷器保管得好，不容易生发氧化，瓷器材料中的所含的铅就不会氧化变色。如果保管不佳，铅的成分就会早早发生变化。这种氧化是不以人的意志为转移的。无论是官窑或民窑的彩瓷，每件的境遇都有所不同，就是同一时期的彩瓷出现“蛤蜊光”也会有早有晚。也许有人认为现在景德镇仿古瓷厂用“电光水”、真空镀膜制造的假“蛤蜊光”可以达到以假乱真的水平，其实造假者可以制作赝品上的“蛤蜊光”，却没有穿越时空的本领，把近年出窑的赝品变成拥有 200 年“瓷龄”的真品。所以造假“蛤蜊光”必然会留下致命的漏洞，这个漏洞就呈现出真假“蛤蜊光”

鲜明不同，玩家上眼便能看破。彩瓷真品“蛤蜊光”的特征是：器物画面的彩料周围有闪亮变幻的“蛤蜊光”，尤以蓝彩的周围为甚。赝品彩瓷“蛤蜊光”的漏洞是：器物画面的彩料上有闪亮造假的“蛤蜊光”，彩料周围没有一丝真品上的“蛤蜊光”。原因不必多说了，赝品的胎质不对，釉色不对，纹饰不对，“蛤蜊光”自然也不对，赝品彩瓷没有真品的“瓷龄”，不可能会有彩瓷真品上，自然形成的那种灵动的“蛤蜊光”。

仿官窑的彩瓷纹饰没有皇家的富贵气派，胎质不细，釉色不精，款识浮在釉面上，给人现代工艺品的感觉。仿民窑的彩瓷纹饰，没有自由奔放的神韵，纹饰生硬呆板，更缺乏原窑匠人那种娴熟的绘画技艺。釉面不见民窑常见的零星荞麦地与缩釉点，底足过于规整，不见自然磨痕与意外的磕撞造成的缺损等等，这些都是藏友应该注意的。古陶瓷收藏不是件容易的事，从事收藏离不开鉴定。古陶瓷鉴定，不但要了解历代真品的诸多工艺特征和出现的真正自然旧貌外，还要时时掌握现代仿制技术发展的情况。要真正地了解和熟悉古陶瓷真品和现代仿品之间微小差异，以免失之毫厘，谬以千里。鉴定是件严肃的事。为人鉴定，“鉴”不出的，忌说模棱两可的话；“鉴”出的，更忌为谋私说假话。在这里如果良知没有了，所有都是假的，不仅仅指器物而言。

虹彩光。瓷器在高碱釉、低温铅釉和釉上彩等上面常出现虹彩光。即在测光视下，可见到五光十色的类似彩虹般的光芒，民间称之为“虹彩光”。虹彩光在蓝绿彩上表现最为明显，在黄釉、紫彩、孔雀绿釉、洒蓝釉、瓜皮绿釉等上面都有出现。此外在紫金釉和个别的青花瓷釉面上也会看到。产生虹彩光的釉面上常可见一层白色的透明薄膜。是该薄膜呈现虹彩光。这层虹彩薄膜有的厚而明显，并且易脱落，但有的极薄，紧紧地敷着于釉面。另外有的产生虹彩的部位并没有明显的薄膜，是因为釉彩的表面粗糙不平，迎光侧视下，一般都可以见到经过风化的釉层上产生虹彩光。虹彩光是判断瓷器新老的因素之一。近些年来，有些造假者开始用高锰酸钾溶液浸泡，以制造虹彩光，这种人为制造的虹彩光，是不会产生釉上薄膜的，而且在不会产生虹彩光的地方也会出现这种光彩。应小心鉴别。“先天的蛤蜊光”是指古瓷器长期受污染而产生的五彩光，发出金属光泽，这种光泽的特点是：直视无，侧目有。而“后天蛤蜊光”，是指历经人们摩摸而产生的五彩光，其光柔和，色淡，无金属光感。通过观察蛤蜊光，再结合其他一些特征，可以大致推断其出土时的基本环境。

四、瓷器底足的鉴别

我们在鉴定瓷器的过程中当然可以通过瓷器的神韵、器型、釉面、画工、款识、发色等等来鉴定，但是底足的鉴定也是鉴定环节中极其重要的，因为这里隐藏着大量的信息，尤其对真伪和断代是非常重要的依据，这也是为什么作假者往往需要老底新接的原因之一。下面为大家盘点一下瓷器底足鉴定的25条经验，每一条都超级实用！

1. 火石红

火石红是指瓷器露胎处所显示的红色，也有黄红色、紫红色、灰红色等颜色，个别火石红严重者，也可以由胎足爬上釉面一二毫米。又分为出窑时便有的，称为“窑成火石红”，出窑后逐渐形成的，称为“后天火石红”。现代仿者很难做得很像。古时的窑成火石红，只能从现代瓷器上推知。因其经历了若干年后，面目全非，其他的一系列古瓷的特征干扰了它，所以寻找古瓷特征，以后出火石红为主，一般会出现在器物的凹处、支钉上、片缝处、吐筋线上，火性土垢上，上面会有金属光泽，这是千年氧化，加之火性外吐所致。时间不超过几十年的，不会产生金属光泽。年代越久远，金属光越强。火石红的主体成分是氧化铁红。若是瓷器本身的含铁量极低，则不容易找到火石红，有的需借助百倍放大镜才能发现。若是一点儿火石红也找不到，则判为新瓷。若是瓷器凹处的后出火石红的金属光不明显，则需结合其他古瓷特征综合判断。火石红中的锈黑点，看上去有滋润感，自然感，不干燥，在40倍放大器或阳光下能看到有五彩蛤蜊光。在古瓷器上露胎的部位，经常出现大小不等，形状各异的红色或浅黄色的斑块，或周边分布有边框的红色线条，以及有黑褐色的芝麻黑点存在的现象，这就是火石红。产生火石红是因为瓷胎中铁质元素含量的存在，瓷器在烧制过程中和某种因素的存在关系，例如垫圈中所含铁质物质等，反应在瓷器露胎的表面上，折射出化学反应现象．也就是我们常说的火石红现象。

瓷器上显现火石红现象有两种情况，一是在自然状态下经过烧制，无意中产生的火石红现象，是因为胎质淘洗得不净，三价铁离子的残存和水蒸气作用所造成；二是经人工刻意涂抹，或在科学技术的帮助下，加以控制操作，烧制生成的火石红现象。自然状态下产生的火石红现象，主要由瓷器胎质中三价铁离子残存含量的多少和在瓷器胎坯晾晒的干燥程度，以及在胎坯上釉后釉面晾晒干燥程度而决定。如果瓷器胎质淘洗得干净，胎坯和釉面晾晒得干燥，其在烧制生产出来的瓷器产品上，就不会留有火石红现象。当胎质淘洗不尽，含有残存的三价铁离子时，在烧制中，反映在瓷器露胎部位上的是积聚的或轻或重的，大面积分布的黑褐色芝麻黑点状现象，即火石红现象。**当胎坯上釉后，釉面晾晒得不彻底时，在烧制中，反映在瓷器露胎部位上的是在胎釉结合处生成一圈轻重有别的线状的火石红线条。**自然生成的火石红现象，其形状、大小、分布状况呈自然均衡状态，同时经过沧桑岁月的洗礼，显示出一种陈旧的感觉．在火石红的表面，显现出一层光泽。火石红的生成是由内向外挤出而生成，有一种被迫挤出的感觉。

2. 修胎刀痕

古代修胎刀多用竹刀，现代修胎多用钢锯条制成的刀具，竹刀子修理后留下刀印，成细丝状，现代锯条修后留下刀印是粗线条（2至3毫米距离）。这个不同之处很明显。露胎胎骨，观察其露胎之处，胎骨老化及自然磨损情况。伪品之磨损比较平滑，没有真品那么自然。一般来说古陶瓷真品，其露胎骨显得比较干燥，而仿品则不同，显得轻滑或坚腻。当然也不能绝对而言，有的古陶瓷露胎也很细润坚腻，然而相比仿品还是稍显干燥。胎骨质地方面，胎骨的底足，洪武前颗粒较粗，胎中呈色大多呈白中泛灰，胎骨有小孔隙，而永乐后的胎骨相比以前的要细白一些，无论胎质怎样，看上去绝不生硬，有自然熟透感，使人感到胎质粗细不干燥，有无氧化物都自然，手感不重又不扎的那种润腻不涩的胎质感。观胎骨外观：胎土与古代瓷胎有别。从胎的质感观察，有机械淘泥、练泥和快速陈腐的表现。由底足观察胎骨，与器物内外露胎处的色泽、老气、用料等要一致，感觉要自然。另外，胎土痕迹方面，老的胎土中有含砂粒的“硬”感觉，手拉坯形成大小、深浅不一的旋纹会留在器物的内壁。所以有条件时，应该使用器物认真观察器物的内壁，这里可以告诉我们许多信息。赝品的胎有人工和机制二种：人工拉坯的胎，没有竹刀修胎的痕迹，因是用铁刀修胎，机制胎的，连手拉坯旋纹都看不见，而且胎土紧密，含有粉状物，不含砂粒的感觉，呈“软、湿”的状况。还有胎土原料对比，老瓷的胎质是腐熟高龄土制成，加之老瓷年代已久，肉眼观感干、酥、有老化痕迹。新瓷胎制泥工艺与老瓷不同：一是原料配比不同，二是瓷土是球磨机粉碎而成，故现代瓷胎可表现为手抚有刺手感，有的虽然不刺手，但观感发涩、硬。拿一粒大米和一粒糯米比较，大米就是湿硬，糯米就是干酥。但请注意，古来窑口甚多，胎质千差万别，不可以一概全。最简单的方法是，用一片老瓷，一片新瓷进行对比，慢慢体会，找出差别，自可开悟神会。关于釉的玉质感也是一样，南方人叫肥厚，北方人叫滋润，只是表述得不同。

3. 粘砂现象

观察瓷器的粘砂现象，如明之以前的器物，多有不同程度的粘砂现象，清官民之窑足内积釉处也有粘砂，而仿品在这一点上却极少做到。当然伪品也有少数粘砂，然不像真品那样显得老化干燥，因其烧造工艺高于古时，釉也施得不那么厚，通常不会造成积釉，再加上瓷坯多为模注而过于规整等原因，极少有粘砂。

对瓷器足底的观察。底足老气自然，无泥浆粉土及其它洗不干净的人为之物，无人为作旧而被复烧的痕迹。露胎处，胎釉的连续性非常重要。旧器无釉露胎的地方，呈干燥状，胎釉形成一体的感觉。新器无釉露胎的地方，呈“湿”状，胎釉形成二部份的视觉，即使经特别做旧处理过的器物，也无法呈现胎釉连成一体的视觉。旧器的胎脚，因年代的风化，不同程度上会形成高低不平的凹凸小坑，整体呈现出一片自然、干燥、统一的色泽。新器的胎湿，呈现刚出炉状，或因化学物的造假，变得太黑，太旧的状况，整体无法统一，呈现胎釉分开的“湿”感觉。中低档仿品为降低成本，都使用机械加工原料生产，其底足露胎的胎质不是过白，过细就是过密。还有护胎釉。护胎釉通常添加芝麻色的植物灰，可以保护素胎，便于均匀上釉。乾隆时的作品和现代伪作天球瓶的圈足处护胎釉差别很大，乾隆时的护胎釉经过高温氧化，闪闪发亮，而赝品根本不见有芝麻色护胎釉。另外瓷器有石英砂和氧化铝粉做垫料。**目前景德镇普遍使用石油液化气窑烧制瓷器。为了防止器物与碳化硅棚板粘连，要在两者之间撒上石英砂或氧化铝粉。仔细观察器物的足圈，如果上面粘有上述两种材料，且十分牢固，必定是现代仿品**。不仅是元青花，明清瓷器亦如此。古代根本不用石英砂和氧化铝粉作垫料。再是足边修釉。清三代官窑瓷，尤其康雍两代的官窑器，特别讲究修足圈边上的釉。它是在上釉之后在足圈顶部内外各修一刀，使足背两边的釉修整齐。且仅仅留下不到 1 毫米的胎露出来。整齐划一，十分精细，一般民窑品是做不到的。对足背两边的釉，要用小刀轻轻地修一圈，让胎与釉处凸出一道白色的胎，且形成无釉的凸出部分，才不到 1 毫米。这一道精细的工艺，并且整整齐齐，又十分美观，是鉴别清三代官窑瓷器的一个工艺标准。

4. 底足做法

纵观各个时期的底足做法，都有其特别之处，所以还可鉴察其露胎痕迹之纹路，如南宋瓶脚就有圆圈之旋纹，元代之器物也多有旋坯痕并有鸡心点，明代时则多有放射状的跳刀痕，旋坯痕则少。当然明代前几朝还带有元朝之遗迹。清代之民窑，大多数能透过釉层看到旋坯之痕，而官窑几乎看不到什么痕迹了，但是现代的仿品则往往做不到这点，不是过左就是过右。其削足方式。景德镇的瓷器多是在挂釉以后，方将器足削去。相反日本瓷器都是在全部成形后再挂釉。所以细看江西瓷的外足釉与坯胎的分界，釉是以锋利的切线戛然而止的，这一点与日本制品迥然有别。古瓷中明代制品多留有削足的痕迹，而清代所作，除劣等品外，大都在切削过的足端，用濡笔或布加以揩拭，因而足底面总是带有一种柔软、滑润之感。试看清代瓷器中有仿明代制品很相似的，但从未见有模仿这种削足之癖。有时虽然很难用肉眼判断，然而如果用放大镜一看，便可大体了然。当我们鉴别明瓷与清瓷的时候，固然一般都可由它们的器型、釉色以及图样等各方面综合来看，不过有时也会陷于迷惑而莫知所是。此时如能注意一下这种削足之癖，便会得到鉴定上的一个有力线索。另外，关于内折角方面要注意到，内折角就是底面与足墙的夹角。这个夹角里边有积釉，就是上釉的时候积得比较多，多了以后就呈现出一种虾青色。这是明代中期以前经常出现的，现在的仿品也注意到了这个问题。但是仿品的积釉与真品的积釉有两点不同。第一，它不是虾青色而是淡绿色，即使能接近虾青色也是泛绿的。第二，明代虾青色的线有些窄，而后仿的比较宽。还有瓷片研究。研究瓷片的好处之一，是能非常真切地观察古瓷的胎。由于是残片，其断面便将器胎的所有信息暴露无余，包括胎的厚度、呈色、气孔状态、颗粒状态、胎质纯度、杂质状况、吸水性能、硬度，等等，这些器胎信息在不同时代、不同窑口，都有或明显或细微的差别，这是瓷器鉴定的一个重要视角。而这些信息，却是整器难以完全充分披露的。整器基本为釉层包裹，只在器底接触面上，如外底、足端处，及漏釉，缩釉处显露“冰山一角”，且这些有限的“露胎处”，披露的往往不是瓷胎的真实信息，而常常是一种“假象”。往往是陶衣，即化妆土、氧化层（即火石红）、酸碱腐蚀层、霉斑污染层、污物堆积层等等，不是真正的胎色。

古代的陶工技艺高超，手艺纯熟，干起活来迅速准确，干脆，利落，在古陶瓷上留下的工艺痕迹是十分自然的，有一种快速感。仿品则不同，特别是壶的嘴和把，多显生硬，没有那种熟练的手捏痕迹和随意粘接的感觉。瓶罐的耳，如象耳、虬耳、狮耳、羊耳等，真器物形象准确，结构清晰，骨骼、肌肉感强，尤为生动感人，仿品多造型结构不准，形体模糊，即使清晰，也形体不准，比例失调，缺乏神韵。另外，器物挖足十分重要，仿品有的过分规整，有的又过于粗糙，很不自然。元代和明早期的圈足外撇，宣德后变成垂直状。总之，器物成型时留下许多可供观察的痕迹，每个细部都应该认真观察，主要看是否符合当时的烧造工艺。凡是不符合，或是工艺难以彰显水平的，应该结合其他特征，以验证是否为仿品。洪武时期的圆器和琢器，多是印坯成型。永乐、宣德时期出现利坯和印坯两种成型工艺，普通器物特别是琢器，多以印坯成型，特大型的圆器，例如大盘或者大碗等，以利坯成型为主。到成化时期，琢器逐渐以利坯成型为主，少数以印坯成型。此时，民窑还是以印坯成型为主，这种器物，景德镇称之为“印器”。

明代的施釉方法。早在元代时，器物多为外壁以蘸釉方式上釉，器物内壁淋釉、荡釉。明代早期，琢器的大件外壁多采用浇釉，小件的器物则为蘸釉。此时器物内壁采用荡釉，也有涂釉，与外壁的釉不同。有些大盘和大碗多为吹釉，内壁荡釉。成化薄胎小杯等，则出现多次吹釉法。挖足与装烧。明代早期景德镇的装烧工艺虽有改进，但是仍然为垫渣垫烧，足端平切，并逐步变圆，足墙较矮。民窑器物多为砂底，官窑器有釉底。永宣以后，官窑器物中的中小器物，出现土匣与瓷匣套装的装烧法。大件器物如同洪武，足墙较厚，足端方中见圆，中小器物足底多有釉，大件器物多为砂底。成化后，小器件出现瓷垫饼装烧的小件器，并有多见器物装在一匣中的“小器装烧法”。御窑产品足墙变薄，出现泥鳅背。官窑器物的器底除了鸡心碗，多没有鸡心，底部施釉。

刻字。除了餐桌上日用瓷器，古代一般不会对其他瓷器刻字。但有些古代祠堂用瓷会加刻祠堂名号，以防止有人拿回家私用。

5. 仿品的釉面特征

仿品除底面外，其他表面却没有多少缺釉的小圆坑，透明釉厚薄也正常。釉面贼光。新仿器釉薄光滑，呈贼光，无包浆状，即使用“氢氟酸”处理器物，其光泽不是太亮就是太暗，呈不自然状。仿品特征总述。底足修胎不规整，棱角粗糙，能感到旋痕生硬的感觉。足底为粗砂底，不光滑。胎釉结合也疏松，釉面稀薄，混浊。真品青花特征。真品的底足内的青花款，放大镜下肯定能看到气泡。仿品没有。明代宣德，成化款胎底特征。其胎质是精细白晰又坚致，但制瓷风格较为粗犷，器底留有旋痕。因是人工淘胎，再精细也存有杂质，因此器底釉面上都有点点黑疵。如果你碰到的东西写的是老款，但器底光洁，没有旋痕和黑疵的话，十有八九是后仿品。

五、历代仿古作伪手法

明代瓷器的仿制和作伪，其实早在明代就开始了。我们可以看到很多的传世品和出土文物中，有不少明代仿品的实例，例如明万历仿永乐青花压手杯、成化仿宣德青花盘、正德仿宣德成化红彩盘等。到了清代，尤其是康雍乾三代的官窑仿品更多。当时以雍正仿宣德青花最为逼真，康熙仿宣德红釉亦惟妙惟肖。但是这些作品不是为了作伪而进行的仿制，而是迎合帝王的爱好而做的仿制，大量作品的底部落清代本朝款，例如乾隆仿永乐青花执壶。所以鉴定难度大的还不是这一部分，而是那些同时期烧造的，不书写款识的作品。这些在传世品中并不少见，而且风格与真品相当接近，有的甚至长期被看成是明代所烧造。此外还有用明代官窑瓷器来画彩的。例如乾隆十八年（1753 年）十一月“二十九日，员外郎白世秀来说，总管潘凤交甜白釉靶杯四件，宣德暗款，二等。传旨著交珐琅作烧珐琅。”历代都有作伪者，见于记载的，特别是对景德镇御窑厂仿古瓷有关的记载如下：

刘廷玑《在园杂志》卷四记载：郎窑“仿古暗合，与真无二。其摹成、宣，釉水颜色，橘皮棕眼，款字酷肖，极难辨别”。

蓝浦《景德镇陶录》卷二“镇器原起”，记叙了各种“镇器”仿于何时何窑，其中多属于仿古瓷，如“宋器”仿于明，即景德镇后之镇窑。曾经由内务府发样，故又称“发宋器”等。这实际上是指永乐、宣德、成化时御窑厂接宫中内务府发来的宋器，高仿宋代定窑、汝窑、官窑、哥窑、钧窑、龙泉窑的器皿。而“洪（武）器”“永乐器”“宣德器”“成化器”等等，均仿于“唐窑”，这是唐英督造时的御窑厂，以及“年窑”，是年希尧总督陶政时的御窑厂。蓝浦在卷五“景德镇历代窑考”中，记载“国朝陶至今日，器则美备，工则良巧，色则精全，仿古法先，花样品式，咸月异岁不同矣”。雍正时“年窑”，“仿古创新，实基于此”。乾隆时“唐窑”，“又仿肖古名窑诸器，无不比美，仿各种名釉，无不巧合”。蓝浦在卷六“镇仿古窑考”中，也记叙了景德镇仿宋朝名窑器的一些情况。例如在“定窑”条中记载：“昌南窑仿定器”，用青田石粉为骨，质粗理松，亦曰“粉定”。在“陶窑”条中记叙，若今镇陶所仿“钧器”，土质既佳，瓶炉尤多美者。

雍正十三年（1735 年），唐英《陶成记事碑记》记载：“厂内所造各种釉水、款项甚多，不能备载。兹举其仿古、采今，宜于大小杯、盘、盅、碟、瓶、罍、尊、彝，岁贡御者五十七种，开列于后，以志大概。”这里所说的 57 种，属于仿制者就有 35 种，其中记有“内发样”照仿的有 6 种。另外《清宫内务府造办处档案》和其他文献中还有大量的记载，所言皆是仿制古瓷之事。

历代仿古之风盛行，不外乎两种原因：一则为好古赏旧，保持传统品种；二则为迎合收藏心理，趋时谋利。尤其文物是在市场上待价而沽的，故后仿与作伪随之而生。此风传至民国，更是甚嚣尘上，手法之多，可谓无所不有。常见的作伪手法有：复窑、提彩、脱釉、补釉、补缺、旧坯新彩、旧胎刻填加彩与暗花、新物旧款、套口、撞底、磨口、磨底、去耳补彩、去流除柄补画等等。将上述作伪手法为之简介如下：

1. 后加彩

此种方法最为常见。如弘治的白釉盘，后加绘黄彩云龙纹、五彩花鸟纹等；正德青花盘、碗，后加红绿彩或三彩。嘉靖、隆庆、万历各类白釉器、青花器，后加五彩、红彩和金彩。清初康熙至清末光绪，也有旧器后加彩的伪作。后加彩的方法不尽相同，如：

A. 有的伪作于旧器脱釉，俗称脱皮，然后加刻暗花，施釉后再上彩。如民国时王柏泉，就是将嘉靖的白釉葫芦瓶打磨脱釉，就刻暗花后，再上三彩，或将康熙旧器脱釉，再施彩做成墨地三彩品种。

B. 另有将旧器后加彩，改造成新品种的。如将成化青花盘后挂红釉、万历青花盘后挂绿釉，使其成为红釉青花与绿釉青花品种。

C. 还有后题彩器，釉面的彩绘局部伤缺，按照原样填补描绘，如明窑烘烧，多以题红彩为多。

D. 再有漆彩画，器物破碎或有窑缝、炸纹，以彩漆绘纹饰，将纹路遮盖，也有的在器物上以彩漆绘画纹饰。

E. 更多见的还是在清代各朝素器上后加彩，使其改头换面，成为粉彩、斗彩、珐琅彩、三彩、墨彩、金彩等较名贵的品种。

F. 当时除后加彩外，还有于旧器上覆盖各种彩釉的作伪之物。如将永乐白釉僧帽壶后挂黄釉，在宣德、成化白釉盘，弘治、正德、嘉靖、万历各类白釉器以及清代各朝素白器上，后挂黄釉或胭脂水、西湖水、松石绿、蛋黄等色釉。

将明清两代的素白器或青花器后挂各种彩色，用以混充旧彩器，仿器品种与手法主要有如下各种：

珐琅彩。是以清代康雍乾三朝的素白器，加绘珐琅彩。

斗彩。以明清两代的官民窑青花淡描器挂彩。

粉彩。以清雍正、乾隆、嘉庆、道光时的白瓷胎，后挂粉彩。过去有“折枝花上不绘鸟，绘鸟须有明暗根”。这是说有在明清的旧盘上加彩，绘以过枝盘，但不明白其中奥秘。

三彩。以明清两代无釉的旧胎，或脱去釉的器物，后绘三彩纹饰入明窑再次烧成。

红彩。以明代素白瓷或青花器，加绘红彩。

红绿彩。以明代素白瓷或青花器，加绘红绿彩。

金彩。将明清两代已经脱落金彩纹饰的粉青、霁蓝、洒蓝等色釉器，重绘金彩纹饰后入火烘烤，或者不烤，以补伤金之处或以金彩纹饰遮盖器物的裂痕。

黄红彩。将署明代弘治官窑款的素白釉器加施以黄彩纹饰，再于黄彩之上描绘红彩线条。

黄赭彩。将署明代弘治官窑款的素白釉器加施以黄彩纹饰，再于黄彩之上描绘赭彩线条。

黄釉。以明清两代的素白瓷或青花器加施黄釉。

绿釉。以清代雍正、乾隆时的哥釉器覆罩绿釉，以充郎窑。或以明清两代的青花器加施绿釉。

红彩釉。以明代素白瓷或里青花外白釉器加施红彩釉。

胭脂水釉。以清代雍正、乾隆两朝的素白瓷，用吹釉法施以浅色胭脂水釉。

西湖水釉。以清代雍正、乾隆两朝的素白瓷，用吹釉法施以浅色淡绿釉。

枣红彩釉。后补明代矾红彩器脱落的彩釉，或在明代素白器上涂以虹彩釉，再施以金彩，入窑烧结后矾红彩呈黑褐色，如同枣皮一般。

蛋黄釉。以清代雍正、乾隆时的素白瓷，加施以含有粉剂的蛋黄釉，又称洋黄。

2. 后加款

这种后加款有以下几种情况：

A. 将旧款器镶填于新器物上。所见有将弘治小碗旋切下底足款识，再装接在其他新器上，或是旋切下同一时代的青花碗底款，嵌在瓶的底部。此种方法民国时最为流行，装底的技术也较高，鉴别时要注意圈足衔接处胎釉的异常痕迹。

B. 于明初或明中期白釉器上，后刻“永乐”或“嘉靖”年款。填釉后打磨平整，或堆釉书写，隐露阳文款字，多不够清晰。

C. 在旧器或新仿器物上，加刻加写稀有年号。如民国时，有人于宋代影青或定窑器物上加刻“元祐”或书“绍熙”“嘉定”“景定”等年款，字体多模仿宋元时风格，稚拙不规。款不施釉，或刻后施釉，入窑烘烧。后刻的字口釉的切面有芒不齐，原刻的字口，釉边有坡度并且光滑。

3. 后刻花

后刻花的主要有二种：

A. 素器后刻花纹或刻花后施釉入火烧结。

B. 后刻诗句。在旧瓷器上，常有清代乾隆的御题诗。后来有人在一般器物上，模仿乾隆的御题诗而随意加刻，藉以抬高身价。

4. 后套口

后套口主要有以下几种情况：

A. 器物口颈部破损后，旋削切去肩部以上部分，用另外一件的器口与之严密地进行插套镶接，而以肩部的墨线弦纹遮盖接痕，或在折沿口的下边内外向套，往往不易看出。但若探手于器物口内拭摸，套接处即有触感。

B. 旧器套新器的口颈部。

C. 新器套旧器的口颈部。

D. 新、旧器套新、旧器的口。

5. 后镶配

镶配的情况较复杂，主要有：

镶嘴、流。壶流已经断失，用其他残品的流补。

镶耳。器物耳部的装饰一部分或者全部损坏，采用其他瓶耳粘补，或者把双耳磨掉再修补。

镶底。有以下两种情况：

A. 器物底部损坏后，在器物底部近釉处精密旋切，用同类品或其他合度的底与之镶配接，一般不露痕迹。康熙器物二层台阶处的镶底更不易被发现。

B. 将新器底取下，特意改装，镶配合度的带有官窑款识的旧器底足，以混充真品。往往有误将碗足作为瓶足的。其实，琢器款识紧凑，圆器款识疏散，外围双圈环开阔，两者是有明显区别的。

镶配金属口。器口以金、银、铜、锡镶口遮芒，或口磕、或磨口后遮盖伤痕，而加以镶口。

插头。佛像、仕女等人物的头部伤缺后，取用其他残器的头进行插配，颈部接口明显。

配手。佛像、观音、人俑的手部已断或伤，取用其它残器的手来修补或做新的进行插配。

配腿。香炉、雕塑、骆驼、马、异兽等的腿或足残伤不全，另进行补配或者改变足的样式。

配底板。雕塑的底板损伤，配以新的底板。

配盖。器物上冠以别的器盖或用朝代不同的盖与之相配。

鸳鸯。同一品种、造型和纹饰的器物，由于错配或拼配，使器身和器盖不完全配套。

按把。把柄断失，用其他的柄补按。

贴花。器身的雕贴花饰伤缺，用旧花片或新花片拼接。

补洞。壶身柄流均失，将洞补贴后做装饰。

6. 后磨、轧、截

这方面的内容很多:

磨口。口边出现伤损后，被人用砣玉工具将胎釉磨去一部分或全部。

轧口、截口。器口或颈部已经残损，为求其美观、完整而加以改装，将损坏部分截去后，口部露胎，俗称“剃头”。

磨嘴。壶的口流部损伤后，进行修整。

磨柄。把损坏了的壶柄磨去或将对称的流柄完全磨去。

磨耳。器物的双耳因伤被磨去。

磨手。佛像的手指因伤损而被加工修磨。

磨足。足边因伤损、垂釉不平或歪斜之故，而用砣玉工具磨修光平或全部磨去，俗称“修脚”。

磨底。底足内原来有釉，出于某种目的（如为有意冒充其他年代）而把釉磨去，台面因而出现半破的小气孔。

磨款。故意磨去青花、红彩等款，冒充其他年代，明清官窑或新器都有此伪作。

7. 做旧方法

过去做旧的方法花样繁多，不一而足。

于旧器上加新彩。首先须经火清除胎体釉面杂质，如：汗渍、油渍、水分、污物等，俗称“净火”，因为器物若未能清除不洁，挂彩入火后，往往有流失的“笑彩”现象。清除完后，正式挂彩烧制，出窑后，再经人工着意打磨彩面，去掉浮光，最后以化学药品如盐酸、卤水或者高锰酸钾等浸蚀，或用花叶水久煮或用土埋。整个工序为：素旧器净火后加彩，小窑复烧，打磨失亮，作旧。经此过程做旧处理过的彩器上，也可同真彩器一样，出现五光十色的蛤蜊光，釉面也仿佛经理了漫长岁月的自然老化而显得陈旧。

假出土。仿古各类器物，有意长期埋入地下，以期整新如旧。低温铅釉的五彩、粉彩、三彩等器，尤其易于氧化和腐蚀。有的还涂以红、黄土疤，但一触即掉。

茶水煮。仿古做旧，常以次等茶叶末水煮，使器物釉面上有红褐色的茶锈痕。

浆砣。以匏器碎块的剖面蘸以水溶的细浆泥，缓慢摩擦釉面，釉面失光，出现网纹。

油光。器物的彩釉经过摩擦，显得油腻光亮。

药浸。方法有二：一是用高锰酸钾溶液浸泡，呈紫褐色；二是用中药孩儿茶调匀涂抹，粘性大，附着力强，呈黑褐色。

烟熏。器物故意用香火烟熏做旧，嗅之有味。

打光。釉面配磨伤而失亮，后用砣玉工具摩擦，并涂蜡以增加光亮度，但恢复的光度极微。

打蜡。釉面光泽欠润，涂胡桃油、甘油等，用以补救。

补釉。在器物口沿磕碰小缺的部位或磨光处，覆盖以釉汁，入火烧之，后施釉之釉面衔接边际的痕迹，往往可以看出，尤其是单色釉器物。

补缺。器物破碎后缺少的部分，用石膏、铜、锡、铁、木、金漆、水泥乃至油漆或者沥青等物补上。

刷油漆。历史上使用瓷器作为供器，常因成祖器物缺失而用不同釉色的同形器涂刷油漆而代之，有红色、蓝色、黄色和画彩等。

涂漆。用瓷胎仿做雕漆器，或做黑漆镶嵌软螺钿。

新胎后挂。将新胎剥去釉面后，作加彩釉地五彩的装饰。

六、瓷器鉴定常用术语

鉴定瓷器商用的术语，原本为历代行家的口语，沿用既久，遂约定俗成。它主要用于指明器物的完整和伤残程度及变异的情况，根据特定条件和不同部位所出现的各种现象而定名。

口磕。器物口沿胎釉，由于撞击而出现的大小不等的缺碴伤痕。

重皮。口部因受重创而出现的断面隐患，但外观尚完整，胎釉已经分裂却未剥离，往往一触即脱落。

毛口。口边的釉面间断脱缺。

毛边。口边的覆釉因伤全部脱落。

冲口。口部因与它物相碰而出现的细裂痕，长短不等，一些细小裂痕常不易看出，裂纹往往会逐渐自然延伸，若遇冷热相激，便会顺纹路开裂，以盘、碗类最为多见。

外冲里不冲。器口因受冲力较小，只在外部形成冲口，尚未冲透器的内壁。

釉泡。釉面在烧制时出现的中空气泡，经受外力以致破开。

棕眼。釉面气泡在窑中熔融爆破后，未曾弥合而自然形成的小孔。

斑点。釉面出现各种矿物或其他化学物质的斑点或小点。

缩釉。因釉面有油污，所施之釉未能全部附着，而出现的露胎现象，又称“笑釉”。

漏釉。器物施釉时，局部有遗漏而露胎无釉。

粘砂。釉面上遗落的窑灰，或器底因垫烧粘接有砂粒，通常多见于器足。

磕伤。器身胎釉的某一部分，被其他物体碰撞而磕坏，同于口、足磕伤。

开片。由于胎体粗松或烧结火候不足，还有因泥浆胎体在骤然冷却时，胎釉的分子结构收缩系数不平衡所导致的自然开裂。呈深浅不一、大小不等，互相交错的长短开片纹。

片纹。年代久远的器物，由于本身仍在蜕变中，如清代黄釉器常常自动作响，片纹增多，釉面出现的长短不一顺向的稀疏细裂纹，不透胎体。

软道。釉面久经摩擦出现的细微丝纹。

划伤。釉面或彩绘的表面，被硬物划破后所留下的伤痕。

磨釉、伤釉。由于釉面与其他物体摩擦，致使釉面局部损伤。

失亮。器物釉面因长期使用，经久磨损而失去光泽。

剥釉。由于胎釉结合不紧，釉层从胎体上自行脱落，多见于孔雀绿釉和茄皮紫釉等低温釉器。

脱釉。釉面受盐、碱、酸等物质的腐蚀，或入土年代久远，受侵蚀而致剥落。

凿伤。出土器物受金属工具锛凿致伤。

凿坑。器物表面出现的大小不等的凹坑，如清代窑变釉玻璃质强，多有开片，若常用细纤维的棉布擦拭，便会将片纹交叉处的小尖角掀起或带掉而留下凹坑。

崩釉。略同于凿伤，但破面平整。

伤彩。色彩的表面或全部，被磨划致伤。

脱彩。器物上的彩绘纹饰，由于经久使用而脱磨，或是入土年久侵蚀变质而脱落，绘以金彩的纹饰更容易脱去，或因长期受鸡毛掸的扫拂而无存留。

水碱。素釉器物长期埋入湿土内，受水浸泡渍，使釉色起了变化，多呈白灰色的点片状。

水锈。器物长期受土埋或水浸，有灰、黄、铁红或铜绿色等化学物质粘附于器表。

土锈。器物釉面粘有凝固的土疤。

土蚀。釉面、彩绘或胎体被土壤所侵蚀，使得器物表面局部失亮。

缺碴。器物损坏后，缺失碎片。

炸纹。器物的颈部、肩部或腹部受撞击后，出现放射性裂纹，俗称“鸡爪纹”。

炸底。器物底部被投放的物件撞击致伤，所形成的裂纹。

窑裂。胎体在窑内受火不均而出现的裂纹。

窑缝。胎体在窑内受火不均而出现的细小缝隙，也有因胎体衔接不牢，或是接口处含有水分而出现的。

窑粘。器物在窑内受火时发生变化，使二物相粘，或与匣钵相粘接而留下不同程度的粘痕。

开粘。分段镶接的胎体，因粘接不牢固而断裂，或是受伤物经修复后再次分离。

要圈。器物胎体与器身的粘接处出现一圈裂纹，有的已经断离，以明代的缸和罐最为常见。

折断。琢器胎体因镶接处损坏，折成数段。

足磕。器足部位在搁置时不当心或用力过猛，触地发成撞击，致伤胎釉。

腹伤。器物腹部受伤。

磨足。足边因伤损、垂釉不平或歪斜之故，而用砣玉工具磨修光平，俗称“修脚”。

磨底。足底内原来有釉，处于某种目的，如有意冒充其他年代，而把釉磨去。胎面出现半破小孔。

磨款。故意磨去青花、红彩等款识，冒充其他年代。明清官窑或新器都有此伪作。

磨嘴。壶的口流部损伤后，进行修整。

磨柄。把损坏了的壶柄磨掉，或将对称的流柄完全磨去。

磨耳。器物的双耳因伤被磨去。

磨手。佛像的手指因伤损而加工修磨。

破碎。器物因摔伤，完全破裂，或是盛装盐、卤、碱、酸类物品，使胎体受到浸渍，又长期排不出，被侵蚀而自然碎裂。后者宜用清水浸泡一段时间，器台内所含之盐碱等杂质即可排出。

夹扁。器体或口部不圆。

翘棱。由于器物变形，以致器口不圆，底足不平。

凸心。器内心向上凸起。

凹底。质软的胎体经火烧制，器物底心向下塌陷。有的凹陷过甚，圈足不能着地，器心可以旋转。

串烟。釉面受窑火的烟熏，或是氧化，以致釉色局部或全部发生变异，出现灰、黑、黄色。

荞麦地。釉面局部或全部，因窑内不净有飞尘，或因釉内有杂质，而出现细小的黑星点。回火再次入窑的器物，釉内因有污垢，出现这一情况较多。

黄溢子。胎体内含有杂质，透过稀薄釉层而显露。

火石红。胎体内含有矿物质，在不施釉的部位受火自然泛出，或是有意涂抹的泥浆。现今景德镇复制的元明青花器，以新沙垫烧，或是入窑前新瓷胎的砂受了潮，也会出现火石红现象。

糊米底。器物的砂底，因所垫沙粒含铁质较多，受火时出现铁锈斑点，似糊米状。明代成化时期的砂底，常有此一特征。

火烧。器物因后世被火烧过，而出现的釉面变化，如青花变黑，黄釉变绿，青白釉出现皱纹，彩色也老化或变色，还有的釉面有火烧时留下的流泪痕，以及当时粘上的灰、黑、粉、白诸色杂物。

污水浸泡。器物釉面与彩绘受到污水浸泡而变黑。如 1942 年天津遭受水灾后，被浸泡过的瓷器上都有此现象。虽经过刷洗不退。

复窑。二次入窑烧烤。

修复。器物残破后为之复原。

粘。将残品用各种粘剂粘接。

锔。器物残伤后，用钻石工具在釉面打眼，并不钻透，以金属锔钉连接。明代所用铁锔子，体型粗大宽厚，锈蚀重，清代用铜制锔钉，体型较小，民国以后有将钉拔起以漆填补锔孔者。

七、瓷器鉴定的基本概念

1. 火石红：是指古瓷露胎处，显示红色，也有黄红色、紫红色、灰红色等，个别火石红严重者，也可从胎上爬上釉面 1—2 毫米。又分出窑时便有的，称“窑成火石红”；出窑后逐渐形成的，称“后天火石红”。

2. 破泡：是指釉面的气泡，因年久风化，硅胶化，经清洗摩擦而产生的破裂，一般看到的是釉面上层的破泡，釉面损伤太严重时，才见到中下层破泡；宋瓷上会有此现象，难仿。如在破泡里找到臭干黑或黄水斑，就可判定为古瓷了。

3. 水流痕：是指古瓷在封闭的空间，长达数百年，其四周的物体挥发的水汽聚集流淌的痕迹，有动感。一般为深黄色，很难洗净。仿者易洗，与土藏气、土脏气有别。水流痕，也是鉴定为古瓷的一个重要的证据，并且用容易肉眼鉴别出。

4. 水银沁：古瓷长久接触水银，会粘合，极难洗净。水银沁，也就是指陶瓷上沾有了金属汞。

5. 玻璃胶：前人称陈骨胶。是古瓷年久，釉面硅胶化，微水溶。新瓷也有硅化胶，三次清洗便可去掉。而古瓷再多次清洗都有。目前尚没见到有仿者。玻璃胶特征，一直伴随着古瓷，直至釉面全部风化脱落瓦解。随时检验，随时可感知。检验感知玻璃胶，是鉴定古瓷的一个重要手段。

6. 土香气：是指古瓷在地下若干年，瓷吸收了土里的气味，以热水温之，则发出此味。因地下环境各异，而土香气也有别，出土百年，都可闻到。而干坑或烂坑出的，则又是另外的气味。不同的气味，可判知出土时的大概环境。这是一个判定古瓷的辅助特征，这需嗅觉敏锐的人才便于感知。

7. 臭干黑：是指腐败的有机物沁染了古瓷，多数表现在素胎、破泡处。经长期水泡，会发软，涨大，而被洗掉。作伪仿者，用河塘污泥。在放大镜下有区别：臭干黑，无定形，河塘泥，有土粒。特别是微破泡里钻进的臭干黑，是需上百年才能形成，一般是出现在明之前的古瓷上。清三代的瓷上也会有，但很少，用放大镜寻找，也较难。晚清的，只有在欠火的低温瓷上，才能找到一点点。

8. 黄金斑：是指金器常年压挤古瓷，而渗透进釉泡、或毛粗糙处，而留下的黄金痕迹。仿不出。年代越久，渗透得越深，也不容易清洗掉。

9. 先天蛤蜊光：是指古瓷长期受污染，而产生的五彩光，发金属亮光，直视无，侧目有。“后天蛤蜊光”是指经人们摩摸而产生的五彩光，其柔和，色淡，无金属光。通过观察蛤蜊光，再综合其它一些特征，可大致推判其出土时的基本环境。

10. 朦胧光：现在可用热释光原理解之。古时视觉敏锐之人，在暗处，用开水烫古瓷，可见白色的、模糊的、略大于古瓷的光。新瓷无。

11. 软伤痕：古瓷中的细货，一般都会受到人们的爱护，或不便实用，被放在冷僻处。故硬伤很少。仿者不知就里，故作硬伤痕。出土不久的，大多釉面无伤痕。

12. 冬瓜霜：这是古瓷千百年自然风化的现象。试将古瓷洗净，放在封闭的玻璃罩里，时两个月，便可感到瓷面上生有一层白粉。

13. 豆腐花：是前人用以此比喻釉、胎，因老化而分裂的形态，相似盐卤点豆腐，而产生的花形，无法仿。缺点是需借助八十倍以上的放大镜才能观察清楚。

14. 白云纹：是与豆腐花同指一种现象。没法仿。再经风吹日晒，便会转化为龟裂纹。

白云纹的边缘，没有直线条，都是自然的弯曲的交界不清的。

15. 浮蜡：又指百年蜡，是指有机物长期污染瓷器，而留下的蜡状物。干燥时滑溜，湿热时涩手，仿者不滑手。出土年久的，需清水泡半个小时才能感知到涩手。天气干燥时，摸之，则如同摸儿童臀部一般，很细腻的感觉。浮蜡，是判定古瓷的一个重要依据。

16. 铁锈斑：分为青花铁锈斑和胎釉铁锈斑。古瓷因年久风化，都有水溶现象。故铁锈斑越洗越深沉。新仿伪，难水溶，铁锈斑浮浅。凡是天然青花料都会有铁锈斑特征，只是浓淡轻重有区别。

17. 水汽斑：不同于黄水斑，是水汽微量久聚，静止若干年形成的，直视可见。

18. 无色水斑：因无色，不易被感觉到，须侧目寻视，与周边有细微色差，洗不掉。

19. 亚光：因釉面年久老化，而生成的一种温和的暗淡的光。又称一片光。年越久，越温和。

20. 酥油光：类同于亚光，但有油润，常见于官 、哥窑。没见有仿得三分像的。因为人们还没能弄清古人的生产工艺。

21. 过烧石灰：石灰石遇到高温，会烧成熔融状，不是白色，而是蓝黑色，放在水里三天都不化解。如胎中含有过烧石灰颗粒，出窑后，遇水并不开炸，须经几十年 、上百年，才会膨胀，而造成胎体炸裂。因颗粒大小、深浅的缘故，而有炸瓷，炸线，棕眼，炸包之说。

22. 棕眼：此术语较混乱，在本书中界定为：古瓷表面混杂有小颗粒，过烧石灰，年久风化后，膨胀，因在表面，而不炸瓷，只是逐渐从釉面冲出小眼跑出，形成空洞，曰棕眼。仿伪者，从洞眼可看出新迹。

23. 炸线：因胎中含有小颗粒过烧石灰，其膨胀 、力度有限，只能炸出一至几道线，看线纹，可知过烧石灰的所在。

24. 炸瓷：因胎中含有大颗粒的过烧石灰，膨胀而炸开瓷器。一般是炸裂成大缝，很少断裂 . 究其理，炸瓷的过程是几十年，上百年的缓慢过程 . 没见有仿者。

25. 脱落斑：釉泡破裂，摩擦时，破裂的残体聚在一起，可被人感知，无仿者。摩擦的前后，釉面在放大镜下观察，有较大的变化。古瓷因经年久风化，也经不住人手的摩擦。

26. 活流纹：北宋钧瓷特有的现象。后人仿不出，只能造出牛毛纹。似流水又似流沙；活流纹中的色彩绚丽，在放大镜下看，很美，诱人。另，现代工艺仿的活流纹，纹路太粗。

27. 牛毛纹：像粗牛毛一样的流淌纹，有动感，但不及活流纹艳丽。各个时期的牛毛纹也各异，难仿。

28. 吐筋线：低温瓷，开片后，在片缝上会生长起一道隆起的线，不同的胎质，则色不同，仿不出。古瓷出土后，也会逐渐生成吐筋线，但要在片缝的基础上形成，并且需经过几十年的风吹日晒。**吐筋线，**是判定古瓷的一个重要特征，并且容易感知到。

29. 破泡眼：釉面大泡破裂后，釉里出现一个较大的洞，口小内大。内形不同于棕眼，破泡眼是呈圆球状的洞。破泡眼内，常钻有陈附迹和臭干黑，或有黄水斑。这也是古瓷的一个重要特征。

30. 陈附迹：有机物千百年来堆附挤压古瓷上而留下的痕迹。多次清洗可以洗掉。陈附迹，一般是指有机物的痕迹。如衣服的陈迹，食物的陈迹，以及腐坏的纸张和毛发等。

31. 蟹爪纹：较多的出现在汝瓷上，是釉面开裂，裂缝上串有多个小气泡，后又被污染成黑色，故形象地称蟹爪纹。难仿。这也是判定古瓷的一个重要特征。

32. 地釉变色：不被人们理解，但却是一条重要的古瓷鉴定依据。瓷为无机物，会变色，解释不通，但存在。青花瓷地釉，一般是白色向鸭蛋青色过渡。鸭蛋青色，封闭一年，色转白；开封三天，色转绿。出现地釉变色现象的，其釉里都会找到一些、成蓝色点状的矿物料，无仿者。

33. 苏麻离青变色：凡是含苏麻离青的青花，都会变色。长期封闭转淡转白，日照越长色越深越艳。如有一对古瓷，一对比便明白。苏麻离青存世已很少。

34. 泡黄浆：宋官、哥瓷在清水中泡上一天，清水会产生黄色的，较混浊的感觉，如黄釉官、黄釉哥、辽黄釉更显。疑是金丝与黄釉中的铁氯化合物被水解。没见有仿。

35. 脱粉：是指陶瓷表面，因长年风化，经清洗，抚摸有粉状物脱落。难仿。比脱粉风化轻微些的是发粉，发粉一般只出现在高古瓷上，清代的五彩粉彩，则只是发朦。

36. 脱釉：是指釉面老化，一洗即成小片状脱落。难仿，非人力所能为。因其脱釉的断裂处，常出现崭新的断口，易被人们误读。

37. 翘翅：指釉面开裂，收缩，边缘向外翘起，如鸟翅。古陶瓷特征，常出现唐以前的陶瓷上。难仿。

38. 开芒片：指出水后，釉面重新开裂，裂片翘起，手抚如触芒。个把月后，又自行闭合，如平面。复置水中数年，再拿出又会开芒片。以临汝瓷，冰裂瓷为最。

39. 活芒片：开芒片后，片隙里进了脏物，则谓死芒片，不会再开闭。活芒片是干净的，再经水泡，可重新开闭的。

40. 探底：砂纸磨底足，探知胎色、胎质、老化、火工等情况。

41. 急干片：古瓷出水后，没有慢慢凉干，便遭风吹日晒，不该开片的瓷器，也会开片，但因是同时急干片，故片纹色彩一致。收缩缝小，以区别其它开片形式。有仿，但太不像。

42. 鱼籽纹：形如鱼籽的裂片，片较小，间隙大，色黑，古瓷特征，难仿。

43. 龟裂纹：如龟壳的裂片，大片。古瓷龟裂纹片缝大，色黑。以汝瓷为最显著。缝色是窑后形成的。千年前形成的必有管状片缝迹象。目前无人能仿出，也无人知晓这一特征。无著作论及。近百年面世后出的，多无色，与现代仿品差别不大。

44. 脱衣伤：瓷器长期受腐，釉面全部脱光。脱衣伤，常有发粉和脱釉等特征伴随，容易鉴定。

45. 陈酸斑：长期受酸的有机物浸染，而形成的斑，斑痕深入胎骨，坑洼明显，坑洼边缘有锐角。而仿品的酸咬斑，是急拿，有模糊感 . 并只是表面。

46. 阳光斑：老黄色，微红。是经十年以上，长期定位在野外阳光下，日照形成的斑。其斑点可透瓷面。内外一致，破碎观胎，胎色也被晒成红黄的斑色。

47. 针状芒硝：出土瓷，不洗不动，阴干，一月后，会生成针状芒硝，唐之前陶瓷为最显。

48. 烘酒香：酒器，水湿之，文火烘之，土香气中可闻辨到酒香，陶器为最。

49. 宝光：五百年前的古瓷，若没经日晒，水烫，火烤，或闷热天，或大雾天，可见古瓷四周散发白光，大而圆，区别于朦胧光。发光大时，隔布，隔纸，都可见。因其神奇，故前辈称为宝光。

50. 甜水货：是指古瓷常年埋藏于地下水位以下，水质不酸，不碱，不苦，谓之甜水，养瓷，其出土时，如新。要用年久必然老化的观点，去观察考虑，才能找出古瓷鉴定的依据。

51. 火坑：指没有被开启过的，密闭很好的。开洞时会有一股气体跑出，此气体遇到抽大锅头旱烟的，会发出“轰”的爆炸声。按现代的科学角度分析，那是甲烷气体。并非什么“宝气”。火坑里出来的东西，曰“火坑货”，瓷器则崭新如故，在墓里当即手抓时有软质感，时过几分钟，风吹干后，则硬。过度用力，釉面会留下指痕，过后极难洗净。在清末，火坑也只能是百坑而遇其一。火坑货极为珍贵，是买家追逐的好东西。在民国，行里还有人能识别此类货。

52. 破坑：指历史上已被开启过的，金银细软已被取走的坑。剩下的是不值钱的、不易变卖的、不宜带走的瓷器，曰“破坑货”，此类瓷器，也多是细瓷，曰细俏货。大件常有人为破损，这类东西，也有其具体的特征。中华人民共和国成立初期，仍有人能识别。

53. 烂坑：几百年前就被开启过的，其内有机物体已无法辨认的。其内一般只存有陶瓷器，少数小件杂项、烂坑所出的瓷器曰“烂坑货”、烂坑货的特征比较明显，也是面世量大的一种，其关联词汇量也多。如土沁、树根斑、草根须、黄水斑、臭干黑、土香气、脏气、陈酸斑、水流痕、水银沁、玻璃胶、脱落斑、浮蜡、百年蜡、吐筋线、陈附迹、蟹爪纹等。

54. 干坑：是指没有被水浸的，一般是地理位置较高的，其所出之物曰“干坑货”，又曰“北边货”，其特征是东西干爽，品相好。干坑瓷的破泡里， 钻入的是黄水斑。而烂坑瓷的破泡里， 钻入的是臭干黑。

55. 水坑: 其对应干坑, 是指常年在地下水位之下的, 其所出物曰“水坑货”。这种行话，是用于判别出土的大概地理方位。

56. 瓜籽片：与鱼籽纹、碎米纹、龟裂纹相关联，表示开片的大小如瓜籽，汝窑天青釉中最常见，现在的仿品也相似，但有别，古瓷片缝大，可以看出是相继千百年来，陆续开片的，而新品，是人为控制一起开片的，古瓷的缝色是多种多样的，而仿者基本是单色的。再运用其它的鉴定依据，就不难辨认了。

57. 碎米纹：裂片大于鱼子纹，而小于瓜籽片。有仿，也是缝色有差异。零碎米纹又与瓷器的品种有关联，如它常出现在白汝瓷上，若出现在天青汝、官、哥，则就错了。

58. 炸包：存在于胎表釉下的过烧石灰，历经百年后，逐渐膨胀，釉面微裂微鼓，其颗粒小于炸线炸瓷的，但大于造成鼓点的。仿不出。目前很多的古瓷爱好者，无师自通地运用了这点。加之清末民国的民窑器中，含有过烧石灰的特别多。值得传记的是，再过二三十年，现在的仿品也会出现鼓点、炸包、炸线、炸瓷、到了那时，人们又会去寻找新的辨别方法了。

59. 鼓点：存在于胎表釉下的过烧石灰，历经百年，逐渐膨胀，致使釉面微鼓，但不开裂，其颗粒小于炸包的。现在仿不出。

60. 紫宝光：是指唐宋青花瓷，出土后，没有慢慢地阴干，就乍见日照，此时就会出现一片金属闪亮般的紫光，不是局部，而是全瓷，迎日照处，展示时间约十分钟到半个小时后，逐渐消失。后人不知其故，而曰“紫宝光”。若现在再将唐宋青花瓷，泡在水中三五年，再拿出来日照，也可见紫宝光，但十分黯淡了，不强烈了。今日仿不出。

61. 紫光: 侧视唐宋元青花瓷可见到隐隐的紫光, 因无金属的宝色宝气, 故曰“紫光”。能现紫色光的青花料，自古就名贵，价倍于黄金。还不知目前能否找到类同古代的矿藏。

62. 官体款: 指官窑器上的题款字体与风格 . 各时期的官窑题款，都遵守一定的规矩，体现特有的时代风格。但要注意的是，即便同一帝号，因年度的不同，也会有很大的差异。目前学术界缺少一部官体款的年谱，尚待有志之士编纂了。

63. 官体纹：指官窑器上的纹式，各时期的官窑器上的纹式都有一定的格式、套路，甚至有图本，明显区别于民窑，也区别于前朝后代，曰“官体纹”。书画中有一个规律：就是随心容易摹仿难。有资料表明，官窑工匠是细致分工的，同一图案文字，不知要书画多少遍了，胸有图文，下笔如有神了。

64. 泡青浆：鉴定北宋天青釉专用术语，该瓷浸在水中清洗，水会微显天青色，水变浊如浆。与泡黄浆相关联。这是千年自然老化形成的特征，非人力所为，仿不出。这是判断古瓷的一个重要证据。

65. 气泡坑：钧窑釉面气泡里的气，因高温跑出，继而缩釉，缩釉中央留下一个小坑，曰“气泡坑”。另橘皮纹就是由若干个小小的气泡坑组成，与气泡眼有明显区别。

66. 气泡眼：在窑里烧造时形成，泡里气跑出，而釉面不收缩，外呈圆形小口，内呈球形大洞，明显区别于：气泡坑、缩釉气眼、缩釉棕眼。古瓷的气泡眼、缩釉气眼、缩釉棕眼，其内是漆黑的，少部分是古铜色。

67. 缩釉气眼：在窑里烧造时形成，气泡里的气跑出，继而釉面收缩。外呈圆形小口，内呈球状大洞，区别于气泡眼的是：外小口四周有明显的缩釉。古瓷的缩釉气眼内，漆黑，或在外口显冬瓜霜，或在外口显黄色小斑点，洞口大点的，可查到百年陈附迹。

68. 破泡气眼：钧窑、花钧里常见。釉下大气泡，因历经千年腐蚀风化，气泡中心釉薄处，率先破裂。显示出球状洞眼，古瓷洞眼里漆黑，常有臭干黑集聚其内，或有百年陈附迹钻入。

69. 缩釉洞眼：窑里烧成，胎中有易燃物，或有可气化的固体，遇火消失，继而釉面收缩，其内空洞无定形，内漆黑。与棕眼有明显区别：棕眼内是一派珊瑚石景象。

70. 红胎：常用于永乐甜白釉，成化红胎瓷，明末德化瓷，即指胎体微发红。色深者则叫“宝石红”。唐宋青花瓷中也有红胎，唐前陶器中也有红胎。清末以来，红土稀少，故红胎瓷很少有人知。在清末民国时期，红胎瓷也被商家玩家藏家所看重。但卖不出高价，毕竟最终消费者是藏家兼学者，人数凤毛麟角，于今也是这个理。

71. 红云：红釉中，因色差而形成的红斑，有如六月的云彩，多姿多态，强光源下更明显。不是指飞铜现象，而是专指釉中物质相结合、相排斥的色差特征。色彩浓淡相间，也不明显。唐红、郎红也类似。至今未见能仿出一、二成古瓷风味的铜红釉瓷。注意，红云是片状感，红卷云是线条感。

72. 蓝云：与红云同理。蓝，蓝色也。另外蓝釉下常会寻到银点、金点，这可能是与釉料的材质有关。有片状感。

73. 回窑货：指有重新回窑加工过的迹象的古瓷。此类瓷必有奇特精贵之处。常见的是：窑补。此类瓷，通常是成套的，其中有一、两件有明显的回窑迹象，其色差是明显的。

74. 回坑货：指古瓷早年出土后，被人们长时间把玩，而留下很多痕迹，很多信息后，又被入土埋藏，又经若干年，再次面世了，故曰“回坑货”。此类瓷，特征很多，所含的信息也很多，是值得花大气力去研究探索的。可惜现在连知道回坑货这个术语的人都很少。

75. 补釉：是指二次入窑挂釉。与回窑的区别在于：目的专一，专为挂釉，不是修补。也不是成套器。补釉，远离窑场的人是很难办到的，能办成的，可不是一般人，瓷器则也不是一般的瓷了，不可轻视。有了补釉这一说，就又有补题文补绘画的。补釉货，多与历史上的大名人大事件有关。惜前人无力研究，而造成瓷史上的一些空白。特别是一些高古陶补釉的，玩者当宝，后人当草。

76. 发粉：是指瓷器年久风化现象，素胎较明显，表面像有粉状物，手擦拭则无。风化再严重些，便是冬瓜霜现象。冬瓜霜现象再严重些，便就是脱粉、掉粉、手擦拭之，有粉状物。仿不出。伴随发粉现象的，是显示豆腐花、白云纹，放大镜下可见。

77. 冰裂：指冰瓷的裂纹，像冰块开裂一样，斜片、宋官窑中常见。明万历时钧窑受挫，继而发展冰瓷，替代钧瓷。有一种传说，说是为避明神宗朱翊钧讳。现代的工艺也很美，但因釉欠厚，有贼光，而失神韵。有待进一步改进。宋官窑冰裂是无色的，后因污染才有色。冰裂也不是短期完成的，是经历若干年的。现在若将宋官窑冰裂瓷放在水里三五年，再拿出来经太阳暴晒，必定会开出新的片纹。

78. 冰裂梅花：冰瓷中最高艺术境界，冰裂纹有向心性，多条弧状斜片的冰裂纹组成一朵朵梅花，花朵中心花蕊部分不开片，只有点点气泡坑，而且整个釉面，又由数朵分布等称的冰裂梅花组成。大件是大朵梅花，小件则是小朵梅花，整个釉面显得和谐适中，美也，妙也，神奇也。今日的工艺冰瓷也有冰裂梅花，但艺术性相差太远了，可能是制作者没有见过宋代官瓷艺技顶峰的古瓷奇葩——冰裂梅花其一般是活芒片，会开启，会关闭，若是长期受污染，并污染严重，则会变成死芒片。

79. 活流沟：唐花钧、宋钧中常见。因釉厚流淌，而形成像活动的水流似的纹，曰活流纹。而活流纹经千年风化腐蚀，则顺着纹式走势形成一道道沟，手摸都可以感知。活流沟再风化严重者，便是“脱釉”，再严重些便是“脱衣伤”。目前活流纹尚没仿出来，就更谈不上仿活流沟了。

80. 红片缝：含铁较多的瓷，片缝呈红色，理与火石红同。

81. 黄片缝：含氯铁较多的瓷，片缝呈黄色。也有同一件瓷上呈黄片缝、又呈红片缝的现象，当与其千百年所处的环境差异有关。

82. 黑片缝：目视感觉片缝被污染成黑色，放大镜下则是黑色为主，另伴有紫红黄等色。黑片缝与宋官宋哥的铁线是两码事，铁线是出窑时便有的，黑片缝则是出窑后，经若干年的污染才形成的。有仿的，目测不易辨别，放大镜下则泾渭分明，仿者，缝色较单纯，只见黑色，不见其它彩色。

83. 蓝点：天青釉、唐蓝花钧、宋钧、鸭蛋青地釉等，绝大多数都可在釉里找到蓝色的矿物点。凡是有蓝点的釉面，均会变色，长期避光色转淡，日照不久色变深。另观察角度不同而色不同，光源辐射差异而色差异。按前人所说，内含玛瑙汁。值得注意的是，明前以及部分清三代的青花，也会变色，以苏麻离青物料为最明显。

84. 绿点：在汝窑的支钉里会出现，名称叫辉绿岩的，耐高温，耐酸的矿物体，呈亮绿色。有了它，才能使支钉小如芝麻。目前的仿品生产者，尚不知道绿点的功效，故而仿品的支钉过于粗大，而失神韵。据推测，绿点也不单纯靠物理方法研细，古人是并用了道教炼丹术及化学方法。

85. 银点：在古瓷钧窑系釉里出现的银白色的物体。并不普遍，约十分之一的比例，并且是火工较高的才显示。

86. 金点：在古瓷钧窑系釉里出现的金黄色的物体。比银点出现的概率高，约占五分之一的比例。而且也不需要过高温度。

87. 变色青花：清三代以前的青花，大多会随着光照不同、角度不同而颜色变化。另外也与日照长久、日照与否有极大的关联，日照越长色越深，避光越久色越淡。并可逆转。这些特征，青花瓷越古越明显。若要确实体会感悟此特征，是需费时日的。常人是难以理解的，无机的青花瓷怎能变色。但几代人探索检验证实了这一点，也是鉴定青花瓷的重要依据。另，变色青花还有另外一种含义，即是指万历、天启年间流行的一种青花发色。它是由绿到蓝，由蓝到绿的变化，是窑里烧成的。在同一瓷器上，同一笔画中会出现不同的色彩，角度光源不同，而感受的颜色也不同，但只是绿色与蓝色的互换。

88. 次火：又叫欠火工。即窑火温度不足。因欠火，会使瓷器相应地出现差异，如色彩，硬度，瓷声等方面。常有人将次火瓷当仿品判断。另有工艺设计的低温瓷，也会如次火瓷。例如黄土胎的北宋哥窑，若是温度高了就变成灰胎了，也就失去黄土胎的神韵了。完整的次火瓷是很少见到的。其自身半生不熟的，易损。如遇残器，一看断口就明白是否次火了。

89. 补生粉: 瓷器有缺陷后，用瓷粉修补之曰“补生粉”。或再次入窑烘，但因温度不高，还是曰补生粉。若是高温修补，则曰“窑修”，或“窑补”。可见，补生粉的，也不是一般的粗货。补生粉，常见于明前的陶瓷，多是陈设瓷，清代以来，尚没见到。

90. 宋锔: 这个术语更冷僻了。古瓷珍贵，古时就贵。残破了就要修补。补之常用锔。锔又称“抓钉”，条形，两头九十度下弯，弯头尖细。在瓷器断裂缝的两边，各用金刚钻打洞，将锔嵌入，而固定断裂瓷器。宋朝时期的锔，长度超过两厘米，厚度超过两毫米，锻打的，锔身有棱有角，材质多数为铁，少数是铜。钻眼较大，锔钉直径超过两毫米。很难见到。

91. 明锔: 明朝时流行的锔，一般长十五毫米左右，小于宋锔，而大于清锔。

92. 清锔: 清锔又明显比明锔苗条，长约一厘米，甚至更小。锔身的棱角消了，边缘已显圆滑，锔的厚度也轻薄多了，以机器冲压为主。没有听说有仿锔的。清锔不见棱边，锔身两头尖，中间宽。细瓷常用铜锔。

93. 见天: 古瓷面世后，经太阳曝晒，曰“见天”，又曰“去阴气”。其实是对古瓷极大的伤害。一经曝晒，不该开片的瓷，也被晒出新片纹。掉釉，脱衣伤，也常是见天情况下发生的。目前市面上有很多古瓷，釉面上却开的是新片，其根源就在“见天”。有很多的“见天”，不是特意的，而是不知爱惜，风吹日晒造成的。因“见天”而开新片纹，被误判为新仿品的实例太多了。

94. 椁货: 是指规格很高的墓，其外以砖木石块制成的，有多重保护的椁。椁里出的东西曰“椁货”。直至现在民间口语俚语，贬低华而不实之人，称其为椁货。其实椁货虽不中用，却是有很高造诣的艺术品。

95. 石床: 用石板加工的床，床上放着一系列享用的东西。因石床重，前人也只是听说而已，但确实存在。石床货很古。

96. 轿床: 用耐腐的木材制作的，象大花轿式的床，床上放着一系列东西，一般流行于唐代，竹木漆器偏多，风干便毁，无一件存世，前人也只是听说而已，但可信。

97. 镜话: 又云花镜。本指青铜镜，又曰揣怀镜招魂镜，女儿镜。镜话，又不单指按礼仪放在盖板上的铜镜，又有另一层含义，意思是说此镜会说话，有话要说。历史上有人懂镜话，根据铜镜的信息，能够判断推知很多情况。各时期习俗不同，女儿多寡，则镜数量不一，其财力也在铜镜上显示。镜话早已失传，也不曾见有著文解说。

98. 有后: 指有后人的意思。相对应的便是绝后，指后代绝户的意思。但凡绝后者，因无人用心看管，早就被毁了。有后，破坏者还是有些忌惮，不敢张扬，躲躲闪闪的。

有后的依据，也来源瓷上的符号，有毛笔在瓷器面上书写，更有甚者，将其原阳宅的地址写得清清楚楚。金刚钻刻划的有后的瓷，再好，也无人要，故无一件流传于世，只有传说。有后的瓷，时间跨度较大，一窝儿的瓷器，能相距一、二百年。有些还能找到盛放食物的遗迹。鸡蛋变成空壳，核桃内无果仁，酒成干粉等。成窝的有后瓷，可以推知其家族的兴衰史。

99. 阵式：第一个含义是量大，成阵势。形成一个大的组合体。从单件阵式瓷，可推知整个阵式里有多少单件。如唐三彩马，从器型颜色可知，是六匹组合八匹组合。如看马车车形，便可知配的是几匹马。这个现在无人知晓了。第二个含义是摆布方位。见到一个阵式货，便能推知第二件在什么位置。阵式小的，尺寸小的，曰“一窝仔猪”，其相距也不太远，不超过一市尺。

100. 谱式：谱式货是一窝一窝地出现，相互印证，纪年相距不远，象有谱本，有规矩，有规模似的。阵式货是规模大，尺寸大，单件多，成组合体，都是同一纪年的。而谱式货，是单组规模小，器型小，但是一窝接着一窝地出现，各窝的纪年也不相同。现只剩传说了。若将各窝的谱式货，综合分析，可以推知其家族的兴衰史，身份高低，还可联系到国史，并可补地方志之缺误。

八、瓷器制作术语

1. 原料类

高岭土。高岭土又称观音土、白鳝泥、膨土岩、斑脱石、甘土、皂土、陶土、白泥，是一种含铝的硅酸盐矿物，呈白色软泥状，颗粒细腻，状似面粉。其化学成分相当稳定，被誉为“万能石”。为制造瓷器和陶器的主要原料。源自中国江西省景德镇附近的高岭山。高岭土主要在地表之下，其质地和成分的不同，可以直接影响到陶和瓷在窑中的变化，所以优质的高岭土可以制作出色的器物，而往往多会在其周边建立起名窑。如景德镇、金门县等。高岭土的开发和利用，为景德镇制瓷业的快速发展奠定了坚实的基础，对世界陶瓷工艺的发展起了重大的变革作用。随着瓷胎最初的单料成瓷，即使用瓷石一种原料制造瓷器，到后来的二元配方，即使用瓷石和高岭土两种原料制造瓷器，制瓷工艺也日益优异。以高岭土作为制瓷原料，大大促进了陶瓷工艺水平和制品质量的提高，促进了陶瓷的发展。

麻仓土。麻仓土，在元、明时期景德镇制瓷原料，是产于景德镇附近麻仓山的一种高岭土，故名。

瓷石，制造瓷器的主要原料之一。是含石英、绢云母为主体的岩状矿物。颜色白中微带黄色、绿色、灰色或浅红色，我国很早就用来制造瓷器。

不子，也叫白不子（“不”读音“dǔn”），景德镇做陶瓷的基本原料，又习惯叫釉果，是把做釉的釉果粉碎成极小的粉状，再加水做成大小一样的砖头形状，在生产中按照一块不子配多少釉灰的比例来加工生产灰釉。

釉浆，瓷器釉料，为便于施挂，多制成釉浆。先用水淘洗釉灰，后配以白不泥（釉果）调成浆状。泥九灰一为上釉，泥七八、灰二三为中釉，泥灰对等或灰多为下釉。配制釉浆有一定的比例，一般规律是釉灰用太少，烧成后釉面会出现水波纹等釉病；釉灰用多了釉的熔度低，烧成后釉色易泛青或泛灰。据古人的经验“泥十盆，灰一盆为上釉。泥七八，灰二三为中釉。若原对或灰多为下。”

钴土矿，青花瓷器的呈色原料，种类颇多，古代大体分为两种：一种含锰量高含铁量低，为国产钴土矿；一种含锰量低含铁量高，为西亚地区产钴土矿。

苏泥勃青。苏泥勃青简称“苏料”又称“南洋货”。其含量为高铁低锰。烧出的青花瓷艳丽无比。深受中亚地区穆斯林的喜爱。其名称的来源，郑和下西洋，在今天的苏门答腊地区发现这种青料，运回国内。运回景德镇烧造青花瓷。后来苏门答腊地区各国又在永乐和宣德年间，多次进贡此种钴料。并且以这种青花瓷赏赐中亚各国。这种青料一直使用到明代成化时。

苏麻离青。苏麻离青是英文 smalt 的译音，意为一种蓝玻璃。又称“西域料”。产于古时波斯地区。苏麻离青属低锰高铁类钴料，青花呈色浓重青翠，色性安定，因为苏麻离青含铁高而含锰量低，在适当的火候烧造下，呈现出蓝宝石般的鲜艳色泽，还会出现银黑色四氧化三铁结晶斑，即“铁锈斑痕”，俗称“锡光”。元青花主要是靠它绘制青花。明初洪武时期还有少量使用。因原料枯竭，以后不再见有此种青料的使用。

陂塘青。陂塘青又称“平等青”。明中期景德镇青花瓷器使用的主要色料。产于今江西乐平。陂塘青呈色淡雅，与明代前期苏勃泥青料浓艳者迥然不同。《江西省大志》有“旧陂塘青产于本府乐平一方，嘉靖中乐平格杀遂塞”的记载，知陂塘青使用时间约在成化到嘉靖中期。嘉靖以后改用回青料。

回青。回青是明代青花瓷器使用的一种原料。回青一名始见于《江西省大志》，有“陶用回青本外国贡也”记载。万历《明会典》“土鲁番”条也有“嘉靖三十三年进贡回回青三百一十斤八两”记载。景德镇瓷器使用回青料，就传世品观察，当始于明嘉靖（1522—1566）间，隆庆、万历（1567—1619）时继续使用。此料纯然一色，蓝中透紫，与苏麻离青、陂塘青色调不同。

石子青。亦称“石青”。景德镇青花瓷器使用的一种原料。产于瑞州（今江西上高），明代中期民窑青花瓷器多用此料描绘纹饰。《江西省大志》有“回青行，石子青废”记载，可知景德镇青花瓷器，在使用回青之前主要使用石子青料。

2. 工艺类

拉坯。拉坯是制作陶瓷的七十二道工序之一，也叫作坯，是成型的最初阶段，也是器物的雏形制作。它是将制备好的泥料放在坯车上，用轮制成型方法，制成具有一定形状和尺寸的坯件。拉坯是我国陶瓷器生产的传统方法，凡圆器、琢器都用拉坯方法成型。

利坯。拉成的坯半干时，置于辘轳上，用刀修整，使器表光洁，厚薄均匀，这道工序称为利坯。这道工序首先是把黄色的泥坯放在所谓利坯车上，然后坐在车上，用专门工具使器物表面光洁，形体连贯、一致，而使泥坯陈显出皓白的颜色，这是陶瓷成型中极为重要的工序，最终确定着器物的形状。景德镇制瓷史料中记载：镇瓷制造讲究，内外修坯。利坯不仅需要熟识泥料性能，器物造型的直、曲线变化，烧成时各部位留泥、收缩情况，还要首先学会磨制种类多达十多件的铁质利坯工具。

挖足。瓷器成型工艺之一，将拉坯时留下的泥把切削掉一部分，然后挖成器物底足的工艺。近现代又称为挖坯或剐坯。

泥条盘筑。这是古时陶器成型的一种原始方法。制作时先把泥料搓成长条，然后按器型的要求从下向上盘筑成型，再用手或简单的工具将里外修饰抹平，使之成器。用这种方法制成的陶器，内壁往往留有泥条盘筑的痕迹。泥条盘筑是以泥条按照设想中的雕塑外形形体变化，一圈一圈围筑起造型。元代和明初景德镇的民窑，偶尔会出现用泥条盘筑方法制作的器物。

轮制。用轮车制作陶瓷器的方法，主要构件是一个木制圆轮，轮下有立轴，立轴下端埋于土内，上有枢纽，便于圆轮旋转。操作时，拨动圆轮使之平稳地旋转，利用轮车旋转力，用双手将坯泥拉成所需的形状。轮制法始于新石器时代大汶口文化晚期，制作的器物器型规整，厚薄一致。是制瓷拉坯的重要工具。

仰烧。陶瓷烧制工艺的一种，起源于宋初。烧制时，将一个泥制的垫饼放入已烧过的匣内，将碗坯放入匣内，靶碗的圈足套装，堆叠起来送进窑室。这种装烧的方法被元人称做“仰烧”。

叠烧。瓷器装烧的一种方法。即将多件器坯叠在一起装烧，器物间隔以垫烧物。可分为：（1）支钉叠烧，古代多用此法。（2）支圈叠烧，如定窑。（3）重合叠烧或刮釉叠烧，即在器物内心（以盘碗为多）刮去一圈釉，然后将叠烧器物刮去一圈釉，然后将叠烧器物底足（无釉）放置其上，一般10件左右逐层重叠，金代产品盛行此法。它的优点是产量高，成本低；缺点是器物内心一圈无釉。

覆烧。覆烧是瓷器烧造方法之一，与正烧相对，也称反烧或伏烧，是靶碗盘一类坯件反扣在窑具的支烧方法。分为釉口覆烧和芒口覆烧两种。釉口覆烧最晚起源于南朝，延续至宋。有两种，一为无匣裸烧，流行于四川唐代山西平定窑、浑源窑，五代至金河北磁县观台窑均使用此法。二为砂垫覆烧，发现于南宋四川瓷峰窑和金河北磁县观台窑。芒口覆烧最早见于南朝洪州窑对口烧。北宋芒口覆烧起源于定窑，在辽代亦广泛流传，后因芒口覆烧法易留下粗糙的芒口，影响瓷器的美观，南宋后期渐被淘汰。

素烧。指先烧陶瓷生坯的一道工序。陶瓷器有二次烧成者，先素烧器坯，然后施釉再次入窑烧成。采用素烧方法的目的是增加坯体的机械强力，不易损坏。在正品素烧坯上施釉，不致因浸湿而散裂，可提高正品率、减少废品和次品率。已发现素烧的有河南巩县唐三彩、河北磁县宋金磁州窑低温铅釉陶器、河南禹县宋钧窑、浙江南宋龙泉窑等。

涩圈。瓷坯叠烧前，将器物内心刮去一圈釉，无釉处即称“涩圈”，流行于金代和元代。

浸釉。浸釉是陶瓷施釉技法之一。又称“蘸釉”。将坯体浸入釉中片刻后取出，利用坯的吸水性使釉浆附着于坯上。釉层厚度由坯的吸水性、釉浆浓度、浸渍时间进行控制。适用于厚胎坯体及杯碗类制品施外釉。通常这种方法会在器物根部流下指甲痕。

明代前期
存世官窑瓷器不完全著录

使用说明

从洪武到成化的 120 年时间内，是明代瓷器最为辉煌鼎盛的时期。明代御窑厂究竟生产了多少瓷器？今天存世的还有多少？它都藏在什么地方？这对于广大古陶瓷爱好者来说，始终是个谜。笔者根据所能搜集到的不完全资料，做了一个简单的统计。在这段时间内，景德镇御窑厂至少生产了**二千数百种**的不同花色和器型的瓷器，总件数不会少于 **200 万件**，但是传世保存到今天的仅有 **2025 种**，总件数不会少于 **4029 件**。其中还包括景德镇御窑厂遗址出土复原的残器 **731 件**。实际上完整的传世品也就是 **3000 多件**。当然这里不包括台北"故宫博物院"没有公布的相当一部分永宣和成化的瓷器。如果加上这些没有公布的藏品，总数可能还会再增加 **2000 件**左右。这些传世的瓷器，目前主要是收藏在一些公共机构，包括复原的残器总计收藏了 **2945 件**。此外还有接近三分之一的器物，是藏在私人收藏家手中，他们共收藏了 **1072 件**。这个数字其实是十分保守的。大多数收藏有珍贵瓷器作品的藏家，不愿意公布自己的藏品。所以对于这些收藏的数字是无法统计的。可以猜测，没有公布的藏品数量应该不少于已经公布的私人藏品数量。这样大致算来，目前本书已经公布的明代前期瓷器总数约为 **4000 余件**，加上台北"故宫博物院"未能公布的约 **2000 件**，和民间私人藏家未公开的约 **1000 件**。传承到今天的明代前期的瓷器作品，包括残次品在内，总共约有 **7000 余件**。其中，台北"故宫博物院"的清宫旧藏可能占到了不到一半的收藏数量。实在是难能可贵。考虑到民间收藏的情况复杂，又经历了诸多难以表述的劫难，加之每个藏家的想法各不一样，故而今天难以统计，估计实际存世数量要稍稍大于所能统计到的数量，肯定有不少民间的收藏不想披露，至今仍然深藏民间。由此看来，民间收藏的力量实在不可小觑。

研究瓷器的馆藏是了解作品的关键，首先，命名必须准确，方不致出现差错；其次，排列必须合理，便于找寻。最后分类要求简洁，方便查找。这些都是做目录的最基本要求。我做这个目录是为了便于使用者查找对比，特别是尺寸。这对于研究者来说是极为重要的资料。这里主要著录的是一些国内外博物馆，美术馆，文化馆等公私机构所藏的器物，私人藏家仅是就我所知道的著录，肯定挂一漏万。另外，国内外较大的拍卖行所拍卖的器物，我也收录其中，并且著明图录编号，便于查找。但是，这里所有的著录仅是作者所知存世藏品的一部分，不可能做到尽知尽录，肯定有大量的馆藏和私人藏家的名品没有著录进去，这将永远是一个很大的遗憾，我希望在有生之年能够做一次修订，用以弥补其不足。因此，这里所著录的馆藏只能仅仅是一个参考。其中个别私人藏家因不能披露姓名，故仅能著录"私人藏家"，请读者见谅。另外，有些不在公家馆藏内的器物的所有权，是在不断变化之中，能够追踪到的，我会将追踪的结果著录其中，并且以括号表示为同一件器物。追踪不到的地方，出现错误，在所难免，希望权威人士多予批评，以使将来能有所增益改进，方便藏家检索使用。

对于品类众多，名目繁多的瓷器，该如何分类，是我考虑很久的事情。此章所做的分类，只能是一个大致的设想，未必准确。该章的分类法为：**以时代为章节，**单独列出；**以器型种类为目，**独自标著；最后再于同类型器物之中，**以装饰的纹样来细分小目：**人物纹、龙凤纹、瑞禽瑞兽纹、缠枝折枝花卉纹、几何图案纹、吉语文字纹，其他等来排列前后顺序，便于查找。有些器物因为各种不同原因，已经致残，或者原本是遗址出土的复原拼合物，在著录时以括号标注为**残器**，便于识别。有些器物是有文字的，能够著录的，我尽可能将文字著录于后。另外有些器物有明显特征，为便于识别，也将其特征著录其后，并以括号表示。

目前，作者已知有确切馆藏的瓷器，大约近二千件。其分类方法是：首先按生产年代来区分，大致是洪武包括建文，永乐包括洪熙，宣德，正统，景泰，天顺，成化等；再是按器型分为：A：瓶、罐、壶、尊类；B：碗类；C：杯、盏类；D：盘、盏托类；E：其他器型类。在每一类别之中，以装饰绘画图案来区分前后顺序，其次序为：人物、龙凤、其他动物、花卉、几何图案、文字。最后是色釉和加彩类组，则是以颜色和色彩以别顺序。这一方法虽然不尽合理，著者个人认为算是一种尝试，可能较便于检寻。

同一类的作品有较多存世量的器物，我在分类中合并在一起，但是著录时尽量按收藏地的不同区分开来。有些走过拍卖流程的器物，可能会转手多次，只要能查找到依据的，我也按其时间顺序排列的一起，以免混淆。这里所谓同类器物，指的是器型，图案完全一致的器物。该类器物当年应该产量较多，故而存世量也较多，所以放在同类中比较，不再单独列出。这里必须申明的是，所有拍卖的器物并非皆为善品，珍品，有些拍卖行的拍品，著者本人根据自己的眼力能够识别的赝品，已经直接将其剔除，免得混淆。未能剔除净尽的还希望使用者自己再加以甄别。

有些器物的传承清晰，我在著录时尽可能著录其所流传的过程。已经有出版物的也尽量著录出版物名称，便于使用者查找。这是一个看似简单，实则十分麻烦的工作，笔者愚钝，只能坚持摸索着走下去了，究竟效果如何，还需要使用者给予鉴评。

一、洪武时期馆藏著录*

A. 瓶类

—

1. 青花云龙纹“春寿”梅瓶　高37厘米，口径6.2厘米，足径16.1厘米。藏上海博物馆。（该类带有吉语款的梅瓶已知有四件：日本和英国各有一件，另外一件藏于国内私人收藏家之手。）

2. 釉里红云龙纹环耳瓶　高45.5厘米，口径10.9厘米，足径14.3厘米。藏上海博物馆。

又一件见于美国旧金山亚洲艺术博物馆。高47厘米。

3. 釉里红龙纹天球瓶　高35厘米，见于中国艺海2015年春拍，图录编号3039。

4. 釉里红龙纹荷叶盖罐　高34.6厘米，见于台北艺流2015年秋拍，图录编号739。

5. 白釉印龙纹大盘　直径39厘米，见于北京九歌2012年春拍，图录编号2452。

6. 青花凤纹大梅瓶　高53厘米，见于北京保利2016年春拍，图录编号8496。（该瓶原为日本近卫家族旧藏。）

7. 白釉铁红彩“赏赐”款梅瓶　藏南京博物院。（1995年，南京明代故宫遗址中出土。）

8. 青花转枝牡丹纹玉壶春瓶　高32.2厘米，口径6.7厘米，足径11.9厘米。藏北京故宫博物院。

又一件为私人收藏，高32厘米。（见埃斯卡纳齐回忆录。）

又一件见于中国嘉德2009年秋拍，高33.3厘米，图录编号2084。

又一件见于香港佳士得2009年秋拍，高33厘米，图录编号1868。

又一件见于云南艺拍2002年秋拍，高32.8厘米，图录编号77。

9. 釉里红缠枝牡丹纹玉壶春瓶（口残）　高27厘米，口径4厘米，足径12厘米。

---

* 共204种，计389件，其中残器57件，公共机构藏268件，私人藏家收藏121件。

藏北京故宫博物院。

又一件见于北京故宫博物院，通高33厘米，口径8.4厘米，足径11.3厘米。（清宫旧藏。）

又一件见于北京故宫博物院，高32.5厘米，口径8.5厘米，足径11.7厘米。（清宫旧藏。）

又一件见于扬州博物馆，高32.5厘米。

又一件见于日本富士美术馆，高33.2厘米，口径8.5厘米。

又一件见于谦牧堂，伤，高31.5厘米，口径9.5厘米，足径10厘米，重862克。

又一件见于香港徐展堂收藏，高32.7厘米。

又一件见于香港苏富比1988年春拍，高52.4厘米，图录编号：12。

又一件见于北京瀚海2005年秋拍，高32.6厘米，口镶，图录编号2952。（该物品曾见于云南艺拍2002年秋拍，口镶，图录编号147。）

又一件见于香港佳士得春拍。

又一件见于北京诚轩2006年春拍，高33.2厘米，图录编号13。

又一件见于江苏爱涛2005年秋拍，高32.5厘米。（又见于香港佳士得2006年春拍，高32.5厘米，图录编号1248。又一件见于云南典藏2009年春拍，高32.5厘米，图录编号271。又一件见于北京盈时2016年春拍，高32.4厘米，图录编号2006。）

又一件见于上海嘉泰2007年秋拍，高33厘米，图录编号857。（该器物似应为上海嘉泰2006年春拍流拍物图录编号1568。）

又一件见于上海工美2007年春拍，高35厘米，图录编号51。

又一件见于北京保利2011年秋拍，图录编号4903。

又一件见于佳士得2014年春拍，高32厘米，图录编号2908。（又见于保利2019年秋拍，高32厘米，图录编号932。）

又一件见于北京匡时2016年春拍，口残，高33厘米，图录编号3107。（来源为法国吉美美术馆旧藏。）

10. 青花松竹梅纹玉壶春瓶 高34.5厘米。中国嘉德2000年秋季拍卖会，图录号1141。

11. 青花转枝莲纹玉壶春瓶 高32.2厘米，口径8.6厘米，足径12.2厘米。藏台北“故宫博物院”，故瓷16952。（洪武的绘画特点：颈部蕉叶纹，中茎留白，两侧不然青料，莲花主纹泽先绘边饰线，花瓣边缘及蕊芯留白，再染青料。此为洪武青花的典型手法。）

12. 青花四季花卉纹玉壶春瓶 藏台北“故宫博物院”，故瓷9579。

13. 釉里红松竹梅纹玉壶春瓶 高 33.5 厘米，口径 8.8 厘米，足径 11.3 厘米。藏北京故宫博物院（清宫旧藏）。

又一件见于台北“故宫博物院”，高 32.3 厘米，口径 8.5 厘米。

又一件见于英国大英博物馆，高 31.5 厘米。

又一件见于英国大英博物馆，口部磨损，高 31.5 厘米。收藏编号 OA1875.10-28.8。（为约翰·艾剔思爵士捐赠。）

又一件见于香港苏富比 2008 年秋拍，高 32 厘米，图录编号 2541。

又一件见于香港九龙 2013 年秋拍，高 34 厘米，图录编号 2。

14. 青花松竹梅纹玉壶春瓶 高 32 厘米，见于香港苏富比 2008 秋拍，图录编号 2541。

15. 釉里红缠枝菊花纹玉壶春瓶（口残） 高 27 厘米，口径 4 厘米，足径 12 厘米。藏北京故宫博物院。

又一件见于国家博物馆，高 32.1 厘米，口径 8.3 厘米，腹径 20.1 厘米，足径 11.9 厘米。

又一件藏国家博物馆，高 32.1 厘米，口径 8.3 厘米，足径 11.9 厘米。

又一件见于牛津大学阿什莫林博物馆，高 32 厘米。（残，口沿磨。）

又一件见于匡时国际 2007 年秋拍，高 35.2 厘米，图录编号 2068。

又一件见于崇真堂，高 34 厘米，足径 12 厘米。

16. 釉里红岁寒三友纹玉壶春瓶 藏台北“故宫博物院”，中瓷 1575。

17. 釉里红缠枝莲纹玉壶春瓶 高 30.5 厘米。私人收藏。（见埃斯卡纳齐回忆录。）

又一件见于无锡文物 2007 年春拍，高 32.5 厘米，口镶，图录编号 1680。

又一件见于瑞士玫茵堂，高 33.5 厘米。

又一件见于北京保利 2014 年春拍，高 32 厘米，图录编号 7994。（该瓶似应为北京保利 2012 春拍的流拍器物，图录编号 5955。）

18. 青花缠枝牡丹纹双鱼耳瓶 高 20.2 厘米，见于北京华臣 2016 年秋拍，图录编号 1082。

19. 釉里红缠枝牡丹纹梅瓶 高 31.4 厘米，藏日本掬粹巧艺馆。

20. 釉里红凤凰花草纹梅瓶 高 39 厘米。藏日本 MOA 美术馆。

21. 釉里红飞凤纹梅瓶 高 39.5 厘米。藏日本大和文华馆。

22. 釉里红花卉纹梅瓶 见于 2010 年香港苏富比秋拍。

23. 釉里红岁寒三友图梅瓶（带盖） 高 41.6 厘米。口径 6.4 厘米。藏南京博物院。

（1957 年江苏江宁宋琥墓出土，藏南京博物院。）

又一件，无盖，高 33.5 厘米，口径 8.8 厘米，足径 11.3 厘米。藏北京故宫博物院。

24. 釉里红云龙纹环耳瓶 高 45.5 厘米，口径 10.9 厘米，足径 14.3 厘米。藏上海博物馆。（该瓶的收藏馆定为洪武器物，也有认为是永乐的，似应为元代晚期器物。）

美国旧金山亚洲艺术博物馆也收藏一件，器型纹饰完全相同，唯一不同的是龙首的朝向相反，似可与上海博物馆的收藏成对。

25. 釉里红双耳瓶 高 17.3 厘米，见于华夏文物 2007 年春拍，图录编号 196。

26. 红绿彩花卉纹玉壶春瓶 高 24 厘米。藏日本山中商会。

27. 釉里红反花缠枝莲纹梅瓶 高 37.4 厘米，口径 6.5 厘米，足径 14.3 厘米，重 3430 克。

28. 釉里红四季花卉纹石榴尊 高 53 厘米，口径 26.5 厘米，足径 23.2 厘米。藏北京故宫博物院。

又一件见于英国大英博物馆，高 67.2 厘米。

又一件见于 2016 年北京东正秋拍。

B. 罐类

29. 釉里红松竹梅纹大罐 高 54 厘米厘米，口径 27 厘米，腹径 45 厘米，底径 24 厘米。藏天津博物馆。

30. 釉里红四面开光花鸟纹罐 高 24.8 厘米，口径 13.3 厘米，足径 15.4 厘米。藏江西高安县博物馆。（该罐原馆藏定为元代，经汪庆正先生鉴定，认为是洪武之物。）

又一件见于谦牧堂，高 22.6 厘米，口径 13.3 厘米，足径 14.5 厘米，重 2363 克。

31. 釉里红开光花鸟纹盖罐（残） 高 30.5 厘米，口径 13.5 厘米，足径 15 厘米。藏安徽省博物馆。（该罐院馆藏定为明初，但该罐无论器型还是发色都应看件是元代器物。）

32. 釉里红四季花卉纹盖罐 高 53 厘米，口径 26.5 厘米。藏首都博物馆。

又一件见于北京故宫博物院，残。高 53 厘米，口径 26.5 厘米，足径 23.5 厘米。

又一件见于日本大阪东洋陶瓷馆，高 53.5 厘米。

33. 釉里红四季花卉纹瓜棱石榴尊 高 51 厘米，见于北京东正 2016 年秋拍，图录编号 156。

34. 釉里红串枝花卉纹瓜棱形罐（缺盖） 高 48.8 厘米，口径 25.6 厘米，腹径 41.8

厘米，足径 22.1 厘米。藏上海博物馆。（该罐应配釉荷叶形盖子。皆缺。）

又一件见于日本梅泽纪念馆，高 50.9 厘米。该馆所藏与上海博物馆藏罐造型、纹饰、色泽完全一致。

又一件见于日本东京松冈美术馆。高 44 厘米。

又一件见于台湾鸿禧美术馆。

又一件见于瑞士保尔艺术馆，高 54.5 厘米。

又一件见于大英博物馆，口部磨去约二厘米，高 67.2 厘米。（购自乔治・尤摩佛帕勒斯的藏品。编号 OA1936.10-12.107。）

35. 青花串枝花卉纹瓜棱盖罐　通高 65.5 厘米，口径 25.3 厘米，底径 24.3 厘米。藏首都博物馆。（1961 年北京海淀区邮电学院出土。釉里红发色不好，几乎为青花掩盖。）

36. 釉里红转枝牡丹纹罐　高 23 厘米，见于中鸿信 2010 年春拍，图录编号 38。

37. 青花四季花卉纹盖罐（残）　通高 66 厘米，口径 26 厘米，腹径 44.5 厘米，足径 25 厘米。藏景德镇陶瓷考古研究所。

38. 青花缠枝莲纹大罐　高 48 厘米，见于北京保利 2015 年秋拍，图录编号 8614。

又一件见于北京瀚海 2002 年秋拍，高 48.3 厘米，图录编号 1581。

又一件见于北京瀚海 2012 年秋拍拍品，编号 1581。（为亚洲重要私人收藏。）

39. 釉里红折枝花卉纹罐盖（缺罐）　高 11.5 厘米。藏北京故宫博物院。

C. 壶类

40. 釉里红缠枝牡丹纹执壶（缺盖）　高 32 厘米，口径 7.3 厘米，足径 11 厘米。藏北京故宫博物院。

又一件见于西藏博物馆，高 37 厘米，口径 7 厘米，足径 11 厘米。

又一件见于英国大英博物馆，高 32.5 厘米。

又一件见于美国布鲁克林博物馆，高 33 厘米。

41. 釉里红缠枝牡丹纹军持　高 14 厘米，口径 2.3 厘米，足径 7.1 厘米。藏北京故宫博物院。

又一件见于北京故宫博物院，高 15 厘米，口径 2.5 厘米，足径 7.5 厘米。（为清宫旧藏。）

又一件，高 15.2 厘米。私人收藏。（见埃斯卡纳齐回忆录。）

又一件见于英国维多利亚和阿尔伯特博物馆，高 13.3 厘米，腹径 16 厘米，入藏号：C.132-1928。

又一件见于谦牧堂，高 17.1 厘米，口径 3.7 厘米，足径 9.7 厘米，重 1013 克。

42. 釉里红折枝牡丹纹军持 高 13.5 厘米，口径 2.4 厘米，足径 7.5 厘米。藏北京故宫博物院。（为清宫旧藏。）

43. 青花折枝菊花纹执壶（带盖） 高 37.8 厘米，足径 11.7 厘米，口径 7.7 厘米。藏北京故宫博物院。

44. 青花缠枝菊花纹执壶（缺盖） 高 32.5 厘米，见于香港苏富比 2013 年秋拍，图录编号 218。

又一件见于香港苏富比 1991 年春拍，缺盖，高 52 厘米，图录编号：10。

又一件见于香港佳士得 2003 年秋拍，缺盖，高 32.5 厘米，图录编号：627。

45. 釉里红缠枝菊花纹军持（缺盖） 高 15 厘米。藏法国吉美美术馆。

46. 釉里红梅竹茶花纹军持（口修） 高 15.2 厘米，见于香港佳士得 2008 年春拍，图录编号 1566。（为赛克勒旧藏。）

47. 釉里红转枝花卉纹执壶（缺盖） 高 32.5 厘米，腹宽 25.2 厘米。藏英国大英博物馆大维德爵士藏中国陶瓷。PDF.A696。

又一对见于北京瀚海 2013 年秋拍，高 33.7 厘米，图录编号 3954。

又一件见于北京瀚海，高 32.8 厘米，图录编号 3182。（缺盖。）

48. 釉里红转枝莲纹执壶 高 33.7 厘米，缺盖，图录编号 2407。见于北京瀚海 2010 年春拍 .

49. 釉里红花卉纹执壶 高 36.9 厘米。藏英国维多利亚与阿尔伯特博物馆。

50. 釉里红庭院芭蕉纹执壶 高 32.5 厘米。藏日本松冈美术馆。

51. 釉里红竹石芭蕉纹执壶 高 34 厘米。藏日本出光美术馆。

52. 釉里红开光式山茶花纹执壶 高 55 厘米，见于香港苏富比 1989 年春拍，图录编号：9。（口和流有伤。）

53. 青花蕉叶竹湖石纹带盖执壶（残） 通高 38 厘米，口径 7.4 厘米，足径 11.2 厘米。藏景德镇市陶瓷考古研究所。（该壶有盖。景德镇御窑厂遗址出土的残器中，这类执壶应该还有几件。尺寸不详。）

54. 青花岁寒三友纹执壶（残） 通高 38 厘米，口径 7.5 厘米，腹径 19.5 厘米，足径 11.7 厘米。藏景德镇陶瓷考古研究所。（有盖。）

55. 白釉暗花执壶（带盖）　通高13.2厘米，口径3.3厘米，底径5.5厘米。藏南京市博物馆。（1960年江苏南京明西宁侯宋晟夫人叶氏墓出土。）

D. 碗类

56. 蓝釉模印云龙纹碗　直径20.5厘米，见于北京保利2018年秋拍，图录编号5621。（青花发色较淡。）

57. 白釉印云龙纹碗　口径20.2厘米，藏日本山中商会。

58. 青花模印双凤祥云纹大碗　直径19厘米。见于2019年保利秋拍。（日本藏家旧藏。）

又一件见于北京光华路五号博物馆，高9.8厘米，直径19.3厘米。（底有墨书“二”字。）

59. 青花穿应龙纹高足碗　高12.6厘米，口径11.5厘米，足径5.2厘米，藏台北“故宫博物院”，故瓷13200。（该碗目前无论传世还是景德镇窑址出土，均没有发现，十分珍贵。）

60. 釉里红缠枝菊花纹大碗　高16.2厘米，口径40.4厘米，足径23厘米。藏上海博物馆。

又一件藏国家博物馆，高16.2厘米，口径40.5厘米，足径23厘米。

又一件见于苏州博物馆，高16.5厘米，口径42厘米，足径23.8厘米。

又一件见于日本山中商会，口径20.6厘米。

又一件见于上海信仁2004年春拍，高9.8厘米。

又一件见于中国嘉德2015年秋拍，直径41厘米，图录编号2566。（来源为Eskenazi收藏。）

又一件见于保利香港2016年春拍，图录编号3047。

61. 釉里红缠枝菊花纹小碗　直径9.8厘米，见于上海信仁2004年春拍，图录编号14。

62. 釉里红缠枝花卉纹墩碗　见于2016年香港苏富比拍卖。

63. 釉里红缠枝牡丹纹撇口碗　高10厘米，口径20.5厘米，足径8.9厘米。藏上海博物馆。

又一件见于国家博物馆，高 16.2 厘米，直径 41.8 厘米，足径 22.8 厘米。

又一件见于国家博物馆，高 16.2 厘米，口径 40.8 厘米，足径 22.8 厘米。

又一件见于山东省博物馆，高 10.1 厘米，口径 20.2 厘米，足径 8.8 厘米。

又一件见于日本松冈美术馆，高 10.2 厘米，口径 20.8 厘米。

又一件见于瑞士玫茵堂，高 8 厘米，口径 21 厘米。

又一件见于美国旧金山亚洲艺术博物馆，高 10.8 厘米，口径 20.4 厘米。

又一件见于美国波士顿美术馆，高 10.5 厘米，口径 20.7 厘米。

又一件见于上海崇源2002年秋拍，高9.8厘米，图录编号1296。（内外饰以缠枝花卉。）

又一件见于北京诚轩 2008 年春拍，直径 20.6 厘米，图录编号 568。（又见于北京中汉 2010 年春拍，直径 20.5 厘米，图录编号 64。）

又一件见于辽宁中正 2008 年春拍，直径 20 厘米，图录编号 132。

又一件见于香港苏富比 2014 年 11 派，直径 20.4 厘米，图录编号 3505。

64. 釉里红缠枝牡丹纹直口碗　直径 21 厘米，香港瀚邦斯 2012 年春拍，图录编号 7。

又一件见于纽约苏富比 1991 年春拍，图录编号 218。

又一件见于北京故宫博物院，高 10 厘米，口径 20.6 厘米，足径 9.1 厘米。

又一件见于云南艺拍 2003 年秋拍，直径 21 厘米，高 10.5 厘米。图录编号 350。（再见于辽宁国拍 2006 年秋拍，直径 21 厘米，高 10.5 厘米，图录编号 27。）

又一件见于香港邦瀚斯春拍，为英国希腊裔收藏家尤氏所藏。

又一件见于保利 2019 年秋拍，口径 21 厘米，图录编号 931。（为玫茵堂收藏。）

65. 釉里红如意云形内转枝牡丹外缠枝菊花纹大碗　口径 41.2 厘米，底径 23 厘米，见于江苏爱涛 2005 年秋拍。

66. 釉里红如意云形缠枝牡丹菊纹大碗　口径 41 厘米。见于 2015 年嘉德秋拍。

67. 釉里红花卉纹大碗　高 16.4 厘米，口径 40.4 厘米，足径 23 厘米。藏上海博物馆。

又一件见于台北“故宫博物院”，高 16.2 厘米，口径 41 厘米。

又一件见于台湾鸿禧美术馆，高 16.1 厘米，口径 43 厘米。

又一件见于美国大都会博物馆，口径 40 厘米。

又一件见于荷兰海牙市立博物馆，口径 40.5 厘米。

68. 釉里红缠枝花卉纹大碗（内心绘扁菊纹，外壁绘牡丹纹）　口径 41.8 厘米。藏国家博物馆。

又一件见于国家博物馆，高 16.2 厘米，口径 40.5 厘米，足径 23 厘米。

又一件见于上海博物馆，高 16.2 厘米，口径 40.4 厘米，足径 23 厘米。

又一件见于日本东京出光美术馆，直径 20.8 厘米。

又一件见于香港苏富比 1989 年春拍，口径 42 厘米，图录编号：8。

69. 釉里红缠枝花卉纹碗（全开片） 高 10.1 厘米，口径 20.6 厘米，足径 8.7 厘米。藏国家博物馆。

又一件见于台北“故宫博物院”，高 10.1 厘米，口径 20.4 厘米。

70. 釉里红缠枝莲纹卧足碗 直径 9 厘米，见于保利厦门 2015 年春拍，图录编号 665。（为仇焱之旧藏。）

71. 釉里红扁菊纹碗 高 9.6 厘米，口径 21.6 厘米，足径 9.2 厘米，重 827 克。藏谦牧堂。

又一件见于上海博物馆，高 9.2 厘米，口径 20.3 厘米，足径 10.2 厘米。

72. 青花缠枝扁菊纹碗 高 10.8 厘米，口径 20.3 厘米，足径 10.7 厘米。藏上海博物馆。

又一件见于大英博物馆，高 11.5 厘米，直径 20.5 厘米，编号 OA1965.4-13.1。

另外，景德镇珠山遗址出土了多件相同的残破器物。

73. 青花缠枝牡丹纹碗 高 10.4 厘米，口径 21 厘米，足径 10 厘米。藏上海博物馆。

74. 青花转枝莲花纹敦式碗 直径 20 厘米，见于香港苏富比 2016 年春拍，图录编号 3647。

75. 青花外转枝菊纹内转枝莲纹大碗（残） 高 16 厘米，口径 41 厘米，足径 22.7 厘米。藏景德镇市陶瓷考古研究所。

大英博物馆也收藏一件，高 16 厘米，直径 41.2 厘米，编号 OA1975.10-28.7。（为约翰·艾剔斯爵士捐赠。）

又一件见于托普卡比皇宫博物馆。

又一件见于苏州博物馆。

又一件见于北京故宫博物院。

又一件见于台北“故宫博物院”。

又一件见于美国华盛顿弗利尔博物馆。

76. 青花缠枝四季花卉纹浅碗（残） 高 11 厘米，口径 28 厘米，足径 8.8 厘米。藏景德镇市陶瓷考古研究所。（该碗所绘花卉为：牡丹、石榴、山茶、菊花。1994 年出土于景德镇珠山东门头。）

又一件见于北京保利 2009 年秋拍，直径 20 厘米，图录编号 3022。

77. 青花转枝菊花纹碗 高 10 厘米，口径 20.5 厘米。藏北京故宫博物院。

78. 青花缠枝莲托八宝纹大碗 口径 41.4 厘米。藏英国大英博物馆。

79. 青花缠枝牡丹纹侈口碗（残） 高 9.8 厘米，口径 20.5 厘米，足径 8.8 厘米。藏景德镇陶瓷考古研究所。

又一件见于景德镇陶瓷考古研究所。**残器，**高 9.5 厘米，口径 20.2 厘米，足径 8.5 厘米。

80. 青花缠枝牡丹纹墩子碗（残） 高 10.3 厘米，口径 21 厘米，足径 10.3 厘米。藏景德镇陶瓷考古研究所。（1994 年珠山东门头出土。）

又一件见于藏景德镇陶瓷考古研究所。**残器，**高 10.5 厘米，口径 21 厘米，足径 10 厘米。

81. 青花缠枝菊纹墩子碗（残） 高 10.6 厘米，口径 21 厘米，足径 10 厘米。藏景德镇陶瓷考古研究所

82. 青花缠枝菊纹直口碗（残） 高 10.5 厘米，口径 21 厘米，足径 10 厘米。藏景德镇陶瓷考古研究所。（1994 年珠山东门头出土。）

又一件见于景德镇陶瓷考古研究所，**残破。**高 10.5 厘米，口径 21 厘米，足径 10 厘米。

83. 青花缠枝四季花卉纹莲子浅碗（残） 高 11 厘米，口径 28 厘米，足径 8.8 厘米。藏景德镇陶瓷考古研究所

84. 青花缠枝莲纹莲子浅碗（残） 高 10 厘米，口径 22.3 厘米，足径 7.2 厘米。藏景德镇陶瓷考古研究所。（1994 年出土于景德镇珠山东门头。）

85. 青花缠枝莲纹直口大碗（残） 高 16 厘米，口径 41 厘米，足径 22.7 厘米。藏景德镇陶瓷考古研究所。（1994 年出土于景德镇珠山东门头。）

86. 青花缠枝牡丹纹直口大碗（残） 高 16.5 厘米，口径 42 厘米，足径 23 厘米。藏景德镇陶瓷考古研究所。（1994 年出土于景德镇珠山东门头。）

87. 青花缠枝牡丹纹直口大碗（残） 高 16 厘米，口径 42 厘米，足径 22.9 厘米。藏景德镇陶瓷考古研究所。（1994 年出土于景德镇珠山东门头。）

88. 青花缠枝四季花卉纹直口大碗（残） 高 16.5 厘米，口径 41 厘米，足径 23 厘米。藏景德镇陶瓷考古研究所。（1994 年出土于景德镇珠山东门头。）

89. 青花松竹梅纹直口大碗（残） 高 15.2 厘米，口径 42.7 厘米，足径 22.9 厘米。藏景德镇陶瓷考古研究所。（1979 年出土于景德镇东司岭。）

90. 釉里红地拔白缠枝莲纹大碗（残） 高 18 厘米，口径 38 厘米，足径 15.8 厘米。藏景德镇陶瓷考古研究所。（1994 年出土于景德镇珠山东门头。）

又一件见于北京故宫博物院，高 16.7 厘米，口径 42 厘米，足径 22.7 厘米。

91. 釉里红缠枝莲纹大碗（残） 高 18 厘米，口径 38 厘米，足径 15.8 厘米。藏景

德镇陶瓷考古研究所。（1994 年出土于景德镇珠山东门头。）

92. 釉里红缠枝牡丹纹大碗（残） 高 17.8 厘米，口径 38.2 厘米，足径 15.5 厘米。藏景德镇陶瓷考古研究所。（1994 年出土于景德镇珠山东门头。）

又一件见于景德镇陶瓷考古研究所。**残器，**高 15.5 厘米，口径 31.5 厘米，足径 11.8 厘米。（1994 年出土于东门头。）

93. 釉里红缠枝花卉纹大碗（内心绘牡丹纹） 高 41.8 厘米。藏美国大都会博物馆。

又一件见于南京博物院。

94. 青花云龙纹高足碗 高 14 厘米，口径 13 厘米，足径 4 厘米。藏南京市博物馆。（该碗 1970 年出土于南京中央门外明洪武四年汪兴祖墓。）

95. 蓝釉模印云龙纹碗 直径 20.5 厘米，见于大羿拍卖 2017 年秋拍，图录编号 309。

96. 釉里红缠枝牡丹纹碗 高 10.1 厘米，直径 20.2 厘米，足径 8.8 厘米。藏山东省博物馆。

又一件见于上海博物馆，该碗镶以金口，高 11.1 厘米，口径 21.4 厘米，足径 10 厘米。（该碗遍身开片。）

97. 枢府釉凸印花碗 高 6.4 厘米，口径 15 厘米，足径 5.4 厘米。藏北京故宫博物院。

98. 白釉印刻凤凰穿云纹碗 高 10 厘米，口径 21 厘米，藏大英博物馆，OC1930.4-21.11。

又一件见于香港佳士得 2013 年秋拍，直径 21.2 厘米，图录编号 3295。

99. 白釉暗刻云龙纹碗 直径 19.5 厘米，见于北京瀚海 2004 年春拍，图录编号 2361。

又一件见于景德镇陶瓷考古研究所。残器，高 7.2 厘米，足径 5.5 厘米。

100. 釉里红转枝牡丹纹直口碗 直径 21 厘米，北京保利 2013 年春拍，图录编号 8274。

又一件见于香港苏富比 2013 年秋拍。

101. 釉里红转枝牡丹纹直口大碗 直径 41 厘米，中国嘉德 2012 年秋拍，图录编号 3652。

102. 铜红釉龙纹印划花碗 高 7 厘米，口径 16.5 厘米。藏大英博物馆，OA1936.10-12.107。

103. 红釉印云龙纹侈口碗（缺） 高 9 厘米，口径 20 厘米，足径 9 厘米。藏景德

镇陶瓷考古研究所

104. 甜白釉菊瓣竹节靶杯（残） 高 6.1 厘米，口径 6.1 厘米，足径 2.9 厘米。藏景德镇陶瓷考古研究所。

105. 内红釉外蓝釉碗 藏英国伦敦大学大维德基金会。

106. 里黑釉外白釉印花五爪云龙纹碗 藏日本奈良大和文华馆。

107. 里红釉外蓝釉印花五爪云龙纹碗 藏日本东京出光美术馆。

108. 外蓝釉内红釉印花云龙纹高足碗（伤） 高 12.7 厘米，口径 15.5 厘米，足径 4.6 厘米，重 332 克。藏谦牧堂。

109. 里蓝釉外白釉印花云龙纹碗 藏英国 W.Sedgwick 夫人。

110. 外红釉内蓝釉印花云龙纹高足碗 高 10 厘米，口径 13.6 厘米，藏英国大英博物馆，入藏号：1968.0423.1。（二色釉是在瓷器上模印出花的两面装饰手法，为洪武窑对元代枢府窑模印技术的承袭，为洪武朝所独有。该碗碗心饰有三朵“风带如意云”，上下如意云头，中以 S 形云带勾连，云带外弧个作半如意云头，恰似“风吹云走”而得名。）

111. 里蓝釉外褐色釉印花五爪云龙纹高足杯 藏美国纳尔逊博物馆。

112. 青花龙纹高足杯 高 10.5 厘米，见于大唐国际 2007 年秋拍，图录编号 723。

113. 红釉印花五爪云龙纹高足杯 藏北京故宫博物院。

114. 釉里红花卉纹菱花式杯 见于香港苏富比 2014 年春拍，图录编号 720。（该杯有盏托。另见）

115. 红釉印花云龙纹小碗 藏台北“故宫博物院”。

116. 红釉印花五爪云龙纹碗 藏日本大阪市立东洋陶瓷美术馆。

又一件见于台北“故宫博物院”。

又一件见于日本安宅。

又一件见于美国克利夫兰博物馆。

又一件见于英国维多利亚和阿尔伯特博物馆。

又一件见于美国 S.A.Miuikin 夫妇。

又一件见于美国克利夫兰美术馆。

117. 青花缠枝莲纹福字碗 高 6.5 厘米，直径 14.5 厘米，藏大英博物馆，OA1940.12-14.262。（该碗为 B.Z. 赛里格曼夫人捐赠。）

118. 青花旋纹福字碗 高 7 厘米，直径 15 厘米，藏大英博物馆，OA1949.11-16.6。（该碗有学者认为是洪武时期的产品。）

119. 青花缠枝莲纹直口劝杯（残）　高 4.3 厘米，口径 9.2 厘米。藏景德镇陶瓷考古研究所

E. 盘

120. 甜白釉暗刻龙纹盘　直径 15 厘米，见于北京瀚海 2004 年秋拍，图录编号 2713。（该盘为一对，另一只有冲。）

121. 红釉印花五爪云龙纹盘　藏北京故宫博物院。

又一件收藏于日本出光美术馆。

又一件见于英国大英博物馆。

122. 蓝釉印花五爪云龙纹盘　藏英国大英博物馆，

123. 里蓝釉外红釉印花云龙纹盘　藏英国大英博物馆。

124. 内红釉外蓝釉印花云龙纹盘　藏英国大英博物馆。

125. 内蓝釉外白釉印花云龙纹盘　藏美国布里斯托尔美术馆。

126. 釉里红折枝牡丹纹葵花口大盘（残）　高 8.6 厘米，直径 45 厘米，底径 21.1 厘米。藏景德镇陶瓷历史博物馆。

又一件见于英国大英博物馆，高 9.4 厘米，口径 46 厘米。

127. 釉里红海水鱼藻纹菱口大盘　高 6.5 厘米，直径 54.5 厘米，见于轲尔多 2006 年春拍，图录编号 78。

128. 釉里红山石牡丹纹大盘　高 10.2 厘米，口 57.1 厘米。藏南京博物院。

129. 釉里红牡丹纹折沿大盘　高 8.5 厘米，口径 46.5 厘米，足径 26.5 厘米。藏国家博物馆。

又一件见于北京故宫博物院，高 9.9 厘米，口径 59 厘米，足径 34.8 厘米。

又一件见于英国大英博物馆，高 9.7 厘米，口径 46.8 厘米。

又一件见于日本大阪东洋陶瓷馆，口径 46 厘米。

又一件见于日本松冈美术馆，口径 45.5 厘米。

又一件见于日本出光美术馆，口径 46.5 厘米。

130. 釉里红缠枝牡丹纹棱口大盘　高 9.5 厘米，口径 45.5 厘米，足径 28.2 厘米。藏上海博物馆。（该盘为模印出筋，将盘壁分为 16 格。）

又一件见于北京故宫博物院，高 12.9 厘米，口径 54.8 厘米，足径 34.8 厘米。（为

清宫旧藏。）

又一件见于北京故宫博物院，高 9.8 厘米，口径 56.3 厘米，足径 34.5 厘米。（为清宫旧藏。）

又一件见于北京故宫博物院，高 10.3 厘米，口径 55 厘米，足径 38.7 厘米。（为清宫旧藏。）

又一件见于天津博物馆，高 11.7 厘米，口径 55.5 厘米。

又一件见于香港苏富比 1986 年秋拍，口径 45.7 厘米，图录编号：31。

131. 釉里红折枝牡丹纹棱口大盘 高 8.8 厘米，口径 45 厘米，足径 25.7 厘米。藏北京故宫博物院。（为清宫旧藏。）

又一件见于北京故宫博物院，高 9 厘米，口径 45 厘米，足径 26.3 厘米。（为清宫旧藏。）

又一件见于北京故宫博物院，高 8.2 厘米，口径 47.5 厘米，足径 27.5 厘米。（为清宫旧藏。）

又一件见于江西景德镇陶瓷博物馆，高 8.6 厘米，口径 46 厘米。

132. 釉里红缠枝牡丹菊花纹折沿盘 高 9.7 厘米，口径 46 厘米，足径 26.6 厘米。藏北京故宫博物院。（清宫旧藏。）

又一件见于北京故宫博物院，高 9.6 厘米，口径 46.3 厘米，足径 26.7 厘米。（为清宫旧藏。）

又一件见于北京故宫博物院，高 10.2 厘米，口径 59 厘米，足径 35.8 厘米。（为清宫旧藏。）

133. 釉里红荷花牡丹纹折沿盘 高 12.3 厘米，口径 58.5 厘米，足径 37 厘米。藏北京故宫博物院。（为清宫旧藏。）

又一件见于台北“故宫博物院”，高 10.9 厘米，口径 55.1 厘米。

134. 釉里红荷花纹折沿盘 高 9 厘米，口径 47.1 厘米，足径 28.8 厘米。藏北京故宫博物院。

135. 釉里红四季花卉纹折沿盘 高 10.9 厘米，口径 57.7 厘米，足径 35.2 厘米。藏北京故宫博物院。（为清宫旧藏。）

又一件见于北京故宫博物院，高 10.5 厘米，口径 58 厘米，足径 35.3 厘米。（为清宫旧藏。）

136. 釉里红缠枝菊花纹大盘 高 9 厘米，口径 47.1 厘米。藏北京故宫博物院。

又一件见于北京故宫博物院，高 8.6 厘米，口径 46.8 厘米，足径 27.8 厘米。（为清宫旧藏。）

又一件见于2004年11月17日美国旧金山伯得富拍卖会。高45.8厘米。

137. 釉里红折枝菊花纹大盘 直径46厘米。私人收藏。（见埃斯卡纳齐回忆录。）

又一件见于香港佳士得2002年秋拍，直径45.2厘米，图录编号525。

138. 釉里红菊花纹棱口大盘 高8.5厘米，口径46厘米，足径26.8厘米。藏广东省博物馆。

又一件见于2011年香港苏富比春拍。

又一件见于崇真堂，口径43.5厘米，足径27.5厘米。

139. 釉里红灵芝纹折沿盘 高1.8厘米，直径19.7厘米，藏大英博物馆，OA1959.7-15.1。

140. 釉里红缠枝牡丹纹折沿盘 直径19.6厘米，见于香港苏富比2016年春拍，图录编号14。

141. 釉里红园景芭蕉纹折沿盘 高8.9厘米，口径45.6厘米，足径26.8厘米。藏北京故宫博物院。（清宫旧藏。）

142. 釉里红山石牡丹纹折沿盘 高8.9厘米，口径45.5厘米，足径26.7厘米。藏北京故宫博物院。（清宫旧藏。）

143. 青花云龙纹暗龙纹盘 高3.2厘米，口径14.4厘米。藏北京故宫博物院。

144. 浅蓝釉暗刻云龙纹盘 直径19.5厘米，见于云南典藏2009年春拍，图录编号275。

145. 青花牡丹四季花卉纹大盘 高8.4厘米，口径45.6厘米，足径22.1厘米。藏北京故宫博物院。

146. 青花外菊花内四季花卉纹大盘 高9.5厘米，口径46.4厘米，足径27.3厘米，藏台北“故宫博物院”，故瓷8960。

147. 青花八出开光牡丹纹葵口大盘 高8.6厘米，口径46.5厘米。藏景德镇陶瓷考古研究所。

148. 青花竹石灵芝纹大盘 高8.1厘米，口径46厘米。藏北京故宫博物院。

149. 青花转枝莲纹盘 高1.8厘米，直径19.7厘米，藏大英博物馆，OA1975.10-28.6。（为约翰·艾剔斯爵士捐赠。器物口沿有伤。）

又一件见于北京故宫博物院。

150. 青花莲池水禽纹大盘 直径37厘米，见于西泠拍卖2016年春拍，图录编号1660。

151. 青花湖石石榴纹花口折沿盘（残） 高9.5厘米，口径45.8厘米，足径28.5厘米。藏景德镇陶瓷考古研究所。（1994年出土于东门头。）

152. 青花湖石折枝菊纹折沿盘（残） 高 9 厘米，口径 45 厘米，足径 26.5 厘米。藏景德镇陶瓷考古研究所。（1994 年出土于珠山东门头。）

153. 青花湖石折枝石榴花纹折沿盘（残） 高 6.5 厘米，口径 38.5 厘米，足径 24 厘米。藏景德镇陶瓷考古研究所。（1994 年出土于珠山东门头。）

154. 青花湖石牡丹纹花口折沿盘（残） 高 10.5 厘米，口径 55 厘米，足径 35 厘米。藏景德镇陶瓷考古研究所。（1994 年出土于珠山东门头。）

又一件见于藏景德镇陶瓷考古研究所。**残器，**高 10.8 厘米，口径 56 厘米，足径 34 厘米。（1994 年出土于珠山东门头。）

155. 青花湖石四季花卉纹折沿盘（残） 高 10.3 厘米，口径 59 厘米，足径 35.6 厘米。藏景德镇陶瓷考古研究所。（1994 年出土于珠山东门头。）

又一件见于藏景德镇陶瓷考古研究所。残器，高 10.4 厘米，口径 58.2 厘米，足径 35.4 厘米。（1994 年出土于珠山东门头。）

156. 青花锦地垂云莲纹折沿盘（残） 高 9.3 厘米，口径 47.5 厘米，足径 28.5 厘米。藏景德镇陶瓷考古研究所。（1994 年出土于东门头。）

157. 青花折枝芙蓉花纹折沿盘（残） 高 9.3 厘米，口径 47.4 厘米，足径 28.9 厘米。藏景德镇陶瓷考古研究所。（1994 年出土于东门头。）

158. 青花八出开光牡丹纹花口折沿盘（残） 高 8.6 厘米，口径 46.5 厘米，足径 28.3 厘米。藏景德镇陶瓷考古研究所。（1994 年出土于珠山东门头。）

159. 青花六出开光湖石芝竹纹折沿盘（残） 高 9 厘米，口径 47.4 厘米，足径 28.5 厘米。藏景德镇陶瓷考古研究所。（1994 年出土于珠山东门头。）

160. 青花折枝四季花卉纹花口折沿盘（残） 高 9 厘米，口径 45.6 厘米，足径 26.6 厘米。藏景德镇陶瓷考古研究所。（1994 年出土于珠山东门头。）

161. 青花折枝牡丹纹花口折沿盘（残） 高 9 厘米，口径 45 厘米，足径 26 厘米。藏景德镇陶瓷考古研究所。（1994 年出土于珠山东门头。）

162. 青花折枝菊纹折沿盘（残） 高 9 厘米，口径 47.5 厘米，足径 26.6 厘米。藏景德镇陶瓷考古研究所。（1994 年出土于珠山东门头。）

163. 青花折枝四季花卉纹折沿盘（残） 高 9.3 厘米，口径 47 厘米，足径 28.3 厘米。藏景德镇陶瓷考古研究所。（1994 年出土于珠山东门头。）

164. 青花折枝石榴花纹花口折沿盘（残） 高 6 厘米，口径 26.5 厘米，足径 22.5 厘米。藏景德镇陶瓷考古研究所。（1994 年出土于珠山东门头。）

165. 青花缠枝莲纹折沿盘（残） 高 6 厘米，口径 36.5 厘米，足径 22 厘米。藏景德镇陶瓷考古研究所。（1994 年出土于珠山东门头。）

166. 青花缠枝莲纹花口折沿盘（残） 高 5.7 厘米，口径 31 厘米，足径 19 厘米。藏景德镇陶瓷考古研究所。（1994 年出土于珠山东门头。）

167. 青花缠枝莲纹花口折沿盘（残） 高 6 厘米，口径 36.6 厘米，足径 22.7 厘米。藏景德镇陶瓷考古研究所。（1994 年出土于珠山东门头。）

又一件见于景德镇陶瓷考古研究所，**残器**。高 6 厘米，口径 36.5 厘米，足径 22.5 厘米。（1994 年出土于珠山东门头。）

168. 青花折枝牡丹纹花口折沿盘（残） 高 6 厘米，口径 38 厘米，足径 25.5 厘米。藏景德镇陶瓷考古研究所。（1994 年出土于珠山东门头。）

169. 青花折枝四季花卉纹折沿盘（残） 高 9.2 厘米，口径 46.5 厘米，足径 27.3 厘米。藏景德镇陶瓷考古研究所。（1994 年出土于珠山东门头。）

170. 青花折枝石榴花纹花口折沿盘（残） 高 5.5 厘米，口径 36.6 厘米，足径 21.8 厘米。藏景德镇陶瓷考古研究所。（1994 年出土于珠山东门头。）

又一件见于景德镇陶瓷考古研究所，**残器**，高 6 厘米，口径 31 厘米，足径 20.5 厘米。（1994 年出土于珠山东门头。）

171. 青花折枝芙蓉纹大盘（残） 高 9.3 厘米，口径 47.4 厘米，足径 28.9 厘米。藏景德镇市陶瓷考古研究所。

172. 青花岁寒三友纹花口折沿盘（残） 高 9.5 厘米，口径 45 厘米，足径 27 厘米。藏景德镇陶瓷考古研究所。（1994 年出土于珠山东门头。）

173. 外褐色内蓝釉云龙纹盘 高 4 厘米，直径 19 厘米。藏北京光华路五号艺术馆。（应为祭祀之用。）

又一件见于美国堪萨斯阿托肯斯博物馆也收藏一件。

又一件见于英国大英博物馆收藏一件。

174. 青花折枝花卉纹折沿盘 直径 19.7 厘米，见于北京保利 2017 年秋拍，编号 6052。

又一件见于玫茵堂。

175. 青花锦地垂云莲纹大盘（残） 高 9.3 厘米，口径 47.5 厘米。藏景德镇市陶瓷考古研究所。

176. 铜红釉云龙纹印划花盘 高 3.5 厘米，直径 19.3 厘米，藏大英博物馆，

OA1968.4-22.37。(为沃尔特·赛奇威克夫人捐赠。该盘盘底无釉,仅覆盖着一层褐色物质。)

177. 红釉暗花云龙纹盘 高 3.9 厘米，口径 19.5 厘米，足径 12.9 厘米。藏上海博物馆。(原系徐展堂旧藏。)

又一件见于北京故宫博物院，高 3.2 厘米口径 19.4 厘米。

又一件见于首都博物馆，尺寸略小。

又一件见于大英博物馆，口径为 19.5 厘米，所印龙纹清晰。

又一件见于日本出光美术馆，口径 19.8 厘米。

178. 釉里红转枝牡丹纹盘 直径 19.8 厘米。私人收藏。(见埃斯卡纳齐回忆录。)

179. 暖白釉暗刻云龙纹盘 高 4.1 厘米，口径 19.5 厘米，足径 10.8 厘米。藏上海博物馆。(该盘原为胡惠春所藏。)

又一件见于西泠拍卖 2016 年春拍，直径 15.3 厘米，图录编号 1656。

180. 白釉凤纹印划花盘 高 4.1 厘米，口径 19 厘米。藏大英博物馆，OA1930.2-15.1。(为吴赉熙捐赠。)

181. 青花缠枝莲纹盘 高 8.5 厘米，直径 45.7 厘米，足径 26.9 厘米。藏北京故宫博物院。

182. 青花折枝茶花纹大盘 高 5.6 厘米，口径 36.5 厘米，足径 22.5 厘米。藏香港葛氏天民楼。

183. 青花折枝牡丹纹菱口盘 高 8.6 厘米，口径 45 厘米，足径 26.5 厘米。藏国家博物馆。

又一件见于国家博物馆，高 4.4 厘米，口径 55.8 厘米，足径 34.8 厘米。

F . 其他类

184. 釉里红花卉纹菱花口盏托 高 2.8 厘米，口径 19.5 厘米，足径 12.8 厘米。藏上海博物馆。

又一件见于上海博物馆，高 2.8 厘米，口径 19.2 厘米，足径 12.5 厘米。

又一件为私人收藏，直径 19.7 厘米。(见埃斯卡纳齐回忆录。)

又一件见于瑞典斯德哥尔摩远东文物博物馆，口径 19.7 厘米。

又一件见于香港佳士得 2006 年春拍，直径 19.7 厘米，图录编号 1249。

185. 釉里红菱花纹葵口大盘（伤） 高 9.4 厘米，直径 46 厘米，藏大英博物馆，

OA1963.2-13.1。（该盘曾经锔过，后移除锔钉加固上色。）

又一件见于大英博物馆，类似的菱口大盘，高 9.7 厘，、直径 46.8 厘米，编号 OA1975.10-28.9。

又一件见于日本大阪市立东洋陶瓷美术馆，其边沿纹饰为波浪纹。

186. 釉里红缠枝莲花纹盏托 高 1.7 厘米，口径 19.3 厘米，足径 12.3 厘米。藏国家博物馆。

又一件见于北京故宫博物院，高 3 厘米，口径 20 厘米，足径 13 厘米。（为清宫旧藏。）

又一件见于瑞士玫茵堂，口径 19.7 厘米。

又一件见于美国旧金山亚洲艺术博物馆，高 2.5 厘米，口径 18.8 厘米。

187. 釉里红缠枝月季纹盏托 高 2.1 厘米，口径 19.3 厘米，足径 12.2 厘米。藏国家博物馆。

又一件见于北京故宫博物院，高 3 厘米，口径 20 厘米，足径 13 厘米。（为清宫旧藏。）

又一件见于英国大英博物馆，高 1.8 厘米，口径 19.7 厘米。

188. 釉里红缠枝菊花纹盏托 直径 19.5 厘米。私人收藏。（见埃斯卡纳齐回忆录。）

又一件见于牛津大学阿什莫林博物馆，直径 19.6 厘米。

又一件见于中国嘉德 2002 年春拍，直径 19.4 厘米，图录编号 991。

又一件见于北京华辰 2003 年秋拍，直径 19.8 厘米，图录编号 739。

又一件见于香港苏富比 2014 年春拍，直径 19 厘米，图录编号 720。

又一件见于谦牧堂，高 2.9 厘米，口径 20.7 厘米，足径 14 厘米，重 510 克。

又一件见于谦牧堂，高 2.3 厘米，口径 20 厘米，足径 13.6 厘米，重 342 克。

189. 釉里红缠枝牡丹纹菱口盏托 高 5.5 厘，、直径 19.4 厘米，藏大英博物馆，OA1928.7-18.2。（该盏托为 M.S. 布洛克萨姆小姐捐赠。）

190. 釉里红地白花盏托 高 2.5 厘米，口径 19.6 厘米，底径 13.4 厘米。藏苏州市博物馆。

191. 釉里红松竹梅纹盏托 直径 19.5 厘米。（日本藏家旧藏。）见于保利 2019 年秋拍。

192. 青花缠枝莲纹菱花口盏托 高 3 厘米，直径 19 厘米，藏大英博物馆，OA1940.12-14.264。（为 B.Z. 赛里格曼夫人捐赠。）

又一件见于景德镇陶瓷考古研究所，**残器**，高 2.1 厘米，口径 19.5 厘米，足径 14 厘米。（该盏托又名“劝盘”。1994 年在景德镇珠山东门头出土，该窑址也有其他残器出土。）

又一件见于斯德哥尔摩远东古物博物馆，盏托内绘灵芝。

又一件见于中国嘉德1997年春拍，口径19.6厘米。

又一件见于北京匡时2010年秋拍，直径19.5厘米，图录编号286。（又见于伦敦苏富比2013年春拍，口径19.5厘米，图录编号0103。）

193. 青花缠枝花卉纹盏托 直径19.7厘米，见于上海信仁2003年秋拍，图录编号1314。

194. 青花缠枝牡丹纹盏托 直径19.6厘米，见于中国嘉德1997年春拍。

195. 青花缠枝菊纹折沿菱口盏托 直径20.3厘米，见于香港苏富比2013年秋拍，图录编号3106。

又一件见于香港佳士得2002年秋拍，直径19.6厘米，图录编号528。（又见于香港佳士得2007年秋拍，直径19.6厘米，图录编号1733。）

又一件见于北京传是2006年春拍，直径19.5厘米，图录编号67。

又一件见于北京光华路五号艺术馆，高2.5厘米，直径19.8厘米。

196. 青花云龙纹三足炉（底款寿字号） 高25.5厘米，口径27.5厘米。藏广东省博物馆。

197. 青花龙凤纹三足炉（耳部有锔） 高37.5厘米，口径27.5厘米。藏国家博物馆。

198. 釉里红花卉纹三足炉 高33.8厘米，口径25.3厘米。藏台北“故宫博物院”。

199. 青花缠枝菊纹题诗高足杯 高9.7厘米，口径10厘米，足高4.9厘米。藏江西高安县博物馆。（该杯有二只，此杯题诗“人生百年常在醉，算来三万六千场”。该杯原馆藏定为元代，似应为洪武之物。）

200. 青花缠枝灵芝纹直口劝杯（残） 高4.3厘米，口径9.2厘米。藏景德镇陶瓷考古研究所。（1994年出土于珠山东门头。）

201. 白釉菊瓣竹节靶杯（残） 高6.1厘米，口径6.1厘米，足径2.9厘米，藏景德镇陶瓷考古研究所。（1994年出土于珠山。）

202. 铁料书“赵万初”铭板瓦 长38厘米，宽27.5厘米，厚2.5厘米。藏景德镇市陶瓷考古研究所。（瓦凸面无釉，凹面下部施以褐黑色釉，上部用铁料书“寿字三号，人匠王士名，浇釉凡（樊）道名，风火方南，作头潘成，甲首吴昌秀，监工浮梁县丞赵万初，监造提举周成，下连都。”字呈褐色。）

203. 白釉如意纹建筑饰件（残） 残长18.2厘米，残宽15.8厘米，厚1.8厘米。藏景德镇市陶瓷考古研究所。

204. 釉里红瓷砚（缺） 高3.4厘米，直径15.8厘米。

二、永乐时期馆藏著录 *

A. 瓶类

1. 青花釉里红云龙纹梅瓶（残）　高 34.1 厘米，口径 6.7 厘米，足径 15.9 厘米。藏景德镇市陶瓷考古研究所。

2. 青花海水拔白龙纹天球瓶　高 53.4 厘米。藏土耳其伊斯坦布尔拖布卡博物馆 TKS 15|1378 。（该瓶瓶口镶以铜质金属口沿及盖子，并以铜镶底足。其工艺为 18 世纪奥斯曼工艺。）

又一件见于日本出光美术馆，高 42.7 厘米。

又一件见于日本畠山纪念馆，高 43.5 厘米，口径 9.2 厘米。（载陈昌蔚编《中国陶瓷·明代瓷器》）

3. 青花云龙纹天球瓶　高 42.5 厘米，口径 9 厘米，足径 16 厘米。藏北京故宫博物院。

又一件见于北京故宫博物院，高 41.5 厘米，口径 9.3 厘米，足径 15.5 厘米。

有一件见于崇真堂，高 43 厘米，口径 9 厘米，足径 17.5 厘米。

4. 青花海水拔白龙纹梅瓶　高 45.3 厘米，口径 8.5 厘米，足径 19.4 厘米。藏崇真堂。

5. 青花云龙纹扁瓶，　高 42.5 厘米，足径 14.2×10.5 厘米。

6. 釉里红云龙纹梅瓶（残）　高 33.6 厘米，口径 6.6 厘米，足径 15.7 厘米。藏景德镇市陶瓷考古研究所。

又一件见于景德镇陶瓷考古研究所，**残器，**高 34.2 厘米，口径 6.6 厘米，足径 15.7 厘米。（2003 年出土。）

7. 红釉刻花云龙纹梅瓶（残）　高 33.7 厘米，口径 6.8 厘米，足径 15.8 厘米。藏景德镇市陶瓷考古研究所。

又一件见于景德镇陶瓷考古研究所，**残器，**高 33.9 厘米，口径 6.8 厘米，足径 16 厘米。

---

* 共 475 种，计 939 件，其中残器 141 件，公共机构藏 499 件，私人藏家藏 439 件。

（2002 年出土。）

8. 青花地刻花白海水龙纹撇足梅瓶（残） 高 41 厘米，口径 7.6 厘米，足径 17.4 厘米。藏景德镇市陶瓷考古研究所。

9. 青花穿莲螭龙纹天球瓶 高 46 厘米，见于中翰清花 2011 年秋拍，图录编号 69。

又一件见于台北“故宫博物院”，高 42.4 厘米，口径 9.5 厘米，足径 16.5 厘米。故瓷 011422、011423、012547。（台北“故宫博物院”共藏有该瓶共三件。）

10. 青花地拔白暗刻龙凤纹梅瓶 高 44 厘米，见于北京华臣 2016 年秋拍，图录编号 1083。

又一件见于景德镇市陶瓷考古研究所，**残器**。高 41 厘米，口径 7.6 厘米，足径 17.4 厘米。

11. 青花云龙纹玉壶春瓶（口残） 高 28 厘米，口径 7 厘米，足径 9.4 厘米。

12. 青花萱蝶纹玉壶春瓶 高 34 厘米，口径 8.7 厘米，足径 11.3 厘米。藏台北“故宫博物院”，故瓷 14975。（该瓶颈部比洪武窑同类器物纤细。）

13. 青花缠枝四季花卉纹天球瓶 高 43.7 厘米，最大直径 35.6 厘米，藏大英博物馆，OA1978.5-23.1。（该瓶曾为埃尔佛雷德·克拉克夫人的藏品，为该馆购得。）

又一件见于台北“故宫博物院”，故瓷 012546。

又一件见于伊朗阿德比尔神庙，藏有**三件**类似的天球瓶。

14. 青花云龙纹扁瓶 高 45.5 厘米，口径 8.1—8.2 厘米，腹径 24—26 厘米，藏南京博物院。

15. 青花云龙纹绶带双耳葫芦扁瓶 高 25.8 厘米。见于香港苏富比 1986 年秋拍，图录编号：34。

16. 青花龙衔灵芝纹梅瓶（残） 高 54.4 厘米。藏景德镇陶瓷考古研究所。

17. 青花花鸟纹玉壶春瓶 高 33.5 厘米，腹宽 34 厘米。藏大英博物馆大维德爵士收藏中国陶瓷。（该馆共收藏同样玉壶春瓶二件，编号为：PDFA614、PDF601。）

18. 甜白釉暗刻龙纹玉壶春瓶 高 31 厘米，见于北京保利 2016 年春拍。（为瑞典重要藏家卡尔·坎普旧藏。）

19. 青花五爪龙纹玉壶春瓶（残） 高 26.9 厘米，口径 6.2 厘米，腹径 16.5 厘米，足径 9.2 厘米。藏景德镇陶瓷考古研究所。（1984 年出土。）

20. 甜白釉暗刻凤纹玉壶春瓶 高 30.6 厘米，见于北京东正 2014 年秋拍，图录编号 284。

21. 釉里红折枝花卉纹玉壶春瓶 高 32.6 厘米，口径 9.1 厘米，足径 11.3 厘米，重 1831 克。藏谦牧堂。

22. 青花折枝花卉纹玉壶春瓶（仿） 高 32.8 厘米，口径 9.8 厘米，足径 11.3 厘米，重 1956 克。藏谦牧堂。

23. 青花花鸟纹双耳扁瓶（仿） 高 30.8 厘米。藏大英博物馆大维德爵士收藏中国陶瓷，PDFA612。

又一件见于崇真堂，高 24.5 厘米，口径 3.5 厘米，宽 19.5 厘米。

24. 青花花鸟纹梅瓶 高 33.5 厘米，藏大英博物馆，OA1972.6-21.1。（该瓶为沃尔特・安伦伯格捐赠。）

25. 青花花蝶纹玉壶春瓶 藏台北“故宫博物院”，故瓷 014075。

26. 青花缠枝牡丹纹梅瓶 高 25.1 厘米，口径 4.6 厘米，底径 10 厘米。藏山东烟台博物馆。

又一件见于台北“故宫博物院”，高 35.6 厘米，口径 5.2 厘米，足径 12.1 厘米。故瓷 013673，017813。（该瓶带盖。）

27. 青花折枝花果纹带盖梅瓶 高 41.5 厘米，口径 6.8 厘米，足径 14.1 厘米。藏北京故宫博物院。

又一件见于佳士得 2016 年春拍，高 37.8 厘米，图录编号 3222。（来源伦敦苏富比 1987 年秋拍，图录编号 142。）

又一件见于台北林柏寿先生所藏，缺盖，高 40.6 厘米。（载陈昌蔚编《中国陶瓷・明代瓷器》）

28. 青花折枝瑞果纹梅瓶 高 28.5 厘米，口径 5 厘米，足径 11.5 厘米。藏北京故宫博物院。

又一件见于北京故宫博物院，带盖，通高 35.5 厘米，口径 6.5 厘米，足径 14 厘米。

又一件为私人收藏，高 35.5 厘米。（见埃斯卡纳齐回忆录。）

又一件见于玫茵堂，高 36.5 厘米。（见埃斯卡纳齐回忆录。）

又一件见于香港苏富比 2005 年春拍，高 30.2 厘米，图录编号 504。

又一件见于香港佳士得 2006 年秋拍，高 29.5 厘米，图录编号 1518。

又一件见于香港苏富比 2011 年秋拍，高 36.5 厘米，图录编号 11。

又一件见于香港佳士得 2013 年春拍，高 28.5 厘米，图录编号 1930。

又一件见于香港苏富比 2014 年春拍，高 28 厘米，缺盖，图录编号 3023。

又一件见于香港苏富比2015年秋拍，高29厘米，图录编号3607。（来源：19世纪购于英国。）

又一件缺盖，见于北京保利2016年秋拍，高28.5厘米，图录编号5219。（来源为美国康涅迪克州重要私人藏家的旧藏。）

又一件见于香港苏富比2017年秋拍，高28.6厘米。图录编号3620。

29. 青花竹石芭蕉纹带盖梅瓶 高40.7厘米，口径5.5厘米。藏北京故宫博物院。

又一件藏国家博物馆，高41厘米，口径5.5厘米，足径12.2厘米。

30. 青花桃竹纹梅瓶（缺盖） 高36.7厘米，口径6.6厘米。藏北京故宫博物院。

又一件藏首都博物馆。通高41.5厘米，口径6.5厘米，足径14.3厘米。（1970年北京石景山区雍靖王墓出土一件完整器，有盖。）

31. 青花缠枝花卉纹梅瓶 高25厘米，口径4.4厘米，足径10.3厘米。藏上海博物馆。

32. 青花“内府”铭带盖梅瓶 高34厘米。藏日本大阪市立东洋陶瓷美术馆。

33. 青花缠枝莲纹带盖梅瓶 通高27.2厘米，口径4.3厘米，足径10厘米。藏香港葛氏天民楼。

又一件见于台北“故宫博物院”，故瓷011424。（这种瓶口部较小。）

又一件见于匡时国际2006年秋拍，高24.8厘米，无盖，图录编号1332。

34. 青花缠枝莲纹梅瓶 高25.2厘米，口径4.3厘米，足径10.1厘米。藏国家博物馆。另一件，高31.5厘米。为私人收藏，（见埃斯卡纳齐回忆录。）

又一件见于香港佳士得2006年秋拍，高24.8厘米，图录编号1247.

35. 黄釉青花如意垂肩折枝花果纹梅瓶 高36.5厘米，见于北京保利2014年春拍，图录编号8002。

36. 青花如意垂肩折枝花果纹梅瓶 高36.5厘米，见于香港苏富比1998年秋拍，图录编号0304。

37. 青花茶菊纹梅瓶（残） 高55.3厘米。藏景德镇陶瓷考古研究所。

38. 青花缠枝灵芝纹瓶 高17.8厘米，口径3.3厘米，足径6.3厘米。藏故宫博物院。

39. 甜白釉暗花缠枝莲纹梅瓶 高24.8厘米，口径4.5厘米，足径10厘米。藏故宫博物院。

又一件藏国家博物馆，高29.3厘米，口径5.4厘米，足径11.5厘米。

又一件见于香港佳士得2007年春拍，高24.1厘米，图录编号1481。

40. 甜白釉梅瓶 高40.3厘米，口径8.1厘米，足径22.0厘米。藏上海博物馆。

又一件见于景德镇陶瓷考古研究所，**残器，**高33.9厘米，口径6.3厘米，足径15.8厘米。（1983年，景德镇御窑厂遗址出土。）

又一件见于天津博物馆，高34.5厘米，口径5.5厘米，足径12厘米。

又一件见于景德镇市陶瓷考古研究所，**残器，**高33.9厘米，口径6.4厘米，足径16.1厘米。

又一件见于云南艺拍2002年秋拍，高32厘米，图录编号119。

41. 甜白釉暗刻缠枝牡丹纹纹梅瓶 高24.8厘米，口径4.5厘米，足径10厘米。藏北京故宫博物院。

又一件见于2017年纽约苏富比春拍，编号3。（该瓶曾经在2008年9月17日纽约佳士得拍过，编号245。）

又一件见于纽约佳士得2008年秋拍，高32厘米，图录编号245。

42. 甜白釉剔刻缠枝莲花纹梅瓶 高25.1厘米。藏美国波士顿美术馆。

又一件藏北京故宫博物院，高24.8厘米，口径4.5厘米，足径10厘米。

又一件见于谦牧堂，高24.8厘米，口径3.6厘米，足径10厘米，重1355克。

又一件见于台北“故宫博物院”，故瓷017756。（根据景德镇御窑厂出土报告，在永乐地层出土的残器中甜白釉器占所有出土物的98%以上。）

43. 青花折枝莲花纹梅瓶 高33.7厘米，见于中国嘉德2010年春拍，图录编号2616。

44. 鲜红釉八方梅瓶 高45.5厘米，见于天津德丰2002年春拍，图录编号132。

45. 红釉暗刻花卉纹梅瓶 高26.5厘米，足径9.5厘米。藏崇真堂。

46. 甜白釉暗刻石榴花果纹玉壶春瓶 高32厘米，见于2016年香港苏富比春拍，（来自H.R.N.Norton的收藏。）

47. 甜白釉玉壶春瓶 藏台北“故宫博物院”，故瓷003482。（甜白釉玉壶春瓶存世数量极少。另外，景德镇珠山御窑厂遗址尚未见到甜白釉玉壶春瓶的出土报告。这种瓶有粗颈和细颈两种。台北这件接近粗颈玉壶春瓶。）

又一件见于在土耳其拓扑卡普宫殿博物馆，**口沿破损，**镶嵌金属扣饰当作饮器使用的作品。

48. 青花竹石芭蕉纹玉壶春瓶 高32.8厘米，口径8.2厘米，足径10.8厘米。藏北京故宫博物院。

另一件为私人收藏，高34.5厘米，（见埃斯卡纳齐回忆录。）

又一件见于香港佳士得2013年秋拍，高32.1厘米，图录编号3211。

49. 青花折枝花果纹玉壶春瓶 高30.5厘米，口径7.8厘米，足径10.8厘米。藏上海博物馆。

50. 青花折枝秋葵纹玉壶春瓶（残） 高34厘米，1994年出土。藏景德镇市陶瓷考古研究所。

51. 青花缠枝花卉纹玉壶春瓶 高26.5厘米，口径7.1厘米，足径9.8厘米。藏国家博物馆。

52. 青花缠枝莲纹玉壶春瓶 高28厘米，见于香港佳士得2009年秋拍，图录编号1872。

又一件见于香港苏富比2005年春拍，高29厘米，图录编号634。

又一件见于景德镇陶瓷考古研究所，**残器**。高32厘米，口径8.2厘米，腹径19厘米，足径10厘米。（1984年出土。）

53. 青花花卉纹玉壶春瓶 高26.9厘米，口径7.2厘米，足径10厘米。藏上海博物馆。

54. 青花缠枝月季纹玉壶春瓶（口镶） 高41.2厘米，见于香港苏富比2012年春拍，图录编号0039。（著录来源：康蕊君《玫茵堂中国陶瓷》，1994—2010年，伦敦，卷4，编号1637。）

又一件藏伊朗国家博物馆。

又一件藏大英博物馆。

55. 青花山茶花纹玉壶春瓶 高31.4厘米，藏大英博物馆，OA1947.7-12.198。（该瓶为哈里·奥本海姆捐赠。）

又一件见于景德镇陶瓷考古研究所，**残器**。（1994年景德镇御窑厂遗址出土了数件类似的残器。）

又一件见于伊朗阿德比尔神庙，其中阿巴斯一世的藏品中收藏了一件类似的藏品。

56. 青花缠枝菊花纹玉壶春瓶 高27厘米，见于匡时国际2006年春拍，图录编号1467。

57. 青花缠枝花卉纹双耳扁瓶 高30厘米，口径3.7厘米。藏河北承德避暑山庄。

又一件见于香港葛氏天民楼，高28.6厘米，口径3.5厘米，足径8厘米。

58. 青花折枝菊花纹双耳扁瓶 高29.9厘米。藏土耳其伊斯坦布尔拖布卡博物馆。

59. 青花折枝荔枝花果纹如意耳扁瓶 高25厘米，最宽处21厘米，藏大英博物馆，OA1947.7-12.325。（该瓶为哈里·奥本海姆捐赠。）

又一件见于大阪市立东洋陶瓷美术馆。

60. 青花缠枝花卉纹如意耳扁瓶 高 28.9 厘米，口径 3.7 厘米，足径 7.7 厘米。藏北京故宫博物院。

61. 青花折枝山茶花纹如意耳扁瓶 高 25.7 厘米，口径 3 厘米，足径 10×7.3 厘米。藏北京故宫博物院。

又一件见于台北“故宫博物院”，故瓷 016759。

62. 青花阿拉伯锦纹双耳扁瓶 高 27.8 厘米，口径 3.7 厘米。藏北京故宫博物院。

又一件见于山东省烟台市博物馆。高 25 厘米，口径 3 厘米，足径 7.5 厘米。

又一件见于香港苏富比 2016 年春拍，高 24.5 厘米，图录编号 17。（来源为 Stephen K. Garratt 的收藏。）

63. 青花折枝山茶花纹双耳扁瓶（抱月瓶） 高 24.9 厘米，口径 3.1 厘米，底径纵长 10.1 厘米，宽 7.6 厘米。藏上海博物馆。

又一件见于河北承德避暑山庄博物馆。高 30 厘米，口径 3.7 厘米，底径 12.3×9.2 厘米，腹径 25.7×4.7 厘米。（原系热河行宫陈列之物。）

又一件见于景德镇陶瓷考古研究所，**残器**。高 28.5 厘米。（1994 年出土。）

64. 青花锦纹绶带耳蒜头口扁瓶 高 24.2 厘米，宽 19.8 厘米，深 10.2 厘米。藏大英博物馆大维德爵士收藏中国陶瓷。PDF.B696.

又一件见于北京故宫博物院，带盖，通高 27.8 厘米，口径 3.7 厘米，足径 7.7 厘米。（该馆还藏有一件清代雍正年间仿制的同样产品。）

65. 青花轮花纹扁腹绶带耳葫芦扁瓶 高 26 厘米，口径 3.3 厘米，足径 6.4 厘米。藏香港葛氏天民楼。（估计世界各大公私收藏至少有十余件这类无款的扁壶。）

又一件见于玫茵堂，高 26.5 厘米。（见埃斯卡纳齐回忆录。）

又一件见于台北“故宫博物院”，故瓷 006066。

又一件见于大英博物馆，高 25 厘米，最宽处 15 厘米，编号 OA1968.4-22.29。（该瓶为沃尔特·赛奇威克夫人遗赠。）

又一件见于印第安纳波利斯艺术博物馆。

又一件见于斯德哥尔摩远东古物博物馆，尺寸稍小。

又一件见于牛津大学阿什莫林博物馆，高 17.8 厘米，口径 1.8 厘米，足径 11.5 厘米。

又一件见于江苏无锡市博物馆，高 30.5 厘米，口径 3.4 厘米，腹径 21.5 厘米，足径 6.5×4.5 厘米。

又一件见于谦牧堂，高 28.3 厘米，口径 3.3 厘米，足径 8.5×5.2 厘米，重 1911 克。

又一件见于景德镇陶瓷考古研究所，**残器**。高 32.2 厘米。1994 年出土。

又一件见于北京市光华路五号博物馆，高 25.5 厘米。（原为日本旧藏。）

又一件见于 1995 年中国嘉德国际拍卖公司，高 31 厘米。该瓶复见于云南艺拍 2002 年秋拍，高 31 厘米，图录编号 283。

1995 年北京瀚海艺术品拍卖公司又出现一件，高 32 厘米。（该瓶再次出现瀚海拍场是 2006 年春拍，图录编号 2254。）

又一件见于北京翰海 1996 年春拍，高 29.6 厘米。再见于香港佳士得 2004 年秋拍，高 29.5 厘米，图录编号 826。

又一件见于北京瀚海 2000 年秋拍，高 30.3 厘米，图录编号 1351。

又一件见于香港苏富比 2001 年春拍，高 32 厘米，图录编号 0505。（再见于香港佳士得 2003 年秋拍，高 32 厘米，图录编号 628。）

又一件见于香港佳士得 2006 年秋拍，高 21.5 厘米，图录编号 1512。

又一件见于长风拍卖 2007 年秋拍，高 32.5 厘米，见于图录编号 527。

又一件见于北京保利 2015 年春拍，图录编号 8131。（来源：1950 年哥本哈根工业美术馆旧藏，编号 58 号，瑞典藏家卡尔·肯普旧藏。）

又一件见于香港苏富比 2016 年秋拍，高 30 厘米，图录编号 651。

又一件见于 2019 年保利秋拍，图录编号 5655。（原玫茵堂旧藏。见康蕊君：《玫茵堂中国陶瓷》，伦敦 1994 年版卷四。）

又一件见于崇真堂，高 26 厘米，足径 6 厘米。

66. 甜白釉暗刻花卉纹绶带扁瓶　高 30 厘米，见于北京保利 2008 年春拍，图录编号 2547。

又一件见于北京翰海 2003 年秋拍，高 29.5 厘米。

67. 青花缠枝莲纹绶带葫芦扁瓶　高 30.7 厘米，见于香港苏富比 2011 年秋拍，图录编号 25。

68. 青花宝相花纹绶带葫芦扁瓶　高 32 厘米，见于北京瀚海 2006 年春拍，图录编号 2254。

69. 青花牵牛花纹倭角瓶　高 13.8 厘米，口径 5.5 厘米，足径 7.3 厘米。藏天津博物馆。

70. 青花折枝花纹带盖执瓶　高 38.8 厘米，口径 7.4 厘米，足径 11.5 厘米。藏故宫博物院。

71. 青花缠枝莲纹长颈胆瓶 高 27 厘米。为玫茵堂收藏，见埃斯卡纳齐回忆录。（该瓶口部后镶银质附件，刻有铭文阿啦姆吉沙希 1072。）

72. 青花缠枝花纹瓜棱竹节长颈瓶 高 27.5 厘米。私人收藏。（见埃斯卡纳齐回忆录。）

73. 甜白釉狮耳盘口瓶 高 74.8 厘米，口径 13.1 厘米，足径 17.1 厘米。藏上海博物馆。

又一件见于景德镇陶瓷考古研究所。（1983 年，景德镇御窑厂遗址出土了一件相同的瓶残件。）

74. 甜白釉洗口双象耳瓶 高 45.5 厘米，口径 11.8 厘米，足径 13 厘米。藏上海博物馆。

75. 甜白釉暗花梅瓶 高 32 厘米，见于云南仁恒 2002 年秋拍。

76. 甜白釉双耳盘口瓶 藏台北"故宫博物院"，故瓷 006089。（该瓶贴有黄贴"世宗宪皇帝"，暗示曾为雍正皇帝的用器。）

77. 甜白釉如意耳扁瓶 藏台北"故宫博物院"，故瓷 005395。

78. 甜白釉暗刻凤纹扁瓶 高 17.5 厘米，藏于牛津大学阿什莫林博物馆，

79. 甜白釉鸡心扁瓶（残） 高 19 厘米。1984 年出土，藏景德镇市陶瓷考古研究所。

80. 甜白釉狮耳瓶 高 74.8 厘米，藏上海博物馆。

又一件见于北京故宫博物院。（为漳州窑仿景德镇的作品。）

又一件见于景德镇陶瓷考古研究所。**残器**。（1983 年，景德镇御窑厂出土的瓷片有此件器物的残器，高度完全一致。）

81. 青花卷草纹贯耳瓶 高 19.5 厘米，见于北京匡时 2010 年春拍，图录编号 1206。

82. 青花缠枝缠枝牡丹纹净水瓶 高 21.3 厘米，见于香港苏富比 2016 年春拍，图录编号 15。（来源为 I.H.R.N.Norton 的收藏。）

83. 蓝釉梅瓶 高 36 厘米，底径 12 厘米，见于中拍国际 2006 年春拍，图录编号 219。

84. 龙泉寿桃纹梅瓶 高 39 厘米，见于大唐香港 2013 年秋拍，图录编号 319。

B. 壶类

85. 青花胡人乐舞图双耳细颈扁壶 高 25.7 厘米，口径 3 厘米，最大足径 10 厘米。藏北京故宫博物院。

又一件见于北京故宫博物院，高 25 厘米，其他相同。（永乐人物图的器物十分稀

少珍贵。)

又一件见于土耳其伊斯坦布尔托普卡帕皇宫博物馆，TKS 15|1403 。(该壶绘有山峦和岩石，其间有五个奏乐和跳舞的人，形貌不像中国人。)

又一件见于台北“故宫博物院”，高 29.7 厘米，口径 3.6 厘米，足径 12×8 厘米。故瓷 012549。

86. 青花缠枝莲云龙纹大扁壶 高 45.3 厘米，口径 8 厘米。藏天津艺术博物馆。(该件器物的收藏单位注明为“清奉天行宫北平故宫陈列所移交”。)

又一件见于土耳其伊斯坦布尔托普卡普宫殿博物馆，TKS 15|1380 。(壶口镶以银质的壶口和盖子。为 16 世纪的奥斯曼工艺。壶底书阿拉伯文。)

又一件见于英国大维德基金会，高 47.8 厘米，入藏号：PDF.B.667。

又一件见于南京博物院，高 45.5 厘米，口径 8.2 厘米，腹径 26 厘米。

又一件见于玫茵堂，高 44.4 厘米。(见埃斯卡纳齐回忆录。)

87. 青花海水拔白龙纹大扁壶 高 46 厘米，口径 8 厘米，足径宽 10 厘米，纵 15 厘米。藏国家博物馆。

又一件见于大英博物馆大维德爵士收藏中国陶瓷，高 44.6 厘米，入藏号：PDF.B.662。

又一件见于北京故宫博物院。

又一件见于日本大阪东洋陶瓷美术馆。

又一件见于景德镇陶瓷考古研究所，**残器**。高 45 厘米。(1994 年出土。)

88. 青花云龙纹大扁壶 高 30 厘米，藏伊朗国立考古博物馆。

又一件青花云龙纹大扁壶 高 44.5 厘米，藏英国维多利亚与阿尔伯特博物馆。

又一件见于台北“故宫博物院”，高 45.2 厘米，口径 8 厘米，足径 10×14.5 厘米。故瓷 009264。

89. 甜白釉暗花龙纹梨形壶 高 12.3 厘米，口径 3.5 厘米，足径 5.4 厘米。藏首都博物馆。(1962 年于北京出土。)

90. 红釉刻花云龙纹梨形执壶(残) 通高 12.6 厘米，口径 3.9 厘米，足径 5.5 厘米。1984 年出土。藏景德镇市陶瓷考古研究所。

又一件见于香港苏富比 2011 年秋拍，底径 13 厘米，图录编号 36。

91. 釉里红地拔白龙纹梨形壶(残) 高 12.6 厘米，口径 4.1 厘米，足径 5.6 厘米。1984 年出土。藏景德镇陶瓷考古研究所。

92. 青花白云龙纹执壶(残) 高 22 厘米，口径 6.8 厘米，足径 8.3 厘米。藏景德镇市陶瓷考古研究所。

93. 青花开光龙纹执壶　高 22.5 厘米，见于香港苏富比 1987 年春拍，图录编号：228。

又一件见于崇真堂，高 23 厘米，口径 6.6 厘米，足径 8.6 厘米。缺盖。

94. 黄地锥绿龙纹梨形执壶（残）　高 12.4 厘米，1983 年出土。藏景德镇陶瓷考古研究所。

95. 青花穿花龙纹大扁壶　高 47.8 厘米。藏大英博物馆大维德爵士收藏中国陶瓷。PDFB667。

又一件见于景德镇陶瓷考古研究所，**残器**。（1994 年景德镇市御窑厂遗址出土过一件同类的大扁壶。）

又一件见于土耳其托普卡比宫殿博物馆和阿德比尔神庙，都有此类相同的器物。

96. 青花花鸟纹扁壶　高 27.3 厘米。藏台北“故宫博物院”。

又一件见于大维德基金会。

97. 青花凤凰纹三系把壶　通高 11.4 厘米，长 20 厘米，深 9.3 厘米，口径 4.1 厘米，足径 13 厘米，腹围 45.7 厘米。藏台北“故宫博物院”。

98. 青花水波边缠枝花卉星纹双系大扁壶　高 47.2 厘米，见于香港苏富比 1999 斌秋拍，图录编号 311。

99. 青花缠枝花卉纹双系大扁壶（带盖）　高 54 厘米，口径 6.5 厘米，腹径 34 厘米。藏北京故宫博物院（该院共有 4 件，其中一件有双活环，但缺盖，高 46 厘米，口径 7 厘米，直径 35 厘米。）

又一件见于台北“故宫博物院”，高 38.8 厘米，口径 5.4 厘米，足径 34.4×36.5 厘米。故瓷 011643。（该壶缺盖。双系为铺首。）

100. 青花转枝花卉纹双系大卧壶　高 43，4 厘米，口径 6.5 厘米，最大底径 38.7 厘米。藏上海博物馆。

又一件见于北京故宫博物院，收藏有**二件**，一件高 30.9 厘米，口径 5.4 厘米，背径 33，7 厘米，器身绘以缠枝花卉纹，正面半圆凸起处画海水；又一件高 46 厘米，口径 7 厘米，背径 35 厘米，正面中心凸起的半圆处画八角形几何图案。

又一件见于美国弗利尔美术馆，器高 47.5 厘米，肩部双系完整。

101. 青花缠枝花纹双系扁壶　高 36 厘米，口径 7 厘米，背径 35 厘米。暂北京故宫博物院。

102. 青花折枝番莲纹双耳扁壶 见于香港佳士得 2007 年秋拍。

103. 青花山茶花纹扁壶 高 24.9 厘米，口径 3.1 厘米，最大底径 10.1 厘米。藏上海博物馆。

又一件见于法国吉美美术馆，高 24.9 厘米。

又一件见于台北“故宫博物院”，高 25.3 厘米，口径 2.8 厘米，最大底径 9.2 厘米。（均比上海馆藏的体型略大，虽然纹饰、图案、形制均同。）

104. 青花荔枝纹扁壶 藏日本大阪东洋陶瓷美术博物馆、

又一件见于日本松冈美术馆。

又一件见于日本静嘉堂文库。

又一件见于英国大英博物馆。

105. 青花菊花纹细颈扁壶 藏土耳其伊斯坦布尔托普卡普宫殿博物馆，TKS 15}1401。（该壶一面绘野菊花，一面绘以康乃馨。）

106. 青花牡丹纹扁壶（口残） 藏大英博物馆。

107. 青花折枝荔枝纹双耳扁壶 高 24.7 厘米，见于香港苏富比 1982 年春拍，图录编号：144。

108. 青花缠枝花卉纹大扁壶 高 45.1 厘米，口径 8.3 厘米，最大底径 14.4 厘米。藏上海博物馆。

又一件见于台北“故宫博物院”，故瓷 008844。

又一件见于景德镇陶瓷考古研究所，**残器**。高 44.7 厘米。（1994 年出土。）

109. 青花缠枝宝莲纹大扁壶 藏台北“故宫博物院”，故瓷 009264。

110. 青花轮花纹双耳扁壶 高 30.5 厘米，口径 3.4 厘米，底径 21.5 厘米。藏无锡博物馆。

又一件见于保利香港 2017 年春拍，26 厘米，图录编号 3008。（来源 Enrico Maestrimi 的收藏。）

又一件见于玫茵堂。

111. 青花几何图案鸡心扁壶 高 24.3 厘米。为私人收藏，一对。（见埃斯卡纳齐回忆录。）

112. 青花缠枝牡丹纹执壶 高 30 厘米。见于北京诚轩 2005 年秋拍。

113. 青花缠枝牡丹纹无柄壶（藏草壶） 高 20.5 厘米，口径 6.5 厘米，足径 10 厘米。藏北京故宫博物院。（此壶又称长流高足净水壶。）

132. 青花模印八吉祥纹净水壶　高 13 厘米，见于北京保利 2009 年春拍，图录编号 1361。

133. 青花花卉纹长颈执壶　藏台北“故宫博物院”，故瓷 008846，017814。

又一件见于台北“故宫博物院”，该院藏有**二件，**另一件的盖子为清代后配。

134. 甜白釉把壶　通高 11.4 厘米，长 20 厘米，足径 12.9 厘米，口径 4 厘米。藏台北“故宫博物院”。（该壶配有木座，里刻“乙”字。）

135. 甜白釉方流直颈执壶（残）　高 32.6 厘米。1983 年出土。藏景德镇市陶瓷考古研究所。

136. 甜白釉方流四系鸡心扁壶（残）　高 20.3 厘米，1983 年出土。藏景德镇市陶瓷考古研究所。

137. 甜白釉折肩深腹执壶（残）　高 29.4 厘米。1983 年出土。藏景德镇市陶瓷考古研究所。

138. 甜白釉锥花云龙纹梨形壶（残）　口径 2.5 厘米。1983 年出土。藏景德镇市陶瓷考古研究所。

139. 甜白釉葫芦形绶带双耳扁壶　藏台北“故宫博物院”，故瓷 001957。

又一件见于景德镇市陶瓷考古研究所，**残器**。高 30.1 厘米。（1983 年出土。）

140. 甜白釉划花葫芦形绶带双耳扁壶　藏台北“故宫博物院”，故瓷 003486。

141. 甜白釉执壶　高 29.1 厘米，口径 7.6 厘米，足径 10.3 厘米。藏上海博物馆。

又一件见于土耳其伊斯坦布尔的托普卡巴皇宫博物馆，TKS 15|2944。（该壶的器身与流的链接处呈卷云形，在白色器身上刻有栀子花与灵芝纹。其缀釉宝石的盖子，应是 1600 年左右的奥斯曼工匠的作品。）

又一件见于香港佳士得 1992 年春拍，图录编号 551。带盖，高 30 厘米。见于又见于香港佳士得 2007 年秋拍，图录编号 1737。再见于北京保利 2018 年秋拍，图录编号 5471。（该件为玫茵堂所藏。）

又一件见于纽约苏富比 2011 年春拍，高 32 厘米，缺盖，把伤，图录编号 720。

又一件见于香港苏富比 2014 年秋拍，缺盖，高 29.7 厘米，图录编号 3692。

又一件见于伦敦苏富比 2017 年春拍，高 19.5 厘米，缺盖。编号 118。（来自 I.P.Mcculoh 伉俪的收藏。）

142. 甜白釉安可藏文吉祥颂缠枝莲花纹僧帽壶　高 19.3 厘米，见于伦敦苏富比 2012 年秋拍，图录编号 318。

又一件见于美国大都会博物馆，缺盖，高 19.7 厘米，入藏号：1991.253.36。

又一件见于伦敦佳士得 1989 年春拍，图录编号 170。

又一件见于沈阳中正 2006 年秋拍，高 19.5 厘米，图录编号 440。

又一件见于辽宁中正 2008 年春拍，高 19.7 厘米，图录编号 158。

又一件见于 2019 年保利秋拍，图录编号 5664。（为玫茵堂旧藏。）

143. 甜白釉划花缠枝莲纹僧帽壶 高 19.8 厘米，口纵 11.5 厘米，口横 16 厘米。藏上海博物馆。（另外，1965 年，北京海淀区出土了一件元代暖白釉带盖僧帽壶，有所不同。）

又一件见于北京故宫博物院，高 19.7 厘米，足径 7.5 厘米。（似乎故宫还应该有一件，缺盖，壶内配铜胆，高 19.5 厘米，足径 7.4 厘米。）

又一件见于西藏博物馆。

又一件见于瑞典斯德哥尔摩远东古物博物馆，高 19.3 厘米。

又一件见于景德镇陶瓷考古研究所，**残器**。（1983 年，景德镇御窑厂遗址出土了类似器物，器身刻有缠枝花纹。与西藏博物馆及大英博物馆的藏品同。）

又一件见于大英博物馆。高 19.4 厘米，纵 19.2 厘米。编号 OA1954.5-12.1。

又一件见于日本东京出光美术馆。

又一件见于玫茵堂。

又一件见于香港佳士得 2007 年春拍，高 19.7 厘米，图录编号 1479。

又一件见于云南典藏 2009 年春拍，高 20.5 厘米，图录编号 226。

又一件见于北京保利 2014 年春拍，高 20 厘米，图录编号 7999。（有“永乐年制”四字篆书款。）

又一件见于纽约佳士得 2015 年春拍，高 21 厘米，图录编号 119。

又一件见于北京保利 2017 年春拍出现一件，高 20.2 厘米，缺盖。（该壶曾在伦敦佳士得拍过）

144. 甜白釉划八吉祥纹僧帽壶 高 19.5 厘米，见于香港苏富比 1995 年秋拍，图录编号：357。（又“永乐年制”四字划款。）

145. 甜白釉三系竹节把壶 藏台北“故宫博物院”，故瓷 017825。（有盖）

146. 白釉方流鸡心扁壶（残） 高 20.3 厘米。1983 年出土。藏景德镇市陶瓷考古研究所。

147. 红釉僧帽壶（残） 通高 19 厘米，口径 11.2 厘米，足径 8 厘米。藏景德镇市陶瓷考古研究所。

148. 甜白釉藏草壶（残） 高 20.9 厘米。1983 年出土。藏景德镇市陶瓷考古研究所。

C. 罐类

149. 青花波涛行龙纹小罐 高 8.4 厘米，口径 6.6 厘米，足径 6.6 厘米。藏香港葛氏天民楼。（原著录为“海龙纹小罐”。此罐曾经仇焱之收藏。）

150. 青花龙纹盖罐（残） 通高 31.5 厘米，1994 年出土。藏景德镇陶瓷考古研究所。

151. 青花云龙纹大罐 高 24.4 厘米，见于香港苏富比 1989 年春拍，图录编号：112。

又一件见于崇真堂，高 33.5 厘米，口径 14 厘米。

152. 青花缠枝牵牛花纹鱼篓式罐 高 8 厘米，口径 11.2 厘米，足径 6 厘米。藏北京故宫博物院。

153. 青花鱼藻纹双系小盖罐 高 12 厘米，见于香港九龙 2013 年秋拍，图录编号 1。

154. 青花如意垂肩狮子滚绣球纹罐 高 18.5 厘米。为玫茵堂收藏。（见埃斯卡纳齐回忆录。）

又一件高 19 厘米，为私人收藏。（见埃斯卡纳齐回忆录。）

又一件见于香港苏富比 1999 年秋拍，高 18.5 厘米。图录编号：312。

155. 翠青釉暗刻凤纹三系盖罐 高 11 厘米，见于中翰清花 2012 年春拍，图录编号 72。

156. 影青刻海浪青花龙纹罐（残） 高 34 厘米。1994 年出土。藏景德镇陶瓷考古研究所。

157. 青花番莲纹轴头罐 高 5.7 厘米，口径 4.2 厘米，足径 4.4 厘米。藏国家博物馆。

158. 青花缠枝莲纹盖罐 腹宽 27 厘米。玫茵堂收藏。（见埃斯卡纳齐回忆录。该罐盖钮为象形青花钮。）

又一件见于景德镇陶瓷考古研究所，**残器**。高 21.3 厘米，口径 15.4 厘米，腹径 27.1 厘米，足径 18.3 厘米。（1994 年出土。）

又一件见于太平洋 2004 年春拍，无盖，高 20.5 厘米，图录编号 675。

又一件见于北京保利 2010 年秋拍，高 27.5 厘米，图录编号 4456。（盖钮非象钮。）

159. 青花双系折枝花卉纹小罐 高 7.1 厘米，口径 3.5 厘米，足径 6.5 厘米。藏上海博物馆。

160. 青花缠枝莲纹双系小盖罐　高 8 厘米，见于香港苏富比 2001 年秋拍，图录编号：526。

161. 青花折枝花卉纹小罐　高 4.7 厘米，见于北京诚轩 2010 年春拍，图录编号 849。

162. 青花九秋图罐　高 10 厘米，见香港苏富比春拍，图录编号：2928。（来自香港苏富比 1997 年春拍，图录编号 532。香港佳士得 1992 年秋拍，香港佳士得 2006 年春拍。）

又一件见于伦敦大英博物馆。（为前 Mrsi.Clark 的收藏。）

163. 青花垂肩如意折枝瑞果纹盖罐　高 35 厘米，见于香港苏富比 2006 年秋拍，图录编号 902。

164. 青花缠枝瓜瓞纹小罐　高 10.8 厘米。为私人收藏。（见埃斯卡纳齐回忆录。）

又一件见于江苏爱涛 2005 年秋拍，高 10.8 厘米，底径 8 厘米。

165. 青花花卉纹盖罐　高 14 厘米，最宽处 12.5 厘米，藏大英博物馆，OA1972.6-10.1。（该罐为埃尔佛雷德·克拉克夫人捐赠，胎体为纯白色。）

又一件见于佳士得 2014 年秋拍，缺盖，宽 13 厘米，图录编号 3237。（1984 年景德镇珠山窑址永乐地层出土过一件青花笔盒，所绘花卉与此相同。）

166. 青花四季花卉纹罐　高 24.8 厘米，见于北京匡时 2014 年春拍，图录编号 3070。

又一件见于台北“故宫博物院”，故瓷 008458。（该罐有盖。）

167. 青花折枝瑞果纹盖罐（缺盖）　高 25.6 厘米，口径 18.4 厘米，足径 20.9 厘米。藏上海博物馆。

又一件见于匡时国际 2008 年春拍，缺盖，高 25.5 厘米，图录编号 0333。

又一件见于香港苏富比 2006 年秋拍，有盖，高 35 厘米，图录编号 0902。

168. 青花缠枝莲托八宝纹罐　高 15.6 厘米，见于北京东正 2014 年秋拍，图录编号 283。

又一件见于日本山中商会　高 15.6 厘米。

169. 无款青花转枝并蒂莲纹罐（冲口）　高 24 厘米，口径 17.3 厘米，足径 18 厘米。藏北京故宫博物院。

170. 青花缠枝莲纹花卉罐　高 20.5 厘米。见于太平洋 2004 年春拍。

171. 青花转枝莲纹双系小盖罐（缺盖）　高 6.7 厘米，见于北京永乐 2012 年秋拍，图录编号 712。

又一件见于香港苏富比 2001 年秋拍，高 8 厘米，有盖，图录编号 0526。

172. 翠青釉三系盖罐（有盖） 高 14.4 厘米，口径 10 厘米，足径 14.1 厘米。藏北京故宫博物院。

又一件见于台北“故宫博物院”，故瓷 017644。

173. 翠青釉三系盖罐（有盖） 高 10.4 厘米，口径 9.9 厘米，足径 14.1 厘米。藏北京故宫博物院。

174. 青花锦地花卉纹壮罐（带盖） 高 28.5 厘米，口径 12.5 厘米。藏北京故宫博物院。

又一件见于北京故宫博物院，高 22.7 厘米，口径 12.5 厘米，足径 10.8 厘米。

175. 青花转枝宝莲纹壮罐（缺盖） 高 18.2 厘米，见于北京保利 2008 年秋拍，图录编号 2877。

又一件见于辽宁国拍 2006 年秋拍，高 18.7 厘米，无盖，图录编号 10。

176. 翠青釉三系盖罐（带盖） 高 10.4 厘米，口径 9.9 厘米。藏北京故宫博物院。

177. 冬青釉棋子盖罐（带盖） 高 12 厘米，见于香港苏富比 2009 年秋拍，图录编号 1624。

178. 甜白釉划缠枝莲纹棋子罐（缺盖） 高 9.6 厘米，见于香港苏富比 1999 年秋拍，图录编号：324。

179. 甜白釉暗花缠枝莲纹三系罐 高 9.4 厘米，口径 10.3 厘米，足径 14.3 厘米。藏国家博物馆。

180. 甜白釉暗刻莲花纹罐 高 24 厘米，见于太平洋 2004 年春拍，图录编号 584。

181. 甜白釉荷叶盖罐（残） 高 38 厘米。1994 年出土，藏景德镇市陶瓷考古研究所。

182. 甜白釉锥花云龙纹馆（残） 高 17 厘米。1988 年出土。藏景德镇市陶瓷考古研究所。

183. 甜白釉四系罐 高 17.2 厘米，口径 10.7 厘米。藏北京故宫博物院。

又一件见于大英博物馆，高 12.8 厘米，宽 16.5 厘米，编号 OA1954.4-20.2。（为 W. 罗伯茨夫人捐赠。）

又一件见于台北“故宫博物院”，故瓷 011334。（外壁光素无纹饰。）

184. 甜白釉双系小罐 宽 8 厘米，见于北京保利 2017 年秋拍，编号 6054。（玫茵堂收藏。）

185. 甜白釉四季花卉纹双系盖罐 藏台北“故宫博物院”，故瓷 014214。（景德镇珠山遗址曾出土相同器型残器。）

186. 甜白釉罐　高 9.1 厘米，口径 8.9 厘米，足径 12.5 厘米。藏上海博物馆。

又一件见于北京嘉信 2006 年秋拍，高 10 厘米，图录编号 143。

187. 甜白釉暗刻龙纹盖罐　高 27 厘米。见于 2017 年中贸圣佳秋季拍卖会图录，编号 809。

188. 釉里红云龙纹罐　高 21.5 厘米，口径 10 厘米，腹径 20 厘米。见于江苏爱涛 2005 年秋拍。

D. 盘类

龙凤纹

189. 青花白龙纹大盘（残）　高 5.4 厘米，口径 28 厘米，底径 19.8 厘米。藏景德镇陶瓷考古研究所。（1993 年景德镇珠山出土。）

190. 青花海浪白龙纹窝盘（残）　高 5.4 厘米，口径 28 厘米，足径 19.8 厘米。1994 年出土。藏景德镇陶瓷考古研究所。

191. 青花十棱云龙纹盘　高 4.2 厘米，口径 20.9 厘米，足径 13 厘米。藏台北“故宫博物院”。故瓷 3065。（底心与盘心为同样图案。）

192. 青花龙凤纹盘（残）　高 3.9 厘米，口径 21.8 厘米，足径 13.7 厘米。藏上海博物馆。

193. 青花暗刻行龙纹盘　直径 17.6 厘米，见于佳士得 2003 年秋拍，图录编号 625。（盘心饰以三朵如意云。）

194. 青花龙纹带暗刻大盘　高 4.4 厘米，口径 23.7 厘米，足径 13.9 厘米，重 597 克。谦牧堂收藏。

195. 釉里红暗云龙纹盘（残）　高 2.8 厘米，口径 19.2 厘米，足径 11.9 厘米。藏上海博物馆。

196. 釉里红地拔白龙纹盘（残）　藏景德镇陶瓷考古研究所。

197. 祭红釉暗云龙纹盘　高 3.5 厘米，口径 14.9 厘米，足径 8.9 厘米。藏上海博物馆。

又一件见于北京故宫博物院，盘高 4.2 厘米，口径 19.3 厘米，足径 11.7 厘米。

又一件见于北京故宫博物院还藏有一件，口部伤，高 3.7 厘米，口径 19.1 厘米，足径 11.8 厘米。

又一件见于天津艺术博物馆盘高 3.7 厘米，口径 15 厘米，足径 8.5 厘米。

又一件见于大英博物馆，收藏有**二件**，一件口径 20.3 厘米，另一件口径为 17.1 厘米，均由暗刻花纹，盘心为三朵云纹，内壁为双龙。

又一件见于大英博物馆，该馆还收藏一件，高 4 厘米，直径 17.1 厘米，编号 OA1947.7-12.323。

198. 甜白釉龙纹划花大盘 高 6.8 厘米，直径 39.3 厘米，藏大英博物馆，OA1975.10-28.12。（该盘为约翰·艾剔斯爵士捐赠。）

又一件见于伊朗的阿德比尔神庙，该庙收藏有**两件**类似的大盘。

又一件见于纽约苏富比 2017 年春拍，图录编号 2。

199. 甜白釉暗刻龙纹盘（残） 高 4.3 厘米，口径 19.9 厘米，足径 12.3 厘米，重 361 克。藏谦牧堂。

200. 甜白釉暗花凤纹盘 直径 19 厘米，见于香港佳士得 2003 年春拍，图录编号 646。

201. 甜白釉云龙纹碟 藏台北"故宫博物院"，故瓷 004230。（该碟共藏有二件。）

202. 青花波涛龙纹托盘 藏台北"故宫博物院"，故瓷 009240。（该托盘与爵杯共二套。）

203. 锥花红地绿龙纹小盘（残） 高 3.9 厘米，口径 14.8 厘米，足径 8.8 厘米。藏景德镇陶瓷考古研究所。（1984 年出土。）

瑞禽纹

204. 青花鱼藻纹大盘 高 8.1 厘米，口径 53.1 厘米，足径 40 厘米。藏上海博物馆。

又一件见于景德镇陶瓷考古研究所，**残器**。（1994 年珠山东门头永乐地层出土了一件青花鱼藻纹盘的残片，残长 37.4 厘米，其纹饰与上海馆藏器完全一致。）

205. 青花双鱼纹盘 口径 53.5 厘米。藏日本大和文华馆。（内心画鲫鱼两条，此盘为鱼藻纹盘之最大者。

206. 青花穿花摩羯纹盘 高 4 厘米，直径 19 厘米，上海大众 2008 年秋拍，图录编号 263。

207. 青花园景花卉纹大盘 高 8.5 厘米，直径 63.5 厘米，足径 49.5 厘米。藏北京故宫博物院。

208. 青花枇杷果绶带鸟图菱口大盘　口径 50.5 厘米。藏日本大阪市立东洋陶瓷美术馆。

又一件见于北京故宫博物院，高 9.2 厘米，口径 51.2 厘米，足径 34.5 厘米。（外口沿下饰以海水江牙纹。）

又一件见于天津博物馆。

209. 青花鹦鹉桃枝纹大盘　直径 76.5 厘米。为私人收藏。（见埃斯卡纳齐回忆录。）

又一件见于香港佳士得 2011 年春拍。直径 73.2 厘米。

又一件见于《世界陶瓷全集》14，P33。直径 72.1 厘米。

210. 青花荔枝绶带鸟图大盘　直径 59.5 厘米。玫茵堂收藏。（见埃斯卡纳齐回忆录。）

又一件见于香港佳士得 2003 年春拍，直径 59.5 厘米，图录编号 642。

211. 青花莲池鸳鸯菱口盘　口径 23 厘米，见于北京中嘉 2010 年春拍，图录编号 2667。

折枝、缠枝纹

212. 青花岁寒三友图大盘　直径 34.1 厘米。玫茵堂收藏。（见埃斯卡纳齐回忆录。）

又一件，高 8.5 厘米，口径 63.5 厘米，足径 49.5 厘米。藏北京故宫博物院。

又一件见于香港苏富比 2011 年春拍，直径 34 厘米，图录编号 47。

213. 青花海水石榴花纹菱口盘　直径 20 厘米，见于中国嘉德 2014 年春拍，图录编号 3574。

又一件见于北京光华路五号博物馆，高 2.5 厘米，直径 20 厘米。（原为英国旧藏。）

214. 青花八出开光葡萄纹折沿盘（残）　口径 40.5 厘米。1994 年出土。藏景德镇陶瓷考古研究所。

215. 青花海水折枝葡萄纹折沿大盘　直径 37.8 厘米。为私人收藏。（见埃斯卡纳齐回忆录。）

又一件见于香港佳士得 2002 年秋拍，直径 37.5 厘米，图录编号 527。（又一件见于北京保利 2014 年秋拍，直径 37.5 厘米，图录编号 7419。又见于中贸圣佳 2017 年春拍，直径 37.5 厘米，图录编号 111。）

又一件见于香港佳士得 2008 年秋拍，直径 37.7 厘米，图录编号 2245。

又一件见于北京保利 2017 年春拍，直径 37.8 厘米，图录编号 5199。（为日本壶中居旧藏。）

216. 青花花叶缘折枝葡萄纹菱口大盘 见于香港佳士得2007年秋拍。

217. 青花海水缠枝葡萄纹折沿大盘 荷兰国立博物馆收藏一件，口径38厘米，入藏号：1975-1028-7。

又一件见于香港佳士得2000年春拍，图录编号677。

又一件见于中国嘉德2004年秋拍，直径37.7厘米，图录编号146。（再见于香港佳士得2006年秋拍，直径37.7厘米，图录编号1313。再次出现于香港佳士得2008年秋拍，直径37.7厘米，图录编号2245。）

又一件见于中国嘉德2004年秋拍，编号0146。

又一件见于北京诚轩2007年秋拍，直径37.6厘米，图录编号11。又一件见于北京保利2009年秋拍，直径37.5厘米，图录编号2036。

又一件见于北京瀚海2010年秋拍，直径38厘米，图录编号2328。

又一件见于中国嘉德2012年春拍，图录编号2708。

又一件见于香港苏富比2012年春拍，口径37厘米，图录编号0021。（著录来源：康蕊君《玫茵堂中国陶瓷》，伦敦1994—2010年，卷4，编号1638。）

又一件见于中国嘉德2015年秋拍，直径37厘米，图录编号2569。（为日本万野美术馆收藏品。）

又一件见于北京保利2015年秋拍，直径38厘米，图录编号8617。（来源为香港佳士得1993年春拍，编号711。）

又一件见于中贸圣佳2016年秋拍，直径37.5厘米，图录编号1243。

又一件，见于纽约佳士得2016年秋拍，直径38.1厘米，图录编号1318。

又一件见于保利香港2016年春拍，直径38.4厘米，图录编号3040。（来源为在望山庄旧藏。）

又一件见于北京匡时2018年秋拍，直径38厘米，图录编号2806。（为慈禧赐给海关总税务司赫德之物。）

218. 青花海水花卉葡萄纹菱口大盘 高8厘米，口径44.5厘米，足径29厘米。藏香港葛氏天民楼。

又一件见于首都博物馆，高8.2厘米，口径45厘米。

又一件见于北京故宫博物院，高7厘米，口径37.8厘米。

又一件见于大英博物馆，高7厘米，直径41厘米，编号OA1968.4-22.27。（为沃尔特·赛奇威克夫人遗赠。）

又一件见于阿德比尔神庙。

又一件见于印第安纳波利斯艺术馆。

又一件见于 1995 年北京瀚海艺术品拍卖公司，口径 43 厘米。

又一件见于 1995 年香港苏富比拍卖公司，口径 44.5 厘米。

又一件见于中国嘉德 2004 年秋季拍卖会，口径 37.7 厘米，图录号 146。

又一件见于纽约苏富比 2015 年春拍，直径 43.2 厘米，图录编号 264。（来源：印度莫卧儿帝国第五位君主沙·贾汗，J.J.Kiejman Works of art；纽约 Guennol，1967 年 9 月 22 日入藏。）

219. 青花花卉葡萄纹菱口盘　直径 20 厘米，见于云南典藏 2006 年春拍，图录编号 272。

又一件见于北京瀚海 2004 年秋拍，直径 20.3 厘米，图录编号 2715。

又一件见于北京匡时 2010 年春拍，直径 19.4 厘米，图录编号 1268。

220. 青花四季花果纹折沿大盘　高 7 厘米，直径 37.6 厘米，藏大英博物馆，OA1975.10-28.15。（该盘为约翰·艾剔思爵士捐赠。）

又一件见于台湾鸿禧美术馆，图录编号 42。

又一件见于景德镇陶瓷考古研究所，**残器**。（1994 年景德镇珠山御窑厂遗址永乐地层出土国产该器物的残件。）

221. 青花四季花果纹莲瓣葵口大盘　藏于台北“故宫博物院”，故瓷 006630。（口沿绘折枝花卉纹 16 枝。）

又一件见于佳士得 2019 年春拍，直径 31.8 厘米。图录编号：2813。

222. 青花四季花卉纹莲瓣式盘　藏台北“故宫博物院”，故瓷 006109。

又一件见于崇真堂，口径 42 厘米，足径 26 厘米。

223. 青花转枝花卉纹折沿大盘　高 7.1 厘米，口径 38.5 厘米，足径 28.5 厘米。藏国家博物馆。

又一件见于英国里艾斯克，编号 220J。（盘心绘牡丹、茶花、葵花各一朵，见于佳士得 2013 年秋季拍卖图录，3105。）

又一件见于土耳其托普卡比皇宫博物馆，该馆收藏有**二件**，载 1985 年伦敦出版《Chinese Ceramics in the Topukapi Saray Museum，Lstanbul》第二册，P512、514。

又一件见于伊朗阿德比尔，载 1956 年华盛顿出版的 J.A.Pope 著《Chinese

porcelalins from the Ardebil Ardebil Shrine》，图版 34，编号 2988。

又一件见于印度皇帝沙·贾汗（Shah Jahan）的收藏，并且刻上其名款。

又一件见于台北“故宫博物院”。

又一件见于赵从衍旧藏。

又一件见于瑞士鲍氏东方艺术馆。

224. 青花折枝番莲纹折沿大盘 直径 43 厘米。为私人收藏。（见埃斯卡纳齐回忆录。）

225. 青花转枝莲纹盘 直径 27.7 厘米，见于中国嘉德 1999 年秋拍，直径 27.7 厘米。又见于 2004 年春拍，图录编号 1997。

又一件见于中国嘉德 2001 年春拍，直径 28 厘米。

又一件见于中国嘉德 2011 年春拍，口径 38.5 厘米，图录编号 3985。

226. 青花海水转枝团花纹菱口大盘 高 6 厘米，口径 33.5 厘米，足径 22 厘米。藏香港葛氏天民楼。（葛氏的天民楼著录为“四季花卉纹大盘”。）

又一件见于台北“故宫博物院”，高 6.9 厘米，口径 37.7 厘米，足径 24.6 厘米。故瓷 6106。

又一件见于深圳和畅园博物馆，高 7 厘米，口径 33 厘米，足径 22 厘米。

又一件见于英国里艾斯克，口径 40.7 厘米。

又一件见于观唐皕榷 2017 年春拍，直径 41 厘米，图录编号 550。（为英国私人旧藏。）

又一件见于伦敦苏富比 1968 年秋拍大维德基金会专场拍卖，编号 95。香港苏富比 1981 年春拍，编号 704。香港苏富比 2005 年春拍，图录编号 1449。北京保利 2018 年秋拍，图录编号 5474。（该盘为大维德爵士旧藏。）

又一件见于香港佳士得 2007 年春拍，图录编号 1451。

又一件见于中国嘉德 2011 年春拍，直径 33.5 厘米，图录编号 3999。（又见于厦门华臣 2015 年春拍，直径 33.5 厘米，图录编号 46。）

又一件见于北京保利 2015 年秋拍，直径 32.5 厘米，图录编号 8616。（为日本藏家旧藏。）

又一件见于香港苏富比 2016 年秋拍，图录编号 3630。（该盘曾见于伦敦佳士得 2004 年秋拍，图录编号 131。）

又一件见于 2019 年保利秋拍，直径 41.5 厘米，图录编号 5653。

又一件见于保利 2019 年秋拍直径 34 厘米，高 5.5 厘米，图录编号 933。（为法国藏家旧藏。）

227. 青花海水转枝花卉纹折沿大盘　直径 41 厘米，见于北京保利 2015 年春拍，图录编号 8129。（来源为台湾资深藏家收藏。）

又一件见于匡时国际 2006 年秋拍，直径 40 厘米，图录编号 1333。（又见于香港佳士得 2006 年秋拍，直径 40 厘米，图录编号 1509。又见于中贸圣佳 2007 年秋拍，直径 40 厘米，图录编号 408。）

又一件见于北京匡时 2008 年春拍，口径 40.5 厘米，图录编号 0332。

又一件见于中国嘉德 2011 年春拍，直径 41.2 厘米，图录编号 4000。

228. 青花波涛瓜瓞连绵纹折沿大盘　直径 40.3 厘米，见于北京保利 2017 年春拍，图录编号 5200。

又一件见于北京东正 2013 年春拍，直径 40.5 厘米，图录编号 125。

又一件见于北京保利 2016 年春拍，直径 38 厘米，图录编号 8494。（原为英国 Bluet&Son 旧藏。）

229. 青花海水转枝四季花卉纹菱口大盘　直径 33.7 厘米，见于香港苏富比 2017 年春拍，图录编号 3611。（来自 Spink & Son 伦敦，1967 年。）

又一件见于台北“故宫博物院”，故瓷 006106。

又一件见于香港苏富比 2013 年春拍，口径 33.7 厘米，图录编号 3018。

又一件见于北京东正 2014 年春拍，图录编号 580。

又一件见于纽约苏富比 2017 年春拍。（来自伦敦苏富比 1987 年。）

230. 青花海水花卉纹葵花式盘　藏台北“故宫博物院”，故瓷 016063。（该盘可能为盏托。）

231. 青花转枝四季花卉纹菱口大盘　高 6.4 厘米，口径 33.4 厘米，足径 21.6 厘米。藏国家博物馆。（该馆还收藏有另外一件，高 6.5 厘米，口径 37 厘米，足径 24.2 厘米。）

又一件见于台北“故宫博物院”。

又一件见于牛津大学阿什莫林博物馆，直径 38 厘米。

又一件见于英国大维德基金会，高 6.2 厘米，口径 34.3 厘米。入藏号：PDF.A.600。

又一件为私人收藏，直径 38.8 厘米。（见埃斯卡纳齐回忆录。）

又一件直径 31.8 厘米，见于香港佳士得 1989 年 1 月 17 日，图录编号 588。

又一件见于北京瀚海 1996 年春拍，口径 38.2 厘米，图录编号 0865。再见于北京瀚海 1999 年春拍，直径 38.2 厘米。

又一件见于中贸圣佳 2002 年秋拍，直径 38.4 厘米，图录编号 868。（图录原定为元代。）

又一件见于香港苏富比 2004 年秋拍，直径 38 厘米，图录编号 160。又见于香港苏富比 2008 年秋拍直径 38 厘米，图录编号 2542。又见于北京保利 2009 年春拍，直径 38 厘米，图录编号 1356。又见于香港佳士得 2010 年春拍，直径 38 厘米，图录编号 1852。又见于北京诚轩 2011 年春拍, 口径 38 厘米, 图录编号 0660。又见于北京东正 2017 年秋拍，直径 38 厘米，图录编号 1506。

又一件见于中国嘉德 2005 年秋季拍卖会，口径 38 厘米。图录号 474。

又一件见于香港佳士得 2006 年秋拍，直径 38.3 厘米，图录编号 1385。再见于香港苏富比 2013 年春拍，口径 38.3 厘米，图录编号 0020。（著录来源《玫茵堂藏中国陶瓷》，伦敦 1994—2010 年卷 2，编号 663。）

又一件见于匡时国际 2007 年春拍，直径 38.1 厘米，图录编号 1369。

又一件见于上海嘉泰 2007 年春拍，直径 43 厘米，图录编号 730。

又一件见于北京保利 2008 年春拍，直径 38.5 厘米，图录编号 2545。

又一件见于香港苏富比 2013 年春拍，直径 33.7 厘米，图录编号 3018。

保利香港 2017 年秋拍出现一件，直径 34 厘米，编号 3055。（为日本藏家旧藏。）

232. 青花折枝牡丹纹折沿大盘　高 8.3 厘米，口径 45.2 厘米，足径 29.2 厘米。藏国家博物馆。

又一件见于 1995 年香港佳士得公司，口径 40 厘米。

又一件见于上海嘉泰 2007 年春拍，直径 40.3 厘米，图录编号 729。

又一件见于景德镇陶瓷考古研究所，**残器**。高 7.5 厘米，口径 43.5 厘米，足径 28.1 厘米。（1988 年出土。）

233. 青花折枝牡丹纹菱口大盘　直径 44.3 厘米，见于匡时国际 2006 年春拍，图录编号 1470。

234. 青花转枝牡丹纹菱口大盘　高 7.4 厘米，直径 38 厘米，藏大英博物馆，OA1937.10-12.1。（该盘为沃尔特·赛奇威克夫人遗赠。）

又一件见于哥本哈根装饰艺术博物馆。

又一件见于台北“故宫博物院”。1982，图录编号 37。

又一件见于台湾鸿禧美术馆，图录编号 50。

又一件见于斯德哥尔摩远东古物博物馆，

又一件见于玫茵堂。

又一件见于阿德比尔神庙。

又一件见于景德镇陶瓷考古研究所，**残器**。（1994年景德镇珠山御窑厂遗址永乐地层出土。）

又一件见于E.T.霍尔教授Professor.E.T.Hall的私人藏品，出售了一件同样的瓷器。

又一件见于长风拍卖2010年春拍，直径38厘米，图录编号967。

235. 青花海水里外转枝莲纹大盘 直径38.2厘米，见于香港苏富比2004年春拍，图录编号290。

又一件见于北京瀚海2000年春拍，直径39.3厘米。

又一件见于北京光华路五号博物馆，高7厘米，直径41.5厘米。

236. 青花茶花纹菱口大盘 藏土耳其伊斯坦布尔托普卡帕皇宫博物馆，TKS 15|1389。

237. 青花缠枝茶花牡丹纹折沿盘（残） 口径41.3厘米。1994年出土。藏景德镇陶瓷考古研究所。

238. 青花山茶花菊花纹菱口盏托 高2.5厘米，直径19.2厘米，藏大英博物馆，OA1975.10-28.11。（该盘为盏托，为约翰·艾剔思爵士捐赠。该馆还收藏一件类似的器物，高2.5厘米，直径19.7厘米，编号OA1947.7-12.199。为哈里·奥本海姆捐赠。）

又一件见于景德镇陶瓷考古研究所，残器。（1994年景德镇珠山御窑厂遗址的永乐地层出土。）

又一件见于斯德哥尔摩远东古物博物馆。

又一件见于台北“故宫博物院”。

又一件见于台湾鸿禧美术馆，图录编号55。

又一件见于伦敦大维德中国艺术基金会。

239. 青花折枝月季花纹菱口盘 直径20厘米，见于北京中汉2017年春拍，图录编号3。

240. 青花折枝月季花纹折沿大盘 直径37.5厘米，见于香港苏富比2011年秋拍，图录编号26。

241. 青花六出开光莲纹花口折沿盘（残） 口径40.5厘米。1994年出土。藏景德镇陶瓷考古研究所。

242. 青花松竹梅纹大盘 高8.5厘米，口径63.5厘米，足径49.5厘米。藏北京故宫博物院。

243. 青花折枝荔枝纹大盘 高7.1厘米，口径38.5厘米。藏南京博物院。

又一件见于景德镇陶瓷考古研究所，**残器**。高5.8厘米，口径29厘米，足径20厘米。（1994年出土。）

244. 青花转枝莲菊卷草纹盘　直径27.8厘米，见于北京匡时2015年秋拍，图录编号3929。（来源：Eskenazi的旧藏。）

245. 青花折枝菊花纹折沿盘（残）　高6.5厘米，口径38.5厘米，足径24.5厘米。藏景德镇陶瓷考古研究所。（1994年出土。）

246. 青花四季花卉纹大盘　高7厘米，口径38.5厘米，足径25厘米。藏香港葛氏天民楼。

247. 青花缠枝菊花纹折沿盘　直径37.7厘米，见于香港苏富比2009年秋拍，图录编号1691。

248. 青花转枝四季花卉纹菱口大盘　口径41厘米。见于2017年秋季拍卖会图录，编号2322。

又一件见于北京光华路五号博物馆，高7.5厘米，直径38.5厘米。（原英国旧藏。）

又一件见于上海信仁2004年秋拍，直径33.5厘米，图录编号1043。再见于江苏爱涛2005年秋拍，直径33.5厘米。

又一件见于上海信仁2005年春拍，口径38.2厘米。（再见于北京瀚海2013年秋拍，直径38.2厘米，图录编号3929。）

又一件见于北京保利2012年秋拍，直径38厘米，图录编号5564。（再见于中国嘉德2013年春拍，直径38厘米，图录编号3083。再见于中贸圣佳2014年春拍，直径38厘米，图录编号1119。又见于华艺国际2016年秋拍，直径38厘米，图录编号1117。）

又一件见于北京瀚海2014年秋拍，直径37.8厘米，图录编号3379。

249. 青花折枝团花纹菱口大盘　直径33.6厘米，见于香港苏富比2016年秋拍，图录编号3715。（来源为日本藏家旧藏。）

250. 青花缠枝瓜瓞连绵纹大盘　高7厘米，口径37.6厘米，足径24.2厘米。藏香港葛氏天民楼。

又一件见于大英博物馆，高6.8厘米，直径37.3厘米，编号OA1954.4-20.1。（为W.罗伯茨夫人捐赠。）

又一件见于台湾鸿禧美术馆，图录编号46。

又一件见于土耳其伊斯坦布尔托普卡比皇宫博物馆。

又一件见于阿德比尔神庙。

又一件见于景德镇陶瓷考古研究所，**残器**。（1994年景德镇珠山御窑厂遗址永乐地层出土。）

251. 青花折枝莲花纹盘 口径38.5厘米。中国嘉德2011年春季拍卖会，图录号3985。（又见于中国嘉德2005年春季拍卖会，图录号1986。）

252. 青花折枝莲纹折沿盘（残） 口径43.5厘米。1994年出土。藏景德镇陶瓷考古研究所。

253. 青花折枝三朵莲纹菱口大盘 口径38厘米。见于中国嘉德2005年秋拍。

又一件见于北京瀚海2004年春拍，直径37.5厘米。

254. 青花缠枝花卉纹束把莲纹窝盘 高6.4厘米，口径34.7厘米，足径25厘米。藏香港葛氏天民楼。

又一件见于景德镇陶瓷考古研究所，**残器**。高5.6厘米，口径32厘米，足径22.9厘米。（1994年出土。）

又一件见于北京光华路五号博物馆，高5.5厘米，直径27.6厘米。（原法国旧藏。）

又一件见于北京光华路五号博物馆，高5.8厘米，直径31.3厘米。

又一件见于北京瀚海1996年秋拍，直径34厘米。（再见北京翰海2001年秋拍，直径34厘米。又见于中国嘉德2008年春拍，直径34厘米，图录编号2129。再见于上海嘉泰2013年春拍，直径34厘米，图录编号2177。）

又一件见于北京瀚海1996年春拍，直径31.5厘米。（再见于于北京诚轩2006年春拍，直径31.4厘米，图录编号14。又见于华艺国际2017年春拍，直径31.5厘米，图录编号1109。）

又一件见于北京翰海1997年春拍，直径32厘米。再见于北京翰海2000年秋拍，直径32厘米。又见于北京保利2016年春拍，直径32厘米，图录编号8492。（来源为北京旧藏家文革后退回物品。）

又一件见于北京翰海1998年春拍，直径34.5厘米。又见于2001年秋拍，直径34.5厘米。（再见于中贸圣佳2015年春拍，直径34.4厘米，图录编号779。该器物为文物商店旧藏。）

又一件见于北京瀚海2001年春拍，直径31.2厘米。

又一件见于上海信仁2004年秋拍，高7厘米，口径40厘米，图录编号1066。（再见于上海博海2006年春拍，直径40厘米，图录编号79。）

又一件见于香港佳士得2007年秋拍，直径38厘米，图录编号1735。

又一件见于香港佳士得2009年春拍，口径40.6厘米，图录编号1804。（再见于厦门保利2016年春拍，直径40.5厘米，为香港藏家徐展堂的旧藏。）

又一件见于中国嘉德2010年春拍，口径40.9厘米，图录编号2612。

又一件见于北京瀚海2010年秋拍，图录编号，3153。

又一件见中国嘉德2010年秋季拍卖会，口径40.2厘米，图录号2356。

又一件见于香港苏富比2012年春拍，口径27.6厘米，图录编号0037。

又一件见于北京匡时2014年春拍，直径31厘米，图录编号3067。（又一件见于保利2019年秋拍，直径31厘米，高5.5厘米。图录编号，934。）

又一件见于中贸圣佳2016年秋拍，图录编号1242。

255. 青花海水束把莲纹折沿大盘 直径44.4厘米。为私人收藏。（见埃斯卡纳齐回忆录。）

又一件见于台北“故宫博物院”，故瓷001823。

又一件见于云南艺拍2002年秋拍，直径44厘米，图录编号133。

又一件见于香港佳士得2009年春拍，直径40.6厘米，图录编号1804。

又一件见于荣盛国际2015年春拍，直径39.5厘米，图录编号55。

256. 青花海水瓜瓞纹折沿盘（残） 高6.5厘米，口径33.6厘米，足径20.5厘米。藏景德镇陶瓷考古研究所。（1994年出土。）

257. 青花折枝并蒂莲折沿大盘 直径37.5厘米，见于北京保利2017年秋拍，编号6072。

又一件见于景德镇陶瓷考古研究所，**残器**。口径40.4厘米。（1994年出土。）

又一件见于北京保利2009年春拍，直径37.5厘米，图录编号1362。（又见于中贸圣佳2016年秋拍，直径37.5厘米，图录编号1245。）

258. 青花折枝花卉宝莲纹菱口大盘 直径37.5厘米，见于北京瀚海2003年春拍，图录编号2357。

259. 青花湖石鸡冠花纹大窝盘（残） 高10厘米，口径68.3厘米，足径54.5厘米。藏景德镇陶瓷考古研究所（1994年出土。）

260. 青花缠枝莲纹窝盘 口径28厘米，见于苏富比2008年春拍，图录编号：2511。

又一件见于香港苏富比1991年秋拍，图录编号：28。

又一件见于伦敦苏富比1972年春拍，图录编号：129。

又一件见于伦敦苏富比1997年秋拍，图录编号：203。

261. 青花松竹梅纹大窝盘（残）　高8.3厘米，口径65.5厘米，足径52.5厘米。藏景德镇陶瓷考古研究所。（1994年出土。）

262. 青花葡萄纹大窝盘（残）　高7.5厘米，口径41厘米，足径30厘米。藏景德镇陶瓷考古研究所。（1994年出土。）

263. 青花仰覆牡丹纹折沿大盘　直径39.5厘米，见于北京东正2015年春拍，图录编号3032。（为日本私人收藏。）

264. 青花花卉纹葵花式盘　藏台北“故宫博物院”，故瓷010108。

265. 青花折枝瑞果双莲纹折沿大盘　口径37.5厘米。见于中贸圣佳2016年秋拍。

266. 青花双桃纹菱口折沿大盘　直径32.5厘米，见于香港苏富比1988年春拍，图录编号：131。

267. 青花折枝双桃纹窝盘（残）　高5.3厘米，口径32厘米，足径22.5厘米。藏景德镇陶瓷考古研究所。（1994年出土。）

其他

268. 青花松树小景大窝盘（残）　高7.2厘米，口径41厘米，足径28.5厘米。藏景德镇陶瓷考古研究所。（1994年出土。）

269. 红釉盘　高4.1厘米，口径18.3厘米，足径11.1厘米。藏国家博物馆。

又一件见于景德镇市陶瓷考古研究所，该所共收藏有**四件**同样的**残器**，大小不一，一件高3.9厘米，口径19.5厘米，足径11.8厘米；另一件高3.6厘米，口径17厘米，足径10.1厘米。另一件高4厘米，口径20.6厘米，足径13厘米；还有一件高3.2厘米，口径14.8厘米，足径8.9厘米。足墙内均为白釉。

又一件见于大英博物馆，高4厘米，直径20.3厘米，编号OA1930.4-21.5。

又一件见于天津市艺术博物馆。

又一件见于谦牧堂，高3.5厘米，口径24厘米，足径12.4厘米，重326克。

270. 甜白釉直口盘　高3.7厘米，口径19厘米，足径11.9厘米。藏上海博物馆。

又一件见于大英博物馆，**有冲，**高4厘米，直径18.4厘米，编号OA1984.2-2.7。（为约翰·艾剔斯爵士捐赠。）

又一件见于中贸圣佳2009年春拍，直径27.2厘米，图录编号1789。

271. 甜白釉暗刻一把莲大盘　直径 23.4 厘米，见于佳士得 2017 年春拍，编号 3187。（来自柏林 JOHAM JANSEEN 家族的藏品。）

又一件见于香港佳士得 2013 年春拍，直径 31.5 厘米，图录编号 1907。

又一件见于匡时国际 2007 年秋拍，直径 27.7 厘米，图录编号 2067。

272. 甜白釉折沿大盘　高 5.4 厘米，直径 36.7 厘米，藏大英博物馆，OA1975.10-28.13。（该盘为约翰·艾剔斯爵士捐赠。）

273. 甜白釉折沿花口碟（残）　口径 19.8 厘米。藏景德镇市陶瓷考古研究所。（1983 年出土。）

274. 甜白釉大盘　高 7 厘米，直径 34.2 厘米，藏大英博物馆，OA1984.2-2.14。（该盘为约翰艾剔斯爵士捐赠。）

又一件见于土耳其托普卡比皇宫博物馆，该馆共藏有类似的大盘**数件，**有的还镌刻有主人的名字。

又一件见于纽约佳士得 2015 年春拍，直径 40.5 厘米，图录编号 3111。

275. 甜白釉缠枝莲纹划花大盘　高 7 厘米，直径 37.8 厘米，藏大英博物馆，OA1975.10-28.14。（该盘为约翰·艾剔斯爵士捐赠。）

又一件见于印第安纳波利斯艺术博物馆。

又一件见于北京保利 2017 年春拍，直径 19.5 厘米，编号 5054。

又一件见于玫茵堂。

276. 甜白釉暗刻灵芝牡丹纹菱口盘　直径 19.5 厘米，香港苏富比 2008 年秋拍，图录编号 2520。

277. 甜白釉花卉纹葵花式盘　藏台北“故宫博物院”，故瓷 005880。

278. 甜白釉暗花凤纹盘　高 3.6 厘米，直径 14.2 厘米。藏北京市光华路五号博物馆。（原日本旧藏。）

279. 甜白釉菱口盘　直径 19.5 厘米。私人收藏。（见埃斯卡纳齐回忆录。）

又一件见于谦牧堂，高 4.4 厘米，口径 25 厘米，足径 14 厘米，重 530 克。

280. 黄釉盘　高 4.5 厘米，口径 20.7 厘米。藏大英博物馆大维德爵士藏中国陶瓷，PDF544。

281. 洒蓝釉大盘　高 5 厘米，口径 36 厘米，见于中拍国际 2006 年春拍，图录编号 19。

282. 宝石蓝釉盘　高 4.7 厘米，口径 22 厘米，足径 13.8 厘米，重 512 克。藏谦牧堂。

283. 龙泉窑青釉刻花双桃纹菱口盘　口径 64 厘米。见于中国嘉德 2005 年春季拍卖会。图录号 2062。

284. 龙泉窑青釉盘（明早期）　口径 65 厘米。见于中国嘉德 2011 年秋季拍卖会。图录号 3468。

285. 紫金釉盘（残）　高 4.1 厘米，口径 19.2 厘米，足径 11.7 厘米。藏景德镇市陶瓷考古研究所。（2004 年出土。）

E. 碗类

人物、龙凤纹

286. 青花庭院 16 子婴戏图碗　高 6.7 厘米，口径 19.6 厘米，足径 6.4 厘米。藏香港葛氏天民楼。

287. 青花庭院 12 子婴戏图碗　口径 19.5 厘米，见于香港苏富比 1981 年秋拍，图录编号：68。

288. 青花人物图纹碗　高 6.7 厘米，口径 19.6 厘米，足径 6.4 厘米。藏香港葛氏天民楼。

又一件见于台湾鸿禧美术馆，“青花园林 16 子婴戏图碗”，口径 19.4 厘米。

又一件见于大英博物馆，16 子婴戏人物图纹碗，高 6.5 厘米，直径 19.5 厘米，编号 OA1968.4-22.30。（为沃尔特·赛奇威克夫人遗赠。）

289. 青花瑶台赏月图高足碗　高 10.1 厘米，口径 15.5 厘米，足径 4.2 厘米。藏湖北省博物馆。（梁庄王墓出土。）

290. 青花庭院仕女图碗　口径 19.6 厘米，见于香港苏富比 1982 年春拍，图录编号：27。

291. 青花西王母骑鹤图碗　口径 19.5 厘米，见于香港苏富比 1980 年秋拍，图录编号：6。

292. 青花云龙纹直口碗（残）　高 13.5 厘米，口径 34.7 厘米，足径 18.3 厘米。藏景德镇陶瓷考古研究所。（1994 年出土。）

293. 青花暗刻云龙纹碗　高 9.4 厘米，口径 20.7 厘米，足径 8.7 厘米。藏北京故宫博物院。

又一件见于北京瀚海1996年春拍，口径20.5厘米，图录编号0968。（又见于云南艺拍2002年秋拍，直径20.5厘米，图录编号262。）

又一件见于北京瀚海2006年春拍，直径20.7厘米，图录编号2253。

又一件见于中国嘉德2008年春拍，口径20.8厘米，图录编号2130。

294. 青花云龙纹撇口碗 高8厘米，直径17.5厘米，见于北京嘉宝2006年春拍，图录编号95。

又一件见于北京翰海1996年春拍，直径20.5厘米。（再见于云南仁恒2002年秋拍，高9厘米，口径20.5厘米。外壁龙纹。）

295. 青花龙纹锥刻海水窝式碗（残） 口径20.5厘米。藏景德镇陶瓷考古研究所。（1984年出土。）

296. 红釉暗龙纹高足碗（暗刻四字年款） 高9.9厘米，口径15.8厘米，足径4.2厘米。藏北京故宫博物院。

297. 红地白云龙纹大碗（残） 口径25.8厘米。藏景德镇陶瓷考古研究所。

298. 釉里红云龙纹碗（残） 高7.1厘米，口径17厘米，足径6.8厘米。上海博物馆。

299. 釉里红云龙纹高足碗（残） 高10.2厘米，口径15.4厘米，足径4.5厘米。藏上海博物馆。

300. 鲜红地白云龙纹大碗（残） 高9.8厘米，口径25.8厘米，足径9.8厘米。藏景德镇陶瓷考古研究所。（1983年出土。）

301. 鲜红釉印花云龙纹高足碗 高9.9厘米，口径15.8厘米，足径4.2厘米。藏北京故宫博物院。

又一件藏于英国大英博物馆，高10.1厘米，口径15厘米，入藏号：1968.0423.2。

302. 甜白釉暗花云龙纹碗 高8.1厘米，口径18.1厘米，足径7.7厘米。藏上海博物馆。

又一件见于大英博物馆，高7厘米，直径22厘米，编号OAF.1。（为A.W.弗兰克斯爵士捐赠。）

又一件见于伦敦维多利亚和阿尔伯特博物馆。

303. 甜白釉内印暗龙纹外划莲瓣纹撇口碗 口径16.3厘米。见于香港苏富比2000年春拍，图录编号：608。

304. 甜白釉暗刻双龙纹茶碗 直径10.2厘米，见于佳士得2015年秋拍，图录编号3111。（来自台北“故宫博物院”所藏之旧藏品。有“大明永乐”篆书刻款。）

又一件见于台北“故宫博物院”，该院还收藏有二件，故瓷002699，002705。

305. 甜白釉云龙纹高足碗 藏台北“故宫博物院”，故瓷 005584。

306. 甜白釉双龙纹撇口小碗 藏台北“故宫博物院”， 故瓷 014509。

307. 甜白釉双龙纹高足碗 藏台北“故宫博物院”，故瓷 003896。

308. 甜白釉五龙纹高足碗 藏台北“故宫博物院”，故瓷 003895。

309. 甜白釉暗刻云凤纹大碗 直径 21.5 厘米，出现于北京荣宝 2017 年春拍，编号 1629。

又一件见于中国嘉德 2014 年春拍，该拍品为一对，直径 21.6 厘米，图录编号 3567。

310. 内红釉外釉里红赶珠龙纹大碗（残） 高 9.2 厘米，口径 25.4 厘米，足径 9.7 厘米。藏景德镇市陶瓷考古研究所。（该碗内壁施以红釉，釉下隐约可见双圈，内有篆书“永乐年制”四字款。）

311. 内红釉外釉里红赶珠龙纹碗（残） 高 7 厘米，口径 19.7 厘米，足径 7.9 厘米。藏景德镇市陶瓷考古研究所。（2003 年出土。）

312. 内白釉外釉里红赶珠龙纹大碗（残） 高 7.2 厘米，口径 20 厘米。足径 8.1 厘米。藏景德镇市陶瓷考古研究所。

313. 酱彩云龙纹碗（残） 口径 20.8 厘米。1982 年出土。藏景德镇市陶瓷考古研究所。

314. 绿地酱彩龙纹小碗（残） 高 5.4 厘米，口径 10.2 厘米，足径 4.3 厘米。1984 年出土。藏景德镇市陶瓷考古研究所。

315. 外青花内暗刻龙纹碗 口径 20.8 厘米。见于中国嘉德 2 008 年春季拍卖会，图录号 2130。

316. 内红釉模印龙纹外酱釉高足碗 直径 12.6 厘米，见于中国嘉德 2012 年春拍，图录编号 2885。

317. 青花十棱开光立龙纹碗 高 8.6 厘米，口径 18.4 厘米，足径 7.6 厘米。藏上海博物馆。

318. 青花龙凤纹花口薄胎碗 高 7.6 厘米，口径 22.2 厘米，足径 8.5 厘米，重 268 克。藏谦牧堂。

319. 矾红云凤纹直口碗（残） 高 7.3 厘米，口径 13.2 厘米，足径 7.5 厘米。藏景德镇陶瓷考古研究所。（1984 年出土。）

299. 青花穿莲凤纹碗 藏台北“故宫博物院” 高 7.1 厘米，口径 20 厘米，足径 7.9 厘米。故瓷 010758,

又一件见于台北“故宫博物院”，该碗共藏有二件。010759。

320. 青花花鸟纹高足碗　藏台北“故宫博物院”，故瓷 015998。

321. 青白瓷暗刻螺纹高足碗　藏台北“故宫博物院”，故瓷 003906。（该碗由四字篆书款。）

缠枝、折枝

322. 青花松竹梅纹斗笠碗　高 8.6 厘米，口径 21.8 厘米，足径 6.7 厘米。藏国家博物馆。

又一件藏美国费城艺术博物馆，高 8.4 厘米，口径 22.2 厘米。入藏号：1984-116-1。

323. 青花竹石芭蕉纹碗　高 7.4 厘米，口径 16.7 厘米，足径 5.7 厘米。藏国家博物馆。

又一件北京故宫博物院收藏，1939 年扬州出土。高 7.1 厘米，口径 16.4 厘米，足径 5.8 厘米。

又一件见于台北“故宫博物院”，故瓷 003792。

324. 青花莲荷纹碗　高 6.4 厘米，口径 14.7 厘米，足径 5.6 厘米。藏上海博物馆。

又一件藏山东曲阜市文管会，高 6.2 厘米，口径 14.8 厘米，足径 5.5 厘米。

325. 青花描金卷草莲塘纹碗　高 6.5 厘米，口径 15.2 厘米，足径 5.6 厘米。藏台北“故宫博物院”，故瓷 4424。（底款为描金六角雪花形图案。）

326. 青花阿拉伯花纹鸡心碗　直径 15.8 厘米，见于香港佳士得 2007 年春拍，图录编号 1452。

327. 青花菊瓣纹鸡心碗　高 10 厘米，口径 21.4 厘米，足径 7.8 厘米。藏国家博物馆。

北京故宫博物院也收藏一件，高 10.3 厘米，口径 21.2 厘米，足径 7.6 厘米。

又一件见于中国嘉德 1999 年春季拍卖会，图录号 853。口径 10.1 厘米。（该碗再次出现是中国嘉德 2005 年春季拍卖会，图录号 1984。）

又一件见于谦牧堂，高 6 厘米，口径 10 厘米，足径 2.8 厘米，重 98 克。

328. 青花花瓣纹鸡心小碗　高 5.9 厘米，口径 10.2 厘米，足径 3 厘米。藏北京故宫博物院。

北京保利 2017 春拍出现一件，直径 10 厘米。（为张逸宸旧藏。）

又一件见于 2019 年保利秋拍，直径 10.3 厘米。（为英国藏家旧藏。）

329. 青花阿拉伯菊瓣纹鸡心碗　直径 20.8 厘米，见于上海道明 2010 年春拍，图录编号 173。

又一件见于辽宁中正 2008 年春拍，直径 10.2 厘米，图录编号 28。

又一件见于中国嘉德 1999 年春拍，口径 10.1 厘米，图录编号 0853。

330. 青花外菊瓣内缠枝四季花卉纹莲子碗 直径 21 厘米，见于香港佳士得 2010 年春拍，图录编号 1851。（又见于香港佳士得 2010 年春拍，口径 21 厘米，图录编号 1851。）

又一件见于云南典藏 2003 年秋拍，直径 21.3 厘米，图录编号 400。（又见于北京匡时 2008 年秋拍，口径 21.3 厘米，图录编号 1059。）

又一件见于匡时国际 2008 年秋拍，直径 21.5 厘米，图录编号 1059。

又一件见于香港佳士得 2009 年秋拍，直径 21.4 厘米，图录编号 1871。

331. 青花内缠枝花卉外莲瓣纹鸡心碗 口径 15.8 厘米，见于纽约佳士得 1987 年春拍。图录编号 571。

又一件见于中鸿信 2018 年秋拍。

332. 青花外莲瓣内波斯纹莲子碗 藏台北“故宫博物院”，故瓷 016784。

333. 青花缠枝莲纹侈口碗 高 10.4 厘米，口径 21.1 厘米，足径 7.8 厘米。藏上海博物馆。

又一件见于北京故宫博物院，稍小，高 9.3 厘米，口径 19.6 厘米。

又一件见于北京故宫博物院，口伤，高 7.3 厘米，口径 17.3 厘米，足径 7.9 厘米。

又一件见于英国里艾斯克收藏一件，口径 19.4 厘米，收藏编号 220d。

又一件见于台北“故宫博物院”，见于 1982 年台北出版的《明代初年瓷器特展目录》，图版 28 号。

又一件见于景德镇陶瓷考古研究所，**残器**。口径 21 厘米。1984 年出土。

又一件见于叶义先生收藏，曾经展出于香港敏求精舍 1980 年举办的展览《中国陶瓷雅集》，图录编号 76。（该件于 1984 年 11 月 19 日于香港苏富比拍卖，拍品 174 号。）

又一件见于伊朗阿德比尔珍藏一件尺寸稍小，载于 1981 年香港出版 T.Misugi 著《中近东之中国瓷器》第三集，编号 84。

又一件见于北京翰海 1998 年春拍，直径 17.3 厘米。（又见于北京匡时 2008 年春拍，口径 17.3 厘米，图录编号 0331。）

又一件见于北京保利 2012 年春拍，直径 17 厘米，图录编号 5956。（又见于西泠拍卖 2015 年春拍，直径 17 厘米，图录编号 3144。）

334. 青花外缠枝莲内花果纹大碗　高 13.7 厘米，直径 35.5 厘米，足径 20 厘米。藏北京故宫博物院。

335. 甜白釉暗花缠枝莲纹碗　高 6.2 厘米，口径 15.6 厘米。藏北京故宫博物院。（该碗又见于 2016 年佳士得春拍，直径 20.6 厘米，图录编号 3315。原为伦敦佳士得 2003 年秋拍，图录编号 18。）

336. 青白釉暗花缠枝莲纹碗　高 9.1 厘米，口径 16.7 厘米，足径 5.1 厘米。藏国家博物馆。

337. 青花描金彩苜蓿花纹碗　高 6.4 厘米，口径 14.9 厘米，足径 5.4 厘米。藏北京故宫博物院。

338. 青花莲塘纹金彩碗　藏台北"故宫博物院"，故瓷 004419，004443。（该碗共有二件。）

339. 青花莲塘纹碗　藏台北"故宫博物院"，故瓷 013396。

340. 青花缠枝牡丹纹大碗　高 13.7 厘米，口径 31 厘米。藏北京故宫博物院。

341. 青花内寿桃外缠枝牡丹纹大碗　口径 57.7 厘米，见于香港苏富比 1989 年春拍，图录编号：15。

342. 青花牡丹纹碗　高 10.4 厘米，口径 25.2 厘米，足径 7.8 厘米。藏上海博物馆。

343. 青花缠枝牡丹纹撇口碗　直径 17.3 厘米，见于北京诚轩 2006 年春拍，图录编号 15。

344. 青花折枝蟠桃纹小碗　高 6.5 厘米，直径 10.8 厘米，藏大英博物馆，OA1947.7-12.171。（该碗为哈里·奥本海姆遗赠。）

又一件见于景德镇陶瓷考古研究所，1994 年，景德镇珠山御窑厂遗址永乐地层出土了一件与此相同的残器。

又一件见于香港苏富比 2006 年秋拍，直径 11.1 厘米，图录编号 903。

345. 青花外折枝寿桃内云芝纹直口大碗　直径 34 厘米，见于北京保利 2011 年春拍，图录编号 7279。

又一件见于纽约佳士得 2009 年春拍，直径 25.6 厘米，图录编号 518。

346. 青花外折枝花果内云芝纹直口碗　高 11.8 厘米，口径 25.2 厘米，足径 16.2 厘米。藏上海博物馆。

又一件见于香港佳士得 2009 年春拍，口径 25.6 厘米，图录编号 0518。

347. 青花折枝花卉纹直口碗　高 12 厘米，口径 30.3 厘米，藏大英博物馆，

OA1968.4-22.33。（该碗为沃尔特·赛奇威克夫人遗赠。）

又一件见于景德镇陶瓷考古研究所。1994 年，景德镇珠山御窑厂永乐地层出土了一件相同器物的残器。

348. 釉里红折枝莲花纹撇口碗（残） 高 6.5 厘米，口径 13 厘米，足径 5.3 厘米。2002 年出土。藏景德镇市陶瓷考古研究所。

又一件见于该所，还有另外一只残碗，釉里红纹饰模糊不清，高 6.8 厘米，口径 10.2 厘米，足径 3 厘米。

349. 釉里红折枝灵芝纹侈口碗（残） 高 6.4 厘米，口径 10.2 厘米，足径 5.2 厘米。藏景德镇市陶瓷考古研究所。（2002 年出土。）

350. 青花灵芝纹葵瓣口碗 藏台北"故宫博物院"，故瓷 011825。（台北故宫定其名为"杯"。）

351. 青花灵芝纹小碗 藏台北"故宫博物院"，故瓷 005509。

352. 青花折枝茶花纹小碗（残） 高 5.6 厘米，口径 10.9 厘米，足径 4.5 厘米。藏景德镇陶瓷考古研究所。（1994 年出土。）

353. 青花双桃纹小碗（残） 口径 11 厘米。藏景德镇陶瓷考古研究所。（1994 年出土。）

354. 青花缠枝宝相花纹小碗（残） 藏景德镇陶瓷考古研究所。

355. 青花缠枝菊纹小碗（残） 高 5.5 厘米，口径 11.4 厘米，足径 4.6 厘米。藏景德镇陶瓷考古研究所。

356. 青花缠枝莲纹小碗（残） 高 5.6 厘米，口径 11.2 厘米，足径 4.5 厘米。藏景德镇陶瓷考古研究所。

又一件见于景德镇陶瓷考古研究所，**残器**。高 5.6 厘米，口径 11.3 厘米，足径 4.5 厘米。（1994 年出土。）

357. 青花波斯宝杵纹卧足碗 高 4.6 厘米，口径 13.2 厘米，足径 4.6 厘米。藏香港葛氏天民楼。（原著录名为"波斯纹馒头心碗"，此碗曾经仇焱之、赵从衍收藏。）

又一件见于北京故宫博物院，底部有裂，名称为"青花缠枝花纹卧足碗"，高 4.3 厘米，口径 13 厘米，足径 4 厘米。

又一件见于《外销瓷中的青花瓷器》一书。

358. 青花折枝花卉纹敦式碗 直径 18.3 厘米，见于北京匡时 2016 年春拍，图录编号 3088。

又一件见于北京保利 2013 年春拍，直径 18.2 厘米，图录编号 8280。

又一件见于台北“故宫博物院”，故瓷 011729。

359. 青花波斯纹馒头碗 高 4.5 厘米，直径 13.3 厘米，藏大英博物馆，OA1953.4-15.1。

又一件见于景德镇陶瓷考古研究所。1994 年景德镇御窑厂遗址永乐地层出土了一件相同的残器。高 5.7 厘米，口径 15.4 厘米，足径 4.8 厘米。

又一件见于台北“故宫博物院”，故瓷 005072。

360. 青花波斯纹莲子碗 高 7 厘米，直径 14 厘米，藏大英博物馆，OA1968.4-22.28。（该碗因杯火烧而出现开片。为沃尔特·赛奇威克夫人遗赠。该碗另一件莲子碗纹饰不同，高 9 厘米，直径 16 厘米，编号 OA1939.5-18.1。为白兰士敦捐赠。该馆还有一件纹饰不同的莲子碗，高 9.5 厘米，直径 10.1 厘米，编号 OA1952.5-13.1。为 A.W. 布兰克斯顿捐赠。）

又一件见于台北“故宫博物院”，故瓷 013679、016784、004435。（该院藏有同样碗三件。）

又一件见于北京翰海 1996 年秋拍，直径 10 厘米。（外壁为菊瓣纹。）

又一件见于北京翰海 1999 年春拍，直径 10.3 厘米。

又一件见于中国嘉德 1999 年春拍，直径 10.1 厘米。（外壁为莲瓣纹。）

又一件见于云南仁恒 2003 年春拍，高 10.2 厘米，直径 21.3 厘米。（外壁为菊瓣纹。）

又一件见于中国嘉德 2005 年春拍，直径 10 厘米。（外壁为莲瓣纹。）

又一件见于香港苏富比 2013 年春拍，直径 10.2 厘米，图录编号 2

361. 青花枇杷缠枝花卉纹莲子碗 口径 21.3 厘米，见于香港苏富比 2012 年秋拍，图录编号 0038。（著录来源：康蕊君《玫茵堂中国陶瓷》伦敦 1994—2010 年，卷 2，编号 670。）

362. 青花缠枝蔓草纹碗 高 7.1 厘米，口径 15.8 厘米，足径 5.6 厘米，重 582 克。藏谦牧堂。

363. 青花岁寒三友图碗 藏台北“故宫博物院”，故瓷 011013。

364. 青花折枝山茶花纹小碗 高 5.9 厘米，口径 11.1 厘米，足径 4.6 厘米。藏北京故宫博物院。

365. 青花海水缠枝四季花卉纹碗 藏台北“故宫博物院”，故瓷 010171、0065165。（该碗为一对。）

366. 青花四季花卉纹碗 藏台北“故宫博物院”，故瓷 010172。（该碗故宫收藏为三件。）

367. 青花四季花卉纹小碗 藏台北“故宫博物院”，故瓷 008331。

368. 青花折枝四季花卉纹直口碗（残） 口径 34 厘米。1994 年出土。藏景德镇陶瓷考古研究所。

369. 青花四季花卉纹莲子碗 藏台北“故宫博物院”，故瓷 015880。（又称“鸡心碗”）

又一件见于景德镇陶瓷考古研究所，**残器**。口径 21.5 厘米。（1994 年出土。）

370. 青花葡萄灵芝纹高足碗 高 11.4 厘米，口径 17 厘米。藏北京故宫博物院。

371. 甜白釉暗刻八吉祥纹高足碗 直径 15 厘米，见于佳士得 2016 年春拍，图录编号 3221。（来自香港苏富比 1987 年秋，拍图录编号 40。再见于香港佳士得 2011 年秋拍，图录编号 2922。）

又一件见于香港苏富比 2013 年春拍，直径 15 厘米，图录编号 8。

372. 甜白釉暗花花卉纹撇口腕 高 7.1 厘米，口径 20.5 厘米，足径 6.8 厘米。藏上海博物馆。

373. 甜白釉暗刻四季花卉纹侈口碗 直径 21.2 厘米，见于香港苏富比 2013 年春拍，图录编号 3047。

374. 甜白釉暗刻菊瓣纹大碗 直径 20.8 厘米，见于北京荣宝 2017 年秋拍。

又一件见于中国嘉德 2003 年秋拍，有修，直径 21.2 厘米，图录编号 1426。

又一件见于香港苏富比 2013 年秋拍，直径 20.7 厘米，图录编号 215。

375. 甜白釉暗刻石榴花纹碗 高 8 厘米，直径 16.8 厘米，藏大英博物馆，OA1938.7-14.1。（该碗为哈里·奥本海姆捐赠。）

376. 甜白釉暗刻外莲瓣纹内缠枝花卉纹碗 直径 20.5 厘米，见于辽宁中正 2008 年春拍，图录编号 130。

又一件见于台北“故宫博物院”，故瓷 006219。

377. 甜白釉暗刻莲瓣纹撇口碗 直径 21 厘米，见于保利厦门 2015 年春拍，图录编号 1004。（为日本私人收藏。）

又一件见于香港苏富比 2009 年秋拍，直径 16.8 厘米，图录编号 1623。

又一件见于佳士得 2015 年春拍，直径 20.7 厘米，图录编号 3122。（来源：纽约 Ralph M.Chait Galleries 收藏，卡尔·坎普珍藏。巴黎苏富比 2008 年春拍编号 40。）

378. 甜白釉暗刻缠枝莲纹碗 高 8.7 厘米，口径 18 厘米。藏江苏省常熟市博物馆。

又一件见于纽约苏富比 1991 年春拍图录编号 218。

又一件见于北京保利 2017 年春拍，直径 20.6 厘米，编号 5055。

又一件见于玫茵堂。见于2019年保利秋拍，图录编号931。

379. 甜白釉暗刻忍冬纹盖碗 直径8厘米，见于蓝天国拍2006年春拍，图录编号631。（该碗为一对。）

380. 甜白釉高足碗 直径15.2厘米，见于香港佳士得2003年秋拍，图录编号607。

381. 青白釉暗刻花年年有余双层花口碗 高4.3厘米，直径9.3厘米，见于香港嘉德利2013年秋拍，图录编号39。（有"大明永乐年制"款。）

382. 甜白釉暗花番莲八宝纹斗笠小碗 藏台北"故宫博物院"，故瓷017642。

383. 铁绘宝相花纹莲子碗（残） 高6.8厘米，口径10.4厘米，足径3.1厘米。藏景德镇市陶瓷考古研究所。

384. 青釉高足碗 高11.3厘米，口径16厘米。藏北京故宫博物院。（足上部起竹节棱。）

385. 冬青釉高足碗（口伤） 高10厘米，口径15.3厘米，足径4.4厘米。藏北京故宫博物院。

又一件见于香港苏富比2013年秋拍，直径15.1厘米，图录编号3028。

386. 影青暗花缠枝莲纹碗 高6.1厘米，口径15.6厘米，足径5厘米。藏北京故宫博物院。

387. 龙泉青釉敦式碗 直径27.5厘米，见于香港佳士得2013年春拍。图录编号2238。

388. 青瓷划花莲瓣纹碗 藏台北"故宫博物院"，故瓷003188。

389. 仿宋湘湖釉暗刻缠枝莲纹碗 高8.8厘米，口径16.3厘米，藏于台北胡侗清先生处。（载陈昌蔚编《中国陶瓷·明代瓷器》）

390. 翠青釉碗 高5.5厘米，口径11.8厘米。藏湖北省武汉市博物馆。（武汉市龙泉山明楚昭王墓出土。）

391. 祭蓝釉单穿鸟食碗 高2.9厘米，口径7.9厘米，足径4.8厘米，重61克。藏谦牧堂。

392. 白釉葵花口碗 高6.4厘米，口径20.1厘米，足径6.2厘米。藏国家博物馆。

393. 甜白釉印花高足碗（残） 高10.3厘米。1982年出土。藏景德镇市陶瓷考古研究所。

394. 鲜红釉高足碗 高10.3厘米，口径14.9厘米。藏于台北胡侗清先生处。（载陈昌蔚编《中国陶瓷·明代瓷器》）

又一件见于香港苏富比1978年秋拍，口径15.2厘米，图录编号：117。

395. 鲜红釉碗 高9.7厘米，口径20.7厘米。无款。藏大英博物馆大维德爵士收藏中国陶瓷，PDF585。（碗为内外鲜红釉。）

又一件见于该馆还有同样一件红釉碗，有款。高 8.2 厘米，口径 18.7 厘米。PDF. A529。

又一件见于景德镇市陶瓷考古研究所，**残器**，高 8.1 厘米，口径 18.5 厘米，足径 7.7 厘米。（碗为内外红釉。2003 年出土。）

又一件见于景德镇陶瓷考古研究所，收藏一件内外鲜红釉碗的**残器**。口径 20.8 厘米。（1983 年出土。）

396. 鲜红釉小碗（残） 高 5 厘米，口径 10.3 厘米，足径 4.3 厘米。藏景德镇市陶瓷考古研究所。（碗为内外红釉。）

397. 黑釉碗（残） 高 8.1 厘米，口径 16.8 厘米，足径 7.9 厘米。藏景德镇市陶瓷考古研究所。

398. 紫金釉小碗（残） 高 5.1 厘米，口径 10.2 厘米，足径 4.2 厘米。藏景德镇市陶瓷考古研究所。

399. 白釉试料碗（残） 高 7.3 厘米，口径 17.2 厘米，足径 6.8 厘米。藏景德镇市陶瓷考古研究所。（有蓝釉和釉里红二色。）

400. 甜白釉小碗（残） 口径 9.9 厘米。1983 年出土。藏景德镇市陶瓷考古研究所。

401. 釉里红白釉试料小碗（残） 高 6.9 厘米，口径 13.2 厘米，足径 5.2 厘米。藏景德镇市陶瓷考古研究所。

402. 内釉里红外釉里红点彩试料碗（残） 高 6.8 厘米，口径 19.5 厘米，足径 7.9 厘米。藏景德镇市陶瓷考古研究所。

403. 龙泉刻折枝花果纹敦式碗 直径 20.4 厘米，见于北京保利 2013 年春拍，图录编号 8279。

F. 杯、盏类

404. 甜白釉暗刻龙纹高足杯 高 16 厘米，直径 15.5 厘米，藏大英博物馆，OA1947.7-12.276。（该杯碗心有“永乐年制”四字款式。为哈里·奥本海姆遗赠。）

又一件见于伦敦维多利亚和阿尔伯特博物馆。

又一件见于景德镇陶瓷考古研究所。1982 年景德镇珠山遗址永乐地层也出土了一件残破的同类器物。（这些高足杯应是烧造于永乐十年以前。）

又一件见于北京保利 2017 年秋拍出现一件，高 11.8 厘米，编号 6053。

又一件见于玫茵堂。

又一件见于台北“故宫博物院”，为甜白釉双龙纹高足杯，故瓷 016579。

又一件见于香港苏富比 2004 年春拍，高 14.4 厘米，图录编号 274。

405. 釉里红龙纹高足杯（残） 藏景德镇陶瓷考古研究所。

406. 甜白釉暗刻凤穿牡丹纹高足杯 直径 8.7 厘米，见于纽约佳士得 2016 年春拍，图录编号 1615。

407. 甜白釉暗花番莲八宝纹高足杯 藏台北“故宫博物院”。 故瓷 017755、017824。（台北“故宫博物院”宫藏有这类爵杯和托盘四组。）

408. 釉里红赶珠龙纹靶盏（残） 高 10.4 厘米，口径 16.2 厘米，足径 4.1 厘米。藏景德镇市陶瓷考古研究所。（该盏内壁施以白釉，盏心单圈内有“永乐年制”四肢篆书款，字迹不清晰。）

409. 釉里红暗花留白龙纹高足杯 高 9 厘米，直径 15 厘米，藏大英博物馆，OA1968.4-23.2。（该碗购自沃尔特·赛奇威克夫人。）

又一件见于景德镇陶瓷考古研究所，**残器**。高 10.3 厘米，口径 15.2 厘米，足径 4.3 厘米。（1988 年出土。）

410. 红釉高足杯 高 15.1 厘米，见于香港苏富比 2011 年秋拍，图录编号 8。

411. 青花云龙纹靶盏（残） 高 11.6 厘米，口径 14 厘米。藏景德镇陶瓷考古研究所。

412. 青花海水拔白海怪纹高足杯（残） 藏景德镇陶瓷考古研究所。

413. 青花釉里红海兽纹高足杯（残） 高 10.9 厘米。1984 年出土。藏景德镇陶瓷考古研究所。

414. 青花波涛龙纹爵杯 藏台北“故宫博物院”。爵高 15 厘米，爵长 17.1 厘米。故瓷 16859，16860。（台北“故宫博物院”共收藏该爵杯并托盘二套。）

415. 红釉靶盏（残） 高 10.1 厘米，口径 15.8 厘米，足径 4.2 厘米。藏景德镇市陶瓷考古研究所。（盏为内外红釉，盏心印有“永乐年制”四字篆书款。）

416. 青花外瑞果内云芝纹撇口杯 口径 11 厘米，见于香港苏富比 2012 年春拍，图录编号 0022。（著录来源：康蕊君《玫茵堂中国陶瓷》伦敦 1994—2010 年卷 2，编号 667。）

417. 蓝釉釉里红龙纹靶盏（残） 高 10.6 厘米，口径 15 厘米，足径 4.5 厘米。藏景德镇市陶瓷考古研究所。

418. 青花缠枝莲纹压手杯 高 5.2 厘米，口径 9.3 厘米，足径 3.9 厘米。藏北京故宫博物院。（有“永乐年制”篆书款。

又一件见于北京故宫博物院。该院还有另外三件，其中一件高5.1厘米，口径9.1厘米，足径3.95厘米。另一件残器，高5厘米，口径8厘米，足径4厘米。该院还有一件，高5.4厘米，口径9.1厘米，足径3.9厘米。）

419. 青花折枝寿桃纹侈口杯 直径11厘米。见于香港苏富比2012年春拍，图录编号22。

420. 青花海水釉里红三鱼纹小靶杯（残） 高7.2厘米，口径8厘米，足径3.9厘米。1984年出土。藏景德镇陶瓷考古研究所。

421. 青花折枝灵芝纹花口杯及杯托（残） 杯高3.7厘米，口径9厘米，足径4.2厘米，杯托口径19.3厘米。藏景德镇陶瓷考古研究所。（1994年出土。）

422. 甜白釉爵杯（一对） 最长15.6厘米，见于中贸圣佳2016年秋拍，图录编号1240。

423. 甜白釉暗刻折枝花纹压手杯 高4.9厘米，口径9.5厘米，足径4.1厘米，重112克。藏谦牧堂。

424. 甜白釉斗笠盏及托（残） 口径11.4厘米，高9.6厘米。1983年出土。藏景德镇市陶瓷考古研究所。

425. 黑釉靶盏（残） 高10.4厘米，口径15.8厘米，足径4.2厘米。2004年出土。藏景德镇市陶瓷考古研究所。

426. 紫金釉靶盏（残） 高10.6厘米，口径15.2厘米，足径4厘米。藏景德镇市陶瓷考古研究所。

G. 其他

427. 青花朵莲梵文大勺（残） 长33.5厘米，宽9.4厘米。藏景德镇陶瓷考古研究所。（1984年出土。）

又一件见于台北“故宫博物院”，故瓷016761。（这是世界唯一一把完整的大勺，其外散点式分布24朵莲花。）

428. 青花花卉纹镂空花熏 通高40厘米，口径17.3厘米，足径13.5厘米。藏台北“故宫博物院”，故瓷017815。（该器器座高足釉面略带开片纹。此花熏为世界唯一的一件，英国维多利亚和艾阿伯特博物馆有一件相同器物，但是为乾隆仿制品，有“大清乾隆年制”款。）

429. 青花缠枝番莲纹折沿盆 高 12 厘米，口径 25.6 厘米，底径 18.5 厘米。藏香港葛氏天民楼。

又一件为私人收藏，直径 26.3 厘米。（见埃斯卡纳齐回忆录。）

又一件直径 26.2 厘米，藏日本出光美术馆。

430. 青花折枝花卉纹折沿盆 高 14.7 厘米，口径 32 厘米，足径 23.1 厘米，重 4019 克。藏谦牧堂。

又一件见于台北“故宫博物院”，故瓷 017664。

又一件见于崇真堂，口径 32.5 厘米，足径 22.5 厘米，高 14.5 厘米。

又一件见于谦牧堂，口径 32 厘米，足径 23 厘米，高 14.6 厘米。

431. 青花海水缠枝四季花卉纹折沿盆 高 15.4 厘米，口径 35.1 厘米，底径 24.5 厘米。藏国家博物馆。

又一件见于北京故宫博物院，高 12.2 厘米，口径 26.6 厘米，足径 19 厘米。

又一件见于台北“故宫博物院”，高 121 厘米，口径 26.6 厘米，足径 19 厘米。故瓷 016863。

又一件见于佳士得 2017 年秋拍，直径 26.3 厘米，图录编号 8002。

432. 青花海水缠枝牡丹纹折沿盆 高 13.9 厘米，口径 31.6 厘米，足径 21.5 厘米。藏北京故宫博物院。

又一件收藏于土耳其托普卡比皇宫博物馆，TKS15|1472。

又一件见于台北“故宫博物院”，故瓷 002604。（台北“故宫博物院”依据纹饰画风，推断该盆为宣德时期的作品。）

433. 青花折枝牡丹纹八角花盆 直径 25 厘米。为私人收藏。（见埃斯卡纳齐回忆录。）

又一件见于美国国立亚洲艺术博物馆，高 14 厘米，口径 26 厘米，入藏号：1975.1028.7。

434. 青花折枝花卉海棠纹花盆 高 12 厘米，直径 25 厘米，云南艺拍 2002 年秋拍，图录编号 35。

435. 青花折枝花纹簋 高 15.5 厘米，见于东方艺都 2011 年春拍，图录编号 1387。

436. 青花折枝花卉纹海棠形花盆 见于江苏爱涛 2005 年秋拍。

437. 青花折枝花卉纹八角烛台 高 38.5 厘米，口径 9 厘米，足径 23.5 厘米。藏上海博物馆。

又一件见于上海博物馆，该馆共收藏有这种烛台三件，另一件高42.5厘米，口径10厘米，足径25厘米。还有一件，高29.8厘米，口径8.7厘米。

又一件见于北京故宫博物院，高38.5厘米，口径9厘米，足径23.5厘米。

又一件见于中国嘉德1996年秋季拍卖会出现一件，高29.8厘米，图录号1616。（又见于上海敬华2001年春拍，高29.8厘米。再见于北京翰海2005年春拍，高29.8厘米。）

438. 青花内外底团龙纹戏珠十葵口洗 口径18.3厘米，见于香港佳士得春拍，图录编号960。（来源香港苏富比1997年秋拍，口径18.3厘米，图录编号：1351。）

439. 青花团龙凤呈祥纹十葵口洗 直径18.5厘米，见于北京中嘉2008年秋拍，图录编号2380。

又一件见于香港佳士得2004年秋拍，直径18厘米，图录编号860。

又一件见于北京瀚海2006年春拍，直径20.8厘米，图录编号2252。

440. 青花缠枝四季花卉纹折沿洗 高9厘米，见于上海工美2007年春拍，图录编号50。

又一件见于香港佳士得2006年秋拍，直径26.3厘米，图录编号1510。

又一件见于景鸿堂2006年春拍，直径33厘米，图录编号9。

441. 甜白釉花口洗（残） 口径16.3厘米。1982年出土。藏景德镇市陶瓷考古研究所。

442. 甜白釉三管联通器（残） 高31.2厘米，口径9厘米。藏景德镇陶瓷考古研究所。

443. 青花阿拉伯文器座（无挡尊） 高16.5厘米，外径17.6厘米，内径9.6厘米。藏天津博物馆。

又一件藏于北京故宫博物院：高17.2厘米，口径17.2厘米，足径16.6厘米。

又一件见于北京保利2015年春拍，高17厘米，图录编号8132。

444. 青花卷草纹器座（无挡尊） 高17.2厘米，最大直径17厘米，藏大英博物馆，OA1966.12-15.1。

又一件见于1993年景德镇珠山御窑厂出土了数片此类器物的残片。

又一件见于1980年河北省文物公司也拥有一件类似器物。

445. 青花缠枝花卉纹鱼篓尊 藏北京故宫博物院。

446. 甜白釉爵（残） 高12.6厘米，最大直径15厘米。藏上海博物馆。

又一件见于英国维多利亚和阿尔伯特博物馆，高14.5厘米，口径17.5厘米，入藏号：706-1883。

447. 甜白釉八角烛台（残） 高29厘米，底径22.2厘米。藏景德镇陶瓷考古研究所。

（1983 年出土于景德镇珠山御窑厂遗址。）

448. 甜白釉花浇（残） 高 13.5 厘米。1983 年出土。藏景德镇市陶瓷考古研究所。

449. 青花莲蓬式漏斗 高 16.6 厘米，口径 12.6 厘米。藏国家博物馆。

450. 青花缠枝莲纹龙柄花浇 高 14.7 厘米，口径 8 厘米，足径 4 厘米。藏北京故宫博物院。（宣德时有该器物的白釉器。）

又一件见于大英博物馆，高 14 厘米，宽 14.2 厘米，编号 OA1950.4-3.1。（为 E.B. 哈弗尔捐赠。）

又一件见于台北“故宫博物院”，故瓷 016796。

451. 青花云龙纹洗 高 3.5 厘米，口径 15.7 厘米。藏首都博物馆。

452. 青花海水江牙纹双耳三足炉 高 57.9 厘米，口径 37.8 厘米。藏故宫博物院。

又一件见于景德镇陶瓷考古研究所，**残器**。高 60 厘米，口径 39 厘米，腹径 48 厘米，两耳间宽 59 厘米。（1994 年出土。）

453. 仿龙泉釉暗花三足炉 高 22.7 厘米，口径 18.4 厘米。藏首都博物馆。（此碗为北京昌平区出土。）

454. 黑釉划花鼎式炉（残） 高 21.2 厘米，口径 14.5 厘米。藏景德镇市陶瓷考古研究所。

455. 红釉印花折枝瑞果纹盖盒（残） 高 10.3 厘米， 13.9 厘米，足径 14.4 厘米。2003 年出土。藏景德镇市陶瓷考古研究所。

又一件见于该所还有另外一件同样的**残器,** 高 9.7 厘米, 口径 19 厘米, 足径 14.5 厘米。

456. 青花花卉纹文具盒 高 7.2 厘米，宽 32 厘米，深 7.8 厘米。藏大英博物馆大维德爵士藏中国陶瓷。PDFA629

457. 釉里红梅竹纹笔盒（残） 长 31.8 厘米。藏景德镇陶瓷考古研究所。

458. 黑釉四方盖盒（残） 口径 7 厘米。1984 年出土。藏景德镇陶瓷考古研究所。

459. 青花折枝花卉纹盖皿（残） 通高 14.8 厘米，口径 21.7 厘米，腹径 25.8 厘米，足径 17 厘米。藏景德镇陶瓷考古研究所。（1994 年出土。）

460. 甜白釉瓷罇（残） 高 19.5 厘米，口径纵 18.3 厘米，口径横 14.4 厘米。藏景德镇市陶瓷考古研究所。

461. 青花云龙纹爵（残） 高 16.8 厘米。1999 年出土。藏景德镇市陶瓷考古研究所。

462. 青花云龙纹歇爵山盘（残） 高 7.8 厘米，口径 21 厘米，底径 16 厘米。藏景德镇市陶瓷考古研究所。

463. 折角白釉瓷塔砖　长 26.8 厘米，厚 4 厘米，藏景德镇市陶瓷考古研究所。（1984 年珠山御窑厂遗址出土。）

464. 甜白釉须弥座山子　高 21 厘米，见于北京保利 2014 年春拍，图录编号 7998。

465. 甜白釉短耳爵（残）　高 11.2 厘米。藏景德镇市陶瓷考古研究所。（1983 年出土。）又一件见于 2019 年保利秋拍，长 15.5 厘米。（为玫茵堂旧藏。）

466. 青花船型水滴　长 16 厘米，见于长风拍卖 2010 年春拍，图录编号 954。

467. 青花云芝纹花口盏托　直径 19 厘米，见于北京保利 2009 年秋拍，图录编号 2035。

468. 青花缠枝花卉纹盖豆（缺盖）　见于中国嘉德 2008 年秋拍，图录编号 2110。

469. 甜白釉盖豆（残）　高 13.2 厘米。藏景德镇市陶瓷考古研究所。（1983 年出土。）

470. 甜白釉鼓腹环底盂（残）　腹径 10.9 厘米。藏景德镇市陶瓷考古研究所。（1982 年出土。）

471. 甜白釉敛口钵（残）　口径 21 厘米。藏景德镇市陶瓷考古研究所。（1984 年出土。）

472. 甜白釉莲瓣纹三足座（残）　高 19.3 厘米。藏景德镇市陶瓷考古研究所。（1983 年出土。）

473. 甜白釉素面双环耳珠顶盖皿（残）　口径 28.1 厘米。藏景德镇市陶瓷考古研究所。（1983 年出土。）

474. 绿彩灵芝竹叶纹器托（残）　高 8.5 厘米，口径 25 厘米，足径 16.5 厘米。藏景德镇陶瓷考古研究所。（1994 年出土。）

475. 金彩花卉纹敛口钵（残）　高 13.8 厘米，口径 24.5 厘米，腹径 25.8 厘米。藏景德镇陶瓷考古研究所。（1994 年出土。）

三、宣德时期馆藏著录*

A. 瓶、尊类

1. 无款青花云龙纹天球瓶 高 42.4 厘米，深 41 厘米，口径 9.5 厘米，足径 16.5 厘米，重 7297 克。藏台北“故宫博物院”。

又一件见于北京故宫博物院，高 43.2 厘米，口径 9.4 厘米，足径 16.5 厘米。

2. 青花云龙纹天球瓶 高 42.5 厘米，口径 8 厘米，足径 16 厘米。藏北京故宫博物院。（口沿下有款）

3. 青花盘龙天球瓶 高 42.9 厘米，深 41.2 厘米，口径 9.5 厘米，底径 16.4 厘米，腹围 107.4 厘米，足径 16.5 厘米。藏台北“故宫博物院”。故瓷 8845.

4. 青花穿花龙纹天球瓶 高 46 厘米，口径 9.7 厘米，足径 16.5 厘米。藏崇真堂。

5. 无款青花云龙纹扁瓶 高 45.8 厘米。藏北京故宫博物院。

6. 青花地海水白龙纹大扁瓶 高 46 厘米，口径 8 厘米。藏中国历史博物馆。

又一件见于北京故宫博物院，高 45.4 厘米，口径 7.8 厘米，足径 14.5×10 厘米。

又一件藏北京故宫博物院，高 42.7 厘米，口径 9.5 厘米，足径 16.7 厘米。

又一件见于江苏万达 2011 年春拍，高 45.8 厘米，图录编号 973。

7. 青花螭龙纹梅瓶（残） 高 54.4 厘米，口径 8.4 厘米，足径 16 厘米。藏景德镇市陶瓷考古研究所。

8. 红釉暗海水云龙纹带盖梅瓶（残） 通高 38.3 厘米，腹径 23 厘米，足径 16 厘米。藏景德镇陶瓷博物馆。（1983 年景德镇市御窑厂遗址宣德地层出土。）

9. 洒蓝釉暗刻龙纹梅瓶（残片） 残长 11.8 厘米，藏景德镇陶瓷考古研究所。

10. 青花云龙纹梅瓶 高 54.4 厘米。藏美国纳尔逊阿特金斯博物馆。（该瓶为一对，龙头作回首状。）

---

* 共 581 种，计 1428 件，其中残器 79 件，公共机构藏 1127 件，私人藏家藏 302 件。

又一件见于北京光华路五号博物馆，高47.5厘米，底径17.5厘米。（肩部有“宣德年制”四字款。）

11. 青花双凤穿牡丹纹敞口瓶 高13.2厘米，口径6.3厘米，深122.9厘米，足径5.6厘米，重360克。藏台北“故宫博物院”。

又一件见于江苏爱涛2005年秋拍，高13.5厘米，口径6.3厘米。

又一件见于中国嘉德2014年春拍，高14厘米，图录编号748。

12. 孔雀蓝釉青花鱼藻纹梅瓶（残） 通高39厘米，口径6.5厘米，足径15.3厘米。藏景德镇市陶瓷考古研究所。

13. 青花缠枝石榴纹贯耳瓶 高19.7厘米，口径4.8厘米，足径6.5厘米。藏国家博物馆。

又一件见于天津文物2006年秋拍，高19.3厘米，图录编号931。

14. 青花缠枝花纹天球瓶 高46厘米，口径8.9厘米。藏北京故宫博物院。（肩部书六字年款。）

15. 无款青花灵芝纹尊式瓶 高18.4厘米，口径6.9厘米，深14.8厘米，足径9.3厘米，腹围42.7厘米，重960克。藏台北“故宫博物院”。故瓷11941。

16. 青花缠枝花卉纹大天球瓶 高42厘米，见于北京九歌2013年春拍，图录编号1963。

17. 青花岁寒三友大瓶（口残） 高51.5厘米，藏大英博物馆，OA1968.4-22.34。（该瓶为沃尔特·赛奇威克夫人捐赠。鸿禧美术馆1998图录编号186。）

18. 无款青花桃实花卉纹梅瓶 高34.4厘米，深33.6厘米，口径5.6厘米，足径12.9厘米，重2560克。藏台北“故宫博物院”。

19. 无款青花折枝花果纹带盖梅瓶 通高42.5厘米，口径6.7厘米，足径14.3厘米。藏首都博物馆。（1969年北京海淀区四季青镇出土。）

20. 无款青花转枝卷草纹梅瓶 高26厘米，口径5厘米，足径9.5厘米。藏北京市文物研究所。（2001年北京市海淀区香山路军事科学院出土。）

21. 青花缠枝花卉纹梅瓶 高53.1厘米，口径8厘米，足径16.5厘米。藏北京故宫博物院。

22. 青花上下蕉叶纹中间缠枝花卉纹梅瓶 高25厘米。北京翰海1997年秋拍。

23. 青花缠枝莲纹带盖梅瓶 高31厘米，见于北京荣宝2007年春拍，图录编号824。（该瓶为一对同样尺寸，有盖。）

24. 青花缠枝莲纹梅瓶 高 25 厘米，口径 4.4 厘米，足径 10.3 厘米。藏上海博物馆。

又一件见于香港佳士得 2009 年春拍，高 25.4 厘米，图录编号 1802。

25. 无款青花鹭莲纹梅瓶 高 30.6 厘米，口径 5 厘米，足径 10.8 厘米。藏北京故宫博物院。

26. 青花缠枝宝莲纹大口梅瓶 高 25.2 厘米，口径 7.7 厘米，足径 9.5 厘米，重 1730 克。藏谦牧堂。

27. 青花牵牛花纹四方双耳倭角瓶 高 13.8 厘米，深 10.6 厘米，口径 5.8 厘米，足径 7.2 厘米，重 440 克。藏台北“故宫博物院”。

又一件见于北京故宫博物院，高 14 厘米，口径 5.5 厘米。底书六字年款。

又一件见于藏国家博物馆，高 14.1 厘米，口径 5.4 厘米，足径 7.4 厘米。

又一件见于英国大维德基金会，高 14.5 厘米，入藏号：PDF.A.633。

又一件见于日本山中商会，高 13.8 厘米。

又一件见于云南艺拍 2002 年秋拍，高 14.5 厘米，图录编号 22。

又一件见于伦敦苏富比 2015 年春拍，高 13.8 厘米，图录编号 38。（来源日本东京茧山龙泉堂藏品。）

又一件见于崇真堂，高 17 厘米，足径 8.4 厘米。

28. 青花转枝番莲纹瓶 高 24.5 厘米，深 23.3 厘米，口径 7.4 厘米，足径 9.2 厘米，重 1380 克。藏台北“故宫博物院”。

29. 青花缠枝牡丹纹扁瓶 高 51.2 厘米。藏英国伦敦大英博物馆。（肩部书六字年款。）

30. 青花缠枝花卉纹扁瓶 高 51.2 厘米，藏大英博物馆，OA1975.10-28.19。（该瓶为约翰·艾剔思爵士捐赠。）

又一件见于台北“故宫博物院”也收藏一件，1998 图录编号 202。鸿禧美术馆图录编号 63-64。（景德镇珠山御窑厂遗址曾经出土过该种形状的残片。）

31. 青花缠枝牡丹纹双耳扁瓶（口残） 高 22 厘米，最宽处 19 厘米，藏大英博物馆，OA1968.4-22.32。（该瓶为沃尔特·赛奇威克夫人捐赠。鸿禧美术馆图录 1996 编号 62。）

又一件见于景德镇陶瓷考古研究所。1994 年景德镇珠山遗址出土过一件该器物的**残器**。

32. 青花缠枝四季花卉纹玉壶春瓶 高 26.7 厘米。藏北京故宫博物院。

33. 青花缠枝花卉纹贯耳瓶 高 19 厘米，口径 4.5 厘米。藏北京故宫博物院。（底部书六字年款。）

34. 青花葫芦瓶　高 17 厘米，藏大英博物馆，OA1967.7-15.1。（该瓶为 R. 索姆 · 杰宁斯捐赠。（1993 年景德镇御窑厂遗址出土过该瓶在残片。）

35. 青花缠枝莲纹瓶　高 19.8 厘米，口径 3.8 厘米。藏北京故宫博物院。（口沿下书六字年款。）

36. 青花轮花纹葫芦口绶带双耳扁壶（亦称为扁瓶、抱月瓶）　高 33 厘米。藏英国维多利亚与阿尔伯特博物馆。

又一件见于北京故宫博物院，高 29.9 厘米，口径 2.7 厘米，足径 7×5.2 厘米。

又一件见于台北“故宫博物院”，一件高 29.8 厘米。底均为方足。（该院共藏有三件。）

又一件见于台北“故宫博物院”。高 25.6 厘米，腹径 15.5 厘米，口径 3.3 厘米，足纵 5.8 厘米，足横 5.4 厘米，重 870 克，故瓷 012454。

又一件见于台北“故宫博物院”。高 29.1 厘米，腹径 21.2 厘米，口径 3.5 厘米，足纵 6.9 厘米，足横 5.2 厘米，重 1660 克。故瓷 9189。

又一件见于上海博物馆，高 31.8 厘米，口径 4.2 厘米，足纵 5.1 厘米，足横 6.7 厘米。（该馆收藏有二件。）

又一件见于上海博物馆，高 25.8 厘米，口径 3.4 厘米，足纵 5.1 厘米，足横 6.1 厘米。

又一件见于香港葛氏天民楼，高 26 厘米，口径 3.3 厘米，足径 6.4 厘米。

又一件见于日本出光美术馆，高 53.8 厘米。（其颈部有花朵纹一周，颈肩部链接的双耳不成常见的弧形，而是呈更宽的方形，瓶口略小，呈葫芦形。）

又一件见于美国西雅图艺术馆，高 29.2 厘米。

又一件见于国家博物馆，高 25.7 厘米，口径 3.1 厘米，长方形足径 6 厘米。

又一件见于伦敦大维德中国艺术基金会。

又一件见于英国里艾斯克家族，高 24.5 厘米，收藏编号 220S。（该件于 2013 年在香港佳士得秋季拍卖，图录号 3111。）

又一件见于香港敬观堂收藏一件，于 1997 年 11 月 5 日在香港佳士得拍卖，拍品 890 号。

又一件见于仇焱之旧藏一件，1980 年 11 月 25 日香港苏富比拍卖，拍品 7 号。

又一件见于谦牧堂收藏一件，高 26.5 厘米，口径 3.5 厘米，足径 6.4×5.2 厘米，重 1437 克。

又一件见于香港苏富比 2010 年秋拍，高 26 厘米，图录编号 2170。

又一件见于香港佳士得 2013 年秋拍，高 24.5 厘米，图录编号 3111。

又一件见于北京瀚海 2015 年秋拍，高 30.1 厘米，图录编号 2934。

又一件见于中贸圣佳 2016 年春拍，高 30.2 厘米，图录编号 827。

再一件见于北京东正 2016 年春拍，高 30 厘米，图录编号 309。

37. 白釉暗刻花纹抱月瓶　高 30 厘米，见于北京荣宝 2007 年秋拍，图录编号 789。

又一件见于北京瀚海 2003 年秋拍，高 29.5 厘米，图录编号 1679。

38. 无款青花折枝茶花纹双如意耳扁瓶　高 25 厘米。藏北京故宫博物院。

39. 青花卷草纹鸟食瓶　高 8.9 厘米，口径长 3 厘米，口径宽 2.5 厘米，足径长 2.8 厘米，重 80 克。藏台北"故宫博物院"。（珠山窑址出土了不少鸟食用品。）

40. 青花凤凰穿莲纹小瓶　高 13.1 厘米。为私人收藏。（见埃斯卡纳齐回忆录。）

41. 青花拔白卷草网格纹鱼篓尊　高 13.5 厘米，口径 16.1 厘米，足径 14.6 厘米。藏首都博物馆。（1965 年北京市朝阳区东营村刘永诚墓出土。）

又一件见于北京故宫博物院，**残器，**裂锔，高 13 厘米，口径 16.2 厘米，足径 14.4 厘米。（该器仿西亚黄铜鱼篓罐造型。台北"故宫博物院"有盖。）又一件见于景德镇陶瓷研究所。

又一件见于 2017 年中国嘉德秋季拍卖会出现一件，高 13.5 厘米，口径 16.5 厘米，直径 21 厘米，足径 14.5 厘米，图录编号 2829。（来自北京藏家的旧藏。）

42. 青花茶花纹鱼篓尊　藏北京故宫博物院。

43. 红釉八棱玉壶春瓶　高 28.5 厘米，口径 7.2 厘米，足径 7.8 厘米，重 1197 克。藏谦牧堂。

44. 青花折枝灵芝纹石榴尊　高 18.5 厘米，口径 11 厘米，足径 9.7 厘米。藏首都博物馆。

又一件见于北京故宫博物院，高 19 厘米，口径 6.9 厘米，足径 9.7 厘米。（1972 年北京海淀区上庄出土。）

又一件见于国家博物馆，高 18.7 厘米，口径 6.2 厘米，足径 9.5 厘米。

又一件见于台北"故宫博物院"，通高 19.4 厘米，罐高 18.8 厘米，口径 16.8 厘米，盖直径 15.8 厘米，深 11.6 厘米，足径 14.5 厘米，罐重 1140 克、连盖重 1800 克。

又一件见于景德镇珠山窑址出土件，无盖。

又一件见于香港苏富比 2016 年春拍，高 18.2 厘米，图录编号 19。（来源：1962 年为 Latter 收藏，1969 年为罗杰・琵金顿收藏。）

又一件见于香港苏富比 2000 年秋拍，高 18.4 厘米，图录编号 101。

45. 青花海水江牙纹尊（冲口）　高 8.5 厘米，口径 9.6 厘米，足径 11 厘米。藏北京故宫博物院。（该器底足内为台阶底分为三层。）

又一件见于台北“故宫博物院”。

46. 蓝釉白龙纹尊 高 14 厘米，口径 16 厘米，足径 11.9 厘米。藏上海博物馆。

47. 青花龙莲纹尊 高 13.9 厘米，口径 16.3 厘米，足径 12 厘米。藏北京故宫博物院。

48. 青花折枝花果纹小尊 高 8.7 厘米，口径 8.4 厘米，足径 5.1 厘米，重 306 克。藏谦牧堂。

B. 壶类

49. 青花海水白龙纹扁壶 高 45.4 厘米，口径 7.8 厘米，足径 14.5—10 厘米。藏北京故宫博物院。

又一件见于中国历史博物馆，高 46 厘米，口径 8 厘米。

又一件见于北京故宫博物院，所藏器物并无款识。

又一件见于广东省博物馆，高 47.4 厘米，口径 8.1 厘米，颈部横写“大明宣德年制”六字款。

又一件见于台北“故宫博物院”，与上海馆藏品造型、纹饰基本一致，不署款，器高 43.9 厘米，口径 8.1 厘米，底部施以白釉。

50. 青花云龙纹瓜棱梨形壶（有盖） 高 13.5 厘米。藏北京故宫博物院。（壶底书六字年款。）

51. 青花云龙纹扁执壶 高 22.8 厘米，口径 6.3 厘米，底径 9.2 厘米。藏四川博物馆（1969 年成都隆庆太监墓出土。）

52. 青花藏文穿莲双龙纹僧帽壶 高 22.8 厘米，口径长 18.1 厘米，口径宽 13.5 厘米，深 20.4 厘米，足径 8.9 厘米，重 1320 克。藏台北“故宫博物院”。

53. 青花螭龙纹带盖执壶 高 19 厘米，藏大英博物馆，编号 OA1936.10-12.94。（该壶购自乔治·尤摩弗帕勒斯的收藏。）

又一件见于台湾鸿禧美术馆，1998 图录编号 42。

又一件见于景德镇陶瓷考古研究所。1982 年景德镇珠山御窑厂遗址出土过此壶的**残片**。

54. 孔雀蓝釉鱼藻纹梨形壶（残） 通高 14.6 厘米，口径 4.1 厘米，足径 6 厘米。

藏景德镇市陶瓷考古研究所。

55. 无款青花转枝花卉纹扁壶 高 43.9 厘米，足长 14 厘米，足宽 10 厘米，口径 8.1 厘米，重 6930 克。藏台北“故宫博物院”。

56. 无款青花八组折枝花卉纹方流执壶 高 31.8 厘米。藏上海博物馆。（该馆还存有一件，高 32.5 厘米，口径 7.3 厘米，足径 12.2 厘米，无盖。）

又一件见于北京故宫博物院，有盖。高 38.8 厘米，口径 7.4 厘米，足径 11.5 厘米。

又一件见于台北鸿禧美术馆。

又一件见于印度尼西亚雅加达国立博物馆，高度为 36 厘米。

又一件见于美国旧金山亚洲艺术博物馆。

又一件见于土耳其伊斯坦布尔托普卡普宫殿博物馆，高 35.9 厘米。

又一件见于日本畠山纪念馆，高 35.4 厘米。

又一件见于台北“故宫博物院”，高 32.5 厘米，深 30.5 厘米，口径 7.4 厘米，足径 11.6 厘米，重 2280 克。（缺盖，后仿配。）

57. 青花折枝花卉纹双系小壶 高 7.1、口径 3.5 厘米，足径 6.5 厘米。藏上海博物馆。

58. 青花折枝花果纹执壶（缺盖） 高 32.1 厘米，口径 7.5 厘米。藏北京故宫博物院。（底部书六字年款。）

59. 青花缠枝莲纹茶壶（有盖） 高 15.3 厘米，口径 4.8 厘米，足径 7.7 厘米。藏北京故宫博物院。（流正面有六字年款。）

60. 青花转枝牡丹纹方流短颈壶（残） 高 33.3 厘米，口径 7.1 厘米，腹径 17.5 厘米，足径 10.5 厘米。藏景德镇市陶瓷考古研究所。（1984 年珠山御窑遗址出土。）

61. 宝石红釉僧帽壶 通高 20 厘米，口流 16.1 厘米，足径 17.2 厘米。藏北京故宫博物院。

又一件见于北京故宫博物院。高 20 厘米，口径 16.1 厘米，足径 17.2 厘米。

又一件见于台北“故宫博物院”，通高 19.2 厘米，深 16.6 厘米，口径长 16.1 厘米，口径宽 11.2 厘米，深 16.6 厘米，足径 7.4 厘米，腹围 43.5 厘米，重 880 克。（底部刻有乾隆御制诗云：宣德手中制，大和斋里藏。抚摩钦手泽，吟咏识心伤。润透朱砂釉，盛宣沆瀣浆。如云僧帽式，真幻定谁常。乾隆乙未仲春御题。签印二：“古香”、“太卦”。带木座，面刻“大和斋制”四字，“迪德”印一。边刻“雍邸清玩”四字。）

62. 白釉暗刻缠枝花卉纹僧帽壶（缺盖） 宽 22 厘米，见于北京保利 2012 年春拍，图录编号 5961。

63. 青花缠枝花纹茶壶　高 15.3 厘米，口径 4.8 厘米，足径 7.7 厘米。藏北京故宫博物院。

64. 无款青花开光折枝花果纹执壶（流伤）　高 27 厘米，口径 6.3 厘米，足径 10 厘米。藏北京故宫博物院。（壶身开光，一面绘折枝桃，一面绘枇杷果。缺盖。）

65. 青花开光松竹梅纹执壶（缺盖）　高 18 厘米，见于云南艺拍 2002 年秋拍，图录编号 238。（青花款“宣德年造”。）

66. 青花凤纹贲巴壶　高 19.6 厘米，口径 7.8 厘米，足径 9.8 厘米，重 1038 克。藏谦牧堂。

67. 祭红釉刻花莲瓣纹卤壶　通高 10.6 厘米，深 8.2 厘米，口径 2.8 厘米，足径 7.1 厘米，重 380 克。藏台北“故宫博物院”。

又一件见于台北“故宫博物院”，该院还收藏有一件祭青刻花莲瓣纹卤壶，高 10.6 厘米，深 8.2 厘米，口径 2.8 厘米，足径 7.1 厘米，重 380 克。

68. 紫金釉凤首卤壶　高 12 厘米，足径 6.5 厘米。藏崇真堂。

69. 紫金釉桃形把壶　通高 13.5 厘米，壶高 11.5 厘米，深 10.7 厘米，口径 3.1 厘米，足径 6.4 厘米，重 440 克。藏台北“故宫博物院”。

70. 宣德红釉梨形壶（残）　高 12.1 厘米，口径 3.8 厘米，足径 5.5 厘米。藏上海博物馆。（又一件见于浙江保利 2009 年春拍，有盖，高 13 厘米，图录编号 221。）

71. 红釉桃形壶（残）　高 12 厘米，口径 3 厘米，最大足径 6.6 厘米。藏上海博物馆。

72. 青花藏文穿莲双龙纹僧帽壶　高 22.8 厘米，口径长 18.1 厘米，口径宽 13.5 厘米，深 20.4 厘米，足径 8.9 厘米，重 1320 克。藏台北“故宫博物院”。故瓷 12548。（底有四字款，缺盖。）

73. 蓝釉梨形壶（缺盖）　高 10 厘米，见于浙江保利 2009 年春拍，图录编号 222。

C. 罐类

74. 青花狮球纹罐　高 18 厘米，口径 15 厘米，足径 13.2 厘米。藏上海博物馆。

又一件见于崇真堂，高 18.5 厘米，口径 15.5 厘米，足径 14 厘米。

75. 青花云龙纹大罐　高 48.5 厘米。见于 2016 年香港佳士得春季拍卖会。（盖罐为四字款，来自法国私人家族。）

又一件见于美国纽约大都会博物馆，高 49.3 厘米。

又一件见于 1981 年 12 月 15 日苏富比拍卖一件，现藏于日本出光美术馆，高 51.7

厘米。

76. 青花波涛飞龙图小罐 高 8.5 厘米，见于香港苏富比 2008 年春拍，图录编号 2931。（来源：伦敦佳士得 1983 年秋拍，图录编号：407。）

77. 青花螭龙纹大盖罐（残） 通高 60.5 厘米，罐高 44.2 厘米。藏景德镇陶瓷考古研究所。

又一件见于北京东正 2017 年春拍，高 35 厘米，图录编号 1503。

78. 青花夔龙纹罐 直径 19 厘米，见于香港比 2017 年秋拍，图录编号 101。（1971 年伦敦图版 33。）

又一件见于 北京中嘉 2008 秋拍，高 19 厘米，口径 15.7 厘米，图录编号 2356。

79. 洒蓝釉暗刻龙纹大罐（残） 高 30.5 厘米，口径 22.2 厘米，足径 21.4 厘米。藏景德镇市陶瓷考古研究所。

80. 青花龙纹蟋蟀罐（仿） 高 9.5 厘米，口径 13 厘米，足径 11.6 厘米，重 802 克。

81. 青花云凤纹蟋蟀罐（残） 高 9.5 厘米，口径 13 厘米，腹径 14 厘米，底径 12.1 厘米。藏景德镇陶瓷考古研究所。

82. 青花海兽纹蟋蟀罐（残） 高 9.5 厘米，口径 13 厘米，腹径 14.3 厘米，底径 12 厘米。藏景德镇陶瓷考古研究所。

83. 青花白鹭黄鹤图蟋蟀罐（残） 高 9.5 厘米，口径 13.5 厘米，腹径 14 厘米足径 12 厘米。藏上海博物馆。（为景德镇珠山御窑遗址出土。）

84. 青花松竹梅纹蟋蟀罐（残） 高 9.5 厘米，口径 13 厘米，腹径 14 厘米，底径 12 厘米。藏景德镇陶瓷考古研究所。

85. 青花汀州白鹭纹蟋蟀罐（残） 景德镇陶瓷考古研究所藏。

又一件见于国内私人藏家收藏一件完整器，高 9.4 厘米，口径 11.6 厘米，足径 11.2 厘米。（底为竖款。）

又一件见于保利厦门 2015 年春拍，直径 14 厘米，图录编号 636。（来源为台湾资深藏家。）

又一件见于谦牧堂，高 9.1 厘米，口径 13 厘米，足径 11 厘米，重 1040 克。（盖配瓜瓞连绵纹盖。）

86. 青花瓜瓞连绵纹蟋蟀罐（残） 高 9.5 厘米，口径 13 厘米，腹径 14 厘米，底径 12 厘米。藏景德镇陶瓷考古研究所。

又一件见于国内私家收藏一个盖，直径 11.8 厘米，盖内为横款。

87. 无款青花莲塘鱼藻纹罐 高 36.7 厘米，口径 19.2 厘米，足径 19.3 厘米。藏国家博物馆。

88. 白釉刻花双耳扁壶 高 29.3 厘米，口径 3.5 厘米，底纵 5 厘米，底横 6.3 厘米。藏上海博物馆。

又一件见于上海博物馆。高 31.8 厘米，口径 4 厘米。（该壶在上海馆藏共有二件）

又一件见于北京故宫博物院，高 32 厘米，口径 4.2 厘米，足径 6.7 厘米。

又一件见于景德镇陶瓷考古研究所。1983 年景德镇御窑厂遗址出土了一件残器，高 31.1 厘米。

89. 无款青花梵文出戟法轮盖罐 高 28.7 厘米，口径 19.7 厘米，足径 24.7 厘米。藏北京故宫博物院。（罐内书“大德吉祥场”。）

又一件见于北京故宫博物院，该院有一件该罐的盖，罐体已经遗失，仅存罐盖，高 6.5 厘米，面径 20.5 厘米，口径 21.5 厘米。盖内书“大德吉祥场”。

又一件见于 1995 年香港苏富比拍卖公司，高 22.5 厘米。无盖。图录编号：21。（有“大德吉祥场”字。）

90. 青花四季花卉纹盖罐 高 13.6 厘米，口径 16.2 厘米，深 12.1 厘米，足径 14.5 厘米，重 1460 克。藏台北“故宫博物院”。

91. 无款青花折枝四季花卉纹盖罐 通高 31.5 厘米，口径 16.8 厘米，足径 18.1 厘米。藏台北“故宫博物院”，故瓷 8458。

92. 青花莲瓣四季花卉纹罐 高 19 厘米，见于北京荣宝 2010 年秋拍，图录编号 1032。

93. 青花卷草莲瓣纹罐 高 19.2 厘米，深 17.5 厘米，口径 16.3 厘米，足径 14.1 厘米，重 2300 克。藏台北“故宫博物院”。

94. 青花卷草网格纹盖罐 通高 19.4 厘米，高 18.8 厘米，口径 16.8 厘米，足径 14.5 厘米，藏台北“故宫博物院”，故瓷 11443。（该罐存世极少，多已失盖。）

95. 青花转枝连托八吉祥纹罐 直径 19.8 厘米，见于中国嘉德 2014 年春拍，图录编号 3515。

96. 青花转枝四季花卉纹大罐（镶口） 高 22.3 厘米，深 20.5 厘米，口径 19.2 厘米，足径 17.5 厘米，重 4760 克。藏台北“故宫博物院”。

97. 青花缠枝牡丹纹大罐 高 24.5 厘米，口径 18.5 厘米，足径 17.5 厘米。藏崇真堂。（该罐镶有金口。）

98. 青花缠枝牡丹纹小罐　高 13.3 厘米，见于中国嘉德 2015 年春拍，图录编号 2110。

又一件见于牛津大学阿什莫林博物馆，青花缠枝花卉纹罐，高 7.4 厘米，腹径 9.9 厘米，足径 4.5 厘米。

99. 青花转枝海棠纹小盖罐　通高 6.8 厘米，罐高 4.9 厘米，口径 3 厘米，深 4.1 厘米，足径 4 厘米，连盖重 100 克。藏台北"故宫博物院"。

又一件见于台北"故宫博物院"。高 9.6 厘米，口径 8.2 厘米，连盖高 15.8 厘米，深 8.3 厘米，足径 8.4 厘米，连盖重 700 克。

又一件见于景德镇陶瓷考古研究所，**残器**。珠山遗址也有同类器出土，缺盖。

100. 青花缠枝灵芝纹罐　高 8.2 厘米，口径 6.4 厘米，足径 7.7 厘米。藏上海博物馆。

又一件见于台北"故宫博物院"，高 8.6 厘米，深 7.6 厘米，口径 6.5 厘米，足径 7.6 厘米，重 280 克。纹饰为转枝灵芝纹。

又一件见于台北"故宫博物院"，该院还有一**件**转枝灵芝纹小盖罐。肩部和底部绘有莲瓣纹。连盖高 13.6 厘米，罐高 8.7 厘米，深 7.5 厘米，口径 6.5 厘米，足径 6.9 厘米，连盖重 460 克。

又一件见于香港葛氏天民楼，高 8.7 厘米，口径 6.6 厘米，足径 7 厘米。

又一件见于中国嘉德 2017 年春拍，宽 10.5 厘米，图录编号 2828。

101. 青花缠枝莲纹盖罐（缺盖）　高 18.7 厘米，口径 17.6 厘米，足径 15.7 厘米。藏上海博物馆。

又一件见于北京故宫博物院，有盖。高 22.7 厘米，口径 17 厘米，足径 15.7 厘米。

102. 无款青花缠枝莲纹盖罐　高 28.5 厘米，腹径 26.2 厘米，藏英国大维德基金会。入藏号：PDF.A.615。

又一件见于北京故宫博物院，有盖。高 28.5 厘米，口径 15.4 厘米。

又一件见于首都博物馆。无盖，高 35.5 厘米，口径 24.8 厘米，足径 24.8 厘米。（1972 年北京市朝阳区太阳宫出土一件。）

103. 青花缠枝花卉纹罐　高 25.5 厘米。为私人收藏。（见埃斯卡纳齐回忆录。）

又一件见于北京保利，2016 年秋拍，高 24.5 厘米，图录编号 5218。（为日本藏家旧藏。）

104. 青花缠枝花卉纹大罐　高 45 厘米。见于东方国际 2005 年春拍。

105. 青花缠枝花卉纹球形卧足小罐　高 7.5 厘米，藏大英博物馆，OA1975.10-28.10.（盖罐为约翰・艾剔思爵士捐赠。）

又一件见于美国旧金山亚洲艺术博物馆藏。

又一件见于台北“故宫博物院”，图录编号3。

又一件见于香港苏富比2003年秋拍，高7.5厘米，图录编号125。

106. 青花缠枝莲纹球形小罐　高5厘米，最大直径7厘米，藏大英博物馆，OA1939.5-23.1。（盖罐为白兰士敦捐赠。罐身有裂。）

107. 无款青花缠枝花卉纹高罐（口伤）　高15.3厘米，口径5.5厘米，足径6.9厘米。藏北京故宫博物院。（该罐底足内有二层台，有釉。）

108. 青花缠枝莲八吉祥纹罐　高16厘米，口径15厘米，足径12.4厘米。藏上海博物馆。

109. 青花折枝花果纹盖罐　高34.3厘米，口径17.7厘米，足径20厘米。藏北京故宫博物院。

110. 无款青花折枝莲纹罐（冲口）　高24厘米，口径17.3厘米，足径18厘米。藏北京故宫博物院。（该罐底足内无釉。）

111. 青花缠枝莲纹球形罐　高8.2厘米，最大直径11厘米，藏大英博物馆，OA1925.7-20.1。

又一件见于台北“故宫博物院”，（另外一件施以海棠花纹，1998图录编号19。鸿禧美术馆1988图录编号11。）

112. 无款青花海浪纹小罐　口径7厘米，见于香港苏富比2016年春拍，图录编号18。（原为F.P.Musso收藏，伦敦苏富比1963年拍卖，编号164。后为罗杰·琵金顿收藏。）

113. 青花缠枝莲纹小罐　高8.2厘米，见于北京瀚海2014年秋拍，图录编号2466。

114. 青花缠枝花卉纹竹节状鸟食罐　高4.5厘米，长9.3厘米。藏上海博物馆。

又一件为六角形，见于纽约佳士得2008年秋拍，长8.3厘米，图录编号244。

115. 青花双桃形鸟食罐　高4.5厘米，长11.5厘米，藏大英博物馆，OA1947.7-12.173。（为哈里·奥本海姆捐赠。）

又一件见于景德镇陶瓷考古研究所，景德镇珠山御窑遗址出土过相同器物的**残件**。

又一件见于台北“故宫博物院”也有收藏。（1998图录编号5-6。鸿禧美术馆1998图录编号54-1。）

116. 青花折枝莲花纹鸟食罐　宽8.5厘米，见于佳士得2016年春拍，图录编号3223。

117. 青花芦雁纹鸟食罐　高4厘米，口径2.7厘米，足径3.2厘米，重270克。藏谦牧堂。

118. 青花折枝花卉纹投壶式鸟食罐 高 5.9 厘米，见于保利香港 2017 年秋拍，图录编号 3010。（该罐来源为 Alfred Clark 伉俪。）

又一件见于同年北京保利 2017 年秋拍，高 6 厘米，图录编号 5849。

119. 青花竹节灵芝纹鸟食罐 长 9.1 厘米。见于中国嘉德 1997 年春季拍卖会，图录号 316。

又一件见于香港苏富比 2014 年秋拍，高 9.8 厘米，图录编号 3695。

120. 青花月季花纹鸟食罐 高 4.3 厘米，口径 3.1 厘米，深 3.9 厘米，足径 3.5 厘米，腹径 6.4 厘米。重 60 克。藏台北“故宫博物院”。

又一件见于中贸圣佳 2016 年秋拍，高 3.6 厘米，图录编号 1241。

121. 青花缠枝花卉纹葫芦形鸟食罐 高 3.5 厘米，长 9.5 厘米。藏上海博物馆。

又一件见于辽宁中正 2010 年秋拍，长 11.5 厘米，图录编号 1040。

122. 青花蓝地白花模印龙纹鸟食罐 高 7.4 厘米，见于香港苏富比 2012 年秋拍，图录编号 18。

123. 青花花卉纹鸟笼花插（仿） 高 6.9 厘米，口径 2.7 厘米，足径 2.6 厘米，重 210 克。藏谦牧堂。

124. 青花留白缠枝牡丹纹大罐 高 38 厘米，直径 20 厘米。见于中拍国际 2005 年春拍。

125. 青花留白海浪缠枝牡丹纹大罐 高 38 厘米，口径 20 厘米，见于中拍国际 2005 年春拍，图录编号 1125。

126. 蓝釉白花龙凤纹蟋蟀罐 直径 13 厘米。见于中鸿信 2001 年秋拍。

127. 仿哥釉多棱小罐（残） 高 11 厘米，口径 6.5 厘米，足径 8 厘米。藏景德镇市陶瓷考古研究所。

128. 无款仿哥釉四棱小罐（残） 高 10.5 厘米，口径 6.5 厘米，足径 7.8 厘米。藏景德镇市陶瓷考古研究所。

129. 仿哥釉六角小罐（残） 高 11 厘米，口径 6.4 厘米，足径 6.8 厘米。藏景德镇市陶瓷考古研究所。

130. 无款仿哥釉小罐（残） 高 10.7 厘米，口径 6.7 厘米 、足径 7.6 厘米。藏景德镇市陶瓷考古研究所。

131. 甜白釉梅瓶式罐 高 26.4 厘米，见于浙江保利 2009 年春拍，图录编号 220。

132. 红釉大罐 高 19 厘米，口径 16 厘米，足径 14.4 厘米，重 2494 克。藏谦牧堂。

133. 黄釉青花龙纹盖罐 高 21.2 厘米，见于贞观国际 2003 年秋拍，图录编号 153。

D. 碗类

人物纹

134. 青花仕女图碗 高 6.9 厘米，口径 19.5 厘米，足径 8 厘米。藏上海博物馆。

又一件见于景德镇陶瓷考古研究所，**残器**。1993 年，景德镇御窑厂遗址出土一件**残器**“青花人物图碗”，高 6.5 厘米，口径 14.8 厘米，足径 5.6 厘米。

又一件见于谦牧堂，**残器**，高 7.3 厘米，口径 20 厘米，足径 8.3 厘米，重 473 克。

又一件见于谦牧堂，高 7.3 厘米，口径 19.7 厘米，足径 8.2 厘米，重 487 克。

135. 青花 16 子婴戏图纹碗 高 6.7 厘米，口径 19.3 厘米，足径 6.4 厘米。藏台北“故宫博物院”。

又一件青花 16 子婴戏图纹碗，高 4.2 厘米，口径 18.4 厘米，足径 11.9 厘米。藏台北“故宫博物院”。

136. 青花三友仕女夜游图碗 高 6.8 厘米，深 5.7 厘米，口径 19.6 厘米，足径 7.8 厘米，重 340 克。台北“故宫博物院”。

又一件见于台北故宫，高 7.7 厘米，口径 18.7 厘米，足径 7 厘米。（绘有 3 人。）

又一件见于天津德丰 2002 年春拍，直径 20 厘米。（外壁绘有三人。）

137. 青花秋夕诗意仕女图碗 高 6.8 厘米，深 6 厘米，口径 19.6 厘米，足径 8 厘米，重 3656 克。藏台北“故宫博物院”。故瓷 10274。（该碗出现早期涡旋状“云堂手”纹饰。）

又一件见于谦牧堂，残器，高 7.8 厘米，口径 19.5 厘米，足径 8.2 厘米，重 516 克。

138. 青花仕女乘鹤图碗 高 6.9 厘米，深 5.7 厘米，口径 19.6 厘米，足径 7.8 厘米，重 335 克。藏台北“故宫博物院”。

139. 青花双姝乘凤图碗 高 6.9 厘米，口径 19.3 厘米，足径 7.7 厘米。藏台北“故宫博物院”。

140. 青花海棠诗意图高足碗 高 10.4 厘米，口径 15.2 厘米，足径 4.4 厘米。藏北京故宫博物院。

又一件见于台北“故宫博物院”，高 7.4 厘米，口径 8.1 厘米，足径 3.8 厘米。（柄有凸节。）

141. 青花蕉叶题诗仕女图碗　高 6.9 厘米，口径 19.5 厘米，足径 7.8 厘米。藏台北“故宫博物院”。

又一件见于台北“故宫博物院”，高 6.7 厘米，口径 19.4 厘米。绘有 3 人。

又一件见于台北“故宫博物院”，高 6.7 厘米，口径 19.5 厘米。绘有 3 人。

142. 青花吹箫引凤仕女图碗　高 6.8 厘米，深 5.7 厘米，口径 19.4 厘米，足径 7.8 厘米，重 350 克。藏台北“故宫博物院”。

143. 青花庭院仕女图碗　高 7.2 厘米，深 6 厘米，口径 18.9 厘米，足径 7.3 厘米，重 305 克。藏台北“故宫博物院”。

又一件见于台北“故宫博物院”，该院藏另一件高 6.7 厘米，深 5.7 厘米，口径 19.6 厘米，足径 7.7 厘米，重 340 克。

又一件见于台北“故宫博物院”，高 6.9 厘米，口径 19.4 厘米，足径 7.7 厘米，绘有 8 人，

又一件见于北京故宫博物院，名“青花庭院仕女图碗”，一件高 7.8 厘米，口径 18.7 厘米，足径 7.7 厘米。（该院有二件收藏）

又一件见于北京故宫博物院，高 7 厘米，口径 19 厘米，足径 7.8 厘米。

又一件见于香港葛氏天民楼，高 6.9 厘米，口径 19.7 厘米，足径 7.9 厘米。

又一件见于景德镇陶瓷考古研究所，**残器，**高 6.5 厘米，口径 14.8 厘米，足径 5.6 厘米。

144. 青花山水人物图碗　藏台北“故宫博物院”。（外壁绘以毛仙女手持长干附以鹤鹿，草木山水。）

145. 青花庭院仕女图碗　高 6.7 厘米，口径 19.6 厘米，足径 7.7 厘米。藏台北“故宫博物院”。（绘有 4 人。）

又一件见于台北“故宫博物院”，高 6.9 厘米，深 5.9 厘米，口径 19.3 厘米足径 8 厘米，重 360 克。（绘有 4 人。）

146. 青花仕女婴戏图碗　高 6.8 厘米，口径 19.5 厘米，足径 7.8 厘米。藏台北“故宫博物院”。（绘有 5 人。）

又一件见于北京故宫博物院，高 7.8 厘米，口径 18.7 厘米，足径 7.7 厘米。（绘有 5 人。）

又一件见于北京故宫博物院，高 7 厘米，口径 19 厘米，足径 7.8 厘米。（绘有 5 人。）

147. 青花婴戏图碗　高 6.7 厘米，深 5.6 厘米，口径 19.3 厘米，足径 6.4 厘米，重 355 克。藏台北“故宫博物院”。故瓷 13598。

148. 青花庭院仕女图高足碗　高 10.2 厘米，口径 15.5 厘米，足径 4.5 厘米。藏北

京故宫博物院。（该碗有“大明宣德年制”六字年款。图案中首次出现“云堂手”的简单图案。）

龙凤纹

149. 青花暗花海水龙纹高足碗　高 17.5 厘米，口径 15.4 厘米，足径 7.3 厘米。藏北京故宫博物院。

又一件，高 10.6 厘米，为玫茵堂收藏。（见埃斯卡纳齐回忆录。）

又一件见于香港苏富比 2007 年秋拍，直径 15.2 厘米，图录编号 1552。

又一件见于香港苏富比 2012 年春拍，口径 15.4 厘米，图录编号 0029。

150. 青花海水双龙纹内暗花龙纹高足碗　直径 15.2 厘米，见于香港佳士得 2016 年秋拍，图录编号 3310。（来源：香港苏富比 1992 年秋拍，编号 32。香港苏富比 2007 年秋拍，编号 1552。封面）

151. 青花龙凤纹葵瓣式高足碗　高 11.1 厘米，口径 16.5 厘米，足径 4.3 厘米。藏北京故宫博物院。

152. 青花地白龙纹高足碗　高 11.1 厘米，口径 16.5 厘米，足 4.3 厘米。藏北京故宫博物院。

153. 青花十棱开光立龙纹碗　高 8.6 厘米，口径 18.4 厘米，足径 7.6 厘米。藏上海博物馆。

154. 青花穿莲龙纹大碗　高 11.7 厘米，深 9 厘米，口径 27.5 厘米，足径 12.7 厘米，重 1980 克。藏台北“故宫博物院”。

155. 青花云龙纹大碗　高 11.6 厘米，深 8.8 厘米，口径 31 厘米，足径 12.8 厘米，重 2840 克。藏台北“故宫博物院”。

又一件见于台北“故宫博物院”。高 9.9 厘米，深 7.8 厘米，口径 22.6 厘米，足径 9.4 厘米，重 640 克。

又一件见于首都博物馆，高 10.8 厘米，口径 29.4 厘米。

又一件见于大英博物馆，高 9 厘米，直径 19.5 厘米，编号 OA1975.10-28.18。（为约翰·艾剔思爵士捐赠。）

又一件见于日本东京松冈美术馆。内壁纹饰稍有不同。

又一件见于北京故宫博物院，高 10.2 厘米，口径 27.8 厘米，足径 11.2 厘米。

又一件见于香港苏富比 2006 年春拍，直径 27 厘米，图录编号 1659。

156. 青花海水云龙纹钵 直径 26.8 厘米，见于中国嘉德 2016 年秋拍。（来源：General Haughton 的旧藏。）

又一件见于长风拍卖 2008 年春拍，直径 26 厘米，图录编号 225。

又一件见于辽宁中正 2008 年春拍，直径 26 厘米，图录编号 27。

又一件见于北京诚轩 2010 年春拍，直径 26 厘米，图录编号 848。

157. 青花双龙戏珠纹钵 直径 27 厘米，见于福建拍卖 2010 年春拍，图录编号 233。

158. 青花云龙纹高足碗 高 10.5 厘米。为玫茵堂收藏。（见埃斯卡纳齐回忆录。）

159. 青花内缠枝菊花外双龙赶珠纹撇口碗 口径 17.1 厘米。见于香港苏富比 1994 年秋拍，图录编号：36。

160. 青花波涛双白龙纹碗 高 10 厘米长、深 8.2 厘米，口径 25.1 厘米，足径 10.1 厘米，重 600 克。藏台北“故宫博物院”。

161. 青花波涛九白龙纹大碗 高 9.9 厘米，深 8 厘米，口径 25.5 厘米，足径 9.8 厘米，重 600 克。藏台北“故宫博物院”。

162. 青花双龙赶珠纹碗 高 7.7 厘米，深 6.4 厘米，口径 17.1 厘米，足径 7.8 厘米，重 335 克。藏台北“故宫博物院”。故瓷 13628。

又一件见于台北“故宫博物院”，该院还藏有一件同类碗，称“双龙戏珠纹碗”，高 8.8 厘米，深 7.5 厘米，口径 21 厘米，足径 8.9 厘米，重 420 克。

又一件见于香港苏富比 2006 年春拍，口径 27 厘米，图录编号 1659。

163. 青花团龙纹葵式高足碗 高 11.2 厘米，深 6.3 厘米，口径 16.6 厘米，足径 4.6 厘米，重 307 克。藏台北“故宫博物院”。

164. 青花菱边云龙纹葵式高足碗 高 11.6 厘米，深 6.1 厘米，口径 16.4 厘米，足径 4.7 厘米，重 343 克。藏台北“故宫博物院”。

165. 青花团龙纹骰子碗 高 9.5 厘米，口径 27.7 厘米，足径 11 厘米，重 1718 克。藏谦牧堂。

166. 青花云龙纹筛子碗 口径 27 厘米，足径 13 厘米。藏崇真堂。

167. 青花双龙云纹合碗（缺盖） 高 7.2 厘米，深 5.9 厘米，口径 17.4 厘米，足径 9.8 厘米，重 440 克。藏台北“故宫博物院”。

又一件见于大英博物馆大维德爵士收藏中国陶瓷，缺盖。通高 10.3 厘米，口径 17.5 厘米。PDF684。

168. 青花釉里红云龙纹合碗 通高 10.3 厘米，深 6 厘米，碗高 7.3 厘米，足径 9 厘米，口径 17.5 厘米，连盖重 700 克。藏台北“故宫博物院”。

又一件见于大英博物馆大维德爵士收藏中国陶瓷，高 7.5 厘米，口径 17.3 厘米。PDFA678。

又一件见于崇真堂，缺盖。口径 17 厘米，足径 10 厘米。

169. 矾红海水青花九龙鸡心碗 直径 16.3 厘米。见于北京翰海 1999 年春拍。

又一件见于上海崇源 2005 年春拍，直径 16 厘米。

170. 青花海水矾红龙纹合碗 通高 10.2 厘米，深 6 厘米，碗高 7.3 厘米，足径 9.7 厘米，口径 17.4 厘米，重 740 克。藏台北“故宫博物院”。故瓷 6027。

又一件见于大英博物馆大维德爵士收藏中国陶瓷，缺盖。高 7.5 厘米，口径 17.3 厘米。PDF.A778。

又一件见于北京故宫博物院，缺盖，高 7.4 厘米，口径 17.4 厘米，足径 9.3 厘米。

又一件见于北京保利 2011 年秋拍，有盖，图录编号 8012。

171. 青花藏文穿莲双龙纹高足碗 高 11.7 厘米，深 5.8 厘米，口径 17.2 厘米，足径 4.7 厘米，重 365 克。藏台北“故宫博物院”。故瓷 5592。

172. 青花穿莲龙纹大碗 高 11.7 厘米，口径 27.5 厘米，足径 12.7 厘米。藏台北“故宫博物院”，故瓷 16439。

173. 青花白地穿莲龙纹大碗 藏台北“故宫博物院”，故瓷 16440。

174. 青花穿莲双龙纹高足碗 高 10.2 厘米，深 5.1 厘米，口径 15.3 厘米，足径 4.3 厘米，重 288 克。藏台北“故宫博物院”。

175. 青花水波应龙纹高足杯 高 9 厘米，见于香港苏富比 2016 年春拍，图录编号 24。（来源：印度 Toshkhaneh .or State Treasure House 收藏，伦敦苏富比 1967 年秋拍，编号 96；罗杰・琵金顿收藏。）

176. 青花海水龙纹高足碗 高 17.5 厘米，口径 15.4 厘米。藏北京故宫博物院。

又一件见于国家博物馆，高 18 厘米，口径 15.7 厘米，足径 7.8 厘米。（为“宣德年制”四字款。）

177. 青花海水九龙纹高足碗 口径 15.6 厘米，见于香港苏富比 1992 年秋拍，图录编号：33。

178. 青花波涛双龙纹高足碗 高 10.5 厘米, 深 5.6 厘米, 口径 15.5 厘米, 足径 4.5 厘米, 重 224 克。藏台北“故宫博物院”。

又一件见于国家博物馆，高 10.7 厘米，口径 15.5 厘米，足径 4.7 厘米。（为“大明宣德年制”六字款。）

179. 青花釉里红波涛双龙纹高足碗 高 10.5 厘米，深 5.5 厘米，口径 15.2 厘米，足径 4.4 厘米，重 250 克。藏台北“故宫博物院”。

180. 青花海水釉里红龙纹高足碗 高 10.5 厘米，口径 15.2 厘米，藏英国大维德基金会，入藏号：PDF.A.626。

181. 青花龙红彩海水纹碗 高 10.7 厘米，口径 15.3 厘米，足径 7.6 厘米。藏北京故宫博物院。

182. 青花凤纹花口大碗 直径 22 厘米，见于北京保利 2008 年春拍，图录编号 2543。

183. 青花凤纹葵式高足碗 高 11.2 厘米，口径 16.9 厘米，足径 4.5 厘米。藏台北“故宫博物院”，故瓷 15399。

184. 蓝地白花穿花龙纹大碗 高 11 厘米, 深 8.9 厘米, 口径 27.7 厘米, 足径 12.7 厘米, 重 1600 克。藏台北“故宫博物院”。

185. 蓝地白云龙纹高足碗 高 11.1 厘米，口径 16.7 厘米，足径 4.8 厘米。藏北京故宫博物院。

186. 蓝釉留白龙凤纹碗 高 9.5 厘米，见于香港华洋 2014 年春拍，图录编号 8167。

187. 外祭青内白釉模印龙纹碗 高 10.3 厘米, 口径 21 厘米, 足径 9.5 厘米, 重 1007 克。藏谦牧堂。

188. 洒蓝釉刻花龙纹敦式碗（残） 高 10 厘米，口径 15.4 厘米，足径 7.8 厘米。藏景德镇市陶瓷考古研究所。（碗内和足内为白釉。）

189. 洒蓝釉暗刻龙纹碗（残） 高 7.6 厘米，口径 17.7 厘米，足径 7.4 厘米。藏景德镇市陶瓷考古研究所。（碗内和组墙内为白釉。）

190. 洒蓝釉暗刻龙纹小碗（残） 高 5.3 厘米，口径 10 厘米，足径 4.1 厘米。藏景德镇市陶瓷考古研究所。（碗内和足墙内为白釉。）

191. 红釉暗花双龙纹碗 高 9.5 厘米，深 7.6 厘米，口径 21 厘米，足径 8.8 厘米，重 600 克。藏台北“故宫博物院”。

192. 红釉金彩双龙赶珠纹碗　藏台北“故宫博物院”，故瓷 014405。（该碗之金彩不是以笔描绘，而是以贴金方式做成。）

193. 红釉描金云龙纹碗　高 8.8 厘米，口径 20.9 厘米，足径 9 厘米。藏北京故宫博物院。

194. 红釉描金龙纹碗　高 3.8 厘米，口径 15.9 厘米，足径约 13 厘米，藏北京故宫博物院。

195. 宝石红釉白里印花双龙纹碗　高 8.2 厘米，深 6.5 厘米，口径 18.7 厘米，足径 7.8 厘米，重 420 克。藏台北“故宫博物院”。

196. 宝石红釉暗龙纹高足碗　藏台北“故宫博物院”，故瓷 005589、005586。（该碗有二件。）

197. 黄釉暗刻龙纹高足碗　高 15.2 厘米，见于香港苏富比 1994 年春拍，图录编号 56。

198. 孔雀蓝釉暗刻龙纹斗笠碗　高 6.2 厘米，口径 12.7 厘米，见于中拍国际 2007 年春拍，图录编号 370.

199. 白釉半脱胎云龙纹高足碗　高 9.8 厘米，深 5.3 厘米，口径 15.3 厘米，足径 4.3 厘米，重 138 克。藏台北“故宫博物院”。（台北“故宫博物院”所藏宣德款甜白釉高足碗超过 50 件，其中半数为脱胎，即薄胎者，纹饰有云龙、双龙、番莲、凤凰、莲托八吉祥、花卉及无纹饰者。款识有青花款和暗刻款二种。）

200. 白釉暗花双龙纹高足碗　高 10 厘米，深 5.2 厘米，口径 15.4 厘米，足径 4.5 厘米，重 260 克。藏台北“故宫博物院”。

201. 白釉外暗刻莲瓣纹内模印缠枝莲花纹大莲子碗　高 10.9 厘米，直径 20.7 厘米，藏大英博物馆，OA1933.4-10.1。（该碗为沃尔特・赛奇威克夫人捐赠。

又一件见于大英博物馆。高 10.5 厘米，直径 21 厘米。（为约翰・艾剔思爵士遗赠。）

又一件见于台北“故宫博物院”。1998 图录编号 153。

又一件见于香港保利 2017 年春拍，直径 20.8 厘米，编号 3005。

又一件见于玫茵堂收藏。

又一件见于北京永乐 2012 年春拍，直径 20 厘米，图录编号 548。

又一件见于纽约苏富比 2017 年春拍，编号 5。来源为香港苏富比 2009 年秋拍，编号 1625。

202. 白釉短靶盏　高 8.1 厘米，直径 15.7 厘米，藏大英博物馆，OAF.33。（该碗曾经是弗兰克斯的收藏。）

又一件见于台北“故宫博物院”，1998图录编号115。（鸿禧美术馆收藏图录编号F.4。）

203. 白釉立粉划花莲子碗 高9厘米，直径16厘米，藏大英博物馆，OA1954.4-21.2。（也有学者认为是十八世纪的仿品。）

204. 红釉金彩双龙赶珠纹碗（无款） 高8厘米，深6.6厘米，口径19.2厘米，足径8.1厘米，重480克。藏台北“故宫博物院”。

205. 红釉描双金龙赶珠纹高足碗 高10.4厘米，深5.7厘米，口径15.3厘米，足径4.4厘米，重325克。藏台北“故宫博物院”

206. 祭青白里暗花双龙纹高足碗 高10.2厘米，深5.3厘米，口径15.3厘米，足径4.5厘米，重265克。藏台北“故宫博物院”。

又一件见于台北“故宫博物院”，该院另一件同类型碗，高7.9厘米，深6.4厘米，口径18.8厘米，足径8厘米，重440克。

207. 祭青暗花双龙青碗 高8.9厘米，深7.3厘米，口径20.5厘米，足径8.9厘米，重560克。藏台北“故宫博物院”。（该院收藏有祭青的碗盘器约200件以上。）

208. 紫金釉暗花双龙纹碗 高9.2厘米，深7.4厘米，口径20.5厘米，足径8.8厘米，重560克。藏台北“故宫博物院”。

209. 翠绿白里暗花双龙纹碗 高9.2厘米，深7.6厘米，口径20.5厘米，足径8.7厘米，重480克。藏北京故宫博物院。

210. 绿彩釉暗龙纹大碗 高9.1厘米，口径21厘米，足径8.8厘米。藏台北“故宫博物院”，1772箱，012240号。（该碗存世极少，碗外壁有流釉现象，碗内有暗花双龙赶火珠。碗内有使用痕迹。）

211. 青花菱边凤凰纹葵式高足碗 高11.2厘米，深6厘米，口径16.9厘米，足径4.5厘米，重328克。藏台北“故宫博物院”。

212. 青花穿花凤凰纹仰钟式碗 高10厘米，深9.2厘米，口径15.4厘米，足径8.1厘米，重420克。藏台北“故宫博物院”。

又一件见于天津瀚雅2009年春拍，直径15.8厘米，图录编号203。

213. 白釉穿花凤凰纹仰钟式碗 高10.3厘米，深9.2厘米，口径15.2厘米，足径8厘米，重420克。藏台北“故宫博物院”。

214. 天青釉暗刻龙纹大碗 高12.1厘米，口径28厘米，足径13厘米，重1982克。藏谦牧堂。

瑞禽、瑞兽纹

215. 青花五彩满池娇纹碗 高 8 厘米，藏西藏萨迦寺。

又一件见于谦牧堂，高 8 厘米，口径 19 厘米，足径 7.9 厘米，重 342 克。

216. 青花五彩满池娇龙纹高足碗 藏西藏萨迦寺。

217. 青花海兽纹高足碗 高 10 厘米，口径 11.8 厘米、足径 4.9 厘米。藏台北“故宫博物院”。

又一件见于大英博物馆，高 9.2 厘米，口径 9.8 厘米。（可能是漏彩器。）

218. 青花红海兽纹碗 高 9.6 厘米，口径 16.4 厘米，足径 5.5 厘米。藏上海博物馆。

219. 青花波涛海兽纹碗 高 9 厘米，深 7.1 厘米，口径 20.8 厘米，足径 9.1 厘米，重 660 克。藏台北“故宫博物院”。

220. 青花海水红彩海兽鱼涛纹高足碗 高 9 厘米，口径 9.9 厘米，底径 4.5 厘米。藏上海博物馆。

又一件见于北京故宫博物院，高 9 厘米，口径 9.9 厘米，足径 4.5 厘米。

又一件见于台北“故宫博物院”，高 8.8 厘米，深 3.7 厘米，口径 10 厘米，足径 4.5 厘米，重 136 克。

221. 青花莲塘鱼藻纹葵式碗 高 8.4 厘米，深 6.7 厘米，口径 18.4 厘米，足径 7.7 厘米，重 410 克。藏台北“故宫博物院”。

另一件十棱菱口碗见于香港苏富比 2017 年春拍，直径 23 厘米，图录编号 101。

222. 青花莲塘鱼藻纹折腰葵口碗 高 8 厘米，口径 18.9 厘米，足径 8.8 厘米，重 558 克。

223. 蓝地白花莲塘鱼藻纹碗 高 9.7 厘米，深 7.3 厘米，口径 21.8 厘米，足径 9.4 厘米，重 720 克。藏台北“故宫博物院”。故瓷 13483。

又一件见于景德镇市陶瓷考古研究所，**残器，**高 10.2 厘米，口径 15.6 厘米，足径 7.8 厘米。

224. 洒蓝釉暗刻莲塘鱼藻纹碗 高 8.9 厘米，深 7.5 厘米，口径 20.6 厘米，足径 9.1 厘米，重 420 克。藏台北“故宫博物院”。

225. 釉里红三鱼纹高足碗 高 8.8 厘米，口径 9.9 厘米。藏上海博物馆。

又一件见于英国维多利亚和阿尔伯特博物馆，高 9.2 厘米，口径 10.1 厘米，入藏号：C.64-1935。

又一件见于香港苏富比2006年春拍，直径10厘米，图录编号1661。

226.釉里红海兽纹碗（残） 高7.3厘米，口径11.9厘米。藏景德镇市陶瓷考古研究所。

227.青花狮子纹碗 直径10.2厘米，见于北京匡时2017年秋拍，图录编号760。

莲纹

228.青花转枝番莲纹大碗 高10.5厘米，口29.8厘米，足径12.5厘米。藏香港葛氏天民楼。

又一件，直径29.9厘米。为私人收藏。（见埃斯卡纳齐回忆录。）

又一件见于台北“故宫博物院”，高9.9厘米，深8.1厘米，口径28.9厘米，足径11.6厘米，重2320克。

又一件见于北京保利2012年春拍，直径29.2厘米，图录编号5964。

229.青花转枝番莲纹侈口腕（口伤） 高6厘米，口径20.4厘米，足径6.7厘米。藏北京故宫博物院。（外壁绘以六朵转枝西番莲。）

230.青花莲瓣纹莲子碗 高8.8厘米，深7.3厘米，口径15.9厘米，足径4.4厘米，重320克。藏台北“故宫博物院”。

又一件见于香港苏富比2016年春拍，直径16厘米，图录编号23。（来源为伦敦苏富比1937年春拍，编号12；罗杰·琵金顿收藏。）

又一件见于日本山中商会，青花外莲瓣内集合纹鸡心碗，口径15.8厘米。

又一件见于香港佳士得2013年春拍，直径20.8厘米，图录编号1931。

231.青花莲瓣纹小莲子碗 高6.1厘米，深5.1厘米，口径10.1厘米，足径3.1厘米，重120克。藏台北“故宫博物院”。

又一件见于台北“故宫博物院”。高6.1厘米，深5厘米，口径10厘米，足径3.1厘米，重120克。

又一件见于北京匡时2016年秋拍，图录编号82。（为陈玉阶旧藏，香港佳士得2013年春拍，编号1931。）

232.青花外莲瓣内花卉纹大莲子碗 高10.6厘米，深9.2厘米，口径20.7厘米，足径7.9厘米，重660克。藏台北“故宫博物院”。

又一件见于台北“故宫博物院”，该院还收藏有一件同类作品，高10.1厘米，深9厘米，口径20.5厘米，足径7.6厘米，重600克。

又一件见于香港苏富比 2007 年秋拍，直径 20.5 厘米，图录编号 1555。

又一件见于香港佳士得 2006 年秋拍，直径 21 厘米，图录编号 1513。

233. 青花波涛缠枝莲纹碗 高 7.4 厘米，深 6.4 厘米，口径 15.4 厘米，足径 5 着厘米，重 220 克。藏台北“故宫博物院”。

234. 青花外莲瓣内缠枝菊花纹大碗 直径 20.5 厘米，见于辽宁国拍 2007 年春拍，图录编号 29。

235. 青花缠枝莲纹大碗 高 11.5 厘米，口径 31.3 厘米，足径 13 厘米。藏上海博物馆。（上海馆藏还有同样的藏品多件，有的稍小。）

又一件见于上海博物馆，高 9.9 厘米，口径 21.2 厘米，足径 9.3 厘米。

又一件见于上海博物馆，高 8 厘米，口径 17.3 厘米，足径 8 厘米。

又一件见于北京故宫博物院，高 10.1 厘米，口径 21.3 厘米。

又一件见于香港葛氏天民楼，高 8 厘米，口径 17 厘米，足径 8 厘米。

又一件，直径 17 厘米，为私人收藏。（见埃斯卡纳齐回忆录。）

又一件见于香港佳士得 2002 年秋拍，直径 30.2 厘米，图录编号 692。

又一件见于朵云轩 2007 年春拍，直径 12 厘米，图录编号 1583。

236. 青花缠枝莲瓣纹卧足碗 直径 15.5 厘米，见于保利香港 2017 年春拍，图录编号 3007。（为仇焱之旧藏。）

237. 青花缠枝宝莲纹撇口碗 口径 21.2 厘米。藏英国里艾斯克家族，收藏编号 169。

又一件见于台北“故宫博物院”，见于 1998 年台北出版《明代宣德官窑菁华特展图录》，图版 137 号。

又一件见于北京故宫博物院，见《青花釉里红》（上），图版 152 号。

又一件见于上海博物馆，见陆明华著《明代官窑瓷器》，第 117 页。

又一件见于 1980 年东京佳士得春季拍卖一件，拍品 784 号。

又一件见于 2005 年香港佳士得春季拍卖一件，拍品 505 号。

238. 青花转枝莲托八吉祥纹大碗 高 11.5 厘米，深 9.4 厘米，口径 31.4 厘米，足径 12.8 厘米，重 2840 克。藏台北“故宫博物院”。

又一件见于香港葛氏天民楼，高 9.5 厘米，口径 26.6 厘米，足径 11 厘米。

又一件见于首都博物馆，稍小，高 8.3 厘米，口径 15 厘米足径 5.8 厘米。（为 1991 年北京广安门外明墓出土。该碗为双圈内双框六字楷书款。）

又一件见于北京故宫博物院，高 10.2 厘米，口径 28.1 厘米，足径 11.1 厘米。

239. 青花转枝宝莲纹碗　高 7.6 厘米，深 6.5 厘米，口径 17.3 厘米，足径 8 厘米，重 380 克。藏台北“故宫博物院”。

又一件见于台北“故宫博物院”。称“转枝番莲纹碗”，高 10.4 厘米，深 8.6 厘米，口径 21.1 厘米，足径 9.2 厘米，重 600 克。

又一件见于香港苏富比 2017 年秋拍，直径 29.5 厘米，图录编号 3677。

又一件见于北京保利 2016 年春拍，直径 27.8 厘米，图录编号 8498。（来源：香港苏富比 1989 年秋拍，编号 19. 香港佳士得 1996 年秋拍，编号 710。香港佳士得 2010 年秋拍，编号 3112。）

又一件见于北京保利 2016 年秋拍，直径 26.6 厘米，图录编号 5221。（为亚洲重要私人收藏。）

240. 青花莲瓣纹鸡心碗　直径 16 厘米，见于北京匡时 2017 年秋拍，图录编号 3185。

241. 青花外缠枝番莲内缠枝花卉纹撇口碗　口径 17.5 厘米，见于香港佳士得 2006 年秋拍，图录编号 1386.

242. 青花折枝莲纹高足碗　高 15.2 厘米，口径 14.4 厘米，足径 6.8 厘米。藏上海博物馆。

243. 青花缠枝莲纹大碗　直径 29.2 厘米，见保利 2016 年 12 月秋拍图录。

又一件见于北京故宫博物院，高 10 厘米，口径 20.6 厘米，足径 7.8 厘米，其外壁为双组莲瓣。

又一件见于上海博物馆，高 7.1 厘米，口径 20.3 厘米，足径 6.8 厘米。

又一件见于上海博物馆，该馆还收藏一只稍大的碗，高 11.5 厘米，口径 31.3 厘米，足径 13 厘米。

又一件见于苏州博物馆。

244. 青花莲托八吉祥纹高圈足碗　高 8.5 厘米，深 5.5 厘米，口径 15.4 厘米，足径 5.6 厘米重 285 克。藏台北“故宫博物院”。

又一件见于英国大维德基金会，口径 15.9 厘米，入藏号：PDF.B.630。（圈足内有青花双框六字单行款。）

245. 甜白釉暗花缠枝莲托八宝纹高圈足碗　高 8.2 厘米，口径 15.8 厘米，足径 5.6 厘米。藏国家博物馆。

246. 青花阿拉伯莲瓣纹卧足碗 直径 15.5 厘米，见于北京匡时 2016 年秋拍，图录编号 83。

247. 青花转枝莲纹带盖合碗 高 10 厘米，口径 17.4 厘米，足径 9.7 厘米。藏北京故宫博物院。

又一件见于大英博物馆，高 10.3 厘米，直径 17.5 厘米，编号 OA1939.5-16.1。（碗为购藏，盖为奥斯卡·拉斐尔捐赠。）

又一件见于美国旧金山亚洲艺术博物馆。

又一件见于台北“故宫博物院”，通高 10.3 厘米，深 5.8 厘米，碗高 7.3 厘米，足径 9.8 厘米，口径 17.4 厘米，连盖重 660 克。1998 图录编号 51。

248. 青花转枝莲托八吉祥纹合碗 高 7.3 厘米，口径 17.4 厘米，足径 10 厘米。藏上海博物馆。（该碗为底部折腰，上有两道凸起旋纹。）

又一件见于台北“故宫博物院”，通高 10.7 厘米，深 6.1 厘米，碗高 7.3 厘米，足径 9.6 厘米，口径 17.1 厘米，连盖重 660 克。故瓷 15036。

又一件见于国家博物馆，缺盖，高 7.5 厘米，口径 16.8 厘米，足径 9.6 厘米。

又一件见于香港苏富比 2017 年秋拍，带盖一件，总高 10.7 厘米，图录编号 3301。

249. 青花缠枝莲纹合碗 通高 10.5 厘米，深 6.1 厘米，碗高 7.3 厘米，足径 9.8 厘米，口径 17.3 厘米，连盖重 800 克。藏台北“故宫博物院”。

250. 青花转枝莲纹馒头心碗 直径 15.2 厘米，见于香港苏富比 2008 年秋拍，图录编号 2544。

251. 青花阿拉伯花纹馒头心碗 直径 15.8 厘米，见于香港佳士得 2004 年秋拍，图录编号 1074。

252. 青花内折枝花果外缠枝番莲纹敦式碗 直径 24.2 厘米，见于香港苏富比 2013 年春拍，图录编号 23。

253. 青花外莲瓣内轮花纹鸡心碗 直径 16 厘米，见于北京东正 2014 年春拍，图录编号 581。

254. 甜白釉外暗刻莲瓣内石榴纹碗 直径 21 厘米，见于北京匡时 2016 年春拍，图录编号 3069。

又一件见于保利厦门 2014 年秋拍，直径 21 厘米，图录编号 627。

又一件见于香港佳士得 2011 年春拍，直径 21 厘米，图录编号 3727。

又一件见于香港苏富比 2009 年秋拍，直径 20.5 厘米，图录编号 1625。

255. 孔雀蓝釉暗刻莲瓣纹撇口碗（残） 高 9.5 厘米，口径 21.5 厘米，足径 9.1 厘米。藏景德镇市陶瓷考古研究所。（碗内为白釉。）

256. 孔雀蓝釉敦式碗（残） 高 10.1 厘米，口径 15.5 厘米，足径 7.1 厘米。藏景德镇市陶瓷考古研究所。（碗内为白釉。）

折枝、缠枝纹

257. 青花花卉纹莲子碗 高 9 厘米，深 7.5 厘米，口径 15.9 厘米，足径 4.8 厘米，重 345 克。藏台北“故宫博物院”。（台北“故宫博物院”的收藏分为大中小三种。）

又一件见于 2013 年佳士得秋季拍卖，口径 15.9 厘米。图录编号 3109 号。（为英国里艾斯克的收藏，编号 220C。）

又一件见于伊朗阿德比尔博物馆。

又一件件于香港苏富比 2008i 年春拍，口径 16 厘米。图录编号：2929。

258. 青花折枝花卉纹合碗 连盖高 10.4 厘米，深 6 厘米，碗高 7.3 厘米，足径 9.7 厘米，口径 17.4 厘米，连盖重 700 克。藏台北“故宫博物院”。

又一件见于北京故宫博物院，无盖。碗高 7.5 厘米，口径 17.4 厘米。

又一件见于北京保利 2009 年春拍，直径 17.4 厘米，图录编号 1357。

259. 青花缠枝八吉祥纹合碗 口径 17.8 厘米，见于香港苏富比 1987 年春拍，图录编号：231。

260. 青花缠枝花卉纹高圈足碗 高 8.1 厘米，深 5.4 厘米，口径 15.4 厘米，足径 5.6 厘米，重 250 克。藏台北“故宫博物院”。

又一件藏北京故宫博物院， 高 14.3 厘米，口径 12.1 厘米。

261. 青花缠枝四季花卉纹撇口碗 高 8.8 厘米，深 7.6 厘米，口径 19.5 厘米，足径 9.3 厘米，重 580 克。藏台北“故宫博物院”。

又一件见于大英博物馆，高 8.5 厘米，直径 19.5 厘米，编号 OA1947.7-12.180。（为哈里·奥本海姆遗赠。）

又一件见于印第安纳波利斯艺术博物馆，略小。

又一件见于北京翰海 1996 年秋拍，直径 19.5 厘米。再见于北京翰海 1997 年春拍，直径 19.5 厘米。又见于北京翰海 2005 年春拍，直径 19.5 厘米。（内外缠枝花卉。）

又一件见于天津国拍 2001 年秋拍，高 8 厘米，直径 17.3 厘米。（内外缠枝花卉。）

262. 青花缠枝西番莲纹碗（冲口）　高 10 厘米，口径 20.6 厘米，足径 7.8 厘米。藏北京故宫博物院。（碗外壁绘以海水和二层菊瓣纹）

263. 青花缠枝番莲纹浅碗（伤）　高 6 厘米，口径 20.4 厘米，足径 6.7 厘米。藏北京故宫博物院。

264. 青花转枝番莲纹大碗　见于北京保利 2015 年春拍，图录编号 8135。

又一件见于伦敦苏富比 1978 年秋拍品，编号 379。美国私人藏家旧藏。

又一件见于香港佳士得 2008 年春拍，口径 27.9 厘米，图录编号 1847。

又一件见于北京保利 2009 年春拍，口径 28 厘米，图录编号 1358。

265. 青花外缠枝番莲内海水江牙纹碗　直径 15.5 厘米，见于香港苏富比 2004 年秋拍，图录编号 161。

又一件见于北京诚轩 2011 年春拍，口径 15.4 厘米，图录编号 0659。

266. 青花缠枝番莲纹侈口腕　直径 21 厘米，见于香港佳士得 2013 年秋拍，图录编号 3110。

又一件见于台北“故宫博物院”，高 7.1 厘米，深 5.5 厘米，口径 20.3 厘米，足径 6.8 厘米。

267. 青花折枝莲纹碗　高 8 厘米，直径 17.3 厘米，藏大英博物馆，OA1973.7-26.360。（该碗为 B.Z. 赛里格曼夫人遗赠。）

又一件见于旧金山亚洲艺术博物馆，1964 图录编号 D.242。

268. 青花缠枝莲纹碗　口径 21 厘米，见于北京保利 2009 年秋拍，口径 21 厘米，图录编号 3024。

269. 青花折枝花卉纹直口碗　高 13 厘米，口径 12.1 厘米，足径 6.1 厘米，重 404 克。藏谦牧堂。

270. 青花折枝花果纹笠式葵口碗（残）　高 10.7 厘米，口径 27.7 厘米，足径 11.2 厘米。藏上海博物馆。

又一件见于景德镇陶瓷博物馆。高 7.9 厘米，口径 22.4 厘米，足径 7.5 厘米。

又一件直径 29.5 厘米。为玫茵堂收藏。（见埃斯卡纳齐回忆录。）

又一件见于上海博物馆，高 8 厘米，口径 22.7 厘米，足径 7.6 厘米。

又一件见于台北“故宫博物院”，高 7.8 厘米，口径 21.2 厘米，足径 7.4 厘米。

又一件见于北京故宫博物院，高 8 厘米，口径 22.7 厘米。

又一件见于香港佳士得 1989 年春拍，封面。

又一件见于香港佳士得2010年春拍，直径22.6厘米，图录编号1856。

又一件见于北京保利2014年春拍，直径22.5厘米，图录编号8006。（又见于大羿拍卖2017年秋拍，直径22.5厘米，图录编号544。）

又一件见于北京匡时2016年春拍，图录编号3730。（来源柏煊书斋珍藏。）

又一件见于香港苏富比2016年春拍，图录编号20。（来源：H.R.N.Norton收藏，伦敦苏富比1963年秋拍，编号166。罗杰·琵金顿收藏。）

又一件见于香港佳士得2016年春拍，图录编号99。

又一件见于纽约苏富比2017年春拍，图录编号7。（原为日本制药公司收藏。）

271. 青花折枝花果纹碗 高8.4厘米，口径18厘米，足径9.2厘米，重582克。藏谦牧堂。

272. 青花海浪缠枝花卉纹菊瓣大碗 直径20.7厘米。见于保利2019年秋拍。（日本名古屋重要私人藏家旧藏。）

273. 青花折枝花果纹大碗 高10厘米，深7.5厘米，口径26.1厘米，足径10.3厘米，重1920克。藏台北“故宫博物院”。

又一件见于国家博物馆，高9.7厘米，口径27.6厘米，足径11.1厘米。

又一件见于北京故宫博物院，**冲口，**高12.5厘米，口径31.3厘米，足径17厘米。（其外壁绘以葡萄、石榴、桃、枇杷和柿子五组花果纹饰。）

又一件见于北京翰海1996年秋拍，直径30.5厘米。

又一件见于北京瀚海2007年秋拍，直径30.3厘米，图录编号2360。

又一件见于香港苏富比2011年秋拍，直径29.5厘米，图录编号13。（又见于北京保利2014年春拍，直径29.5厘米，图录编号8007。）

又一件见于北京瀚海2011年春拍，直径30.9厘米，图录编号3068。

274. 青花缠枝四季花卉纹碗 高9厘米，口径19.2厘米，足径9.2厘米。藏香港葛氏天民楼。

又一件见于香港天民楼，还藏有一**只**四季花卉纹大碗，高10厘米，口径27.6厘米，足径11.2厘米。

又一件见于北京东正2015年秋拍，口径20厘米，图录编号5034。（来源为香港重要藏家，早年购于日本。）

275. 青花四季花卉纹骰子碗 直径27厘米，见于北京东正2014年春拍，图录编号582。

又一件见于香港苏富比 2008 年秋拍，直径 28.5 厘米，图录编号 2545。

276. 青花花卉纹高足碗　高 8.9 厘米，口径 10.1 厘米，足径 4.6 厘米。藏上海博物馆。

277. 青花缠枝花纹高足碗　高 22.2 厘米，见于香港苏富比 1977 年春拍，图录编号：85。（有“宣德年制”四字款。）

278. 青花缠枝花卉纹敛口碗　直径 15.3 厘米，见于北京瀚海 2007 年秋拍，图录编号 2359。

又一件见于台北“故宫博物院”，高 8.5 厘米，深 7.8 厘米，口径 16 厘米，足径 4.5 厘米。

279. 青花花卉纹浅碗　高 6.1 厘米，深 4.3 厘米，口径 15.2 厘米，足径 4.1 厘米，重 300 克。藏台北“故宫博物院”。

又一件见于台北“故宫博物院”，该院还有另外一件浅碗，高 4 厘米，深 3.1 厘米，口径 13.1 厘米，足径 3.8 厘米，重 120 克。

280. 青花折枝瑞果纹碗　高 6.4 厘米，深 5.5 厘米，口径 14.8 厘米，足径 5.2 厘米，重 160 克。藏台北“故宫博物院”。

281. 青花折枝花果纹笠式碗　口径 17.9 厘米，见于香港苏富比 1996 年春拍，图录编号：326。

282. 青花折枝瑞果纹大碗　高 9.6 厘米，口径 26.1 厘米，藏美国国立亚洲艺术博物馆，入藏号 F1952.6。

又一件见于香港葛氏天民楼，较大，高 10 厘米，口径 28 厘米，足径 11.1 厘米。

又一件见于香港苏富比 1997 年春拍，口径 28 厘米，图录编号：538。

又一件见于中国嘉德 1998 年秋拍，直径 30.5 厘米。

又一件见于上海敬华 2002 年秋拍，直径 29.2 厘米，图录编号 876。

又一件见于天津文物 2007 年春拍，直径 30.5 厘米，图录编号 661。

283. 青花里外折枝花果纹棱口碗　高 8 厘米，深 6.5 厘米，口径 22.5 厘米，足径 7.4 厘米，重 465 克。藏台北“故宫博物院”。

又一件见于江西景德镇市陶瓷博物馆，高 7.9 厘米，口径 22.4 厘米，足径 7.5 厘米。

又一件见于香港苏富比 2006 年春拍，直径 22.3 厘米，图录编号 1660。

284. 青花折枝荔枝纹斗笠碗　直径 22.8 厘米。为私人收藏。（见埃斯卡纳齐回忆录。）

又一件见于北京保利 2011 年秋拍，直径 17 米，图录编号 4908。

285. 青花折枝松竹梅纹大碗　高 11 厘米，口径 31 厘米，见于北京中嘉 2009 年秋拍，图录编号 616。

286. 青花缠枝灵芝纹大碗 高 11.8 厘米，口径 31.2 厘米，足径 13 厘米。藏上海博物馆。

又一件见于台北“故宫博物院”，高 9.5 厘米，深 7.5 厘米，口径 26.8 厘米，足径 10.2 厘米，重 1820 克。

又一件见于北京故宫博物院，高 10.3 厘米，口径 28.1 厘米。

又一件见于香港苏富比 1986 年春拍，图录编号 16。

又一件见于香港佳士得 2007 年秋拍，直径 28.9 厘米。图录编号 1736。（又一件见于北京瀚海 2010 年春拍，直径 28.9 厘米，图录编号 2974。又一件见于保利 2019 年秋拍，直径 28.9 厘米。图录编号 5657。）

又一件见于中贸圣佳 2016 年秋拍，图录编号 1244。

287. 青花缠枝牡丹纹卧足碗 高 4.3 厘米，口径 13.4 厘米，足径 4 厘米。藏上海博物馆。

又一件见于英国里艾斯克，口径 17.3 厘米，收藏编号 206a。

又一件见于台北“故宫博物院”，见 1998 年台北出版《明代宣德官窑菁华特展图录》，图版 121 号，

又一件见于荷兰海牙市立博物馆。

又一件见于日本东京梅泽纪念堂。

又一件见于中国嘉德 1998 年秋季拍卖会，口径 27 厘米。图录号 993。

又一件见于 2004 年 11 月 1 日香港佳士得秋季拍卖，拍品 1074 号。

288. 青花缠枝花卉纹馒头心卧足碗 直径 17.3 厘米，见于香港佳士得 2013 年秋拍，图录编号 3107。

又一件见于中国嘉德 2007 年春拍，直径 15.2 厘米，图录编号 1848。

又一件见于台北林柏寿先生所藏，高 6.8 厘米，口径 17.2 厘米。（载陈昌蔚编：《中国陶瓷 · 明代瓷器》）

289. 青花缠枝花叶宝相花纹卧足碗 高 3.8 厘米，口径 13.5 厘米，足径 4.2 厘米。藏北京故宫博物院。

290. 青花转枝梅花纹卧足碗 高 4.2 厘米，深 3.1 厘米，口径 13.1 厘米，足径 4.4 厘米。藏台北“故宫博物院”。

291. 青花缠枝牡丹纹大碗 高 11.8 厘米，深 9.1 厘米，口径 31.1 厘米，足径 12.6 厘米，重 2180 克。藏台北“故宫博物院”。

又一件见于香港葛氏天民楼，高 11 厘米，口径 28.8 厘米，足径 12.5 厘米。

又一件见于上海博物馆，高 13.9 厘米，口径 30.9 厘米，足径 17.3 厘米。

又一件见于国家博物馆，高 7.1 厘米，口径 20.2 厘米，足径 6.7 厘米。

又一件见于中国嘉德 1998 年秋拍，直径 27 厘米。

又一件见于香港苏富比 2002 年春拍，直径 28.2 厘米，图录编号 565。

又一件见于香港佳士得 2004 年秋拍，直径 29 厘米，图录编号 827。

又一件见于北京保利 2012 年春拍，直径 28.5 厘米，图录编号 5965。

292. 青花牡丹折枝花果纹大碗 高 13.2 厘米，深 11.4 厘米，口径 20.7 厘米，足径 13.6 厘米，重 1580 克。藏台北“故宫博物院”。

293. 青花转枝牡丹纹高足碗 高 11.3 厘米，深 5.8 厘米，口径 16.9 厘米，足径 4.7 厘米，重 257 克。藏台北“故宫博物院”。故瓷 16653。（该碗碗心为折枝玉簪花。）

294. 青花转枝月季花纹大碗 高 10.7 厘米，深 8.5 厘米，口径 30.5 厘米，足径 12.4 厘米，重 2000 克。藏台北“故宫博物院”。

295. 青花岁寒三友纹大碗 直径 28 厘米，见于香港佳士得 2004 年春拍，图录编号 955。

又一件见于中国嘉德 2000 年春拍，直径 22 厘米。（外壁绘松竹梅。）

296. 青花缠枝芍药纹大碗 高 10.8 厘米，口径 29.6 厘米，足径 12.5 厘米。藏台北“故宫博物院”，故瓷 3903。

297. 青花缠枝芍药纹碗 藏台北“故宫博物院”，故瓷 9705。

298. 青花外缠枝芍药纹内模印笠式碗 高 7.1 厘米，深 6 厘米，口径 20 厘米，足径 7 厘米，重 330 克。藏台北“故宫博物院”。（据台北故宫专家介绍，其馆内收藏这类碗超过百件，其中有少数清仿者。芍药为白花之后，宣德官窑喜以花卉为饰，象征吉祥时令。）

又一件为私人收藏，直径 20.5 厘米。（见埃斯卡纳齐回忆录。）

又一件见于北京保利 2015 年春拍，直径 20.2 厘米，图录编号 8133。（拍品来源：纽约佳士得 2006 年春拍编号 442。）

又一件见北京保利 2017 年春拍，图录编号 5197。（为日本关东藏家旧藏。）

299. 青花折枝石榴菊瓣纹碗 高 10 厘米，直径 20.5 厘米，藏大英博物馆，OAF.315+。（该碗为卜士礼博士捐赠。）

又一件见于台北“故宫博物院”，1998 图录编号 154。

又一件见于美国纽约大都会艺术博物馆。

300. 青花转枝花叶莲塘纹碗 高 6.8 厘米，深 5.7 厘米，口径 15.6 厘米，足径 5.5 厘米，重 220 克。藏台北“故宫博物院”。

301. 青花莲塘木樨花卉纹碗 高 7 厘米，口径 15.4 厘米，见于上海嘉泰 2006 年春拍，图录编号 1608。

302. 青花梵花纹莲子碗 直径 15.9 厘米，见于香港佳士得 2013 年秋拍，图录编号 3109。

303. 青花外菊瓣内缠枝四季花卉纹鸡心碗 直径 20.6 厘米，见于北京瀚海 2009 年秋拍，图录编号 3471。

又一件见于香港苏富比 2004 年秋拍，直径 20.7 厘米，图录编号 157。

又一件见于天津文物 2008 年春拍，直径 20.5 厘米，图录编号 305。

304. 青花外缠枝花卉内番莲梵文纹碗 直径 19 厘米，见于香港苏富比 2008 年春拍，图录编号 2512。

又一件见于台北“故宫博物院”藏品。

又一件见于香港苏富比 2005 年秋拍，图录编号：338。

又一件见于香港苏富比 2004 年秋拍，图录编号：161。

305. 青花外缠枝番莲内暗花缠枝花卉纹碗 口径 20.5 厘米，见于香港苏富比 2001 年春拍，图录编号 0509。

306. 青花外缠枝花卉内暗花缠枝花卉纹碗 口径 20.5 厘米，见于香港苏富比 2001 年春拍，图录编号：509。

307. 青花内缠枝菊花外菊瓣纹碗 口径 20.7 厘米，见于香港佳士得秋拍，图录编号 1250。

又一件见于上海信仁 2005 年春拍，高 10.4 厘米，直径 20.7 厘米。

308. 青花缠枝菊纹小碗 高 5.8 厘米，口径 11 厘米，足径 4.5 厘米，藏崇真堂。

309. 青花转枝芙蓉纹高足碗 高 11.3 厘米，深 5.7 厘米，口径 17.1 厘米，足径 4.8 厘米，重 264 克。藏台北“故宫博物院”。故瓷 10335。

310. 青花团花果纹葵式高足碗 高 11.6 厘米，深 6.3 厘米，口径 16.6 厘米，足径 4.8 厘米，重 340 克。藏台北“故宫博物院”。故瓷 8842。

又一件藏英国大维德基金会，高 11.3 厘米，口径 16.6 厘米。入藏号：PDF.A.602。

311. 青花缠枝花卉纹藏文题诗碗 直径 15 厘米，见于香港苏富比拍卖会，图录编号 3020。

312. 青花外缠枝番莲纹内折枝花果纹敦式碗　口径 24.2 厘米，见于香港苏富比 2013 年春拍，图录编号 0023.

313. 青花缠枝苜蓿花河塘纹碗　直径 15.3 厘米，见于北京荣宝 2016 年春拍，图录编号 1249。

又一件见于北京诚轩 2011 年春拍，口径 15.5 厘米，图录编号 0661。

314. 青花缠枝花卉纹撇口碗　直径 19.5 厘米，见于香港苏富比 2014 年秋拍，图录编号 3694。

又一件见于香港佳士得 2011 年春拍，直径 20.6 厘米，图录编号 3505。

又一件见于台北"故宫博物院"，高 8.9 厘米，深 8.4 厘米，口径 17.1 厘米，足径 5.5 厘米。

315. 青花描金缠枝花卉纹撇口碗　高 6.3 厘米，深 5.3 厘米，口径 15.1 厘米，足径 5.6 厘米。藏台北"故宫博物院"。

其他

316. 青花松竹梅纹碗　高 8.9 厘米，口径 22 厘米，足径 6.8 厘米。藏北京故宫博物院。

又一件见于台北"故宫博物院"，器型稍大：高 11.5 厘米，深 8.7 厘米，口径 27.4 厘米，足径 12.8 厘米，重 1900 克。

又一件见于香港葛氏天民楼，高 10.5 厘米，口径 30 厘米，足径 12.2 厘米。

又一件见于美国大维德中国艺术基金会，高 20.8 厘米。

又一件见于上海博物馆，高 8.5 厘米，口径 22. 厘米，足径 6.9 厘米。

又一件见于香港苏富比 1990 年秋拍，口径 27.9 厘米，图录编号：130。

317. 青花松竹梅纹大碗　高 9.9 厘米，口径 26.4 厘米，足径 10.2 厘米。藏上海博物馆。

又一件见于台北"故宫博物院"，高 11.8 厘米，深 9.1 厘米，口径 31.2 厘米，足径 12.8 厘米，重 2940 克。

又一件于中国嘉德 2000 年春季拍卖会，口径 22 厘米。图录号 944。

318. 青花外岁寒三友内灵芝加岁寒三友图高足碗　口径 17.3 厘米，见于香港苏富比 1998 年秋拍，图录编号：305。

319. 青花藏文永平安颂高足碗（暗刻篆字款）　高 11.9 厘米，深 5.8 厘米，口径 17.1 厘米，足径 4.8 厘米，重 365 克。藏台北"故宫博物院"。故瓷 005593。（"宣德年制"

四字篆款极为少见。）

又一件见于西藏文管会，高 11.6 厘米，口径 17 厘米，足径 4.3 厘米。

又一件见于香港苏富比 2009 年春拍，图录编号 1671。藏文为“永平安”。

320. 青花坛字碗 高 5.4 厘米，深 4.9 厘米，口径 10.7 厘米，足径 4.6 厘米，重 140 克。藏台北“故宫博物院”。

又一件见于北京故宫博物院。

又一件见于英国大维德基金会，高 5.8 厘米，口径 10.9 厘米，入藏号：PDF.B.688。

321. 白釉鸡心碗 高 8.4 厘米，口径 16 厘米。藏江苏省常州市博物馆。

又一件见于中贸圣佳 2017 年秋拍，口径 16 厘米，高 8.5 厘米。（该碗原为文物商店旧藏，编号 808。）

又一件见于中贸圣佳 2015 年春拍，直径 16.2 厘米，图录编号 624。

322. 白釉暗花高圈足碗 高 8.4 厘米，口径 15.5 厘米。藏北京故宫博物院。

323. 仿哥釉菊瓣纹碗 高 7.3 厘米，口径 18.7 厘米，足径 6.9 厘米。藏北京故宫博物院。

324. 仿哥釉碗 高 8.7 厘米，直径 16.2 厘米，藏大英博物馆，OA1968.4-22.38。（该碗为沃尔特·赛奇威克夫人遗赠。）

又一件见于台湾鸿禧美术馆，1998 图录编号 7。

又一件见于北京故宫博物院，高 10.6 厘米，口径 20.7 厘米，足径 7.6 厘米。

325. 仿哥釉菊瓣式碗 高 7.3 厘米，口径 8.7 厘米，足径 6.9 厘米。藏北京故宫博物院。

326. 青花莲子小碗 高 6 厘米，直径 7.6 厘米，藏大英博物馆，OA1952.5-13.2。（该碗为 A.W. 布兰克顿捐赠。）

327. 白釉碗 高 10 厘米，口径 20.6 厘米，足径 7.6 厘米。藏上海博物馆。

又一件见于台北“故宫博物院”，高 8 厘米，深 6.5 厘米，口径 17.3 厘米，足径 7.8 厘米，重 340 克。

328. 白釉卧足碗（残） 高 4.5 厘米，口径 13.9 厘米，足径 5.5 厘米。藏景德镇市陶瓷考古研究所。（卧足内暗刻四字楷书款。）

又一件见于香港苏富比 1981 年春拍，口径 26.1 厘米，图录编号：450。

329. 无款白釉印花碗（残） 高 6 厘米，足径 17 厘米，足径 6.7 厘米。藏景德镇市陶瓷考古研究所。

330. 青花折枝花卉杂宝莲子碗 口径 15.9 厘米。藏英国里艾斯克家族，收藏编号 220c。

331. 白釉莲瓣莲子碗 高8.6厘米，深7.4厘米，口径16厘米，足径4.2厘米，重300克。藏台北“故宫博物院”。

332. 白釉莲瓣纹大莲子碗 高10.2厘米，深9.1厘米，口径20.4厘米，足径7.5厘米，重560克。藏台北“故宫博物院”。

333. 白釉莲瓣纹小莲子碗 高5.5厘米，深5厘米，口径10.1厘米，足径3厘米，重100克。藏台北“故宫博物院”。

334. 甜白釉暗花缠枝莲托八吉祥纹碗 高8.4厘米，口径15.5厘米，足径5.7厘米。藏北京故宫博物院。（足内有青花六字款。）

335. 白釉暗刻莲花纹碗 高10.3厘米，藏英国大维德基金会，入藏号：PDF.402。

336. 甜白釉暗花莲托八吉祥纹高圈足碗 高8.2厘米，深5.5厘米，口径15.4厘米，足径5.9厘米，重280克。藏台北“故宫博物院”。

337. 红釉高足碗 高10.6厘米，深5.2厘米，口径15.3厘米，足径4.4厘米，重335克。藏台北“故宫博物院”。

338. 红釉斗笠碗（残） 高6.5厘米，口径15.4厘米，足径5.3厘米。藏景德镇市陶瓷考古研究所。

339. 红釉碗 高8.5厘米，直径18.5厘米，藏大英博物馆编号OA1947.7-12.321。（碗底圈足内为暗刻六字双圈款。）

又一件见于北京故宫博物院，高8厘米，口径18.9厘米，足径8厘米。

又一件见于台湾鸿禧美术馆，图录编号31-1。

又一件见于台北“故宫博物院”，1998图录编号127。

又一件见于景德镇市陶瓷考古研究所。1993年景德镇珠山御窑厂遗址出土一件同样的**残器**，高9.1厘米，口径20厘米，足径8.8厘米。

又一件见于谦牧堂，高6.9厘米，口径15.7厘米，足径5.7厘米，重204克。

340. 宝石红釉小碗 高5.2厘米，深4.3厘米，口径10.2厘米，足径4.3厘米，重120克。藏台北“故宫博物院”。

又一件见于景德镇市陶瓷考古研究所，**残器**，高5.1厘米，口径10.3厘米，足径4.2厘米。（碗为内白外红。）

341. 宝石红釉直口碗 高7.5厘米，深6.5厘米，口径13.8厘米，足径7.5厘米，重280克。藏台北“故宫博物院”。

342. 宝石红釉八方碗 高7.4厘米，深5.7厘米，口径14.6厘米，足径6.8厘米。

藏台北“故宫博物院”。

343. 宝石蓝釉白里仰钟式碗 高10厘米，深8.9厘米，口径15.3厘米，足径8厘米，重400克。藏台北“故宫博物院”。

344. 天蓝釉斗笠碗 高7厘米，深5.5厘米，口径17.5厘米，足径5.9厘米，重391克。藏台北“故宫博物院”。（这种天蓝釉开片器，台北故宫只藏有二件，均为传世品。）

345. 天蓝釉撇口碗 高9厘米，深6.9厘米，口径20.7厘米，足径8.5厘米，重660克。藏台北“故宫博物院”。

又一件见于景德镇市陶瓷考古研究所，**残器，**高8.6厘米，口径18.8厘米，足径8.1厘米。（该碗为内外全蓝釉。）

346. 洒蓝釉碗（残） 高7.2厘米，口径15.8厘米，底部书宣德六字款。藏景德镇陶瓷考古研究所。

347. 洒蓝釉暗刻花纹金钟碗（残） 高10厘米，口径15.4厘米，藏景德镇陶瓷考古研究所。

348. 天青釉侈口腕（残） 高8.4厘米，口径19厘米，藏景德镇陶瓷考古研究所。

349. 天青釉斗笠碗（残） 高7.4厘米，口径17.8厘米，藏景德镇陶瓷考古研究所。

又一件见于景德镇陶瓷研究所。该所还收藏一见同类的**残器，**高7厘米，口径17.5厘米。

350. 天青釉撇口碗（残） 高9厘米，口径20.7厘米，藏景德镇陶瓷考古研究所。

又一件见于谦牧堂，高7.6厘米，口径15.3厘米，足径6.3厘米，重303克。

351. 孔雀蓝釉高足碗 高10.2厘米，口径15厘米，足径4.2厘米。藏国家文物总店。

352. 孔雀蓝釉暗花碗 口径15厘米，见于香港苏富比1989年春拍，图录编号:121。

353. 仿龙泉青瓷葵口仰钟式碗 高10.3厘米，深9.1厘米，口径15.2厘米，足径7.8厘米，重480克。藏台北“故宫博物院”。

354. 仿龙泉窑翠青葵花式碗 高8厘米，深6.4厘米，口径18.2厘米，足径8厘米，重420克。藏台北“故宫博物院”。

又一件见于亚洲私人收藏，伪。高8.2厘米，口径18厘米，足径7.4厘米，重1875克。

355. 黄釉直壁碗（残） 高7.4厘米，口径13.6厘米，足径7.7厘米。藏上海博物馆。

356. 黄釉撇口仰钟式碗 直径15.2厘米，见于香港苏富比2012年春拍，图录编号15。

357. 紫金釉撇口碗 直径 10.4 厘米，见于北京中汉 2017 年秋拍，图录编号 13。（该碗纽约佳士得 1980 年拍过。）

358. 青花云龙纹钵 高 12.6 厘米，口径 26.5 厘米，底径 12.3 厘米。藏上海博物馆。

又一件见于北京故宫博物院，高 12.2 厘米，口径 26.5 厘米，底径 12.6 厘米。

又一件见于台北“故宫博物院”，高 12.3 厘米，口径 26.8 厘米，底径 12.6 厘米。

又一件见于弗利尔博物馆，高 12.6 厘米，口径 26.6 厘米。

又一件见于旧金山博物馆，口径达 27 厘米。

359. 青花云龙波涛纹圆钵 高 12.3 厘米，深 11 厘米，口径 26.8 厘米，足径 12.6 厘米，重 3220 克。藏台北“故宫博物院”。

360. 青花云龙纹研钵 直径 16.5 厘米，见于香港佳士得 2006 年春拍，图录编号 1251。

361. 青花缠枝四季花卉纹清水钵 直径 9.7 厘米，见于香港佳士得 2007 年春拍，图录编号 1351。

362. 洒蓝釉划云龙纹钵（又名骰子盔） 高 11.5 厘米，口径 25.3 厘米，底径 11.8 厘米。藏首都博物馆。（该件钵，内里青花双圈书六字年款。）

又一件见于天津市艺术博物馆。

又一件见于谦牧堂，高 12.6 厘米，口径 27.6 厘米，足径 14 厘米，重 3098 克。

又一件见于英国大维德爵士收藏中国陶瓷，高 11.5 厘米，口径 25.2 厘米，入藏号：PDF.605。

又一件见于景德镇陶瓷考古研究所。1983 年景德镇市御窑厂遗址出土了一件相同的**残器**。

又一件见于香港苏富比 1987 年春拍，口径 26.2 厘米，图录编号：122。

又一件见于香港苏富比 2001 年春拍，口径 25.3 厘米。图录编号：123。

E. 杯、盏类

363. 青花秉烛夜游仕女图凸节高足杯 高 7.4 厘米，深 3.3 厘米，口径 8.1 厘米，足径 3.8 厘米，重 80 克。藏台北“故宫博物院”。故瓷 15141。（该杯在《故宫物品点查报告》内记名为“宣德青花人物番字里把盅”。）

又一件见于台北“故宫博物院”，该院还有一件无凸节高足碗，高 10.4 厘米，深 5.4

厘米，口径 15.2 厘米，足径 4.4 厘米，重 276 克。

364. 青花庭院人物婴戏图高足杯 高 7.5 厘米，见于香港佳士得 2011 年秋拍，图录编号 2976。（该杯人物图已见云堂手纹饰。）

365. 青花波涛留白海兽纹凸节高足杯（青涛白兽） 高 7.4 厘米，深 3.5 厘米，口径 8.1 厘米，足径 4 厘米，重 82 克。藏台北“故宫博物院”。

又一件见于台北“故宫博物院”，该院还收藏一件无凸节的高足杯，为青涛白兽，高 10 厘米，深 4.9 厘米，口径 11.8 厘米，足径 4.9 厘米，重 190 克。

又一件见于台北“故宫博物院”，高 7.5 厘米，深 3.5 厘米，口径 8.1 厘米，足径 4 厘米，重 80 克。（台北“故宫博物院”宫藏有 14 件同类高足杯，其中 9 个有藏、梵文字符。）

366. 青花波涛留白海兽纹高足杯 高 13 厘米，直径 15.6 厘米，藏大英博物馆，编号 OA1938.7-12.1。（该杯为白兰士敦捐赠。景德镇珠山御窑厂遗址也曾出土过同类高足杯。）

367. 青花暗花海水游龙图高足杯 直径 15.4 厘米，见于香港苏富比 2012 年春拍，图录编号 29。

368. 青花云龙波涛纹高足杯 高 10.4 厘米，深 5.4 厘米，口径 11.9 厘米，足径 4.4 厘米，重 189 克。藏台北“故宫博物院”。

369. 青花波涛五龙纹高足杯 高 17 厘米，直径 17 厘米，藏大英博物馆，编号 OA1934.4-15.2。

又一件见于台北“故宫博物院”，1998 图录编号 109。

370. 青花双云龙纹波涛高足杯 高 8.8 厘米，口径 10.1 厘米，足径 4.6 厘米。藏香港葛氏天民楼。

又一件见于北京匡时 2017 年秋拍，高 8.2 厘米，图录编号 753。

371. 青花波涛五白龙纹高足杯 高 8.9 厘米，深 3.8 厘米，口径 10.1 厘米，足径 4.3 厘米，重 125 克。藏台北“故宫博物院”，1998 图录编号 79。

又一件见于台北“故宫博物院”，高 10.6 厘米，深 5.6 厘米，口径 15.2 厘米，足径 4.6 厘米，重 233 克。

又一件见于大英博物馆，高 9.2 厘米，直径 9.8 厘米，编号 OA1954.4-20.7。（为 W. 罗伯茨夫人捐赠。）

又一件见于伦敦大维德基金会。

372. 青花云龙纹高足杯 高 8.9 厘米，深 3.7 厘米，口径 10 厘米，足径 4.4 厘米，重 145 克。藏台北“故宫博物院”。

又一件见于崇真堂，口径 10.2 厘米，高 9 厘米，足径 4.4 厘米。

373. 青花波涛双飞象云纹高足杯 高 8.8 厘米，深 3.8 厘米，口径 10 厘米，足径 4.3 厘米，重 120 克。藏台北“故宫博物院”。

374. 青花穿莲凤凰纹高足杯 高 10.3 厘米，深 5.4 厘米，重 11.8 厘米，足径 4.8 厘米，重 179 克。藏台北“故宫博物院”，1998 图录编号 92。

又一件见于大英博物馆，高 8.9 厘米，直径 10 厘米。（为哈里·奥本海姆遗赠。）

375. 青花折枝莲纹高足杯 高 8.9 厘米，深 3.8 厘米，口径 9.8 厘米，足径 4.3 厘米，重 134 克。藏台北“故宫博物院”。

376. 青花松竹梅三友纹高足杯 高 8.8 厘米，深 3.8 厘米，口径 10.1 厘米，足径 4.5 厘米，重 110 克。藏台北“故宫博物院”。

又一件见于台北“故宫博物院”，高 10.2 厘米，深 5.4 厘米，口径 15.2 厘米，足径 4.3 厘米，重 242 克。

又一件，口径 17.3 厘米。为私人收藏。（见埃斯卡纳齐回忆录。）

377. 青花缠枝花卉纹高足杯 高 11.6 厘米，深 5.4 厘米，口径 12.3 厘米，足径 4.5 厘米，重 240 克。藏台北“故宫博物院”，1998 图录编号 88。

又一件见于大英博物馆，高 11.4 厘米，直径 12.4 厘米，编号 OA1954.4-20.3。（为 W. 罗伯茨夫人捐赠。）

378. 青花折枝莲纹深腹高足杯 高 12.9 厘米，直径 12.5 厘米，藏大英博物馆，OA1939.11-17.1。（该杯为白兰士敦捐赠。有修复。）

379. 青花转枝莲纹高足杯 高 10.6 厘米，口径 12.1 厘米。藏故宫博物院，1998 图录编号 75。

又一件见于大英博物馆，高 8.3 厘米，直径 10.2 厘米，编号 OA1975.10-28.16。（为约翰·艾剔思爵士捐赠，原来为吴赉熙的藏品。）

380. 青花折枝花卉纹高足杯 高 15.2 厘米，口径 14.4 厘米，足径 6.8 厘米。藏上海博物馆。

381. 青花莲托八吉祥纹高足杯 高 10.2 厘米，深 5 厘米，口径 11.9 厘米，足径 4.9 厘米，重 172 克。藏台北“故宫博物院”。

382. 青花缠枝番莲纹高足杯 高 8.9 厘米，深 3.3 厘米，口径 9.9 厘米，足径 4.5 厘米，重 120 克。藏台北“故宫博物院”。

383. 青花折枝四季花卉纹高足杯 高10厘米，深5.2厘米，口径11.8厘米，足径4.9厘米，重177克。藏台北“故宫博物院”。

384. 青花描矾红转枝花卉纹高足杯 高8.9厘米，深3.9厘米，口径9.8厘米，足径4.5厘米，重133克。藏台北“故宫博物院”。

385. 青花红彩海兽纹高足杯 高9厘米，口径10厘米，底径4.5厘米。藏上海博物馆。

386. 红彩三鱼纹高足杯 高8.9厘米，口径9.6厘米，足径4.6厘米。藏台北“故宫博物院”，1782箱，003303号。（该杯底呈平足，无釉，有摩擦痕。）

又一件见于台北“故宫博物院”，高8.7厘米，深3.8厘米，口径9.9厘米，足径4.6厘米，重125克。

又一件见于景德镇御窑厂遗址1988年出土的一件**残器，**高9.2厘米，口径15.5厘米，足径4.5厘米。

387. 釉里红三鱼纹高足杯 高8.8厘米，口径9.9厘米，足径4.5厘米，外壁鱼头向右。藏上海博物馆。

又一件见于台北“故宫博物院”。高8.7厘米，口径10厘米，足径4.5厘米，重145克。（该院共收藏有三件。）

又一件见于台北“故宫博物院”，高10.2厘米，口径11.8厘米，足径4.7厘米，重199克。

又一件见于台北“故宫博物院”，高10.4厘米，深5.4厘米，口径15.4厘米，足径4.5厘米，重245克。

又一件见于台湾鸿禧美术馆，口径9.9厘米。

又一件见于天津艺术博物馆，高10.2厘米，口径11.8厘米，足径4.7厘米。

又一件见于景德镇陶瓷考古研究所，高9.3厘米，口径10厘米，足径4.6厘米，外壁鱼头向左。（景德镇御窑厂遗址出土的二件残器。）

又一件见于景德镇陶瓷考古研究所，**残器，**高10.7厘米，口径15.5厘米，足径4.4厘米，外壁鱼头向右。

388. 釉里红三果纹高足杯 高10.1厘米，深5.3厘米，口径11.7厘米，足径4.7厘米，重180克。藏台北“故宫博物院”。

又一件见于台北“故宫博物院”，高10.4厘米，深5.5厘米，口径15.4厘米，足径4.6厘米，重290克。

又一件见于大英博物馆，内壁模印两条龙纹，高10.2厘米，直径14.9厘米，编号

OA1930.4-21.6。

又一件见于台湾鸿禧美术馆，1998 图录编号 49-1。

又一件见于景德镇陶瓷考古研究所。1993 年 3 月，景德镇珠山御窑厂出土了一件相同的**残器**。

又一件见于香港苏富比 1989 年春拍，口径 15.4 厘米，图录编号：135。

389. 红釉靶盏（残） 高 10.2 厘米，口径 15.2 厘米，足径 4.4 厘米。藏景德镇市陶瓷考古研究所。（该盏为外红内白，内碗心处有暗款六字年款，加双圈。）

390. 白釉暗花龙纹高足杯 高 9.5 厘米，深 4.9 厘米，口径 10.9 厘米，足径 3.6 厘米，重 129 克。藏台北“故宫博物院”。

391. 白釉杯 直径 6.3 厘米，见于香港佳士得 2012 年春拍，图录编号 3982。

392. 黄釉暗龙纹高足杯 口径 15.2 厘米。见于香港苏富比 1994 年春拍，图录编号：117。

393. 天青釉青花靶盏（残） 高 11.5 厘米，口径 16.7 厘米，藏景德镇陶瓷考古研究所。

F. 盘、碟、盏托类

人物纹

394. 青花三友仕女蕉叶题诗图盘 高 4.5 厘米，深 3.4 厘米，口径 18.3 厘米，足径 11.9 厘米，重 315 克。藏台北“故宫博物院”。

395. 青花三友仕女秉烛夜游图盘 高 4.2 厘米，深 3.4 厘米，口径 18.4 厘米，足径 11.9 厘米，重 310 克。藏台北“故宫博物院”。

396. 青花三友庭院仕女图盘 高 4.4 厘米，口径 18.3 厘米，足径 11.9 厘米。藏台北“故宫博物院”。

397. 青花庭院仕女图碟 高 3.7 厘米，深 2.8 厘米，口径 14.9 厘米，足径 9.5 厘米，重 165 克。藏台北“故宫博物院”。

398. 青花三友人物图碟 高 3.8 厘米，深 3 厘米，口径 15 厘米，足径 9.4 厘米，重 170 克。藏台北“故宫博物院”。

又一件见于台北“故宫博物院”。该院还收藏有同样的一件作品，高 3.5 厘米，深 2.8

厘米，口径 15.2 厘米，足径 9.6 厘米，重 165 克。

399. 青花松竹梅纹海棠诗意仕女图盘 高 4.2 厘米，口径 17.4 厘米，足径 11.9 厘米。藏台北“故宫博物院”。

又一件见于北京故宫博物院，高 4.2 厘米，口径 21.4 厘米，足径 13.6 厘米。（为松竹梅仕女图盘。）

400. 青花三友仕女蕉叶题诗图盘 高 4.5 厘米，口径 18.3 厘米，足径 11.9 厘米。藏台北“故宫博物院”。

401. 青花吹箫引凤图盘 高 4.8 厘米，口径 17.6 厘米，足径 11 厘米。藏北京故宫博物院。

402. 青花外庭院人物内岁寒三友图盘 直径 17.7 厘米，见于香港苏富比 2004 年春拍，图录编号 287。

龙凤纹

403. 青花缠枝双凤纹盘 高 4.4 厘米，口径 20.6 厘米，足径 13.8 厘米。藏上海博物馆。

又一件藏于台北“故宫博物院”，高 4.2 厘米，口径 18.4 厘米，足径 11.7 厘米，1998 图录编号 192。

又一件见于大英博物馆，高 4.5 厘米，直径 20 厘米，编号 OA1973.7-26.361。（为 B.Z. 赛里格曼夫人遗赠。）

又一件见于美国波士顿美术馆，但无款识。

又一件见于伦敦大维德中国艺术基金会。

404. 青花海水白龙纹大盘 高 6.5 厘米，口沿 40.7 厘米。藏上海博物馆。

405. 青花海水白龙纹盘 高 4.1 厘米，口径 18.5 厘米，足径 11.8 厘米。藏上海博物馆。

又一件见于台北“故宫博物院”，该院有一对这样的盘。

406. 青花海水龙纹盘 高 4.3 厘米，直径 20.3 厘米，藏大英博物馆 OA1954.4-21.1。

又一件见于景德镇陶瓷考古研究所，残件，高 6 厘米，口径 30.7 厘米，底径 23 厘米。

又一件见于仇焱之旧藏，一件同纹饰的盘，尺寸略小。

又一件见于美国纽约大都会艺术博物馆，

又一件见于台北“故宫博物院”，1998 图录编号 187。

又一件见于香港苏富比1980年秋拍，口径18.2厘米。图录编号：3。

407. 青花云龙纹大盘（仿） 高9.5厘米，口径74.5厘米，足径59厘米。藏北京故宫博物院。

408. 青花缠枝莲龙纹盘 高4.5厘米，口径24.9厘米，足径16.1厘米。藏上海博物馆。

又一件见于北京故宫博物院，高3.5厘米，口径19.4厘米，足径11.9厘米。

又一件见于台北“故宫博物院”。

409. 青花穿莲龙纹盘 高3.7厘米，深3厘米，口径19.3厘米，足径11.8厘米，重280克。藏台北“故宫博物院”。

又一件见于香港葛氏天民楼，高3.6厘米，口径19.5厘米，足径11.8厘米。

又一件见于台北“故宫博物院”，高3.5厘米，深2.8厘米，口径19.4厘米，足径11.9厘米，重260克。

又一件见于香港苏富比2012年春拍，直径25厘米，图录编号3156。

410. 青花香草龙纹盘 直径19.5厘米，见于中鸿信2016年春拍，图录编号1357。

411. 青花穿莲龙凤纹盘 高4.4厘米，深3.1厘米，口径20厘米，足径12.5厘米，重360克。藏台北“故宫博物院”。故瓷6778。

又一件见于崇真堂，口径18.5厘米，足径11.6厘米。

412. 青花暗花穿莲双凤云纹盘 高4.4厘米，深3.7厘米，口径21.7厘米，足径14.6厘米，重460克。藏台北“故宫博物院”。

又一件见于香港佳士得2004年秋拍，直径20厘米，图录编号864。

又一件见于北京保利2011年秋拍，直径20厘米，图录编号4909。

413. 青花双云凤纹葵边盘 直径17.2厘米，见于北京盈时2014年春拍，图录编号3068。

414. 青花穿莲双凤纹盘 高4.2厘米，深3.5厘米，口径18.4厘米，足径11.7厘米，重280克。藏台北“故宫博物院”。

415. 青花白龙纹盘（残） 高4.4厘米，口径23厘米，足径14.5厘米。藏上海博物馆。

416. 青花波涛龙纹盘 高4.1厘米，深3.3厘米，口径18.5厘米，足径11.9厘米，重300克。藏台北“故宫博物院”。

417. 青花波涛水草龙纹盘 高4.5厘米，直径21.2厘米，藏大英博物馆，OA1954.4-10.5。（该盘为罗伯茨夫人捐赠。）

又一件藏于台北“故宫博物院”，1998图录编号180。

418. 青花海水红彩龙纹盘　高 4.4 厘米，口径 22 厘米，足径 14 厘米。藏北京故宫博物院。

419. 青花海水螭龙纹盘　高 4.6 厘米，口径 20.9 厘米，足径 13.85 厘米。藏上海博物馆。

420. 青花龙红彩海涛纹盘　高 4.4 厘米，口径 22 厘米。藏北京故宫博物院。

421. 祭青白里暗花双龙纹盘　高 4.5 厘米，深 3.5 厘米，口径 19.7 厘米，足径 12.8 厘米，重 600 克。藏台北“故宫博物院”。

又一件见于天津文物 2007 年春拍，直径 20 厘米，图录编号 628。

422. 祭蓝釉暗刻云龙纹盘　直径 20 厘米，天津文物 2014 年秋拍，图录编号 364。（该件曾见于天津文物 2008 年秋拍，直径 20 厘米，图录编号 678。）

又一件见于北京故宫博物院，高 4.6 厘米，口径 20.1 厘米，足径 12.7 厘米。

又一件暗刻云朵行龙纹祭青釉盘，直径 20.2 厘米。见于保利 2018 年秋拍，图录编号 5472。（该盘为玫茵堂的藏品。为内白外蓝釉。）

423. 无款祭蓝釉金彩云龙纹盘　高 4.6 厘米，口径 21 厘米，足径 14 厘米。藏中国文物总店。

424. 洒蓝釉暗刻龙纹盘（残）　高 4.5 厘米，口径 22 厘米，足径 14.3 厘米。藏景德镇市陶瓷考古研究所。

又一件见于景德镇陶瓷考古研究所，**残器**。高 3.9 厘米，口径 19 厘米，足径 12.5 厘米。（该所收藏有四件同样的盘，只是大小不一。）

又一件见于景德镇陶瓷考古研究所，**残器**。高 4.2 厘米，口径 18.6 厘米，足径 11.3 厘米。

又一件见于景德镇陶瓷考古研究所，**残器**。高 3.7 厘米，口径 15.2 厘米。足径 9 厘米。（盘内和足墙内为白釉。）

425. 孔雀蓝有暗花龙纹盘　高 3.4 厘米，口径 18 厘米。藏大英博物馆大维德爵士收藏中国陶瓷，PDF550。

又一件见于大英博物馆，高 4 厘米，直径 17.8 厘米，编号 OA1947.7-12.251。（为哈里·奥本海姆遗赠。）

又一件见于台北“故宫博物院”，1998。图录编号 163。

又一件见于台湾鸿禧美术馆，1998。图录编号 93。

又一件见于香港冯平山博物馆，1992。图录编号 167。

又一件见于景德镇陶瓷考古研究所。1988 年景德镇珠山御窑厂遗址出土过一件略大的同类盘的残件。

426. 鲜红釉描金云龙纹撇口盘 高 4.1 厘米，口径 17.7 厘米。藏北京故宫博物院。

又一件见于北京故宫博物院，高 4.5 厘米，口径 19.7 厘米，足径 12.3 厘米。

427. 红釉暗花双龙纹盘 高 3.7 厘米，深 3.1 厘米，口径 18.1 厘米，足径 11.1 厘米，重 241 克。藏台北“故宫博物院”。

428. 红釉暗刻龙纹盘 高 5.1 厘米，口径 22.3 厘米，足径 16.1 厘米，重 598 克。藏谦牧堂。

429. 宝石红釉盘 直径 20.4 厘米。见于 2019 年保利秋拍。图录编号 5672。（北美十面灵璧山收藏。）

又一件见于伦敦佳士得 1973 年秋拍，图录编号 407。

又一件见于伦敦苏富比 1977 年秋拍，图录编号 490。

又一件见于香港苏富比 2001 年春拍，图录编号 511。

430. 红釉白里暗花双龙纹盘 高 4.2 厘米，深 3.2 厘米，口径 17.8 厘米，足径 11.1 厘米，重 260 克。藏台北“故宫博物院”。

431. 无款蓝釉暗花双龙戏珠纹盘 高 4.7 厘米，口径 19.7 厘米，足径 12.2 厘米。藏国家博物馆。

432. 白釉半脱胎划花双龙戏珠纹盘 高 4.3 厘米，深 4 厘米，口径 19.8 厘米，足径 12.9 厘米，重 160 克。藏台北“故宫博物院”。

433. 白地矾红彩云龙纹盘 高 3.7 厘米，口径 19 厘米，藏英国大英博物馆，入藏号：F1965.4。

434. 白地绿彩行龙纹盘 高 4.3 厘米，口径 17.8 厘米，藏英国大维德基金会，入藏号：PDF.707。

435. 孔雀绿釉白里暗花双龙纹盘 高 3.9 厘米，深 3 厘米，口径 17.9 厘米，足径 11 厘米，重 240 克。藏台北“故宫博物院”。

又一件见于香港苏富比 2016 年春拍，直径 14.9 厘米，图录编号 21。（来源：1924 年为 H.R.N.Norton 收藏，后为罗杰·琵金顿收藏。）

436. 青花缠枝花卉龙纹盘（残） 高 3.9 厘米，口径 19.4 厘米，足径 12.7 厘米。藏上海博物馆。

437. 青花岁寒三友暗花龙纹盘 高 4.2 厘米，深 3.6 厘米，口径 19.2 厘米，足径 12 厘米，重 300 克。藏台北“故宫博物院”。

438. 酱釉暗刻云龙纹盘 直径 13.5 厘米，见于北京诚轩 2017 年春拍，图录编号

877。

439. 青花海水螭龙纹盘 高 4.6 厘米，口径 20.9 厘米，足径 13.9 厘米。藏上海博物馆。

440. 青花双凤纹盘 高 4.4 厘米，口径 20.6 厘米，足径 13.8 厘米。藏上海博物馆。

瑞禽、瑞兽纹

441. 青花双狮戏球纹盘 高 4 厘米，深 3.2 厘米，口径 17.7 厘米，足径 11.6 厘米，重 260 克。藏台北“故宫博物院”。

442. 青花狮球纹大盘 高 6.8 厘米，口径 38.6 厘米，足径 28.2 厘米。藏上海博物馆。

443. 青花枇杷果绶带鸟纹大盘 高 9.7 厘米，口径 50.5 厘米，足径 25 厘米。藏天津博物馆。

444. 斗彩鸳鸯莲池纹盘（残） 高 4.6 厘米，口径 21.5 厘米，足径 13.6 厘米。藏景德镇市陶瓷考古研究所。（该盘的完整器在西藏有。）

445. 青花莲塘鱼藻纹盘 高 4.4 厘米，深 3.5 厘米，口径 22 厘米，足径 13.7 厘米，重 400 克。藏台北“故宫博物院”。

又一件见于北京故宫博物院，高 4.2 厘米，口径 19 厘米。

又一件见于大英博物馆，高 5 厘米，直径 21.2 厘米，收藏编号 OA1954.4-10.6。（为 W. 罗伯茨夫人捐赠。）

又一件见于台北“故宫博物院”，1998 图录编号 190，鸿禧美术馆 1998 图录编号 86.2。

又一件见于景德镇陶瓷考古研究所。1993 年景德镇珠山御窑厂遗址出土过该盘的**残件**。

446. 祭蓝釉地白花莲塘鱼藻纹盘 高 4 厘米，口径 19.2 厘米，足径 12.7 厘米。藏北京故宫博物院。

又一件见于上海博物馆，高 4.6 厘米，口径 21 厘米，足径 13.5 厘米。

又一件见于台北“故宫博物院”，高 4.6 厘米，深 3.6 厘米，口径 21.3 厘米，足径 13.6 厘米，重 460 克。

447. 青花莲塘纹盘 高 4.2 厘米，深 3.3 厘米，口径 17.3 厘米，足径 10.3 厘米，重 233 克。藏台北“故宫博物院”。

448. 青花海水白海怪纹大盘 口径 72.5 厘米，足径 55.6 厘米。藏崇真堂。

449. 孔雀蓝有青花鱼藻纹盘（残） 高 5 厘米，口径 23.4 厘米，足径 16 厘米。藏景德镇市陶瓷考古研究所。（足墙内为白釉。）

莲纹

450. 青花转枝芙蓉纹撇口盘 高 4.2 厘米，深 3.2 厘米，口径 24.6 厘米，足径 16.1 厘米，重 540 克。藏台北“故宫博物院”。

451. 青花缠枝莲纹大盘 高 6.8 厘米，口径 38.5 厘米，足径 27.5 厘米。藏上海博物馆。

又一件见于藏国家博物馆，高 7.3 厘米，口径 40.7 厘米，足径 26.3 厘米。

又一件见于北京光华路五号博物馆，直径 37.9 厘米。（原英国旧藏。）

又一件见于香港佳士得 2007 年春拍，直径 27.7 厘米，图录编号 1353。

452. 青花转枝莲纹盘 高 4.2 厘米，深 2.9 厘米，口径 18.3 厘米，足径 12.1 厘米，重 300 克。藏台北“故宫博物院”。

又一件见于香港佳士得 2003 年秋拍，直径 28.2 厘米，图录编号 623。

又一件见于北京荣宝 2013 年春拍，直径 27.5 厘米，图录编号 1040。

453. 无款青花转枝莲纹菱口大盘（口残） 高 7 厘米，口径 37.5 厘米，足径 24.5 厘米。藏北京故宫博物院。（底部无釉。此盘似应为永乐时期或宣德初年作品。该盘当时的产量较多。）

454. 青花转枝莲纹碟 高 3.3 厘米，深 2.1 厘米，口径 14.2 厘米，足径 8.1 厘米，重 135 克。藏台北“故宫博物院”。

455. 青花缠枝莲纹大盘 高 7.2 厘米，口径 38 厘米，足径 24.3 厘米。藏上海博物馆。

456. 青花束把莲纹折沿大盘 高 8.6 厘米，直径 44.3 厘米，底径 15.5 厘米。藏日本东京国立博物馆。

457. 无款青花束把莲纹大盘 高 7.8 厘米，口径 44.3 厘米，足径 29.9 厘米。藏上海博物馆。（该盘上海馆藏数量颇多，有大小数十件。）

又一件见于伊朗阿德比尔神庙，底部有墨书文字。

又一件见于国家博物馆，高 7 厘米，口径 40.5 厘米，足径 29.2 厘米。

又一件见于台北“故宫博物院”，高 7 厘米，深 6 厘米，口径 38.9 厘米，足径 28.6 厘米。

又一件见于北京故宫博物院，冲口，高 5.7 厘米，口径 32 厘米，足径 23 厘米。（该盘分为大中小形共三种，北京故宫博物院中存有多至20余件。足见当时生产数量极大，故宫另一件，高5.7厘米，口径32厘米，足径23厘米，米糊底。）

又一件见于中国嘉德1996年秋拍，口径40.5厘米，图录编号1618。

又一件见于中国嘉德1996年秋拍，口径31.2厘米，图录编号1617。

又一件见于上海敬华2001年春拍，直径45厘米。

又一件见于上海敬华2002年秋拍，直径28厘米，图录编号894。

又一件见于中国嘉德2002年秋拍，直径32.5厘米，图录编号1288。

又一件见于中贸圣佳2004年春拍，直径34厘米，图录编号1813。

又一件见于十竹斋2005年秋拍，直径34.5厘米。

458. 豆青釉暗刻束把莲纹大盘 高6厘米，口径33.9厘米。藏天津博物馆。

459. 青花海水束把莲纹折沿盘 直径44厘米，见于上海工美2005年春拍。

460. 青花把莲四季花卉纹盘（无款） 高6.3厘米，深5.4厘米，口径33厘米，足径24.2厘米，重1660克。藏台北“故宫博物院”。

461. 青花双莲托八吉祥纹平足盘 高2.9厘米，深2.2厘米，口径29厘米，足径16.6厘米，重560克。藏台北“故宫博物院”。

462. 无款青花折枝番莲纹调色盘（残） 高3.4厘米，口径22.8厘米，足径17.4厘米。藏景德镇市陶瓷考古研究所。

又一件见于景德镇市陶瓷考古研究所。**残器**。高3.8厘米，口径22.7厘米，足径17.4厘米。

折枝、缠枝纹

463. 青花折枝花果纹盘 高5.1厘米，口径29.9厘米。藏上海博物馆。（该盘原藏苏州博物馆。）

464. 青花折枝花卉纹盘 直径16.5厘米，见于上海嘉泰2007年秋拍，图录编号858。

465. 青花葡萄纹折沿盘（口伤） 高6.7厘米，口径37.5厘米，足径24.3厘米。藏北京故宫博物院。

又一件见于上海博物馆，高7.2厘米，口径37.5厘米，足径24厘米。

又一件见于国家博物馆，纹样同，高6.9厘米，口径45.4厘米，足径29厘米。

466. 蓝地留白折枝石榴花果纹盘 高 4.3 厘米，直径 29.5 厘米，藏大英博物馆，OA1968.4-22.31。（该盘为沃尔特·赛奇威克夫人遗赠。）

又一件见于台北“故宫博物院”，1998 图录编号 193。

又一件见于日本大阪东洋陶瓷美术博物馆，尺寸稍大。

又一件见于台湾鸿禧美术馆，1988 图录编号 84。

又一件见于景德镇陶瓷考古研究所，**残器，**1984 年景德镇珠山御窑厂遗址出土。

又一件见于香港苏富比 2007 年春拍，直径 29.5 厘米，图录编号 839。

又一件见于北京保利 2018 年秋拍，直径 51 厘米，图录编号 5473。（该盘为玫茵堂的藏品。）

又一件见于崇真堂，直径 30 厘米，足径 20.5 厘米。

467. 白釉酱彩折枝花果纹盘 高 5 厘米，口径 25.8 厘米。藏首都博物馆。

又一件见于北京故宫博物院，高 5.5 厘米，口径 25.3 厘米，足径 20 厘米。

又一件见于香港苏富比 1987 年春拍，口径 29.8 厘米。图录编号：261。

468. 蓝釉白折枝牡丹花果纹大盘 口径 38.7 厘米。藏日本大阪市立大洋陶瓷美术馆。（原为安宅氏旧藏。）

又一件见于北京故宫博物院，**有伤，**高 5.2 厘米，口径 29 厘米，足径 20.4 厘米。

又一件见于纽约苏富比 2017 年春拍，图录编号 6。（来自法国 Guy De Villelume 男爵。）

469. 蓝釉白花折枝百合花纹盘 高 4.3 厘米，口径 25.4 厘米，底径 16.1 厘米。藏广东省博物馆。

470. 青花花果纹板沿口盘 高 6.8 厘米，口径 37.8 厘米，足径 24.2 厘米。藏上海博物馆。

471. 青花折枝石榴花果纹撇口盘 高 4.9 厘米，深 3.7 厘米，口径 29.6 厘米，足径 20.3 厘米，重 1080 克。藏台北“故宫博物院”。

又一件见于英国里艾斯克家族，口径 22 厘米。藏收藏编号 154。（该盘盘心绘以七种莲纹，内壁饰以石榴、桃子、枇杷果等六组瑞果。）

又一件见于香港苏富比 1994 年秋拍，口径 29.8 厘米，图录编号：37。

又一件见于 2013 年在香港佳士得秋季拍卖，见图录 3108。

472. 白地紫金釉转枝栀子花果纹盘 高 4.9 厘米，深 4 厘米，口径 26 厘米，足径 17 厘米，重 660 克。藏台北“故宫博物院”。

又一件也藏台北“故宫博物院”。高 5 厘米，深 3.4 厘米，口径 25.9 厘米，足径

16.7 厘米，重 840 克。

473. 白地紫金釉折枝石榴花果纹盘 高 5.2 厘米，深 4.3 厘米，口径 29.6 厘米，足径 20.5 厘米，重 1180 克。藏台北“故宫博物院”，1998 图录编号 195。

又一件见于台北“故宫博物院”，**残器，** 高 5 厘米，口径 25.7 厘米，足径 16.7 厘米。（该盘较为少见。）

又一件见于大英博物馆，高 5 厘米，直径 17.3 厘米，编号 OA1945.10-16.10。（为弗朗西斯·霍华德·裴吉特遗赠。）

又一件见于斯德哥尔摩东亚古物博物馆。

474. 青花缠枝牡丹纹大盘 高 8.3 厘米，口径 44.8 厘米，足径 33.8 厘米。藏上海博物馆。

又一件见于上海博物馆，高 7.25 厘米，口径 43.2 厘米，足径 27.7 厘米。

475. 青花松竹梅纹菱口盘 高 5.6 厘米，口径 27.5 厘米，足径 19.5 厘米。藏上海博物馆。

又一件见于上海博物馆，高 4.8 厘米，口径 20.5 厘米，足径 13.7 厘米。

又一件见于上海工美 2007 年春拍，口径 20 厘米，图录编号 44。

又一件见于香港九龙 2014 年春拍，图录编号 4157。

476. 无款青花折枝松竹梅纹直口盘 直径 30.6 厘米，见于北京中汉 2010 年春拍，图录编号 65。

又一件见于匡时国际 2008 年春拍，直径 31 厘米，图录编号 330。

477. 青花三朵云纹盘 高 4 厘米，直径 20.1 厘米，藏大英博物馆，OA1930.4-21.3.4。（该盘为一对。）

又一件见于台北“故宫博物院”，1998 图录编号 191。

478. 青花山石松竹梅纹盘 高 4.8 厘米，口径 20.5 厘米，足径 13.7 厘米。藏上海博物馆。

又一件见于大英博物馆，高 4 厘米，直径 17.8 厘米，编号 OA1975.10-28.17。（为约翰·艾剔思爵士捐赠。）

又一件见于北京故宫博物院，见耿宝昌编 1993 年图录 148。

又一件见于台北“故宫博物院”，1998 图录编号 177。

又一件见于台湾鸿禧美术馆，1996 图录编号 67。

又一件见于香港苏富比 1990 年秋拍，口径 17.7 厘米，图录编号：3。

479. 青花缠枝花卉纹棱口大盘 高 7.1 厘米，口径 38.3 厘米。藏北京故宫博物院。

480. 青花缠枝莲纹盘 直径 27.6 厘米，见于纽约佳士得 1981 年 11 月 9 日，图录编号 114。再见于伦敦佳士得 1997 年 6 月 9 日，图录编号 63。（来源：Sam Williams。著录：Anthony du Boulay 著 *Christies Pictorial History of Chinese Ceramics*，牛津 19874 年版，图版 2 号。）又见于佳士得 2019 年春拍，直径 27.6 厘米，图录编号：2812。

481. 青花转枝芙蓉纹盘 高 4.2 厘米，口径 24.6 厘米，足径 11.6 厘米。藏台北“故宫博物院”，故瓷 5382。

482. 青花转枝四季花卉纹菱口大盘 直径 38 厘米，见于香港佳士得 2004 年秋拍，图录编号 1070。

483. 无款青花花卉纹海水高足盘 高 5 厘米，口径 11.8 厘米，足径 5.6 厘米。藏北京故宫博物院。（北京故宫博物院仅此一件高足盘。）

484. 青花缠枝花卉纹菱口盏托 高 2.6 厘米，口径 19.8 厘米，足径 12.4 厘米。藏上海博物馆。

485. 黄釉青花折枝栀子花果纹盘 高 5.1 厘米，深 3.8 厘米，口径 26 厘米，足径 16.7 厘米，重 900 克。藏台北“故宫博物院”。（故瓷 3334。1998 图录编号 196。）

又一件见于大英博物馆，高 5 厘米，直径 26 厘米，编号 OA1945.10-16.3。（为弗朗西斯·霍华德·裴吉特遗赠。）

又一件见于台湾鸿禧美术馆，1998 图录编号 88。

又一件见于景德镇陶瓷考古研究所，**残器，** 1984 年景德镇珠山御窑厂遗址出土。

486. 黄釉青花折枝石榴花果纹盘 高 5.5 厘米，口径 29.5 厘米。藏大英博物馆大维德爵士收藏中国陶瓷，PDF.A755。

487. 黄釉青花折枝花果纹大盘 口径 50.1 厘米，见于香港苏富比 1986 年秋拍，图录编号：56。

488. 绿釉铁红彩折枝石榴花果纹盘（残） 高 5.5 厘米，口径 27.6 厘米，足径 18 厘米，重 663 克。藏谦牧堂。

489. 黄釉青花折枝宝莲纹盘 高 3 厘米，直径 14.3 厘米，藏大英博物馆，OA1947.7-12.224。（该盘为哈里奥本海姆遗赠。该盘的黄彩似为后加彩。）

又一件见于台北“故宫博物院”，见于 1998 图录编号 176。

又一件见于台湾鸿禧美术馆，1998 图录编号 90。

其他单色釉

490. 宝石红釉盘（祭红） 高4.3厘米，口径20.1厘米，足径12.7厘米。藏上海博物馆。（该盘为内外红釉，其保存数量较多。）

又一件见于英国大维德基金会，底足外有暗刻莲瓣纹，暗刻款。高4.4厘米，口径20厘米，入藏号：PDF.A.519。

又一件见于上海博物馆，该馆收藏有这类器物**多件，**如：高4.3厘米，口径18.2厘米，足径11.3厘米。

又一件见于上海博物馆，高4.7厘米，口径18.1厘米，足径11.7厘米。

又一件见于北京故宫博物院，高4.2厘米，口径20厘米，足径12.5厘米。

又一件见于天津艺术博物馆，高3.9厘米，口径18厘米，足径13.7厘米。

又一件见于中国历史博物馆，高4.4厘米，口径20厘米，足径12.7厘米。

又一件见于广东博物馆，高3.9厘米，口径19.7厘米，足径16厘米。

又一件见于台北"故宫博物院"，有青花底款，高3.7厘米，口径18.1厘米，足径11.1厘米。（该院共收藏有三件。）

又一件见于台北"故宫博物院"，刻款。一件高4.2厘米，口径17.8厘米，足径11.1厘米。

又一件见于台北"故宫博物院"，另一件高3.6厘米，口径15厘米，足径9.3厘米。

又一件见于香港天民楼，口径20厘米；

又一件见于大英博物馆，高4.4厘米，口径21.3厘米。

又一件见于美国大都会博物馆，口径20.3厘米。

又一件见于日本山中商会，口径18.2厘米。

又一件见于国家博物馆，高4.4厘米，口径20厘米，足径12.7厘米。

又一件见于景德镇市陶瓷考古研究所。**残器，**高3.5厘米，口径20厘米，足径13.1厘米。（该盘为外红内白，外底白釉内有六字双圈款。）

又一件见于北京瀚海2004年春拍，直径15厘米，图录编号1818。（又见于北京瀚海2006年秋拍，直径15厘米，图录编号2119。）

又一件见于香港苏富比2008年秋拍，直径20厘米，图录编号2536。

又一件见于浙江保利2009年春拍，直径25厘米，图录编号225。直径18.3厘米。私人收藏。（见埃斯卡纳齐回忆录。）

又一件见于香港佳士得2010年秋拍，直径20.2厘米，图录编号3108。

又一件见于香港苏富比2013年春拍，直径22厘米，图录编号9。

491.祭红釉金彩盘 高4.1厘米，口径17.7厘米，足径10.6厘米。藏北京故宫博物院。

492.红釉碟 高3.6厘米，深2.8厘米，口径15厘米，足径9.3厘米，重180克。藏台北“故宫博物院”。

493.霁青釉盘 高4.8厘米，口径20厘米。藏天津博物馆。

又一件见于英国大维德基金会，高4.4厘米，口径20厘米，入藏号：PDF.A.519。

又一件见于景德镇市陶瓷考古研究所，**残器，**一件高3.8厘米，口径15.2厘米，足径9厘米。

又一件见于景德镇陶瓷考古研究所，**残器，**高4.2厘米，口径18.8厘米，足径12.1厘米。

又一件为私人收藏，直径18厘米。（见埃斯卡纳齐回忆录。该盘为内白釉外蓝釉器。）

494.祭青碟 高3.7厘米，深2.9厘米，口径15.2厘米，足径9.2厘米，重200克。藏台北“故宫博物院”。

495.黄釉撇口盘 高2.9厘米，口径12.8厘米，足径7.3厘米。藏国家博物馆。

又一件见于大英博物馆大维德爵士收藏中国陶瓷，高4.5厘米，口径20.7厘米。PDF544。

又一件见于大英博物馆大维德爵士收藏中国陶瓷，高3.1厘米，口径12.9厘米，入藏号：PDF.A.513。

又一件见于台北“故宫博物院”。高4.3厘米，口径18.6厘米，足径12厘米，院1772箱，012234号。（该盘器口黄釉彩较薄，而外足壁下有积釉现象。圈足内钻一洞，点有朱红。）

又一件见于台北“故宫博物院”，高4.2厘米，深3.6厘米，口径18.5厘米，足径12厘米，重280克。

又一件见于北京故宫博物院，高4.4厘米，口径19.6厘米。

496.柠檬黄盘 直径12.1厘米，见于佳士得2014年春拍，图录编号3418。

497.白釉盘 高5.6厘米，口径30.8厘米，足径22厘米。藏上海博物馆。

又一件见于北京故宫博物院，底部有裂，高3.5厘米，口径16.7厘米，足径10.1厘米。

又一件见于国家博物馆，高5.4厘米，口径31.2厘米，足径22.7厘米。

又一件见于景德镇市陶瓷考古研究所，**残器，**高3.7厘米，口径14.8厘米，足径9厘米。

498.甜白釉一把莲纹盘 直径34.5厘米。见于保利2019年秋拍。（英国藏家卡尔·坎普旧藏。）

499. 甜白釉小碟 高 2.9 厘米，深 2.2 厘米，口径 13.2 厘米，足径 7.5 厘米，重 120 克。藏台北“故宫博物院”。

又一件见于上海嘉泰 2006 年春拍，口径 12.2 厘米，图录编号 1512。

500. 仿宋钧窑盘 高 4 厘米，口径 15.9 厘米，藏北京故宫博物院。（景德镇御窑厂遗址未见出土。）

501. 仿钧玫瑰紫釉盘 高 4.1 厘米，口径 15.5 厘米，足径 9.2 厘米。藏北京故宫博物院。

502. 仿哥釉灰青菊瓣盘 高 4.1 厘米，深 3.3 厘米，口径 15.8 厘米，足径 9.5 厘米，重 220 克。藏台北“故宫博物院”。

503. 仿哥釉灰青折沿盘 高 2.4 厘米，深 1.7 厘米，口径 17.3 厘米，足径 11.2 厘米，重 263 克。藏台北“故宫博物院”。

504. 仿哥釉大盘（残） 高 8.2 厘米，口径 40.8 厘米，足径 24.8 厘米。藏景德镇市陶瓷考古研究所。（盘内心有“宣德年制”四字篆书款。）

505. 仿龙泉翠青葵花式盘 高 4 厘米，深 3.2 厘米，口径 17.1 厘米，足径 10.5 厘米，重 320 克。藏台北“故宫博物院”。

506. 仿龙泉窑青釉盘 高 4 厘米，口径 17.5 厘米。藏故宫博物院。

又一件见于景德镇市陶瓷考古研究所，**残器，**高 3.7 厘米，口径 14.8 厘米，足径 9 厘米。（足墙内有六字暗刻款。）

507. 仿龙泉莲瓣形折腰碟 高 2.9 厘米，深 1.9 厘米，口径 8.7 厘米，足径 4.4 厘米，重 80 克。藏台北“故宫博物院”。（台北“故宫博物院”收藏有这类小碟数十件，唯不见大器。）

又一件见于 2017 年保利春拍，编号 5061。

508. 仿汝釉撇口盘 高 4.2 厘米，口径 17.6 厘米，足径 11 厘米。藏北京故宫博物院。

509. 青釉葵花口盘 高 3.8 厘米，口径 17.8 厘米，足径 11.4 厘米。藏上海博物馆。

又一件见于英国大英博物馆，高 3 厘米，口径 9 厘米，入藏号：PDF.585。（碟内心有六字刻款。）

510. 青釉葵花口小碟 高 2.8 厘米，口径 8.8 厘米，足径 4.1 厘米。藏上海博物馆。

511. 孔雀蓝釉暗花盘 口径 15 厘米，见于香港苏富比 1989 年春拍，图录编号：7。

512. 孔雀蓝釉盘（残） 高 4 厘米，口径 15.2 厘米，足径 9 厘米。藏景德镇市陶瓷考古研究所。

又一件见于香港苏富比 2004 年春拍，直径 15.1 厘米，图录编号 286。

G. 其他器物类

513. 青花花卉纹筒形器座（无挡尊） 高 16.5 厘米，底径 17.5 厘米。藏天津艺术博物馆。（该器座系 1980 年在河北邢台征集。）

又一件见于英国大英博物馆。

又一件见于北京故宫博物院，高 16.5 厘米，最大底径 17.2 厘米。

又一件见于上海博物馆，高 17.2 厘米，口径 17.1 厘米，底径 16.6 厘米。

514. 青花海水瑞兽纹花觚 高 18.3 厘米，口径 7.6×7.4 厘米，足径 7.4×7.3 厘米，重 699 克。藏谦牧堂。

515. 青花海水翼龙纹大缸 直径 57.5 厘米，见于北京保利 2016 年春拍，图录编号 8497。

又一件见于香港苏富比 1997 年秋拍，口径 54.5 厘米，图录编号：1403。

516. 青花折枝花卉纹八方烛台 高 38.5 厘米，口径 9 厘米，足径 23.5 厘米。藏上海博物馆。（该馆共收藏有这种烛台两件。）

又一件见于上海博物馆。高 42.5 厘米，口径 10 厘米，足径 25 厘米。

又一件见于上海博物馆，高 29.8 厘米，口径 8.7 厘米，足径 21.8 厘米。

又一件见于广东省博物馆也藏有一件，高 27.2 厘米，口径 8.1 厘米，明显小于上海馆藏器物。

又一件见于景德镇陶瓷考古研究所。1983 年，景德镇御窑厂出土宣德青花八棱花卉纹烛台，高 27 厘米，底径 20.7 厘米。（烛台中间台下沿横写“大明宣德年制”六字楷书款。）

又一件见于北京匡时 2017 年春拍，上部残缺，高 14 厘米，图录编号 3952。

又一件见于上海敬华 2002 年春拍，高 28 厘米，图录编号 726。该器物再见于中国嘉德 2011 年春拍，高 28 厘米，图录编号 3546。

517. 青花缠枝花卉纹折沿洗 高 12 厘米，口径 26.1 厘米，底径 18.1 厘米。藏上海博物馆。

又一件见于上海博物馆，高 29.8 厘米，口径 8.7 厘米，底径 21.8 厘米。（该器物在国内外有诸多相同类型器。各地馆藏皆定为永乐时期。）

又一件见于香港葛氏天民楼，高 12 厘米，口径 25.6 厘米。

又一件见于美国旧金山亚洲艺术博物馆，高 14 厘米，口径 30.8 厘米。

又一件见于北京故宫博物院，高 13.9 厘米，口径 31.6 厘米，底径 21.5 厘米。（故官另外一件口残，高 14.7 厘米，口径 34.7 厘米，足径 24 厘米。）

又一件见于台北“故宫博物院”，高 12 厘米，口径 26.6 厘米，足径 19.1 厘米。

518. 青花花卉纹灯　通高 12.5 厘米，高 10.4 厘米，口径 3.6 厘米，底径 4.4 厘米。藏台北“故宫博物院”，故瓷 5957。（流嘴上方有六字款。）

519. 青花团龙凤呈祥纹十葵瓣式洗　高 4.8 厘米，深 3.5 厘米，口径 20.6 厘米，足径 16 厘米，重 440 克。藏台北“故宫博物院”。

又一件见于北京故宫博物院，口部多处**伤残，**高 4 厘米，口径 27 厘米，足径 16.6 厘米。

又一件见于香港苏富比 1988 年 11 月 15 日秋拍，图录封面。（原 T.Endo 旧藏。）

又一件见于北京翰海 1996 年春拍，直径 21 厘米。

又一件见于北京翰海 1997 年春拍，直径 20.7 厘米。

又一件见于香港苏富比 1997 年 4 月 29 日秋拍，图录编号 405。

又一件见于北京翰海 2002 年秋拍，直径 18.5 厘米。

又一件见于香港苏富比 20 周年拍卖会，2003 年，图录编号 57。

又一件见于中国嘉德 2004 年春拍，**有冲、磕，**直径 20.8 厘米，图录编号 1998。

又一件见于香港苏富比 2005 年 10 月 23 日秋拍，图录编号 339。（北美十面灵璧山收藏。编号 SD401。）

又一件见于中国保利 2019 年秋拍，直径 18.7 厘米，图录编号 5659.

520. 青花鸾凤纹葵瓣十棱洗　高 4.5 厘米，口径 17.5 厘米，足径 14.2 厘米。藏北京故宫博物院。

又一件见于 1995 年北京瀚海艺术品拍卖公司，口径 18 厘米。

又一件见于北京瀚海 2002 年秋拍，直径 18.5 厘米，图录编号 1212。

521. 外红釉内青花凤纹十棱洗　高 4.6 厘米，口径 18.7 厘米，足径 15.8 厘米，重 405 克。藏谦牧堂。

522. 青花团云龙纹葵式洗　直径 20.7 厘米，见于纽约苏富比 17 年春拍，图录编号。（该洗原为爱尔兰 Thomas Arthur Clarke 上尉及夫人收藏。）

又一件见于北京瀚海 1996 年春拍，口径 21 厘米，图录编号 0990。

又一件见于北京保利 2010 年秋拍，直径 20.7 厘米，图录编号 4553。

523. 青花莲塘鱼藻纹葵瓣十棱洗　口径 16 厘米。见于 1995 年北京瀚海艺术品拍卖公司。

又一件见于香港苏富比 2015 年秋拍，直径 17.8 厘米，图录编号 3605。（来源：

1938年由克拉克伉俪收藏。该洗口沿包金。）

又一件见于香港苏富比2011年春拍，直径18厘米，图录编号54。

524. 青花云龙纹葵瓣式洗 高4.3厘米，深3.4厘米，口径18厘米，足径14.3厘米，重340克。藏台北"故宫博物院"。

又一件见于北京故宫博物院，**口残，** 高4厘米，口径27厘米，足径16.6厘米。

525. 红釉菱花式洗 高3.8厘米，口径15.9厘米，足径13厘米。藏北京故宫博物院。

526. 祭红釉洗 宽21厘米，见于上海崇源2009年秋拍，图录编号535。

527. 天青釉仿汝窑葵式洗 高3.2厘米，口径12.4厘米，足径10.5厘米。藏国家文物总店。

528. 青花转枝四季花卉纹水盛 高6.8厘米，口径7.4厘米，深6.4厘米，足径3.8厘米，重220克。藏台北"故宫博物院"。

529. 青花波涛龙纹渣斗 高10.2厘米，深8.9厘米，口径14.6厘米，足径7.6厘米，重540克。藏台北"故宫博物院"。

530. 青花江牙海水图渣斗 直径16.7厘米，见于香港苏富比2014年春拍，图录编号3024。

531. 青花波涛蕉叶纹渣斗 高14.8厘米，深13厘米，口径16.6厘米，足径11厘米，重1300克。藏台北"故宫博物院"。（故瓷16865。1998图录编号18。）

又一件见于大英博物馆，高14.8厘米，口径16.5厘米，编号OA1947.7-12.177。（为哈里·奥本海姆遗赠。）

又一件见于北京故宫博物院，高15.1厘米，口径16.5厘米。

又一件见于香港苏富比2008年春拍，口径16.7厘米，图录编号：2930。

532. 蓝釉波涛龙纹渣斗 高14厘米，口径16厘米。藏上海博物馆。

又一件见于崇真堂，高10.5厘米，口径14.2厘米，足径7.8厘米。

533. 青花龙莲纹渣斗 高13.9厘米，口径16.3厘米。藏北京故宫博物院。（底部书六字年款。）

534. 青花莲瓣纹漏斗 高17厘米，深6.4厘米，口径12.5厘米，管径1.5厘米，重360克。藏台北"故宫博物院"。

535. 青花海水红崖纹大香炉 高58厘米，口径37.6厘米。藏南京博物院、北京故宫博物院。

536. 青花松竹梅纹炉 高31.4厘米，口径20.1厘米。藏北京故宫博物院。

537. 青花转枝番莲弦纹三足炉　高 12.5 厘米，深 9.4 厘米，口径 15.1 厘米，底径 14.3 厘米。藏台北“故宫博物院”。故瓷 17663。

538. 青花菱形开光双凤穿莲纹长方炉　高 18 厘米，口径 22.2×14 厘米，足径 22×14 厘米。藏北京故宫博物院。（口沿下有六字年款。）

539. 青花双凤纹长方炉　高 19 厘米，口长 22 厘米，口宽 14 厘米。藏北京故宫博物院。（底部书六字年款。）

540. 矾红彩八宝纹双耳三足炉　高 12.5 厘米，口径 13 厘米，壁厚 0.9 厘米。藏河北省博物馆。

541. 青花缠枝莲纹三足炉　高 12.5 厘米，深 9.5 厘米，口径 15.1 厘米，足径 14.3 厘米，重 1260 克。藏台北“故宫博物院”。

又一件见于台北“故宫博物院”，该院还藏有一件白釉三足炉。

542. 孔雀绿釉旋纹三足炉　高 12.2 厘米，深 9.2 厘米，口径 15.1 厘米，足径 14.3 厘米，重 1147 克。藏台北“故宫博物院”。

543. 红釉旋纹炉（残）　高 12.8 厘米，口径 14.5 厘米，足径 14.1 厘米。藏景德镇市陶瓷考古研究所。

544. 白釉双耳三足炉（残）　高 33.5 厘米。藏景德镇陶瓷考古研究所。

又一件见于崇真堂，高 24 厘米，直径 16 厘米。

545. 红釉暗刻花纹炉　高 7.2 厘米，口径 10.8 厘米，足径 8.3 厘米。藏上海博物馆。

546. 矾红八宝纹三足炉　高 12.5 厘米，口径 13 厘米。藏河北省博物馆。（1955 年安次出土。）

547. 紫釉旋纹三足炉　高 12.3 厘米，口径 15.2 厘米，深 9.4 厘米，底径 14.3 厘米，重 1300 克。藏台北“故宫博物院”，1563 箱，0072335 号。（该器物满身涂以葡萄紫彩釉，底部有部分聚釉，因含铅之故，葡萄紫釉已有部分泛起银光，开细片。）

548. 青花折枝花卉纹八角烛台　高 29.8 厘米，口径 8.7 厘米，底径 21.8 厘米。藏上海博物馆。

又一件见于匡时国际 2006 年秋拍，高 28 厘米，图录编号 1330。

又一件见于中国嘉德 2011 年春季拍卖会，高 28 厘米。图录号 3546。

549. 青花缠枝花卉纹花浇　高 13.5 厘米，口径 7.5 厘米，底径 4.2 厘米。藏上海博物馆。（上海馆共藏有该种花浇 4 件。三件肩部有“大明宣德年制”款，一件镶嵌铜把。其中一件为王轶陶先生捐献，高 14.3 厘米，口径 7.8 厘米，底径 4.7 厘米。还有一件高 14.1 厘米，口径 8 厘米，足径 4.8 厘米。）

又一件见于北京故宫博物院，高 13 厘米，口径 7.9 厘米。

又一件见于台北“故宫博物院”，高 14 厘米，口径 7.7 厘米，深 13.2 厘米，足径 4.5 厘米，重 540 克。

又一件见于台北“故宫博物院”，高 13.4 厘米。

又一件见于大维德基金会，高 14 厘米。

又一件见于大英博物馆，高 14.5 厘米，口径 8.2 厘米。

又一件见于美国波士顿美术馆，高 13.7 厘米。

又一件见于美国弗利尔美术馆，高 14 厘米。

又一件见于斯德哥尔摩东亚博物馆。

又一件见于景德镇陶瓷考古研究所。1983 年在景德镇御窑厂遗址中出土，高 13.5 厘米，口径 7.9 厘米，腹径 12.5 厘米，底径 3.8 厘米。有肩部的青花六字款识。

又一件见于景德镇陶瓷考古研究所。1988 年，又有出土的青花花浇。高 13.5 厘米，口径 7.5 厘米，腹径 12 厘米，底径 4.1 厘米。有肩部的青花六字款识。

又一件见于香港苏富比 2002 年秋拍，高 13.5 厘米，图录编号：283。

又一件见于香港苏富比 2016 年春拍，口径 14 厘米，图录编号 22。（为罗杰 · 琵金顿收藏。）

又一件见于香港苏富比 2011 年春拍，口径 13.1 厘米，图录编号 53。

550. 青花缠枝莲纹花浇 高 13.4 厘米，口径 7.4 厘米，深 12.7 厘米，足径 4 厘米，重 460 克。藏台北“故宫博物院”。

又一件，高 13.7 厘米，为私人收藏。（见埃斯卡纳齐回忆录。）

551. 青花花卉纹灯 高 10.7 厘米，口径 3.8 厘米，深 4.9 厘米，盘径 10.2 厘米，足径 4.7 厘米，重 260 克。藏台北“故宫博物院”。

552. 青花卷草纹笔杆 长 14.8 厘米。见于中国嘉德 1997 年春季拍卖会，图录号 315。

又一件见于香港苏富比 2012 年春拍，长 14.3 厘米，图录编号 0040。（著录来源：康蕊君《玫茵堂中国陶瓷》，伦敦，1994—2010 年，卷 4，编号 1652。）

553. 青花龙纹扇形笔筒 高 20 厘米，见于香港九龙 2014 年春拍，图录编号 4069。

554. 青花缠枝菊花纹笔筒 高 13.9 厘米，口径 4.2 厘米。藏台北林柏寿先生。（载陈昌蔚编：《中国陶瓷 · 明代瓷器》）

555. 青花松竹梅纹笔添（三件） 长 22 厘米，香港九龙 2014 年春拍，图录编号 4064。

556. 青花卷草纹抓笔笔管 长 14.3 厘米，见于香港苏富比 2012 年春拍，图录编号 40。

557. 青花菊花纹笔盒 长 31 厘米，宽 8 厘米，高 7.5 厘米。藏崇真堂。

558. 青花双龙戏珠纹笔架 长 20 厘米，高 11 厘米。藏崇真堂。（带银鎏金托。）

559. 青花缠枝忍冬纹盖豆（又称香宝子） 通高 13.5 厘米，腹径 9.8 厘米，足径 6.5 厘米。藏上海博物馆。

又一件见于北京故宫博物院，通高 13.5 厘米，口径 8 厘米，足径 6.7 厘米。

又一件见于国家博物馆，缺盖，高 10.3 厘米，口径 7.9 厘米，足径 6.5 厘米。

又一件见于首都博物馆，藏品缺盖，豆高 10.3 厘米，口径 7.8 厘米，1991 图录编号 96。

又一件见于深圳和畅园博物馆，缺盖。高 10.5 厘米，口径 8 厘米。

又一件见于苏州博物馆。

又一件见于台北林柏寿先生收藏，缺盖，高 10.3 厘米，口径 7.9 厘米。（载陈昌蔚编：《中国陶瓷·明代瓷器》）

又一件见于台北“故宫博物院”，该器物连盖高 14.2 厘米，器高 10 厘米，口径 8 厘米，足径 6.3 厘米，重 340 克 1998 图录编号 8。

又一件见于弗利尔美术馆，总高 13.3 厘米。

又一件见于波士顿美术馆，缺盖，器高 10 厘米。

又一件见于大英博物馆，缺盖，器高 10.4 厘米，口径 8 厘米。（为马乔里·科德维尔遗赠）

又一件见于英国大维德基金会，缺盖，器高 10.3 厘米。

又一件见于美国旧金山亚洲艺术博物馆，缺盖，器高 10.5 厘米。

又一件见于，1995 年香港佳士得拍卖公司，高 10.4 厘米，缺盖。

又一件见于台湾鸿禧美术馆，1988 图录编号 27。

又一件见于谦牧堂，通高 14.7 厘米，口径 9.2 厘米，足径 6.8 厘米，重 422 克。

又一件见于景德镇陶瓷考古研究所。1993 年，景德镇珠山御窑厂遗址出土，造型纹饰与传世品基本一致，也缺少了宝珠顶盖。因而总高只有 12.5 厘米。

又一件见于香港苏富比 2011 年秋拍，高 10.5 厘米，缺盖，图录编号 27。

又一件见于香港佳士得 2012 年春拍，缺盖，高 10.2 厘米，图录编号 4055。

560. 青花镂空花卉海浪纹香薰 高 38 厘米。见于北京保利 2012 年秋拍，图录编号 5566。

561. 青花折枝花纹棱花式花盆 高 12.9 厘米。藏北京故宫博物院。

562. 青花折枝花纹海棠式花盆 高 12.5 厘米。见于北京瀚海 1996 年春拍，图录编号 0988。

563. 祭青釉水仙盆 高 5.6 厘米，口长 22 厘米，口宽 15.1 厘米，足长 20.2 厘米，足宽 13.1 厘米，重 640 克。藏台北“故宫博物院”。

564. 洒蓝釉水仙盆（残）　高 7.5 厘米，藏景德镇陶瓷考古研究所。

565. 红釉水仙盆（残）　高 7.5 厘米，口纵 15.5 厘米，口横 23 厘米。藏上海博物馆。

566. 青花缠枝莲纹折沿盆（口伤）　高 14.7 厘米，口径 34.7 厘米，足径 24 厘米。藏北京故宫博物院。（该盆有大小两种，皆藏北京故宫博物院。）

567. 仿哥釉方形菱口盆（残）　高 5.8 厘米，口径纵 15 厘米，口径横 13.5 厘米，足径纵 7.8 厘米，足径横 6.8 厘米。藏景德镇市陶瓷考古研究所。

568. 青花折枝花卉纹六方花盆　长 23.5 厘米，宽 16 厘米，高 8 厘米。藏崇真堂。

569. 青花菊花纹盖盒　高 7 厘米，见于西泠拍卖 2016 年春拍，图录编号 1760。

570. 青花海水龙纹厚胎直口钵　高 20 厘米，口径 42.5 厘米，足径 28 厘米，重 9325 克。藏谦牧堂。

571. 青花开光缠枝花卉纹岁寒三友图盒　高 7.2 厘米，长 32 厘米，藏英国大维德基金会，入藏号：PDF.A.629。

572. 青花龙纹大缸（残）　高 75.5 厘米，腹径 88.8 厘米。藏景德镇陶瓷考古研究所。

573. 青花鸳鸯形砚滴　高 5.4 厘米，长 7.8 厘米，宽 4.8 厘米，底纵 3.2 厘米，底横 4.8 厘米，重 60 克。藏台北“故宫博物院”。

574. 无款青花镂孔器座　高 16.1 厘米，口径 9 厘米，足径 12.2 厘米。藏北京故宫博物院。（瓷器具体用途不清，极为少见。）

575. 青花海水龙纹山形爵托　直径 21.3 厘米，见于香港苏富比 2011 年秋拍，图录编号 37。

576. 无款青花锁锦纹瓷板　高 2.5 厘米，长 28 厘米，宽 9 厘米。藏北京故宫博物院。（此板故宫藏有多块，为室内装饰用砖，典型苏勃泥青料。）

又一件见于首都博物馆。

又一件见于景德镇陶瓷考古研究所。

577. 无款宣德青花高浮雕仙人承露台器　高 14.8 厘米，见于 2017 年中贸圣佳秋季拍卖会图录，编号 2321。

578. 青花灵芝纹盏托　直径 19.5 厘米，足径 13 厘米。藏崇真堂。

579. 青花波斯纹样地砖（无款）　长 23 厘米，宽 23 厘米，厚 3.5 厘米，藏大英博物馆，OA1993.10-27.1.2。（鸿禧美术馆图录编号 19。）

580. 青花镂空花卉海浪纹花熏　高 38 厘米，见于北京保利 2012 年秋拍，图录编号 5566。

581. 红釉水盂　高 2.8 厘米，口径 8.6 厘米，足径 4.6 厘米，重 119 克。藏谦牧堂。

四、正统时期馆藏著录*

A. 瓶类

1. 青花人物故事纹梅瓶　高 33 厘米。藏天津博物馆。

2. 青花高士图梅瓶。　高 7.4 厘米。藏牛津大学阿什莫林博物馆。

3. 青花人物故事图梅瓶（仿）　高 38.0 厘米，口径 5.3 厘米，底径 13.0 厘米。藏日本静嘉堂文库。

4. 青花蕉叶纹人物图梅瓶　高 32 厘米，见于辽宁中正 2008 年春拍，图录编号 190。

5. 青花携琴访友图梅瓶　高 38.2 厘米，口径 6 厘米，足径 11.0 厘米。藏桂林博物馆。（1972 年广西桂林市东郊明代靖江安肃王朱经扶夫妇合葬墓出土。）

6. 青花仕女蕉叶题诗图梅瓶　高 30.2 厘米，口径 6 厘米，足径 11.2 厘米。藏桂林博物馆。

7. 青花仙人乘鹤图梅瓶　高 32.5 厘米，口径 4.9 厘米，足径 10.6 厘米。藏绍兴博物馆。

8. 青花太白诗意图梅瓶　高 31 厘米，藏日本山中商会。

9. 青花鱼藻纹梅瓶　高 29.0 厘米，口径 5.3 厘米，足径 10.5 厘米。藏桂林博物馆。（1980 年广西桂林尧山靖江昭和王朱规裕墓出土。）

10. 青花满池娇纹梅瓶　高 38 厘米，藏大英博物馆，OA1973.7-26.359。（该瓶为 B.Z. 赛里格曼夫人遗赠。）

又一件见于北京故宫博物院。

11. 青花龙凤纹梅瓶　高 35.5 厘米，见于长风拍卖 2007 年秋拍，图录编号 530。

12. 青花缠枝莲纹带盖梅瓶（仿）　高 36.8 厘米，口径 5.0 厘米，足径 11.6 厘米。藏湖北省博物馆。（2001 年湖北省钟祥市梁庄王墓出土。）

---

* 共 118 种，计 154 件，其中残器 75 件，公共机构藏 131 件，私人藏家藏 23 件。

又一件见于湖北省博物馆，高 38.0 厘米，口径 4.8 厘米，足径 11.8 厘米。（梁庄王墓出土。）

13. 青花狮子绣球纹梅瓶 高 37.8 厘米，口径 5.2 厘米，足径 13 厘米。藏国家博物馆。

14. 青花云龙纹梅瓶 高 35.4 厘米，口径 11.2 厘米，足径 14.7 厘米。藏湖北省博物馆。

又一件见于湖北省博物馆，**残破**。高 35.0 厘米，口径 1.4 厘米，足径 15.5 厘米。

15. 青花仕女图梅瓶 高 38 厘米，见于西泠拍卖 2015 年春拍，图录编号 3145。

16. 青花仕女图梅瓶 高 35 厘米，口径 6.1 厘米，足径 11.9 厘米。藏北京故宫博物院。

17. 青花仕女蕉叶题诗图梅瓶 高 30.2 厘米，口径 6 厘米，足径 11.2 厘米。藏广西桂林市博物馆。

18. 青花仕女扑萤图梅瓶 高 31.2 厘米，口径 6 厘米，足径 11.5 厘米。藏广西桂林市博物馆。

19. 青花缠枝牡丹纹带盖梅瓶 高 34.5 厘米，口径 5.5 厘米，足径 10.6 厘米。藏江西省博物馆。

20. 青花双耳球花纹瓶（残） 高 26.5 厘米，口径 8.3 厘米，足径 9 厘米。藏景德镇市陶瓷考古研究所。

21. 青花缠枝莲纹葫芦瓶 高 44.5 厘米，口径 5.8 厘米，足径 20.3 厘米。藏日本东京国立博物馆。

22. 白釉梅瓶 高 40.3 厘米，口径 8.1 厘米，足径 22.9 厘米。藏上海博物馆。

又一件见于景德镇陶瓷考古研究所**（残）**。高 48.0 厘米，口径 5.0 厘米，足径 34.0 厘米。

23. 青花缠枝莲纹葫芦瓶（残） 高 44.5 厘米，上腹径 21.0 厘米，下腹径 29.3 厘米。藏景德镇陶瓷考古研究所。

24. 红绿彩缠枝莲纹梅瓶 高 28.3 厘米，口径 4.9 厘米，足径 11.0 厘米。藏上海博物馆。

B. 罐类

25. 青花人物图纹大罐 高 36 厘米，口径 20.8 厘米。藏北京艺术博物馆。

又一件见于北京瀚海 2016 年春拍，图录编号 3130。来源北京瀚海 2012 年春拍编号 2674。

26. 青花人物故事图罐 高 33.8 厘米，口径 19.5 厘米，足径 20.5 厘米。藏北京艺术博物馆。

又一件见于天津博物馆。高 37.7 厘米，口径 22.3 厘米，足径 21.6 厘米。

27. 青花蒙古人物图纹大罐 高 39.8 厘米，口径 21.9 厘米，足径 22.3 厘米，重 8070 克。藏谦牧堂。

28. 青花道教三清八仙图大罐 高 37 厘米，见于北京保利 2011 年秋拍，图录编号 71。（弈棋图。）

29. 青花骑马人物故事图大罐 高 28 厘米，见于澳门中信 2015 年春拍，图录编号 599。

30. 青花人物策杖行吟图大罐 高 35.5 厘米，口径 19.6 厘米，足径 20 厘米。藏香港葛氏天民楼。

31. 青花携琴访友图罐 高 37.5 厘米，见于北京荣宝 2007 年春拍，图录编号 826。

32. 青花携琴访友图梅瓶 高 32 厘米，见于南京十竹斋 2006 年春拍，图录编号 213。

33. 青花松竹梅纹大罐 高 33 厘米，口径 17.5 厘米，足径 17.5 厘米，藏北京故宫博物院。

34. 青花缠枝牡丹纹双铺首罐 高 43.0 厘米，口径 41.6 厘米。藏美国芝加哥艺术学院。（罐底有墨书“大明正统二年正月吉日弟子程进供奉”字样。）

35. 青花云龙纹大罐（残） 高 39.7 厘米，口径 21.7 厘米，足径 22.3 厘米，重 8015 克。藏谦牧堂。

36. 青花转枝莲托八宝纹大罐 高 43 厘米，口径 23 厘米。藏北京故宫博物院。

37. 青花松竹梅纹罐 高 33.0 厘米，口径 17.5 厘米，足径 17.5 厘米。藏北京故宫博物院。

38. 青花树枝花鸟纹大罐 高 37.5 厘米，口径 21 厘米，足径 20 厘米。藏崇真堂。

39. 青花缠枝莲洞石牡丹莲瓣纹双兽耳盘口大罐 高 41.9 厘米，见于北京中汉 2013 年春拍，图录编号 961。

40. 青花高士弈棋图大罐 高 35 厘米，见于中国嘉德 2009 年春拍，图录编号 1749。（底部边饰为海浪纹。）

又一件见于崇真堂 高 35.5 厘米，口径 20 厘米，足径 18.5 厘米。

41. 青花骑马访友图大罐 高 37.5 厘米，口径 20.3 厘米，足径 18.8 厘米。藏上海博物馆。

42. 青花携琴访友图罐 高 36.0 厘米，口径 21.5 厘米，足径 19.5 厘米。藏首都博物馆。

（北京海淀区学院路出土。）

43. 青花琴棋书画仕女图罐 高 34.4 厘米，口径 22.1 厘米，足径 21.8 厘米。藏上海博物馆。（为胡惠春、王云华捐赠。）

又一件见于英国维多利亚与阿尔伯特博物馆也收藏一件类似的大罐。

又一件见于日本户栗美术馆。

又一件见于荷兰莱瓦登公主陶瓷博物馆。

44. 青花锦地纹壮罐 高 28.5 厘米，口径 12.5 厘米，足径 10.8 厘米。藏北京故宫博物院。

又一件见于景德镇陶瓷考古研究所**（残）**。高27.0厘米，口径10.0厘米，足径10.0厘米。

45. 青花莲托八宝纹罐 高 29.4 厘米，口径 13 厘米，足径 13.6 厘米。残。藏日本东京国立博物馆。（为横河民铺氏捐赠。）

46. 白釉盖罐 高 18.2 厘米，口径 6.7 厘米，足径 8.2 厘米。藏江西省博物馆。（1958年，江西新建县明正统十三年宁献王朱权墓出土。）

47. 白釉盖坛 高 33.4 厘米，口径 15.0 厘米，足径 15.6 厘米 .。藏武汉江夏区博物馆。（武汉江夏二妃山明景陵王朱孟熠夫妇墓出土。）

48. 红绿彩莲荷纹盖罐 高 31.8 厘米，口径 15.7 厘米，足径 13.5 厘米。藏平武报恩寺博物馆。（1974 年四川省平武县古城镇小坪山，明代龙州宣抚司土官佥事王玺家族墓地出土。）

49. 蓝釉兽耳盖罐 高 35.2 厘米，口径 14.5 厘米，足径 14.0 厘米。藏四川博物院。（成都外东得胜乡静居寺出土。）

C. 盘类

50. 青花双狮球纹盘 高 6.8 厘米，口径 38.6 厘米，足径 28.2 厘米。藏上海博物馆。

又一件见于景德镇陶瓷考古研究所，**残器**。高6.4厘米，口径39.0厘米，足径27.5厘米。

又一件见于景德镇陶瓷考古研究所，**残器**。高 3.7 厘米，口径 20.5 厘米，足径 16 厘米。

51. 绿彩狮球纹盘（残） 高 3.7 厘米，口径 25.0 厘米，足径 16.0 厘米。藏景德镇陶瓷考古研究所。

52. 绿彩狮球纹大盘（残） 高 6.6 厘米，口径 40.0 厘米。藏景德镇陶瓷考古研究所。

53. 红彩狮球纹盘（残） 高 3.7 厘米，口径 25.0 厘米，足径 16.0 厘米。藏景德镇陶瓷考古研究所。

54. 红彩狮球纹大盘（残） 高6.6厘米，口径40.0厘米。藏景德镇陶瓷考古研究所。

55. 青花九云龙纹大盘（残） 高11.5厘米，口径75.0厘米。藏景德镇陶瓷考古研究所。

56. 青花波涛纹盘 高4厘米，口径17.8厘米，足径10.7厘米。藏台北“故宫博物院”，故瓷2821。（青花波涛纹为正统官窑的特色，此特征为其他时期所未见。此时期的波涛浪花留白，汹涌壮观。）

57. 青花八吉祥纹盘 高5.7厘米，口径27厘米，足径17厘米。藏美国旧金山亚洲艺术博物馆。（为罗伊·莱文特里捐赠，B69P29L。）

58. 青花龙纹盘 高3.6厘米，口径17.6厘米，足径9.9厘米。藏湖北省博物馆。（1964年湖北省武昌流芳岭明楚昭王家族墓出土。）

59. 白釉暗刻云龙纹盘 直径20厘米，足径12厘米。藏崇真堂。

60. 青花九龙纹盘（残） 高4.0厘米，口径18.8厘米，足径11.5厘米。藏景德镇陶瓷考古研究所。

又一件见于景德镇陶瓷考古研究所，**残器**。高4.0厘米，口径20.5厘米，足径12.5厘米。

61. 青花海水九龙纹盘 高4.0厘米，口径20.0厘米，足径12.5厘米。藏北京故宫博物院。

又一件见于景德镇陶瓷考古研究所，**残器**。高5.5厘米，口径23.0厘米。

又一件见于景德镇陶瓷考古研究所，**残器**。高5.0厘米，口径23.0厘米，足径14.0厘米。

62. 青花海水白九龙纹盘（残） 高3.8厘米，口径17.5厘米，足径10.9厘米。藏景德镇陶瓷考古研究所。

63. 青花海水矾红九龙纹盘（残） 高4.5厘米，口径20.0厘米，足径12.5厘米。藏景德镇陶瓷考古研究所。

64. 青花海水暗刻龙纹盘（残） 高4.4厘米，口径21.4厘米，足径14.0厘米。藏景德镇陶瓷考古研究所。

65. 青花多云暗刻龙纹盘（残） 高4.0厘米，口径18.8厘米，足径11.5厘米。藏景德镇陶瓷考古研究所。

66. 青花朵云纹盘（残） 高4.3厘米，口径19.7厘米，足径12.6厘米。藏景德镇陶瓷考古研究所。

67. 青花海水纹盘（残） 高3.5厘米，口径15.0厘米，足径8.5厘米。藏景德镇陶瓷考古研究所。

又一件见于景德镇陶瓷考古研究，**残器**。高4.4厘米，口径21.4厘米，足径14.0厘米。

又一件见于景德镇陶瓷考古研究所，**残器**。高4.0厘米，口径17.8厘米，足径10.9厘米。

68. 青花朵云暗刻龙纹盘（残） 高4.0厘米，口径20.2厘米，足径12.9厘米。藏景德镇陶瓷考古研究所。

又一件见于景德镇陶瓷考古研究所，**残器**。高4.0厘米，口径17.4厘米，足径10.5厘米。

69. 青花红彩海水九龙纹盘 高4.4厘米，口径22.0厘米，足径14.0厘米。藏北京故宫博物院。

70. 青花莲池纹盘（残） 高4.2厘米，口径19.8厘米，足径11.2厘米。藏景德镇陶瓷考古研究所。

71. 青花葡萄纹大盘（残） 高10.6厘米，口径67厘米。藏景德镇陶瓷考古研究所。

72. 青花松竹梅纹盘（残） 高6.0厘米，口径20.0厘米，足径11.5厘米。藏景德镇陶瓷考古研究所。

73. 青花缠枝莲托八宝纹盏托（残） 高2.0厘米，口径18.0厘米，足径13.0厘米。藏景德镇陶瓷考古研究所。

74. 青花缠枝四季花卉纹盘 口径29厘米，足径20厘米。藏崇真堂。

D. 碗、杯类

75. 青花里外庭院高士图花口碗 口径30厘米，见于香港苏富比2001年春拍。图录编号：512。

76. 青花红彩海水九龙纹直口碗（残） 高7.3厘米，口径13.7厘米，足径7.5厘米。藏景德镇陶瓷考古研究所。

又一件见于景德镇陶瓷考古研究所。**残器**，高7.2厘米，口径13.5厘米，足径7.2厘米。

77. 青花海水九龙纹碗 高9.7厘米，口径16.3厘米，足径5.3厘米。藏北京故宫博物院。

78. 青花海水白九龙纹碗（残） 高8.9厘米，口径20.5厘米，足径8.5厘米。藏景德镇陶瓷考古研究所。

79. 青花海水白九龙纹金钟碗（残） 高10.2厘米，口径15.2厘米，足径7.5厘米。藏景德镇陶瓷考古研究所。

80. 青花九龙纹碗（残） 高8.1厘米，口径19.3厘米，足径7.8厘米。藏景德镇陶瓷考古研究所。

81. 青花仙山楼阁图菊瓣纹大碗　高 13 厘米，口径 30.2 厘米，足径 11 厘米。藏香港葛氏天民楼。

82. 青花宫苑楼阁高士图葵口大碗　直径 29.6 厘米。见于 2019 年保利秋拍，图录编号 5678。

又一件见于香港苏富比 2007 年秋拍，图录编号 556。

83. 青花龙纹金钟碗（残）　高 11.5 厘米，口径 16.0 厘米，足径 8 厘米。藏景德镇陶瓷考古研究所。

84. 青花凤纹侈口碗（残）　高 9.5 厘米，口径 20.0 厘米，足径 8.0 厘米。藏景德镇陶瓷考古研究所。

又一件见于景德镇陶瓷考古研究所。**残器，**高 5.5 厘米，口径 10.3 厘米，足径 4.0 厘米。

85. 青花凤纹直口碗（残）　高 7.4 厘米，口径 13.4 厘米，足径 7.4 厘米。藏景德镇陶瓷考古研究所。

86. 青花凤纹金钟碗（残）　高 12.5 厘米，口径 14.5 厘米，足径 7.0 厘米。藏景德镇陶瓷考古研究所。

87. 青花龙纹碗（残）　高 5.0 厘米，口径 9.5 厘米，足径 4.2 厘米。藏景德镇陶瓷考古研究所。

88. 青花缠枝灵芝纹碗　高 15.4 厘米，口径 33 厘米，足径 13.2 厘米。藏上海博物馆。

89. 青花婴戏图莲子大碗　高 12.3 厘米，口径 22.5 厘米，足径 7.9 厘米。藏上海博物馆。（上海博物馆所藏共有三件。）

又一件见于上海博物馆，碗高 10.5 厘米，口径 21.5 厘米，足径 7.8 厘米。（该碗绘有 16 个孩童游戏。）

又一件藏上海博物馆，高 12.1 厘米，口径 22.4 厘米，足径 7.8 厘米。（该碗体型硕大，绘 20 个孩童，分为四组游戏。）

又一件见于台北“故宫博物院”，高 10.6 厘米，口径 21.6 厘米，足径 7.1 厘米。故瓷 15215。（台北“故宫博物院”藏有这类婴戏图碗数十件。）

又一件见于北京故宫博物院，碗高 13 厘米，口径 22.1 厘米，足径 7.5 厘米。

又一件见于英国维多利亚与阿尔伯特博物馆，碗的口径为 22.1 厘米。

又一件见于江苏常州市博物馆，高 6.3 厘米，口径 13.8 厘米，足径 5.8 厘米。

又一件见于北京市毛家湾瓷器坑出土，**残器，**高 5.9 厘米，口径 13.4 厘米，足径 5.6

厘米。

又一件见于景德镇陶瓷考古研究所，**残器**。高10.5厘米，口径21.0厘米，足径7.5厘米。

90. 青花斗彩莲池鸳鸯纹碗（半成品，残） 高7.4厘米，口径17.2厘米，足径7厘米。藏景德镇市陶瓷考古研究所。（1988年珠山御窑厂遗址出土。）

91. 青花束髻弹琵琶图敦式碗（残） 高8.3厘米，口径15.7厘米，足径7.4厘米，藏景德镇陶瓷考古研究所。

92. 青花庭院婴戏图盘（残） 高4.7厘米，口径13.5厘米，足径7.5厘米。北京毛家湾瓷器坑出土一件残器。

又一件残器，高3.4厘米，口径14.2厘米，足径7.6厘米。北京市毛家湾瓷器坑出土。

又一件残器，高3.8厘米，口径14.2厘米，足径8.4厘米。北京市毛家湾瓷器坑出土。

又一件残器，高3.1厘米，口径13.2厘米，足径7厘米。北京市毛家湾瓷器坑出土。

又一件残器，高3.4厘米，口径13.8厘米，足径7.4厘米。北京市毛家湾瓷器坑出土。

又一件残器，高3.6厘米，口径13.8厘米，足径7.6厘米。北京市毛家湾瓷器坑出土。

又一件残器，高3厘米，足径7.2厘米。北京市毛家湾瓷器坑出土。

93. 青花写绘高足杯 高9厘米，直径7厘米，藏大英博物馆，OA1940.12-14.261。（该杯为B.Z.赛里格曼夫人捐赠。香港冯平山博物馆1992图录编号299。）

94. 青花人物高足杯 高9.2厘米，直径7.1厘米，藏大英博物馆，OA1938.7-12.2。（该杯为白兰士敦捐赠。1992年冯平山博物馆图录编号296。）

95. 青花松鹿纹大盘 直径36厘米，见于中鸿信2006年春拍，图录编号229。

96. 青花莲托八宝纹侈口碗（残） 高9.0厘米，口径20.8厘米，足径8.5厘米。藏景德镇陶瓷考古研究所。

97. 白釉贴金龙纹高足杯（残） 高10.7厘米，口径15.7厘米，足径4.5厘米。藏湖北省博物馆。（2001年湖北省钟祥市梁庄王墓出土。）

E. 其他

98. 豆青釉狮子座烛台 高23厘米，口径11.5厘米。藏江西省博物馆。（江西永修县魏源墓出土。）

99. 青花飞龙纹铺首三足炉 高27.5厘米，口径27.9厘米，足距28.3厘米。藏北京故宫博物院。

100. 青花花卉纹三系茶壶　通高 12.6 厘米，口径 5.3 厘米，足径 5.5 厘米。藏上海博物馆。（该壶为民窑器物。）

101. 青花缠枝莲纹僧帽壶（残）　残高 15 厘米。藏景德镇陶瓷考古研究所。

102. 青花螭龙纹扁执壶　高 22.5 厘米，口径 6.5 厘米，足径 9.2 厘米。藏四川省博物馆。

103. 青花龙纹大缸（残）　高 75 厘米，口径 72.4 厘米，腹径 88.4 厘米，底径 66.3 厘米。藏景德镇市陶瓷考古研究所。（1988 年珠山御窑厂遗址出土。）

104. 青花云龙纹大缸（残）　高 65 厘米，口径 56.5 厘米，足径 51 厘米。藏上海博物馆。（1988 年 11 月，景德镇御窑厂遗址出土大量龙缸残片，复原成形者不少。）

105. 蓝釉敞口鱼缸　口径 76 厘米。藏北京故宫博物院。

106. 青花方胜纹绣墩（残）　高 48.0 厘米，面径 45.5 厘米，腹径 50.2 厘米。藏景德镇陶瓷考古研究所。

107. 青花松竹梅纹绣墩（残）　高 48.0 厘米，面径 45.0 厘米，腹径 51.0 厘米。藏景德镇陶瓷考古研究所。

108. 青花折枝花卉纹如意形枕（残）　高 13.0 厘米，长 34.0 厘米，宽 26.0 厘米。藏景德镇陶瓷考古研究所。

109. 青花折枝莲纹如意形枕（残）　高 13.0 厘米，长 33.8 厘米，宽 26.1 厘米。藏景德镇陶瓷考古研究所。

110. 青花折枝芙蓉花纹如意形枕（残）　13.2 厘米，长 34.1 厘米，宽 26.0 厘米。藏景德镇陶瓷考古研究所。

111. 青花云龙纹匜（残）　高 5.5 厘米，口径 17.5 厘米。藏景德镇陶瓷考古研究所。

112. 红彩云龙纹匜（残）　高 6.0 厘米，口径 18.0 厘米。藏景德镇陶瓷考古研究所。

113. 绿彩云龙纹匜（残）　高 6.3 厘米，口径 18.0 厘米。藏景德镇陶瓷考古研究所。

114. 青花缠枝莲纹长方形花盆（残）　高 6.5 厘米，长 21.0 厘米，宽 11.5 厘米。藏景德镇陶瓷考古研究所。

115. 青花莲池鸳鸯纹高足钵　高 18 厘米，直径 17.8 厘米，足径 11.5 厘米。藏牛津大学阿什莫林博物馆，

116. 青花云龙纹钵（残）　高 6.0 厘米，口径 18.0 厘米。藏景德镇陶瓷考古研究所。

117. 绿彩云龙纹匜（残）　高 6.0 厘米，口径 18.0 厘米。藏景德镇陶瓷考古研究所。

118. 青花山水人物故事图笔山　高 7.0 厘米，长 13.7 厘米。藏上海博物馆。（为陈双凤捐献。）

五、景泰时期馆藏著录*

A. 瓶类

1. 黄釉青花净瓶　高 17.5 厘米，藏大英博物馆，OA1947.7-12.165。（该瓶为哈里·奥本海姆遗赠。）

2. 青花宝莲纹净瓶　高 15 厘米，藏大英博物馆，OA1947.7-12.164。（该瓶为哈里·奥本海姆遗赠。）

3. 青花折枝莲纹双耳方瓶　高 16.5 厘米，藏大英博物馆，OA1940.12-14.252；及 253。（该瓶为 b.z. 赛里格曼府人捐赠。）

4. 青花折枝牡丹纹双耳瓶　高 16.5 厘米，藏大英博物馆，OA1940.12-14.260。（该瓶为 B.Z. 赛里格曼夫人遗赠。1974 年，在景德镇东郊的一座景泰四年的墓葬中出土了两件民窑瓶，器型与此相似。）

5. 青花孔雀牡丹图梅瓶　高 35.5 厘米，口径 6.1 厘米，足径 12.1 厘米。藏上海博物馆。

又一件见于北京故宫博物院。高 36.5 厘米，口径 5.0 厘米，足径 12.8 厘米。

6. 青花携琴访友图梅瓶　高 32 厘米，见于江苏爱涛 2014 年春拍，图录编号 324。

又一件见于上海博物馆。22.1 厘米，口径 6.2 厘米，足径 10.7 厘米。藏上海博物馆。

又一件见于天津博物馆。高 33.7 厘米，口径 6.3 厘米，足径 10.5 厘米。

7. 青花缠枝莲纹梅瓶　高 19 厘米，藏大英博物馆，OA1940.12-14.258.259。（该瓶为一对，乃 B.Z. 赛里格曼夫人遗赠。）

8. 青花缠枝青莲纹梅瓶　高 32.5 厘米，见于华艺国际 2015 年春拍，图录编号 1809。（来源：伦敦佳士得拍卖品。）

又一件见于谦牧堂，高 32 厘米，口径 5 厘米，足径 11.9 厘米，重 4110 克。

9. 青花缠枝花卉纹四棱双耳瓶（残）　高 26.8 厘米，口径 8.3 厘米，足径 9.2 厘米。

---

* 共 95 种，计 115 件，其中残器 65 件，公共机构藏 103 件，私人藏家藏 12 件。

残景德镇陶瓷考古研究所。

10. 青花人物故事图带瓶 高 21.0 厘米，口径 8.0 厘米，足径 10.0 厘米。藏旧金山亚洲艺术博物馆。（为布伦戴奇旧藏。）

B. 罐类

11. 青花人物图大罐 高 37.4 厘米，见于香港佳士得 2002 年秋拍，图录编号 532。（为较大面积的窝状云堂手，但主线下的纹饰趋于简化。）

12. 青花庭院仕女图罐（残） 高 10 厘米，口径 8.4 厘米。藏北京市文物研究所。（北京毛家湾出土。）

13. 青花人物图盖罐 高 47.8 厘米，口径 21.8 厘米，足径 22.6 厘米。四川省博物馆。（成都外南衣冠庙明墓出土。）

14. 青花萧何追韩信图罐 高 35.5 厘米，口径 21.3 厘米。藏天津博物馆。

15. 青花琴棋书画纹大罐 绘有仕女 4 人。藏日本户栗美术馆。

又一件见于北京艺术博物馆。高 36.6 厘米，口径 21 厘米，足径 19.5 厘米。

16. 青花鸳鸯莲池纹大盖罐 高 50.0 厘米，口径 20.5 厘米，足径 19.5 厘米。藏武汉博物馆。（武汉市江夏区流芳岭明妃子墓出土。）

17. 青花海水波涛龙凤纹大罐 高 36 厘米，北京保利 2008 年秋拍，图录编号 2879。

18. 青花如意披肩翼龙纹大罐 高 37 厘米，见于中国嘉德 2003 年秋拍，图录编号 1341。（盖罐原出处拍卖标注为“明正统”，其底部为海水江牙纹。似应为景泰年间物。）

19. 青花莲池方耳玉壶春瓶 高 19.2 厘米，藏大英博物馆，OA1936.10-12.283。（该瓶购自乔治・尤摩弗・帕勒斯的收藏。从胎釉看，似乎不是景德镇的产品。）

20. 无款青花缠枝莲纹盖罐 通高 15.6 厘米，口径 7 厘米，足径 7.4 厘米。藏上海博物馆。（1972 年在宝山冶炼厂基建施工时，发现一座明代墓葬，其年代为成化九年，出土物品中有这个青花盖罐。为当时民窑产品。但是从盖罐本身看，似应为景泰时期的产品。不能以墓葬的年代确定器物的年代。）

21. 青花转枝八宝勾莲纹大罐（仿） 高 43 厘米，口径 23 厘米，足径 24 厘米。藏北京故宫博物院。

22. 青花八仙弈棋图大罐 高 35.3 厘米，口径 21.5 厘米，足径 20 厘米，藏北京故宫博物院。

23. 青花琴棋书画图大罐 高 40.3 厘米，见于中国嘉德 2010 年春拍，图录编号 2614。

24. 青花庭院仕女图罐（残） 高 10 厘米，口径 8.4 厘米。藏北京文物研究所。（北京毛家湾出土。）

25. 青花云涛花卉纹罐 高 14 厘米，口径 9.8 厘米。藏北京市文物研究所。（出土于北京市。）

26. 青花群仙图寿山福海大罐 高 36.5 厘米，见于中国嘉德 2006 年春拍，图录编号 2131。

27. 青花海水瑞兽纹罐 高 35.6 厘米，腹径 36.2 厘米，口径 21.0 厘米，足径 19.4 厘米。藏大都会艺术博物馆。（2010 年文森特·埃斯特基金购藏。）

28. 青花孔雀牡丹纹大罐 高 34.2 厘米，口径 13.8 厘米，足径 10.0 厘米。藏香港天民楼。

又一件见于故宫博物院，高 40 厘米，口径 20 厘米，足径 18.5 厘米。（足部为糊米底。）

又一件见于中鸿信 2016 年春拍，图录编号 1149。

又一件见于崇真堂，高 36.5 厘米，足径 17.5 厘米，口径 19.5 厘米。

C. 壶类

29. 青花云龙纹带盖执壶（残） 高 30.0 厘米，口径 5.0 厘米，足径 8.0 厘米。藏景德镇陶瓷考古研究所。

30. 矾红彩云龙纹执壶（残） 高 27.2 厘米，口径 5.0 厘米，足径 8.0 厘米。藏景德镇陶瓷考古研究所。

31. 绿彩云龙纹带盖执壶（残） 高 27.4 厘米，口径 6.9 厘米，足径 8.0 厘米。藏景德镇陶瓷考古研究所。

32. 青花云龙纹梨形壶（残） 高 10.0 厘米，口径 4.0 厘米，足径 5.0 厘米。藏景德镇陶瓷考古研究所。

33. 青花暗刻龙纹梨形壶（残） 高 10.0 厘米，口径 4.0 厘米，足径 5.2 厘米。藏景德镇陶瓷考古研究所。

34. 青花瑞兽纹梨形壶（残） 高 10.0 厘米，口径 4.0 厘米，足径 5.0 厘米。藏景德镇陶瓷考古研究所。

35. 青花红彩海水瑞兽纹梨形壶（残） 高 10.3 厘米，口径 4.0 厘米，足径 5.3 厘米。藏景德镇陶瓷考古研究所。

36. 青花海水龙纹梨形壶（残） 高 10.2 厘米，口径 4.0 厘米，足径 5.1 厘米。藏景德镇陶瓷考古研究所。

37. 淡描青花海水瑞兽纹梨形壶（残） 高 10.3 厘米，口径 4.0 厘米，足径 5.3 厘米。藏景德镇陶瓷考古研究所。

38. 青花暗刻海水龙纹梨形壶（残） 高 10.0 厘米，口径 4.0 厘米，足径 5.0 厘米。藏景德镇陶瓷考古研究所。

39. 青花凤纹梨形壶（残） 高 10.5 厘米，口径 4.0 厘米，足径 5.1 厘米。藏景德镇陶瓷考古研究所。

40. 青花团花纹梨形壶（残） 高 10.2 厘米，口径 3.7 厘米，足径 5.3 厘米。藏景德镇陶瓷考古研究所。

41. 青花梵文梨形壶（残） 高 10.0 厘米，口径 4.0 厘米，足径 5.1 厘米。藏景德镇陶瓷考古研究所。

42. 青花海水红彩龙纹梨形壶（残） 高 10.0 厘米，口径 4.0 厘米，足径 5.0 厘米。藏景德镇陶瓷考古研究所。

D. 盘类

43. 青花卷云灵芝纹藏文盘 藏土耳其伊斯坦布尔托普卡巴皇宫博物馆，TKS 15|1555。

44. 青花孔雀纹平口盘 藏土耳其伊斯坦布尔托普卡巴皇宫博物馆，TKS 15|1433。

45. 青花折枝花卉梵文盘 高 3.5 厘米，口径 17.3 厘米，藏英国大英博物馆，入藏号: 1968，1221.8。

46. 青花孔雀牡丹纹大盘 直径 52.5 厘米，见于中国嘉德 2007 年秋拍，图录编号 2282。

47. 青花八宝梵文盘 高 3.5 厘米，直径 17.3 厘米，藏大英博物馆，OA1968.12-21.8。（该盘为 N.V. 哈默捐赠。）

48. 青花狮球纹大盘 高 6.8 厘米，口径 38.6 厘米，足径 28.2 厘米。藏上海博物馆。

49. 青花龙纹盘（仿） 高 3.8 厘米，口径 17.5 厘米，足径 10.2 厘米。藏山东博物馆。

又一件见于山东博物馆。高 3.5 厘米，口径 15.0 厘米，足径 8 厘米。（兖州巨野王墓出土的龙纹盘）

50. 青花海水瑞兽纹盘（残） 高 4.6 厘米，口径 21.5 厘米，足径 13.7 厘米。藏景德镇陶瓷考古研究所。

又一件见于景德镇陶瓷考古研究所，**残器**。高 4.6 厘米，口径 20.3 厘米，足径 12.6 厘米。

51. 青花瑞兽纹盘（残） 高 4.3 厘米，口径 21.5 厘米，足径 13.5 厘米。藏景德镇陶瓷考古研究所。

又一件见于景德镇陶瓷考古研究所，**残器**。高 4.0 厘米，口径 20.2 厘米，足径 12.0 厘米。

52. 青花海水瑞兽纹盘 高 3.7 厘米，口径 15.5 厘米，足径 8.6 厘米。藏苏州博物馆。

又一件见于北京故宫博物院，高 3.5 厘米，口径 14.8 厘米，足径 7.8 厘米。（有冲。）

又一件见于北京故宫博物院，高 5.1 厘米，口径 20.4 厘米，足径 12.3 厘米。

又一件见于景德镇陶瓷考古研究所，**残器**。高 4.5 厘米，口径 18.5 厘米，足径 11.2 厘米。

53. 青花红彩海水瑞兽纹盘（残） 高 4.0 厘米，口径 18.0 厘米，足径 11.5 厘米。藏景德镇陶瓷考古研究所。

又一件见于景德镇陶瓷考古研究所，残器。高 4.5 厘米，口径 17.5 厘米，足径 11.0 厘米。

E. 碗、杯类

54. 青花海水瑞兽纹碗 高 9.1 厘米，口径 20.2 厘米，足径 8.7 厘米。藏北京故宫博物院。

又一件见于北京故宫博物院，高 9.8 厘米，口径 16.1 厘米，足径 5.3 厘米。

55. 青花矾红彩海水瑞兽纹高足碗 高 10.8 厘米，口径 15.6 厘米，足径 4.4 厘米。藏美国大都会博物馆。（1984 年艾兰与西蒙尼・哈特曼捐赠。）

56. 青花海水矾红彩瑞兽纹碗 高 9.6 厘米，口径 16.4 厘米，足径 5.5 厘米。藏上海博物馆。

57. 青花瑞兽纹侈口碗（残） 高 9.0 厘米，口径 21.0 厘米，足径 8.5 厘米。藏景德镇陶瓷考古研究所。

58. 青花瑞兽纹直口碗（残） 高 7.6 厘米，口径 13.5 厘米，足径 7 厘米。藏景德镇陶瓷考古研究所。

59. 青花瑞兽纹金钟碗（残） 高 10.5 厘米，口径 13.5 厘米，足径 7.0 厘米。藏景德镇陶瓷考古研究所。

60. 青花红彩海水瑞兽纹金钟碗（残） 高 10.5 厘米，口径 13.5 厘米，足径 7.0 厘米。藏景德镇陶瓷考古研究所。

61. 青花红彩海水龙纹碗 高 10.7 厘米，口径 15.3 厘米，足径 7.6 厘米。藏北京故宫博物院。

62. 青花云龙纹高足碗（冲） 高 11.2 厘米，口径 13.6 厘米，足径 4.3 厘米。藏武汉博物馆。（武汉江夏区流芳岭明妃子墓出土。）

63. 青花菊花山石纹碗 高 7 厘米，直径 14.5 厘米，藏大英博物馆，OA1949.11-16.7。（该碗有裂。景德镇一处景泰年间的墓葬中，出土过带有类似潦草书法笔意的瓷碗。）

64. 青花折枝植物图碗 高 7.5 厘米，直径 14 厘米，藏大英博物馆，OA1949.11-16.8。（该碗与景德镇景泰年间墓葬出土的瓷盘的纹饰风格相似。）

65. 青花古钱纹碗 高 7 厘米，口径 15 厘米。藏江苏省常州博物馆。

66. 青花梵文高足碗 高 11.8 厘米，口径 18.4 厘米，足径 4.8 厘米。藏上海博物馆。

67. 青花云龙纹高足碗（残） 高 11.0 厘米，口径 16.0 厘米，足径 4.5 厘米。藏景德镇陶瓷考古研究所。

68. 青花多云暗刻龙纹碗（残） 高 11.0 厘米，口径 16.0 厘米，足径 4.5 厘米。藏景德镇陶瓷考古研究所。

69. 青花海水龙纹高足碗（残） 高 10.5 厘米，口径 15.8 厘米，足径 4.5 厘米。藏景德镇陶瓷考古研究所。

70. 青花海水白龙纹高足碗（残） 高 10.5 厘米，口径 15.2 厘米，足径 4.5 厘米。藏景德镇陶瓷考古研究所。

71. 青花暗刻海水龙纹高足碗（残） 高 10.7 厘米，口径 16.0 厘米，足径 4.5 厘米。藏景德镇陶瓷考古研究所。

72. 青花瑞兽纹侈口碗（残） 高 5.5 厘米，口径 10.0 厘米，足径 4.1 厘米。藏景德镇陶瓷考古研究所。

73. 青花瑞兽纹高足碗（残） 高 10.5 厘米，口径 15.8 厘米，足径 4.5 厘米。藏景德镇陶瓷考古研究所。

74. 青花海水瑞兽纹高足碗（残） 高 10.7 厘米，口径 16.0 厘米，足径 4.5 厘米。藏景德镇陶瓷考古研究所。

75. 青花海水瑞兽纹侈口碗（残） 高 9.0 厘米，口径 18.0 厘米，足径 8.0 厘米。藏景德镇陶瓷考古研究所。

76. 青花海水纹高足碗（残） 高 10.7 厘米，口径 14.5 厘米，足径 4.5 厘米。藏景德镇陶瓷考古研究所。

77. 青花凤纹高足碗（残） 高 11.0 厘米，口径 15.6 厘米，足径 4.5 厘米。藏景德镇陶瓷考古研究所。

78. 青花婴戏图高足碗（残） 高 11.0 厘米，口径 15.8 厘米，足径 4.5 厘米。藏景德镇陶瓷考古研究所。

79. 青花团花纹高足碗（残） 高 10.6 厘米，口径 15.8 厘米，足径 4.5 厘米。藏景德镇陶瓷考古研究所。

80. 淡描青花海水龙纹侈口碗（残） 高 7.7 厘米，口径 17.5 厘米，足径 7.0 厘米。藏景德镇陶瓷考古研究所。

81. 淡描青花海水瑞兽纹侈口碗（残） 高 6.5 厘米，口径 15.0 厘米，足径 5.0 厘米。藏景德镇陶瓷考古研究所。

82. 淡描青花海水瑞兽纹直口碗（残） 高 7.5 厘米，口径 13.3 厘米，足径 7.5 厘米。藏景德镇陶瓷考古研究所。

83. 青花海水纹碗（残） 高 7.2 厘米，口径 17.9 厘米，足径 7.8 厘米。藏景德镇陶瓷考古研究所。

84. 青花海水龙纹直口碗（残） 高 8.0 厘米，口径 13.6 厘米，足径 7.7 厘米。藏景德镇陶瓷考古研究所。

85. 青花海水龙纹金钟碗（残） 高 10.5 厘米，口径 14.5 厘米，足径 7.4 厘米。藏景德镇陶瓷考古研究所。

86. 青花海水龙纹撇口碗（残） 高 5.2 厘米，口径 9.5 厘米，足径 4.0 厘米。藏景德镇陶瓷考古研究所。

87. 青花婴戏图碗（残） 5.2 厘米，口径 9.6 厘米，足径 4.0 厘米。藏景德镇陶瓷考古研究所。

88. 红绿彩双龙戏珠纹碗（冲） 高 6.6 厘米，口径 15.2 厘米，足径 5.6 厘米。藏武汉市江夏区博物馆。（1991 年武昌流芳岭明楚昭王家族墓 2 号墓出土。）

F. 其他

89. 青花花卉香炉 高 11.6 厘米，口径 8.6×6.6 厘米。藏北京市文物研究所。（北京市门头沟区西峰寺出土。）

90. 青花博山炉（残） 高 30.0 厘米，底径 27.0 厘米。藏景德镇陶瓷考古研究所。

91. 青花人物纹烛台一对 高 20.4 厘米，口径 1.7×1.7 厘米，足径 6.5×6.5 厘米。藏北京市文物研究所。（北京市门头沟区西峰寺出土。）

92. 青花心形开光人物纹杏元执壶 高 20.5 厘米，长 14 厘米，藏大英博物馆，OAF.748A。（该壶为 A.W. 弗兰克斯爵士捐赠。香港冯平山博物馆 1992 图录编号 230。）

又一件见于西泠拍卖 2016 年春拍，图录编号 1658。来源香港苏富比 2004 年春拍，编号 293。

93. 青花翼龙纹大花盆（残） 高 22.0 厘米，口径 42.0 厘米，底径 25.0 厘米。藏景德镇陶瓷考古研究所。

又一件见于景德镇陶瓷考古研究所。**残器，**高 25.0 厘米，口径 51.0 厘米，底径 25.0 厘米。

又一件见于景德镇陶瓷考古研究所。**残器，**高 30.0 厘米，口径 60 厘米，底径 30 厘米。

94. 青花海水瑞兽纹花盆（残） 高 30.0 厘米，口径 60.0 厘米，底径 32.0 厘米。藏景德镇陶瓷考古研究所。

又一件见于景德镇陶瓷考古研究所，**残器**。高 25.0 厘米，口径 50.0 厘米，底径 25.0 厘米 .

又一件见于景德镇陶瓷考古研究所，**残器**。21.0 厘米，口径 42.0 厘米，底径 23.0 厘米。

95. 青花海马纹四铺首器座（残） 高 20.4 厘米，口径 26.3 厘米，足径 34.8 厘米。藏景德镇陶瓷考古研究所。（应该为大花盆座。）

六、天顺时期馆藏著录*

A. 罐类

1. 青花访贤图大罐 高 34.3 厘米，口径 19.3 厘米。藏北京艺术博物馆。

2. 青花人物纹大罐 高 34.3 厘米，口径 19.3 厘米，底径 20 厘米。藏首都博物馆。（1990 年北京海淀区学院路出土。）

3. 青花庭院人物故事图大罐 高 29 厘米，见于北京保利 2015 年春拍，图录编号 8138。（来源为日本关西藏家旧藏。）

4. 青花人物携琴访友图大罐 高 36 厘米，口径 21.5 厘米。藏首都博物馆。（北京海淀区学院路出土。肩部有海牙图案，底部蕉叶纹。）

又一件见于国家博物馆，高 35.5 厘米，口径 19.2 厘米，足径 19.8 厘米。

5. 青花骑马携琴访友图罐 高 37.5 厘米，口径 20.3 厘米，足径 18.8 厘米。藏上海博物馆。

6. 青花骑马人物纹大罐 高 34 厘米，最大直径 36 厘米，藏大英博物馆，OA1937.7-16.79。（盖罐购自乔治·尤摩弗帕勒斯的收藏。）

7. 青花高士图大盖罐 高 44.5 厘米，见于中贸圣佳 2007 年秋拍，图录编号 431。

8. 青花八仙人物纹大罐（残） 高 37.5 厘米，口径 20.5 厘米，足径 21.5 厘米。藏北京故宫博物院。

B. 瓶类

9. 祭蓝釉梅瓶 高 35 厘米，口径 5.8 厘米，足径 12.7 厘米。藏国家文物总店。

---

* 共 85 种，计 126 件，其中残器 62 件，公共机构藏 101 件，私人收藏家藏 24 件。

10. 青花龙纹梅瓶　高 40.5 厘米，见于北京保利 2009 年春拍，图录编号 1938。（该瓶尾部为江水石崖边饰，龙头向右。似应为天顺年间器物。）

11. 青花凤鸟纹梅瓶　高 22.6 厘米，口径 3.6 厘米，足径 9.1 厘米，重 1003 克，藏谦牧堂。

12. 青花缠枝莲纹双耳盘口瓶　高 19 厘米，藏大英博物馆，OA1947.7-12.163。（该瓶为一对，为哈里·奥本海姆遗赠。）

另外，景德镇陶瓷考古研究所藏有一件类似的**残器**。

13. 青花携琴访友图梅瓶　高 22.1 厘米，口径 6.2 厘米，足径 10.7 厘米。藏上海博物馆。

又一件见于美国国立亚洲艺术馆，高 22.8 厘米，腹径 14.4 厘米，入藏号：F1952，3a-b。（该梅瓶肩部有蕉叶纹，云堂手变得疏简。）

14. 青花仕女图梅瓶　高 25.3 厘米，口径 4.7 厘米，足径 10.5 厘米，重 1288 克。藏谦牧堂。

15. 青花高士图梅瓶　高 33.2 厘米，口径 5.5 厘米，足径 11.5 厘米。藏国家博物馆。

又一件见于北京故宫博物院，高 32.5 厘米，口径 5.4 厘米，足径 10.5 厘米。

又一件见于大英博物馆，高 38 厘米，编号 OA1947.7-12.192。（为哈里·奥本海姆捐赠。）

又一件见于冯平山博物馆，1992 图录 229。

另外，景德镇东司岭天顺遗存中出土过一件类似波涛纹的青花高足杯，**残器**。

又一件见于北京光华路五号博物馆，高 35.5 厘米。（原为日本旧藏。）

16. 青花山水人物图梅瓶　高 38.4 厘米，口径 6 厘米。藏广西桂林市博物馆。（1972 年广西桂林明嘉靖四年墓出土。）

17. 青花海水石崖云龙纹梅瓶　高 39.5 厘米，见于长风拍卖 2008 年春拍，图录编号 128。

18. 青花堆塑蟠龙瓶　高 29.8 厘米，腹径 20.0 厘米。藏香港艺术馆。（该瓶底以青花楷书记有“天顺五年秋九月吉日题”。）

19. 青花卷草纹带盖梅瓶（残）　高 31.5 厘米，口径 5.5 厘米，足径 9.2 厘米。藏景德镇陶瓷考古研究所。

20. 青花缠枝花卉纹瓜棱竹节瓶　高 27.8 厘米，口径 4.3 厘米，足径 6.7 厘米。藏北京故宫博物院。

又一件见于景德镇陶瓷考古研究所，**残器**。高 28.0 厘米，口径 4.3 厘米，足径 6.5 厘米。

21. 青花卷草纹梅瓶（残）　高 27 厘米，口径 5.6 厘米，足径 9.8 厘米。藏北京市文物研究所。

22. 青花云龙纹玉壶春瓶（残）　高 26.5 厘米，足径 9.5 厘米。藏景德镇陶瓷考古研究所。

23. 矾红彩云龙纹玉壶春瓶（残）　高 26.5 厘米，足径 9.5 厘米。藏景德镇陶瓷考古研究所。

24. 绿彩云龙纹玉壶春瓶（残）　高 26.5 厘米，足径 9.5 厘米。藏景德镇陶瓷考古研究所。

25. 青花团花纹带座双耳瓶（残）　高 25.7 厘米，口径 6.0 厘米，足径 10. 5 厘米。藏景德镇陶瓷考古研究所。（该瓶为一对，均残。）

26. 青花缠枝莲纹双耳蒜头瓶（残）　高 27.0 厘米，口径 4.0 厘米，足径 9.0 厘米。藏景德镇陶瓷考古研究所。

27. 青花缠枝莲纹铺首瓶（残）　高 28 厘米，口径 5.0 厘米，足径 9.5 厘米。藏景德镇陶瓷考古研究所。

28. 青花缠枝花卉纹双耳瓶（残）　高 28.0 厘米，口径 10.0 厘米，足径 7.0 厘米。藏景德镇陶瓷考古研究所。

29. 青花缠枝牡丹纹双铺首大扁壶　高 42.5 厘米，口径 7.2 厘米，足径 9.9 厘米 ×12.3 厘米，重 5080 克。藏谦牧堂。

30. 青花翼龙纹出戟尊　高 21.7 厘米，口径 14.8 厘米，足径 10.5 厘米。藏北京故宫博物院。

31. 青花云龙纹出戟尊（残）　高 21.6 厘米，口径 15.2 厘米，足径 10.8 厘米。藏景德镇陶瓷考古研究所。

32. 青花缠枝花卉纹出戟尊　高 21.7 厘米，口径 15.3 厘米，足径 10.6 厘米。藏北京故宫博物院。

33. 青花牵牛花纹出戟尊（残）　高 27.5 厘米，口径 13.0 厘米，足径 13.0 厘米 . 藏景德镇陶瓷考古研究所。

34. 青花缠枝花卉纹双耳尊（残）　高 26.8 厘米，口径 6.8 厘米，足径 8.2 厘米。藏景德镇陶瓷考古研究所。

C. 盘类

35. 青花荷莲纹大碗（口伤） 高 13.5 厘米，口径 33.2 厘米，足径 17 厘米。藏北京故宫博物院。

36. 青花龙纹盘 高 3.4 厘米，口径 13.4 厘米，足径 7.2 厘米。藏武汉博物馆。（武汉江夏二妃山明景陵王朱孟熠夫妇合葬墓出土。）

37. 青花山石牡丹纹盘 高 6.9 厘米，口径 33.8 厘米，足径 21.3 厘米。藏北京故宫博物院。

38. 青花缠枝花卉纹大盘 直径 50.5 厘米，见于北京保利 2016 年春拍，图录编号 8581。

39. 青花骏马仕女图盘 高 3.5 厘米，口径 15.9 厘米，足径 8.7 厘米。藏北京市文物考古研究所。（毛家湾出土。）

40. 青花折枝牡丹纹盘 高 5.1 厘米，口径 29.6 厘米，足径 19.9 厘米。藏上海博物馆。（为仇大健先生捐赠。）

41. 青花宝相花纹盘 高 4.6 厘米，口径 23.7 厘米，足径 16.0 厘米。藏上海博物馆。（为陈萍女士捐赠。）

42. 青花团花纹盘（残） 高 4.0 厘米，口径 18.8 厘米，足径 11.5 厘米。藏景德镇陶瓷考古研究所。

又一件见于景德镇陶瓷考古研究所，**残器**。高 4.5 厘米，口径 17.7 厘米，足径 10.6 厘米。

43. 青花折枝报莲纹盘（冲） 高 4.5 厘米，口径 21.1 厘米，足径 12.8 厘米。藏上海博物馆。

44. 青花矾红海水龙纹盘 口径 22 厘米，见于香港苏富比 1989 年春拍，图录编号：25。

45. 斗彩鸳鸯莲池纹盘 高 3.6 厘米，口径 19.4 厘米，足径 12.1 厘米。藏天津博物馆。

又一件见于景德镇陶瓷考古研究所，**残器**。高 3.8 厘米，口径 16.2 厘米，足径 8.8 厘米。

46. 青花鸳鸯莲池纹盘（残） 高 3.8 厘米，口径 16.2 厘米，足径 8.8 厘米。藏景德镇陶瓷考古研究所。

又一件见于景德镇陶瓷考古研究所，**残器**。高 5.5 厘米，口径 23.0 厘米，足径 14.0 厘米。

47. 青花梵文盘（残） 高 4.0 厘米，口径 20.5 厘米，足径 13.0 厘米。藏景德镇陶瓷考古研究所。

又一件见于景德镇陶瓷考古研究所，**残器**。高4.7厘米，口径20.0厘米，足径12.6厘米。

又一件见于景德镇陶瓷考古研究所，**残器**。高4.0厘米，口径15.0厘米，足径8.8厘米。

48. 青花婴戏图盘（残）　高4.3厘米，口径21.5厘米，足径13.5厘米。藏景德镇陶瓷考古研究所。

又一件见于景德镇陶瓷考古研究所，**残器**。高3.5厘米，口径15.8厘米，足径9厘米。

49. 绿彩暗刻海水龙纹盘（残）　高4.8厘米，口径22.0厘米，足径14.0厘米。藏景德镇陶瓷考古研究所。

又一件见于景德镇陶瓷考古研究所，**残器**。高4.3厘米，口径20.5厘米，足径13.0厘米。

D. 碗、杯类

50. 青花婴戏图碗　直径21.4厘米，见于香港苏富比2012年秋拍，图录编号46。

又一件见于英国维多利亚和阿尔伯特博物馆，高12.2厘米，口径22.1厘米，入藏号：FE，35-1972。

又一件见于景德镇陶瓷考古研究所，**残器**。高7.5厘米，口径17.5厘米，足径7.0厘米。

51. 青花仕女图诸葛碗　藏广东省博物馆，绘两仕女迎风舞。

52. 青花风景图花口碗　高13厘米，口径30.2厘米，足径11.0厘米。藏香港天民楼。

又一件见于北京故宫博物院。高11.4厘米，口径25.9厘米，足径7.5厘米。

53. 青花穿花夔龙纹高足碗（残）　高12厘米，口径15.4厘米，足径4.2厘米，重1360克。藏谦牧堂。

54. 青花矾红彩海兽鱼涛纹碗　高9.6厘米，口径16.4厘米，足径5.5厘米。藏上海博物馆。

又一件见于台北“故宫博物院”，该院收藏该碗共有二**件**。

55. 对裁鸳鸯莲池纹碗（冲）　高8.3厘米，口径18.9厘米，足径7.6厘米。藏北京故宫博物院。

56. 青花莲荷纹大碗　高13.5厘米，口径33.2厘米，足径17厘米。藏北京故宫博物院。

57. 青釉划花缠枝莲纹碗　高9厘米，口径16.2厘米，足径5.1厘米。藏上海博物馆。

又一件见于台北“故宫博物院”，高9厘米，口径16.3厘米，足径5厘米。

58. 青白釉划花缠枝莲纹碗　高9厘米，口径16.5厘米，足径5厘米。藏上海博物馆。

又一件见于北京故宫博物院，高6.1厘米，口径15.6厘米，足径5厘米。

59. 青釉暗花缠枝莲纹碗 高 9.4 厘米，口径 16.4 厘米，足径 5.1 厘米。藏上海博物馆。

60. 青花梵文高足碗（残） 高 12.0 厘米，口径 17.5 厘米，足径 5.0 厘米。藏景德镇陶瓷考古研究所。

又一件见于景德镇陶瓷考古研究所，**残器**。高 10.7 厘米，口径 15.5 厘米，足径 4.5 厘米。

61. 青花鸳鸯莲池纹高足碗（残） 高 10.3 厘米，口径 16 厘米，足径 4.3 厘米。藏景德镇陶瓷考古研究所。

62. 斗彩鸳鸯莲池纹高足碗（残） 高 11.0 厘米，口径 15.5 厘米，足径 4.5 厘米。藏景德镇陶瓷考古研究所。

63. 青花绿彩暗刻海水龙纹侈口碗（残） 高 8.4 厘米，口径 18.5 厘米，足径 7.9 厘米。藏景德镇陶瓷考古研究所。

64. 青花绿彩暗刻海水龙纹直口碗（残） 高 7.3 厘米，口径 13.4 厘米，足径 7.6 厘米。藏景德镇陶瓷考古研究所。

65. 青花朵云暗刻龙纹侈口碗（残） 高 9.2 厘米，口径 20.7 厘米，足径 8.5 厘米。藏景德镇陶瓷考古研究所。

又一件见于景德镇陶瓷考古研究所，**残器**。高 5.0 厘米，口径 10.0 厘米，足径 4.1 厘米。

66. 青花多云暗刻龙纹金钟碗（残） 高 10.5 厘米，口径 14.0 厘米，足径 7.8 厘米，藏景德镇陶瓷考古研究所。

67. 青花多云暗刻龙纹直口碗（残） 高 7.6 厘米，口径 13.5 厘米，足径 7.0 厘米。藏景德镇陶瓷考古研究所。

68. 青花红彩云龙纹碗（残） 高 8.0 厘米，足径 8.0 厘米。藏景德镇陶瓷考古研究所。

69. 青花暗刻海水龙纹金钟碗（残） 高 12.0 厘米，口径 14.0 厘米，足径 7.8 厘米。藏景德镇陶瓷考古研究所。

70. 青花暗刻海水龙纹侈口碗（残） 高 5.0 厘米，口径 9.5 厘米，足径 4.2 厘米。藏景德镇陶瓷考古研究所。

71. 青花团花纹侈口碗（残） 高 8.0 厘米，口径 18.0 厘米，足径 8.0 厘米。藏景德镇陶瓷考古研究所。

72. 青花团花纹直口碗（残） 高 7.6 厘米，口径 13.4 厘米，足径 7.6 厘米。藏景德镇陶瓷考古研究所。

73. 青花团花纹撇口碗（残） 高 5.2 厘米，口径 9.5 厘米，足径 4.0 厘米。藏景德镇陶瓷考古研究所。

74. 青花团花纹金钟碗（残） 高10.5厘米，口径14.5厘米，足径7.3厘米。藏景德镇陶瓷考古研究所。

75. 青花团花灵芝纹侈口碗（残） 高6.4厘米，口径15.3厘米，足径5.0厘米。藏景德镇陶瓷考古研究所。

76. 青花缠枝莲纹侈口碗（残） 高7.0厘米，口径15.0厘米。足径5.0厘米。藏景德镇陶瓷考古研究所。

又一件见于景德镇陶瓷考古研究所，**残器**。高6.3厘米，口径15.5厘米，足径5.0厘米。

又一件见于景德镇陶瓷考古研究所，**残器**。高6.4厘米，口径15.3厘米，足径5.0厘米。

77. 青花缠枝宝相花纹侈口碗（残） 高6.4厘米，口径15.5厘米，足径5.0厘米。藏景德镇陶瓷考古研究所。

78. 青花梵文侈口碗（残） 高7.2厘米，口径17.0厘米，足径6.8厘米。藏景德镇陶瓷考古研究所。

又一件见于景德镇陶瓷考古研究所，**残器**。高8.0厘米，口径19.5厘米，足径7.9厘米。

79. 斗彩鸳鸯莲池纹直口碗（残） 高7.6厘米，口径13.5厘米，足径7.6厘米。藏景德镇陶瓷考古研究所。

又一件见于景德镇陶瓷考古研究所，**残器，**为侈口碗。高8.3厘米，口径19厘米，足径7.8厘米。

又一件见于景德镇陶瓷考古研究所，**残器**。高10.5厘米，口径14.0厘米，足径7.7厘米。

80. 青花淡描鸳鸯莲池纹侈口碗（残） 高7.4厘米，口径17.0厘米，足径7.2厘米。藏景德镇陶瓷考古研究所。

81. 青花莲池鸳鸯纹小碗（残） 高5.2厘米，口径10.0厘米，足径4.0厘米。藏景德镇陶瓷考古研究所。

82. 青白釉暗花缠枝莲纹敞口碗（仿） 高9.0厘米，口径16.7厘米，足径5.0厘米。藏景德镇陶瓷考古研究所。

83. 青釉暗花缠枝莲纹敞口碗（残） 高9.1厘米，口径16.2厘米，足径5.0厘米。藏景德镇陶瓷考古研究所。

84. 青釉暗花缠枝莲纹侈口碗（残） 高7.4厘米，口径16.5厘米，足径5.8厘米。藏景德镇陶瓷考古研究所。

85. 青花内鱼藻外缠枝莲托八吉祥纹棱口碗 口径24.7厘米，藏日本山中商会。

七、成化时期馆藏著录 *

A. 瓶、觚类

1. 无款五彩人物纹梅瓶　高 24.4 厘米，口径 6 厘米。藏广东省博物馆。

2. 无款青花人物纹梅瓶　高 22.7 厘米，口径 3 厘米，足径 8.7 厘米。藏广东省博物馆。

3. 无款青花穿花龙纹带盖鹤颈瓶（残）　通高 55.7 厘米，口径 3.4 厘米，底径 12.6 厘米。景德镇市陶瓷考古研究所。

4. 无款青花凤穿花鹤颈瓶（残、口缺），残高 41.3 厘米，腹径 22.3 厘米，底径 12 厘米。景德镇市陶瓷考古研究所。（因口部残，实际高度不准确。）

又一件见于景德镇陶瓷研究所，为青花龙穿花纹鹤颈瓶。**残器**。高 56.7 厘米，口径 3.4 厘米，足径 12.8 厘米。

5. 青花填绿彩蔓草纹瓶　高 18.1 厘米，口径 4.2 厘米，足径 8.5 厘米。藏上海博物馆。（对于该瓶的认识，学界有分歧，因为景德镇珠山御窑厂遗址并未出土这类瓶的残器，故有人认为该瓶是万历时仿制。）

又一件见于大英博物馆有收藏，高 19 厘米，编号 OA1953.5-9.1。

又一件见于北京故宫博物院，高 18.7 厘米，口径 5 厘米，足径 8.5 厘米。（底有开片。）

又一件见于美国西雅图美术馆也有一件，

又一件见于国内私人藏家的藏品，**残器，** 高 19.1 厘米，口径 3.6 厘米，足径 8.1 厘米。

6. 无款青花山石草木纹梅瓶　高 38 厘米，藏大英博物馆，OA1947.7-12.195。

又一件见于景德镇陶瓷考古研究所。景德镇珠山御窑厂遗址的成化地层中出土过一件类似的梅瓶残器。徐氏艺术馆 1993 图录编号 C49。

7. 青花龙纹鹤颈瓶（残）　高 55.8 厘米，口径 3.4 厘米，足径 12 厘米。藏景德镇市陶瓷考古研究所。（1987 年景德镇珠山御窑厂遗址出土。）

---

* 共 469 种，计 878 件，其中残器 254 件，公共机构收藏 728 件，私人藏家藏 150 件。

8. 青花缠枝花卉纹莲瓣口瓶 高 26.2 厘米，见于香港苏富比 2007 年秋拍，图录编号 1557。

9. 青釉长颈瓶（残） 高 22.2 厘米，足径 6.6 厘米。藏景德镇陶瓷考古研究所。

10. 青花缠枝番莲瓣口瓶 高 26.2 厘米，见于香港苏富比 2007 年秋拍，图录编号 1557。

11. 青花折枝番莲八宝纹出戟觚 高 21.5 厘米，见于香港苏富比 2007 年春拍，图录编号 523。

12. 无款青花缠枝花卉纹瓜棱甘露瓶 高 27.8 厘米，口径 4.3 厘米，足径 6.7 厘米。藏北京故宫博物院。

又一件见于北京翰海 2005 年秋拍，高 27.5 厘米。

又一件见于北京保利 2011 年秋拍，高 28 厘米，图录编号 4925。

13. 青花缠枝莲纹瓜棱甘露瓶 高 27.5 厘米，见于北京保利 2016 年秋拍，图录编号 5224。（北京瀚海 2005 年秋拍，高 27.5 厘米，编号 3000。来源：上海藏家旧藏。）

14. 无款青花缠枝莲纹葫芦瓶 高 41 厘米，口径 6 厘米，底径 16.5 厘米。藏北京故宫博物院。

15. 青花缠枝莲纹兽面环耳盘口瓶 高 39 厘米，香港苏富比 2011 年春拍，图录编号 3199。

16. 仿哥釉铺首耳长径瓶（残） 高 22 厘米，口径 6 厘米，足径 7.8 厘米。藏景德镇市陶瓷考古研究所。

17. 仿哥釉长径瓶（残） 高 22.1 厘米，口径 6.5 厘米，足径 7.5 厘米。藏景德镇市陶瓷考古研究所。

18. 仿哥釉兽耳长径瓶（残） 高 22 厘米，口径 6 厘米，底径 7.8 厘米。藏景德镇陶瓷考古研究所。

19. 仿哥釉贯耳瓜棱瓶 高 9.5 厘米，口径 2.1 厘米，足径 3.1 厘米。藏北京故宫博物院。（该器呈 12 瓜棱形。）

又一件见于景德镇市陶瓷考古研究所，**残器，**高 12.4 厘米，口径 2.5 厘米，足径 3.4 厘米。

又一件见于国家文物总店，高 9.5 厘米，口径 1.8 厘米，足径 3.1 厘米。

20. 仿宋官青釉贯耳瓶（残） 高 9.5 厘米，口径 2.3 厘米，足径 2.8 厘米。藏景德镇市陶瓷考古研究所。

又一件见于上海东方2002年秋拍，高11.6厘米，图录编号42。

21. 仿宋官青釉长径瓶（残） 高22.2厘米，口径6.6厘米，足径7.6厘米。藏景德镇市陶瓷考古研究所。（1988年珠山御窑厂遗址出土。）

22. 仿宋官青釉花觚（残） 高15.2厘米，口径6.6厘米，足径6.5厘米。藏景德镇市陶瓷考古研究所。（1988年珠山御窑厂遗址出土。）

23. 青花折枝莲出戟八宝纹觚 高21.5厘米，见于香港苏富比2007年春拍，图录编号0523。

24. 仿官釉琮式瓶 高28厘米，见于中贸圣佳2008年春拍，图录编号52。

25. 白釉双龙耳盘口瓶 高50.4厘米，见于北京保利2014年春拍，图录编号8017。（该瓶有“大明成化甲午年制”楷书款。）

26. 青花内芭蕉叶外松竹出戟觚 高21.6厘米，见于香港苏富比2000年春拍，图录编号：656。

B. 罐类

人物、龙凤

27. 无款青花高士图盖罐 高31厘米，口径17厘米，足径16.8厘米。藏北京故宫博物院。

28. 无款青花八仙人物图罐（缺盖、残） 高35厘米，口径17.7厘米，足径17.7厘米。藏北京故宫博物院。

29. 无款青花蕉叶莲瓣高士弈棋图盖罐 高40厘米，见于中翰清花2010年春拍，图录编号298。（该罐与耿宝昌先生购于香港的罐十分相似，其荷叶盖上为平台兽钮。）

又一件见于日本山中商会，名“青花竹溪六逸雅集图罐”。高23.5厘米。

30. 无款青花携琴访友图罐 高24.2厘米，口径15厘米，足径15.3厘米。藏北京海定区博物馆。（1985年北京市海定区白石桥地区出土。）

31. 青花群仙祝寿图罐（无款） 高33.6厘米，口径18.8厘米。藏北京艺术博物馆。

32. 青花楼阁人物图大罐 高30厘米。见于北京翰海1996年秋拍。（罐底部开裂。）

33. 青花波涛飞龙纹罐 高8.8厘米。见于香港苏富比2008年春拍，图录编号：

2932。（来源：伦敦苏富比 1972 年春拍，图录编号：126。Sam Browne 收藏。）

又一件见于纽约 Asia Socicly 约翰·洛克菲勒科勒三世收藏一件。（见纽约 1994 年 Denise Patry Leidy 著 Treasures of Asian Art，图版 189。）

34. 斗彩海水行龙纹天字盖罐 通高 13.1 厘米，口径 8.7 厘米，足径 11.2 厘米。藏北京故宫博物院。

35. 斗彩波涛飞象纹盖罐 通高 12.7 厘米，口径 6.5 厘米，底径 8.8 厘米。藏台北“故宫博物院”，故瓷 10941。

36. 斗彩海水黄龙纹天字盖罐 高 13.5 厘米，口径 7.8 厘米。藏北京故宫博物院。

37. 斗彩云龙纹天字罐 高 11.5 厘米，见于北京中嘉 2010 年春拍，图录编号 2462。

38. 斗彩瓜地行龙纹天字盖罐 高 16.3 厘米，口径 9.1 厘米，底径 10 厘米，藏台北“故宫博物院”，2313 箱，013051 号。（盖罐青花色泽发紫，或是稍后的作品。）

又一件见于日本东京国立博物馆，缺盖。高 13 厘米，口径 8.7 厘米。

又一件，高 13.5 厘米，为私人收藏。（见埃斯卡纳齐回忆录。）

又一件见于景德镇陶瓷研究所，**残器**，通高 18 厘米，罐高 13.5 厘米，口径 8.8 厘米，腹径 17.2 厘米，足径 11.2 厘米。

又一件见于大英博物馆，高 12 厘米，直径 11 厘米，编号 OA1968.4-22.41，缺盖。（为沃尔特·赛奇威克夫人遗赠。）

39. 斗彩香草夔龙纹天字盖罐 通高 11.3 厘米，罐高 10.3 厘米，口径 6.2 厘米，底径 9 厘米，藏台北“故宫博物院”，2188 箱，006075 号。（盖罐以青花勾轮廓线填绿彩，有黄绿红彩。有盖。）

又一件见于景德镇市陶瓷考古研究所，**残器**，通高 12.5 厘米，罐高 10.3 厘米，口径 5.9 厘米，腹径 12.8 厘米，足径 9.1 厘米。

40. 斗彩应龙纹天字盖罐（残） 通高 10.7 厘米，罐高 9.5 厘米，口径 5.5 厘米，腹径 11.1 厘米，足径 7.7 厘米。藏景德镇市陶瓷考古研究所。

41. 青花淡描缠枝莲纹天字罐（残） 高 8.7 厘米，口径 4.4 厘米，足径 6.5 厘米。藏景德镇陶瓷研究所。

42. 青花水波飞龙纹罐 高 8.8 厘米，见于香港苏富比 2008 年春拍，图录编号 2932。

瑞禽、瑞兽纹

43. 斗彩波涛飞马纹天字盖罐 连盖高11.3厘米，罐高10厘米，口径5.6厘米，底径7.3厘米。藏台北“故宫博物院”，185箱，010342号。（该器物盖为飞象，1924年配以无盖之飞马罐，有黄绿红彩。口沿稍有棱角，足底面平。）

又一件见于北京故宫博物院，名“斗彩海马纹罐”，缺盖，罐高10.5厘米，口径5.5厘米，足径7.3厘米。

又一件见于景德镇市陶瓷考古研究所，**残器，**通高11.5厘米，罐高10.2厘米，口径5.5厘米，腹径11.2厘米，足径7.4厘米。

又一件见于青岛市博物馆，高10.4厘米，口径5.9厘米，足径7.4厘米。

44. 斗彩波涛飞象纹天字盖罐 连盖高12.7厘米，罐高11厘米，口径6.5厘米，底径8.8厘米。藏台北“故宫博物院”，228箱，010941号。（该器物为内圈足，足底面平，飞象为二红二黄。）

又一件见于北京故宫博物院，缺盖。高11.3厘米，口径6.6厘米，足径8.8厘米。

又一件带盖，高11.1厘米，为私人收藏。（见埃斯卡纳齐回忆录。）

45. 斗彩海水异兽纹天字盖罐（残） 通高15.6厘米，罐高12.1厘米，口径6.3厘米，腹径12.9厘米，足径8.5厘米。藏景德镇市陶瓷考古研究所。

46. 斗彩寿石花蝶图罐 高10.5厘米，口径10.8厘米，足径9厘米。藏北京故宫博物院。（该罐为“大明成化年制”六字款。）

又一件见于藏国家博物馆，高9.3厘米，口径7.4厘米，足径9.4厘米。

47. 斗彩团花菊蝶纹盖罐 通高11.1厘米，口径5.3厘米，足径5.6厘米。藏北京故宫博物院。

48. 青花莲池蝴蝶罐 宽16.3厘米，见于北京保利2015年春拍，图录编号8159。

49. 孔雀绿釉刻花鱼藻纹大罐 高42厘米，北京诚轩2010年秋拍，图录编号879。

其他

50. 无款青花转枝莲纹罐（口伤） 高25.9厘米，口径12.6厘米，足径14.5厘米。

藏北京故宫博物院。（罐被截底。）

51. 无款五彩缠枝茶花图罐（伤） 高 10.8 厘米，口径 9.9 厘米，足径 12.7 厘米。藏北京故宫博物院。

52. 五彩山茶花纹罐（伤） 高 10.9 厘米，口径 10.1 厘米，足径 13.1 厘米。藏北京故宫博物院。

又一件见于英国维多利亚和阿尔伯特博物馆，高 11.4 厘米，入藏号：CIRC.219-1930。

53. 无款青花山石芭蕉花卉纹盖罐 高 11.3 厘米，口径 7.9 厘米，足径 10.3 厘米。藏北京故宫博物院。

又一件见于北京故宫博物院，伤裂。高 10.9 厘米，口径 10 厘米，足径 13 厘米。

54. 无款五彩缠枝牡丹纹罐（口伤） 高 10.8 厘米，口径 6 厘米。藏北京故宫博物院。

55. 青花花草纹盖罐（九秋图） 连盖高 14.3 厘米，罐高 10.3 厘米，口径 5.7 厘米，底径 10.2 厘米。藏台北“故宫博物院”，1900 箱，故瓷 014347。（该罐应为成化早期器物，器已无盖，所配为宣德之套口盖。）

又一件见于台北“故宫博物院”，故瓷 14387。

又一件见于日本山中商会，高 9.7 厘米。（来自久志卓真先生。）

56. 无款青花折枝花卉纹鸟食罐（残） 高 3.9 厘米，口径 3.9 厘米，腹径 7.4 厘米，足径 2.4 厘米。藏景德镇市陶瓷考古研究所。

57. 青花朵云纹盖罐（残） 通高 18.7 厘米，罐高 16 厘米，口径 6.7 厘米，足径 6.2 厘米。藏景德镇陶瓷考古研究所。

58. 青花折枝花卉纹鸟食罐（残） 高 3.9 厘米，口径 3.9 厘米，足径 4 厘米。藏景德镇市陶瓷考古研究所。

59. 青花波涛花卉纹小罐 高 9.8 厘米，口径 5.2 厘米，足径 5.4 厘米。藏台北“故宫博物院”，1841 箱，016029 号。（该器为内圈足，足内有台阶内足，原器无盖，配以宣德之物。）

60. 青花花草纹罐 高 10.5 厘米，口径 8 厘米，底径 10.7 厘米。藏台北“故宫博物院”，1900 箱，014387 号。

61. 青花莲塘纹罐 高 10.3 厘米，见于北京瀚海 2010 年秋拍，图录编号 3154。

又一件见于香港苏富比 1997 年春拍，高 10.3 厘米，图录编号 407。

62. 青花九秋图罐 高 10.5 厘米，见于香港佳士得 2006 年春拍，图录编号 1387。

又一件见于北京瀚海2009年秋拍，高9.6厘米，图录编号3474。

63. 青花锦纹壮罐（缺盖） 高23.2厘米，见于北京华辰2003年秋拍，图录编号742。

64. 五彩山石花卉纹罐（残） 高10.9厘米，口径10厘米，足径13厘米。藏北京故宫博物院。

65. 斗彩缠枝莲托八宝纹“天”字盖罐（残） 通高9.7厘米，罐高9厘米，口径5.8厘米，腹径10.5厘米，足径7.8厘米。藏景德镇陶瓷研究所。

66. 斗彩缠枝莲纹“天”字盖罐（残） 通高8.3厘米，口径4.3厘米，足径6.5厘米，藏北京故宫博物院。

又一件见于景德镇市陶瓷考古研究所，**残器，**通高8.7厘米，罐高8厘米，口径4.4厘米，足径6.5厘米。

67. 斗彩转枝宝莲纹天字盖罐 高9厘米，见于北京保利2017年春拍，图录编号5205。（为美国藏家旧藏。）

68. 斗彩缠枝莲纹盖罐 高12.7厘米，口径6.2厘米，底径6.5厘米。藏北京故宫博物院。

69. 斗彩团宝莲纹盖罐 高13.5厘米，口径8.5厘米，足径7.5厘米。藏崇真堂。

70. 斗彩菱形开光折枝莲纹盖罐 通高12.7厘米，口径6.2厘米，足径6.5厘米。藏北京故宫博物院。

71. 斗彩团宝相花纹盖罐 通高19.7厘米，口径7.9厘米，足径8.4厘米。藏北京故宫博物院。

又一件见于谦牧堂，通高10.08厘米，口径7厘米，足径7.5厘米，重279克。

72. 斗彩如意莲花纹盖罐 高15.2厘米，口径7.8厘米，底径8.2厘米。藏台北“故宫博物院”，1557箱，006751号。（器底为双圈二行六字款。）

又一件见于北京故宫博物院，通高19.7厘米，口径7.9厘米，足径8.4厘米，无盖。

73. 斗彩缠枝灵芝纹盖罐 通高13.9厘米，罐高13.4厘米，口径7厘米，底径7.3厘米。藏台北“故宫博物院”。（盖罐为双圈六字款，其青花轮廓线内填红彩，并以橘黄彩填边，在斗彩器中极其少见。）

74. 斗彩花卉纹小盖罐 高4.8厘米，口径2.8厘米，足径2.7厘米，重55克。藏谦牧堂。

75. 斗彩湖石山茶花纹罐 大英博物馆大维德爵士收藏的中国陶瓷重有一件，高9.1厘米。PDF797。

76. 斗彩藤瓜果龙纹天字盖罐　连盖高 16.3 厘米，口径 9.1 厘米，底径 10 厘米。藏台北“故宫博物院”。

77. 黄釉青花九秋图天字罐　通高 11.9 厘米，口径 7.4 厘米，足径 10.7 厘米，重 487 克。藏谦牧堂。

78. 甜白釉盖罐　高 17.8 厘米，见于佳士得 2014 年春拍，图录编号 3420。

79. 仿宋哥釉小罐　高 10.04 厘米，口径 5.9 厘米，足径 6.8 厘米，重 350 克。藏谦牧堂。

80. 仿宋哥釉无柄壶　高 20.6 厘米，口径 6.6 厘米，足径 8 厘米，重 833 克。藏谦牧堂。

C. 碗类

人物纹

81. 青花人物纹大碗　高 9.2 厘米，口径 22 厘米。藏江苏省苏州市文物总店。（马拉车图案。）

82. 青花高士图碗　直径 22.3 厘米，见于香港佳士得 2006 年春拍，图录编号 1388。

83. 青花携琴访友图碗　高 9.5 厘米，口径 20.4 厘米，藏美国国立亚洲艺术馆，入藏号：F1952.4。（成窑一件衣特点明晰。云堂手画法简洁，圆润，寥寥数笔。）

84. 仕女乘车出游图碗　高 9.2 厘米，口径 22 厘米，藏江苏省苏州市文物商店。

85. 青花人物图温碗　直径 17 厘米，见于香港苏富比 2016 年秋拍，图录编号 3714。（来源：香港佳士得 1993 年秋拍，编号 722。）

86. 青花庭院人物图碗（残）　高 7.5 厘米，口径 17.2 厘米，足径 7 厘米。藏景德镇市陶瓷考古研究所。

87. 青花婴戏图大碗（残）　高 15.2 厘米，口径 32.5 厘米，足径 15 厘米。藏景德镇市陶瓷考古研究所。

又一件见于北京中嘉 2007 年秋拍，高 7.5 厘米，口径 15.5 厘米，图录编号 130。

88. 青花六子婴戏图宫碗（残）　高 7 厘米，口径 15.7 厘米，足径 5.3 厘米，藏景德镇陶瓷研究所。（碗心白。）

又一件见于北京毛家湾瓷器坑出土**残器，**高 6.9 厘米，口径 13.8 厘米，足径 5.3 厘米。

89. 青花九子婴戏图宫碗　高 7 厘米，口径 15.2 厘米，足径 5.2 厘米，藏台北“故宫博物院”，1808 箱，013861 号。

又一件藏英国国家博物馆。（见《海外珍藏中华瑰宝成化青花瓷》北京工艺美术出版社 2011 年版。）

90. 青花十子婴戏图宫碗（残）　高 6.8 厘米，口径 15，4 厘米，足径 5.3 厘米。藏景德镇陶瓷研究所。（该碗碗心白。）

又一件见于楚州博物馆。高 7.3 厘米，口径 15.4 厘米，足径 6.5 厘米。（1979 年江苏淮安东乡楚州城南窑明墓出土。）

91. 青花十四子婴戏图宫碗　高 6.9 厘米，深 5.9 厘米，口径 15，4 厘米，足径 5.2 厘米，藏台北“故宫博物院”，1808 箱，013867 号。

又一件见于景德镇陶瓷考古研究所。景德镇珠山成化地层出土，**残器，**高 7 厘米，口径 15.4 厘米，足径 5.25 厘米。

又一件见于 2005 年明蜀怀王及徐妃墓出土，高 5.8 厘米，口径 12.2 厘米，足径 5.5 厘米。藏成都文物考古所。

92. 青花十五子婴戏图宫碗　高 6.8 厘米，口径 15.2 厘米，足径 5.4 厘米。藏台北“故宫博物院”，1808 箱，013866 号。（该碗贴有清宫黄贴“头等，成化明款”字样。）

又一件见于景德镇陶瓷研究所，该件纹饰不同，**残器，**碗心图案为阿拉伯团花纹饰，高 7.2 厘米，口径 17.4 厘米，足径 6.9 厘米。

93. 无款青花十六子婴戏图直口碗　口径 21.5 厘米。藏英国里艾斯克家族，收藏编号 220m。（该碗似应为天顺年间的器物。该碗 1953 年购自伦敦 H.R.N.Norton，并且于 2013 年在香港佳士得秋季拍卖会卖出，图录 3113 号。）

又一件见于英国维多利亚与阿尔伯特博物馆。

又一件见于英国大维德中国艺术基金会。

又一件见于 1993 年 10 月 25 日香港佳士得拍卖一件，拍品 723 号。

又一件见于大英博物馆，高 10.5 厘米，直径 21.9 厘米，编号 OA1953.4-16.2。（为威尼弗雷德·罗伯茨夫人捐赠。徐氏艺术馆 1993 图录编号 C72。）

又一件见于香港佳士得 2013 年秋拍，直径 21.5 厘米，图录编号 3113。

又一件见于景德镇陶瓷考古研究所。景德镇珠山成化遗址出土，**残器，**高 7.7 厘米，口径 17.2 厘米，足径 6.85 厘米。

龙凤纹

94. 青花海水龙纹碗 高 7.8 厘米，口径 17.2 厘米，足径 7 厘米。藏北京故宫博物院。

95. 青花双龙戏珠纹碗 高 9.2 厘米，口径 20.8 厘米，足径 9.9 厘米。藏台北“故宫博物院”，故瓷 4565。（该碗有乾隆时黄贴“头等，成化明款，此样二件”字样。）

96. 无款青花内外海水异兽纹碗 高 9.1 厘米，口径 20.2 厘米，足径 8.7 厘米。藏北京故宫博物院。

又一件见于景德镇市陶瓷考古研究所，该碗纹饰不同，**残器，** 高 8.2 厘米，口径 19 厘米，足径 7.5 厘米。

97. 青花云龙戏珠纹碗（残） 高 8.5 厘米，口径 19.2 厘米，足径 7.3 厘米。藏景德镇市陶瓷考古研究所。

又一件见于上海博物馆，高 9.3 厘米，口径 21.2 厘米，足径 8.9 厘米。

又一件见于台北“故宫博物院”，高 9.2 厘米，口径 20.8 厘米，足径 9.9 厘米，院 1850 箱，004565 号。

又一件见于常州博物馆，高 9.3 厘米，口径 20.8 厘米。

98. 青花龙凤纹碗 高 7.7 厘米，口径 17.5 厘米，足径 7.3 厘米。藏台北“故宫博物院”，1669 箱，016453 号。

又一件见于台北“故宫博物院”，稍大的一件高 9.1 厘米，口径 20.8 厘米，足径 8.8 厘米，院 1845 箱，004148 号。（该碗在台北“故宫博物院”收藏有多只。）

又一件见于台北“故宫博物院”，高 9.1 厘米，口径 20.8 厘米，足径 8.8 厘米，院 1845 箱，004147 号。

99. 黄地暗刻绿彩云龙纹碗（残） 高 7.5 厘米，口径 17.8 厘米，足径 6.7 厘米。藏景德镇市陶瓷考古研究所。

100. 无款青花矾红彩云龙纹碗 高 9.4 厘米，口径 21.6 厘米，足径 8.7 厘米。藏北京故宫博物院。

101. 青花矾红彩海水九龙纹碗（残） 高 7.4 厘米，口径 17.3 厘米，足径 7.4 厘米。藏景德镇市陶瓷考古研究所。

又一件见于景德镇陶瓷考古研究所。**残器，** 高 9.5 厘米，口径 20.8 厘米，足径 8.9 厘米。

102. 青花寿山福海五龙纹碗 高 8.1 厘米，口径 18.6 厘米，足径 7.2 厘米。藏台北“故宫博物院”院，178 箱，009325 号。

又一件见于台北“故宫博物院”，高7.9厘米，口径18.5厘米，足径8.5厘米，院1845箱，004161号。

103. 青花云龙纹碗（残）　高8.5厘米，口径19.2厘米，足径7.3厘米。藏景德镇陶瓷考古研究所。

104. 青花填绿彩釉戏珠龙纹碗　高9.2厘米，口径20.6厘米，足径8.3厘米，藏台北“故宫博物院”。

又一件见于台北“故宫博物院”，高8.4厘米，口径17.8厘米，足径7.2厘米。（该碗为一对。）

105. 釉里红云龙赶珠纹碗（残）　高7.4厘米，口径16.9厘米，足径6.5厘米。藏景德镇市陶瓷考古研究所。

又一件见于崇真堂，（伤）　直径17.5厘米，见于敬华2003年春拍，图录编号820。

106. 填绿彩釉戏珠龙纹碗　高9.2厘米，口径20.6厘米，足径8.3厘米，藏台北“故宫博物院”，1845箱，004150号。（该碗台北故宫共藏有二件。）

又一件见于台北“故宫博物院”，高8.4厘米，口径17.8厘米，足径7.2厘米，院1560箱，015503号。（为青花填绿彩釉。碗外壁均以绿釉打圈，方框六字款。存世量稀。）

又一件见于景德镇市陶瓷考古研究所，**残器，**高9厘米，口径20.8厘米，足径8.7厘米。

107. 划龙纹绿彩釉碗　高9.5厘米，口径21.5厘米，足径8.8厘米，藏台北“故宫博物院”，1740箱，004637号。（该碗在剔刻龙纹的部分没有白釉，直接覆盖以绿釉，手法在宣德时未见。有黄签：“三等成化款绿龙白地撇口宫碗一件”。）

又一件见于台北“故宫博物院”，高8.4厘米，口径19.3厘米，足径8厘米，院1740箱，004640号。

108. 黄地紫彩赶珠龙纹碗（残）　高8.6厘米，口径18.6厘米，足径7.5厘米。藏景德镇市陶瓷考古研究所。

109. 撒蓝地孔雀绿釉云龙赶珠碗（残）　高9.1厘米，口径0.9厘米，足径8.7厘米。藏景德镇市陶瓷考古研究所。

110. 斗彩团云龙纹碗（残）　高10.1厘米，口径19.5厘米，足径8厘米。藏景德镇市陶瓷考古研究所。

111. 鲜红地白云龙纹碗（残）　高9.5厘米，口径21厘米，足径8.2厘米。藏景德镇市陶瓷考古研究所。

112. 矾红海水青花龙纹碗（残） 高 9.5 厘米，口径 20.8 厘米，足径 8.9 厘米。藏景德镇陶瓷研究所。

113. 白釉绿龙纹碗（残） 高 9 厘米，口径 20.8 厘米，足径 8.7 厘米。藏景德镇市陶瓷考古研究所。

114. 青花团凤纹碗（残） 高 6.6 厘米，口径 14.3 厘米，足径 4.7 厘米。藏景德镇陶瓷研究所。

115. 青花团凤梵文宫碗 高 6.7 厘米，口径 14.3 厘米，足径 4.8 厘米。藏台北“故宫博物院”，1598 箱，015789 号。（该碗为方框六字款。）

又一件见于景德镇市陶瓷考古研究所，**残器，**高 6.6 厘米，口径 14.3 厘米，足径 4.7 厘米。

116. 宝石蓝地白花云凤纹碗（残） 高 9.4 厘米，口径 20.8 厘米，底径 8.7 厘米。藏景德镇陶瓷考古研究所。

117. 青花穿花凤凰纹碗 高 9 厘米，口径 20.8 厘米，足径 9.1 厘米。藏台北故宫博院，1740 箱，004638 号。

118. 青花凤纹撇口碗 高 9.1 厘米，深 7.4 厘米，口径 20.8 厘米，足径 9 厘米。藏台北“故宫博物院”。

119. 青花螭龙纹碗 高 9 厘米，口径 17.1 厘米，足径 7.4 厘米。藏上海博物馆。

又一件见于台北“故宫博物院”。高 9.2 厘米，口径 20.8 厘米，足径 9.9 厘米。（口径稍大，足略小。）

又一件见于台北“故宫博物院”，高 9.2 厘米，口径 17.3 厘米，足径 7.2 厘米。

120. 青花香草夔龙纹碗 高 9.2 厘米，口径 17.3 厘米，足径 7.2 厘米，藏台北“故宫博物院”，1850 箱，004569 号。（该碗有清宫贴条“头等，成化明款，此样二件。”字样。）

又一件见于景德镇市陶瓷考古研究所，**残器，**高 9.5 厘米，口径 17.1 厘米，足径 7 厘米。

又一件见于香港佳士得 2004 年秋拍，直径 16.8 厘米，图录编号 828。

121. 青花香草夔龙纹高足碗 高 13.4 厘米，口径 15.3 厘米，足径 4.5 厘米。藏北京故宫博物院。

又一件见于中拍国际 2005 年春拍，高 10.5 厘米，口径 15.5 厘米，足径 4.5 厘米。（外壁绘以夔龙，碗心绘莲花。）

122. 青花荷莲龙纹碗 高 7 厘米，口径 16 厘米，足径 6 厘米。藏北京故宫博物院。

瑞兽纹

123. 青花天马纹敦式碗（残）　高 6.8 厘米，口径 12.5 厘米，足径 6.2 厘米。藏景德镇陶瓷研究所。

又一件见于景德镇陶瓷考古研究所, 残器, 高 9.4 厘米, 口径 20.6 厘米, 足径 8.6 厘米。

124. 青花天马纹高足碗　高 12.3 厘米，口径 15.9 厘米，足径 4.5 厘米。藏北京故宫博物院。

125. 青花海水地海怪纹碗（残）　高 8.2 厘米，口径 19 厘米，足径 7.5 厘米。藏景德镇陶瓷研究所。

126. 青花波涛灵兽纹碗　高 8.7 厘米，口径 19 厘米，足径 7.8 厘米。藏台北“故宫博物院”，1740 箱，004630 号。

又一件见于北京故宫博物院，较台北“故宫博物院”的尺寸稍大，高 9.1 厘米，口径 20.2 厘米，足径 8.7 厘米。

又一件见于崇真堂，口径 19.5 厘米，足径 7.5 厘米。

127. 青花七狮戏绣球图碗（残）　高 7.5 厘米，口径 17.8 厘米，足径 7.3 厘米。藏景德镇市陶瓷考古研究所。

又一件见于中国嘉德 2005 年春拍，直径 19 厘米。

又一件见于云南典藏 2008 年秋拍，直径 20.5 厘米，图录编号 349。

128. 青花双狮戏绣球纹碗（残）　高 7 厘米，口径 12.3 厘米，足径 4.7 厘米。藏景德镇市陶瓷考古研究所。

又一件见于中国嘉德 2005 年春季拍卖会，口径 19 厘米。图录号 1990。

又一件见于香港苏富比春拍，直径 20.6 厘米，图录编号 3612。

又一件见于江苏爱涛 2005 年秋拍，高 9.3 厘米，直径 20.5 厘米，足径 8.3 厘米。

129. 无款青花双狮戏绣球纹高足碗（残）　高 12 厘米，口径 17.5 厘米，足径 5 厘米。藏景德镇市陶瓷考古研究所。（外底足内书“一”字。）

又一件见于中贸圣佳 2017 年秋拍，口径 15.7 厘米，高 10.5 厘米。无款，编号 806。

130. 釉里红三鱼纹大碗　高 9.3 厘米，口径 21.5 厘米，足径 8.3 厘米。藏台北“故宫博物院”，1614 箱，009801 号。

又一件见于台北“故宫博物院”，该碗存有一对，另一件高 9 厘米，口径 21 厘米，足径 8 厘米，院 17 箱，017667 号。

又一件见于景德镇市陶瓷考古研究所，**残器，**高 9 厘米，口径 20.7 厘米，足径 8 厘米。

又一件见于瑞典远东古物馆，口径 21 厘米。

131. 青花莲塘白鱼藻纹碗（残） 高 8.4 厘米，口径 18.5 厘米，足径 7.5 厘米。藏景德镇市陶瓷考古研究所。

132. 青花莲塘鸳鸯纹碗 口径 16.7 厘米，见于香港苏富比 2001 年春拍，图录编号 0513。

133. 青花水波地留白鱼藻纹碗（残） 高 8.4 厘米，口径 18.5 厘米，足径 7.5 厘米。藏景德镇陶瓷研究所。

134. 蓝釉堆贴白花刻荷塘鸳鸯纹碗 高 6.5 厘米，见于上海崇源 2002 年秋拍，图录编号 1295。

135. 无款斗彩莲塘鸳鸯纹高足碗 高 10.5 厘米，口径 15.5 厘米，足径 4.5 厘米。藏台北“故宫博物院”，1656 箱，009237 号。（又称“满池娇”纹饰。）

136. 无款斗彩莲塘鸳鸯纹敦式碗 高 8.9 厘米，口径 21 厘米，足径 8.7 厘米。藏台北“故宫博物院”，1862 箱，013727 号。（此碗有使用痕迹，彩釉多处剥落。）

又一件见于台北“故宫博物院”，高 9 厘米，口径 20.8 厘米，足径 8.6 厘米，院 1862 箱，013728 号。

又一件见于北京故宫博物院，高 7.5 厘米，口径 18.9 厘米，足径 7.5 厘米。（该院共收藏二件，一件有伤。）

又一件见于北京故宫博物院，高 8.3 厘米，口径 18.9 厘米。

又一件见于中贸圣佳 2016 年春拍，直径 13.5 厘米，图录编号 824。（来源日本家族旧藏。）

折枝、缠枝纹

137. 青花寿石茶花图宫碗 高 6.7 厘米，口径 15.3 厘米，足径 5.2 厘米。藏北京故宫博物院。

又一件见于景德镇市陶瓷考古研究所，**残器，**高 7 厘米，口径 15.3 厘米，足径 5.3 厘米。

138. 青花缠枝百合花纹宫碗 高 7.2 厘米，口径 15.5 厘米。藏大英博物馆大维德爵士收藏中国陶瓷，PDF644。

139. 青花缠枝山茶花纹宫碗　高 6.7 厘米，口径 15.3 厘米，足径 5.2 厘米。藏北京故宫博物院。

又一件见于大英博物馆大维德爵士收藏的中国陶瓷。

140. 青花缠枝莲花纹宫碗　高 5.5 厘米，直径 15.3 厘米，藏大英博物馆，OA1968.4-22.35。（该碗为沃尔特·赛奇威克夫人遗赠。）

又一件见于伦敦大维德中国艺术基金会。

又一件见于景德镇陶瓷研究所，**残器**。高 6.9 厘米，口径 15.4 厘米，足径 5.6 厘米。

141. 青花缠枝宝相莲纹宫碗　高 6.8 厘米，口径 15.4 厘米，足径 5.1 厘米，藏台北“故宫博物院”，1850 箱，004571 号。

又一件见于台北“故宫博物院”，高 6.8 厘米，口径 15.4 厘米，足径 5.3 厘米，院 1609 箱，009986 号。

又一件见于台北“故宫博物院”，高 6.8 厘米，口径 15.4 厘米，足径 5.3 厘米，院 1808 箱，013875 号。（该件有使用痕迹。）

又一件见于香港葛氏天民楼，高 6.5 厘米，口径 15.5 厘米，足径 5.1 厘米。

又一件见于大英博物馆大维德爵士收藏的中国陶瓷。

又一件见于景德镇市陶瓷考古研究所，**残器**，高 6.5 厘米，口径 15.6 厘米，足径 5.2 厘米。（该所共藏有三件该碗的残器。）

又一件见于景德镇陶瓷考古研究所，**残器**，高 6.7 厘米，口径 16.5 厘米，足径 5.5 厘米。

又一件见于景德镇陶瓷考古研究所，**残器**，高 7 厘米，口径 15.5 厘米，足径 5.5 厘米。

又一件见于谦牧堂，高 6.3 厘米，口径 15.4 厘米，足径 5 厘米，重 149 克。（此件为苏青料的作品。）

又一件见于谦牧堂，高 6.6 厘米，口径 15.7 厘米，足径 5.2 厘米，重 205 克。（此件平等青料的作品。）

又一件见于京光华路五号博物馆收藏一件，高 7 厘米，直径 16.1 厘米。（原日本旧藏。）

142. 花转枝宝相莲纹宫碗　高 5.5 厘米，口径 12.1 厘米，足径 4.4 厘米，藏台北“故宫博物院”，1893 箱，016241 号。（该碗内团花，外转枝。原藏紫禁城景阳宫内，为一对。）

又一件见于台北“故宫博物院”，该院还收藏有同类的碗一件，高 5.5 厘米，口径 12 厘米，足径 4.3 厘米，院 1893 箱，016242 号。

143. 青花四季团花果纹宫碗　高 7.5 厘米，口径 17.3 厘米，足径 7 厘米，藏台北“故宫博物院”，1669 箱，016452 号。

又一件见于台北“故宫博物院”，高 7.7 厘米，口径 17.4 厘米，足径 7.3 厘米，院 1845 箱，004152 号。

144. 青花山石牡丹纹宫碗 高 6.7 厘米，口径 15.3 厘米。藏北京故宫博物院。

145. 青花缠枝牡丹纹宫碗（残） 高 6.7 厘米，口径 15.5 厘米，足径 5.5 厘米。藏景德镇陶瓷研究所。

146. 青花缠枝菊花纹宫碗 高 7 厘米，口径 15.2 厘米，足径 5.2 厘米。藏台北“故宫博物院”，1808 箱，013877 号。

又一件见于台北“故宫博物院”，高 7.2 厘米，口径 15.2 厘米，足径 5.2 厘米，院 1785 箱，014255 号。（该院的两只碗皆有使用痕迹。）

又一件见于北京故宫博物院，高 7.6 厘米，口径 15.8 厘米，足径 5.3 厘米。

又一件见于苏州博物馆，高 6.9 厘米，口 15.4 厘米，足径 5.2 厘米。

147. 青花缠枝秋葵纹宫碗 高 6.9 厘米，口径 14.6 厘米，足径 5.2 厘米。藏台北“故宫博物院”，1557 箱，006759 号。（该碗为一对，

又一件见于台北“故宫博物院”，高 7 厘米，口径 14.4 厘米，足径 5 厘米，1557A 箱，006760 号。

又一件见于大英博物馆，高 7 厘米，直径 15.2 厘米，编号 OA1954.4-20.4。（为威尼弗雷德·罗伯茨夫人捐赠。）

又一件见于伦敦大维德基金会，高 7 厘米，口径 14.6 厘米，入藏号：PDF.A.646。

又一件见于瑞典斯德哥尔摩远东古物博物馆。

又一件见于日本大阪市立东洋陶瓷美术馆。

又一件见于景德镇市陶瓷考古研究所，**残器，**高 7 厘米，口径 14.5 厘米，足径 5.3 厘米。

又一件见于香港苏富比 1981 年春拍，口径 14.5 厘米，图录编号：689。

又一件见于香港苏富比 2014 年秋拍，直径 14.7 厘米，图录编号 3698。

又一件见于香港苏富比 2013 年秋拍，直径 14.5 厘米，图录编号 101。

148. 青花缠枝栀子花纹宫碗 高 6.9 厘米，口径 14.6 厘米，足径 5 厘米。藏台北“故宫博物院”，1747 箱，008408 号。（该碗口缘胎薄，有磨。）

又一件见于台北“故宫博物院”，高 6.9 厘米，口径 15.3 厘米，足径 5.4 厘米。

149. 青花内外转枝栀子花纹宫碗 高 7.1 厘米，口径 12.5 厘米，足径 5.7 厘米。藏香港葛氏天民楼。

又一件见于香港苏富比 1980 年春拍，口径 14.7 厘米，图录编号 39。

150. 青花缠枝苜蓿花纹宫碗 高6.9厘米，口径15.3厘米，足径5.4厘米，藏台北“故宫博物院”，1609箱，009989号。

又一件见于台北“故宫博物院”，高6.8厘米，口径15.1厘米，足径5.1厘米，院1747箱，008407号。（故宫这对宫碗色较淡，其口缘颇利。）

又一件见于景德镇市陶瓷考古研究所，**残器，**高6.6厘米，口径15.2厘米，足径5.2厘米。

又一件见于大英博物馆，高7.2厘米，直径15.2厘米，编号OA1947.7-12.182。（为哈里·奥本海姆遗赠。）

又一件见于香港苏富比1999年春拍，口径15.5厘米，图录编号：411。

151. 青花缠枝瓜瓞连绵纹宫碗 口径15.3厘米。藏瑞典斯德哥尔摩远东古物馆。

又一件见于香港葛氏天民楼，高6.7厘米，口径15.5厘米，足径5.3厘米。

又一件见于伦敦大维德中国艺术基金会收藏的中国陶瓷。

又一件见于大英博物馆，高7厘米，直径15.5厘米，编号OA1973.7-26.363。（为B.Z.赛里格曼夫人遗赠。）

又一件见于景德镇市陶瓷考古研究所，**残器，**高7厘米，口径15.5厘米，足径5.3厘米。

又一件见于日本大阪市立东洋陶瓷美术馆。

又一件见于玫茵堂。

又一件见于香港苏富比1994年秋拍，口径15.4厘米，图录编号40。

又一件见于中国嘉德2012年春拍，口径15.7厘米，图录编号2887。

152. 青花缠枝宝相花纹宫碗 高5.3厘米，口径12.1厘米，足径4.5厘米。藏北京故宫博物院。

又一件见于景德镇市陶瓷考古研究所。**残器，**高5.5厘米，口径12.2厘米，足径4.3厘米。（该所收藏有一对相同样式的碗，这只署成化款。）

又一件见于景德镇陶瓷考古研究所，**残器，**高5.5厘米，口径12.3厘米，足径4.3厘米。（此碗署宣德款。应为仿款。）

153. 青花缠枝萱草纹宫碗 高7厘米，直径15厘米，藏大英博物馆，OA1973.7-26.362。（该碗为B.Z.赛里格曼夫人遗赠。）

又一件见于美国波士顿美术馆。

又一件见于伦敦大维德基金会。

又一件见于景德镇市陶瓷考古研究所，**残器，**高7厘米，口径15.5厘米，足径5.4厘米。

154. 青花折枝莲托八吉祥纹碗 高 9 厘米，口径 16.5 厘米，足径 6.8 厘米，藏台北“故宫博物院”，1807 箱，014791 号。（该器物表面有打磨痕，有红彩抹去之痕迹，碗口沿有污，足内壁有烧成后的钻洞，原黄签“三等成化款青八吉祥白地撇口碗一件”。该器物是斗彩的漏彩器。）

155. 斗彩折枝莲托八吉祥纹碗（残） 高 9 厘米，口径 16.6 厘米，底径 6.9 厘米。藏景德镇市陶瓷考古研究所。

156. 青花勾莲纹卧足碗（海石榴纹） 高 4.2 厘米，口径 11.9 厘米，足径 6.6 厘米。藏北京故宫博物院。（此碗图案又称海石榴纹，碗心为一梵文。）

另外一件见于 1995 年北京瀚海艺术品拍卖公司，

又一件见于北京保利 2011 年秋拍，口径 13 厘米。直径 13 厘米，图录编号 4926。

又一件见于北京瀚海 2004 年秋拍，直径 13.2 厘米，图录编号 2705。

157. 青花莲荷纹大碗 高 13.5 厘米，口径 33.2 厘米。藏北京故宫博物院。

158. 青花折枝葡萄纹高足碗 直径 16 厘米，见于中贸圣佳 2008 年春拍，图录编号 13。

又一件见于中国嘉德 1997 年秋拍，口径 15.9 厘米，图录编号 0943。

159. 青花缠枝牡丹纹高足碗 高 12.8 厘米，口径 16 厘米，足径 4.4 厘米。藏北京故宫博物院。

160. 青花缠枝宝莲纹高足碗 高 17.7 厘米，见于香港佳士得 2004 年秋拍，图录编号 829。

161. 青花折枝花卉纹碗 高 3.2 厘米，口径 8.02 厘米，足径 4.8 厘米。藏上海博物馆。

162. 无款青花松竹梅图高足碗 高 11.8 厘米，口径 15.3 厘米，足径 4.4 厘米。藏北京故宫博物院。

163. 青花番莲纹高足碗 高 17.7 厘米，见于香港佳士得 2011 年秋拍，图录编号 2978。

164. 斗彩菱形开光折枝瑞果纹碗（残） 高 11 厘米，口径 23 厘米，足径 8.5 厘米。藏景德镇市陶瓷考古研究所。

165. 斗彩折枝瑞果纹敦式碗（残） 高 9.1 厘米，口径 17.3 厘米，足径 7.3 厘米。藏景德镇市陶瓷考古研究所。

其他

166. 青花阿拉伯轮花纹卧足碗 高5厘米，口径13.7厘米，足径6.9厘米。藏北京故宫博物院。

又一件见于景德镇市陶瓷考古研究所，**残器，**高5厘米，口径13.5厘米，足径7厘米。

167. 青花莲托八吉祥纹碗 高9厘米，口径16.5厘米，足径6.8厘米。藏台北“故宫博物院”。（该碗疑似斗彩的漏彩器。）

168. 青花花卉纹碗 高6.8厘米，口径15.1厘米，足径5.1厘米。藏台北“故宫博物院”。

169. 无款青花如意纹大碗 高9.3厘米，口径21.4厘米，足径8.7厘米。藏台北“故宫博物院”，1604箱，015451号。（该碗是半成品，口缘稍利，足深，但足壁不似宣德厚，碗底厚，时代或是成化早期，也可能为天顺时期的作品。该碗有使用痕迹，足底有磨平痕。）

170. 青花梵文高足碗 高11.8厘米，口径18.4厘米，足径4.8厘米。藏上海博物馆。

171. 青花梵文卧足碗 直径13厘米。见于北京翰海1996年秋拍。

172. 青花团状阿拉伯花纹卧足碗（残） 高5厘米，口径13.5厘米，足径7厘米。藏景德镇陶瓷研究所。

173. 青花梵文海石榴纹卧足碗 高4.4厘米，口径10.2厘米，足径5.6厘米。藏北京故宫博物院。

又一件见于北京翰海2004年秋拍，直径13.2厘米。

174. 青花四季团花果纹碗 高7.5厘米，口径17.3厘米，足径7厘米。藏台北“故宫博物院”。

又一件见于台北“故宫博物院”，高7.7厘米，口径17.4厘米，足径7.3厘米。（该碗为一对。）

又一件见于景德镇市陶瓷考古研究所，**残器，**高7.2厘米，口径17厘米，足径7厘米。

175. 斗彩四季团花果纹碗 高7.5厘米，口径16.5厘米，足径6.5厘米。藏台北“故宫博物院”，1807箱，014792号。

又一件见于景德镇市陶瓷考古研究所，**残器，**高7.7厘米，口径16.3厘米，足径6.6厘米。

176. 斗彩八吉祥纹碗（残） 高8.3厘米，口径16.7厘米，足径7.1厘米。藏上海博物馆。

177. 斗彩折枝莲托八吉祥纹碗（残） 高9厘米，口径16.6厘米，底径6.9厘米。藏景德镇陶瓷考古研究所。

又一件见于崇真堂，口径 16.1 厘米，足径 6.3 厘米。

178. 斗彩花卉团云芝纹碗 高 7 厘米，口径 14.5 厘米，足径 5.8 厘米。藏台北“故宫博物院”，1774 箱，016566 号。（又一件见于台北“故宫博物院”，高 7 厘米，口径 14.4 厘米，足径 5.7 厘米，院 1774 箱，016565 号。该器物为一对，均无使用痕迹。原碗内黄签“头等成化明款此样两件”。）

又一件见于景德镇市陶瓷考古研究所，**残器，**一件高 7 厘米，口径 14.5 厘米，足径 5.9 厘米。

又一件见于景德镇陶瓷考古研究所，**残器，**高 7 厘米，口径 14.2 厘米，足径 5.8 厘米。

179. 斗彩团菊纹碗（残） 高 9.1 厘米，口径 19.4 厘米，足径 7.2 厘米。藏景德镇市陶瓷考古研究所。

180. 斗彩团莲纹碗（残） 高 9 厘米，口沿 19.4 厘米，足径 7.5 厘米。藏景德镇市陶瓷考古研究所。

181. 对裁菱形开光折枝瑞果纹碗（残） 高 11 厘米，口径 23 厘米，足径 8.5 厘米。藏景德镇陶瓷考古研究所。

182. 斗彩云朵开光锦盆堆纹碗（残） 高 9 厘米，口径 19.3 厘米，足径 7.5 厘米。藏景德镇市陶瓷考古研究所。

183. 浇黄釉碗（残） 高 5.4 厘米，口径 10.4 厘米，足径 3.8 厘米。藏景德镇市陶瓷考古研究所。

184. 黄釉撇口大碗 高 9.1 厘米，口径 20.6 厘米，足径 8.3 厘米。藏台北“故宫博物院”，1740 箱，004629 号。（该碗有使用痕迹。圈足内白釉薄处泛浅褐色。）

又一件见于云南艺拍 2002 年秋拍，直径 20 厘米，图录编号 96。（该碗为外黄内白。）

185. 宝石蓝釉碗（残） 高 7.5 厘米，口径 8 厘米，足径 7.3 厘米。藏上海博物馆。

又一件见于英国大英博物馆，无款。高 6 厘米，口径 14.2 厘米，入藏号：1947.0712.15。

186. 瓜皮绿釉碗（残） 高 8 厘米，口径 17.5 厘米，足径 7.2 厘米。藏景德镇市陶瓷考古研究所。

187. 白釉撇口大碗 高 9 厘米，口径 20.5 厘米，足径 8.1 厘米。藏台北“故宫博物院”，1807 箱，014794 号。（该碗白中带微黄，足稍高，足壁不厚，上下直。该器物原有黄签：“三等成化款白瓷撇口碗二件”。）

又一件见于台北“故宫博物院”，略小，高 8.2 厘米，口径 19.1 厘米，足径 7.7 厘米，院 1614 箱，009797 号。

又一件见于广东省博物馆，高 9.8 厘米，口径 20.5 厘米。

188. 仿哥釉斗笠碗（残） 高 5.2 厘米，口径 11.4 厘米，足径 3.2 厘米。藏景德镇市陶瓷考古研究所。

189. 孔雀蓝釉碗 高 6 厘米，直径 14.2 厘米，藏大英博物馆，OA1947.7-12.315。（该碗为哈里·奥本海姆遗赠。）

190. 冬青釉暗刻宝相花纹碗 直径 16.5 厘米，见于北京保利 2017 年春拍编号 5059。（玫茵堂收藏一件。）

191. 青釉暗刻缠枝牡丹纹碗 高 9.3 厘米，口径 16.5 厘米，藏英国大维德基金会，入藏号：PDF.B.566。

192. 青釉斗笠碗（残） 高 4.5 厘米，口径 11.5 厘米，藏景德镇陶瓷考古研究所。

D. 杯类

人物、动物类

193. 斗彩婴戏图杯 高 4.9 厘米，口径 6.9 厘米，足径 2.7 厘米。藏国家博物馆。

又一件见于台北“故宫博物院”，高 4.7 厘米，口径 6 厘米，足径 2.7 厘米，院 1728 箱，003537 号。

又一件见于北京故宫博物院，高 4.8 厘米，口径 6 厘米，足径 2.7 厘米。

又一件见于谦牧堂，高 5.05 厘米，口径 7.2 厘米，足径 3.35 厘米，重 59 克。

又一件见于景德镇市陶瓷考古研究所，**残器，**高 4.9 厘米，口径 6.3 厘米，足径 2.2 厘米。

194. 斗彩 5 子婴戏放风筝杯（残） 口径 6.2 厘米，藏景德镇陶瓷考古研究所。

又一件见于北京故宫博物院，高 4.8 厘米，口径 6 厘米，足径 2.7 厘米。

又一件见于台北“故宫博物院”，高 4.7 厘米，口径 6 厘米，足径 2.7 厘米。

195. 斗彩 8 子婴戏放风筝杯 高 5.1 厘米，口径 7.2 厘米，足径 3.4 厘米，谦牧堂藏。

196. 斗彩高士图杯 高 3.8 厘米，口径 6.1 厘米，底径 2.6 厘米。藏台北“故宫博物院”，235 箱，005237 号。（该杯在明末称之为“人物莲子酒盏”。内圈足。）

又一件见于北京故宫博物院，一件高 3.9 厘米，口径 6 厘米，足径 3 厘米。（该院收藏有二件相同纹饰的杯。）

又一件见于北京故宫博物院，高3.4厘米，口径6.1厘米，足径2.6厘米。

197. 淡描青花加彩高士图杯 高9厘米，口径10厘米，足径9厘米。藏北京故宫博物院。

又一件见于景德镇市陶瓷考古研究所，**残器，**高3.6厘米，口径5.9厘米，足径2.4厘米。

又一件见于景德镇陶瓷研究所，**残器**。高3厘米，口径5.7厘米，足径2.2厘米。

198. 甜白釉暗龙戏珠杯 高4.7厘米，口径6厘米，足径2.5厘米。藏台北"故宫博物院"，235箱，005218号。

又一件见于台北"故宫博物院"，高4.6厘米，口径5.8厘米，足径2.6厘米，院235箱，005216号。（该器物为青花双圈款，口缘无磨，底足面修得很平。）

199. 青花绿彩云龙纹杯（残） 高4.6厘米，口径5.9厘米，足径2.5厘米。藏景德镇市陶瓷考古研究所。

200. 青花海水龙纹高足杯 口径15.6厘米，见于香港苏富比1998年秋拍，图录编号：353。

201. 白釉黄彩云龙纹杯（残） 高4.6厘米，口径6.2厘米，足径2.6厘米。藏景德镇市陶瓷考古研究所。

202. 斗彩龙凤纹高足杯 高5.8厘米，口径8.8厘米，足径3厘米，重58克。藏谦牧堂。

203. 青花团香草夔龙纹卧足杯（残） 高3.8厘米，口径8.3厘米，足径4.6厘米。藏景德镇陶瓷研究所。

204. 斗彩香草夔龙纹杯 高4厘米，口径5.7厘米，足径2.2厘米。藏台北"故宫博物院"，1728箱，003535号。（该杯口沿有磨，杯底心稍厚。）

又一件见于景德镇陶瓷研究所，**残器，**高3.9厘米，口径5.5厘米，足径2.2厘米。

又一件见于景德镇市陶瓷考古研究所，**残器**。高3.8厘米，口径5.7厘米，足径2.4厘米。

205. 斗彩团花夔龙纹杯 高4.9厘米，口径7.4厘米，足径3厘米。藏台北"故宫博物院"，1728箱，003513号。（该杯以红黄绿相间施彩。）

又一件见于英国大维德基金会，高5厘米，口径7.5厘米，入藏号：PDF.A.745。

又一件见于谦牧堂（残）高4.9厘米，口径7.2厘米，足径2.8厘米，重47克。

206. 黄釉紫彩夔龙纹盏 高3.5厘米，口径8.7厘米，足径2.65厘米，重30克。藏谦牧堂。

207. 黄彩龙纹小杯（残） 高4.6厘米，口径6.2厘米，足径2.6厘米。藏景德镇陶瓷研究所。

208. 斗彩海水应龙纹杯（残）　高 3.5 厘米，口径 5 厘米，足径 1.9 厘米。藏景德镇陶瓷研究所。

209. 白釉暗刻龙纹蛋壳杯　直径 5.5 厘米，见于北京保利 2015 年春拍，图录编号 8161。（该杯为暗刻“天”字款，为日本藏家旧藏。）

210. 白釉绿彩云龙纹杯（残）　高 4.6 厘米，口径 5.9 厘米，足径 2.5 厘米。藏景德镇陶瓷研究所。

211. 斗彩团花鸟杯　高 5.6 厘米，口径 8.2 厘米，足径 3.1 厘米。藏台北“故宫博物院”，235 箱，005251 号。（杯内有使用痕迹，口沿及足底面稍有磨痕。）

212. 斗彩花鸟纹高足杯　高 7.6 厘米，口径 6.9 厘米，足径 3.6 厘米。藏台北“故宫博物院”。

又一件见于北京故宫博物院，高 7.6 厘米，口径 6.7 厘米，底径 3.6 厘米。

又一件见于大英博物馆，高 7.6 厘米，直径 6.8 厘米，编号 OA1943.2-15.13。（为马乔里·科德维尔遗赠。该杯有火烧痕迹，当为 1923 年紫禁城失火时烧过。）

又一件见于维多利亚和阿尔伯特博物馆。（该馆的记录中有 17 只这样的经过火烧的这种高足杯。是 1954 年从苏富比购得。）

又一件见于大维德爵士收藏，是 1937 年吴赉熙卖出的，

又一件见于台北“故宫博物院”，没有被火烧过。叶子为绿色，枝干为褐色，果实为红黄两色。

213. 斗彩折枝瑞果纹高足杯　高 7.6 厘米，口径 6.9 厘米，足径 3.6 厘米，藏台北“故宫博物院”，1671 箱，003626 号。（该杯没有使用痕迹。）

又一件见于北京故宫博物院，高 7.6 厘米，口径 6.7 厘米。

又一件见于英国维多利亚和阿尔伯特博物馆，高 7.62 厘米，入藏号：C，34-1954。

又一件见于上海崇源 2011 年春拍，高 8.9 厘米，口径 7.6 厘米，图录编号 55。

214. 青花梵文花鸟纹平足茶盅　高 4.1 厘米，口径 9.6 厘米，足径 5.3 厘米。藏北京故宫博物院。

又一件见于台北“故宫博物院”，高 4.1 厘米，口径 9.6 厘米，足径 5.3 厘米。故瓷 16229。

215. 青花花鸟纹杯　高 4.1 厘米，口径 9.6 厘米，足径 5.3 厘米。藏北京故宫博物院。（该杯胎薄而轻，圈足低矮。）

又一件见于北京故宫博物院，高 5.1 厘米，口径 8.9 厘米，足径 3.6 厘米。

又一件见于台北“故宫博物院”，该院共收藏有**五件**同类器物，一件高 5 厘米，口径 8.8 厘米，足径 3.7 厘米，院 1996 箱，009340 号，该杯足内角明显。

又一件见于台北“故宫博物院”，高 4.7 厘米，口径 5.9 厘米，足径 2.1 厘米，院 0235 箱，005197 号。

又一件见于台北“故宫博物院”，高 4.8 厘米，口径 6 厘米，足径 2.3 厘米，院 235 箱，005198 号。（该杯口无磨，足底面稍磨，圈足颇矮。）

又一件见于台北“故宫博物院”，高 4.7 厘米，口径 6 厘米，足径 2.6 厘米。

又一件见于台北“故宫博物院”，高 4.9 厘米，口径 6 厘米，足径 2.5 厘米。

又一件见于景德镇陶瓷研究所，**残器，**高 5.2 厘米，口径 8.9 厘米，足径 3.2 厘米。

216. 斗彩鸡缸杯　高 3.3 厘米，口径 8.3 厘米，足径 4.1 厘米。藏北京故宫博物院。（该杯明末旧名称为：“草虫可口子母鸡劝杯”。）

又一件见于台北“故宫博物院”，高 3.8 厘米，口径 8.1 厘米，底径 4.1 厘米，院 235 箱，005194 号。

又一件见于台北“故宫博物院”，高 3.8 厘米，口径 8.1 厘米，底径 4 厘米，院 235 箱，005196 号。

又一件见于台北“故宫博物院”，高 3.8 厘米，口径 8.2 厘米，底径 4 厘米，院 235 箱，005195 号。

又一件见于台北“故宫博物院”，高 3.8 厘米，口径 8.1 厘米，底径 4 厘米，院 235 箱，005189 号。（内壁有使用痕迹，底足有磨平痕。）

又一件见于台北“故宫博物院”，高 3.7 厘米，口径 8.2 厘米，底径 4.1 厘米，院 235 箱，005190 号。

又一件见于台北“故宫博物院”，高 3.8 厘米，口径 8.3 厘米，底径 3.9 厘米，院 235 箱，005191 号。（该杯故瓷编号为 17835—17836。）

又一件见于大英博物馆大维德爵士收藏的中国陶瓷，有轻微变形，高 3.8 厘米，口径 8.3 厘米，PDFA748。

又一件见于景德镇市陶瓷考古研究所，仅为残片，高 3.6 厘米。

又一件见于景德镇陶瓷考古研究所，为半成品，残器，高 3.8 厘米，口径 8.2 厘米，足径 3.5 厘米。（1990 年在珠山御窑厂遗址出土。）

又一件见于景德镇陶瓷考古研究所，是半成品，残器，为淡描青花鸡缸杯的残器，高 3.6 厘米，口径 8 厘米，足径 3.9 厘米。

又一件见于谦牧堂，高 3.8 厘米，口径 8.3 厘米，足径 4.1 厘米，重 253 克。

又一件见于香港苏富比 2014 年春拍，直径 8.2 厘米，图录编号 1。（见于香港苏富比 1980 年秋拍，口径 8.2 厘米，图录编号：167。又见于香港苏富比 1981 年春拍，口径 8.2 厘米，图录编号：168。又见于香港苏富比 1999 年春拍，口径 8.2 厘米，图录编号：169。）

又一件见于北京保利 2011 年春拍，直径 8 厘米，图录编号 7315。

217. 青花淡描鸡缸杯（残） 高 3.6 厘米，口径 8 厘米，足径 3.9 厘米。藏景德镇陶瓷研究所。

218. 斗彩高足鸡缸杯 高 7.5 厘米，见于澳门龙禧 2012 年春拍，图录编号 2176。

219. 斗彩点彩花蝶杯（又名“三秋杯”） 高 4.2 厘米，口径 6.9 厘米，足径 2.6 厘米。藏北京故宫博物院。（该杯为一对，乃孙瀛洲先生捐赠。）

又一只见于北京故宫博物院，高 3.9 厘米，口径 6.9 厘米，足径 2.6 厘米。

又一件见于台北“故宫博物院”，高 4.2 厘米，口径 6.9 厘米，足径 2.5 厘米，院 0235 箱，005224 号。

又一件见于台北“故宫博物院”，高 3.2 厘米，口径 7.4 厘米，底径 4.5 厘米。院 1577 箱，002998 号。

又一件见于谦牧堂，高 4.65 厘米，口径 7.3 厘米，足径 2.3 厘米，重 48 克。

又一件见于景德镇市陶瓷考古研究所，残器，名斗彩花草蛱蝶纹杯，高 4.9 厘米，口径 8.5 厘米，足径 3.4 厘米。（按：该杯在明末称为“草虫小盏”。）

220. 釉里红三秋杯 高 7.8 厘米，口径 6.8 厘米，足径 2.5 厘米，重 40 克。藏谦牧堂。

221. 斗彩花草蛱蝶纹杯（残） 高 4.9 厘米，口径 8.5 厘米，足径 3.4 厘米。藏景德镇陶瓷研究所。

222. 斗彩果树小鸟图高足杯（残） 高 8 厘米，口径 6.8 厘米，足径 3.5 厘米。藏景德镇陶瓷研究所。

又一件见于香港苏富比 1980 年秋拍，口径 7.7 厘米，图录编号：170。

223. 斗彩团状果树小鸟图杯（残） 高 5.5 厘米，口径 7.9 厘米，足径 3 厘米。藏景德镇市陶瓷考古研究所。

又一件见于谦牧堂 高 7.5 厘米，口径 6.8 厘米，足径 3.8 厘米，重 61 克。

莲荷纹

224. 青花莲托杂宝纹高足杯 高 8.8 厘米，口径 8 厘米，足径 3.6 厘米。藏北京故宫博物院。

又一件见于台北“故宫博物院”。一件高 8 厘米，口径 9.5 厘米，足径 4 厘米。

又一件见于台北“故宫博物院”，高 8 厘米，口径 9.5 厘米，足径 4 厘米。

又一件见于景德镇陶瓷研究所，残器。高 8.6 厘米，口径 7.7 厘米，足径 3.7 厘米。

225. 青花番莲托八宝纹竹节柄高足杯 高 8.4 厘米，口径 8.1 厘米，足径 3.8 厘米。藏台北是博物院。（该杯为一对。）

又一件见于台北“故宫博物院”，高 8.4 厘米，口径 7.9 厘米，足径 3.8 厘米。

又一件见于台北“故宫博物院”，高 8.6 厘米，口径 8 厘米，足径 3.7 厘米。

又一件见于国家博物馆，高 8.6 厘米，口径 7.9 厘米，足径 3.7 厘米。

又一件见于中国嘉德 1995 年秋季拍卖会，高 8.5 厘米，图录号 661。

226. 青花缠枝莲托八吉祥纹杯（残） 高 5 厘米，口径 6.5 厘米，足径 2.8 厘米。藏景德镇陶瓷研究所。

227. 斗彩宝相莲纹杯 高 4 厘米，口径 5.7 厘米，足径 2.2 厘米，藏台北“故宫博物院”，1728 箱，003536 号。（该杯口沿有磨。）

又一件见于景德镇市陶瓷考古研究所，**残器**。高 4.7 厘米，口径 8.6 厘米，足径 3.6 厘米。

228. 斗彩缠枝莲托梵文杯（残） 高 5.5 厘米，口径 6.9 厘米，足径 3 厘米。藏景德镇市陶瓷考古研究所。

又一件见于景德镇陶瓷考古研究所，**残器**。高 5.6 厘米，口径 7.3 厘米，足径 3.2 厘米。

又一件见于香港苏富比 1986 年秋拍，口径 7.5 厘米，图录编号：171。

229. 青花折枝宝相莲纹杯 高 4.6 厘米，口径 8.2 厘米，足径 3.2 厘米。藏台北“故宫博物院”，235 箱，005253 号。

又一只见于台北“故宫博物院”，高 4.8 厘米，口径 8.1 厘米，足径 3.2 厘米，院 235 箱，005254 号。（该碗存一对，该对杯圈足不高，底面平，青花轮廓线微下凹，口稍利。）

又一件见于景德镇市陶瓷考古研究所，**残器**。高 4.4 厘米，口径 8.4 厘米，足径 3.2 厘米。

230. 青花转枝宝莲纹杯 高 4.7 厘米，口径 8.5 厘米，足径 3.6 厘米。藏台北“故宫博物院”，1820 箱，005035 号。

又一件见于台北“故宫博物院”，高 4.7 厘米，口径 8.6 厘米，足径 3.4 厘米，院 1820 箱，

005034号。（该杯为一对，器物表面有磨损，口沿利，足底面有磨平痕，为方框六字款。该器应为斗彩的漏彩器。）

231. 青花折枝番莲纹杯 高4.6厘米，口径8.2厘米，足径3.2厘米。藏台北“故宫博物院”，1893箱，016244号。（该杯青料轮廓线微下凹，莲瓣渲染留白边，青料浓郁。）

232. 斗彩宝相莲纹杯 高4厘米，口径5.7厘米，足径2.2厘米，藏台北“故宫博物院”，1728箱，003536号。（该杯口沿有磨。）

又一件见于景德镇市陶瓷考古研究所，**残器**。高4.7厘米，口径8.6厘米，足径3.6厘米。

233. 青花折枝宝莲纹杯 高4.6厘米，口径8.2厘米，足径3.2厘米。藏台北“故宫博物院”。（该碗存一对。）

又一只见于台北“故宫博物院”，高4.8厘米，口径8.1厘米，足径3.2厘米。

234. 青花折枝四季花果纹敦式杯 高5.8厘米，口径9.1厘米，足径4.2厘米，藏台北“故宫博物院”，1893箱，016235号。（该杯口缘无磨，足壁较厚，组底面修得较平，为方框六字款。）

235. 青花折枝四季花果纹杯 高4.9厘米，口径6厘米，足径2.6厘米，藏台北“故宫博物院”，1728箱，003538号。（该杯纹饰简化，口缘无磨。）

236. 对裁折枝花果纹杯（残） 高4厘米，口径6.6厘米，足径3厘米。藏景德镇陶瓷研究所。

237. 青花花果纹杯 高4.7厘米，口径6.1厘米，足径2.5厘米，藏台北“故宫博物院”，1763箱，013760号。（该杯圈足低矮，足底稍磨。圈足根部，左右各有一孔，为烧成后钻成，以朱砂点红。另外，该院还收藏一对这类杯，图案略有参差。）

又一件见于台北“故宫博物院”，高4.9厘米，口径6厘米，足径2.5厘米，院1763箱，013759号。

又一件见于台北“故宫博物院”，高4.7厘米，口径6厘米，足径2.6厘米。院1763箱，013745号。（该杯口沿无磨，底足稍磨，圈足颇矮，该两杯的圈足根部皆有烧成后所钻孔洞，并点以朱砂。）

238. 青花矾红宝相莲纹杯 高4.4厘米，口径8.3厘米，足径3.2厘米。藏台北“故宫博物院”，17箱，017678号。（底款为方框款。）

239. 青花莲塘水藻纹杯 高5.2厘米，口径8.7厘米，足径3.7厘米。藏台北“故宫博物院”，1893箱，016245号。

240. 青花莲池图杯 高4.9厘米，口径8.8厘米，足径3.6厘米。藏北京故宫博物院。

又一件见于景德镇市陶瓷考古研究所，**残器，** 高4.9厘米，口径8.6厘米，足径3.6厘米。

241. 青花折枝莲纹杯 高4.5厘米，口径8.4厘米，足径2.8厘米。藏北京故宫博物院。

242. 青花荷莲纹碗 高5.1厘米，口径8.9厘米，底径3.6厘米。藏北京故宫博物院。

243. 青花折枝莲托梵文杯（残） 高4厘米，口径9.5厘米，足径5.6厘米。藏景德镇陶瓷研究所。

244. 青花折枝莲托八宝纹高足杯 高8.8厘米，口径8厘米，足径3.6厘米。藏北京故宫博物院。

又一件见于景德镇市陶瓷考古研究所，**残器，** 高8.6厘米，口径7.7厘米，足径3.7厘米。

又一件见于台北“故宫博物院”，一只高8.4厘米，口径8.1厘米，足径3.8厘米，院1671箱，003624号。（共有一对。）

又一只见于台北“故宫博物院”，高8.4厘米，口径7.9厘米，足径3.8厘米，院1728箱，003543号。

245. 斗彩团荷莲纹高足杯 高7.8厘米，口径6.2厘米，足径3.5厘米。藏台北“故宫博物院”，2020箱，018155号。

又一件见于台北“故宫博物院”，高7.9厘米，口径6.2厘米，足径3.5厘米，院2020箱，018156号。（该器物为一对。）

又一件见于北京故宫博物院，高7.2厘米，口径6.7厘米，足径3.4厘米。

又一件见于景德镇市陶瓷考古研究所，**残器，** 高7.2厘米，口径6.6厘米，足径3.3厘米。

又一件见于香港苏富比2003年秋拍，高7.8厘米，图录编号11。

又一件见于香港佳士得2011年春拍，高7.7厘米，图录编号3582。

246. 斗彩宝莲纹杯 高4厘米，口径5.7厘米，足径2.2厘米。藏台北“故宫博物院”。

又一件见于玫茵堂，高7.8厘米。（见埃斯卡纳齐回忆录。）

又一件见于大英博物馆，高7.6厘米，直径6.8厘米，编号OA1930.4-21.7。徐氏艺术馆1993图录编号页78。

又一件见于冯平山博物馆，1992图录编号231。

又一件见于景德镇陶瓷考古研究所，**残器**。（景德镇东司岭附近也出土过类似的残器。）

又一件见于北京匡时2017年秋拍，高5.8厘米，图录编号761。

又一件见于翰风国际2015年春拍，图录编号372。

247. 斗彩缠枝莲纹高足小杯 高6厘米，口径4.8厘米，足径2.8厘米，藏台北“故宫博物院”，1841 箱，016069 号。

又一件见于台北“故宫博物院”，高 6 厘米，口径 4.8 厘米，足径 2.8 厘米，院 1841 箱，016068 号。（该杯为一对，足底皆有磨平痕，没有使用痕迹。）

又一件见于谦牧堂，高 6.2 厘米，口径 4.9 厘米，足径 2.8 厘米。

又一件见于景德镇市陶瓷考古研究所，**残器**。高 8.6 厘米，口径 7.2 厘米，足径 3.6 厘米。

248. 斗彩转枝莲纹高足杯 高 8.5 厘米，口径 7.4 厘米，足径 3.8 厘米。藏台北“故宫博物院”，1782 箱，003310 号。

又一件见于台北“故宫博物院”。高 8.5 厘米，口径 7.3 厘米，足径 3.8 厘米，院 1782 箱，003311。（该杯为一对。）

又一件见于台北“故宫博物院”。（该对小杯口沿和足底均有磨痕，四朵主体莲花皆有磨去红彩的痕迹，黄绿彩釉有明显的釉料粗粒存在。）

又一件见于北京故宫博物院，一件高 8.7 厘米，口径 7.4 厘米，足径 3.4 厘米。（该院藏有二件同类的高足杯）

又一件见于北京故宫博物院，高 8.6 厘米，口径 7.2 厘米，足径 3.6 厘米。

又一件见于景德镇市陶瓷考古研究所，**残器**，高 5.9 厘米，口径 4.8 厘米，足径 2.8 厘米。

249. 斗彩转枝莲托梵文杯 高 5.5 厘米，口径 7.2 厘米，足径 3 厘米。藏台北“故宫博物院”，1609 箱，010007 号。（部分彩釉因氧化而变色，梵文用毛笔直接勾写，不是双勾填色。）

花草类

250. 斗彩落花流水纹杯（残） 高 3 厘米，口径 5.7 厘米，足径 2.2 厘米。藏景德镇市陶瓷考古研究所。

251. 青花松竹梅图杯（残） 高 4.4 厘米，口径 5.8 厘米，足径 2.6 厘米。藏景德镇市陶瓷考古研究所。

252. 青花花果纹杯 高 4.7 厘米，口径 6.1 厘米，足径 2.5 厘米。藏台北“故宫博物院”。

253. 斗彩折枝花果纹杯（残） 高 4 厘米，口径 6.6 厘米，足径 3 厘米。藏景德镇市陶瓷考古研究所。

254. 青花折枝花果纹杯 高 7.8 厘米，口径 9.4 厘米，足径 4.2 厘米。藏北京故宫博物院。

又一件见于景德镇陶瓷研究所，**残器，**高 5.9 厘米，口径 9.1 厘米，足径 4 厘米。

255. 青花折枝牡丹花卉纹卧足杯　高 3.2 厘米，口径 7.8 厘米，足径 4.6 厘米。藏北京故宫博物院。

又一件见于景德镇陶瓷研究所，**残器，**高 3.2 厘米，口径 7.8 厘米，足径 4.6 厘米。

又一件见于香港苏富比 2017 年春拍，直径 7.8 厘米，图录编号 3102。

256. 青花折枝花卉纹高足杯（无款）　口径 16 厘米。藏首都博物馆。

257. 青花宝相花纹杯　高 4.5 厘米，口径 8.4 厘米，足径 2.8 厘米。藏北京故宫博物院。

258. 斗彩葡萄杯　高 4.7 厘米，口径 7.6 厘米，足径 3 厘米。藏台北“故宫博物院”，1763 箱，013762 号。（该器物在明末时称“一串金”。口缘有磨，内有使用痕迹。台北“故宫博物院”共藏有 17 件。）

又一件见于台北“故宫博物院”，高 4.7 厘米，口径 8 厘米，足径 3.2 厘米，院 235 箱，005245 号。（无使用痕迹。）

又一件见于台北“故宫博物院”，件高 4.7 厘米，口径 7.6 厘米，足径 3.3 厘米，院 1763 箱，005246 号。（青料有下凹现象，没有使用痕迹。）

又一件见于台北“故宫博物院”，高 4.8 厘米，口径 5.5 厘米，足径 2.4 厘米。

又一件见于北京首都博物院，高 4.8 厘米，口径 7.8 厘米。

又一件见于北京故宫博物院，高 4.8 厘米，口径 5.5 厘米，足径 2.5 厘米。

又一件见于谦牧堂，高 5 厘米，口径 8 厘米，足径 3 厘米，重 56 克。

259. 斗彩葡萄纹高足杯　高 6.6 厘米，口径 7.9 厘米，足径 3.7 厘米。藏台北“故宫博物院”，1728 箱，003545 号。（该器物为一对，两只皆无使用痕迹，足底稍有磨。该杯明末时称“五彩葡萄撇口扁肚靶杯”。）

又一件见于台北“故宫博物院”，高 6.5 厘米，口径 8 厘米，足径 3.7 厘米，院 1728 箱，003547 号。

又一件见于北京故宫博物院，一件高 6.8 厘米，口径 8 厘米，足径 3.5 厘米。（该院共收藏有二件。）

又一件见于北京故宫博物院，高 6.7 厘米，口径 7.9 厘米，足径 3.6 厘米。

又一件见于国家博物馆，高 6.7 厘米，口径 7.9 厘米，足径 3.6 厘米。

又一件见于景德镇市陶瓷考古研究所，**残器，**高 6.7 厘米，口径 7.8 厘米，足径 3.4 厘米。

又一件见于上海博物馆，该馆收藏一件景德镇出土**残器，**高 5.8 厘米，口径 8 厘米，足径 3.8 厘米。

260. 斗彩葡萄癞瓜纹杯（残） 高 4.9 厘米，口径 7.7 厘米，足径 3.1 厘米。藏景德镇市陶瓷考古研究所。

261. 青花折枝花纹卧足杯（残） 高 3.2 厘米，口径 7.8 厘米，足径 4.6 厘米。藏景德镇陶瓷考古研究所。

又一件见于香港苏富比 2008 年春拍，口径 7.8 厘米，图录编号：2513。（来源：香港苏富比 1981 年秋拍，图录编号：69。）

262. 斗彩宝相莲纹杯 高 4 厘米，口径 5.7 厘米，足径 2.2 厘米，藏台北"故宫博物院"，1728 箱，003536 号。（该杯口沿有磨。）

又一件见于崇真堂，高 6.5 厘米，口径 5 厘米，足径 2.8 厘米。

又一件见于景德镇市陶瓷考古研究所，**残器**。高 4.7 厘米，口径 8.6 厘米，足径 3.6 厘米。

263. 斗彩折枝菊花纹杯 高 5 厘米，口径 5.4 厘米，足径 2.4 厘米长。藏北京故宫博物院。

又一件见于景德镇陶瓷研究所，**残器，** 高 4.8 厘米，口径 5.2 厘米，足径 2.4 厘米。

264. 青花点彩赏菊图杯 高 4.5 厘米，口径 7.3 厘米，足径 3.3 厘米。藏台北"故宫博物院"，2313 箱，012576 号。

又一件见于台北"故宫博物院"，高 4.4 厘米，口径 7.4 厘米，足径 3.3 厘米，院 1597 箱，012566 号。（该器物为一对，这对杯青花色淡带黄灰，该杯在嘉靖时出过仿制品，落本朝款。）

265. 斗彩团菊纹杯（残） 高 4.5 厘米，口径 6.8 厘米，足径 2.5 厘米。藏景德镇市陶瓷考古研究所。

266. 仿哥釉菊瓣杯 高 5 厘米，口径 7.7 厘米，足径 3.2 厘米。藏北京故宫博物院。

267. 斗彩团花纹高足杯 口径 7.6 厘米，见于香港苏富比 1981 年秋拍，图录编号：172。

268. 青花折枝四季花果纹杯 高 5.8 厘米，口径 9.1 厘米，足径 4.2 厘米。藏台北"故宫博物院"。

又一件见于台北"故宫博物院"，高 4.9 厘米，口径 6 厘米，足径 2.6 厘米。（杯子的图案不同。）

269. 斗彩四季团花果纹杯 高 4.1 厘米，口径 7.9 厘米，底径 4.2 厘米，藏台北"故宫博物院"，235 箱，5206 号。（该杯又称"斗彩折枝花卉纹杯"。有磨口，底足有磨。台北故宫藏有此杯四件，各器物皆有口沿利特点，没有使用痕迹。）

又一件见于台北“故宫博物院”，高4.2厘米，口径7.8厘米，底径4.3厘米，院235箱，005208号。

又一件见于台北“故宫博物院”，高4.2厘米，口径7.8厘米，底径4.2厘米，院235箱，005203号。

又一件见于台北“故宫博物院”，高4.1厘米，口径7.8厘米，底径4.2厘米，院235箱，005207号。

270. 斗彩花卉团云芝纹杯 高4.3厘米，口径7.3厘米，足径3厘米，藏台北“故宫博物院”，235箱，005233号。（该杯青花轮廓线有下凹情况，其口沿有磨，微有使用痕迹。台北“故宫博物院”有五件同样的杯。）

又一件见于台北“故宫博物院”，高4.3厘米，口径7.3厘米，足径3厘米，院235箱，005235号。

又一件见于台北“故宫博物院”，高4.3厘米，口径7.3厘米，足径3厘米，院235箱，005236号。

又一件见于台北“故宫博物院”，高4.3厘米，口径7.2厘米，足径3厘米，院235箱，005232号。

又一件见于台北“故宫博物院”，高4.3厘米，口径7.3厘米，足径3厘米，院235箱，005234号。（该杯万历时有仿制，落本朝款。）

271. 斗彩灵云纹杯 高4.4厘米，口径7.5厘米，足径3.5厘米。藏北京故宫博物院。

又一件见于景德镇陶瓷研究所，**残器，**高4.3厘米，口径7.2厘米，足径2.9厘米。

272. 斗彩折枝花卉内青花梵文杯 直径7.5厘米，见于香港佳士得2003年春拍，图录编号641。

273. 斗彩缠枝花卉纹高足杯（残） 高5.9厘米，口径4.8厘米，足径2.8厘米。藏景德镇陶瓷研究所。

274. 青花折枝灵芝纹卧足杯（残） 高2.4厘米，口径7.2厘米，足径3.6厘米。藏景德镇陶瓷研究所。

275. 斗彩月季花纹高足杯 直径7.7厘米，见于香港苏富比2017年春拍，图录编号3101。（传 Tuckenheim 先生收藏。）

276. 斗彩团花莲荷水草纹杯（残） 高3.9厘米，口径5.5厘米，足径2.2厘米。藏景德镇陶瓷研究所。

277. 青花团花纹卧足杯 口径7.8厘米，见于苏富比1981年秋拍，图录编号：69。

其他

278. 青花梵文卧足杯（残） 高 4.2 厘米，口径 7.3 厘米，足径 3.5 厘米。藏景德镇市陶瓷考古研究所。

279. 青花灵芝托梵文杯（残） 高 6 厘米，口径 13.8 厘米，足径 4.5 厘米。藏景德镇陶瓷研究所。

280. 青花祥云托八宝纹高足杯 高 8 厘米，口径 9.5 厘米，足径 4 厘米，藏台北“故宫博物院”，1671 箱，003623 号。（该院所藏此杯为一对。）

又一只见于台北“故宫博物院”，高 8 厘米，口径 9.5 厘米，足径 4 厘米，院 1671 箱，003620 号。

281. 青花祥云朵托杂宝纹高足杯 高 7.7 厘米，口径 9.5 厘米，足径 3.8 厘米。藏北京故宫博物院。

又一件见于景德镇陶瓷研究所，**残器，** 高 8.2 厘米，口径 9.2 厘米，足径 4 厘米。

282. 青花梵文杯 高 5.1 厘米，口径 8.7 厘米，足径 3.7 厘米。藏台北“故宫博物院”，2510 箱，001164 号。（该杯为一对。）

又一只见于台北“故宫博物院”，高 5.1 厘米，口径 8.7 厘米，足径 3.7 厘米，院 2519 箱，001163 号。（前只杯圈足内壁足跟部在烧成后钻成二孔，并点以朱砂。两只均无使用痕迹。）

又一件见于台北“故宫博物院”，高 4.1 厘米，口径 7.5 厘米，底径 3.5 厘米，院 235 箱，005250 号。

又一件见于台北“故宫博物院”，高 3.8 厘米，口径 7 厘米，足径 3 厘米，院 1763 箱，013749 号。（该院还藏有二件不同的青花梵文杯。这两件杯的底部稍磨，口无磨。）

又一件见于北京故宫博物院，高 4.9 厘米，口径 8.7 厘米，足径 3.7 厘米。

又一件见于景德镇陶瓷研究所，**残器，** 高 5 厘米，口径 6.4 厘米，足径 2.6 厘米。

283. 青花藏文梵文卧足杯 高 4 厘米，口径 7 厘米，足径 3 厘米。藏北京故宫博物院。

284. 青花藏文箴言杯 高 3.8 厘米，口径 7 厘米，底径 3 厘米。藏台北“故宫博物院”，235 箱，005247 号。（该杯青料浓处有些下凹，内圈足，方框六字款。）

又一件见于景德镇陶瓷研究所，**残器，** 高 3.9 厘米，口径 6.3 厘米，足径 2.4 厘米。

又一件见于香港葛氏天民楼，高 3.6 厘米，口径 6.9 厘米，足径 3.5 厘米。

285. 斗彩花卉团云芝杯 高 4.3 厘米，口径 7.2 厘米，足径 3 公分，藏台北“故宫博物院”。（该器物在台北“故宫博物院”共收藏了 5 件。）

又一件见于台北“故宫博物院”，高 4.3 厘米，口径 7.2 厘米，足径 3 厘米。

又一件见于台北“故宫博物院”，高 4.3 厘米，口径 7.3 厘米，足径 3 厘米。

又一件见于台北“故宫博物院”，高 4.3 厘米，口径 7.3 厘米，足径 3 厘米。

又一件见于台北“故宫博物院”，高 4.3 厘米，口径 7.3 厘米，足径 3 厘米。

又一件见于台北“故宫博物院”，高 4.3 厘米，口径 7.3 厘米，足径 3 厘米。

286. 斗彩团果杯 高 3.7 厘米，口径 6.7 厘米，底径 3 厘米。藏台北“故宫博物院”，235 箱，005239 号。（该器物在台北“故宫博物院”共收藏有 7 件。各件皆无使用痕迹，口沿稍利。最后两件的 E 和 F 是万历仿成化的作品。绿色浅淡。）

又一件见于台北“故宫博物院”，高 3.7 厘米，口径 6.8 厘米，底径 2.9 厘米，院 235 箱，005240 号。

又一件见于台北“故宫博物院”，高 3.7 厘米，口径 6.9 厘米，底径 3 厘米，院 235 箱，005242 号。

又一件见于台北“故宫博物院”，高 3.7 厘米，口径 6.9 厘米，底径 3 厘米，院 235 箱，005243 号。

又一件见于台北“故宫博物院”，高 3.7 厘米，口径 7 厘米，底径 3 厘米，院 235 箱，005244 号。

又一件见于台北“故宫博物院”，高 3.6 厘米，口径 7 厘米，底径 3.3 厘米院 1763 箱，013763 号。

又一件见于台北“故宫博物院”，高 3.7 厘米，口径 7 厘米，底径 3.3 厘米，院 1763 箱，013764 号。

287. 斗彩团状荷莲水草纹杯（残） 高 3.9 厘米，口径 5.5 厘米，足径 2.2 厘米。藏景德镇市陶瓷考古研究所。

288. 斗彩缠枝宝相花纹杯（残） 高 4.9 厘米，口径 8.4 厘米，足径 3.6 厘米。藏景德镇市陶瓷考古研究所。

289. 斗彩折枝宝相花纹杯（残） 高 5.2 厘米，口径 8.4 厘米，足径 3 厘米。藏景德镇市陶瓷考古研究所。

290. 斗彩折纸花纹浅杯 高 3.4 厘米，口径 7.3 厘米，足径 5.2 厘米。藏北京故宫博物院。

291. 斗彩四季团花果马蹄杯 高 4.2 厘米，口径 7.8 厘米，底径 4.3 厘米。藏台北“故宫博物院”。（该院收藏这类杯共有 5 件。）

又一件见于台北“故宫博物院”，高4.2厘米，口径7.8厘米，底径4.2厘米。

又一件见于台北“故宫博物院”，高4.1厘米，口径7.8厘米，底径4.2厘米。

又一件见于台北“故宫博物院”，高4.1厘米，口径7.8厘米，底径4.1厘米。

又一件见于台北“故宫博物院”，高4.1厘米，口径7.9厘米，底径4.2厘米。

292. 斗彩五供养纹卧足杯（残） 高3.2厘米，口径7.3厘米，足径4.5厘米。藏景德镇市陶瓷考古研究所。

293. 斗彩花卉纹卧足杯 口径7.5厘米。藏瑞典远东古物馆。

294. 斗彩花卉高足小杯 高6厘米，口径4.8厘米，足径2.8厘米。藏台北“故宫博物院”。（该器物为一对。）

又一件见于台北“故宫博物院”，高6厘米，口径4.8厘米，足径2.8厘米。

295. 仿哥釉八方高足杯杯 高9.7厘米，口径7.8厘米，底足3.7厘米。藏北京故宫博物院。

又一件见于北京故宫博物院，高9.5厘米，口径8.2厘米，足径3.7厘米。

又一件见于台北“故宫博物院”，高9.4厘米，口径8.2×7.7厘米，足径4.3厘米，院17箱，017671号。（该杯口部镶铜扣。）

又一件见于景德镇市陶瓷考古研究所，**残器**，高9.2厘米，口径7.5厘米，足径4厘米。

296. 仿哥釉菊瓣杯 高5厘米，口径7.7厘米。藏北京故宫博物院。

297. 仿哥釉高足杯 高9厘米，口径7.3厘米，足径4厘米。藏台北“故宫博物院”，1748箱，017408号。（该杯的口沿施以褐色釉。）

298. 仿哥釉斗笠盏 高4.4厘米，口径11.6厘米，足径3.4厘米。藏上海博物馆。

299. 无款素白杯 高4.4厘米，口径5.6厘米，足径2.4厘米。藏台北“故宫博物院”，235箱，005219号。（该杯足底面修得不平，胎心仍以杯心部分最厚，圈足内壁釉薄处有泛浅褐色。）

300. 内黄釉外红釉高足杯 高6.5厘米，见于香港华洋2014年春拍。

301. 釉里红团花纹马蹄杯 高4.35厘米，口径7.9厘米，足径3.1厘米。重44克。藏谦牧堂。

302. 釉里红折枝纹小杯（伤） 高4厘米，口径5.6厘米，足径2厘米，重21克。藏谦牧堂。

303. 釉里红折枝花纹高足杯 高7.8厘米，口径6.4厘米，足径3.5厘米，重51克。藏谦牧堂。

304. 青釉八方靶杯（残） 高 9.3 厘米，口径 7.9 厘米，藏景德镇陶瓷考古研究所。

305. 青釉四折方杯（残） 高 3.7 厘米，口径 6.3 厘米，藏景德镇陶瓷考古研究所。

306. 天青釉高足杯 高 8 厘米，香港富得 2012 年秋拍，图录编号 1011。

E. 盘、碟类

人物纹

307. 青花松竹梅纹人物盘 高 4.4 厘米，口径 19.7 厘米，足径 12.3 厘米。藏上海博物馆。（该盘又名："青花仕女图三友盘"。）

又一件见于北京故宫博物院，名为"青花仕女游园图盘"，高 4 厘米，口径 20.3 厘米，足径 13 厘米。

又一件见于台北"故宫博物院"，高 4.2 厘米，口径 20.1 厘米，足径 12.8 厘米，院 1532 箱，010438 号。

又一件见于美国弗利尔美术馆，高 4.3 厘米，口径 20.1 厘米。

又一件见于大英博物馆，高 3.5 厘米，直径 20 厘米，编号 OA1968.4-22.36（为沃尔特·赛奇威克夫人遗赠。）

308. 青花仕女婴戏图盘 高 4 厘米，口径 20.3 厘米，足径 13 厘米。藏北京故宫博物院。（绘有 4 人。）

309. 青花"秋夕"诗意仕女图盘 高 4.3 厘米，口径 19.8 厘米，足径 12 厘米。藏台北"故宫博物院"。故瓷 10440。（绘有 4 人。）

龙凤纹

310. 无款青花穿花龙纹盘 口径 19.3 厘米。藏大维德中国艺术基金会。

又一件见于大英博物馆，高 4.2 厘米，直径 18 厘米，编号 OA1979.11-14.1。（为约翰·艾剔思爵士捐赠。）

又一件见于景德镇陶瓷考古研究所。**残器**。景德镇出土过一件纹饰大致相同的盘，为成化年款。

311. 青花祥云麒麟纹大盘 高 6.5 厘米，口径 35 厘米，足径 21.7 厘米。藏北京故宫博物院。（该盘为糊米底。）

又一件见于北京故宫博物院，图案相同，高 6.5 厘米，口径 34.2 厘米，足径 22.2 厘米。

又一件见于景德镇陶瓷研究所，**残器**，高 6.3 厘米，口径 34 厘米，足径 21.5 厘米。

312. 青花缠枝莲狮球纹大盘 高 6.8 厘米，口径 38.6 厘米，足径 28.2 厘米。藏上海博物馆。

又一件见于景德镇陶瓷研究所，**残器**，高 8.6 厘米，口沿 41.8 厘米，足径 26.4 厘米。

313. 青花双狮戏绣球纹盘（残） 高 5 厘米，口径 25 厘米，足径 15.5 厘米。藏景德镇陶瓷研究所。

又一件见于景德镇陶瓷研究所，为**残器**，高 9.8 厘米，口径 49.5 厘米，足径 29 厘米。

314. 青花夔龙纹盘 高 4.2 厘米，口径 17.9 厘米，足径 10.4 厘米。藏上海博物馆。

315. 青花双龙赶珠纹盘 高 4.3 厘米，口径 20.4 厘米，足径 12.5 厘米。藏台北“故宫博物院”，1747 箱，008402 号。

又一件见于台北“故宫博物院”，高 4.2 厘米，口径 20.7 厘米，足径 12.4 厘米，院 1653 箱，016319 号。

又一件见于台北“故宫博物院”，高 4.1 厘米，口径 18.8 厘米，足径 11 厘米，院 1587 箱，016820 号。

316. 青花穿花龙团花纹大盘 高 4.9 厘米，口径 26.9 厘米，足径 16.5 厘米。藏台北“故宫博物院”，1674 箱，015567 号。

又一件见于台北“故宫博物院”，高 4.9 厘米，口径 26.4 厘米，足径 16.5 厘米，院 1653 箱，016322 号。

317. 青花六龙纹盘 高 3.5 厘米，口径 15 厘米，足径 9.2 厘米。藏台北“故宫博物院”，1784 箱，007499 号。

318. 青花九龙纹盘 高 6.6 厘米，直径 39.5 厘米，见于中瀚清花 2012 年春拍，图录编号 132。

319. 青花龙纹盘 高 5 厘米，深 3.6 厘米，口径 26.3 厘米，足径 16.6 厘米。藏台北“故宫博物院”。

320. 青花三朵云龙纹盘 高 3.7 厘米，口径 17.9 厘米，足径 10.3 厘米，重 226 克。藏谦牧堂。

321. 青花波涛白龙纹盘　高 3.8 厘米，口径 19.6 厘米，足径 12 厘米。藏台北“故宫博物院”，1653 箱，016320 号。

322. 青花海水龙纹大盘（残）　高 6.2 厘米，口径 30.6 厘米，足径 22.6 厘米。藏景德镇陶瓷研究所。

又一件见于崇真堂，口径 31 厘米，足径 23 厘米。（仿宣德年款。）

323. 青花海水腾龙纹大盘　口径 50.9 厘米，见于香港苏富比 1981 年秋拍，图录编号：59。

324. 青花海水飞龙纹盘　高 13 厘米，口径 20.4 厘米，底径 12.3 厘米。藏北京故宫博物院。

325. 青花海水龙纹盘　直径 18 厘米，见于北京翰海 1999 年春拍。

326. 青花填绿彩釉戏珠龙纹盘　高 4.5 厘米，口径 20 厘米，足径 12.3 厘米。藏天津博物馆。

又一件见于台北“故宫博物院”，高 4.5 厘米，口径 20.3 厘米，足径 12.3 厘米，院 1674 箱，015581 号。

又一件，直径 22 厘米。为私人收藏。（见埃斯卡纳齐回忆录。）

327. 青花暗刻海水绿彩龙纹盘　直径 21.5 厘米，见于北京华辰 2007 年春拍，图录编号 257。

328. 青花云龙纹盘　高 4 厘米，口径 18.3 厘米，足径 11.4 厘米。藏北京故宫博物院。

又一件见于景德镇市陶瓷考古研究所，**残器**。高 4.2 厘米，口径 18.3 厘米，足径 11 厘米。

又一件见于香港苏富比 1992 年秋拍，口径 16.3 厘米，图录编号 39。

329. 青花莲龙纹盘　高 4.8 厘米，口径 26.4 厘米，足径 16.9 厘米。藏上海博物馆。

又一件见于台北“故宫博物院”，高 4.9 厘米，口径 26.4 厘米，足径 16.5 厘米。（该院共收藏有二件）

又一件见于台北“故宫博物院”。口径 26.9 厘米。

330. 青花穿花龙纹盘（残）　高 4.5 厘米，口径 24.9 厘米，足径 15.9 厘米。景德镇陶瓷考古研究所藏。

331. 青花云龙纹盘　直径 19.4 厘米。为私人收藏。（见埃斯卡纳齐回忆录。）

332. 青花云龙凤纹盘（残）　高 4.5 厘米，口径 23.9 厘米，足径 15.2 厘米。藏景德镇市陶瓷考古研究所。

333. 青花穿花凤凰纹盘　高 4.4 厘米，口径 20.8 厘米，足径 12.3 厘米。藏台北故宫博院，1747 箱，008403 号。

又一件见于台北故宫博院，高 4.2 厘米，口径 18.4 厘米，足径 11.2 厘米，院 1523 箱，003430 号。

334. 无款青花金刚宝杵夔龙纹盘　高 4.3 厘米，口径 19.9 厘米，足径 12.1 厘米。藏北京故宫博物院。

又一件见于景德镇市陶瓷考古研究所，**残器，**高 3.3 厘米，口径 15.8 厘米，足径 9.6 厘米。

335. 无款青花海水翼龙纹盘　高 5.1 厘米，口径 20.4 厘米，足径 12.3 厘米。藏北京故宫博物院。

336. 斗彩波涛行龙纹盘　高 5.3 厘米，口径 20.3 厘米，足径 12.8 厘米。藏台北“故宫博物院”，1609 箱，009984 号。（盘壁绘以青绿黄红四条行龙，皆有飞翼，其彩釉黄带褐色，溢出轮廓边界，底为方框六字款。）

337. 青花矾红彩海水龙纹盘（残）　高 3.5 厘米，口径 15.3 厘米，足径 9.1 厘米。藏景德镇市陶瓷考古研究所。

338. 洒蓝地孔雀绿釉锥拱龙纹盘　藏台湾“清玩雅集”。

339. 矾红彩云龙纹盘（残）　高 4.6 厘米，口径 22.7 厘米，足径 13.7 厘米。藏景德镇市陶瓷考古研究所。

340. 矾红海水青花云龙纹盘（残）　高 3.5 厘米，口径 15.3 厘米，足径 9.1 厘米。藏景德镇陶瓷研究所。

341. 黄地绿彩云龙纹盘（残）　高 4.7 厘米，口径 20.2 厘米，足径 12.4 厘米。藏景德镇市陶瓷考古研究所。

342. 釉里红云龙赶珠纹盘（残）　高 3.8 厘米，口径 16.6 厘米，足径 9.9 厘米，藏景德镇市陶瓷考古研究所。

343. 填绿彩龙纹盘　直径 20.5 厘米。见于 2019 年保利秋拍，图录编号 5660。（英国私人收藏购于 20 世纪 20 年代，并由后人保持至今。）

344. 白釉绿彩龙纹盘　口径 17.9 厘米。藏英国伦敦大学亚非学院裴西瓦乐·大维德中国美术馆。

345. 白釉暗刻龙纹天字款盘　高 3.4 厘米，口径 17.7 厘米，足径 11.3 厘米，重 164 克。藏谦牧堂。

346. 白釉矾红彩云龙纹盘（残） 高 4.6 厘米，口径 22.7 厘米，足径 13.7 厘米。藏景德镇陶瓷研究所。

瑞禽、瑞兽纹

347. 斗彩海水瑞兽纹盘（残） 高 3 厘米，直径 18 厘米，编号 OA1968.4-22.40。藏大英博物馆收藏（该盘为沃尔特·赛奇威克夫人遗赠。）

又一件，直径 20.5 厘米。为私人收藏。（见埃斯卡纳齐回忆录。）

又一件见于上海博物馆，高 4 厘米，口径 18.6 厘米，足径 10.8 厘米，**有伤**。

又一件见于景德镇陶瓷研究所，**残器，** 高 4.1 厘米，口径 18.4 厘米，足径 11 厘米。

又一件见于老城隍庙 2010 年秋拍，直径 18.5 厘米，图录编号 318。

348. 斗彩梵文莲塘鸳鸯纹盘 高 3.8 厘米，口径 16.6 厘米，足径 10.3 厘米。藏台北“故宫博物院”。

349. 青花莲塘鱼藻纹盘 口径 15 厘米，见于香港苏富比 2001 年春拍，图录编号 0514。

350. 斗彩鸳鸯莲池纹盘（满池娇盘） 高 4 厘米，口径 18 厘米，足径 10.4 厘米，藏台北“故宫博物院”，1674 箱，15582 号。（该盘盘心为四朵莲花。其器物在嘉靖时有仿制品，落本朝款，尺寸稍小。）

又一件见于台北“故宫博物院”，该院还藏有一件近似的作品，高 3.8 厘米，口径 16.6 厘米，足径 10.3 厘米，院 0153 箱，003329 号。（盘心为三朵莲花，说明该图案的自由发挥度很大。）

又一件见于上海博物馆，高 3.4 厘米，口径 17.7 厘米，足径 10.6 厘米。

又一件见于景德镇陶瓷研究所，**残器，** 高 3.4 厘米，口沿 17.1 厘米，足径 10.4 厘米。

又一件见于景德镇陶瓷博物馆，**残器**。高 3.8 厘米，口径 18 厘米，足径 10.8 厘米。

351. 无款青花海水异兽纹盘 高 3.5 厘米，口径 14.8 厘米，足径 7.8 厘米。藏北京故宫博物院。

又一件见于北京故宫博物院，高 4.1 厘米，口径 17.9 厘米，足径 10.3 厘米。

又一件见于景德镇陶瓷研究所，残器，高 3.8 厘米，口径 18 厘米，足径 10.8 厘米。

352. 青花莲池游鱼纹盘（残） 高 4.2 厘米，口径 16.5 厘米，足径 10.3 厘米。藏景德镇陶瓷研究所。

353. 青花鱼莲纹大盘　口径 33.5 厘米，见于北京瀚海 1996 年春拍，图录编号 0866。

354. 青花狮球纹大盘　高 6.8 厘米，口径 38.6 厘米，足径 28.2 厘米。藏上海博物馆。

355. 青花麒麟纹大盘　高 6.5 厘米，口径 34.5 厘米，足径 22 厘米，藏北京故宫博物院。

356. 五彩莲塘鸳鸯纹盘　高 4.8 厘米，口径 21.7 厘米，藏英国大维德基金会，入藏号: PDF.A.763。（盘底有六字青花款。）

357. 孔雀绿釉青花鱼藻纹盘　高 5.1 厘米，口径 23.5 厘米，足径 15.2 厘米。藏上海博物馆。

又一件见于景德镇陶瓷研究所，残器，高 4.2 厘米，口径 20 厘米，足径 12.6 厘米。

折枝、缠枝纹

358. 黄釉青花折枝石榴花果纹盘　高 5.2 厘米，口径 29.8 厘米，足径 20 厘米。藏台北“故宫博物院”，153 箱，003321 号。

又一件见于台北“故宫博物院”。高 5.2 厘米，29.5 厘米，足径 21.3 厘米，院 1653 箱，016323 号。（该盘为一对，二件均有使用痕迹。）

又一件见于台北“故宫博物院”，该院还有一件尺寸稍小，高 4.9 厘米，口径 25.5 厘米，足径 16.4 厘米。

又一件见于台北“故宫博物院”，高 5.1 厘米，口径 29.5 厘米，足径 16.7 厘米。故瓷 13057。

又一件见于北京故宫博物院，高 5.2 厘米，口径 29.5 厘米，足径 21 厘米。

又一件见于景德镇市陶瓷考古研究所，**残器，**高 5.5 厘米，口径 29.8 厘米，足径 20.3 厘米。

又一件见于国家博物馆，高 5.2 厘米，口径 30 厘米，足径 20.4 厘米。

又一件见于谦牧堂，高 5.5 厘米，口径 29.9 厘米，足径 20.5 厘米，重 1097 克。

359. 黄釉青花折枝苜蓿花果纹盘　高 4.3 厘米，口径 25.3 厘米，足径 16.3 厘米。藏北京故宫博物院。

360. 黄釉青花折枝栀子花果纹盘　高 4.9 厘米，口径 25.5 厘米，足径 16.4 厘米，藏台北“故宫博物院”，1807 箱，014830 号。（该盘整体色泽较淡，有明显使用痕迹。）

又一件见于大英博物馆，高 5 厘米，直径 25.7 厘米，编号 OA1945.10-16.2。（为弗朗西斯·霍华德·裴吉特遗赠。）

361. 无款青花月影寿石梅树图盘　高 4.4 厘米，口径 21.8 厘米，足径 12.8 厘米。藏北京故宫博物院。

362. 无款青花松竹梅图盘　高 4.2 厘米，口径 22.9 厘米，足径 14.4 厘米。藏北京故宫博物院。

又一件见于景德镇陶瓷研究所，**残器，**具有成化官款。高 4.3 厘米，口径 23.1 厘米，足径 13.9 厘米。

363. 无款青花缠枝莲十字宝相花纹盘　高 4.8 厘米，口径 23.7 厘米，足径 15.4 厘米。藏北京故宫博物院。

364. 无款填绿彩釉宝莲图案纹盘　高 3.6 厘米，口径 15.1 厘米，足径 9.1 厘米。藏台北“故宫博物院”，1887 箱，010160 号。（该盘有明显的使用痕迹，圈足内壁釉薄处泛淡褐黄色。）

365. 青花折枝石榴花果纹盘　高 5.5 厘米，口径 29.8 厘米，足径 20.4 厘米。藏北京故宫博物院。

又一件见于北京故宫博物院，高 5.3 厘米，口径 29.5 厘米，足径 21 厘米。

366. 青花山石松竹梅图盘　高 4 厘米，口径 16.4 厘米，足径 10.1 厘米。藏北京故宫博物院。

又一件见于景德镇市陶瓷考古研究所，**残器，**高 4 厘米，口径 16.5 厘米，足径 10 厘米。

367. 青花缠枝牡丹纹盘（残）　高 4.4 厘米，口径 22.6 厘米，足径 14.3 厘米。藏景德镇陶瓷研究所。

368. 青花折枝花果纹盘（残）　高 5.3 厘米，口径 29.5 厘米，足径 21 厘米。藏景德镇陶瓷研究所。

369. 青花转枝玉簪花纹盘　高 4.2 厘米，口径 25.4 厘米，足径 15.6 厘米。藏台北“故宫博物院”，故瓷 16397。（该盘内外壁皆绘转枝花卉一周，圈足为波涛纹。）

370. 青花缠枝莲托八吉祥纹盘　高 3.6 厘米，口径 19.2 厘米，足径 11.7 厘米。藏上海博物馆。

又一件见于台北“故宫博物院”，高 4 厘米，口径 19.1 厘米，足径 11.3 厘米，院 1523 箱，003426 号。

又一件见于景德镇陶瓷研究所，**残器，**高 3.8 厘米，口径 19 厘米，足径 11.5 厘米。

又一件见于英国里艾斯克家族的收藏，源自吴赍熙旧藏，直径 19.1 厘米，收藏编号

176。(该盘于1937年于伦敦苏富比拍卖，拍品26号。又于2013年在香港佳士得再次拍卖，见图录3112号。)

又一件见于大英博物馆大维德中国艺术基金会，颜色深沉幽蓝，高4厘米，口径19.2厘米，入藏号：PDF.B.627。

又一件见于区百龄藏品。

又一件见于美国西雅图美术馆，编号3657。

又一件见于谦牧堂，高3.7厘米，口径19.1厘米，足径11.2厘米，重251克。

又一件见于香港佳士得2013年秋拍，直径19.1厘米，图录编号3112。

371. 青花缠枝莲托八吉祥纹大盘 直径38厘米，见于保利厦门2016年春拍，图录编号696。

372. 青花折枝花果纹盘 高5.1厘米，口径29.5厘米，足径20.2厘米。藏上海博物馆。

又一件见于北京故宫博物院，高5.5厘米，口径29.8厘米，足径20.4厘米。

373. 青花折枝栀子花卉纹盘 高4.2厘米，口径25.4厘米，足径15.6厘米。藏台北“故宫博物院”，1851箱，016397号。

又一件见于匡时国际2007年春拍，直径24.8厘米，图录编号1370。

又一件见于厦门华臣2015年春拍，直径24.5厘米，图录编号415。(来源为香港佳士得2008年春拍，编号1570。)

374. 斗彩宝相缠枝莲纹撇口盘 高4.9厘米，口径22厘米，足径13.3厘米，藏台北“故宫博物院”，1811箱，008738号。(该盘为蓝红黄绿黑五种色彩，圈足内底中央有约2厘米的深色褐彩釉方块为花心，其彩釉花款应是嘉靖后所填，无从得其彩釉下覆盖之原款。嘉靖时曾有该纹饰的仿制品，落本朝款，台北“故宫博物院”有藏，尺寸相同。)

又一件见于台北“故宫博物院”，高4.9厘米，口径22.4厘米，足径13.5厘米，院1811箱，008739号。(该院所藏此盘为一对，两件器物皆有使用痕迹。)

375. 斗彩折枝瑞果纹折腹盘（残） 高4.9厘米，口径17.6厘米，足径10.5厘米。藏景德镇市陶瓷考古研究所。

376. 斗彩折枝花果葡萄纹碟 高2.5厘米，口径8.2厘米，足径5.2厘米，藏台北“故宫博物院”，1748箱，017411号。

又一件见于台北“故宫博物院”，高2.5厘米，口径8.2厘米，足径5.2厘米，院1748箱，017412号。(该院所藏此碟为一对，该碟在明末时称“五彩齐箸小碟”，口沿稍厚，无磨，皆有轻微使用痕迹。)

又一件见于玫茵堂，直径8.3厘米。（见埃斯卡纳齐回忆录。）

又一件见于景德镇陶瓷研究所，**残器，**高2.4厘米，口径8.2厘米，足径5厘米。

又一件见于景德镇陶瓷考古研究所，**残器**。高2.4厘米，口径8.3厘米，足径5.3厘米。

又一件见于上海老城隍庙2010年秋拍，直径8.6厘米，图录编号311。

其他

377. 青花寿石三友盘 高4厘米，口径16.4厘米，足径10.3厘米。藏台北“故宫博物院”，1674箱，015576号。

又一件见于台北“故宫博物院”，高4厘米，口径16.5厘米，足径10厘米，院153箱，003326号。

378. 青花岁寒三友图盘 高4.2厘米，深3.1厘米，口径22.8厘米，足径16.6厘米。藏台北“故宫博物院”。

又一件见于台北“故宫博物院”，高9.2厘米，口径20.8厘米，足径9.9厘米。故瓷10441。

又一件见于景德镇陶瓷研究所，**残器**。高4.3厘米，口径23.1厘米，足径13.9厘米。

又一件见于景德镇陶瓷研究所。**残器**。高4厘米，口径16.5厘米，足径10厘米。

379. 青花竹芝三友盘 高4.4厘米，口径22.8厘米，足径13.9厘米。藏台北“故宫博物院”，1532箱，010441号。

又一件见于台北“故宫博物院”，高4.4厘米，口径22.5厘米，足径13.8厘米，院1651箱，009710号。

又一件见于台北“故宫博物院”。高4.3厘米，口径23.3厘米，足径14.1厘米，院1653箱，016321号。（该院还藏有此盘二件。）

380. 斗彩宝相花纹盘（残） 高4.1厘米，口径20厘米，足径12.3厘米。藏景德镇市陶瓷考古研究所。

381. 斗彩花卉款宝莲撇口盘 高4.9厘米，口径22厘米，足径13.3厘米。藏台北“故宫博物院”。

又一件见于台北“故宫博物院”，高4.9厘米，口径22.4厘米，足径13.5厘米。

又一件见于台北“故宫博物院”。高4.9厘米，口径22.2厘米，足径13.5厘米。（该院所藏还有一对。）

382. 斗彩方胜纹盘（残） 高 3.9 厘米，口径 15 厘米。足径 9 厘米。藏景德镇陶瓷研究所。

383. 青花栀子花花卉纹盘 高 4.2 厘米，口径 25.4 厘米，足径 15.6 厘米。藏台北“故宫博物院”。

384. 青花小碟 高 2.1 厘米，口径 8.2 厘米，足径 5 厘米。藏上海博物馆。

385. 青花内连环如意云头外花卉纹碟 高 2.3 厘米，口径 8.2 厘米，足径 4.8 厘米。藏北京故宫博物院。

386. 青花花卉纹盘 高 4.7 厘米，口径 23.5 厘米，足径 15.4 厘米。藏上海博物馆。

387. 青花十字金刚杵纹盘 高 3.9 厘米，直径 17.8 厘米，藏大英博物馆，OA1975.10-28.20。（该盘为约翰·艾剔思爵士捐赠。）

又一件见于景德镇陶瓷考古研究所。景德镇御窑厂遗址出土，**残器，**略小。徐氏艺术馆 1993 图录编号 C108。

388. 青花花卉十字杵纹盘 直径 23.7 厘米，见于北京保利 2017 年秋拍，图录编号 6056。

又一件见于玫茵堂。

389. 青花梵文盘 高 3.9 厘米，口径 17.7 厘米，足径 10.3 厘米。藏台北“故宫博物院”，153 箱，003327 号。（该盘器物内底较薄。）

又一件见于北京故宫博物院，高 3.8 厘米，口径 17.7 厘米，足径 10.9 厘米。

又一件见于景德镇陶瓷研究所，**残器，**高 5.8 厘米，口径 20.8 厘米，足径 13.3 厘米。方框款。（该馆还收藏一件稍大的梵文盘残器。）

390. 浇黄釉撇口盘 高 3.8 厘米，口径 14.6 厘米，足径 9.3 厘米。藏上海博物馆。（该盘始烧于宣德，台北“故宫博物院”有宣德所烧黄釉盘。其器型和尺寸有所不同，故相当多样化。）

又一件见于北京故宫博物院，高 4.3 厘米，口径 21.2 厘米，足径 13 厘米。（该院收藏有三件。）

又一件见于北京故宫博物院。高 5 厘米，口径 21.4 厘米，足径 13 厘米。

又一件见于北京故宫博物院，高 3.9 厘米，口径 14.8 厘米，足径 9.2 厘米。

又一件见于台北“故宫博物院”，高 4.8 厘米，口径 21.3 厘米，足径 13.2 厘米。（该院有 4 件收藏，这是其中最大一件。）

又一件见于台北“故宫博物院”，高 3.8 厘米，口径 17.8 厘米，足径 10.3 厘米，院

1747 箱，008393 号。

又一件见于台北“故宫博物院”，高 4.2 厘米，口径 17.6 厘米，足径 10.5 厘米，院 1740 箱，004648 号。（有明显使用痕迹。）

又一件见于台北“故宫博物院”，高 4.8 厘米，口径 21.3 厘米，足径 13.2 厘米，院 1747 箱，008399 号。

又一件见于英国大维德基金会，为里外黄釉，高 5.1 厘米，口径 21.4 厘米，入藏号：PDF.596。

又一件见于香港苏富比 2017 年春拍，直径 14.8 厘米，图录编号 1。（来自罗杰・琵金顿的收藏。）

又一件见于同年 2017 年香港中汉秋拍，高 4.1 厘米，直径 19.9 厘米，底径 12.5 厘米，图录编号 107。

391. 黄釉白里撇口盘 高 3.7 厘米，口径 19 厘米，足径 11.6 厘米。藏台北“故宫博物院”，1740 箱，004647 号。（该盘极为少见，稍有使用痕迹。）

又一件见于谦牧堂（残）高 4 厘米，口径 17.6 厘米，足径 10.6 厘米，重 1320 克。

392. 斗彩花果葡萄小碟 高 2.5 厘米，口径 8.2 厘米，足径 5.2 厘米。藏台北“故宫博物院”。（该器物为一对）

又一件见于台北“故宫博物院”，高 2.5 厘米，口径 8.2 厘米，足径 5.2 厘米。

393. 斗彩如意云芝纹折腰小碟 高 2.3 厘米，口径 8.1 厘米，足径 4.6 厘米。藏台北“故宫博物院”，2287 箱，004082 号。

又一件见于台北“故宫博物院”，高 2.2 厘米，口径 8 厘米，足径 4.9 厘米，院 1807 箱，014820 号。（该院藏有 3 件。）

又一件见于台北“故宫博物院”，高 2.4 厘米，口径 8.1 厘米，足径 4.8 厘米，院 2287 箱，004083 号。（皆无使用痕迹。嘉靖时曾经仿制过此器，落本朝款。）

又一件见于谦牧堂，高 2.1 厘米，口径 8.2 厘米，足径 4.7 厘米，重 44 克。

394. 宝石蓝釉内白釉磬口盘 高 4.3 厘米，口径 19.4 厘米，足径 12.2 厘米。藏台北“故宫博物院”，1740 箱，004626 号。（该盘有使用痕迹。）

395. 宝石蓝釉盘（残） 高 4.6 厘米，口径 15.3 厘米，足径 8.7 厘米，藏景德镇市陶瓷考古研究所。

396. 瓜皮绿釉盘（残） 高 3.7 厘米，口径 15 厘米，足径 9.2 厘米。藏景德镇市陶瓷考古研究所。

397. 鲜红釉窝盘　高 5 厘米，口径 20.9 厘米，足径 13.5 厘米。藏北京故宫博物院。

398. 里白釉外鲜红釉盘　高 5 厘米，口径 20.9 厘米，足径 13.5 厘米。藏北京故宫博物院。

又一件见于景德镇市陶瓷考古研究所，**残器，**高 4.9 厘米，口径 21.2 厘米，足径 13 厘米。

399. 白釉盘　高 3 厘米，口径 11.3 厘米，足径 7.2 厘米。藏北京故宫博物院。

400. 无款暗刻梵文白釉盏托　直径 19.6 厘米，见于北京保利 2017 年春拍，编号 5057。

又一件见于玫茵堂。

401. 白釉磬口盘　高 4.7 厘米，口径 21.6 厘米，足径 13.7 厘米。藏台北“故宫博物院”，1747 箱，008404 号。（盘内白釉厚薄不匀，釉色稍偏黄。圈足外壁无釉处呈浅淡褐色。有黄签。）

402. 无款白釉菊花形酒盏托盘（残）　高 2.9 厘米，口径 17.2 厘米，足径 9.5 厘米。藏景德镇市陶瓷考古研究所。

403. 无款白釉调色盘　高 2.2 厘米，口径 20.1 厘米，足径 18 厘米。藏景德镇市陶瓷考古研究所。

404. 仿哥釉盘（残）　高 5.5 厘米，口径 24 厘米，足径 15.5 厘米。藏景德镇市陶瓷考古研究所。

405. 青釉窝盘（残）　高 5.3 厘米，口径 24.2 厘米，藏景德镇陶瓷考古研究所。

F. 洗类

406. 青花梵文花鸟纹洗　高 4.1 厘米，口径 9.6 厘米，底径 5.3 厘米。藏台北“故宫博物院”，1893 箱，016229 号。（该杯为方框六字款，内圈足、底足面有摩擦痕。另外，该院还收藏有同类小洗三件，略小。）

又一件见于台北“故宫博物院”，高 4 厘米，口径 9.6 厘米，底径 5 厘米。

又一件见于台北“故宫博物院”，高 4.3 厘米，口径 8.7 厘米，底径 5 厘米。

又一件见于台北“故宫博物院”，高 4.4 厘米，口径 9 厘米，足径 5.3 厘米。（明代嘉靖窑曾有仿制品，落本朝款识。）

407. 青花缠枝宝相莲纹洗 高 4.2 厘米，口径 12 厘米，底径 6.5 厘米。藏台北“故宫博物院”，1557A 箱，006755 号。

又一件见于台北“故宫博物院”，高 4 厘米，口径 12 厘米，底径 6.8 厘米，院 1557 箱，006756 号。（该洗有使用痕迹。该院两件洗均有青料轮廓线下凹现象。）

408. 青花梵文花鸟纹小洗 高 4 厘米，口径 9.6 厘米，底径 5 厘米，藏台北“故宫博物院”，1893 箱，016230 号。（该洗色稍泛紫，为方框六字款，内圈足，足底面略有磨。嘉靖朝有仿制品，落本朝款。）

409. 青花团花图案纹洗 高 4.8 厘米，口径 13.8 厘米，底径 7 厘米。藏台北“故宫博物院”，1557A 箱，006761 号。（该院还有一件同样的洗，这两件洗均有青料轮廓线微下凹现象。）

又一件见于台北“故宫博物院”，高 4.8 厘米，口径 13.6 厘米，底径 6.9 厘米，院 1560 箱，015506 号。

410. 青花团夔龙纹小洗 高 3.9 厘米，口径 8.3 厘米，底径 5.2 厘米，藏台北“故宫博物院”，235 箱，005210 号。（该院所藏为一对，该两件洗器内有使用痕迹，底足稍有磨痕，口缘稍利。另外，该院还藏有一件嘉靖时仿制的同样大小的青花龙纹洗。落本朝款。）

又一件见于台北“故宫博物院”，高 3.9 厘米，口径 8.3 厘米，底径 5.1 厘米，院 235 箱，005211 号。

411. 青花婴戏图圆洗 高 4.9 厘米，口径 14.8 厘米，底径 10.6 厘米。藏台北“故宫博物院”，0173 箱，010580 号。（该洗有金包口，应为万历时的仿制品，落成化款。嘉靖时也有仿制品，落本朝款，圈足低，器底厚。）

412. 青花点彩花卉梵文小洗 高 3.2 厘米，口径 7.4 厘米，底径 4.5 厘米。藏台北“故宫博物院”。（该器物为一对，该器物青花色沉暗，绿彩釉淡，白釉带灰，应为成化以后的仿制品。）

又一件见于台北“故宫博物院”，高 3.3 厘米，口径 7.5 厘米，底径 5 厘米，院 1577 箱，002997 号。

413. 青花梵文卧足洗 高 4.1 厘米，口径 12.5 厘米，足径 7.1 厘米，重 98 克。谦牧堂收藏。

414. 青花缠枝花卉纹洗 高 4.1 厘米，口径 12.5 厘米，足径 6.4 厘米。藏崇真堂。

415. 斗彩莲托五珍宝小洗 高 2.8 厘米，口径 7 厘米，底径 4.4 厘米。藏台北“故宫博物院”，2335箱，005227号。（该洗在台北“故宫博物院”共存有二对，四件小洗皆为内圈足，口沿稍利。明末时称“五供养浅盏”。个别足底面有磨痕。）

又一件见于台北“故宫博物院”，高2.8厘米，口径7厘米，底径4.7厘米，院235箱，005230号。

又一件见于台北“故宫博物院”，高2.8厘米，口径7.1厘米，底径4.6厘米，院235箱，005229号。

又一件见于台北“故宫博物院”，高2.8厘米，口径7.1厘米，底径4.6厘米，院235箱，005228号。

416. 斗彩十字杵洗　高4.2厘米，口径12.5厘米，底径9.2厘米。藏台北“故宫博物院”，1042箱，011353号。（该院还藏有另一件同类洗，口有包金，底款为长方框单行六字款，两件器物应是万历时仿品。）

又一件见于台北“故宫博物院”，高4厘米，口径12.5厘米，底径9.3厘米，院1670箱，012278号。

417. 孔雀蓝仿钧三足洗　高7厘米，直径19厘米，藏大英博物馆，OA1921.6-10.1。（为K.K.周先生捐赠。）

418. 仿宋官窑青釉葵瓣洗　高3.3厘米，口径12厘米，六瓣葵口。藏北京故宫博物院。（该器物在御窑厂出土物中未见该器物。）

G. 熏、炉类

419. 青花转枝莲托八吉祥纹鼓钉三足熏炉（缺盖）　高9厘米，口径10厘米，足径9.5厘米，足距8.2厘米。藏北京故宫博物院。

又一件见于景德镇市陶瓷考古研究所，**残器，**有残盖。通高9.6厘米，腹径7.6厘米，口径7.5厘米，足径6.9厘米。

420. 矾红地绿彩缠枝灵芝纹双耳三足炉（残）　高13.9厘米，口径13.5厘米，足距10.5厘米。藏景德镇市陶瓷考古研究所。

421. 白釉绿彩缠枝灵芝纹双耳三足炉（残）　高14.4厘米，口径13.4厘米，足径10.5厘米。藏景德镇市陶瓷考古研究所。（为珠山遗址出土残器。）

422. 孔雀绿釉香薰　藏台北“故宫博物院”。

423. 青花莲托八宝纹带盖鼓形熏（残）　通高9厘米，腹径7.6厘米。藏景德镇陶瓷考古研究所。

424. 素三彩鸭形香薰（残） 通高25.3厘米。藏景德镇陶瓷考古研究所。（景德镇珠山遗址出土。）

又一件见于上海博物馆，该馆所藏**为修复件，**器高25.3厘米，身长15.5厘米。

又一件见于景德镇市陶瓷考古研究所，**残器，**通高24.1厘米，底边座长8.6厘米。

又一件见于谦牧堂，**残器，**高25厘米，长20.6厘米，宽9.7厘米，底足8.5厘米，重745克。

425. 青釉鼓腹三足炉（残） 高9厘米，口径11.5厘米，藏景德镇陶瓷考古研究所。

426. 青釉双耳簋式炉（残） 高9.3厘米，口径12.1厘米，藏景德镇陶瓷考古研究所。

427. 青花云鹤纹冲耳三足炉（残） 高9.3厘米，口径6.5厘米，足径6.7厘米。藏景德镇市陶瓷考古研究所。

428. 无款青花花鸟图象耳炉 高13.2厘米，口径22.3厘米，底径18.5厘米。藏北京故宫博物院。

429. 绿彩缠枝灵芝纹三足炉（残） 高14.4厘米，口径13.4厘米，足径10.5厘米。藏景德镇陶瓷考古研究所。

430. 仿哥釉鼓形三足炉（残） 高9.7厘米，口径11厘米，足距9.5厘米。藏景德镇市陶瓷考古研究所。

431. 仿哥釉三足炉（残） 高7.3厘米，口径12.5厘米，足距8.2厘米。藏景德镇市陶瓷考古研究所。

（1）仿哥釉双耳三足炉（残） 高9.4厘米，口径12厘米，足距9厘米。藏景德镇市陶瓷考古研究所。

又一件见于景德镇陶瓷考古研究所，**残器，**高9.3厘米，口径11.4厘米，足距8.5厘米。

432. 仿哥釉双耳簋式炉（残） 高9.1厘米，口径12.1厘米，足距8厘米。藏景德镇市陶瓷考古研究所。

433. 仿哥釉象耳簋式炉（残） 高18.3厘米，口径25.2厘米，足径17.5厘米。藏景德镇市陶瓷考古研究所。

又一件见于景德镇陶瓷考古研究所，**残器，**高7.2厘米，口径14.8厘米，足径10.4厘米。

434. 青花高士抚琴图四足盖炉 高16.5厘米，见于苏富比2002年春拍，图录编号572。

H. 其他器物类

435. 素三彩达摩像 高 132 厘米，藏英国维多利亚和阿尔伯特博物馆，入藏号：C110-1937。（该像的右边台基上有“成化二十年，信徒党闫和麦夫人，弟子道济，工匠刘镇”字样。）

436. 素三彩赵公明像 高 60.3 厘米，藏美国大都会艺术博物馆，入藏号：1971.163。（该像台基背浮雕有：“天坛山霍师堂全真道人李道明发心财舍造三官一堂，关赵一堂，本堂全真。大明成化十七年，山西泽州阳城县在城待沼乔赟男乔彬”，下框有“崔王、崔田”字样。是为山西乔氏琉璃制品。）

437. 白釉绿彩卷草灵芝纹盖盒（残） 高 5.2 厘米，盒高 3 厘米，口径 7.6 厘米，足径 6.3 厘米，藏景德镇市陶瓷考古研究所。

438. 白釉粉盒 残器，高 5.1 厘米，盒高 2.9 厘米，口径 8.5 厘米，足径 7.1 厘米，藏景德镇市陶瓷考古研究所。

439. 矾红地绿彩卷草纹盒（残） 高 5.9 厘米，盒高 3.4 厘米，口径 6.9 厘米，足径 9 厘米。藏景德镇市陶瓷考古研究所。

440. 深蓝地孔雀绿彩划花圆盖盒 高 13.1 厘米，直径 25.7 厘米，藏大英博物馆，OA1929.7-23.10。（该盒为亨利·B·哈里斯遗赠。景德镇成化堆积层曾经出土过同样大小的残器。）

441. 青花花蝶纹盒（残） 通高 13 厘米，口径 26 厘米，足径 17.4 厘米。藏景德镇陶瓷考古研究所。

442. 青花双狮绣球纹盖盒（残） 高 5.6 厘米，口径 11.2 厘米，足径 7.1 厘米。藏景德镇市陶瓷考古研究所。

443. 青花包袱纹盖盒（残） 高通高 10.4 厘米，口径 21 厘米，足径 7.1 厘米。藏景德镇陶瓷研究所。

444. 青花婴戏图三层盖盒 高 15 厘米，见于香港苏富比 2014 年秋拍，图录编号 3699。

445. 斗彩花蝶纹盖盒（伤） 高 8 厘米，口径 14 厘米处、足径 9 厘米。藏北京故宫博物院。

446. 淡描青花折枝花果花蝶图盖盒（残） 通高 12.8 厘米，盒高 7.8 厘米，口径 24.1 厘米，足径 17.4 厘米。藏景德镇陶瓷研究所。

447. 无款青花包袱纹盖盒（残） 高 10.4 厘米，口径 21 厘米，足径 14 厘米。景德镇市陶瓷考古研究所。

448. 孔雀绿地加彩盖盒 藏大英博物馆。

449. 绿彩缠枝灵芝纹盖盒（残） 高 4.7 厘米，直径 9 厘米。藏景德镇陶瓷研究所。

450. 红彩绿灵芝纹盖盒（残） 高 4.7 厘米，口径 9 厘米，足径 6.8 厘米。藏上海博物馆。

451. 无款青花折枝花卉纹六方盆 高 11.4 厘米，口径 33.5 长、26.1 厘米宽，足径横为 16.3 厘米，纵为 12 厘米。藏台北“故宫博物院”，1872 箱，004581 号。（该器物口、足皆外撇，底面平整厚实。）

452. 仿哥釉渣斗式花盆（残） 高 26 厘米，口径 23.8 厘米，足径 13.2 厘米。藏景德镇市陶瓷考古研究所。

453. 无款青花松竹梅纹长方花盆（残） 高 16 厘米，口横 43.7 厘米，口纵 23.3 厘米，足横 43.5 厘米，足纵 22.2 厘米。藏景德镇市台词考古研究所。

454. 孔雀绿釉菱花口折沿花盆（残） 高 18.8 厘米，口径 28.3 厘米，足径 17.8 厘米。景德镇御窑厂出土，藏景德镇市陶瓷考古研究所。

455. 仿哥釉海棠式花盆及盆托（残） 花盆高 19 厘米，口横 26.5 厘米，口纵 20.5 厘米，足横 16 厘米，足纵 11 厘米；花盆托高 9 厘米，口横 27.5 厘米，口纵 22 厘米，足横 21 厘米，足纵 15.5 厘米。藏景德镇市陶瓷考古研究所。

456. 青白釉海棠形水仙盆（残） 高 6.7 厘米，口横 15.2 厘米，口纵 12.6 厘米，足横 11.5 厘米，足纵 8.6 厘米。藏景德镇市陶瓷考古研究所。

457. 青釉渣斗式花盆（残） 高 26.2 厘米，口径 23.8 厘米，藏景德镇市陶瓷考古研究所。

458. 仿哥釉鼓钉三足花盆托（残） 高 11.7 厘米，口径 30.3 厘米，底径 18.3 厘米，足距 16 厘米。藏景德镇市陶瓷考古研究所。

又一件见于景德镇市陶瓷考古研究所，残器，高 10.8 厘米，口径 27.5 厘米，底径 18 厘米，足径 16.8 厘米。

459. 仿哥釉四方花盆托（残） 高 7.2 厘米，口边长 11.7 厘米，足距 7.8 厘米。藏景德镇市陶瓷考古研究所。

460. 无款孔雀绿釉菱花口折沿花盆（残） 高 18.8 厘米，口径 28.3 厘米，足径 17.8 厘米。藏景德镇市陶瓷考古研究所。

461. 青花莲荷纹缸 直径 28.8 厘米，见于佳士得 2014 年春拍，图录编号 3423。

462. 青花转枝莲纹僧帽壶 带盖高 17.5 厘米，见于北京东正 2014 年秋拍，图录编号 241。

463. 无款青花绿彩龙纹小梨形壶 连盖高12.5厘米，壶口径3.8厘米，足径5.8厘米，藏台北“故宫博物院”，T2045中博02978。（该梨壶是在器身以黑线画云龙纹轮廓线，然后在轮廓线内填以绿彩。）

464. 无款青花鸡心形开光结带狮子纹执壶（残） 残高24.8厘米，足径9厘米。藏景德镇市陶瓷考古研究所。

465. 仿哥釉出戟花觚 高15.2厘米，口径6.2厘米，足径6.3厘米。藏景德镇市陶瓷考古研究所。

466. 青釉觚（残） 高15.5厘米，口径6.5厘米，足径6.5厘米。藏上海博物馆。

又一件见于藏景德镇陶瓷研究所，**残器，**高15.2厘米，口径6.6厘米。（底部书六字款。）

467. 仿宋官青釉象耳簋（残片） 高18厘米。藏景德镇市陶瓷考古研究所。

468. 青釉敛口三足水盂（残） 高7.2厘米。藏景德镇市陶瓷考古研究所。

469. 无款青花山水人物五峰笔架 长19.6厘米，见于北京瀚海2009年秋拍，图录编号3572。

附录一

参考书目

A. 通论

1. 冯先铭《中国陶瓷》，上海古籍出版社 1994 年 11 月版。

2. 冯先铭《中国古陶瓷文献集释》，台北艺术家出版社 2000 年版。

3. 吴仁敬，辛安潮《中国陶瓷史》（民国珍本丛刊），团结出版社 2006 年版。

4. 中国硅酸盐学会编《中国陶瓷史》，文物出版社 1982 年版。

5. 中国硅酸盐学会编《中国古陶瓷论文集》，文物出版社 1982 年收。

6. 中国古陶瓷研究会主编《中国古陶瓷研究》，紫禁城出版社 1997 年版。

7. 中国古陶瓷研究会编《中国古陶瓷研究现状与展望》，中国陶瓷工业杂志社 1994 年版。

8. 中国古陶瓷学会编《中国古陶瓷研究》第八辑，紫禁城出版社 2002 年 12 月版。

9. 中国硅酸盐学会《中国陶瓷史》，文物出版社 1982 年版。

10. 吴仁敬，辛安潮《中国陶瓷史》（民国珍本丛刊），团结出版社 2006 年版。

11. 江西省轻工业厅陶瓷研究所《景德镇陶瓷史稿》，生活・读书・新知三联书店 1959 年版。

12. 香港大学冯平山博物馆及景德镇陶瓷考古研究所主编《景德镇出土五代至清初瓷展》，香港大学冯平山博物馆 1992 年版。

13. 卢家锡、李家治主编《中国科学技术史・陶瓷卷》科学出版社 1998 年版。

14. 叶喆民《中国陶瓷史》，生活・读书・新知三联书店 2011 年 3 月第 1 版。

15. 谭旦冏主编《中国陶瓷史》，台湾“国立历史博物馆”1985 年版。

16. 谭旦冏《陶瓷汇录》，台北“故宫博物院”1981 年版。

17. 杨永善主编《中国传统工艺全集・陶瓷》，大象出版社 2004 年版。

18. 王建华主编《故宫博物院藏古陶瓷资料选粹》（上、下），紫禁城出版社 2005 年 9 月第 1 版。

19. 王光尧《明代宫廷陶瓷史》，紫禁城出版社 2010 年 9 月版。

20. 王国丙《元明清青瓷》，北京工艺美术出版社 2010 年 1 月版。

21. 王奇《中国陶瓷实录》，浙江古籍出版社 2017 年 6 月第 1 版。

22. 王伯敏主编《中国美术通史》，山东教育出版社 1987 年版。

23. 王世襄《锦灰堆》，生活、读书、新知三联书店 2010 年 7 月第 1 版。

24. 张福康《中国古陶瓷的科学》上海人民美术出版社 2000 年第 1 版。

25. 文物编辑委员会编《中国古代窑址调查发掘报告集》，文物出版社 1984 年版。

26. 上海博物馆编《雪域珍藏——西藏文物精华》上海书画出版社 2001 年版

27. 周仁等《中国古陶瓷研究论文集》，轻工业出版社 1983 年版。

28. 李文杰《中国古代陶瓷工艺研究》，科学出版社 1996 年版。

29. 李辉柄《中国瓷器鉴定基础》，紫禁城出版社 2005 年版。

30. 李知宴《陶瓷发展的历史辨伪》，华龄出版社 2004 年版。

31. 杜斌校注《中国陶瓷四书》，齐鲁书社 2015 年 12 月版。

32. 李国桢，郭演仪《中国工艺名瓷基础》，上海科学技术出版社 1988 年版。

33. 中国社会科学院考古研究所编《新中国的考古发现和研究》，文物出版社 1982 年版。

34. 孔六庆《中国陶瓷绘画艺术史》，东南大学出版社 2003 年 12 月第 1 版。

35. 孔六庆《继往开来——明代院体花鸟画研究》，东南大学出版社 2008 年版。

36. 江西省古陶瓷研究会编《中国青花瓷纹饰图典》，东南大学出版社 2008 年版。

37. 耿宝昌主编《孙瀛洲的陶瓷世界》，紫禁城出版社 2005 年版。

38. 毛晓沪《古陶瓷鉴定学·总论卷》（上、下），中国社会科学出版社 2010 年 8 月第 1 版。

39.（日）三杉隆敏《中近东之中国瓷器》，香港大学出版社 1981 年版。

40.（美）牟复礼（英）崔瑞德编《剑桥中国明代史》（上、下），中国社会科学出版社 1992 年 2 月第 1 版。

41. 赵中男等《明代宫廷典制史》，紫禁城出版社 2010 年 9 月第 1 版。

42. 温功义《明代宦官》，紫禁城出版社 2010 年 4 月第 1 版。

43. 彭吉象主编《中国艺术学》，高等教育出版社 1997 年版。
44.（英）迈克尔·苏立文《中国艺术史》，台北南天书局有限公司 1985 年版。
45. 苏沛权《明代青花瓷中外文化交流研究》，澳门理工学院出版社 2007 年版。
46. 张柏主编《中国出土瓷器全集》，科学出版社 2008 年版。
47. 陈进海《世界陶瓷艺术史》，黑龙江美术出版社 1995 年版。
48. 张夫也《外国工艺美术史》，高等教育出版社 2006 年版。
49. 陈炎主编《中国审美文化史·元明清卷》，山东画报出版社 2007 年版。
50. 秦惠彬主编《伊斯兰文明》，中国社会科学出版社 1999 年版。
51. 刘一虹，齐前进《美的世界——伊斯兰艺术》，北京宗教文化出版社 2006 年版。
52. 阿卜杜拉·马文宽《伊斯兰世界文物在中国的发现与研究》，宗教文化出版社 2006 年版。
53. 杨永善《陶瓷造型艺术》，高等教育出版社 2004 年版。
54. 赵自强《古陶瓷鉴定》，广东高等教育出版社 1991 年版。
55. 张安鸽《张安鸽谈瓷器》，山东美术出版社 2008 年 1 月版。
56.（英）哈里·加纳著，叶文程、罗立华译，《东方的青花瓷》，上海人民美术出版社 1992 年版。
57.（日）相贺昌宏编《世界陶瓷全集》，日本小学馆，1976 年 11 月版。
58.（日）三上次男著，李锡经、高善美译《陶瓷之路》，文物出版社 1984 年版。
59. 高丰《中国器物艺术论》，山西教育出版社 2001 年 1 月版。
60. 李翎，王孔刚《中国工艺美术史纲》，辽宁美术出版社 1996 年 8 月版。
61. 长北《中国艺术史纲》，商务印书馆 2006 年 7 月版。
62. 单国强《中国绘画断代史·明代绘画》，人民美术出版社 2004 年版。
63. 梁淼泰《明清景德镇城市经济研究》，江西人民出版社 1991 年版。
64. 邵彦《中国绘画的历史与审美鉴赏》，中国人民大学出版社 2000 年 7 月版。
65. 熊寥，熊微《中国陶瓷古籍集成》，上海文化出版社 2006 年版。
66. 权奎山《说陶论瓷——权奎山陶瓷考古论文集》，文物出版社 2014 年 5 月版。
67. 朱塞佩·埃斯卡纳齐《中国艺术品经眼录——埃斯卡纳齐的回忆》，上海书画出版社 2017 年

4月第1版。

68. 霍华《陶瓷述古》，上海文化出版社1999年版。

69.（美）毕宗陶《中国陶瓷在英国1560—1960藏家藏品与博物馆》，上海书画出版社2017年2月版。

70. 日本大阪市立东洋陶瓷美术馆《皇帝的瓷器——新发现的景德镇官窑》，大阪市美术振兴协会1995年版。

71.（日）佐久间重男《景德镇窑业史研究》，东京第一书房1999年版。

72.（日）中泽富士雄《明代的陶瓷器》，《世界美术大全集·东洋编 第八卷一明》，东京小学馆1999年版。

73. 黎浩亭《景德镇陶瓷概况》，正中书局1937年7月初版。

74. 邵蛰民辑，余戢门增补《增补古今瓷器源流考》，1938年北平石印本。

B. 专论

75. 耿宝昌《明清瓷器鉴定》，紫禁城出版社、两木出版社1989年版。

76. 耿宝昌《故宫博物院藏文物珍品大系·青花釉里红》，上海科学技术出版社2000年版。

77. 李一平，李子嵬《景德镇明清官窑》，耿宝昌，涂华主编《中国古代名窑系列丛书》，江西美术出版社2016年5月第1版。

78. 耿宝昌《故宫藏明初青花瓷》（上、下），紫禁城出版社2002年版。

79. 耿宝昌《国粹青花瓷辨伪》，故宫博物院2011年出版。

80. 汪庆正《青花釉里红》，上海博物馆、两木出版社1986年出版，

81. 汪庆正《中国陶瓷研究》，上海人民出版社2008年版。

82. 汪庆正《青花釉里红——元、明、清瓷器》，香港，1993年。

83. 汪庆正《中国陶瓷钱币碑帖研究》，上海古籍出版社2006年3月第1版。

84. 朱裕平《明代青花瓷》，上海科学技术出版社2010年4月版。

85. 李正中，朱裕平《中国青花瓷》，山东美术出版社2006年版。

86. 朱和平《中国设计艺术史纲》，湖南美术出版社2003年版。

87. 马希贵《中国青花瓷》，上海古籍出版社1999年版。

88. 廖宝秀编《故宫藏瓷大系・宣德之部》，台北“故宫博物院”2000 年 12 月版。

89. 廖宝秀《釉色与纹饰明代青花瓷》，台北“故宫博物院”2016 年版。

90. 廖宝秀《典雅富丽——故宫藏瓷》，台北“故宫博物院”2013 年版。

91. 蔡玫芬，翁宇雯《蓝白辉映——院藏明代青花瓷展》，台北“故宫博物院”2015 年版。

92. 张浦生《青花瓷器鉴定》，书目文献出版社 1995 年版。

93. 张文玲《中亚古艺术探微》，台北“故宫博物院”1998 年版。

94. 张福康《中国古陶瓷的科学》，上海人民美术出版社 2000 年 9 月第 1 版。

95. 张斐然《江西陶瓷沿革》，江西建设厅 1930 年版。

96. 张文朴《中国古代陶瓷》，科学出版社 1995 年版。

97. 周仁等《中国古陶瓷研究论文集》，轻工业出版社 1982 年版。

98. 南京博物院，香港中文大学文物馆《朱明遗萃——南京明故宫出土陶瓷》，香港中文大学出版社，1996 年。

99. 叶佩兰主编《古瓷辨识》，艺术图书公司 1994 年版。

100. 叶佩兰《元代瓷器》，九州图书出版社 1998 年版。

101. 孙瀛洲《孙瀛洲陶瓷研究与鉴定》，紫禁城出版社 2008 年 12 月第 1 版。

102. 刘新园《明宣德官窑蟋蟀罐》，生活·读书·新知三联书店 2019 年 6 月第 1 版。

103. 刘金成《高安元代窖藏瓷器》，朝华出版社 2006 年版。

104. 刘勇《明清瓷器过手录》（明代部分），天津大学出版社 2008 年版。

105. 刘朝晖《明清以来景德镇瓷业与社会》，上海书店出版社 2010 年版。

106. 刘伟《帝王与宫廷瓷器》，紫禁城出版社 2010 年版。

107. 刘良佑《明清两代珐琅器之研究》，台北编译馆中华丛书编审委员会 1983 年版。

108. 刘良佑《古瓷研究》，台北幼狮文化事业 1988 年版。

109. 刘良佑《中国历代陶瓷鉴赏》，台北尚亚美术出版社 1991 年版。

110. 王建华，李国强《古瓷辨赏》，紫禁城出版社 1996 年 6 月版。

111. 王健华《明清官窑青花瓷器识真》，江西美术出版社 2002 年 10 月版。

112. 王大鸣《行走在鉴定缄赏之间》，文化发展出版社 2017 年 1 月版。

113. 王光尧，李文儒《明代宫廷陶瓷史》，紫禁城出版社 2010 年 9 月版。

114. 王志敏《明代民间青花瓷画》，中国古典艺术出版社 1958 年版。

115. 王怡苹《元明清官窑番莲花纹饰之研究》，社会科学文献出版社 2017 年 7 月版。

116. 马未都《瓷之色》，紫禁城出版社 2011 年 8 月版。

117. 故宫博物院编《紫禁城》杂志 2016 年 11 月号，总第 262 期。

118. 故宫博物院古陶瓷研究中心编《故宫博物院藏古陶瓷资料选萃》（上、下），紫禁城出版社 2005 年 9 月版。

119.（土耳其）爱赛·郁秋克《伊斯坦布尔的中国宝藏》，土耳其共和国外交部 2001 年版。

120.（英）白兰士敦（Archibald Brankston）《景德镇明代早期瓷器》（Early Ming Wares of Chingtechen）1938 年版。

121. 黄云鹏《黄窑说瓷》，江西美术出版社 2009 年 12 月版。

122. 曲永建《北京出土瓷片断代与鉴赏》，文物出版社 2011 年 1 月第 1 版。

123. 吕成龙《中国古代颜色釉瓷器》，紫禁城出版社 2004 年版。

124. 吕成龙《中国古陶瓷款识》，紫禁城出版社 2003 年版。

125. 陈龙，王振庸主编《中国古陶瓷研究会 1996 年年会专辑》，紫禁城出版社 1996 年版。

126. 陈淞贤《中国传统陶瓷艺术研究》，中国美术学院出版社 2001 年版。

127. 陈雨前，郑乃章，李兴华《景德镇陶瓷文化概论》，江西高校出版社 2004 年版。

128. 陈雨前《景德镇陶瓷古彩装饰》，江西高校出版社 2004 年版。

129. 潘兆鸿《陶瓷 300 问》，江西科学出版社 1988 年版。

130. 熊寥、熊微编《中国历代陶瓷款识大典》，上海文化出版社 2000 年版。

131. 熊寥《中国历代瓷器装饰大典》，上海文化出版社 2003 年版。

132. 铁源《明清瓷器纹饰鉴定——荷莲牡丹卷》，华龄出版社 2002 年版。

133. 铁源《明清瓷器纹饰鉴定——图案纹饰卷》，华龄出版社 2001 年版。

134. 铁源《明清瓷器纹饰鉴定——四季花卉卷》，华龄出版社 2001 年版。

135. 铁源《明清瓷器纹饰鉴定——动物纹饰卷》，华龄出版社 2001 年版。

136. 毛晓沪《瓷器的革命》，人民出版社 2017 年 1 月版。

137. 西风《中国瓷器鉴赏与收藏》，上海科学技术出版社 2015 年版。

138. 上海博物馆编《幽兰神采——2012 上海元青花国际学术研讨会论文集》，上海古籍出版社 2015 年 11 月第 1 版。

139.（日）藤冈了一《明初民窑的青花·黑暗时代的青花》，《陶瓷大系·明的染付》，日本平凡社 1975 年版。

140. 北京文物考古研究所《毛家湾——明代瓷器坑考古发掘报告》（上、下），科学出版社 2007 年 11 月版。

141. 方李莉《景德镇民窑》，人民美术出版社 2002 年 12 月版。

142. 路菁，关宝琮《中国民间青花瓷》，辽宁画报出版社 1999 年版。

143. 关宝琮《历代陶瓷款识》，万卷出版公司 1998 年版。

144. 江西省轻工业厅陶瓷研究所编《景德镇陶瓷史稿》，生活·读书·新知三联书店 1959 年 2 月版。

145. 江建新《中国釉上彩瓷器史略》，文物出版社 2015 年 9 月版。

146. 江建新《明洪武官窑研究——以御窑厂遗址出土遗物为中心》，文物出版社 2018 年 9 月第 1 版。

147. 梁淼泰《明清景德镇城市经济研究》，江西人民出版社 1991 年 12 月。

148. 梁穗《景德镇出土元明官窑瓷器》，文物出版社 1999 年版。

149. 李辉柄《青花瓷器鉴定》，紫禁城出版社 2000 年出版。

150. 李国桢等《中国名瓷工艺基础》，江西美术出版社 2004 年 9 月第 2 版。

151. 李兴华，黄吉宏，王秋雷《景德镇陶瓷器物中的人文美学精神》，江西高校出版社 2012 年版。

152. 李仲元《纹饰典故》，辽宁教育出版社 1990 年版。

153. 李建毛《中国古陶瓷经济研究》，湖南人民出版社 2001 年版。

154. 李家治《中国科学技术史·陶瓷卷》，科学出版社 1998 年版。

155. 李刚《古瓷新探》，浙江人民出版社 1990 年版。

156. 穆青《试论中国瓷器上的莲纹》，华龄出版社 2003 年版。

157. 穆青，汤伟健《明代民窑青花》，河北人民出版社 2003 年版。

158. 朱顺龙《陶瓷与中国文化》，汉语大词典出版社 2003 年版。

159. 单国强《中国绘画断代史·明代绘画》，人民美术出版社 2004 年版。

160. 苏沛权《明代青花瓷中外文化交流研究》，澳门理工学院 2007 年版。

161. 冯小琦，陈润民编《明清青花瓷器——故宫博物院藏瓷赏析》，文物出版社 2000 年版。

162. 曹建文《景德镇青花瓷器艺术发展史研究》，山东美术出版社 2008 年版。

163. 吴宇华《明清青花瓷画鉴赏》，北京图书馆出版社 2005 年版。

164. 吴仁敬，辛安潮《中国陶瓷史》，商务印书馆 1937 年版。

165. 故宫博物院编《永宣时代极其影响——两岸故宫第二届学术研究会论文集》，故宫出版社 2012 年 8 月版。

166. 丁叙钧《釉下彩绘瓷器——特征、鉴定与辨伪》，上海人民出版社 2001 年版。

167. 上海博物馆《青花的世纪元青花与元代的历史、艺术、考古》，北京大学出版社 2013 年版。

168. 毛民《榴花西来——丝绸之路上的植物》，人民出版社 2005 年版。

169. 白明《景德镇传统制瓷工艺》，江西美术出版社 2002 年版。

170. 石奎济，石玮编《景德镇陶瓷词典》，江西人民出版社 2014 年版。

171. 田自素，吴淑生，田青《中国纹样史》，北京高等教育出版社 2003 年版。

172. 江西省陶瓷工业公司编《景德镇的青花瓷》，江西人民出版社 1977 年版。

173. 回顾《世界装饰图案全集》，辽宁美术出版社 1999 年版。

174. 黄兰茵《明代永乐皇帝的瓷器》，台北“故宫博物院”2017 年 5 月版。

175. 成耆仁《中国纹饰及其象征意义》，台北历史博物馆 2003 年版。

176. 林婧琪《青花瓷》（收藏赏玩指南丛书），新世界出版社 2017 年 12 月版。

177. 余勇、张亚林《常用陶瓷装饰纹样》，江西美术出版社 2002 年版。

178. 芮传明、余太山《中西纹饰比较》，上海古籍出版社 1995 年版。

179. 胡雁溪《明清民窑青花瓷识真》，江西美术出版社 2003 年版。

180. 康啸白《陶瓷鉴赏新知》，台北雄狮图书 1997 年版。

181. 陈鲁夏，谭红丽《中国牡丹纹图谱》，北京工艺美术出版社 2000 年版。

182. 曾肃良《明代官窑鉴定》，台北三艺出版社 2002 年版。

183. 叶刘天增《中国装饰纹样比较研究》，台北南天出版社 1992 年版。

184. 轻工业部陶瓷工业科学研究所《景德镇明清瓷器纹饰》，文物出版社 1987 年版。

185. 郑岩《中国表情——文物所见古代中国人的风貌》，四川人民出版社 2004 年版。

186. 许明《土耳其、伊朗馆藏元青花考察亲历记》，上海人民出版社 2012 年 5 月第 2 版。

187. 闫冬梅《中国明清瓷器》，台北艺术图书公司 1996 年版。

188. 施琪，刘丽芳《陶瓷款识与装饰鉴赏》，北京中国致公出版社 1994 年版。

189. 江思清《景德镇瓷业史》，中华书局 1930 年版。

190. 黎浩亭《景德镇陶瓷概况》，正中书局 1937 年版。

191. 周仁等《景德镇瓷器的研究》，科学出版社 1958 年版。

192. 祝桂洪《景德镇陶瓷传统工艺》，江西高校出版社 2004 年版。

193. 台北鸿禧艺术文教基金会编《鸿禧文物》（创刊号），1996 年 2 月出版。

194. 台北鸿禧艺术文教基金会编《鸿禧文物》（第三期），1998 年 3 月出版。

195. 中央文化部文物局编印《参加苏联中国艺术展览会古代艺术品目录》，1950 年印行。

196. 长谷川祥子，中泽富士雄《元明的青花》，平凡社株式会社 1995 年 12 月 11 日第 1 版。

197.（日）矢岛律子《明的五彩》，平凡社株式会社 1996 年 4 月 17 日第 1 版。

198. 佘城《明代青花瓷器发展与艺术之研究》，台湾文史哲出版社 1986 年 3 月初版。

199.（英）索姆·詹宁斯著，闫健武策划，张淳淳译《中国明代陶瓷》，上海书画出版社 2019 年 7 月第 1 版。

C. 图谱

200. 艺术家工具书编委会主编《明代陶瓷大全》，台湾艺术家出版社 1996 年版。

201. 北京文物鉴赏编委会编《明清颜色釉瓷》，北京出版社集团 2005 年版。

202. 北京文物鉴赏编委会编《明清彩瓷》，北京出版社出版集团 2005 年版。

203. 香港敏求精舍编《中国陶瓷雅集》，香港艺术馆 1980 年出版。

204. 冯平山博物馆编《景德镇出土陶瓷——景德镇出土五代至清初瓷展》，香港大学冯平山博物馆 1992 年。

205. 冯先铭编《中国古陶瓷图典》，文物出版社 1998 年 1 月第 1 版。

206. 台北鸿禧美术馆《景德镇出土明初官窑瓷器》，台北鸿禧美术馆，1996 年。

207. 台北鸿禧美术馆《景德镇出土明宣德官窑瓷器》，台北鸿禧美术馆，1998 年。

208. 景德镇陶瓷考古研究所《景德镇出土宣德官窑珍品》，澳门民政总署画廊 2010 年版。

209. 梁穗主编《景德镇出土元明官窑瓷器》，文物出版社 1999 年。

210. 首都博物馆编《首都博物馆藏瓷选》，文物出版社 1991 年。

211. 首都博物馆编《景德镇珠山出土永乐官窑瓷器》，文物出版社 2007 年 5 月版。

212. 北京市文物局编《北京文物精粹大系·陶瓷卷》（上、下），北京出版社 2004 年版。

213. 杨培钧主编《陕西历史博物馆珍藏·陶瓷器》，陕西人民美术出版社 2003 年版。

214. 陈永志主编《内蒙古集宁路古城遗址出土瓷器》，文物出版社 2004 年版。

215. 杨敬荣编《颜色釉——故宫博物院文物珍品大系》，上海科学技术出版社 2005 年版。

216. 西藏博物馆编《西藏博物馆藏明清瓷器精品》，中国大百科全书出版社 2005 年版。

217. 徐耀新等主编《南京文物精华·器物编》，上海人民美术出版社 2000 年版。

218. 张柏主编《中国出土瓷器全集》，科学出版社 2008 年 3 月第 1 版。

219. 河北省文物研究所编《珍瓷赏真——河北省文物研究所藏瓷选介》，科学出版社 2007 年版。

220. 北京市文物研究所编《北京毛家湾出土瓷器》，科学出版社 2008 年版。

221. 杨士林，孔令宽《洪武中都城陶瓷萃珍》，中国民族摄影艺术出版社 2004 年版。

222. 蔡和碧主编《故宫成化瓷器精选》，台北“故宫博物院”2017 年 2 月第 1 版。

223.《明瓷名品图录》，台北“故宫博物院”1977 年版。

224. 东京国立博物馆编《中国的陶瓷》，日本琼芯斋 1994 年版。

225.《太仓仇氏抗希斋曾藏珍品图录第一辑·明清瓷器》，香港苏富比公司 1980 年版。

226. 廖宝秀主编《釉色与纹饰——明代青花瓷》，台北“故宫博物院”2016 年 10 月第 1 版。

227. 李砚祖，孙建军主编《中国传世名瓷鉴赏》，中国摄影出版社 2002 年 6 月第 1 版。

228.《朱明遗萃——南京明故宫出土陶瓷》，南京博物馆及香港中文大学文物馆 1996 年出版。

229.《中国文物精华大全・陶瓷卷》，台湾商务印书馆 2002 年出版。

230. 沈珠主编《中国文物精华》，文物出版社 1990 年。

231. 张德勤主编《中国文物精华》，文物出版社 1993 年。

232. 张文彬主编《中国文物精华》，文物出版社 1997 年。

233.《故宫博物院藏文物珍品全集・青花釉里红》，香港商务印书馆 2000 年版。

234. 天津市艺术博物馆《中国博物馆・天津市艺术博物馆》，日本讲谈社 1982 年。

235. 张柏主编《中国出土瓷器全集·北京卷》，科学出版社 2008 年版。

236. 张柏主编《中国出土瓷器全集·内蒙古卷》，科学出版社 2008 年版。

237. 蔡和璧编《成化瓷器特展图录》，台北“故宫博物院”2003 年 9 月版。

238. 蔡和璧编《故宫成化瓷器精选》，台北“故宫博物院”2017 年 2 月版。

239. 故宫博物院、景德镇市陶瓷考古研究所编《明代成化御窑瓷器》（上下册），故宫出版社 2016 年 10 月第 1 版。

240. 林成业《官窑瑰宝——成化斗彩瓷器图录》，台湾紫辰社文化事业出版社 2015 年 7 月版。

241. 游鹏编《和畅园藏中国陶瓷》，深圳和畅园 2016 年版。

242. 唐蕊君，霍吉淑《大英博物馆大维德爵士藏中国陶瓷精选》，文物出版社 2013 年 11 月第 1 次印刷。

243. 故宫博物院，景德镇市陶瓷考古研究所编《明代洪武永乐御窑瓷器》，故宫出版社 2015 年 5 月第 1 版。

244. 故宫博物院，景德镇市陶瓷考古研究所编《明清御窑瓷器》，故宫出版社 2016 年 10 月第 1 版。

245.《故宫藏瓷明彩瓷》，台北“故宫博物院”1966 年版。

246.《故宫藏瓷单色釉瓷》，台北“故宫博物院”1968 年版。

247. 台北“故宫博物院”联合管理处编《故宫瓷器录第二辑明》。台北“故宫博物院”1962 年版。

248. 台北“故宫博物院”编《明代初年瓷器特展目录》，台北“故宫博物院”1982 年 10 月初版。

249. 台北“故宫博物院”编《明宣德瓷器特展目录》，台北“故宫博物院”1980 年 11 月初版。

250. 台北“故宫博物院”编《明代宣德官窑菁华特展图录》，台北“故宫博物院”1998 年版。

251. 故宫博物院，景德镇市陶瓷考古研究所编《明代宣德御窑瓷器》，故宫出版社 2015 年 5 月第 1 版。

252. 景德镇市陶瓷考古研究所、徐氏艺术馆《成窑遗珍 景德镇珠山出土成化官窑瓷器》，香港徐氏艺术馆 1993 年版。

253. 中国陶瓷全集编辑委员会编《中国陶瓷全集》，上海人民美术出版社 2000 年版。

254. 耿宝昌主编《故宫博物院文物珍品大系·陶瓷》，上海科学技术出版社 2000 年版。

255. 冯小琦，陈润民编《明清青花瓷器——故宫博物院藏瓷赏析》，文物出版社 2000 年版。

256. 汪庆正，葛师科主编《天民楼珍藏青花瓷器》，上海科学技术出版社 1996 年 10 月第 1 版。

257. 汪庆正《中国陶瓷研究》，上海人民出版社 2008 年版。

258. 景德镇陶瓷考古研究所编《景德镇出土瓷器》，香港大学冯平山博物馆 1992 年版。

259. 北京大学考古文博学院，江西省文物考古研究所，景德镇市陶瓷考古研究所联合编《景德镇出土明代御窑瓷器》，文物出版社 2009 年 6 月版。

260.《英国里埃斯科珍藏重要中国瓷器》，佳士得 2013 年秋季拍卖会图录。

261. 葛师科编《天民楼藏瓷》，香港艺术馆 1987 年版。

262.《中国美术全集·陶瓷器》黄山书社出版。

263. 秦孝仪编《海外遗珍·陶瓷》，台北“故宫博物院”1989 年 6 月第 1 版。

264. 中国国家博物馆编《中国国家博物馆馆藏文物研究丛书·瓷器卷·明代》，上海古籍出版社 2007 年 7 月版。

265. 国家文物局主编《中国文物菁华大全·陶瓷卷》，商务印书馆，上海辞书出版社联合出版 1993 年 10 月第 1 版。

266. 霍吉淑、赵伟、陈谊、文微译，李保平、吕成龙审校《大英博物馆藏中国明代陶瓷》，故宫出版社 2014 年 6 月第 1 版。

267. 大英博物馆，首都博物馆编《世界文明珍宝：大英博物馆之 250 年藏品（中英文本）》，文物出版社 2006 年版。

268. 台北“故宫博物院”《故宫明瓷名品图录》，日本学习研究社 1977 年版。

269.《故宫藏传世瓷器真赝对比历代古窑址标本图录》，紫禁城出版社 1998 年版。

270. 国家文物局中国文物信息咨询中心编《中国古代陶瓷艺术·明清彩瓷与颜色釉》，人民美术出版社 2007 年 10 月版。

271.《世界陶瓷全集·明》，日本小学馆 1976 年版。

272. 王莉英《中国陶瓷全集·明代卷》，上海人民美术出版社 2000 版。

273.《皇帝的瓷器——新发现的景德镇官窑》，日本大阪东洋陶瓷美术馆 1995 年版。

274. 中国文物信息中心编《中国古代陶瓷艺术·元明清釉下彩》，人民美术出版社 2005 年 10 月版。

275. 鸿禧美术馆编《景德镇出土明清官窑瓷器》，鸿禧艺术文教基金会 1996 年版。

276. 香港市政局，景德镇市陶瓷历史博物馆联合主办《景德镇珠山出土永乐宣德官窑瓷器展览》香港市政局 1989 年版。

277.《景德镇出土明宣德官窑瓷器》，台北鸿禧美术馆 1998 年版。

278.《江西元明青花瓷器》，江西省博物馆，香港中文大学文物馆 2002 年 9 月版。

279. 白文源编《天津博物馆藏瓷》，文物出版社 2012 年 4 月第 1 版。

280.《天物馆藏瓷》，广陵书社 2011 年 2 月版。

281. 铁源编《江西藏瓷全集·明代》（上、下卷），朝华出版社 2007 年 9 月版。

282. 张铭声，李建敏编《明代单色釉》，山东美术出版社 2007 年 1 月版。

283. 张铭声，李建敏编《明代青花瓷》，山东美术出版社 2007 年 1 月版。

284. 旅顺博物馆编《旅顺博物馆藏文物选粹·陶瓷卷》，文物出版社 2009 年 12 月版。

285. 故宫博物院编《故宫陶瓷精华》，紫禁城出版社 2008 年 8 月版。

286. 李有臣编《天一藏中国古陶瓷标本集珍——北京地区古瓷片》，文物出版社 2008 年 1 月版。

287. 中国嘉德国际拍卖有限公司编《嘉德二十年精品录陶瓷卷》，雅昌文化集团公司 2014 年 5 月版。

288.《郑和下西洋国际学术研究会论文集》，台北稻乡出版社 2003 年版。

289. 李一平，曹建文《江西藏瓷全集·明代》，朝华出版社 2007 年 9 月版。

290. 湖北省文物考古研究所，钟祥市博物馆《梁庄王墓》，文物出版社 2007 年 3 月版。

291. 曾肃良《明代官窑鉴定》，百花文艺出版社 2010 年版。

292. 炎黄艺术馆编《景德镇出土元明官窑瓷器》，文物出版社 1999 年版。

293. 上海博物馆编《上海博物馆藏中国古代瓷器珍品 10—19 世纪》，上海书画出版社 2016 年 5 月版。

294.《1996—2005 中国艺术品拍卖十年菁华录》，山西人民出版社 2006 年 6 月版。

295. 安徽省博物馆编《元瓷之珍》，文物出版社 2009 年 7 月版。

296. 郭学雷，孔繁珠编《明瓷聚真——山西民间藏瓷精粹》，文物出版社 2008 年 1 月版。

297. 陈昌蔚编《中国陶瓷 · 明代瓷器》，台湾光复书局 1980 版。

298. 沈阳故宫博物院编《沈阳故宫博物院院藏文物精粹·瓷器卷》，辽宁万卷出版公司 2008 年版。

299. 台北“故宫博物院”联合管理处编《故宫瓷器录（第二辑明 甲）》，台北“故宫博物院”1964—1966。

300. 台北“故宫博物院”联合管理处编《故宫瓷器录（第二辑明 乙）》，台北“故宫博物院”1964—1966。

301. 台北“故宫博物院”联合管理处编《故宫瓷器录（第二辑明 丙）》，台北“故宫博物院”1964—1966。

302. 台北“故宫博物院”联合管理处编《故宫瓷器录（第二辑明 丁）》，台北“故宫博物院”1964—1966。

303. 广西博物馆，广西文物考古研究所，越南国家历史博物馆《海上丝绸之路遗珍——越南出水陶瓷》，科学出版社 2009 年版。

304. 上海博物馆，景德镇市陶瓷考古研究所编《灼烁重现——15 世纪中期景德镇瓷器特集》，上海世纪出版集团 2019 年 5 月第 1 版。

305. 景德镇御窑博物馆编《景德镇出土明洪武官窑瓷器》，文物出版社 2019 年 1 月第 1 版。

306. 厦门市博物馆，景德镇御窑博物馆，景德镇陶瓷民俗博物馆编《高洁灵雅成化瓷——景德镇御窑出土成化瓷特展》，福建科学技术出版社 2017 年 11 月第 1 版。

307. 厦门市博物馆，景德镇御窑博物馆编《陶烟五色永乐瓷》，福建科学技术出版社 2016 年 12 月第 1 版。

308. 卫平总编《馆藏陶瓷 2009 年第一集北京光华路五号艺术馆》，中国友谊出版社 2009 年 8 月第 1 版。

309. 江建新编《崇真堂藏明代官窑瓷器》，华龄出版社 2020 年 1 月第 1 版。

D. 文献资料

310. 明代宋应星《天工开物》，南海出版公司 2007 年版。

311. 明代曹昭《新增格古要论》，《丛书集成》第 1554—1556 册，商务印书馆 1939 年版。

312. 明代黄瑜《双槐岁钞》，中华书局 1999 年版。

313. 明代马欢《瀛涯胜览》，中华书局 1985 年版。

314. 明代陈继儒《妮古录》，中华书局 1985 年版。

315. 明代文震亨《长物志》，中华书局 1985 年版。

316. 明代王士性《广志绎》，中华书局 2006 年版。

317. 明代王世贞《觚不觚录》，中华书局 1985 年版。

318. 明代王世懋《窥天外乘》，中华书局 1985 年版。

319. 明代王圻撰辑《续文献通考》，北京现代出版社 1986 年版。

320. 明代王佐增 舒敏编《新增格古要论》，中华书局 1985 年版。

321. 明代王宗沐修纂，陆万垓增修《江西大志》，线装书局 2003 年版。

322.（传）谷应泰《博物要览》，中华书局 1985 年版。

323. 明代陈贞慧《秋园杂佩》，中华书局 1985 年版。

324. 明代李日华《紫桃轩杂缀》，上海中央书店 1935 年版。

325. 明代朱权《明宫词》，北京古籍出版社 1987 年版。

326. 明代黄省曾《西洋朝贡典录》，中华书局 1982 年版。

327. 明代沈德符《敝帚轩剩语 补遗》，中华书局 1985 年版。

328. 明代何孟春《余冬序录摘抄内外篇》，中华书局 1985 年版。

329. 明代费信撰，冯承钧校注《星槎胜览》，中华书局 1954 年版。

330. 明代巩珍撰，向达校注《西洋番国志》，中华书局 2000 年版。

331. 明代谢肇淛《历代笔记丛刊·五杂组》，上海书店 2001 年版。

332. 明代申时行等撰修《明会典》，中华书局 1989 年版。

333. 明代陆容《寂园杂记》，中华书局 1985 年版。

334. 明代田艺衡撰，朱碧莲点校《留青日记》，上海古籍出版社 1992 年版。

335. 明代姜绍书《无声诗史》，上海人民美术出版社 1963 年版。

336. 明代沈德符《万历野获编》，中华书局 1959 年版。

337. 明代朱国桢撰，缪宏点校《涌幢小品》，北京文化艺术出版社 1998 年版。

338. 明代徐树丕《识小录》（收于《丛书集成续编》第 89 册子部），上海书店出版社 1994 年版。

339. 明代李贤《天顺日录》（收于邓士龙《国朝典故》卷中），北京大学出版社 1993 年版。

340. 明代张应文《清秘藏》（收于黄宾虹、邓实编《美术丛书》初集第 8 辑），上海神州国光社 1936 年版。

341. 明代邵经邦《弘艺录》（收于于敏中《钦定日下旧闻考》第 2 册卷 34《宫室 · 明二》），北京古籍出版社 1985 年版。

342. 明代曹昭《格古要论》（收于《洞天清录外五种》），上海古籍出版社 1993 年版。

343. 明代董其昌《骨董十三说》（收于《美术丛书》二集第 8 辑），上海神州国光社 1936 年版。

344. 明代高濂《遵生八笺》（收于北京图书馆古籍珍本丛刊 61 子部·杂家类），北京书目文献出版社 1989 年版。

345. 明代黄一正《事物绀珠》（收于《四库全书存目丛书子部》第 200 册），济南齐鲁书社 1995 年版。

346. 明代焦竑《玉堂丛语》，《续修四库全书》第 1172 册，上海古籍出版社 2002 年版。

347. 清代朱琰《陶说》，上海科技教育出版社 1993 年版。

348. 清代张廷玉等撰《明史》，中华书局 1974 年版。

349. 清代汪汲《事物原会》，江苏广陵古籍刻印社 1989 年版。

350. 清代刘廷玑撰，张守谦点校《在园杂志》，中华书局 2005 年版。

351. 清代钱谦益《列朝诗集小传》，上海古籍出版社 2008 年版。

352. 清代王棠《燕在阁知新录》（收于《续修四库全书·1147·子部·杂家类》），上海古籍出版社

1996 年版。

353. 清代乔溎修，贺熙龄撰，游际盛增补《道光浮梁县志》（收于《中国地方志集成·江西府县志辑 7》），江苏古籍出版社 1996 年版。

354. 萱草园主人辑《明代景德镇官窑制作历史资料》，“萱草园宫窑瓷器网”2005 年 12 月。

355. 清代程廷济修，凌汝锦撰《浮梁县志》，清乾隆四十八年刻本。

356. 清代蓝浦《景德镇陶录》，书目文献出版社 1993 年版。

357. 清代佚名《南窑笔记》（收于全国图书馆文献缩微复制中心编《中国古代陶瓷文献辑录 3》），2003

358. 清代唐秉钧《文房肆考图说》（收于《续修四库全书 1113 子部·谱录类》），上海古籍出版社 2002 年版。

359. 清代吴骞《阳羡名陶录》，上海古籍出版社 1996 年版。

360. 清代陈浏《古瓷汇考 · 陶雅》，寂园丛书 1911 年版。

361. 清代梁同书《古窑器考》，黄宾虹，邓实编《美术丛书》初集，1947 年版。

362. 付振伦《景德镇陶录详注》，书目文献出版社 1993 年 2 月。

363. 许之衡《饮流斋说瓷》，紫禁城出版社 2005 年版。

364. 刘子芬《竹园说陶》，自印本，1925 年版。

365. 黄一正《事物绀珠》，《四库全书存目丛书》，齐鲁书社 1995 年版。

366.（传）项元汴《历代名瓷图谱》，浙江人民美术出版社 2016 年 12 月第 1 版。

367. 徐荣编《古陶瓷文献指南》，中国轻工业出版社 1988 年版。

368. 冯先铭编《中国古陶瓷文献集萃》，台湾倦勤斋 2000 年版。

369. 杜斌校注《中国陶瓷“四书”》，齐鲁书社 2015 年 12 月第 1 版。

370. 熊寥、熊微编注《中国陶瓷古籍集成》，上海文化出版社 2006 年版。

E. 简报

371. 保定地区博物馆《明两京司礼监太监牛玉墓发掘简报》，《文物》，1983 年第 2 期。

372. 蚌埠市博物馆展览馆《明汤和墓清理简报》，《文物》，1977 年第 2 期。

373. 北京市文物工作队《北京香山明太监刘忠墓》，《文物》，1986 年第 9 期。

374. 北京大学文博学院等《江西景德镇市明清御窑遗址 2004 年发掘简报》,《考古》, 2005 年第 7 期。

375. 北京市文物研究所《毛家湾明代瓷器坑考古发掘报告》，科学出版社 2008 年版。

376. 北京大学考古文博学院，江西省文物考古研究所、景德镇市陶瓷考古研究所《江西景德镇市明清御窑遗址 2004 年的发掘》，《考古》，2005 年第 7 期。

377. 故宫博物院，江西省文物考古研究所，景德镇市陶瓷考古研究所《江西景德镇丽阳瓷器山明代窑址发掘简报》，《文物》，2007 年第 3 期。

378. 北京大学考古文博学院，江西省文物考古研究所，景德镇市陶瓷考古研究所《江西景德镇观音阁明代窑址发掘简报》，《文物》，2009 年第 12 期。

379. 北京大学考古文博学院，江西省文物考古研究所，景德镇市陶瓷考古研究所《江西景德镇明清御窑遗址发掘简报》，《文物》，2007 年第 5 期。

380. 故宫博物院，江西省文物考古研究所、景德镇市陶瓷考古研究所《江西景德镇丽阳碓臼山明代纪年墓》，《文物》，2007 年第 3 期。

381. 考古研究所通讯社《北京董四墓村明墓发掘续记——第二号墓》,《科学通报》, 1952 年（3）。

382. 江西广昌县博物馆《明代布政使吴念虚夫妇合葬墓清理简报》，《文物》，1993 年第 2 期。

383. 刘恩元《贵州思南明代张守宗夫妇墓清理简报》，《文物》，1982 年第 8 期。

384. 安县博物馆《淮安县明代王镇夫妇合葬墓清理简报》，《文物》，1987 年第 3 期。

385. 江西省文物工作队《江西南城明益宣王朱翊鈏夫妇合葬墓》，《文物》，1982 年第 8 期。

386. 江西省文物工作队《江西南城明益定王朱由木墓发掘简报》，《文物》，1983 年第 8 期。

387. 江西省博物馆《江西玉山、临川和永修县明墓》，《考古》，1973 年第 5 期。

388. 刘震，刘大义《河北遵化县发现一座明墓》，《考古》，1997 年第 4 期。

389. 刘震《河北遵化市发现一座明太监墓》，《文物春秋》，1997 年第 2 期。

390. 南京市博物馆《南京汪兴祖墓清理简报》，《考古》，1972 年第 4 期。

391. 南京市博物馆《南京明代吴祯墓发掘简报》，《文物》，1986 年第 9 期。

392. 南京市博物馆《明中山王徐达家族墓》，《文物》，1993 年第 2 期。

393. 南京市博物馆，雨花台区文化局《江苏南京市戚家山明墓发掘简报》，《考古》，1999年第10期。
394. 南京市文物保管委员会《南京江宁县明沐晟墓清理简报》，《考古》，1960年第9期。
395. 南京市文物保管委员会《南京中华门外明墓清理简报》，《考古》，1962年第9期。
396. 南京市文物保管委员会《明徐达五世孙徐俌夫妇墓》，《文物》，1982年第2期。
397. 上海市文物管理委员会《上海宝山明朱守城夫妇合葬墓》，《文物》，1992年第5期。
398. 四川省博物馆《明兵部尚书赵炳然夫妇合葬墓》，《文物》，1982年第2期。
399. 四川省文管会《四川平武明王玺家族墓》，《文物》，1989年第7期。
400. 泰州市博物馆《江苏泰州市明代徐蕃夫妇墓清理简报》，《文物》，1986年第9期。
401. 泰州市博物馆《江苏泰州市明代刘湘夫妇合葬墓清理简报》，《文物》，1992年第8期。
402. 铜梁县文管所《四川铜梁明张文锦夫妇合葬墓清理简报》，《文物》，1986年第9期。
403. 山东省博物馆《发掘明朱檀墓纪实》，《文物》，1972年第5期。
404. 上海博物馆《上海浦东明陆氏墓记述》，《考古》，1985年第6期。
405. 苏裕民《永登出土明代青花瓷器》，《文物》，1994年第1期。
406. 张先得，刘精义，呼玉恒《北京市郊明武清侯李伟夫妇墓清理简报》，《文物》，1979年第4期。
407. 烟台地区文管会《山东招远明墓出土遗物》，《文物》，1992年第5期。
408. 故宫博物院等《江西景德镇丽阳瓷器山明代窑址发掘简报》，《文物》，2007年第3期。
409. 胡继高《南京南郊英台寺明金英墓清理记》，《文物参考资料》，1954年12期。
410. 周伟民《桐乡濮院杨家桥明墓发掘简报》，《东方博物》，2007年第4期。
411. 周裕兴《江苏南京发现明太监怀忠墓》，《考古》，1993年第7期。
412. 故宫博物院，江西省文物考古研究所，景德镇陶瓷考古研究所《江西景德镇明清御窑遗址发掘简报》，《文物》，2007年第5期。
413. 河南省博物馆《新乡市郊明潞简王墓及其石刻》，《文物》，1979年第5期。
414. 武汉市文物考古研究所、武汉江夏区博物馆《武汉江夏二妃山明景陵王朱孟熠夫妇墓发掘简报》，《江汉考古》，2010年第2期。
415. 吉林文物考古研究所《扶余明墓——吉林扶余油田砖厂明代墓地发掘报告》，文物出版社

2011 年 12 月版。

416. 淮安市博物馆《淮安楚州翔宇花园明清墓葬群发掘报告》，《东南文化》，2012 年第 1 期。

417. 重庆博物馆《四川铜梁县明代石椁墓》，《文物》，1983 年第 2 期。

418. 重庆博物馆《四川重庆明玉珍墓》，《考古》，1986 年第 9 期。

419. 大理市博物馆《云南大理苍山明墓》，《文物》，1989 年第 7 期。

420. 南京博物院《南京明故宫出土洪武时期瓷器》，《文物》，1976 年第 8 期。

421. 江阴县文化馆《江阴县出土的明代医疗器具》，《文物》，1977 年第 2 期。

422. 冯秉其《安次县西古城村发现明墓》，《文物》，1959 年第 1 期。

423. 广东省博物馆等《广东东莞明罗亨信家族墓清理简报》，《文物》，1991 年第 11 期。

424. 南京博物院，扬州博物馆，扬州师范学校发掘工作组《扬州唐城遗址 1975 年考古工作简报》，《文物》，1977 年第 9 期。

425. 王志高，王泉，张金喜《江苏南京市唐家凹明代张云墓》，《考古》，1999 年第 10 期。

426. 华国荣，祁海宁，骆鹏《南京明代宝船厂遗址六作塘发掘纪要》，《江苏地方志》，2005 年第 6 期。

427. 成都文物考古研究所、温江区文物保护管理所《成都市温江区万春镇明墓发掘报告》，科学出版社 2007 年版。

428. 沈彭年《东善桥娘娘坟发现宣德瓷瓶》，《文物参考资料》，1957 年第 10 期。

429. 成都文物考古研究所《成都市三圣乡明蜀“怀王”墓》，《成都考古发现（2005）》，科学出版社 2007 年版。

430. 成都文物考古研究所等《四川成都水井街酒坊遗址发掘简报》，《文物》，2000 年第 3 期。

431. 成都文物考古研究所《成都市下东大街遗址考古发掘报告》，《成都考古发现（2007）》，科学出版社 2009 年版。

F. 硕士、博士论文

432. 金恩庆《15 世纪中国官窑青花瓷器研究——兼谈 15 世纪朝鲜官窑相关议题》，台北艺术大学美术学院美术史研究所硕士论文 2010 年 1 月。

433. 张静《明代空白期景德镇制瓷研究》，景德镇陶瓷学院硕士论文 2010 年。

434. 张宇《明代青花瓷器婴戏图与仕女图初步研究》，吉林大学硕士论文 2014 年 4 月。

435. 张欣《明代洪武景德镇官窑瓷器特征的新认识——以考古资料为中心》，吉林大学硕士论文 2016 年 6 月。

436. 张培培《元代青花瓷纹饰的形成及艺术特征》，西安美术学院硕士论文 2013 年 3 月。

437. 张晓霞《中国古代植物装饰纹样发展源流》，苏州大学博士论文 2005 年。

438. 张睿洋《明代藩王墓出土瓷器断代分期研究》，中国社会科学院研究生院硕士学位论文 2016 年 5 月。

439. 高宪平《明代正统、景泰、天顺三朝景德镇民窑瓷业研究》，景德镇陶瓷学院硕士论文 2014 年 4 月。

440. 李春至《论明代瓷绘缠枝莲纹的艺术风格与审美内涵》，景德镇陶瓷学院硕士论文 2010 年 5 月。

441. 李冰《明初官窑形态初考——龙泉窑与景德镇官窑的比较研究》，复旦大学硕士论文 2009 年 5 月。

442. 李佩凝《翠兰釉瓷器的形制与珐华器的考古学研究》，吉林大学硕士论文，2015 年 4 月。

443. 李杨《明洪武时期官窑青花瓷器的过度特征研究》，中国社会科学院研究生院硕士论文 2014 年 4 月。

444. 李璇《异域文化对元明青花瓷的影响》，景德镇陶瓷学院硕士论文 2014 年 4 月。

445. 李沙颖《中国牡丹纹装饰特征演变研究》，浙江农林大学硕士论文 2016 年 6 月。

446. 么彬《明代空白期瓷业和瓷器面貌研究》，兰州大学硕士论文 2013 年 3 月。

447. 肖祺《明代永宣官窑青花瓷研究》，华东师范大学硕士论文 2010 年 5 月。

448. 侯弘《试论日本陶瓷的发展与启示》，中央民族大学硕士论文 2006 年。

449. 吴荪《出土元青花瓷器的形制与纹饰》，吉林大学硕士论文 2011 年 4 月。

450. 吴柳燃《明代青花瓷的制作技艺研究》，山西大学硕士论文 2013 年 6 月。

451. 吴倩《几类逼近算法探讨及其在陶瓷艺术品的价格预测研究》，景德镇陶瓷学院硕士论文 2016 年 6 月。

452. 吴宁《元代至明早期龙泉窑官样瓷器初考》，中国艺术研究院硕士论文 2013 年。

453. 吴明娣《汉藏工艺美术交流研究》，首都师范大学博士论文 2002 年 5 月。

454. 袁连山《成化斗彩研究》，南京大学硕士论文 2017 年 5 月。

455. 郑君洁《古彩瓷的中国传统美学思想研究》，景德镇陶瓷学院硕士论文 2014 年 4 月。

456. 卢斌《基于生活美学的成化斗彩瓷研究》，景德镇陶瓷学院硕士论文 2016 年 5 月。

457. 徐冰《景德镇陶瓷开光装饰特征的演变研究》，景德镇陶瓷学院硕士论文 2011 年 5 月。

458. 徐健健《元明清青花装饰中的吉祥纹样比较研究》，景德镇陶瓷学院硕士论文 2010 年 5 月。

459. 徐文鹏《景德镇落马桥红光瓷厂窑址出土元代瓷器分期研究》，北京大学硕士论文 2014 年。

460. 邱海霞《景德镇元代青花装饰艺术风格研究》，景德镇陶瓷学院硕士论文 2011 年。

461. 聂铭洁《论明代永乐红釉瓷的釉色美》，景德镇陶瓷学院硕士论文 2013 年 5 月。

462. 曾建琴《论永宣青花瓷造型和纹饰的中伊“姻娅”关系》，重庆大学硕士论文 2008 年 5 月。

463. 沈塔《论元代至正型青花辅助纹饰的艺术特征》，景德镇陶瓷学院硕士论文 2011 年。

464. 韩莉亚《明代景德镇瓷碗的造型设计研究》，景德镇陶瓷学院硕士论文 2013 年 4 月。

465. 宋晓驰《明代永宣官窑款识演变研究》，中南大学硕士论文 2012 年 5 月。

466. 黄慧《明代御瓷的“官搭民烧”制度研究》，景德镇陶瓷学院硕士论文 2013 年 3 月。

467. 丁胜年《明代御窑厂瓷器颜色审美文化研究》，江南大学硕士论文 2012 年 3 月。

468. 王峰《明代早期青花瓷器艺术研究与鉴定》，中国美术学院硕士论文 2015 年 5 月。

469. 王旖雪《明清时期中国画对景德镇陶瓷装饰的影响研究》，河南大学硕士论文 2014 年 5 月。

470. 王菁菁《明代青花瓷的器型和纹饰研究》，兰州大学硕士论文 2013 年 5 月。

471. 于璐《明墓出土“元瓷风格”青花瓷器时代研究——以纹饰为中心》，中国艺术研究院硕士论文 2012 年。

472. 魏理《明清瓷器装饰纹样艺术研究》，武汉理工大学硕士论文 2008 年 5 月。

473. 乔岳《明清葫芦瓶比较研究》，景德镇陶瓷学院硕士论文 2011 年 5 月。

474. 刘娟娟《明清景德镇制瓷技术理论化研究》，苏州大学硕士论文 2010 年 4 月。

475. 刘修龙《中国传统青花瓷松纹饰的演变研究》，景德镇陶瓷学院硕士论文 2010 年 5 月。

476. 刘静敏《清代官窑瓷器之研究》，台北“中国文化大学”艺研所硕士论文 1979 年。

477. 刘朝晖《明清以来景德镇的瓷业与社会控制》，复旦大学博士论文 2005 年 11 月。

478. 刘莉亚《元代手工业研究》，河北大学博士论文 2004 年 6 月。

479. 刘轫《明代洪武釉里红器研究》，景德镇陶瓷大学硕士论文 2019 年 5 月 10 日。

480. 潘小敏《明清陶瓷书迹装饰研究》，郑州大学硕士论文 2013 年 5 月。

481. 韩姣姣《明早期官窑与民窑青花瓷的比较研究》，景德镇陶瓷学院硕士论文 2012 年 4 月。

482. 郭萌迪《青花人物画研究》，郑州大学硕士论文 2014 年 5 月。

483. 艾明《青花装饰艺术的文化内涵研究》，景德镇陶瓷学院硕士论文 2012 年 5 月。

484. 傅东哲《元代景德镇釉里红瓷器研究》，景德镇陶瓷学院硕士论文 2016 年 5 月。

485. 施茜《元代青花的造型与纹饰》，苏州大学硕士论文 2005 年 10 月。

486. 董亮《元明青花瓷松纹艺术特征及其成因分析》，景德镇陶瓷学院硕士论文 2011 年。

487. 葛彦《正统至天顺时期景德镇窑瓷器研究》，中国社会科学院大学硕士论文 2019 年 5 月。

488. 裴元生《元明时期景德镇窑瓷器“云肩纹”发展研究》，苏州大学硕士论文 2011 年。

489. 罗海兰《元末明初景德镇盘类瓷器造型及演变规律研究》，景德镇陶瓷学院硕士论文 2010 年 5 月。

490. 曹军《中国仿古瓷发展历程的材料学研究》，景德镇陶瓷学院硕士论文 2014 年 5 月。

491. 赵琳《元明工艺美术风格流变》，复旦大学博士论文 2011 年 3 月。

492. 邹尧《景德镇以外出土明代官窑瓷器及相关问题研究》，中国社会科学院研究生院硕士论文 2018 年 5 月。

493. 秦树景《明清景德镇瓷器装饰艺术的产业化研究》，山东大学博士论文 2015 年 5 月。

494. 白宪波《江西古代瓷业的分布及发展初步研究》，景德镇陶瓷学院硕士论文 2010 年 4 月。

G. 期刊

495. 陈柏泉《江西出土明青花瓷珍品选介》，《文物》，1973 年第 12 期。

496. 陈万里《三件有永乐年款的青花瓷》，《故宫博物院院刊》，1958 年总 1 期。

497. 陈万里《谈谈成化窑的彩》，《文物》，1959 年第 6 期。

498. 陈联众《明青花无挡尊》，《文物》，1994 年第 1 期。

499. 陈华莎《明西什库遗址与洪武瓷器》，《收藏家》1996 年第 6 期。

500. 陈文华《江西新建明朱权墓发掘》，《考古》，1963 年第 4 期。

501. 陈润民《浅谈故宫藏洪武青花、釉里红瓷器》，《景德镇陶瓷》，1993 年第 3 期。

502. 陈克伦《明洪武朝景德镇瓷业初步研究》，《上海博物馆集刊》，1996 年第 9 期。

503. 陈克伦《明洪武朝景德镇瓷器研究》，《文博研究论集》上海古籍出版社 1992 年。

504. 陈克伦《景德镇洪武青花瓷器考辩》，《江西文物》，1990 年第 2 期。

505. 陈克伦《明洪武颜色釉瓷器考辩》，《景德镇陶瓷》，1990 年 2 期。

506. 陈克伦《明清景德镇官窑瓷器流传西藏研究》，《中国古陶瓷研究》第 10 辑，紫禁城出版社 2004 年版。

507. 陈洁《明代早中期瓷器外销相关问题研究——以琉球与东南亚地区为中心》，《上海博物馆集刊》，第 12 期，见上海书画出版社 2012 年 12 月版。

508. 陈金生《中国陶瓷绘画艺术意境浅析》，《景德镇陶瓷》，2008 年第 4 期。

509. 陈致敏《明代景德镇民窑青花的装饰》，《景德镇陶瓷》，2003 年第 4 期。

510. 陈小凌《明成化瓷器特展》，《艺术家》，1977 年第 21 期。

511. 陈厚卿《论成化青花斗彩瓷的艺术风格及情感内蕴》，《陶瓷研究》，2012 年第 3 期。

512. 耿宝昌《宣德青花梵文出戟罐》，《收藏家》，1996 年第 2 期。

513. 冯先铭《我国陶瓷发展中的几个问题——从中国出土文物展览陶瓷展品谈起》，《文物》，1973 年第 7 期。

514. 冯先铭《十四世纪青花大盘和元代青花瓷器的特点》，《文物》1959 年第 1 期。

515. 冯先铭《有关青花瓷器起源的几个问题》，《文物》，1980 年第 4 期。

516. 冯先铭《永乐宣德青花瓷器与外来影响》，《中国古陶瓷研究》，第 2 辑 1988 年。

517. 冯小琦《清新隽秀，朴实自然——永乐青花》，耿宝昌编《故宫博物院藏明初青花瓷（上）》，紫禁城出版社 2003 年版。

518. 冯小琦《明代瓷器上的龙纹装饰（一）》，《艺术市场》，2005 年第 3 期。

519. 汪庆正《明景德镇洪武瓷述略》，《上海博物馆集刊》第 4 期，上海古籍出版社 1987 年版。

520. 汪庆正《元青花和明洪武瓷议》，《景德镇陶瓷》，1983 年第 1 期。

521. 汪庆正《土耳其托布卡比宫中国藏瓷记略》，《文博研究论集》，上海古籍出版社 1992 年版。

522. 汪冲云，李美珍《明朝社会文化与景德镇陶瓷》，《中国陶瓷》，2007 年第 5 期。

523. 汪丽华等《釉上低温红彩成色机理的初步探讨》，《山西大学科学技术哲学研究中心会议论文集》，2008 年。

524. 光林《北京出土的几件明代青花瓷器》，《文物》，1972 年第 6 期。

525. 杜峰，苏宝茹《揭开成化斗彩“差紫”之谜》，《中国科学 E 辑：技术科学》，2008 年第 38 卷第 9 期。

526. 杜峰，苏宝茹《两种不同的进口钴料“苏麻离青”与“苏勃泥青”》，《中国科学 E 辑：技术科学》，2007 年第 37 卷第 5 期。

527. 程永安，郑丽华《浅论陶瓷铜红釉色的自然美》，《中国陶瓷》，2002 年第 6 期。

528. 胡昭静《萨迦寺藏明宣德御窑青花五彩碗》，《文物》，1985 年第 11 期。

529. 黄炳煜《江苏泰州西郊明胡玉墓出土文物》，《文物》，1992 年第 8 期。

530. 黄云鹏《景德镇民间青花瓷的断代》，《景德镇陶瓷》，1986 年第 3 期。

531. 黄云鹏《馆藏和窑址出土的元青花、釉里红瓷》，《江西历史文物》，1983 年第 4 期。

532. 黄卫文，蔡毅《清宫旧藏景德镇官窑明洪武瓷研究》，《东南文化》，2011 年第 1 期。

533. 黄颐寿《成化青花串枝花瓷炉》，《江西历史文物》，1982 年第 2 期。

534. 黄颐寿《成化青花灵芝纹香炉》，《景德镇陶瓷》，1983 年第 1 期。

535. 黄卖九《试论景德镇陶瓷传统装饰特点与创新》，《景德镇陶瓷》，2001 年第 4 期。

536. 黄兰茵《明永乐青花波涛花卉纹折沿洗》，台北《“故宫”文物月刊》388 期，2015 年 7 月。

537. 黄兰茵《明永乐青花花卉纹龙耳花浇》，台北《“故宫”文物月刊》377 期，2014 年 8 月。

538. 姬乃军《延安明杨如桂墓》，《文物》，1993 年第 2 期。

539. 江建新《谈景德镇明御厂故址出土的宣德瓷器》，《文物》，1995 年第 12 期。

540. 江建新《明御窑厂遗址出土明初官窑釉上彩瓷》，《紫禁城》，2015 年 12 期。

541. 江建新《景德镇窑业遗存考察述要》，《江西文物》，1991 年第 3 期。

542. 江建新《简论明早期瓷器及相关问题》，《南方文物》，2000 年第 2 期。

543. 江建新《中国早期釉上彩之研究（上篇）（下篇）》，《南方文物》，2003 年 4 期，2004 年 2 期。

544. 江建新《元代至明初景德镇地区制瓷技术及其源流考察》，《中国国家博物馆馆刊》，2015 年第 2 期。

545. 江小民《从考古资料谈明代成化斗彩瓷器的彩绘工艺》，《故宫博物院院刊》，2016 年 2 期。

546. 欧朝贵《布达拉宫藏明成祖朱棣画像》，《文物》，1985 年第 11 期。

547. 欧阳世彬，黄云鹏《介绍两座明景泰墓出土的青花釉里红瓷器》，《文物》，1981 年第 2 期。

548. 欧阳世彬《十五世纪景德镇民窑研究》，《陶瓷学报》，2000 年第 6 期。

549. 欧阳世彬、邹晓松等《四川平武明王玺夫妇墓出土的景德镇民窑红绿彩瓷器》，《文物》，2003 年第 11 期。

550. 欧阳世彬《釉上青花技术与青花的定义——兼论青花的起源》，《中国陶瓷》，1983 年第 5 期。

551. 秦大树，马忠理《论红绿彩瓷器》，《文物》，1997 年第 10 期。

552. 王珍仁《旅顺博物馆藏明代宣德年款红绿彩瓷大碗》，《文物》，1995 年第 4 期。

553. 王志敏《明初景德镇窑“空白点”瓷（一）（二）（三）》，《中国陶瓷》，1982 年第 3、4、5 期。

554. 王光尧《明代御器厂的建立》，《故宫博物院院刊》，2001 年第 2 期。

555. 王光尧《官御并存的明清官府窑业制度》，《中原文物》，2004 年第 3 期。

556. 王光尧《明早期瓷器铭文的观察》，《南方文物》，1999 年第 1 期。

557. 王光尧《考古发掘中的官窑》，《紫禁城月刊》，2006 年第 1 期。

558. 王健华《永宣青花“下西洋”》，《紫禁城》，2005 年第 4 期。

559. 王健华《瑰丽恢弘的永宣青花瓷》，《收藏界》，2002 年第 12 期。

560. 王健华《永宣青花瓷器的伊斯兰风格》，《收藏家》，1996 年第 1 期。

561. 王健华《从明洪武釉里红玉壶春瓶谈起》，《收藏家》，1996 年第 5 期。

562. 王健华《明初青花瓷发展的原因及特点》，《故宫博物院院刊》，1998 年第 1 期。

563. 王健华《永乐、宣德朝青花瓷器的独特风格》，《明史论丛》，中国社会科学出版社 1997 年版。

564. 王勇《明代官窑瓷器的纹饰图案》，《考古与文物》，1994 年第 6 期。

565. 王上海《从景德镇制瓷工艺的发展谈葫芦形窑的演变》，《文物》，2007 年第 3 期。

566. 王广大《试论阿拉伯伊斯兰艺术的特征》，《世界民族》，2003 年第 3 期。

567. 王建中《五彩缤纷的斗彩》，《中国陶瓷》，1983 年第 5 期。

568. 王莉英，王兴平《谈明成化斗彩瓷器》，《收藏家》，1995 年第 6 期。

569. 王莉英《红釉瓷器考》，《故宫博物院院刊》，1980 年第 3 期。

570. 叶作富《四川铜梁明张叔珮夫妇墓》，《文物》，1989 年第 7 期。

571. 叶佩兰《明代景德镇民窑青花瓷器及其艺术成就》，《故宫博物院院刊》，1984 年第 3 期。

572. 叶佩兰《明清瓷器款识浅说》，《故宫博物院院刊》，1983 年第 2 期。

573. 叶佩兰《“斗彩”与“青花五彩”的区别》，《故宫博物院院刊》，1997 年 2 期。

574. 叶佩兰《元代釉里红瓷的装饰和纹饰》，《东方收藏》2011 年第 9 期。

575. 叶喆民《印尼所藏中国古陶瓷考察记略》，《故宫博物院院刊》，1997 年第 4 期。

576. 叶倩《元匜小考》，《上海博物馆集刊》，2002 年。

577. 张志刚，李家治，邓泽群《洪武时期青花瓷研究》，郭景坤主编《古陶瓷科学技术国际讨论会论文集》，上海科学技术文献出版社 1999 年版。

578. 张福康《中国古代钴蓝的来源》，《文物保护与考古科学》，1989 年第 1 期。

579. 张福康，张志刚《中国历代低温颜色釉的研究》，《硅酸盐学报》，1980 年 3 月。

580. 张福康，张浦生《景德镇历代釉里红和“填红”的研究》，《文物保护与考古科学》，1996 年第 2 期。

581. 张浦生，霍华《1995 年南京明故宫出土文物研究》，《东南文化》，1997 年第 1 期。

582. 张浦生《近年来中国青花瓷的发现与研究》，《东南文化》，1993 年第 3 期。

583. 张浦生《南京明故宫出土陶瓷综述——兼析南京明初功臣墓出土瓷器珍品》，中国古陶瓷学会《中国古陶瓷研究》第 4 辑，紫禁城出版社。

584. 张浦生《青花瓷鉴定——明朝历代青花瓷器的基本特征》，《东南文化》，1994 年第 5 期。

585. 张浦生《青花瓷画艺术琐谈》，《景德镇陶瓷》，1990 年第 4 期。

586. 张咏梅《明代青花盖罐装饰风格的演变》，《文博》，2007 年第 5 期。

587. 张咏梅《成化斗彩器的女性审美特征与价格流变》，《文博》，2006 年第 4 期。

588. 张朋川《宇宙图式的天穹之花——柿蒂纹辨》，《装饰》，2002 年第 12 期。

589. 张临生《明朝早期的掐丝珐琅工艺》，《“故宫博物院”月刊》第四卷第五期，台北“故宫博物院”1986 年。

590. 赵宏《红绿彩与五彩瓷器》，《文物》，1997 年第 6 期。

591. 赵荣华《景德镇银坑坞明代空白期民窑瓷器》，《收藏家》，1997 年第 1 期。

592. 刘新园《景德镇瓷窑遗址的调查与中国陶瓷史上的几个相关问题》，见《景德镇出土陶瓷》，香港大学冯平山博物馆 1992 年版。

593. 刘新园《明宣宗与宣德官窑》，《南方文物》，2011 年第 1 期。

594. 刘新园，白焜《高岭土史考》，《中国陶瓷》，1982 年第 7 期。

595. 刘新园《景德镇明御厂故址出土永乐宣德官窑瓷器之研究》，《景德镇珠山出土永乐宣德官窑瓷器展览》，香港市政厅 1989 年版。

596. 刘新园《永乐二十一年黑釉三足炉》，《文物》，2003 年第 11 期。

597. 刘新园《景德镇珠山出土明初永乐官窑瓷器之研究》，《鸿禧文物》（创刊号），台北鸿禧美术馆 1996 年。

598. 刘新园《景德镇早期墓葬中发现的瓷器与珠山出土的元、明官窑遗物》，（日）《皇帝的磁器》，日本大阪市立东洋陶瓷美术馆 1995 年版。

599. 刘新园《元文宗——图帖睦尔时代之官窑瓷器考》，《文物》2001 年第 11 期。

600. 刘毅《明代景德镇瓷业“空白期”研究》，《南方文物》，1994 年第 3 期。

601. 刘毅《瓷器彩绘人物图案起因初探》，《景德镇陶瓷》，1991 年第 4 期。

602. 刘毅《官窑制度的形成及其实质》，《中原文物》，1994 年第 3 期。

603. 刘毅《明清陶瓷官窑制度比异》，《南方文物》，1992 年第 4 期。

604. 刘淼《明代前期海禁政策下的瓷器输出》，《考古》，2012 年第 4 期。

605. 刘伟《清宫旧藏藏传佛教风格瓷器与帝王宗教信仰》，《中国藏学》，2004 年第 1 期。

606. 刘伟《宫廷中的红釉瓷器》，《紫禁城》，2005 年第 4 期。

607. 刘良佑《明清两代的釉上彩瓷》，台北《“故宫”文物月刊》，1986 年第 4 卷第 3 期。

608. 刘良佑《明代官窑及其款识》，台北《“故宫”文物月刊》，1986 年第 4 卷第 4 期。

609. 刘兰华《成化斗彩鸡杯》，《故宫博物院院刊》，1982 年第 2 期。

610. 刘长工《成化斗彩葡萄杯》，《首都博物馆丛刊》，1983 年总第 2 辑。

611. 刘金成《浅析元代釉里红的烧制及其艺术装饰特征》，《故宫博物院院刊》，2013 年第 6 期。

612. 刘子哲《透过官府窑业制度看官窑与御窑》，《辽宁师范大学学报（社会科学版）》，第 29 卷第 4 期。

613. 刘裕黑，熊琳《江西高安县发现元青花、釉里红等瓷器窖藏》，《文物》1982 年第 4 期。

614. 蔡和璧《有关洪武、永乐官窑的背景》，《鸿禧文物》（创刊号），台北鸿禧美术馆 1996 年。

615. 蔡述传《南京牛首山弘觉寺内发现文物》，《文物参考资料》，1956 年第 11 期。

616. 蔡本雄《明永乐窑青花龙纹扁瓶》，台北《“故宫”文物月刊》，1983 年 1 卷 8 期。

617. 罗丽馨《明代景德镇御厂的生产形态》，《鸿禧文物》创刊号，台北鸿禧美术馆 1996 年。

618. 吕成龙《明正统斗彩鸳鸯卧莲纹碗考辩》，《收藏家》，1996 年第 2 期。

619. 吕成龙《明代斗彩瓷器概论》，《文物》，2005 年第 5 期。

620. 吕成龙《元代青花瓷识鉴》，《故宫博物院院刊》，2004 年第 2 期。

621. 吕成龙《故宫博物院藏元代青花瓷》，《文物天地》，2007 年第 4 期。

622. 吕成龙《明成化朝御窑瓷器简论》，《故宫博物院院刊》，2016 年 4 期。

623. 吕成龙《宫廷用瓷品牌的树立——永宣御窑之火》，《收藏家》，2010 年第 12 期。

624. 吕成龙《略谈明代永乐、宣德、成化景德镇官窑瓷器的年款》，《中国古陶瓷研究》第 10 辑，紫禁城出版社 2004 年版。

625. 吕文平《瓷绘与中国画》，《文物世界》，2008 年第 1 期。

626. 谢明良《十五世纪的中国陶瓷及其相关问题》，《中国陶瓷史论集》，台北允晨文化 2007 年。

627. 谢玉珍《明初官方用器人物纹的意涵》，《故宫学术集刊》，2007 年第 25 卷第 1 期。

628. 宋良璧《对几件正统、景泰、天顺青花瓷器的探讨》，《南方文物》，1990 年第 2 期。

629. 郭学雷《明天顺七年青花筒式炉探讨》，《景德镇陶瓷研究》，1992 年第 1 期。

630. 郭演仪，陈尧成《元大都发掘的青花和影青瓷》，《文物》，1982 年第 1 期。

631. 吴志红《明景泰“奉天赐命”青花瓷牌》，《南方文物》，1992 年第 2 期。

632. 范勇《试论元代青花瓷的类型与分期》，《南方文物》，1998 年第 2 期。

633. 范勇《明景德镇洪武官窑瓷器的特征，类型与分期》，《长江文明》，第 12 辑。

634. 林业强《十五世纪中晚期沉船中青花瓷的断代标准》，《陶瓷法国东方陶瓷学会会刊》2 卷，2001 年。

635. 李知宴《空白期的瓷器及艺术特征》，《南方文物》，2000 年第 4 期。

636. 李知宴《明代瓷器研究（一）》，《中国历史文物》，2002 年第 3 期。

637. 李辉柄《“空白期”不空白》，《收藏》，2010 年第 5 期。

638. 李辉柄《略谈未被认识的宣德五彩与青花釉里红器——鉴定明代瓷器要注意的问题》，《艺术市场》，2006 年第 10 期。

639. 李蔚然《试论南京地区明初墓葬出土青花瓷器的年代》，《文物》，1977 年第 9 期。

640. 李伶美《浅谈空白期青花瓷与朝鲜青花瓷的关系》，《设计艺术（山东工艺美术学院学报）》，2011 年第 3 期。

641. 李晓《明代瓷器造型中的伊斯兰因素》，《艺术市场》，2008 年第 5 期。

642. 李钰《元代瓷匜研究》，《南方文物》，2014 年第 2 期。

643. 李家治等《景德镇元代及明初官窑青花瓷器的工艺研究》，《景德镇出土明清官窑瓷器》，台湾鸿禧艺术文教基金会 1996 年版。

644. 李家治，陈士萍《景德镇永乐白瓷的研究》，《景德镇陶瓷学院学报》，12 卷 1 期 1991 年。

645. 李宗扬《明宣德洒蓝釉盔碗》，《紫禁城》，1984 年第 1 期。

646. 李兴华，余斌，肖绚《成化斗彩瓷艺术的符号学解读》，《文博》，2011 年第 2 期。

647. 庄良有《菲律宾出土的十四至十五世纪中国青花瓷》，《江西元明青花瓷》，2002 年 9 月。

648. 丁鹏勃《明代藩王墓出土瓷器研究》，《中国历史文物》，2008 年第 1 期。

649. 丁乙《釉里红瓷器的烧制技术和装饰工艺》，《上海工艺美术》，2002 年第 3 期。

650. 吴明娣《明代瓷器与汉藏文化艺术交流》，在《中国藏学》，2002 年第 3 期。

651. 曹淦源《参透“空白期”瓷艺流清晖——试论明代正统、景泰、天顺青花瓷画艺术（上）（下）》，《收藏界》，2009 年第 4、5 期。

652. 曹淦源《花鸟怡情，独标高格——明代永乐、宣德青花花鸟图装饰艺术解析》，《收藏界》，2009 年第 3 期。

653. 曹淦源《一枝红艳露凝香——简谈元代釉里红瓷的装饰》，《收藏界》，2014 年第 4 期。

654. 曹春娥等《明代早期祭红釉纤维结构与工艺的研究》，《中国陶瓷工业》，2002 年第 6 期。

655. 曹建文《近年来景德镇元代青花瓷窑址调查与研究》，《故宫博物院院刊》，2009 年第 9 期。

656. 孙以刚《江西省德兴明正统景泰纪年墓青花瓷考述》，《中国古陶瓷研究》，2000 年第 6 辑。

657. 孙以刚《江西德兴市两座明墓》，《南方文物》，1998 年第 2 期。

658. 孙文伟、孙天健《明代瓷器成就及其社会原因》，《景德镇陶瓷》，1996 年第 3 期。

659. 孙瀛洲《成化官窑彩瓷的鉴别》，《文物》，1959 年第 6 期。

660. 徐月英等《试析明正统、景泰、天顺三朝青花部分纹饰特征》，《景德镇陶瓷》，1993 年 Z1 期。

661. 徐国基《试论景德镇陶瓷艺术的传统与创新》，《景德镇陶瓷》，2005 年第 2 期。

662. 胡雁溪《明代景德镇民窑青花瓷器的分期》，《收藏家》，1995 年第 6 期。

663. 彭明翰《江西纪年墓出土明代景德镇民窑青花瓷研究》，《故宫博物院院刊》，2007 年第 1 期。

664. 彭子成《明清期间景德镇祭红釉的化学组成对比研究及其科技意义》，《文物保护与考古科学》，2008 年第 3 期

665. 彭涛《明初宦官政治与景德镇的陶政》，《南方文物》，2006 年第 12 期。

666. 彭涛《元代景德镇青花瓷器的外销及相关问题》，《南方文物》，2003 年第 2 期。

667. 杜文《明代空白期访友图青花大罐赏析》，《艺术市场》，2007 年第 7 期。

668. 霍华《南京地区明代功臣贵族墓出土洪武瓷刍论》，《东南文化》，2011 年第 1 期。

669. 杨君谊《明“空白期”御器厂不署纪年款原因探析》，《史论空间》，2015 年第 12 期。

670. 杨后礼《江西明代纪年墓出土的青花瓷器》，《江西历史文物》，1983 年第 3 期。

671. 杨后礼，万良田《江西丰城县发现元代纪年青花釉里红瓷器》，《文物》，1981 年第 11 期。

672. 杨敬荣《高温铜红釉瓷器的鉴定》，《美术观察》，1999 年第 3 期。

673. 杨道以《介绍四件釉里红元瓷》，《南方文物》，1998 年第 2 期。

674. 杨明生《“苏麻离青”与郑和下西洋》，《广西民族大学学报（自然科学版）》，2009 年 7 月。

675. 熊海堂《中国古代的窑具与装烧技术研究》，《东南文化》，1992 年第 1 期。

676. 熊寥《明代景德镇御器厂始设年代考》，《景德镇陶瓷学院学报》，1984 年 7 月。

677. 熊寥《明初陶厂考》，《考古与文物》，2009 年第 2 期。

678. 熊理卿，卢瑞清《景德镇传统制瓷作坊的研究》，《景德镇陶瓷学院学报》，1985 年第 1 期。

679. 熊樱菲，霍华《景德镇明代洪武瓷的化学组成研究》，《文物保护与考古科学》，2014 年 8 月。

680. 廖宝秀《宣德官窑瓷器丰富性之研究》（上、下），《“故宫”学术季刊》，第 16 卷第 1、2 期，台北“故宫博物院”1998 年。

681.（日）矢部良明，孔六庆译《景德镇民窑的展开》（上、下），《景德镇陶瓷》，1989 年第 1、2 期。

682. 樊树志《明清江南市镇的“早期工业化”》，《复旦学报》，2005 年第 4 期。

683. 权奎山《江西景德镇明清御器（窑）厂落选御用瓷器处理的考察》，《文物》，2005 年第 5 期。

684. 权奎山《手铲解读明代御器厂的另一半——明清御窑遗址的发现》，《紫禁城》，2006 年第 9, 10 期。

685. 余家栋《关于景德镇御器厂几个问题的探讨》，《考古》第 12 期。

686. 余佩瑾《瓷器上的“一把莲”纹饰》，台北《“故宫”文物月刊》167 期，1997 年 2 月。

687. 余佩瑾《明宣德窑青花番莲梵文汤匙》，台北《“故宫”文物月刊》137 期，1995 年 8 月。

688. 高松年《明代空白期青花瓷见识要点》，《艺术与投资》，2006 年第 4 期。

689. 行一，平一《明天顺墓出土的素三彩瓷船》，《南方文物》，1993 年第 3 期。

690. 甄励《明代景德镇民间青花制瓷业述略》，《景德镇陶瓷》，1986 年第 3 期。

691. 陆鹏亮《“内府”款梅瓶探考》，《东南文化》，2003 年第 2 期。

692. 陆明华《明清皇家瓷质祭器研究》，《上海博物馆集刊》第五辑，上海古籍出版社 1990 年版。

693. 陆明华《明洪武官窑瓷器及相关问题——传世品视角的透析》，《东南文化》，2011 年第 1 期。

694. 陆明华《元代景德镇官窑瓷烧造及相关问题研究》，《上海博物馆集刊》第十辑，上海古籍出版社 2005 年版。

695. 陆明华《明清景德镇督陶官及其制度的考察》，复旦大学文物与博物馆学系编《文化遗产研究集刊》第 2 辑，上海古籍出版社 2001 年版。

696. 陆明华《试述高温铜红釉彩的起源和发展》，《上海博物馆集刊》2002 年。

697. 陆明华《历代青花瓷器款识综述》，载汪庆正《青花釉里红》，香港两木出版社 1986 年版。

698. 谢玉珍《明初官方用器人物纹的意涵》，台北《“故宫”学术季刊》，2007 年第 25 卷第 1 期。

699. 马文宽《明瓷中的伊斯兰因素》，《收藏家》，2002 年第 5 期。

700. 马文宽《中国瓷器与土耳其陶器的相互影响》，《故宫博物院院刊》，2004 年第 5 期。

701. 马文宽《永乐时期的瓷器输出》，《景德镇珠山出土永乐官窑瓷器》，文物出版社 2007 年版。

702. 马文宽《关于陶瓷考古与研究的几点思考——读〈陶瓷考古与研究专辑〉》，《考古》2005 年第 2 期。

703. 吴明娣《明代瓷器与汉藏文化艺术交流》，《中国藏学》，2002 年第 3 期。

704. 穆青《明代瓷器中的瑰宝——永乐青花无挡尊》，《文物春秋》，1989 年第 3 期。

705. 丘小君，陈华莎《景德镇洪武瓷新证》，《江西文物》，1990 年第 2 期。

706. 施倩，王一伟《元青花装饰纹饰风格及其形成背景》，《中国陶瓷》，2010 年第 2 期。

707. 沈彭年《东善桥娘娘坟发现宣德瓷瓶》，《文物参考资料》，1957 年第 10 期。

708. 沈彭年《介绍南京博物院举办新收文物展览中几件珍贵瓷器》，《文物参考资料》，1957 年第 11 期。

709. 罗宏杰等《对应分析在景德镇历代瓷胎配方演变规律研究中的应用》，《硅酸盐学报》，1991 年第 4 期。

710. 谭旦冏《中国纹饰的起源与演进——历代纹饰考绪言》，台北《“故宫”文物月刊》，1986 年第 4 卷第 8 期。

711. 宁钢，邱元红《论成化斗彩的装饰思维》，《景德镇陶瓷》，2008 年第 2 期。

712. 蔡环《玉壶春瓶》，《羊城晚报》，1983 年 10 月 5 日。

713. 华义武《明代宣德白釉酱彩花果盘》，《文物》，1985 年第 5 期。

714. 南有鱼《成化斗彩瓷器》，《艺林丛录》，1964 年第 5 期。

715. 戴维德《成化瓷器》，台北《“故宫”季刊》，1967 年 2 卷 2 期。

716. 徐正大《明代成化斗彩海马纹天字罐》，《人民中国》，1978 年第 9 期。

717. 朱家溍《成化斗彩葡萄高足杯》，载《国宝》，商务印书馆（香港）有限公司 1983 年 10 月版。

718. 房迎三《明宣德蓝釉白花盘》，《安徽文博》，1981 年总第 2 期。

719. 钟凤文《中国传统高温铜红釉的发展和分类》，《东方博物》，2008 年第 2 期。

720. 祝桂洪《景德镇瓷石碓舂淘洗制不工艺的研究》，《景德镇陶瓷》，1987 年第 1 期。

721. 施静菲《蒙元宫廷中瓷器使用初探》，《美术史研究集刊》，2003 年第 15 期。

722. 巫钟婧《成化斗彩的特点及影响》，《陶瓷科学与艺术》，2012 年第 1 期。

723. 周仁，李家治等《景德镇历代瓷器胎，釉和烧制工艺的研究》，《中国古陶瓷研究论文集》，1982 年版。

724. 周仁, 张福康《我国陶瓷工艺技术发展过程的初步总结》,《中国古陶瓷研究论文集》, 1982 年版。

725. 潘文锦，张凤岐《景德镇的颜色釉》，《景德镇陶瓷》，1985 年第 2 期。

726. 齐彪《论略景德镇瓷窑的变迁》，《东南大学哲学社会科学版》，2005 年第 1 期。

727. 梁淼泰《明代后期景德镇御器厂的匠役制度的变化》，中国社会经济史研究，1982 年。

728. 北京大学考古文博学院，江西省文物考古研究所，景德镇市陶瓷考古所《江西景德镇市明清御窑遗址 2004 年的发掘》，《考古》2005 年第 7 期。

729.（英）约翰·卡斯韦尔，冯小琦译，杨绮华校《大马士革收藏的明代瓷座》，《紫禁城》，1989 年第 1 期。

730.（英）柯玫瑰《国外收藏的 15 世纪中期中国外销青花瓷》，《收藏家》，2007 年第 9 期。

731.（日）林巳奈夫《中国古代莲花的象征》，《文物季刊》，1999 年第 3 期。

732.（日）长谷川祥子《有关明初永乐·宣德样式的青花瓷器的考察》，《美术史论丛·造型与文化》，日本雄山阁 2000 年版。

733.（日）高中利惠《明清时代景德镇的陶业》，《社会经济史学》，1967 年第 32 期。

734.（日）吉田光邦《景德镇的陶瓷生产和贸易》，《明清时代的科学技术史》，东京大学人文科学研究所 1970 年。

735.（日）金泽阳《关于“部限瓷器”“钦限瓷器”的若干考察》，《出光美术馆研究纪要》，日本出光美术馆 1995 年第 1 期。

736.（日）金泽阳《关于元末明初的景德镇“官窑”成立条件的试考》，《出光美术馆研究纪要》，日本出光美术馆 1998 年第 4 期。

737.（日）金泽阳《明代前期景德镇官窑瓷器的规范》，《出光美术馆研究纪要》，日本出光美术馆 2003 年第 9 期。

738.（日）金泽阳《关于明代景德镇御器厂生产的变质过程》，《出光美术馆研究纪要》，日本出光美术馆 2005 年第 11 期。

739.（日）佐久间重男《景德镇窑业史研究》，日本第一书房 1999 年版。

740.（日）佐久间重男《关于明代景德镇窑业的考察》，日本清水论坛 1962 年版。

741.（日）中泽富士雄，长谷川祥子《元明的青花》，日本平凡社 1995 年版。

742.《明宣德窑鲜红三果高足碗》，《故宫周刊》，1934 年第 356 期。

743.《明永乐甜白瓷茶壶》，《故宫周刊》，1933 年第 301 期。

744.《明宣德青花缠枝番莲葫芦瓶》，《故宫周刊》，1932 年 140 期。

745.《明宣德鲜红釉耳壶》，《故宫周刊》，1932 年 150 期。

746.《明宣德款青花缠枝番莲三足炉》，《故宫周刊》，1933 年 226 期。

747.《明宣德窑祭红釉僧帽壶》，《故宫周刊》，1933 年 256 期。

748.《明宣德款鲜红玉壶春瓶》，《故宫周刊》，1934 年 312 期。

749.《明宣德青花团龙高足碗》，《故宫周刊》，1934 年 403 期。

750.《明宣德窑青花鲜红云龙合碗》，《故宫周刊》，1935 年 425 期。

751. 中国历史博物馆《明青花竹石芭蕉瓷盖罐》，《历史教学》，1979 年 3 期。

752.《明宣德款青花把式莲瓷盘》，《艺苑掇英》，1979 年第 1 期。

753.《从流散文物中发现大明宣德盘》，《人民日报》，1982 年 3 月 28 日。
754.《僧帽壶——明宣德窑》，台北《“故宫文物月刊”》，1984 年 2 卷 5 期。
755.《明成化斗彩鸡杯》，《故宫周刊》，1932 年第 152 期。
756.《明成化斗彩盖罐》，《故宫周刊》，1932 年 7 月第 157 期。
757.《明成化五彩瓷魑耳壶》，《故宫周刊》，1933 年 11 月第 296 期。
758.《明成化斗彩葵花式瓷盘》，《故宫周刊》，1933 年 11 月第 298 期。
759.《明成化斗彩瓷鬲》，《故宫周刊》，1933 年 12 月第 307 期。
760.《明成化仿哥窑八方高足杯》，《故宫周刊》，1934 年 6 月第 355 期。
761.《明成化款青花梅瓶》，《故宫周刊》，1934 年 10 月第 393 期。
762.《明成化斗彩鸳鸯卧莲碗》，《故宫周刊》，1935 年 6 月第 467 期。
763.《明成化三彩开片瓶》，《河北博物院画刊》，1935 年 3 月第 84 期。

附录二 图片目录

概论

洪武时期的瓷器

永乐时期的瓷器

图 15，永乐青花缠枝花卉纹执壶。

图 16，永乐红釉盘。（正面图一张，底部图一张。）

图 17，永乐青花折枝花卉纹折沿盆。（正面图一张，侧面图一张，底部图一张。）

图 18，永乐青花鸡心碗。（侧面图一张，正面图一张。）

图 19，永乐甜白釉暗刻龙纹梅瓶。

图 20，永乐青花藏草壶。

图 21，永乐甜白釉暗刻龙纹盘（残）。（正面图一张，暗刻龙纹一张。）

图 22，永乐青釉盘。（正面图一张，底部图一张。）

宣德时期的瓷器

图 23，宣德外青花内红釉高足杯（残）。（正面图一张，上面图一张。）

图 24，宣德青花折枝花果纹盘。（正面图一张，底部一张。）

图 25，宣德青花折枝花卉纹六角水仙盆（有孔）。（正面一张，底部一张。）

图 26，宣德外霁青内白釉团龙纹碗。（侧面图一张，底部图一张。）

图 27，宣德天蓝釉暗刻龙纹大碗。（侧面图一张，内纹饰一张，底部图一张。）

图 28，宣德洒蓝碗。

图 29，宣德青花缠枝花卉纹盖豆。

图 30，宣德青花小盖罐。（正面图一张，底部图一张。）

图 31，宣德青花龙纹蟋蟀罐。（正面图一张，底部图一张。）

图 32，宣德青花轮花纹绶带抱月瓶。（正面图一张，侧面图一张，底部图一张。）

图 33，宣德绿釉铁红花果纹盘（残）。（正面图一张，底部图一张。）

图 34，宣德珐化彩海兽纹海棠形水仙盆。（侧面图一张，底部图一张。）

图 35，宣德仿龙泉釉菊瓣碗。（侧面图一张，底部图一张。）

图 36，宣德青花人物纹碗。（侧面图一张，底部图一张。）

图 37，宣德青花凤纹贲巴壶。（正面图一张，侧面图一张。）

正统时期的瓷器

景泰时期的瓷器

天顺时期的瓷器

成化时期的瓷器

图 53，成化黄釉青花花果纹大盘。（正面图一张，侧面图一张，底部图一张。）

图 54，成化苏勃泥青宝莲纹宫碗。（正面图一张，底部图一张。）

图 55，成化青花宝莲纹平等青料宫碗。（正面图一张，底部图一张。）

图 56，成化斗彩折枝花果纹直口碗。（正面图一张，侧面图一张，底部图一张。）

图 57，成化斗彩团花夔龙杯。（正面图一张，底部图一张。）

图 58，成化青花海水龙纹盘。（正面图一张，底部图一张。）

图 59，成化青花三朵云龙纹盘。（正面图一张，底部图一张。）

图 60，成化青花梵文小碟。（正面图一张，底部图一张。）